데이터·AI

시스템 아키텍트를 위한 실무 가이드

데이터·AI

시스템 아키텍트를 위한 실무 가이드

지은이 윤대희
펴낸이 박찬규 엮은이 이대엽, 전이주 디자인 북누리 표지디자인 Arowa & Arowana

펴낸곳 위키북스 전화 031-955-3658, 3659 팩스 031-955-3660
주소 경기도 파주시 문발로 115, 311호(파주출판도시, 세종출판벤처타운)

가격 42,000 페이지 880 책규격 175 x 235mm

초판 발행 2025년 08월 27일
ISBN 979-11-5839-621-3 (93000)

등록번호 제406-2006-000036호 등록일자 2006년 05월 19일
홈페이지 wikibook.co.kr 전자우편 wikibook@wikibook.co.kr

데이터·AI

시스템 아키텍트를 위한 실무 가이드

데이터 사이언스 기초부터
장애복구와 고가용성 설계까지,
AI 시스템 설계 실전 전략

윤대희 지음

위키북스

저자 서문

데이터 사이언스는 현대 비즈니스와 기술 발전의 중요한 동력으로 자리 잡았습니다. 기업들은 데이터를 기반으로 더 나은 의사결정을 내리고, 새로운 가치를 창출하며, 혁신적인 서비스를 제공하기 위해 지속적으로 노력하고 있습니다. 이러한 시대적 흐름 속에서 데이터 사이언스 전문가의 역할은 그 어느 때보다 중요해졌으며, 요구되는 역량 또한 점점 복잡해지고 그 범위도 계속 확장되고 있습니다. 분석 기술뿐 아니라, 데이터 수집과 처리, 모델 개발, 시스템 구축, 안정적인 운영에 이르기까지 전 과정을 아우르는 실무 능력이 요구되고 있습니다.

많은 데이터 사이언스 입문서나 이론 서적이 특정 알고리즘이나 분석 기법에 초점을 맞추는 반면, 실제 현업에서는 이러한 기술들을 어떻게 유기적으로 연결하고 시스템화하여 비즈니스 가치를 창출할 것인가에 대한 고민이 더 중요합니다. 데이터 엔지니어링, 모델 배포 및 운영(MLOps), 시스템 아키텍처 설계, 보안, 비용 관리에 이르기까지, 성공적인 데이터 사이언스 프로젝트를 위해서는 다양한 분야에 대한 깊이 있는 이해와 실무 경험이 필요합니다. 그러나 이러한 종합적인 지식과 실무 노하우를 체계적으로 배우기는 쉽지 않은 것이 현실입니다.

이 책은 이러한 현업의 요구에 부응하고자 기획했습니다. 데이터 사이언스 분야에서 전문가 수준의 역량을 갖추고자 하는 분들을 위해 이론적 기초부터 데이터 엔지니어링, 시스템 아키텍처 설계, 서비스 운영에 이르기까지 전 과정을 체계적으로 다룹니다. 각 단계별 핵심 개념과 기술은 물론, 실무에서 마주할 수 있는 문제 상황과 이를 해결하기 위한 구체적인 방법론, 최신 기술 동향까지 폭넓게 제시하고자 했습니다. 데이터의 이해와 머신러닝, 딥러닝의 기초를 시작으로, 데이터 파이프라인 구축, 모델 배포 및 관리, 대규모 시스템 설계와 최적화, 그리고 안정적인 서비스 운영을 위한 보안, 비용, 장애 복구 전략에 이르기까지, 실무 전문가에게 필요한 지식을 충실히 담았습니다.

이 책은 총 4부로 구성되어 있습니다. 1부에서는 데이터 사이언스의 기초가 되는 데이터 이해, 머신러닝 및 딥러닝의 핵심 개념과 주요 응용 분야를 다룹니다. 2부에서는 데이터 엔지니어링, 데이터 저장 및 설계, 모델 운영과 관리, 데이터 처리 파이프라인 구축 등 실무에 필요한 기술들을 구체적으로 설명합니다. 3부에서는 로그 시스템을 시작으로 시스템 아키텍처 설계 원칙, 성능 최적화와 확장 전략, 그리고 최근 주목받고 있는 대규모 언어 모델 시스템 구성 방식까지 폭넓게 다룹니다. 마지막 4부에서는 안정적인 서비스 운영을 위한 보안, 비용 관리, 장애 복구 및 고가용성 설계 관련 내용을 정리했습니다.

데이터 사이언스 전문가를 목표로 하거나 이미 현업에서 활동하며 더 높은 수준의 역량을 추구하는 모든 분들에게 이 책이 든든한 실무 가이드가 되기를 바랍니다. 이 책에 담긴 다양한 지식과 실전 경험을 통해 독자 여러분이 복잡한 데이터 사이언스 문제를 해결하고, 데이터 기반 시스템과 서비스를 성공적으로 구축하고 운영하는 데 필요한 인사이트와 실질적인 역량을 갖추게 되기를 기대합니다. 이 책이 여러분의 전문적인 성장에 있어 의미 있는 디딤돌이 되기를 진심으로 바랍니다.

이 책의 사용 설명서

이 책은 데이터 사이언스 분야의 광범위한 지식을 체계적으로 다룸으로써 다양한 배경과 목표를 가진 독자들이 실무 전문가로 성장하는 데 필요한 가이드가 되고자 합니다. 데이터 사이언스의 기초 이론부터 시작하여 실전적인 데이터 처리 및 모델 운영, 복잡한 시스템 아키텍처 설계, 안정적인 서비스 운영 전략에 이르기까지 폭넓게 다룹니다. 이러한 내용을 효과적으로 습득하려면 1부 '데이터 사이언스 기초편'부터 순서대로 읽으며 전체적인 흐름을 따라가는 것이 바람직합니다. 각 부와 장은 유기적으로 구성되어 있어 앞선 내용에 대한 이해가 다음 단계의 학습을 위한 기반이 됩니다.

특히 데이터 관련 직무를 희망하는 전공자나 처음 데이터 사이언스 분야에 입문하는 분들에게는 1부의 기초 개념과 2부의 실무 적용 과정을 순차적으로 학습하는 것이 효과적입니다. 이를 통해 데이터 사이언스 전반에 대한 구조를 이해하고, 필요한 기본 역량을 탄탄히 다질 수 있습니다. 한편, 백엔드 또는 서버 개발 경험을 바탕으로 데이터 사이언스 분야로의 커리어 전환을 고려하는 개발자라면 비교적 익숙할 수 있는 3부의 시스템 아키텍처나 4부의 서비스 운영 관련 내용뿐 아니라 데이터 사이언스 고유의 영역인 1부의 통계 및 머신러닝·딥러닝 이론과 2부의 데이터 엔지니어링 및 모델링 실무를 집중적으로 학습하여 지식의 균형을 갖추는 것이 중요합니다.

데이터 사이언스 현직자의 경우 본인의 연차와 전문 분야에 따라 이 책을 유연하게 활용할 수 있습니다. 저연차 실무자는 1, 2부를 통해 기초를 복습하고 실무 역량을 강화하며, 3, 4부를 통해 향후 성장 방향을 모색하는 데 도움을 받을 수 있습니다. 반면, 경험이 많은 고연차 전문가나 팀 리더(PL, TL)는 각자의 필요에 따라 이 책을 선택적으로 활용할 수 있습니다. 이미 숙련된 분야는 간략히 참고하고, 마이크로서비스 전환, LLM 시스템 설계, 보안 및 장애 복구 전략 등 팀과 프로젝트 운영에 필요한 주제에 집중하는 것이 효과적입니다.

데이터 관련 프로젝트를 기획하고 관리하는 PO(Product Owner), PM(Product Manager), 또는 데이터 기반 조직에 근무하는 비개발 직군 종사자 역시 이 책을 통해 데이터 사이언스 프로젝트의 전반적인 프로세스와 각 단계별 주요 고려사항, 기술적 제약 등을 이해함으로써 개발팀과의 원활한 소통과 효과적인 의사결정에 실질적인 도움을 받을 수 있습니다. 이러한 독자의 경우 모든 기술적 세부사항을 깊이 있게 학습하기보다는 각 장의 핵심 개념과 용어, 그리고 전체적인 흐름을 중심으로 내용을 파악하는 것이 효율적일 수 있습니다.

이 책의 학습 방식은 독자의 현재 지식 수준과 학습 목표에 따라 유연하게 조절할 수 있습니다. 특정 주제에 대해 깊이 있는 이해가 필요하거나, 실무에서 당면한 문제 해결에 직접적인 도움이 되는 내용을 우선적으로 학습하는 것도 유효한 접근입니다. 다만 어떤 방식으로 시작하더라도 이 책이 제시하는 데이터 사이언스의 전체적인 로드맵 속에서 현재 학습 중인 내용이 어떤 위치에 있고, 다른 요소들과 어떻게 연결되는지를 함께 고려하는 것이 중요합니다. 이러한 맥락적 이해를 바탕으로 학습을 지속해 나간다면 데이터 사이언스 전문가로서 요구되는 깊이 있는 지식과 실무 역량을 효과적으로 갖출 수 있을 것입니다.

PART

03

시스템 아키텍처 설계

PART

04

서비스 운영 가이드라인

Part 01

데이터 사이언스
기초편

1

데이터의 이해

1.1 _ 데이터의 정의와 종류
1.2 _ 데이터 분석
1.3 _ 데이터 시각화
1.4 _ 탐색적 데이터 분석

『데이터 · AI 시스템 아키텍트를 위한 실무 가이드』의 첫 장은 **데이터(data)**에 대한 깊이 있는 이해를 목표로 한다. 데이터는 단순한 숫자나 텍스트의 집합을 넘어, 현상을 관찰하고 이해하는 데 사용하는 근본적인 도구다. 이번 장에서는 데이터의 정의를 명확히 하고, 데이터가 어떻게 구조화되며 어떠한 형태로 존재하는지 살펴봄으로써 데이터 사이언스의 기초를 탄탄히 다질 것이다.

데이터 사이언스(data science)는 데이터를 기반으로 **인사이트(insight)**를 도출하고, 예측 모델을 구축하며, 의사결정을 지원하는 학문이다. 따라서 데이터를 정확하게 이해하고 다루는 능력은 데이터 사이언티스트에게 필수적인 역량이다. 데이터의 품질은 분석 결과의 신뢰성과 직결되기 때문이다. 그러므로 데이터 사이언티스트는 데이터의 본질을 명확히 파악하고, 각 데이터 유형에 적합한 분석 기법을 적절히 적용할 수 있어야 한다.

데이터는 특정 대상이나 현상을 측정하고 관찰하며 기록한 정보다. 데이터는 다양한 형태로 존재하며, 그 종류(types)에 따라 분석 방법과 활용 목적이 달라진다. **수치형 데이터(numerical data)**는 연속형 데이터(continuous data)와 이산형 데이터(discrete data)로 나눌 수 있으며, **범주형 데이터(categorical data)**는 명목형 데이터(nominal data)와 순서형 데이터(ordinal data)로 구분할 수 있다.

또한, 텍스트 데이터(text data), 이미지 데이터(image data), 오디오 데이터(audio data), 비디오 데이터(video data) 등 다양한 형태의 데이터가 존재한다. 각 데이터 유형에 대한 이해는 적절한 분석 방법론을 선택하는 데 중요한 역할을 한다.

이처럼 다양한 데이터 유형에 대한 이해는 데이터 분석의 출발점이라 할 수 있다. 각 데이터 유형이 지닌 고유한 특성은 이후 분석 과정에 중요한 방향성을 제시한다. 실제 분석 환경에서 접하게 되는 **원시 데이터(raw data)**는 그대로 활용하기 어려운 경우가 많다. 그러므로 본격적인 모델링이나 심층적인 인사이트 도출에 앞서 데이터를 정제하고 기본적인 특성을 파악하는 과정이 선행되어야 한다. 이러한 준비 단계는 데이터의 품질을 높이고, 분석의 정확성을 확보하는 데 결정적인 역할을 한다.

데이터 전처리(preprocessing)는 데이터 사이언스의 성공을 좌우하는 핵심 단계다. 실제 데이터는 종종 불완전하고, 노이즈가 포함되어 있으며, 분석에 부적합한 형태로 존재한다. 데이터 전처리 과정은 이러한 문제를 해결하고 데이터의 품질을 향상시키는 데 목적을 둔다. 구체적으로, 결측치 처리(missing value handling), 이상치 탐지 및 제거(outlier detection and removal), 데이터 정규화(normalization), 데이터 변환(transformation), 데이터 통합(integration) 등 다양한 기법들이 활용된다. 올바른 데이터 전처리는 분석의 출발점이자, 결과의 정확성과 신뢰성을 확보하는 데 결정적인 역할을 한다.

데이터 시각화(visualization)는 복잡한 데이터를 직관적으로 파악하고 분석을 용이하게 해주는 중요한 수단이다. 시각화를 통해 데이터의 패턴, 트렌드, 이상치를 쉽게 파악할 수 있으며, 데이터를 직관적으로 이해하고 설명하는 데 효과적이다. 막대그래프(bar chart), 꺾은선 그래프(line chart), 산점도(scatter plot), 히스토그램(histogram), 박스 플롯(box plot) 등 다양한 시각화 기법이 있으며, 분석 목적에 따라 적절한 시각화 방법을 선택해야 한다. 예를 들어, 수치형 데이터는 평균, 분산 등을 계산하고 히스토그램으로 시각화하는 것이 적합하며, 범주형 데이터는 빈도 분석을 하고 막대그래프로 시각화하는 것이 적합하다.

탐색적 데이터 분석(Exploratory Data Analysis, EDA)은 데이터를 깊이 있게 이해하고 분석 방향을 설정하는 데 있어 중요한 단계다. 탐색적 데이터 분석은 데이터를 요약하고 시각화하며, 데이터의 패턴, 관계, 특이점을 발견하는 과정을 포함한다. 탐색적 데이터 분석을 통해 데이터 분석에서 고려해야 할 중요한 가설을 설정하고, 데이터의 분포, 중심 경향성, 산포도를 파악할 수 있다. 또한, 데이터의 품질을 평가하고, 추가적인 데이터 전처리가 필요한 부분을 식별할 수 있다.

데이터 사이언스는 데이터를 기반으로 문제를 해결하는 데 중점을 둔다. 따라서 데이터의 본질을 이해하고 데이터를 다루는 기본 기술을 습득하는 것은 데이터 사이언티스트에게 요구되는 기본 역량이다. 이 장에서는 데이터의 정의, 종류, 전처리, 시각화, 탐색적 분석 등 데이터 사이언스 전반에 걸쳐 기본적인 개념을 다룬다. 이러한 기초적인 지식은 앞으로 학습할 머신러닝, 딥러닝 등 고급 분석 기법을 이해하고 활용하는 데 중요한 토대가 될 것이다.

1.1 _ 데이터의 정의와 종류

이번 절에서는 데이터 유형과 데이터 속성에 관한 이론적 개념을 정리한다. 먼저 어떤 기준으로 데이터를 분류할 수 있는지 살펴보고, 이후 각 데이터가 가지는 유형과 속성에 대해 설명한다. 데이터를 이해하고 활용하기 위해서는 데이터의 유형과 속성을 정확히 파악하는 것이 중요하다.

데이터 사이언스의 핵심 요소인 데이터는 단순한 숫자나 문자의 나열을 넘어, 광범위한 개념이다. 데이터는 분석과 모델링을 통해 유의미한 정보(information)와 지식(knowledge)을 도출하는 데 사용되는 모든 형태의 값이나 사실을 의미한다. 데이터는 그 자체만으로는 큰 의미를 갖기 어렵지만, 적절한 수집 · 정리 · 분석을 거치면 숨겨진 패턴과 관계를 발견할 수 있다. 이는 예측, 의사결정, 문제 해결 등에 활용된다.

데이터는 다양한 기준에 따라 분류될 수 있다. 표현 방식에 따라 정량적 데이터와 정성적 데이터로 나뉘며, 데이터의 구조와 저장 방식에 따라 정형 데이터, 비정형 데이터, 반정형 데이터로 구분할 수 있다. 각 데이터 유형은 분석 방법 선택에 중요한 영향을 미치므로, 데이터 사이언스에서는 각 유형의 특징을 정확히 이해하는 것이 중요하다. 이제 다양한 기준에 따른 데이터 유형을 자세히 살펴본다.

1.1.1 데이터 유형

데이터 유형(data type)은 데이터가 가질 수 있는 값의 종류와 이에 적용 가능한 연산(operation)을 정의하는 기본 개념이다. 데이터 유형에 대한 이해는 데이터를 정확하게 처리하고 분석하는 데에 유용하며, 동시에 데이터를 효율적으로 저장하고 관리하는 데에도 기여한다. 데이터는 표현 방식과 저장 구조에 따라 다양한 기준으로 분류될 수 있으며, 그 중 가장 기본적인 분류는 그림 1.1과 같다.

그림 1.1 데이터 유형 분류 방식

이러한 분류는 데이터를 이해하고 활용하는 데 매우 중요한 기초가 된다. 각각의 데이터 유형은 고유한 특징과 활용 목적을 가지고 있으며, 데이터를 분석하고 활용하는 방법에 직접적인 영향을 미친다. 이러한 영향은 데이터의 종류에 따라 구체적으로 나타난다.

예를 들어 정량적 데이터는 통계 분석에 용이하며, 정성적 데이터는 맥락을 이해하는 데 도움을 준다. 또한, 정형 데이터는 데이터베이스 시스템에서 효율적으로 관리될 수 있으며, 비정형 데이터는 자연어 처리나 이미지 분석 등의 기술을 필요로 한다.

데이터 사이언티스트는 이러한 분류를 바탕으로 적절한 데이터 처리 및 분석 방법을 선택하고, 데이터를 효과적으로 활용할 수 있어야 한다. 이제 각각의 데이터 유형에 따른 분류 방식을 자세히 살펴보자.

정량적 데이터(quantitative data)는 수치로 표현되는 정보로, 주로 대상의 속성을 측정하거나 개수를 세는 방식으로 수집된다. 이는 객관적인 비교와 분석을 가능하게 하며, 통계 분석, 모델링, 시각화 등 다양한 기법을 통해 데이터의 패턴과 추세를 효과적으로 파악할 수 있다. 정량적 데이터는 연속형 데이터와 이산형 데이터로 구분된다.

연속형 데이터(continuous data)는 특정 범위 내에서 무한히 많은 값을 가질 수 있는 데이터로, 키, 몸무게, 온도, 시간 등이 대표적이다. 이러한 데이터는 소수점을 포함하며 연속적인 변화를 나타낸다.

이산형 데이터(discrete data)는 정해진 값만 가질 수 있는 데이터로, 사람 수, 제품 재고 수, 결제 횟수 등이 이에 해당한다. 주로 정수로 표현되며, 특정 구간 내에서 유한한 값만 취할 수 있다.

정성적 데이터(qualitative data)는 수치로 표현하기 어려운 언어적 설명이나 범주로 나타내는 데이터로, 주로 인터뷰, 설문 응답, 관찰 기록 등 다양한 방법으로 수집된다. 이 데이터는 의미 해석에 중점을 두며, 정량적 데이터와 달리 수치 기반의 통계 분석보다는 서술적 분석(descriptive analysis) 또는 해석적 분석(interpretive analysis)에 주로 사용된다. 정성적 데이터는 명목형 데이터와 순서형 데이터로 구분된다.

명목형 데이터(nominal data)는 성별, 혈액형, 국적, 색상 등과 같이 순서나 크기 비교가 불가능한 범주형 데이터를 의미한다. 각 범주 간에는 어떤 우선순위나 우열 관계가 없으며, 단지 서로 다른 그룹을 나타낼 뿐이다. 즉, 명목형 데이터는 분석 시 각 범주를 숫자로 표현하더라도, 이 숫자는 단순한 코드일 뿐 수학적 의미를 가지지 않는다.

순서형 데이터(ordinal data)는 학력, 만족도, 선호도 등과 같이 범주 간에 순서가 존재하는 데이터를 의미한다. 예를 들어, '매우 불만족', '불만족', '보통', '만족', '매우 만족'과 같은 **리커트 척도(likert scale)**[1] 데이터는 순서형 데이터에 속한다. 순서형 데이터는 각 범주 간의 상대적인 크기를 비교할 수 있지만, 정확한 수치적 차이를 측정할 수 있는 것은 아니다.

정형 데이터(structured data)는 미리 정의된 스키마에 따라 저장되는 데이터로, 관계형 데이터베이스(Relational Database, RDB), 스프레드시트, CSV 파일 등이 대표적인 예시다. 정형 데이터는 명확한 필드와 형식을 가지고 있어 관리와 검색이 용이하며, SQL(Structured Query Language)과 같은 쿼리 언어로 효율적인 데이터 추출과 분석이 가능하다.

정형 데이터는 분석 도구와 알고리즘을 적용하기에 적합해 전통적인 통계 분석 및 머신러닝 기법을 활용한 예측 모델 구축, 패턴 발견, 의사결정 지원 등 다양한 목적으로 활용된다.

비정형 데이터(unstructured data)는 텍스트 문서, 이미지, 오디오, 비디오와 같이 정해진 구조가 없는 데이터를 의미한다. 이러한 데이터는 데이터베이스에 저장하기 어려우며, 분석을 위해서는 자연어 처리, 컴퓨터 비전, 음성 인식과 같은 특수한 기술이 요구된다.

비정형 데이터는 인터넷, 소셜 미디어, 각종 센서 등 다양한 원천에서 생성된다. 이러한 데이터는 복잡한 패턴과 의미를 내포하고 있으므로, 딥러닝과 같은 고급 분석 기법을 통해 유의미한 인사이트를 도출할 수 있다.

반정형 데이터(semi-structured data)는 XML, JSON, 로그 파일과 같이 명확한 스키마는 없지만, 태그나 키-값 구조를 통해 암묵적 구조를 가지는 데이터를 의미한다. 정형 데이터와 비정형 데이터의 중간 형태로, 특정 규칙을 통해 데이터를 구분하고 관리할 수 있다. 구

1 설문에서 태도나 의견을 측정하는 데 사용하는 척도

조적 유연성과 접근성이 뛰어나며, 다양한 형식의 데이터 통합 분석에 적합하다. 명시적인 스키마 정의 없이도 일관된 형식을 유지할 수 있어, 데이터 구조가 자주 변경되는 환경에 유리하다.

데이터 사이언스에서는 다양한 데이터 유형을 정확히 이해하고, 각 유형의 특성에 적합한 분석 기법과 모델링 방법을 선택하는 것이 핵심이다. 데이터의 종류와 특성을 면밀히 파악하고, 분석 목적과 상황에 맞는 최적의 방법을 적용해야만 데이터로부터 실질적이고 가치 있는 인사이트를 도출할 수 있다. 표 1.1은 데이터 유형을 정리한 것이다.

표 1.1 데이터 유형

구분	세부 구분	설명	예시	분석 기법
정량적 데이터	연속형 데이터	특정 범위 내에서 무한한 값을 가질 수 있는 데이터	키, 몸무게, 온도, 시간	회귀 분석, t-검정
	이산형 데이터	정해진 값만을 가질 수 있는 데이터	사람 수, 제품 재고 수, 주사위 눈의 수	빈도 분석, 이산 확률 분포
정성적 데이터	명목형 데이터	순서나 크기 비교가 불가능한 범주형 데이터	성별, 혈액형, 국적, 색상	카이제곱 검정, 빈도 분석
	순서형 데이터	범주 간에 순서가 존재하는 데이터	학력, 만족도, 선호도, 리커트 척도	비모수 통계, 순위 기반 분석
정형 데이터	구조적 데이터	미리 정의된 스키마에 따라 저장된 데이터	RDB, 스프레드시트, CSV 파일	SQL 쿼리, 전통적 통계 분석, 머신러닝
비정형 데이터	비구조적 데이터	정해진 구조가 없는 데이터	텍스트 문서, 이미지, 오디오, 비디오	자연어 처리, 컴퓨터 비전, 음성 인식
반정형 데이터	반구조적 데이터	어느 정도 구조를 가지지만 고정된 스키마는 없는 데이터	XML, JSON, 로그 파일	데이터 통합, 데이터 변환, 스키마 마이닝

표 1.1은 데이터 유형을 다양한 기준에 따라 분류하고, 각 유형에 적합한 분석 기법의 예시를 제공한다. 하지만 실제 데이터 분석 과정에서는 개별 데이터 포인트를 설명하는 속성을 이해하는 것이 중요하다. 데이터 속성은 데이터를 구성하는 기본적인 요소이며, 분석의 방향을 결정하는 중요한 역할을 수행한다.

데이터 사이언스에서 변수, 특징, 특성은 데이터 속성을 나타내는 핵심 용어들이다. 이 용어들은 때때로 혼용되지만, 데이터 분석 및 모델링 과정에서 사용 맥락에 따라 약간의 차이가 있다. 이러한 용어에 대한 정확한 이해는 데이터 구조 분석과 인공지능 모델 구축의 출발점이 된다. 이제 데이터 분석에서 실제로 다루는 변수와 특징 같은 속성 개념을 알아보자.

1.1.2 데이터 속성

데이터 속성(data attribute)은 데이터 분석과 모델링에서 핵심적인 개념으로, 데이터를 구성하는 개별 요소들의 성질과 특징을 나타낸다. 이러한 속성들은 데이터를 이해하고, 분석 목표에 맞게 데이터를 가공하며, 나아가 머신러닝 모델을 학습시키는 데 중요한 역할을 한다. 데이터 속성은 크게 변수, 특징, 특성으로 나눌 수 있으며, 각 용어는 유사하지만 미묘한 차이를 가지고 있다.

변수(variable)는 통계학 및 데이터 분석에서 관찰 대상의 속성이나 특성을 나타내는 일반적인 용어다. 변수는 데이터세트(dataset) 내에서 측정되거나 기록되는 각 항목을 의미하며, 그 값이 변할 수 있다는 특징을 가진다. 변수는 데이터의 유형에 따라 범주형 변수와 수치형 변수로 나눌 수 있다.

범주형 변수(categorical variable)는 성별, 혈액형, 지역 등과 같이 명목형(nominal) 또는 순서형(ordinal) 값을 가지는 변수를 의미하며, 수치형 변수는 키, 몸무게, 온도, 소득 등과 같이 수치로 표현되는 값을 가지는 변수를 의미한다.

수치형 변수(numerical variable)는 연속형(continuous) 또는 이산형(discrete)으로 구분될 수 있다. 변수는 분석 대상의 속성을 나타내는 가장 기본적인 단위이며, 데이터 분석의 목적과 방법에 따라 특정 변수를 선택하여 분석을 진행한다. 데이터세트는 여러 변수의 조합으로 구성되며, 각 변수는 데이터의 특정 측면을 나타낸다.

특징(feature)은 머신러닝 및 인공지능 분야에서 주로 사용되는 용어로, 모델 학습에 사용되는 입력 변수를 의미한다. 특징은 종종 변수나 특성을 동의어로 사용하기도 하지만, 머신러닝 맥락에서는 모델의 성능에 영향을 미칠 수 있는 중요한 속성이나 패턴을 나타내는 데 초점을 맞춘다. 특징은 모델의 학습 과정에서 중요한 역할을 수행하며, 모델의 예측 성능을 결정하는 핵심 요소이다.

특징은 데이터의 원시적인 형태 그대로 사용될 수도 있지만, **특징 공학(feature engineering)** 과정을 통해 변환되거나 새롭게 생성될 수도 있다. 예를 들어, '생년월일'이라는 변수는 '나이'라는 특징으로 변환될 수 있으며, 여러 변수를 조합하여 새로운 특징을 만들 수도 있다.

특징은 모델이 학습할 수 있도록 적절한 형태로 표현되어야 하며, 모델의 예측 성능을 향상시키는 데 중요한 역할을 한다. 특징 선택(feature selection)은 모델 학습에 가장 유용한 특징을 선택하는 과정이며, 특징 추출(feature extraction)은 고차원 데이터를 저차원으로 변환하여 모델의 복잡성을 줄이는 과정이다.

특성(characteristic)은 데이터 또는 데이터 객체가 가지는 고유한 성질이나 속성을 의미한다. 특성은 데이터의 본질적인 특징을 나타내는 일반적인 용어이며, 변수나 특징보다 더 포괄적인 의미를 지닌다. 특성은 데이터의 통계적 속성(평균, 분산, 중앙값 등), 데이터의 분포, 데이터 간의 관계 등 다양한 측면을 포함할 수 있다.

예를 들어, '나이' 변수의 특성은 특정 연령대의 분포를 나타낼 수도 있고, '구매 금액' 변수의 특성은 특정 상품 구매자의 성향을 나타낼 수도 있다. 특성은 데이터의 전반적인 성격을 이해하고, 데이터 분석의 방향을 설정하는 데 중요한 역할을 한다. 특성은 데이터의 품질을 평가하고, 데이터 전처리 및 변환 과정을 설계하는 데 활용될 수 있다.

변수는 데이터세트 내 각 항목의 속성을 나타내는 기본 단위이며, 특징은 머신러닝 모델 학습에 사용되는 입력 변수, 특성은 데이터가 가지는 고유한 성질이나 분포적 속성을 의미한다. 다만 변수, 특징, 특성의 개념은 문헌이나 분석 관점에 따라 혼용되기도 한다. 데이터 사이언스 프로젝트에서는 이러한 용어들을 명확하게 구분하여 사용하고, 데이터의 성질을 정확히 이해하는 것이 중요하다.

또한, 데이터의 종류와 특성에 따라 적절한 분석 기법과 모델링 방법을 선택해야 한다. 데이터 사이언티스트는 데이터에 대한 깊은 이해를 바탕으로 데이터를 효과적으로 활용하고, 의미 있는 결과를 도출해낼 수 있어야 한다. 다음 그림 1.2는 데이터 속성 구조를 정리한 것이다.

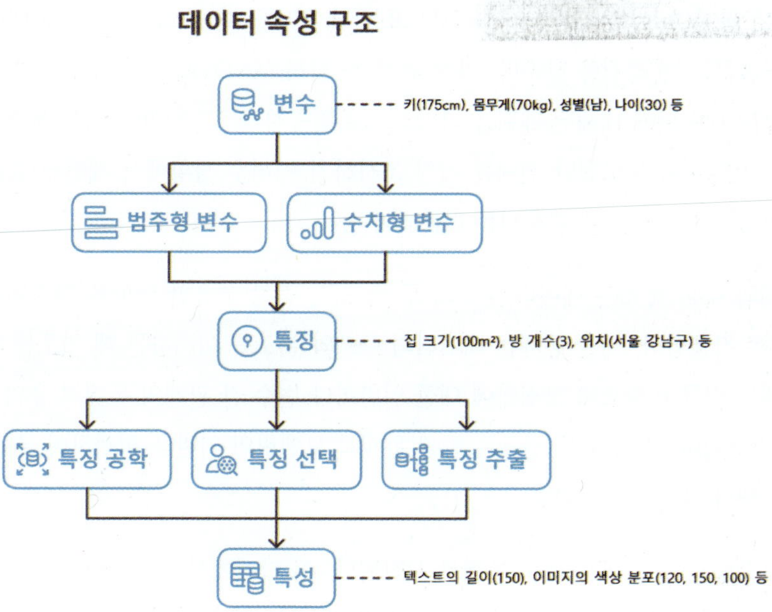

그림 1.2 데이터 속성 구조

1.2 _ 데이터 분석

데이터 분석(data analysis)은 데이터 사이언스의 핵심 과정으로, 복잡한 데이터세트로부터 의미 있는 패턴과 인사이트를 체계적으로 추출하는 과정이다. 이 과정은 단순한 숫자 계산을 넘어, 과학적 방법론을 통해 데이터에 잠재된 구조와 관계를 발견하고 해석하는 종합적인 접근법을 의미한다. 이러한 데이터 분석은 다양한 통계적 방법으로 이루어지며, 크게 기술 통계와 추론 통계 방식이 있다.

기술 통계(descriptive statistics)는 데이터의 기본적인 특성을 요약하고 설명하는 방법론으로, 중심 경향을 나타내는 평균값(mean), 중앙값(median), 최빈값(mode)과 데이터의 산포도를 나타내는 표준편차(standard deviation), 분산(variance), 범위(range) 등의 지표를 활용한다. 이를 통해 데이터의 전반적인 분포와 특성을 이해하고, 복잡한 데이터세트의 핵심 특징을 간결하게 파악할 수 있다. 예를 들어, 평균과 표준편차를 보면 데이터가 어디에 집중되어 있으며 얼마나 퍼져 있는지 알 수 있다.

반면, **추론 통계**(inferential statistics)는 표본 데이터를 바탕으로 모집단에 대한 통계적 결론을 도출하는 데 초점을 맞춘다. 가설 검정, t-검정, ANOVA, 카이제곱 검정 등 다양한 기법을 통해 데이터에 내재된 패턴을 과학적으로 검증하고, 그 결과에 대한 불확실성을 정량화할 수 있다. 이는 모집단 전체를 직접 조사하기 어려운 상황에서 제한된 표본을 통해 일반화된 결론을 내리는 데 활용되는 접근법이다.

기술 통계와 추론 통계는 데이터 분석의 두 축으로, 각각 고유한 역할을 가지면서도 상호 보완적으로 작용한다. 기술 통계는 데이터의 구조와 분포를 이해하는 데 기초를 제공하고, 추론 통계는 이를 바탕으로 모집단에 대한 일반화나 변수 간 관계의 통계적 유의성을 검토하는 데 활용된다. 이처럼 두 접근은 함께 통계적 모델링의 기반을 형성하며, 분석 전반의 신뢰성과 해석 가능성을 높인다.

통계적 모델링 과정은 보통 기술 통계로 시작된다. 이 단계에서는 데이터를 요약하고 시각화하며, 이상치나 분포 형태, 변수 간의 초기 관계를 파악한다. 이러한 기초 분석은 이후의 모델링 단계에서 데이터의 해석을 용이하게 하고, 모델의 신뢰성을 확보하는 데 기여한다. 다음으로는 추론 통계를 적용하여 표본 기반의 통계적 검정을 수행하고, 데이터에 대한 과학적 타당성을 뒷받침하게 된다.

머신러닝 모델을 개발할 때도 이와 같은 통계적 분석은 중요한 기초 작업으로 작용한다. 기술 통계는 데이터의 전반적인 특성과 경향을 파악하는 데 유용하며, 이를 통해 변수 간의 관계를 직관적으로 이해할 수 있다. 추론 통계는 가설 설정이나 특징 선택 등의 과정에서 참고 자료로 활용될 수 있고, 모델 설계의 초기 방향성을 결정하는 데 기여한다. 다만 모델 성능의 본격적인 평가는 교차 검증(cross-validation)이나 정확도, 정밀도 등의 평가 지표(metrics)를 통해 이루어진다.

결국 기술 통계와 추론 통계는 단순히 사전 분석에 그치지 않고, 통계적 모델링과 예측 모델 개발을 가능하게 하는 핵심적인 분석 단계라 할 수 있다. 이 두 접근을 적절히 활용함으로써 더욱 정교하고 신뢰도 높은 모델을 설계하고 학습시킬 수 있다. 이제 이러한 통계적 모델링의 구체적인 내용에 대해 자세히 살펴보자.

1.2.1 통계적 모델링

통계적 모델링(statistical modeling)은 데이터를 기반으로 현상을 설명하고 예측하는 데 사용되는 일련의 수학적 기법들을 의미한다. 이는 수집된 데이터를 이해하고, 변수 간의 관계를 규명하며, 더 나아가 미래의 사건을 예측하는 데 사용되는 도구다.

통계적 모델링은 단순한 통계량 계산을 넘어, 관측된 데이터 간의 구조적 관계를 수학적으로 표현함으로써 **설명(explanation)**, **예측(prediction)**, **추론(inference)**을 수행할 수 있도록 하는 접근 방법이다. 이러한 모델은 주어진 데이터를 통해 학습되며, 학습된 모델은 새로운 데이터에 대해 일반화된 예측을 수행할 수 있다.

통계적 모델링은 다양한 형태를 가지므로, 데이터의 특성과 분석 목적에 따라 적절한 모델을 선택하는 것이 중요하다. 이러한 과정은 데이터를 과학적으로 이해하고 활용하는 데 매우 중요한 역할을 한다. 통계적 모델링에는 크게 회귀 분석, 분류 분석, 군집 분석, 시계열 분석 등이 있다.

회귀 분석(regression analysis)은 종속 변수(dependent variable)와 하나 이상의 독립 변수(independent variable) 간의 관계를 모델링하는 데 사용되는 통계적 기법이다. 회귀 분석에는 다양한 종류가 있으며, 대표적인 예시로 선형 회귀와 다중 회귀가 있다. 선형 회귀(linear regression)는 종속 변수와 독립 변수 간의 선형 관계를 가정하며, 다중 회귀(multiple regression)는 여러 개의 독립 변수를 사용하여 종속 변수를 예측한다.

회귀 분석은 연속형 데이터의 관계를 분석하고 예측하는 데 유용하며, 데이터에 내재된 패턴을 파악하고 변수들 간의 영향력을 정량화하는 데 활용된다. 또한, 회귀 모델을 통해 얻어진 계수(coefficient)는 각 독립 변수가 종속 변수에 미치는 영향의 크기와 방향을 나타내므로 데이터 분석 결과를 해석하는 데 중요한 정보를 제공한다.

분류 분석(classification analysis)은 데이터를 미리 정의된 범주(category) 또는 클래스(class)로 할당하는 것을 목표로 한다. 분류 분석에는 다양한 알고리즘이 사용되며, 대표적인 예시로 로지스틱 회귀, 결정 트리, 서포트 벡터 머신 등이 있다.

로지스틱 회귀(logistic regression)는 이진 분류(binary classification) 문제에 주로 사용되며, 종속 변수가 두 가지 값(예: 0 또는 1)을 가질 때 사용된다. 결정 트리(decision tree)는 데이터를 분할하는 규칙을 학습하여 분류를 수행하며, 서포트 벡터 머신(Support Vector Machine, SVM)은 데이터를 최대한 분리하는 최적의 초평면(hyperplane)을 찾는 방식으로 분류를 수행한다.

이러한 분류 분석 알고리즘들을 활용하여 구축된 것이 바로 분류 모델이다. 분류 모델은 학습 데이터를 기반으로 각 범주에 대한 특징을 학습하고, 새로운 데이터가 주어졌을 때 해당 데이터가 어떤 범주에 속할 가능성이 높은지를 예측하게 된다. 데이터가 속한 범주를 예측하는 데 사용되므로 패턴 인식, 스팸 메일 분류, 의료 진단 등 다양한 분야에서 활용된다.

군집 분석(clustering analysis)은 주어진 데이터를 유사한 그룹(cluster)으로 묶는 것을 목표로 한다. K-평균(K-Means) 알고리즘은 각 데이터 포인트를 가장 가까운 중심점(centroid)을 가진 군집에 할당하는 방식으로 군집화를 수행한다. 계층적 군집화(hierarchical clustering)는 데이터를 계층적인 트리 구조로 표현하여 군집을 형성한다.

군집 분석은 데이터의 숨겨진 구조를 파악하고, 유사한 데이터끼리 그룹화하여 데이터를 이해하는 데 도움을 준다. 이는 고객 세분화, 이미지 분할, 이상 탐지 등 다양한 데이터 분석 문제에 적용될 수 있다. 군집 분석은 사전에 정의된 레이블(label)이 없는 비지도 학습(unsupervised learning) 문제에 주로 사용된다.

시계열 분석(time series analysis)은 시간 순서대로 수집된 데이터를 분석하여 미래의 값을 예측하는 데 사용된다. 자기회귀 모델(Autoregressive Model, AR), 이동평균 모델(Moving Average Model, MA), 자기회귀 이동평균 모델(Autoregressive Moving Average Model, ARMA) 및 자기회귀 누적 이동평균 모델(Autoregressive Integrated Moving Average Model, ARIMA) 등이 시계열 분석에 사용된다.

이러한 모델은 과거의 데이터 패턴을 학습하여 미래의 값을 예측하는 데 활용된다. 시계열 분석은 주식 가격 예측, 날씨 예측, 수요 예측 등 시간과 관련된 데이터를 분석하는 데 유용하며, 데이터의 시간적 의존성을 고려하여 분석하는 것이 중요하다.

통계적 모델링은 데이터 분석의 핵심이며, 데이터를 이해하고 예측하는 데 필수적이다. 앞에서 살펴본 바와 같이, 데이터 분석에서는 다양한 통계적 모델링 기법이 활용된다. 모델 선택 시에는 데이터의 특성과 분석 목표를 고려해야 하며, 모델의 성능을 평가하고 개선하는 과정이 필요하다. 올바른 모델 선택과 정확한 해석은 데이터를 기반으로 합리적인 결론을 도출하는 데 중요한 역할을 한다.

따라서 통계적 모델링을 통해 데이터를 이해한다면 효과적인 데이터 분석 프로세스를 구축할 수 있게 된다. 이어서 데이터 분석 프로세스의 각 단계를 자세히 살펴보면서 어떻게 통계적 모델링이 전체 분석 과정에 통합되는지 살펴보자.

1.2.2 데이터 분석 프로세스

데이터 분석 프로세스는 데이터를 체계적으로 탐색하고 이해하여 유용한 정보를 추출하는 일련의 단계들로 구성된다. 이 과정은 원시 데이터를 수집하는 것에서 시작하여, 데이터를 정리하고 분석하여 패턴을 발견하고, 이러한 결과를 바탕으로 결론을 도출하고 의사결정에 활용하는 것을 목표로 한다. 데이터 분석은 통계학, 컴퓨터 공학, 그리고 해당 분야의 전문 지식을 융합하여 수행하는 복잡한 과정으로, 데이터에서 숨겨진 의미를 발견하는 것이 핵심이다.

데이터 분석 프로세스의 초기 단계에서는 분석하고자 하는 문제나 질문을 명확히 정의하는 것이 매우 중요하다. 이는 분석 방향을 설정하고, 필요한 데이터를 정확하게 식별하는 역할을 한다. 목표 설정 이후에는 다양한 데이터 원천에서 필요한 데이터를 수집하고, 분석에 적합한 형태로 저장되게 한다. 데이터 저장 단계에서는 데이터의 **무결성**(integrity)[2]과 **접근성**(accessibility)[3]이 보장되어야 한다.

데이터 분석 프로세스의 핵심 단계 중 하나는 데이터 처리다. 이 단계에서는 수집된 데이터의 품질을 향상시키기 위해 여러 작업을 수행한다. 데이터 정제는 오류, 누락된 값, 이상치 등을 처리하여 데이터를 분석에 적합하게 만드는 과정이다. 데이터 변환은 데이터의 형식을 변경하거나 새로운 파생 변수를 생성하여 분석 모델에 적용할 수 있게 한다. 데이터 통합은 여러 원천에서 수집된 데이터를 결합하여 분석의 범위를 넓히는 데 사용된다.

2 데이터의 정확성, 일관성, 유효성이 유지되는 것을 의미한다.

3 권한을 가진 사용자가 데이터 분석 및 활용에 필요한 데이터를 쉽고 빠르게 얻을 수 있음을 의미한다.

데이터 모델링은 분석 목표에 적합한 데이터 구조를 설계하는 단계다. 이 단계에서는 데이터 간의 관계를 정의하고, 데이터를 효율적으로 분석하고 저장할 수 있도록 구조화한다. 데이터 모델은 데이터를 이해하고, 데이터 분석 기법을 적용하는 데 중요한 기초를 제공한다.

데이터 분석 단계에서는 통계적 방법, 머신러닝 알고리즘, 시각화 기법 등을 사용하여 데이터를 분석한다. 이러한 분석을 통해 패턴, 추세, 상관관계 등의 유용한 정보를 추출할 수 있다. 통계 분석은 데이터의 특성을 요약하고 가설을 검증하는 데 사용되며, 머신러닝은 데이터에서 패턴을 학습하고 예측 모델을 구축하는 데 활용된다. 데이터 시각화는 분석 결과를 쉽게 이해하고 효과적으로 전달하는 데 유용하다.

데이터 분석 프로세스의 마지막 단계는 분석 결과를 해석하고 실제 의사결정이나 문제 해결에 적용하는 것이다. 데이터 분석 결과는 보고서, 프레젠테이션, 대시보드 등의 형태로 제공될 수 있으며, 이를 통해 비즈니스 전략 수립, 제품 개발, 마케팅 전략 개선 등 다양한 분야에서 활용될 수 있다. 데이터 분석 프로세스는 반복적인 특성을 가지며, 분석 결과를 바탕으로 새로운 질문을 제기하고 추가 분석을 수행한다.

즉, 데이터 분석 프로세스는 데이터로부터 의미 있는 정보와 지식을 추출하여 의사결정을 지원하는 체계적인 과정이다. 다음은 데이터 분석 프로세스를 단계별로 정리한 것이다.

데이터 분석 프로세스 단계

1. **데이터 수집**(data collection): 다양한 원천에서 분석에 필요한 데이터를 수집한다. 데이터 원천은 데이터베이스, 웹 사이트, 센서 데이터, 소셜 미디어 등이 될 수 있다.
2. **데이터 저장**(data storage): 수집된 데이터를 안전하고 효율적으로 저장한다. 데이터베이스, 데이터 웨어하우스, 데이터 레이크 등 다양한 저장 시스템을 사용할 수 있다.
3. **데이터 처리**(data processing): 저장된 데이터를 분석에 적합한 형태로 변환한다. 데이터 정제, 데이터 변환, 데이터 통합 등의 작업이 포함된다.
4. **데이터 모델링**(data modeling): 데이터 간의 관계를 정의하고 데이터를 구조화하여 분석에 용이하도록 만든다.
5. **데이터 분석**(data analysis): 모델링된 데이터를 기반으로 통계 분석, 머신러닝, 시각화 등의 기법을 사용하여 유의미한 패턴과 인사이트를 도출한다.

6. **결과 해석 및 활용**(interpretation and utilization): 분석 결과를 해석하고, 비즈니스 의사결정이나 문제 해결에 활용한다.

데이터 분석 프로세스는 데이터를 수집, 저장, 처리, 분석하고, 필요한 경우 모델링을 수행하며, 그 결과를 해석하여 실질적인 가치를 창출하는 일련의 과정이다. 각 단계는 긴밀히 연관되어 있으며, 각 단계를 효율적으로 수행하는 것이 데이터 분석에 있어 매우 중요하다.

특히, 데이터 모델링은 데이터 분석의 기반을 제공하며, 데이터 분석 프로세스 전체에 영향을 미친다. 데이터 모델링을 통해 데이터를 효율적으로 관리하고, 의미 있는 분석 결과를 도출하여 데이터 기반의 의사결정을 지원할 수 있다. 데이터 분석 프로세스는 모든 프로젝트의 핵심 요소 중 하나이며, 데이터를 구조화하고 조직화하여 분석 및 활용에 적합하게 만드는 중요한 과정이다. 다음 그림 1.3은 데이터 분석 프로세스를 시각화한 것이다.

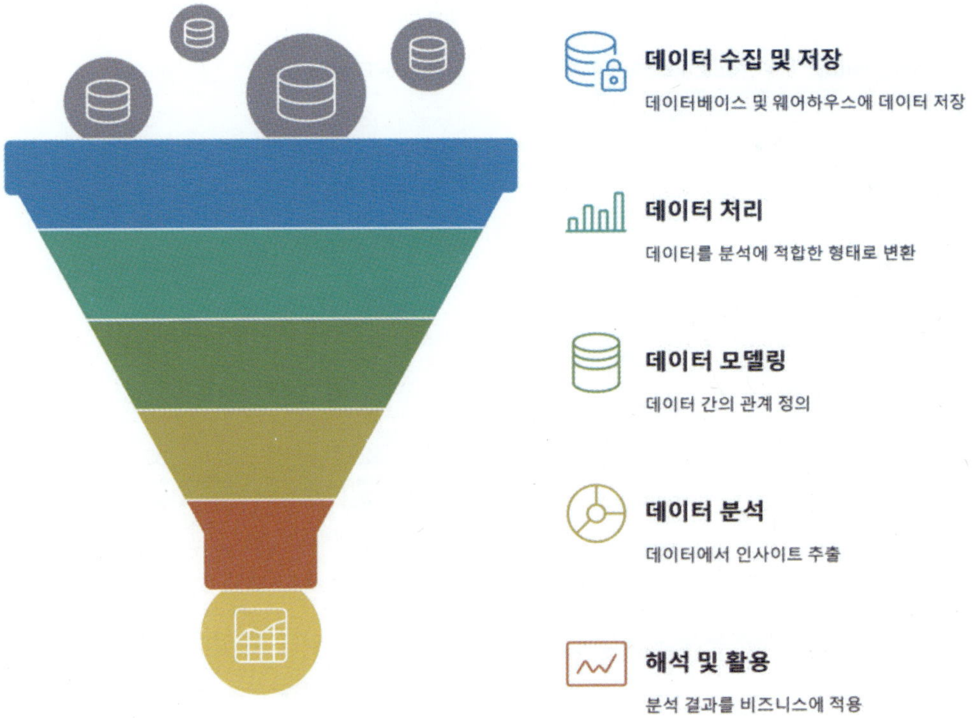

그림 1.3 데이터 분석 프로세스

1.2.3 데이터 분석 예시

데이터 분석은 실제 데이터세트를 통해 다양한 방식으로 적용될 수 있다. 다음은 가상의 데이터를 기반으로 데이터 분석의 몇 가지 예시를 보여준다. 이 예시에서는 온라인 쇼핑몰에서 수집할 수 있는 일반적인 고객 데이터를 활용한 기술 통계, 추론 통계, 통계 모델링, 시각화 기법을 포함한 다양한 데이터 분석 방법을 소개한다.

기술 통계 분석

이 예시에서는 가상의 온라인 쇼핑몰에서 수집한 고객 데이터를 사용하여 데이터를 분석한다. 데이터 구성 요소는 고객 ID(customerID), 구매 금액(purchaseAmount, 단위: 원), 구매 빈도(purchaseFrequency, 단위: 회), 연령(age, 단위: 세) 등이다. 표 1.2는 기술 통계 분석을 위한 가상의 데이터 샘플을 보여준다.

표 1.2 가상의 온라인 쇼핑몰 고객 데이터

customerID	purchaseAmount	purchaseFrequency	age
1	50000	3	25
2	120000	1	32
3	30000	5	45
4	80000	2	28
5	200000	7	38
6	60000	4	22
7	100000	3	50
8	70000	2	35
9	150000	6	42
10	90000	1	29

이 데이터에 대한 기술 통계를 분석하면 다음과 같은 결과를 얻을 수 있다.

평균(mean)

- **구매 금액 평균**: 95,000원
- **구매 빈도 평균**: 3.4회
- **평균 연령**: 34.6세

중앙값(median)

- **구매 금액 중앙값**: 85,000원
- **구매 빈도 중앙값**: 3회
- **연령 중앙값**: 33.5세

표준편차(standard deviation)

- **구매 금액 표준편차**: 약 50,500원
- **구매 빈도 표준편차**: 약 2.1회
- **연령 표준편차**: 약 9.1세

범위(range)

- **구매 금액 범위**: 30,000원 ~ 200,000원
- **구매 빈도 범위**: 1회 ~ 7회
- **연령 범위**: 22세 ~ 50세

사분위수(quartiles)

- **구매 금액**: Q1: 62,500원, Q3: 115,000원
- **구매 빈도**: Q1: 2회, Q3: 4.75회
- **연령**: Q1: 28.25세, Q3: 41세

이러한 기술 통계량은 데이터의 중심 경향과 퍼짐 정도를 이해하는 데 도움을 준다. 예를 들어, 구매 금액의 평균은 95,000원이지만 중앙값이 85,000원인 것으로 보아 큰 금액을 구매하는 일부 고객이 평균을 높이고 있음을 짐작할 수 있다.

추론 통계 분석

위의 고객 데이터에서 30세 미만 그룹과 30세 이상 그룹 간의 구매 금액 차이가 통계적으로 유의미한지 확인하기 위해 t-검정(t-test)을 적용한다. 다음과 같이 두 그룹으로 나누고 가설을 세운다.

나이 그룹

- **30세 미만 그룹**(Group A): customerID 1, 4, 6, 10
- **30세 이상 그룹**(Group B): customerID 2, 3, 5, 7, 8, 9

가설

- **귀무가설**(null hypothesis, H0): 두 그룹 간의 평균 구매 금액 차이는 없다.
- **대립가설**(alternative hypothesis, H1): 두 그룹 간의 평균 구매 금액 차이는 있다.

t-검정을 수행한 결과, 다음과 같은 t-통계량 및 p-값을 얻었다고 가정한다.

t-검정 결과

- **t-통계량**: -1.5985
- **p-값**: 0.1588

t-통계량(t-statistic)은 두 그룹 평균의 차이를 표준 오차로 나눈 값으로, 관찰된 평균 차이가 통계적으로 얼마나 유의미한지를 나타내는 지표다. t-값의 절댓값이 클수록 두 그룹 간 평균 차이가 우연에 의한 것이 아닐 가능성이 높고, 0에 가까울수록 두 그룹 평균이 비슷하거나 관찰된 차이가 우연에 의한 것일 가능성이 높다.

p-값은 귀무가설(두 그룹 평균이 같다는 가설)이 참일 때 현재 데이터와 같거나 더 극단적인 결과가 나올 확률이다. t-통계량 값을 통해 계산되며, 자유도와 검정 방식에 따라 값이 달라질 수 있다. t-통계량의 절댓값이 클수록 p-값은 작아지고, t-통계량이 0에 가까울수록 p-값은 1에 가까워진다. 일반적으로 p-값이 0.05보다 작으면 귀무가설을 기각하고 대립가설을 채택한다.

이 예시에서는 p-값이 0.1588로 0.05보다 크므로, 두 그룹 간의 평균 구매 금액 차이는 통계적으로 유의미하지 않다. 이는 "30세 미만 그룹과 30세 이상 그룹의 평균 구매 금액이 다르다"는 주장에 대한 근거가 부족함을 의미한다. 즉, 평균 차이가 나타났더라도 단순한 우연일 가능성이 크다는 뜻이다. 다음 표 1.3은 p-값 범위에 따른 해석을 정리한 것이다.

표 1.3 p-값 범위에 따른 해석

p-값 범위	해석
$p < 0.01$	매우 강한 증거로 평균이 다를 가능성이 높음(귀무가설 기각)
$0.01 \le p < 0.05$	평균이 다를 가능성이 높음(통계적으로 유의함, 귀무가설 기각)
$0.05 \le p < 0.2$	알 수 없음(차이가 있을 수도 있고, 없을 수도 있음. 추가 데이터 필요)
$p \ge 0.2$	평균이 다를 가능성이 낮음(차이가 없을 가능성이 높음, 귀무가설 기각 못함)

통계 모델링

이번에는 고객의 구매 금액(purchaseAmount)을 예측하기 위한 선형 회귀(linear regression) 모델을 구축한다고 가정해본다. 이 모델에서는 구매 빈도(purchaseFrequency)와 연령(age)을 독립 변수로 사용한다. 선형 회귀 모델은 수식 1.1과 같은 형태를 가진다.

수식 1.1 선형 회귀 모델

$$purchaseAmount = \beta_0 + \beta_1 \times purchaseFrequency + \beta_2 \times age + \varepsilon$$

여기서 β_0는 절편, β_1과 β_2는 각각 구매 빈도와 연령에 대한 회귀 계수, ε는 오차항이다. 회귀 분석을 통해 다음과 같은 회귀 계수를 얻었다고 가정한다.

회귀 계수

- β_0**(절편)**: 41,310
- β_1**(구매 빈도 회귀 계수)**: 9,940
- β_2**(연령 회귀 계수)**: 574

이 모델에 따르면 구매 빈도가 1회 증가할 때마다 구매 금액이 9,940원 증가하고, 연령이 1세 증가할 때마다 구매 금액이 574원 증가한다고 해석할 수 있다. 그러나 이 해석이 정확한지 확인하려면 모델의 성능(신뢰도)을 평가해야 한다. 다음은 모델의 성능 지표를 보여준다.

모델 성능 지표

- **결정계수(R-squared)**: 0.2083(20.83%)
- **평균 제곱근 오차(RMSE)**: 42,718

결정계수를 확인해보면 약 21%로 매우 낮은 수치를 보인다. 이는 모델이 구매 금액 변동의 약 21%만을 설명할 수 있다는 의미다. 평균 제곱근 오차는 예측값이 실젯값과 평균적으로 약 42,718원의 오차를 갖는다는 것을 나타낸다. 구매 금액의 범위(30,000~200,000원)를 고려하면 이는 상당히 큰 오차로 판단할 수 있다.

낮은 결정계수 값은 현재 모델이 구매금액을 예측하는 데 충분하지 않음을 의미하며, 이는 구매금액에 영향을 미치는 중요한 변수들이 누락되었거나, 변수 간 관계가 현재 모델로는 적절히 포착되지 않았을 가능성을 시사한다. 이러한 경우 추가 변수 탐색이나 비선형 모델링 등을 고려해볼 수 있다.

시각화

위의 데이터를 시각화하여 분석 결과를 더 쉽게 이해할 수 있다. 구매 빈도(purchaseFrequency)와 구매 금액(purchaseAmount) 간의 관계를 시각적으로 표현하거나 연령 분포를 시각적으로 표현할 수 있다. 이를 통해 구매 빈도가 높을수록 구매 금액도 높아지는 경향을 확인하거나 연령대별 고객 분포를 확인할 수 있다.

시각화는 분석 결과를 효과적으로 전달하고 데이터에 내재된 패턴이나 추세를 더 쉽게 파악할 수 있도록 도와준다. 다음 그림 1.4는 산점도를 통해 구매 빈도와 금액 간의 관계를, 히스토그램으로 연령 분포를, 막대그래프로 연령대별 평균 구매 금액을 시각화한 것이다.

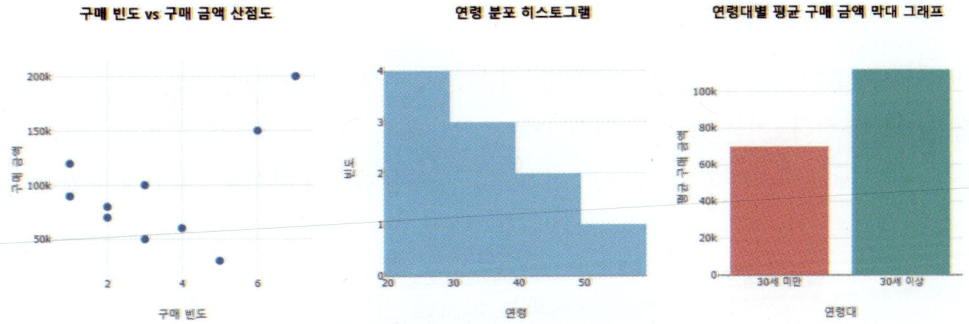

그림 1.4 가상의 온라인 쇼핑몰 고객 데이터 시각화

1.3 _ 데이터 시각화

데이터 시각화(data visualization)는 데이터 분석 과정에서 매우 중요한 단계 중 하나로, 복잡한 데이터세트를 이해하기 쉽고 직관적인 형태로 변환하는 과정이다. 데이터 시각화의 주요 목적은 데이터를 탐색하고, 패턴을 발견하며, 이상치를 식별하고 결과를 시각적으로 전달하여 분석 및 의사결정을 지원하는 데 있다.

데이터 시각화는 단순한 표나 숫자 외에도, 복잡한 데이터의 구조, 특징, 관계를 직관적으로 이해할 수 있도록 명확하게 표현함으로써 데이터 분석의 효율성을 높이는 데 중요한 역할을 한다. 또한, 시각화된 결과는 의사결정 과정에서 중요한 근거 자료로 활용될 수 있으며, 다양한 이해관계자들에게 데이터의 의미를 효과적으로 전달할 수 있다.

시각화를 통해 얻을 수 있는 가장 중요한 이점은 데이터의 **패턴**(pattern)과 **추세**(trend)를 빠르게 파악할 수 있다는 것이다. 예를 들어, 산점도를 사용하면 두 변수 간의 상관관계를 시각적으로 확인할 수 있으며, 히스토그램은 데이터의 분포를 파악하는 데 유용하다. 시계열 데이터의 경우, 선 그래프를 통해 시간 흐름에 따른 변화를 한눈에 볼 수 있다.

이러한 시각적 도구들은 데이터에 숨겨진 패턴을 발견하고, 데이터의 분포나 특성을 직관적으로 이해하는 데 매우 효과적이다. 특히 시각화는 이상치를 빠르게 식별하는 데 유용하다. 이상치는 분석 결과에 큰 영향을 줄 수 있으므로, 시각화를 통해 이를 탐지하고, 그 원인을 파악한 뒤 분석 목적에 따라 적절히 처리하는 것이 중요하다. 이를 통해 데이터 분석의 신뢰성과 정확도를 높일 수 있다.

1.3.1 시각화의 종류

데이터 시각화의 종류는 다양하며, 데이터의 특성과 분석 목적에 따라 적절한 시각화 방법을 선택해야 한다. 기본적으로는 막대그래프, 원그래프, 꺾은선 그래프, 산점도, 히스토그램 등이 있으며, 이러한 기본적인 시각화 도구는 다양한 데이터 분석에 폭넓게 활용된다.

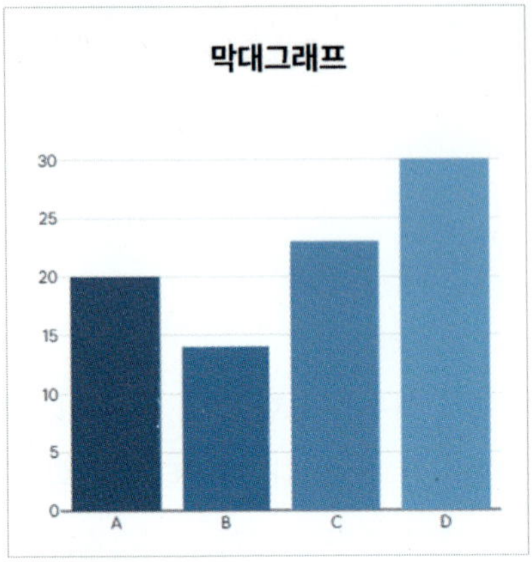

막대그래프(bar chart)는 범주형 데이터의 빈도 또는 크기를 비교하는 데 효과적이다. 각 막대의 길이는 해당 범주의 값 또는 빈도를 나타내며, 여러 범주 간의 차이를 명확하게 보여준다. 예를 들어, 특정 제품의 판매량을 제품 종류별로 비교하거나 설문조사 응답 결과를 각 선택지별로 비교할 때 유용하다. 이때 막대는 수직 또는 수평으로 표현할 수 있으며, 복수의 범주형 데이터를 비교하기 위해 그룹화된 막대그래프(grouped bar chart)나 누적 막대그래프(stacked bar chart)를 사용할 수 있다.

원그래프(pie chart)는 전체 데이터에서 각 범주가 차지하는 비율을 시각적으로 표현하는 데 적합하다. 원 전체는 100%를 나타내며, 각 조각은 해당 범주의 비율을 나타낸다. 원그래프는 각 범주 간의 상대적인 크기를 비교하는 데 유용하지만, 범주가 너무 많거나 각 범주의 비율이 비슷할 경우에는 시각적으로 구분하기 어려울 수 있다. 예를 들어, 시장 점유율을 기업별로 비교하거나 예산 항목별 지출 비중을 보여줄 때 사용할 수 있다.

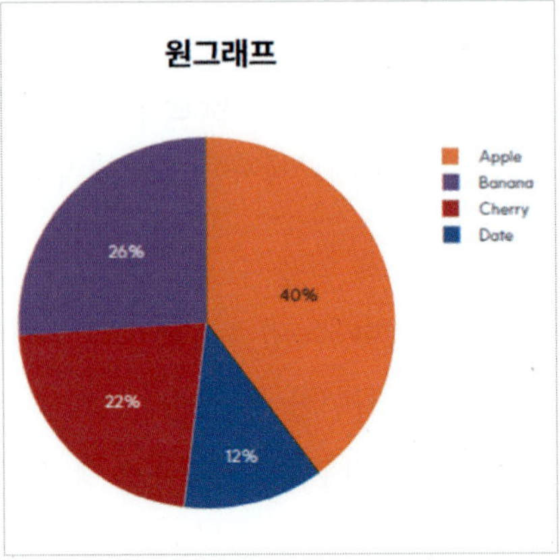

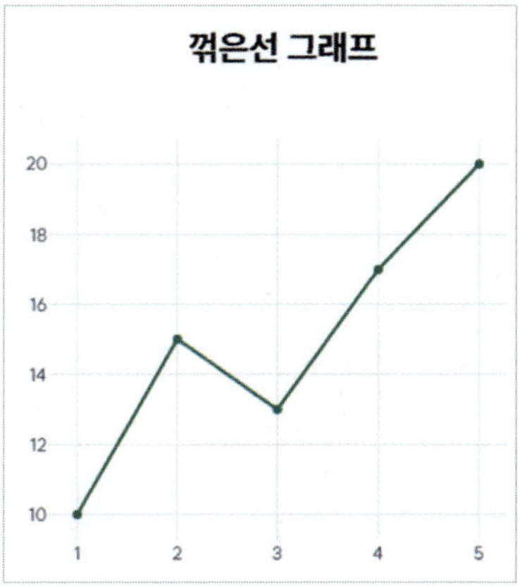

꺾은선 그래프(line chart)는 연속형 데이터가 시간의 흐름에 따라 어떻게 변화하는지 보여주는 데 효과적이다. 각 점은 특정 시간의 데이터를 나타내며, 점들을 연결한 선은 데이터의 추세를 나타낸다. 예를 들어, 주식 가격의 변동 추이, 온도 변화, 웹사이트 방문자 수 변화 등을 시간 흐름에 따라 나타낼 때 유용하다. 꺾은선 그래프는 여러 개의 데이터를 비교하기 위해 복수의 선을 동시에 표현할 수도 있으며, 특정 시간 범위에서의 변화량을 강조하기 위해 영역 그래프(area chart)를 사용할 수도 있다.

산점도(scatter plot)는 두 개의 연속형 변수 간의 관계를 시각적으로 표현하는 데 사용된다. 각 점은 두 변수의 값을 나타내며, 점들의 분포를 통해 두 변수 간의 상관관계(correlation)나 패턴을 파악할 수 있다. 예를 들어, 광고비와 매출액의 관계, 키와 몸무게의 관계 등을 분석할 때 유용하다. 산점도에서는 점들의 밀도를 색상이나 크기로 표현하여 데이터의 분포를 더 명확하게 나타낼 수도 있다.

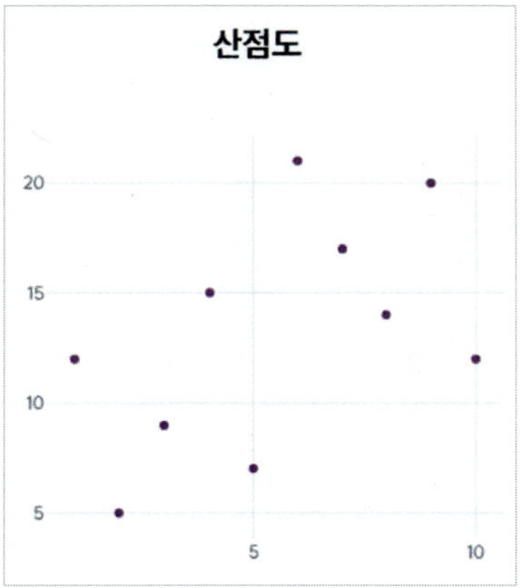

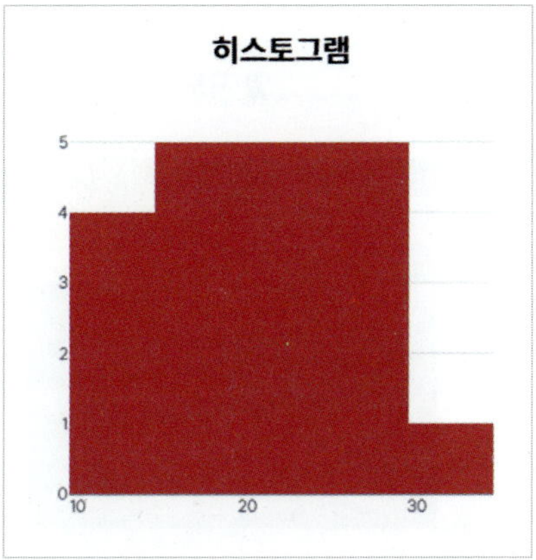

히스토그램(histogram)은 단일 연속형 변수의 분포를 시각적으로 보여준다. 데이터를 특정 범위(bin)로 나누어 각 범위에 속하는 데이터의 빈도를 막대 형태로 표현한다. 히스토그램을 통해 데이터가 특정 값에 집중되어 있는지, 여러 개의 봉우리(peak)를 갖는지, 비대칭(skewness)인지 등을 확인할 수 있다. 예를 들어, 시험 점수의 분포, 키의 분포, 소득 분포 등을 분석할 때 유용하다. 히스토그램은 데이터의 분포를 이해하고, 이상치를 파악하는 데 주로 사용된다.

박스 플롯(box plot)은 데이터의 사분위수와 이상치를 한눈에 보여주는 시각화 도구다. 박스는 제1사분위수(Q1), 중앙값(Median, Q2), 제3사분위수(Q3)를 나타내며, 박스에서 뻗어 나온 휘스커(whisker)는 데이터의 범위를 나타낸다. 휘스커 밖에 있는 점들은 이상치를 나타낸다. 박스 플롯은 여러 집단의 데이터 분포를 비교하거나 데이터의 치우침 정도를 파악하는 데 유용하다. 예를 들어, 여러 제품의 품질 특성을 비교하거나 여러 지역의 소득 분포를 비교할 때 사용할 수 있다.

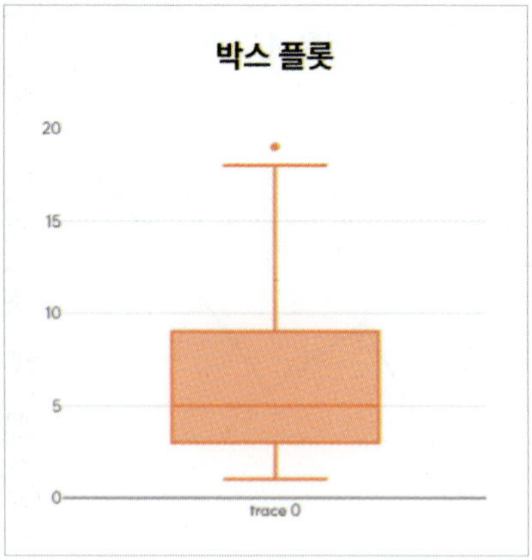

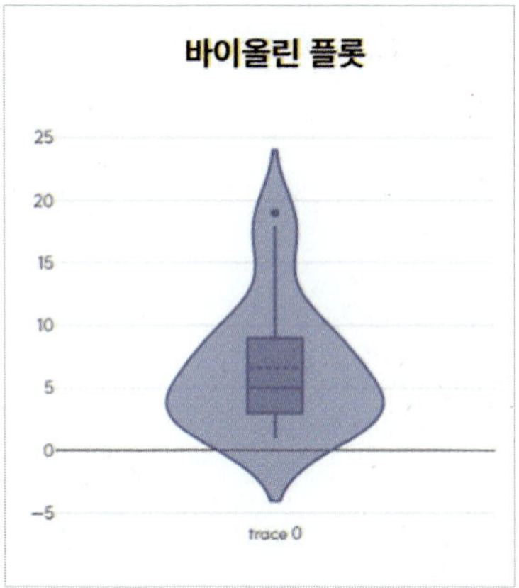

바이올린 플롯(violin plot)은 박스 플롯과 유사하지만, 데이터의 분포를 밀도 형태로 표현하여 더 자세하게 보여준다. 각 바이올린의 넓이는 해당 값에서의 데이터 밀도를 나타내며, 데이터가 어떻게 분포되어 있는지를 시각적으로 이해하기 쉽게 만든다. 바이올린 플롯은 여러 집단의 데이터 분포를 비교할 때 박스 플롯보다 더 자세한 정보를 제공할 수 있다.

열 지도(heatmap)는 행렬 형태의 데이터를 색상으로 표현하여 데이터 간의 관계를 파악하는 데 사용된다. 각 셀의 색상은 해당 값의 크기를 나타내며, 이를 통해 데이터 간의 패턴이나 관계를 시각적으로 파악할 수 있다. 예를 들어, 사용자 행동 패턴, 상관관계 행렬 등을 시각화하는 데 유용하다. 열 지도는 데이터의 패턴을 발견하고 이상치를 파악하는 데 사용된다.

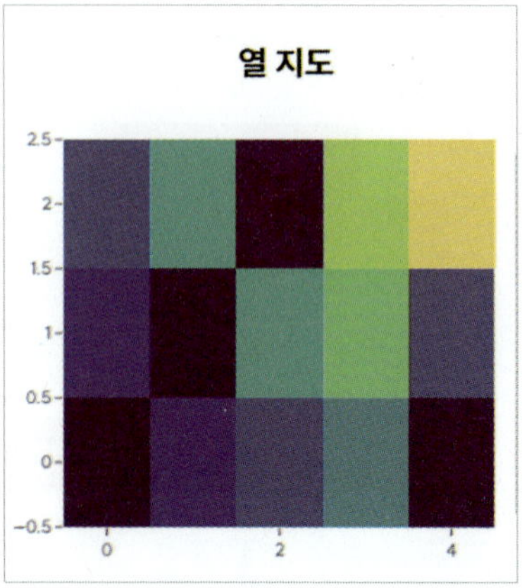

이 외에도 다양한 시각화 도구들이 존재하며, 각각의 시각화 도구는 데이터의 종류와 분석 목적에 따라 적절하게 선택해 사용해야 한다. 데이터 분석 시에는 이러한 시각화 도구들을 적절히 활용하여 데이터를 효과적으로 탐색하고, 분석 결과를 명확하게 전달할 수 있다. 다음 그림 1.5는 대표적인 시각화 종류를 정리한 것이다.

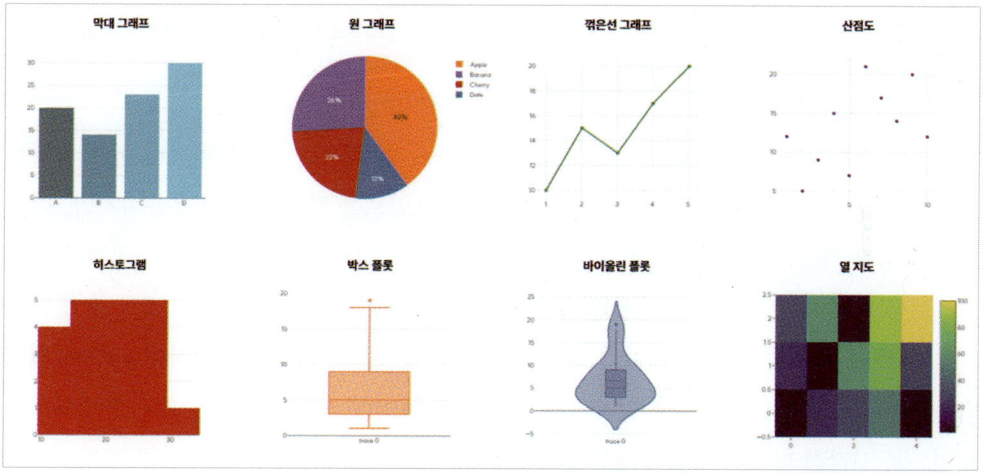

그림 1.5 대표적인 시각화 종류

1.3.2 시각화 원칙

데이터 시각화를 효과적으로 수행하기 위해서는 몇 가지 중요한 원칙들을 숙지하고 적용해야 한다. 시각화 방법의 선택은 데이터의 유형과 분석 목적에 따라 결정되어야 한다. 예를 들어, 시간의 흐름에 따른 연속적인 데이터 변화를 나타내고자 할 때는 꺾은선 그래프가 적합하며, 범주형 데이터의 빈도나 비율을 비교하고자 할 때는 막대그래프나 원그래프가 효과적이다. 이러한 선택은 데이터의 본질을 가장 잘 드러내고, 분석 목표에 부합하는 시각적 표현을 가능하게 한다.

시각화는 **간결성**(simplicity)과 **명확성**(clarity)을 추구해야 한다. 복잡하고 과도한 정보가 포함된 시각화는 오히려 데이터 해석을 어렵게 만들 수 있다. 불필요한 시각적 요소나 장식을 제거하고, 데이터의 핵심적인 특징을 강조하는 것이 중요하다. 차트 제목, 축 레이블, 범례 등을 명확하게 표시하여 시각화의 의미를 쉽게 이해할 수 있도록 해야 한다. 시각적인 요소들을 효과적으로 사용하여 데이터의 메시지를 명확하게 전달하는 것이 핵심이다.

또한, 데이터의 **객관성**(objectivity)을 유지하고, 의도치 않은 **왜곡**(distortion)을 방지하는 것이 중요하다. 예를 들어, 축의 범위를 임의로 조정하거나 특정 데이터 포인트를 과도하게 강조하는 그래프는 데이터 분석의 신뢰성을 저해할 수 있다. 시각화는 데이터의 실젯값과 비율을 정확히 반영해야 하며, 필요에 따라 축의 시작점을 0으로 설정하거나 로그 스케일과 같은 적절한 축 조정 기법을 활용하여 왜곡 가능성을 최소화해야 한다. 단, 로그 스케일은 0 이하의 값에는 사용할 수 없으므로 데이터의 특성에 따라 신중하게 적용해야 한다.

시각화의 가독성을 높이기 위해 색상, 크기, 레이블 등의 시각적 요소들을 신중하게 사용해야 한다. 색상은 시각적 구분을 돕고, 특정 데이터 포인트를 강조하는 데 유용하지만, 너무 많은 색상을 사용하거나 부적절한 색 조합을 사용하면 혼란을 초래할 수 있다. 적절한 색상 팔레트를 사용하여 시각적 일관성을 유지해야 한다. 레이블은 그래프의 각 요소를 명확하게 설명하는 데 필수적이며, 데이터 포인트나 축에 적절한 레이블을 추가하여 데이터 해석을 돕는다. 폰트 크기와 종류를 일관되게 사용하고, 데이터 시각화의 모든 요소가 명확하게 보이도록 시각적 디자인에 주의를 기울여야 한다.

마지막으로 시각화는 데이터에 대한 인사이트를 얻고, 의사결정에 필요한 정보를 제공하는 데 기여해야 한다. 단순히 예쁜 그림을 만드는 것이 아니라, 시각화를 통해 데이터를 이해하고, 데이터에서 의미 있는 패턴을 발견하며, 분석 결과를 효과적으로 전달해야 한다. 시각화는 데이터의 맥락을 이해하고 문제 해결에 필요한 결론을 도출하는 데 기여해야 한다.

데이터 시각화는 데이터 분석 프로세스에서 핵심적인 역할을 하며 데이터에 대한 심층적인 이해를 통해 정확하고 효율적인 의사결정을 가능하게 한다. 다음 그림 1.6은 시각화 원칙이 지켜지지 않았을 때의 결과를 비교한 것이다.

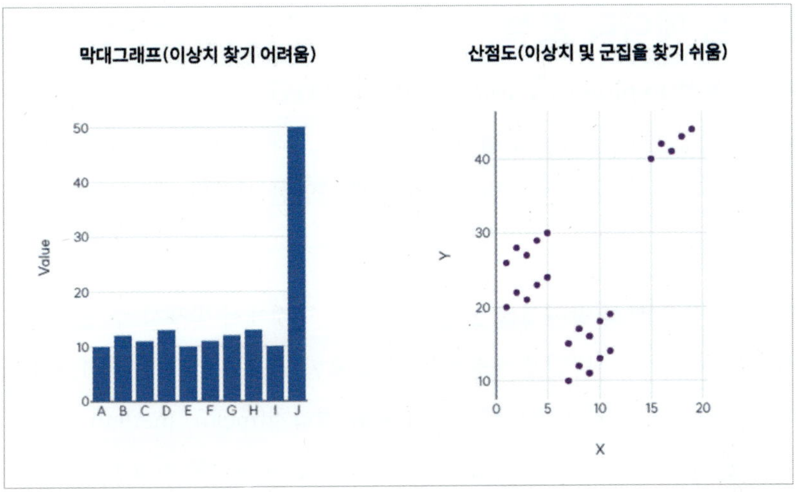

그림 1.6 막대그래프와 산점도 비교

그림 1.6의 왼쪽과 같은 막대그래프만으로는 전체 데이터의 분포나 이상치를 파악하기 어려울 수 있다. 막대그래프는 각 범주별 데이터 값을 비교하는 데는 유용하지만, 데이터 간의 관계나 분포를 파악하는 데는 한계가 있다. 그림 1.6 왼쪽의 막대그래프에서 J 범주의 값이 매우 크다는 것은 쉽게 알 수 있지만, 나머지 데이터들의 분포나 특정 이상치가 있는지는 명확하게 파악하기 어렵다.

반면, 그림 1.6의 오른쪽 그래프와 같은 산점도는 두 변수 간의 관계를 시각적으로 보여주기 때문에 이상치와 군집(cluster)을 보다 쉽게 식별할 수 있다. 산점도는 각 데이터 포인트를 좌표 평면에 점으로 나타내므로 데이터의 밀집도나 패턴을 한눈에 파악할 수 있다. 이 경우 특정 군집이 형성되어 있고, 몇몇 점들이 군집에서 벗어나 이상치로 구분될 수 있음을 시각적으로 확인할 수 있다.

이러한 시각화 방식의 차이는 데이터의 분석 목적과 특성에 따라 적절한 시각화 방법을 선택하는 것이 얼마나 중요한지를 보여준다. 직관적인 시각화 방식은 변수 간의 관계, 이상치, 군집 등의 패턴을 파악하는 데 유용하며, 이를 통해 보다 심층적인 분석이 가능해진다. 결과적으로, 데이터 시각화는 데이터를 올바르게 이해하고 효과적인 의사결정을 내리는 데 필수적인 도구이며, 데이터의 특성과 분석 목적에 맞는 적절한 시각화 방법을 선택해야 한다.

1.4 _ 탐색적 데이터 분석

탐색적 데이터 분석(Exploratory Data Analysis, EDA)은 프로젝트 초기 단계에서 수행하는 핵심 분석 방법론이다. 이는 수집된 데이터의 구조와 특성을 파악하고, 데이터에 내재된 패턴, 변수 간 관계, 이상치 등을 발견하기 위해 다양한 시각화 기법과 기술 통계를 활용하는 과정이다.

탐색적 데이터 분석은 분석 방향성을 설정하고, 분석 과정에서 발생할 수 있는 잠재적인 문제를 사전에 발견하고 해결 방안을 도출하는 데 중요한 역할을 한다. 특히 1.2절 '데이터 분석'에서 다룬 기술 통계를 활용하여 데이터의 중심 경향치(mean, median, mode)와 산포도(standard deviation, variance, range, interquartile range)를 파악한다.

탐색적 데이터 분석을 통해 데이터의 품질을 검증하고, 데이터에 대한 이해를 바탕으로 보다 효율적인 모델링 및 분석 전략을 수립할 수 있다. 이러한 탐색적 데이터 분석의 핵심 목적은 크게 세 가지로 요약할 수 있다.

첫 번째는 데이터의 구조와 특징을 파악하는 것이다. 이는 데이터의 분포, 중심 경향, 산포 등을 다양한 시각적, 통계적 방법을 통해 확인하는 과정을 포함한다. 예를 들어, 히스토그램을 통해 데이터 값의 빈도 분포를 시각적으로 파악하고, 평균, 중앙값, 표준편차 등의 통계량을 계산하여 데이터의 중심과 흩어진 정도를 수치적으로 파악할 수 있다.

두 번째는 데이터 내에 숨겨진 패턴과 이상치를 발견하는 것이다. 이는 데이터의 특이한 점을 찾아내고, 이를 분석에 활용하거나 제거하는 과정을 의미한다. 예를 들어, 박스 플롯이나 이상치 탐지 알고리즘을 사용하여 데이터의 일반적인 범위에서 벗어난 값을 식별하고, 해당 이상치가 데이터 입력 오류, 측정 오류, 또는 특이한 사건으로 인해 발생한 것인지 판단해야 한다.

마지막으로, 데이터 분석에 유용한 변수를 선택하고 변수 간의 관계를 탐색하는 것이다. 변수 간의 관계는 시각화를 통해 직관적으로 확인할 수 있으며, 상관계수를 계산하면 두 변수 간의 선형적 관계를 수치적으로 평가할 수 있다. 다만, 상관계수는 변수 간의 선형적 관계만 측정하므로, 시각적 분석을 병행하여 비선형 관계까지 파악해야 한다. 이러한 탐색은 예측 모델링에 사용할 특징을 선정하거나 특정 현상을 설명할 수 있는 가설을 수립하는 데 중요한 기반이 된다.

1.4.1 탐색적 데이터 분석 체크리스트

탐색적 데이터 분석은 단순한 데이터 확인을 넘어, 데이터의 품질과 분석 방향성을 명확히 설정하는 데 중점을 둔다. 그러므로 각 항목을 확인하면서 분석 과정에서 누락된 부분이 있는지 확인해보자. 탐색적 데이터 분석 프로세스는 그림 1.7과 같다.

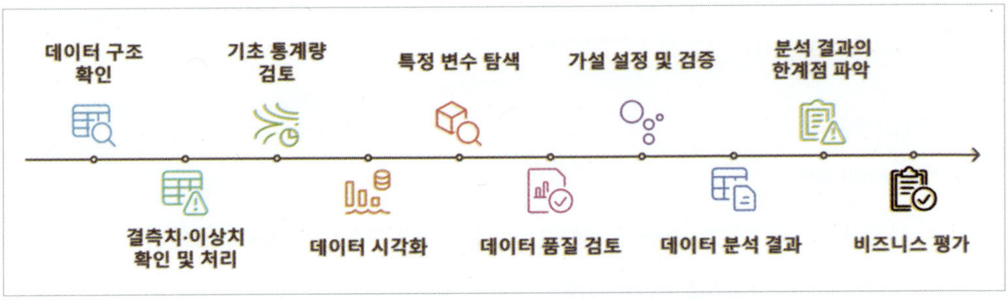

그림 1.7 탐색적 데이터 분석 프로세스

이제 이 프로세스를 바탕으로, 탐색적 데이터 분석을 수행할 때 점검해야 할 단계별 체크리스트를 살펴보자. 각 단계에서는 데이터의 구조부터 통계적 특성, 변수 간의 관계에 이르기까지 다양한 측면에서 데이터를 점검하게 된다. 이러한 체크리스트는 분석의 완성도와 정확도를 높이는 데 중요한 가이드라인이 된다.

데이터 준비 단계

- **데이터 구조 확인**
  - 열의 이름과 의미를 파악했는가?
  - 각 열의 데이터 형식(int, float, object 등)을 확인했는가?
  - 데이터의 형태(Required, Optional, Nullable 등)나 데이터의 크기(행, 열 개수)를 확인했는가?
  - 데이터 샘플을 확인했는가?
  - 필요 없는 열을 제거했는가?
  - 필요에 따라 데이터 형식을 적절하게 변환했는가?
- **결측치 확인 및 처리**
  - 각 열의 결측치 개수를 확인했는가?
  - 결측치 패턴을 파악했는가? (랜덤 결측, 특정 조건 결측 등)

- 결측치 처리 방법을 결정했는가? (제거, 대체, 보간 등)

- **이상치 확인 및 처리**
  - 각 열의 이상치 존재 여부를 확인했는가?
  - 이상치 발생 원인을 파악했는가?
  - 이상치 처리 방법을 결정했는가? (제거, 변환, 유지 등)
  - 결정한 방법에 따라 이상치를 처리했는가?

데이터 탐색 단계

- **기초 통계량 확인**
  - 수치형 데이터의 기초 통계량(평균, 중앙값, 최솟값, 최댓값, 표준편차 등)을 확인했는가?
  - 범주형 데이터의 빈도수를 확인했는가?
  - 데이터 분포를 파악했는가?
- **데이터 시각화**
  - 데이터 분포를 파악했는가? (히스토그램, 박스 플롯 등)
  - 수치형 데이터 간의 관계를 파악했는가? (산점도, 열 지도 등)
  - 범주형 데이터 간의 관계를 파악했는가? (막대그래프, 원그래프 등)
- **특정 변수 탐색**
  - 분석 목적에 따라 특정 변수에 대해 상세히 탐색했는가?
  - 변수 간의 관계를 파악하고 가설을 설정했는가?
  - 필요에 따라 변수를 생성하거나 변형했는가?

데이터 분석 단계

- **데이터 품질 검토**
  - 데이터의 정확성과 신뢰성을 검토했는가?
  - 데이터 수집 과정에서의 오류나 편향 가능성을 고려했는가?
- **가설 설정 및 검증**
  - 데이터 탐색 결과와 도메인 지식을 바탕으로 분석에 필요한 가설을 설정했는가?
  - 프로파일링 결과(분포, 통계, 패턴)를 분석하고 데이터 품질 문제를 발견했는가?

- 단순한 상관관계 분석을 넘어 인과 관계를 분석하기 위한 시도를 했는가?
- 인과 관계를 주장하기 위한 충분한 증거를 확보했는가?

- **데이터 분석 결과**
  - 주요 분석 결과를 요약했는가?
  - 데이터에서 발견한 인사이트를 정리했는가?
  - 추가 분석이 필요한 부분을 파악했는가?

분석 결과 해석 단계

- **분석 결과의 한계점 파악**
  - 데이터의 편향, 수집 과정의 오류, 분석 방법의 한계점 등 분석 결과의 불확실성을 인지했는가?
  - 분석 결과에 대한 해석을 할 때 한계점을 명확히 제시했는가?
- **비즈니스 평가**
  - 분석 결과가 비즈니스 의사결정에 미치는 영향을 평가했는가?
  - 분석 결과가 비즈니스 목표 달성에 기여할 수 있는 부분을 구체적으로 제시했는가?

1.4.2 탐색적 데이터 분석 예시

앞서 설명한 체크리스트를 기반으로 탐색적 데이터 분석을 실제로 적용해보자. 이를 위해 활용할 데이터는 표 1.4에 제시된 가상의 온라인 쇼핑몰 고객 구매 데이터다. 이 데이터는 고객의 기본 정보부터 구매 내역, 상품 리뷰 점수에 이르기까지 다양한 속성을 포함하고 있으며, 실제 분석 상황에서 마주할 수 있는 전형적인 구조를 갖추고 있다.

표 1.4 가상의 온라인 쇼핑몰의 고객 구매 데이터

CustomerID	Age	Gender	Category	PurchaseAmount	PurchaseDate	ReviewScore
1	28	Male	Electronics	15000.50	2025-01-05	4
2	35	Female	Clothing	8500.00	2025-01-10	5
3	22	Female	Books	25000.75	2025-01-15	3
4	40	Male	Home	11000.20	2025-01-20	4
...	...	...	...	...	...	...

- CustomerID: 고객 고유 ID(int)
- Age: 고객 나이(int)
- Gender: 고객 성별(string)
- Category: 구매한 상품 카테고리(string)
- PurchaseAmount: 구매 금액(float)
- PurchaseDate: 구매 날짜(string)
- ReviewScore: 상품 리뷰 점수(int)
- 일부 데이터는 의도적으로 이상치나 결측치를 포함할 수 있다고 가정

이제부터 표 1.4의 데이터를 기반으로, 탐색적 데이터 분석의 각 단계를 실제로 수행해 보자. 각 단계에서 데이터의 구조 이해, 이상치 탐지, 분포 확인, 변수 간 관계 파악 등 분석 전반에 필요한 핵심 점검 항목들을 구체적으로 살펴보게 될 것이다.

데이터 준비 단계 ①: 데이터 구조 확인

가장 먼저 각 열의 이름과 의미를 파악한다. 예를 들어, 'Age'는 고객의 나이를 나타내고, 'PurchaseAmount'는 구매 금액을 의미한다는 것을 명확히 인지하고 각 열의 데이터 형식을 확인한다.

'Age'나 'PurchaseAmount' 같은 수치형 데이터와 'Gender', 'Category' 같은 범주형 데이터를 구분한다. 또한, 'PurchaseDate' 열은 문자열로 저장되어 있으므로 날짜 형식으로 변환한다.

이후, 데이터의 행과 열 개수를 확인하여 전체적인 데이터 크기를 파악하고, 샘플 데이터를 살펴보면서 데이터의 전반적인 내용을 확인한다. 예를 들어 분석에 활용되지 않는 'CustomerID' 열은 분석 전에 제거한다.

데이터 준비 단계 ②: 결측치 확인 및 처리

각 열에 결측치가 있는지 확인하고, 결측치가 있다면 그 개수를 파악한다. 결측치가 발생한 이유와 패턴을 파악해야 한다. 예를 들어, 리뷰 점수가 없는 경우는 상품 구매 후 리뷰를 남기지 않은 경우일 수 있다는 것을 추측할 수 있다.

결측치 처리 방법을 데이터의 특성과 분석 목적에 맞게 결정한다. 결측치 비율이 작다면 평균값이나 중앙값으로 대체하거나, 전체 데이터에 미치는 영향이 적다면 결측치가 있는 행을 삭제할 수 있다.

데이터 준비 단계 ③: 이상치 확인 및 처리

각 열에 이상치가 있는지 확인한다. 예를 들어, 'Age' 열에 음수 값이나 극단적으로 높은 나이가 있는지 확인하고, 'PurchaseAmount' 열에 너무 작거나 큰 값은 없는지 확인한다. 이후, 이상치가 발생한 이유를 분석한다. 데이터 입력 오류인지, 아니면 특수한 상황으로 인한 것인지 판단한다.

이상치를 처리할 때 데이터의 특성과 분석 목적을 고려하여 이상치를 제거할지, 변환할지, 아니면 유지할지를 결정한다. 이상치를 제거할 때는 전체적인 데이터 분포에 영향을 주지 않도록 주의해야 한다.

데이터 탐색 단계 ①: 기초 통계량 확인

수치형 데이터의 평균, 중앙값, 최솟값, 최댓값, 표준편차 등 기초 통계량을 확인하여 데이터의 중심 경향과 퍼짐 정도를 파악한다. 범주형 데이터의 경우, 각 값의 빈도수를 확인하여 어떤 범주가 가장 많은지 파악한다.

다음으로 데이터의 분포를 파악한다. 예를 들어, 나이 데이터가 특정 연령대에 몰려있는지, 구매 금액이 특정 범위에 집중되어 있는지 확인한다.

데이터 탐색 단계 ②: 데이터 시각화

히스토그램, 박스 플롯 등을 사용하여 수치형 데이터의 분포를 시각적으로 확인한다. 이를 통해 데이터의 치우침이나 이상치를 파악한다. 또한, 산점도를 사용하여 두 수치형 데이터 간의 관계를 파악할 수 있다. 예를 들어, 나이와 구매 금액 간에 어떤 관계가 있는지 확인할 수 있다.

막대그래프나 원그래프를 사용하여 범주형 데이터의 빈도수를 시각적으로 확인한다. 이를 통해 각 범주의 비율을 쉽게 파악할 수 있다. 범주형 데이터와 수치형 데이터를 함께 시각화하여 범주에 따른 수치형 데이터의 차이를 확인한다. 예를 들어, 성별에 따른 구매 금액 차이를 박스 플롯으로 확인할 수 있다.

데이터 탐색 단계 ③: 특정 변수 탐색

분석 목적에 따라 특정 변수에 대해 탐색한다. 예를 들어, 구매 금액이 높은 고객의 특징을 파악하기 위해 해당 고객의 나이, 성별, 구매 카테고리 등을 분석할 수 있다.

변수 간의 관계를 파악하고 가설을 설정한다. 예를 들어, “여성 고객이 남성 고객보다 평균 구매 금액이 높을 것이다.”라는 가설을 세우고 데이터를 통해 검증한다.

필요에 따라 변수를 새로 생성하거나 변형한다. 예를 들어, 구매 날짜를 기준으로 월별 데이터를 생성하거나 나이를 특정 범위로 그룹화할 수 있다.

데이터 분석 단계 ①: 데이터 품질 검토

데이터의 정확성과 신뢰성을 검토한다. 데이터가 수집된 과정과 수집 시 오류가 발생할 가능성을 고려한다. 또한, 데이터에 편향이 있는지 확인한다. 예를 들어, 특정 성별이나 연령대의 고객 데이터가 과도하게 많거나 적은지 확인한다.

데이터 분석 단계 ②: 가설 설정 및 검증

데이터 탐색 결과를 바탕으로 구체적인 가설을 설정한다. 예를 들어, “특정 상품 카테고리가 다른 카테고리보다 더 많은 수익을 창출한다”는 가설을 세운다. 설정한 가설을 데이터 분석을 통해 검증한다. 평균, 분산, 상관관계 분석 등을 활용하여 가설이 타당한지 확인한다.

추가로 상관관계 분석을 통해 변수들 사이의 연관성을 파악하거나, 분포, 통계, 패턴을 분석하여 데이터 품질 문제를 발견하고 해결할 수 있다.

데이터 분석 단계 ③: 데이터 분석 결과

주요 분석 결과를 명확하게 요약한다. 어떤 변수가 주요한 영향을 미치는지, 어떤 패턴이 나타나는지 설명한다. 그리고 데이터에서 발견한 중요한 인사이트를 정리한다. 예를 들어, 특정 연령대의 고객이 특정 상품 카테고리를 선호한다는 것을 설명할 수 있다.

추가 분석이 필요한 부분을 파악한다. 예를 들어, 구매 후 리뷰 점수가 낮은 이유를 추가적으로 분석할 필요가 있다는 것을 제시한다.

분석 결과 해석 단계 ①: 분석 결과의 한계점 파악

데이터의 편향, 수집 과정의 오류, 분석 방법의 한계점 등 분석 결과에 영향을 줄 수 있는 요인을 파악한다. 분석 결과에 대한 해석을 할 때 이러한 한계점을 명확히 제시한다. 예를 들어, 데이터 수집 기간이 짧아서 분석 결과가 일반화될 수 없다는 점을 언급할 수 있다.

분석 결과 해석 단계 ②: 비즈니스 평가

분석 결과가 비즈니스 의사결정에 미치는 영향을 평가한다. 예를 들어, 특정 상품 카테고리의 마케팅을 강화해야 한다는 것을 제시할 수 있다. 이를 통해 분석 결과가 비즈니스 목표 달성에 어떻게 기여할 수 있는지 구체적으로 제시한다. 예를 들어, 고객 맞춤형 상품 추천 시스템을 개발하거나 특정 고객층을 위한 프로모션 전략을 수립할 수 있다고 제안할 수 있다.

우수한 탐색적 데이터 분석은 데이터의 전반적인 개요와 각 변수의 특성을 정확하게 파악하고, 적합한 시각화 기법을 사용하여 데이터의 분포와 변수 간의 관계를 설명할 수 있어야 한다. 이외에도 데이터의 결측치, 이상치, 불일치와 같은 문제를 식별하고 처리하며, 숨겨진 패턴이나 트렌드를 찾아내야 한다. 즉, 단순한 정보 나열을 넘어 데이터로부터 인사이트를 얻어야 한다.

만약 데이터를 제대로 탐색하지 않고 피상적인 분석만 수행하거나 부적절한 시각화 방법을 사용한다면, 데이터 분석의 정확성과 신뢰도를 떨어뜨리고 잘못된 결론을 도출할 수 있다. 따라서 다양한 시각화 기법과 통계적 분석을 활용하여 데이터를 다각도로 탐색하는 것이 중요하다.

2

머신러닝의 기초

2.1 _ 머신러닝 개념
2.2 _ 머신러닝의 학습 원리
2.3 _ 모델 성능 개선 및 평가
2.4 _ 머신러닝 모델 적용 예시

머신러닝(Machine Learning, ML)은 인공지능의 한 분야로, 명시적인 프로그래밍 없이 컴퓨터가 데이터를 기반으로 학습하는 기술이다. 이를 통해 스스로 지식을 습득하고 예측이나 의사결정을 수행할 수 있는 알고리즘을 연구하는 분야다.

기존 프로그래밍 방식은 명시된 규칙에 따라 시스템을 구축했지만, 머신러닝은 데이터로부터 학습하여 문제를 해결하고 시스템 성능을 향상시키는 데 초점을 맞춘다. 즉, 전통적인 프로그래밍은 규칙과 데이터를 통해 결과를 예측하는 반면, 머신러닝은 데이터와 결과를 통해 규칙을 찾아낸다.

머신러닝은 데이터를 분석하여 규칙이나 패턴을 발견하고 예측 알고리즘을 생성한다. 이 예측 알고리즘을 **모델**(model)이라고 하며, 새로운 데이터를 모델에 입력하여 얻은 추론 결과를 **예측값**(prediction)이라고 한다.

통계적 기법을 활용하여 데이터를 의미 있는 정보로 변환하고, 학습된 모델을 통해 유사한 유형의 데이터를 분석하여 예측 결과를 사용자에게 제공한다. 머신러닝은 데이터에서 규칙이나 패턴을 찾아내어 정보를 만들고, 이를 통해 어려운 문제를 해결하는 데 활용된다.

전통적인 프로그래밍은 사전에 정의된 작업을 수행하기 위해 코드를 작성하는 반면, 인공지능은 알고리즘과 모델을 사용하여 명시적으로 프로그래밍되지 않은 작업을 수행하고 시간이 지남에 따라 성능이 개선되도록 설계되었다. 그림 2.1은 전통적 프로그래밍 방식과 머신러닝 작동 방식을 보여준다.

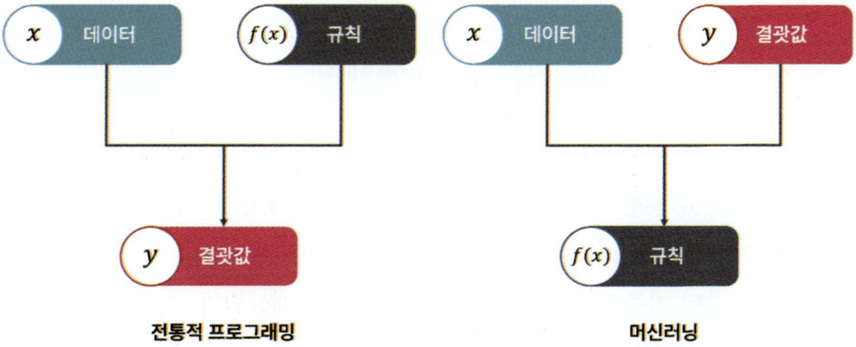

그림 2.1 전통적 프로그래밍과 머신러닝 작동 방식

머신러닝이 인공지능의 하위 분야라면, 신경망과 딥러닝은 머신러닝의 하위 분야에 속한다. 신경망은 머신러닝의 한 분야이며, 딥러닝은 다층 구조로 이루어진 신경망을 활용하는 기법이다. 신경망은 **인공 신경망**(Artificial Neural Network, ANN)을 의미하며, 인간 뇌의 신경 세포 네트워크에서 영감을 얻은 통계 학습 알고리즘이다. 이는 신경 세포(neuron)가 신호를 전달하는 방식과 유사하게 구현된 알고리즘으로, 수많은 신경 세포로 이루어진 네트워크를 통해 복잡한 활동이 가능하다.

신경망은 서로 연결된 **노드**(node)들의 집합으로 구성되며, 이러한 노드 집합을 하나의 **계층**(layer)으로 묶어 계층적인 구조를 형성한다. 이러한 노드는 배열의 원소처럼 특정 위치를 차지하며, 이전 계층에서 계산된 활성화 값으로 표현된다. 이 값은 이전 계층의 노드들과 연결된 가중치들의 영향을 받아 결정되며, 다음 계층의 노드들에게 영향을 주는 요소가 된다. 그림 2.2는 노드와 계층을 시각화한 것이다.

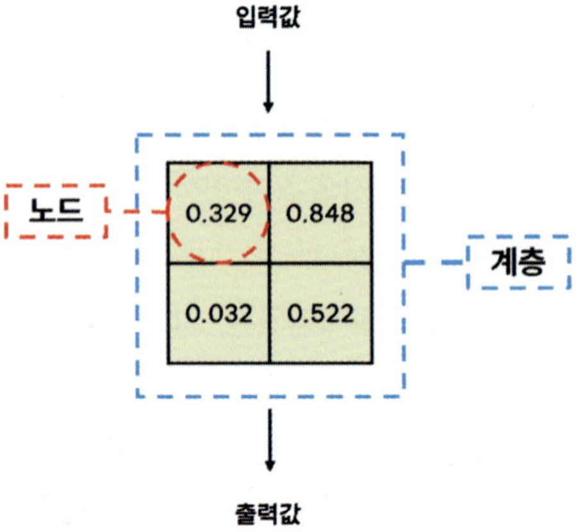

그림 2.2 노드와 계층 시각화

그림 2.2의 노란색 2×2 행렬은 하나의 계층을 간략하게 표현한 것이다. 이 계층은 네 개의 노드로 구성되어 있으며, 각 노드는 배열의 원소처럼 생각할 수 있다. 각 노드 안의 숫자(예: 0.329, 0.848)는 해당 노드의 **활성화 값**(activation)을 나타낸다. 활성화 값은 이전 계층의 노드들과 연결된 **가중치**(weight)와 입력값에 의해 계산되며, 다음 계층으로 정보를 전달하는 데 중요한 역할을 한다.

신경망은 이처럼 여러 개의 계층이 순차적으로 연결된 계층적인 구조를 가진다. 각 계층은 입력 데이터를 받아 변환하고, 그 결과를 다음 계층으로 전달한다. 이러한 과정을 통해 신경망은 점차 복잡한 패턴을 학습할 수 있게 된다. **딥러닝(Deep Learning, DL)**은 이러한 신경망의 계층을 깊게 쌓아 복잡한 문제를 해결하는 데 사용하는 방법이다.

이러한 신경망 계층 구조는 **입력층(input layer)**, **은닉층(hidden layer)**, **출력층(output layer)**으로 나뉜다. 입력층은 학습 데이터를 받아들이고, 은닉층은 데이터의 특징을 추출 및 변환하며, 출력층은 최종 결과를 반환한다. 특히, 은닉층이 여러 개로 구성된 신경망을 **'깊은(deep)'** 신경망이라고 부른다.

예를 들어, 고양이 이미지에서 품종을 구분하는 딥러닝 모델은 입력층에서 이미지를 받아 여러 은닉층을 거쳐 출력층에서 고양이 품종을 예측한다. 딥러닝은 인공 신경망에 학습 알고리즘과 대량의 데이터를 제공하여 패턴 인식 능력과 예측 성능을 향상시킨다.

머신러닝에서는 학습 성능을 높이기 위한 다양한 접근 방식이 존재하며, 사용되는 알고리즘에 따라 여러 유형으로 분류할 수 있다. 현재의 상황, 시스템의 목적, 데이터의 특성, 기대하는 결과 등을 종합적으로 고려해 지도학습, 비지도학습, 준지도학습, 강화학습 중 적절한 방법을 선택하고, 머신러닝 또는 딥러닝 기법을 적용하게 된다.

머신러닝과 딥러닝을 이해하고 활용하기 위해서는 이를 뒷받침하는 통계와 수학의 기초 지식이 필요하다. 주요 내용은 다음과 같다.

통계 및 수학적 지식

- **선형대수(linear algebra)**: 벡터(vector), 행렬(matrix), 텐서(tensor)와 같은 개념은 딥러닝 모델의 입력 데이터와 연산을 이해하는 데 필수적이다. 또한, 행렬 연산, 고윳값(eigenvalue), 고유벡터(eigenvector) 등의 개념은 모델 학습 및 최적화 과정에서 중요한 역할을 한다.
- **미적분(calculus)**: 함수의 미분(derivative)과 기울기(gradient)는 딥러닝 모델의 매개변수를 최적화하는 데 사용된다. 특히, 경사 하강법(gradient descent)과 같은 최적화 알고리즘은 미분의 개념을 기반으로 한다. 또한, 연쇄 법칙(chain rule)은 복잡한 신경망 모델의 역전파 알고리즘을 이해하는 데 중요한 기반이 된다.
- **확률 및 통계(probability and statistics)**: 확률 분포, 평균, 분산, 표준편차 등의 개념은 데이터의 특성을 이해하고 모델을 평가하는 데 필요하다. 또한, 베이즈 정리(bayes' theorem)와 같은 확률적 추론 방법은 딥러닝 모델의 불확실성을 이해하고 처리하는 데 사용된다.

- **최적화**(optimization): 최적화는 딥러닝 모델의 학습 과정에서 매개변수를 조정하여 손실 함수(loss function)를 최소화하는 과정이다. 모델 성능을 높이기 위해서는 다양한 최적화 알고리즘(예: Adam, SGD)에 대한 이해가 중요하다.

머신러닝과 통계학은 모두 데이터를 다루고 분석한다는 공통점을 가지지만, 목표와 접근 방식에서 차이가 있다. 통계학은 데이터를 이해하고 설명하는 데 중점을 두며, 가설 검정(hypothesis testing), 추론(inference), 모델링(modeling)을 통해 데이터의 특성과 관계를 규명하는 데 초점을 맞춘다.

반면, 머신러닝은 주어진 데이터를 기반으로 예측이나 분류와 같은 특정 작업을 수행하는 데 중점을 둔다. 통계학은 모델의 **해석 가능성**(interpretability)과 **통계적 유의성**(statistical significance)을 중요하게 여기지만, 머신러닝은 모델의 **예측 정확도**(predictive accuracy)를 더 중요하게 생각한다.

즉, 통계학이 데이터를 이해하고 설명하는 데 중점을 둔다면, 머신러닝은 데이터를 활용해 예측과 의사결정을 수행하는 데 초점을 맞춘다. 그러나 두 분야는 서로 보완적인 관계이며, 데이터 사이언스 분야에서 함께 활용되어 데이터 분석의 효과를 극대화한다.

2.1 _ 머신러닝 개념

머신러닝의 핵심은 데이터로부터 패턴을 학습하여 의사결정이나 예측을 수행하는 알고리즘과 통계적 모델을 개발하는 것이다. 머신러닝은 명시적인 프로그래밍 없이, 컴퓨터가 경험적 데이터를 기반으로 학습하며 점진적으로 성능을 개선하게 하는 방법론이다.

머신러닝의 핵심은 **데이터로부터의 학습**(learning from data)에 있다. 이는 **학습 데이터**(training data)를 통해 모델이 데이터의 내재된 패턴과 규칙성을 파악하고, 이를 바탕으로 새로운 데이터에 대한 예측이나 분류를 수행하는 것을 의미한다.

이러한 머신러닝 모델은 다양한 분석 작업을 수행하는 데 활용될 수 있으며, 주요 비즈니스 목표 달성에 기여하게 된다. 다음은 비즈니스에서 머신러닝을 통해 해결할 수 있는 사례를 간략히 정리했다.

비즈니스에서 머신러닝의 주요 역할

- **반복 업무 자동화**: 반복적인 작업을 자동화하고, 기존 프로세스를 최적화하도록 신규 데이터를 예측하거나 데이터를 특정 범주로 분류한다.
- **비즈니스 문제 해결 및 자동화**: 매출 증가, 비용 절감, 고객 경험 개선을 위해 비지니스 목표에 맞춘 솔루션을 개발한다.
- **데이터 기반 의사결정 강화**: 수요 예측이나 마케팅 성과 예측 등 정량적 분석을 통해 직관에 의존하는 의사결정을 최소화한다.
- **리스크 관리 및 사기 탐지**: 금융, 보험, 보안 등에서 이상 탐지를 통해 위험 요소를 제거한다.
- **개인화 및 맞춤형 서비스 제공**: 고객 데이터를 분석하여 맞춤형 추천 시스템을 구축하거나 웹사이트나 앱에서 사용자 행동을 분석하여 UI/UX를 개선한다.
- **의사결정 자동화**: 금융 거래 자동화나 실시간 교통 예측 등 실시간 데이터를 활용해 즉각적인 대응이 필요한 상황에 적용한다.
- **스트리밍 데이터 분석**: IoT, 센서 데이터 등에서 전달된 실시간 데이터를 기반으로 이상 감지 및 유지보수를 예측한다.

2.1.1 머신러닝의 비즈니스 목표 및 도입 고려사항

머신러닝은 매출 증대, 수익성 개선, 비용 절감, 운영 효율화, 고객 경험 향상, 위험 관리 강화 등 다양한 비즈니스 가치를 창출할 수 있는 강력한 도구로 자리 잡고 있다. 그러나 이러한 목표를 실현하기 위해서는 기술 도입 이전에 몇 가지 핵심적인 준비사항을 체계적으로 점검해야 한다.

가장 먼저 명확한 **비즈니스 목표**를 설정해야 한다. 단순히 기술을 도입하는 것이 아니라, 해결할 비즈니스 문제를 구체적으로 정의하고 실현 가능한 머신러닝 해결 전략을 수립하는 것이 중요하다. 이를 위해 기존 프로세스를 면밀히 분석하고, 개선이 필요한 영역을 식별하며, 머신러닝 도입을 통해 기대할 수 있는 성과를 가능한 범위 내에서 정량적으로 예측하는 작업이 선행되어야 한다.

다음으로, **예산 계획**과 **일정 수립**이 중요하다. 단기적 예산뿐만 아니라 장기적 운영 비용까지 고려하여 전체 프로젝트의 라이프사이클에 걸친 예산을 확보해야 하며, 이를 바탕으로 인력 및 인프라 요구사항을 명확히 하고 현실적인 프로젝트 일정을 수립해야 한다.

데이터 품질 관리와 데이터 거버넌스 체계 구축 역시 간과할 수 없는 중요한 준비사항이다. 머신러닝 프로젝트의 성공은 결국 양질의 데이터 확보에 달려있으므로 데이터 수집 체계를 정비하고 효율적인 데이터 전처리 파이프라인을 구축하며 지속적인 데이터 품질 관리 프로세스를 수립해야 한다. 또한, 데이터 보안과 개인정보 보호 측면에서도 법적 · 윤리적 기준을 충족할 수 있는 체계를 함께 구축해야 한다.

머신러닝 시스템의 도입 효과를 객관적으로 검증하기 위해서는 **성과 측정 체계**를 미리 수립해야 한다. 모델의 기술적 성능 외에도 비즈니스 관점에서의 실질적인 효과를 측정할 수 있도록 정량 지표를 설정하고, 이를 지속적으로 추적 · 모니터링할 수 있는 관리 체계를 마련해야 한다. 이를 통해 모델의 성과를 정기적으로 평가하고 개선할 수 있다.

머신러닝 시스템은 일회성 개발이 아니라 **지속적 운영**과 **유지 관리**가 필요한 시스템이다. 모델 개발 이후 배포, 성능 모니터링, 오류 대응, 업데이트, 품질 관리에 이르는 전 과정을 하나의 라이프사이클로 보고 이에 대한 체계적인 운영 구조를 수립해야 한다. 특히 예상치 못한 상황에 대한 대응 시나리오도 사전에 마련해둘 필요가 있다.

마지막으로, 머신러닝 도입은 조직 문화와 프로세스에 변화를 수반하므로 내부 구성원의 **수용성**과 **협조**를 확보하는 것이 중요하다. 변화의 필요성과 방향을 명확히 공유하고 구성원의 우려를 해소할 커뮤니케이션 전략을 세워야 한다. 또한, 단계별 교육과 지원 체계를 함께 운영해야 성공적으로 전환할 수 있다.

2.1.2 머신러닝으로 해결 가능한 문제 정의 및 고려사항

머신러닝 프로젝트의 성공을 위해서는 비즈니스 문제를 데이터 기반 문제로 전환하는 것이 중요하다. 이를 위해 비즈니스 도메인에 대한 이해와 데이터 사이언스적 사고가 함께 요구된다.

문제 정의의 첫 단계는 **비즈니스 문제를 머신러닝 문제로 재정의**하는 것이다. 예를 들어, '고객 이탈 감소'라는 비즈니스 문제는 '고객 이탈 확률 예측을 위한 이진 분류 문제'로, '매출 향상'이라는 목표는 '시계열 기반 매출 예측 문제'로 구체화될 수 있다. 이 과정에서 지도학습, 비지도 학습, 강화학습 중 어떤 접근 방식이 적합할지도 결정해야 한다.

예측 대상인 종속변수를 명확히 정의하는 것도 중요하다. 이는 단순히 비즈니스 지표를 선택하는 것이 아니라, 데이터에서 실제로 측정하고 예측할 수 있는 형태로 정의되어야 한다. 예를 들어, '고객 만족도'를 예측할 경우, NPS 점수(Net Promoter Score)[1], 재구매율, 리뷰 점수 등 구체적인 지표로 정의해야 한다.

모델 개발 초기 단계에서는 **특징 공학(feature engineering)**이 중요한 역할을 한다. 현재 사용 가능한 데이터에서 어떤 특징을 추출할 수 있는지, 도메인 지식을 어떻게 특징으로 변환할지, 외부 데이터와 결합할 가능성은 어떤지를 파악해야 한다. 이러한 작업은 모델의 성능을 좌우하는 중요한 과정이다.

특징 공학과 함께 데이터 품질과 양에 대한 구체적인 요구사항도 정의해야 한다. 모델 학습에 필요한 최소 데이터 양, 데이터의 시간적 범위, 업데이트 주기, 결측치와 노이즈의 허용 범위 등을 명확히 해야 한다. 특히 불균형 데이터(imbalanced data) 문제가 있는 경우 이를 해결할 전략도 마련해야 한다.

데이터 관련 사항을 충분히 고려한 후에는 **모델 평가 지표(model evaluation metrics)**를 선정해야 한다. 분류 문제의 경우 정확도, 정밀도, 재현율, F1 점수 중 어떤 지표를 주요 지표로 삼을 것인지를 결정하고, 회귀 문제의 경우 MAE, MSE, RMSE, MAPE 중 비즈니스 관점에서 적합한 지표를 결정해야 한다.

또한 모델 **설명 가능성(explainability)** 요구사항도 정의해야 한다. 특정 분야에서는 모델의 예측 결과뿐만 아니라 그 근거와 해석도 중요하다. 이러한 경우 **설명 가능한 AI(Explainable AI, XAI)** 기법의 적용 가능성을 검토하고, 필요한 해석 수준을 명확히 설정해야 한다.

모델의 실시간 처리 요구사항도 파악해야 한다. 모델이 실시간 예측을 수행해야 하는지, 배치 처리로 충분한지, 응답 시간에 대한 요구사항은 어떤지 명확히 해야 한다. 이러한 요구사항은 모델 아키텍처와 배포 전략에 직접적으로 영향을 미친다.

---

1 고객 충성도를 측정하는 지표

마지막으로, 모델의 지속적인 성능 유지를 위한 모니터링 및 재학습 전략을 수립해야 한다. 모델 성능 저하 감지 방법, 성능 저하 시의 대응 방안, 모델 업데이트 주기, 재학습 트리거 조건 등을 사전에 계획해야 한다. 이러한 전략은 모델의 지속적인 성능 유지를 위해 필수적이다. 다음은 머신러닝 문제 정의 및 고려사항을 체크리스트 형태로 정리한 것이다.

머신러닝 문제 정의 및 고려사항 체크리스트

- 비즈니스 문제를 머신러닝 문제로 재정의했는가?
- 예측 대상 종속변수를 명확하게 정의했는가?
- 특징 공학 계획을 수립했는가?
- 데이터 품질 및 양에 대한 구체적인 요구사항을 정의했는가?
- 모델 평가 지표를 선정했는가?
- 모델 설명 가능성 요구사항을 정의했는가?
- 실시간 처리 요구사항을 파악했는가?
- 모델 모니터링 및 재학습 전략을 수립했는가?

2.2 _ 머신러닝의 학습 원리

머신러닝 모델은 데이터로부터 패턴을 학습하고, 이를 바탕으로 예측, 분류, 군집화, 차원 축소 등 다양한 분석 작업을 수행하는 것을 목표로 한다. 이러한 학습 과정은 크게 순전파, 손실 함수 계산, 최적화 알고리즘을 이용한 가중치 업데이트, 그리고 역전파의 단계를 거친다. 이 과정들을 반복하면서 모델의 성능을 점진적으로 향상시킨다.

머신러닝 학습 원리의 핵심은 모델이 예측한 결과와 실제 정답 사이의 오차를 줄여나가는 과정이다. 이를 위해 모델은 학습 데이터세트를 기반으로 내부 매개변수(가중치와 편향)를 조정한다. 학습 데이터는 모델이 학습해야 할 패턴과 관계를 담고 있으며, 이 데이터의 양과 질은 모델의 성능에 직접적인 영향을 미친다.

학습 과정은 보통 여러 번의 **에폭(epoch)**[2]을 거치며, 각 에폭마다 모델은 학습 데이터를 사용하여 오차를 줄여나간다. 이러한 반복적인 학습 과정을 통해 모델은 일반화 능력을 향상시키고, 새로운 데이터에 대해서도 정확한 예측을 할 수 있게 된다. 이제부터 본격적으로 머신러닝의 학습 원리에 대해 알아보자.

2.2.1 순전파

순전파(forward propagation, forward pass)는 주로 신경망 기반 모델에서 입력 데이터를 이용해 예측값을 계산하는 과정이며, 이는 모델의 학습과 추론 단계에서 모두 사용된다. 입력 데이터는 모델의 각 계층(layer)을 순차적으로 통과하면서 **가중치(weight)**[3]와 **편향(bias)**[4]에 의해 변환된다. 이를 수식으로 표현하면 다음과 같다.

수식 2.1 순전파

$$z = Wx + b$$

$$a = \sigma(z)$$

x는 모델의 입력 데이터를 의미하며, W와 b는 모델의 각 계층에 해당하는 가중치 행렬과 편향 벡터를 의미한다. 가중치 행렬과 편향 벡터는 모델이 학습을 통해 최적화하는 매개변수로, 입력 데이터 x를 통해 예측값을 계산하는 데 사용된다. 수식 2.1에서는 간단한 선형 변환(linear transformation) 예시로 이전 계층의 출력이나 입력 데이터에 가중치를 곱하고 편향을 더하여 선형 변환 결과인 z를 계산한다.

선형 변환 결과 z에 비선형 활성화 함수를 적용하여 모델의 최종 출력 또는 다음 계층의 입력으로 사용되는 예측값인 a를 얻게 된다. 이러한 과정을 일반화하면 수식 2.2와 같이 표현할 수 있다.

수식 2.2 순전파 과정 일반화

$$a^i = \sigma(W^i a^{i-1} + b^i)$$

---

2 머신러닝 모델 학습 시 전체 학습 데이터세트를 사용하여 모델의 가중치를 한 번 업데이트하는 과정

3 입력 신호가 결과에 미치는 중요도를 조절하는 매개변수

4 뉴런의 활성화 여부를 조절하는 매개변수

수식 2.2는 신경망의 순전파 과정을 일반화한 것이다. 여기서 a^i는 i번째 계층의 출력을 나타내며, 특히 첫 번째 계층의 입력인 a^0는 모델의 입력 데이터 x에 해당한다. 각 계층은 이전 계층의 출력인 a^{i-1}을 입력으로 받아 가중치 W^i와 편향 b^i를 사용하여 선형 변환을 수행한다. 선형 변환의 결과 z^i에 활성화 함수 σ를 적용하여 비선형성을 추가한다. 이 과정은 모델의 각 계층에서 반복되며, 최종 계층에서는 예측값 $\hat{y}$를 출력하게 된다.

2.2.2 활성화 함수

활성화 함수(activation function)는 신경망 모델에서 각 뉴런의 출력을 결정하는 비선형 함수다. 활성화 함수가 없다면 신경망은 단순히 선형 모델과 동일하게 작동하며, 복잡한 패턴을 학습할 수 없다. 대표적인 활성화 함수로는 시그모이드(sigmoid), ReLU(Rectified Linear Unit), 탄젠트 하이퍼볼릭(tanh) 등이 있다.

시그모이드는 0과 1 사이의 값을 출력하여 확률값으로 해석하기 용이하지만, 입력값이 커질수록 기울기가 0에 가까워지는 **기울기 소실**(vanishing gradient)[5] 문제를 가지고 있다. ReLU는 입력값이 0보다 작으면 0을 출력하고, 0보다 크면 입력값을 그대로 출력하는 간단한 형태이지만, 기울기 소실 문제를 완화하고 학습 속도를 빠르게 하는 장점이 있다. 탄젠트 하이퍼볼릭 함수는 −1과 1 사이의 값을 출력하며 시그모이드와 유사한 특성을 가지지만, 기울기 소실 문제에서는 상대적으로 나은 성능을 보인다. 다음 그림 2.3은 활성화 함수를 그래프로 표현한 것이다.

5 기울기가 0에 가까워져 학습이 어려워지는 현상을 의미한다. 반면, 기울기 폭발(exploding gradient)은 기울기가 지나치게 커져 학습이 불안정해지는 현상을 말한다.

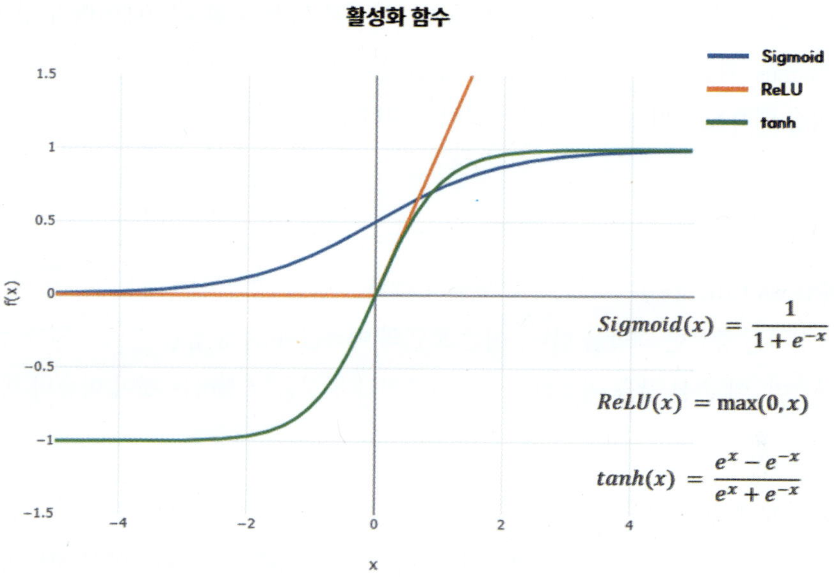

그림 2.3 활성화 함수 시각화

활성화 함수는 모델 구조, 학습 목적, 데이터의 분포 및 범위에 따라 적절히 선택해야 한다. 순전파 수식에서도 확인할 수 있듯이, 각 계층의 출력은 이전 계층의 출력에 가중치와 편향을 적용한 결과에 활성화 함수를 통과시킨 값으로 결정된다.

즉, 활성화 함수는 모델 전체의 비선형성을 결정하는 핵심 요소이며, 모델이 학습할 수 있는 복잡도에 직접적인 영향을 미친다. 만약 활성화 함수를 잘못 선택하면 모델은 학습 데이터를 제대로 학습하지 못하거나 **과대적합**(overfitting)[6]될 가능성이 높아진다.

앞서 살펴본 바와 같이, 시그모이드 함수는 입력값이 극단적인 경우 기울기가 거의 0이 되어 역전파 시 기울기 소실 문제가 발생할 수 있다. 따라서 깊은 신경망 모델에서는 ReLU와 같이 기울기 소실 문제가 적은 활성화 함수를 사용하는 것이 적절하다.

또한, 입력 데이터나 중간 출력값의 분포가 특정 범위에 집중되어 있는 경우, 그 특성에 맞는 활성화 함수를 선택하는 것이 중요하다. 예를 들어, 출력이 0과 1 사이의 확률값을 나타내야 하는 경우에는 시그모이드 함수가 적합할 수 있으며, 출력이 양수 범위 전반에 걸친

6 모델이 학습 데이터에는 우수하지만, 실제 데이터(테스트 데이터)에는 잘 작동하지 않는 현상

경우에는 ReLU 계열 함수가 효과적일 수 있다. 이처럼 활성화 함수는 데이터의 값 범위, 문제 유형(분류, 회귀 등), 모델 구조(은닉층, 출력층)에 따라 선택이 달라질 수 있다. 따라서 전체 학습 맥락을 고려해 신중하게 결정해야 한다.

2.2.3 손실 함수

손실 함수(loss function)는 머신러닝 모델의 예측 성능을 평가하는 핵심 지표이며, 학습 방향을 결정하는 중요한 역할을 한다. 이는 모델의 예측값과 실제 정답 간의 오차를 정량적으로 계산하며, 이 손실 값을 최소화하도록 가중치와 편향을 조정하는 것이 학습의 핵심 목표다.

손실 함수는 모델이 얼마나 '잘못' 예측하고 있는지를 측정하는 척도이며, 모델의 학습 과정에서 오차를 줄여 나가는 기준으로 활용된다. 즉, 손실 함수는 학습 과정에서 모델이 개선해야 할 방향을 제시하는 역할을 한다.

손실 함수는 해결하려는 문제 종류와 데이터 특성에 따라 달라지며, 어떤 함수를 선택하느냐에 따라 모델 성능이 크게 달라질 수 있다. 손실 함수는 모델의 출력과 실제 정답 사이의 불일치를 측정하는 방법론을 제공한다.

이 불일치 값은 학습 과정에서 모델 매개변수(가중치, 편향 등)를 조정하는 데 사용되며, 모델이 주어진 데이터를 더 정확하게 예측할 수 있도록 유도한다. 손실 함수의 출력값은 일반적으로 단일 스칼라 값으로 나타나며, 이 값이 작을수록 학습 데이터에 대한 예측 정확도가 높다고 해석할 수 있다. 단, 테스트 데이터에서의 일반화 성능은 별도로 검증해야 한다.

학습 과정에서 손실 함수 값은 점차 감소하는 경향을 보이며, 이는 모델이 학습 데이터에 점진적으로 맞춰져 간다는 것을 의미한다. 손실 함수는 단순한 수치적 오차를 넘어, 모델이 학습 데이터에 대해 얼마나 좋은 예측을 수행하는지를 평가하는 데 중요한 기준점을 제공한다. 손실 함수의 종류는 다양하며, 각 손실 함수는 특정 문제 유형에 적합하게 설계되어 있다.

회귀 문제의 경우, 주로 평균 제곱 오차(Mean Squared Error, MSE)나 평균 절대 오차(Mean Absolute Error, MAE)가 사용된다. 평균 제곱 오차는 예측값과 실젯값의 차이를 제곱하여 평균을 취하는 방식으로, 이상치에 민감하게 반응하는 특징을 가지고 있다. 평균 절대 오차는 예측값과 실젯값 차이의 절댓값을 취하여 평균을 계산하는 방식으로, 이상치에 덜 민감한 특징을 가진다.

반면, 분류 문제에서는 교차 엔트로피(cross entropy) 함수가 주로 사용된다. 교차 엔트로피는 예측 확률 분포와 실제 확률 분포 사이의 차이를 측정하며, 모델이 예측을 얼마나 확신하는지를 반영한다. 특히 다중 클래스 분류 문제에서는 출력층에서 소프트맥스(softmax) 함수를 사용하여 확률 분포를 만들고, 손실 함수로는 교차 엔트로피를 함께 적용하는 방식이 널리 사용된다.

이 외에도 힌지 손실(hinge loss)[7], 포컬 손실(focal loss)[8] 등 다양한 손실 함수들이 존재하며, 문제의 특성과 모델의 구조에 맞게 적절한 손실 함수를 선택하는 것이 중요하다. 다음 그림 2.4는 손실 함수를 그래프로 표현한 것이다.

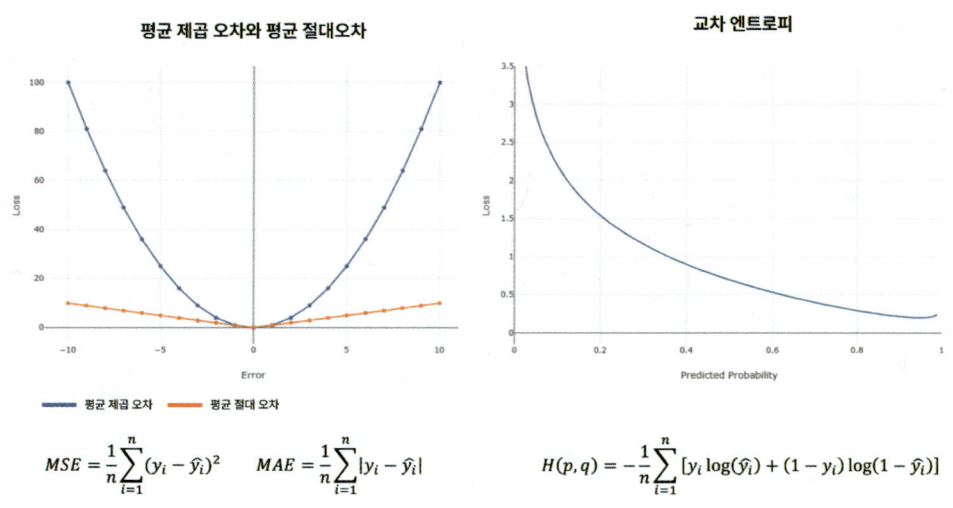

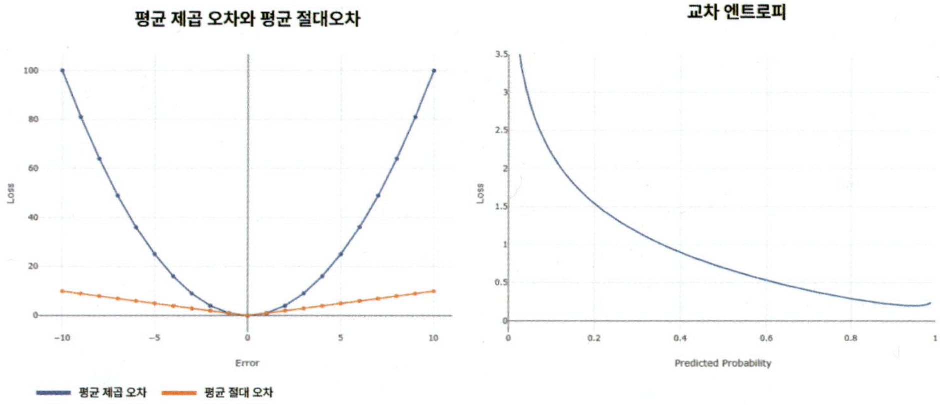

$$MSE = \frac{1}{n}\sum_{i=1}^{n}(y_i - \hat{y}_i)^2 \qquad MAE = \frac{1}{n}\sum_{i=1}^{n}|y_i - \hat{y}_i| \qquad H(p,q) = -\frac{1}{n}\sum_{i=1}^{n}[y_i \log(\hat{y}_i) + (1-y_i)\log(1-\hat{y}_i)]$$

그림 2.4 손실 함수 시각화

7 분류 마진을 최대화하도록 유도하는 손실 함수로, 올바른 클래스의 점수가 일정 마진 이상 높도록 학습한다.

8 어려운 샘플에 더 집중하고 쉬운 샘플의 영향력을 줄여 불균형한 분류 문제에서 성능을 향상시키는 손실 함수

2.2.4 최적화 알고리즘

최적화 알고리즘(optimization algorithm)은 머신러닝 모델의 학습 과정에서 손실 함수의 값을 최소화하기 위해 모델의 가중치와 편향을 조정하는 역할을 한다. 모델이 학습 데이터에 잘 적응하도록 매개변수를 찾아가는 과정은 손실 함수 값을 최소화하는 문제로 귀결되며, 최적화 알고리즘은 이 과정을 효율적으로 수행하기 위한 방법론을 제공한다.

이 과정에서 다양한 최적화 알고리즘이 사용될 수 있으며, 각 알고리즘은 손실 함수 값을 줄이기 위해 매개변수를 갱신하는 고유한 방식과 전략을 가진다. 어떤 알고리즘을 선택하느냐에 따라 모델의 학습 속도와 성능이 달라지므로, 적절한 알고리즘을 선택하는 것은 학습 효율과 최종 성능을 높이는 데 중요한 요소로 작용한하다.

최적화 알고리즘의 기본 원리는 손실 함수의 **기울기(gradient)**를 계산하여 이 기울기의 반대 방향으로 모델의 매개변수를 업데이트하는 것이다. 기울기는 손실 함수 값이 가장 빠르게 증가하는 방향을 나타내므로 기울기의 반대 방향으로 이동하면 손실 함수 값이 감소하게 된다.

이러한 과정을 반복하면서 모델은 점차적으로 손실 함수의 최솟값에 가까워지고, 학습 데이터에 대한 최적의 모델 매개변수를 찾게 된다. 최적화 알고리즘은 학습 과정에서 **학습률**(learning rate)이라는 **하이퍼파라미터(hyperparameters)**[9]를 사용하며, 이 학습률은 매개변수 업데이트의 크기를 조절하는 역할을 한다. 적절한 학습률을 설정하는 것은 학습 과정을 안정화하고 최적의 모델 매개변수 값을 찾는 데 있어 매우 중요하다.

가장 기본적인 최적화 알고리즘은 경사 하강법(Gradient Descent, GD)이다. 경사 하강법은 손실 함수의 기울기를 계산하고 이 기울기의 반대 방향으로 매개변수를 업데이트하는 방식으로, 손실 함수의 최솟값으로 수렴하도록 한다.

경사 하강법은 전체 학습 데이터를 사용하여 기울기를 계산하는 배치 경사 하강법(Batch Gradient Descent, BGD), 하나의 데이터 샘플만을 사용하여 기울기를 계산하는 확률적 경사 하강법(Stochastic Gradient Descent, SGD), 전체 데이터를 미니 배치 단위로 나누

9 머신러닝 모델 학습 과정에서 사용자가 직접 설정하는 값으로, 모델의 구조나 학습 방식을 결정하는 중요한 요소다.

어 기울기를 계산하는 미니 배치 경사 하강법(Mini-Batch Gradient Descent, MBGD) 등으로 나뉜다.

배치 경사 하강법은 전체 데이터를 사용하므로 계산량이 많지만, 정확한 기울기를 계산할 수 있다는 장점이 있다. 반면 SGD는 계산량이 적지만, 학습 과정이 불안정할 수 있다. 미니 배치 경사 하강법은 배치 경사 하강법과 SGD의 중간적인 특징을 가지며, 학습 속도와 안정성을 모두 개선할 수 있다. 경사 하강법 외에도 다양한 최적화 알고리즘이 존재한다.

모멘텀(momentum)은 이전 업데이트의 영향을 고려하여 학습 속도를 높이고, 지역 최솟값(local minimum)에 갇히는 것을 방지한다. AdaGrad는 각 매개변수마다 서로 다른 학습률을 적용하여 자주 업데이트되는 매개변수는 학습률을 낮추고, 드물게 업데이트되는 매개변수는 학습률을 높여 학습 효과를 개선한다. RMSprop은 AdaGrad의 단점을 개선한 알고리즘으로, 학습률이 급격하게 감소하는 문제를 해결한다. Adam은 모멘텀과 RMSprop의 장점을 결합한 알고리즘으로, 학습 속도가 빠르고 다양한 문제에 적용 가능하다.

특히 Adam은 빠른 수렴 속도와 안정적인 학습 성능 덕분에 다양한 딥러닝 모델에 폭넓게 사용된다. 학습률을 자동으로 조절하는 특성 덕분에, 별도의 세밀한 조정 없이도 준수한 결과를 얻을 수 있는 경우가 많다.

다만, Adam이 항상 최상의 성능을 보장하는 것은 아니며, 특정 상황에서는 SGD나 RMSProp 등 다른 최적화 알고리즘이 더 나은 일반화 성능을 보이는 경우도 있다. 따라서 문제의 특성과 데이터의 특성에 따라 여러 알고리즘을 실험적으로 적용해보고, 성능을 비교한 뒤 적절한 방법을 선택하는 것이 바람직하다.

이 외에도 AdamW, Nadam 등 다양한 최적화 알고리즘이 존재하며, 각 알고리즘은 학습 속도, 수렴 성능, 안정성 등에서 서로 다른 특징을 가진다. 따라서 문제의 특성과 데이터세트의 성격에 따라 적절한 최적화 알고리즘을 선택하고, 하이퍼파라미터를 적절하게 조정하는 것이 중요하다. 다음 그림 2.5는 최적화 과정에서 매개변수가 어떻게 변화하는지 보여준다.

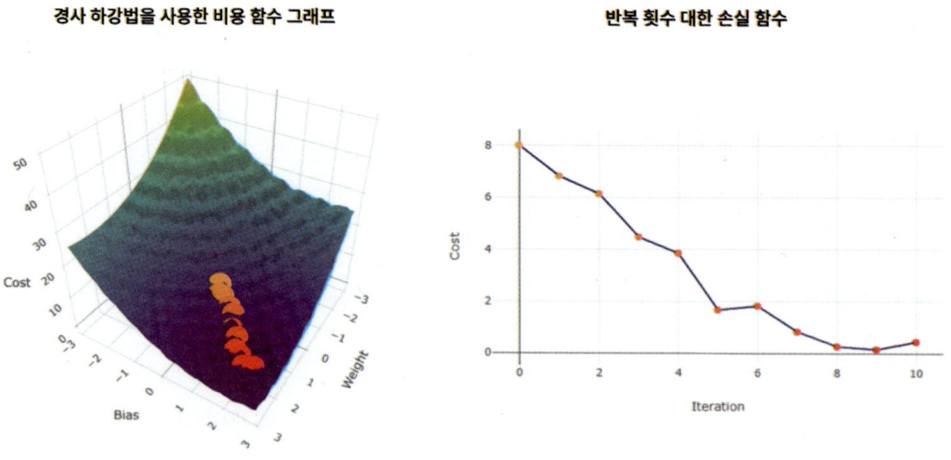

그림 2.5 최적화 알고리즘 시각화

딥러닝에서 사용되는 대부분의 최적화 알고리즘은 손실 함수의 기울기를 기반으로 작동하지만, 베이지안 최적화 등과 같이 기울기를 사용하지 않는 비미분 기반의 최적화 기법도 존재한다. 기본 원리는 손실 함수의 기울기를 계산한 뒤, 그 기울기의 반대 방향으로 모델의 매개변수를 조정함으로써 손실 값을 점차 줄여 나가는 것이다. 기울기는 손실 값이 가장 빠르게 증가하는 방향을 나타내기 때문에 그 반대 방향으로 이동하면 손실이 감소하게 된다.

이러한 방식으로 모델은 반복적인 업데이트를 통해 최적의 매개변수 조합을 찾아가며, 학습 데이터를 가장 잘 설명하는 상태에 도달한다. 이 과정은 마치 산에서 가장 낮은 지점을 찾아 내려가는 것과 비슷하다고 할 수 있다.

그림 2.5의 왼쪽 그래프의 표면(surface)은 비용 함수를 3D 곡면으로 표현하여 매개변수 값에 따른 비용 함수의 변화를 보여주며, 지점들의 경로는 경사 하강법 알고리즘을 통해 매개변수가 업데이트되는 과정을 3D 곡면 위에 선으로 표시했다. 오른쪽 그래프는 매개변수와 비용 함수 값의 변화를 보여준다. 반복 횟수에 따라 매개변수와 비용 함수가 어떻게 수렴하는지를 확인할 수 있다.

최적화 알고리즘에서 사용되는 학습률은 매개변수를 업데이트할 때 얼마나 큰 폭으로 이동할지 결정하는 값이 된다. 너무 큰 학습률은 모델이 최적의 값을 지나치게 뛰어넘게 만들 수 있고, 너무 작은 학습률은 학습 속도를 매우 느리게 만들 수 있다. 학습률이 클 때는 그림 2.5 왼쪽 이미지의 지점 사이 간격이 넓게 나타나고, 학습률이 작을 때는 지점 사이 간격이 좁게 나타난다.

최적화는 매개변수(weight, bias)에 따른 손실(cost)이 최소화되는 전역 최솟값(global minimum)을 찾는 알고리즘이며, 학습률은 매개변수를 업데이트할 때 얼마만큼 이동할지를 결정하는 중요한 하이퍼파라미터가 된다. 전역 최솟값은 그림 2.5의 최하단 부분이며, 지역 최솟값은 평면의 일부분에서 가장 낮은 값을 가지는 지점을 말한다.

2.2.5 역전파

역전파(backpropagation, backward pass)는 인공신경망 모델의 학습 과정에서 핵심적인 역할을 하는 알고리즘으로, 순전파 과정을 통해 얻은 예측값과 실젯값 사이의 손실(오차)을 이용하여 모델의 각 가중치에 대한 기울기를 계산하고, 이 기울기를 기반으로 가중치를 업데이트하여 모델을 학습시키는 과정이다.

역전파 알고리즘은 **다층 신경망(Multi-layer Neural Network, MNN)**을 효과적으로 학습시킬 수 있게 해주며, 복잡한 비선형 함수를 근사하는 능력의 기반이 된다. 역전파는 연쇄 법칙을 활용하여 손실 함수의 기울기를 계산하고, 이 기울기를 이용하여 모델의 가중치를 조정하는 방식으로 동작한다.

역전파 과정은 순전파 과정의 역순으로 진행된다. 순전파 과정에서는 입력 데이터가 신경망을 통과하면서 각 층의 연산을 거쳐 최종 예측값을 출력한다. 역전파 과정에서는 이 예측값과 실젯값 사이의 오차를 계산하고, 이 오차를 출력층부터 입력층 방향으로 전파시키면서 각 가중치에 대한 기울기를 계산한다.

이 과정에서 연쇄 법칙이 적용되어 각 층의 가중치에 대한 손실 함수의 기울기를 효율적으로 계산할 수 있다. 이때 연쇄 법칙은 복합 함수의 미분을 효율적으로 계산할 수 있도록 해주며, 다변수 함수의 경우에는 편미분 형태로 각 경로를 따라 기울기를 구하는 데 활용된다.

역전파 알고리즘은 각 계층의 가중치에 대한 기울기를 계산하여 이 기울기를 최적화 알고리즘에 전달하고, 최적화 알고리즘은 이 기울기를 이용하여 가중치를 업데이트한다. 다음 수식 2.3은 연쇄 법칙을 통한 기울기 계산 방법을 보여준다.

수식 2.3 연쇄 법칙을 통한 기울기 계산

$$\frac{dL}{dW} = \frac{dL}{da} \cdot \frac{da}{dz} \cdot \frac{dz}{dW}$$

역전파 알고리즘은 신경망 모델의 학습 과정에서 핵심적인 역할을 수행한다. 손실 함수 값을 최소화하기 위해 각 가중치에 대한 기울기를 계산하며, 이 과정은 연쇄 법칙에 기반한다. 출력층에서 시작해 입력 방향으로 손실을 역전파함으로써, 각 계층의 가중치에 대한 손실 함수의 편미분 값을 효율적으로 계산할 수 있다.

역전파는 모든 신경망에 동일한 방식으로 적용되는 것은 아니며, 모델 구조나 활성화 함수의 특성에 따라 기울기 계산 방식에 차이가 생길 수 있다. 예를 들어, 합성곱 신경망(Convolutional Neural Network, CNN)은 필터 기반의 공간 연산에 대한 기울기를 계산해야 하고, 순환 신경망(Recurrent Neural Network, RNN)은 시간 축을 따라 정보를 전달하면서 시계열 구조상 누적되는 기울기를 처리해야 한다.

그러나 기본 원리는 동일하다. 모든 신경망은 손실 함수의 기울기를 계산하고, 이를 바탕으로 각 계층의 가중치를 업데이트하는 방식으로 학습을 수행한다. 역전파 알고리즘은 모델의 매개변수를 손실 최소 방향으로 조정하는 데 필수적인 메커니즘이며, 학습률과 같은 하이퍼파라미터와 함께 모델의 수렴 속도, 학습 안정성, 그리고 최종 성능에 큰 영향을 미친다. 적절히 설계된 역전파 구조와 하이퍼파라미터 최적화 전략은 모델이 데이터를 보다 정확하게 학습할 수 있게 한다.

2.3 _ 모델 성능 개선 및 평가

머신러닝 모델 개발에서 성능 평가와 개선은 모델의 실질적인 유용성을 결정짓는 핵심 단계다. 특히, 모델이 실제 데이터에서 얼마나 정확하고 안정적으로 작동하는지를 평가해야 한다. 이를 통해 모델의 약점을 파악하고, 필요에 따라 모델을 조정해 최상의 성능을 끌어내는 것이 핵심 목표다.

모델의 일반화 능력은 학습 데이터 외에 새로운 데이터에 대한 예측 성능을 의미하며, 이는 모델의 실질적인 유용성을 결정짓는 중요한 요소다. 따라서 데이터 사이언티스트는 모델이 학습 데이터에만 과도하게 적합되지 않도록 주의해야 한다.

성능 개선을 위해서는 모델이 학습 데이터에 과도하게 맞춰지는 과대적합과 학습이 충분히 이루어지지 않은 과소적합의 원인과 특성을 명확히 이해하고, 이를 해결할 수 있는 전략을 마련해야 한다. 이러한 문제를 해결하기 위해 모델 복잡도를 조절하거나, 학습 데이터를 추가하거나, 정규화 기법을 적용하는 등의 다양한 접근 방식을 고려해야 한다.

모델 성능을 정밀하게 평가하기 위해서는 적절한 평가 지표가 선택되어야 한다. 머신러닝 모델의 목적과 데이터의 특성에 따라 다양한 평가 지표를 적용할 수 있으며, 이를 통해 모델의 강점과 약점을 객관적으로 파악할 수 있다. 특히 단일 지표에 의존하기보다는 여러 지표를 병행하여 해석함으로써 모델 성능을 입체적으로 이해할 수 있다.

예를 들어, 분류 문제에서는 정확도(accuracy), 정밀도(precision), 재현율(recall), F1 점수(F1 score) 등이 대표적인 평가 지표로 활용된다. 이러한 지표는 클래스 불균형, 오탐 · 미탐 비용 등 문제 유형에 따라 선택 기준이 달라질 수 있다. 반면, 회귀 문제에서는 평균 절대 오차(MAE), 평균 제곱 오차(MSE), 제곱근 평균 제곱 오차(RMSE) 등의 수치적 지표가 사용된다. 따라서 평가 지표는 문제 정의 및 기대 결과와 긴밀하게 연계하여 선택해야 하며, 평가 기준에 따라 모델의 해석이 달라질 수 있음을 유의해야 한다.

이러한 지표들은 모델 성능의 정량적 판단을 가능하게 할 뿐 아니라, 하이퍼파라미터 튜닝, 전처리 전략, 알고리즘 선택 등의 개선 방향을 설정하는 데 중요한 기준점이 된다. 따라서 모델 개발 과정에서는 목적에 맞는 평가 지표를 신중히 선택하고, 이를 기반으로 성능을 체계적으로 분석하는 것이 고성능 머신러닝 모델을 구축하기 위한 핵심 과정이라 할 수 있다. 이번 절에서는 모델의 성능을 평가하고 개선하기 위한 주요 개념과 기법들을 중심으로 설명한다.

2.3.1 과대적합과 과소적합

과대적합(overfitting)은 모델이 학습 데이터에만 지나치게 최적화되어 새로운 데이터에 대한 예측 성능이 떨어지는 현상이다. 이는 모델이 학습 데이터의 노이즈(noise)까지 학습하거나 모델의 복잡도가 학습 데이터에 비해 과도하게 높을 때 발생하기 쉽다.

예를 들어 고차 다항 회귀 모델이 학습 데이터의 모든 점을 정확하게 지나도록 학습하는 경우, 새로운 데이터에 대해서는 예측 성능이 떨어질 수 있다. 과대적합된 모델은 학습 데이터에서는 성능이 매우 높지만, 새로운 데이터에 대해서는 일반화 능력이 현저히 떨어지는 문제점이 있다.

이는 모델이 학습 데이터의 특정 패턴에만 과도하게 의존하여 새로운 데이터에 대한 예측이 불안정해지는 원인이 된다. 과대적합을 방지하기 위해서는 모델 복잡도 조정이나 정규화 기법 외에도, 학습 도중 검증 성능이 더 이상 향상되지 않을 때 학습을 멈추는 조기 종료(early stopping), 검증 세트를 활용한 교차 검증, 데이터 다양성을 높이는 데이터 증강(data augmentation) 등의 기법을 활용할 수 있다.

과소적합(underfitting)은 모델이 학습 데이터를 충분히 학습하지 못해 학습 데이터와 새로운 데이터 모두에 대해 낮은 예측 성능을 보이는 현상이다. 이는 모델이 지나치게 단순하거나 학습 데이터의 특징을 제대로 반영하지 못할 때 발생한다.

예를 들어 선형 회귀 모델은 직선으로 데이터를 설명하려고 하지만, 만약 데이터가 곡선 형태로 분포되어 있다면 데이터를 제대로 표현하지 못해 과소적합이 발생할 수 있다. 과소적합된 모델은 데이터의 기본적인 패턴조차 제대로 학습하지 못하기 때문에 예측 성능이 현저히 떨어진다. 이를 해결하기 위해서는 모델의 복잡도를 높이거나, 더 많은 특징을 추가하거나, 학습률과 같은 하이퍼파라미터를 조정하거나, 더 강력한 학습 알고리즘을 사용하는 방법을 고려할 수 있다.

이처럼 과대적합과 과소적합은 머신러닝 모델 개발 과정에서 흔히 마주치는 문제이며, 모델의 성능을 제대로 평가하고 개선하기 위해서는 이러한 문제들을 정확히 이해하고 적절히 대처해야 한다. 다음 그림 2.6은 머신러닝 모델의 과대적합, 적합, 과소적합을 보여준다.

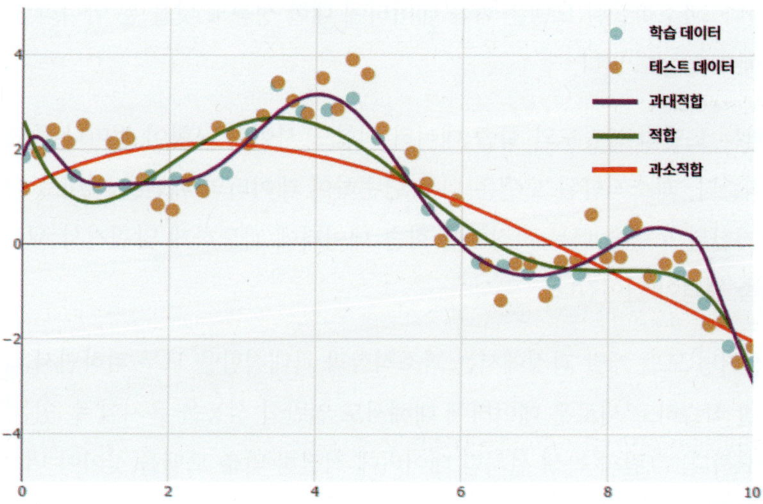

그림 2.6 과대적합, 적합, 과소적합 시각화

그림에서 축은 입력 변수, 축은 출력 변수를 나타내며, 하늘색 점과 주황색 점은 학습 데이터와 테스트 데이터다. 그리고 보라색, 녹색, 빨간색 선은 각각 다른 모델을 의미한다.

보라색 선은 실제 데이터 포인트들을 거의 정확하게 지나가고 있지만, 그 모양이 너무 복잡하고 불규칙하다. 이 모델은 학습 데이터의 노이즈까지 학습하여 학습 데이터에 대해서는 높은 성능을 보이지만, 새로운 데이터에 대해서는 예측 성능이 떨어질 가능성이 높다. 이러한 현상을 과대적합이라고 한다.

녹색 선은 데이터의 전반적인 추세를 따르면서도 데이터 포인트 주변의 변동을 어느 정도 반영하고 있다. 이 모델은 실제 데이터 포인트를 비교적 잘 예측하고 있으며, 과대적합이나 과소적합의 문제없이 데이터에 적절하게 적합되었다고 할 수 있다. 이 모델은 학습 데이터에 너무 치우치지 않으면서도 데이터의 주요 패턴을 효과적으로 학습했으므로 새로운 데이터에 대해서도 좋은 예측 성능을 기대할 수 있다.

빨간색 선은 비교적 단순한 형태의 모델로, 데이터의 전반적인 경향을 따라가고 있지만, 실제 데이터 포인트와는 거리가 멀다. 이 모델은 데이터의 복잡한 패턴을 제대로 학습하지 못하고 있으며, 실제 데이터 포인트를 정확하게 예측하지 못하고 있다. 이러한 현상을 과소적합이라고 한다. 과소적합된 모델은 학습 데이터에 대한 성능도 낮을 뿐 아니라 새로운 데이터에 대한 예측 성능도 낮다.

이러한 결과는 모델의 복잡도와 학습 데이터 적합도 사이의 균형이 얼마나 중요한지를 명확하게 보여준다. 과소적합된 모델은 너무 단순하여 데이터의 패턴을 제대로 학습하지 못하고, 과대적합된 모델은 너무 복잡하여 학습 데이터에 과도하게 맞춰져서 새로운 데이터에 대한 예측 능력이 떨어진다.

따라서 머신러닝 모델 개발 과정에서는 과소적합과 과대적합을 모두 피하면서 학습 데이터의 패턴을 잘 학습하고 새로운 데이터에 대해서도 일반화 성능을 유지할 수 있는 모델을 찾는 것이 중요하다. 그림의 녹색 선처럼 데이터에 적절히 맞춘 모델을 찾아야 머신러닝 모델의 성능을 극대화할 수 있다.

2.3.2 정규화 기법

정규화(regularization) 기법은 모델의 복잡도를 줄여 과대적합을 방지하고 **일반화 성능**(generalization performance)을 향상시키는 핵심적인 방법이다. 정규화는 모델의 복잡도를 조절하여 학습 데이터에만 지나치게 맞춰지는 현상을 완화하고, 새로운 데이터에 대한 예측 성능을 높이는 것을 목표로 한다.

이러한 정규화 기법은 손실 함수에 추가적인 제약 조건을 부여함으로써 모델의 학습 과정을 조절한다. 대표적인 정규화 기법으로는 L1 정규화, L2 정규화, 드롭아웃, 배치 정규화 등이 있다.

L1 정규화(L1 regularization)는 손실 함수에 모델 가중치의 절댓값 합을 추가하는 방식이다. 수식으로 표현하면 수식 2.4와 같다.

수식 2.4 L1 정규화

$$\mathcal{L}_{L1} = \mathcal{L}_{original} + \lambda \sum_{i=1}^{n} |w_i|$$

$\mathcal{L}_{original}$은 원래 손실 함수(예: MSE 등)이며, λ는 정규화 강도를 조절하는 하이퍼파라미터다. W_i는 i번째 가중치이며, $|w_i|$는 L1 노름(norm)을 의미한다. L1 정규화는 일부 가중치를 0으로 만들어 불필요한 특징을 제거하므로 **특징 선택(feature selection)** 효과가 있다. 이는 모델을 단순화하고 해석 가능성을 높이는 데 효과적이다.

L2 정규화(L2 regularization)는 손실 함수에 모델 가중치의 제곱합을 추가하는 방식이다. 수식으로 표현하면 수식 2.5와 같다.

수식 2.5 L2 정규화

$$\mathcal{L}_{L2}=\mathcal{L}_{original}+\lambda\sum_{i=1}^{n}w_i^2$$

L2 정규화는 가중치 값이 너무 커지는 것을 방지하고 모델의 복잡도를 줄이는 효과를 가져온다. L1 정규화와 달리 가중치를 0으로 만들지는 않지만, 가중치 값을 전반적으로 억제시켜 모델을 보다 안정적으로 만든다.

드롭아웃(dropout)은 주로 심층 신경망(Deep Neural Network, DNN) 모델에 적용되는 정규화 기법이다. 학습 과정에서 무작위로 일부 뉴런을 비활성화함으로써 각 뉴런이 다른 특정 뉴런에 과도하게 의존하는 것을 방지한다. 이는 모델을 더 강건(robust)하게 만들고, 앙상블(ensemble)[10] 효과를 가져와 일반화 성능을 향상시킨다.

배치 정규화(batch normalization)는 각 계층의 활성화 값(activation)을 정규화하는 기법이다. 이는 학습 속도를 향상시키고, 내부 공변량 변화(internal covariate shift)[11] 문제를 완화하여 모델을 더 안정적으로 만든다. 배치 정규화는 심층 신경망 모델의 학습 효율성을 높이는 데 매우 효과적이다.

10 여러 모델의 예측 결과를 결합하여 단일 모델보다 더 나은 성능을 얻는 기법

11 신경망 학습 시 계층의 입력 분포가 학습 과정에서 변하는 현상으로, 학습을 불안정하게 만든다.

2.3.3 일반화 능력

앞서 언급했던 **일반화 능력**(generalization ability)은 모델의 실질적인 유용성을 결정하는 핵심 요소다. 학습 데이터에 대한 높은 성능은 모델이 해당 데이터를 단순히 암기한 결과일 수 있으며, 실제 환경에서 얼마나 잘 작동할지는 알 수 없다.

모델이 학습 데이터에 포함된 노이즈까지 과도하게 학습하게 되면 과대적합이 발생하며, 이 경우 학습 데이터에서는 높은 성능을 보이지만 새로운 데이터에 대해서는 예측 성능이 급격히 저하된다. 반면, 모델이 데이터의 주요 패턴을 충분히 학습하지 못한 경우에는 과소적합이 발생하며, 학습 데이터와 새로운 데이터 모두에서 일관되게 낮은 성능을 보일 수 있다.

따라서 모델은 적절한 수준의 복잡도를 유지하여 학습 데이터의 패턴을 일반화하고, 새로운 데이터에 대해서도 안정적인 예측 성능을 보여야 한다. 이러한 일반화 능력을 평가하고 개선하는 가장 기본적인 방법으로는 데이터세트 분할과 교차 검증이 있다.

데이터세트 분할(data splitting)은 전체 데이터를 학습 데이터(training data), 검증 데이터(validation data), 테스트 데이터(test data)의 세 부분으로 나누어 사용하는 절차다. 학습 데이터는 모델을 학습시키는 데 활용되며, 검증 데이터는 모델의 하이퍼파라미터 튜닝 및 성능 비교를 통해 최적의 모델을 선택하는 데 사용된다. 테스트 데이터는 학습과 검증 과정에 전혀 사용되지 않은 독립된 데이터로, 모델의 일반화 성능을 객관적으로 평가하는 최종 기준이 된다.

데이터 분할 비율은 일반적으로 학습 데이터에 80%, 검증 및 테스트 데이터에 각각 10%를 할당하는 방식이 널리 사용된다. 다만 이러한 비율은 문제의 특성, 데이터양, 모델 복잡도에 따라 유연하게 조정되어야 한다. 예를 들어, 데이터세트가 매우 작거나 불균형한 경우에는 교차 검증과 같은 재사용 기반 평가 기법을 활용하여 데이터를 보다 효율적으로 사용할 수 있다.

교차 검증(cross-validation)은 데이터가 제한적이거나 데이터세트가 편향되어 있는 경우에 모델의 일반화 성능을 더욱 정확하게 평가하기 위한 기법이다. k-폴드 교차 검증(k-fold cross-validation)은 데이터를 k개의 동일한 크기의 부분집합으로 나누고, k번 학습과 검증을 반복한다. 각 학습에서는 k-1개의 부분집합을 학습에 사용하고, 나머지 하나의 부분집합을 검증에 사용한다.

이 과정에서 모든 데이터를 검증에 한 번씩 사용하므로 데이터의 편향으로 인한 오류를 줄이고 모델의 성능을 보다 안정적으로 평가할 수 있다. 계층 k-폴드 교차 검증(stratified k-fold cross-validation)은 분류 문제에서 각 폴드(fold) 내 클래스 비율을 유지하여 데이터 불균형 문제를 완화할 수 있다.

모델의 일반화 능력은 단 한 번의 학습으로 확보되는 것이 아니라 지속적인 개선 노력을 통해 향상시켜야 한다. 모델 학습 후 성능이 기대에 미치지 못하는 경우에는 하이퍼파라미터를 조정하거나, 새로운 정규화 기법을 적용하거나, 더 많은 학습 데이터를 확보하는 등 다양한 방법들을 시도해야 한다. 또한, 데이터 전처리 과정에서의 오류는 모델의 일반화 능력을 저해할 수 있으므로 데이터 품질에 대한 검토가 필요하다.

2.3.4 모델 평가 지표

머신러닝 모델의 성능을 평가하는 데 있어 **모델 평가 지표**(model evaluation metrics)는 매우 중요한 역할을 한다. 적절한 평가 지표를 선택하는 것은 모델의 강점과 약점을 파악하고 모델을 개선하는 데 중요한 과정이다.

모델 평가 지표는 회귀, 분류, 추천 등 문제 유형과 데이터의 특성에 따라 달라지며, 각 지표는 정확도, 정밀도, 재현율, 오차 범위 등 성능의 다양한 측면을 수치화하여 평가한다. 따라서 모델의 목적과 문제 유형을 고려하여 평가 지표를 전략적으로 선택하는 것이 중요하다.

이제 대표적인 머신러닝 문제 유형별로 널리 사용되는 평가 지표들을 살펴보자. 이러한 지표들은 모델의 성능을 정량적으로 평가하고 개선 방향을 결정하는 데 있어 중요한 기준이 된다.

회귀 문제

- **평균 제곱 오차**(Mean Squared Error, MSE): 예측값과 실젯값 차이의 제곱 평균으로, 오차의 크기를 제곱하여 오차의 크기가 큰 값에 더 많은 가중치를 부여한다.

- **평균 절대 오차**(Mean Absolute Error, MAE): 예측값과 실젯값 차이의 절댓값 평균으로, MSE보다 이상치에 덜 민감하다.
- **루트 평균 제곱 오차**(Root Mean Squared Error, RMSE): MSE의 제곱근으로, MSE와 같은 의미를 가지지만 측정 단위가 실젯값과 같아 해석하기 용이하다.
- **결정 계수**(R-squared): 모델이 전체 데이터 변동성 중 얼마나 많은 비율을 설명하는지를 나타내는 지표로, 1에 가까울수록 예측값이 실젯값에 잘 부합함을 의미한다.

분류 문제

- **정확도**(accuracy): 전체 예측 중 올바르게 예측한 비율로, 불균형한 데이터세트에서는 모델의 성능을 제대로 반영하지 못할 수 있다.
- **정밀도**(precision): 양성(positive)으로 예측한 것 중 실제 양성인 비율로, 거짓 양성(false positive)을 줄이는 것이 중요한 경우에 사용한다.
- **재현율**(recall): 실제 양성 중 양성으로 예측한 비율로, 거짓 음성(false negative)을 줄이는 것이 중요한 경우에 사용한다.
- **F1 점수**(F1 Score): 정밀도와 재현율의 조화 평균으로, 정밀도와 재현율 모두 중요한 경우에 사용한다.
- **AUC**(Area Under the ROC Curve): ROC 커브 아래 영역으로, 이진 분류 문제에서 모델의 성능을 종합적으로 평가하는 데 사용한다.

군집화 문제

- **실루엣 계수**(silhouette coefficient): 각 데이터 포인트가 속한 클러스터 내의 응집도(cohesion)와 다른 클러스터와의 분리도(separation)를 평가한다. 실루엣 계수는 –1에서 1 사이의 값을 가지며, 1에 가까울수록 잘 분리된 클러스터를 의미하고, –1에 가까울수록 잘못 클러스터링된 것을 의미한다.
- **칼린스키-하라바츠 지수**(Calinski–Harabasz index): 클러스터 내의 분산과 클러스터 간의 분산을 이용하여 클러스터링 결과를 평가한다. 값이 클수록 클러스터링 결과가 좋다고 판단한다.
- **데이비스-볼딘 지수**(Davies–Bouldin index): 각 클러스터와 가장 유사한 클러스터 간의 평균 유사도를 측정한다. 값이 작을수록 잘 분리된 클러스터를 의미한다.

추천 시스템 문제

- **정밀도**(precision)**@k**: 상위 k개 추천 항목 중 사용자가 실제로 선호하는 항목의 비율을 나타낸다. 예를 들어, @5라면 상위 5개 추천 항목 중 사용자가 선호하는 항목의 비율이다.
- **재현율**(recall)**@k**: 사용자가 선호하는 전체 항목 중에서 상위 k개 추천 항목에 포함된 비율을 나타낸다.

- mAP(mean Average Precision): 여러 사용자에게 추천한 결과를 평균 낸 평균 정밀도 값이다.
- NDCG(Normalized Discounted Cumulative Gain): 추천 항목의 순서를 고려하여 추천 품질을 평가하는 지표다. 상위 랭크에 높은 관련성을 가진 항목이 추천될수록 높은 값을 갖는다.
- MRR(Mean Reciprocal Rank): 순위 시스템에서 첫 번째 올바른 결과의 순위의 역수를 평균 낸 값이다.

자연어 처리 문제

- BLEU(Bilingual Evaluation Understudy): 기계 번역에서 번역된 텍스트와 실제 텍스트 간의 유사도를 측정하는 지표다.
- ROUGE(Recall-Oriented Understudy for Gisting Evaluation): 텍스트 요약에서 생성된 요약과 실제 요약 간에 겹치는 n-gram을 측정하는 지표다.

오디오 처리 문제

- **단어 오류율**(Word Error Rate, WER): 모델이 인식한 텍스트와 실제 텍스트 간의 편집 거리(edit distance)를 기반으로 계산된다. 편집 거리는 삽입, 삭제, 대체 오류의 수를 합한 값으로 WER 값이 낮을수록 음성 인식 모델의 성능이 높다.
- **문자 오류율**(Character Error Rate, CER): 모델이 인식한 텍스트와 실제 텍스트 간의 문자 수준의 오류를 측정한다. 음성 인식 모델의 세부적인 성능을 평가하는 데 사용된다.
- MCD(Mel Cepstral Distortion): 생성된 음성과 실제 음성의 스펙트럼 유사도를 측정하는 지표다. MCD 값이 낮을수록 생성된 음성이 실제 음성과 유사하다.

컴퓨터 비전 처리 문제

- mAP(mean Average Precision): 모든 클래스에 대한 AP(Average Precision) 값을 평균 낸 값이다. 객체 인식 모델의 전반적인 성능을 평가하는 데 사용된다.
- IoU(Intersection over Union): 예측된 객체 영역과 실제 객체 영역 간에 겹치는 영역의 비율을 나타낸다. IoU 값은 0에서 1 사이의 값을 가지며, 1에 가까울수록 객체 위치를 정확하게 예측했음을 의미한다.
- Top-k **정확도**(Top-k accuracy): 상위 k개의 예측 클래스 안에 실제 클래스가 포함되는 비율을 나타낸다.

적절한 평가 지표를 선택하고, 학습 데이터와 검증 데이터를 사용하여 모델을 평가하는 것은 머신러닝 모델 성능을 개선하는 데 있어 매우 중요한 요소다. 또한, 평가 결과에 따라 모델을 수정하고 하이퍼파라미터를 조정하여 모델의 성능을 지속적으로 향상시켜야 한다.

2.3.5 모델 선택과 하이퍼파라미터 튜닝

모델의 일반화 성능을 높이고 실제 문제에 대한 예측력을 향상시키기 위해서는 적절한 모델 선택과 하이퍼파라미터 최적화가 중요하다. 이를 위해 모델 선택과 하이퍼파라미터 튜닝 과정을 거쳐야 한다.

모델 선택(model selection)은 주어진 문제에 가장 적합한 머신러닝 알고리즘을 찾는 과정이다. 알고리즘마다 고유한 가정과 특성이 있기 때문에 데이터의 특성과 문제 유형을 종합적으로 고려해야 한다.

예를 들어 선형 데이터에는 선형 회귀나 로지스틱 회귀가 적합할 수 있으며, 비선형 데이터에는 서포트 벡터 머신(Support Vector Machine, SVM)이나 신경망이 더 효과적일 수 있다. 모델 선택 과정에서는 학습 데이터의 크기, 특징의 수, 데이터의 분포, 문제의 복잡성 등을 종합적으로 고려해야 한다.

하이퍼파라미터 튜닝(hyperparameter tuning)은 선택된 모델의 하이퍼파라미터 값을 최적화하는 과정이다. 하이퍼파라미터는 모델의 구조나 학습 알고리즘을 제어하는 값으로, 학습 과정에서 사용자가 직접 설정하거나 AutoML[12] 기법 등을 통해 최적화해야 한다.

예를 들어, 신경망 모델의 학습률, 은닉층의 수, 은닉층의 노드 수, L1 또는 L2 정규화 강도 등이 하이퍼파라미터에 해당된다. 하이퍼파라미터 값에 따라 모델의 성능이 크게 달라질 수 있으므로 적절한 하이퍼파라미터 값을 찾는 것은 매우 중요하다. 이러한 하이퍼파라미터 튜닝에는 다양한 방법이 사용된다. 다음은 대표적인 하이퍼파라미터 튜닝 방법을 정리한 것이다.

하이퍼파라미터 튜닝 방법

- **그리드 서치**(grid search): 사용자가 정의한 하이퍼파라미터 값들의 조합을 모두 시도하여 가장 성능이 좋은 조합을 찾는 방법이다. 모든 조합을 시도하므로 최적의 값을 찾을 가능성이 높지만, 하이퍼파라미터의 수가 많거나 값의 범위가 넓을 경우에는 계산 비용이 매우 커질 수 있다는 단점이 있다.

12 모델 선택, 하이퍼파라미터 튜닝 등 머신러닝 모델 개발 과정을 자동화하여 최적의 모델을 더 빠르고 효율적으로 찾도록 돕는 기술

- **랜덤 서치**(random search): 하이퍼파라미터 값들을 무작위로 선택하여 시도하는 방법이다. 그리드 서치에 비해 계산 비용이 적고, 의외로 좋은 성능을 보이는 조합을 찾을 가능성이 있다. 하지만 최적의 조합을 찾는다는 보장이 없다.
- **베이지안 최적화**(bayesian optimization): 하이퍼파라미터 값에 따른 모델 성능을 확률적으로 모델링하고, 이를 기반으로 다음에 시도할 하이퍼파라미터 값을 결정하는 방법이다. 이전 평가 결과를 활용하여 효율적으로 최적의 값을 찾을 수 있다는 장점이 있지만, 초기 설정에 따라 성능이 달라질 수 있다는 단점이 있다.
- **수동 조정**(manual tuning): 모델 개발자가 직접 하이퍼파라미터 값을 변경하면서 모델의 성능을 관찰하고, 이를 통해 최적의 값을 찾아가는 방법이다. 시간이 오래 걸리고 주관적인 판단에 의존할 수 있지만, 모델에 대한 이해도를 높이고, 특정 문제에 대한 직관을 얻을 수 있다는 장점이 있다.

모델 선택과 하이퍼파라미터 튜닝은 반복적인 과정이다. 모델을 선택하고 하이퍼파라미터를 튜닝한 후에는 반드시 테스트 데이터를 사용하여 모델의 일반화 성능을 최종적으로 평가해야 한다. 테스트 데이터에서 만족스러운 성능을 보이지 못한다면 모델 선택이나 하이퍼파라미터 튜닝을 다시 시도해야 한다.

2.4 _ 머신러닝 모델 적용 예시

머신러닝 모델은 현재 다양한 영역에서 데이터 기반의 의사결정과 예측을 자동화하는 데 핵심적인 역할을 수행한다. 과거에는 인간의 직관이나 경험에 의존했던 많은 업무가 이제는 머신러닝 알고리즘으로 보다 정확하고 효율적으로 처리되고 있다.

이러한 변화는 단순한 자동화를 넘어, 새로운 비즈니스 기회를 창출하고 기존 산업의 패러다임을 전환하고 있다. 예를 들어, 금융 분야에서는 머신러닝 모델이 신용 위험 평가를 자동화하고 사기 거래를 탐지하여 금융 안정성을 높이는 데 활용되고 있으며, 의료 분야에서는 질병 진단을 보조하고 환자 맞춤형 치료 계획을 수립하는 데 사용되어 의료 서비스의 질을 향상시키고 있다.

또한, 머신러닝 모델의 적용은 단순히 데이터를 분석하고 예측하는 데 그치지 않고, 복잡한 의사결정 과정에도 관여하고 있다. 예를 들어, 제조 분야에서는 생산 공정의 효율성을 높이고 불량률을 감소시키며, 공급망 관리에서는 수요 예측을 통해 재고를 최적화하고 비용을 절감하는 데 머신러닝 모델이 활용된다. 또한, 마케팅 분야에서는 고객 데이터를 분석하여 개인 맞춤형 마케팅 전략을 수립하고 고객 만족도를 높이는 데 활용된다.

이처럼 머신러닝 모델은 다양한 산업 분야에서 발생하는 복잡한 문제들을 해결하고 비즈니스 가치를 창출하는 데 핵심적인 역할을 담당하며, 그에 따라 데이터 기반 의사결정의 중요성이 더욱 대두되고 있다.

이처럼 광범위하게 활용되는 머신러닝 모델은 각각의 목적과 데이터 특성에 따라 다양한 알고리즘과 기법을 활용한다. 머신러닝 모델은 분류, 회귀, 클러스터링, 추천 시스템 등 각각의 목적에 따라 다양한 형태로 적용될 수 있으며, 모델의 선택은 해결하고자 하는 문제의 특성, 데이터의 크기, 예측의 정확도 요구 수준 등 다양한 요인을 고려하여 이루어진다.

이번 절에서는 머신러닝 모델이 어떻게 적용될 수 있는지, 그리고 모델 적용 시 어떤 사항을 고려해야 할지를 예시와 함께 살펴본다.

2.4.1 머신러닝의 주요 접근 방식

머신러닝은 데이터를 기반으로 시스템이 스스로 학습하는 기술로, 문제 유형에 따라 다양한 학습 방식이 적용된다. 이러한 학습 방식은 모델이 어떻게 학습하고 어떤 데이터를 사용하는지에 따라 구분되며, 각 방식은 문제의 특성에 따라 적합성이 달라진다. 대표적인 예로는 지도 학습, 비지도 학습, 준지도 학습, 강화 학습 등이 있다.

지도 학습(supervised learning)은 머신러닝에서 가장 널리 사용되는 접근 방식 중 하나로, 레이블이 명확하게 부착된 학습 데이터를 기반으로 모델을 학습시킨다. 입력 데이터와 그에 대응하는 정답(출력 값)을 함께 제공함으로써 모델은 입력과 출력 간의 관계를 학습한다. 예를 들어, 키와 몸무게를 입력으로 받아 성별을 분류하는 모델은 수천 개의 레이블링된 데이터를 통해 성별을 예측하는 방법을 배운다. 이처럼 지도 학습은 정확한 예측이 요구되는 많은 분야에서 핵심적인 역할을 한다.

지도 학습의 대표적인 하위 범주로는 분류(classification)와 회귀(regression)가 있다. 분류는 입력 데이터를 미리 정의된 범주 중 하나로 구분하는 작업이다. 예를 들어, 이메일을 '스팸'과 '스팸 아님'으로 분류하거나, 사진 속 동물을 개, 고양이, 새 중 하나로 식별하는 작업이 이에 해당한다. 반면, 회귀는 연속적인 값을 예측하는 문제에 적용된다. 주택 가격 예측이나 주식 가격 예측처럼 결과가 특정한 수치로 나타나는 경우에 회귀 기법이 사용된다.

비지도 학습(unsupervised learning)은 레이블이 없는 데이터를 대상으로 한다는 점에서 지도 학습과 구별된다. 이는 사전에 명확한 정답이 없는 상황에서 데이터의 내재된 구조나 패턴을 발견하는 데 초점을 맞춘다. 비지도 학습의 대표적인 예로는 군집화(clustering)와 차원 축소(dimensionality reduction)가 있다.

군집화는 데이터들을 유사한 특성에 따라 여러 그룹으로 나누는 작업이다. 예를 들어, 소비자들의 구매 이력을 분석하여 유사한 소비 성향을 가진 집단을 도출할 수 있다. 차원 축소는 데이터의 특성 수가 많은 경우, 이들을 보다 적은 수의 핵심 요인으로 축소하는 작업이다. 이는 시각화를 용이하게 하거나 노이즈를 줄여 모델의 성능을 향상시키는 데 활용된다. 대표적인 차원 축소 기법으로는 주성분 분석(PCA)이나 t-SNE와 같은 기술들이 있다.

준지도 학습(semi-supervised learning)은 지도 학습과 비지도 학습의 중간에 위치한 방식이다. 이 방법은 소량의 레이블된 데이터와 대량의 레이블되지 않은 데이터를 결합하여 학습한다. 실제 실무 환경에서는 레이블된 데이터를 확보하는 데 많은 시간과 비용이 들기 때문에, 준지도 학습은 이러한 한계를 보완할 수 있는 방법으로 주목받고 있다. 예를 들어, 수만 개의 제품 리뷰 중 극히 일부만이 긍정 혹은 부정으로 분류되어 있다면, 이러한 조건에서도 효과적으로 감성 분석 모델을 구축할 수 있는 것이 준지도 학습의 장점이다.

강화 학습(reinforcement learning)은 앞선 세 가지 방식과는 성격이 매우 다르다. 이 접근법에서는 에이전트(agent)[13]라는 학습 주체가 환경과의 상호작용을 통해 최적의 행동 전략을 학습한다. 에이전트는 어떤 상태에서 행동을 선택하고, 그에 따라 보상을 받으며, 반복적인 시행착오 과정을 통해 목표를 달성하는 방향으로 학습을 진행한다. 이 방식은 특히 순차적인 의사결정 문제에 강력한 성능을 발휘한다.

강화 학습은 로봇 제어, 자율 주행, 게임 플레이 등 다양한 분야에 적용되고 있다. 예를 들어, 체스나 바둑 같은 게임에서 에이전트가 수천 번의 시뮬레이션을 거치며 전략을 최적화

13 강화 학습에서 환경과 상호작용하며 학습하는 주체

하는 방식은 인간 수준을 넘는 성능을 발휘하기도 한다. 또한, 실제 비즈니스 문제에서도 웹사이트에서의 추천 전략 최적화, 에너지 소비 제어 등의 문제에 활용된다.

이러한 머신러닝의 접근 방식들은 각자의 강점과 한계를 지니며, 실제 문제 상황에 따라 단독으로 혹은 서로 결합하여 사용되기도 한다. 예를 들어, 추천 시스템을 개발할 때 사용자의 행동 데이터를 기반으로 군집화를 수행한 뒤, 그 결과를 지도 학습 모델에 입력하여 보다 정밀한 예측을 수행하는 방식이 가능하다. 또한, 강화 학습과 지도 학습을 통합하여 복잡한 사용자 반응을 고려한 동적 추천 시스템을 개발할 수도 있다.

머신러닝의 접근 방식을 이해하는 것은 단순한 기술 학습을 넘어, 문제 해결에 필요한 분석과 설계 전략을 갖추는 데 중요한 기반이 된다. 따라서 각 학습 방식의 차이를 명확히 이해하고 실제 상황에 적합한 방식을 선택할 수 있는 능력은 데이터 사이언티스트와 머신러닝 실무자에게 필수적인 역량이다. 이제 머신러닝 적용 사례에 대해 자세히 살펴보자.

2.4.2 머신러닝 적용 사례

머신러닝은 이론적인 알고리즘 연구를 넘어서 다양한 산업 현장에서 실질적인 문제 해결 도구로 활용되고 있다. 과거에는 복잡한 수작업이나 전문가의 경험에 의존했던 영역들이 이제는 머신러닝 모델을 통해 자동화되고 있으며, 그 정확도와 효율성 또한 지속적으로 향상되고 있다. 이로 인해 머신러닝은 단순한 기술을 넘어 기업의 경쟁력을 좌우하는 핵심 역량으로 자리매김하고 있다. 특히, 데이터가 풍부하고 반복적인 의사결정이 필요한 환경에서는 머신러닝의 효과가 극대화된다.

머신러닝의 적용 사례는 특정 알고리즘이나 접근 방식이 어떤 문제 유형에 적합한지를 보여주는 중요한 지표다. 예를 들어, 분류 모델은 텍스트 분석과 이미지 인식에서 뛰어난 성능을 발휘하며, 회귀 모델은 수치 예측이 필요한 금융 및 비즈니스 분석 분야에서 널리 활용된다.

이 외에도 사용자의 행동을 기반으로 한 군집화, 고차원 데이터를 효율적으로 표현하기 위한 차원 축소, 그리고 순차적 의사결정 최적화를 위한 강화 학습까지 각 접근 방식은 고유의 특성과 장점을 가지고 실제 업무에 맞춰 적용된다. 그림 2.7은 이러한 머신러닝 접근 방식들이 실제 어떤 분야와 문제에 적용되고 있는지를 정리한 것이다.

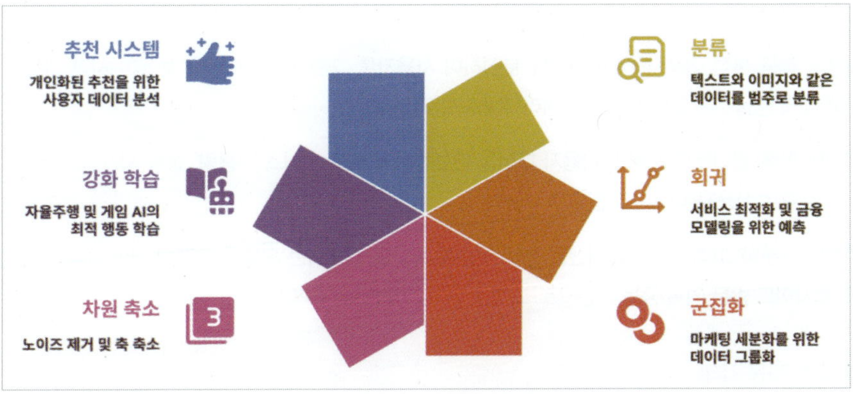

그림 2.7 대표적인 머신러닝 적용 사례

그림 2.7에 제시된 여섯 가지 머신러닝 접근 방식은 각각의 문제 유형에 따라 효과적으로 활용된다. 이제 각 방식이 실제 산업 현장에서 어떤 문제 해결에 적용되는지 구체적인 사례를 통해 살펴보자.

분류 적용 사례

- **텍스트 분석**: 텍스트 데이터를 분석하여 특정 범주로 분류하는 작업이다. 예를 들어, 댓글 내용을 분석하여 악성 댓글을 탐지하는 모델은 댓글의 내용, 작성자 정보, 문맥 등을 입력 변수로 사용하여 악성 댓글 여부를 예측한다.
- **이미지 인식**: 이미지 데이터를 분석하여 객체를 식별하거나 분류하는 작업이다. 얼굴 인식은 이미지에서 얼굴 영역을 찾아 식별하는 기술이며, 이미지 자동 태깅은 이미지에 포함된 객체나 장면을 자동으로 분류하는 기술이다.
- **보안**: 네트워크 트래픽을 분석하여 악성 트래픽을 탐지하는 모델은 트래픽의 패턴, 프로토콜, 송수신 IP 주소 등을 입력 변수로 사용하여 악성 트래픽 여부를 판별한다.

회귀 적용 사례

- **서비스 최적화**: 웹 트래픽 예측을 통해 서버 자원을 관리하는 모델은 과거 트래픽 데이터, 시간, 요일 등을 입력 변수로 사용하여 미래 트래픽을 예측하고, 서버 자원을 효율적으로 할당한다.
- **비즈니스 분석**: 클라우드 서비스 사용량 예측 모델은 과거 사용량 데이터, 사용자 수, 서비스 유형 등을 입력 변수로 사용하여 미래 사용량을 예측하고, 서비스 용량을 계획한다.
- **금융 모델링**: 주가 예측 및 보험료 산정 모델은 과거 주가 데이터, 경제 지표, 고객 정보 등을 입력 변수로 사용하여 미래 주가 또는 보험료를 예측한다.

군집화 적용 사례

- **사용자 행동 분석**: 게임 플레이 패턴을 분석하여 사용자를 그룹화하는 모델은 플레이 시간, 게임 내 활동, 구매 내역 등을 기준으로 사용자를 여러 그룹으로 나눈다.
- **데이터 분류**: 클라우드 서비스 사용자 패턴을 분류하는 모델은 서비스 사용량, 접속 시간, 데이터 저장량 등을 기준으로 사용자를 여러 그룹으로 나눈다.
- **마케팅 세분화**: 고객 세그먼테이션을 통해 맞춤형 광고를 제공하는 모델은 고객의 구매 내역, 인구 통계 정보, 웹사이트 방문 기록 등을 기준으로 고객을 여러 그룹으로 나눈다.

차원 축소 적용 사례

- **주성분 분석**: 데이터의 분산을 최대한 보존하는 새로운 축을 찾아 데이터를 투영하는 방법이다.
- **특잇값 분해**: 행렬을 특잇값과 특이 벡터로 분해하는 방법으로, 데이터의 차원을 줄이거나 노이즈를 제거하는 데 사용된다.

강화 학습 적용 사례

- **자율 주행**: 최적의 주행 경로를 학습하는 시스템은 카메라, 레이더, LiDAR 등의 센서를 통해 주변 환경을 인식하고, 강화학습 알고리즘을 통해 최적의 주행 전략을 학습한다.
- **로보틱스**: 로봇 팔 제어 및 물체 조작 최적화 모델은 로봇 팔의 각 관절 각도와 힘을 제어하여 물체를 잡거나 옮기는 작업을 수행하며, 강화학습 알고리즘을 통해 작업 성공률을 높이는 방향으로 학습한다.
- **게임 AI**: 체스, 바둑 등에서 최적의 수를 학습하는 AI는 게임의 규칙과 현재 상태를 입력으로 받아 가능한 모든 수를 탐색하고, 강화학습 알고리즘을 통해 승리 확률을 높이는 수를 선택한다.

추천 시스템 적용 사례

- **상품 추천**: 사용자의 구매 이력 및 검색 기록을 기반으로 상품을 추천하는 모델은 사용자가 과거에 구매하거나 검색한 상품과 유사한 상품, 또는 다른 사용자들이 함께 구매한 상품을 추천한다.
- **가격 최적화**: 사용자별 최적 가격을 추천하는 모델은 사용자의 구매력, 과거 구매 가격, 경쟁사 가격 등을 고려하여 사용자에게 가장 적합한 가격을 제시한다.
- **동영상 추천**: 사용자의 시청 기록을 바탕으로 콘텐츠를 추천하는 모델은 사용자가 과거에 시청한 동영상과 유사한 장르, 배우, 감독 등의 동영상을 추천한다.
- **인터랙티브 학습 경로 최적화**: 학습 스타일에 맞는 맞춤형 교육을 제공하는 모델은 학습자의 학습 속도와 이해도, 선호하는 학습 방식 등을 고려하여 최적의 학습 경로를 제시한다.

이 외에도 머신러닝은 자율 주행, 자연어 처리, 의료 진단 등 다양한 분야에서 활용되고 있다. IT 분야에서는 자율 주행 소프트웨어 개발, 챗봇 개발, 의료 영상 분석 등의 영역에서 머신러닝 기술이 필수적으로 사용된다. 머신러닝 모델이 어떻게 적용되는지를 구체적인 사례와 함께 살펴보았으니, 이제 실제 모델을 적용할 때 어떤 점들을 고려해야 하는지 알아보자.

2.4.3 모델 적용 시 고려사항

머신러닝 모델을 실제 문제에 적용할 때는 단순히 알고리즘을 선택하고 학습시키는 것을 넘어, 더 복잡한 사항들을 고려해야 한다. 모델을 개발하고 구현하는 관점에서 어떤 점을 주의 깊게 살펴야 하는지 알아보자. 다음은 핵심 내용을 간략히 정리한 것이다.

모델 개발 및 구현 시 고려 사항

- **문제 정의 및 목표 설정:** 머신러닝 모델을 적용하기 전에 해결하고자 하는 문제를 명확하게 정의하고, 모델의 목표를 구체적으로 설정해야 한다. 어떤 종류의 예측이나 분석을 수행할 것인지, 어떤 지표를 사용하여 모델의 성공을 측정할 것인지 등을 명확히 해야 한다. 예를 들어, "고객 이탈률을 예측하여 이탈 위험 고객에게 특별 제안을 제공한다"와 같이 구체적인 목표를 설정해야 한다.

- **데이터 수집 및 전처리:** 모델 학습에 필요한 데이터를 수집하고, 수집된 데이터를 모델 학습에 적합한 형태로 준비해야 한다. 이 과정에서 데이터 정제, 결측치 처리, 이상치 제거, 데이터 변환, 데이터 통합 등의 작업이 필요하다.

- **데이터 탐색 및 시각화:** 수집된 데이터의 특성을 파악하기 위해 데이터 탐색을 수행한다. 데이터의 분포, 통계량, 변수 간의 관계 등을 파악하고, 시각화를 통해 데이터의 패턴을 이해한다. 이를 통해 데이터의 문제점을 발견하고, 모델 학습에 필요한 전처리 단계를 결정할 수 있다.

- **특징 공학:** 모델 성능을 향상시키기 위해 기존 특징을 변환하거나 새로운 특징을 생성하는 과정이다. 도메인 지식을 활용하여 의미 있는 특징을 추출하고, 모델이 학습하기 쉬운 형태로 특징을 변환해야 한다. 예를 들어, 날짜 데이터를 요일, 월, 년 등으로 분리하거나 텍스트 데이터를 TF-IDF 등의 벡터 형태로 변환할 수 있다.

- **모델 학습 및 검증:** 데이터를 학습 데이터세트, 검증 데이터세트, 테스트 데이터세트로 분리한다. 학습 데이터세트로 모델을 학습시키고, 검증 데이터세트로 모델의 하이퍼파라미터를 조정한다. 테스트 데이터세트는 최종 모델 성능 평가에 사용되며, 모델이 실제 데이터에 얼마나 잘 일반화되는지 측정하는 데 사용된다.

- **모델 선택 및 모델 평가**: 학습된 모델의 성능을 객관적으로 평가하여 문제 유형과 데이터 특성에 적합한 모델을 선택해야 한다. 모델 성능을 최적화하기 위해 모델의 하이퍼파라미터를 조정하는 과정이 수행된다.
- **모델 해석 및 설명**: 모델의 예측 결과에 대한 해석이 필요하다면 SHAP, LIME, PDP(Partial Dependence Plot) 등의 모델 해석 기법을 활용해 모델의 의사결정 과정을 분석하고 설명할 수 있다. 특히 복잡한 모델일수록 이러한 해석 기법의 적절한 선택과 해석 능력이 중요하다. 모델 설명은 모델의 신뢰도를 높이고 모델의 오류를 발견하는 데 효과적이다.
- **모델 유지 보수 및 고도화**: 모델은 시간이 지남에 따라 성능이 저하될 수 있다. 따라서 주기적으로 모델을 재학습하거나 모델을 수정해야 한다. 모델의 유지 보수에는 데이터 모니터링, 모델 성능 평가, 모델 업데이트 등이 포함된다.

머신러닝 모델 개발 및 구현 과정에서 주의 깊게 살펴봐야 할 주요 고려 사항들을 살펴봤다. 머신러닝 모델을 실제 문제에 적용하는 과정은 반복적이고 복잡하므로 각 단계에서 주의 깊게 계획하고 문제를 해결해야 한다.

머신러닝 모델 구축의 핵심은 단순히 '최고 성능'을 내는 것이 아니라, '실제 문제를 제대로 해결하는' 모델을 만드는 데 있다. 문제를 명확히 정의하고, 데이터를 꼼꼼히 살피며, 모델의 성능뿐만 아니라 해석 가능성과 지속적인 관리까지 고려해야 한다.

3

딥러닝의 핵심

3.1 _ 기초 신경망 모델
3.2 _ 생성 및 표현 학습 모델
3.3 _ 도메인 특화 신경망 모델
3.4 _ 최신 딥러닝 모델

데이터 사이언스 분야에서 딥러닝은 복잡한 데이터를 처리하고 추상적인 특징을 학습함으로써 다양한 문제를 해결하는 데 필수적인 기술이다. 딥러닝은 전통적인 머신러닝 기법으로는 학습하기 어려운 고차원적이고 비선형적인 패턴을 데이터로부터 자동으로 학습할 수 있는 다층 신경망 기반의 방식이다. 이러한 특성 덕분에 딥러닝은 자연어 처리, 컴퓨터 비전, 음성 인식 등 다양한 분야의 발전을 이끌고 있다.

앞 장에서는 머신러닝의 학습 원리를 통해 딥러닝의 기초가 되는 다층 신경망의 동작 방식, 순전파, 활성화 함수, 손실 함수, 역전파, 최적화 알고리즘 등을 살펴보았다. 딥러닝 모델은 이러한 기본적인 원리를 바탕으로 입력 데이터를 처리하고, 각 계층에서 학습된 특징을 조합하여 최종 결과를 도출하는 과정을 거친다. 즉, 앞장에서 제시된 학습 원리가 딥러닝 모델의 근간을 이룬다고 할 수 있다.

이번 장에서는 딥러닝 모델의 기본 구성 요소와 학습 원리를 심층적으로 다룬다. 기본적인 신경망 모델인 다층 퍼셉트론(Multilayer Perceptron, MLP)을 시작으로, 이미지 처리에서 강력한 성능을 보이는 합성곱 신경망(Convolutional Neural Network, CNN), 시퀀스 데이터(sequence data) 처리에 특화된 순환 신경망(Recurrent Neural Network, RNN)의 구조와 동작 방식을 상세히 분석한다. 이러한 기초 모델에 대한 이해는 더욱 복잡한 딥러닝 모델을 이해하기 위한 기반이 된다.

또한, 데이터를 생성하거나 잠재적인 특징을 학습하는 데 사용되는 모델인 오토인코더(autoencoder)와 생성적 적대 신경망(Generative Adversarial Network, GAN)에 대해서도 알아본다. 오토 인코더는 입력 데이터를 압축하고 재구성하는 과정을 통해 데이터의 중요한 특징을 학습하는 데 사용되며, GAN은 생성자와 판별자의 경쟁적인 학습을 통해 고품질의 새로운 데이터를 생성하는 데 활용된다.

최근 딥러닝 연구의 주요 흐름인 그래프 신경망(Graph Neural Network, GNN)과 그래프 합성곱 신경망(Graph Convolutional Network, GCN)과 같은 그래프 기반 모델에 대해서도 살펴본다. 그래프 신경망은 노드(node)와 에지(edge)로 구성된 그래프 구조 데이터의 특징을 활용하여 노드 분류, 링크 예측 등 다양한 작업을 수행한다.

마지막으로, 최신 딥러닝 모델인 트랜스포머(transformer), 디퓨전 모델(diffusion model), 대규모 언어 모델(Large Language Model, LLM)의 핵심적인 동작 원리와 응용 분야를 소개한다. 트랜스포머는 어텐션(attention) 메커니즘을 기반으로 병렬적인 연산이 가능하여 자연어 처리 분야에서 뛰어난 성능을 보이며, 디퓨전 모델은 점진적인 노이즈 추가 및 제거 과정을 통해 고품질 이미지를 생성하는 데 사용된다. 대규모 언어 모델은 방대한 텍스트 데이터를 학습하여 텍스트 생성, 번역, 질의응답 등 다양한 자연어 처리 작업을 수행한다.

이번 장에서는 딥러닝의 핵심적인 이론 및 모델에 대해 다룰 것이다. 이를 통해 독자는 딥러닝의 기본 원리를 이해하고 실제 문제 적용 능력을 기를 수 있으며, 최신 기술 동향을 파악하여 경쟁력을 높일 수 있다.

3.1 _ 기초 신경망 모델

데이터 사이언스 분야에서 딥러닝은 복잡하고 비선형적인 패턴을 데이터로부터 추출하고, 이를 기반으로 예측 및 분류와 같은 다양한 문제를 해결하는 데 핵심적인 역할을 한다. 딥러닝은 전통적인 머신러닝 기법으로는 처리하기 어려운 고차원적이고 비선형적인 구조의 데이터를 효과적으로 다룰 수 있다. 특히 이미지, 텍스트, 오디오와 같은 데이터에 대해 뛰어난 표현 학습 능력을 바탕으로 높은 성능을 발휘한다.

전통적인 머신러닝 방식에서는 데이터 사이언티스트가 직접 특징을 추출해 모델에 입력해야 했지만, 딥러닝은 신경망 구조를 활용해 데이터에서 유의미한 특징을 스스로 학습한다. 이러한 특징 학습 능력은 데이터의 복잡성이 증가할수록 더욱 중요해진다. 또한, 딥러닝 모델은 대규모 데이터세트에서 학습할 때 더욱 강력한 성능을 발휘하며, 데이터가 많아질수록 모델의 정확도와 일반화 능력이 향상되는 경향을 보인다.

이렇게 딥러닝은 빅데이터 환경에서 데이터 분석의 효과를 극대화하는 데 필수적인 도구로 자리매김했다. 이러한 성능과 더불어 딥러닝 모델은 다양한 구조와 학습 기법을 제공하며, 이를 활용하여 데이터 사이언스 문제에 맞춤형 솔루션을 구축할 수 있는 유연성을 제공한다.

이번 절에서는 딥러닝의 기초가 되는 가장 기본적인 신경망 모델인 다층 퍼셉트론, 합성곱 신경망, 순환 신경망의 기본적인 구조와 동작 원리를 살펴본다. 이 모델은 딥러닝의 핵심 구성 요소이자, 더 복잡하고 발전된 모델들을 이해하는 데 중요한 기반을 제공한다. 각 모델의 구조와 작동 방식을 알아보자.

3.1.1 다층 퍼셉트론

다층 퍼셉트론(Multilayer Perceptron, MLP)은 심층 신경망의 기초가 되는 모델로 입력층, 하나 이상의 은닉층, 출력층으로 구성된다. 다층 퍼셉트론은 각 계층이 여러 개의 노드로 이루어져 있으며, **완전 연결**(fully-connected) 구조를 통해 이전 계층의 모든 노드와 연결된다. 각 노드는 이전 계층에서 전달된 값에 가중치를 곱하고, 편향을 더한 후, 활성화 함수를 적용하여 값을 변환한다. 이 변환된 값이 다음 계층으로 전달되면서 복잡한 패턴을 학습하게 된다.

다층 퍼셉트론의 핵심적인 구조적 특징은 **순방향**(feedforward) 방식이다. 입력 데이터는 입력층에서 출발해 은닉층들을 거쳐 출력층에 도달하며, 이 과정에서 정보는 한 방향으로만 흐른다. 이러한 단방향 정보 전달 구조는 네트워크의 각 계층에서 입력을 변환하고, 다음 계층에 전달함으로써 점진적인 정보 추상화를 가능하게 한다.

다층 퍼셉트론이 선형 모델과 근본적으로 구분되는 요소는 **비선형성**(non-linearity)의 도입이다. 각 계층의 노드에는 비선형 활성화 함수가 적용되며, 이를 통해 단일 선형 변환으로는 표현할 수 없는 고차원의 비선형 관계를 모델링할 수 있다. 만약 활성화 함수가 없거나 선형 함수만 사용된다면, 다층 구조임에도 불구하고 전체 모델은 결국 단일 선형 모델과 동일한 표현력만 가지게 된다. 따라서 비선형 활성화 함수는 다층 퍼셉트론의 학습 가능 범위를 실질적으로 확장시키는 핵심 요소다.

이 구조를 통해 다층 퍼셉트론은 다양한 형태의 입력 데이터에 내재된 복잡한 패턴을 학습할 수 있다. 입력층으로부터 수용된 데이터는 계층적으로 구성된 은닉층을 거치며 점진적으로 표현이 변환되고, 이 표현은 출력층에서 최종 결과로 매핑된다. 특히, 고차원 공간의 비선형적 데이터 구조를 효과적으로 학습할 수 있어, 선형 모델로 처리하기 어려운 문제를 해결하는 데 유리하다.

다층 퍼셉트론은 상대적으로 단순한 계층 구조를 가지며, 지도 학습 기반의 분류 및 회귀 문제를 포함한 다양한 데이터 분석 과제에 폭넓게 활용된다. 모델의 복잡도는 은닉층의 수, 각 층의 뉴런 수, 그리고 활성화 함수의 종류에 따라 조절 가능하며, 이는 데이터의 특성과 분석 목적에 따라 유연하게 설계될 수 있다. 다음 그림 3.1은 다층 퍼셉트론의 일반적인 구조를 도식화한 것이다.

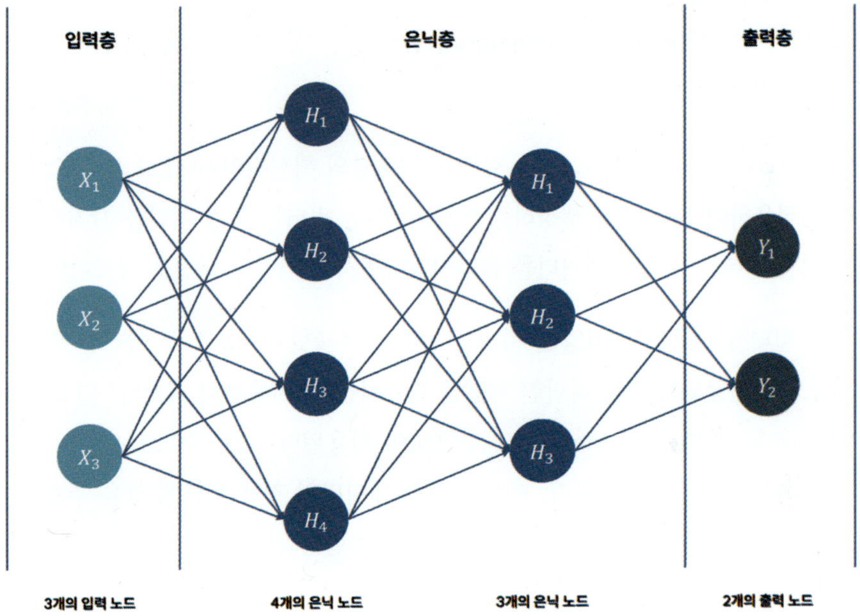

그림 3.1 다층 퍼셉트론 구조

3.1.2 합성곱 신경망

합성곱 신경망(Convolutional Neural Network, CNN)은 이미지, 비디오, 음성 데이터와 같이 2차원 또는 3차원 격자 형태(grid-like)로 표현되는 데이터를 처리하는 데 특화된 심층 신경망(DNN)의 한 종류다. 합성곱 신경망의 가장 큰 특징은 합성곱 연산을 핵심적인 구성 요소로 사용한다는 점이다.

합성곱(convolution) 연산은 입력 데이터의 특정 영역에 대해 필터(filter) 또는 커널(kernel)이라고 불리는 작은 크기의 행렬을 이동하면서 수행된다. 이를 통해 입력 데이터의 국소적 특징(local feature)을 효과적으로 추출할 수 있다. 또한, 합성곱 신경망은 풀링(pooling) 계층을 사용하여 특징 맵(feature map)의 크기를 줄이면서 모델의 계산량을 감소시키고 과대적합을 방지하는 역할을 한다.

합성곱 신경망은 지역적 수용 영역(local receptive field), 파라미터 공유(parameter sharing), 희소 연결(sparse connectivity) 등의 구조적 특성을 통해 공간 정보를 보존하면서 특징을 효율적으로 학습할 수 있도록 설계되었다. 이러한 특징 덕분에 이미지 분류, 객체 탐지, 이미지 분할(image segmentation) 등 다양한 컴퓨터 비전 문제에서 주요한 모델로 활용되고 있다.

합성곱 계층(convolutional layer)은 합성곱 신경망의 핵심적인 구성 요소로, 입력 데이터에 필터를 적용하여 특징 맵을 생성하는 역할을 한다. 필터는 특정 패턴을 감지하도록 학습되며, 이러한 필터들이 입력 데이터를 슬라이딩하면서 지역적인 특징을 강조한다.

여러 개의 필터를 사용하면 다양한 특징을 동시에 추출할 수 있으며, 이러한 특징 맵들은 다음 계층으로 전달되어 더욱 복잡한 패턴을 학습하는 데 사용된다. 합성곱 연산 시에는 스트라이드(stride)와 패딩(padding)이라는 개념이 사용된다. 스트라이드는 필터가 입력 데이터를 이동하는 간격을 의미하며, 패딩은 입력 데이터의 경계 부분에 값을 추가하여 특징 맵의 크기를 조절하는 데 사용된다. 다음 그림 3.2는 합성곱 연산 방식을 보여준다.

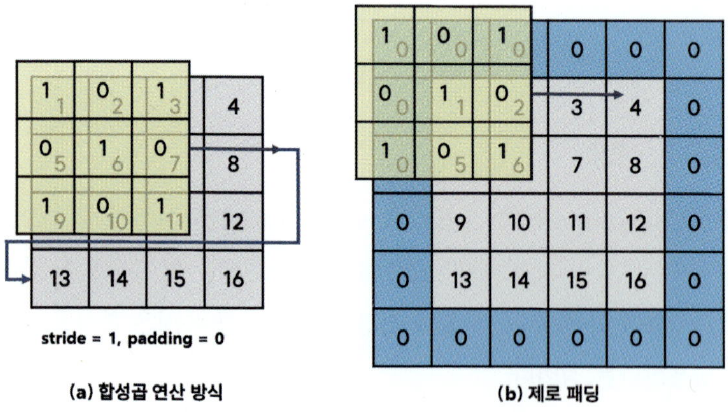

그림 3.2 합성곱 연산 방식과 제로 패딩

합성곱 계층은 입력 데이터에 필터를 적용하여 특징 맵을 생성한다. 그림 3.2의 (a)는 4×4 크기의 입력 데이터와 3×3 크기 필터의 예시다. 입력 데이터에 필터가 슬라이딩하면서 합성곱 연산을 수행한다. 예제의 합성곱 연산에는 스트라이드를 1, 패딩을 0으로 적용했다. 이 연산을 실제로 적용하면 수식 3.1과 같이 계산된다.

수식 3.1 각 위치별 합성곱 결과

(1, 1) 위치에서 연산: $(1\times1)+(2\times0)+(3\times1)+(5\times0)+(6\times1)+(7\times0)+(9\times1)+(10\times0)+(11\times1)=30$

(1, 2) 위치에서 연산: $(2\times1)+(3\times0)+(4\times1)+(6\times0)+(7\times1)+(8\times0)+(10\times1)+(11\times0)+(12\times1)=35$

(2, 1) 위치에서 연산: $(5\times1)+(6\times0)+(7\times1)+(9\times0)+(10\times1)+(11\times0)+(13\times1)+(14\times0)+(15\times1)=50$

(2, 2) 위치에서 연산: $(6\times1)+(7\times0)+(8\times1)+(10\times0)+(11\times1)+(12\times0)+(14\times1)+(15\times0)+(16\times1)=55$

출력 데이터(최종 결과 행렬): $\begin{bmatrix} 30 & 35 \\ 50 & 55 \end{bmatrix}$

합성곱 연산에서 패딩을 1로 설정하고 값을 0으로 채우면, 그림 3.1의 (b)에서 볼 수 있듯이 입력 데이터 주변에 0으로 된 테두리가 형성된다. 이러한 방식을 제로 패딩(zero padding)이라 하며, 주로 특징 맵의 크기 감소를 방지하거나 이미지 가장자리 정보가 연산에서 배제되는 것을 막기 위해 사용된다.

패딩 방식에는 제로 패딩 외에도 여러 유형이 있다. 예를 들어, 반사 패딩(reflection padding)은 가장자리 값을 반사시키는 방식으로, 이미지 경계를 자연스럽게 확장할 때 유용하다. 반면, 상수 패딩(constant padding)은 사용자가 지정한 상수 값으로 채우는 방식으로, 특정 패턴을 유지하거나 특정 연산과 결합할 때 활용된다.

수식 3.1의 결과를 보면, 패딩을 적용하지 않은 경우 4×4 크기의 입력 데이터가 2×2 크기의 출력 데이터로 축소된다. 그러나 패딩을 1로 설정하면 출력 데이터의 크기가 4×4로 유지된다. 이처럼 패딩을 활용하면 합성곱 연산 결과로 생성되는 특징 맵의 크기를 조절할 수 있으며, 특정 패딩 유형을 선택함으로써 모델이 입력 데이터를 해석하는 방식을 조정할 수도 있다.

풀링 계층(pooling layer)은 합성곱 계층에서 생성된 특징 맵의 크기를 줄이는 역할을 한다. 풀링 계층은 주로 최대 풀링(max pooling)과 평균 풀링(average pooling)의 두 가지 방식으로 구현된다. 최대 풀링은 특정 영역 내에서 가장 큰 값을 선택하여 특징 맵의 크기를 줄이며, 평균 풀링은 특정 영역 내 값들의 평균을 계산하여 특징 맵의 크기를 줄인다. 다음 그림 3.3은 풀링 연산 방식을 보여준다.

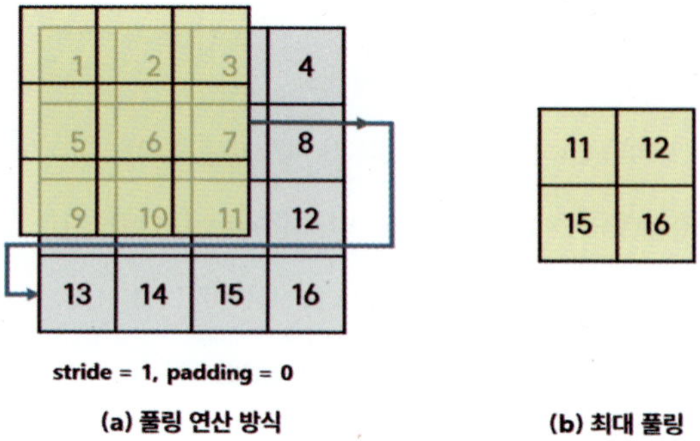

그림 3.3 풀링 연산 방식

풀링 연산도 합성곱 연산과 유사한 방식으로 수행된다. 그림 3.3의 예시는 최대 풀링을 적용한 결과로, 각 필터 영역에서 최댓값을 선택하여 출력하는 방식이다. 이를 통해 중요한 특징을 효과적으로 추출하면서도 계산량을 줄일 수 있다.

풀링 연산에서도 패딩과 스트라이드를 조정할 수 있다. 패딩을 적용하면 입력 데이터 크기를 유지하면서 풀링을 수행할 수 있으며, 스트라이드를 변경하면 출력 크기를 조절할 수 있다. 이처럼 풀링 연산은 합성곱 연산과 함께 신경망에서 중요한 정보만을 추출하고 계산량을 감소시키는 역할을 한다.

풀링 계층은 특징 맵의 크기를 줄여 계산량을 감소시키고, 모델이 특정 위치에 대한 의존성을 낮춰 과대적합을 방지하는 역할을 한다. 또한, 풀링 계층은 작은 변화에 덜 민감하게 만들어 모델의 일반화 성능을 향상시키는 효과도 있다.

합성곱 계층과 풀링 계층을 반복적으로 쌓아 올림으로써 합성곱 신경망은 계층이 깊어질수록 더욱 복잡하고 추상적인 특징을 학습할 수 있게 된다. 이러한 계층 구조는 다양한 규모의 이미지 데이터에 대해 효과적인 학습을 가능하게 한다.

최종적으로 합성곱 신경망 모델은 일반적으로 완전 연결 계층(fully-connected layer)으로 연결된다. 완전 연결 계층은 이전 계층에서 추출된 특징 맵을 입력으로 받아 클래스 분류 또는 회귀 문제의 해답을 출력한다.

완전 연결 계층은 다층 퍼셉트론과 유사한 구조를 가지며, 입력 데이터의 모든 특징을 조합하여 최종적인 판단을 내린다. 이때 소프트맥스(softmax) 함수와 같은 활성화 함수를 사용하여 분류 문제의 확률 분포를 계산하거나 단순히 회귀 문제의 값을 직접 출력할 수도 있다.

3.1.3 순환 신경망

순환 신경망(Recurrent Neural Network, RNN)은 시간에 따라 변화하는 데이터를 처리하는 데 특화된 신경망 모델로, 시계열 데이터(time-series data), 자연어 처리, 음성 인식 등에서 널리 사용된다. 기존의 순방향 신경망(Feedforward Neural Network, FNN)과 달리, 순환 신경망은 **순환 구조**(recurrent structure)를 가지며, 이전 시점의 정보를 현재 시점의 계산에 반영할 수 있는 것이 특징이다.

순환 신경망의 핵심적인 동작 원리는 각 시점(time step)마다 은닉 상태(hidden state)를 업데이트하는 과정에 있다. 즉, 현재 시점 t에서의 은닉 상태 h_t는 이전 시점의 은닉 상태 h_{t-1}와 현재 입력 x_t을 결합하여 계산된다. 이 과정을 수식으로 표현하면 수식 3.2와 같다.

수식 3.2 순환 신경망 동작 원리

$$h_t = f(W_h h_{t-1} + W_x x_t + b)$$

이러한 순환 구조를 통해 이전 시점의 정보를 기억하고 활용할 수 있어 시간적 의존성을 가진 데이터의 패턴을 효과적으로 학습할 수 있다. 또한, 순환 신경망 모델은 데이터의 시간적 맥락을 반영하며, 합성곱 신경망과 달리 가변적인 길이의 입력을 처리할 수 있다는 장점이 있다. 다음 그림 3.4는 순환 신경망 구조를 보여준다.

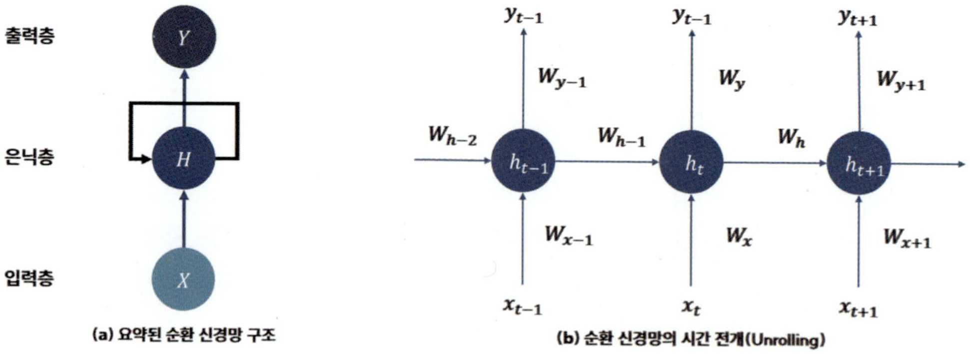

그림 3.4 순환 신경망 구조

그림 3.4의 (a)는 순환 신경망의 기본 구조를 단순화한 것이다. 여기서 X는 입력, H는 은닉 상태(기억), Y는 출력을 나타내며, 화살표는 정보의 흐름을 의미한다. 특히 은닉 상태 H가 다시 자신에게 연결되는 순환 구조가 핵심적인 특징이다.

이는 앞선 그림 3.1의 다층 퍼셉트론과 비교했을 때 가장 큰 차이점이다. 다층 퍼셉트론은 계층과 계층 사이의 단방향 연결만 존재하지만, 순환 신경망은 은닉 상태가 자신에게 다시 연결되는 순환 구조를 가지고 있다. 이러한 연결 덕분에 순환 신경망은 이전 시점의 정보를 기억하고, 이를 현재 시점의 입력과 함께 고려하여 출력을 생성할 수 있다.

그림 3.4의 (b)는 시간 차원에서 펼친 순환 신경망 구조를 나타낸다. 이는 하나의 은닉층을 시간 축을 따라 확장한 형태로 볼 수 있다. 순환 신경망은 시점 t마다 입력 x_t를 받고, 이전 시점의 은닉 상태 h_{t-1}을 참고하여 현재 시점의 은닉 상태 h_t를 계산한다. 이렇게 각 시점의 은닉 상태는 이전 시점의 은닉 상태와 현재 시점의 입력에 의해 결정되므로, 과거 정보가 현재에 영향을 미치는 방식으로 정보가 전달된다.

이러한 특징으로 인해 순환 신경망은 시계열 데이터 분석과 문맥 정보를 활용해야 하는 다양한 분야에서 활용된다. 특히 자연어 처리에서는 단어의 순서와 의미 관계를 고려하여 텍스트 생성, 기계 번역, 감성 분석 등의 작업에 널리 사용된다.

기본적인 순환 신경망은 역전파 과정에서 시간이 지남에 따라 기울기 계산이 누적되어 기울기 소실 또는 기울기 폭발 문제가 발생할 수 있다. 이러한 현상은 긴 시퀀스를 학습할 때 학습의 안정성을 크게 저해한다. 시퀀스가 길어질수록 과거의 정보가 현재까지 제대로 전달되지 않거나, 역전파 과정에서 기울기 소실이나 기울기 폭발이 발생해 학습이 어려워질 수 있다.

또한, 순환 신경망은 순차적으로 데이터를 처리해야 하므로 병렬 연산이 어렵고 학습 속도가 느리다는 단점도 존재한다. 이러한 문제를 해결하기 위해 LSTM과 GRU와 같은 개선된 순환 신경망 모델이 개발되었다. 다음은 LSTM과 GRU 모델을 간략히 설명한 것이다.

개선된 순환 신경망 모델

- **LSTM(Long Short-Term Memory)**: 게이트(gate) 메커니즘을 도입하여 정보의 흐름을 조절하고, 장기 의존성을 효과적으로 학습할 수 있도록 설계되었다. 입력 게이트(input gate), 망각 게이트(forget gate), 출력 게이트(output gate)라는 세 가지 게이트를 활용하여 각 시점마다 어떤 정보를 저장하고, 어떤 정보를 버릴지 결정한다. 이를 통해 불필요한 정보는 제거하고 중요한 정보만 유지할 수 있다.
- **GRU(Gated Recurrent Unit)**: LSTM보다 구조가 단순하지만 유사한 기능을 수행하는 모델로, 업데이트 게이트(update gate)와 리셋 게이트(reset gate)라는 두 개의 게이트를 사용하여 정보의 흐름을 조절한다. GRU는 매개변수 수가 적고 연산량이 줄어들어 학습 속도가 빠르다는 장점이 있다. 이러한 이유로 LSTM과 GRU는 긴 시퀀스 데이터에서도 안정적인 학습이 가능하며, 자연어 처리 및 시계열 데이터 분석과 같은 다양한 분야에서 뛰어난 성능을 보인다.

이와 같이 순환 신경망은 시계열 데이터 및 자연어 처리와 같은 순차적 데이터 학습에 유용한 구조를 제공한다. 하지만 기본적인 순환 신경망은 기울기 소실 및 기울기 폭발 문제로 인해 긴 시퀀스 학습이 어려우며, 병렬 연산이 불가능하여 학습 속도가 느리다는 한계를 가진다. 이러한 문제를 해결하기 위해 LSTM과 GRU와 같은 변형 모델이 개발되었으며, 이러한 모델은 게이트 메커니즘을 활용하여 장기 의존성 문제를 완화하고 보다 효과적인 학습을 가능하게 한다.

이러한 개선된 모델들은 자연어 처리, 시계열 예측, 음성 인식 등 다양한 응용 분야에서 활용되며, 특정 문제의 특성에 따라 LSTM과 GRU 중 적절한 모델이 선택된다. 예를 들어, 더 긴 의존 관계를 학습해야 하는 경우 LSTM이 유리할 수 있으며, 연산량과 속도가 중요한 경우 GRU가 적절할 수 있다. 순환 신경망의 이러한 발전은 시퀀스 데이터 분석의 효율성을 높이는 데 기여하며, 이후 트랜스포머(Transformer)와 같은 더 발전된 구조의 신경망 모델 개발에도 영향을 미쳤다.

3.2 _ 생성 및 표현 학습 모델

데이터 사이언스 분야에서 생성 및 표현 학습 모델은 단순한 예측을 넘어 데이터 자체의 본질적인 구조를 파악하고 활용하는 데 필수적인 도구로 자리매김하고 있다. 이러한 모델들은 데이터의 고차원적인 복잡성을 효율적으로 다루고, 잠재된 패턴(latent patterns)을 발견하며, 새로운 데이터 샘플을 생성하는 데 기여한다.

표현 학습(representation learning)은 데이터를 분석이나 예측에 보다 효과적으로 활용할 수 있도록 유의미한 **잠재 표현(latent representation)**[1]을 학습하는 데 초점을 맞춘다. 이는 고차원 데이터를 보다 압축된 잠재 공간(latent space)으로 매핑하거나 데이터의 핵심적인 특징을 추출하여 **다운스트림 작업(downstream tasks)**[2]의 성능을 향상시키는 데 기여한다.

예를 들어, 이미지 인식 분야에서 표현 학습은 객체의 위치나 크기에 불변하는 특징을 학습하여 모델의 일반화 성능을 향상시킬 수 있다. 효과적인 표현 학습은 데이터의 노이즈를 제거하고, 복잡한 데이터 구조를 보다 단순한 방식으로 재구성하는 데 도움을 준다. 이 과정에서 잠재 공간이라는 개념이 생성 모델과 밀접한 연관이 있다.

잠재 공간은 데이터의 주요 특징들을 압축적으로 표현한 공간으로, 생성 모델에서는 이 공간을 활용해 새로운 데이터를 생성한다. 표현 학습에서는 고차원 데이터를 저차원 표현으로 변환하여 계산 효율성을 높이고, 데이터 간의 관계를 시각적으로 파악하는 데 유용하게 쓰인다.

한편, **생성 모델(generative models)**은 학습 데이터의 분포를 근사하여 새로운 데이터를 생성하는 것을 목표로 한다. 이는 단순히 기존 데이터를 복제하는 것이 아니라, 데이터의 근본적인 구조를 학습하여 새로운 데이터 포인트를 만들어내는 것을 의미한다. 이러한 능력은 데이터 증강(data augmentation), 이상 감지(anomaly detection), 창의적인 콘텐츠 생성(creative content generation) 등 다양한 분야에서 활용될 수 있다.

1 원본 데이터 속에 숨겨진 유의미하고 핵심적인 정보 및 특징

2 사전 학습된 모델을 특정 문제나 작업에 맞게 미세 조정하거나 활용하여 실제 응용 분야에 적용하는 것

예를 들어, 의료 분야에서 희귀 질환 환자의 데이터가 부족할 때 생성 모델을 사용하여 가상의 환자 데이터를 생성하여 모델 학습에 활용할 수 있다. 또한, 금융 분야에서는 비정상적인 거래 패턴을 감지하는 데 활용할 수 있다.

생성 모델에서도 표현 학습은 중요한 역할을 한다. 오토인코더(autoencoder)는 데이터를 압축하고 복원하는 데 초점을 맞춘 표현 학습 모델이며, 생성적 적대 신경망(Generative Adversarial Networks, GANs)은 두 개의 신경망(생성자와 판별자)이 경쟁적으로 학습하며 더욱 현실적인 데이터를 생성한다.

이 모델들은 표현 학습 및 생성 기법을 기반으로 한 대표적인 모델로 데이터를 효율적으로 표현하고 새로운 데이터를 생성하는 데 널리 활용된다. 이번 절에서는 표현 학습 및 생성 모델들의 개념과 작동 원리를 자세히 알아본다.

3.2.1 오토인코더

오토인코더(autoencoder)는 비지도 학습 기반의 신경망 모델로, 입력 데이터를 압축된 형태로 표현하는 인코더(encoder)와 이를 원본 데이터로 복원하는 디코더(decoder)로 구성된다. 주요 목적은 데이터의 중요한 특징을 유지하면서 차원을 축소하고, 노이즈를 제거하거나 잠재 공간을 학습하는 것이다.

오토인코더는 입력층, 은닉층, 출력층으로 구성되며, 일반적으로 은닉층의 차원이 입력층보다 작도록 설정하여 차원 축소 효과를 얻는다. 이때 인코더는 입력 데이터를 저차원 잠재 표현으로 변환하고, 디코더는 이를 원래 데이터로 복원하도록 학습된다. 인코더와 디코더를 수식으로 표현하면 수식 3.3과 같다.

수식 3.3 인코더와 디코더

$$h=f(x)$$
$$\hat{x}=g(h)$$

인코더는 입력 데이터 x를 잠재 공간(latent space) 또는 임베딩 공간(embedding space)으로 매핑하는 함수 $h=f(x)$를 학습한다. 여기서 h는 입력 데이터의 **압축된 표현(compressed representation)** 또는 **코드(code)**라고 불린다.

디코더는 이 압축된 표현 h를 입력으로 받아 원래의 데이터 $\hat{x}$를 복원하는 함수 $\hat{x}=g(h)$를 학습한다. 오토인코더의 학습 목표는 입력 데이터 x와 복원된 데이터 $\hat{x}$ 사이의 차이를 최소화하는 것이다. 다음 그림 3.5는 오토인코더 구조를 시각적으로 표현한 것이다.

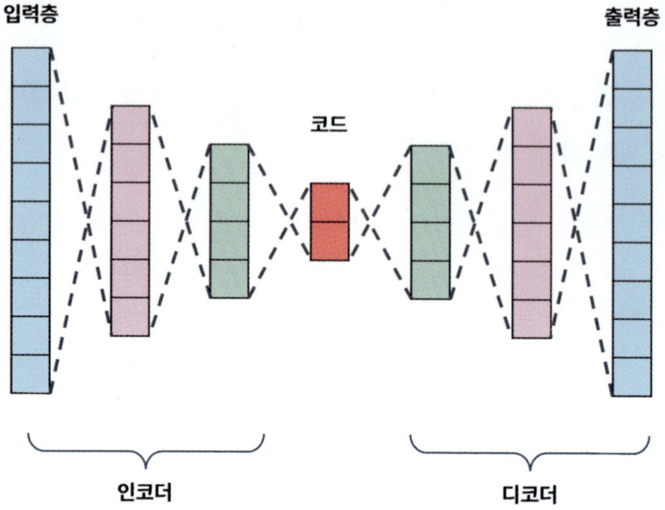

그림 3.5 오토인코더 구조

오토인코더는 입력 데이터를 압축하고 재구성하는 신경망 구조다. 인코더는 입력 데이터를 더 작고 간결한 표현(코드)으로 압축하며, 디코더는 압축된 표현을 원래 입력과 비슷하게 재구성한다.

중간의 **병목층(bottleneck layer)** [3]은 데이터의 핵심 특징을 학습하도록 설계되었다. 이는 입력과 최대한 유사한 출력을 생성하면서도 데이터를 효율적으로 표현하는 것을 목표로 한다. 병목층에서 학습된 코드는 데이터의 압축된 표현을 얻게 되어 특징 추출 및 차원 축소의 효과를 제공한다.

데이터의 핵심 특징을 추출하기 위해 병목층의 압축된 표현(코드)을 활용하고, 원본과 유사한 새로운 데이터를 생성하기 위해 디코더를 사용할 수 있다. 이를 통해 차원 축소, 특징 학습, 데이터 생성, 이상 탐지 등 다양한 응용이 가능하다. 기본적인 오토인코더는 다층 퍼

3 병목처럼 좁은 부분을 형성하여 정보의 흐름을 제한한다.

셉트론(MLP) 구조를 가지며, 은닉층의 차원을 조정하여 언더컴플리트 오토인코더 또는 오버컴플리트 오토인코더로 구분할 수 있다.

언더컴플리트 오토인코더(undercomplete autoencoder)는 은닉층의 차원을 입력층보다 작게 설정하여 데이터의 중요한 특징만 학습하도록 강제한다. 이 방식은 차원 축소와 노이즈 제거에 효과적이지만, 지나치게 정보가 압축될 경우 중요한 특징까지 손실될 수 있다.

반면, 오버컴플리트 오토인코더(overcomplete autoencoder)는 은닉층의 차원을 입력층보다 크게 설정하여 데이터의 모든 정보를 보존하려 한다. 이는 복잡한 패턴을 학습하는 데 유리하지만, 불필요한 정보를 함께 학습하여 과대적합 위험이 높아질 수 있다.

오토인코더는 다양한 변형 모델을 통해 특정 목적에 맞게 확장될 수 있다. 크게 희소 오토인코더, 축소 오토인코더, 합성곱 오토인코더, 스택형 오토인코더, 변분 오토인코더 등이 있다. 다음은 오토인코더 변형 모델을 정리한 것이다.

오토인코더 변형 모델

- **희소 오토인코더**(sparse autoencoder): 은닉층의 일부 뉴런만 활성화하도록 희소성 제약(sparsity constraint)[4]을 적용하여 희소 표현(sparse representation)[5]을 학습한다. 활성화 함수의 제약을 통해 과대적합을 방지하고, 특징 추출 능력을 향상시킨다.
- **축소 오토인코더**(denoising autoencoder): 입력 데이터에 노이즈를 추가한 후 원래 데이터를 복원하도록 학습하는 방식으로, 노이즈 제거 능력을 갖춘 강건한 모델을 만들 수 있다.
- **합성곱 오토인코더**(convolutional autoencoder, CAE): 이미지 데이터를 다루기 위해 합성곱 신경망(CNN)을 활용하는 오토인코더다. 인코더에서 합성곱 계층을 사용하여 공간적 특징을 추출하고, 디코더에서 디콘벌루션(deconvolution)[6] 또는 트랜스포즈 콘벌루션(transpose convolution)[7]을 사용하여 원래 이미지를 복원한다.
- **스택형 오토인코더**(stacked autoencoder, SAE): 여러 개의 오토인코더를 층층이 쌓아 깊은 신경망을 구성한다. 각 오토인코더는 이전 오토인코더의 출력을 입력으로 받아 학습하며, 계층적 특징(hierarchical features)[8]을 학습하는 데 유리하다.

---

4 신경망 뉴런 활성화를 제한하여 핵심 특징만 학습하도록 유도하는 기법

5 데이터의 대부분 요소가 0으로 표현되어 데이터의 중복성을 줄이는 방식

6 합성곱 연산의 역연산처럼 보이는 연산으로, 저차원 특징 맵을 고차원으로 확장한다.

7 합성곱 연산의 역방향 연산을 수행하여 입력 이미지 크기를 늘리는 계층이다.

8 데이터 특징이 여러 단계의 추상화 수준으로 표현되는 것

- **변분 오토인코더**(variational autoencoder, VAE): 오토인코더에 확률 분포 개념을 도입하여 잠재 공간에서 확률적 샘플링(stochastic sampling)이 가능하도록 설계된 모델이다. 인코더는 평균과 분산을 출력하며, 디코더는 이 분포에서 샘플링한 벡터를 사용하여 새로운 데이터를 생성할 수 있다.

오토인코더는 차원 축소, 특징 추출, 데이터 압축, 이상 탐지 등 다양한 분야에서 활용된다. 예를 들어, 축소 오토인코더를 활용하여 데이터에서 노이즈를 제거하거나 이상 탐지를 위해 정상 데이터의 패턴을 학습한 후 **재구성 오류**(reconstruction error)[9]가 큰 데이터를 이상값으로 판단할 수 있다. 또한, 차원 축소된 특징을 활용하여 데이터의 중요한 특징을 학습해 데이터 시각화, 군집 분석 등에 활용될 수 있다. 이를 통해 오토인코더는 데이터의 본질적인 구조를 학습하고, 다양한 응용 분야에서 핵심적인 역할을 수행할 수 있다.

3.2.2 생성적 적대 신경망

생성적 적대 신경망(Generative Adversarial Network, GAN)은 생성자와 판별자로 구성된 두 신경망이 서로 경쟁하며 학습하고, 실제 데이터와 유사한 데이터를 생성하는 것을 목표로 한다. **생성자**(generator)는 무작위 노이즈를 입력으로 받아 실제 데이터처럼 보이는 가짜 데이터를 생성하고, **판별자**(discriminator)는 입력받은 데이터가 실제 데이터인지, 생성자가 만든 가짜 데이터인지 판별한다.

생성자의 목표는 판별자를 속여 생성된 데이터를 실제 데이터처럼 보이게 만드는 것이며, 판별자의 목표는 생성자가 만든 가짜 데이터를 정확하게 식별해내는 것이다. 마치 위조 화가(생성자)가 진짜 같은 위조 그림을 만들면 감정사(판별자)가 위조 여부를 감별하는 과정에 비유할 수 있다. 위조 화가는 감정사를 속이기 위해 점점 더 정교하고 실제와 구분하기 어려운 그림을 그리도록 기법을 발전시키고, 감정사 역시 이를 더 정확히 판별하기 위해 식별 능력을 끊임없이 향상시킨다.

이러한 경쟁적인 학습 과정을 통해 생성자는 판별자를 속이기 위해 더욱 현실적인 가짜 데이터를 생성하도록 학습하고, 판별자는 생성자가 만든 가짜 데이터를 더욱 정확하게 판별하도록 학습한다. 결과적으로 생성자는 점차 실제 데이터와 구별하기 어려울 정도로 현실적인 데이터를 생성할 수 있게 된다.

9 모델이 입력 데이터를 다시 생성(재구성)했을 때 원래 데이터와 재구성된 데이터 간의 차이

생성적 적대 신경망 모델의 학습 목표는 생성자와 판별자 간의 미니맥스 게임(minimax game)으로 표현될 수 있다. 미니맥스 게임은 두 명의 플레이어가 번갈아 가며 진행하는 게임으로, 각 플레이어는 자신의 이익을 최대화하고 상대방의 이익을 최소화하는 방향으로 전략을 선택한다. 따라서 이러한 생성자와 판별자의 경쟁적인 관계를 수치적으로 표현하고 최적화하기 위한 손실 함수가 필요하며, 이는 수식 3.4와 같이 정의된다.

수식 3.4 생성적 적대 신경망의 손실 함수

$$\min_G \max_D V(G, D) = E_{x \sim p_{data}(x)}[\log D(x)] + E_{z \sim p_z(z)}[\log(1 - D(G(z)))]$$

- D: 판별자
- G: 생성자
- x: 실제 데이터
- z: 무작위 노이즈
- $p_{data(x)}$: 실제 데이터의 분포
- $p_{z(z)}$: 무작위 노이즈의 분포
- $D(x)$: 실제 데이터 x가 판별자에 의해 실제 데이터로 판별될 확률
- $G(z)$: 무작위 노이즈 z를 입력으로 받아 생성자가 생성한 가짜 데이터
- $D(G(z))$: 생성자가 생성한 가짜 데이터 $G(z)$가 판별자에 의해 실제 데이터로 판별될 확률
- $E_{x \sim p_{data}(x)}[\log D(x)]$: 실제 데이터를 판별자가 실제 데이터로 정확하게 판별할 확률의 기댓값
- $E_{z \sim p_z(z)}[\log(1 - D(G(z)))]$: 생성자가 생성한 가짜 데이터를 판별자가 가짜 데이터로 정확하게 판별할 확률의 기댓값

판별자의 목표는 $V(D, G)$를 최대화하는 것이다. 즉, 실제 데이터 x를 실제라고 정확히 판별하고, 생성자가 생성한 가짜 데이터 $G(z)$를 가짜라고 정확히 판별해야 한다. 이를 위해 $E_{x \sim p_{data}(x)}[\log D(x)]$와 $E_{z \sim p_z(z)}[\log(1-D(G(z)))]$를 모두 최대화한다.

반면, 생성자의 목표는 $V(D, G)$를 최소화하는 것이다. 즉, 판별자가 가짜 데이터를 실제 데이터라고 착각하도록 유도하는 방향으로 학습한다. 이를 위해 $E_{z \sim p_z(z)}[\log(1-D(G(z)))]$를 최소화하는데, 이는 판별자가 가짜 데이터를 실제 데이터라고 판단할 확률 $D(G(z))$를 최대화하는 것과 같다.

생성적 적대 신경망은 일반적으로 심층 신경망(DNN)을 사용하여 구현된다. 생성자와 판별자는 각각 합성곱 신경망(CNN) 또는 다층 퍼셉트론(MLP) 등의 다양한 신경망 구조를 가질 수 있다. 특히 이미지 생성 분야에서는 DCGAN(Deep Convolutional GAN)과 같이 합성곱 신경망 기반의 구조가 많이 사용된다.

생성적 적대 신경망은 기존의 생성 모델보다 훨씬 현실적인 데이터를 생성할 수 있으며, 비지도 학습 방식으로 학습이 가능하여 레이블링된 데이터가 부족한 경우에도 활용할 수 있다. 그러나 학습이 불안정하고 어렵다는 단점이 있다. 또한 생성자가 다양한 데이터를 만들지 못하고 특정 패턴만 반복하는 모드 붕괴(mode collapse) 현상이 발생할 수도 있다. 생성적 적대 신경망은 이러한 장점을 최대화하고 단점을 최소화하기 위한 다양한 변형 모델이 있다. 다음은 대표적인 생성적 적대 신경망 변형 모델이다.

생성적 적대 신경망 변형 모델

- **DCGAN(Deep Convolutional GAN)**: CNN을 사용하여 이미지 생성에 특화된 모델이다. 안정적인 학습과 고품질 이미지 생성이 가능하다.
- **CGAN(Conditional GAN)**: 생성자와 판별자에 추가적인 조건 정보를 입력하여 특정 조건을 만족하는 데이터를 생성할 수 있도록 한다.
- **CycleGAN**: 이미지 스타일 변환 등 이미지-이미지 변환(image-to-image translation)에 특화된 모델이다.
- **StyleGAN**: 생성자 네트워크에 스타일 코드를 적용하여 이미지 생성 과정에서 스타일을 제어할 수 있도록 한다.

생성적 적대 신경망은 다양한 분야에서 활용된다. 이미지 생성에서는 단순한 가상 이미지를 만드는 것을 넘어, 특정 예술 스타일을 모방하거나 고해상도 랜드스케이프 이미지를 창조하는 등 창의적인 결과물을 만들어낸다. 텍스트-이미지 변환의 경우, 단순히 묘사된 이미지를 그리는 데 그치지 않고, 텍스트의 함축적인 의미와 맥락을 반영하여 더욱 풍부하고 설득력 있는 이미지를 생성한다.

이미지 변환 분야에서는 생성적 적대 신경망의 능력이 더욱 두드러진다. 흐릿한 이미지를 선명하게 복원하거나 오래된 사진의 색감을 되살리는 것은 물론, 의료 영상의 품질을 향상시켜 진단의 정확성을 높이는 데 기여한다. 데이터 증강 측면에서도 단순한 데이터 복제에 그치지 않고, 기존 데이터의 분포를 학습하여 현실적이고 다양한 변형을 생성함으로써 모델의 일반화 성능을 향상시킨다.

생성적 적대 신경망은 생성자와 판별자가 서로 경쟁하며 데이터를 생성하고 학습하므로 두 신경망은 계속해서 서로를 발전시키며 더 정교한 결과를 만들어낸다. 이처럼 서로 대립하는 두 신경망은 상호작용을 통해 데이터의 특성을 깊이 있게 학습하고 새로운 패턴과 표현을 이끌어낸다. 다음 그림 3.6은 생성적 적대 신경망 결과를 보여준다.

그림 3.6 생성적 적대 신경망 예시(StyleGAN)

3.3 _ 도메인 특화 신경망 모델

데이터 사이언스 분야에서는 다양한 형태의 데이터를 분석하고 처리하기 위해 여러 가지 머신러닝 및 딥러닝 모델이 사용된다. 특히, 특정 데이터 구조나 문제 유형에 특화된 **도메인 특화 신경망 모델**(domain-specific neural networks)은 일반적인 신경망보다 해당 데이터의 구조적 특성을 효과적으로 반영하고 처리하도록 설계된 모델이다. 이러한 모델들은 입력 데이터의 특성을 반영하여 구조를 설계함으로써 분석의 정확성과 효율성을 높이는 데 기여한다.

일반적인 심층 신경망(DNN)은 입력 데이터가 벡터 형태로 정형화된 경우에 효과적으로 동작한다. 대표적인 예로 합성곱 신경망(CNN)은 2차원 행렬 형태의 이미지 데이터를 처리하는 데 적합하며, 순환 신경망(RNN)은 시퀀스 데이터 처리를 위해 설계되었다. 하지만 데이터가 그래프 형태이거나 비정형 데이터를 포함하는 경우, 이러한 일반적인 신경망 구조로는 효과적인 학습이 어려울 수 있다.

도메인 특화 신경망 모델은 특정 데이터 구조에 최적화된 아키텍처를 사용하여 이러한 한계를 보완한다. 예를 들어, 그래프 데이터 처리를 위해 설계된 그래프 신경망(Graph Neural Network, GNN)은 노드(node)와 에지(edge)로 구성된 데이터 구조에서 정보를 효과적으로 학습할 수 있도록 한다. 강화 학습(Reinforcement Learning)에서는 심층 Q-네트워크(Deep Q-Network, DQN)가 사용되어 환경과 상호작용하며 최적의 정책을 학습할 수 있다.

이번 절에서는 데이터 사이언스 분야에서 널리 활용되는 대표적인 도메인 특화 신경망 모델인 그래프 신경망(GNN)과 심층 Q-네트워크(DQN)를 중심으로 이론적인 내용을 살펴본다. 각 모델의 기본 원리, 구조, 학습 방법, 활용 사례 등을 자세히 분석하고, 데이터 사이언스 관점에서 이러한 모델들이 어떻게 활용될 수 있는지 알아본다.

3.3.1 그래프 신경망

최근 딥러닝의 발전과 함께 그래프 구조의 데이터를 효과적으로 처리할 수 있는 그래프 신경망에 대한 관심이 크게 증가하고 있다. 그래프 신경망을 이해하기 위해서는 먼저 기본이 되는 그래프 모델의 개념을 살펴볼 필요가 있다.

그래프 모델(graph model)은 데이터 요소 간의 관계를 그래프 형태로 표현하고 분석하는 모델이다. 그래프는 노드(node)와 에지(edge)로 구성되며, 노드는 개체를, 에지는 개체 간의 관계를 나타낸다. 현실 세계의 많은 데이터는 그래프 형태로 자연스럽게 표현될 수 있다. 예를 들어 소셜 네트워크, 지식 그래프, 분자 구조, 통신망 등이 이에 해당한다.

그래프 모델은 특히 데이터 간의 **연결성**(connectivity)과 **구조적 패턴**(structural pattern)을 파악하는 데 강력한 성능을 발휘하며, 전통적인 통계 모델이나 머신러닝 알고리즘으로는 쉽게 포착하기 어려운 인사이트를 제공한다. 그래프 모델의 핵심 개념은 다음과 같다.

그래프 모델의 핵심 개념

- **관계성 표현**: 복잡한 관계를 직관적으로 모델링할 수 있다. 예를 들어, 소셜 네트워크에서 친구 관계, 웹에서 페이지 간 링크 연결, 생명과학 분야에서 단백질 간 상호작용을 그래프로 표현할 수 있다.
- **관계 기반 추론**: 그래프 구조를 활용하여 데이터의 속성을 예측하거나 숨겨진 관계를 발견할 수 있다. 예를 들어, 친구 관계 데이터를 기반으로 사용자를 그룹화하거나 특정 웹 페이지와 관련된 정보를 추천하는 데 활용된다.

그래프 모델은 다양한 실제 문제 해결에 활용된다. 소셜 네트워크 분석에서는 사용자 간의 관계를 분석하여 행동을 예측하거나 커뮤니티를 탐지하며, 지식 그래프에서는 엔티티(entity) 간의 관계를 모델링하여 새로운 정보를 추론한다. 또한 분자 구조 분석, 추천 시스템, 네트워크 분석 등 데이터 간의 관계가 중요한 다양한 분야에서 핵심적인 역할을 수행한다.

이러한 그래프 모델의 장점에 딥러닝의 강력한 학습 능력을 결합한 것이 바로 그래프 신경망이다. 그래프 신경망은 그래프 구조를 가진 데이터에서 패턴을 학습하고 예측하는 딥러닝 모델로, 기존 신경망 모델이 다루기 어려웠던 비정형 데이터의 관계성을 직접 학습할 수 있다.

그래프 신경망(Graph Neural Network, GNN)은 그래프 구조를 가진 데이터에서 패턴을 학습하고 예측하는 데 사용되는 딥러닝 모델이다. 기존의 신경망 모델이 이미지나 텍스트와 같은 정형 데이터에 최적화되어 있다면 그래프 신경망은 노드와 에지로 연결된 복잡한 데이터 구조를 직접 처리할 수 있도록 설계됐다.

그래프는 $G=(V, E)$로 정의된다. 여기서 V는 노드(node)들의 집합으로, 예를 들어 소셜 네트워크 사용자들을 나타낼 수 있으며, E는 이러한 노드 간의 관계를 나타내는 에지(edge)들의 집합이다. 소셜 네트워크의 경우, V는 사용자 계정을, E는 친구 관계나 팔로우 관계와 같은 상호작용을 나타낼 수 있다.

각 노드(사용자)는 나이, 성별, 관심사 등의 특징을 가질 수 있으며, 에지(친구 관계)는 서로의 친밀도, 교류 빈도 등의 특징을 가질 수 있다. 이러한 그래프 표현을 사용하면 노드 특징과 연결 구조를 기반으로 각 사용자의 영향력을 분석하거나 사용자 특징과 연결된 친구 관계를 분석하여 새로운 친구를 추천할 수 있게 된다.

일반적인 신경망은 입력층에 주어진 데이터가 각 계층을 순차적으로 거쳐 다음 계층으로 전달되는 방식으로 작동한다. 반면, 그래프 신경망은 계층 기반의 전달 구조가 아니라, 그래프 상의 각 노드가 이웃 노드로 정보를 동시에 확산시키는 방식으로 작동한다. 즉, 계층을 따라 정보를 일방향으로 전달하는 대신, 노드 간의 연결 관계를 기반으로 정보를 병렬적으로 주고받으며 학습한다. 이러한 구조는 그래프의 위상적(topological) 특성을 활용하여 개별 노드의 문맥을 파악하고, 전체 그래프의 구조적 의미를 더 깊이 이해하는 데 기여한다.

그래프 신경망은 각 노드의 정보를 업데이트하는 과정을 여러 번 반복하는데, 이 반복 횟수를 **전파 계층 수(number of propagation layers)**라고 부른다. 노드의 새로운 값은 자기 자신뿐만 아니라, 연결된 이웃 노드들의 영향도 받는다. 즉, 그래프 신경망은 주변 노드들과의 관계를 고려하여 각 노드의 정보를 업데이트하면서 학습하는 방식이다. 다음 그림 3.7은 그래프 신경망의 정보 전파 예시를 보여준다.

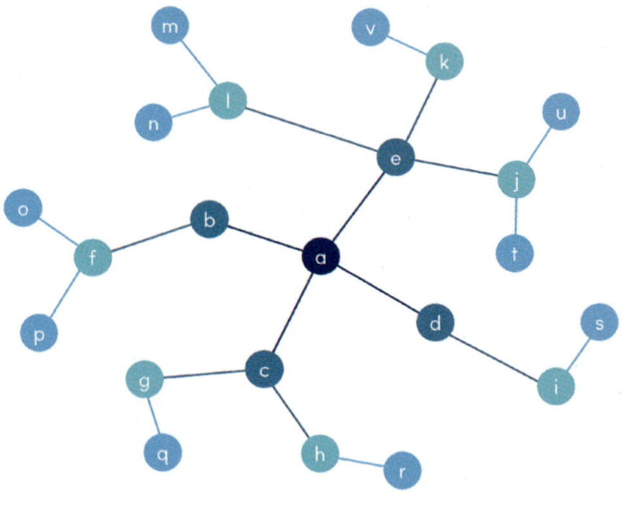

그림 3.7 그래프 신경망의 정보 전파 예시

그래프 신경망에서 a 노드는 주변 노드들과 연결되어 정보를 주고받는다. 먼저, a 노드는 직접 연결된 이웃 노드인 b, c, d, e로부터 정보를 받는다. 이웃 노드들은 각자 자신의 정보를 a 노드에 전달하고, a 노드는 이 정보를 취합하여 자신의 상태를 업데이트한다. 예를 들어, b 노드가 가진 특징, c 노드가 가진 특징, d 노드가 가진 특징, e 노드가 가진 특징을 모두 고려하여 a 노드의 새로운 표현을 만드는 것이다.

이 과정은 한 번으로 끝나지 않고 여러 번 반복된다. 전파 계층 수가 2라면, a 노드는 1차 이웃 노드(b, c, d, e)뿐만 아니라, 1차 이웃 노드의 이웃 노드(예: b의 이웃인 f)로부터도 간접적으로 정보를 받을 수 있다. 즉, 정보는 a → b → f 와 같은 경로를 거쳐 a 노드에 전달된다. 전파 계층 수가 늘어날수록 더 멀리 떨어진 노드들의 정보까지 a 노드에 영향을 미치게 된다.

이러한 정보 전파 과정을 통해 a 노드는 그래프 전체의 구조적 맥락을 더 잘 이해할 수 있게 된다. a 노드는 직접 연결된 이웃 노드들의 정보뿐만 아니라, 간접적으로 연결된 노드들의 정보까지 고려하여 자신의 상태를 업데이트하므로 더욱 풍부하고 의미 있는 표현을 학습할 수 있다.

그러므로 그래프 신경망은 정보 전파 과정을 통해 노드가 그래프 전체의 구조적 맥락을 더 잘 이해할 수 있도록 돕는다. 그러나 그래프 정보를 무한정 확장한다고 해서 항상 긍정적인 결과로 이어지는 것은 아니다. 정보를 과도하게 수집하면 오히려 노이즈가 증가하고 계산 복잡도가 높아져 학습 효율이 떨어질 수 있다.

이상적인 전파 계층 수는 그래프의 대부분 노드를 포함하지 않으면서도 각 노드의 이웃으로부터 충분한 영역(정보)을 포함하도록 균형을 맞춘 것이다. 이러한 균형을 맞추기 위해서는 그래프 신경망의 동작 원리에 대한 이해가 필수적이다. 그래프 신경망의 동작 원리는 다음과 같다.

그래프 신경망의 동작 원리

1. **노드 임베딩(node embedding)**: 그래프의 노드를 저차원 벡터 공간에 매핑하여 머신러닝 모델이 처리할 수 있는 형태로 변환한다.

2. **메시지 전달**(message passing): 각 노드는 자신의 특징과 이전 단계의 임베딩을 기반으로 이웃 노드에게 전달할 메시지를 생성한다.
3. **메시지 집계**(message aggregation): 각 노드는 이웃으로부터 받은 메시지를 종합한다. 이때 평균, 합, 최댓값 등 다양한 집계 함수를 사용할 수 있다.
4. **노드 업데이트**(node update): 집계된 메시지를 바탕으로 노드의 임베딩을 업데이트한다. 이 과정에서 신경망 층이 사용되어 비선형적인 특징 추출이 가능하다.

이러한 과정이 여러 계층에 걸쳐 반복되면서 각 노드는 점차 넓은 범위의 이웃 정보를 통합하게 되고, 결과적으로 그래프 전체의 구조적 특성을 반영한 표현을 학습하게 된다. 최종적으로 학습된 노드 표현은 노드 분류, 링크 예측, 그래프 분류와 같은 특정 예측 작업에 활용된다.

그래프 신경망은 관계 기반 학습이 가능하다는 점에서 강력한 장점을 가진다. 데이터 간의 복잡한 연결성을 직접 학습할 수 있어, 기존의 행렬 기반 모델보다 더욱 직관적이고 효과적인 분석이 가능하다. 또한, 다양한 형태의 그래프 데이터에 적용할 수 있어 유연성이 높으며, 그래프 구조를 활용하여 기존 데이터에서 숨겨진 관계를 추론하는 능력이 있다.

하지만 그래프의 크기가 커질수록 연산량이 급격히 증가하는 계산 비용 문제, 깊은 신경망 구조에서 노드 표현이 점차 균일해지는 **오버스무딩(over-smoothing)** 문제, 그리고 원본 데이터를 학습 가능한 그래프 형태로 변환하는 과정에서 발생하는 전처리 복잡성 등이 대표적인 단점이다. 이러한 한계를 극복하기 위해 다양한 변형 모델들이 제안됐다. 다음은 그래프 신경망의 대표적인 변형 모델이다.

그래프 신경망 변형 모델

- **그래프 합성곱 신경망**(Graph Convolutional Network, GCN): 합성곱 신경망(CNN)의 개념을 그래프 데이터에 적용하여 노드 간의 관계를 학습하는 모델
- **그래프 어텐션 네트워크**(Graph Attention Network, GAT): 각 이웃 노드의 중요도를 다르게 가중하여 정보를 통합하는 방식으로 성능을 개선한 모델
- GraphSAGE: 샘플링 기법을 활용하여 대규모 그래프에서도 효율적인 학습이 가능하도록 설계된 모델
- GGNN(Gated Graph Neural Network): 순환 신경망(RNN)과 결합하여 그래프에서 시간 의존적인 패턴을 학습하는 모델

이러한 다양한 변형 모델들은 각각 장단점이 있어 문제 및 데이터 특성에 따라 적절한 모델을 선택해야 한다. 각 모델은 특정 데이터 특성과 문제 유형에 강점을 가지므로 적절한 모델 선택은 성능 향상에 중요한 요소다. 다음 표 3.1은 각 그래프 신경망 변형 모델에 따른 모델 선택 방법을 정리한 것이다.

표 3.1 그래프 신경망 변형 모델 선택 가이드

모델	주요 특징	적합한 경우	활용 예시
그래프 합성곱 신경망(GCN)	그래프의 전체적인 구조 학습 이웃 노드의 정보를 동일한 중요도로 반영	그래프의 전체적인 구조 파악이 중요할 때 각 노드가 이웃 노드의 정보를 동일하게 반영해야 할 때	지식 그래프 분석(개체 간 관계 예측, 정보 검색/질의응답) 화합물 구조 분석(분자 구조 기반 화학적 특성 예측, 신약 후보 물질 탐색)
그래프 어텐션 네트워크 (GAT)	노드별 중요도(attention) 적용 복잡한 관계 학습	그래프 내 특정 노드 또는 이웃 노드의 중요도가 다를 때 데이터를 정형화하기 어려운 복잡한 관계를 학습해야 할 때	소셜 네트워크 분석(사용자 영향력 평가, 커뮤니티 탐색, 가짜 계정 탐지) 금융 사기 탐지(거래 네트워크 이상 패턴 감지, 고위험 사용자/계좌 식별)
GraphSAGE	대규모 그래프 처리, 메모리 효율성 동적 네트워크에서의 실시간 학습	대규모 그래프 데이터에서 메모리/계산 효율성이 중요할 때 동적으로 변화하는 네트워크에서 실시간 학습이 필요할 때	추천 시스템(사용자-아이템 관계 그래프 모델링, 관심사 기반 추천) 대규모 소셜 네트워크 분석(수백만 노드/에지 네트워크에서 사용자 활동 패턴 학습)
GGNN	시간적 종속성 모델링 여러 단계 정보 흐름 학습	그래프 내에 시간적 종속성이 존재할 때 여러 단계의 정보 흐름을 반복적으로 학습해야 할 때	자연어 처리(문장 구조 그래프 기반 기계 번역/문장 생성) 시계열 데이터 분석(교통 흐름 예측, 주가 예측 등 시간 의존적 관계 데이터 분석)

제시된 가이드는 일반적인 지침일 뿐이며, 실제 적용 시에는 다양한 실험과 검증을 통해 문제에 가장 적합한 모델을 선택하는 것이 중요하다. 가령 소셜 네트워크 분석에서 사용자의

영향력을 예측하는 경우, 그래프 어텐션 네트워크(GAT) 모델을 사용하여 각 이웃 노드의 중요도를 다르게 부여함으로써 더 정확한 예측 결과를 얻을 수 있다.

하지만 데이터의 규모가 매우 크고 실시간으로 분석해야 하는 경우에는 GraphSAGE 모델을 사용하여 메모리 사용량을 줄이고 계산 속도를 높이는 것이 효율적일 수 있다. 따라서 주어진 문제의 특성을 면밀히 분석하고 다양한 모델을 실험하여 최적의 성능을 보이는 모델을 선택하는 것이 중요하다.

3.3.2 심층 Q-네트워크

강화 학습(Reinforcement Learning, RL)은 에이전트가 환경과 상호 작용하며 시행착오를 통해 최적의 행동 정책을 학습하는 머신러닝의 한 분야다. 명시적인 지도 없이 보상(reward)을 최대화하는 방향으로 학습이 진행된다는 점에서 지도 학습 및 비지도 학습과 차별화된다. 에이전트는 특정 상태에서 행동을 선택하고, 그 결과로 환경으로부터 보상을 받으며, 이를 바탕으로 행동 전략을 점차 개선해 나간다.

Q-러닝(Q-Learning)은 이러한 강화 학습 방법 중 하나로, 가치 기반(value-based) 접근 방식을 사용한다. Q-러닝의 핵심은 상태(state)와 행동(action)의 각 조합에 대한 품질 또는 가치를 나타내는 Q-값(Q-value)을 학습하는 것이다. 이 Q-값은 특정 상태에서 특정 행동을 수행했을 때 미래에 얻을 수 있는 기대 보상의 총합을 의미한다. Q-러닝의 업데이트 규칙은 다음과 같다.

수식 3.5 Q-값 업데이트

$$Q(s, a) \leftarrow Q(s, a) + \alpha\left[r + \gamma \max_{a'} Q(s', a') - Q(s, a)\right]$$

여기서 α는 학습률로, 새로운 정보가 기존 Q-값에 얼마나 반영될지를 결정한다. r은 현재 행동으로 인해 즉시 얻는 보상이며, γ는 할인율로, 미래의 보상을 현재 가치로 환산하는 데 사용된다. s'는 현재 상태와 행동의 결과로, 전이되는 다음 상태를 나타내며, a'는 다음 상태에서 선택 가능한 모든 행동을 의미한다.

$\max_{a'} Q(s', a')$는 다음 상태에서 가장 높은 Q-값을 가지는 행동을 선택했을 때의 기대 가치를 의미한다. 이 수식을 통해 에이전트는 현재의 경험을 바탕으로 Q-값을 반복적으로 업데이트하며, 점차 최적의 Q-값을 학습하게 된다.

최적의 Q-값을 찾는 것은 벨만 방정식(Bellman equation)을 푸는 것과 같다. 벨만 방정식은 최적의 정책이 충족해야 하는 조건을 나타내며, 강화 학습 문제를 수학적으로 정의하는 데 중요한 역할을 한다.

전통적인 Q-러닝에서는 Q-테이블(Q-table)이라는 테이블 형태의 자료구조를 사용하여 모든 가능한 상태-행동 쌍에 대한 Q-값을 저장하고 업데이트한다. 그러나 실제 환경은 상태 공간이 매우 방대하거나 연속적인 경우가 많아, 모든 상태-행동 쌍을 Q-테이블에 저장하는 것은 현실적으로 불가능하다.

심층 Q-네트워크(Deep Q-Network, DQN)는 딥러닝을 활용하여 Q-러닝의 한계를 극복한 모델로, 심층 신경망을 사용하여 Q-값을 근사한다. 이를 통해 연속적인 상태 공간에서도 효과적으로 학습할 수 있으며, 고차원 환경에서도 강화 학습을 수행할 수 있다. 심층 Q-네트워크의 핵심 아이디어는 다음과 같다.

심층 Q-네트워크의 핵심 아이디어

1. **신경망을 활용한 Q-값 근사**: 전통적인 Q-러닝과 달리, 심층 Q-네트워크는 심층 신경망을 사용하여 상태를 입력으로 받아 각 행동에 대한 Q-값을 출력한다.
2. **경험 재현**(experience replay): 학습 과정에서 에이전트가 수집한 데이터를 저장한 뒤, 이를 무작위로 샘플링하여 학습에 활용함으로써 데이터 간 상관관계를 줄이고 학습의 안정성을 높이는 기법이다. 예를 들어, 미로 탐색 환경에서 에이전트가 한쪽 벽을 따라 계속 이동하는 경우, 유사한 경험만 반복적으로 수집되어 학습이 편향되고 불안정해질 수 있다. 경험 재현은 이러한 연속적인 경험들을 무작위로 섞어 학습함으로써 학습의 다양성과 안정성을 확보할 수 있다.
3. **타깃 네트워크**(target network): 학습 중인 Q-네트워크와 별도로 고정된 가중치를 갖는 타깃 네트워크를 사용하여 안정적인 학습을 유도한다. 학습 중인 Q-네트워크가 업데이트될 때마다 타깃 Q-값도 함께 변하면 학습이 불안정해지기 쉽다. 타깃 네트워크는 일정 기간 동안 고정된 가중치를 유지함으로써 타깃 Q-값의 변동성을 줄여 학습을 안정화한다.

심층 Q-네트워크는 기본적으로 입력층, 은닉층, 출력층으로 구성된 다층 퍼셉트론(MLP)을 사용하여 상태에 대한 Q-값을 예측한다. 입력층에서는 환경에서 받은 상태를 신경망의 입력으로 사용한다. 예를 들어, 이미지 기반 환경에서는 합성곱 신경망(CNN)을 활용하여 특징을 추출할 수 있다. 은닉층에서는 ReLU와 같은 활성화 함수 등을 사용하여 학습 속도를 향상시키고 비선형 변환을 통해 상태에 대한 복잡한 표현을 학습한다. 출력층에서는 가능한 모든 행동에 대한 Q-값을 출력한다. 이를 통해 Q-값이 가장 높은 행동을 선택하여 실행한다. 이러한 심층 Q-네트워크는 그림 3.8과 같은 과정을 통해 학습을 진행한다.

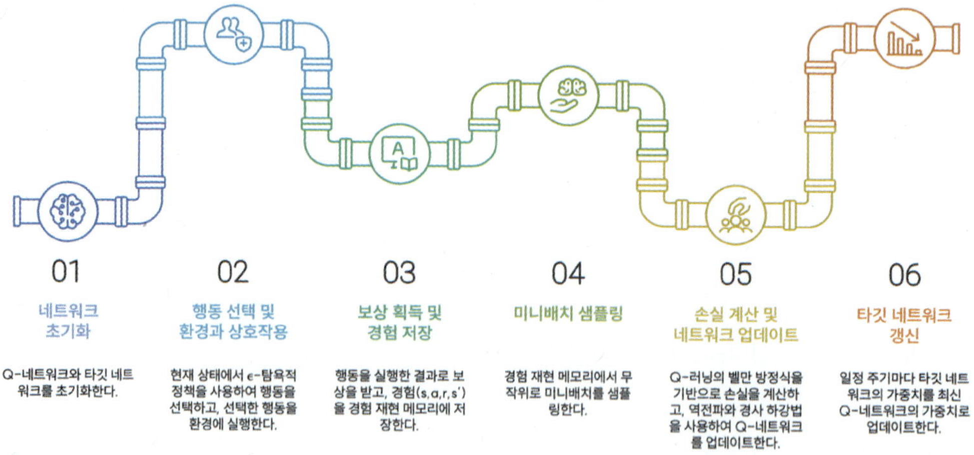

그림 3.8 심층 Q-네트워크 학습 프로세스

이 과정을 반복하면서 심층 Q-네트워크는 점점 더 정확한 Q-값을 예측하게 되며, 최적의 정책을 학습할 수 있다. 이러한 학습 과정에서 강화 학습의 안정성과 성능을 향상시키기 위해 다양한 기법을 적용한다. 다음은 심층 Q-네트워크의 주요 기법을 정리한 것이다.

심층 Q-네트워크의 주요 기법

1. **경험 재현**(experience replay): 이전 경험을 무작위로 샘플링하여 학습 데이터를 생성함으로써 데이터 간의 상관관계를 줄이고, 학습의 안정성을 높인다.
2. **타깃 네트워크**(target network): Q-값을 계산할 때 사용하는 신경망과 학습하는 신경망을 분리하여 학습 중 불안정성을 완화한다.

3. **이중 Q-러닝(double Q-Learning)**: 심층 Q-네트워크가 특정 행동에 대한 Q-값을 과대평가하는 문제를 해결하기 위해 행동 선택과 Q-값 평가를 다른 네트워크에서 수행하는 방법이다. 에이전트가 행동 A가 좋다고 잘못 판단하면, 행동 A의 Q-값을 계속 높게 평가할 수 있다. 이중 Q-러닝은 행동 선택과 평가를 분리하여 이러한 과대평가 문제를 완화한다.

4. **우선순위 경험 재현(prioritized experience replay)**: 경험을 무작위로 균등하게 샘플링하는 대신, TD 오차(Temporal Difference Error)가 큰 경험에 더 높은 우선순위를 부여하여 샘플링 확률을 조정함으로써 학습 성능을 향상시키는 기법이다. TD 오차는 예측된 Q-값과 실제 보상 및 다음 상태에서의 Q-값 사이의 차이를 나타내며, 이 값이 클수록 에이전트가 해당 경험에서 충분히 학습하지 못했을 가능성이 크다. 따라서 TD 오차가 큰 경험을 더 자주 학습함으로써 중요한 경험에 더 집중할 수 있게 된다.

심층 Q-네트워크는 뛰어난 학습 능력을 지녔지만, 대규모 연속 상태 공간을 처리하는 데 어려움이 있고, 많은 데이터를 필요로 하여 학습 속도가 느리다는 샘플 효율성 문제가 있다. 또한, Q-값을 과대평가하는 경향이 있어 특정 행동이 실제보다 더 좋게 평가될 위험이 있다. 이러한 심층 Q-네트워크의 한계를 극복하기 위해 이중 DQN(Double DQN), Dueling DQN, A3C(Advantage Actor-Critic)와 같은 다양한 강화 학습 기법들이 개발되고 있다.

3.4 _ 최신 딥러닝 모델

딥러닝은 단순한 기술 트렌드를 넘어, 데이터 분석과 예측을 위한 새로운 계산 패러다임을 제시한다. 딥러닝 모델의 발전으로 과거에는 해결이 어려웠던 복잡한 문제들도 해결할 수 있게 되었다. 또한 비정형 데이터의 중요성이 커짐에 따라, 모델은 이를 더욱 정교하고 효율적으로 이해하고 활용하는 방향으로 발전하고 있다.

최근 딥러닝의 발전은 새로운 모델 아키텍처의 도입을 통해 더욱 가속화되고 있다. 최신 딥러닝 모델들은 기존 모델의 한계를 극복하며, 보다 효율적인 학습과 일반화를 가능하게 한다. 특히, 트랜스포머, 디퓨전 모델, 대규모 언어 모델 등은 최근 가장 주목받는 모델군으로 자리 잡았다.

트랜스포머(Transformer) 모델은 기존 순환 신경망(RNN)이 가진 장기 의존성 문제를 해결하며, 자연어 처리 분야에서 비약적인 발전을 가져왔다. 트랜스포머는 셀프 어텐션(self-attention) 메커니즘을 활용하여 문맥을 효과적으로 이해하고, 병렬 연산이 가능해 학습 속도와 성능이 크게 향상됐다. 이를 기반으로 한 BERT, GPT 시리즈 등의 모델이 자연어 이해 및 생성 분야에서 괄목할 만한 성과를 보여주고 있다.

디퓨전 모델(Diffusion Model)은 이미지 생성 및 데이터 복원에서 뛰어난 성능을 보이며, 기존 생성적 **적대 신경망(GAN)**의 학습 불안정성을 해결하는 대안으로 자리 잡고 있다. 확률적 변환 과정을 통해 데이터를 점진적으로 생성하는 방식이 특징이며, 최근에는 텍스트에서 이미지를 생성하는 모델(DALL · E, Stable Diffusion 등)에서도 활발히 활용되고 있다.

대규모 언어 모델(Large Language Model, LLM)은 GPT-4, PaLM, LLaMA와 같은 모델들이 대표적이다. 방대한 데이터로 사전 학습을 거쳐 문맥을 이해하고 자연어를 생성하는 능력을 갖추었으며, 자연어 생성(NLG), 질의응답(QA), 코드 생성 등 다양한 작업에서 뛰어난 성능을 발휘한다. 이를 통해 AI의 활용 가능성이 더욱 확장되고 있다.

이처럼 최신 딥러닝 모델들은 기존 모델의 한계를 극복하고 보다 효율적인 학습과 일반화를 가능하게 한다. 최신 모델들의 주요 특징을 정리하면 다음과 같다.

최신 딥러닝 모델의 주요 특징

1. **고효율 학습**: 병렬 연산과 최적화된 학습 기법을 통해 학습 속도가 개선된다.
2. **강화된 표현력**: 깊고 넓은 네트워크 구조를 활용하여 복잡한 데이터 패턴을 효과적으로 학습한다.
3. **일반화 성능 향상**: 전이 학습(transfer learning)[10]과 사전 학습(pre-training)을 통해 다양한 도메인에서 뛰어난 성능을 발휘한다.

이러한 특성 덕분에 최신 딥러닝 모델들은 다양한 응용 분야에서 점점 더 정교하고 강력한 기능을 제공하고 있다. 딥러닝 모델은 이미지 인식, 음성 인식, 자연어 처리 등 다양한 분야

10 학습된 지식을 활용하여 다른 관련 작업의 모델 성능을 향상시키는 머신러닝 기법

에서 인간의 능력을 뛰어넘는 성능을 보여주며, 실제 산업 현장에서 다양한 문제 해결에 활용되고 있다.

이번 절에서는 최신 딥러닝 모델의 핵심 원리를 살펴보고, 대표적인 모델인 트랜스포머, 디퓨전 모델, 대규모 언어 모델의 구조와 학습 방법을 분석한다. 이를 통해 각 모델이 기존 기술과 어떻게 차별화되며, 어떤 방식으로 데이터를 처리하는지를 알아보자.

3.4.1 트랜스포머

트랜스포머(Transformer)는 2017년 구글이 발표한 논문 「Attention is All You Need」에서 처음 소개된 획기적인 딥러닝 모델이다. 기존 순환 신경망(RNN) 기반 모델들이 가진 장기 의존성 문제와 병렬 연산의 어려움을 해결하여 자연어 처리 분야의 다양한 응용 모델의 기반이 됐다. 트랜스포머의 가장 큰 특징은 순환 구조 없이 **셀프 어텐션(self-attention)** 메커니즘만으로 시퀀스 내 장기 의존성을 모델링할 수 있고 병렬 처리가 가능하다는 점이다.

기존 순환 신경망(RNN) 모델은 입력 시퀀스를 순차적으로 처리하므로 긴 문맥을 유지하는 과정에서 기울기 소실 문제가 발생하는 한계가 있었다. 이를 보완하기 위해 LSTM과 GRU가 개발되었지만, 여전히 병렬 연산이 어렵고 긴 문맥을 다루는 데 어려움이 있었다. 트랜스포머는 이러한 문제들을 해결하기 위해 시퀀스를 한 번에 처리하며 병렬 연산이 가능하도록 설계됐다.

트랜스포머는 **인코더(encoder)**와 **디코더(decoder)**로 구성되어 입력 시퀀스를 처리하여 원하는 결과를 만들어내는 구조다. 인코더는 입력 텍스트를 컴퓨터가 이해하기 쉬운 고차원 벡터 형태로 변환하고, 디코더는 이 벡터를 바탕으로 번역이나 요약과 같은 결과를 생성한다. 인코더와 디코더 모두 **멀티 헤드 어텐션(multi-head attention)**과 순방향 신경망을 핵심 구성 요소로 사용한다. 다음 그림 3.9는 트랜스포머 모델의 구조를 보여준다.

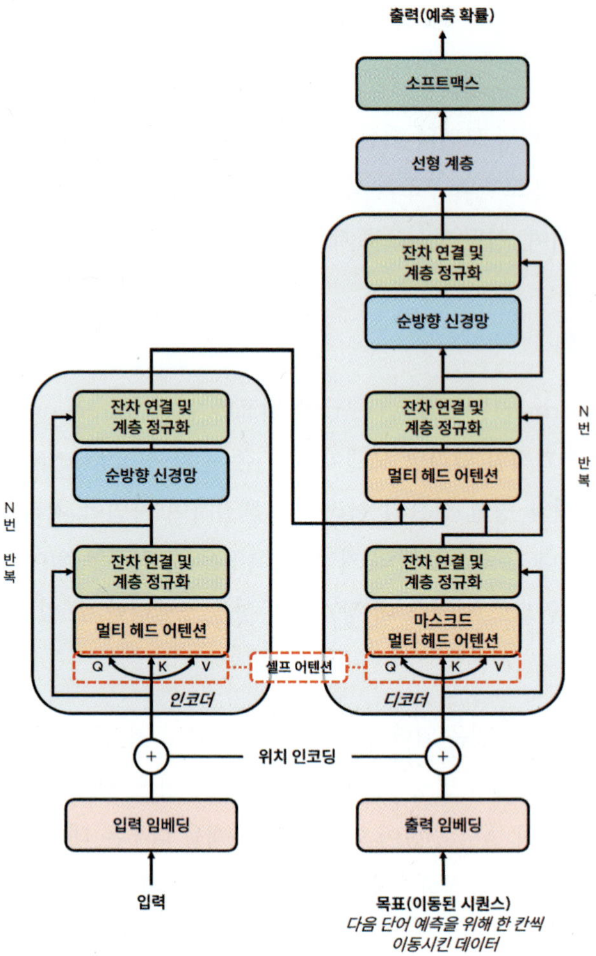

그림 3.9 트랜스포머 모델 구조

인코더는 입력 시퀀스를 병렬로 처리하여 토큰 간의 관계를 효과적으로 학습한다. 이를 위해 각 입력 토큰은 어텐션 메커니즘을 거쳐 전체 문맥 정보를 반영한 벡터로 변환된다. 특히, 인코더의 멀티 헤드 어텐션은 입력 내 모든 단어 간의 관계를 동시에 고려하여 더 풍부한 표현을 학습할 수 있도록 돕는다. 어텐션을 통해 변환된 정보는 **순방향 신경망**(Feedforward Neural Network, FFN)으로 전달되어 추가적인 변환을 거친 후, **잔차 연결**(residual connection)과 **계층 정규화**(layer normalization)를 통해 안정적으로 학습된다.

디코더는 인코더의 출력과 이전에 생성된 단어들을 활용하여 새로운 단어를 예측하는 역할을 한다. 디코더에서는 미래 단어를 참조하지 못하도록 하기 위해 **마스크드 멀티 헤드 어텐션(masked multi-head attention)**을 사용한다. 일반적인 멀티 헤드 어텐션과 동일한 방식으로 동작하지만, 어텐션을 계산할 때 현재 토큰 이후의 단어들은 보지 못하도록 마스킹(masking) 처리된다. 이는 학습 과정에서 모델이 정답을 미리 참조하지 않도록 하며, 순차적인 토큰 생성을 가능하게 만든다.

마스크는 상삼각 행렬 형태로, 특정 위치 이후의 값들을 음의 무한대($-\infty$)로 설정한다. 그 후 소프트맥스 함수를 적용하면 해당 값들이 0이 되어 결과적으로 제거되는 방식으로 구현된다. 이를 통해 디코더가 각 시점에서 이미 생성된 단어들까지만 고려하도록 제한된다.

이처럼 트랜스포머는 인코더에서 입력 시퀀스의 문맥을 학습하고, 디코더에서 이를 바탕으로 새로운 시퀀스를 생성하는 방식으로 동작한다. 트랜스포머의 핵심 구성 요소는 다음과 같다.

트랜스포머 핵심 구성 요소

1. **셀프 어텐션**(self-attention): 입력 문장 내 단어 간 관계를 계산하여 중요한 정보를 강조하는 메커니즘으로, 특히 멀티 헤드 어텐션을 사용해 다양한 문맥적 의미를 학습한다.
2. **멀티 헤드 어텐션**(multi-head attention): 단일 어텐션 메커니즘만 사용하면 제한된 정보만 학습할 수 있으므로 여러 개의 어텐션 헤드를 병렬로 사용하여 서로 다른 문맥 정보를 학습한다.
3. **위치 인코딩**(positional encoding): 트랜스포머는 합성곱 신경망(CNN)이나 순환 신경망(RNN)처럼 순차적 구조가 아니므로, 단어의 순서를 반영하기 위해 위치 정보를 추가한다. 일반적으로 사인(sin)과 코사인(cos) 함수를 이용한 방식과 학습 가능한(learnable) 위치 인코딩 방식이 존재한다.
4. **순방향 신경망**(Feedforward Neural Network, FFN): 어텐션을 통해 변환된 정보를 추가로 학습시키기 위한 비선형 변환 계층이다.
5. **잔차 연결 및 정규화**(residual connection & layer normalization): 학습 안정성을 높이고 과대적합을 방지하는 기법이 적용된다.

셀프 어텐션 메커니즘은 입력 시퀀스의 모든 토큰 간의 관계를 동시에 고려할 수 있게 한다. 이를 위해 각 토큰을 **쿼리(Query)**, **키(Key)**, **값(Value)** 벡터로 변환한 후, 쿼리와 키

간의 유사도를 계산하여 어텐션 점수를 구한다. 이렇게 얻어진 어텐션 점수는 소프트맥스를 통해 정규화되며, 값 벡터에 가중치를 적용하는 방식으로 최종 어텐션 출력을 생성한다. 어텐션 메커니즘은 수식 3.6으로 표현할 수 있다.

수식 3.6 어텐션 메커니즘

$$\text{Attention}(Q, K, V) = \text{softmax}\left(\frac{QK^T}{\sqrt{d_k}}\right)V$$

어텐션 메커니즘은 주어진 쿼리 Q, 키 K, 값 V를 사용하여 입력 정보에서 중요한 부분을 찾아내고 강조하는 데 사용된다. 이 메커니즘은 쿼리와 키 사이의 유사도를 계산하여 어텐션 가중치를 생성하고, 이를 값에 적용하여 중요한 정보에 집중할 수 있게 한다.

어텐션 계산 과정은 쿼리와 키 사이의 유사도를 계산한다. 일반적인 방법은 쿼리와 키를 내적한 후, $\sqrt{d_k}$로 나누는 것이다. 여기서 d_k는 키 벡터의 차원을 의미하며, 이 값이 크면 내적 결과가 커져서 기울기 소실 문제가 발생할 수 있으므로 $\sqrt{d_k}$로 정규화한다.

계산된 유사도에 소프트맥스 함수를 적용하여 어텐션 가중치를 얻는다. 소프트맥스 함수는 유사도를 확률 분포로 변환하여 각 키에 대한 중요도를 나타낸다. 계산된 어텐션 가중치를 값에 곱하여 최종 어텐션 값을 얻는다. 이를 통해 어텐션 가중치를 가진 값은 강조되고, 낮은 어텐션 가중치를 가진 값은 약화된다.

그러므로 어텐션 점수는 각 토큰이 다른 토큰에 얼마나 주의를 기울여야 하는지를 나타낸다. 멀티헤드 어텐션은 이러한 과정을 여러 번 병렬로 수행하여 다양한 관점에서 토큰 간의 관계를 포착한다. 이를 통해 모델이 단어의 다양한 의미적 맥락을 학습할 수 있도록 돕는다.

멀티 헤드 어텐션(multi-head attention)은 단일 어텐션 메커니즘의 한계를 극복하고 모델의 표현력을 향상시키는 핵심적인 역할을 수행한다. 각 헤드는 입력된 쿼리, 키, 값을 서로 다른 학습된 가중치 행렬을 사용하여 변환한다.

이러한 변환을 통해 입력 정보는 여러 개의 서로 다른 하위 공간으로 투영되며, 각 하위 공간에서 독립적인 어텐션 계산이 이루어진다. 이는 모델이 데이터의 다양한 측면과 특징을 병렬적으로 학습할 수 있게 한다.

예를 들어, 한 헤드는 문장 내 단어 간의 문법적 관계를 포착하는 데 집중할 수 있고, 다른 헤드는 의미적 유사성을 파악하는 데 집중할 수 있다. 이렇게 다양한 관점에서 정보를 분석함으로써 모델은 더욱 풍부하고 정확한 맥락을 이해하고, 복잡한 언어적 패턴을 효과적으로 학습할 수 있다.

각 헤드에서 얻은 어텐션 결과는 다시 연결(concatenate)되어 하나의 통합된 표현으로 합쳐진다. 이 과정은 모델이 다양한 하위 공간에서 추출된 정보를 종합적으로 활용할 수 있도록 하며, 최종적으로 더욱 강력하고 유연한 표현을 생성할 수 있게 된다. 일반적으로 멀티 헤드 어텐션은 h개의 헤드를 사용하며, 각 헤드의 차원은 d/h로 나뉜다. 이렇게 하면 모델이 다양한 관계를 학습하는 데 도움을 줄 수 있다.

트랜스포머는 위치 정보를 명시적으로 처리하기 위해 **위치 인코딩**(positional encoding)을 사용한다. 순환 구조가 없는 구조이기 때문에 시퀀스 내 토큰의 순서 정보를 별도로 제공해야 하며, 사인과 코사인 함수를 이용한 위치 인코딩이 일반적으로 사용된다.

사인/코사인 함수 기반의 위치 인코딩은 규칙적인 패턴을 통해 상대적인 위치 정보를 제공하며, 긴 시퀀스에 대해서도 효과적으로 작동한다는 장점이 있다. 위치 인코딩은 수식 3.7과 같은 수식으로 정의된다.

수식 3.7 위치 인코딩

$$PE_{pos,\,2i} = \sin\left(pos/10000^{2i/d}\right)$$
$$PE_{pos,\,2i+1} = \cos\left(pos/10000^{2i/d}\right)$$

트랜스포머는 순서를 고려하지 않는 구조이기 때문에 단어의 위치 정보를 별도로 입력해야 한다. 이때 위치 인코딩은 각 단어의 위치 정보를 벡터 형태로 표현하여 단어 임베딩에 더하는 방식으로 사용된다.

$PE_{pos,\,2i}$는 짝수 번째 차원($2i$)에서의 위치 인코딩 값이며, $PE_{pos,\,2i+1}$은 홀수 번째 차원($2i+1$)에서의 위치 인코딩 값이다. 여기서 pos는 문장에서의 단어 위치(position)를 나타내며, i는 차원의 인덱스를 의미한다(예: 첫 번째 단어는 $pos=0$, 두 번째 단어는 $pos=1$).

위치 인코딩의 핵심 아이디어는 사인 함수와 코사인 함수를 사용하여 위치 정보를 인코딩하는 것이다. 같은 위치라도 차원(i)에 따라 다른 주파수를 가진 사인/코사인 값을 사용함으로써 각 위치에 대한 고유한 패턴을 생성한다. 이러한 패턴은 모델이 상대적인 위치 관계를 학습할 수 있게 한다. 즉, 위치 정보가 임베딩 벡터에 더해져 모델이 문맥을 파악할 수 있게 된다.

수식의 10,000이라는 큰 값은 파장(주기의 길이)을 조절하는 역할을 한다. 파장이 길어지면 위치 인코딩 값이 부드럽게 변화하여 모델이 더 먼 거리에 있는 단어 간의 관계를 학습할 수 있다.

사인/코사인 함수 기반의 위치 인코딩은 규칙적인 패턴을 통해 상대적인 위치 정보를 제공하며, 긴 시퀀스에 대해서도 효과적으로 작동한다는 장점이 있다. 반면, 학습 가능한 위치 인코딩은 모델이 데이터에 맞춰 위치 정보를 최적화할 수 있지만, 학습 데이터에 과도하게 의존할 수 있다는 단점이 있다. 최근에는 학습 가능한 위치 인코딩 기법도 활용되는데, 이 방식은 모델이 데이터를 통해 최적의 위치 정보를 학습할 수 있다. 그림 3.10은 어텐션 메커니즘과 위치 인코딩의 특징을 보여준다.

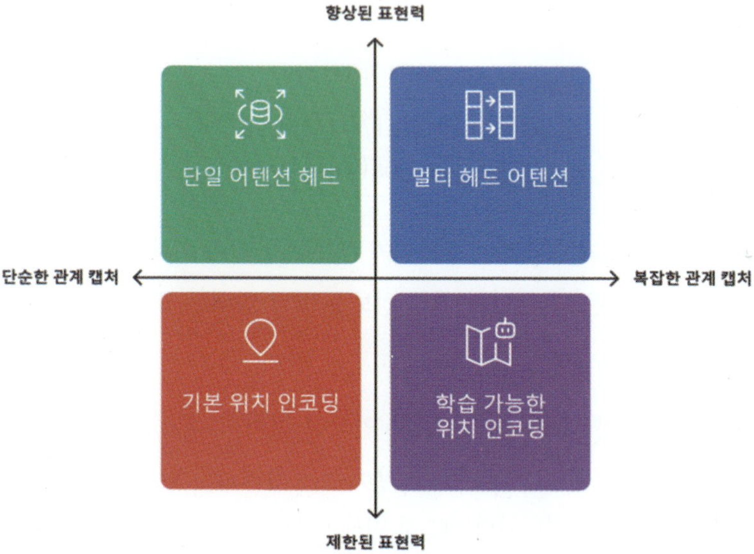

그림 3.10 어텐션 메커니즘 및 위치 인코딩 비교

잔차 연결 및 계층 정규화(residual connection & layer normalization)는 트랜스포머의 안정적인 학습을 돕는 핵심 요소다. 잔차 연결은 기울기 소실 문제를 완화하며 정보의 직접적인 전달을 가능하게 하며, 계층 정규화는 각 하위 계층(sub-layer)의 출력을 정규화하여 학습을 안정화한다.

트랜스포머 모델은 모든 토큰 쌍 간의 관계를 동시에 계산하기 때문에 계산 복잡도가 $O(n^2)$에 달하며, 이는 순환 신경망(RNN) 기반 모델보다 높은 연산 비용을 요구한다. 특히 긴 시퀀스를 처리할 때 메모리 사용량이 급격히 증가한다는 단점이 있다. 이러한 문제를 해결하기 위해 다양한 최적화 기법들이 제안되었는데, 대표적으로 희소 어텐션(sparse attention), 선형 어텐션(linear attention) 등이 있다.

트랜스포머의 학습은 일반적으로 대규모 데이터세트를 활용한 **자기 지도 학습(self-supervised learning)**으로 이루어진다. 대표적인 방식으로는 마스킹된 토큰을 예측하는 **마스크드 언어 모델링(Masked Language Modeling, MLM)** 방식과 이전 단어들을 기반으로 다음 단어를 생성하는 **자기회귀 모델(Autoregressive Model, AR)** 방식이 있다. 이를 통해 모델은 문맥을 이해하고 자연어를 생성하는 능력을 획득한다. 트랜스포머 모델의 대표적인 예시는 다음과 같다.

트랜스포머 모델 예시

- **BERT(Bidirectional Encoder Representations from Transformers)**: 양방향(bidirectional) 정보를 학습하여 문맥 이해도를 높인 모델
- **GPT(Generative Pre-trained Transformer)**: 생성적 사전 학습을 활용하여 언어 생성을 수행하는 모델
- **T5(Text-To-Text Transfer Transformer)**: 자연어 처리 문제를 텍스트 변환 문제로 통합하여 해결하는 모델
- **XLNet**: BERT의 한계를 보완하여 순열 기반 학습을 통해 문맥 정보를 더욱 효과적으로 학습하는 모델
- **RoBERTa(Robustly Optimized BERT Approach)**: BERT의 학습 방식을 최적화하여 더 강력한 성능을 보이는 모델
- **BART(Bidirectional and Auto-Regressive Transformers)**: 인코더-디코더 구조를 사용해 텍스트 복원 및 생성 작업에서 뛰어난 성능을 보이는 모델

트랜스포머 아키텍처의 확장성과 효율성은 BERT, GPT, T5와 같은 강력한 언어 모델의 토대가 됐다. 기본 트랜스포머는 인코더-디코더 구조를 가지지만, 이후 BERT(인코더 전용), GPT(디코더 전용), T5(인코더-디코더) 모델 등 다양한 변형이 등장했다. 표 3.2는 주요 트랜스포머 기반 언어 모델의 구조 및 특징을 비교한 것이다.

표 3.2 트랜스포머 모델 구조 및 특징 비교

모델	구조	주요 특징	주요 과제
BERT	인코더 기반	양방향 문맥 학습, 마스킹 언어 모델(MLM) 및 다음 문장 예측(NSP)	문장 분류, 질의응답(QA), 개체명 인식(NER)
GPT	디코더 기반	자기회귀(autoregressive) 방식, 단방향 문맥 학습	텍스트 생성, 대화 모델, 코드 생성
T5	인코더-디코더 기반	모든 자연어 처리 과제를 텍스트 변환 문제로 통합	번역, 문서 요약, 문법 수정
XLNet	인코더 기반	순열 기반 언어 모델(PLM), BERT보다 더 강력한 문맥 학습	문장 분류, 질의응답(QA), 감성 분석
RoBERTa	인코더 기반	BERT의 학습 방식 최적화, 더 긴 학습 및 더 많은 데이터 사용	문장 이해, 감성 분석, 문서 분류
BART	인코더-디코더 기반	BERT와 GPT의 결합, 텍스트 복원 및 생성 능력 강화	텍스트 요약, 문서 생성, 데이터 증강

트랜스포머 모델은 자연어 처리 분야에서 문장 이해, 생성, 번역 등 다양한 과제에 활용되며, 각 모델은 특정 목적에 맞는 구조를 갖추고 있다. 이러한 트랜스포머 기반 접근법은 자연어 처리뿐만 아니라 이미지, 멀티모달 학습 등 다른 분야로도 확대되고 있다.

트랜스포머 구조는 이미지 처리에도 적용되어 **비전 트랜스포머(Vision Transformer, ViT)**와 같은 모델이 등장했다. DETR(Detection Transformer)은 객체 검출에서 합성곱 신경망(CNN) 기반 방식을 대체하는 접근법으로 활용되며, MAE(masked autoencoder)는 트랜스포머를 이용한 자가 지도 학습 기법으로 이미지 복원을 수행한다.

또한, CLIP과 DALL · E 같은 멀티모달 모델에도 트랜스포머가 사용되면서 텍스트와 이미지 등 서로 다른 형태의 데이터를 통합하여 활용하는 방식이 가능해지고 있다.

3.4.2 디퓨전 모델

디퓨전 모델(diffusion model)은 확률적 생성 모델의 일종으로, 데이터 분포를 점진적으로 학습하여 이미지 생성, 변형, 복원 등 다양한 분야에서 뛰어난 성능을 보인다. 특히 DALL · E 2, Imagen, Stable Diffusion과 같은 고품질 이미지 생성 모델의 핵심 기술로 주목받고 있다.

기존 생성 모델인 생성적 적대 신경망(GAN)이나 변분 오토인코더(VAE)는 적대적 학습의 불균형이나 잠재 공간의 제약 등으로 인해 학습이 불안정하고 생성 품질이 낮다는 한계가 있었다. 이에 반해 디퓨전 모델은 확률적 과정을 통해 점진적으로 노이즈를 제거하는 방식으로 이러한 문제점을 극복하여 안정적이며 고품질의 결과물을 생성한다.

디퓨전 모델의 핵심 아이디어는 확산(diffusion)이라는 물리 현상에서 착안했다. 실제 확산 과정처럼, 데이터를 점진적으로 무작위 노이즈로 변환한 뒤 다시 그 노이즈로부터 원본 데이터를 복원하는 확률적 처리 절차를 학습하는 방식이다.

이러한 절차는 크게 두 단계로 구성된다. 먼저, 원본 데이터에 점진적으로 노이즈를 추가하여 무작위성으로 변형하는 **순방향 확산 과정**(forward diffusion process)과 이후 이 노이즈를 제거해 원본 데이터를 복원하는 **역방향 확산 과정**(reverse diffusion process)으로 구성된다. 다음 수식 3.8과 3.9는 순방향 확산 과정과 역방향 확산 과정을 수식으로 나타낸 것이다.

수식 3.8 순방향 확산 과정

$$q(x_t|x_{t-1}) := \mathcal{N}(x_t;\ \sqrt{1-\beta_t}\,x_{t-1},\ \beta_t I)$$

수식 3.9 역방향 확산 과정

$$p_\theta(x_{t-1}|x_t) := \mathcal{N}(x_{t-1};\ \mu_\theta(x_t,\ t),\ \Sigma_\theta(x_t,\ t))$$

순방향 과정에서는 원본 데이터 x_0에 시간 단계 t에 따라 점진적으로 가우시안 노이즈(gaussian noise)를 추가하여 x_t로 만든다. 이때 노이즈의 세기는 하이퍼파라미터 β_t로 조절되며, 최종 단계 T에 가까워질수록 데이터는 순수한 노이즈에 가까워진다.

역방향 과정은 노이즈가 섞인 데이터 x_t로부터 원본 데이터를 복원하는 방향으로 진행되며, 이를 위해 확률 분포 $p_\theta(x_{t-1}|x_t)$를 모델링한다. 이 분포의 평균 $\mu_\theta(x_t, t)$와 분산 $\Sigma_\theta(x_t, t)$는 신경망에 의해 예측된다.

그러므로 디퓨전 모델은 주어진 x_t에서 원본 데이터 x_0를 복원하는 방향으로 학습되며, 딥러닝 기반 신경망을 활용해 이 과정을 최적화한다. 이 두 단계의 정교한 상호작용을 통해 디퓨전 모델은 데이터 분포를 효과적으로 학습하고 다양한 생성 작업에서 강력한 성능을 발휘할 수 있게 된다. 그림 3.11은 확산 프로세스 과정을 시각화한 것이다.

그림 3.11 확산 과정

디퓨전 모델은 이러한 역방향 과정을 학습하기 위해 손실 함수를 정의하며, 이를 통해 노이즈 제거 성능을 최적화한다. 특히 DDPM(Denoising Diffusion Probabilistic Model)에서는 수식 3.10과 같은 단순화된 손실 함수가 사용된다.

수식 3.10 디퓨전 모델(DDPM)의 단순화된 손실 함수

$$L_{\text{simple}} = E_{x_0, t, \epsilon}\left[\|\epsilon - \epsilon_\theta(x_t, t)\|^2\right]$$

이 손실 함수는 원본 데이터 x_0, 시간 스텝 t, 가우시안 노이즈 ϵ에 대한 기댓값 E를 계산하는 과정을 나타낸다. $\epsilon_\theta(x_t, t)$는 모델이 예측한 노이즈이며, 모델은 노이즈 데이터 x_t를 입력 받아 이 데이터에 추가된 노이즈를 예측한다. 따라서 전체 손실 함수는 실제 노이즈 ϵ와 모델이 예측한 노이즈 $\epsilon_\theta(x_t, t)$ 사이의 평균 제곱 오차(MSE)를 최소화하는 방향으로 모델이 학습된다.

즉, 모델은 원본 데이터에 더해진 노이즈를 얼마나 정확하게 예측하는지 학습하며, 이를 통해 점진적으로 원본 데이터를 복원하는 능력을 습득하게 된다. 일반적으로 U-Net과 같은 합성곱 신경망을 사용하여 효율적인 노이즈 제거 네트워크를 구성한다.

디퓨전 모델은 이러한 학습 과정을 거쳐 데이터의 숨겨진 패턴과 구조를 파악하고, 고품질의 새로운 데이터를 생성할 수 있게 된다. 디퓨전 모델은 기존 생성 모델(GAN, VAE)과 비교했을 때 몇 가지 주요한 특징을 가진다. 다음은 디퓨전 모델의 주요한 특징을 정리한 것이다.

디퓨전 모델 주요 특징

1. **고품질 샘플 생성**: 생성적 적대 신경망(GAN)은 모드 붕괴(mode collapse) 문제가 발생할 수 있는 반면, 디퓨전 모델은 확률적 샘플링을 통해 다양한 고해상도 이미지 데이터를 생성할 수 있다.
2. **안정적인 학습 과정**: 생성적 적대 신경망(GAN)은 학습이 불안정하고 적대적 학습(adversarial training)이 필요하지만, 디퓨전 모델은 단순한 MSE 기반 손실 함수를 사용하여 안정적인 학습이 가능하다.
3. **다양한 응용 가능**: 텍스트-이미지 변환(DALL · E 2, Imagen), 이미지 변형(inpainting, super-resolution), 3D 모델링 등 다양한 생성 작업에 적용할 수 있다.

이러한 장점 덕분에 디퓨전 모델은 이미지 생성 분야를 넘어 다양한 영역으로 빠르게 확장되고 있다. 디퓨전 모델을 활용한 대표적인 모델들을 표 3.3에 정리했다.

표 3.3 대표적인 디퓨전 모델

모델	주요 특징	응용 분야
DDPM(Denoising Diffusion Probabilistic Models)	기본적인 확률적 디퓨전 모델	이미지 생성
DDIM(Denoising Diffusion Implicit Models)	샘플링 속도를 개선한 디퓨전 모델	빠른 이미지 생성
DALL · E 2	텍스트에서 이미지를 생성하는 OpenAI 모델	텍스트-이미지 변환
Imagen	Google이 개발한 고품질 텍스트-이미지 생성 모델	이미지 생성
Stable Diffusion	오픈 소스 텍스트-이미지 변환 모델	예술 및 콘텐츠 제작

디퓨전 모델은 뛰어난 이미지 생성 품질을 보이지만, 느린 생성 속도와 고비용 학습 과정이라는 단점을 가지고 있다. 역방향 과정에서 수많은 샘플링 단계를 거쳐 이미지를 생성하므로 생성적 적대 신경망(GAN)과 같은 다른 생성 모델에 비해 샘플링 속도가 현저히 느리다. 또한, 대규모 데이터세트 학습에 막대한 계산 자원이 소모되므로 학습 비용이 매우 높다.

디퓨전 모델은 확률적 프로세스를 활용해 고품질 이미지를 생성하는 강력한 생성 모델이다. GAN, VAE와 같은 기존 모델의 단점을 극복하며, 텍스트-이미지 변환, 이미지 복원, 초해상화 등 다양한 분야에서 활용되고 있다. 최근에는 DDIM, Latent Diffusion 등의 연구로 샘플링 속도를 높이고, Efficient Diffusion 모델 연구를 통해 계산 자원의 효율성을 개선하고 있다. 이러한 발전을 통해 디퓨전 모델의 활용 가능성이 넓어지고 있다.

3.4.3 대규모 언어 모델

대규모 언어 모델(Large Language Model, LLM)은 대량의 텍스트 데이터를 학습하여 인간 수준의 자연어 이해와 생성을 수행할 수 있는 인공지능 모델이다. 이는 일반적으로 수십억 개 이상의 매개변수를 포함하며, 모델 크기에 따라 성능과 활용성이 달라진다.

대규모 언어 모델의 성능은 모델 크기뿐만 아니라 학습에 사용된 텍스트 말뭉치(corpus)의 질과 양, 그리고 학습 방식에 따라 크게 좌우된다. 방대한 양의 텍스트 데이터를 학습하여 문맥을 이해하고 새로운 텍스트를 생성한다. 대표적인 대규모 언어 모델로는 GPT, BERT, T5 등이 있으며, 각 모델은 서로 다른 아키텍처와 학습 방식을 기반으로 다양한 자연어 처리 작업을 수행할 수 있게 설계됐다.

이 모델의 핵심 원리는 **자연어 확률 분포 학습(learning natural language probability distributions)**이다. 즉, 주어진 문맥에서 가장 적절한 다음 단어를 예측하는 방식으로 작동하며, 이를 통해 문장을 생성하거나 질문에 답하는 등의 다양한 자연어 처리 작업을 수행할 수 있다. 특히, 사전 학습과 미세 조정이라는 두 가지 주요 학습 단계를 거쳐 특정 과제에 최적화된다.

사전 학습(pretraining)은 대규모 언어 모델이 방대한 비지도 학습(unlabeled) 데이터세트를 활용하여 일반적인 언어 패턴과 문맥을 학습하는 과정을 말한다. 대표적인 사전 학습 방법으로는 자기 지도 학습(Self-Supervised Learning)이 사용되며, 다음과 같은 기법이 적용된다.

자기 지도 학습 기법

- **마스킹 언어 모델**(Masked Language Model, MLM): 문장에서 일부 단어를 마스킹(masking)한 후, 해당 단어를 예측하는 방식
- **자기회귀 언어 모델**(Autoregressive Language Model, AR): 이전 단어들을 기반으로 다음 단어를 예측하는 방식
- **순열 기반 모델**(permutation-based model): 다양한 순서로 단어를 조합하여 예측하는 방식

사전 학습된 언어 모델은 특정 작업에 대해 추가적인 지도 학습 없이도 일정 수준의 자연어 처리 능력을 수행할 수 있는 기반을 제공하며, 이는 다양한 다운스트림 작업에서 뛰어난 성능을 보이는 기반이 된다. 이러한 방식으로 학습된 모델은 문법, 의미적 관계, 개념 간의 연결 등을 내재적으로 학습하게 된다.

대규모 언어 모델의 구조적 특성은 그 성능과 직접적인 관련이 있다. 대부분의 대규모 언어 모델은 트랜스포머 기반으로 설계되며, 셀프 어텐션 메커니즘을 활용해 **장거리 의존성(long-range dependency)**[11]을 효과적으로 학습한다. 대표적인 대규모 언어 모델의 구조는 다음과 같다.

대규모 언어 모델 구조

- **인코더 기반**(encoder-only): BERT, RoBERTa, DeBERTa, ALBERT
- **디코더 기반**(decoder-only): GPT, LLaMA, DeepSeek, Solar, Mistral, PaLM
- **인코더-디코더 기반**(encoder-decoder): T5, BART, mT5

11 문장 내에서 멀리 떨어진 단어들 간의 관계가 문맥 파악에 중요한 영향을 미치는 현상

각 구조는 고유한 특성과 장점을 가지고 있다. 인코더 기반 모델은 양방향 문맥 이해에 강점이 있어 문장 분류나 개체명 인식과 같은 이해 중심의 작업에 적합하다. 디코더 기반 모델은 자기회귀적 특성으로 인해 텍스트 생성 능력이 뛰어나며, 대화나 창작 작업에서 우수한 성능을 보인다. 인코더-디코더 기반 모델은 두 구조의 장점을 결합하여 번역이나 요약과 같이 입력 텍스트를 다른 형태로 변환하는 작업에 효과적이다.

이러한 구조적 특성을 바탕으로, 대규모 언어 모델은 크게 두 가지 방식으로 다양한 작업을 수행할 수 있다. 첫 번째는 미세 조정을 통한 방식으로, 사전 학습이 끝난 후 특정한 작업(예: 감성 분석, 질의응답, 기계 번역 등)에 맞춰 모델을 추가로 학습시키는 것이다. 두 번째는 모델의 추론 능력을 활용하는 방식으로, 추가적인 학습 없이도 즉각적인 작업 수행이 가능하다.

추론 능력(in-context learning)이란 모델이 사전 학습된 지식을 활용하여 새로운 데이터에서 몇 가지 예시(context)만 제공받고도 즉각적으로 패턴을 학습하고 적용하는 능력을 말한다. 예를 들어, 몇 개의 번역 예시를 제공하면 추가 학습 없이도 유사한 문장을 번역할 수 있으며, 특정 형식의 질문-답변 쌍을 보여주면 그에 맞춰 새로운 답변을 생성할 수 있다. 그림 3.12는 대규모 언어 모델의 추론 능력 예시를 보여준다.

그림 3.12 대규모 언어 모델의 추론 능력

추론 능력을 효과적으로 발휘하기 위해서는 모델이 한 번에 처리할 수 있는 텍스트의 길이, 즉 컨텍스트 윈도(context window)가 중요한 역할을 한다. 컨텍스트 윈도는 대규모 언어 모델이 입력 데이터에서 유지할 수 있는 정보의 범위를 결정하며, 이 범위가 크면 더 많은 문맥을 고려하여 정교한 응답을 생성할 수 있다.

대규모 언어 모델의 처리 용량과 컨텍스트 윈도는 모델의 활용성에 직접적인 영향을 미친다. 컨텍스트 윈도가 길수록 더 많은 입력 정보를 동시에 유지할 수 있어 문맥 일관성과 정교한 응답 생성이 가능하지만, 계산 비용이 증가할 수 있다. 반대로 컨텍스트 윈도가 짧으면 모델이 이전 내용을 기억하는 데 한계가 생기며, 긴 대화나 문서를 처리하는 작업에서 어려움을 겪을 수 있다.

예를 들어, GPT-4는 최대 128k 토큰까지 처리할 수 있어 장문의 문서를 분석하거나 코드 기반 작업을 수행하는 데 유리하다. 컨텍스트 윈도의 크기는 모델이 특정 작업을 얼마나 효과적으로 수행할 수 있는지를 결정하는 핵심 요소 중 하나이며, 그 크기를 적절하게 설정하는 것은 모델의 성능과 효율성을 조율하는 중요한 과제다.

대규모 언어 모델의 성능을 극대화하고 효과적으로 활용하기 위해서는 **프롬프트 엔지니어링**(prompt engineering)이 필수적이다. 프롬프트 엔지니어링이란 대규모 언어 모델로부터 원하는 결과를 효과적으로 얻어내기 위해 입력(프롬프트)을 설계하고 최적화하는 기술이다.

동일한 모델이라도 프롬프트 작성 방식에 따라 응답의 정확성과 품질이 크게 달라지므로, 이를 최적화하는 것은 모델 활용의 핵심 요소 중 하나다. 잘 설계된 프롬프트는 모델의 성능을 크게 향상시킬 수 있으며, 잘못된 프롬프트는 예상치 못한 결과를 초래할 수 있다.

효과적인 프롬프트 작성은 모델의 한계를 극복하고 성능을 최적화하는 데 있어 중요한 역할을 한다. 특히, 컨텍스트 윈도가 제한적인 경우, 핵심 정보를 우선적으로 배치하고 필요 없는 요소를 줄이는 것이 중요하다. 또한, 프롬프트를 단계적으로 조정하며 최적의 응답을 도출하는 과정이 요구된다. 이러한 프롬프트 엔지니어링 기법에는 다양한 접근법이 존재한다. 다음은 효과적인 프롬프트 작성 기법에 대해 정리한 것이다.

효과적인 프롬프트 작성 기법

- **역할 지정**(role prompting): 모델에게 특정 역할을 부여하여 응답의 스타일과 내용을 제어할 수 있다. 예를 들어, "당신은 [전문가]입니다. [주제]에 대해 설명해주세요."와 같이 역할을 부여할 수 있다.
- **명확하고 구체적인 지시**(clear and concise prompting): 모델이 무엇을 해야 하는지 명확하게 제시해야 한다. 추상적이거나 모호한 지시는 모델의 혼란을 야기할 수 있다.

- **단계별 유도(Chain-of-Thought prompting, CoT)**: 복잡한 문제를 해결할 때 모델이 중간 과정(reasoning steps)을 서술하도록 유도하여 논리적 사고를 강화하는 방법이다. 예를 들어, "이 문제를 단계별로 설명하면서 답을 구해주세요."라고 하면 모델이 추론 과정을 거쳐 더 정교한 답변을 제공할 수 있다.
- **제약 조건 명시(constraint-based prompting)**: 모델이 따라야 할 제약 조건을 명시하여 응답의 범위를 좁힐 수 있다. 예를 들어, "500자 이내로 요약해주세요.", "JSON 형식으로 출력해주세요."와 같이 제약 조건을 추가할 수 있다.
- **제로샷 프롬프팅(zero-shot prompting)**: 예시 없이 "이 문장을 한국어로 번역해 주세요."처럼 모델에게 직접 질문이나 지시를 내린다. 모델은 사전에 학습된 지식을 바탕으로 응답을 생성한다.
- **원샷 프롬프팅(one-shot prompting)**: 모델에게 단 하나의 예시를 제공하고, 그 예시를 바탕으로 응답을 생성하도록 유도한다. 예를 들어, "영어: 안녕하세요, 한국어: Hello₩n영어: 감사합니다, 한국어:"와 같이 결과를 유도할 수 있다.
- **퓨샷 프롬프팅(few-shot prompting)**: 모델에게 몇 가지 예시를 제공하여 원하는 응답 형태를 학습시킬 수 있다. 이를 통해 모델은 예시를 기반으로 새로운 데이터에 대한 예측을 수행할 수 있다.

잘 설계된 프롬프트는 모델의 정확도, 일관성, 유용성을 향상시킬 수 있으며, 모델의 계산 비용을 줄이고 더 적은 자원으로 원하는 결과를 얻을 수 있다. 또한, 프롬프트 엔지니어링은 전문 지식이 없는 사용자도 대규모 언어 모델을 쉽게 활용할 수 있게 된다. 그림 3.13은 프롬프트의 차이에 따른 대규모 언어 모델의 응답 결과 비교를 보여준다.

그림 3.13 프롬프트의 차이에 따른 대규모 언어 모델의 응답 결과 비교

모델의 성능을 더욱 향상시키기 위해 **미세 조정**(fine-tuning)이 사용되는데, 이는 지도 학습 방식으로 수행되며 과제별 데이터세트를 사용하여 모델의 성능을 최적화한다. 미세 조정에는 전체 미세 조정과 매개변수 효율적 미세 조정이라는 두 가지 주요 접근 방식이 있다.

전체 미세 조정(full fine-tuning)은 모델의 모든 가중치를 조정하는 방식으로, 특정 작업에 대해 최적의 성능을 달성할 수 있지만 계산 비용이 크고 데이터 요구량이 많다는 단점이 있다. 반면, **매개변수 효율적 미세 조정**(Parameter-Efficient Fine-Tuning, PEFT)은 LoRA(Low-Rank Adaptation) [12]나 **어댑터**(adapter) [13]와 같은 기법을 사용하여 모델의 일부 매개변수만 조정하는 방식이다. 이는 메모리 사용량과 계산 비용을 크게 줄이면서도 높은 성능을 유지할 수 있다는 장점이 있다.

최근에는 강화 학습과 **인간 피드백**(Reinforcement Learning from Human Feedback, RLHF)을 활용하여 모델의 출력을 더욱 정교하게 조정하는 방법이 도입됐다. 인간 피드백은 인간 평가자가 선호하는 응답을 학습하도록 모델을 최적화하여 보다 유용하고 안전한 응답을 생성할 수 있도록 한다.

대규모 언어 모델의 발전은 단순한 텍스트 이해를 넘어 다양한 데이터 유형을 처리하는 방향으로 확장되고 있다. 특히, 멀티 모달(multi-modal) 모델은 텍스트뿐만 아니라 이미지, 오디오, 코드 등 여러 형태의 데이터를 함께 학습하며, 보다 풍부한 표현 학습과 복합적인 문제 해결 능력을 갖추고 있다.

멀티 모달 모델의 대표적인 예로는 GPT-4V, Flamingo, Whisper 등이 있다. GPT-4V는 텍스트와 이미지를 함께 이해할 수 있어 이미지 캡션 생성, 시각적 질문 응답(VQA) 등의 작업을 수행할 수 있다. Flamingo는 텍스트와 이미지를 동시에 학습하는 모델로, 두 가지 정보를 결합하여 보다 정교한 멀티 모달 이해가 가능하다. 한편, Whisper는 음성을 텍스트로 변환하는 모델로, 다국어 음성 인식과 자막 생성 등 다양한 음성 처리 작업에 활용된다. 이처럼 멀티 모달 모델은 단일한 데이터 유형을 넘어선 학습을 통해 더욱 풍부한 표현과 이해력을 갖추고 있다.

---

12 사전 학습된 모델의 고정된 가중치에 소규모의 저랭크 행렬을 추가 학습하여 성능을 개선하는 미세 조정 기법

13 특정 작업 성능 향상을 위해 기존 모델 구조를 변경하지 않고, 추가적인 모듈(adapter)을 삽입하여 해당 모듈만 학습시키는 미세 조정 방법

그러나 이러한 발전에도 불구하고, 대규모 언어 모델은 여전히 몇 가지 근본적인 한계를 가지고 있다. 특히, 대규모 언어 모델의 학습과 추론 과정에서 발생하는 계산 비용, 환각, 데이터 편향 등의 문제는 대규모 언어 모델의 실용성을 저해하는 주요 요인으로 지적된다.

대규모 언어 모델의 학습에는 수백 개의 GPU 또는 TPU가 필요하며, 그로 인해 막대한 계산 비용과 전력 소비가 발생한다. 이는 환경적 영향을 초래하며, 모델 운영 비용 측면에서도 큰 부담이 된다. 이러한 문제를 해결하기 위해 LoRA, 양자화(quantization)와 같은 모델 경량화 기법이 도입되고 있으며, 샘플링 효율을 높이는 지능형 샘플링 기법도 활발히 연구되고 있다.

또한, 대규모 언어 모델이 사실과 다른 내용을 생성하는 **환각(hallucination)** 문제 역시 해결해야 할 중요한 과제다. 이는 모델이 학습된 데이터의 범위를 벗어나거나 불완전한 정보를 바탕으로 새로운 내용을 생성할 때 발생한다. 이 같은 문제를 줄이기 위해 인간 피드백(RLHF) 기법을 적용하고, 외부의 사실 검증 모델과 연동하는 방안이 활용되고 있다.

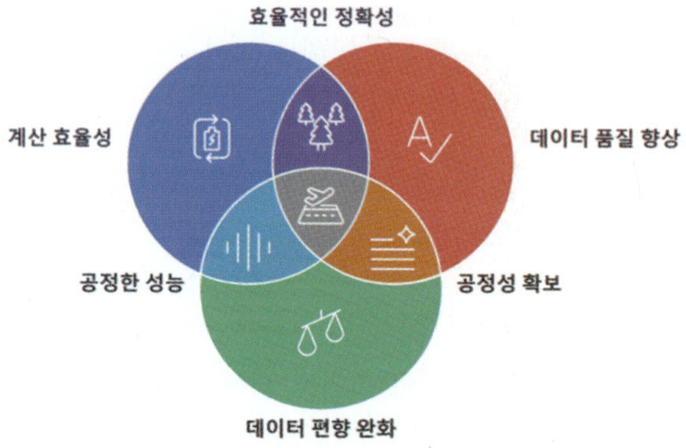

그림 3.14 대규모 언어 모델의 세 가지 목표

이러한 한계점 보완은 윤리적 측면뿐 아니라 모델 활용에도 중요하다. 대규모 언어 모델을 실제 환경에서 운용할 때는 성능 향상과 더불어 실행 비용과 효율성을 고려해야 한다. 다양한 대규모 언어 모델들이 존재하는 상황에서 목적과 환경에 맞는 최적의 모델을 선택해야 한다.

모델 크기가 커질수록 일반적으로 성능이 향상되지만, 더 큰 모델이 항상 최적의 선택은 아니다. 작은 모델은 특정 작업에서 속도와 비용 면에서 효율적일 수 있으며, 매개변수 미세 조정 기법을 활용하면 작은 모델로도 높은 성능을 낼 수 있다. 따라서 모델 선택 시에는 사용 목적, 실행 환경, 비용 대비 성능 등의 요소를 종합적으로 고려해야 한다.

예를 들어, 7B(70억 개) 모델은 비교적 가벼운 연산으로 실행할 수 있어 개인 GPU 환경에서도 사용할 수 있으며, 기본적인 질의응답이나 요약 작업에 적합하다. 13B(130억 개) 모델은 더 정교한 문맥 이해와 응답 생성이 가능하며, 보다 복잡한 작업에서도 우수한 성능을 보인다. 반면, 70B(700억 개) 이상의 초대형 모델은 깊은 추론 능력과 강력한 생성 능력을 보유하지만, 높은 계산 비용과 메모리 요구사항을 수반한다.

대규모 언어 모델은 다양한 자연어 처리 작업에서 활용되며, 각 모델의 구조와 학습 방식에 따라 성능과 특성이 달라진다. 모델 선택 시에는 사용 목적과 환경을 함께 고려해야 하며, 효율적인 운영을 위해 프롬프트 설계나 미세 조정 등의 기법이 중요하다. 또한, 모델의 잠재적인 한계를 파악하고 이를 보완할 전략을 세우는 것이 대규모 언어 모델을 실용적으로 활용하기 위한 핵심 조건이다.

3.4.4 MoE 모델

Mixture of Experts(MoE) 모델은 입력 데이터에 따라 서로 다른 하위 신경망(전문가)을 선택적으로 활성화하는 구조를 갖는다. 이는 기존 신경망이 모든 입력에 대해 동일한 경로를 사용하는 것과 대비된다. MoE 구조는 입력마다 게이트 네트워크가 일부 전문가만 선택해 활성화하므로, 모델의 전체 파라미터 수가 늘어나도 실제 연산량은 크게 증가하지 않는다. 이로써 모델의 표현력을 극대화하면서도 계산 효율성을 확보할 수 있다.

MoE의 기본 구성 요소는 **게이트 네트워크(gating network)**와 **전문가 네트워크(expert networks)**다. 게이트 네트워크는 입력을 기반으로 활성화할 전문가를 확률적으로 선택하며, 일반적으로 소프트맥스 함수를 이용해 각 전문가에 대한 선택 확률을 계산하고, 확률이 높은 일부 전문가를 선택하는 **top-k 라우팅** 방식을 채택한다. k=1로 설정할 경우, 입력당 하나의 전문가만 활성화하는 **스위치 라우팅(switch routing)** 구조가 된다.

특히 DeepSeek-V2에서는 기본 top-k 라우팅에 더해, 전문가가 배치된 디바이스 수를 제한하여 통신 비용을 줄이는 **디바이스 제한 라우팅(device-limited routing)**[14] 전략을 도입했다. 이와 함께, **부하 불균형(load imbalance)**[15] 문제를 완화하기 위해 전문가 수준, 디바이스 수준, 통신 수준에서 각각 균형을 맞추는 보조 손실 항목(auxiliary losses)을 적용했다. 다음은 DeepSeek-V2의 손실 항목을 정리한 것이다.

DeepSeek-V2의 손실 항목

- expert-level balance loss: 특정 전문가에 과도하게 토큰이 몰리는 현상(routing collapse)을 방지하고, 모든 전문가가 균등하게 학습될 수 있도록 유도한다.
- device-level balance loss: 전문가가 여러 디바이스에 분산될 때 디바이스 간 계산량 불균형을 완화해 전체 처리 효율을 높인다.
- communication balance loss: 분산 학습 과정에서 디바이스 간 통신량이 편향되는 문제를 줄여 통신 병목을 방지한다.

전문가 네트워크는 주로 다층 퍼셉트론(MLP) 형태로 구성되며, 각각 서로 다른 데이터 패턴이나 특성을 독립적으로 학습한다. 이를 통해 전체 모델은 보다 복잡하고 다양한 문제를 효과적으로 해결할 수 있다. 전문가 수가 많아질수록 모델 용량은 증가하지만, 선택 불균형이 심해질 경우 일부 전문가에 과도한 학습이 집중되는 부작용이 발생할 수 있다.

MoE 모델은 활성화된 전문가들의 출력을 게이트 네트워크가 부여한 선택 확률에 따라 가중합하여 최종 출력을 생성한다. 이 과정에서는 부하 불균형을 완화하고 통신 효율을 높이기 위한 정규화 및 최적화 전략이 적용된다. DeepSeek-V2는 이 과정에서 **토큰 제거 전략(token-dropping strategy)**[16]까지 추가로 도입해 더욱 효율적인 연산을 달성했다. 특히 대규모 분산 학습 환경에서는 전문가-데이터 병렬 처리(expert-data parallelism)[17]를 통해 전문가별로 데이터를 나누어 병렬 처리하여 통신 비용을 최소화하고 학습 효율을 극대화했다.

---

14 전문가 선택 시 활성화된 전문가들이 소수 디바이스에만 분산되도록 제한하여 통신 비용을 최소화하는 전략
15 일부 전문가만 과도하게 선택되어 학습이 편향되는 현상
16 디바이스별 과부하를 방지하기 위해 학습 중 낮은 선택 점수를 가진 토큰을 일부 제거하여 계산 효율을 높이는 전략
17 전문가별로 데이터를 나누어 병렬 연산을 수행하여 통신 비용을 줄이는 분산 학습 기법

최근 MoE 아키텍처는 다양한 최적화 기법을 통해 더욱 진화하고 있는데, 그 대표적인 사례가 DeepSeek-V2다. DeepSeek-V2는 기존 멀티 헤드 어텐션 구조를 개선하여 KV(Key-Value) 캐시를 잠재 표현(latent representation)으로 요약하는 **MLA(Multi-Head Latent Attention)** 기법을 도입했다. 이를 통해 추론 시 메모리 사용량을 크게 줄이고, 최대 생성 처리량을 대폭 향상시키는 데 성공했다.

또한 DeepSeek-V2는 DeepSeekMoE라는 새로운 MoE 구조를 제안했다. 이 구조는 전문가 네트워크를 공유(shared) 전문가와 전용(private) 전문가로 구분하여 데이터 중복을 제거하고 학습 효율을 높였다. 총 2360억(236B) 개의 파라미터를 가지지만, 추론 시 활성화되는 파라미터는 약 210억(21B) 개에 불과해 연산량을 대폭 줄이면서도 높은 성능을 유지하는 데 성공했다.

DeepSeek-V2의 실험 결과에 따르면, 기존 모델인 DeepSeek-67B 대비 학습 비용을 42.5% 절감하고, KV 캐시 크기를 93.3% 축소했으며, 최대 생성 처리량을 5.76배 증가시키는 성과를 달성했다. 이는 MoE 아키텍처가 초거대 모델 개발에 제공하는 실질적 이점을 명확히 보여주는 사례다. 특히 계산 자원이 제한된 환경에서도 고성능 모델을 효율적으로 구축할 수 있다는 가능성을 입증했다.

또한 DeepSeek-V2는 기본 사전 학습 이후, **지도 학습 미세 조정(Supervised Fine-Tuning, SFT)**[18]과 강화 학습(RL) 단계를 추가로 수행하여 모델의 최종 성능을 극대화했다. 이를 통해 제한된 활성화 파라미터 수(21B)만으로도 상위권 수준의 성능을 유지하는 데 성공했다.

MoE 아키텍처는 대규모 언어 모델(GPT, T5 등) 확장, Google Switch Transformer, 다국어 기계 번역 등 다양한 분야에서 성공적으로 활용되고 있다. 멀티태스크 학습에서도 서로 다른 작업마다 전문화된 전문가를 활용하여 음성 인식, 컴퓨터 비전, 자연어 처리 등 이질적인 작업을 하나의 통합된 모델로 처리할 수 있도록 한다.

---

18 사전 학습된 모델을 레이블이 부여된 데이터로 추가 학습하여 성능을 개선하는 과정

하지만 몇 가지 한계점도 존재한다. 첫째, 부하 불균형 문제가 발생할 수 있다. 특정 전문가가 과도하게 선택되면 학습 편향이 생기고, 전체 성능이 저하될 위험이 있다. 이를 완화하기 위해 **부하 균형 손실**(load balancing loss)[19]과 **확률적 라우팅**(stochastic routing)[20] 전략이 도입되고 있다. 둘째, 분산 학습 환경에서는 활성화된 전문가 간 통신 비용이 급증할 수 있다. 이 문제는 전문가-데이터 병렬 처리 등의 방식으로 일부 완화되고 있지만, 대규모 MoE 모델에서는 여전히 게이트 네트워크의 학습 불안정성이 주요 과제로 남아 있다.

특히 초기 학습 단계에서는 소수의 전문가가 과도하게 선택되어 학습이 편향되는 문제가 발생할 수 있다. 이를 완화하기 위해, 정규화된 초기화(normalized initialization) 전략과 확률적 라우팅 기법이 도입되었으며, 부하 균형 손실 항목 또한 함께 적용되고 있다.

MoE는 대규모 신경망의 확장성과 연산 효율성을 동시에 달성할 수 있는 강력한 방법론으로 자리매김했다. 특히 DeepSeek-V2와 같은 최신 사례를 통해 모델 용량을 효과적으로 확장하면서도 효율적인 학습과 추론이 가능하다는 실질적 성과가 입증되었다. 향후 MoE 아키텍처는 초거대 언어 모델, 멀티모달 학습, 대규모 검색 시스템 등 다양한 데이터 사이언스 응용 분야에서 더욱 중요한 역할을 하게 될 것으로 기대된다.

19 전문가 선택의 불균형을 완화하기 위해 추가하는 규제 손실 항(term)

20 입력을 전문가에 확률적으로 분배하여 과도한 편향을 방지하는 라우팅 전략

4

딥러닝 응용 분야

4.1 _ 자연어 처리
4.2 _ 오디오 처리
4.3 _ 컴퓨터 비전
4.4 _ 강화 학습

지금까지 살펴본 내용을 정리해 보자. 1장에서는 데이터의 정의와 종류를 비롯해 탐색적 데이터 분석(EDA)과 데이터 시각화 원칙을 다루고, 데이터를 효과적으로 탐색하고 명확히 전달하는 방법을 학습했다. 이를 통해 데이터를 구조적으로 이해하고 분석 기초 역량을 키울 수 있었다.

2장에서는 머신러닝의 목표 설정과 학습 원리, 모델 성능 개선 기법, 그리고 평가 지표를 다루며, 모델을 효과적으로 설계하고 평가하는 능력을 배양했다. 이를 통해 모델의 성능을 체계적으로 개선하고 결과를 명료하게 해석할 수 있는 역량을 강화했다.

3장에서는 딥러닝의 주요 개념과 응용 사례를 확인했다. 신경망의 기초 구조와 학습 방식, 표현 학습과 생성 모델, 도메인 특화 신경망, 최신 딥러닝 모델 등을 다루며, 다양한 딥러닝 기법과 이를 적용할 수 있는 실제 상황에 대한 폭넓은 이해를 쌓았다.

이번 장에서는 자연어 처리, 오디오 처리, 컴퓨터 비전, 강화 학습, 추천 시스템의 다섯 가지 주요 딥러닝 응용 분야를 심도 있게 살펴본다. 각 분야에서 자주 다루는 주요 과제와 이를 해결하기 위한 일반적인 프로세스, 최신 연구 흐름, 대표적인 모델을 소개할 예정이다. 실무 환경에서 자주 사용하는 도구와 라이브러리도 함께 설명하여 학습자가 실질적인 환경에서 바로 적용할 수 있는 역량을 기르도록 돕는다.

마지막에는 데이터 사이언스 로드맵을 제시한다. 데이터 사이언스 학습과 경력 개발을 체계적으로 계획할 수 있도록 단계별 학습 목표와 실무에서 필요한 기술과 도구들을 정리할 것이다. 이를 통해 독자들이 자신만의 학습 경로를 설정하고, 실무 환경에서의 성장 방향을 구체적으로 설계할 수 있는 기반을 제공할 것이다.

이러한 구성을 통해 독자들은 주요 응용 분야의 과제와 모델을 체계적으로 이해할 수 있다. 또한, 데이터 사이언스를 활용하여 실질적인 비즈니스와 연구 과제를 해결할 수 있는 전문성을 한층 강화할 수 있을 것이다.

4.1 _ 자연어 처리

자연어 처리(Natural Language Processing, NLP)는 인간 언어의 의미를 컴퓨터가 이해하고 분석할 수 있게 하는 인공지능의 주요 분야이다. 텍스트 데이터는 비정형 데이터의 대표적인 형태로서, 문법 규칙, 문맥적 의미, 함축적 표현 등 복잡한 언어적 특성을 내포하고 있다. 이러한 특성으로 인해 자연어 처리는 데이터 사이언스 분야에서 특별한 접근 방식과 전문적인 처리 기술을 필요로 한다.

자연어 처리 기술은 크게 **자연어 이해**(Natural Language Understanding, NLU)와 **자연어 생성**(Natural Language Generation, NLG)으로 구분된다. 자연어 이해는 텍스트의 의미를 파악하고 분석하는 과정을 포함하며, 텍스트 분류, 감정 분석, 개체명 인식 등의 작업이 이에 해당한다. 자연어 생성은 컴퓨터가 문맥에 맞는 자연스러운 텍스트를 자동으로 생성하는 기술로 기계 번역, 텍스트 요약, 대화 시스템 등이 대표적이다.

딥러닝의 발전은 자연어 처리 분야에 획기적인 성능 향상을 가져왔다. 특히 트랜스포머 아키텍처는 기존 순환 신경망(RNN) 기반 모델의 한계를 극복하고 더 효과적인 언어 모델링을 가능하게 했다. 이로 인해 현대의 자연어 처리 기술은 사전 학습된 대규모 언어 모델을 중심으로 발전하고 있으며, 다양한 과제에서 탁월한 성능을 보이고 있다.

자연어 처리 시스템을 구축하기 위해서는 체계적인 프로세스가 필요하다. 이 프로세스는 데이터 수집 및 전처리(data collection and preprocessing)부터 시작하여, 모델 설계(model design), 학습 및 평가(training and evaluation), 그리고 최종적인 조정 및 배포(tuning and deployment)까지의 단계를 포함한다. 각 단계는 서로 긴밀하게 연결되어 있어, 단계별 결정과 처리 방식이 전체 시스템의 성능에 중요한 영향을 미친다.

4.1.1 데이터 전처리

자연어 처리의 첫 단계인 데이터 수집 및 전처리는 전체 프로세스의 기초가 되는 핵심 단계이다. 텍스트 데이터는 웹 크롤링, API 수집, 데이터베이스 추출 등 다양한 방법을 통해 수집된다. 수집된 데이터는 일반적으로 비정형 형태이며, 노이즈가 많고 불규칙한 특성을 가지고 있어 체계적인 전처리 과정이 필수적이다.

텍스트 정규화(text normalization)는 전처리의 첫 단계로, 대소문자 통일, 특수문자 처리, 이메일 주소나 URL 처리, 숫자 형식 통일 등의 작업을 포함한다. 이 과정은 텍스트의 일관성을 확보하고, 후속 처리 단계의 정확성을 높이는 데 중요하다. 정규화 과정에서는 정규 표현식(regular expression)이 자주 활용되며, 텍스트의 특성에 따라 다양한 정규화 규칙이 적용된다.

토큰화(tokenization)는 텍스트를 분석 가능한 최소 단위로 분할하는 과정이다. 단어 토큰화(word tokenization)는 문장을 개별 단어로 분리하며, 문장 토큰화(sentence tokenization)는 텍스트를 문장 단위로 분리한다. 형태소 분석(morphological analysis)은 단어를 더 작은 의미 단위로 분해하는 과정으로, 특히 한국어와 같은 교착어에서 중요하다. 최근에는 서브워드 토큰화(subword tokenization)[1]가 널리 사용되며, BPE(Byte-Pair Encoding), WordPiece, SentencePiece 등의 알고리즘이 대표적이다.

표제어 추출(lemmatization)과 **어간 추출**(stemming)은 단어의 표준형 또는 기본형을 식별하는 과정이다. 표제어 추출은 단어의 형태학적 분석을 통해 기본 사전형을 찾아내며, 문맥을 고려하여 더 정확한 결과를 제공한다. 어간 추출은 단어의 어미를 제거하여 어간을 추출하는 보다 단순한 방법이다. 두 방법 모두 텍스트의 차원을 줄이고 유사한 의미를 가진 단어들을 통합하는 데 사용된다.

불용어 제거(stopwords removal)는 분석에 큰 의미가 없는 단어들을 제거하는 과정이다. 불용어에는 조사, 접속사, 관사 등이 포함되며, 언어별로 다른 불용어 목록이 사용된다. 불용어 제거는 분석의 효율성을 높이고 중요한 정보에 집중할 수 있게 한다. 그러나 특정 분석 작업에서는 불용어가 중요한 의미를 가질 수 있으므로 작업의 특성에 따라 선택적으로 적용한다.

텍스트 정제(text cleaning)는 철자 오류 수정, 약어 처리, 중복 제거 등을 포함한다. 철자 오류 수정에는 편집 거리(edit distance)와 같은 알고리즘이 사용되며, 문맥을 고려한 자동 교정 시스템도 활용된다. 약어 처리는 일관된 표현을 위해 약어를 풀어쓰거나 표준화된 형태로 변환하는 과정이다.

---

1 단어를 더 작은 의미있는 단위(서브워드)로 분리하여 OOV(Out-of-Vocabulary) 문제를 완화하고 희귀 단어 처리 능력을 향상시키는 텍스트 토큰화 기법이다.

데이터 증강(data augmentation)은 기존 텍스트 데이터를 변형하여 새로운 학습 데이터를 생성하는 기법이다. 동의어 치환, 역 번역(back translation), 문장 구조 변경 등의 방법이 사용되며, 이는 모델의 일반화 성능을 향상시키는 데 도움을 준다. 특히 학습 데이터가 부족할 때 효과적인 해결책이 될 수 있다.

전처리된 데이터는 최종적으로 모델이 처리할 수 있는 형태로 변환된다. 이는 단어를 숫자로 변환하는 **인코딩(encoding)** 과정을 포함하는데, 원-핫 인코딩(one-hot encoding)[2], 정수 인코딩(integer encoding)[3] 등의 방법이 사용된다. 최근에는 사전 학습된 토크나이저(pre-trained tokenizer)를 사용하여 이 과정을 자동화하는 것이 일반적이다. 그림 4.1은 텍스트 데이터 전처리의 예시를 보여준다.

그림 4.1 텍스트 데이터의 전처리 예시

2 범주형 데이터를 컴퓨터가 이해할 수 있는 형태로 변환하는 방법이다. 각 범주를 하나의 비트로 표현하고 해당 범주는 1, 나머지는 0으로 설정한다.

3 텍스트 내 각 단어를 고유한 정수에 매핑하여 컴퓨터가 텍스트를 처리할 수 있도록 변환하는 기법이다.

4.1.2 모델 아키텍처

자연어 처리 모델의 아키텍처는 데이터의 특성과 해결하려는 문제의 복잡도에 따라 다양한 방식으로 접근할 수 있다. 단순한 통계 기반 모델부터 복잡한 딥러닝 모델까지 폭넓은 선택지가 있으며, 각 접근 방식은 주어진 요구사항과 제약 조건에 맞춰 적절히 활용된다. 모델 설계 단계에서는 문제의 정의, 데이터의 특성, 계산 자원, 성능 요구사항 등을 종합적으로 고려하여 최적의 모델 아키텍처를 선택하는 것이 중요하다.

통계 기반 모델은 가장 기초적인 접근 방식으로, 단어 빈도-역문서 빈도(Term Frequency-Inverse Document Frequency, TF-IDF)와 같은 통계적 특성을 활용한다. 나이브 베이즈(naive bayes), 서포트 벡터 머신(Support Vector Machine, SVM), 결정 트리(decision tree)와 같은 전통적인 머신러닝 모델은 비교적 단순한 텍스트 분류 작업에서 여전히 효과적으로 사용된다. 이러한 모델은 해석 가능성이 높고, 적은 계산 자원으로도 빠르게 학습할 수 있다는 장점을 지닌다.

신경망 기반 모델은 보다 복잡한 표현 학습을 가능하게 한다. 가장 기초적인 형태로는 순방향 신경망(FNN)이 있으며, 이는 단어 임베딩과 같은 고정된 벡터 표현을 입력으로 받아 고정된 차원의 특성을 출력하는 가장 단순한 구조이다. 또한, 합성곱 신경망(CNN)은 텍스트의 지역적 특성을 효과적으로 추출하는 데 유용하며, 특히 문장 분류나 감정 분석과 같은 작업에서 우수한 성능을 보인다.

그러나 이러한 구조들은 텍스트의 순차적 특성을 충분히 반영하지 못한다는 한계가 있다. 이를 보완하기 위해 순환 신경망(RNN)이 제안되었으며, 시퀀스 데이터의 시간적 흐름을 모델링하는 데 적합하다. 다만, 단순 RNN은 장기 의존성 문제를 갖고 있어, 이를 극복하기 위한 구조로 장단기 메모리(Long Short-Term Memory, LSTM)와 게이트 순환 유닛(Gated Recurrent Unit, GRU)이 활용된다. RNN 계열의 한계를 극복하고 보다 복잡한 시퀀스 간 매핑을 수행하기 위해, **시퀀스-투-시퀀스(sequence-to-sequence)** 모델이 등장했다. 이 모델은 인코더-디코더(encoder-decoder) 구조를 기반으로 하며, 기계 번역이나 텍스트 요약과 같은 작업에 특히 적합하다. 여기에 어텐션 메커니즘이 도입되면서 성능이 크게 향상되었고, 모델이 입력 시퀀스 내에서 중요한 정보에 보다 유연하게 집중할 수 있게 되었다.

트랜스포머 모델은 순환 구조를 완전히 제거하고 셀프 어텐션을 기반으로 동작하는 최신 아키텍처다. 이 모델은 병렬 처리가 가능하며, 장거리 의존성을 효과적으로 포착할 수 있다. 멀티헤드 어텐션을 통해 다양한 관점에서 입력을 분석하고, 위치 인코딩을 통해 순서 정보를 보존하는 특징을 가진다. 이러한 특성 덕분에 트랜스포머는 자연어 처리에서 널리 사용되며, 이후 등장한 사전 학습된 언어 모델들의 기반이 되었다.

사전 학습된 언어 모델은 자연어 처리의 중심이 되었다. BERT는 양방향 문맥을 고려한 언어 표현을 학습하며, GPT는 자기회귀적 방식으로 텍스트를 생성한다. 또한, T5는 모든 자연어 처리 작업을 텍스트–투–텍스트 형식으로 통합하여 다양한 응용이 가능하도록 설계됐다. 이러한 모델들은 대량의 데이터로 사전 학습된 후, 특정 과제에 맞춰 미세 조정하여 활용된다.

더 나아가, **멀티모달 모델**은 텍스트뿐만 아니라 이미지, 음성 등 다양한 형태의 데이터를 함께 처리할 수 있는 구조를 가진다. 이러한 모델은 이미지 캡셔닝(image captioning)[4], 시각적 질의응답(Visual Question Answering, VQA)[5] 등의 작업에서 활용되며, 크로스 어텐션(cross–attention)[6]을 통해 서로 다른 모달리티 간의 관계를 학습한다. 이를 통해 모델은 보다 풍부한 표현력을 갖출 수 있으며, 다양한 데이터 유형을 통합적으로 활용할 수 있다.

이처럼 모델의 성능을 극대화하려면 단순히 아키텍처를 설계하는 것이 아니라, 손실 함수, 정칙화 방법, 최적화 알고리즘 등의 요소 또한 중요하다. 예를 들어, 교차 엔트로피 손실 함수는 분류 문제에서 자주 사용되며, 자기회귀 모델에서는 다음 단어 예측을 위한 특화된 손실 함수가 적용된다. 또한, 드롭아웃(dropout), 가중치 감쇠(weight decay) 등의 정칙화 기법을 활용하면 과대적합을 효과적으로 방지할 수 있다. 다음 그림 4.2는 모델 아키텍처 선택 방법을 정리한 것이다.

---

4 입력 이미지의 내용을 자동으로 설명하는 문장을 생성하는 작업
5 이미지와 자연어 질문을 입력으로 받아, 그에 대한 적절한 답변을 생성하는 작업
6 한 모달리티의 입력(예: 텍스트)이 다른 모달리티의 표현(예: 이미지 특징)에 주의를 집중하도록 하는 메커니즘

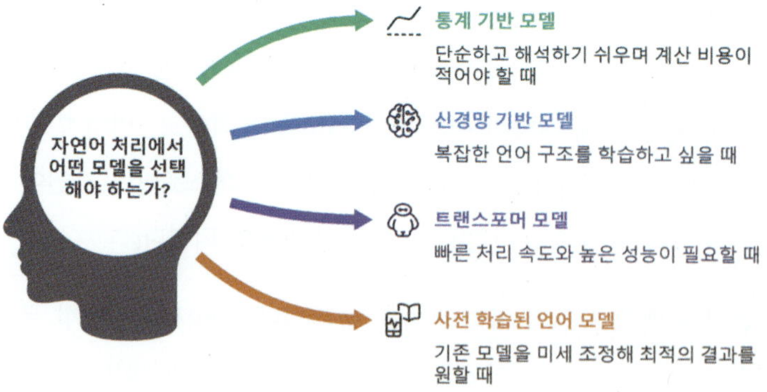

그림 4.2 자연어 처리 모델 아키텍처 선택 방법

4.1.3 모델 학습 및 평가

자연어 처리 모델의 학습과 평가는 성능을 최적화하고 신뢰성을 검증하는 데 핵심적인 과정이다. 모델은 학습 데이터의 특성을 반영해 훈련되며, 적절한 평가 지표를 통해 성능을 정량적으로 측정하는 것이 중요하다. 실제 환경에서 모델을 효과적으로 활용하려면 충분한 검증과 최적화가 필요하며, 지속적인 개선을 통해 더욱 정교한 결과를 도출할 수 있다.

앞선 모델 설계 과정에서는 해결하고자 하는 문제의 특성과 데이터의 속성을 고려하여 적절한 접근 방식을 선택했다. 단순한 통계 기반 모델부터 복잡한 딥러닝 모델까지 다양한 옵션이 존재하며, 문제 정의, 데이터 특성, 계산 자원, 성능 요구사항 등을 종합적으로 검토해 최적의 아키텍처를 결정하게 된다. 이 과정에서 모델의 복잡도와 학습 데이터의 양 사이의 균형을 고려하여, 과대적합을 방지하고 일반화 성능을 높이는 데 중점을 두었다. 이렇게 설계된 모델 아키텍처를 바탕으로 본격적인 학습 단계로 진입하게 된다.

모델 학습 과정에서는 배치 크기, 학습률, 에폭 수 등의 하이퍼파라미터 설정이 중요한 역할을 한다. 배치 정규화(batch normalization)는 학습의 안정성을 높이고 과대적합을 방지하는 데 도움을 주며, 학습률 스케줄링을 통해 학습 과정에서 학습률을 동적으로 조정하면 모델의 수렴 속도를 향상시킬 수 있다.

또한, 모델의 일반화 성능을 평가하는 기법으로는 교차 검증이 널리 사용된다. 그중에서도 k-폴드 교차 검증은 데이터를 k개의 부분집합으로 나누어 번갈아가며 검증을 수행하는 방식이며, 계층 교차 검증(stratified cross-validation)은 클래스 분포를 고려하여 데이터를 분할하는 기법이다. 시계열 교차 검증은 시간에 따라 순차적으로 발생하는 데이터에서 미래 시점을 예측할 때 과거 데이터만 학습에 사용하고 이후 데이터로 평가하는 방식으로, 시간적 의존성을 가진 데이터에 적합한 평가 방법이다.

이처럼 다양한 교차 검증 기법을 적절히 활용하면 데이터의 특성에 맞는 모델 평가가 가능해지고, 이를 통해 더 신뢰도 높은 모델을 개발할 수 있다. 이어서, 모델의 성능을 구체적으로 판단하기 위해서는 문제 유형에 따라 적절한 평가 지표를 선택하는 것이 중요하다.

분류 작업에서는 정확도, 정밀도, 재현율, F1 점수가 주요 지표로 사용되며, **혼동 행렬(confusion matrix)**[7]을 활용하면 모델의 예측 결과를 보다 세부적으로 분석할 수 있다. 이진 분류기의 성능을 평가할 때는 ROC 곡선(Receiver Operating Characteristic Curve)과 AUC(Area Under the ROC Curve)가 널리 사용된다.

기계 번역 모델의 경우, **BLEU(Bilingual Evaluation Understudy)** 점수가 표준 평가 지표로 사용된다. BLEU는 생성된 번역문과 참조 번역문 간의 n-gram 중첩도를 기반으로 성능을 평가하는 반면, METEOR(Metric for Evaluation of Translation with Explicit ORdering)는 동의어 및 어간 변형을 반영하여 보다 유연한 평가를 제공한다.

문서 요약 모델을 평가할 때는 **ROUGE(Recall-Oriented Understudy for Gisting Evaluation)** 지표가 사용된다. ROUGE-N은 n-gram 기반 중첩도를, ROUGE-L은 최장 공통 부분수열을 활용한 평가를, ROUGE-S는 스킵 바이그램(skip-bigram)[8]을 기반으로 측정하여 보다 유연한 평가를 가능하게 한다.

생성 모델의 성능 측정에서는 **복잡도(perplexity)**가 자주 사용된다. 복잡도는 모델이 텍스트를 얼마나 정확하게 예측하는지를 나타내며, 값이 낮을수록 더 좋은 성능을 의미한다. 최근에는 문맥화된 임베딩을 활용한 BERTScore와 같은 평가 지표도 등장하여 보다 정교한 성능 평가가 가능해졌다.

7 분류 모델의 예측 결과를 실제 정답과 비교하여, 참/거짓 양성과 음성의 개수를 행렬 형태로 나타낸 평가 도구

8 중간 단어를 건너뛰며 구성한 단어 쌍으로, 단어 순서를 유지하면서 유연한 유사성 평가를 가능하게 한다.

모델의 **강건성(robustness)** 평가도 중요한 요소이다. 이는 노이즈가 포함된 입력이나 도메인 밖의 데이터에 대한 성능을 측정하는 과정으로, 적대적 평가(adversarial evaluation)를 통해 모델의 취약점을 발견하고 개선할 수 있다. 또한, 편향성 평가(bias evaluation)를 수행해 모델의 공정성을 검증하고 불필요한 편향을 완화하는 방안을 모색할 수 있다.

학습 곡선(learning curve)과 **검증 곡선(validation curve)**은 모델의 학습 과정을 모니터링하는 데 활용되며, 이를 통해 과대적합이나 과소적합 문제를 조기에 발견하고 대응할 수 있다. 특히, 검증 성능이 더 이상 개선되지 않을 때 조기 종료(early stopping)를 적용하면 불필요한 연산을 방지하면서 최적의 모델을 확보할 수 있다.

이와 함께, 모델의 성능을 더욱 향상시키는 방법으로 **앙상블 학습(ensemble learning)**이 있다. 이는 여러 모델의 예측을 결합하여 보다 강력하고 안정적인 예측을 제공하는 기법이다. 배깅(bagging)[9], 부스팅(boosting)[10], 스태킹(stacking)[11] 등의 기법이 사용되며, 각각의 모델이 가진 장점을 조합함으로써 단일 모델보다 우수한 성능을 기대할 수 있다.

4.1.4 핵심 모델

자연어 처리 모델들을 이해하는 것은 텍스트 데이터를 효율적으로 분석하고 활용하는 데 필수적이다. 각 모델은 특정 통계적, 수학적 원리에 기반해 작동하며, 데이터 사이언티스트는 이러한 원리를 이해하고, 데이터 특성에 따라 모델의 성능을 최적화할 수 있어야 한다.

이번 절에서는 데이터 사이언스 관점에서 자연어 처리 모델을 체계적으로 학습하기 위한 로드맵을 제시한다. 자연어 처리 기술은 텍스트 데이터의 분석과 활용에 필수적이며, 전통적인 통계 기반 접근 방식부터 최신 딥러닝 기반의 대규모 언어 모델까지 다양한 모델의 구조와 특성을 이해하는 것이 중요하다.

본론에서는 이러한 모델들의 기본 원리, 장단점, 활용 방안을 간략히 살펴본다. 이를 통해 독자들이 자연어 처리 기술을 실질적인 문제 해결에 적용할 수 있는 역량을 기를 수 있도록 돕는 것을 목표로 두겠다.

9 여러 개의 모델을 서로 다른 데이터 샘플에 대해 학습시켜 예측을 평균화하거나 투표하여 분산을 줄이는 방식

10 이전 모델이 틀린 샘플에 가중치를 두어 순차적으로 모델을 학습시키고, 전체 모델의 예측을 결합하여 편향을 줄이는 방식

11 서로 다른 알고리즘의 예측 결과를 메타 모델에 입력으로 사용하여 최종 예측을 수행하는 방식

전통적인 자연어 처리 모델

전통적인 자연어 처리 모델은 텍스트 데이터 분석의 기초를 다지는 중요한 역할을 한다. 이 모델들은 주로 단어의 빈도와 중요도, 그리고 통계적 관계를 분석하여 텍스트를 수치화하고 표현하는 데 초점을 둔다. 대표적인 모델로는 TF-IDF, Word2Vec, GloVe, FastText 등이 있으며, 각 모델은 특정 통계적, 수학적 원리에 기반하여 작동한다.

TF-IDF(Term Frequency-Inverse Document Frequency)는 문서 내 단어 빈도(TF)와 전체 문서 집합에서의 역 문서 빈도(IDF)를 곱하여 단어의 중요도를 평가한다. 특정 문서에 자주 나타나면서 전체 문서에서는 드물게 등장하는 단어일수록 높은 값을 갖는다. 이러한 특성 덕분에 문서 분류나 검색 엔진 등의 작업에 유용하게 활용된다.

Word2Vec(CBOW, Skip-gram)은 단어 임베딩 모델로, 단어의 의미를 벡터 공간에 표현한다. CBOW는 주변 단어를 사용하여 중심 단어를 예측하고, Skip-gram은 중심 단어를 사용하여 주변 단어를 예측한다. Word2Vec은 단어 간의 의미적 유사성을 파악하는 데 효과적이며, 단어 벡터는 다양한 자연어 처리 작업에 활용될 수 있다.

GloVe(Global Vectors for Word Representation)는 단어의 동시 출현(co-occurrence)[12] 행렬을 기반으로 단어 임베딩을 수행한다. GloVe는 전체 말뭉치에서 단어들이 함께 등장하는 빈도를 분석하여 단어 간의 관계를 학습하며, Word2Vec과 유사하게 단어 간의 유사도 계산에 활용된다.

FastText는 서브워드(subword) 단위의 임베딩을 사용하는 단어 표현 모델이다. FastText는 단어를 더 작은 단위인 서브워드(n-gram)로 분리하여 각 서브워드에 대한 벡터를 학습하며, 사전에 등장하지 않은 단어(Out-of-Vocabulary, OOV)에 대해서도 벡터 표현을 생성할 수 있다.

이처럼 전통적인 자연어 처리 모델들은 텍스트 데이터를 수치화하고 언어의 의미를 구조적으로 표현하는 데 중요한 토대를 제공한다. 이러한 모델들은 이후 소개할 머신러닝 및 딥러닝 기반 기법의 출발점이 되었으며, 현재도 데이터 전처리와 특징 추출 과정에서 폭넓게 활

12 두 개 이상의 단어가 특정 범위 내에서 함께 나타나는 빈도

용되고 있다. 다음 항에서는 이들을 기반으로 한 통계적 접근과 머신러닝 기법 중심의 자연어 처리 모델을 살펴본다.

통계적 및 머신러닝 기반 자연어 처리 모델

통계적 및 머신러닝 기반 자연어 처리 모델은 전통적인 자연어 처리 모델에서 추출된 특징들을 활용하여 텍스트 데이터에 대한 예측 및 분류를 수행한다. 이러한 모델들은 비교적 간단하면서도 효과적인 성능을 보이며, 다양한 자연어 처리 작업에 적용될 수 있다. 대표적인 모델로는 나이브 베이즈, 로지스틱 회귀, 서포트 벡터 머신, LDA 등이 있다.

나이브 베이즈(naive bayes)는 베이즈 정리를 기반으로 텍스트 분류 작업을 수행하는 확률 모델이다. 각 단어의 출현 빈도를 독립적인 사건으로 가정하여 문서의 카테고리를 예측하며, 계산이 빠르고 구현이 간단하다는 장점이 있다. 스팸 메일 필터링, 감성 분석 등 다양한 텍스트 분류 작업에 활용된다.

로지스틱 회귀(logistic regression)는 로지스틱 함수를 사용하여 이진 분류 문제를 해결하는 모델이다. 텍스트 데이터에서 추출된 특징들을 입력으로 사용하여 특정 문서가 특정 카테고리에 속할 확률을 예측한다. 모델의 해석이 용이하고, 과대적합을 방지하기 위한 정칙화(regularization)를 적용하기 쉽다는 장점이 있다. 감성 분석, 문서 분류 등 다양한 자연어 처리 작업에 활용된다.

서포트 벡터 머신(Support Vector Machine, SVM)은 데이터를 고차원 공간으로 매핑하여 최적의 결정 경계(decision boundary)를 찾는 모델이다. 텍스트 데이터에서 추출된 특징들을 사용하여 문서들을 분류하며, 높은 성능과 일반화 능력을 제공한다. 텍스트 분류, 감성 분석 등 다양한 자연어 처리 작업에 활용된다.

LDA(Latent Dirichlet Allocation)는 문서 집합에서 토픽을 추출하는 확률적 토픽 모델링 기법이다. 각 문서가 여러 토픽의 혼합으로 구성되어 있다고 가정하고, 각 토픽은 단어들의 확률 분포로 표현된다. LDA는 문서의 주제를 파악하고, 문서들을 토픽별로 분류하는 데 유용하게 활용된다.

이러한 통계적 및 머신러닝 기반 모델들은 전통적인 자연어 처리 모델에서 추출된 특징들을 효과적으로 활용하여 텍스트 데이터를 분석하고 예측한다. 다음 항에서는 이러한 모델들을 넘어서, 텍스트 데이터의 문맥적 의미를 파악하고 복잡한 자연어 처리 작업을 수행하는 딥러닝 기반 모델에 대해 알아보자.

딥러닝 기반 자연어 처리 모델

딥러닝 기반 자연어 처리 모델은 대량의 텍스트 데이터로부터 복잡한 패턴과 의미를 학습하여 전통적인 모델로는 해결하기 어려웠던 다양한 자연어 처리 작업을 수행할 수 있다. 특히 순환 신경망(RNN)과 그 변형인 LSTM, GRU, 그리고 시퀀스-투-시퀀스(Seq2Seq) 모델은 자연어 처리 분야에서 큰 발전을 이끌었다.

순환 신경망(Recurrent Neural Network, RNN)은 시퀀스 데이터 처리에 특화된 신경망이다. 각 시점(time step)에서 입력을 받아 이전 시점의 정보를 활용하여 현재 시점의 출력을 생성한다. 이를 통해 문맥 정보를 고려할 수 있지만, 긴 시퀀스 데이터에서는 기울기 소실 문제가 발생할 수 있다.

LSTM(Long Short-Term Memory)은 순환 신경망의 기울기 소실 문제를 해결하기 위해 제안된 모델이다. LSTM은 기억 셀(memory cell)을 사용하여 장기 의존성을 효과적으로 학습하며, 게이트(gate)를 통해 정보를 선택적으로 저장하고 삭제할 수 있다.

GRU(Gated Recurrent Unit)는 LSTM과 유사한 구조를 가지지만 매개변수 수를 줄여 계산 효율성을 높인 모델이다. LSTM에 비해 학습 속도가 빠르고, 일부 작업에서는 LSTM과 비슷한 성능을 보이기도 한다.

Seq2Seq(Sequence-to-Sequence)는 한 시퀀스를 다른 시퀀스로 변환하는 데 사용되는 모델이다. 인코더(encoder)는 입력 시퀀스를 고정된 크기의 벡터로 압축하고, 디코더(decoder)는 이 벡터를 사용하여 출력 시퀀스를 생성한다. Seq2Seq 모델은 기계 번역, 텍스트 요약 등 다양한 자연어 처리 작업에 활용된다.

이러한 딥러닝 기반 모델들은 텍스트 데이터의 복잡한 패턴과 의미를 효과적으로 학습하여 다양한 자연어 처리 작업에서 뛰어난 성능을 보인다. 다음 항에서는 이러한 모델들을 기반으로 더욱 발전된 트랜스포머 기반 모델에 대해 알아보자.

트랜스포머 기반 모델

트랜스포머 모델은 어텐션 메커니즘만을 사용하여 시퀀스 데이터의 장거리 의존성을 효과적으로 모델링한다. 이 모델은 RNN 기반 모델의 단점을 극복했으며, 트랜스포머를 기반으로 다양한 사전 학습 모델들이 등장했다. 이러한 모델들은 대량의 텍스트 데이터로 학습된 후 특정 작업에 맞게 미세 조정되어 좋은 성능을 보인다.

트랜스포머(Transformer)는 인코더–디코더 구조를 가지며, 셀프 어텐션 메커니즘을 사용하여 입력 시퀀스 내의 단어 간 관계를 모델링한다. 셀프 어텐션은 각 단어가 문맥 내에서 다른 단어들과 얼마나 관련 있는지 계산하고, 이를 가중치로 사용하여 각 단어의 표현을 강화한다. 트랜스포머는 병렬 처리가 가능하여 학습 속도가 빠르고, 장거리 의존성을 효과적으로 학습할 수 있다는 특징이 있다.

BERT(Bidirectional Encoder Representations from Transformers)는 트랜스포머의 인코더 부분을 활용한 사전 학습 모델이다. 마스크드 언어 모델(Masked Language Modeling, MLM)과 다음 문장 예측(Next Sentence Prediction, NSP)이라는 두 가지 목표를 사용하여 대량의 텍스트 데이터로 학습된다. 또한 문맥을 양방향으로 이해하며, 다양한 자연어 처리 작업에서 좋은 성능을 보인다.

RoBERTa(Robustly Optimized BERT Approach)는 BERT의 학습 방법을 개선하여 성능을 향상시킨 모델이다. 더 많은 데이터로 더 오래 학습하고, 다음 문장 예측 목표를 제거하여 BERT보다 더 높은 성능을 보여준다.

ALBERT(A Lite BERT)는 BERT의 매개변수 수를 줄여 메모리 사용량을 줄이고 학습 속도를 높인 모델이다. 매개변수 공유(parameter sharing)와 행렬 분해(matrix factorization) 기술을 사용하여 모델의 크기를 줄이면서도 BERT와 비슷한 성능을 유지한다.

XLNet은 BERT의 한계를 극복하기 위해 제안된 모델이다. 순열 언어 모델링(permutation language modeling)이라는 새로운 학습 방법을 사용하여 문맥을 양방향으로 이해하고, BERT보다 더 강력한 언어 이해 능력을 제공한다.

T5(Text-To-Text Transfer Transformer)는 모든 자연어 처리 작업을 텍스트-투-텍스트 형식으로 변환하여 수행하는 모델이다. 다양한 자연어 처리 작업에 대해 동일한 모델 구조와 학습 방법을 사용하며, 좋은 일반화 능력을 보인다.

GPT(Generative Pre-trained Transformer)는 트랜스포머의 디코더 부분을 활용한 사전 학습 모델이다. 다음 단어 예측(next word prediction) 목표를 사용하여 대량의 텍스트 데이터로 학습되며, 자연스러운 텍스트 생성 능력을 제공한다.

BART(Bidirectional and Auto-Regressive Transformers)는 트랜스포머의 인코더와 디코더를 모두 활용한 모델이다. 텍스트 손상(text corruption) 기법을 사용하여 입력 텍스트를 손상시키고, 손상된 텍스트를 원래 텍스트로 복원하는 방식으로 학습된다. 텍스트 요약, 문장 생성 등 다양한 자연어 처리 작업에 강점을 보인다.

이러한 트랜스포머 기반 모델들은 자연어 처리 분야에서 중요한 역할을 하며, 다양한 자연어 처리 작업에서 높은 성능을 달성하는 데 기여했다. 다음 항에서는 이러한 모델들을 기반으로 더욱 발전된 최신 공개 대규모 언어 모델에 대해 알아보자.

대규모 언어 모델

최근에는 대규모 데이터세트로 사전 학습된 대규모 언어 모델들이 공개되어 자연어 처리 연구 및 실무에 큰 영향을 미치고 있다. 이러한 대규모 언어 모델들은 수십억에서 수천억 개에 이르는 매개변수를 가지며, 텍스트 생성, 번역, 질의응답 등 다양한 자연어 처리 작업에서 뛰어난 성능을 보인다.

LLaMA(Large Language Model Meta AI)는 Meta AI에서 공개한 대규모 언어 모델이다. 최신 모델인 LLaMA 3는 이전 버전보다 더 많은 데이터로 학습되었으며, 이전 버전에 비해 향상된 성능과 새로운 기능들을 제공한다. 텍스트 생성, 대화, 코딩 등 다양한 작업에서 우수한 성능을 보이며, 오픈 소스 라이선스로 제공되어 연구 및 상업적 목적으로 활용될 수 있다.

Falcon은 TII(Technology Innovation Institute)에서 개발한 오픈 소스 모델이다. Falcon은 높은 성능을 유지하면서도 비교적 작은 크기를 가지고 있어 효율적인 컴퓨팅 환경에서 사용할 수 있다. Falcon은 다양한 크기로 제공되며, 상업적 이용이 가능하다는 장점이 있다.

Mistral은 Mistral AI에서 개발한 모델로, 다양한 크기의 모델을 제공한다. Mistral 모델들은 비교적 작은 규모에도 불구하고 뛰어난 성능을 보이며, 다양한 다운스트림 작업에 쉽게 적용할 수 있다. 아파치 2.0 라이선스를 따르므로 상업적 이용이 가능하다.

이러한 최신 공개 대규모 언어 모델들은 텍스트 생성, 번역, 질의응답 등 다양한 자연어 처리 작업에서 좋은 성능을 보이지만, 모델의 크기가 크고 계산 비용이 높다는 단점이 있다. 따라서 데이터 사이언티스트는 문제의 특성과 데이터세트의 규모, 그리고 사용 가능한 컴퓨팅 자원을 고려하여 적절한 모델을 선택해야 한다. 또한, 이러한 모델들을 활용하기 위해서는 모델의 구조와 작동 방식에 대한 이해가 필요하며, 미세 조정, 프롬프트 엔지니어링 등 다양한 기술을 숙지해야 한다.

4.1.5 필수 논문

지금까지 전통적인 자연어 처리 모델부터 최신 대규모 언어 모델까지 다양한 모델들을 살펴봤다. 이러한 모델에 대한 이해는 텍스트 데이터를 효과적으로 분석하고 활용하는 데 중요한 기반이 되므로, 데이터 사이언티스트는 각 모델의 장단점을 파악해 상황에 맞는 모델을 선택할 수 있어야 한다.

이제 이러한 모델들의 이론적 배경을 깊이 있게 이해하고 실제 적용 능력을 향상시키기 위해 데이터 사이언티스트가 반드시 읽어야 할 주요 논문들을 소개하겠다. 각 논문은 자연어 처리 기술의 핵심 원리를 이해하고 최신 모델을 실제로 적용하는 데 중요한 이정표다.

Attention is All You Need[13]

이 논문은 트랜스포머 모델을 제안하며, 어텐션 메커니즘만을 사용해 시퀀스 데이터의 장거리 의존성을 효과적으로 모델링하는 방법을 설명한다. 이는 순환 신경망 기반 모델의 한계를 극복하고, 병렬 처리를 통해 학습 속도를 크게 향상시켰다. 트랜스포머는 현대 자연어 처리 모델의 핵심 구성 요소로, BERT, GPT 등 다양한 사전 학습 모델의 기반이 된다. 따라

13 https://arxiv.org/abs/1706.03762

서 데이터 사이언티스트라면 이 논문을 통해 트랜스포머의 기본 원리와 어텐션 메커니즘의 작동 방식을 이해해야 한다.

BERT: Pre-training of Deep Bidirectional Transformers for Language Understanding[14]

이 논문은 양방향 트랜스포머를 활용해 문맥을 반영한 언어 표현을 학습하는 BERT 모델을 제안한다. 마스크드 언어 모델링(MLM)과 다음 문장 예측(NSP)이라는 두 가지 과제를 통해 사전 학습을 수행하며, 다양한 자연어 처리 작업에서 최고 수준의 성능을 달성했다. 데이터 사이언티스트라면 이 논문을 통해 BERT의 사전 학습 방식과 미세 조정 과정을 이해해야 한다.

Language Models are Few-Shot Learners[15]

이 논문은 GPT-3 모델을 소개하며, 모델 규모를 크게 확장함으로써 퓨샷 러닝(few-shot learning) 능력을 향상시키는 방법을 제안한다. GPT-3는 다양한 자연어 처리 작업에서 사전 학습 없이도 우수한 성능을 보이며, 데이터 사이언티스트라면 이 논문을 통해 대규모 언어 모델의 퓨샷 러닝 메커니즘을 이해하고, 프롬프트 엔지니어링을 활용해 모델 성능을 향상시키는 방법을 습득해야 한다.

LoRA: Low-Rank Adaptation of Large Language Models[16]

이 논문은 LoRA(Low-Rank Adaptation) 기법을 소개하며, 대규모 언어 모델을 미세 조정할 때 모든 매개변수를 업데이트하지 않고, 저랭크 행렬을 추가해 학습하는 방식을 제안한다. LoRA는 메모리 효율성과 학습 속도를 높이면서도 모델 성능을 유지할 수 있는 미세 조정 기법이다. 데이터 사이언티스트는 이 논문을 통해 LoRA의 작동 원리를 이해하고, 제한된 자원 환경에서도 효과적으로 모델을 조정하는 방법을 익혀야 한다.

Scaling Laws for Neural Language Models[17]

14 https://arxiv.org/abs/1810.04805
15 https://arxiv.org/abs/2005.14165
16 https://arxiv.org/abs/2106.09685
17 https://arxiv.org/abs/2001.08361

이 논문은 신경망 언어 모델의 성능이 모델 크기, 데이터세트 규모, 학습에 사용된 연산량(compute)에 따라 달라진다는 스케일링 법칙(scaling law)을 제시한다. 데이터 사이언티스트는 이 논문을 통해 성능에 영향을 미치는 핵심 요소들과 그 기여도를 정량적으로 이해할 수 있다. 또한, 제한된 리소스 환경에서 세 요소 간의 트레이드오프(trade-off)를 분석하고, 모델 크기, 데이터 양, 연산 자원의 최적 분배를 통해 보다 효율적인 모델 개발 전략을 수립할 수 있다.

4.1.6 주요 라이브러리 및 도구

지금까지 주요 자연어 처리 모델과 핵심 논문들을 살펴봤다. 이제 이러한 지식을 바탕으로 실제 텍스트 데이터를 분석하고 모델을 구축하기 위해 데이터 사이언티스트가 숙지해야 할 필수 라이브러리 및 도구를 소개하겠다.

NLTK(Natural Language Toolkit)[18]를 통해 자연어 처리의 기본 개념을 이해하고 간단한 텍스트 분석 작업을 수행할 수 있다. NLTK는 다양한 모듈과 말뭉치를 제공하여 토큰화, 품사 태깅, 형태소 분석 등 기본적인 자연어 처리 기능을 쉽게 구현할 수 있도록 지원하며, 교육용 및 프로토타입 개발에 적합하다.

Scikit-learn[19]은 텍스트 데이터를 수치화하고 머신러닝 모델을 구축하는 데 활용된다. 텍스트 분류, 회귀, 클러스터링 등 다양한 머신러닝 모델을 구축하고 평가하는 데 사용되며, 다양한 평가 지표와 교차 검증 방법을 통해 모델의 성능을 객관적으로 평가할 수 있다. TF-IDF와 같은 전처리 기법을 Scikit-learn을 통해 적용할 수 있으며, 머신러닝 기반 자연어 처리 모델의 기초를 다질 수 있다.

18 https://www.nltk.org/
19 https://scikit-learn.org/

Gensim[20]은 토픽 모델링 및 문서 유사도 분석을 위한 라이브러리다. LDA, LSI 등 다양한 토픽 모델링 알고리즘을 제공하며 문서의 주제를 파악하고 문서 간의 관계를 분석하는 데 유용하다. 통계적 모델인 LDA를 Gensim을 사용하여 구현해볼 수 있다.

spaCy[21]는 실무에서 널리 사용되는 고급 자연어 처리 라이브러리로 빠른 속도와 정확성을 제공한다. 대규모 텍스트 데이터를 처리하거나 복잡한 자연어 처리 파이프라인을 구축하는 데 적합하다. 토큰화, 품사 태깅, 개체명 인식 등 다양한 자연어 처리 기능을 지원하며, 여러 사전 학습된 언어 모델도 함께 제공한다. 또한, Word2Vec, GloVe, FastText와 같은 임베딩 모델과도 연동이 가능하며, 이를 spaCy를 통해 보다 효율적으로 활용할 수 있다.

PyTorch 및 TensorFlow[22]는 딥러닝 모델을 구축하고 학습하기 위한 오픈 소스 프레임워크다. 텐서 연산, 자동 미분, GPU 가속 등 다양한 기능을 제공하며, 복잡한 신경망 모델을 쉽게 구현할 수 있도록 지원한다. RNN, LSTM, GRU와 같은 딥러닝 기반 모델을 직접 설계하고 학습하는 데 필수적이다.

Hugging Face[23]는 트랜스포머 기반 모델을 쉽게 사용할 수 있도록 지원하며, BERT, GPT, RoBERTa 등 다양한 사전 학습 모델을 다운로드하여 미세 조정하거나 자신만의 모델을 구축할 수 있다. 최신 자연어 처리 모델을 활용하여 다양한 작업에서 높은 성능을 달성하고 전이 학습을 수행하는 데 필수적이다. 트랜스포머 기반 모델을 쉽게 사용하고, 대규모 언어 모델을 미세 조정하는 데 핵심적인 역할을 한다.

20 https://radimrehurek.com/gensim/
21 https://spacy.io/
22 https://pytorch.org/
23 https://huggingface.co/

4.2 _ 오디오 처리

오디오 처리(Audio Processing, AP)는 인간의 청각을 통해 인지되는 소리를 컴퓨터가 이해하고 조작할 수 있도록 하는 기술 분야다. 오디오 데이터는 비정형 데이터의 일종으로 다양한 주파수 성분, 시간적 변화, 배경 소음 등 복잡한 음향적 특성을 지닌다. 이러한 특성 때문에 오디오 처리는 데이터 사이언스 분야에서도 특화된 지식과 전문적인 기술을 요구한다. 오디오 처리 기술은 크게 오디오 분석과 오디오 합성으로 나뉜다.

오디오 분석(audio analysis)은 음성 신호의 특징을 추출하고 해석하는 과정을 포함하며, 음성 인식, 음악 정보 검색, 환경 소리 분류 등의 작업이 이에 해당한다. 반면, **오디오 합성**(audio synthesis)은 컴퓨터를 이용해 새로운 소리를 생성하거나 기존 소리를 변형하는 기술로 음성 합성, 음악 생성, 음향 효과 등이 대표적인 예이다.

딥러닝의 발전은 오디오 처리 분야에 큰 변화를 가져왔다. 특히 합성곱 신경망(CNN)과 순환 신경망(RNN)을 적용한 모델들은 기존의 신호 처리 기반 방법들의 한계를 극복하고, 더욱 정교한 음향 모델링을 가능하게 했다. 현대의 오디오 처리는 이러한 딥러닝 모델을 기반으로 하며, 다양한 오디오 관련 작업에서 뛰어난 성능을 보여주고 있다.

오디오 처리 시스템의 구축 과정은 자연어 처리 시스템과 유사한 흐름을 따른다. 그러나 자연어 처리와 달리, 오디오 처리에서는 음향 특징 추출(feature extraction)이라는 전처리 단계가 필수적이며, 모델 선택 역시 음성 신호의 시간적 · 주파수적 특성을 고려해야 한다. 이 때문에 합성곱 신경망(CNN)이나 순환 신경망(RNN) 기반 모델이 자주 활용된다. 또한, 오디오 처리에서는 단어 오류율(WER)과 같은 특수한 평가 지표가 사용되며, 실시간 처리 및 저지연(low latency) 환경에 최적화된 배포 전략이 중요하다는 점에서 자연어 처리와 차이를 보인다.

4.2.1 데이터 전처리

오디오 처리의 첫 단계인 데이터 수집 및 전처리는 전체 프로세스의 기초가 되는 핵심 단계이다. 오디오 데이터는 마이크, 녹음 장비, 음원 파일 등 다양한 방법을 통해 수집된다. 수집된 데이터는 일반적으로 비정형 형태이며, 노이즈가 많고 불규칙한 특성을 가지고 있어 체계적인 전처리 과정이 필수이다.

오디오 정규화(audio normalization)는 전처리 단계에서 수행되는 핵심 작업 중 하나로, 음량 정규화(loudness normalization), 진폭 정규화(amplitude normalization) 등을 포함한다. 음량 정규화는 오디오의 전체적인 소리 크기를 일정한 기준에 맞춰 조정하는 과정이며, 진폭 정규화는 신호의 최대 진폭을 특정 범위 내로 맞추는 작업이다. 이러한 정규화는 오디오 데이터의 일관성을 확보하고, 후속 처리 단계에서의 성능과 안정성을 높이는 데 중요한 역할을 한다. 정규화에는 다양한 신호 처리 기법이 사용되며, 오디오의 특성과 용도에 따라 서로 다른 정규화 기준이 적용된다.

프레임 분할(framing)은 오디오 신호를 분석 가능하도록 짧은 시간 단위로 나누는 과정이다. 일반적으로 20~40ms 길이의 프레임이 사용되며, 각 프레임은 고정된 길이로 추출되어 독립적으로 처리된다. 프레임 분할은 짧은 구간 내 오디오 신호의 특징을 추출하고, 시간에 따른 변화 양상을 포착하기 위한 기초 단계로, 시간-주파수 분석을 포함한 다양한 후속 처리 과정에 필수적이다.

윈도잉(windowing)은 프레임으로 분할된 오디오 신호에 특정 윈도 함수를 적용하는 과정이다. 윈도 함수는 프레임의 양 끝에서 발생하는 신호의 불연속성을 완화하고, 주파수 분석의 정확도를 높이는 데 사용된다. 해밍 윈도(hamming window), 한 윈도(hann window) 등이 대표적인 윈도 함수이며, 오디오 신호의 특성과 분석 목적에 따라 적절한 윈도 함수를 선택하는 것이 중요하다.

특징 추출(feature extraction)은 오디오 신호에서 의미 있는 정보를 추출하여 분석이나 학습에 적합한 형태로 변환하는 과정이다. MFCC(Mel-Frequency Cepstral Coefficients), 스펙트럼 특징(spectral features), 크로마 특징(chroma features) 등이 있으며, 각각은 음색, 리듬, 피치 등 오디오 신호의 다양한 특성을 반영한다. 특징 추출은 신호의 차원을 줄이고, 머신러닝이나 딥러닝 모델이 효과적으로 학습할 수 있도록 데이터를 정제하는 데 중요한 역할을 한다.

노이즈 제거(noise reduction)는 오디오 신호에 포함된 잡음을 제거하는 과정이다. 스펙트럼 감산(spectral subtraction), 웨이블릿 변환(wavelet transform), 딥러닝 기반 노이즈 제거 등 다양한 방법이 사용된다. 노이즈 제거는 오디오 신호의 품질을 향상시킬 뿐만 아니라, 음성 인식이나 음악 정보 검색 등 다양한 응용 분야에서 시스템의 전반적인 성능 향상에 중요한 역할을 한다.

음성 활동 감지(Voice Activity Detection, VAD)는 오디오 신호에서 음성이 존재하는 구간을 탐지하는 과정이다. VAD는 음성이 없는 구간을 제거하여 계산량을 줄이고, 음성 인식 시스템의 정확도와 처리 효율을 높이는 데 활용된다. 에너지 기반 VAD, 제로 교차율 기반 VAD, 딥러닝 기반 VAD 등 다양한 알고리즘이 있으며, 적용 환경과 요구 조건에 따라 선택된다.

데이터 증강(data augmentation)은 기존 오디오 데이터를 변형하여 새로운 학습 데이터를 생성하는 기법이다. 피치 변경, 시간 늘임/줄임, 노이즈 추가, 환경 시뮬레이션 등의 방법이 사용되며, 이는 모델의 일반화 성능을 향상시키는 데 도움이 된다. 특히 학습 데이터가 부족한 경우 효과적인 해결책이 될 수 있다.

전처리된 데이터는 최종적으로 모델이 처리할 수 있는 형태로 변환된다. 이는 특징 벡터를 생성하거나 스펙트로그램 이미지로 변환하는 과정을 포함하며, 모델의 구조와 학습 방법에 따라 다양한 형태의 입력 데이터를 사용한다. 최근에는 사전 학습된 오디오 모델(pre-trained audio model)을 사용하여 이 과정을 자동화하는 것이 일반적이다. 그림 4.3은 오디오 데이터의 전처리 예시를 보여준다.

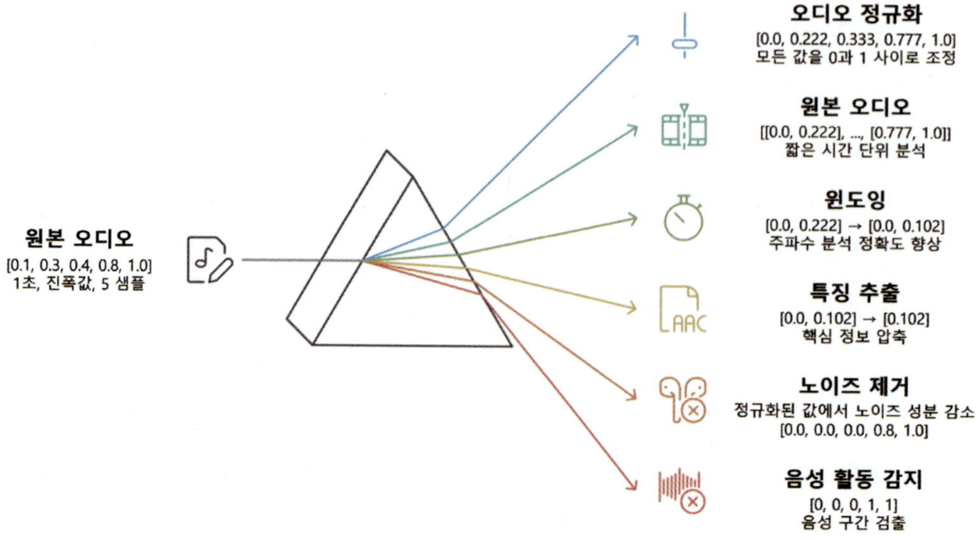

그림 4.3 오디오 데이터 전처리 예시

4.2.2 모델 아키텍처

오디오 처리 모델의 아키텍처는 데이터의 특성과 해결하려는 문제의 복잡도에 따라 다양한 접근 방식을 취할 수 있다. 단순한 통계 기반 모델부터 복잡한 딥러닝 모델에 이르기까지 선택의 폭이 넓으며, 각 방식은 주어진 요구사항과 제약 조건에 맞게 적절히 활용된다. 오디오 처리 모델을 설계할 때에는 문제의 정의, 데이터 특성, 계산 자원, 성능 요구사항 등을 종합적으로 고려하여 최적의 아키텍처를 선택하는 것이 중요하다.

통계 기반 모델은 가장 기본적인 오디오 처리 접근 방식으로 가우시안 혼합 모델(Gaussian Mixture Model, GMM), 은닉 마르코프 모델(Hidden Markov Model, HMM)과 같은 통계적 기법을 활용한다. GMM은 오디오 신호의 특징 분포를 정규분포의 혼합 형태로 모델링하는 데 사용되며, HMM은 시간적 순서를 갖는 오디오 데이터의 패턴을 모델링하는 데 유용하다. 이러한 모델들은 해석 가능성이 높고, 비교적 적은 계산 자원으로도 빠르게 학습할 수 있다는 장점이 있다. 현재도 일부 단순한 시스템에서는 여전히 사용되고 있다.

신경망 기반 모델은 보다 복잡한 표현 학습할 수 있도록 설계되어 있다. 가장 기본적인 형태는 순방향 신경망(FNN)으로, 오디오 특징 벡터를 입력으로 받아 고정된 길이의 표현을 학습한다. 이보다 발전된 구조인 합성곱 신경망(CNN)은 오디오 스펙트로그램이나 멜 스펙트로그램, MFCC(Mel-frequency cepstral coefficients) 등과 같은 시간-주파수 표현에서 지역적 패턴(local patterns)을 효과적으로 추출한다. CNN은 오디오 신호의 시간적 · 주파수적 구조를 동시에 학습할 수 있어, 오디오 분류, 음원 분리 등 다양한 작업에서 우수한 성능을 보인다.

어텐션 기반 모델은 오디오 신호의 중요한 부분에 집중할 수 있도록 하는 메커니즘을 제공한다. 어텐션 메커니즘은 입력 시퀀스의 각 위치별 중요도를 학습하며, 이를 쿼리, 키, 값의 상호작용을 통해 가중치를 계산하고 이를 기반으로 출력을 생성한다. 이러한 모델은 음성 인식, 음악 정보 검색 등 다양한 작업에서 성능 향상에 기여했으며, 특히 긴 시퀀스 데이터를 처리하는 데 효과적이다.

트랜스포머 모델은 순환 구조를 완전히 제거하고 셀프 어텐션 메커니즘을 기반으로 동작하는 최신 아키텍처다. 이 모델은 병렬 처리가 가능하며, 장거리 의존성을 효과적으로 포착할 수 있다. 멀티헤드 어텐션을 통해 다양한 관점에서 입력을 분석하고, 위치 인코딩을 통해 순서 정보를 보존하는 특징을 가진다. 이러한 특성 덕분에 트랜스포머는 오디오 처리에서 널리 사용되며, 이후 등장한 사전 학습된 오디오 모델들의 핵심 구조로 활용되었다.

사전 학습된 오디오 모델은 최근 오디오 처리의 핵심 기술로 자리잡고 있다. Wav2Vec 2.0은 오디오 입력의 일부를 마스킹한 뒤, 자기 지도학습(self-supervised learning) 방식으로 음향 표현을 학습한다. 이 방법은 레이블 없이도 오디오 신호의 구조를 효과적으로 학습할 수 있다는 장점이 있다. HuBERT는 오디오 데이터를 클러스터링하여 얻은 숨겨진 음성 단위(hidden units)를 예측하는 과제를 통해 음성 인식에 유용한 표현을 학습한다. 이러한 모델들은 대규모 비지도 학습을 거친 후, 특정 작업에 맞춰 미세 조정(fine-tuning)되어 다양한 오디오 처리 과제에 활용된다.

멀티모달 모델은 오디오뿐만 아니라 이미지, 텍스트 등 다양한 형태의 데이터를 함께 처리할 수 있는 구조를 가진다. 이러한 모델은 오디오-비디오 감정 인식, 음악-텍스트 기반 음악 생성 등의 작업에서 활용되며, 크로스 어텐션을 활용하여 텍스트와 오디오 등 서로 다른 모달리티 간의 정보를 조합하고, 상호 보완적 학습을 가능하게 한다. 이를 통해 모델은 보다 풍부한 표현력을 갖출 수 있으며, 다양한 데이터 유형을 통합적으로 활용할 수 있다.

이처럼 모델의 성능을 극대화하기 위해서는 단순히 아키텍처를 설계하는 것뿐만 아니라, 손실 함수, 정칙화 방법, 최적화 알고리즘 등 다양한 요소들도 함께 고려해야 한다. 예를 들어, 교차 엔트로피 손실 함수는 분류 문제에서 자주 사용되며, 연결주의적 시간 분류(Connectionist Temporal Classification, CTC) 손실 함수는 음성 인식에서 시퀀스 정렬 문제를 해결하는 데 사용된다. 다음 그림 4.4는 모델 아키텍처 선택 방법을 정리한 것이다.

그림 4.4 오디오 처리 모델 아키텍처 선택 방법

4.2.3 모델 학습 및 평가

오디오 처리 모델의 학습 및 평가는 오디오 신호의 특성을 고려한 성능 최적화와 일반화 능력 검증에 초점을 맞춘다. 학습 데이터의 효과적인 활용은 물론, 오디오 특성에 적합한 평가 지표를 통해 모델 성능을 객관적으로 측정하는 것이 중요하다. 실제 오디오 환경은 매우 다양하므로, 다양한 시나리오에서의 성능 검증과 지속적인 개선을 통해 실질적인 활용도를 높여야 한다.

모델 학습 과정에서 오디오 데이터 특유의 어려움을 극복하기 위해 다양한 기법이 활용된다. **스펙트로그램 증강**(specaugment)은 시간 축 및 주파수 축 마스킹, 시간 왜곡 등과 같은 변형을 스펙트로그램에 직접 적용하여 모델의 강건성을 높이는 기법이다. 이러한 증강 방식은 특히 음성 인식 모델의 성능 향상에 크게 기여한다. **혼합 증강**(mixup)은 서로 다른 오디오 샘플과 해당 레이블을 선형 혼합하여 새로운 학습 데이터를 생성함으로써 모델의 일반화 성능을 향상시키는 데 효과적이다.

전이 학습은 대규모 오디오 데이터세트로 사전 학습된 모델을 특정 작업에 미세 조정하는 방식으로, 데이터가 부족한 상황에서 효과적인 학습을 가능하게 한다. 특히, 자기 지도 학습 방식으로 학습된 모델은 레이블이 없는 오디오 데이터로부터 유용한 표현을 학습할 수 있어 다양한 오디오 처리 작업에 활용된다.

모델 평가는 오디오 데이터의 특성을 반영하는 지표들을 사용하여 수행된다. **폴리포닉 점수**(polyphonic score)는 동시에 여러 소리가 재생되는 환경에서 모델의 정확도를 측정하는 데 사용된다. 예를 들어 여러 악기가 동시에 연주되거나 여러 화자가 동시에 말하는 상황에서 각각의 소리를 얼마나 정확하게 인식하고 구분할 수 있는지를 측정하는 데 사용된다. 이 값은 모델의 각 클래스별 정확도를 기반으로 계산하며, 데이터세트 편향에 따라 모델이 얼마나 강건한지 평가하는 데 도움을 준다.

PESQ(Perceptual Evaluation of Speech Quality)와 같은 지표는 오디오 코덱이나 음성 향상 알고리즘의 성능을 평가하는 데 사용되며, 인간의 청각적 인지 특성을 기반으로 음질을 객관적으로 측정한다. 이러한 지표는 주관적인 청취 평가 결과를 수치화함으로써, 오디오 품질을 정량적으로 비교 · 분석할 수 있도록 돕는다.

음악 정보 검색(**Music Information Retrieval, MIR**) 과제에서는 모델 성능 평가를 위해 평균 정밀도(MAP), 정밀도@K(Precision@K), 재현율@K(Recall@K)과 같은 지표가 널리 사용된다. 또한, 클래스 간 불균형을 고려하기 위해 매크로 평균 F1 점수(macro-averaged F1 score)도 함께 활용된다.

모델의 강건성을 평가하려면 다양한 환경 조건에서의 성능을 측정하는 것이 중요하다. 실제 오디오 환경은 잡음, 잔향, 음성 왜곡 등 여러 요인으로 인해 복잡하기 때문에 이러한 조건에서의 성능을 검증하고 개선하는 과정은 필수적이다. 이를 위해 시뮬레이션된 환경이나 실제 녹음 데이터를 활용하여 모델의 강건성을 평가할 수 있다.

메타 학습(meta-learning)은 다양한 환경에서의 학습 경험을 메타 지식으로 일반화하여, 이전에 관찰되지 않은 새로운 환경에서도 신속하게 적응할 수 있는 모델을 학습하는 방법론으로 주목받고 있다. 특히, 오디오 처리 분야에서는 환경 변화에 민감한 음성 인식 시스템의 적응 성능을 향상시키기 위해 메타 학습이 적극적으로 적용되고 있다. 예를 들어, 배경 소음이나 억양이 다른 음성 데이터를 접했을 때도 빠르게 인식 정확도를 회복할 수 있는 메타 음성 인식 모델이 대표적인 사례다.

능동 학습(active learning)은 모델이 학습할 데이터를 선택적으로 선택하여 학습 효율을 높이는 기법이다. 오디오 데이터의 경우 레이블링 비용이 높기 때문에 능동 학습을 통해 필요한 데이터만 선별적으로 레이블링하여 모델 학습 비용을 절감할 수 있다.

이러한 학습 및 평가 방법들을 통해 오디오 처리 모델의 성능을 극대화하고, 다양한 실제 환경에서 안정적으로 동작할 수 있게 하는 것이 중요하다.

4.2.4 핵심 모델

오디오 처리 모델을 이해하는 것은 음성, 음악, 효과음 등 다양한 오디오 데이터를 효율적으로 분석하고 활용하는 데 필수적이다. 각 모델은 특정 신호 처리 및 통계적 원리에 기반하여 작동하며, 데이터 사이언티스트는 이러한 원리를 이해하고 모델의 성능을 최적화해야 한다. 또한, 최신 딥러닝 기반 모델들은 오디오 데이터의 복잡한 특징을 효과적으로 학습하고, 다양한 오디오 처리 과제에서 높은 성능을 달성하고 있다.

이번 절에서는 데이터 사이언스 관점에서 오디오 처리 모델을 체계적으로 학습하기 위한 로드맵을 제시한다. 오디오 처리 기술은 음성 인식, 음악 정보 검색, 오디오 분석 등 다양한 분야에서 활용되며, 전통적인 모델부터 최신 딥러닝 기반 모델까지 각 모델의 특징을 이해하는 것이 중요하다.

본론에서는 전통적인 오디오 처리 모델부터 최신 딥러닝 기반 모델까지 간략히 살펴본다. 각 모델의 기본 원리와 장단점 그리고 활용 방안을 소개함으로써, 독자들이 오디오 처리 기술을 실질적인 문제 해결에 적용할 수 있는 능력을 키우는 것을 목표로 두겠다.

전통적인 오디오 처리 모델

전통적인 오디오 처리 모델은 오디오 신호의 기본적인 특징을 추출하고 분석하는 데 초점을 둔다. 이러한 모델들은 주로 신호 처리 기법과 통계적 모델링을 기반으로 하며, 음성 인식, 스피커 인식, 음악 분석 등 다양한 오디오 처리 작업에 활용된다. 대표적인 모델로는 가우시안 혼합 모델, 은닉 마르코프 모델, 서포트 벡터 머신 등이 있다.

가우시안 혼합 모델(Gaussian Mixture Model, GMM)은 오디오 특징 벡터의 분포를 여러 개의 가우시안 분포의 혼합으로 표현하는 확률 모델이다. 각 가우시안 분포는 평균 벡터와 공분산 행렬로 정의되며, 모델의 매개변수는 기댓값 최대화(Expectation-Maximization, EM) 알고리즘을 통해 추정된다. GMM은 음성 인식, 스피커 인식 등 다양한 오디오 분류 작업에 활용되며, 특히 GMM-HMM 모델은 전통적인 음성 인식 시스템의 핵심 구성 요소로 사용된다.

은닉 마르코프 모델 (Hidden Markov Model, HMM)은 시간적 순서를 갖는 오디오 데이터의 패턴을 모델링하는 데 사용되는 확률 모델이다. 이 모델은 관측 가능한 데이터 뒤에 숨겨진 상태들의 전이 구조를 가정하며, 상태 전이 확률과 관측 확률을 학습함으로써 오디오 신호의 시간적 변화를 효과적으로 표현할 수 있다. HMM은 음성 인식, 제스처 인식, 생체 신호 분석 등 다양한 시퀀스 데이터 처리 작업에 널리 활용된다.

서포트 벡터 머신(Support Vector Machine, SVM)은 데이터를 고차원 공간으로 매핑하여 최적의 결정 경계를 찾는 모델이다. 오디오 데이터에서 추출된 특징 벡터를 사용하여 오디오 신호를 분류하며, 높은 성능과 일반화 능력을 제공한다. 음성 인식, 음악 장르 분류, 오디오 이벤트 감지 등 다양한 오디오 처리 작업에 활용된다.

이와 같은 전통적인 오디오 처리 모델들은 신호의 구조적 특징을 이해하고 분석하는 데 중요한 기초를 제공한다. 이러한 모델들은 이후 등장한 딥러닝 기반 접근법들의 출발점이 되었으며, 현재도 오디오 신호의 전처리 및 특징 추출 단계에서 활용되고 있다. 다음 항에서는 이러한 전통적 기법을 바탕으로 발전한 통계적 · 머신러닝 기반 모델부터, 딥러닝 및 사전 학습된 모델, 그리고 생성 모델에 이르기까지 현대 오디오 처리 기술의 전반적인 흐름을 살펴본다.

통계적 및 머신러닝 기반 오디오 처리 모델

통계적 및 머신러닝 기반 오디오 처리 모델은 전통적인 오디오 처리 모델에서 추출된 특징들을 활용하여 오디오 데이터에 대한 예측 및 분류를 수행한다. 이러한 모델들은 비교적 간단하면서도 효과적인 성능을 보이며, 다양한 오디오 처리 작업에 적용될 수 있다. 대표적인 모델로는 K-NN, 결정 트리, 랜덤 포레스트 등이 있다.

K-Nearest Neighbors(K-NN)는 주어진 오디오 샘플과 가장 가까운 k개의 오디오 샘플을 찾아 해당 샘플들의 클래스를 기반으로 오디오 샘플의 클래스를 예측하는 모델이다. K-NN은 구현이 간단하고 직관적이라는 장점이 있지만, 고차원 데이터에서는 성능이 저하될 수 있다.

결정 트리(decision tree)는 오디오 특징들을 기반으로 의사결정 규칙을 생성하여 오디오 신호를 분류하는 모델이다. 결정 트리는 모델의 해석이 용이하고, 다양한 유형의 데이터에 적용할 수 있다는 장점이 있다.

랜덤 포레스트(random forest)는 여러 개의 결정 트리를 앙상블하여 오디오 신호의 분류 성능을 향상시키는 모델이다. 랜덤 포레스트는 과대적합을 방지하고, 다양한 유형의 오디오 데이터에 대해 높은 성능을 제공한다.

이러한 통계적 및 머신러닝 기반 모델들은 전통적인 오디오 처리 모델에서 추출된 특징들을 효과적으로 활용하여 오디오 데이터를 분석하고 예측한다.

딥러닝 기반 오디오 처리 모델

딥러닝 기반 오디오 처리 모델은 대량의 오디오 데이터로부터 복잡한 패턴과 의미를 학습하여 전통적인 모델로는 해결하기 어려웠던 다양한 오디오 처리 작업을 수행할 수 있다. 특히 합성곱 신경망, 순환 신경망, 트랜스포머 모델은 오디오 처리 분야에서 큰 발전을 이끌었다.

합성곱 신경망(Convolutional Neural Network, CNN)은 오디오 스펙트로그램과 같은 이미지 형태의 오디오 데이터를 처리하는 데 효과적인 모델이다. 합성곱 신경망은 합성곱 필터를 사용하여 오디오 스펙트로그램의 지역적인 특징을 추출하고, 풀링 계층을 통해 특징 맵의 크기를 줄여 계산 효율성을 높인다. 합성곱 신경망은 음성 인식, 음악 장르 분류, 오디오 이벤트 감지 등 다양한 오디오 처리 작업에 활용된다.

순환 신경망(Recurrent Neural Network, RNN)은 시간적인 순서를 갖는 오디오 데이터를 처리하는 데 특화된 신경망이다. 순환 신경망은 각 시점에서 입력을 받아 이전 시점의 정보를 활용하여 현재 시점의 출력을 생성한다. 이를 통해 문맥 정보를 고려할 수 있지만, 긴 시퀀스 데이터에서는 기울기 소실 문제가 발생할 수 있다. 순환 신경망 기반 모델은 음성 인식, 음악 생성, 오디오 캡셔닝 등 다양한 오디오 처리 작업에 활용된다.

트랜스포머(Transformer)는 어텐션 메커니즘만을 사용하여 시퀀스 데이터의 장거리 의존성을 효과적으로 모델링한다. 이 구조는 셀프 어텐션 메커니즘을 통해 입력 시퀀스 내 단어 간의 관계를 파악하며, 병렬 처리가 가능해 학습 속도가 빠르다는 장점이 있다. 트랜스포머 기반 모델은 음성 인식, 음악 생성, 오디오 캡셔닝 등 다양한 오디오 처리 작업에 활용된다.

사전 학습된 오디오 모델

사전 학습된 오디오 모델은 대량의 오디오 데이터로 사전 학습된 후 특정 작업에 맞게 미세 조정되어 좋은 성능을 보인다. 대표적인 사전 학습된 오디오 모델로는 wav2vec 2.0, HuBERT, Whisper 등이 있다.

wav2vec 2.0은 마스킹된 오디오 입력을 기반으로 자기 지도 학습을 수행하여 음향 표현을 학습하는 음성 인식 모델이다. 사전 학습을 통해 일반적인 음향 특성을 익힌 뒤, 미세 조정을 통해 다양한 음성 인식 작업에 적용할 수 있다. 데이터 효율성이 높아, 소량의 학습 데이터만으로도 우수한 성능을 낼 수 있다.

HuBERT는 숨겨진 음성 단위(hidden units)를 예측하는 과정을 통해, 음성 인식을 위한 표현을 학습하는 자기 지도 학습 모델이다. 오디오의 문맥 정보를 효과적으로 포착하여 음성 인식의 정확도를 향상시킨다. wav2vec 2.0과 함께 음성 인식 분야에서 널리 사용된다.

Whisper는 다양한 언어의 음성 데이터를 사용하여 학습된 대규모 모델로, 음성 인식 및 번역 작업에 뛰어난 성능을 보인다. 특히 노이즈가 많은 환경이나 다양한 발음에도 강인한 것이 특징이다. OpenAI에서 개발하여 공개적으로 사용 가능하다.

이러한 딥러닝 기반 모델들은 오디오 데이터의 복잡한 패턴과 의미를 효과적으로 학습하여 다양한 오디오 처리 작업에서 뛰어난 성능을 보인다.

오디오 생성 모델

오디오 생성 모델은 새로운 오디오 신호를 생성하는 데 사용되는 모델이다. 대표적인 오디오 생성 모델로는 WaveNet, GAN, VAE 등이 있다.

WaveNet은 오디오 파형을 직접 모델링하는 합성곱 신경망 기반 모델이다. WaveNet은 팽창된 합성곱(dilated convolution)을 사용하여 장거리 의존성을 효과적으로 모델링하며, 고품질의 오디오 신호를 생성할 수 있다.

생성적 적대 신경망(Generative Adversarial Network, GAN)은 생성자(generator)와 판별자(discriminator)라는 두 개의 신경망을 경쟁적으로 학습시켜 오디오 신호를 생성하는 모델이다. 생성자는 가짜 오디오 신호를 생성하고, 판별자는 가짜 오디오 신호와 진짜 오디오 신호를 구별하도록 학습된다.

변분 오토인코더(variational autoencoder, VAE)는 오디오 데이터를 잠재 공간(latent space)으로 압축하고, 잠재 공간에서 샘플링된 벡터를 사용하여 오디오 신호를 생성하는 모델이다. 변분 오토인코더는 오디오 데이터의 다양한 특징을 학습하고, 새로운 오디오 신호를 생성할 수 있다.

이러한 오디오 생성 모델들은 음악 생성, 음성 합성, 오디오 복원 등 다양한 오디오 처리 작업에 활용된다. 오디오 처리 모델을 이해하고 활용하는 것은 오디오 데이터를 분석하고 활용하는 데 필수적이다. 데이터 사이언티스트는 문제의 특성, 데이터세트의 규모, 사용 가능한 컴퓨팅 자원 등을 종합적으로 고려해 적절한 모델을 선택해야 한다. 또한, 이러한 모델을 효과적으로 활용하려면 모델의 구조와 작동 원리에 대한 이해가 필요하다. 아울러 데이터 전처리, 특징 추출, 모델 학습 및 평가에 이르는 전반적인 기술적 요소에 대한 숙지도 요구된다.

4.2.5 필수 논문

지금까지 전통적인 음성 처리 모델부터 최신 종단간(end-to-end)[24] 음성 모델까지 다양한 모델들을 살펴봤다. 이러한 모델을 이해하는 것은 음성 및 오디오 데이터를 분석하고 활용하는 데 필수적이며, 데이터 사이언티스트는 각 모델의 특징과 활용 사례를 파악하여 문제에 적합한 모델을 선택해야 한다.

이제 이러한 모델들의 이론적 배경을 깊이 있게 이해하고, 실제 시스템 구축 역량을 향상시키기 위해 오디오 엔지니어와 데이터 사이언티스트가 반드시 탐구해야 할 주요 논문들을 간략히 소개하고자 한다. 각 논문은 음성 처리 기술 발전의 핵심 내용을 담고 있으며, 모델 설계와 개선에 필요한 인사이트를 제공한다.

YAMNet: Yet Another Audio Mobilenet[25]

이 논문은 경량화된 합성곱 신경망 구조를 기반으로 다양한 오디오 이벤트를 분류하는 모델을 제안한다. 모바일 기기에서도 실시간으로 동작할 수 있도록 설계되었으며, 521개의 오디오 클래스를 높은 정확도로 분류할 수 있다. 데이터 사이언티스트는 이 논문을 통해 효율적인 오디오 분류 모델의 설계 원리와 실제 적용 방법을 학습할 수 있다.

WaveNet: A Generative Model for Raw Audio[26]

24 입력에서 출력까지 전체 과정을 단일 모델로 직접 학습하는 방식
25 https://arxiv.org/abs/1911.09017
26 https://arxiv.org/abs/1609.03499

이 논문은 팽창된 합성곱(dilated convolution)을 활용해 시계열 오디오 데이터를 효과적으로 모델링하는 WaveNet을 소개한다. 자기회귀(autoregressive) 방식으로 샘플 단위의 고품질 음성을 생성할 수 있으며, 텍스트 음성 변환(TTS)과 음악 생성 분야에서 획기적인 성능 향상을 이루었다. 데이터 사이언티스트는 이 논문을 통해 오디오 생성 모델의 기본 원리와 팽창된 합성곱의 작동 방식을 이해해야 한다.

Tacotron: Towards End-to-End Speech Synthesis[27]

이 논문은 텍스트를 직접 스펙트로그램으로 변환하는 종단간 음성 합성 모델을 제안한다. 인코더-디코더 구조와 어텐션 메커니즘을 활용하여 텍스트에서 음성을 직접 생성하며, 언어학적 특징을 별도로 추출하지 않고도 자연스러운 음성을 만들어낼 수 있다. 데이터 사이언티스트는 이 논문을 통해 음성 합성의 전체 파이프라인과 스펙트로그램 기반 생성 방법을 학습해야 한다.

HiFi-GAN: Generative Adversarial Networks for Efficient and High Fidelity Speech Synthesis[28]

이 논문은 생성적 적대 신경망(GAN)을 활용하여 고품질 음성을 빠르게 생성하는 방법을 제안한다. 멜 스펙트로그램을 파형으로 변환하며, 기존 모델보다 더 높은 음질과 빠른 속도로 음성을 생성할 수 있다. 데이터 사이언티스트는 이 논문을 통해 생성적 적대 신경망을 오디오 도메인에 적용하는 방법과 효율적인 보코더(vocoder)[29] 설계 방법을 이해해야 한다.

wav2vec 2.0: A Framework for Self-Supervised Learning of Speech Representations[30]

이 논문은 레이블이 없는 음성 데이터로부터 강력한 음성 표현을 학습하는 자기 지도 학습 프레임워크를 소개한다. 대량의 비지도 음성 데이터를 활용해 사전 학습을 수행하고, 이후 소량의 레이블된 데이터를 사용해 미세 조정함으로써 다양한 음성 인식 작업에서 뛰어난

27 https://arxiv.org/abs/1703.10135

28 https://arxiv.org/abs/2010.05646

29 음성 분석과 합성을 수행하는 알고리즘이다. 음성을 분석하여 특징을 추출하고, 추출된 특징을 바탕으로 다시 음성을 합성하는 역할을 한다.

30 https://arxiv.org/abs/2006.11477

성능을 달성한다. 데이터 사이언티스트는 이 논문을 통해 음성 신호에 대한 자기 지도 학습 기법과 표현 학습의 중요성을 이해할 필요가 있다.

4.2.6 주요 라이브러리 및 도구

지금까지 주요 오디오 처리 모델과 핵심 논문들을 살펴봤다. 이제 이러한 지식을 바탕으로 실제 오디오 데이터를 분석하고 모델을 구축하기 위해 데이터 사이언티스트가 숙지해야 할 필수 라이브러리 및 도구를 소개하겠다.

Librosa[31]는 음악 및 오디오 분석을 위한 파이썬 라이브러리로, 오디오 신호 처리의 기본 개념을 이해하고 다양한 특징을 추출하는 데 활용할 수 있다. 스펙트로그램 생성, MFCC 추출, 음높이 및 템포 검출 등 다양한 오디오 처리 기능을 간편하게 구현할 수 있으며, 오디오 데이터의 분석과 전처리에 자주 사용된다.

SoundFile[32]은 다양한 오디오 파일 형식을 읽고 쓸 수 있는 라이브러리다. WAV, FLAC, OGG 등 여러 형식의 오디오 파일을 손쉽게 처리할 수 있으며, 실시간 오디오 스트림 처리에도 적합하다. 대용량 오디오 데이터를 효율적으로 다루고 저장하는 데 필수적인 도구로 활용된다.

PyDub[33]은 오디오 파일의 기본적인 조작과 변환을 위한 라이브러리다. 오디오 파일의 형식 변환, 볼륨 조절, 세그먼트 추출 등 간단한 오디오 편집 작업을 수행할 수 있으며, 높은 수준의 추상화를 제공하여 사용이 간편하다. 오디오 데이터의 전처리와 간단한 변환 또는 편집 작업에 적합하다.

31 https://librosa.org/
32 https://github.com/bastibe/python-soundfile
33 https://github.com/jiaaro/pydub

TorchAudio[34]는 PyTorch 기반의 오디오 처리 라이브러리로, 딥러닝 모델 구축에 필요한 다양한 오디오 처리 기능을 제공한다. 데이터 로딩, 오디오 신호 처리, 데이터 증강 등을 지원하며, GPU 가속을 통해 효율적으로 딥러닝 모델 학습과 추론을 효율적으로 수행할 수 있다. 음성 인식, 음악 분류 등 딥러닝 기반 오디오 처리 모델 개발에 필수적인 도구다.

Asteroid[35]는 음성 분리와 향상을 위한 오픈 소스 도구 모음이다. PyTorch 기반으로 구현되어 있으며, 다양한 음원 분리 모델과 평가 지표를 함께 제공한다. 실제 환경에서의 음성 처리, 노이즈 제거, 음성 향상 등 복잡한 오디오 처리 작업에 활용된다.

SpeechBrain[36]은 음성 처리를 위한 종합적인 도구 모음으로 음성 인식, 화자 인식, 감정 인식 등 다양한 음성 관련 작업에 활용할 수 있는 모델과 도구를 제공한다. 최신 딥러닝 모델들을 쉽게 구현하고 학습할 수 있으며, 실제 응용을 위한 사전 학습 모델과 평가 지표도 함께 제공된다.

4.3 _ 컴퓨터 비전

컴퓨터 비전(Computer Vision, CV)은 인간의 시각을 모방하여, 컴퓨터가 이미지와 비디오를 이해하고 해석할 수 있도록 하는 기술 분야다. 이미지 데이터는 비정형 데이터의 대표적인 형태로 다양한 객체, 배경, 조명 조건 등 복잡한 시각적 정보를 담고 있다. 이러한 복잡성으로 인해 컴퓨터 비전은 데이터 사이언스 분야에서도 높은 수준의 전문성과 특화된 접근 방식을 요구한다. 컴퓨터 비전 기술은 크게 이미지 분석과 이미지 생성으로 나눌 수 있다.

34 https://pytorch.org/audio/
35 https://github.com/asteroid-team/asteroid
36 https://speechbrain.github.io/

이미지 분석(image analysis)은 이미지 내 객체의 특징을 추출하고 해석하는 과정을 포함한다. 객체 탐지, 이미지 분류, 이미지 분할 등의 작업이 이에 해당한다. 이미지 생성(image generation)은 새로운 이미지를 생성하거나 기존 이미지를 편집 및 변형하는 기술이다. 이미지 스타일 변환, 이미지 복원, 가상 이미지 생성 등이 이에 속한다.

최근 딥러닝 기술의 발전은 컴퓨터 비전 분야에 큰 변화를 가져왔다. 특히, 합성곱 신경망(CNN)을 기반으로 하는 모델들은 기존의 이미지 처리 방식의 한계를 뛰어넘어 더욱 정교한 시각 정보 처리를 가능하게 했다. 또한 트랜스포머 기반 모델들은 CNN과는 다른 방식으로 이미지 내 장거리 의존성을 모델링할 수 있도록 하여 시각적 표현 학습의 새로운 가능성을 열었다.

컴퓨터 비전 시스템 구축도 앞서 다룬 자연어 처리와 오디오 처리 시스템 구축 방식과 유사한 흐름을 따르지만, 몇 가지 중요한 차이점이 존재한다. 자연어 처리에서는 텍스트 데이터의 의미론적 구조와 문법적 관계를 분석하는 데 초점을 맞춘다. 반면, 컴퓨터 비전은 이미지 데이터 내의 객체, 패턴, 그리고 공간적 관계를 파악하는 데 중점을 둔다. 오디오 처리 역시 음향 신호의 특징을 추출하고 분석하지만, 컴퓨터 비전은 시각적 정보의 복잡성을 다루기 위해 이미지 특징 추출이라는 별도의 전처리 과정을 반드시 거쳐야 한다.

또한 모델 선택 측면에서도 차이가 있다. 자연어 처리에서는 순환 신경망(RNN) 기반 모델이 주로 사용되는 반면, 컴퓨터 비전에서는 이미지의 공간적 특징을 효과적으로 처리하기 위해 합성곱 신경망(CNN) 기반 모델이 선호되는 경향이 있다. 평가 지표 역시 분야마다 다르다. 자연어 처리에서는 BLEU 점수, 오디오 처리에서는 단어 오류율(WER)이 주요 평가 지표로 사용되는 반면, 컴퓨터 비전에서는 평균 정밀도(mAP)와 같은 객체 탐지 성능을 측정하는 지표가 주로 활용된다. 마지막으로, 컴퓨터 비전 시스템은 고해상도 이미지 데이터를 실시간으로 처리해야 하는 경우가 많아 저지연(low latency) 환경에 최적화된 배포 방식이 특히 중요하다.

4.3.1 데이터 전처리

이미지 분석에서 데이터 수집과 전처리 과정은 전체 시스템 성능을 좌우하는 핵심 단계다. 이미지는 카메라, 스캐너, 의료 장비 등 다양한 장치를 통해 수집된다. 그러나 이렇게 획득된 이미지는 종종 불완전하고 노이즈를 포함하거나 다양한 형태의 변환이 적용되어 있는 경우가 많다. 따라서 분석에 적합하도록 적절한 사전 처리를 거쳐야 한다.

이미지 정규화(image normalization)는 전처리 과정의 첫 단계로, 밝기 정규화(brightness normalization), 대비 정규화(contrast normalization) 등을 포함한다. 밝기 정규화는 이미지 전체의 밝기 분포를 조정하여 일정한 수준으로 맞추는 과정이며, 대비 정규화는 이미지 내 객체와 배경 간의 명암 차이를 강조하는 과정이다. 이 과정은 이미지 데이터의 일관성을 높이고, 후속 분석 단계의 정확도를 향상시키는 데 핵심적인 역할을 한다. 정규화 과정에서는 다양한 이미지 처리 알고리즘이 사용되며, 이미지의 특성에 따라 다양한 정규화 기법이 적용된다.

윈도 필터링(window filtering)은 이미지의 특정 영역에 가중치를 적용하여 특징을 강화하거나 노이즈를 감소시키는 기법이다. 대표적인 필터로는 가우시안 필터(gaussian filter)와 메디안 필터(median filter)가 있으며, 이미지의 특성과 목적에 따라 적절한 필터를 선택해야 한다. 윈도 필터링은 이미지의 세부적인 부분을 부드럽게 만들거나 특정 주파수 성분을 강조하는 데 사용된다. 이러한 필터링 과정을 통해 이미지 품질을 개선하고, 후속 분석의 정확도를 높일 수 있다.

노이즈 제거(noise reduction)는 이미지에 포함된 불필요한 잡음을 제거하여 시각적 품질을 개선하는 과정이다. 주요 기법으로는 평균 필터(mean filter), 양방향 필터(bilateral filter), 딥러닝 기반 노이즈 제거 등이 있다. 노이즈 제거는 이미지의 품질을 높이는 데 그치지 않고, 객체 탐지나 이미지 인식과 같은 다양한 응용 분야에서 전반적인 성능 향상에도 기여한다.

특징 추출(feature extraction)은 이미지에서 유용한 정보를 선택적으로 추출하는 과정이다. 주요 기법으로는 SIFT(Scale-Invariant Feature Transform), HOG(Histogram of Oriented Gradients), 합성곱 특징(CNN features) 등이 있으며, 각 기법은 이미지의 모양, 질감, 색상 등 다양한 시각 정보를 반영한다. 특징 추출은 이미지의 차원을 줄이고, 모델이 학습하기 쉬운 형태로 데이터를 표현하는 데 중요한 역할을 한다.

데이터 증강(data augmentation)은 기존 이미지 데이터를 변형하여 새로운 학습 데이터를 생성하는 기법이다. 회전, 크기 조정, 색상 변경, 부분 잘라내기 등 다양한 변환 방법이 사용되며, 이를 통해 모델의 일반화 성능을 향상시킬 수 있다. 특히 학습 데이터가 부족한 경우, 데이터 증강은 효과적인 대안이 될 수 있다.

전처리된 데이터는 최종적으로 모델이 처리할 수 있는 형태로 변환된다. 이 과정에는 특징 벡터를 생성하거나 이미지를 패치 단위로 분할하는 작업이 포함되며, 모델의 구조와 학습 방식에 따라 입력 데이터의 형식은 다양하게 달라질 수 있다. 최근에는 사전 학습된 이미지 모델(pre-trained image model)을 활용하여 이러한 과정을 자동화하는 경우가 많다. 그림 4.5는 이미지 데이터 전처리의 변형 상태를 보여준다.

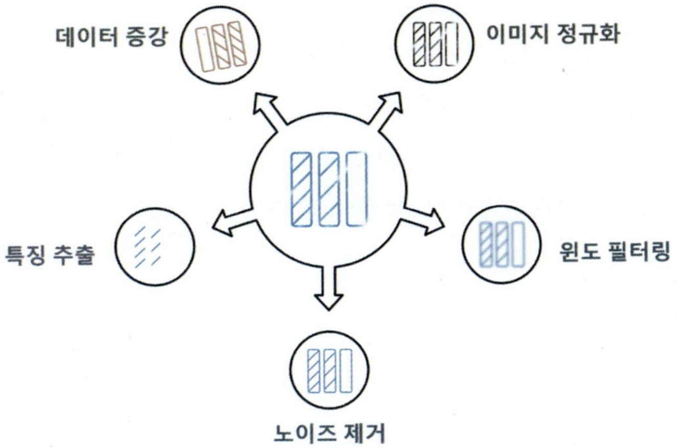

그림 4.5 이미지 데이터 전처리 예시

4.3.2 모델 아키텍처

컴퓨터 비전을 위한 모델 아키텍처는 데이터의 특성과 해결하려는 문제의 복잡도에 따라 다양한 접근 방식을 요구한다. 간단한 규칙 기반 모델부터 복잡한 딥러닝 모델까지 선택의 폭이 넓으며, 각각의 접근 방식은 주어진 요구 사항과 제약 조건에 따라 적절히 활용된다. 모델을 설계할 때에는 문제 정의, 데이터 특징, 계산 자원, 성능 요구 사항 등을 종합적으로 고려하여 최적의 모델 구조를 선택하는 것이 중요하다.

규칙 기반 모델은 가장 기본적인 접근 방식으로, Haar 특징 기반 분류기나 색상 기반 분할과 같이 특정 규칙이나 휴리스틱(heuristic)[37]을 활용한다. Haar 특징 기반 분류기는 주로 얼굴 검출에 사용되며, 색상 기반 분할은 특정 색상 영역을 분리하는 데 유용하다. 이러한 모델은 구현이 간단하고, 비교적 적은 계산 자원으로도 빠르게 처리할 수 있다는 장점을 갖는다. 현재도 일부 제한된 환경에서는 여전히 활용되고 있다.

전통적인 머신러닝 모델은 특징 추출과 분류 또는 회귀 알고리즘을 결합한 형태로 구성된다. 대표적인 예로는 서포트 벡터 머신(Support Vector Machine, SVM)과 랜덤 포레스트(random forest) 등이 있다. 먼저 이미지에서 SIFT, HOG 등의 특징을 추출한 후, 추출된 특징을 이용하여 객체 분류나 이미지 검색을 수행한다. 이러한 모델들은 어느 정도의 복잡성을 가지면서도 해석 가능성이 높다는 장점이 있다.

심층 신경망 기반 모델은 복잡한 특징을 자동으로 학습할 수 있도록 설계되어 있다. 가장 기본적인 형태로는 완전 연결 신경망(FNN)이 있으며, 이는 이미지 픽셀 값을 입력으로 받아 고정된 길이의 특징을 학습한다. 그보다 발전된 형태인 합성곱 신경망(CNN)은 이미지의 공간적 구조를 효과적으로 추출할 수 있다. CNN은 이미지의 계층적 구조를 학습함으로써 다양한 시각적 특징을 포착하며, 이미지 분류, 객체 탐지, 이미지 분할 등 여러 작업에서 뛰어난 성능을 보인다.

어텐션 기반 모델은 이미지 내 중요한 영역에 집중할 수 있도록 하는 메커니즘을 제공한다. 어텐션 메커니즘은 입력 이미지의 각 부분에 대한 중요도를 학습하며, 이를 통해 모델은 이미지의 핵심 영역에 집중하여 더욱 정확한 예측을 수행할 수 있다. 예를 들어, SENet(Squeeze–and–Excitation Networks)은 특징 맵의 채널 간 중요도를 학습하여 특징 맵을 재조정하고, CBAM(Convolutional Block Attention Module)은 채널 어텐션과 공간 어텐션을 순차적으로 적용하여 더욱 효과적인 특징 추출을 가능하게 한다. 이러한 모델은 이미지 캡셔닝, 시각적 질의응답 등 다양한 작업에서 성능 향상을 가져왔으며, 특히 복잡한 장면 이해에 효과적이다.

37 경험적 규칙이나 직관에 기반한 문제 해결 방법

트랜스포머 모델은 이미지 처리 분야에서도 강력한 성능을 보여주고 있다. 비전 트랜스포머(Vision Transformer, ViT)는 이미지를 패치 단위로 분할하고, 각 패치를 트랜스포머의 입력으로 사용하여 이미지 전체의 관계를 모델링한다. 스윈 트랜스포머(Swin Transformer)는 계층적 구조를 도입하여 다양한 스케일의 특징을 추출하고, 지역적인 어텐션 연산을 통해 계산 복잡도를 줄인다. 이러한 트랜스포머 기반 모델들은 이미지 분류, 객체 탐지, 이미지 분할 등 다양한 작업에서 최첨단 성능을 달성하고 있다.

생성 모델은 새로운 이미지를 생성하거나 기존 이미지를 변환하는 데 사용된다. 생성적 적대 신경망(GAN)은 생성자와 판별자의 경쟁적인 학습을 통해 고품질의 이미지를 생성하고, 변분 오토인코더(VAE)는 잠재 공간을 학습하여 다양한 이미지 변환을 수행한다. 이러한 생성 모델들은 이미지 복원, 이미지 스타일 변환, 이미지 생성 등 다양한 응용 분야에서 활용된다.

멀티모달 모델은 이미지뿐만 아니라 텍스트 데이터를 함께 처리할 수 있는 구조를 가진다. 이러한 모델은 이미지-텍스트 기반 이미지 검색, 시각적 질의응답 등의 작업에서 활용되며, 크로스 어텐션을 활용하여 텍스트와 이미지 등 서로 다른 모달리티 간의 정보를 조합하고, 상호 보완적 학습을 가능하게 한다. 이를 통해 모델은 보다 풍부한 표현력을 갖출 수 있으며, 다양한 데이터 유형을 통합적으로 활용할 수 있다.

이처럼 모델의 성능을 극대화하기 위해서는 단순히 아키텍처를 설계하는 것뿐만 아니라, 손실 함수, 정규화 방법, 최적화 알고리즘 등의 요소도 중요하다. 예를 들어, 교차 엔트로피 손실 함수는 분류 문제에서 자주 사용되며, IoU(Intersection over Union) 손실 함수는 객체 탐지에서 예측 박스와 정답 박스 간의 겹치는 영역을 최대화하는 데 사용된다. 다음 그림 4.6은 모델 아키텍처 선택 방법을 정리한 것이다.

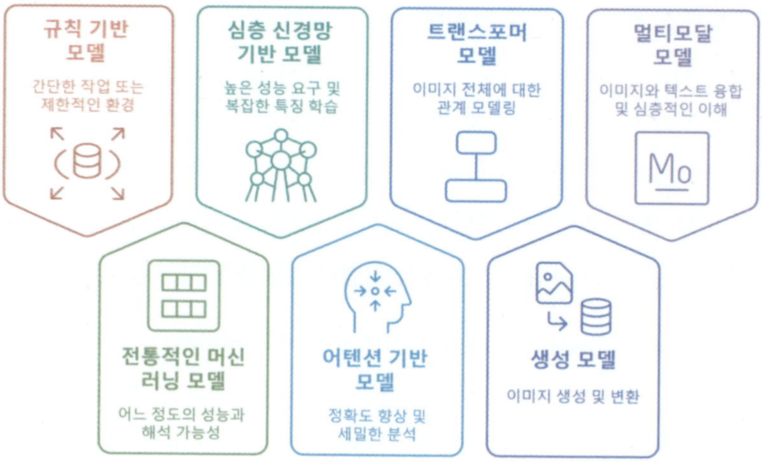

그림 4.6 컴퓨터 비전 모델 아키텍처 선택 방법

4.3.3 모델 학습 및 평가

컴퓨터 비전 모델의 학습과 성능 측정은 해당 모델이 실제 환경에서 신뢰성 있게 작동하도록 보장하기 위한 핵심 절차다. 모델을 효과적으로 구축하려면 학습 데이터를 효율적으로 활용하고, 다양한 평가 지표를 통해 성능을 객관적으로 검증하는 것이 중요하다. 이러한 절차를 충실히 수행해야만 모델이 실제 애플리케이션에 성공적으로 적용될 수 있다. 또한, 충분한 검증과 최적화 그리고 지속적인 개선 과정을 통해 더욱 정확하고 신뢰도 높은 결과를 도출할 수 있다.

앞선 모델 아키텍처 선택 과정에서는 해결해야 할 문제의 특성과 이미지 데이터의 속성을 고려하여 적절한 접근 방식을 선택했다. 단순한 이미지 필터링 기반 모델에서부터 복잡한 심층 합성곱 신경망(CNN) 모델에 이르기까지 다양한 옵션이 존재하며, 문제 정의, 데이터 특성(해상도, 객체 크기 분포, 조명 조건 등), 계산 자원, 성능 요구사항 등을 종합적으로 검토하여 최적의 아키텍처를 결정하게 된다. 특히, 선택된 모델이 다양한 시각적 변화(조명, 각도, 크기, 배경)에 강건하게 작동하도록 설계하는 데 중점을 두어야 한다.

모델 학습 과정에서는 배치 크기, 학습률, 에폭 수 등의 하이퍼파라미터 설정이 중요한 역할을 한다. 배치 정규화는 학습의 안정성을 높이고 과대적합을 방지하는 데 도움을 주며, 학습률 스케줄링을 통해 학습 과정에서 학습률을 동적으로 조정하면 모델의 수렴 속도를 향상시킬 수 있다. 더불어, 이미지 데이터의 특성을 고려하여 데이터 증강 기법(회전, 확대/축소, 좌우 반전, 색상 변경 등)을 적용하여 모델의 일반화 성능을 더욱 향상시킬 수 있다.

또한, 모델의 일반화 성능을 평가하는 핵심 기법으로 교차 검증이 널리 활용된다. k–폴드 교차 검증은 데이터를 k개의 부분 집합으로 나누어 번갈아 가며 검증을 수행하는 방식이며, 계층 교차 검증은 클래스 분포를 고려하여 데이터를 분할하는 기법이다. 특히, 컴퓨터 비전 분야에서는 데이터세트 내의 이미지 간의 상관관계를 최소화하기 위해 이미지들을 무작위로 섞은 후 교차 검증을 수행하는 것이 중요하다.

모델 평가에서는 문제 유형에 따라 다양한 성능 지표가 활용된다. 이미지 분류 작업에서는 정확도, 정밀도, 재현율, F1 점수가 주요 지표로 사용되며, 혼동 행렬(confusion matrix)을 활용하면 모델의 예측 결과를 보다 세부적으로 분석할 수 있다. 객체 탐지 작업에서는 mAP(mean Average Precision)가 주요 지표로 사용되며, IoU(Intersection over Union) 임곗값을 조절하여 객체의 위치 정확도에 대한 평가를 수행할 수 있다.

이미지 분할 모델의 경우, 픽셀 정확도(pixel accuracy), IoU, Dice 계수[38] 등이 성능 지표로 사용된다. 특히, 의료 영상 분석과 같이 높은 정확도를 요구하는 분야에서는 픽셀 단위의 정확도를 면밀히 평가하는 것이 중요하다. 또한, 생성 모델의 성능을 평가하기 위해서는 FID(Fréchet Inception Distance)[39]와 같은 지표를 사용하여 생성된 이미지의 품질과 다양성을 평가할 수 있다.

이와 함께, 모델의 성능을 더욱 향상시키는 방법으로 앞서 설명한 앙상블 학습 이외에도 전이 학습이 있다. 전이 학습은 이미지넷(ImageNet)과 같은 대규모 데이터세트로 사전 학습된 모델을 활용하면 적은 양의 데이터로도 높은 성능을 얻을 수 있다.

38 예측과 정답 간의 겹침을 측정하는 지표로, IoU보다 작은 객체에 민감하다.

39 생성된 이미지와 실제 이미지의 특성 분포 차이를 측정하여, 이미지의 품질과 다양성을 평가하는 지표

4.3.4 핵심 모델

효율적으로 이미지 데이터를 분석하고 활용하려면, 이미지 처리 모델에 대한 깊이 있는 이해가 필요하다. 이미지, 동영상, 포인트 클라우드(point clouds)[40] 등 다양한 종류의 시각 정보는 이미지 처리 모델을 통해 새로운 의미를 부여받고 활용 가능성이 극대화된다. 각 모델은 고유한 수학적, 통계적 원리에 기반해 작동하며, 데이터 사이언티스트는 이러한 원리를 이해하고 모델 성능을 최적화하는 데 필요한 전문성을 갖춰야 한다.

이번 절에서는 데이터 사이언스 관점에서 이미지 처리 모델을 체계적으로 학습하기 위한 로드맵을 제시한다. 이미지 처리 기술은 객체 인식, 이미지 분할, 이미지 생성 등 다양한 응용 분야를 가지고 있으며, 각 분야에서 사용되는 모델의 특징을 이해하는 것이 중요하다. 전통적인 모델부터 최신 딥러닝 기반 모델까지, 각 모델의 원리를 파악하고 활용 방안을 모색할 수 있도록 안내한다.

본론에서는 전통적인 이미지 처리 모델에서 최신 딥러닝 기반 모델까지 핵심적인 내용을 간략하게 소개한다. 각 모델의 기본 원리, 장단점, 활용 사례를 중심으로 설명하여 독자들이 실질적인 문제 해결 능력을 키울 수 있도록 돕고자 한다.

규칙 기반 모델

규칙 기반 모델은 이미지의 기본적인 특징을 추출하고 분석하는 데 초점을 둔다. 이러한 모델들은 주로 수학적 변환 및 통계적 모델링을 기반으로 하며, 이미지 개선, 특징 추출, 객체 검출 등 다양한 이미지 처리 작업에 활용된다. 대표적인 모델로는 Haar 특징 기반 분류기, SIFT, HOG 등이 있다.

Haar 특징 기반 분류기(Haar feature-based classifier)는 이미지 내에서 얼굴과 같은 특정 객체를 검출하는 데 사용되는 기법이다. Haar 특징은 이미지 내에서 밝기 변화 패턴을 감지하는 데 사용되며, AdaBoost 알고리즘을 통해 학습된 약한 분류기들을 결합하여 강력한 분류기를 구성한다. Haar 특징 기반 분류기는 실시간 얼굴 검출 시스템에서 널리 사용되었으며, 비교적 적은 계산량으로 빠른 처리가 가능하다는 장점이 있다.

40 3차원 공간에 점들의 집합으로 표현된 데이터로 주로 3D 스캐너나 카메라를 통해 얻어진다.

SIFT(Scale-Invariant Feature Transform)는 이미지의 크기, 회전, 조명 변화에 불변하는 특징점을 추출하는 알고리즘이다. SIFT는 이미지 내에서 안정적인 특징점을 찾고, 각 특징점 주변의 기울기 정보를 이용하여 특징 벡터를 생성한다. SIFT는 이미지 매칭, 객체 인식, 3차원 복원 등 다양한 컴퓨터 비전 작업에 활용된다.

HOG(Histogram of Oriented Gradients)는 이미지 내 객체의 모양과 움직임을 기술하는 데 사용되는 특징 기술자이다. HOG는 이미지 내 픽셀의 기울기 방향을 계산하고, 기울기 방향의 히스토그램을 생성하여 특징 벡터를 구성한다. HOG는 보행자 검출, 객체 인식 등 다양한 컴퓨터 비전 작업에 활용된다.

이처럼 규칙 기반 이미지 처리 모델들은 시각 정보를 분석하기 위한 기초적인 접근 방식으로, 이후 등장한 다양한 머신러닝 및 딥러닝 모델들의 기반이 되었다. 다음 항에서는 전통적인 머신러닝 모델부터 트랜스포머 기반 모델과 멀티모달 모델에 이르기까지, 이미지 처리 기술의 주요 접근 방식들을 살펴본다.

전통적인 머신러닝 모델

전통적인 머신러닝 기반 모델은 이미지 처리 모델에서 추출된 특징들을 활용하여 이미지 데이터에 대한 예측 및 분류를 수행한다. 이러한 모델들은 비교적 간단하면서도 효과적인 성능을 보이며, 다양한 이미지 처리 작업에 적용될 수 있다. 대표적인 모델로는 K-Nearest Neighbors, 결정 트리, 랜덤 포레스트 등이 있다.

K-Nearest Neighbors(K-NN)는 주어진 이미지 샘플과 가장 가까운 K개의 이미지 샘플을 찾아 해당 샘플들의 클래스를 기반으로 이미지 샘플의 클래스를 예측하는 모델이다. K-NN은 구현이 간단하고 직관적이라는 장점이 있지만, 고차원 데이터에서는 성능이 저하될 수 있다.

결정 트리(decision tree)는 이미지 특징들을 기반으로 의사결정 규칙을 생성하여 이미지 신호를 분류하는 모델이다. 결정 트리는 모델의 해석이 용이하고, 다양한 유형의 데이터에 적용할 수 있다는 장점이 있다.

랜덤 포레스트(random forest)는 여러 개의 결정 트리를 앙상블하여 이미지 신호의 분류 성능을 향상시키는 모델이다. 랜덤 포레스트는 과대적합을 방지하고, 다양한 유형의 이미지 데이터에 대해 높은 성능을 제공한다.

이러한 통계적 및 머신러닝 기반 모델들은 전통적인 이미지 처리 모델에서 추출된 특징들을 효과적으로 활용하여 이미지 데이터를 분석하고 예측한다.

심층 신경망 기반 모델

심층 신경망 기반 시각 정보 처리 모델은 이미지 데이터로부터 복잡한 특징을 자동으로 학습하여 다양한 시각 정보 처리 작업을 수행할 수 있다. 특히 합성곱 신경망(CNN)은 이미지 처리 분야에서 아직 많이 활용되고 있다. 대표적인 모델로는 ResNet, VGGNet 등이 있다.

ResNet은 잔차 연결(residual connection)[41]을 도입하여 CNN의 학습을 용이하게 하고, 기울기 소실 문제를 해결한다. ResNet은 이미지 분류, 객체 탐지 등 다양한 작업에서 높은 성능을 보인다. 깊은 네트워크를 효과적으로 학습할 수 있게 함으로써 이미지 인식 분야의 성능을 크게 향상시켰다.

VGGNet은 작은 크기의 필터를 여러 겹 쌓아 깊은 네트워크를 구성하는 CNN 아키텍처다. 이는 간단하면서도 효과적인 구조로, 이미지 분류 작업에서 뛰어난 성능을 보였다. VGGNet은 아키텍처의 깊이가 성능에 미치는 영향을 보여주었으며, 이후 더 깊은 네트워크 연구의 기반이 되었다.

이처럼 심층 신경망 기반 모델들은 이미지 데이터의 복잡한 특징을 자동으로 학습하여 다양한 시각 정보 처리 작업에서 뛰어난 성능을 보이며, 현대 컴퓨터 비전 기술의 핵심적인 요소로 자리 잡았다.

어텐션 기반 모델

어텐션 기반 모델은 이미지 내 중요한 영역에 집중하여 더욱 정확한 예측을 수행할 수 있도록 한다. 어텐션 메커니즘은 입력 이미지의 각 부분에 대한 중요도를 학습하며, 이를 통해 모델은 이미지의 중요한 영역에 집중한다. 대표적인 모델로는 SENet, CBAM등이 있다.

41 이전 계층의 출력을 다음 계층에 더해, 깊은 신경망에서 기울기 소실을 줄이고 학습을 안정화하는 구조

SENet(Squeeze-and-Excitation Networks)은 특징 맵의 채널 간 상관관계를 학습하고, 이를 바탕으로 채널별 중요도를 동적으로 조정하는 네트워크 구조다. 네트워크는 각 채널의 정보를 압축(squeeze)한 뒤, 이를 기반으로 중요도를 계산하고(excitation), 중요한 채널은 강조하고 덜 중요한 채널은 억제한다. 이 모듈은 기존 CNN에 간단히 삽입할 수 있어 다양한 모델 구조에 유연하게 적용된다.

CBAM(Convolutional Block Attention Module)은 채널 어텐션과 공간 어텐션을 순차적으로 적용하여, 더욱 효과적인 특징 추출을 가능하게 하는 모듈이다. 특징 맵의 채널과 공간적 위치 모두에 어텐션을 적용함으로써 모델이 이미지 내 중요한 영역에 더욱 집중할 수 있도록 돕는다. 채널 어텐션은 무엇이 중요한지를 판단하고, 공간 어텐션은 어디가 중요한지를 반영하는 방식으로 동작한다.

이러한 어텐션 기반 모델들은 입력 이미지 내의 중요한 영역에 선택적으로 집중함으로써 다양한 시각적 작업에서 성능 향상을 이끌어냈다. 특히 복잡한 장면에서는 여러 객체나 시각적 요소 간의 관계를 구조적으로 파악할 수 있어, 장면 내 의미 정보를 더 정교하게 표현할 수 있다.

트랜스포머 모델

트랜스포머 모델은 자연어 처리 분야에서 혁신적인 성능을 보여준 아키텍처로, 컴퓨터 비전 분야에도 큰 영향을 미쳤다. 기존의 합성곱 신경망(CNN) 기반 모델과는 달리, 트랜스포머는 이미지 전체의 관계를 모델링하는 데 셀프 어텐션 메커니즘을 사용한다. 이러한 접근 방식은 이미지 내 장거리 의존성을 효과적으로 포착할 수 있어 다양한 시각 정보 처리 작업에서 활용되고 있다. 대표적인 모델로는 ViT, Swin Transformer 등이 있다.

ViT(Vision Transformer)는 이미지를 고정 크기의 패치로 분할한 후, 각 패치를 일련의 토큰으로 변환하여 트랜스포머에 입력한다. 각 패치는 위치 임베딩과 함께 처리되며, 이를 통해 모델은 이미지 내 패치 간 관계뿐만 아니라 위치 정보를 함께 학습할 수 있다. 이러한 구조는 CNN의 지역적인 처리 방식과 달리, 전역 정보를 직접 활용할 수 있도록 설계되었다.

Swin Transformer는 계층적 구조를 도입하여 다양한 스케일의 특징을 추출하고, 지역적인 어텐션 연산을 통해 계산 복잡도를 줄인다. 고정 크기의 윈도 내에서 어텐션을 수행한 뒤, 윈도를 이동시키는 방식(shifted window)을 적용함으로써 전역 정보의 전달도 가능하게 한다. ViT의 단점을 보완하여 더 작은 계산량으로도 다양한 비전 작업에서 효율적인 처리가 가능하다.

트랜스포머 기반 모델은 이미지 분류, 객체 탐지, 이미지 분할 등 다양한 시각 작업에 적용되며, 기존 CNN 기반 접근 방식보다 더 정교한 관계 모델링이 가능하다. 복잡한 시각적 패턴을 전역적으로 파악할 수 있어, 다양한 과제에서 높은 표현력과 성능을 보여주고 있다.

생성 모델

생성 모델은 새로운 이미지를 생성하거나 기존 이미지를 변환하는 데 사용되는 모델이다. 이러한 모델은 데이터의 분포를 학습하여 실제와 유사한 샘플을 만들어내는 것을 목표로 한다. 대표적인 이미지 생성 모델로는 GAN과 VAE가 있다.

GAN(Generative Adversarial Network)은 생성자(generator)와 판별자(discrimin ator)라는 두 개의 신경망을 경쟁적으로 학습시켜 이미지를 생성하는 모델이다. 생성자는 가짜 이미지를 생성하고, 판별자는 가짜 이미지와 진짜 이미지를 구별하도록 학습된다. GAN은 고품질의 이미지를 생성할 수 있지만, 학습이 불안정할 수 있다는 단점이 있다.

VAE(variational autoencoder)는 이미지를 잠재 공간으로 압축한 뒤, 이 공간에서 샘플링한 벡터를 이용해 이미지를 재구성하는 생성 모델이다. VAE는 이미지의 다양한 특징을 효과적으로 학습할 수 있으며, 이를 바탕으로 새로운 이미지를 생성할 수 있다. GAN에 비해 학습이 비교적 안정적이지만, 생성된 이미지의 품질은 상대적으로 낮을 수 있다.

이러한 이미지 생성 모델들은 이미지 복원, 이미지 스타일 변환, 이미지 생성 등 다양한 시각 정보 처리 작업에 활용된다. 손상된 이미지를 복구하거나 한 스타일의 이미지를 다른 스타일로 변환하는 데 사용되며, 현실적인 가상 이미지를 새롭게 만들어내는 데에도 적용된다. 이처럼 생성 모델은 단순한 이미지 생성뿐 아니라, 시각적 콘텐츠의 보강과 변형에도 널리 사용된다.

멀티모달 모델

멀티모달 모델은 이미지뿐만 아니라 텍스트 데이터를 함께 처리할 수 있는 구조를 가진다. 이러한 모델들은 이미지와 텍스트를 동시에 분석하여 더욱 풍부하고 정확한 정보를 추출할 수 있다. 멀티모달 모델은 이미지 캡셔닝, 시각적 질의응답, 이미지 검색 등 다양한 응용 분야에서 활용된다. 대표적인 모델로는 CLIP, VisualBERT 등이 있다.

CLIP(Contrastive Language-Image Pre-training)은 이미지와 텍스트 간의 의미적 관계를 학습하여, 이미지 분류, 이미지 검색 등 다양한 작업에 활용되는 모델이다. 이미지와 텍스트를 동일한 임베딩 공간에 매핑하고, 이 공간에서의 유사도를 통해 두 모달리티(modality)[42] 간의 연관성을 비교한다. 텍스트 설명만으로도 이미지의 의미를 추론하거나, 반대로 이미지에 대응하는 설명을 선택할 수 있도록 설계되어 있다.

VisualBERT는 이미지와 텍스트를 함께 입력받아, 시각 정보와 언어 정보를 통합적으로 처리하는 모델이다. 이미지의 영역 특징과 텍스트 토큰을 트랜스포머의 입력으로 함께 사용함으로써 두 모달리티 간의 상호작용을 학습할 수 있다. 이러한 구조는 멀티모달 정보를 동시에 이해하고 추론하는 데 적합하도록 설계되어 있으며, 시각적 추론(visual reasoning), 영역-구문 대응(region-to-phrase correspondence) 등 다양한 과제에 활용된다.

멀티모달 모델은 이미지 캡셔닝, 시각적 질의응답 등의 작업에서 활용되며, 크로스 어텐션을 활용하여 텍스트와 이미지 등 서로 다른 모달리티 간의 정보를 조합하고, 상호 보완적 학습을 가능하게 한다. 이러한 모델들을 효과적으로 활용하기 위해서는 문제의 특성을 정확히 파악하고, 데이터의 특성에 맞는 적절한 모델을 선택하는 것이 중요하다. 또한, 모델의 성능을 최적화하기 위해서는 데이터 전처리, 특징 추출, 모델 학습, 평가 등 다양한 요소들을 종합적으로 고려해야 한다. 따라서 꾸준한 연구와 실험을 통해 자신만의 전문성을 확보하는 것이 컴퓨터 비전 모델 개발의 핵심이다.

---

42 모달리티(modality) : 텍스트, 이미지, 음성처럼 서로 다른 종류의 정보 표현 방식 또는 데이터 유형

4.3.5 필수 논문

지금까지 전통적인 이미지 처리 기법부터 최첨단 딥러닝 기반 모델까지 다양한 접근 방식을 살펴보았다. 이러한 모델들을 이해하는 것은 이미지 및 비디오 데이터를 효과적으로 분석하고 활용하는 데 필수적이다. 데이터 사이언티스트는 각 모델의 구조와 강점을 파악하고, 문제의 특성에 맞는 최적의 모델을 선택할 수 있어야 한다.

이제 이러한 모델들의 심층적인 이론적 토대를 이해하고 실제 시스템 구축 역량을 강화하기 위해 데이터 사이언티스트가 반드시 이해해야 할 주요 논문들을 간략하게 소개한다. 각 논문은 이미지 처리 기술 발전의 핵심이며, 모델 설계 및 개선에 필요한 인사이트를 제공한다.

EfficientNet: Rethinking Model Scaling for Convolutional Neural Networks[43]

이 논문은 네트워크의 깊이, 너비, 해상도를 균형 있게 조정하여 효율적인 합성곱 신경망을 설계하는 EfficientNet을 소개한다. 모델의 효율성을 극대화하면서도 높은 정확도를 유지할 수 있음을 실험을 통해 입증했으며, 자원 제약이 있는 환경에서도 안정적인 성능을 발휘한다. 데이터 사이언티스트는 이 논문을 통해 모델 스케일링 전략이 성능에 어떤 영향을 미치는지 이해하고, 효율적이고 확장 가능한 네트워크 설계 방식을 학습해야 한다.

Deep Residual Learning for Image Recognition[44]

이 논문은 깊은 신경망 학습 시 발생하는 기울기 소실 문제를 해결하기 위해 잔차 연결을 도입한 ResNet을 소개한다. ResNet은 네트워크의 계층을 깊게 쌓아도 학습이 원활하게 이루어지도록 설계되어, 딥러닝 모델의 성능을 획기적으로 향상시켰다. 데이터 사이언티스트는 이 논문을 통해 잔차 연결의 작동 원리를 이해하고, 깊은 신경망 학습의 안정성을 확보하는 방법을 익혀야 한다.

Faster R-CNN: Towards Real-Time Object Detection with Region Proposal Networks[45]

43 https://arxiv.org/abs/1905.11946
44 https://arxiv.org/abs/1512.03385
45 https://arxiv.org/abs/1506.01497

이 논문은 객체 탐지 속도를 향상시키기 위해 RPN(Region Proposal Network)을 도입한 Faster R-CNN을 소개한다. RPN은 이미지에서 객체 후보 영역을 효율적으로 생성하여 객체 탐지 속도를 크게 향상시켰다. 데이터 사이언티스트는 이 논문을 통해 객체 탐지의 기본 개념과 RPN의 작동 원리를 이해하고, 2단계 객체 탐지 모델의 대표적인 예시를 학습해야 한다.

YOLOv3: An Incremental Improvement[46]

이 논문은 객체 탐지 속도를 더욱 향상시키기 위해 단일 단계(one-stage) 객체 탐지 모델인 YOLOv3를 소개한다. YOLOv3는 이미지를 한 번만 보고 객체를 탐지하여 실시간 객체 탐지에 적합하다. 데이터 사이언티스트는 이 논문을 통해 단일 단계 객체 탐지의 개념을 이해하고, 속도와 정확도 사이의 균형을 맞추는 방법을 학습해야 한다.

An Image is Worth 16x16 Words: Transformers for Image Recognition at Scale[47]

이 논문은 트랜스포머 아키텍처를 이미지 인식 분야에 적용한 ViT를 소개한다. ViT는 이미지를 패치 단위로 분할하고, 각 패치를 트랜스포머의 입력으로 사용하여 이미지 전체의 문맥 정보를 효과적으로 학습한다. 데이터 사이언티스트는 이 논문을 통해 ViT의 기본 구조와 작동 방식을 이해하고, 트랜스포머 아키텍처가 컴퓨터 비전 분야에서 장거리 의존성을 효과적으로 모델링하고 새로운 표현 학습의 가능성을 제시한다는 점을 학습해야 한다.

Generative Adversarial Networks[48]

이 논문은 생성자와 판별자라는 두 개의 신경망을 경쟁적으로 학습시켜 이미지, 비디오, 오디오 등 다양한 데이터를 생성하는 GAN을 소개한다. GAN은 데이터 증강, 이미지 편집, 새로운 콘텐츠 생성 등 다양한 분야에 활용될 수 있다. 데이터 사이언티스트는 논문을 통해 GAN의 기본 원리를 이해하고, 생성 모델의 방식을 이해해야 한다.

Learning Transferable Visual Models From Natural Language Supervision[49]

46 https://arxiv.org/abs/1804.02767
47 https://arxiv.org/abs/2010.11929
48 https://arxiv.org/abs/1406.2661
49 https://arxiv.org/abs/2103.00020

이 논문은 텍스트와 이미지를 연결하여 다양한 시각적 개념을 학습하고, 제로샷(zero-shot) 이미지 분류가 가능한 CLIP을 소개한다. CLIP은 사전 학습된 모델을 활용하여 새로운 데이터에 대한 적응력을 높인다. 데이터 사이언티스트는 논문을 통해 멀티모달 학습의 개념을 이해하고, 텍스트와 이미지를 함께 활용하여 컴퓨터 비전 모델의 성능을 향상시키는 방법을 학습해야 한다.

High-Resolution Image Synthesis with Latent Diffusion Models[50]

이 논문은 잠재 공간에서 확산 과정을 통해 고품질 이미지를 생성하는 디퓨전 모델을 소개한다. 디퓨전 모델은 텍스트 설명을 기반으로 이미지를 생성하는 텍스트-투-이미지(text-to-image) 생성 모델로, 예술, 디자인, 엔터테인먼트 등 다양한 분야에 활용된다. 데이터 사이언티스트는 이 논문을 통해 확산 모델의 작동 방식과 GAN 모델과의 차이점을 학습해야 한다.

4.3.6 주요 라이브러리 및 도구

지금까지 주요 컴퓨터 비전 모델과 핵심 논문들을 살펴봤다. 이제 이러한 지식을 바탕으로 실제 이미지 데이터를 분석하고 모델을 구축하기 위해 데이터 사이언티스트가 숙지해야 할 필수 라이브러리 및 도구를 소개하겠다.

OpenCV[51]는 이미지 입출력, 필터링, 객체 검출 등 기초부터 고급까지 다양한 이미지 처리 기능을 제공하는 범용 라이브러리다. 이미지 읽기/쓰기, 필터링, 기본적인 객체 검출 및 고급 이미지 처리 기능 등 다양한 기능을 제공하며, 컴퓨터 비전 분야의 입문자가 가장 먼저 접해야 할 도구다. 사용법이 비교적 간단하며, 다양한 튜토리얼과 자료가 제공되어 학습이 용이하다.

50 https://arxiv.org/abs/2112.10752
51 https://opencv.org/

Scikit-image[52]는 이미지 분할, 윤곽선 추출, 측정 등 과학 및 기술용 이미지 분석 작업에 적합한 고수준 API를 제공한다. 이미지 분할, 특징 추출 등 과학적 분석에 필요한 복잡한 이미지 분석 작업을 수행할 수 있으며, NumPy와의 호환성이 좋아 사용하기 편리하다.

Albumentations[53]는 이미지 데이터 증강을 위한 라이브러리로, 딥러닝 모델의 성능 향상에 필수적이다. 다양한 이미지 변환 기법을 쉽게 적용할 수 있으며, 직관적인 API를 통해 데이터 증강 과정을 효율적으로 관리할 수 있다.

TIMM[54]은 PyTorch 기반의 이미지 분류 모델 라이브러리로, 다양한 최신 모델 아키텍처를 제공한다. 사전 학습된 모델을 활용하여 전이 학습을 빠르게 수행할 수 있으며, 모델 개발 시간을 단축하고 성능을 향상시키는 데 유용하다. 딥러닝 모델 구축 경험이 있는 사용자에게 적합하다.

MMDetection[55]은 OpenMMLab에서 개발한 객체 검출 도구 박스로, 다양한 객체 검출 모델, 학습 전략, 데이터세트를 제공한다. 유연한 구조와 쉬운 확장이 가능하며, 연구 개발뿐만 아니라 실무에서도 널리 사용된다. 객체 검출 분야에 대한 심도 있는 이해가 필요하며, 고급 사용자를 위한 도구다.

FiftyOne[56]은 이미지 및 비디오 데이터세트를 시각화하고 분석하기 위한 오픈 소스 도구다. 데이터세트의 오류를 식별하고, 모델 성능을 평가하며, 데이터 편향을 발견하는 데 유용하다. 데이터 중심 AI 개발에 필수적인 도구로, 모델 개발 전 데이터 품질을 확보하는 데 기여한다. 대규모 데이터세트를 다루는 고급 사용자에게 적합하다.

52 https://scikit-image.org/
53 https://github.com/albumentations-team/albumentations
54 https://github.com/huggingface/pytorch-image-models
55 https://github.com/open-mmlab/mmdetection
56 https://voxel51.com/fiftyone/

4.4 _ 강화 학습

강화 학습(Reinforcement Learning, RL)은 인간의 시행착오 학습 방식을 모방하여 에이전트(agent)가 환경(environment)과의 상호작용을 통해 최적의 행동 전략을 스스로 학습하도록 하는 기술 분야다. 상호작용 데이터는 순차적 의사결정의 대표적인 형태로, 다양한 상태(state), 행동(action), 보상(reward) 등 복잡한 순환적 구조를 담고 있다. 이러한 복잡성 때문에 강화 학습은 데이터 사이언스 분야에서 고도의 전문성과 특화된 접근 방식을 요구한다. 강화 학습 기술은 크게 가치 기반 학습과 정책 기반 학습으로 나눌 수 있다.

가치 기반 학습(value-based learning)은 특정 상태에서 기대되는 총 보상을 예측하는 **가치 함수(value function)**를 학습하는 과정이다. 대표적으로 Q-러닝(Q-Learning), SARSA 등의 알고리즘이 이에 해당한다. **정책 기반 학습(policy-based learning)**은 주어진 상태에서 어떤 행동을 선택할 확률을 나타내는 정책(policy)을 직접 학습하는 기술로, 정책 경사(policy gradient), 액터-크리틱(actor-critic) 등이 이에 속한다.

최근 심층 신경망 기술의 발전은 강화 학습 분야에 큰 변화를 가져왔다. 특히, **심층 Q-신경망(Deep Q-Network, DQN)** 기반 모델은 기존의 테이블 기반 방식의 한계를 뛰어넘어 더욱 복잡한 환경에서의 학습을 가능하게 했다. 또한, 생성적 적대 신경망(GAN) 기반 모델들은 기존의 지도 학습 기반 방법들의 한계를 극복하고, 더욱 창의적인 정책 생성을 이끌었다.

강화 학습 시스템 구축도 앞서 다룬 지도 학습과 비지도 학습 시스템 구축 방식과 유사한 흐름을 가지지만, 몇 가지 중요한 차이점이 존재한다. 지도 학습에서는 정답 레이블이 있는 데이터세트를 사용하여 모델을 학습시키는 데 집중하는 반면, 강화 학습은 에이전트가 환경과의 상호작용을 통해 스스로 데이터를 생성하고 학습한다는 점이 다르다. 비지도 학습 역시 데이터 내의 숨겨진 패턴을 발견하는 데 초점을 맞추지만, 강화 학습은 특정 목표를 달성하기 위한 최적의 행동 전략을 학습한다는 점에서 차별성을 가진다.

또한, 알고리즘 선택에 있어서도 차이가 있다. 지도 학습에서는 분류나 회귀와 같은 명확한 문제 유형에 따라 그에 적합한 알고리즘을 선택하는 방식이 일반적이다. 반면, 강화 학습에서는 문제 정의 자체가 환경과 상호작용을 전제로 하므로 환경의 특성이나 에이전트의 상태 공간, 행동 공간 등을 종합적으로 고려해 알고리즘을 선택해야 한다. 평가 지표 역시 지도 학습의 정확도, 정밀도와 달리, 강화 학습에서는 에피소드(episode)[57]별 보상, 누적 보상 등의 지표를 사용하여 에이전트의 성능을 평가한다.

마지막으로, 강화 학습 시스템은 시뮬레이션 환경과의 실시간 상호작용을 통해 학습을 수행하는 경우가 많다. 따라서 고성능 컴퓨팅 자원뿐만 아니라, 효율적인 데이터 수집 및 처리 파이프라인의 구축이 함께 요구된다.

4.4.1 데이터 전처리

강화 학습의 데이터 획득 및 전처리 과정은 전체 시스템 성능을 좌우하는 중요한 단계다. 순차적 의사결정 데이터는 시뮬레이션 환경, 실제 로봇, 게임 엔진 등 다양한 경로를 통해 수집될 수 있다. 그러나 이러한 데이터는 종종 불완전하거나 편향되어 있고, 표현 스케일도 다양하기 때문에 학습에 알맞게 가공하는 과정이 필요하다.

상태 정규화(state normalization)는 전처리 과정의 첫 단계로, 평균 정규화(mean normalization), 스케일링(scaling) 등을 포함한다. 평균 정규화는 상태 변수들의 평균을 0으로 맞추는 과정이며, 스케일링은 상태 변수들의 범위를 일정한 수준으로 조정하는 과정이다. 이 과정은 데이터의 일관성을 높이고, 후속 학습 단계의 안정성을 향상시키는 데 활용된다. 정규화 과정에서는 다양한 통계적 기법이 사용되며, 상태 변수의 특성에 따라 다양한 정규화 기법이 적용된다.

윈도 필터링(window filtering)은 에이전트가 수집한 경험 데이터나 보상 신호의 특정 시간 구간에 제한된 가중치를 적용하여, 시간 축을 따라 중요한 정보를 강조하거나 노이즈를 억제하는 기법이다. 주로 이동 평균(moving average), 가우시안 필터(gaussian filter) 등과 같이 고정된 시간 창을 사용하는 필터들이 이에 해당한다. 필터의 유형은 환경의 변화 속도나 학습 과정의 시간적 특성에 따라 선택되며, 특정 시간 범위의 학습 신호를 부각하거나 보상의 변동성을 완화하는 데 활용된다.

57 강화 학습 에이전트가 시작 상태에서 목표 상태에 도달하거나 미리 정해진 종료 조건을 만족할 때까지 환경과 상호작용하는 일련의 과정

탐험 노이즈 주입(exploration noise injection)은 에이전트가 탐험(exploration)[58] 과정에서 다양한 행동을 시도하도록 유도하기 위해 의도적으로 노이즈를 추가하는 기법이다. 가우시안 노이즈(gaussian noise), 오른슈타인-울렌벡 노이즈(ornstein-uhlenbeck noise), 매개변수 공간 노이즈(parameter space noise) 등 다양한 방식이 사용된다. 탐험 노이즈 주입은 에이전트가 지역 최적해(local optima)에 갇히는 것을 방지하고, 더 나은 정책을 발견할 수 있도록 탐색 범위를 넓히는 데 활용된다.

특징 추출(feature extraction)은 상태(state)로부터 학습에 유용한 정보를 추출하는 과정이다. 상태 표현 임베딩(state representation embedding), 잠재 변수 모델(latent variable model), 그래프 신경망(graph neural network) 등 다양한 기법이 활용된다. 이러한 방법들은 환경의 구조, 에이전트의 목표, 행동의 결과 등과 관련된 핵심 정보를 효과적으로 표현한다. 특징 추출은 상태 공간의 차원을 줄이고 에이전트가 학습하기 쉬운 표현으로 데이터를 정제하는 데 중요한 역할을 한다.

경험 재현(experience replay)은 에이전트가 경험한 상태, 행동, 보상, 다음 상태의 튜플을 메모리에 저장하고, 이를 학습 과정에서 무작위로 샘플링하여 사용하는 기법이다. 이 방식은 데이터 간 상관성을 줄이고, 샘플 효율(sample efficiency)을 높이는 데 기여한다. 우선순위 경험 재현(prioritized experience replay), 분포적 강화 학습(distributional reinforcement learning), 하인드사이트 경험 재현(Hindsight Experience Replay, HER) 등 다양한 확장 기법이 존재한다. 이러한 기법들은 데이터 활용의 효율성을 높이고, 학습의 안정성을 향상시키는 데 도움이 된다. 특히 희소 보상 환경(sparse reward environment)과 같이 학습이 어려운 상황에서도 효과적인 해결책이 될 수 있다.

전처리된 데이터는 최종적으로 모델이 처리할 수 있는 형태로 변환된다. 이는 상태 표현 벡터를 생성하거나 상태 시퀀스를 입력으로 사용하는 순환 신경망에 적합한 형태로 변환하는 과정을 포함하며, 모델의 구조와 학습 방법에 따라 다양한 형태의 입력 데이터를 사용한다. 최근에는 사전 학습된 모델을 활용하여 특징 추출 및 데이터 변환 과정을 효율화한다. 다음 그림 4.7은 강화 학습 전처리 프로세스를 보여준다.

58 에이전트가 현재까지 경험하지 못한 새로운 상태나 행동을 시도하여 더 나은 보상을 얻을 가능성을 찾는 과정

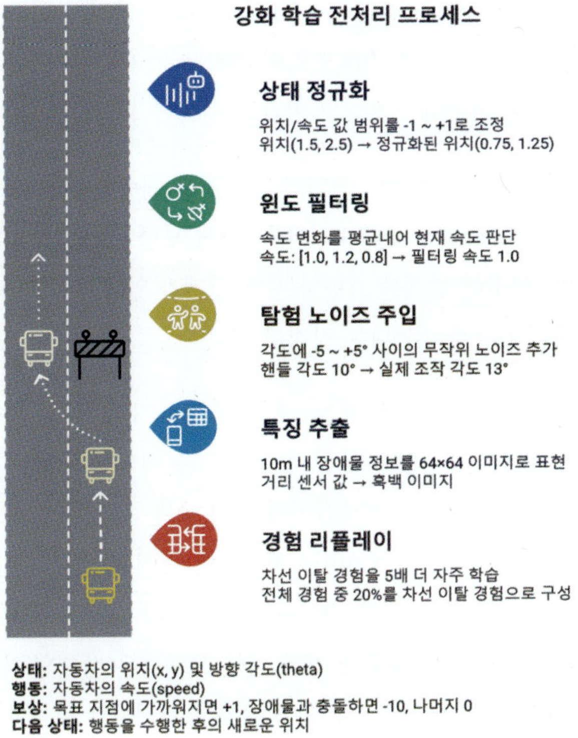

그림 4.7 강화 학습 데이터 전처리 예시

4.4.2 모델 아키텍처

강화 학습 모델 아키텍처는 환경의 특성(environment), 상태 공간(state space), 행동 공간(action space)의 복잡성에 따라 다양한 접근 방식을 요구한다. 간단한 테이블 기반 모델부터 복잡한 심층 신경망 기반 모델까지 선택의 폭이 넓으며, 각각의 접근 방식은 특정 요구 사항과 제약 조건에 따라 적절히 활용된다. 모델 설계 단계에서는 문제 정의, 환경의 역동성, 컴퓨팅 자원, 성능 요구 사항 등을 종합적으로 고려하여 최적의 모델 구조를 선택하는 것이 중요하다.

테이블 기반 모델은 가장 기본적인 접근 방식으로, Q-테이블(Q-table)을 사용하여 각 상태-행동 쌍에 대한 가치(value)를 저장한다. Q-테이블은 각 상태에서 최적의 행동을 선택하는 데 사용되며, 환경이 작고 단순한 경우에 효과적이다. 하지만 상태 공간이나 행동 공간이 커질수록 메모리 사용량이 기하급수적으로 증가하는 단점이 있다. 이러한 모델들은 구현이 간단하고, 비교적 적은 계산 자원으로도 빠르게 처리할 수 있다는 장점을 가진다. 일부 제한적인 환경에서는 여전히 사용되고 있다.

선형 모델은 상태와 행동을 선형적으로 결합하여 가치를 예측하는 모델로, 선형 함수 근사(linear function approximation)가 대표적이다. 선형 모델은 테이블 기반 모델보다 일반화 능력이 뛰어나지만, 복잡한 관계를 표현하는 데 한계가 있다. 이 모델은 어느 정도의 복잡성을 가지면서도 해석 가능성이 높다는 장점이 있다.

심층 신경망 기반 모델은 복잡한 상태 공간과 행동 공간을 처리하고, 이들 사이의 비선형적인 관계를 효과적으로 학습할 수 있도록 한다. 가장 기본적인 구조로는 완전 연결 신경망(Fully Connected Neural Network, FNN)이 있으며, 이는 상태를 입력으로 받아 각 행동에 대한 가치를 출력한다. 입력 상태가 이미지처럼 공간적인 구조를 가질 경우에는 합성곱 신경망(CNN)이 주로 사용되며, 시계열 데이터처럼 시간적 순서가 중요한 경우에는 순환 신경망(RNN)이 사용된다. 이러한 심층 신경망 기반 모델들은 상태의 계층적 표현을 학습함으로써 복잡한 환경으로부터 다양한 수준의 특징을 효과적으로 추출할 수 있다.

어텐션 기반 모델은 상태나 행동 중 중요한 요소에 집중할 수 있도록 하는 메커니즘을 제공한다. 어텐션 메커니즘은 입력 상태의 각 부분에 대한 중요도를 학습하며, 이를 통해 모델은 중요한 정보에 집중하여 더욱 정확한 예측을 수행할 수 있다. 예를 들어, 트랜스포머는 셀프 어텐션 메커니즘을 사용하여 상태 시퀀스의 각 요소 간의 관계를 모델링하고, 이를 통해 장기 의존성 문제를 해결할 수 있다. 이러한 모델은 복잡한 환경에서 에이전트가 장기적인 계획을 세우는 데 효과적이다.

트랜스포머 모델은 강화 학습 분야에서도 강력한 성능을 보여준다. 트랜스포머 기반 에이전트는 상태 시퀀스를 입력으로 받아 정책(policy)이나 가치 함수(value function)를 예측하고, 이를 통해 복잡한 의사결정 문제를 해결한다. 예를 들어, 심층 결정적 정책 그래디언트(Deep Deterministic Policy Gradient, DDPG)에 트랜스포머를 결합하여 연속적인 행동 공간(continuous action space)에서 고성능을 달성할 수 있다. 트랜스포머 기반 모델들은 다양한 작업에서 높은 성능을 달성하고 있다.

생성 모델은 에이전트가 새로운 상태를 상상하거나 미래 상태를 예측하는 데 사용된다. 변분 오토인코더(VAE)는 상태 공간의 확률 분포를 학습하여 다양한 상태를 생성하고, 생성적 적대 신경망(GAN)은 실제 상태와 유사한 가상 상태를 생성하는 데 사용된다. 이러한 생성 모델들은 에이전트가 탐험을 통해 더 많은 경험을 쌓도록 돕고, 모델 기반 강화 학습(model-based reinforcement learning)에서 활용된다.

계층적 강화 학습 모델은 복잡한 문제를 여러 개의 하위 문제로 분할하여 해결하는 구조를 가진다. 이러한 모델은 상위 레벨에서는 장기적인 목표를 설정하고, 하위 레벨에서는 단기적인 행동을 수행하며, 이를 통해 에이전트는 복잡한 환경에서 효율적으로 학습할 수 있다. 예를 들어, 옵션(option) 아키텍처는 여러 개의 하위 정책(sub-policy)을 학습하고, 상위 레벨에서는 어떤 옵션을 선택할지 결정한다.

이처럼 모델의 성능을 극대화하기 위해서는 단순히 아키텍처를 설계하는 것뿐만 아니라, 보상 함수(reward function), 탐험 전략(exploration strategy), 할인율(discount factor) 등의 요소도 중요하다. 예를 들어, 희소 보상 환경(sparse reward environment)에서는 하인드사이트 경험 재현(HER)과 같은 기술을 사용하여 학습 효율성을 높일 수 있다. 다음 그림 4.8은 모델 아키텍처 선택 방법을 정리한 것이다.

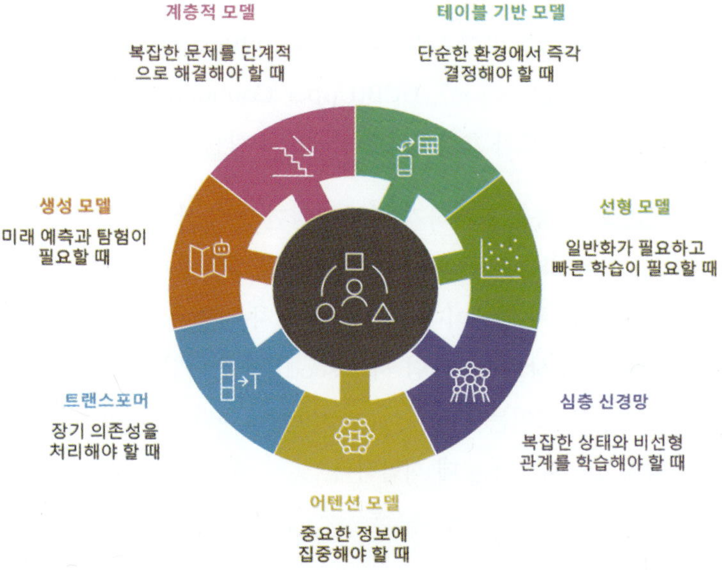

그림 4.8 강화 학습 모델 아키텍처 선택 방법

4.4.3 모델 학습 및 평가

강화 학습 모델의 학습 및 성능 측정은 실제 환경에서의 성공적인 활용을 위한 핵심 단계다. 학습 데이터를 효율적으로 활용해 에이전트를 구축하고, 다양한 평가 지표를 사용하여 성능을 객관적으로 측정하는 것이 중요하다. 실제 환경에 에이전트를 적용하기 위해서는 충분한 검증과 최적화가 필수적이며, 지속적인 개선 과정을 통해 더욱 정확하고 신뢰성 있는 결과를 얻을 수 있다.

앞선 모델 아키텍처 선택 과정에서는 해결해야 할 문제의 특성과 환경의 속성을 고려하여 적절한 접근 방식을 선택했다. 간단한 Q-테이블 기반 에이전트에서부터 복잡한 심층 신경망 기반 에이전트에 이르기까지 다양한 옵션이 존재하며, 문제 정의, 환경의 역동성(불확실성, 상태 변화 빈도 등), 계산 자원, 성능 요구사항 등을 종합적으로 검토하여 최적의 아키텍처를 결정하게 된다. 특히, 선택된 에이전트가 다양한 환경 변화(초기 상태, 외부 요인, 노이즈)에 강건하게 작동하도록 설계하는 데 중점을 두어야 한다.

에이전트 학습 과정에서는 학습률(learning rate), 할인율(discount factor), 탐험률(exploration rate) 등의 하이퍼파라미터 설정이 중요한 역할을 한다. **타깃 네트워크(target network)**[59]는 학습의 안정성을 높이고 발산을 방지하는 데 도움을 주며, **경험 재현(experience replay)**[60]을 통해 샘플 간의 상관관계를 줄이고 데이터 효율성을 높일 수 있다. 이와 더불어, 환경의 특성에 맞게 보상 함수(reward function)를 설계하고, ε-greedy, 볼츠만 탐색(boltzmann exploration), UCB(Upper Confidence Bound)와 같은 다양한 탐험 전략을 적용하여 에이전트가 효과적으로 탐색하고 학습할 수 있도록 해야 한다.

또한, 에이전트의 일반화 성능을 평가하기 위해 다양한 초기 상태나 환경 설정을 사용한 반복 실험이 활용된다. 강화 학습은 에이전트가 환경과 상호작용하며 학습하는 방식이므로, 전통적인 의미의 K-폴드 교차 검증이나 시간 기반 교차 검증은 일반적으로 적용하기 어렵다. 대신, 환경의 난이도, 보상 구조, 랜덤 시드(seed) 등을 다양화하여 에이전트가 새로운 환경에서도 일관된 성능을 보이는지 평가하는 것이 중요하다. 이러한 방식은 강화 학습의 일반화 능력을 실험적으로 검증하는 데 적합하다.

59 학습 안정성을 위해 학습 중인 Q 네트워크와 분리되어 업데이트 빈도를 늦춘 별도의 Q 네트워크

60 에이전트의 경험(상태, 행동, 보상, 다음 상태)을 저장해두었다가 무작위로 샘플링하여 학습에 사용하는 기법

에이전트 평가에서는 문제 유형에 따라 다양한 성능 지표가 활용된다. **제어 문제(control problem)**에서는 누적 보상(cumulative reward), 에피소드 길이(episode length), 성공률(success rate)이 주요 지표로 사용되며, 학습 곡선(learning curve)을 활용하면 에이전트의 학습 진행 상황을 시각적으로 분석할 수 있다. 탐색 문제(search problem)에서는 목표 달성 시간(goal reaching time), 경로 길이(path length), 방문 횟수(visit count) 등이 성능 지표로 사용된다.

모방 학습(imitation learning) 모델의 경우, 전문가 데이터(expert data)와의 행동 유사도(behavioral similarity), 상태 방문 빈도(state visitation frequency) 등을 평가하여 에이전트가 전문가의 행동을 얼마나 잘 모방하는지 평가할 수 있다. 또한, 생성 모델의 성능을 평가하기 위해서는 생성된 상태의 현실성(realism), 다양성(diversity), 제어 가능성(controllability) 등을 평가하는 것이 중요하다.

4.4.4 핵심 모델

효율적인 **순차적 의사결정(sequential decision making)**과 에이전트의 효과적인 활용을 위해서는 강화 학습 모델에 대한 깊이 있는 이해가 필요하다. 상태, 행동, 보상 등 다양한 종류의 상호작용 정보는 강화 학습 모델을 통해 새로운 의미를 부여받고 활용 가능성이 극대화된다.

이번 절에서는 데이터 사이언스 관점에서 강화 학습 모델을 체계적으로 학습하기 위한 로드맵을 제시한다. 강화 학습 기술은 게임, 로봇 제어, 자원 관리 등 다양한 응용 분야를 가지고 있으며, 각 분야에서 사용되는 모델의 특징을 이해하는 것이 중요하다. 테이블 기반 모델부터 최신 심층 강화 학습 기반 모델까지, 각 모델의 원리를 파악하고 활용 방안을 모색할 수 있도록 안내한다.

본론에서는 전통적인 강화 학습 모델에서 최신 심층 강화 학습 기반 모델까지 핵심적인 내용을 간략하게 소개한다. 각 모델의 기본 원리, 장단점, 활용 사례를 중심으로 설명하여 독자들이 실질적인 문제 해결 능력을 키울 수 있도록 돕고자 한다.

테이블 기반 모델

테이블 기반 모델은 상태 공간과 행동 공간이 작고 이산적인 경우에 적합한 방법이다. 이러한 모델들은 상태-행동 쌍에 대한 가치(value)를 테이블 형태로 저장하고, 이를 기반으로 최적의 행동을 선택한다. 대표적인 모델로는 Q-러닝, SARSA 등이 있다.

Q-러닝(Q-Learning)은 에이전트가 환경과의 상호작용을 통해 관찰한 상태-행동(state-action) 쌍에 대한 Q값(Q-value)을 갱신함으로써 최적 정책(optimal policy)을 학습하는 강화 학습 기법이다. 이 알고리즘은 모델이 필요 없는(model-free) 방식으로, 환경의 동적 모델을 구축하지 않고도 학습을 수행할 수 있다. 또한 Q-러닝은 정책 외(off-policy) 학습 방법이므로 에이전트가 실제 따르는 정책과 다른 전략으로 수집된 데이터를 사용해 학습을 진행할 수 있다.

SARSA(State-Action-Reward-State-Action)는 에이전트가 실제로 수행한 행동에 따라 Q-값을 업데이트하는 방식으로, Q-러닝과 유사하지만 현재 정책 기반(on-policy) 학습을 수행한다. 즉, 현재 정책에 따라 수집된 데이터만을 사용하여 학습한다. SARSA는 Q-러닝보다 안정적인 학습이 가능하지만, 최적의 정책으로 수렴하는 속도가 느릴 수 있다.

이러한 테이블 기반 모델들은 강화 학습의 기본적인 개념을 이해하는 데 도움을 주며, 간단한 환경에서 효과적으로 작동한다.

함수 근사 기반 모델

함수 근사 기반 모델은 상태 공간이나 행동 공간이 크거나 연속적인 경우에 적합한 방법이다. 이러한 모델들은 상태나 행동을 입력으로 받아 가치나 정책을 예측하는 함수를 학습한다. 대표적인 모델로는 선형 함수 근사, 타일 코딩 등이 있다.

선형 함수 근사(linear function approximation)는 상태나 행동을 선형적으로 결합하여 가치를 예측하는 함수를 학습하는 방법이다. 선형 함수 근사는 테이블 기반 모델보다 일반화 능력이 뛰어나지만, 복잡한 관계를 표현하는 데 한계가 있다.

타일 코딩(tile coding)은 상태 공간을 여러 개의 타일로 분할하고, 각 타일에 해당하는 특징을 사용하여 가치를 예측하는 방법이다. 타일 코딩은 선형 함수 근사보다 더 복잡한 관계를 표현할 수 있으며, 다양한 환경에서 효과적으로 작동한다.

함수 근사 기반 모델들은 상태 공간과 행동 공간이 큰 경우에도 효율적으로 학습할 수 있으며, 테이블 기반 모델의 한계를 극복하는 데 도움을 준다.

심층 강화 학습 기반 모델

심층 강화 학습(Deep Reinforcement Learning, DRL) 모델은 심층 신경망을 사용하여 가치 함수(value function)나 정책 함수(policy function)를 학습하는 방법이다. 심층 강화 학습 모델은 복잡한 상태 공간과 행동 공간을 처리하고, 비선형적인 관계를 학습할 수 있으며, 다양한 환경에서 뛰어난 성능을 보인다. 대표적인 모델로는 DQN, DDPG 등이 있다.

DQN(Deep Q-Network)은 Q-러닝과 심층 신경망을 결합한 모델로, 고차원 상태 공간(예: 이미지 등)을 입력으로 받아 행동에 대한 Q-값을 예측한다. DQN은 경험 재현(experience replay)과 타깃 네트워크(target network)를 사용하여 학습의 안정성을 높였다. DQN은 아타리 게임(atari games)[61]과 같은 복잡한 환경에서 인간 수준의 성능을 보여주었다.

DDPG(Deep Deterministic Policy Gradient)는 연속적인 행동 공간에서 작동하는 액터-크리틱(Actor-Critic) 방식의 모델이다. DDPG는 연속 행동 공간에서 결정적인 정책(deterministic policy)을 학습하는 액터(actor)와 해당 정책의 가치 함수를 평가하는 크리틱(critic)으로 구성된다. DDPG는 로봇 제어와 같은 연속적인 행동 공간을 가진 환경에서 효과적으로 작동한다.

A3C(Asynchronous Advantage Actor-Critic)는 여러 개의 에이전트가 병렬적으로 환경과 상호작용하며 학습하는 모델이다. A3C는 비동기 방식으로 학습을 수행하여 학습 속도를 높이고, 다양한 탐험을 통해 더 나은 정책을 학습할 수 있다. A3C는 복잡한 3차원 환경에서 뛰어난 성능을 보여주었다.

심층 강화 학습 모델들은 복잡한 환경에서 인간 수준의 성능을 달성하고, 다양한 응용 분야에서 활용되고 있다.

61 고전 비디오 게임으로 구성된 벤치마크 환경으로, 강화 학습 알고리즘의 성능을 평가하는 데 널리 사용된다.

정책 경사 기반 모델

정책 경사(policy gradient) 기반 모델은 정책 함수를 직접적으로 학습하는 방법이다. 이러한 모델들은 정책의 성능을 나타내는 목적 함수를 정의하고, 경사 상승법(gradient ascent)을 사용하여 정책을 최적화한다. 대표적인 모델로는 REINFORCE, PPO 등이 있다.

REINFORCE는 에피소드(episode)가 끝난 후에 전체 에피소드에 대한 보상을 기반으로 정책을 업데이트하는 방식이다. REINFORCE는 구현이 간단하지만, 분산이 높아 학습이 불안정할 수 있다.

PPO(Proximal Policy Optimization)는 신뢰 영역 최적화(trust region optimization) 기법을 사용하여 정책을 업데이트하는 방식이다. PPO는 정책의 변화량을 제한하여 학습의 안정성을 높이고, 다양한 환경에서 효과적으로 작동한다.

정책 경사 기반 모델은 연속적인 행동 공간을 효과적으로 처리할 수 있어, 로봇 제어와 같은 복잡한 제어 문제에 주로 활용된다. 이러한 방식은 확률적 정책을 직접 최적화하며, 다양한 환경에서도 안정적인 학습이 가능하다는 장점이 있다.

모델 기반 강화 학습 모델

모델 기반 강화 학습(model-based reinforcement learning) 모델은 환경의 모델을 학습하고, 학습된 모델을 사용하여 정책을 계획하거나 가치를 예측하는 방법이다. 이러한 모델들은 샘플 효율성(sample efficiency)이 높고, 다양한 환경에서 빠르게 학습할 수 있다는 장점이 있다. 대표적인 모델로는 Dyna, AlphaZero 등이 있다.

Dyna는 실제 환경에서 얻은 경험과 학습된 모델을 사용하여 가치를 업데이트하는 모델이다. Dyna는 모델의 정확도를 높이고, 샘플 효율성을 향상시킬 수 있다.

AlphaZero는 오직 게임 규칙만을 바탕으로 스스로 게임을 플레이하며 학습하는 모델이다. AlphaZero는 몬테카를로 트리 탐색(Monte Carlo Tree Search, MCTS)[62]과 심층 신경망을 결합하여 뛰어난 성능을 보여주었다. AlphaZero는 체스(chess), 쇼기(shogi), 바둑(go)과 같은 게임에서 인간 최고 수준의 실력을 능가했다.

---

62 무작위 시뮬레이션을 통해 최적의 행동을 결정하는 탐색 알고리즘으로, 게임 AI, 전략 게임 등에서 주로 사용한다.

모델 기반 강화 학습 모델들은 샘플 효율성이 높고, 다양한 환경에서 빠르게 학습할 수 있으며, 게임과 같은 분야에서 뛰어난 성능을 보여주고 있다.

멀티 에이전트 강화 학습 모델

멀티 에이전트 강화 학습(Multi-Agent Reinforcement Learning, MARL) 모델은 여러 개의 에이전트가 동시에 환경과 상호작용하며 학습하는 방법이다. 이러한 모델들은 경쟁(competition)과 협력(cooperation)이라는 두 가지 주요한 상호작용 방식을 가지며, 게임, 로봇 제어, 자원 관리 등 다양한 분야에서 활용될 수 있다. 대표적인 모델로는 MADDPG, QMIX 등이 있다.

MADDPG(Multi-Agent Deep Deterministic Policy Gradient)는 중앙 집중식 학습과 분산 실행(centralized training with decentralized execution) 방식을 사용하여 여러 개의 에이전트가 협력적인 행동을 학습하도록 돕는다. MADDPG는 각 에이전트가 다른 에이전트의 행동을 관찰하고, 이를 기반으로 자신의 정책을 업데이트한다.

QMIX는 여러 개의 에이전트가 각각의 Q-값을 계산하고, 이를 혼합하여 전체 시스템의 Q-값을 예측하는 모델이다. QMIX는 각 에이전트의 독립적인 학습을 가능하게 하면서도, 전체 시스템의 협력적인 행동을 유도할 수 있다.

멀티 에이전트 강화 학습 모델은 여러 에이전트 간의 복잡한 상호작용을 모델링하며, 다양한 응용 분야에서 활용될 수 있다. 이러한 강화 학습 모델들을 효과적으로 활용하기 위해서는 문제의 특성을 정확히 파악하고, 데이터의 특성에 맞는 적절한 모델을 선택하는 것이 중요하다. 또한, 모델의 성능을 최적화하기 위해서는 보상 함수 설계, 탐험 전략, 하이퍼파라미터 튜닝 등 다양한 요소들을 종합적으로 고려해야 한다.

4.4.5 필수 논문

지금까지 테이블 기반 모델부터 최첨단 심층 강화 학습 모델까지 다양한 모델을 살펴봤다. 이러한 모델들을 이해하는 것은 순차적 의사결정 문제를 해결하고, 에이전트를 개발하는 데 필수적이며, 데이터 사이언티스트는 각 모델의 강점과 응용 분야를 이해하고 문제에 맞는 최적의 모델을 선택해야 한다.

이제 이러한 모델들의 심층적인 이론적 토대를 이해하고 실제 시스템 구축 역량을 강화하기 위해 데이터 사이언티스트가 반드시 이해해야 할 주요 논문들을 간략하게 소개한다. 각 논문은 강화 학습 기술 발전의 핵심이며, 모델 설계 및 개선에 필요한 인사이트를 제공한다.

Playing Atari with Deep Reinforcement Learning[63]

이 논문은 심층 신경망과 Q-러닝을 결합한 DQN을 소개한다. DQN은 Q-값을 테이블 형태로 저장하는 기존의 Q-러닝 방식으로는 풀 수 없었던 복잡한 환경에서 인간 수준의 제어 능력을 보여주며 심층 강화 학습의 포문을 열었다. 데이터 사이언티스트는 이 논문을 통해 DQN의 기본 구조와 작동 방식을 이해하고, 경험 재현과 타깃 네트워크와 같은 핵심 기법을 학습해야 한다.

Continuous control with deep reinforcement learning[64]

이 논문은 연속적인 행동 공간에서 작동하는 액터-크리틱 방식의 모델인 DDPG(Deep Deterministic Policy Gradient)를 소개한다. DDPG는 결정적인 정책을 학습하는 액터와 가치 함수를 학습하는 크리틱으로 구성되어 있으며, 로봇 제어와 같은 분야에서 널리 활용된다. 데이터 사이언티스트는 이 논문을 통해 액터-크리틱 방법의 기본 개념과 DDPG의 작동 방식을 이해하고, 연속적인 행동 공간을 다루는 방법을 학습해야 한다.

Asynchronous Methods for Deep Reinforcement Learning[65]

이 논문은 여러 개의 에이전트가 병렬적으로 환경과 상호작용하며 학습하는 A3C를 소개한다. A3C는 비동기 방식으로 학습을 수행하여 학습 속도를 높이고, 다양한 탐험을 통해 더 나은 정책을 학습할 수 있다. 데이터 사이언티스트는 이 논문을 통해 분산 학습의 개념과 A3C의 작동 방식을 이해하고, 학습 속도를 향상시키는 방법을 학습해야 한다.

Proximal Policy Optimization Algorithms[66]

63 https://arxiv.org/abs/1312.5602
64 https://arxiv.org/abs/1509.02971
65 https://arxiv.org/abs/1602.01783
66 https://arxiv.org/abs/1707.06347

이 논문은 정책 경사 방법의 안정성과 성능을 향상시킨 PPO를 소개한다. PPO는 신뢰 영역 최적화 기법을 사용하여 정책의 변화량을 제한하고, 다양한 환경에서 효과적으로 작동한다. 데이터 사이언티스트는 이 논문을 통해 정책 경사 방법의 기본 개념과 PPO의 작동 방식을 이해하고, 학습의 안정성을 확보하는 방법을 학습해야 한다.

Mastering the game of Go with deep neural networks and tree search[67]

이 논문은 심층 신경망과 몬테카를로 트리 탐색을 결합한 AlphaGo를 소개한다. AlphaGo는 바둑에서 인간 최고 수준의 실력을 보여주며, 모델 기반 강화 학습의 가능성을 입증했다. 데이터 사이언티스트는 이 논문을 통해 몬테카를로 트리 탐색과 정책/가치 신경망의 통합 방식, 하이브리드 학습 전략을 이해해야 한다.

Emergence of Locomotion Behaviour in Rich Environments[68]

다양한 지형과 환경에서 걷기, 뛰기, 점프하기 등의 운동 능력을 스스로 학습하는 강화 학습 에이전트를 소개한다. 이 논문은 강화 학습이 복잡한 제어 문제를 해결할 수 있음을 보여주고, 로봇 제어 분야에 큰 영향을 미쳤다. 데이터 사이언티스트는 이 논문을 통해 복잡한 환경에서의 강화 학습 적용 방법을 이해하고, 다양한 운동 능력을 학습하는 방법을 학습해야 한다.

Multi-Agent Actor-Critic for Mixed Cooperative-Competitive Environments[69]

이 논문은 여러 에이전트가 협력하거나 경쟁하는 환경에서 작동하는 MADDPG를 소개한다. MADDPG는 중앙 집중식 학습과 분산 실행 방식을 사용하여 각 에이전트가 다른 에이전트의 행동을 관찰하고, 이를 기반으로 자신의 정책을 업데이트한다. 데이터 사이언티스트는 이 논문을 통해 멀티 에이전트 학습의 개념을 이해하고, 협력적인 행동을 학습하는 방법을 학습해야 한다.

Hindsight Experience Replay[70]

67 https://www.nature.com/articles/nature16961
68 https://arxiv.org/abs/1707.02286
69 https://arxiv.org/abs/1706.05256
70 https://arxiv.org/abs/1707.01495

이 논문은 희소한 보상 환경에서 강화 학습 에이전트의 학습 효율성을 향상시키는 하인드사이트 경험 재현(HER)을 소개한다. HER는 에이전트가 목표를 달성하지 못했을 때에도 목표를 달성한 것처럼 경험을 재구성하여 학습에 활용한다. 데이터 사이언티스트는 이 논문을 통해 희소한 보상 환경에서의 강화 학습 적용 방법을 이해하고, 학습 효율성을 높이는 방법을 학습해야 한다.

4.4.6 주요 라이브러리 및 도구

지금까지 주요 강화 학습 모델과 핵심 논문들을 살펴봤다. 이제 이러한 지식을 바탕으로 실제 순차적 의사결정 문제를 해결하고, 에이전트를 구축하기 위해 데이터 사이언티스트가 숙지해야 할 필수 라이브러리 및 도구를 소개하겠다.

Gymnasium[71]은 강화 학습 환경을 구축하고 실험하는 데 가장 기본적인 라이브러리이다. 다양한 종류의 환경(고전 제어, 아타리 게임, 로봇 시뮬레이션 등)을 제공하며, 에이전트 개발 및 학습 과정을 표준화하는 데 기여한다. 강화 학습 분야의 입문자가 가장 먼저 접해야 할 도구다. 사용법이 비교적 간단하며, 다양한 튜토리얼과 문서가 제공되어 초기 학습에 적합하다.

Stable Baselines3[72]는 PyTorch 기반의 강화 학습 알고리즘 라이브러리로, 다양한 최신 알고리즘을 제공한다. DQN, PPO, A2C 등 다양한 알고리즘을 쉽게 구현하고 실험할 수 있으며, 학습된 에이전트의 성능 비교를 위해 통합된 평가 메커니즘을 제공한다. 딥러닝 모델 구축 경험이 있는 사용자에게 적합하다.

Ray[73]는 분산 컴퓨팅 프레임워크로 강화 학습에서 대규모 시뮬레이션 및 병렬 학습을 효과적으로 수행할 수 있는 프레임워크다. Ray를 사용하면 여러 CPU나 GPU를 활용하여 학습 속도를 높일 수 있으며, 다양한 강화 학습 라이브러리와 통합하여 사용할 수 있다. 고급 사용자를 위한 도구다.

71 https://gymnasium.farama.org/
72 https://stable-baselines3.readthedocs.io/
73 https://www.ray.io/

Unity ML-Agents[74]는 Unity 게임 엔진을 사용하여 강화 학습 환경을 구축하는 데 사용되는 도구이다. Unity ML-Agents를 사용하면 현실감 있는 시뮬레이션 환경을 쉽게 구축할 수 있으며, 다양한 센서 데이터(이미지, 레이저 스캔 등)를 활용하여 에이전트를 학습시킬 수 있다. 로봇 제어, 게임 AI 개발 등 다양한 분야에서 활용된다.

DeepMind Lab[75]은 Google DeepMind에서 개발한 3D 탐험 환경으로, 복잡한 시각적 정보를 처리하고 장기적인 계획을 세우는 능력을 요구하는 환경을 제공한다. DeepMind Lab은 강화 학습 에이전트의 성능을 평가하고 개선하는 데 유용하며, 고급 연구에 적합하다.

4.5 _ 추천 시스템

추천 시스템(Recommender System, RS)은 사용자에게 개인화된 정보나 아이템을 제공하기 위해 사용자-아이템 상호작용 데이터를 기반으로 예측 모델을 구축하는 기술이다. 사용자 행동 데이터는 선호도, 구매 이력, 클릭 및 탐색 패턴 등 다양한 특성을 내포하고 있어 비선형적이고 고차원적인 관계를 형성한다.

이러한 데이터의 복잡성으로 인해 추천 시스템은 정교한 머신러닝 알고리즘과 데이터 분석 기법이 필요하다. 추천 시스템은 사용자 데이터를 효과적으로 활용하기 위해 다양한 접근 방식을 사용한다. 대표적인 추천 방식으로는 크게 **콘텐츠 기반 추천(content-based recommendation)**과 **협업 필터링(collaborative filtering)**으로 구분된다.

콘텐츠 기반 추천은 아이템의 속성을 분석하여 사용자의 과거 선호도와 유사한 아이템을 추천하는 방식이며, 아이템의 특징 추출과 사용자 프로필 생성 과정이 중요하다. 협업 필터링은 명시적 혹은 암묵적 상호작용 데이터를 기반으로 사용자 또는 아이템 간 유사도를 계산하며, 메모리 기반(memory-based) 또는 모델 기반(model-based) 방식으로 구현될 수 있다.

74 https://github.com/Unity-Technologies/ml-agents
75 https://github.com/google-deepmind/lab

이러한 전통적인 기법에 더해, 최근에는 딥러닝 기술이 추천 시스템에 큰 변화를 가져왔다. 특히 임베딩(embedding) 기법은 고차원 희소 데이터를 저차원 밀집 벡터로 변환하여 데이터 처리 효율성을 크게 높였다. 이는 사용자와 아이템 간의 잠재 관계를 보다 깊이 있게 파악할 수 있도록 돕는다. 현대의 추천 시스템은 신경망 기반 모델을 적극적으로 활용하여 개인화된 추천 성능을 극대화하고 있다.

추천 시스템 개발은 단순히 알고리즘을 선택하는 것을 넘어 단계적인 접근이 필요하다. 초기 단계에서는 데이터 수집과 탐색적 데이터 분석(EDA)을 통해 사용자의 행동 패턴과 아이템 정보를 면밀히 파악한다. 이후 데이터 특성과 목표에 적합한 알고리즘을 선택하여 학습시킨 뒤, 검증 데이터로 성능을 평가한다. 이 과정에서 모델 튜닝과 하이퍼파라미터 최적화를 통해 성능을 개선하고, A/B 테스트를 통해 실제 환경에서의 효과를 검증한다.

최근에는 추천 시스템이 보다 개인화된 경험을 제공하기 위해 강화 학습을 활용하는 사례가 늘고 있다. 이를 통해 사용자 피드백을 실시간으로 반영하여 동적인 추천을 제공할 수 있으며, 멀티모달 추천(multi-modal recommendation) 기술은 텍스트, 이미지, 동영상 등 다양한 데이터 소스를 결합해 풍부한 추천을 가능하게 한다. 이러한 최신 기술들은 추천 시스템이 **초 개인화(hyper-personalization)**를 구현하는 핵심 기반이 되고 있다.

4.5.1 데이터 전처리

추천 시스템의 성능을 좌우하는 것은 데이터 수집과 전처리 단계다. 사용자 데이터는 로그 파일, 설문 조사, API 호출 등 다양한 채널을 통해 수집되지만, 이러한 원시 데이터는 불완전하거나 일관성이 부족하며 오류가 포함될 가능성이 매우 높다. 따라서 정확하고 체계적인 전처리 과정이 추천 시스템 구축의 핵심 요소가 된다.

데이터 정제(data cleansing)는 추천 시스템 개발 초기 단계에서 수행되는 작업으로, 결측값, 이상치, 중복 항목 등을 탐지 및 처리하여 데이터 품질을 향상시키는 과정이다. 결측값 처리 방법에는 평균 대체(mean imputation), 회귀 기반 대체, K-NN 기반 대체, 협업 필터링 기반 예측 등 다양한 방법이 있으며, 데이터의 분포 특성과 결측 메커니즘에 따라 적절한 방법을 선택해야 한다. 이상치는 통계적 기준(예: 사분위 범위, 표준편차 임곗값 등)을 활용하여 탐지되며, 평가 항목별로 정의된 규칙 기반 탐지나 밀도 기반 탐지(DBSCAN

등)도 적용될 수 있다. 이러한 전처리 과정은 모델의 예측 정확도와 추천 결과의 신뢰도를 동시에 향상시키는 데 기여한다.

데이터 변환(data transformation)은 추천 시스템에 적합한 형태로 데이터를 변경하는 과정이다. 아이템 카테고리, 사용자 인구 통계 정보처럼 종류가 정해져 있는 범주형 데이터는 원-핫 인코딩 또는 임베딩과 같은 방식으로 변환된다. 평점이나 조회수 같은 수치형 데이터는 최소-최대 스케일링(min-max scaling)이나 표준화를 통해 정규화되며, 이는 서로 다른 척도의 상호작용 데이터를 통합하는 데 필요하다.

특징 추출(feature extraction)은 추천 모델에 유용한 새로운 특징을 생성하는 과정이다. 사용자 행동 로그에서 아이템 체류시간, 장바구니 담기 횟수, 구매 전환율 등의 참여도 지표를 추출할 수 있다. 아이템 설명이나 리뷰 텍스트에서 감성 점수, 키워드, 토픽 등의 콘텐츠 기반 특성을 추출할 수 있다. 이러한 특성들은 추천의 정확도와 다양성을 높이는 데 기여한다.

데이터 축소(data reduction)는 방대한 추천 시스템 데이터를 효율적으로 처리하기 위한 과정이다. 행렬 분해(matrix factorization)나 오토인코더(autoencoder)를 사용하여 희소한 사용자-아이템 상호작용 행렬을 저차원 잠재 공간으로 압축한다. 인기도 기반 샘플링이나 시간 기반 샘플링을 통해 학습 데이터의 양을 조절하며, 이는 모델 학습 속도를 높이고 메모리 사용량을 줄이는 데 도움이 된다.

데이터 분할(data splitting)은 추천 시스템의 성능을 객관적으로 평가하기 위한 과정이다. 시간적 순서를 고려한 분할이 중요하며, 과거 데이터로 학습하고 미래 데이터로 평가하는 방식을 사용한다. 또한 콜드 스타트 문제 해결을 위해 새로운 사용자나 아이템에 대한 평가 세트를 별도로 구성할 수 있다.

데이터 증강(data augmentation)은 추천 시스템의 데이터 희소성 문제를 해결하는 기법이다. 기존 상호작용을 기반으로 유사 사용자나 아이템 간의 새로운 상호작용을 생성하거나 순차적 패턴을 활용하여 다음 아이템 선택을 시뮬레이션할 수 있다. 특히 롱테일(long-tail)[76] 아이템이나 신규 사용자에 대한 추천 성능을 개선하는 데 효과적이다.

76 상호작용 빈도가 낮아 추천 시스템에서 충분한 학습 데이터를 확보하기 어려운 아이템

전처리된 데이터는 최종적으로 다양한 추천 모델의 입력 요구사항에 맞게 변환되어 저장된다. 행렬 분해 모델을 위한 사용자-아이템 평점 행렬, 그래프 신경망을 위한 이분 그래프(bipartite graph) 구조, 또는 컨텍스트 인식 추천을 위한 사용자-아이템-컨텍스트 텐서 형태로 구성될 수 있다. 다음 그림 4.9는 사용자 데이터가 추천 시스템에서 활용 가능한 형태로 전처리되는 예시를 보여준다.

사용자	MovieA	MovieB	MovieC	MovieD
User1	5	4	결측	
User2		3		5
User3	2		1	
User4		5		4

그림 4.9 사용자 데이터 전처리 예시

4.5.2 모델 아키텍처

추천 시스템의 모델 아키텍처는 입력 데이터 형식, 학습 방식, 추천 목표에 따라 구조적으로 정의된다. 이에는 유사도 기반 구조, 행렬 분해 구조, 신경망 기반 구조, 그래프 기반 구조 등이 포함된다. 간단한 규칙 기반 시스템부터 복잡한 딥러닝 모델까지 선택지가 다양하며, 각 접근 방식은 특정 시나리오와 성능 목표에 따라 적합성이 달라진다. 모델 아키텍처 설계 시에는 데이터 희소성, 상호작용 구조의 밀도, 계산 자원 제약, 개인화 강도 등을 고려하여 구조적 적합성이 높은 모델을 선택해야 한다.

규칙 기반 모델은 가장 기본적인 접근 방식으로, 사전 정의된 규칙이나 비즈니스 로직에 따라 추천을 수행한다. 예를 들어, '인기 상품 추천'은 판매량이나 조회수가 높은 상품을 추천하는 방식이다. 한편, '최근 본 상품과 유사한 상품 추천'은 콘텐츠 기반 추천의 일종으로 규칙 기반 추천과는 개념적으로 구분된다. 이러한 모델은 구현이 간단하고 해석 가능성이 높지만, 개인화된 추천에는 한계가 있다.

협업 필터링 모델은 사용자-아이템 상호작용 패턴을 분석하여 추천을 수행한다. 사용자 기반 협업 필터링(user-based collaborative filtering)은 유사한 사용자들이 선호하는 아이템을 추천하는 방식이며, 아이템 기반 협업 필터링(item-based collaborative filtering)은 사용자가 선호하는 아이템과 유사한 아이템을 추천하는 방식이다. 이러한 모델은 사용자 간의 관계나 아이템 간의 관계를 고려하여 추천하지만, 콜드 스타트 문제(cold start problem)에 취약하다는 단점이 있다.

콘텐츠 기반 필터링 모델은 아이템의 속성을 분석하여 사용자의 선호도에 맞는 아이템을 추천한다. 예를 들어, 영화 추천 시스템에서 사용자가 특정 장르의 영화를 선호한다면, 해당 장르의 다른 영화를 추천하는 방식이다. 이러한 모델은 콜드 스타트 문제를 해결할 수 있지만, 아이템 속성에 대한 정보가 부족하거나 사용자의 선호도가 명확하지 않은 경우에는 성능이 저하될 수 있다.

하이브리드 모델은 협업 필터링, 콘텐츠 기반 필터링, 그리고 다른 추천 기법들을 결합하여 사용하는 방식이다. 이러한 모델은 각 방법의 장점을 활용하고 단점을 보완하여 추천 성능을 향상시킬 수 있다. 예를 들어, 협업 필터링과 콘텐츠 기반 필터링을 결합하여 콜드 스타트 문제를 완화하고, 개인화된 추천을 제공할 수 있다.

딥러닝 기반 모델은 신경망을 사용하여 사용자-아이템 상호작용을 모델링하고 추천을 수행한다. 행렬 분해(matrix factorization) 모델은 사용자-아이템 평점 행렬을 저차원 공간으로 임베딩하여 사용자와 아이템 간의 잠재적인 관계를 학습한다. 오토인코더(autoencoder) 모델은 사용자 또는 아이템의 특징을 학습하여 추천을 수행한다. 순환 신경망(RNN) 모델은 사용자의 행동 시퀀스를 모델링하여 다음 행동을 예측하고 추천에 활용한다.

어텐션 메커니즘 기반 모델은 최근 들어 많이 활용되고 있다. 트랜스포머 모델은 셀프 어텐션을 사용하여 사용자-아이템 간의 복잡한 관계를 학습하고, 뛰어난 추천 성능을 보여준다. 또한, 그래프 신경망(GNN) 모델은 사용자-아이템 관계를 그래프 구조로 표현하고, 그래프 합성곱 연산을 통해 추천을 수행한다.

강화 학습 기반 모델은 사용자와의 상호작용을 통해 실시간으로 추천 정책을 학습한다. 이러한 모델은 사용자의 피드백을 활용하여 추천 시스템을 지속적으로 개선할 수 있다. 예를 들어, 사용자가 특정 아이템을 클릭하거나 구매하면 해당 아이템과 유사한 아이템을 더 많이 추천하도록 정책을 조정할 수 있다.

이처럼 추천 시스템의 성능을 극대화하기 위해서는 데이터의 특성, 시스템의 요구 사항, 그리고 사용 가능한 자원을 고려하여 적절한 모델 아키텍처를 선택하는 것이 중요하다. 또한, 모델의 성능을 개선하기 위해 다양한 손실 함수, 정규화 방법, 그리고 최적화 알고리즘을 실험하고 조정하는 것이 필요하다. 다음 그림 4.10은 모델 아키텍처 선택 방법을 정리한 것이다.

그림 4.10 추천 시스템 모델 아키텍처 선택 방법

4.5.3 모델 학습 및 평가

추천 시스템 모델의 학습과 평가는 시스템의 정확도, 관련성, 그리고 사용자 만족도를 향상시키기 위한 기본적인 과정이다. 정제된 데이터를 바탕으로 모델을 학습하고, 다양한 평가 지표를 활용해 성능을 점검하며, 지속적인 개선을 통해 추천 품질을 점차 높여야 한다. 또한, 모델을 실제 서비스에 적용하기 전에는 충분한 검증과 미세 조정 단계를 거치는 것이 바람직하다.

이러한 학습 과정에서 가장 기본이 되는 것은 데이터다. 추천 모델은 사용자-아이템 간의 상호작용 데이터를 바탕으로 학습되며, 이 데이터는 모델의 주요 입력으로 사용된다. 상호작용 데이터는 크게 명시적 피드백과 암묵적 피드백으로 구분할 수 있다.

명시적 피드백(explicit feedback)은 별점, 좋아요/싫어요, 리뷰 평가 등 사용자가 직접적으로 표현한 선호도를 의미하며, 일반적으로 회귀 또는 순위 학습(rank-based learning) 방식으로 처리된다. 반면, **암묵적 피드백**(implicit feedback)은 클릭, 시청 시간, 구매 이력 등과 같이 사용자의 자연스러운 행동 데이터를 포함하며, 이진 또는 카운트 형태로 수집된다. 암묵적 피드백은 노이즈가 내재되어 있어 특별한 정규화 및 샘플링 기법이 요구되며, 실제 서비스 환경에서는 명시적 피드백보다 훨씬 더 풍부하게 수집되는 경향이 있다.

수집된 데이터를 기반으로 모델 아키텍처를 결정한 후에는 해당 모델을 학습하고 평가하는 단계로 이어진다. 이 과정에서 모델은 사용자-아이템 상호작용 행렬이나 시퀀스 데이터를 입력으로 받아, 손실 함수를 최소화하는 방향으로 파라미터를 최적화한다. 학습 방식은 지도 학습 또는 자가 지도 학습으로 구성되며, 선택한 방식에 따라 입력 데이터와 학습 목표가 달라질 수 있다. 학습률, 정규화 방법, 배치 크기 등의 학습 전략과 적절한 평가 지표의 선택은 모델의 예측 성능과 일반화 능력에 직접적인 영향을 미친다.

평가 단계에서는 모델의 성능을 정확히 측정하기 위해 목적에 맞는 적절한 평가 지표를 선택하는 것이 중요하다. 추천 시스템에서 흔히 사용되는 평가 지표로는 Precision@K, Recall@K, F1-score@K, 그리고 NDCG@K 등이 있다. 이러한 지표는 추천 시스템이 얼마나 관련성 높은 아이템을 상위 순위에 추천하는지를 측정한다. 한편, 실제 사용자 반응을 반영한 지표로는 클릭률(Click-through Rate, CTR), 전환율(Conversion Rate, CVR), 체류 시간(session duration) 등이 있으며, 주로 사용자 만족도나 실사용 성과를 측정하는 데 활용된다. 전체적인 평가는 오프라인 평가와 온라인 평가로 나뉘며, 각 방식은 적용 시점과 목적에 따라 병행되거나 보완적으로 사용된다.

오프라인 평가(offline evaluation)는 과거 데이터를 사용하여 모델의 성능을 평가하는 방법이다. 이 방법은 모델을 실제 사용자에게 노출시키기 전에 빠르게 평가하고 비교할 수 있다는 장점이 있다. 그러나 오프라인 평가는 과거 로그 데이터를 기준으로 학습 및 평가를 수행하며, 평가 지표가 유사성 기반 순위 평가로 제한될 수 있다. 또한 사용자 반응을 반영하지 못하므로 실제 성능과 괴리가 발생할 수 있다.

이러한 한계를 보완하기 위해 **온라인 평가(online evaluation)**가 활용된다. 온라인 평가는 모델을 실제 사용자에게 노출시키고, 그에 대한 반응을 수집하여 추천 성능을 평가하는 방법이다. 이 중 대표적인 방식인 A/B 테스트는 전체 사용자군을 무작위로 분할한 뒤, 각 그룹에 서로 다른 추천 알고리즘을 적용한다. 그 결과를 바탕으로 클릭률(CTR), 전환율(CVR) 등과 같은 행동 기반 지표를 비교함으로써 알고리즘의 실제 효과를 측정할 수 있다. 온라인 평가는 실제 사용자 행동을 기반으로 하기 때문에 오프라인 평가보다 실효성 있는 결과를 제공하지만, 시스템 구현 비용이 크고, 실험에 일정 기간이 소요된다는 단점이 있다.

평가 과정에서 또 하나 중요한 요소는 모델의 **해석 가능성(interpretability)**이다. 모델이 왜 특정 아이템을 추천했는지 설명할 수 있다면, 사용자의 신뢰를 얻고 시스템의 투명성을 높일 수 있다. 특성 중요도 분석(feature importance analysis)은 모델이 어떤 특성을 중요하게 고려하는지 파악하는 데 도움이 되며, LIME(Local Interpretable Model-agnostic Explanations)[77]과 SHAP(SHapley Additive exPlanations)[78]는 개별 추천에 대한 설명을 제공하는 데 사용될 수 있다.

마지막으로, 이러한 모든 과정은 지속적인 관리와 개선이 필요하다. 모델의 성능을 지속적으로 모니터링하고 개선하기 위해 재학습(retraining) 전략을 수립하는 것이 중요하다. 새로운 데이터가 수집되거나 사용자 행동 패턴이 변화함에 따라 모델의 성능이 저하될 수 있으므로 주기적으로 모델을 재학습하여 최신 상태를 유지해야 한다. 또한, 드리프트 탐지(drift detection)[79] 기법을 사용하여 데이터 분포의 변화를 감지하고, 이에 따라 모델을 적응적으로 업데이트하는 것이 필요하다.

---

77 특정 예측에 대해, 모델 주변의 작은 범위에서 모델을 단순화하여 설명하는 방법이다.

78 게임 이론의 샤플리 값(shapley value) 개념을 사용하여 각 특징이 예측에 미치는 기여도를 설명하는 방법이다. 샤플리 값이란 협력 게임 이론에서 각 참여자가 기여한 공헌도에 따라 공정하게 분배하는 방법을 의미한다.

79 데이터 분포 변화를 감지하여 모델 성능 저하를 방지하는 기술

4.5.4 핵심 모델

추천 시스템 모델을 이해하는 것은 사용자-아이템 상호작용을 기반으로 한 예측 정확도와 개인화 수준을 향상시키기 위해 필요하다. 각 모델은 행렬 분해, 확률 모델, 신경망 구조 등 특정한 수학적 · 통계적 원리에 따라 작동하며, 데이터 사이언티스트는 이러한 작동 원리를 기반으로 모델을 해석하고 성능을 최적화할 수 있어야 한다.

이번 절에서는 데이터 사이언스 관점에서 추천 시스템 모델들을 체계적으로 이해하기 위한 학습 경로를 제시한다. 추천 시스템은 사용자-아이템 상호작용 데이터를 기반으로 개인화된 예측을 수행하는 핵심 기술이며, 전통적인 통계 기반 모델부터 최신 딥러닝 기반 모델에 이르기까지 다양한 구조적 특성과 수학적 기반을 가진다.

본론에서는 대표적인 추천 모델들을 이론적 맥락에서 간략히 조망한다. 각 모델의 기본 작동 원리, 구조적 특징, 적용 조건을 정리함으로써 독자가 다양한 데이터 환경과 문제 유형에 따라 적절한 모델을 선택하고 해석할 수 있는 기반을 제공하는 것을 목표로 한다.

전통적인 추천 시스템 모델

전통적인 추천 시스템 모델은 사용자-아이템 간의 상호작용 데이터를 기반으로 추천을 수행하는 기본적인 모델이다. 이러한 모델들은 주로 행렬 분해(matrix factorization) 기법을 사용하여 사용자와 아이템을 저차원 공간에 임베딩하고, 이를 통해 사용자-아이템 간의 선호도를 예측한다. 대표적인 모델로는 협업 필터링, 행렬 분해, 잠재 의미 분석 등이 있으며, 각 모델은 특정 수학적, 통계적 원리에 기반하여 작동한다.

협업 필터링(collaborative filtering)은 사용자-아이템 간의 상호작용 패턴을 분석하여 추천을 수행하는 방법이다. 사용자 기반 협업 필터링(user-based collaborative filtering)은 유사한 사용자들이 선호하는 아이템을 추천하고, 아이템 기반 협업 필터링(item-based collaborative filtering)은 사용자가 선호하는 아이템과 유사한 아이템을 추천한다.

행렬 분해(matrix factorization)는 사용자-아이템 평점 행렬을 저차원 공간으로 분해하여 사용자와 아이템을 임베딩하는 방법이다. 분해된 행렬을 사용하여 사용자-아이템 간의 선호도를 예측하며, 특잇값 분해(Singular Value Decomposition, SVD), 확률 행렬 분해(Probabilistic Matrix Factorization, PMF) 등이 대표적인 예시다.

잠재 의미 분석(Latent Semantic Analysis, LSA)은 문서-단어 행렬을 특잇값 분해하여 문서와 단어를 저차원 공간에 임베딩하는 방법이다. LSA는 문서 간의 의미적 유사성을 파악하고, 문서 검색 및 추천에 활용될 수 있다.

이처럼 전통적인 추천 시스템 모델은 사용자-아이템 간 상호작용을 기반으로 선호도를 예측하는 데 효과적인 기초 방법으로 자리잡았다. 이후에는 이들을 확장한 통계적 기법과 머신러닝 기반 모델들이 등장하여 보다 정교한 추천이 가능해졌다. 다음 항에서는 이러한 모델들을 중심으로 추천 시스템의 주요 접근 방식을 살펴본다.

통계적 및 머신러닝 기반 추천 시스템 모델

통계적 및 머신러닝 기반 추천 시스템 모델은 전통적인 추천 시스템 모델에서 추출된 특징들을 활용하여 사용자 데이터에 대한 예측 및 분류를 수행한다. 이러한 모델들은 비교적 간단하면서도 효과적인 성능을 보이며, 다양한 추천 시스템 작업에 적용될 수 있다. 대표적인 모델로는 나이브 베이즈, 로지스틱 회귀, 서포트 벡터 머신, 결정 트리 등이 있다.

나이브 베이즈(naive bayes)는 베이즈 정리를 기반으로 사용자-아이템 간의 선호도를 예측하는 확률 모델이다. 각 특징의 독립성을 가정하여 빨리 계산하고 간단하게 구현할 수 있다는 장점이 있다.

로지스틱 회귀(logistic regression)는 로지스틱 함수를 사용하여 사용자-아이템 간의 선호도를 예측하는 모델이다. 모델의 해석이 용이하고, 과대적합을 방지하기 위한 정칙화를 적용하기 쉽다는 장점이 있다.

서포트 벡터 머신(Support Vector Machine, SVM)은 데이터를 고차원 공간으로 매핑하여 최적의 결정 경계(decision boundary)를 찾는 모델이다. 사용자-아이템 특징들을 사용하여 선호도를 분류하며, 높은 성능과 일반화 능력을 제공한다.

결정 트리(decision tree)는 의사결정 규칙을 트리 형태로 표현하여 사용자-아이템 간의 선호도를 예측하는 모델이다. 모델의 해석이 용이하고, 다양한 유형의 데이터에 적용할 수 있다는 장점이 있다.

이러한 통계적 및 머신러닝 기반 모델들은 전통적인 추천 시스템 모델에서 추출된 특징들을 효과적으로 활용하여 사용자 데이터를 분석하고 예측한다. 다음 항에서는 이러한 모델들을 넘어서, 사용자 데이터의 문맥적 의미를 파악하고 복잡한 추천 작업을 수행하는 딥러닝 기반 모델에 대해 알아보자.

딥러닝 기반 추천 시스템 모델

딥러닝 기반 추천 시스템 모델은 대량의 사용자-아이템 상호작용 데이터로부터 복잡한 패턴과 의미를 학습하여 전통적인 모델로는 해결하기 어려웠던 다양한 추천 작업을 수행할 수 있다. 특히 신경망 기반의 모델들은 사용자 임베딩, 아이템 임베딩, 그리고 사용자-아이템 간의 상호작용 모델링에 효과적이다. 대표적인 모델로는 AutoRec, NCF, DeepFM 등이 있다.

AutoRec은 오토인코더를 사용하여 사용자 또는 아이템의 평점 패턴을 학습하는 모델이다. AutoRec은 입력으로 주어진 사용자 또는 아이템의 평점 벡터를 저차원 공간으로 압축하고, 다시 복원하는 과정을 통해 평점 패턴을 학습한다.

NCF(Neural Collaborative Filtering)는 신경망을 사용하여 사용자-아이템 간의 상호작용을 모델링하는 모델이다. NCF는 사용자 임베딩과 아이템 임베딩을 입력으로 받아 다양한 신경망 구조를 통해 상호작용을 예측한다.

DeepFM은 FM(Factorization Machine)과 심층 신경망(DNN)을 결합한 모델이다. DeepFM은 FM을 통해 저차원 특징 간의 상호작용을 학습하고, DNN을 통해 고차원 특징 간의 상호작용을 학습한다.

이러한 딥러닝 기반 모델들은 사용자 데이터의 복잡한 패턴과 의미를 효과적으로 학습하여 다양한 추천 작업에서 뛰어난 성능을 보인다. 다음 항에서는 이러한 모델들을 기반으로 더욱 발전된 어텐션 메커니즘 기반 모델에 대해 알아보자.

어텐션 메커니즘 기반 추천 시스템 모델

어텐션 메커니즘 기반 모델은 사용자 또는 아이템의 특징에 대한 중요도를 학습하고, 이를 기반으로 추천을 수행한다. 어텐션 메커니즘은 사용자 또는 아이템의 특징 중에서 중요한 부분을 강조하고, 중요하지 않은 부분을 무시함으로써 모델의 성능을 향상시킨다. 대표적인 모델로는 DIN, SASRec, 트랜스포머 등이 있다.

DIN(Deep Interest Network)은 사용자의 행동 이력을 기반으로 사용자의 관심사를 학습하는 모델이다. DIN은 어텐션 메커니즘을 사용하여 사용자의 각 행동이 추천 대상 아이템에 얼마나 영향을 미치는지 학습한다.

SASRec(Self-Attentive Sequential Recommendation)은 사용자의 행동 시퀀스를 기반으로 다음 행동을 예측하는 모델이다. SASRec은 셀프 어텐션 메커니즘을 사용하여 사용자 행동 시퀀스 내의 각 행동 간의 관계를 학습한다.

트랜스포머(Transformer)는 셀프 어텐션 메커니즘을 사용하여 사용자-아이템 간의 관계를 모델링하는 모델이다. 트랜스포머는 병렬 처리가 가능하여 학습 속도가 빠르고, 장거리 의존성을 효과적으로 학습할 수 있다는 특징이 있다.

이러한 어텐션 메커니즘 기반 모델들은 사용자 또는 아이템 특징의 중요도를 효과적으로 학습하여 다양한 추천 작업에서 높은 성능을 달성하는 데 기여했다. 다음 항에서는 이러한 모델들을 기반으로 더욱 발전된 그래프 신경망 기반 모델에 대해 알아보자.

그래프 신경망 기반 추천 시스템 모델

그래프 신경망(Graph Neural Network, GNN) 기반 모델은 사용자-아이템 관계를 그래프 구조로 표현하고, 그래프 합성곱 연산을 통해 추천을 수행한다. GNN 기반 모델은 사용자-아이템 간의 연결 관계를 효과적으로 활용하여 추천의 정확도와 다양성을 높일 수 있다. 대표적인 모델로는 GCMC, KGCN 등이 있다.

GCMC(Graph Convolutional Matrix Completion)는 사용자-아이템 평점 행렬을 그래프 구조로 표현하고, 그래프 합성곱 연산을 통해 평점을 예측하는 모델이다. GCMC는 사용자-아이템 간의 관계 정보를 효과적으로 활용하여 평점 예측의 정확도를 높인다.

KGCN(Knowledge Graph Convolutional Networks)은 지식 그래프(knowledge graph)를 활용하여 추천을 수행하는 모델이다. KGCN은 아이템 간의 관계 정보를 지식 그래프로부터 추출하고, 그래프 합성곱 연산을 통해 아이템 표현을 학습한다.

이러한 그래프 신경망 기반 모델들은 사용자–아이템 관계를 그래프 구조로 표현하고, 그래프 합성곱 연산을 통해 추천을 수행한다. GNN 기반 모델은 사용자–아이템 간의 연결 관계를 효과적으로 활용하여 추천의 정확도와 다양성을 높일 수 있다.

이러한 최신 모델들은 사용자 데이터의 복잡한 패턴과 의미를 효과적으로 학습하여 다양한 추천 작업에서 높은 성능을 보이지만, 모델의 크기가 크고 계산 비용이 높다는 단점이 있다. 따라서 데이터 사이언티스트는 문제의 특성과 데이터세트의 규모, 그리고 사용 가능한 컴퓨팅 자원을 고려하여 적절한 모델을 선택해야 한다. 또한 이러한 모델들을 활용하기 위해서는 모델의 구조와 작동 방식에 대한 이해가 필요하며, 미세 조정, 하이퍼파라미터 튜닝 등 다양한 기술을 숙지해야 한다.

4.5.5 필수 논문

지금까지 협업 필터링부터 딥러닝 기반의 추천 시스템까지 다양한 기법들을 살펴봤다. 이러한 기법들을 이해하는 것은 사용자 행동을 분석하고 맞춤형 추천을 제공하는 데 필수적이며, 데이터 사이언티스트는 각 기법의 특성과 한계를 파악하여 최적의 방법을 선택해야 한다.

이제 추천 시스템의 이론적 토대를 깊이 있게 이해하고 실무 적용 능력을 높이기 위해 반드시 읽어야 할 주요 논문들을 소개하겠다. 각 논문은 추천 시스템의 발전 과정에서 중요한 역할을 했으며, 모델의 작동 원리 및 최적화 기법을 익히는 데 핵심적인 지식을 제공한다.

Neural Collaborative Filtering[80]

이 논문은 전통적인 행렬 분해(matrix factorization) 기반 협업 필터링의 한계를 극복하기 위해 신경망을 활용한 추천 시스템을 제안한다. 기존의 내적(dot product) 방식 대신, 다층 신경망을 통해 사용자와 아이템 간의 복잡한 상호작용을 학습하는 방법을 제시한다. 데이터 사이언티스트는 이 논문을 통해 신경망 기반 협업 필터링이 기존 방법보다 어떻게 더 강력한 표현력을 가질 수 있는지를 이해할 수 있어야 한다.

Variational Autoencoders for Collaborative Filtering[81]

---

80 https://arxiv.org/abs/1708.05031

81 https://arxiv.org/abs/1802.05814

이 논문은 변분 오토인코더(VAE)를 활용하여 추천 시스템의 성능을 향상시키는 방식을 제안한다. 기존 행렬 분해 기반 방법의 한계를 극복하기 위해 확률적(latent variable) 모델을 이용해 사용자-아이템 관계를 보다 정교하게 모델링한다. 데이터 사이언티스트는 이 논문을 통해 VAE 기반 추천 모델이 불확실성을 어떻게 처리하고, 보다 강건한 추천을 생성하는지를 이해할 수 있어야 한다.

Wide & Deep Learning for Recommender Systems[82]

이 논문은 Wide & Deep Learning 모델을 활용한 추천 시스템 설계를 다룬다. 선형 모델(Wide)과 심층 신경망(Deep)을 결합하여 일반화 성능과 복잡한 패턴 학습 능력을 동시에 향상시키는 방법을 소개한다. 데이터 사이언티스트는 이 논문을 통해 하이브리드 추천 모델 설계와 대규모 데이터에 적합한 신경망 구조를 학습해야 한다.

Deep Neural Networks for YouTube Recommendations[83]

이 논문은 대규모 추천 시스템에서 심층 신경망(DNN)을 활용하는 방법을 소개한다. 유튜브의 추천 시스템을 사례로 들어, 후보군 생성(candidate generation)과 순위 결정(ranking) 두 단계를 나누어 모델링하는 전략을 제시한다. 데이터 사이언티스트는 이 논문을 통해 딥러닝을 활용한 추천 시스템 설계 방식과 대규모 데이터를 처리하는 최적화 기법을 익혀야 한다.

Self-Attentive Sequential Recommendation[84]

이 논문은 사용자의 행동 시퀀스를 분석하여 추천을 생성하는 방법을 설명하며, 순환 신경망(RNN) 기반의 기존 방식보다 더 효율적인 셀프 어텐션 기법을 도입한다. 이를 통해 장기적인 사용자 패턴을 효과적으로 학습할 수 있으며, 시퀀스 데이터 기반 추천 성능을 크게 향상시킨다. 데이터 사이언티스트는 이 논문을 통해 어텐션 메커니즘이 추천 시스템에서 어떻게 활용되는지를 익히고, 사용자 행동을 반영한 추천 모델을 설계하는 방법을 배워야 한다.

82 https://arxiv.org/abs/1606.07792
83 https://arxiv.org/abs/1606.07792
84 https://arxiv.org/abs/1808.09781

BERT4Rec: Sequential Recommendation with Bidirectional Encoder Representations from Transformers[85]

이 논문은 BERT 모델을 추천 시스템에 적용하는 방법을 제안한다. 기존의 합성곱 신경망(CNN) 또는 순환 신경망(RNN) 기반 추천 모델과 달리, 양방향 문맥 정보를 활용하여 더욱 정교한 시퀀스 추천을 생성한다. 데이터 사이언티스트는 이 논문을 통해 트랜스포머 모델이 추천 시스템에서 어떻게 활용될 수 있는지를 이해하고, BERT의 미세 조정 기법을 활용하는 방법을 학습해야 한다.

Graph Neural Networks in Recommender Systems: A Survey[86]

이 논문은 그래프 신경망(GNN)을 활용한 추천 시스템 기법을 설명한다. 사용자-아이템 간의 상호작용을 그래프 구조로 표현하고, 노드 간의 관계를 기반으로 복잡한 패턴을 학습하는 방법을 제안한다. 이를 통해 데이터 사이언티스트는 추천 시스템에 GNN을 적용하는 다양한 전략과 그래프 데이터를 효과적으로 활용하는 방식을 이해할 수 있다.

4.5.6 주요 라이브러리 및 도구

지금까지 주요 추천 시스템 모델과 핵심 논문들을 살펴봤다. 이제 이러한 지식을 바탕으로 실제 사용자 데이터를 분석하고 모델을 구축하기 위해 데이터 사이언티스트가 숙지해야 할 필수 라이브러리 및 도구를 소개하겠다.

Scikit-learn[87]은 다양한 머신러닝 알고리즘을 제공하는 라이브러리다. 협업 필터링, 행렬 분해, 콘텐츠 기반 필터링 등 다양한 추천 시스템 모델을 구축하고 평가하는 데 사용된다. 또한, 다양한 평가 지표와 교차 검증 방법을 통해 모델의 성능을 객관적으로 평가할 수 있다.

85 https://arxiv.org/abs/1904.06690
86 https://arxiv.org/abs/2011.02260
87 https://scikit-learn.org/

Surprise[88]는 추천 시스템 구축과 평가에 특화된 파이썬 라이브러리로, SVD, NMF, K-NN 등 다양한 추천 알고리즘을 손쉽게 활용할 수 있는 인터페이스를 제공한다. 또한, 교차 검증과 그리드 서치 등 다양한 성능 평가 및 하이퍼파라미터 튜닝 기능을 지원하며, 추천 시스템 연구와 프로토타입 개발에 유용하게 활용된다.

LightGBM[89]은 결정트리 기반의 앙상블 학습 모델로, 전통적인 GBM에 비해 더 빠른 학습 속도와 더 메모리 사용량이 적다. 특히 대규모 데이터세트를 효율적으로 처리할 수 있도록 설계되었으며, 리프 중심 트리 성장(leaf-wise tree growth)[90] 방식과 히스토그램 기반 데이터 처리 기법을 사용하여 성능을 극대화한다. LightGBM은 사용자 특징, 아이템 특징, 사용자-아이템 상호작용 정보 등을 입력으로 활용하여 추천 시스템의 순위 결정 모델을 구축하는 데 효과적이다.

XGBoost[91]는 결정 트리 기반의 앙상블 학습 모델로, 뛰어난 성능과 다양한 기능을 제공하여 널리 사용되고 있다. XGBoost는 정칙화, 가지치기, 결측값 처리 등 다양한 고급 기능들을 제공하며, 분산 환경에서의 학습을 지원하여 대규모 데이터세트에 대한 효율적인 처리를 가능하게 한다. XGBoost는 사용자 특징, 아이템 특징, 사용자-아이템 상호작용 특징 등을 활용하여 추천 시스템의 순위 결정 모델을 구축하는 데 효과적이다.

DGL[92]은 PyTorch 또는 TensorFlow와 같은 딥러닝 프레임워크를 기반으로 하며, 그래프 데이터를 효율적으로 표현하고, 다양한 그래프 합성곱 연산을 쉽게 구현할 수 있도록 지원한다. DGL은 대규모 그래프 데이터에 대한 분산 학습을 지원하며, 다양한 그래프 데이터세트를 제공하여 그래프 신경망(GNN) 모델 개발을 용이하게 한다. DGL은 추천 시스템에서 사용자-아이템 관계를 그래프 구조로 표현하고, 그래프 합성곱 연산을 통해 추천을 수행하는 데 사용될 수 있다.

88 https://surpriselib.com/
89 https://lightgbm.readthedocs.io/en/stable/
90 리프 노드를 분할하여 트리의 균형을 맞추기보다 더 깊고 불균형한 트리를 생성하는 방식
91 https://xgboost.readthedocs.io/
92 https://www.dgl.ai/

4.6 _ 데이터 사이언스 로드맵

현대 데이터 사이언스는 데이터의 수집부터 분석, 모델링에 이르기까지 체계적이고 과학적인 접근 방식을 필요로 한다. 데이터 사이언스의 전체 워크플로는 기초적인 통계 분석에서 시작하여 고도화된 머신러닝, 딥러닝 기술까지 광범위한 영역을 포괄한다. 이 과정은 단순히 기술을 적용하는 것이 아니라, 문제 정의부터 결과 해석까지 전체적인 맥락을 이해하며 체계적으로 접근해야 하는 복잡한 과정이다.

데이터 사이언스의 기본 학습 과정은 총 아홉 개의 주요 영역으로 구성되며, 기초–중급–고급의 3단계 위계 구조를 따른다. 기초 단계는 수학적 사고력, 통계 기초, 프로그래밍 문법, 그리고 구조화된 데이터 처리 능력을 갖추는 데 중점을 둔다. 이는 이후 학습 단계의 이론적 기반을 형성한다. 중급 단계에서는 지도 학습과 비지도 학습을 포함한 머신러닝 이론과 실습, 그리고 데이터 분석 기법을 학습함으로써 실제 데이터에서 의미 있는 패턴과 인사이트를 추출하는 역량을 강화한다.

고급 단계는 딥러닝 기초, 모델 평가 및 개선, 성능 최적화 기법 등을 포함하며, 복잡한 문제 해결을 위한 고차원적 분석 능력과 알고리즘 튜닝 역량을 함양하는 데 목적이 있다. 이러한 단계적 학습 구조는 이론–기술–응용 간 연계성을 고려하여 설계되었으며, 데이터 사이언티스트가 실무와 연구 모두에 적합한 통합적 역량을 갖출 수 있도록 체계적인 학습 경로를 제공한다.

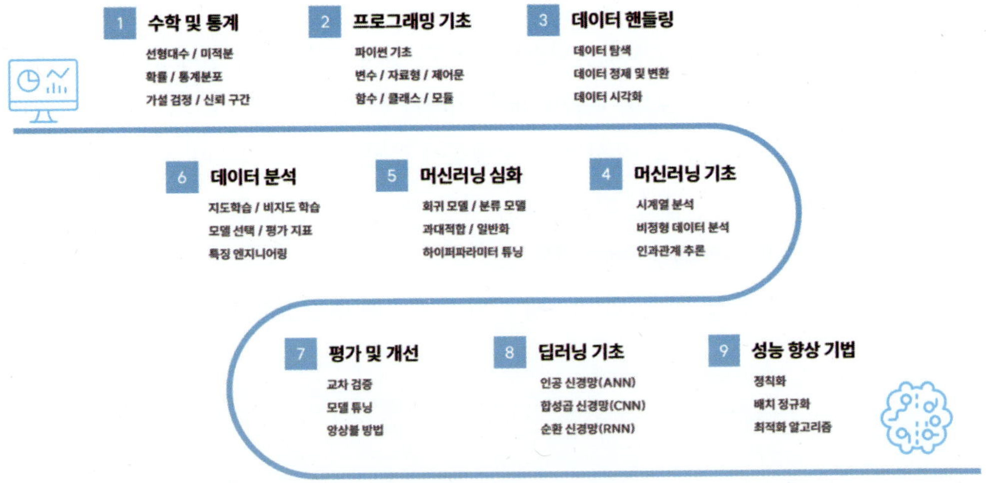

그림 4.11 데이터 사이언스 기초 로드맵

그림 4.11은 데이터 사이언스의 전반적인 학습 로드맵을 시각적으로 제시하고 있다. 기초적인 수학 및 통계 지식을 출발점으로 하여 프로그래밍 기초와 데이터 핸들링 기술을 습득하고, 이후 머신러닝과 딥러닝에 이르는 심화 과정까지 순차적으로 학습할 수 있는 구조를 제공한다.

각 단계는 독립적인 학습 단위이면서도 유기적으로 연결되어 있으며, 이전 단계의 개념적 이해는 다음 단계의 효과적인 학습을 위한 전제 조건이 된다. 이러한 위계적 학습 구조는 데이터 사이언스 실무자가 필수적으로 갖추어야 할 핵심 역량을 체계적으로 개발할 수 있도록 설계되었다.

데이터 사이언스의 응용 분야는 다루는 데이터의 유형, 적용되는 알고리즘, 해결하고자 하는 문제의 구조에 따라 고유한 특성과 기술적 요구사항을 가진다. 예측, 분류, 군집화, 추천 등의 목적에 따라 접근 방식이 달라지며, 각 분야에서는 해당 문제를 해결하기 위한 특화된 모델링 전략과 전처리 기법이 요구된다. 따라서 데이터 사이언티스트는 특정 분야에 대한 전문성을 확보함과 동시에, 다양한 분야 간의 기술적 연계성과 차이점을 이해할 수 있어야 한다.

또한 실제 현업 환경에서는 여러 응용 분야의 지식이 통합적으로 요구되는 경우가 많으며, 이는 데이터 사이언스가 갖는 융합적 특성을 반영한다. 따라서 데이터 사이언티스트는 특정 영역의 기술에 대한 깊이 있는 이해뿐만 아니라, 다른 분야의 원리와 방법론에도 지속적인 관심을 가지고 학습할 필요가 있다. 이어지는 내용에서는 주요 응용 분야별로 요구되는 기술 요소와 학습 포인트를 간략히 살펴본다.

예를 들어, 자연어 처리(NLP)에서는 텍스트 데이터 전처리, 토큰화, 임베딩, 시퀀스 모델링을 포함하며, 특히 트랜스포머 구조에 대한 이해가 핵심이다. 오디오 처리 분야는 신호처리 기초, 스펙트로그램 분석, 음성 인식 모델링이 중심이 되며, 컴퓨터 비전 영역에서는 이미지 처리 기초부터 합성곱 신경망(CNN), 객체 검출, 세그멘테이션으로 이어지는 학습이 필요하다. 강화 학습은 환경–에이전트 상호작용, 보상 함수 설계, 정책 최적화 등을 다루며, 추천 시스템은 협업 필터링과 딥러닝 기반의 개인화 추천 모델까지 포괄한다.

결국 이러한 응용 분야는 고유한 문제 해결 전략을 지니고 있지만, 모두 데이터 수집과 전처리, 모델링, 평가라는 공통적인 분석 흐름을 공유한다. 이는 통계적 추론 능력, 프로그래밍 기반 구현력, 문제 해결 중심의 분석 역량이라는 데이터 사이언스의 핵심 역량 위에 구축된다는 점에서 일관된 학습 기반을 형성한다.

4.6.1 자연어 처리

언어학 기초	자연어 처리 전문가에게 언어 구조에 대한 이해는 매우 중요하다. 음운론, 형태론, 통사론과 같은 언어학 지식은 텍스트 전처리, 임베딩, 모델링의 기반이 된다. 문법과 의미론에 대한 이해는 모델 성능 향상과 실제 프로젝트에서 의미 있는 결과 도출에 기여한다.
텍스트 전처리	텍스트 전처리는 자연어 처리에서 모델 성능에 직접적인 영향을 미치는 중요한 단계다. 토큰화, 정제, 정규화는 데이터 일관성을 확보하고 학습 효율을 높이는 데 기여한다. 특히 형태소 분석은 한국어처럼 복잡한 언어에서 필수적이며, 불용어 제거는 모델이 핵심적인 패턴에 집중할 수 있도록 도와준다.
텍스트 표현	텍스트를 어떻게 표현하느냐는 모델의 성능에 큰 영향을 미친다. BoW, TF-IDF는 초기 방식이었으나, Word2Vec, GloVe, FastText 같은 단어 임베딩 기법이 등장하면서 단어 간 의미적 관계를 반영할 수 있게 되었다. 최근에는 트랜스포머 기반 모델(BERT, GPT)이 표준으로 자리 잡았다.
임베딩 시각화	임베딩 시각화는 고차원의 임베딩 공간을 사람이 이해할 수 있는 저차원 공간으로 투영하는 과정이다. 이를 통해 단어, 문장, 문서 간 의미적 유사성과 클러스터 구조를 직관적으로 파악할 수 있다. 주로 t-SNE, UMAP, PCA와 같은 차원 축소 기법이 활용되며, 동일한 의미군에 속한 단어들이 서로 가까운 위치에 매핑되는지 확인함으로써 임베딩의 품질을 검토할 수 있다.
모델링	모델링은 텍스트 분석 및 활용을 위한 모델을 구축하는 과정이다. 텍스트 분류, 감성 분석은 기본적인 응용 분야이며, 개체명 인식(NER), 관계 추출은 텍스트에서 중요한 정보를 구조적으로 추출하는 데 활용된다. 또한, 기계 번역과 텍스트 생성은 대표적인 생성 모델 응용 분야다.
모델 평가/개선	모델의 성능은 지속적으로 평가하고 개선해야 한다. Perplexity, BLEU, ROUGE 등의 지표를 활용하여 성능을 객관적으로 평가하며, 과대적합을 방지하고 전이 학습을 활용하여 적은 데이터로도 효과적인 모델을 구축할 수 있다.

도메인 지식	특정 분야에서 자연어 처리 모델이 제대로 된 성능을 내기 위해서는 도메인 지식이 요구된다. 각 분야의 언어적 특성과 데이터 특성을 이해하고, 도메인별 데이터 특징을 분석하여 적절한 모델링 전략을 수립해야 한다.
응용 프로젝트	실제 프로젝트 경험은 자연어 처리 역량 강화에 큰 도움이 된다. 챗봇 개발, 문서 요약, 검색 엔진, 질의응답 시스템 구축, 소셜 미디어 분석 등을 통해 실무에서 요구하는 능력을 키울 수 있다.
최신 연구 동향	자연어 처리 분야는 빠르게 발전하고 있으며, 논문 읽기, 콘퍼런스 참여, 최신 모델 적용 시도, 오픈 소스 기여 등을 통해 최신 연구 동향을 지속적으로 학습하고 적용해야 한다.

4.6.2 오디오 처리

오디오 데이터 이해	오디오 처리 전문가는 데이터의 특성을 정확히 이해하는 것이 매우 중요하다. 샘플링 레이트, 비트 심도, 파일 포맷, 코덱 등에 대한 지식은 데이터 처리 및 모델링 과정에서 발생할 수 있는 다양한 문제를 해결하는 데 핵심적인 역할을 한다.
신호 처리 기초	오디오 신호 처리는 음성 분석과 개선의 기초다. 푸리에 변환, 필터링, 시간-주파수 분석은 특징 추출과 노이즈 제거에 활용되며, 오디오 품질 향상과 모델 성능 개선에 기여한다.
특징 추출	오디오에서 어떤 특징을 어떻게 추출하느냐는 모델 성능에 직접적인 영향을 미친다. MFCC, 스펙트로그램 등의 대표적인 특징은 음성 인식, 감정 분류, 음악 정보 검색 등 다양한 작업에서 활용된다. 적절한 특징 선택과 추출 방식은 모델의 정확도와 효율성을 높이는 데 중요한 요소다.
오디오 라이브러리	오디오 라이브러리를 효과적으로 활용하는 능력은 개발 효율성과 생산성을 높이는 데 도움이 된다. Librosa, PyAudio 등의 라이브러리는 오디오 데이터의 처리, 시각화, 분석, 전처리 및 모델 입력 생성 등의 기능을 제공한다. 이러한 도구에 대한 이해는 복잡한 작업을 단순화하고 개발 시간을 단축하는 데 유용하다.
모델링	오디오 모델링은 음성 인식, 스피커 인식, 음악 생성 등 다양한 분야에서 활용된다. HMM, GMM, DNN 등의 모델은 데이터 패턴을 학습하고 예측하는 데 사용된다. 문제 유형과 데이터 특성에 맞는 모델을 선택하고, 적절한 하이퍼파라미터 튜닝을 수행하는 것이 성능 향상에 중요하다.

모델 평가/개선	모델 평가는 성능을 객관적으로 측정하고, 개선 방향을 도출하는 것이 핵심이다. 정확도, 정밀도, 재현율 등 다양한 평가지표를 활용해 모델의 강점과 약점을 분석할 수 있다. 또한, 교차 검증을 통해 일반화 성능을 평가하고, 과대적합을 방지하는 전략도 필요하다.
딥러닝 심화	합성곱 신경망, 순환 신경망, 트랜스포머 등은 음성 인식과 음악 생성 분야에서 강력한 성능을 보인다. 최신 딥러닝 모델 구조와 학습 기법을 이해하는 것은 경쟁력을 높이는 데 필수 불가결한 요소다.
응용 프로젝트	실제 프로젝트 경험은 이론적 지식을 문제 해결 능력으로 전환하는 데 꼭 필요하다. 음성 비서, 음성 검색 등의 개발을 통해 실무에서 요구되는 역량을 키울 수 있다.
최신 연구 동향	오디오 처리 기술은 빠르게 발전하고 있으며, 새로운 모델과 기법이 지속적으로 등장한다. 학회 참석, 논문 탐독 등을 통해 최신 연구 동향을 파악하고, 이를 프로젝트에 적용하는 것이 중요하다.

4.6.3 컴퓨터 비전

선형대수	컴퓨터 비전 전문가에게 선형대수는 대한 이해는 매우 중요하다. 행렬 연산, 벡터 공간, 선형 변환에 대한 지식은 이미지 처리, 특징 추출, 모델 설계의 기초가 된다. 특히 고윳값 분해와 고유 벡터 분석은 차원 축소나 주요 특징 표현 등의 작업에서 활용된다.
이미지 데이터 이해	이미지 데이터를 정확히 이해하는 것은 컴퓨터 비전 시스템 구축의 첫걸음이다. 이미지 표현 방식, 픽셀, 채널, 해상도와 같은 기본 단위의 개념을 숙지하고, JPEG, PNG 등 다양한 이미지 파일 포맷의 특성과 압축 방식에 대한 이해가 필요하다. 이러한 지식은 데이터 저장, 처리, 전처리 전략을 수립하는 데 기초가 된다.
이미지 전처리	이미지 전처리는 모델 성능 향상에 직결되는 과정이다. 필터링과 색상 공간 변환은 이미지 품질 개선과 노이즈 제거에 활용되며, SIFT, SURF, ORB 같은 특징점 검출 기법은 이미지 매칭과 객체 인식에 활용된다.
이미지 라이브러리	이미지 라이브러리 활용 능력은 개발 생산성을 높이는 핵심 요소다. PIL, Scikit-image, OpenCV는 이미지 처리, 분석, 모델링을 위한 필수적인 기능을 제공하며, 이를 효과적으로 사용할 줄 알아야 한다.
모델링	컴퓨터 비전 모델링은 이미지 분석과 이해의 핵심이다. 이미지 분류, 객체 탐지, 이미지 분할 등 다양한 응용 분야에서 모델이 활용되므로 최적화하는 것이 중요하다.

모델 평가/개선	모델 평가는 객관적인 성능 지표를 통해 개선 방향을 결정하는 과정이다. mAP, IoU 등의 지표를 활용하여 모델의 강점과 약점을 분석하여 성능을 향상시켜야 한다.
합성곱 신경망 심화	합성곱 신경망은 컴퓨터 비전의 핵심 기술이므로 심화 학습하는 것이 중요하다. ResNet, EfficientNet 등의 구조를 이해하고, 어텐션 메커니즘을 통해 모델 성능을 개선해야 한다.
응용 프로젝트	실제 프로젝트 경험은 이론적 지식을 문제 해결 능력으로 전환하는 데 유용하다. 얼굴 인식, 객체 추적, 이미지 생성, 이미지 검색, 스타일 변환 등의 프로젝트를 수행하며 실무에서 요구되는 역량을 키울 수 있다.
최신 연구 동향	컴퓨터 비전 분야는 지속적으로 발전하며, 새로운 연구가 계속 발표된다. 논문을 읽고 콘퍼런스에 참여하여 최신 연구 동향을 파악하고, 자기 지도 학습이나 ViT 등의 새로운 기술을 적용할 필요가 있다.

4.6.4 강화 학습

확률과 통계	강화 학습에서는 확률과 통계에 대한 이해가 중요한 기반이 된다. 확률 분포, 기댓값, 분산 등은 불확실한 환경에서의 의사결정을 내릴 수 있으며, 베이즈 정리는 정보 업데이트와 최적 행동 선택의 이론적 근거가 된다.
기본 개념	에이전트, 환경, 보상, 상태, 행동, 정책 등의 개념이 강화 학습의 근간을 이루며, 마르코프 결정 과정에 대한 이해는 강화 학습 문제를 수학적으로 모델링하고 해결하는 데 기반이 된다.
기본 알고리즘	Q-러닝, SARSA, 몬테카를로 트리 탐색 방법 등은 강화 학습의 대표적인 기본 알고리즘이다. 이 알고리즘을 직접 구현하고 실험해 보면 정책 평가와 개선의 과정을 직관적으로 이해하는 데 도움이 된다.
딥러닝 이해	복잡한 환경을 다루기 위해서는 딥러닝에 대한 이해가 필요하다. 합성곱 신경망은 이미지 기반 환경에서 유용하며, 순환 신경망은 시계열 정보나 메모리가 중요한 작업에 활용된다. 이러한 네트워크 구조는 심층 강화 학습 모델의 입력 표현과 정책 학습 성능에 직접적인 영향을 미친다.
수학적 최적화	강화 학습의 학습 과정은 대부분 최적화 문제로 귀결된다. 경사 하강법은 파라미터를 업데이트하는 데 사용되며, 라그랑주 승수법이나 쌍대성 이론은 제약 조건이 있는 학습 상황에 적용된다. 최적화 이론을 이해하면 알고리즘의 수렴 성질과 안정성 개선에 도움이 된다.

심층 강화 학습	심층 강화 학습은 고차원 상태 및 행동 공간에서의 문제 해결에 적합한 방식이다. DQN, 정책 경사, 액터-크리틱 알고리즘 등은 복잡한 상태-행동 공간에서 효과적으로 작동하며, 로봇 제어나 비디오 게임 에이전트 등에 널리 사용된다.
심층 강화 학습 고급	Double DQN, Dueling DQN, PPO, SAC 등은 안정성과 학습 효율을 높이기 위해 고안된 알고리즘이다. 이들은 과대추정 완화, 정책 안정성 확보, 탐색 강화 등의 측면에서 심층 강화 학습의 성능을 한층 끌어올린다.
응용 프로젝트	실제 프로젝트 경험은 강화 학습을 실무에 적용하는 데 도움이 된다. 게임 AI, 로봇 제어, 자율 주행 등 다양한 분야에서 프로젝트를 수행하면 강화 학습 모델을 현실 문제에 적용하는 능력을 기를 수 있다.
최신 연구 동향	강화 학습은 빠르게 발전하는 분야로, 지속적인 학습이 필요하다. 논문을 읽고 콘퍼런스에 참여하여 최신 연구 동향을 파악하고, 모방 학습, 메타 러닝 등 새로운 기술을 프로젝트에 적용해야 한다.

4.6.5 추천 시스템

확률과 통계	추천 시스템 전문가는 확률 분포, 기댓값, 가설 검정에 대한 이해가 중요하다. 특히 통계적 검정 기법은 모델의 성능 향상이 실제로 유의미한지 평가할 수 있도록 하며, 실험 결과에 대한 신뢰도를 높이는 데 활용된다.
데이터베이스/SQL	데이터베이스와 SQL 활용 능력은 추천 시스템 구축의 토대다. SQL을 통해 사용자 행동 로그, 아이템 메타데이터 등 다양한 정보를 효과적으로 조회하고 전처리할 수 있으며, 이는 데이터 분석 및 모델 학습 단계와 직접적으로 연결된다.
추천 시스템 이해	추천 시스템의 구조와 원리를 이해하는 것은 실무 적용의 출발점이다. 협업 필터링, 콘텐츠 기반 추천, 하이브리드 방식 등 다양한 접근법의 차이를 이해하고, 정확도, 재현율, NDCG 등의 평가 지표를 해석할 수 있어야 한다. 또한 롱테일 문제, 콜드 스타트 등 현실적인 과제에 대한 인식도 필요하다.
기초 추천 알고리즘	기초 알고리즘에 대한 숙지는 추천 시스템 개발의 토대를 이룬다. 메모리 기반 협업 필터링, 콘텐츠 기반 추천, 연관 규칙 마이닝 등의 기법은 데이터가 적거나 단순한 구조의 시스템에서 유용하게 활용된다.
고급 추천 알고리즘	고급 알고리즘을 학습하면 보다 복잡한 추천 문제를 해결할 수 있다. 행렬 분해, 딥러닝 기반 추천, 그래프 임베딩 등의 기법은 복잡한 사용자-아이템 관계를 정교하게 모델링하여 추천 품질을 높인다.

모델 평가/개선	추천 시스템 평가는 지속적인 개선을 위한 과정이다. A/B 테스트와 온라인 평가를 통해 성능을 객관적으로 측정하고, 사용자 피드백을 반영해야 한다. 다양성과 신뢰성 향상도 중요한 요소다.
딥러닝 모델	딥러닝의 임베딩 계층을 이해하는 것은 고도화된 추천 시스템 모델 설계에 도움이 된다. 임베딩 계층을 이해하면 사용자, 아이템, 콘텐츠의 특징을 효과적으로 추출하고, 이를 통해 모델의 예측 정확도를 향상시킬 수 있다.
응용 프로젝트	실제 응용 프로젝트 경험은 이론적 지식을 현실 세계에 적용하는 데 유용하다. 영화, 음악, 상품 추천 등 다양한 분야에서 실무 능력을 향상시킬 수 있다.
최신 연구 동향	추천 시스템 분야는 빠르게 변화하고 있다. 논문 분석, 콘퍼런스 참여 등을 통해 최신 연구 동향을 파악하고, 상황 인지 추천이나 설명 가능한 AI 등 새로운 기술을 적용하는 것이 중요하다.

4.6.6 확장 기술 스택

데이터 사이언스 분야는 기술 발전 속도가 빠르기 때문에 새로운 기술을 지속적으로 습득하고 실무에 적용할 수 있는 역량이 중요하다. 기초적인 분석 기법과 머신러닝 알고리즘을 익힌 후에는 보다 복잡한 문제에 대응하기 위한 확장 기술 스택의 학습이 필요하다. 이는 대용량 데이터 처리, 실시간 분석, 안정적인 모델 배포 및 운영 역량을 포함하며, 고급 데이터 사이언스 환경 구축의 기반이 된다.

확장 기술 스택의 핵심 요소 중 하나는 고성능 연산 자원의 활용이다. 대규모 데이터를 효율적으로 처리하고 복잡한 모델을 학습하기 위해서는 GPU 및 TPU와 같은 병렬 연산 장치가 요구된다. 이러한 장치는 행렬 연산 최적화, CUDA 기반 병렬 처리, 다중 장비 분산 학습 전략을 통해 모델 학습 속도와 예측 성능을 동시에 향상시킨다. 특히, 분산 환경에서는 여러 장비에서 학습을 병렬화함으로써 계산 효율성을 극대화할 수 있다.

또한, 데이터가 실시간으로 생성되는 환경에서는 스트리밍 처리 기술이 중요하다. Apache Kafka, Spark Structured Streaming과 같은 프레임워크를 활용하면 대용량 데이터를 저지연으로 처리할 수 있으며, 이는 금융, 보안, IoT 등 빠른 의사결정이 요구되는 산업에서 핵심적인 기술로 간주된다. 임베디드 시스템 기반의 에지 컴퓨팅 기술을 함께 활용하면 제한된 연산 환경에서도 실시간 처리가 가능하다.

모델 개발 이후에는 이를 안정적으로 배포하고 운영하는 기술이 필요하다. AWS, GCP, Azure와 같은 클라우드 플랫폼은 대규모 저장소, 분산 연산 자원, 확장 가능한 네트워크 환경을 제공함으로써 머신러닝 시스템의 안정성과 유연성을 보장한다. 특히, MLOps 프레임워크를 활용하여 CI/CD 파이프라인을 구축하면 모델의 지속적 배포, 모니터링, 성능 개선 작업을 자동화할 수 있다. 이는 실무 환경에서의 시스템 운영 효율성과 재현 가능성을 크게 향상시킨다.

이처럼 확장 기술 스택은 단순한 알고리즘 학습을 넘어, 실제 환경에서 안정적이고 확장 가능한 데이터 사이언스 시스템을 구축하는 데 중요한 역할을 한다. 연산 자원 관리, 실시간 처리, 클라우드 기반 운영 등 다양한 기술군을 체계적으로 익힘으로써 데이터 사이언티스트는 복잡한 요구 사항에도 유연하게 대응할 수 있는 실무 역량을 갖출 수 있다. 표 4.1은 데이터 사이언스에서 활용되는 주요 기술 스택을 정리한 것이다. 1부에서 다루지 않은 세부 기술은 2부와 3부에서 보다 심화된 내용으로 설명할 예정이다.

표 4.1 데이터 사이언스 주요 기술 스택

주요 분야	세부 분야	핵심 기술 및 라이브러리	설명
데이터	처리	NumPy: 배열/행렬 연산 Pandas: 데이터 분석/정제 Dask: 병렬 처리 Polars: 병렬 처리 Scikit-learn: 머신러닝 전처리	데이터 조작 및 준비
	시각화	Matplotlib: 기본 시각화 Seaborn: 통계 시각화 Plotly: 인터랙티브 시각화	데이터 시각화 및 탐색
모델링	기본	Scikit-learn: 머신러닝	기본적인 머신러닝 모델 구축 및 평가
	고급	XGBoost: 그레이디언트 부스팅 LightGBM: 그레이디언트 부스팅 CatBoost: 그레이디언트 부스팅	고급 머신러닝 모델
	딥러닝	PyTorch: 딥러닝 TensorFlow: 딥러닝 Keras: 딥러닝	딥러닝 모델

주요 분야	세부 분야	핵심 기술 및 라이브러리	설명
도메인 특화	자연어 처리	spaCy: 고성능 자연어 처리 Gensim: 토픽 모델링 Sentence Transformers: 문장 임베딩	텍스트 데이터 처리 및 분석
	오디오	Librosa: 오디오 분석 PyAudio: 오디오 입출력 TorchAudio: 딥러닝 기반 오디오 처리	오디오 데이터 처리 및 분석
	컴퓨터 비전	OpenCV: 이미지 처리 Pillow: 이미지 파일 처리 TorchVision: 이미지 데이터세트/모델	컴퓨터 비전 작업
	강화 학습	Gymnasium: 강화 학습 환경 Stable Baselines3: 강화 학습 알고리즘	강화 학습 모델 개발 및 평가
	추천 시스템	Surprise: 추천 시스템 알고리즘 TensorFlow Recommenders: 추천 시스템 프레임워크 Pytorch Lightning: 추천 시스템 프레임워크	추천 시스템 구축
모델 서빙	데이터베이스	SQL: 관계형 데이터베이스 NoSQL: 비관계형 데이터베이스	데이터 저장 및 관리
	API	FastAPI: 고성능 웹 프레임워크 Flask: 경량 웹 프레임워크	모델 API 구축
	인터페이스	Gradio: 모델 인터페이스 Streamlit: 웹 대시보드	머신러닝 시각화
클라우드	플랫폼	AWS(Amazon Web Services) GCP(Google Cloud Platform) Azure(Microsoft Azure)	클라우드 컴퓨팅 서비스
데이터 엔지니어링	데이터 적재	Hadoop: 분산 데이터 저장 Delta Lake: 데이터 레이크	대규모 데이터 저장 및 관리
	데이터 처리	Apache Spark: 대규모 데이터 처리 Apache Flink: 실시간 스트림 처리	데이터 처리 파이프라인 구축
	데이터 통합	Apache Kafka: 분산 메시징 시스템 Airbyte: 데이터 통합 플랫폼 Talend: 데이터 통합 플랫폼	데이터 통합 및 스트리밍

주요 분야	세부 분야	핵심 기술 및 라이브러리	설명
DevOps	인프라	Docker: 컨테이너 Kubernetes: 컨테이너 오케스트레이션	애플리케이션 배포 및 관리
	IaC	Terraform: 클라우드 인프라 코드화	인프라 자동화
	CI/CD	Git: 버전 관리 GitHub: 소스 코드 호스팅 GitHub Actions: CI/CD 파이프라인 Jenkins: CI/CD 파이프라인	협업 및 배포 자동화
MLOps	모델 관리	MLflow: 모델 관리 WandB(Weights and Biases): 실험 추적	모델 버전 관리 및 실험 추적
	모델 배포	Seldon Core: 모델 배포 KServe: 모델 서빙 Triton Inference Server: 고성능 모델 추론 서버	모델 서빙 및 배포 자동화
	모델 모니터링	Prometheus: 성능 지표 모니터링 Grafana: 시각화 대시보드 Evidently AI: 데이터 드리프트 모니터링 DataDog: 성능 모니터링	모델 성능 모니터링 및 문제 감지
	파이프라인	Kubeflow Pipelines: ML 파이프라인 TFX: TensorFlow 확장	자동화된 머신러닝 워크플로
AutoML/ XAI	AutoML	Auto-sklearn: 자동 머신러닝 H2O AutoML: 자동 머신러닝 PyCaret: 로우 코드(Low Code) AutoML	자동 머신러닝 모델 구축
	XAI	SHAP: 모델 설명 LIME: 모델 설명	모델 예측 설명

Part 02

데이터 사이언스
실전편

5 _ 데이터 엔지니어링
6 _ 데이터 저장 및 설계
7 _ 모델 운영 및 관리
8 _ 데이터 처리 파이프라인

5

데이터 엔지니어링

5.1 _ 데이터 수집

5.2 _ 데이터 전처리

5.3 _ 데이터 거버넌스

데이터 엔지니어링(data engineering)은 데이터 사이언스 프로젝트의 기반을 다지는 중요한 영역이다. 단순히 데이터를 수집하고 저장하는 것을 넘어, 데이터의 흐름을 설계하고 관리하여 분석가와 모델러가 필요할 때 적절한 데이터를 사용할 수 있도록 보장하는 역할을 한다.

데이터 엔지니어와 데이터 사이언티스트는 데이터라는 공통된 영역을 다루지만, 그 역할과 중점이 뚜렷하게 구분된다. 데이터 엔지니어는 데이터 사이언스 프로젝트의 기반이 되는 인프라를 구축하는 역할을 담당한다. 이들은 데이터의 수집, 저장, 처리 과정을 설계하고 관리하여 안정적인 데이터 파이프라인을 구축하는 데 집중한다. 반면, 데이터 사이언티스트는 이 데이터를 활용하여 통계적 분석, 모델링, 예측 등을 통해 데이터에서 의미 있는 인사이트를 도출하는 것을 주요 목표로 삼는다.

데이터 엔지니어링의 핵심은 효율적이고 안정적인 **데이터 파이프라인**(data pipeline)을 구축하고 관리하는 것이다. 데이터 파이프라인은 데이터 수집, 변환, 저장 과정을 자동화하며, 이를 통해 데이터 사이언티스트들이 분석에 필요한 데이터를 쉽게 접근할 수 있도록 한다. 데이터 엔지니어는 다양한 소스로부터 데이터를 추출(extraction), 변환(transformation), 로딩(loading)하는 ETL 프로세스를 구축하고 관리하며, 이는 데이터의 품질, 일관성, 가용성을 보장하는 데 있어 중요하다.

데이터 웨어하우스(data warehouse), 데이터 레이크(data lake)와 같은 데이터 저장소는 데이터 엔지니어링의 중요한 요소이며, 데이터의 효율적인 관리와 분석을 지원한다. 데이터 웨어하우스는 주로 정형 데이터를 저장하고, 데이터 레이크는 정형, 반정형, 비정형 데이터를 모두 저장하는 데 사용된다. 데이터 엔지니어링의 핵심은 **대규모 데이터**(big data)를 효율적으로 처리하고 저장할 수 있는 인프라를 구축하고 유지하는 것이다.

또한 데이터 엔지니어는 **데이터 모델링**(data modeling)에도 관여한다. 이는 데이터의 구조와 관계를 정의하는 과정으로 데이터베이스 스키마 설계를 포함한다. 데이터 모델은 데이터베이스의 성능에 직접적인 영향을 미치며, 데이터 검색 및 저장의 효율성을 결정한다. 데이터 엔지니어는 관계형 데이터베이스와 NoSQL 데이터베이스를 포함한 다양한 유형의 데이터베이스를 사용하며, 데이터 특성과 요구사항에 맞는 데이터베이스를 선택하고 관리한다.

관계형 데이터베이스는 테이블과 관계를 사용하여 데이터를 구조화하며, NoSQL 데이터베이스는 키-값 저장소, 문서 저장소, 그래프 저장소 등 다양한 데이터 모델을 지원한다. 데이터 엔지니어는 또한 데이터베이스 성능 최적화, 데이터베이스 백업 및 복구와 같은 작업을 수행한다.

데이터 거버넌스(data governance)도 데이터 엔지니어링의 중요한 부분이다. 이는 데이터 보안, 데이터 접근 제어, 데이터 품질 등을 포함하는 개념으로 조직 내에서 데이터가 어떻게 사용되고 관리되어야 하는지를 정의한다. 데이터 엔지니어는 데이터 거버넌스 정책을 구현하고, 데이터가 안전하고 정확하게 관리되도록 보장하는 데 중요한 역할을 한다.

데이터 엔지니어는 데이터 품질 관리 프로세스를 개발하고 실행하며, 데이터의 정확성, 완전성, 일관성을 모니터링한다. 데이터 엔지니어는 데이터 접근 권한을 관리하고, 데이터 유출을 방지하기 위한 보안 메커니즘을 구현한다. 데이터 엔지니어는 데이터 감사를 수행하고, 데이터 거버넌스 정책 준수를 보장한다.

데이터 엔지니어링은 **클라우드 컴퓨팅**(cloud computing) 환경에서 중요한 역할을 수행한다. 클라우드 기반의 데이터 저장소 및 처리 도구를 사용하여 데이터 인프라를 구축하고 관리하는 것이 일반적이다. 데이터 엔지니어는 클라우드 환경에서 데이터 서비스를 효율적으로 관리하고, 데이터의 확장성(scalability), 안정성(reliability), 가용성(availability)을 보장해야 한다. 클라우드 컴퓨팅 환경은 데이터 인프라를 구축하고 관리하는 데 필요한 시간과 비용을 절감하고, 데이터 처리 능력과 저장 용량을 쉽게 확장할 수 있는 유연성을 제공한다.

데이터 엔지니어링은 데이터 사이언스 프로젝트의 성과를 좌우하는 핵심 기반 중 하나다. 아무리 정교한 머신러닝 모델이라도, 데이터 엔지니어링을 통해 확보된 데이터의 품질과 접근성이 보장되지 않으면 제대로 작동하기 어렵다. 데이터 엔지니어는 데이터 사이언티스트가 분석 및 모델링에 필요한 데이터를 쉽게 사용할 수 있도록 환경을 구축하고 이를 지속적으로 지원한다..

데이터 엔지니어링은 데이터 사이언스 프로젝트의 신뢰성과 효율성을 높이는 데 기여하며, **데이터 기반 의사결정 프로세스**(data-driven decision making)를 가능하게 한다. 데이터 엔지니어는 데이터 파이프라인을 구축하고 관리함으로써 데이터가 정확하고 신뢰할 수 있으며, 필요할 때 적시에 제공될 수 있도록 한다.

5.1 _ 데이터 수집

데이터 수집(data ingestion)은 데이터 사이언스 프로젝트의 초기 단계로, 분석 및 모델링에 사용될 데이터를 다양한 원천으로부터 수집하여 처리 가능한 형태로 준비하는 과정이다. 이 과정은 단순히 데이터를 가져오는 것 이상의 의미를 갖는다. 나아가 데이터 품질을 유지하고 분석 준비를 위한 데이터 전처리 및 정제 단계의 기반을 마련하는 데 중요한 역할을 한다.

데이터 수집은 데이터 사이언스 워크플로의 첫 번째 단계로, 데이터 분석의 성공 여부에 중대한 영향을 미친다. 이 과정에서는 다양한 데이터 원천의 특성을 파악하고, 해당 원천에 적합한 데이터 추출 방법과 기술을 적용해야 한다. 대표적인 데이터 원천으로는 API, 웹 스크래핑, 데이터베이스, 로그 파일 등이 있으며, 각 원천에 따라 서로 다른 접근 방식과 처리 전략을 요구한다.

API(Application Programming Interface)는 웹 서비스나 애플리케이션이 제공하는 표준화된 인터페이스를 통해 데이터를 수집하는 방법으로, RESTful API나 GraphQL과 같은 기술을 활용한다. RESTful API는 HTTP 프로토콜을 기반으로 데이터를 요청하고 응답받는 방식이며, GraphQL은 클라이언트가 필요한 데이터만 요청하고 받을 수 있도록 하는 유연한 쿼리 언어다.

API를 통해 데이터를 수집할 때는 인증(authentication) 및 권한(authorization)과 관련된 사항을 고려해야 하며, API 사용량 제한(rate limiting)에 대한 정책도 확인해야 한다. API를 통해 수집된 데이터는 JSON, XML 등 다양한 형태로 제공될 수 있으며, 필요한 경우 파싱 및 변환 과정을 거쳐야 한다.

웹 스크래핑(web scraping)은 웹 페이지에서 데이터를 추출하는 방식으로, HTML, CSS, JavaScript 파싱 기술을 활용한다. 웹 페이지는 사람이 보기 쉽게 구성되어 있지만, 데이터를 구조적으로 추출하기 위해서는 BeautifulSoup, Scrapy와 같은 라이브러리가 필요하다.

BeautifulSoup은 HTML이나 XML 문서를 파싱하고 원하는 태그나 속성을 추출하는 데 유용하며, Scrapy는 웹 크롤링을 위한 프레임워크로, 대규모 데이터 수집과 자동화된 크롤링 작업에 적합하다. 웹 스크래핑은 웹사이트의 구조가 변경되면 코드를 수정해야 하는 번거로움이 있으며, 웹 스크래핑을 통해 수집된 데이터는 정제되지 않은 형태이므로 추가적인 전처리 과정을 거쳐야 한다.

데이터베이스(database)는 구조화된 데이터를 저장하는 데 사용되며, RDBMS와 NoSQL 데이터베이스가 있다. RDBMS는 MySQL, PostgreSQL, Oracle과 같이 SQL 쿼리를 사용하여 데이터를 추출하는 데이터베이스이며, NoSQL 데이터베이스는 MongoDB, Cassandra와 같이 스키마가 유연하고 대량의 데이터를 처리하는 데 특화된 데이터베이스다.

데이터베이스에서 데이터를 추출할 때는 SQL 쿼리나 데이터베이스별 API를 사용하여 필요한 데이터를 조회(SELECT)하고, 필요한 경우 테이블 간 결합(JOIN) 연산을 수행한다. 데이터베이스에서 수집된 데이터는 일반적으로 정제된 형태이지만, 필요에 따라 추가적인 변환이나 전처리 작업이 필요하다.

로그 파일(log file)은 애플리케이션 서버, 시스템, 네트워크 장비에서 생성되는 기록 데이터로, 시스템 동작, 사용자 행동, 오류 메시지 등 다양한 정보를 포함하고 있다. 로그 파일은 주로 텍스트 형태로 되어 있으며, 정규 표현식이나 Logstash, Fluentd와 같은 로그 수집 및 파싱 도구를 사용하여 데이터를 구조화할 수 있다.

정규 표현식은 특정 패턴을 가진 텍스트를 검색하거나 추출하는 데 유용하다. 이를 활용하면 로그 파일에서 필요한 정보를 효율적으로 선별할 수 있으며, Logstash나 Fluentd 등의 도구와 함께 사용되어 로그 형식을 파싱하고 중요한 데이터를 추출하는 데 기여한다. 로그 데이터는 분석에 적합한 형태로 변환한 후 저장해야 하며, 데이터 양이 매우 클 수 있으므로 대용량 처리를 위한 기술적 대응이 필요하다.

센서 데이터(sensor data)는 IoT 기기나 산업 현장에서 발생하는 데이터로, 온도, 습도, 압력, 위치 등 다양한 정보를 포함한다. 센서 데이터는 일반적으로 실시간으로 생성되며, MQTT, Apache Kafka, Apache Pulsar와 같은 메시지 큐를 사용하여 데이터 스트림을 처리한다.

MQTT(Message Queuing Telemetry Transport)는 경량 메시징 프로토콜로, IoT 기기와 서버 간에 데이터를 전송하는 데 자주 사용되며, Apache Kafka와 Apache Pulsar는 대용량의 데이터 스트림을 처리하고 분산 환경에서 안정적으로 메시지를 전달하는 데 사용된다. 센서 데이터는 시간에 따라 변화하는 특성을 가지고 있으므로, 시계열 데이터 처리 기술이나 실시간 데이터 처리 기술을 적용해야 한다.

클라우드 스토리지(cloud storage)는 AWS S3, Google Cloud Storage, Azure Blob Storage와 같이 클라우드 환경에서 대용량 데이터를 저장하는 데 사용되는 스토리지다. 클라우드 스토리지에 저장된 데이터는 배치 처리나 실시간 처리 방식으로 수집할 수 있으며, 클라우드 플랫폼에서 제공하는 API나 SDK를 사용하여 데이터를 다운로드하거나 데이터 스트림을 처리할 수 있다.

클라우드 스토리지를 통해 데이터를 수집할 때는 스토리지 계정 접근 권한을 관리하고, 데이터 전송 비용을 고려해야 하며, 대용량 데이터를 효율적으로 다운로드하기 위한 최적화 기술을 적용해야 한다. 다음 표 5.1은 데이터 원천에 대한 내용을 정리한 것이다.

표 5.1 데이터 원천

구분	정의	주요 기술 및 도구	특징 및 고려사항
API	웹 서비스나 애플리케이션이 제공하는 인터페이스를 통해 데이터 수집	RESTful API, GraphQL	인증/권한, 사용량 제한, 다양한 데이터 형식(JSON, XML), 파싱 필요
웹 스크래핑	웹 페이지에서 데이터 추출	BeautifulSoup, Scrapy	웹사이트 구조 변경 시 코드 수정 필요, 데이터 정제 필요
데이터베이스	구조화된 데이터 저장소에서 데이터 추출	RDBMS, NoSQL, SQL 쿼리, 데이터베이스별 API	데이터 선택/결합(SQL), 정제된 형태이나 추가 처리가 필요할 수 있음
로그 파일	애플리케이션, 시스템, 네트워크 장비에서 생성되는 기록 데이터 수집	정규 표현식, Logstash, Fluentd	텍스트 형태, 구조화 및 변환 필요, 대량 데이터 처리 기술 필요
센서 데이터	IoT 기기 및 산업 현장에서 발생하는 데이터 수집	MQTT, Apache Kafka, Apache Pulsar	실시간 데이터, 메시지 큐 처리, 시계열 데이터 처리 기술 필요
클라우드 스토리지	클라우드 환경에서 대용량 데이터 수집	클라우드 API/SDK	계정 접근 권한 관리, 데이터 전송 비용 고려, 대용량 데이터 효율적인 다운로드 기술 필요

5.1.1 데이터 수집 방식

데이터 수집은 데이터가 생성되는 방식과 처리해야 하는 시점에 따라 크게 배치 수집 방식과 실시간 수집 방식으로 나눌 수 있다. 배치 수집은 일정 시간 간격이나 특정 시점에 대량의 데이터를 한꺼번에 수집하고 처리하는 방식이며, 실시간 수집은 데이터가 생성되는 즉시 수집하고 처리하는 방식이다.

배치 수집(batch ingestion) 방식은 데이터가 일정 간격으로 축적된 후 한 번에 처리되는 경우에 주로 사용되며, 데이터의 실시간성 요구가 낮은 분석 환경에 적합하다. 배치 수집의 핵심은 대규모 데이터를 효율적으로 처리하여 분석이나 다른 데이터 처리 작업에 활용할 수 있도록 준비하는 데 있다.

배치 데이터 수집은 데이터의 특성, 규모, 분석 목적에 따라 다양한 기술과 도구를 활용한다. 데이터베이스에서 데이터를 추출하기 위해 SQL 쿼리를 사용하는 것이 일반적이며, 특히 관계형 데이터베이스에서 필요한 데이터를 선택하고 결합해 수집한다. SQL을 통해 원하는 데이터만 조회하거나 가공하여 배치 처리 파이프라인의 다음 단계로 전달할 수 있다.

대용량 데이터를 처리해야 하는 경우, Apache Spark와 같은 분산 처리 프레임워크가 활용된다. Apache Spark는 데이터를 여러 노드에 분산하여 병렬로 처리함으로써 대규모 데이터의 처리 시간을 단축하며, 데이터 로딩, 처리, 변환, 저장 등의 작업을 메모리 기반으로 수행하여 효율성을 높인다.

배치 데이터 수집은 데이터베이스 백업 및 복원 작업, 대규모 로그 분석, 주간 · 월간 보고서 생성 등 다양한 데이터 작업에서 사용된다. 데이터베이스 백업 및 복원 작업은 데이터 손실을 방지하고 시스템 복구를 위해 정기적으로 배치 방식으로 수행되며, 대규모 로그 분석은 시스템 동작이나 사용자 행동을 이해하기 위해 대량의 로그 데이터를 분석한다. 주간/월간 보고서 생성은 비즈니스 성과를 평가하고 추세를 파악하기 위해 주기적으로 데이터를 집계하여 보고서를 생성한다.

실시간 수집(real-time ingestion)은 데이터가 생성되는 즉시 수집하고 처리하는 것을 의미한다. 이 방식은 데이터의 최신성이 중요하고, 즉각적인 분석이나 반응이 필요한 경우에 사용된다. 실시간 데이터 수집은 지속적으로 발생하는 데이터 스트림(data stream)을 처리하는 데 초점을 맞추고 있으며, 데이터가 생성됨과 동시에 분석 및 활용할 수 있어야 한다.

실시간 데이터 수집의 핵심은 스트리밍 데이터 처리 기술을 활용하여 데이터를 실시간으로 수집, 변환, 분석하는 것이다. Apache Kafka와 같은 **분산 메시지 큐**(distributed message queue)[1]는 실시간 데이터 스트림을 안정적으로 전송하고 관리하는 데 사용된다.

실시간 데이터 수집은 실시간 모니터링 시스템, 실시간 추천 시스템, 실시간 부정 거래 감지 등에서 활용된다. 실시간 모니터링 시스템은 시스템의 성능이나 상태를 실시간으로 감시하고, 이상 상황을 즉시 감지하여 대응하는 데 사용되며, 실시간 추천 시스템은 사용자 행동 데이터를 실시간으로 분석하여 사용자에게 개인화된 추천을 제공하는 데 사용된다. 실시간 부정 거래 감지는 금융 거래 데이터를 실시간으로 분석하여 사기 거래를 즉시 감지하고 예방하는 데 사용된다.

실시간 데이터 수집은 데이터의 가치를 극대화하고 실시간 분석과 의사결정을 가능하게 하는 핵심 기술 중 하나다. 그러나 이를 구현하려면 높은 처리 성능과 낮은 지연 시간이 요구되며, 시스템 설계와 구현 단계에서 신중한 고려가 필요하다. 실시간 수집은 데이터의 최신성을 유지하고 즉각적인 대응을 가능하게 하지만, 배치 방식에 비해 더 복잡한 인프라와 고도화된 기술이 요구된다.

5.1.2 데이터 수집 파이프라인

데이터 수집 파이프라인(data ingestion pipeline)은 데이터 사이언스 프로젝트에서 데이터 원천으로부터 분석 및 모델링에 필요한 데이터를 추출, 변환, 저장하는 일련의 자동화된 과정을 의미한다. 이는 데이터 엔지니어링의 핵심 요소로서, 다양한 데이터 소스에서 생성되는 데이터를 체계적으로 관리하고 데이터 품질을 유지하여 데이터를 효율적으로 접근할 수 있도록 지원한다.

데이터 수집 파이프라인의 설계는 데이터의 특성, 데이터의 양, 데이터의 처리 속도, 분석 요구 사항 등 다양한 요인에 따라 달라지며, 데이터 수집 파이프라인의 효율성은 데이터 분

1 서비스 간 비동기 메시지 전달을 위한 분산 시스템

석에 큰 영향을 미친다. 이러한 파이프라인은 일반적으로 데이터 추출, 데이터 변환, 데이터 로드의 세 가지 주요 단계로 구성되며, 이러한 단계는 종종 **ETL(Extract, Transform, Load)** 또는 **ELT(Extract, Load, Transform)** 프로세스로 요약된다. 이 프로세스는 6.3 'ETL과 ELT'에서 자세히 다루겠다.

데이터 추출(data extraction) 단계는 데이터 원천에서 데이터를 읽어오는 과정이다. 데이터 원천인 데이터베이스, API, 로그 파일, 클라우드 스토리지 등에서 필요한 데이터를 추출한다. 이 단계에서는 데이터 읽기 과정에서 발생하는 오류 처리, 데이터의 유효성 검사, 데이터 접근 권한 관리 등의 요소가 적용된다.

데이터 변환(data transformation) 단계에서는 추출된 데이터를 분석에 적합한 형태로 변환한다. 이러한 변환 작업에는 데이터 정제, 필터링, 통합, 집계, 스케일링 등이 포함된다. 데이터 변환 단계는 데이터의 품질을 향상시키고, 데이터 분석에 필요한 형태로 데이터를 구조화하는 데 중요한 역할을 한다.

데이터 로딩(data loading) 단계는 변환된 데이터를 데이터 레이크, 데이터 웨어하우스, 데이터베이스와 같은 저장소에 저장하는 과정이다. 이 단계에서는 데이터의 무결성을 유지하고, 데이터 저장소의 성능을 고려하여 데이터를 로드해야 한다.

데이터 수집 파이프라인은 자동화된 워크플로를 통해 일련의 단계를 순차적으로 또는 병렬적으로 실행하며, 전체 과정을 모니터링하고 관리하기 위한 도구(orchestration tools)가 사용된다. 이와 같은 파이프라인은 데이터의 흐름을 자동화할 뿐만 아니라, 데이터가 어떤 경로를 거쳐 처리되고 이동했는지를 추적함으로써 **데이터 계보**(data lineage)를 구성할 수 있다. 데이터 계보란 데이터의 생성부터 최종 활용에 이르기까지의 변환, 이동, 사용 내역을 기록한 정보를 의미하며, 데이터 품질 문제의 원인을 파악하고 변경 이력과 출처를 명확히 하는 데 활용된다.

5.1.3 파이프라인 설계 시 고려사항

데이터 수집 파이프라인 설계 시에는 데이터의 양(volume), 데이터 처리 속도(velocity), 데이터의 다양성(variety), 데이터의 복잡성(complexity), 데이터 보안(security), 시스템 가용성(availability)과 같은 다양한 요소를 종합적으로 고려해야 한다. 이러한 요소는 파이프라인이 어떤 구조로 구성되어야 하는지를 결정하며, 특히 확장성과 유연성은 핵심 설계 원칙으로 간주된다. 파이프라인은 새로운 데이터 원천을 손쉽게 통합하고, 처리 로직 변경이 미치는 영향을 최소화하도록 유연하게 설계되어야 한다.

각 단계는 **모듈화**(modularization)되어야 하며, 모듈 간의 의존성을 최소화하여 재사용성과 유지보수성을 확보해야 한다. 또한, 장애가 발생하더라도 전체 파이프라인을 중단하지 않고 특정 단계만 복구하거나 재시도할 수 있는 구조가 요구된다. 이를 위해 체크포인트(checkpoint) 전략이나 재처리 메커니즘을 포함해 데이터 흐름의 연속성을 보장해야 한다.

파이프라인은 데이터의 변화에 민감하게 반응하고, 변화가 발생할 경우 자동으로 갱신될 수 있어야 한다. 이와 동시에 변화 내용을 사용자에게 알릴 수 있는 **알림**(notification)을 제공하여 데이터 상태에 대한 가시성을 높여야 한다. 이러한 관리를 위해서는 **로깅**(logging), **모니터링**(monitoring), **경고 시스템**(alerting system)과 같은 기능이 필요하며, 이를 통해 파이프라인의 성능을 지속적으로 평가하고 병목 지점을 식별하여 최적화를 수행할 수 있다.

파이프라인 구현 도구로는 Apache Airflow, Prefect, Luigi 등이 널리 활용된다. 이러한 도구는 워크플로 정의, 스케줄링, 의존성 관리, 작업 재시도, 알림 설정, 시각적 UI 제공 등 파이프라인 관리 전반에 걸쳐 다양한 기능을 제공한다.

특히 Apache Airflow는 **DAG(Directed Acyclic Graph)**[2] 기반으로 워크플로를 정의할 수 있어 복잡한 작업 흐름을 명확하게 표현할 수 있으며, 운영 중인 파이프라인의 상태 추적과 장애 진단에 용이하다. Prefect는 더 나은 유연성과 클라우드 통합 기능을 제공하며, Luigi는 Python 중심의 간결한 작업 정의가 가능하다는 장점이 있다.

2 방향성이 있고 순환이 없는 그래프 구조로 전체 작업 흐름을 시각화하고 효율적인 실행 계획을 세울 수 있는 그래프를 의미한다.

데이터 수집 파이프라인은 실시간과 배치 방식으로 구현될 수 있으며, 하이브리드 아키텍처를 통해 두 방식을 병행할 수도 있다. 실시간 파이프라인은 Apache Kafka, Apache Flink, Spark Structured Streaming 등의 기술을 활용하여 데이터가 생성되자마자 처리하는 구조로 실시간 모니터링, 이상 탐지, 사용자 행동 분석 등에 주로 활용된다. 반면 배치 파이프라인은 Apache Hadoop, Apache Spark, Apache Hive 등과 연계되어 대량의 데이터를 주기적으로 처리하며, 대규모 ETL 작업이나 데이터 마트 구축, 정기 보고서 생성 등에 적합하다.

효율적인 데이터 수집 파이프라인을 구현하기 위해서는 **데이터 압축**(compression), **직렬화**(serialization), **캐싱**(caching) 등의 기술을 병행하여 적용하는 것이 바람직하다. 이러한 기술은 처리 속도를 높이고 네트워크 및 저장소 자원을 절약하는 데 기여한다. 또한, 복잡한 파이프라인 구조를 관리하기 위해서는 각 단계의 입출력 형식을 명확히 정의하고, 메타데이터를 활용하여 데이터 흐름을 추적할 수 있도록 구성해야 한다.

자동화된 테스트(automated testing)와 배포 전략을 병행하면 변경 사항이 파이프라인에 미치는 영향을 최소화할 수 있으며, 데이터 수집 환경이 변화할 때에도 안정적인 운영이 가능하다. 데이터 수집 파이프라인은 단순한 기술적 구성 요소를 넘어, 데이터 기반 의사결정의 출발점을 형성하는 핵심 인프라로 기능해야 한다.

5.2 _ 데이터 전처리

데이터 전처리(data preprocessing)는 머신러닝 모델 학습과 데이터 분석의 정확성과 효율성을 높이기 위해 실제 데이터를 분석에 적합한 형태로 변환하는 과정이다. 원시 데이터는 수집 과정의 오류, 시스템 문제, 환경적 요인 등으로 인해 불완전하거나 부정확한 형태를 띠는 경우가 많다.

이러한 데이터는 결측치(missing values), 이상치(outliers), 중복된 값(duplicate data), 노이즈(noise)를 포함하거나 일관되지 않은 형식과 스케일을 가질 수 있다. 이러한 문제가 있는 데이터를 별다른 조치 없이 분석하거나 모델링에 활용할 경우, 결과의 신뢰성이 크게 저하된다. 이는 모델 성능 저하, 예측의 왜곡, 잘못된 의사결정 등 심각한 문제로 이어질 수 있다.

따라서 데이터 전처리는 이러한 문제를 해결하고 데이터를 분석 및 모델링에 적합하게 변환하여 데이터 가치를 극대화하는 핵심 단계다. 즉, 데이터의 품질을 평가하고 분석 목적에 맞게 구조화하는 과정을 포함한다.

이 과정은 단순한 오류 수정에 그치지 않는다. 데이터의 구조적 특성과 통계적 분포를 고려하여 분석 목표에 부합하는 형태로 데이터를 체계적으로 재구성하는 절차이다. 전처리는 모델 성능에 직접적인 영향을 미치기 때문에 데이터 사이언티스트와 데이터 엔지니어는 분석 목표를 명확히 정의한 뒤, 데이터의 속성에 따라 최적의 전처리 전략을 수립해야 한다.

데이터 전처리는 일회성 절차에 그치지 않고, 분석 전체 프로세스에 걸쳐 반복적이고 점진적으로 이루어진다. 이는 데이터의 품질을 향상시키고 분석 결과의 신뢰성과 정확성을 확보하기 위한 필수적인 작업으로 간주된다. 따라서 전처리는 단순한 준비 단계가 아니라, 데이터 사이언스 프로젝트의 성패를 좌우하는 핵심 단계에 해당한다. 이러한 전처리 과정은 데이터 정제, 데이터 변환, 특징 공학, 데이터 불균형 처리의 네 가지 범주로 구성된다.

데이터 정제는 오류 제거와 결측치 처리를 포함하며, 데이터 변환은 변수의 형식과 스케일을 분석에 적합한 형태로 변환하는 과정이다. 특징 공학은 기존 변수를 재구성하거나 새로운 변수를 생성하여 모델 성능을 향상시키는 역할을 한다. 마지막으로, 데이터 불균형 처리는 목표 변수의 분포가 불균형한 경우 적절한 보정을 통해 학습의 왜곡을 방지하는 데 중점을 둔다. 이번 절에서는 이러한 전처리 구성 요소들을 중심으로 각각의 이론적 배경과 적용 방식에 대해 살펴본다.

5.2.1 데이터 정제

데이터 정제(data cleansing)는 데이터 전처리 과정에서 가장 기초적이고 중요한 단계 중 하나로, 수집된 원시 데이터에서 발견되는 오류, 불일치, 부정확성 등을 식별하고 수정하여 데이터 품질을 향상시키는 데 목적을 둔다. 실제 데이터는 다양한 원인으로 인해 완벽하지 않은 상태로 존재할 가능성이 높다.

데이터 입력 오류, 시스템 문제, 데이터 수집 과정에서의 결함, 또는 단순히 사람의 실수 등 다양한 이유로 데이터에 오류가 발생할 수 있다. 이러한 오류들은 데이터의 신뢰성을 저해하고, 분석 결과에 부정적인 영향을 미칠 수 있다. 따라서 데이터 정제는 데이터 분석 및 머신러닝 모델링의 정확도를 높이고, 신뢰성 있는 결과를 도출하기 위해 반드시 필요한 과정이다.

데이터 정제는 데이터의 품질을 높이고 데이터 분석의 효율성을 개선하는 데 중요한 역할을 한다. 데이터의 특징과 분석 목적에 맞는 적절한 정제 기법을 신중하게 선택하여 적용해야 한다. 데이터 정제 과정은 크게 결측치 처리, 이상치 탐지 및 제거, 중복 데이터 처리, 그리고 데이터 형식 표준화 등으로 구성된다.

결측치 처리

결측치(missing value)는 데이터세트에서 값이 누락된 항목을 의미하며, 현실 세계의 정보에서 흔하게 발생한다. 설문 조사에서 응답 누락, 데이터 입력 오류, 시스템 문제, 또는 데이터 결합 과정에서의 문제 등 다양한 원인으로 결측치가 발생할 수 있다. 결측치가 존재하는 데이터는 분석 또는 모델 학습에 직접적으로 사용할 수 없으므로 적절한 방법으로 처리해야 한다.

결측치를 처리하는 방식은 크게 두 가지로 나눌 수 있다. 하나는 결측값을 적절한 값으로 대체(imputation)하는 것이고, 다른 하나는 결측치가 포함된 관측값을 제거(dropping)하는 방법이다. 결측치를 대체하는 방법으로는 평균값(mean), 중앙값(median), 최빈값(mode) 등 단순 통계 기법과 회귀 분석(regression analysis), K-NN(K-Nearest Neighbors) 등의 예측 기반 기법이 사용된다.

단순 통계 기법은 계산이 간단하고 빠르다는 장점이 있다. 평균값은 데이터 분포가 대칭일 때 적합하며, 중앙값은 이상치의 영향을 줄일 수 있어 이상치가 포함된 경우에 유리하다. 최빈값은 범주형 변수에 주로 사용된다. 반면, 회귀 분석이나 K-NN을 통한 예측 기반 방법은 변수 간 관계를 고려해 보다 정교하게 결측치를 보완할 수 있지만, 계산 복잡도가 높고 추가적인 자원이 필요하다.

단순 통계 기법은 계산이 간단하고 빠르다는 장점이 있다. 평균값은 데이터 분포가 대칭일 때 적합하며, 중앙값은 이상치의 영향을 줄일 수 있어 이상치가 포함된 경우에 유리하다. 최빈값은 범주형 변수에 주로 사용된다. 반면, 회귀 분석이나 K-NN을 통한 예측 기반 방법은 변수 간 관계를 고려해 보다 정교하게 결측치를 보완할 수 있지만, 계산 복잡도가 높고 추가적인 자원이 필요하다.

이상치 탐지 및 제거

이상치(outlier)는 데이터의 일반적인 패턴에서 벗어난 비정상적인 값을 의미한다. 이상치는 데이터 수집 오류, 측정 오류, 또는 실제 특이한 사건에 의해 발생할 수 있다. 이상치는 데이터 분석 결과에 큰 영향을 미칠 수 있으며, 특히 모델의 성능을 저하시키는 주요 원인이 될 수 있다. 따라서 데이터 분석 전에 이상치를 탐지하고 적절하게 처리하는 것이 중요하다. 이상치를 탐지하는 방법은 크게 통계적 방법, 시각적 방법, 머신러닝 기반 방법으로 나눌 수 있다.

통계적 방법은 Z-점수나 사분위 범위(Interquartile Range, IQR)를 활용하여 평균이나 사분위수로부터 크게 벗어난 값을 이상치로 간주한다. 예를 들어 Z-점수는 데이터가 평균에서 표준편차의 몇 배만큼 떨어져 있는지를 측정하고, 일반적으로 ±3을 초과하는 값을 이상치로 판단한다. IQR은 중간 50% 구간을 기준으로 1.5배 이상 벗어난 값을 이상치로 본다. 시각적 방법은 박스 플롯이나 산점도와 같은 시각화 도구를 이용해 데이터의 분포를 직관적으로 파악하고 이상치를 식별하는 방식으로, 특히 다변량 이상치 탐지에 유용하다. 머신러닝 기반 방법은 K-평균, DBSCAN과 같은 클러스터링 알고리즘이나 아이솔레이션 포레스트, One-Class SVM 등의 이상 감지 모델을 사용하여 정상 데이터의 패턴에서 벗어난 데이터를 자동으로 탐지한다.

이상치 탐지 방법은 데이터의 특성과 분석 목적에 따라 적절히 선택해야 하며, 경우에 따라 여러 기법을 병행하여 이상치를 보다 정밀하게 식별할 수 있다. 탐지된 이상치는 단순히 제거하거나, 적절한 값으로 대체하거나, 별도로 분석하여 의미를 도출하는 방식으로 처리할 수 있다. 어떤 방식으로 처리할지는 이상치의 발생 원인과 데이터의 맥락에 따라 달라진다. 특히 이상치를 제거할 경우, 해당 값이 단순한 오류인지 아니면 중요한 정보인지 신중히 판단해야 한다. 무분별한 제거는 데이터의 왜곡이나 편향을 유발할 수 있으므로, 충분한 검토와 근거에 기반한 접근이 필요하다.

중복 데이터 처리

중복 데이터(duplicate data)는 데이터세트 내에 동일하거나 유사한 데이터가 여러 번 반복되어 나타나는 경우를 의미한다. 중복 데이터는 데이터 입력 과정에서의 오류, 데이터 결합 과정에서의 문제, 또는 데이터베이스 설계상의 문제 등 다양한 원인으로 인해 발생할 수 있다. 중복 데이터는 데이터 분석 결과에 편향을 초래하고 모델의 성능을 저하시킬 수 있다.

중복 데이터 처리의 핵심은 중복된 항목을 정확히 탐지하고 제거하는 것이다. 중복은 동일한 값의 반복뿐 아니라, 여러 특징에서 유사한 값을 가지는 경우에도 발생할 수 있다. 따라서 중복 데이터를 탐지할 때에는 단일 열이 아닌 여러 특성을 종합적으로 비교해야 하며, 데이터의 특성에 맞는 탐지 알고리즘을 선택하는 것이 중요하다. 예를 들어 문자열 유사도 기반 방법이나 군집 기반 방식 등이 사용될 수 있다.

중복 데이터를 제거할 때에는 데이터의 고유성과 정합성을 해치지 않도록 신중하게 판단해야 한다. 무분별한 제거는 중요한 정보 손실로 이어질 수 있으므로, 처리 기준을 명확히 설정해야 한다. 또한, 중복이 반복적으로 발생하는 경우에는 그 원인을 분석하여 데이터 수집 또는 통합 과정 자체를 개선할 필요가 있다. 이는 데이터 품질 향상을 위한 근본적인 해결책이 될 수 있다.

데이터 형식 표준화

데이터 형식 표준화는 다양한 형태로 수집된 데이터의 표현 방식을 일관되게 정리하는 과정이다. 수집된 데이터는 날짜, 시간, 숫자, 문자열 등 여러 유형으로 구성되며, 각기 다른 형식으로 저장될 수 있다. 이러한 형식의 불일치는 분석 과정에서 오류를 유발하거나, 불필요한 변환 작업을 초래하여 처리 절차를 복잡하게 만든다. 특히 동일한 정보를 나타내더라도 형식이 다르면 서로 다른 값으로 인식되는 문제가 발생할 수 있다.

따라서 데이터 분석에 앞서 데이터 형식을 표준화하는 작업이 필요하다. 예를 들어, 날짜 형식을 YYYY-MM-DD로 통일하거나, 문자열의 대소문자를 일관되게 맞추거나, 숫자 데이터의 자릿수를 통일하는 등의 작업이 이에 해당한다. 이러한 데이터 형식 표준화는 데이터의 일관성을 확보하고, 분석 과정의 효율성을 높이는 데 기여한다.

5.2.2 데이터 변환

데이터 변환(data transformation)은 원시 데이터를 분석 및 모델링에 적합한 형태로 변경하는 작업이다. 데이터 변환은 데이터의 스케일 조정, 데이터 분포 변경, 범주형 데이터의 수치화, 텍스트 데이터의 전처리 등 다양한 작업을 포함하며, 데이터의 특징과 분석 목적에 따라 다양한 변환 기법이 적용된다.

데이터 변환은 데이터 분석의 효율성을 높이고 모델의 성능을 개선하는 데 중요한 역할을 한다. 데이터 변환이 적절하게 수행되면 데이터 분석 과정이 단순화되고, 모델 학습 속도가 향상되며, 예측 정확도가 개선되는 효과를 얻을 수 있다. 데이터 변환 과정에서는 데이터의 특징을 이해하고 분석 목적에 맞는 적절한 변환 방법을 선택하는 것이 매우 중요하다. 데이터 변환 과정은 크게 데이터 스케일링, 데이터 분포 변환, 인코딩, 그리고 텍스트 데이터 전처리 등으로 구성된다.

데이터 스케일링

데이터 스케일링(data scaling)은 데이터의 값 범위를 조정하는 작업으로, 서로 다른 스케일을 가진 특징이 모델 학습에 미치는 영향을 줄이는 데 목적을 둔다. 머신러닝 모델은 일반적으로 모든 특징이 동일한 스케일을 가질 때 더 잘 작동한다.

예를 들어, 키(cm)와 몸무게(kg)처럼 스케일이 다를 수 있는 특징을 사용할 때 값의 범위가 큰 특징이 모델 학습에 더 큰 영향을 미칠 수 있다. 데이터 스케일링은 이러한 문제를 해결하고, 모든 특징이 모델 학습에 균등하게 기여할 수 있게 한다. 데이터 스케일링 방법에는 최소–최대 스케일링, 표준화, 로버스트 스케일링 등 다양한 방법이 존재한다.

최소–최대 스케일링(min–max scaling)은 데이터를 0과 1 사이의 값으로 변환하는 방법으로, 모든 데이터를 동일한 범위로 조정하는 데 유용하다. 표준화(standardization)는 데이터의 평균이 0이고 표준편차가 1이 되도록 변환하는 방법으로, 데이터의 분포를 정규분포에 가깝게 만드는 효과가 있다. 로버스트 스케일링(robust scaling)은 데이터에 이상치가 많을 때 사용하는 방법으로, 중앙값과 사분위수를 사용하여 데이터의 스케일을 조정한다.

어떤 스케일링 방법을 선택할지는 데이터의 분포, 이상치의 존재 여부, 그리고 모델의 특징 등을 고려하여 결정해야 한다. 데이터 스케일링은 특히 경사하강법 기반의 모델이나 거리 기반의 모델에서 매우 중요한 역할을 한다.

데이터 분포 변환

데이터 분포 변환(data distribution transformation)은 데이터의 분포 형태를 변경하는 작업으로, 데이터가 특정 모델의 가정에 부합하도록 하거나 분석하기 용이한 형태로 변환하는 데 목적을 둔다. 많은 통계적 분석 및 머신러닝 모델은 데이터가 정규분포(normal distribution)를 따른다는 가정을 전제로 한다. 만약 데이터가 정규분포를 따르지 않는다면 데이터 분포 변환을 통해 정규분포에 가깝게 만들 수 있다. 데이터 분포를 변환하는 방법에는 로그 변환, 제곱근 변환, 박스-칵스 변환 등이 있다.

로그 변환(log transformation)은 데이터가 오른쪽으로 치우쳐진 경우 데이터의 분포를 대칭으로 만들 수 있으며, 제곱근 변환(square root transformation)은 데이터의 분산을 줄이는 데 사용된다. 박스-칵스 변환(box-cox transformation)은 데이터 분포를 정규분포에 최대한 가깝게 만들어 주는 일반적인 변환 방법이다. 데이터 분포 변환은 데이터의 특징을 이해하고, 분석 목적에 맞는 적절한 방법을 선택하는 것이 중요하다.

인코딩

인코딩(encoding)은 범주형 데이터를 머신러닝 모델이 이해할 수 있는 수치형 데이터로 변환하는 작업이다. 범주형 데이터는 일반적으로 문자열 또는 범주로 표현되며, 머신러닝 모델은 수치형 데이터를 입력으로 받기 때문에 범주형 데이터를 수치형 데이터로 변환하는 과정이 필수적이다. 인코딩 방법에는 원-핫 인코딩, 레이블 인코딩, 빈도 인코딩, 타깃 인코딩 등 다양한 방법이 있다.

원-핫 인코딩(one-hot encoding)은 각 범주를 이진 벡터로 표현하는 방법으로, 각 범주에 해당하는 열을 새로 만들어 해당 범주에 속하는 데이터는 1로, 나머지는 0으로 표시한다. 레이블 인코딩(label encoding)은 각 범주에 고유한 정수를 할당하는 방법으로, 순서가 있는 범주형 데이터에 적합하다. 빈도 인코딩(frequency encoding)은 각 범주가 데이터세트에서 나타나는 빈도를 수치로 변환하는 방법이며, 타깃 인코딩(target encoding)은 범주별로 타깃 변수의 평균값을 수치로 변환하는 방법이다.

인코딩 방법은 데이터의 특징과 분석 목적에 따라 적절하게 선택해야 하며, 원-핫 인코딩은 범주가 많은 경우 차원의 저주(curse of dimensionality)[3]를 유발할 수 있으므로 주의해야 한다.

3 변수의 수가 늘어날수록 데이터 공간이 기하급수적으로 커져 필요한 데이터 양이 증가하고 모델 성능이 저하되는 문제

텍스트 데이터 전처리

텍스트 데이터 전처리(text data preprocessing)는 자연어 처리에서 매우 중요한 단계로, 텍스트 데이터를 모델 학습에 사용할 수 있도록 변환하는 작업을 의미한다. 텍스트 데이터는 일반적으로 비정형 데이터로 분류되며, 모델 학습에 바로 사용할 수 없으므로 적절한 전처리 과정을 거쳐야 한다. 텍스트 데이터 전처리에는 토큰화, 불용어 처리, 어간 추출, 표제어 추출, TF-IDF 등의 방법이 있다.

토큰화(tokenization)는 텍스트를 단어 또는 문장 단위로 분리하는 작업이며, 불용어 처리(stop word removal)는 분석에 불필요한 단어(예: the, a, is 등)를 제거하는 작업이다. 어간 추출(stemming)은 단어의 어간을 추출하는 작업이며, 표제어 추출(lemmatization)은 단어의 기본형을 추출하는 작업이다. TF-IDF(Term Frequency-Inverse Document Frequency)는 단어의 중요도를 측정하는 방법으로, 특정 문서에서 자주 나타나지만 전체 문서에서 자주 나타나지 않는 단어에 높은 가중치를 부여한다. 텍스트 데이터 전처리 과정은 데이터 분석 목표와 텍스트 데이터의 특징에 따라 적절한 방법을 선택하여 적용해야 한다.

5.2.3 특징 공학

특징 공학(feature engineering)은 머신러닝 모델의 성능 향상을 위해 원시 데이터로부터 유의미한 새로운 특징을 생성하거나, 모델 학습에 불필요하거나 중요도가 낮은 특징을 제거하는 과정을 의미한다. 특징 공학은 데이터 전처리 과정에서 핵심적인 역할을 하며, 모델의 성능에 직접적인 영향을 미친다.

특징 공학은 단순히 데이터를 변환하는 것을 넘어, 데이터에 대한 깊은 이해와 도메인 지식을 바탕으로 데이터를 재구성하는 단계다. 잘 설계된 특징은 모델의 예측 능력을 향상시킬 뿐만 아니라, 모델의 해석 가능성을 높이고, 과대적합을 방지하는 데에도 기여한다.

특징 공학은 데이터 사이언스 프로젝트에서 상당한 시간과 노력이 요구되는 작업이지만, 그만큼 높은 보상을 얻을 수 있는 단계다. 따라서 데이터의 특징, 분석 목표, 그리고 머신러닝 알고리즘의 특성을 고려하여 최적의 특징 공학 전략을 수립해야 한다. 특징 공학은 데이터 분석의 핵심이며, 데이터로부터 가치 있는 정보를 추출하고 활용하는 데 중요한 역할을 수행한다. 특징 공학 과정은 크게 특징 생성과 특징 선택으로 나눌 수 있다.

특징 생성

특징 생성(feature creation)은 기존의 특징들을 기반으로 새로운 특징을 만들어내는 과정이다. 단순히 기존 특징을 그대로 사용하는 것보다, 적절하게 생성된 새로운 특징은 모델의 예측 성능을 크게 향상시킬 수 있다. 특징 생성 방법에는 다양한 종류가 있으며, 데이터의 특징과 분석 목적에 따라 적절한 방법을 선택해야 한다. 특징 생성에는 크게 특징 결합, 다항 특징, 비닝이 있다.

특징 결합(feature combination)은 기존의 여러 특징을 결합하여 새로운 특징을 만드는 방법이다. 예를 들어, 두 개의 특징을 더하거나 곱하거나 나누어서 새로운 특징을 만들 수 있다. 특히, 특징 간의 상호작용을 포착해야 하는 경우 유용하다. 예를 들어, 키(m)와 체중(kg)으로 체질량지수(BMI = kg/m^2)라는 새로운 특징을 생성하거나, 구매 횟수와 총 구매액을 나누어 평균 구매액이라는 새로운 특징을 생성할 수 있다.

다항 특징(polynomial features)은 기존 특징을 제곱하거나 세제곱하는 등 다항식을 사용하여 새로운 특징을 생성하는 방법이다. 선형 모델에서 비선형 관계를 모델링해야 하는 경우 유용하다. 예를 들어, x 특징이 있을 때 x^2, x^3과 같은 특징을 추가할 수 있다.

비닝(binning)은 연속형 특징을 특정 구간(bin)으로 나누어 범주형 특징으로 변환하는 방법이다. 연속형 특징의 분포가 비선형적이거나 특정 구간에서 더 큰 예측력을 가지는 경우 유용하다. 예를 들어, 나이 특징을 10대, 20대, 30대, 40대 이상 등으로 나눌 수 있다.

특징 선택

특징 선택(feature selection)은 머신러닝 모델 학습에 사용될 특징들을 선택하는 과정으로, 모델 학습에 불필요하거나 중요도가 낮은 특징을 제거하여 모델의 성능을 향상시키고 과대적합을 방지하며 모델의 복잡도를 줄이는 데 목적을 둔다.

모델 학습에 모든 특징을 사용하는 것보다 관련성이 높고 중요한 특징만을 선택하여 사용하는 것이 모델의 일반화 성능을 높이고 학습 시간을 단축시키며 모델의 해석 가능성을 향상시키는 데 도움이 된다. 특징 선택 방법은 크게 필터 방법, 래퍼 방법, 그리고 임베디드 방법으로 나눌 수 있다.

필터 방법(filter methods)은 특징과 목표 변수 사이의 통계적 관계를 평가하여 모델 학습 전에 특징을 선택하는 방법이다. 필터 방법은 계산 비용이 적고 빠르다는 장점이 있지만, 모델의 성능을 직접적으로 고려하지 않는다는 단점이 있다. 필터 방법에서 주로 사용되는 통계적 지표로는 피어슨 상관계수, 카이제곱 검정, 정보 이득 등이 있다.

피어슨 상관계수(pearson correlation coefficient)는 두 연속형 변수 간의 선형 관계를 측정하는 지표로, 상관관계가 낮은 특징을 제거하는 데 사용된다. 카이제곱 검정(chi-squared test)은 범주형 변수와 목표 변수 간의 관계를 측정하는 지표로, 목표 변수와 연관성이 높은 특징을 선택하는 데 사용된다. 정보 이득(information gain)은 특정 특징이 목표 변수를 예측하는 데 얼마나 많은 정보를 제공하는지를 측정하는 지표로, 정보량이 낮은 특징을 제거하는 데 사용된다.

래퍼 방법(wrapper methods)은 특정 머신러닝 모델의 성능을 평가 기준으로 삼아 특징을 선택하는 방법이다. 래퍼 방법은 모델의 성능을 직접적으로 평가하기 때문에 특징 선택 결과가 모델 성능에 큰 영향을 미친다. 래퍼 방법은 특징 선택 과정에서 모델을 여러 번 학습시켜야 하므로 계산 비용이 많이 들고 시간이 오래 걸린다는 단점이 있지만, 모델 성능을 최적화하는 데 효과적이다. 래퍼 방법에는 전진 선택법, 후진 제거법, 재귀적 특징 제거법 등 다양한 방법이 있다.

전진 선택법(forward selection)은 아무 특징도 포함하지 않은 빈 모델에서 시작하여 모델 성능을 향상시키는 특징을 하나씩 추가하는 방법이다. 후진 제거법(backward elimination)은 모든 특징을 포함한 모델에서 시작하여 모델 성능을 저하시키지 않는 특징을 하나씩 제거하는 방법이다. 재귀적 특징 제거법(recursive feature elimination)은 모델을 학습하고, 중요도가 낮은 특징을 재귀적으로 제거하는 방법이다. 래퍼 방법은 모델의 성능을 직접적으로 평가하여 특징을 선택하지만, 과대적합의 위험이 있으며 계산 비용이 많이 든다.

임베디드 방법(embedded methods)은 모델 학습 과정에서 특징을 선택하는 방법으로, 모델 학습 알고리즘 자체에 특징 선택 기능이 포함되어 있다. 임베디드 방법은 필터 방법과 래퍼 방법의 장점을 결합한 방법으로, 계산 비용이 적고 모델 성능을 고려한다는 장점이 있다. 임베디드 방법에서 주로 사용되는 기법으로는 L1 정규화를 활용한 회귀 모델과 특징 중요도를 자동으로 산출하는 트리 기반 모델이 있다.

L1 정규화(L1 regularization)는 라쏘(Lasso) 회귀와 같이 모델 학습 시 특징의 가중치에 L1 페널티를 적용하여, 중요도가 낮은 특징의 가중치를 0으로 만들고 이를 제거하는 방식이다. 트리 기반 모델(tree-based models)은 랜덤 포레스트(random forest), 그레이디언트 부스팅(gradient boosting) 등과 같이 학습 과정에서 각 특징의 중요도를 계산하며, 중요도가 낮은 특징을 자동으로 제외할 수 있다. 임베디드 방법은 이처럼 모델 학습과 동시에 특징 선택이 이루어지므로, 별도의 선택 절차에 대한 부담을 줄이고 모델 성능 향상에도 효과적이다.

5.2.4 데이터 불균형 처리

데이터 불균형 처리(data imbalance handling)는 데이터 전처리 과정에서 중요한 절차로, 분류 문제에서 특정 클래스에 속하는 데이터의 수가 다른 클래스에 비해 현저히 적거나 많은 경우에 발생하는 문제를 해결하는 과정이다.

실제 데이터세트에서는 종종 특정 클래스의 데이터가 다른 클래스에 비해 훨씬 적게 나타나는 불균형한 현상이 발생한다. 예를 들어, 금융 거래 데이터에서 사기 거래는 정상 거래에 비해 매우 드물게 발생하며, 의료 데이터에서 특정 질병을 가진 환자의 수는 건강한 사람의 수에 비해 상대적으로 적다. 이러한 데이터 불균형은 머신러닝 모델 학습에 심각한 문제를 야기할 수 있다.

모델은 다수 클래스에 편향되어 소수 클래스를 제대로 학습하지 못하고, 소수 클래스의 예측 성능이 크게 저하될 수 있다. 특히, 소수 클래스를 정확하게 예측하는 것이 중요한 문제(예: 사기 거래 감지, 질병 진단, 이상 감지)에서 데이터 불균형은 모델의 성능을 저해하는 주요한 원인이 될 수 있다.

따라서 데이터 불균형 문제는 머신러닝 모델의 성능을 높이고, 공정한 예측 결과를 얻기 위해 반드시 해결해야 할 과제다. 데이터 불균형을 처리하는 방법은 크게 데이터 수준 방법과 알고리즘 수준 방법으로 나눌 수 있다.

데이터 수준 방법

데이터 수준 방법(data-level methods)은 원본 데이터세트를 직접 조작하여 불균형한 클래스 분포를 개선하는 방식이다. 이를 통해 모델이 소수 클래스에 대해 보다 효과적으로 학습할 수 있도록 지원한다. 대표적인 기법으로는 오버샘플링, 언더샘플링, 데이터 증강 등이 있다.

오버샘플링(oversampling)은 소수 클래스에 속하는 데이터의 수를 증가시켜 데이터 불균형을 완화하는 방법이다. 일반적으로 소수 클래스의 데이터를 단순히 복제하거나 새로운 데이터를 생성하는 방식으로 수행된다. 단순 복제는 무작위로 데이터를 복제하는 방식으로 구현이 간단하지만, 과대적합의 위험이 크다는 단점이 있다. 이러한 한계를 보완하기 위해 합성 데이터를 생성하는 다양한 기법이 제안되었으며, 대표적으로 SMOTE와 ADASYN이 이에 해당한다.

SMOTE(Synthetic Minority Oversampling Technique)는 소수 클래스 샘플들 사이의 선형 보간을 통해 새로운 데이터를 생성하는 기법으로 과대적합의 위험을 줄이면서 소수 클래스의 데이터를 효과적으로 증가시킬 수 있다. ADASYN(Adaptive Synthetic Sampling)은 SMOTE와 유사하게 합성 데이터를 생성하지만, 학습이 어려운 소수 클래스 샘플 주변에 더 많은 데이터를 생성함으로써 클래스 불균형을 보다 적극적으로 개선한다.

언더샘플링(undersampling)은 다수 클래스에 속하는 데이터의 수를 줄여 데이터 불균형을 완화하는 방법이다. 이는 다수 클래스 데이터를 무작위로 제거하거나 특정 기준에 따라 선택적으로 제거함으로써 클래스 간의 균형을 맞추는 방식이다. 가장 단순한 형태는 무작위 제거로, 구현이 쉽다는 장점이 있지만 유용한 정보까지 함께 손실될 수 있다는 한계가 있다.

이러한 단점을 보완하기 위해 보다 정교한 언더샘플링 기법들이 제안되었다. 예를 들어, 클러스터링 기반 언더샘플링은 다수 클래스 데이터를 클러스터링한 뒤, 각 클러스터에서 대표 데이터를 선택하거나 클러스터 중심을 활용하여 데이터를 축소한다. 이 방법은 데이터의 분포를 고려하여 중요한 정보를 보존할 수 있다는 장점이 있다. 또한, 토멕 링크(tomek links) 기반 언더샘플링은 서로 다른 클래스에 속하면서 인접한 데이터 쌍을 제거하는 방식이다. 이를 통해 클래스 간 경계를 보다 명확히 할 수 있으며, 결과적으로 분류 모델의 성능 향상에 기여할 수 있다.

데이터 증강(data augmentation)은 원본 데이터를 변형하여 새로운 데이터를 생성하는 방법으로, 주로 이미지나 텍스트 데이터에 적용된다. 이미지 데이터의 경우 회전, 이동, 확대/축소 등의 변형을 통해 새로운 데이터를 생성할 수 있으며, 텍스트 데이터의 경우 동의어 치환, 문장 재배열 등을 통해 새로운 데이터를 생성할 수 있다. 데이터 증강은 데이터의 양을 늘려 모델의 일반화 성능을 높이는 데 유용하다.

알고리즘 수준 방법

알고리즘 수준 방법(algorithm-level methods)은 머신러닝 모델의 학습 과정에서 데이터 불균형을 해결하는 접근 방식이다. 이는 데이터 자체를 조작하지 않고, 모델이 불균형한 데이터 분포에 잘 대응할 수 있도록 학습 알고리즘을 조정하는 방식으로 이루어진다. 대표적으로 가중치 부여, 앙상블 학습, 비용 민감 학습 등이 이에 해당한다.

가중치 부여(weighting)는 모델 학습 시 각 클래스에 서로 다른 가중치를 부여하여, 불균형한 클래스 분포에 대응하는 방법이다. 일반적으로 소수 클래스에 더 높은 가중치를 적용함으로써 모델이 해당 클래스의 학습에 더 집중하도록 유도한다. 대부분의 머신러닝 알고리즘은 클래스 가중치를 설정하는 기능을 제공하며, 이를 통해 데이터 불균형 문제를 완화할 수 있다. 가중치 부여는 구현이 간단하고 효과적인 방법이지만, 적절한 가중치를 설정하는 것이 성능에 큰 영향을 미치므로 주의가 필요하다.

앙상블 학습(ensemble learning)은 여러 개의 모델을 결합하여 예측 성능을 향상시키는 방법으로 데이터 불균형 문제에도 강한 접근 방식으로 활용될 수 있다. 대표적인 기법으로는 배깅(bagging)과 부스팅(boosting)이 있으며, 각각 다른 방식으로 다수의 모델을 조합한다. 배깅은 여러 모델을 독립적으로 학습시킨 후, 그 예측 결과를 결합하여 안정적인 성능을 도출하는 방식이다. 반면, 부스팅은 모델을 순차적으로 학습시키며, 이전 모델이 잘못 예측한 샘플에 더 큰 가중치를 부여하여 오차를 점진적으로 보완하는 방식이다.

비용 민감 학습(cost-sensitive learning)은 분류 오류에 서로 다른 비용을 부여하여, 클래스에 따라 손실의 크기를 차등 적용하는 방법이다. 특히 소수 클래스를 잘못 분류했을 때 더 큰 손실을 부여함으로써, 모델이 소수 클래스에 더 민감하게 반응하도록 유도한다. 이 방법은 소수 클래스의 예측이 중요한 문제에서 특히 효과적이다.

데이터 전처리는 데이터의 품질을 향상시키고 분석 모델의 성능을 높이는 데 중요한 역할을 한다. 전처리 단계에서 적절한 방법과 기법을 선택하여 적용하는 것은 데이터 사이언스 프로젝트의 성과에 직접적인 영향을 미칠 수 있다. 특히 데이터의 품질이 낮거나 불균형한 경우, 전처리의 수준에 따라 모델 결과가 크게 달라질 수 있기 때문에 전처리는 전체 분석 과정의 기반이라 할 수 있다.

전처리는 단순히 데이터를 변환하는 절차를 넘어, 데이터를 이해하고 분석 목적에 맞게 최적화하는 과정이다. 이를 위해서는 데이터의 구조와 분포, 변수 간의 관계를 면밀히 파악해야 하며, 그에 따라 상황에 맞는 전처리 방법을 신중하게 선택해야 한다. 전처리 단계에서의 판단은 이후 모델링, 해석, 의사결정까지 이어지므로, 기술적인 숙련도뿐 아니라 문제에 대한 이해도 역시 중요하게 작용한다.

5.2.5 데이터 전처리 예시

데이터 전처리는 다양한 형태의 데이터에 적용될 수 있으며, 각 데이터 유형의 특성에 따라 고유한 전처리 기법이 필요하다. 각 데이터 유형은 크게 텍스트 데이터, 오디오 데이터, 이미지 데이터, 시계열 데이터, 수치형 데이터, 범주형 데이터 등이 있다.

텍스트 데이터(text data)의 경우, 자연어 처리(Natural Language Processing, NLP) 기법을 사용하여 텍스트를 분석 및 모델링에 적합한 형태로 변환한다. 예를 들어, 토큰화(tokenization)를 통해 텍스트를 단어 또는 문장 단위로 분리하고, 불용어(stop word) 제거를 통해 분석에 불필요한 단어들을 제거한다.

또한, 어간 추출(stemming)이나 표제어 추출(lemmatization)을 통해 단어의 기본형을 추출하여 텍스트의 복잡성을 줄인다. TF-IDF(Term Frequency-Inverse Document Frequency)와 같은 방법을 사용하여 텍스트에서 단어의 중요도를 측정하고 수치화할 수도 있다. 이러한 전처리 과정을 통해 텍스트 데이터는 머신러닝 모델이 처리할 수 있는 벡터 형태의 데이터로 변환된다. 다음은 텍스트 데이터 전처리 과정을 간략히 보여준다.

텍스트 데이터: 임의의 텍스트 데이터

```
"Hello, world! This is a sample sentence.  It has some   extra spaces and  punctuation!!"
```

토큰화: 텍스트를 단어 단위로 분리

```
["Hello", ",", "world", "!", "This", "is", "a", "sample", "sentence", ".", "It",
"has", "some", "extra", "spaces", "and", "punctuation", "!", "!"]
```

소문자 변환: 모든 단어를 소문자로 변환

["hello", ",", "world", "!", "this", "is", "a", "sample", "sentence", ".", "it", "has", "some", "extra", "spaces", "and", "punctuation", "!", "!"]

구두점 제거: 특수 기호를 제거

["hello", "world", "this", "is", "a", "sample", "sentence", "it", "has", "some", "extra", "spaces", "and", "punctuation"]

불용어 제거: 분석에 불필요한 단어를 제거

["hello", "world", "sample", "sentence", "extra", "spaces", "punctuation"]

어간 추출: 단어의 기본 형태로 축소

["hello", "world", "sampl", "sentenc", "extra", "space", "punctuat"]

오디오 데이터(audio data)는 일반적으로 파형(waveform) 형태로 주어지며, 이를 분석에 적합한 형태로 변환하기 위해서는 오디오 신호 처리(audio signal processing) 기법을 적용한다. 오디오 데이터는 일반적으로 푸리에 변환(fourier transform)을 통해 시간 영역의 신호를 주파수 영역의 신호로 변환하여 특징을 추출한다.

멜-스펙트럼(mel-spectrogram)과 같은 음향 특징을 추출하거나 MFCC(Mel-Frequency Cepstral Coefficients)와 같은 음성 인식을 위한 특징을 추출하는 것이 일반적이다. 또한, 음성 데이터의 노이즈를 제거하고 정규화하는 과정을 통해 데이터 품질을 향상시킨다. 추출된 특징들은 머신러닝 모델의 입력으로 사용될 수 있는 벡터 형태로 변환된다. 다음은 오디오 데이터 전처리 과정을 간략히 보여준다.

오디오 데이터: 시간 영역 데이터

[0.1, 0.3, 0.7, 0.9, 0.2, -0.1, -0.4, -0.2]

푸리에 변환: 시간 영역 신호를 주파수 영역 신호로 변환[4]

[1.5+0.0j, -0.6-2.2j, 0.0+0.5j, 0.4+0.0j, -0.3+0.0j, 0.4-0.0j, 0.0-0.5j, -0.6+2.2j]

4 변환 결과는 복소수 형태이지만, 예시를 위해 실수 + 허수j 형태로 표현했다.

멜 스펙트럼 추출: 푸리에 변환을 기반으로 한 파워 스펙트럼에 멜 필터 뱅크를 적용하여 시간-주파수 음향 특징을 추출

```
[[0.3, 0.1, 0.7], [0.8, 0.2, 0.5]]
```

MFCC 추출: 멜 스펙트럼에 로그 연산과 이산 코사인 변환(DCT) 등을 적용하여 음성 인식에 유용한 저차원 특징을 생성

```
[[0.2, 0.5, 0.1], [0.9, 0.1, 0.4]]
```

이미지 데이터(image data)는 픽셀(pixel) 값으로 구성된 다차원 배열 형태로 표현된다. 이미지 데이터 전처리 과정은 이미지의 크기 조정(resizing), 회전(rotation), 자르기(cropping), 반전(flipping)과 같은 데이터 증강(data augmentation)을 통해 데이터의 양을 늘리고 모델의 일반화 성능을 향상시킨다.

이미지의 노이즈를 제거하는 작업, 명암 대비(contrast)나 밝기(brightness)를 조정하는 작업 또한 이미지 전처리에 해당한다. 또한, 이미지의 색상 공간을 변환(color space conversion)하거나 정규화를 수행하여 데이터의 일관성을 확보한다. 이미지 특징 추출을 위해 합성곱 신경망과 같은 모델을 사용할 수도 있다. 다음은 이미지 데이터 전처리 과정을 간략히 보여준다.

이미지 데이터: 3×3 흑백 이미지

```
[
  [20, 50, 100],
  [80, 150, 200],
  [30, 120, 250]
]
```

크기 조정: 2×2 이미지로 축소

```
[
  [45, 112],
  [64, 210]
]
```

정규화: 픽셀 값을 0과 1 사이로 정규화

```
[
  [0.18, 0.44],
  [0.25, 0.82]
]
```

회전: 이미지를 90도 회전

```
[
  [0.25, 0.18],
  [0.82, 0.44]
]
```

데이터 증강: 이미지를 반전시키거나 확대

```
[
  [0.18, 0.25],
  [0.44, 0.82]
]
```

시계열 데이터(time series data)는 시간 순서대로 정렬된 데이터로, 시간의 흐름에 따른 패턴을 분석하는 데 사용된다. 시계열 데이터 전처리에서는 데이터의 결측치를 처리하고 이상치를 탐지 및 제거하는 과정이 중요하다. 또한, 이동 평균(moving average), 지수 평활(exponential smoothing) 등과 같은 방법을 사용하여 데이터의 추세(trend)와 계절성(seasonality)을 파악하고 노이즈를 제거할 수 있다.

데이터의 정상성(stationarity)을 확보하기 위해 차분(differencing)과 같은 방법을 적용하기도 한다. 분석 목적에 따라 시간 단위별로 데이터 재구성(resampling) 또는 시간 특징(time–based feature)을 추가할 수도 있다. 다음은 시계열 데이터 전처리 과정을 간략히 보여준다.

시계열 데이터: 온도 데이터

```
[20, 22, null, 25, 24, 23, null, 26]
```

결측치 처리: 결측치를 이전 값이나 평균 값으로 채움

```
[20, 22, 22, 25, 24, 23, 23, 26]
```

차분: 시간 간격에 따른 변화량 계산

```
[2, 0, 3, -1, -1, 0, 3]
```

수치형 데이터(numerical data)는 연속형 또는 이산형 데이터로 구성된다. 수치형 데이터의 전처리에서는 스케일링 및 정규화가 중요하다. 이러한 변환은 모델 성능을 향상시키고

데이터 분석의 효율성을 높인다. **범주형 데이터(categorical data)**는 명목형(nominal) 또는 순서형(ordinal) 데이터로 구성되며, 머신러닝 모델에서 사용하기 위해서는 수치형 데이터로 변환해야 한다. 다음은 수치형 데이터와 범주형 데이터 전처리 과정을 간략히 보여준다.

수치형 데이터: 원시 데이터

[10, 50, 20, 100, 5, 2000]

스케일링: 최소–최대 스케일링으로 0과 1 사이의 값으로 변환

[0.0025, 0.0225, 0.0075, 0.0475, 0, 1]

정규화: 평균이 0, 표준편차가 1이 되도록 변환

[-0.45, -0.40, -0.44, -0.33, -0.45, 2.08]

범주형 데이터: 원시 데이터

["red", "blue", "green", "red", "blue", "yellow"]

원–핫 인코딩: 각 카테고리를 독립적인 이진 벡터로 변환

[[1, 0, 0, 0], [0, 1, 0, 0], [0, 0, 1, 0], [1, 0, 0, 0], [0, 1, 0, 0], [0, 0, 0, 1]]

레이블 인코딩: 각 카테고리에 정수 레이블을 부여

[0, 1, 2, 0, 1, 3]

이 외에도 그래프 데이터(graph data)는 노드(node)와 에지(edge)로 구성되어 있으며, 그래프 임베딩(graph embedding)과 같은 기법으로 노드의 특징을 벡터 형태로 변환한다. 위치 데이터(location data)는 위도(latitude)와 경도(longitude)와 같은 좌표 정보로 구성되며, 거리 계산, 군집화, 지역별 특징 추출과 같은 전처리 작업이 수행된다.

이러한 데이터 전처리 과정은 데이터의 종류와 특성에 따라 다르지만, 데이터 분석 및 모델링에서 중요한 역할을 한다. 적절한 전처리 방법을 선택하고 적용함으로써 데이터의 품질을 향상시키고 분석 결과의 신뢰성을 높일 수 있다.

5.3 _ 데이터 거버넌스

데이터 거버넌스(data governance)는 데이터 자산의 가치를 극대화하고 데이터 활용의 효율성과 신뢰성을 높이기 위한 조직적인 관리 체계 및 프로세스를 의미한다. 데이터 사이언스 관점에서 데이터 거버넌스는 데이터 분석 및 모델링의 품질을 보장하고, 데이터 기반 의사결정의 정확성을 확보하는 데 필수적인 요소다.

데이터 거버넌스는 단순한 데이터 관리 차원을 넘어, 데이터의 생성부터 저장, 활용, 폐기에 이르기까지 전 과정을 포괄하는 표준화된 정책과 절차를 수립하고 실행하는 활동을 포함한다. 또한, **데이터 사일로**(data silo)[5]를 해소하여 데이터의 통합적인 데이터 관리를 가능하게 하며, 데이터 기반의 조직 혁신을 촉진한다. 아울러 GDPR(General Data Protection Regulation)[6], CCPA(California Consumer Privacy Act)[7]와 같은 주요 데이터 보호 규정을 준수하는 데에도 핵심적인 역할을 한다.

데이터 거버넌스는 조직 내 데이터의 신뢰성을 확보하고 활용 가치를 극대화하기 위해 설계된 체계로, 비즈니스 목표 달성과 규제 준수를 지원하는 역할을 한다. 이를 위해 조직 전반에 데이터 중심 문화를 조성하고, 데이터를 기반으로 한 협업과 의사결정을 촉진한다. 데이터 거버넌스와 관련된 주요 프레임워크 및 표준으로는 DAMA-DMBOK, COBIT, ISO 27001 등이 있다.

DAMA-DMBOK(Data Management Body of Knowledge)은 데이터 관리의 다양한 영역을 포괄하는 지식 체계로서, 데이터 거버넌스, 데이터 품질, 메타데이터 관리 등 데이터 관리의 핵심 요소를 정의한다. **COBIT**(Control Objectives for Information and Related Technologies)는 정보 기술 관리 및 거버넌스에 대한 프레임워크로서, 데이터 거버넌스 운영에 필요한 통제 체계와 프로세스를 제공한다. **ISO 27001**은 정보보안 관리 시스템 표준으로서, 데이터 보안 및 접근 권한 관리에 대한 구체적인 지침을 제공한다. 이러한 프레임워크와 표준은 데이터 거버넌스 체계 구축에 필요한 가이드라인과 모범 사례를 제공하여 조직이 데이터 관리를 효과적으로 수행할 수 있도록 지원한다. 다음 그림 5.1은 DAMA-DMBOK 프레임워크를 다이어그램으로 시각화한 것이다.

5 조직 내 데이터가 부서별 또는 시스템별로 격리되어 공유 및 활용이 어려운 상태

6 유럽연합의 개인정보보호법

7 캘리포니아주의 개인정보보호법

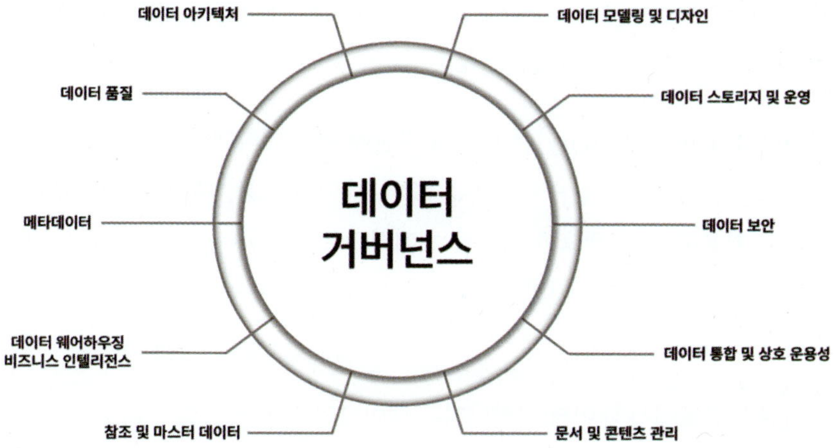

그림 5.1 DAMA–DMBOK 프레임워크

효과적인 데이터 거버넌스 체계는 데이터 사이언스 팀이 데이터에 대한 신뢰를 갖고 분석 및 모델 개발에 집중할 수 있도록 지원하며, 데이터 관련 위험을 최소화하는 데 기여한다. 데이터 거버넌스의 주요 구성 요소로는 데이터 품질 관리, 데이터 딕셔너리, 데이터 보안 및 접근 권한 관리, 데이터 라이프사이클 관리 등이 있다.

5.3.1 데이터 거버넌스 구성 요소

데이터 품질 관리(data quality management)는 데이터의 정확성(accuracy), 완전성(completeness), 일관성(consistency), 유효성(validity), 적시성(timeliness), 신뢰성(reliability), 접근성(accessibility) 등을 확보하기 위한 활동이다. 데이터 품질 문제는 데이터 분석 결과의 오류, 모델 성능 저하, 데이터 기반 의사결정의 실패 등 다양한 문제를 야기할 수 있다.

데이터 품질 관리 프로세스는 **데이터 프로파일링(data profiling)**을 통해 데이터의 품질을 측정하고, 결측치, 이상치, 중복 데이터 등을 식별하며, 데이터 정제 작업을 통해 데이터 품질 문제를 해결한다. 또한, 데이터 품질 규칙을 정의하고 이를 자동화하여 데이터 품질을 지속적으로 모니터링하고 개선해야 한다.

데이터 사이언스 관점에서는 데이터 품질이 모델의 성능에 직접적인 영향을 미치므로, 데이터 품질 관리는 모델 개발 초기 단계부터 지속적으로 이루어져야 한다. 데이터 품질 관리 시스템은 데이터의 신뢰도를 높여 데이터 사이언스 팀이 데이터에 대한 확신을 가지고 분석 및 모델링 작업을 진행할 수 있어야 한다.

데이터 딕셔너리(data dictionary)는 데이터 자산에 대한 메타데이터(metadata)를 관리하는 시스템으로, 데이터의 정의, 구조, 형식, 출처, 데이터 흐름, 데이터 관련 규칙 등 데이터를 이해하고 활용하는 데 필요한 정보를 체계적으로 제공한다. 데이터 딕셔너리는 이러한 정보를 표준화함으로써 데이터의 일관성을 유지하고, 재사용성과 관리 효율성을 높이는 데 기여한다.

데이터 사이언스 관점에서 데이터 딕셔너리는 데이터의 의미를 명확히 하여 분석과 모델링 과정에서 발생할 수 있는 오류를 줄이고, 작업의 효율성을 극대화하는 데 핵심적인 역할을 한다. 데이터 딕셔너리는 단순히 데이터를 정의하는 것을 넘어 데이터 계보, 데이터 품질 상태 등 데이터를 둘러싼 다양한 정보를 포괄적으로 관리한다.

데이터 보안 및 접근 권한 관리(data security and access control)는 데이터 자산에 대한 무단 접근, 유출, 변조 등을 방지하고 데이터의 기밀성(confidentiality), 무결성(integrity), 가용성(availability)을 보장하는 활동이다. 데이터 보안은 데이터 사이언스 팀이 민감한 데이터를 안전하게 다룰 수 있도록 하며, 데이터 유출 및 악용으로 인한 법적, 윤리적 문제를 예방하는 데 필수적이다.

데이터 접근 권한 관리는 **역할 기반 접근 제어**(Role-Based Access Control, RBAC)[8] 또는 **속성 기반 접근 제어**(Attribute-Based Access Control, ABAC)[9] 등의 방법을 사용하여 데이터 접근 권한을 제어한다. 데이터 암호화(encryption), 익명화(anonymization), 마스킹(masking) 등의 기술을 통해 민감한 데이터를 보호한다. 또한, 접근 기록 및 감사(audit)를 통해 이상 행위를 탐지하고 데이터 보안 사고를 예방한다. 이러한 데이터 보안은 민감한 데이터를 안전하게 다룰 수 있도록 지원하므로 데이터 유출 및 악용으로 인한 법적, 윤리적 문제를 예방할 수 있다.

8 사용자에게 부여된 역할에 따라 데이터 접근 권한을 부여하는 방식

9 사용자의 속성, 데이터 속성, 환경 속성 등을 기반으로 데이터 접근 권한을 동적으로 부여하는 방식

데이터 라이프사이클 관리(Data Lifecycle Management, DLM)는 데이터의 생성, 저장, 활용, 폐기 등 데이터의 생애 주기(lifecycle) 전반에 걸쳐 데이터를 효율적으로 관리하는 프로세스다. 데이터 라이프사이클 관리는 데이터의 가치를 극대화하고 데이터 관리 비용을 최소화하는 데 목표를 둔다.

데이터 생성 단계에서는 데이터 수집 방법 및 저장 전략을 정의하고, 데이터 저장 단계에서는 데이터 웨어하우스(data warehouse), 데이터 레이크(data lake) 등 다양한 저장소에서 데이터를 관리한다. 데이터 활용 단계에서는 데이터 분석 및 모델링을 위한 전처리와 변환 작업을 지원하며, 데이터 폐기 단계에서는 불필요한 데이터를 안전하게 삭제하여 규정을 준수한다. 데이터 라이프사이클 관리 시스템은 데이터 사이언스 팀이 필요한 데이터를 적시에 활용할 수 있도록 지원하며, 데이터 품질 및 보안을 유지하는 데 중요한 역할을 한다.

5.3.2 데이터 거버넌스 도구

효과적인 데이터 거버넌스를 위해서는 데이터 거버넌스 도구를 활용해야 한다. 데이터 거버넌스 도구는 데이터의 라이프사이클 전반에 걸쳐 다양한 기능을 제공함으로써 데이터 관리 효율성을 극대화하고, 데이터 관련 비용을 절감하는 데 중요한 역할을 한다. 이러한 도구들은 데이터 카탈로그(data catalog), 데이터 품질 관리(data quality management), 데이터 계보 추적(data lineage tracking), 데이터 접근 제어(data access control) 등의 기능을 제공한다. 데이터 거버넌스 도구의 주요 기능은 다음과 같다.

데이터 거버넌스 도구의 주요 기능

- **데이터 카탈로그**: 조직 내 데이터 자산(데이터세트, 테이블, 열 등)에 대한 메타데이터를 수집, 관리, 검색하는 기능이다. 데이터의 위치, 정의, 품질, 사용 권한 등을 파악한다.
- **데이터 품질 관리**: 데이터의 정확성, 완전성, 일관성, 유효성 등을 측정하고 개선하는 기능이다. 데이터 프로파일링, 데이터 표준화, 데이터 정제 등의 기능을 포함한다.
- **데이터 계보 관리**: 데이터가 생성, 변환, 이동되는 과정을 추적하고 시각화하는 기능이다. 데이터의 출처, 영향도, 변경 이력을 파악하여 데이터의 신뢰성을 높이는 데 중요하다.
- **데이터 정책 관리**: 데이터 접근 권한, 데이터 보안 규칙, 데이터 보존 정책 등을 정의하고 시행하는 기능이다. 조직의 데이터 거버넌스 정책을 일관성 있게 적용하는 데 필요하다.

- **데이터 마스킹 및 익명화**: 개인정보 등 민감한 데이터를 보호하기 위해 데이터를 가리거나 변형하는 기능이다. 개인정보 및 보호 규제 준수에 필수적이다.
- **협업 및 워크플로**: 데이터 거버넌스 관련 업무를 여러 사용자가 협업하여 수행하고, 승인 과정을 자동화하는 기능이다. 데이터 거버넌스 프로세스의 효율성을 높인다.

이러한 데이터 거버넌스 도구는 크게 데이터 카탈로그 도구, 데이터 품질 관리 도구, 데이터 계보 도구, 데이터 보안 도구, 데이터 거버넌스 통합 도구 등이 있다. 이들은 데이터 탐색, 이해, 활용을 위한 핵심 도구로서 각기 다른 특징과 장단점을 가지고 있다. 다음 그림 5.2는 주요 데이터 거버넌스 도구를 보여준다.

그림 5.2 데이터 거버넌스 도구

데이터 카탈로그 도구는 조직 내의 다양한 데이터 자산(데이터베이스, 파일, API 등)에 대한 메타데이터를 수집, 관리, 검색할 수 있도록 지원하는 소프트웨어 또는 플랫폼이다. 데이터의 위치, 구조, 내용, 사용 방법 등에 대한 정보를 체계적으로 정리하여 데이터 사용자가 데이터를 쉽게 찾고 이해할 수 있도록 한다. 주요한 데이터 카탈로그 도구로는 Amundsen, DataHub, Alation 등이 있다.

데이터 품질 관리 도구는 데이터의 정확성, 완전성, 일관성, 유효성 등을 평가하고 유지하기 위한 소프트웨어 또는 플랫폼이다. 데이터 품질 문제를 감지, 분석, 수정하는 기능을 제공하여 신뢰할 수 있는 데이터를 확보하고, 데이터 기반 의사결정의 정확성을 높이는 데 기여한다. 주요한 데이터 품질 도구는 Great Expectations, Soda Core, AWS deequ 등이 있다.

데이터 계보 도구는 데이터가 시스템 내부에서 생성, 변환, 이동되는 과정을 시각적으로 보여주는 소프트웨어 또는 플랫폼이다. 데이터의 흐름을 파악하여 데이터 출처를 확인하고, 데이터 변경의 영향을 분석하며, 데이터 신뢰성을 확보하는 데 기여한다. 주요한 데이터 계보 도구는 Marquez, Spline 등이 있다.

데이터 보안 도구는 데이터를 무단 접근, 유출, 변조로부터 보호하기 위한 소프트웨어 또는 플랫폼이다. 데이터 접근 제어, 암호화, 감사를 통해 데이터의 기밀성, 무결성, 가용성을 보장한다. 주요한 데이터 보안 도구는 Apache Ranger, Privacera, Okera 등이 있다.

데이터 거버넌스 통합 도구는 조직의 데이터 자산을 관리하고 보호하기 위한 정책, 프로세스, 기술을 통합적으로 지원하는 플랫폼이다. 데이터의 품질, 보안, 접근성, 활용성을 보장하며, 데이터 관련 법규 준수를 지원한다. 주요한 데이터 거버넌스 통합 도구는 Apache Atlas, Egeria, Collibra 등이 있다.

이러한 도구는 각 영역에서 특화된 기능을 제공하므로 필요에 따라 여러 도구를 조합하여 데이터 거버넌스 솔루션을 구성할 수 있다. 다음은 각 오픈 소스 도구의 장단점을 정리한 것이다.

데이터 카탈로그 도구

- **Amundsen**: Neo4j 및 Elasticsearch를 기반으로 동작하며, 데이터 자산에 대한 검색과 계보 추적 기능이 뛰어나다. 풍부한 메타데이터 연결성과 빠른 검색 성능을 제공하여, 사용자들이 필요한 데이터를 쉽게 탐색하고 이해할 수 있도록 지원한다. 다만, Neo4j와 Elasticsearch에 대한 의존성이 높기 때문에 해당 기술 스택에 대한 이해가 요구된다. 또한, 매우 복잡한 데이터 파이프라인의 전체 계보를 완전하게 추적하는 데에는 한계가 있을 수 있다.
- **DataHub**: Elasticsearch를 메인 검색 엔진으로 사용하며 Apache Kafka를 통해 메타데이터 변경사항을 전파한다. 강력한 계보 추적 기능을 제공하며, 대규모 환경에서도 확장성을 고려한 설계로 안정적인 동작이 가능하다. 확장성이 뛰어나며 데이터 변화에 빠르게 대응할 수 있지만, Elasticsearch와 Apache Kafka 등 복잡한 기술 스택을 사용하므로 시스템 운영에 대한 이해가 필요하다.
- **Alation**: 조직 내 데이터 자산을 체계적으로 관리하고 쉽게 검색할 수 있으며, 데이터의 맥락과 관계를 파악하기 용이하다. 하지만 Alation은 초기 구축 및 유지 관리 비용이 높을 수 있다. 다양한 기능을 제공하는 만큼 도구 자체가 무거워, 커스터마이징 옵션이 제한적일 수 있다.

데이터 품질 관리 도구

- **Great Expectations**: 파이썬 코드를 사용하여 데이터 유효성 검증을 자동화할 수 있어 데이터 분석 전에 데이터 품질을 검증하고 오류를 방지할 수 있다. 파이썬 코드를 작성해야 하므로 코드에 익숙하지 않다면 사용하기 어려울 수 있다. 또한, 데이터 품질 규칙 변경 시 코드를 수정해야 하는 번거로움이 있다.
- **Soda Core**: SQL과 YAML 기반의 방식으로 데이터 품질 테스트를 정의하고 모니터링할 수 있다. 데이터 웨어하우스, 레이크하우스 등 다양한 데이터 소스를 지원하며, CI/CD 파이프라인과의 통합이 용이하다. 그러나 복잡한 데이터 품질 규칙을 정의할 때는 커스텀 코드 작성이 필요하며, 커스텀 코드 작성 시 테스트 케이스 관리 복잡도가 증가할 수 있다.
- **AWS Deequ**: Apache Spark 환경에서 주로 사용되며 AWS S3와 통합하여 데이터 품질을 관리할 수 있는 데이터 품질 검증 라이브러리다. 대규모 데이터에 대한 통계적 분석을 통해 데이터 품질을 검증할 수 있으며, 데이터의 이상 징후를 탐지하여 데이터 분석 과정에서 오류를 방지할 수 있다. Apache Spark 환경에 종속적이며, 다른 환경에서는 사용이 제한적이다. 또한, 커스텀 검증 로직 구현이 복잡할 수 있다.

데이터 계보 도구

- **Marquez**: 데이터 파이프라인의 흐름을 시각적으로 파악하고, 데이터 출처를 추적할 수 있어 데이터 분석 결과에 대한 신뢰성이 확보된다. OpenLineage 표준[10]을 기반으로 하여 여러 데이터 처리 시스템 간의 연동성이 높지만, OpenLineage 표준을 지원하는 데이터 처리 시스템과 연동이 필요하다.
- **Spline**: Spark SQL 기반의 데이터 파이프라인에 대한 자동 계보 추적 도구로, ETL 작업의 계보를 자동으로 캡처하고 시각화할 수 있다. 특히 Spark SQL 작업에 대한 상세한 계보 정보를 제공하며, REST API를 통해 다른 시스템과의 통합이 용이하다. 웹 기반 UI를 통해 직관적인 데이터 계보 탐색이 가능하지만, Apache Spark 이외의 데이터 처리 시스템에 대한 지원이 제한적이다.

데이터 보안 도구

- **Apache Ranger**: Apache Hadoop 환경뿐만 아니라 주요 클라우드 서비스(AWS, Azure, GCP)와도 통합이 가능한 데이터 접근 제어 도구다. 데이터 접근 이력을 추적하여 데이터 보안 사고에 대한 대응 능력을 향상시킬 수 있으며, 다양한 환경에서 일관된 보안 정책을 적용할 수 있다. 하지만 초기 설정과 구성이 복잡하고, 정책 관리를 위한 전문 인력이 필요하며, 실시간 정책 변경 시 지연이 발생할 수 있다.
- **Privacera**: 클라우드 네이티브 환경에 최적화된 데이터 보안 플랫폼으로, 데이터 관련 법규를 준수하고 민감 데이터를 안전하게 보호하면서 데이터 분석 작업을 수행할 수 있다. 다양한 클라우드 서비스와의 통합을 지원하지만, 상용 솔루션이므로 비용이 발생한다. 또한, 커스터마이징 옵션이 제한적일 수 있다.

10 데이터 파이프라인의 데이터 계보 정보를 수집하고 교환하기 위한 오픈 소스 표준

- Okera: 데이터 접근 제어 플랫폼으로, 데이터에 대한 세밀한 접근 권한을 설정하고, 데이터 사용을 감사하며, 데이터 보안 정책을 중앙 집중적으로 관리한다. 여러 데이터 플랫폼과의 통합을 지원하며, 클라우드 및 온프레미스 환경 모두에서 사용 가능하다. 다만, 복잡한 권한 정책 설정 및 관리가 필요해 운영 관리가 어려울 수 있다는 단점이 있다.

데이터 거버넌스 통합 도구

- Apache Atlas: 데이터 거버넌스 도구로서, 데이터의 메타데이터를 관리하고, 데이터 품질 및 보안 정책을 정의, 적용하는 기능을 제공한다. 여러 데이터 소스의 메타데이터를 통합 관리하여 데이터에 대한 중앙 집중적인 뷰를 제공하므로 초기 설정 및 구성이 복잡하다.
- Egeria: 다양한 시스템에 분산된 메타데이터를 통합 관리하고 데이터 접근 제어를 적용할 수 있어 데이터 보안을 강화하고 데이터 분석 작업의 안정성을 높일 수 있다. 그러나 복잡한 구조와 많은 기능으로 학습 곡선이 높으며, 초기 구축 및 설정에 많은 시간이 소요된다.
- Collibra: 엔터프라이즈급 데이터 거버넌스 플랫폼으로, 데이터 카탈로그, 계보 추적, 데이터 품질 관리, 정책 관리 등을 통합적으로 제공한다. 직관적인 사용자 인터페이스와 풍부한 기능을 제공하지만, 엔터프라이즈급 상용 솔루션이므로 높은 비용이 발생할 수 있다. 또한, 커스터마이징 및 확장성이 제한적일 수 있다.

5.3.3 데이터 거버넌스 도구 도입 시기

데이터 거버넌스 도구 도입 시점은 조직의 데이터 성숙도, 데이터 규모, 데이터 활용 목적 등 다양한 요인에 따라 달라질 수 있다. 현실적으로 모든 데이터 거버넌스 도구를 도입하기란 쉽지 않으며, 오히려 과도한 도입은 시스템 복잡도를 높이고 사용자의 혼란을 야기할 수 있다. 따라서 조직의 상황과 필요에 맞춰 도입하는 것이 중요하다. 일반적으로 데이터 거버넌스 도구 도입을 고려할 때 다음과 같은 상태인지 확인해본다.

데이터 카탈로그 도구

- 데이터가 어디에 있는지, 어떤 내용인지 알기 어려울 때
- 여러 팀에서 유사한 데이터를 중복 생성하고 있을 때
- 데이터 분석을 위해 필요한 데이터를 찾는 데 많은 시간이 소요될 때
- 데이터에 대한 이해 부족으로 데이터 분석 결과에 대한 신뢰성이 떨어질 때
- 데이터 자산에 대한 중앙 관리가 필요할 때

데이터 품질 관리 도구

- 데이터 분석 결과에 오류가 자주 발생할 때
- 데이터 품질 문제로 인해 업무 효율성이 떨어질 때
- 데이터 품질 검증에 많은 시간과 노력이 소요될 때
- 데이터 품질 문제의 원인을 파악하기 어려울 때
- 데이터 품질을 지속적으로 모니터링하고 개선해야 할 필요가 있을 때

데이터 계보 도구

- 데이터 흐름을 추적하고 데이터 출처를 파악하기 어려울 때
- 데이터 분석 결과의 원인을 파악하고 디버깅하는 데 어려움이 있을 때
- 데이터 문제 발생 시 영향을 파악하기 어려울 때
- 데이터 파이프라인 변경 시 위험을 예측하기 어려울 때

데이터 보안 도구

- 개인정보나 민감 데이터를 다루기 시작할 때
- 데이터 접근 권한 관리가 필요할 때
- 데이터 유출 위험을 방지해야 할 때
- 데이터 보안 관련 법규를 준수해야 할 때
- 데이터 보안 사고 발생 시 신속하게 대응해야 할 필요가 있을 때

데이터 거버넌스 통합 도구

- 여러 도구를 사용하여 데이터 거버넌스를 관리하는 것이 복잡하고 비효율적일 때
- 데이터 거버넌스 정책을 효율적으로 관리하고 싶을 때
- 데이터 거버넌스 관련 정보를 통합적으로 관리하고 싶을 때
- 데이터 거버넌스 체계를 전사적으로 구축하고 싶을 때

데이터 거버넌스 도구 도입은 조직의 데이터 성숙도와 목표에 맞춰 결정되어야 한다. 각 도구의 필요 상황을 고려하여 실무적인 관점에서 도입 결정을 내리는 것이 중요하다. 또한, 조직의 데이터 성숙도를 평가하고 현재 상황에 적합한 도구를 선택해야 한다. 초기 단계에서 너무 복잡한 도구를 도입하면 사용에 어려움이 있을 수 있다.

현재 데이터 규모와 복잡도를 반영하여 적절한 확장성을 가진 도구를 선택해야 하며, 장기적인 관점에서 충분히 고려해야 한다. 데이터 거버넌스 도구는 한 번 도입하면 장기간 사용할 가능성이 크므로 신중히 선택해야 한다.

데이터 거버넌스 도구는 오픈 소스부터 상용 솔루션까지 다양한 선택지가 있으며, 비용을 고려해 조직 규모나 예산에 맞는 도구를 선택해야 한다. 초기에는 간단한 도구를 사용하여 점진적으로 확장하는 것이 효과적일 수 있다.

6

데이터 저장 및 설계

6.1 _ 데이터 저장 및 관리
6.2 _ 데이터 아키텍처 패턴
6.3 _ 데이터 파이프라인 설계

데이터 저장 및 설계는 데이터 사이언스 프로젝트의 핵심 요소로 데이터 분석, 머신러닝 모델 개발, 서비스 제공의 성능과 확장성에 직접적인 영향을 미친다. 적절한 데이터 저장 방식을 선택하고 구조를 설계하는 것은 데이터 중심 의사결정 시스템의 성공에 큰 영향을 미친다. 이를 위해 다양한 데이터베이스 시스템의 구조적 특성과 활용 방식에 대한 충분한 이해가 선행되어야 한다.

데이터베이스 관리 시스템(DBMS)은 데이터를 저장, 검색, 관리하는 핵심 기술로, 크게 관계형 데이터베이스(RDBMS)와 NoSQL로 나뉜다. **관계형 데이터베이스 관리 시스템(RDBMS)**은 정형 데이터를 테이블 형태로 저장하며, ACID(Atomicity, Consistency, Isolation, Durability) 트랜잭션을 지원해 데이터의 일관성과 무결성을 보장한다. 반면, **NoSQL**은 비정형 및 대규모 데이터를 처리하는 데 적합하며, 키-값 저장소, 문서 저장소, 그래프 저장소 등 다양한 유형이 존재한다.

특히 최근에는 머신러닝과 AI의 발전과 함께 **벡터 데이터베이스(vector database)**의 중요성이 부각되고 있다. 벡터 데이터베이스는 고차원 벡터 데이터를 저장하고 유사도 검색을 수행하는 데 최적화되어 있으며, 추천 시스템, 이미지 검색, 자연어 처리 등의 분야에서 활용된다.

데이터 저장과 활용 과정에서 중요한 개념으로 데이터 일관성과 무결성이 있다. 데이터 일관성(consistency)은 데이터가 특정 규칙을 준수하는 상태를 의미하며, 데이터 무결성(integrity)은 데이터의 정확성과 신뢰성을 보장하는 것을 의미한다. 이를 유지하기 위해 트랜잭션 관리, 데이터 검증, 제약 조건 설정 등의 기법이 사용된다.

데이터 아키텍처(data architecture)는 데이터를 체계적으로 관리하고 활용하기 위한 청사진을 제공한다. **데이터 웨어하우스(data warehouse)**와 **데이터 마트(data mart)**는 데이터 분석을 위한 핵심 요소이며, ETL(Extract, Transform, Load) 및 ELT(Extract, Load, Transform) 프로세스를 통해 다양한 소스로부터 데이터를 추출, 변환, 적재한다. 또한, 데이터 파이프라인(data pipeline)은 데이터를 자동으로 수집, 변환, 저장하는 시스템으로, 데이터 활용의 효율성을 높인다.

데이터 중심 설계(data-centric design)는 시스템을 구축할 때 데이터의 구조와 관계를 우선적으로 고려하는 접근 방식이다. 이를 통해 데이터 변경이 시스템 전체에 미치는 영향을 최소화하고, 확장성과 유지보수성을 높일 수 있다. 이번 장에서는 이러한 개념들을 실제 데이터 사이언스 프로젝트에서 어떻게 적용할 수 있는지 구체적인 사례를 통해 살펴볼 것이다.

6.1 _ 데이터 저장 및 관리

데이터 저장 및 관리는 단순히 데이터를 보관하는 것을 넘어, 데이터의 구조화 방식과 접근 효율성에 따라 분석의 정확도, 처리 성능, 시스템 확장성에까지 영향을 미치는 핵심적인 과정이다. 이를 위해서는 데이터의 목적과 특성에 부합하는 저장 방식을 선택하고, 적절한 데이터베이스 유형을 선택해야 한다. 데이터베이스는 크게 관계형 데이터베이스 관리 시스템(RDBMS), NoSQL 데이터베이스, 벡터 데이터베이스 등으로 구분되며, 각각 고유한 구조와 활용 목적을 지니고 있다.

관계형 데이터베이스 관리 시스템(RDBMS)은 정형화된 데이터를 효율적으로 저장하고 관리하는 구조로, 데이터 정합성을 보장하는 데 유리하다. 반면, NoSQL 데이터베이스는 비정형 데이터나 대규모 데이터 처리에 적합한 유연한 저장 구조를 제공한다. 최근에는 고차원 벡터 데이터를 효율적으로 저장하고 검색할 수 있는 벡터 데이터베이스의 필요성이 더욱 중요해지고 있다. 따라서 각 데이터베이스 시스템의 특성과 차이를 이해하고, 목적에 부합하는 저장 방식을 선택하는 것은 데이터 분석과 모델링의 기반을 마련하는 과정이다.

또한, 데이터 저장 과정에서 일관성과 무결성을 유지하는 것은 신뢰성 높은 분석 결과를 도출하기 위한 전제 조건이다. 데이터 정합성을 보장하는 다양한 트랜잭션 관리 기법과 무결성 유지 전략을 적용하면, 데이터 품질을 극대화할 수 있다. 이번 절에서는 다양한 데이터 저장 및 관리 방법을 다루며, 데이터 사이언스에서 이를 효과적으로 활용하는 방법을 살펴본다.

6.1.1 관계형 데이터베이스 관리 시스템

관계형 데이터베이스 관리 시스템(Relational Database Management System, RDBMS)은 데이터를 테이블(table) 형태로 저장하고, 이를 구조화된 방식으로 관리하는 데이터베이스 시스템이다. 각 테이블은 행(row)과 열(column)로 구성되며, 행은 개별 데이터 레코드(record)를 나타내고, 열은 해당 레코드의 속성(attribute)을 정의한다.

이러한 구조는 데이터의 체계적인 저장과 관리를 가능하게 하며, 특히 정규화(normalization) 과정을 통해 중복을 최소화하고 데이터 무결성(integrity)을 유지할 수 있다. 따라서 관계형 데이터베이스는 신뢰성 있는 데이터 분석과 모델링의 기반이 된다. 이를 효과적으로 활용하기 위해 관계형 데이터 모델과 정규화 원칙에 대한 이해가 필요하다.

관계형 데이터베이스는 **SQL(Structured Query Language)**을 사용하여 데이터를 정의, 조작, 조회, 제어, 트랜잭션 처리 등의 작업을 수행한다. SQL 명령어는 기능에 따라 다음과 같이 분류된다.

SQL 명령어 분류

- **DDL(Data Definition Language)**: 데이터베이스 객체를 정의하는 언어로, 테이블 생성(CREATE), 변경(ALTER), 삭제(DROP) 등의 명령어를 포함한다.
- **DML(Data Manipulation Language)**: 테이블에 저장된 데이터를 삽입(INSERT), 수정(UPDATE), 삭제(DELETE)하는 명령어로 구성된다.
- **DQL(Data Query Language)**: 데이터를 조회하는 데 사용되며, 주로 SELECT 명령어가 명령어가 이에 해당한다.
- **DCL(Data Control Language)**: 사용자 권한을 부여(GRANT)하거나 회수(REVOKE)하는 등 데이터 접근을 제어하는 데 사용된다.
- **TCL(Transaction Control Language)**: 트랜잭션의 처리 단위를 제어하는 명령어로, 커밋(COMMIT), 롤백(ROLLBACK), 저장점 설정(SAVEPOINT) 등의 명령어로 구성된다.

특히 데이터 조회는 데이터 분석의 출발점이자 핵심 과정이므로 SQL에 대한 숙련도는 매우 중요하다. 효율적이고 정확한 분석을 위해서는 복잡한 질의 작성 능력뿐만 아니라, 서브쿼리 활용, 인덱스 설계 등과 같은 SQL 최적화 기법에 대한 이해도 함께 요구된다.

SQL 명령어는 데이터를 조회하거나 수정하는 데 사용되는 기본 도구지만, 단순한 작업에만 국한되지 않는다. 실제 업무 환경에서는 여러 사용자가 동시에 시스템에 접근하고, 대량의 데이터를 처리해야 하는 경우가 많다. 이처럼 복잡한 상황에서는 데이터의 무결성과 일관성을 유지하는 것이 핵심 과제가 된다. 이를 위해 SQL은 트랜잭션 처리 기능과 결합되어 안정적인 데이터 운영을 지원한다. 예를 들어, 분석 도중 시스템이 중단되거나 여러 사용자가 동일한 데이터를 동시에 수정하는 경우, 트랜잭션의 제어 및 복원 기능이 작동함으로써 오류를 방지하고 데이터 상태를 일정하게 유지할 수 있다.

트랜잭션(transaction)은 데이터베이스에서 하나의 논리적 작업 단위를 의미하며, ACID(Atomicity, Consistency, Isolation, Durability) 속성을 충족해야 한다. **원자성**(Atomicity)은 트랜잭션 내의 모든 작업이 전부 수행되거나 전혀 수행되지 않아야 함을 의미하며, **일관성**(Consistency)은 트랜잭션의 실행 전후에 데이터베이스가 항상 일관된 상태를 유지하도록 보장한다. **고립성**(Isolation)은 여러 트랜잭션이 동시에 수행될 때 상호 간섭 없이 독립적으로 실행되도록 하는 것을 의미하고 **지속성**(Durability)은 트랜잭션이 완료된 이후 그 결과가 영구적으로 저장되어 시스템 장애가 발생하더라도 손실되지 않음을 뜻한다. 그러므로 ACID 속성은 데이터 정합성을 유지하는 데 중요한 역할을 하며, 대규모 데이터를 안정적으로 처리하기 위해서는 이러한 특성을 반영한 데이터 전처리 전략이 필요하다.

인덱스(index)는 테이블의 검색 속도를 향상시키기 위해 사용된다. 기본 키(primary key)는 테이블 내에서 각 행을 고유하게 식별하는 열이며, 외래 키(foreign key)는 다른 테이블과의 관계를 정의하는 데 사용된다. 클러스터형 인덱스(clustered index)는 데이터가 물리적으로 정렬된 형태로 저장되며, 비클러스터형 인덱스(non-clustered index)는 별도의 저장 구조를 통해 검색 성능을 개선한다. 대용량 데이터를 처리할 때는 적절한 인덱스 설계를 통해 데이터 조회 성능을 최적화하는 것이 중요하다.

관계형 데이터베이스는 `JOIN`을 통해 여러 테이블의 데이터를 결합하여 조회할 수 있다. `INNER JOIN`은 두 테이블 간 공통된 값을 가진 행만 반환하며, `OUTER JOIN`은 한쪽 테이블에만 존재하는 데이터도 함께 포함한다. `SELF JOIN`은 동일한 테이블 내에서 데이터를 결합하는 방식이며, `CROSS JOIN`은 두 테이블의 모든 조합을 생성한다. 데이터 분석을 위해서는 여러 테이블에 흩어져 있는 데이터를 적절히 병합하는 기술이 필요하다. 다양한 `JOIN` 기법을 숙지해두면 효과적인 EDA와 데이터 추출이 가능해진다.

트랜잭션 관리에는 **잠금**(locking)과 **동시성 제어**(concurrency control) 메커니즘이 포함된다. 잠금은 데이터 무결성을 보장하는 방법으로, 공유 잠금(shared lock)과 배타적 잠금(exclusive lock)으로 구분된다. 공유 잠금은 여러 사용자가 동일한 데이터를 읽을 수 있도록 허용하지만, 수정은 제한한다. 배타적 잠금은 특정 트랜잭션이 데이터를 단독으로 수정할 수 있도록 한다. 동시성 제어 기법에는 낙관적 동시성 제어(Optimistic Concurrency

Control, OCC)[1]와 비관적 동시성 제어(Pessimistic Concurrency Control, PCC)[2]가 있다. 다중 사용자 환경에서 데이터를 처리할 때 동시성 문제가 발생할 수 있으므로, 이를 해결하는 방법을 숙지해야 한다.

이와 같이 관계형 데이터베이스는 확장성과 성능 최적화를 위한 다양한 기법을 제공한다. **복제(replication)**와 **샤딩(sharding)**[3]을 통해 데이터 분산과 가용성을 향상시킬 수 있으며, 백업 및 복구(backup and recovery) 기능을 통해 데이터 손실을 방지할 수 있다. 대규모 데이터를 다룰 때 이러한 개념을 적용하여 안정적인 데이터 관리를 수행하는 것이 중요하다.

관계형 데이터베이스는 **트리거(trigger)**와 **저장 프로시저(stored procedure)**를 지원하여 데이터 무결성과 자동화를 강화한다. 트리거는 특정 이벤트 발생 시 자동으로 실행되는 데이터베이스 객체이며, 저장 프로시저는 미리 정의된 SQL 명령어의 집합으로 복잡한 연산을 효율적으로 수행하는 데 사용된다. 이러한 기능을 활용하면 대규모 데이터 처리 및 분석 환경에서 안정적이고 일관된 데이터 관리가 가능하며, 전처리 및 변환 과정을 효율적으로 수행할 수 있다.

관계형 데이터베이스에서는 정규화(normalization)를 통해 데이터 중복을 최소화하고 무결성을 유지한다. 정규화는 데이터를 구조적으로 정리하여 효율적인 저장과 관리가 가능하도록 돕는다. 주요 정규형은 다음과 같다.

관계형 데이터베이스 정규형

- 1차 정규형(First Normal Form, 1NF): 각 열(column)이 원자적(atomic) 값을 가지도록 보장한다. 즉, 하나의 열에는 더 이상 나눌 수 없는 단일 값만 저장된다.
- 2차 정규형(Second Normal Form, 2NF): 부분 함수적 종속성을 제거한다. 이는 특정 열이 테이블의 일부 열에만 의존하여 중복되는 데이터를 없애는 것이다.
- 3차 정규형(Third Normal Form, 3NF): 이행적 종속성을 제거한다. 한 열이 다른 열을 통해 간접적으로 영향을 받는 불필요한 관계를 없애 데이터 일관성과 관리 효율성을 높인다.

---

1 데이터 충돌이 드물 것이라고 가정하고, 먼저 데이터를 변경한 후 충돌 여부를 확인하여 충돌 시 롤백하는 방식

2 데이터 충돌이 자주 발생할 것이라고 가정하고, 데이터를 사용하기 전에 잠금(lock)을 걸어 다른 트랜잭션의 접근을 막는 방식

3 데이터를 여러 개의 독립적인 데이터베이스(샤드)로 분산하여 저장하는 것

반면, **반정규화**(denormalization)는 성능 최적화를 목적으로 정규화된 여러 테이블을 결합하여 중복을 일부 허용하는 방식을 말한다. 이를 통해 `JOIN` 연산을 줄이고 데이터 조회 속도를 높일 수 있다. 다만, 중복 데이터가 발생하므로 데이터 무결성 유지가 어려워질 수 있다. 따라서 분석 성능을 극대화하려면 데이터 정규화와 반정규화를 상황에 맞게 적절히 조합하여 사용하는 것이 중요하다. 다음 표 6.1, 6.2, 6.3은 데이터 정규화와 반정규화의 트레이드오프를 설명한다.

표 6.1 Customers 테이블

CustomerID	Name	AddressID
1	Alice	101
2	Bob	102

표 6.2 Addresses 테이블

AddressID	Address
101	123 Main St
102	456 Oak Ave

표 6.3 Analysis 테이블(표 6.1과 표 6.2 JOIN)

CustomerID	Name	Address	OrderID
1	Alice	123 Main St	A123
2	Bob	456 Oak Ave	B456

Customers 테이블(표 6.1)은 고객 ID, 이름, 그리고 AddressID를 포함하고 있으며, Addresses 테이블(표 6.2)은 AddressID와 주소 정보를 담고 있다. 이 두 테이블은 정규화된 데이터 모델을 나타내며, 데이터 중복을 최소화하고 데이터 일관성을 유지하는 데 중점을 둔다. 반면에 Analysis 테이블(표 6.3)은 Customers 테이블과 Addresses 테이블을 `JOIN`하여 고객 ID, 이름, 주소, 그리고 주문 ID를 하나의 테이블에 통합한 형태다. 이는 반정규화된 데이터 모델을 보여주며, 쿼리 성능을 향상시키기 위해 테이블 `JOIN`의 필요성을 줄이는 데 초점을 맞춘다.

데이터 정규화와 반정규화는 데이터베이스 설계에서 중요한 개념으로, 각각 장단점을 가지고 있다. 데이터 정규화는 여러 개의 테이블로 데이터를 분리하여 데이터 중복을 최소화하고 데이터 무결성을 확보할 수 있다. 표 6.1과 6.2와 같이 고객 정보는 Customers 테이블에, 주소 정보는 Addresses 테이블에 분리하여 저장하는 방식이다. 이 방식은 데이터 업데이트 시 일관성을 유지하기 쉽다는 장점이 있지만, 데이터 분석 과정에서는 여러 테이블을 `JOIN`해야 하므로 쿼리 성능이 저하될 수 있다.

반면, 데이터 반정규화는 분석에 필요한 데이터를 하나의 테이블로 결합하여 쿼리 속도를 향상시키는 데 목표를 둔다. 예를 들어, 고객 정보, 주소 정보, 주문 정보를 하나의 Analysis 테이블에 통합하는 방식이다. 이는 빠른 쿼리 속도를 제공하지만, 데이터 중복이 발생하고 데이터 무결성 문제가 발생할 수 있다. 따라서 데이터 사이언스 관점에서는 데이터 무결성과 쿼리 성능 사이의 균형을 고려하여 데이터 모델을 설계해야 한다.

데이터 분석 시 성능이 중요한 경우 반정규화된 데이터 모델을 사용하는 것이 유리할 수 있으며, 데이터 무결성이 중요한 경우에는 정규화된 데이터 모델을 유지하는 것이 바람직하다. 따라서 데이터 분석의 목표와 요구 사항에 따라 적절한 데이터 모델을 선택하는 것이 중요하다. 데이터 모델링 전략은 데이터 사이언스 프로젝트의 성공에 직접적인 영향을 미치므로, 데이터베이스 선택 단계에서부터 신중하게 고려해야 한다. 데이터 사이언스 프로젝트에서 관계형 데이터베이스를 선택할 때는 다음과 같은 사항을 고려해야 한다.

관계형 데이터베이스 관리 시스템 선택 시 고려사항

- **데이터 크기 및 복잡성**: 데이터의 규모와 구조가 복잡할수록 확장성과 처리 능력이 뛰어난 RDBMS가 필요하다. 예를 들어, 대용량 데이터 처리에 강점을 가진 PostgreSQL, Oracle, Microsoft SQL Server 등이 있다.
- **성능**: 데이터 쿼리와 분석 속도는 프로젝트 효율성에 직접적인 영향을 미친다. MySQL, MariaDB, PostgreSQL 등은 각각 장점이 있으며, 특정 워크로드에 최적화된 솔루션을 선택하는 것이 중요하다.
- **비용**: 라이선스 비용, 유지보수, 클라우드 서비스 이용 비용 등을 고려해야 한다. 오픈소스 RDBMS인 PostgreSQL, MySQL은 비용 면에서 유리하며, Oracle과 Microsoft SQL Server는 상용 라이선스 비용이 발생한다.
- **호환성**: 기존 시스템과의 연동성을 따져야 한다. 만약 기존에 특정 RDBMS를 사용하고 있다면, 동일한 시스템을 유지하는 것이 개발 및 운영 측면에서 효율적일 수 있다.
- **기능**: 데이터 분석에 필요한 고급 기능을 제공하는지 확인해야 한다. 예를 들어, PostgreSQL은 공간 데이터 처리(PostGIS), JSON 지원, 머신러닝 확장 기능 등을 제공하며, Oracle은 광범위한 분석 도구와 보안 기능을 갖추고 있다.

이처럼 다양한 요소를 고려하여 관계형 데이터베이스를 선택해야 한다. 대표적인 관계형 데이터베이스 관리 시스템으로는 MySQL, PostgreSQL, Oracle Database, Microsoft SQL Server와 클라우드 기반의 Amazon RDS, Google Cloud SQL, Azure SQL Database 등이 있다. 다음은 대표적인 관계형 데이터베이스 관리 시스템을 정리했다.

대표적인 관계형 데이터베이스 관리 시스템

- **MySQL**: 널리 사용되는 오픈 소스 RDBMS로, 특히 웹 애플리케이션 개발에 적합하다. 사용이 간편하고 커뮤니티 지원이 활발하다.
- **PostgreSQL**: 오픈 소스 RDBMS 중 하나로, 복잡한 쿼리 처리와 데이터 무결성 유지에 강점을 가진다. 확장성과 표준 준수 측면에서 우수하다.
- **Oracle Database**: 상용 RDBMS로, 대규모 엔터프라이즈 환경에 적합하다. 고급 보안, 확장성, 다양한 관리 도구를 제공한다.
- **Microsoft SQL Server**: Windows 환경에 최적화된 상용 RDBMS로, 강력한 비즈니스 인텔리전스와 통합 도구를 지원한다.
- **Amazon RDS**: 클라우드 기반 서비스로, MySQL, PostgreSQL, Oracle, SQL Server 등 다양한 RDBMS를 손쉽게 배포하고 관리할 수 있다.
- **Google Cloud SQL**: 클라우드 환경에서 MySQL, PostgreSQL, SQL Server를 지원하며, 자동 백업과 복원 기능을 제공한다.
- **Azure SQL Database**: Microsoft의 클라우드 서비스로, SQL Server 기반의 완전 관리형 데이터베이스를 제공한다. 고가용성과 보안 기능을 갖추고 있다.

6.1.2 NoSQL

NoSQL(Not Only SQL)은 관계형 데이터베이스가 강제하는 ACID 트랜잭션 모델을 반드시 따르지 않는다. 대신 상황에 따라 일부 속성을 제한적으로 구현하거나 완화된 모델을 사용하여 유연한 데이터 저장 방식을 제공한다. 전통적인 RDBMS가 강한 일관성을 보장하는 반면, NoSQL은 확장성과 가용성에 중점을 둔다. 비정형 또는 반정형 데이터를 저장하는 데 적합하며, 대량의 데이터를 분산 환경에서 효율적으로 관리할 수 있다.

이러한 특징을 가능하게 하는 요소 중 하나가 **스키마리스(schema-less)** 또는 유연한 스키마 구조이다. 즉, 사전에 엄격하게 정의된 스키마 없이 데이터를 저장할 수 있어, 데이터 구조가 자주 변경되거나 다양한 형태의 데이터를 저장해야 할 때 유용하다. 이로 인해 애플리케이션의 요구사항이 변화하더라도 데이터 모델을 쉽게 조정할 수 있다.

또한, NoSQL 데이터베이스는 **수평적 확장(horizontal scaling)**[4]에 용이하다. 이는 여러 대의 서버에 데이터를 분산하여 저장하고 처리하는 방식으로, 대규모 데이터를 효율적으로 다룰 수 있도록 한다. 전통적인 관계형 데이터베이스는 **수직적 확장(vertical scaling)**[5]을 통해 성능을 향상시키는 반면, NoSQL은 여러 노드를 추가하여 확장성을 극대화할 수 있다. 따라서 트래픽이나 데이터 저장량이 급증하는 환경에서도 안정적인 성능을 유지할 수 있다.

NoSQL 데이터베이스는 분산 시스템에 적합하게 설계되어 대규모 데이터 처리를 효율적으로 지원한다. 데이터가 여러 서버에 분산 저장되므로 특정 서버에 장애가 발생하더라도 전체 시스템은 정상적으로 운영된다. 이로 인해 높은 가용성을 보장하면서도 빠른 응답 속도를 유지할 수 있다.

데이터 일관성을 보장하기 위해 NoSQL은 **BASE(Basically Available, Soft state, Eventually consistent)** 모델을 따른다. BASE 모델은 일관성보다 가용성을 우선시하며, 시스템은 시간이 지나면 결국 일관된 상태에 도달함을 의미한다. 즉, 즉각적인 일관성보다는 가용성을 중시하고, 시간이 지나면서 점진적으로 일관성을 유지(eventual consistency)하는 특성을 가진다. 또한, 분산 환경에서 데이터 복제와 샤딩을 활용해 확장성을 극대화할 수 있다.

그러나 이러한 분산 구조는 ACID(Atomicity, Consistency, Isolation, Durability) 속성을 일부 완화하는 방식으로 구현된다. 대신, **CAP 이론**[6]을 기반으로 시스템을 설계하며, 일관성(consistency), 가용성(availability), 분할 허용성(partition tolerance) 중 특정 요소를 선택하여 성능을 최적화한다. 예를 들어, 강한 일관성을 유지하는 시스템보다 가용성을 우선하는 경우가 많으며, 이는 서비스의 중단을 최소화하는 데 기여한다.

NoSQL 데이터베이스는 특정 사용 사례에 적합한 다양한 저장 방식을 제공하므로 데이터 사이언스 프로젝트에서 요구하는 성능과 확장성을 고려하여 적절한 데이터베이스를 선택하는 것이 중요하다. NoSQL 데이터베이스는 크게 네 가지 유형으로 분류된다.

---

4 여러 대의 서버를 추가하여 시스템의 처리 능력을 분산시키는 방식

5 기존 서버의 성능(CPU, RAM 등)을 향상시켜 시스템의 처리 능력을 높이는 방식

6 분산 시스템에서 일관성, 가용성, 분할 허용성이라는 세 가지 속성을 모두 동시에 만족할 수 없고, 최대 두 가지만 보장할 수 있다는 이론

NoSQL 데이터베이스 유형

1. **키-값 저장소**: 데이터를 키(key)와 값(value) 쌍으로 저장하며, 높은 성능과 확장성을 제공한다. 대표적인 예로 Redis와 Valkey가 있다.
2. **문서 저장소**: JSON, BSON(Binary JSON)과 같은 형식으로 데이터를 저장하며, MongoDB와 CouchDB가 이에 해당한다.
3. **칼럼 패밀리 저장소**: 대량의 데이터를 열 단위로 저장하며, Apache Cassandra와 HBase가 대표적이다.
4. **그래프 저장소**: 노드와 에지 구조를 기반으로 데이터를 저장하며, Neo4j와 ArangoDB가 주로 사용된다.

다음은 사용자 프로필 데이터(ID, 이름, 이메일, 나이, 친구 목록)를 저장할 때 NoSQL 데이터베이스 유형별 표현 예시를 보여준다.

키-값 저장소(Redis)

```
Key: "user:123"
Value: '{"id": "123", "name": "Alice", "email": "alice@example.com", "age": 30,
"friends": ["456", "789"]}'
```

문서 저장소(MongoDB)

```
{
  "_id": ObjectId("653b7c9a6f00f743c664d22c"),
  "id": "123",
  "name": "Alice",
  "email": "alice@example.com",
  "age": 30,
  "friends": ["456", "789"]
}
```

칼럼 패밀리 저장소(Cassandra)

```
Key: "123"
Column Family: users

Columns:
  name: "Alice"
  email: "alice@example.com"
  age: 30
friends: ["456", "789"]
```

그래프 저장소(Neo4j)

```
(alice:User {id: "123", name: "Alice", email: "alice@example.com", age: 30})

-- 친구 관계 (별도 노드 및 관계로 표현)
(bob:User {id: "456", name: "Bob"})
(charlie:User {id: "789", name: "Charlie"})
(alice)-[:FRIENDS_WITH]->(bob)
(alice)-[:FRIENDS_WITH]->(charlie)
```

키-값 저장소는 가장 기본적인 형태의 NoSQL 데이터베이스다. 이 저장소는 단순한 키-값 쌍으로 데이터를 저장하며 모든 데이터는 하나의 문자열(예: JSON)로 직렬화된다. 빠른 읽기와 쓰기가 가능하지만, 복잡한 쿼리를 수행하기는 어렵다. 데이터를 수정할 때는 전체 값을 한 번에 업데이트해야 한다는 제약이 있다.

문서 저장소는 JSON과 유사한 형식으로 데이터를 저장한다. 각 문서는 여러 필드를 포함할 수 있으며, 스키마가 유연하여 필요에 따라 필드를 추가하거나 제거할 수 있다. 특히 중요한 점은 문서 내의 특정 필드만 선택적으로 업데이트할 수 점이 중요하다. 또한 다양한 쿼리 기능을 제공해 복잡한 데이터 검색도 가능하다.

칼럼 패밀리 저장소는 대규모 데이터 처리에 최적화되어 있다. 이 저장소의 특징은 열을 동적으로 추가할 수 있다는 점이다. 데이터는 키-값 쌍의 형태로 저장되며, 각 값은 해당 열의 데이터를 나타낸다. 이러한 구조는 대용량 데이터의 효율적인 저장과 처리를 가능하게 한다.

그래프 저장소는 데이터 간의 관계를 중심으로 설계됐다. 이 저장소는 소셜 네트워크의 친구 관계나 팔로우 관계와 같은 복잡한 연결 구조를 효과적으로 표현하고 탐색할 수 있다. 특히 관계 기반의 데이터 분석에 있어서 뛰어난 성능을 보여준다.

각각의 NoSQL 데이터베이스는 고유한 특성과 장점을 가지고 있다. 따라서 데이터의 성격, 관계의 복잡도, 필요한 쿼리 패턴, 그리고 확장성 요구사항을 종합적으로 고려하여 적절한 데이터베이스를 선택하는 것이 중요하다. 예시처럼 같은 사용자 프로필 데이터라도 사용 목적과 환경에 따라 최적의 저장 방식이 달라진다.

이처럼 NoSQL 데이터베이스는 데이터 사이언스에서 빅데이터 처리와 실시간 분석에 유용하다. 대량의 데이터를 빠르게 저장하고 조회할 수 있어 로그 데이터 분석, 사용자 행동 추적, 추천 시스템 등 다양한 분야에서 널리 활용된다. 또한 유연한 데이터 모델링을 지원하며, **동적 스키마**(dynamic schema)[7]를 통해 데이터 구조 변경이 용이하다는 장점이 있다.

RDBMS와 NoSQL 데이터베이스는 데이터 저장 방식과 접근 방식에서 근본적인 차이를 갖는다. RDBMS는 정형화된 데이터를 체계적으로 관리하며, 강한 일관성과 무결성을 제공하는 반면, NoSQL은 확장성과 유연성을 강조하며 다양한 데이터 유형을 처리할 수 있다. 이러한 차이를 이해하는 것은 데이터 사이언스에서 적절한 데이터베이스를 선택하고 활용하는 데 중요한 요소가 된다. 다음 표 6.4, 6.5, 6.6은 데이터 저장 구조 차이를 보여준다.

표 6.4 사용자 정보 테이블

users	Type	Constraints
id	INT	PRIMARY KEY
username	VARCHAR	
email	VARCHAR	
password	VARCHAR	
address_id	INT	FOREIGN KEY(addresses)

표 6.5 주소 정보 테이블[8]

addresses	Type	Constraints
id	INT	PRIMARY KEY
street	VARCHAR	
city	VARCHAR	
zip	VARCHAR	

7 데이터를 저장할 때 미리 정해진 고정된 구조 없이, 각 항목이 서로 다른 속성이나 형식을 가질 수 있도록 허용하는 데이터베이스 설계 방식

8 사용자 정보 테이블 address_id와 주소 정보 테이블의 id는 참조 관계(1:1 관계)

표 6.6 사용자 정보 컬렉션(문서 저장소)

users (컬렉션)	Type	Description
_id	ObjectId	PRIMARY KEY(MongoDB 자동 생성)
username	String	
email	String	
password	String	
address	Object	Embedded Document
address.street	String	
address.city	String	
address.zip	String	

위의 표 6.4와 6.5는 RDBMS에서 데이터를 정규화하여 테이블 간 참조 관계를 형성하는 방식을 보여준다. 사용자 정보는 users 테이블에 저장되며, 주소 정보는 별도의 addresses 테이블에 저장된다. 두 테이블은 address_id를 통해 관계를 맺으며, 이는 관계형 데이터베이스의 대표적인 특징인 데이터 중복 최소화와 정합성 유지 원칙을 따른다. 이러한 방식은 데이터 일관성을 보장하는 데 유리하지만, JOIN 연산이 필요하여 복잡한 쿼리 실행 시 성능 부담이 발생할 수 있다.

반면, 표 6.6은 NoSQL 문서형 데이터베이스에서 데이터를 저장하는 방식을 보여준다. 여기서 users 컬렉션은 관계형 모델과 달리, 주소 정보를 별도의 테이블이 아닌 내장 문서(embedded document) 형태로 저장한다. 즉, address 필드는 JSON 또는 BSON 형식으로 사용자 정보와 함께 저장되며, JOIN 없이 단일 조회로 데이터를 불러올 수 있다. 이는 데이터 읽기 성능을 향상시키지만, 같은 주소를 공유하는 여러 사용자가 있을 경우 데이터 중복이 발생할 수 있다.

이러한 차이는 데이터 접근 패턴에 따라 적절한 데이터베이스 모델을 선택하는 기준이 된다. 관계형 데이터베이스는 정규화를 통해 데이터 일관성을 보장하고 중복을 방지하는 반면, NoSQL 데이터베이스는 데이터 중복을 허용하면서 조회 성능을 최적화하는 방향으로 설계된다. 데이터 사이언스에서 대용량 데이터 처리 및 실시간 분석을 고려할 때 데이터 모델의 특성과 시스템 요구사항에 따라 RDBMS와 NoSQL 중 적절한 선택이 필요하다.

6.1.3 벡터 데이터베이스

벡터 데이터베이스(vector database)는 고차원 벡터 데이터를 효율적으로 저장하고 검색할 수 있도록 설계된 데이터베이스 시스템이다. 전통적인 데이터베이스는 정형 데이터를 다루는 데 최적화되어 있지만, 벡터 데이터베이스는 비정형 데이터를 수치화한 벡터를 저장하고 이를 기반으로 유사도를 빠르게 계산하는 데 초점을 맞춘다. 최근 머신러닝과 딥러닝의 발전으로 인해 이미지 검색, 자연어 처리, 추천 시스템 등에서 벡터 기반 검색의 필요성이 커지면서 벡터 데이터베이스의 중요성이 부각되고 있다.

벡터 데이터는 여러 차원의 수치 값으로 구성되며, 각 차원은 특정한 의미를 가질 수 있다. 예를 들어, 자연어 처리에서 문장을 임베딩하면 해당 문장의 의미를 다차원 벡터로 표현할 수 있다. 이와 마찬가지로 이미지에서 추출한 특징 벡터는 해당 이미지의 시각적 속성을 반영한다. 이러한 벡터 데이터를 효율적으로 저장하고 검색하는 것이 벡터 데이터베이스의 핵심 기능이다.

벡터 데이터베이스의 주요 기능 중 하나는 **최근접 이웃 탐색**(Nearest Neighbor Search, NNS)이다. 특정 벡터와 가장 유사한 벡터를 찾는 과정에서는 일반적으로 벡터 간 유사도를 측정하는 거리 함수가 사용된다. 대표적인 방법으로는 유클리드 거리, 코사인 유사도, 내적(dot product) 등이 있다. 이러한 연산을 최적화함으로써 대량의 벡터 데이터에 대해서도 빠르게 유사 벡터를 검색할 수 있도록 하는 것이 벡터 데이터베이스의 주요 목표 중 하나이다.

그러나 벡터 데이터의 규모가 커질수록 모든 벡터를 일일이 비교하는 방식은 비효율적이다. 이를 해결하기 위해 **근사 최근접 이웃 탐색**(Approximate Nearest Neighbor Search, ANNS)이 자주 사용된다. ANNS는 정확도를 일부 희생하는 대신, 검색 속도를 크게 향상시키는 방법으로 다양한 최적화 기법이 존재한다. 대표적인 방식으로는 해싱 기법을 활용한 LSH, 그래프 기반 탐색을 사용하는 HNSW, 클러스터링 기반의 IVF 등이 있다. 다음은 벡터 검색 기법을 정리했다.

벡터 검색 기법

- LSH(Locality-Sensitive Hashing): 유사한 벡터가 동일한 해시 버킷에 매핑되도록 설계된 기법으로, 높은 차원의 데이터를 해싱을 통해 효율적으로 나누는 방식이다.

- HNSW(Hierarchical Navigable Small World): 그래프를 활용하여 탐색 속도를 높이는 방식으로, 그래프 내에서 노드 간 거리를 줄이는 구조를 사용한다. 이 방식은 정확성과 속도를 동시에 고려할 수 있어 많은 벡터 데이터베이스에서 채택되고 있다.
- IVF(Inverted File Index): 벡터를 여러 개의 클러스터로 나누어 검색 범위를 줄이는 방식으로, 검색 속도를 높이기 위한 대표적인 최적화 기법 중 하나다.

벡터 데이터베이스의 활용 사례는 매우 다양하다. 검색 엔진에서는 사용자가 입력한 키워드를 단순히 문자열 비교 방식으로 찾는 것이 아니라, 의미적으로 유사한 문서를 찾기 위해 **벡터 임베딩**(vector embedding)[9]을 활용한다. 이를 통해 사용자가 입력한 질의와 가장 유사한 결과를 제공할 수 있다. 또한, 이미지 검색 시스템에서는 사용자가 업로드한 이미지와 유사한 이미지를 찾기 위해 벡터 데이터베이스가 사용된다. 이미지의 특징을 벡터로 변환한 후, 기존 이미지 데이터베이스에서 가장 유사한 벡터를 찾아 반환하는 방식이다.

추천 시스템에서도 벡터 데이터베이스가 중요한 역할을 한다. 예를 들어, 온라인 쇼핑몰에서는 사용자의 구매 기록이나 행동 데이터를 벡터화하여 비슷한 패턴을 가진 사용자들에게 유사한 상품을 추천할 수 있다. 이는 기존의 협업 필터링 기반 추천보다 더욱 정교한 개인화 추천이 가능하도록 한다. 또한, 음악이나 영화 추천에서도 벡터 데이터베이스를 활용하여 사용자 취향과 유사한 콘텐츠를 제공할 수 있다.

보안 및 이상 탐지 분야에서도 벡터 데이터베이스는 유용하게 활용된다. 예를 들어, 금융 거래에서 정상적인 거래 패턴을 벡터로 변환하고, 새로운 거래 데이터를 비교하여 이상 탐지 시스템을 구축할 수 있다. 만약 새로운 거래가 기존 패턴과 크게 다르다면, 이는 사기 거래일 가능성이 높아 추가 검토가 필요할 수 있다. 이러한 방식으로 벡터 데이터베이스는 보안 강화를 위한 강력한 도구가 될 수 있다.

최근에는 대규모 언어 모델(LLM)의 발전과 함께 텍스트 임베딩을 활용한 정보 검색이 더욱 정교해지고 있다. 기존의 키워드 기반 검색은 단어의 철자나 단순한 패턴 일치에 의존했지만, 벡터 검색을 활용하면 문장의 의미를 기반으로 더 정확한 검색 결과를 제공할 수 있다. 이는 특히 고객 서비스 챗봇이나 자동 응답 시스템에서 유용하게 활용될 수 있다.

9 텍스트, 이미지, 오디오 등 다양한 데이터를 고차원 벡터 공간에 표현하여 데이터 간의 의미적 유사성을 계산하고 활용할 수 있도록 변환하는 기술

이처럼 벡터 데이터베이스는 다양한 분야에서 새로운 솔루션을 가능하게 하며, 그 활용 범위 또한 매우 넓다. 이제 영화 추천 시스템을 예시로 들어, 벡터 데이터베이스가 실제로 어떻게 활용될 수 있는지 구체적으로 살펴보자. 사용자의 선호도와 영화 정보를 벡터로 표현하고, 이를 기반으로 유사한 영화를 추천하는 과정을 통해 그 활용 방식을 이해할 수 있다. 다음은 이러한 추천 시나리오와 영화 벡터 데이터베이스의 구성 예시다.

표 6.7 영화 벡터 데이터베이스 예시

영화 ID	영화 줄거리	임베딩 벡터 (간략히 표현)
1	비밀 요원이 테러리스트를 막는 액션 영화	[0.8, 0.2, 0.7, 0.1]
2	기업 스파이가 기술을 훔치는 스릴러 영화	[0.7, 0.3, 0.8, 0.2]
3	로맨틱 코미디, 두 남녀의 사랑 이야기	[0.1, 0.9, 0.2, 0.8]
4	우주 탐험, 외계 생명체와의 조우	[0.3, 0.4, 0.6, 0.9]
5	과거를 숨긴 여자가 살인 사건에 휘말리는 미스터리 스릴러	[0.6, 0.4, 0.9, 0.3]

- **시나리오**: 사용자 A는 "액션, 스릴러" 장르의 영화를 좋아합니다.
- **영화 벡터 데이터베이스**: (각 영화는 간략한 줄거리와 함께 벡터로 임베딩됨)
- **사용자 A 선호도**: "액션, 스릴러" → 임베딩 벡터: [0.75, 0.25, 0.75, 0.15]

예를 들어, 한 사용자가 "액션, 스릴러" 장르의 영화를 선호한다고 가정해보자. 사용자의 취향을 반영한 벡터를 생성하고, 이를 영화 데이터베이스에 저장된 영화 벡터들과 비교하여 가장 유사한 영화를 추천하는 방식이 적용된다.

각 영화는 줄거리와 장르 정보를 포함한 벡터로 임베딩된다. 예를 들어, 한 액션 영화의 줄거리는 "비밀 요원이 테러리스트를 막는 내용"이며, 이에 대한 벡터는 [0.8, 0.2, 0.7, 0.1]로 표현될 수 있다. 또 다른 영화는 "기업 스파이가 기술을 훔치는 스릴러 영화"이며, 해당 벡터는 [0.7, 0.3, 0.8, 0.2]로 변환된다. 로맨틱 코미디 영화나 우주 탐험 영화는 다른 벡터 값을 가지며, 사용자의 선호도와 비교했을 때 낮은 유사도를 나타낼 것이다.

이 추천 과정에서 벡터 데이터베이스는 최근접 이웃 탐색 기법을 사용하여 사용자의 취향 벡터와 가장 유사한 영화 벡터를 빠르게 찾는다. 예를 들어, 사용자의 벡터가 [0.75, 0.25, 0.75, 0.15]라고 할 때 벡터 공간에서 가장 가까운 영화 벡터를 찾는 과정이 수행된다. 이 과정에서 **유클리드 거리**(euclidean distance)[10] 또는 **코사인 유사도**(cosine similarity)[11] 등의 방법이 활용된다.

사용자가 "액션, 스릴러" 장르를 선호하므로, 벡터 유사도를 계산한 결과 액션 영화(벡터: [0.8, 0.2, 0.7, 0.1])와 스릴러 영화(벡터: [0.7, 0.3, 0.8, 0.2])가 가장 높은 점수를 얻는다. 반면, 로맨틱 코미디 영화(벡터: [0.1, 0.9, 0.2, 0.8])나 우주 탐험 영화(벡터: [0.3, 0.4, 0.6, 0.9])는 유사도가 낮아 추천 순위에서 제외된다.

벡터 데이터베이스는 이러한 유사도 검색을 최적화하여 빠른 속도로 결과를 제공할 수 있도록 한다. 수천, 수만 개에 달하는 영화 데이터가 존재하는 상황에서 일반적인 SQL 기반 검색으로는 즉각적인 추천이 어렵다. 그러나 벡터 데이터베이스를 활용하면 근사 최근접 이웃 탐색(ANNS) 알고리즘을 통해 효율적인 검색이 가능하다.

이러한 추천 시스템에서 벡터 데이터베이스의 또 다른 장점은 실시간 반영이 가능하다는 점이다. 사용자의 시청 기록이나 평가가 변화하면 즉시 해당 데이터를 벡터로 변환하여 데이터베이스에 반영할 수 있다. 이를 통해 사용자 경험을 더욱 향상시키고 보다 개인화된 추천을 제공할 수 있다.

뿐만 아니라, 벡터 데이터베이스는 다차원 벡터를 효율적으로 저장하고 검색하는 데 특화되어 있기 때문에 대량의 영화 데이터를 처리할 때도 성능 저하 없이 빠르게 작동할 수 있다. 기존의 관계형 데이터베이스에서는 SQL 쿼리를 사용하여 특정 장르나 키워드를 검색하는 방식이 일반적이지만, 이 방식은 정확한 키워드가 일치해야 하는 한계를 가진다. 반면, 벡터 기반 검색은 의미적으로 유사한 콘텐츠를 찾을 수 있어 더욱 직관적인 추천이 가능하다.

결론적으로 영화 추천 시스템에서 벡터 데이터베이스는 사용자의 취향을 반영하여 가장 적절한 영화를 추천하는 데 중요한 역할을 한다. 대규모 데이터에서도 빠르고 정확한 검색이 가능하며, 실시간 데이터 반영이 가능하다는 점에서 강력한 도구로 자리 잡고 있다. 이를 통해 사용자는 자신이 선호하는 영화를 더욱 쉽게 발견할 수 있으며, 추천 시스템의 정확도 또한 지속적으로 향상될 수 있다.

10 두 벡터 사이의 직선 거리를 측정하여 값이 작을수록 유사도가 높다고 판단하는 방법

11 두 벡터 사이의 각도에 대한 코사인 값을 측정하여 값이 1에 가까울수록 유사도가 높다고 판단하는 방법

이러한 장점들 덕분에 벡터 데이터베이스는 여러 분야에서 활용되고 있으며, 고차원 데이터의 유사성 검색 및 분석을 효율적으로 처리하는 핵심 기술로 자리 잡고 있다. 특히 클라우드 기반의 서비스가 확산되면서, 벡터 데이터베이스 역시 클라우드 환경에서의 활용이 늘어나고 있다. 덕분에 더욱 유연하고 확장 가능한 방식으로 고성능의 벡터 검색 기능을 활용할 수 있게 되었다.

다양한 애플리케이션 요구사항을 충족하기 위해 여러 벡터 데이터베이스 솔루션이 개발되었으며, 최근에는 클라우드 환경을 고려한 관리형 서비스 형태로도 제공되어 사용 편의성이 더욱 향상되고 있다. 대표적인 솔루션으로는 Pinecone, Weaviate, Qdrant, Milvus 등이 있으며, 각각 고유한 강점을 갖추고 있다. 다음 표 6.8은 주요 벡터 데이터베이스 솔루션을 정리한 것이다.

표 6.8 대표적인 벡터 데이터베이스 솔루션

솔루션	유형	특징	장점	단점	주요 사용처
Pinecone	완전 관리형 서비스	클라우드 기반 오토 스케일링 백업/복구 지원	인프라 관리 부담 없음 운영 편의성 실시간 검색/추천에 적합	사용량 기반 비용 발생	실시간 검색 추천 시스템
Weaviate	벡터 검색 엔진	클라우드 네이티브 GraphQL 인터페이스 머신러닝 모델 통합 데이터 구조화	유연한 쿼리 지식 그래프 구축/관리 용이 머신러닝 통합 가능	자체 구축 또는 관리 필요(SaaS 옵션 존재)	지식 그래프 구축 머신러닝 통합 검색
Qdrant	오픈 소스	고성능 및 안정성 다양한 거리 평가 지표 JSON 페이로드 저장/검색	메타데이터와 벡터 데이터 동시 관리 직관적인 API Docker 배포 용이성	자체 구축 또는 관리 필요	벡터 유사성 검색 메타데이터 기반 검색

솔루션	유형	특징	장점	단점	주요 사용처
Milvus	오픈 소스	대규모 벡터 데이터 관리, 다양한 인덱싱, 클러스터링 지원	확장성 확보 Kubernetes 통합 가능	자체 구축 또는 관리 필요	대규모 벡터 데이터 관리
FAISS	라이브러리	고속 유사성 검색, 다양한 인덱싱, CPU/GPU 지원	뛰어난 성능 사용자 정의 옵션	인프라 구축 및 관리 필요	대규모 데이터세트 유사성 검색
OpenSearch	검색/분석 엔진	Lucene 기반, 벡터 검색 기능 강화(ANN 인덱싱)	다양한 데이터 유형 지원 플러그인 확장성 로그 분석 및 APM 등 활용 가능	자체 구축 또는 관리 필요(AWS는 완전 관리형 서비스 제공)	로그 분석 보안 정보 이벤트 관리 애플리케이션 성능 모니터링 벡터 유사성 검색

클라우드 환경의 확산과 함께 벡터 데이터베이스도 클라우드 기반 서비스로 제공되면서 인프라 관리 부담이 줄어들고 확장성이 극대화되고 있다. 이를 통해 복잡한 시스템을 직접 구축하지 않고도 강력한 벡터 검색 기능을 활용할 수 있으며, 머신러닝 및 AI와의 통합도 더욱 원활해지고 있다. 각 벡터 데이터베이스 솔루션은 성능, 확장성, 관리 방식에서 차이를 보이므로 특정 애플리케이션의 요구사항에 맞는 솔루션을 선택하는 것이 중요하다.

6.1.4 데이터 일관성 및 무결성 유지 전략

데이터 사이언스에서 신뢰할 수 있는 분석과 모델을 구축하기 위해서는 데이터의 일관성과 무결성을 유지해야 한다. 데이터가 정확하지 않거나 일관성이 깨지면 머신러닝 모델의 성능 저하는 물론이고 잘못된 의사결정으로 이어질 가능성이 크다.

따라서 다양한 데이터 저장소의 특성과 사용 목적을 고려하여 적절한 전략을 수립해야 한다. 데이터 일관성과 무결성을 유지하기 위한 접근 방식은 사용 중인 데이터베이스의 유형과 애플리케이션의 요구 사항에 따라 달라진다.

관계형 데이터베이스는 ACID 트랜잭션을 기반으로 기본적으로 **강한 일관성(strong consistency)**[12]을 제공하지만, 트랜잭션 격리 수준에 따라 일관성 보장 수준이 달라질 수 있다. 예를 들어, READ COMMITTED[13]나 REPEATABLE READ[14]와 같은 격리 수준은 특정 상황에서 일시적인 불일치를 허용할 수 있다.

NoSQL 데이터베이스는 확장성과 가용성을 고려하여 **최종 일관성(eventual consistency)**[15]을 채택하는 경우가 많지만, 일부 시스템은 강한 일관성 또는 선택적 일관성 조정 기능을 제공하기도 한다. 이는 CAP 이론에 따라 일관성(consistency), 가용성(availability), 분할 허용성(partition tolerance) 사이의 균형을 설정할 수 있도록 설계된 결과다.

벡터 데이터베이스는 빠른 검색 성능을 유지하면서도 최신 데이터를 반영해야 하므로 재색인(re-indexing)과 데이터 동기화 전략이 중요하다. 특히 실시간 또는 준실시간 추천 시스템에서는 벡터 삽입, 삭제, 업데이트가 신속하게 색인에 반영되어야 정확한 검색 결과를 유지할 수 있다.

이와 같이 다양한 저장 기술과 처리 방식에서는 데이터 상태의 일관성과 정합성이 지속적으로 보장되어야 한다. 데이터 일관성과 무결성을 유지해야 하는 구체적인 상황은 다음과 같다.

데이터 일관성 및 무결성 결여로 인한 문제 발생 예시

- **부정확한 데이터로 인한 잘못된 추천 시스템**: 온라인 쇼핑몰에서 사용자 구매 기록을 기반으로 상품을 추천하는 모델을 구축한다고 가정해보자. 만약 데이터 수집 과정에서 오류가 발생하여 일부 사용자의 구매 기록이 누락되거나 잘못 기록된다면 추천 모델은 해당 사용자의 실제 선호도를 제대로 반영하지 못하고 엉뚱한 상품을 추천하게 될 것이다. 이는 사용자 경험 저하와 매출 감소로 이어질 수 있다.
- **불일치 데이터로 인한 모델 성능 저하**: 고객 데이터를 활용하여 고객 이탈 예측 모델을 구축하는 경우를 생각해보자. 만약 고객의 주소 정보가 여러 시스템에 분산되어 있고, 이 정보들이 서로 일치하지 않는다면 모델은 혼란을 겪게 된다. 예를 들어, 어떤 시스템에는 고객의 현재 주소가, 다른 시스템에는 과거 주소가 저장되어 있다면 모델은 고객의 실제 거주 지역을 정확하게 파악하지 못하고 예측 정확도가 떨어질 수 있다.

---

12 모든 노드가 항상 동일한 데이터를 보장하며, 어떤 쓰기 연산이 완료되면 즉시 모든 읽기에서 해당 결과를 반영하는 일관성 모델

13 트랜잭션 내에서 커밋된 데이터만 읽을 수 있도록 보장하는 격리 수준

14 한 트랜잭션 내에서 동일한 행을 반복해서 읽을 때 항상 같은 값이 반환되도록 보장하는 격리 수준

15 모든 노드가 일시적으로 다른 값을 가질 수 있지만, 시간이 지나면 결국 동일한 값으로 수렴하는 일관성 모델

- **결측치 처리 실패로 인한 편향된 분석 결과**: 의료 데이터를 분석하여 특정 질병 발병 위험 요인을 파악하는 경우를 생각해보자. 만약 특정 환자 그룹에서 특정 데이터(예: 흡연 여부)의 결측치가 많이 발생했음에도 불구하고, 이를 적절하게 처리하지 않고 분석을 진행한다면 분석 결과는 해당 환자 그룹에 대한 편향을 포함하게 될 것이다. 이는 잘못된 질병 예방 전략 수립으로 이어질 수 있다.

이러한 예시들은 데이터 일관성과 무결성이 깨졌을 때 발생할 수 있는 문제점을 보여준다. 데이터 사이언스 프로젝트를 성공적으로 이끌기 위해서는 데이터 품질을 지속적으로 관리하고, 데이터 오류를 최소화해야 한다. 데이터 품질을 유지하기 위한 핵심적인 방법 중 하나는 바로 트랜잭션 관리이다. 데이터베이스 내에서 발생하는 다양한 연산들을 하나의 논리적인 작업 단위로 묶어 처리함으로써 데이터의 정합성을 보장할 수 있다.

데이터베이스에서 트랜잭션 관리는 데이터 정합성을 유지하는 핵심 요소다. 특히 다중 사용자가 동시에 데이터를 수정하는 환경에서는 트랜잭션의 ACID를 유지해야 한다. 분산 환경에서는 분산 트랜잭션을 활용하거나 사가 패턴과 같은 대체 기법을 적용할 수도 있다.

사가 패턴(Saga pattern)이란 분산 시스템 환경에서 장기간에 걸쳐 수행되는 트랜잭션(long-lived transaction)의 데이터 일관성을 보장하기 위한 아키텍처 패턴이다. 마이크로서비스 아키텍처(Microservices Architecture, MSA)와 같이 여러 서비스에 걸쳐 데이터 변경이 필요한 경우, 전통적인 ACID 트랜잭션을 적용하기 어렵다. 사가 패턴은 이러한 문제를 해결하기 위해 각 서비스가 로컬 트랜잭션을 수행하고, 필요에 따라 보상 트랜잭션을 통해 롤백하는 방식으로 데이터 일관성을 유지한다. 다음 그림 6.1은 사가 패턴의 전체적인 흐름을 보여준다.

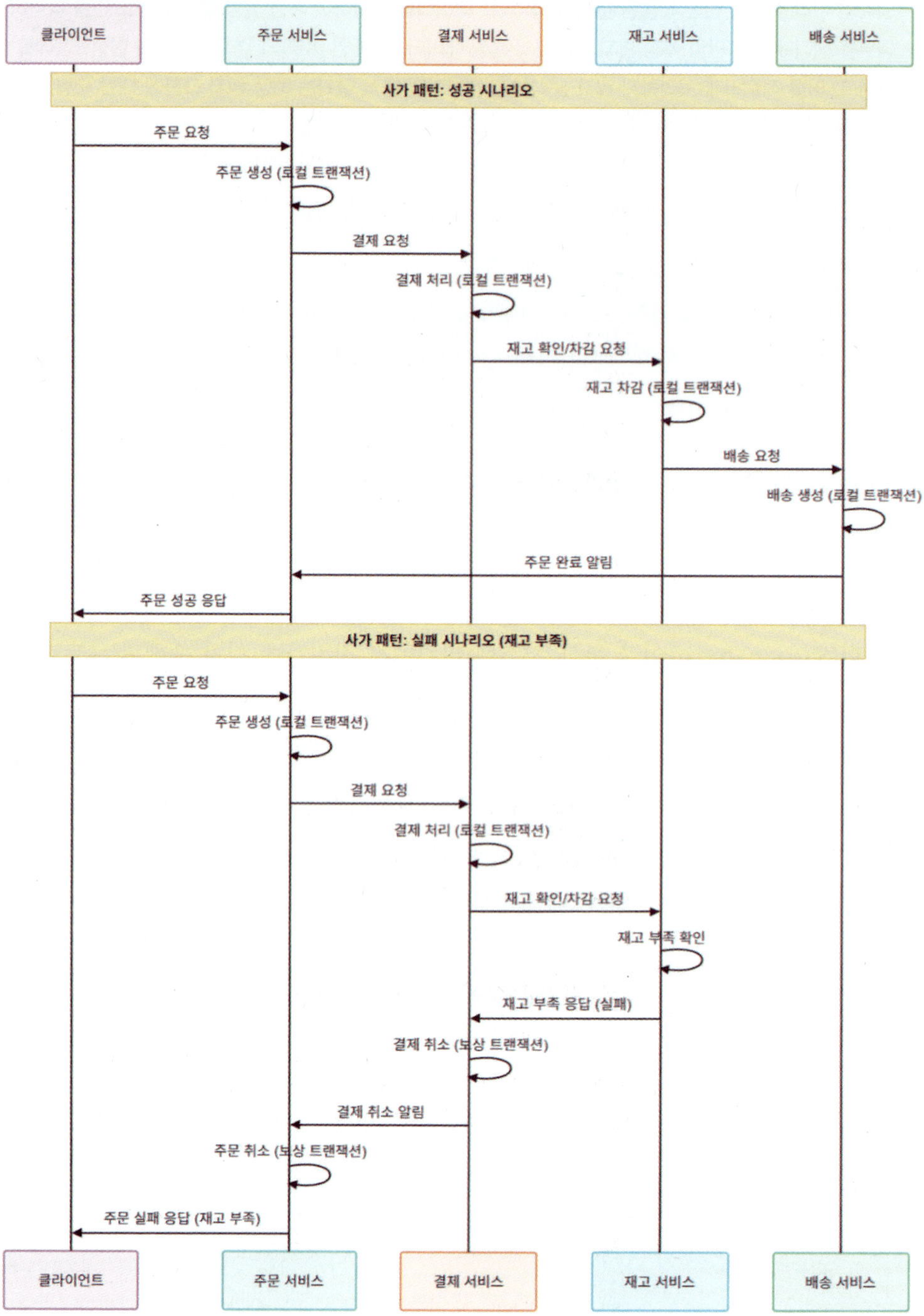

그림 6.1 마이크로서비스 환경에서의 사가 패턴 시각화

그림 6.1은 마이크로서비스 아키텍처에서 사가 패턴을 적용한 예시를 보여준다. 상단은 성공 시나리오를, 하단은 실패 시나리오(재고 부족)를 나타낸다. 성공 시나리오에서는 주문, 결제, 재고, 배송의 각 서비스가 순차적으로 로컬 트랜잭션을 수행하며 전체 비즈니스 프로세스를 완료한다.

반면, 실패 시나리오에서는 재고 부족과 같은 문제가 발생했을 때, 이전 단계에서 수행된 트랜잭션들을 보상 트랜잭션을 통해 롤백하는 과정을 거친다. 이때 결제 취소와 주문 취소가 원래 실행된 순서의 역순으로 수행되며, 이를 통해 시스템 전반의 데이터 일관성을 유지할 수 있다.

데이터 사이언스 관점에서 사가 패턴은 분산 시스템에서 데이터 품질과 일관성을 보장하는 중요한 메커니즘이다. 데이터 사이언스 프로젝트에서는 원천 데이터의 신뢰성이 분석 결과의 정확성을 좌우하기 때문에 트랜잭션 관리는 핵심적인 사항이다.

예를 들어, 전자상거래(e-commerce) 플랫폼에서 고객 행동 데이터를 분석하여 개인화된 상품 추천 시스템을 구축한다고 가정해 보자. 이 시스템은 고객의 구매 이력, 검색 기록, 장바구니 정보 등 다양한 데이터를 활용한다. 만약 주문 서비스에서 결제 서비스로 데이터를 전달하는 과정에서 오류가 발생하여 주문은 성공적으로 처리되었지만 결제 정보가 누락된다면 고객 행동 데이터는 불완전해지고 추천 시스템의 성능은 저하될 것이다.

사가 패턴은 이러한 문제를 해결하기 위해 각 서비스 간의 데이터 교환을 트랜잭션 단위로 관리하고, 오류 발생 시 보상 트랜잭션을 통해 데이터를 일관성 있게 복구한다. 예를 들어, 결제 정보 누락 오류가 발생하면 사가 패턴은 자동으로 결제 취소 트랜잭션을 실행하고 주문 서비스에 알림을 보내 주문 취소 트랜잭션을 수행하도록 한다. 이러한 메커니즘을 통해 데이터 사이언스 팀은 신뢰할 수 있는 데이터를 기반으로 분석을 수행하고 정확한 결과를 얻을 수 있다.

이러한 데이터 무결성의 유지는 데이터 사이언스 프로젝트의 성공 여부에 직접적인 영향을 미친다. 데이터 처리 과정 전반에서 일관성을 확보하지 못하면, 분석 결과의 신뢰도가 저하되거나 잘못된 인사이트로 이어질 수 있다. 사가 패턴 외에도 다양한 무결성 유지 기법이 존재하며, 사용되는 데이터베이스의 종류와 데이터의 구조적 특성에 따라 적절한 방식을 선택하는 것이 중요하다.

데이터 무결성을 유지하기 위해 관계형 데이터베이스에서는 기본적으로 PRIMARY KEY, FOREIGN KEY, UNIQUE, CHECK 등의 제약 조건을 활용할 수 있다. NoSQL 데이터베이스는 스키마가 유연한 경우가 많아 애플리케이션 계층에서 데이터 검증을 수행하는 방식이 일반적이다. 벡터 데이터베이스에서는 데이터 차원이 일관되게 유지되는지, 잘못된 벡터가 저장되지 않는지 검증하는 과정이 필요하다.

데이터 일관성을 유지하는 방식은 크게 **강한 일관성**(strong consistency)과 **최종 일관성**(eventual consistency)으로 나눌 수 있다. 강한 일관성을 유지하려면 모든 노드가 동기적으로 데이터를 반영해야 하므로 응답 속도가 느려질 수 있다. 반면, 최종 일관성을 따르는 시스템에서는 일시적인 불일치를 허용하지만, 일정 시간이 지나면 모든 노드가 동일한 데이터를 가지게 된다.

분산 환경에서는 여러 노드에 저장된 데이터가 동기화될 때 충돌이 발생할 수 있다. 이를 해결하기 위해 **타임스탬프 기반 정렬**, **버전 관리**(versioning), CRDT(Conflict-free Replicated Data Types)[16]와 같은 기법을 적용할 수 있다. 특히 NoSQL 데이터베이스나 벡터 검색 시스템에서는 데이터의 최신성을 보장하는 것이 중요하므로 동기화 전략을 잘 설계해야 한다.

충돌 해결 방식에는 **마지막 쓰기 우선**(last write wins), **수동 병합**(manual merge), **애플리케이션 계층에서의 정책 적용** 등이 있다. 데이터 사이언스 관점에서는 데이터의 신뢰성을 최우선으로 고려해야 하므로 단순히 마지막 값을 적용하는 방식보다는 버전 관리나 데이터 출처를 기반으로 검증하는 방식이 더 적절할 수 있다.

데이터 일관성을 유지하는 방식은 데이터 처리 방식에 따라 달라지며, 실시간성이 중요한 데이터 스트리밍 환경에서는 더욱 복잡한 문제가 발생한다. 배치 처리 환경에서는 데이터가 일정한 주기로 갱신되므로 일관성 유지가 비교적 수월하다. 그러나 실시간 데이터 스트리밍 환경에서는 데이터가 지속적으로 변경되므로 일관성을 유지하는 것이 더욱 어렵다. 이를 위해 Apache Kafka, Apache Flink와 같은 스트리밍 프레임워크를 활용하여 데이터 흐름을 관리하고, 일관성을 유지하는 방법을 적용할 수 있다.

16 분산 환경에서 복제된 데이터 간의 충돌 없이 자동으로 일관성을 유지할 수 있도록 설계된 데이터 구조

또한, 데이터 손실을 방지하고 일관성을 유지하려면 정기적인 백업과 복구 전략을 마련해야 한다. **스냅샷**(snapshot), **증분 백업**(incremental backup), WAL(Write-Ahead Logging)[17]과 기법을 활용하면 효율적인 데이터 복구가 가능하다. 데이터 사이언스에서는 학습 데이터나 모델을 보존할 필요가 있으므로 백업 주기와 보존 기간을 적절하게 설정해야 한다.

데이터 무결성은 AI 모델의 신뢰성과 직결된다. 학습 데이터가 변조되거나 오류가 포함되어 있으면 모델의 예측 성능이 저하될 수 있다. 따라서 데이터 무결성을 유지하는 것은 단순한 데이터 관리 차원을 넘어 모델의 신뢰성을 확보하는 핵심 요소라고 할 수 있다.

데이터 일관성과 무결성을 유지하는 것은 데이터 사이언스에서 기본이 되는 작업이다. 이를 위해서는 데이터 저장소의 특성을 고려하여 적절한 전략을 적용해야 하며, 데이터 검증, 동기화, 충돌 해결, 모니터링, 보안 등 다양한 요소를 종합적으로 관리해야 한다. 이러한 과정을 통해 신뢰할 수 있는 데이터를 확보함으로써, 보다 정확한 분석과 모델 구축이 가능해진다.

6.2 _ 데이터 아키텍처 패턴

데이터 아키텍처 패턴은 데이터를 수집, 저장, 처리, 분석, 제공하는 전 과정을 아우르는 구조적 틀을 제공하는 체계다. 이는 데이터 흐름의 전체 구조를 설계하는 방식으로, 데이터 시스템 내 각 구성 요소의 역할과 요소 간 상호작용을 정의한다. 이러한 패턴을 활용하면 데이터 활용 목적에 맞게 시스템을 구조화할 수 있으며, 일관된 데이터 처리 및 관리가 가능해진다.

데이터 아키텍처는 일반적으로 계층화된 구조를 기반으로 하며, 각 계층은 특정 기능을 담당한다. 예를 들어, 수집 계층에서는 다양한 원천으로부터 데이터를 수집하고, 저장 계층에서는 데이터를 구조화하여 보존하며, 처리 계층에서는 분석 및 변환을 수행한다. 이러한 계층적 설계는 각 단계의 기술적 요구 사항을 분리함으로써 유지보수성과 확장성을 확보하는 데 유리하다.

---

17 데이터베이스 변경 사항을 실제 데이터 파일에 적용하기 전에 로그 파일에 먼저 기록하여 데이터의 안정성과 복구 가능성을 보장하는 기술

데이터 아키텍처 패턴의 유형은 전통적인 데이터 웨어하우스와 데이터 마트부터 시작하여, 빅데이터 환경에 적합한 데이터 레이크, 데이터 허브, 최신의 분산 처리 기반인 데이터 메시까지 다양하게 존재한다. 각 패턴은 데이터의 특성, 처리 방식, 조직 내 데이터 소비 방식에 따라 채택 방식이 달라지며, 단일 아키텍처로는 복잡한 요구 사항을 모두 만족시키기 어려운 경우도 있다.

전통적인 데이터 아키텍처는 주로 중앙 집중형 구조로 구성되며, 데이터 품질과 정합성을 보장하는 데 초점을 맞춘다. 반면, 최근 등장한 분산형 아키텍처 패턴은 각 도메인별로 데이터를 소유하고 운영할 수 있도록 설계되어 조직의 규모와 복잡성이 증가하는 환경에서도 유연한 데이터 관리가 가능하다. 특히 데이터 메시 패턴은 도메인 주도 설계와 셀프서비스 분석의 원리를 아키텍처 설계에 적용한 방식으로 주목받고 있다.

데이터 아키텍처 패턴은 기술 요소뿐 아니라 조직 내 데이터 운영 방식과도 밀접하게 연관되어 있다. 동일한 기술 스택을 기반으로 하더라도 데이터 조직의 역할 분담, 데이터 소비 방식, 데이터 품질 정책 등에 따라 최적의 아키텍처는 달라질 수 있다. 따라서 아키텍처 설계 시에는 데이터 흐름의 기술적 특성과 함께 조직적 특성도 함께 고려되어야 한다.

이번 절에서는 각 아키텍처 패턴의 구조적 특성, 기술적 구성 요소, 데이터 처리 방식, 설계 시 고려사항 등에 대해 이론적으로 정리한다. 아울러 데이터 사이언스 관점에서 각 패턴의 적합성, 활용 방식, 기술적 제약 등을 중심으로 살펴보고, 실무 적용을 위한 이론적 토대를 제공한다.

6.2.1 데이터 저장 및 관리 아키텍처

데이터 아키텍처는 조직이 데이터를 저장, 관리, 처리하기 위한 체계적 구조로 정의되며, 데이터 흐름의 기술적 기준을 명확히 규정하는 틀이다. 대표적인 데이터 저장 및 관리 방식으로는 데이터 웨어하우스, 데이터 마트, 데이터 레이크, 데이터 메시 등이 있으며, 각각은 데이터의 구조화 수준, 저장 방식, 처리 시점에서 차이가 있다.

데이터 웨어하우스와 데이터 마트는 정제된 정형 데이터를 중심으로 한 저장소이며, 데이터 레이크는 다양한 유형의 원시 데이터를 저장하고, 데이터 메시는 도메인 기반 분산 구조를 통해 자율적 데이터 관리가 가능하도록 한다.

데이터 웨어하우스(data warehouse)는 주로 배치 기반의 ETL 프로세스를 통해 다양한 운영 시스템으로부터 정형 데이터를 통합하는 중앙 집중형 저장소다. 데이터는 사전에 정의된 스키마에 따라 적재되며, 주로 관계형 데이터베이스 위에 구축된다. 이는 고성능 질의 처리와 신뢰성 있는 데이터 분석에 적합하나, 실시간 처리가 어렵고 초기 구축 및 유지 비용이 높은 편이다.

데이터 마트(data mart)는 특정 부서나 주제 영역에 맞춰 데이터를 저장하는 소규모 저장소다. 데이터 웨어하우스에서 필요한 데이터만 가져와 저장하거나 독립적으로 구축될 수도 있다. 예를 들어, 마케팅 부서는 고객 데이터를 활용한 분석을 위해 데이터 마트를 구축하고, 재무 부서는 회계 데이터를 집중적으로 관리하는 데이터 마트를 운영할 수 있다. 이를 통해 부서별 데이터 활용도를 높이고 분석 속도를 개선할 수 있지만, 데이터 마트가 여러 개로 분산될 경우 데이터 중복 및 일관성 문제가 발생할 가능성이 있다.

데이터 레이크(data lake)는 정형, 반정형, 비정형 데이터를 모두 저장할 수 있는 대규모 저장소다. 데이터 웨어하우스와 달리 데이터 변환 및 정제를 최소화한 상태로 저장되며, 필요할 때 데이터를 가공하여 활용할 수 있다. 이러한 유연성 덕분에 머신러닝, 빅데이터 분석, 실시간 데이터 처리 등 다양한 용도로 활용되며, 방대한 원시 데이터를 그대로 저장할 수 있어 확장성이 뛰어나다.

그러나 데이터 레이크는 적절한 관리 없이 방치될 경우 데이터 늪(data swamp)으로 변할 위험이 있다. 즉, 데이터가 너무 많아져 활용하기 어려운 상태가 될 수 있으며, 데이터 품질이 저하될 가능성이 높다. 이를 방지하기 위해서는 메타데이터 관리, 데이터 거버넌스, 보안 정책 등을 정교하게 설계해야 한다.

데이터 메시(data mesh)는 중앙 집중형 데이터 아키텍처의 한계를 극복하기 위해 등장한 분산형 데이터 관리 패턴이다. 기존 데이터 웨어하우스나 데이터 레이크가 데이터를 중앙에서 통합 관리하는 방식이었다면 데이터 메시는 도메인별 팀이 데이터의 소유권을 갖고 독립적으로 운영하는 방식이다. 이를 통해 데이터 활용의 자율성을 높이고, 조직 내 데이터 사일로 문제를 완화할 수 있다.

데이터 메시는 마이크로서비스 아키텍처와 유사한 개념으로, 각 도메인이 자체적으로 데이터를 수집, 저장, 처리하며, 표준화된 인터페이스를 통해 데이터를 공유한다. 이를 통해 특정 부서나 서비스가 필요할 때 원하는 데이터를 신속하게 활용할 수 있으며, 중앙 집중형 데이터 관리 방식에서 발생하는 병목 현상을 줄일 수 있다. 다만, 도메인별로 일관된 데이터 거버넌스와 품질 관리를 유지해야 한다는 과제가 따른다.

데이터 웨어하우스, 데이터 마트, 데이터 레이크, 데이터 메시 각각의 방식은 장단점이 있으며, 조직의 데이터 전략과 활용 목적에 따라 적절한 아키텍처를 선택해야 한다. 데이터 웨어하우스는 정형 데이터를 중심으로 한 안정적인 데이터 분석 환경을 제공하며, 데이터 마트는 특정 부서의 신속한 데이터 활용을 지원한다. 데이터 레이크는 다양한 형태의 데이터를 유연하게 저장할 수 있어 빅데이터 분석에 적합하며, 데이터 메시는 분산 환경에서의 자율적인 데이터 운영을 가능하게 한다. 다음 그림 6.2는 데이터 아키텍처의 유형을 비교한 것이다.

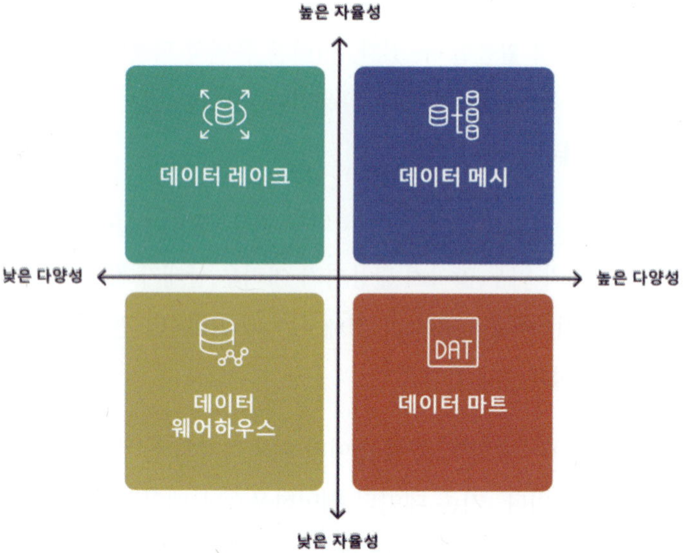

그림 6.2 데이터 아키텍처 유형 비교

각각의 아키텍처가 가진 강점을 극대화하고 약점을 보완하기 위해 조직의 상황과 목표에 맞춰 유기적으로 결합하는 것이 더욱 효과적인 데이터 활용 전략이 될 수 있다. 즉, 단일 아키텍처를 고집하기보다는 여러 방식을 조합하여 활용하는 하이브리드 접근 방식을 고려할 수 있다.

예를 들어, 데이터 웨어하우스를 기반으로 운영하면서도 데이터 레이크를 활용해 비정형 데이터를 저장하고, 일부 부서는 데이터 메시 구조를 도입해 자율적인 데이터 운영을 가능하게 하는 방식이다. 적절한 데이터 아키텍처를 구축하면 데이터 관리의 효율성을 극대화하고 궁극적으로 데이터 기반 의사결정을 강화할 수 있다.

6.2.2 데이터 모델링 기법

데이터 모델링은 데이터를 논리적이고 구조적으로 표현하여 저장 및 분석에 적합한 형태로 구성하는 과정이다. 이 과정은 데이터 항목 간의 관계를 정의하고, 데이터 흐름 및 저장 방식을 명시함으로써 데이터 시스템의 일관성과 정합성을 유지한다.

데이터 모델링은 단순한 저장 방식 설계를 넘어, 분석 및 운영 효율성을 높이기 위한 기초 설계 과정이다. 주요 기법으로는 개념적, 논리적, 물리적 모델링 외에도 정규화 및 반정규화, 관계형/비관계형 모델링, 다차원 모델링(스타/스노우플레이크 스키마) 등이 있다.

이러한 기법을 적절히 활용하면 조직의 데이터 아키텍처를 더욱 효율적으로 구축할 수 있다. 다음은 데이터 모델링 기법에 대해 정리한 것이다.

스키마 설계

스키마 설계는 데이터베이스의 구조를 정의하는 과정으로, 데이터가 저장될 방식과 관계를 설정하는 핵심 단계다. 대표적인 스키마 설계 방식으로는 **개념적(Conceptual Data Model, CDM)**, **논리적(Logical Data Model, LDM)**, **물리적(Physical Data Model, PDM)** 데이터 모델링이 있다. 개념적 모델링에서는 주요 엔터티(entity)와 그 관계를 정의하며, 논리적 모델링에서는 데이터 속성과 관계를 구체화한다. 물리적 모델링에서는 데이터베이스의 성능과 저장 방식을 고려해 실제 구현 방안을 설계한다.

스키마 설계는 데이터 웨어하우스, 데이터 마트, 데이터 레이크 등 다양한 데이터 저장소의 특성과 목적에 맞춰 달라질 수 있다. 예를 들어, 관계형 데이터베이스에서는 정규화된 구조를 적용하는 반면, 데이터 레이크에서는 **스키마 온 리드(schema-on-read)**[18] 방식을 채택해 유연한 저장이 가능하다.

정규화와 반정규화

정규화는 데이터 중복을 최소화하고 일관성을 유지하기 위한 데이터 구조화 기법이다. 이를 위해 제1정규형(1NF), 제2정규형(2NF), 제3정규형(3NF) 등의 규칙을 적용하며, 이를 통해 데이터베이스의 무결성을 보장하고 저장 공간을 절약할 수 있다. 정규화된 데이터 모델은 데이터 삽입, 수정, 삭제 시 불필요한 데이터 변경을 방지하여 유지보수를 용이하게 한다.

반면, 반정규화는 성능 최적화를 위해 데이터 중복을 허용하는 방식이다. 정규화된 데이터베이스는 `JOIN` 연산이 많아질 경우 조회 속도가 저하될 수 있는데, 이를 방지하기 위해 일부 데이터를 중복 저장하여 읽기 성능을 향상시킨다. 데이터 웨어하우스에서는 분석 속도를 높이기 위해 반정규화 기법을 적극적으로 활용하는 경우가 많다.

관계형 및 비관계형 데이터 모델링

데이터 모델링은 관계형과 비관계형 방식으로 나눌 수 있다. 여기서 말하는 관계형과 비관계형 방식은 6.1 '데이터 저장 및 관리'에서 다뤘던 관계형 데이터베이스 관리 시스템(RDBMS)과 NoSQL을 의미한다. 관계형 방식은 금융, ERP, CRM 등 데이터의 정합성이 중요한 분야에서 주로 사용되며, 비관계형 방식은 대량의 비정형 데이터를 저장하거나 실시간 처리가 필요한 환경에서 활용된다. 최근에는 관계형 모델과 비관계형 모델을 혼합하여 사용하는 **폴리글랏 퍼시스턴스(polyglot persistence)** 전략도 점점 증가하는 추세다.

스타 스키마와 스노우플레이크 스키마

데이터 웨어하우스의 다차원 모델링 기법으로 **스타 스키마(star schema)**와 **스노우플레이크 스키마(snowflake schema)**가 있다. 스타 스키마는 중심에 사실 테이블(fact table)을 두고, 이를 둘러싼 여러 개의 차원 테이블(dimension table)이 별 모양으로 배치되는 구조다. 이 방식은 조회 성능이 뛰어나며, OLAP(Online Analytical Processing) 환경에서 많이 사용된다.

18 데이터를 읽을 때 스키마를 적용하는 방식

반면, 스노우플레이크 스키마는 차원 테이블을 정규화하여 여러 계층의 테이블로 분리한 형태다. 이 구조는 데이터 중복을 줄이고 저장 공간을 절약할 수 있는 장점이 있으나, 조인 단계가 많아져 쿼리 복잡도와 실행 시간이 증가할 수 있다. 일반적으로 스타 스키마는 빠른 조회 성능이 요구되는 환경에서 적합하며, 스노우플레이크 스키마는 데이터 정합성과 유지 관리의 용이성을 중시할 때 선택된다.

데이터 모델링 기법은 데이터의 특성과 사용 목적에 따라 적절히 선택해야 한다. 트랜잭션 처리가 중요한 환경에서는 관계형 데이터 모델과 정규화를 적용하여 무결성을 유지하는 것이 중요하다. 반면, 데이터 분석 및 빅데이터 처리 환경에서는 반정규화된 구조나 NoSQL을 활용해 조회 성능을 극대화할 수 있다.

최근에는 관계형과 비관계형 모델을 조합하여 하이브리드 아키텍처를 구축하는 사례도 증가하고 있다. 예를 들어, 핵심 비즈니스 데이터는 관계형 데이터베이스에 저장하고, 로그 데이터나 사용자 행동 데이터는 NoSQL 데이터베이스 또는 데이터 레이크에서 관리하는 방식이다. 이러한 전략적 데이터 모델링은 데이터의 활용도를 극대화하고, 조직이 보다 효과적으로 데이터를 운영할 수 있도록 돕는다.

6.2.3 OLAP과 OLTP 시스템

OLAP(Online Analytical Processing)과 **OLTP(Online Transaction Processing)**는 각각 분석 지향성과 트랜잭션 지향성을 특징으로 하는 데이터 처리 방식이다. OLTP는 다수의 사용자 요청에 대한 실시간 처리를 목표로 하며, OLAP은 과거 데이터를 집계 및 분석하는 데 중점을 둔다. 실무에서는 이 두 시스템을 적절히 활용하여 운영 데이터를 안정적으로 관리하고, 비즈니스 인사이트를 도출한다.

OLTP 시스템은 금융 거래, 주문 관리, 고객 관리와 같은 운영 데이터의 실시간 처리를 담당한다. 주로 관계형 데이터베이스를 기반으로 구축되며, 다수의 사용자가 동시에 데이터를 삽입, 수정, 삭제하는 환경에서 높은 성능과 무결성을 유지해야 한다. 이를 위해 강력한 트랜잭션 관리가 필요하며, ACID 특성을 준수하여 데이터 일관성을 보장한다. 예를 들어, 온라인 쇼핑몰에서 사용자가 상품을 결제할 때 재고 수량이 실시간으로 업데이트되고 결제 내역이 안전하게 저장되는 과정이 OLTP 시스템의 대표적인 사례다.

반면, OLAP 시스템은 다양한 원천으로부터 데이터를 수집하고, 이를 다차원적으로 분석하는 데 사용된다. 일반적으로 데이터 웨어하우스에 저장된 데이터를 기반으로 작동하며, 대량의 데이터를 효율적으로 조회할 수 있도록 최적화된다. OLAP은 복잡한 질의와 다차원 분석을 지원하기 위해 정규화가 덜 된 데이터 구조나 스타 스키마, 스노우플레이크 스키마와 같은 모델링 방식을 사용한다. 이를 통해 과거 데이터를 기반으로 트렌드를 파악하고, 예측 모델을 구축하며, 의사결정을 내릴 수 있다.

OLTP와 OLAP 시스템의 가장 큰 차이점은 데이터 업데이트 방식이다. OLTP는 데이터의 지속적인 변경을 처리하는 반면, OLAP은 주로 읽기 연산을 수행하여 과거 데이터를 분석하는 데 초점을 맞춘다. 따라서 OLTP 시스템에서는 높은 처리량과 빠른 응답 속도가 중요하지만, OLAP 시스템에서는 대량의 데이터를 한 번에 조회하고 분석할 수 있는 성능이 핵심 요소가 된다. 또한 OLTP는 개별 트랜잭션이 중요한 반면, OLAP은 집계(aggregation)와 패턴 분석을 중심으로 동작한다.

이러한 차이로 인해 OLTP와 OLAP 시스템의 저장 방식도 다르게 설계된다. OLTP 데이터베이스는 인덱스를 최적화하여 빠른 검색이 가능하도록 하고, 데이터 정규화를 통해 중복을 최소화한다. 반면, OLAP 데이터베이스는 반정규화된 형태로 데이터를 저장하여 빠른 집계 연산을 가능하게 하고, **열 기반 저장**(columnar storage) 방식이나 분산 처리 기술을 활용하기도 한다. 예를 들어, OLAP 시스템에서는 수년간의 판매 데이터를 한 번에 조회하여 지역별 매출 패턴을 분석할 수 있도록 최적화된다.

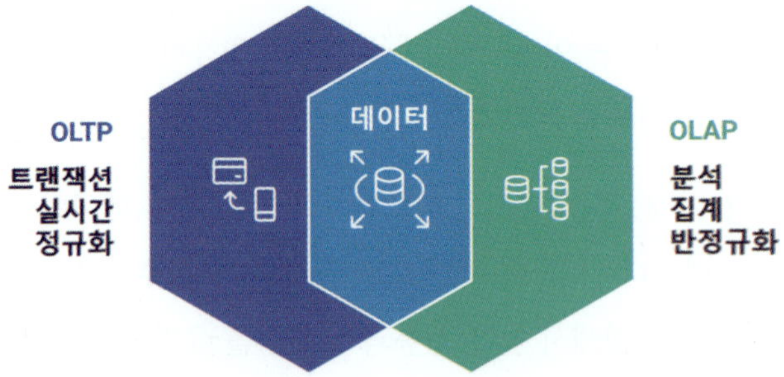

그림 6.3 OLTP와 OLAP 차이

실무에서는 OLTP와 OLAP 시스템을 함께 운영하여 데이터의 흐름을 최적화한다. OLTP 시스템에서 발생한 운영 데이터는 일정 주기로 ETL 프로세스를 거쳐 OLAP 시스템으로 전송된다. 이를 통해 운영 데이터는 분석 가능한 형태로 변환되고, 데이터 웨어하우스나 데이터 마트에서 저장 및 활용된다. 따라서 실시간 운영 안정성을 확보하는 동시에, 장기적인 전략 수립에 필요한 데이터 분석을 수행할 수 있다.

데이터 사이언스 프로젝트에서도 OLTP와 OLAP 시스템의 차이를 이해하고 적절히 활용하는 것이 중요하다. 대부분의 데이터 사이언스 프로젝트는 분석을 목적으로 하므로 OLAP 환경과 밀접한 관련이 있지만, 원본 데이터는 OLTP 시스템에서 생성되는 경우가 많다. 따라서 프로젝트를 수행할 때에는 OLTP 시스템으로부터 데이터를 추출한 뒤, 분석에 적합한 형태로 변환하여 OLAP 환경에 저장하고 활용하는 절차가 권장된다.

예를 들어, 고객 이탈 예측 모델을 개발하는 경우, OLTP 시스템에서는 실시간으로 고객의 구매 내역, 웹사이트 방문 기록, 상담 이력 등의 데이터를 수집한다. 하지만 이러한 데이터는 분석에 바로 활용하기 어렵기 때문에 ETL 프로세스를 거쳐 정리된 형태로 데이터 웨어하우스나 데이터 레이크에 저장해야 한다. 이후 데이터 사이언스 팀은 이 데이터를 기반으로 머신러닝 모델을 학습하고, 고객 행동 패턴을 분석하여 이탈 가능성이 높은 고객을 식별하는 작업을 수행할 수 있다.

또한 OLTP와 OLAP 시스템의 차이는 데이터 엔지니어링 및 모델 서빙 과정에서도 영향을 미친다. OLTP 환경에서는 대규모 트랜잭션을 실시간으로 처리해야 하므로 예측 모델을 직접 OLTP 시스템에 배포하는 것은 부담이 될 수 있다. 대신, 모델의 예측 결과를 미리 계산하여 OLAP 시스템에 저장한 후, OLTP 시스템이 필요할 때 이를 참조하는 방식이 일반적이다. 예를 들어, 온라인 쇼핑몰의 추천 시스템에서는 실시간 트랜잭션을 방해하지 않기 위해 주기적으로 OLAP 시스템에서 상품 추천 점수를 계산한 후, 이를 OLTP 시스템에서 활용하도록 설계할 수 있다.

최근에는 **HTAP(Hybrid Transactional/Analytical Processing)** 시스템처럼 OLTP와 OLAP의 기능을 통합하여 운영 처리와 분석 작업을 동시에 수행할 수 있는 시스템이 등장하고 있다. HTAP는 전통적으로 분리되어 있던 OLTP와 OLAP의 기능을 단일 시스템에서 제공함으로써 두 환경 간의 기술적 경계를 점차 흐리게 만들고 있다.

이러한 시스템은 금융, IoT, 실시간 추천 시스템과 같이 빠른 의사결정이 필요한 분야에서 점점 더 많이 활용되고 있다. 예를 들어, 금융 사기 탐지 시스템에서는 트랜잭션이 발생하는 즉시 분석을 수행하여 의심스러운 거래를 실시간으로 차단해야 한다. 기존 OLTP-OLAP 구조에서는 일정 주기마다 데이터를 전송하여 분석하기 때문에 실시간 대응이 어렵지만, HTAP 시스템을 활용하면 데이터가 생성되는 즉시 분석하여 이상 탐지를 수행할 수 있다.

데이터 사이언스 프로젝트에서도 이러한 하이브리드 시스템을 활용하면 실시간 데이터 분석과 머신러닝 모델 서빙을 동시에 처리할 수 있다. Apache Flink, Apache Kafka, Snowflake, Google BigQuery 등의 기술을 활용하면 OLTP 환경에서도 실시간 스트리밍 데이터를 분석하고 머신러닝 모델을 적용할 수 있다. 예를 들어, 전자상거래 플랫폼에서는 고객이 특정 상품을 장바구니에 담는 순간 개인화된 추천 상품을 제공하거나 실시간 마케팅 최적화를 통해 할인 쿠폰을 즉시 발급할 수 있다. 이러한 과정을 통해 고객 경험을 개선하고, 데이터 사이언스 프로젝트의 실시간 대응 능력을 극대화할 수 있다.

6.2.4 클라우드 기반 데이터 웨어하우스

클라우드 기반 데이터 웨어하우스는 분석 지향형 저장소로, 물리적 인프라에 대한 관리 부담을 줄이고 대규모 데이터 처리에 필요한 확장성과 고가용성을 제공한다. 클라우드 환경에서는 컴퓨팅과 스토리지를 분리하거나 자동 확장 기능을 활용하여 유연한 자원 운영이 가능하다.

전통적인 온프레미스 데이터 웨어하우스는 초기 구축 비용이 높고, 저장 공간 및 컴퓨팅 리소스를 확장하는 데 많은 시간과 비용이 소요된다. 반면, 클라우드 기반 데이터 웨어하우스는 사용량에 따라 비용을 지불하는 **페이고**(pay-as-you-go) 모델을 제공하여 비용 효율성을 높인다. 또한 필요에 따라 즉시 확장이 가능하므로 비즈니스 요구사항 변화에 빠르게 대응할 수 있다.

대표적인 클라우드 기반 데이터 웨어하우스 솔루션으로는 Snowflake, Google BigQuery, Amazon Redshift, Microsoft Azure Synapse Analytics 등이 있다. 이러한 솔루션은 **대**

규모 병렬 처리(Massively Parallel Processing, MPP) 기술로 대량의 데이터를 빠르게 분석하도록 지원하고, 오토 스케일링 기능으로 성능을 최적화한다. 예를 들어, Google BigQuery는 서버리스 아키텍처를 기반으로 하여 인프라를 직접 관리할 필요 없이 대량의 데이터를 실시간으로 분석할 수 있도록 지원한다.

클라우드 기반 데이터 웨어하우스는 데이터 사이언스 및 BI(Business Intelligence) 환경과도 긴밀하게 통합된다. 분석가와 데이터 사이언티스트는 클라우드 환경에서 저장된 데이터를 활용하여 대규모 데이터세트를 탐색하고, 머신러닝 모델을 학습하며, 실시간 대시보드를 구축할 수 있다. 특히, Snowflake와 같은 플랫폼은 **데이터 공유**(data sharing) 기능을 제공하여 조직 간 데이터 협업을 유연하게 지원한다.

이러한 클라우드 환경에서는 데이터 공유뿐만 아니라 처리 방식에도 변화가 나타난다. 전통적인 ETL 방식은 데이터를 적재하기 전에 변환 과정을 수행하는 구조이다. 그러나 클라우드 환경에서는 ELT 방식이 일반화되고 있다. ELT는 원시 데이터를 먼저 클라우드 스토리지에 적재한 뒤, 분석 목적에 따라 필요한 시점에 변환을 수행하는 구조로, 처리 효율성과 유연성을 모두 향상시킨다. 이러한 방식은 분석 요구에 따라 데이터를 탄력적으로 가공할 수 있어, 성능 최적화와 실시간 분석 처리에도 유리하다.

또한, 클라우드 데이터 웨어하우스는 스트리밍 데이터 처리 및 실시간 분석을 지원하여 데이터 사이언스 프로젝트에서 최신 데이터를 즉시 활용할 수 있도록 돕는다. 예를 들어, 전자상거래 플랫폼에서는 고객 행동 데이터를 실시간으로 수집하여, 이를 기반으로 개인화된 추천 시스템을 운영할 수 있다. IoT 시스템에서는 센서 데이터를 지속적으로 분석하여 이상 탐지를 수행하고, 금융 서비스에서는 실시간 거래 데이터를 활용하여 사기 탐지를 강화할 수 있다.

클라우드 기반 데이터 웨어하우스는 비용 효율성, 확장성, 실시간 데이터 분석 기능을 제공함으로써 현대적인 데이터 분석 환경의 필수 요소로 자리 잡고 있다. 기업은 이를 활용하여 보다 빠르고 정확한 데이터 기반 의사결정을 내릴 수 있으며, 데이터 사이언스 프로젝트에서도 유연하고 강력한 데이터 인프라를 구축할 수 있다.

6.3 _ 데이터 파이프라인 설계

데이터 파이프라인(data pipeline)은 데이터를 원천에서 추출하고 변환하여 저장소로 전달하는 절차를 자동화한 데이터 처리 아키텍처다. 이는 데이터 사이언스 및 머신러닝 모델 개발에서 필수적인 요소로, 데이터를 지속적으로 공급하고 관리하는 역할을 한다. 데이터 파이프라인이 효율적으로 설계되지 않으면 데이터 품질 저하, 처리 지연, 확장성 부족 등의 문제가 발생할 수 있다. 따라서 데이터 흐름을 체계적으로 설계하고 관리하는 것이 중요하다.

데이터 파이프라인을 구축하는 방식은 **ETL**(Extract, Transform, Load)과 **ELT**(Extract, Load, Transform)로 나뉜다. ETL은 데이터를 추출한 후 변환하여 저장하는 방식이고, ELT는 데이터를 먼저 저장한 후 변환하는 방식이다. 각각의 방식은 데이터의 특성과 활용 목적에 따라 적합한 시나리오가 다르므로 이를 이해하고 적절한 접근 방식을 선택해야 한다.

데이터 파이프라인을 설계할 때는 데이터 수집, 변환, 저장의 각 단계를 효과적으로 구성하는 것이 중요하다. 데이터 소스의 다양성, 데이터 변환의 복잡성, 확장성과 안정성, 모니터링 및 오류 대응 등을 고려하여 설계 원칙을 수립해야 한다. 또한, 데이터의 흐름을 최적화하고 관리하는 도구 및 기술을 적절히 선택하여 효율적인 데이터 파이프라인을 구축해야 한다.

현대의 데이터 시스템은 다양한 구성 요소가 결합된 분산 환경에서 운영되는 경우가 많다. 데이터 레이크, 데이터 웨어하우스, 스트리밍 처리 시스템 등의 기술이 함께 활용되면서, 대규모 데이터 환경에서의 파이프라인 최적화는 매우 중요해지고 있다. 이러한 분산 환경에서는 데이터 이동 비용, 처리 지연 시간, 병렬 처리 전략 등을 종합적으로 고려하여 시스템의 전반적인 성능을 극대화해야 한다.

데이터 파이프라인 설계는 **데이터 중심 시스템**(data-centric system)의 핵심 구성 요소이며, 데이터 사이언스 프로젝트의 성공에 큰 영향을 미친다. 효율적이고 안정적인 데이터 파이프라인을 구축하여 데이터 분석 및 모델링 작업을 효율적으로 지원하고 데이터 기반 의사결정을 가능하게 해야 한다.

이번 절에서는 ETL과 ELT의 처리 흐름을 중심으로 설명한 후, 수집 · 변환 · 저장 단계에서의 기술적 설계 원칙을 다루며, 분산 환경에 적합한 병렬 처리 및 최적화 전략을 제시한다.

이를 통해 데이터 파이프라인을 효과적으로 설계하고 운영하는 방법을 체계적으로 이해할 수 있을 것이다.

6.3.1 ETL과 ELT

ETL(Extract, Transform, Load)과 ELT(Extract, Load, Transform)는 데이터 파이프라인에서 데이터를 처리하는 대표적인 방식이다. ETL은 데이터를 원본 시스템에서 추출한 후, 분석 및 저장 목적에 맞게 변환한 뒤 데이터 웨어하우스나 데이터 마트에 적재하는 방식이다. 반면, ELT는 데이터를 먼저 데이터 레이크나 데이터 웨어하우스에 적재한 후, 필요에 따라 변환하는 방식을 따른다. 두 방식 모두 데이터를 정리하고 활용하기 위한 과정이지만, 처리 순서와 방식에서 차이가 있다.

ETL 방식은 데이터를 저장하기 전에 변환을 수행하기 때문에 데이터 품질을 사전에 보장할 수 있다. 정형 데이터를 중심으로 다루며, 데이터 웨어하우스와 같은 구조화된 저장소에 적합하다. 기업의 비즈니스 인텔리전스(BI) 분석이나 전통적인 데이터 보고 시스템에서는 ETL 방식이 일반적으로 사용된다. 데이터 변환이 선행되므로 분석가들은 정제된 데이터를 바로 활용할 수 있으며, 데이터 무결성과 일관성을 유지하는 데 유리하다.

ELT 방식은 데이터의 원본을 먼저 저장한 후 변환을 수행하기 때문에 대량의 데이터를 빠르게 수집할 수 있다. 클라우드 환경에서 빅데이터 및 머신러닝 모델 학습을 위해 활용되는 경우가 많다. 데이터 레이크를 활용하면 정형 데이터뿐만 아니라 비정형 데이터도 함께 저장할 수 있으며, 필요할 때 원하는 형태로 가공하여 분석할 수 있다. 특히 컴퓨팅 리소스의 확장이 용이한 클라우드 환경에서는 ELT 방식이 더욱 효율적으로 작동한다.

ETL과 ELT의 가장 큰 차이점은 데이터 변환의 시점과 방식이다. ETL은 데이터를 적재하기 전에 변환을 수행하기 때문에 사전에 정해진 스키마와 규칙을 따라야 한다. 이에 따라 데이터가 깨끗하고 일관되게 유지되지만, 새로운 데이터 원천이 추가될 경우 유연성이 떨어질 수 있다. 반면, ELT는 변환을 나중에 수행하므로 다양한 원본 데이터를 빠르게 저장할 수 있으며, 필요에 따라 변환 과정을 조정할 수 있다.

데이터 처리 성능과 확장성 측면에서도 두 방식은 차이가 있다. ETL은 일반적으로 배치 방식으로 데이터를 처리하며, 데이터의 크기가 커질수록 변환 작업이 병목이 될 수 있다. 반면, ELT는 클라우드 기반의 병렬 처리 기능을 활용하여 대량의 데이터를 빠르게 변환할 수 있다. 특히 데이터 웨어하우스의 저장 및 처리 성능이 발전하면서 ELT 방식이 더욱 주목받고 있다.

비용과 인프라 환경은 ETL과 ELT 방식을 선택하는 데 있어 중요한 판단 기준이 된다. ETL은 데이터를 저장하기 전에 정제 및 변환 과정을 거치므로, 처리 비용이 사전에 발생하는 구조이다. 반면 ELT는 원시 데이터를 먼저 적재한 뒤 필요에 따라 변환 작업을 수행하므로 스토리지 비용은 증가할 수 있으나, 컴퓨팅 리소스를 탄력적으로 활용함으로써 전체 비용을 최적화할 수 있다. 또한 규제 준수 및 보안 요구 사항도 고려해야 할 요소이다. 민감한 데이터를 다루는 경우에는 저장 전에 데이터를 변환하는 ETL 방식이 보다 안전할 수 있다. 반대로, 비즈니스 요건에 따라 유연한 데이터 변환이 필요한 경우에는 ELT 방식이 더 적합할 수 있다. 다음 표 6.9는 ETL과 ELT의 주요 차이점과 선택 기준을 비교하여 정리한 것이다.

표 6.9 ETL과 ELT의 차이점과 선택 기준

항목	ETL(Extract → Transform → Load)	ELT(Extract → Load → Transform)
데이터 저장소	데이터 웨어하우스	데이터 레이크
데이터 유형	정형 데이터 중심	정형 + 비정형 데이터
변환 시점	적재 전에 변환 수행	적재 후 필요할 때 변환 수행
처리 방식	배치 처리	배치 및 실시간 처리
확장성	데이터 크기가 커질수록 성능 저하 가능	확장성이 뛰어나 대량 데이터 처리 가능
사용 사례	기업 보고서, BI 분석, 정형 데이터 처리	빅데이터 분석, 머신러닝, 비정형 데이터 처리

ETL과 ELT를 수행하는 다양한 도구들이 존재하며, 각각의 도구는 데이터 처리 방식, 확장성, 성능, 사용 편의성 등에 따라 차이가 있다. 전통적인 ETL 도구는 데이터를 추출, 변환, 적재하는 과정을 자동화하고, 데이터 품질을 유지하는 데 초점을 맞춘다. 반면 ELT 도구는 대량의 데이터를 빠르게 저장한 후, 저장소 내에서 변환을 수행하는 방식을 지원한다. 다음은 ETL과 ELT에서 활용되는 주요 도구를 정리한 것이다.

ETL을 수행하는 대표적인 도구

- **Apache NiFi**: 데이터 흐름 관리 및 실시간 데이터 처리를 지원하는 오픈 소스 도구다. 다양한 데이터 원천을 연결하고 직관적인 UI를 통해 워크플로를 설계할 수 있지만, 복잡한 데이터 변환 로직 구현에는 어려움이 있을 수 있다.
- **Talend**: 데이터 통합과 품질 관리를 포함한 종합적인 ETL 플랫폼이다. 코딩 없이도 데이터 변환 작업을 수행할 수 있도록 다양한 기능을 제공한다는 장점이 있지만, 오픈 소스 버전에 기능 제한이 있을 수 있다.
- **Informatica**: 기업용 데이터 관리 솔루션으로, 강력한 데이터 품질 관리 및 거버넌스 기능을 제공하며, 대규모 ETL 작업을 안정적으로 수행할 수 있다. 강력한 기능만큼 비용이 높고 복잡하다는 단점이 있다.
- **AWS Glue**: AWS 환경에서 사용할 수 있는 서버리스 ETL 서비스로, 자동 스키마 추론 기능과 Apache Spark 기반의 분산 데이터 처리를 지원한다.
- **Azure Data Factory**: Microsoft Azure의 데이터 통합 서비스로, 클라우드 및 온프레미스 데이터를 연결하고 변환하는 데 유용하다.
- **Google Cloud Dataflow**: Apache Beam을 기반으로 한 데이터 처리 서비스다. 실시간 및 배치 데이터 처리 워크플로를 자동화할 수 있는 기능을 제공하여 데이터 처리 작업을 효율적으로 관리할 수 있다.

ELT를 수행하는 대표적인 도구

- **Amazon Redshift**: AWS에서 제공하는 클라우드 데이터 웨어하우스로, 대용량 데이터를 빠르게 처리할 수 있는 열 기반 저장 방식을 사용한다. 데이터를 먼저 로드한 후, Redshift 내에서 SQL 쿼리를 사용하여 데이터를 변환할 수 있다. 데이터 분석에 최적화되어 있지만, 실시간 데이터 처리에는 한계가 있다.
- **Google BigQuery**: 서버리스 데이터 웨어하우스로, 빠른 쿼리 실행 속도와 뛰어난 확장성을 제공한다. SQL 기반의 데이터 변환을 효율적으로 수행할 수 있도록 지원하여 ELT 방식에 적합하지만, 사용량 기반 과금 방식으로 비용이 예상보다 많이 나올 수 있다.
- **Snowflake**: 스토리지와 컴퓨팅을 분리하여 확장성을 극대화한 클라우드 기반 데이터 플랫폼으로, 데이터 공유 및 협업 기능이 강력하며, 다양한 클라우드 환경에서 동일한 방식으로 활용할 수 있다. 확장성이 뛰어나지만, 다른 데이터 웨어하우스에 비해 상대적으로 비용이 높을 수 있다.

앞에서 언급된 ETL 및 ELT 도구들을 효과적으로 활용하기 위해서는 각 단계별 설계 원칙을 준수하는 것이 중요하다. 다음 항에서는 데이터 수집, 변환, 저장 단계를 최적화하기 위한 구체적인 설계 원칙들을 살펴보고, 실제 데이터 파이프라인 구축에 어떻게 적용할 수 있는지 알아보자.

6.3.2 데이터 수집, 변환, 저장 단계별 설계 원칙

데이터 파이프라인을 구축할 때에는 데이터 수집, 변환, 저장의 각 단계가 유기적으로 연결되어 있으며, 각 단계별 설계 원칙을 충실히 반영하는 것이 효율적인 파이프라인 구성의 핵심이다. 이번 항에서는 각 단계에서 고려해야 할 주요 요소와 최적화 방안을 구체적으로 설명하고, 전체 파이프라인의 효율성을 향상시키기 위한 전략을 제시한다.

데이터 수집

데이터 수집 단계에서는 다양한 원천으로부터 데이터를 신뢰성 있게 확보하는 것이 중요하다. 이를 위해 수집 방식의 일관성을 확보하고, 오류 발생 가능성을 고려한 예외 처리 방식을 마련해야 한다. 또한, 실시간 및 배치 데이터 수집 방식을 적절히 조합하여 최신성을 유지하고, 수집 과정에서의 로그를 상세히 기록하여 문제 발생 시 신속한 대응이 가능하도록 해야 한다. 데이터 무결성을 보장하기 위해 검증 절차를 포함하고, 필요한 경우 암호화를 적용해야 하며, 오류 감지 및 알림 시스템을 구축하여 안정성을 확보해야 한다.

데이터 변환

수집된 데이터는 분석 및 활용 목적에 맞게 정제되고 가공된다. 데이터 품질을 확보하기 위해 누락된 데이터 보완, 이상치 제거, 형식 통일 등의 작업이 필요하며, 이 과정은 명확하게 문서화되어야 한다. 변환 과정에서의 오류를 방지하기 위해 검증 단계를 포함하고 성능 최적화를 위해 효율적인 알고리즘과 병렬 처리 기술을 활용해야 한다. 또한, 데이터 품질을 지속적으로 모니터링하고 프로파일링을 통해 정제 규칙을 설정하며 변경 이력을 관리해야 한다.

데이터 저장

변환된 데이터는 안전하고 효율적으로 저장되어야 한다. 데이터 특성과 사용 목적에 맞는 저장소(데이터 웨어하우스, 데이터 레이크, NoSQL 등)를 선택하고, 확장성과 안정성을 고려해야 한다. 접근 권한을 철저히 관리하여 보안을 강화하고, 백업 및 복구 시스템을 구축하여 데이터 유실을 방지해야 한다. 또한, 접근 성능을 최적화하기 위해 인덱스 추가, 파티셔닝 등의 기법을 적용하고, 자주 사용하는 데이터를 캐싱하여 성능을 개선해야 한다. 불필요한 데이터는 삭제하거나 압축하여 저장 공간을 효율적으로 활용해야 한다.

데이터 파이프라인 최적화

각 단계는 독립적으로 운영되는 것이 아니라 유기적으로 연결되어야 하며, 데이터 흐름을 명확히 정의하고 모니터링 시스템을 구축해야 한다. 성능 병목 현상을 파악하여 최적화하고, 데이터 규모와 복잡성을 고려한 설계를 통해 확장성과 유지보수성을 높여야 한다. 분산 처리 기술을 활용하여 대용량 데이터를 효과적으로 처리하고, 변화하는 비즈니스 요구사항에 맞춰 유연한 구조를 갖추는 것이 중요하다. 이를 위해 파이프라인을 모듈화하고, 필요에 따라 단계를 추가하거나 수정할 수 있도록 설계해야 한다.

데이터 파이프라인을 효과적으로 운영하기 위해서는 각 단계의 설계 원칙을 준수하는 것뿐만 아니라, 전체적인 아키텍처를 고려한 종합적인 설계가 필요하다. 데이터의 특성과 활용 목적에 따라 적절한 기술을 선택하고, 성능과 확장성을 확보해야 한다. 이를 위해 다음에서 데이터 파이프라인을 설계할 때 고려해야 할 주요 사항들을 확인해본다.

6.3.3 데이터 파이프라인 설계 고려 사항

데이터 파이프라인을 설계할 때는 먼저 어떤 데이터 원천을 연결해야 하는지를 명확히 정의해야 한다. 데이터가 생성되는 위치와 형식을 파악하고, 실시간 데이터인지 배치 데이터인지에 따라 적절한 수집 방식을 선택해야 한다. 또한, 데이터의 품질을 보장하기 위한 사전 검증 절차를 도입하고, 오류 발생 시 빠르게 감지하고 대응할 수 있도록 시스템을 구축해야 한다.

데이터의 양과 변환 복잡도를 고려하여 설계를 진행해야 한다. 데이터 양이 많을수록 성능 최적화가 중요하며, 변환 과정에서의 연산 비용을 줄일 수 있도록 효율적인 알고리즘과 병렬 처리 기술을 활용해야 한다. 데이터 변환 로직은 명확하게 문서화하여 유지보수를 용이하게 하고, 변경 사항이 발생했을 때 영향도를 쉽게 분석할 수 있도록 해야 한다.

데이터를 저장할 인프라 환경을 결정해야 한다. 온프레미스, 클라우드, 하이브리드 환경 중 어떤 방식을 선택할 것인지 고려하고, 예산과 운영 비용을 포함한 경제성을 평가해야 한다. 또한, 데이터 저장소의 확장성과 보안성을 확보하여 장기적인 운영이 가능하도록 설계해야 하며, 데이터 접근 제어와 권한 관리 체계를 마련해야 한다.

기술 스택과 팀 역량을 분석하여 적절한 도구와 프레임워크를 선택해야 한다. 기존 기술 스택과의 호환성을 점검하고, 새로운 기술 도입 시 팀 내 학습 곡선과 운영 리스크를 고려해야 한다. 또한, 데이터 파이프라인이 지속적으로 개선될 수 있도록 모니터링과 자동화 시스템을 도입하여 운영 효율성을 극대화해야 한다. 다음은 데이터 파이프라인 설계 시 체크리스트를 정리한 것이다.

데이터 파이프라인 설계 체크리스트

- **데이터 원천**: 어떤 데이터 원천을 연결해야 하는가?
- **데이터 양**: 처리 대상 데이터의 규모는 어느 정도인가?
- **변환 복잡도**: 데이터 변환 로직은 얼마나 복잡한가?
- **실시간 처리**: 실시간으로 데이터를 처리해야 하는가?
- **인프라**: 온프레미스, 클라우드, 하이브리드 중 어떤 환경에 구축할 것인가?
- **예산**: 프로젝트에 배정된 예산은 어느 정도인가?
- **기술 스택**: 기존 시스템 및 기술 스택과의 호환성은 충분한가?
- **팀 역량**: 데이터 파이프라인 구축 및 운영을 위한 팀의 역량은 어느 수준인가?

6.3.4 분산 데이터 환경에서의 데이터 파이프라인 최적화

분산 데이터 환경에서는 대용량 데이터를 효과적으로 처리하기 위해 여러 노드에서 병렬로 작업이 수행된다. 이를 위해 데이터 파이프라인의 구조를 최적화하고, 분산 처리 프레임워크를 적절히 활용하는 것이 중요하다. 데이터는 다양한 노드에서 동시에 처리되므로 데이터 이동을 최소화하고 네트워크 부하를 줄이는 전략이 필요하다.

데이터 분산 처리를 효과적으로 수행하기 위해서는 데이터 파티셔닝 전략을 신중하게 설계해야 한다. 균형 있는 데이터 분배를 통해 특정 노드에 부하가 집중되는 현상을 방지하고, 적절한 파티셔닝 키를 설정하여 연관된 데이터가 동일한 노드에서 처리되도록 해야 한다. 이러한 설계를 통해 네트워크 전송 비용을 최소화하고, 분산 환경에서의 연산 성능을 극대화할 수 있다.

데이터 변환 과정에서도 분산 환경에 맞는 최적화가 필요하다. 분산 데이터 프레임워크에서 제공하는 연산 최적화 기능을 활용하고, 불필요한 데이터 스캔을 줄이기 위해 열 단위 저장 및 인덱싱 기법을 적용해야 한다. 또한, 반복적으로 수행되는 연산은 캐싱을 활용하여 성능을 높이고, 필요에 따라 스트리밍 처리와 배치 처리를 적절히 조합해야 한다.

데이터 저장소 선택 또한 중요한 요소이다. 분산 데이터베이스, 객체 저장소(object storage)[19], 데이터 레이크 등의 옵션을 고려하고, 데이터 접근 패턴과 성능 요구사항에 따라 최적의 스토리지 계층 구조를 설계해야 한다. 데이터의 일관성과 처리 속도 사이의 균형을 맞추기 위해, 강한 일관성 또는 최종 일관성 전략 중 하나를 선택해야 한다.

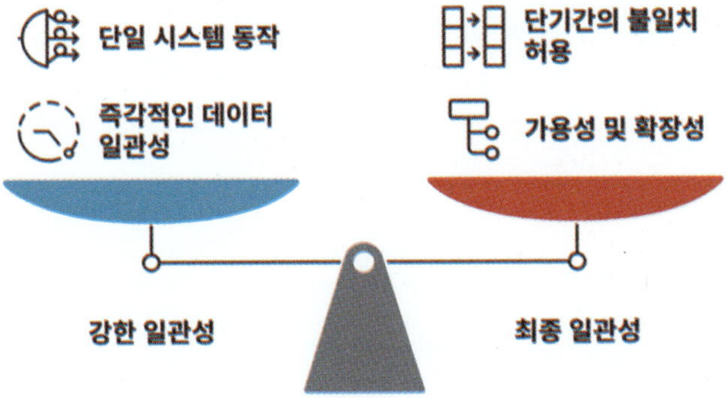

그림 6.4 일관성 요구 사항

분산 환경에서는 장애 복구 및 내결함성을 고려한 설계가 필수적이다. 개별 노드의 장애가 전체 시스템에 영향을 주지 않도록 복제(replication) 및 장애 조치(failover) 메커니즘을 구축해야 한다. 또한, 장애 발생 시 **자동 복구(self-healing)** 기능을 도입하여 데이터 손실을 방지하고 시스템 안정성을 극대화해야 한다.

모니터링과 로깅 시스템을 구축하여 분산 데이터 파이프라인의 성능을 지속적으로 관리하는 것이 중요하다. 각 노드의 상태를 실시간으로 모니터링하고, 데이터 처리 흐름을 추적할 수 있도록 중앙 집중형 로깅 시스템을 도입해야 한다. 이를 통해 성능 저하나 장애 발생 시 빠르게 원인을 분석하고 대응할 수 있다.

19 파일, 이미지, 비디오 등 비정형 데이터를 효율적으로 저장하고 관리하기 위한 스토리지 솔루션

7

모델 운영 및 관리

7.1 _ API 설계 원칙

7.2 _ 모델 배포

7.3 _ 모델 성능 모니터링

7.4 _ CI/CD와 MLOps

데이터 사이언스 프로젝트의 궁극적인 목표는 개발된 모델을 실제 서비스에 적용하여 실질적인 비즈니스 가치를 창출하는 데 있다. 모델 개발은 전체 과정의 일부에 불과하며, 개발된 모델을 안정적으로 운영하고 관리하는 것이 프로젝트의 성패를 결정짓는 핵심 요소로 작용한다. 따라서 모델 운영 및 관리는 단순히 기술적 과제가 아니라, 비즈니스 목표 달성을 위한 핵심 전략으로 인식되어야 한다.

모델 운영 및 관리(model operation and management)란 개발된 머신러닝 모델을 실제 운영 환경에 배포(deployment)하고, 이를 지속적으로 모니터링(monitoring)하며, 필요에 따라 재학습(retraining) 또는 업데이트(update)를 수행하는 전반적인 과정을 의미한다. 효율적인 모델 운영과 관리를 위해서는 자동화된 파이프라인 구축, 안정적인 API(Application Programming Interface) 설계, 그리고 지속적인 성능 모니터링 시스템의 마련이 중요하다.

모델 배포는 서비스의 목적과 환경에 따라 다양한 형태로 이루어질 수 있다. 예를 들어, 웹 서버에 API 형태로 배포하여 실시간 예측(real-time prediction) 서비스를 제공하거나, 배치 처리(batch processing) 시스템에 통합하여 대량의 데이터를 일괄 처리하는 방식으로 운영할 수 있다. 또한, 클라우드 환경이나 에지 디바이스(edge device)에 배포하여 분산된 환경에서도 모델을 실행할 수 있다. 이처럼 다양한 배포 방식은 서비스의 요구 사항, 성능 조건, 그리고 인프라 구조에 따라 적절히 선택되어야 한다.

모델이 배포된 이후에는 모델 모니터링 단계로 이어진다. 모델 모니터링은 운영 중인 모델의 성능을 지속적으로 측정하고, 성능 저하(performance degradation) 또는 **드리프트(drift)** 발생 여부를 감지하는 과정이다. 모델의 성능은 다양한 지표(metric)를 통해 측정할 수 있으며, 예측 정확도, 재현율, 정밀도 등이 대표적인 예시다. 특히, **모델 드리프트(model drift)**는 입력 데이터의 분포가 시간이 지남에 따라 변화함으로써 모델의 성능이 저하되는 현상으로, 이에 대한 지속적인 감시와 적절한 대응이 필요하다.

모델 서빙(model serving)은 학습된 모델을 실제 서비스에 연동하여 제공하는 전반적인 과정을 의미한다. 이 과정에는 모델 배포, API 설계, 성능 모니터링, 모델 업데이트 등 다양한 요소가 포함된다. 우수한 모델 서빙 시스템은 높은 가용성(availability), 낮은 지연 시간

(latency), 우수한 확장성(scalability)을 갖추어야 하며, 사용자에게 안정적이고 빠른 예측 서비스를 제공할 수 있어야 한다.

모델 운영 및 관리는 일회성으로 끝나는 작업이 아니라, 지속적으로 수행되어야 하는 과정이다. 모델의 성능은 시간이 지남에 따라 저하될 수 있으며, 새로운 데이터의 유입이나 비즈니스 환경의 변화에 따라 모델 업데이트가 요구될 수 있다. 따라서 효과적인 모델 운영을 위해서는 지속적인 모니터링, 정기적인 재학습, 그리고 자동화된 배포 파이프라인을 포함한 관리 체계를 갖추는 것이 중요하다.

최근에는 **머신러닝 운영(Machine Learning Operations, MLOps)**이라는 개념이 부상하면서 모델 운영 및 관리가 더욱 중요해지고 있다. MLOps는 소프트웨어 개발 방법론인 DevOps를 머신러닝에 적용한 것으로, 모델 개발부터 배포, 운영, 그리고 모니터링까지 전 과정을 자동화하고 효율적으로 관리하는 것을 목표로 한다. MLOps는 데이터 사이언티스트, 데이터 엔지니어, 그리고 운영 담당자 간의 협업을 강화하고, 모델의 개발 및 배포 속도를 향상시키는 데 기여한다.

이번 장에서는 모델 운영 및 관리에 필요한 API 설계 원칙, 모델 배포 및 모니터링 방법, 모델 서빙을 위한 프레임워크, 그리고 CI/CD와 MLOps 파이프라인 구축 전략에 대해 자세히 알아보고, 실제 데이터 사이언스 환경에서 모델을 효과적으로 관리하고 운영하는 데 필요한 지식을 습득한다.

7.1 _ API 설계 원칙

API(Application Programming Interface)는 서로 다른 소프트웨어 시스템 간의 상호 작용을 정의하는 인터페이스로, 데이터 사이언스 시스템에서도 핵심적인 역할을 수행한다. 데이터 수집, 모델 학습, 예측 결과 제공 등 다양한 데이터 처리 과정에서 API를 활용하여 시스템 간 데이터를 주고받음으로써 데이터 기반 서비스의 연결성과 효율성을 높일 수 있다.

효과적인 API 설계는 유지보수성과 확장성을 고려하여 안정적인 인터페이스를 제공하는 데 초점을 맞춘다. API의 구조가 명확하고 일관성이 있어야 개발자들이 쉽게 이해하고 사용할 수 있으며, 시스템 변경이 발생하더라도 최소한의 수정으로 대응할 수 있다. 또한,

API 설계가 적절히 이루어지지 않으면 불필요한 데이터 전송이 발생하거나 데이터 요청이 비효율적으로 이루어지는 등의 문제가 발생할 수 있다. 따라서 API 설계는 데이터 흐름과 시스템 간 연결을 최적화하는 중요한 과정이다.

API 설계 방식에는 여러 유형이 있으며, 대표적으로 REST와 GraphQL이 널리 사용된다. REST는 리소스 기반 설계를 바탕으로 HTTP 프로토콜을 활용하는 방식으로, 단순성과 확장성이 뛰어나 많은 데이터 사이언스 프로젝트에서 활용된다. 반면, GraphQL은 클라이언트가 원하는 데이터만 요청할 수 있도록 설계된 방식으로, API의 유연성을 높일 수 있는 구조를 제공한다. 두 방식은 각각 장단점이 존재하므로, 데이터 특성과 서비스 요구 사항을 고려하여 적절한 설계 방식을 선택하는 것이 바람직하다.

데이터 사이언스 시스템에서는 API가 모델 서빙(model serving)과 데이터 제공(data provisioning)에 중요한 역할을 한다. 모델을 실시간으로 배포하는 과정에서 API를 활용하면 사용자나 다른 서비스가 손쉽게 예측 결과를 요청하고 받을 수 있다. 또한, 데이터 수집 및 처리 파이프라인에서도 API는 외부 데이터 소스를 연결하거나 데이터 엔지니어링 프로세스를 자동화하는 데 활용될 수 있다. 따라서 API 설계 시에는 데이터 전송의 효율성, 요청 응답의 일관성, 확장 가능성 등을 충분히 고려해야 한다.

이번 절에서는 RESTful API와 GraphQL을 포함한 주요 API 설계 방식에 대해 자세히 살펴보고, RESTful API의 구체적인 설계 원칙과 구현 방식을 중심으로 설명한다. 또한, API 게이트웨이의 역할과 기능을 정리하고, API 기반의 데이터 사이언스 시스템을 더욱 효과적으로 운영하는 방법을 알아본다.

7.1.1 RESTful API

REST(REpresentational State Transfer)는 웹 기반 분산 시스템에서 리소스를 효율적이고 일관된 방식으로 관리하기 위해 설계된 아키텍처 스타일이다. 이 구조는 클라이언트-서버 모델을 기반으로 하며, **HTTP(HyperText Transfer Protocol)**를 활용하여 리소스에 접근하고 데이터를 교환한다. RESTful API는 이러한 REST의 원칙을 따르는 API를 의미하며, 특정 기술이나 라이브러리에 종속되지 않고, 표준화된 방식으로 시스템 간 통신을 구현할 수 있도록 설계된다.

RESTful API의 기본 개념은 **리소스**(resource)에 대한 접근을 중심으로 이루어진다. 여기서 자원은 URI(Uniform Resource Identifier)[1]로 식별되며, 클라이언트는 **HTTP 메서드**(GET, POST, PUT, DELETE 등)를 사용하여 자원을 조회하거나 조작할 수 있다. 예를 들어, /models라는 URI를 통해 모델 목록을 조회하고, /models/{id}를 통해 특정 모델의 정보를 얻을 수 있다. 이러한 방식은 일관되고 예측 가능한 API 설계를 가능하게 하며, 개발자들이 쉽게 이해하고 사용할 수 있도록 돕는다. 이러한 RESTful API는 몇 가지 주요 원칙에 따라 설계되는데, 주요 원칙은 다음과 같다.

RESTful API의 주요 원칙

1. **균일한 인터페이스**(uniform interface): 모든 리소스는 일관된 방식으로 접근 가능해야 하며, URI 설계와 HTTP 메서드 사용이 명확해야 한다.
2. **무상태성**(statelessness): 서버는 클라이언트의 상태를 저장하지 않으며, 각 요청은 독립적으로 처리된다. 따라서 클라이언트는 필요한 모든 정보를 요청에 포함해야 한다.
3. **캐싱 가능**(cacheable): 클라이언트와 서버 간의 불필요한 데이터 전송을 줄이기 위해 응답은 캐싱될 수 있어야 한다. 이를 위해 HTTP 캐싱 헤더를 활용할 수 있다.
4. **클라이언트-서버 구조**(client-server): 클라이언트와 서버는 명확히 분리되어야 하며, 클라이언트는 서버의 내부 동작을 알 필요 없이 API를 통해 데이터에 접근할 수 있어야 한다.
5. **계층적 시스템**(layered system): API는 여러 계층을 가질 수 있으며, 클라이언트는 API의 내부 계층 구조를 알 필요 없이 요청을 처리할 수 있어야 한다.

이러한 원칙을 준수하면 API의 일관성을 유지할 수 있으며, 결과적으로 유지보수와 확장성이 향상된다. 이는 특히 현대의 복잡한 웹 시스템을 구축할 때 중요한 요소로 작용하며, 다양한 클라이언트 애플리케이션이 일관된 방식으로 서버의 리소스에 접근할 수 있도록 지원한다.

RESTful API의 주요 장점은 단순성과 확장성이다. HTTP를 기반으로 하므로 웹 환경에서 쉽게 적용할 수 있으며, REST 원칙을 따르는 API는 구조가 명확하여 개발자가 직관적으로 이해하고 활용하기 용이하다. 또한, RESTful API는 클라이언트와 서버 간의 결합도를 낮추

1 URL(Uniform Resource Locator)은 위치를 가리키는 구체적인 주소이고, URI는 리소스를 식별하는 보다 넓은 개념이다. 즉, 모든 URL은 URI이지만, 모든 URI가 URL은 아니다.

어 상호 독립적인 개발과 확장을 가능하게 한다. 예를 들어, 클라이언트 애플리케이션이 변경되더라도 서버 측 API를 수정하지 않고도 시스템을 유지할 수 있는 경우가 많다.

그러나 RESTful API에도 몇 가지 단점이 존재한다. 대표적인 단점은 **오버페칭**(over-fetching)과 **언더페칭**(under-fetching) 문제다. RESTful API는 고정된 엔드포인트에서 정해진 데이터 구조를 반환하므로 클라이언트가 필요하지 않은 데이터를 함께 수신해야 하거나 원하는 데이터를 얻기 위해 여러 번 요청을 보내야 하는 경우가 발생할 수 있다. 또한, RESTful API는 상태 정보를 유지하지 않기 때문에 **세션 기반의 작업**(session management)이 필요한 경우에는 별도의 설계가 요구된다. 다음은 오버페칭과 언더페칭 시나리오를 보여준다.

오버페칭 시나리오

```
GET /models/products-classification
{
    "model_id": "products-classification",
    "model_name": "ImageClassifier",
    "framework": "pytorch",
    "version": "2.5",
    "accuracy": 0.95,
    "training_data": [
        {
            "feature1": 0.1,
            "feature2": 0.2,
            "label": 1
        },
        {
            "feature1": 0.3,
            "feature2": 0.4,
            "label": 0
        },
        ...
    ]
}
```

- 클라이언트는 model_name과 accuracy만 사용
- training_data 배열은 불필요한 데이터

언더페칭 시나리오

```
GET /models/products-classification
{
    "model_id": "products-classification",
    "model_name": "ImageClassifier",
    "training_dataset_id": "datasetA"
}

GET /datasets/datasetA
{
    "dataset_name": "ImageNetSubset",
    "description": "A subset of ImageNet used for training.",
    "location": "/path/to/dataset"
}
```

- 클라이언트는 두 번의 요청을 통해 원하는 전체 데이터세트의 정보를 얻음
- 서버는 데이터세트 정보를 분리하여 제공

이러한 단점에도 불구하고, RESTful API는 수많은 장점 덕분에 웹과 모바일 애플리케이션 개발에서 가장 많이 사용되는 API 설계 방식이다. HTTP 기반이므로 별도의 프로토콜을 학습할 필요가 없으며, JSON과 같은 경량 데이터 형식을 활용하여 데이터 교환이 간편하다. 또한, RESTful API는 클라이언트와 서버 간의 결합도를 낮춰 시스템을 보다 유연하게 하며, 확장성과 유지보수성이 뛰어나므로 기업 환경에서도 널리 채택된다.

데이터 사이언스 관점에서도 RESTful API는 모델 서빙(model serving)과 데이터 제공(data provisioning)에 효과적으로 활용된다. 예를 들어, 머신러닝 모델의 예측 결과를 API를 통해 제공하면 다양한 애플리케이션에서 쉽게 모델을 활용할 수 있다. 또한, 데이터 수집 및 전처리 과정에서도 RESTful API를 활용하여 여러 데이터 소스와 연결하고, 필요한 데이터를 실시간으로 가져올 수 있다. 이러한 유연성은 데이터 기반 시스템을 구축하고 운영하는 데 있어 중요한 이점을 제공하며, 다양한 데이터 소스와 시스템 간의 효율적인 통합을 가능하게 한다.

7.1.2 RESTful API 디자인 및 구현

RESTful API를 효과적으로 설계하고 구현하기 위해서는 일관성과 확장성을 고려한 명확한 설계 원칙이 필요하다. API의 설계가 체계적이지 않으면 유지보수가 어려워지고, 클라이언트와 서버 간의 상호작용이 비효율적으로 이루어질 수 있다.

따라서 RESTful API는 **리소스 중심의 설계(resource-oriented design)**를 따르며, HTTP 메서드와 상태 코드, URI 디자인 규칙 등을 일관되게 적용해야 한다. 또한, API의 기능을 보완하기 위해 페이징(pagination), 필터링(filtering), 정렬(sorting) 등의 기능을 제공하고, **인증(authentication)** 및 **권한 부여(authorization)**와 같은 보안 요소를 고려해야 한다.

RESTful API의 핵심은 리소스를 중심으로 설계하는 것이다. 리소스는 시스템에서 관리하는 데이터 개체를 의미하며, 이를 URI를 통해 고유하게 식별한다. RESTful API에서는 URI를 명확하게 정의하는 것이 중요하다. 일반적으로 URI에는 명사 기반의 리소스명을 사용하며, 계층적 구조를 반영하여 설계해야 한다. 예를 들어, 특정 모델의 예측 결과를 조회하는 API는 `/models/{model_id}/predictions`와 같은 형태를 가지는 것이 바람직하다. 이를 통해 API의 가독성을 높이고 사용자가 직관적으로 이해할 수 있도록 한다. 다음은 URI 설계 예시를 보여준다.

명사 기반의 URI 사용

- **올바른 방식**: `/models`
- **잘못된 방식**: `/getModels`

계층적 관계 반영

- **올바른 방식**: `/models/{model_id}/versions`
- **잘못된 방식**: `/versions?model_id={model_id}`

RESTful API는 HTTP 메서드를 활용하여 리소스를 조작한다. 각 메서드는 특정한 의미를 가지므로 올바르게 사용하는 것이 중요하다. GET 메서드는 데이터를 조회할 때 사용되며, `POST` 메서드는 새로운 리소스를 생성하는 데 활용된다. 기존 데이터를 수정할 때는 `PUT` 또는 PATCH 메서드를 사용할 수 있으며, 리소스를 삭제할 때는 DELETE 메서드를 사용한다. 이러한 원칙을 준수하면 API의 기능이 명확해지고, 클라이언트가 요청의 의도를 쉽게 파악할 수 있다.

메서드 사용 방법

- **GET**: 리소스를 조회할 때 사용
  - 특정 모델 정보 조회: **GET /models/{model_id}**
- **POST**: 새로운 리소스를 생성할 때 사용
  - 새로운 모델 생성: **POST /models**
- **PUT**: 기존 리소스를 완전히 수정할 때 사용
  - 특정 모델 정보 전체 수정: **PUT /models/{model_id}**
- **PATCH**: 기존 리소스의 일부를 수정할 때 사용
  - 특정 모델 정보 일부 수정: **PATCH /models/{model_id}**
- **DELETE**: 특정 리소스를 삭제할 때 사용
  - 특정 모델 삭제: **DELETE /models/{model_id}**

RESTful API 설계의 핵심은 클라이언트와 서버 간의 명확하고 일관된 커뮤니케이션이다. 이러한 커뮤니케이션의 중요한 수단이 바로 API 응답에 포함되는 HTTP 상태 코드다. HTTP 상태 코드는 서버가 클라이언트의 요청을 어떻게 처리했는지, 그리고 그 결과는 어떤지를 나타내는 3자리 숫자 코드이며, 클라이언트는 이 코드를 통해 요청의 성공 여부를 즉각적으로 판단할 수 있다.

HTTP 상태 코드는 단순히 요청의 성공 또는 실패 여부를 나타내는 것에 그치지 않고, 실패한 경우 문제의 원인을 구체적으로 파악하는 데 중요한 역할을 한다. 이를 통해 요청이 클라이언트의 오류인지, 서버 내부의 문제인지 등을 명확히 구분할 수 있다. 적절한 상태 코드를 반환함으로써, 클라이언트는 오류에 대한 정확한 대응 로직을 구현할 수 있다.

API 기반 애플리케이션을 안정적이고 효율적으로 구축하려면 HTTP 상태 코드를 정확히 이해하고 활용해야 한다. 이는 개발자뿐만 아니라 API를 사용하는 모든 사람에게 매우 중

요한 정보다. 따라서 API를 설계할 때 각 요청에 대해 어떤 상태 코드를 반환할지 신중하게 결정하고, 이를 명확하게 문서화하는 것은 API의 품질을 높이는 데 필수적인 요소다. 주요 상태 코드는 다음과 같다.

주요 HTTP 상태 코드

- 200 OK: 요청이 성공적으로 처리됨
- 201 Created: 새로운 리소스가 성공적으로 생성됨
- 400 Bad Request: 잘못된 요청
- 401 Unauthorized: 인증이 필요함
- 403 Forbidden: 접근 권한이 없음
- 404 Not Found: 요청한 리소스가 존재하지 않음
- 500 Internal Server Error: 서버 내부 오류 발생

URI 설계에서는 일관성을 유지하는 것이 중요하다. API 전반에 걸쳐 동일한 표현 방식과 구조를 적용해야 하며, 복수형 명사를 사용하여 리소스를 표현하는 것이 일반적이다. 예를 들어, 모델 목록을 조회하는 경우 `/models`를 사용하고, 특정 모델의 정보를 조회할 경우에는 `/models/{model_id}`와 같은 형태를 유지하는 것이 바람직하다.

또한, 필터링이나 정렬이 필요한 경우에는 쿼리 문자열을 활용한다. 예를 들어, 특정 프레임워크를 사용하는 모델만 조회하려면 `/models?framework=pytorch`와 같은 방식으로 요청할 수 있다. 데이터 양이 많아질 경우에는 페이징 기능을 제공해야 하며, `/models?page=2&limit=10`과 같은 형태로 구현할 수 있다. 다음은 URI 설계 규칙을 보여준다.

URI 설계 규칙

- **복수형 명사 사용**: 리소스를 나타내는 URI는 복수형 명사를 사용해야 한다.
  - 예시: `/models`, `/datasets`, `/experiments`
- **일관성 유지**: API 전반에서 URI 스타일을 통일해야 한다.
  - **올바른 방식**: `/models/{model_id}/versions/{version_id}`
  - **잘못된 방식**: `/model/{id}/version/{versionId}`

- **쿼리 문자열**(query string): 리소스를 필터링하거나 정렬할 때는 쿼리 문자열을 활용한다.
  - 예시: `/models?framework=pytorch&sort=name&order=asc`

API 설계에서 보안은 핵심적인 고려 사항이다. 클라이언트가 API를 호출할 때는 반드시 인증 절차를 거쳐야 하며, 이를 위해 OAuth 2.0[2], JWT(JSON Web Token)[3] 등의 토큰 기반 인증 방식을 사용할 수 있다. 이러한 인증 방식은 사용자 식별과 권한 부여를 효과적으로 분리하여 보안성을 높이는 데 기여한다.

또한, API 요청에 포함되는 입력값에 대한 유효성 검사는 반드시 수행되어야 한다. 예를 들어, 모델 이름 입력값이 사전에 정의된 형식과 일치하는지 확인하고, 필수 입력 항목이 누락되지 않았는지 검토해야 한다. 이는 잘못된 입력으로 인해 발생할 수 있는 예외 상황을 사전에 방지하고, 시스템의 안정성을 확보하는 데 있어 중요하다.

데이터 전송 과정에서는 HTTPS 프로토콜을 적용하여 네트워크 상의 데이터가 암호화되도록 보장해야 한다. HTTPS는 클라이언트와 서버 간의 통신을 암호화함으로써 **중간자 공격**(Man-in-the-Middle, MITM)[4]이나 **패킷 스니핑**(packet sniffing)[5]과 같은 위협으로부터 데이터를 보호한다.

이는 선택 사항이 아니라, 모든 API에 기본적으로 적용되어야 하는 보안 요구 사항이다. 보안이 취약하게 설계된 API는 인증 우회, 데이터 유출, 시스템 침해와 같은 심각한 문제를 초래할 수 있다. 그러므로 시스템 초기 설계 단계부터 명확한 보안 기준을 수립하고 이를 시스템 전반에 일관되게 반영해야 한다.

RESTful API를 설계할 때는 리소스 중심의 URI 구조를 유지하고, HTTP 메서드와 상태 코드를 일관되게 적용해야 한다. 또한, 데이터의 효율적인 조회를 위해 페이징 및 필터링 기능을 제공하고, 보안 강화를 위한 인증 및 데이터 검증을 반드시 수행해야 한다. API 설계 원칙을 준수하면 유지보수성과 확장성이 뛰어난 API를 구축할 수 있으며, 클라이언트와 서버 간의 원활한 상호작용이 가능해진다.

2 사용자의 비밀번호를 공유하지 않고도 다른 서비스에 접근 권한을 안전하게 위임하는 개방형 표준 인증 프로토콜(RFC 6749)

3 당사자 간에 정보를 안전하게 전송하기 위한 JSON 기반의 개방형 표준(RFC 7519)

4 통신하는 두 당사자 사이에 공격자가 끼어들어 정보를 도청하거나 조작하는 공격 기법

5 네트워크를 통과하는 데이터를 몰래 가로채어 내용을 열람하거나 수집하는 행위

7.1.3 GraphQL 소개

GraphQL은 Facebook에서 개발한 API 쿼리 언어로, 클라이언트가 원하는 데이터의 구조를 명확하게 정의하고 요청할 수 있도록 설계되었다. 기존의 RESTful API는 고정된 엔드포인트를 통해 데이터를 제공하는 방식이었으나, 이는 종종 오버페칭과 언더페칭 문제를 초래할 수 있었다.

예를 들어, 특정 모델 정보와 함께 해당 모델의 버전 목록을 조회하는 경우, RESTful API에서는 `/models/{id}`와 `/models/{id}/versions`와 같은 별도의 엔드포인트를 호출해야 할 수도 있다. 반면, GraphQL에서는 하나의 쿼리를 통해 필요한 데이터만 정확하게 요청할 수 있어 이러한 비효율성을 해소할 수 있다.

GraphQL의 핵심 개념 중 하나는 **스키마(schema)**다. GraphQL API는 스키마를 기반으로 동작하며, 이 스키마는 API에서 제공하는 데이터의 구조와 형식을 정의한다. 스키마에는 객체 형식(object type), 입력 형식(input type), 인터페이스(interface) 등의 개념이 포함되며, 이를 활용해 정형화된 데이터 구조를 정의할 수 있다.

또한, GraphQL에서는 **쿼리(query)**와 **뮤테이션(mutation)**을 통해 데이터를 조회하거나 변경할 수 있다. 쿼리는 데이터를 읽는 데 사용되며, 클라이언트는 필요한 필드만 선택적으로 요청할 수 있어 불필요한 데이터 전송을 줄일 수 있다. 반면, 뮤테이션은 데이터를 생성, 수정, 삭제하는 작업에 사용된다. 이러한 구조는 RESTful API의 HTTP 메서드(`GET`, `POST`, `PUT`, `DELETE`)와 유사한 개념적 역할을 수행한다. 하지만 GraphQL은 대부분 단일 `POST` 요청 내에서 여러 데이터를 동시에 조회하거나 갱신할 수 있다는 점에서 구현 방식에 차이가 있다.

GraphQL에서 데이터를 가져오는 과정은 **리졸버(resolver)**에 의해 처리된다. 리졸버는 클라이언트의 요청을 해석하고 적절한 데이터를 반환하는 역할을 한다. 각 필드마다 개별적인 리졸버를 정의할 수 있으며, 이를 통해 여러 데이터를 조합하여 응답을 구성할 수 있다.

예를 들어, 특정 모델의 정보를 요청할 때 모델 기본 정보는 데이터베이스에서 조회하고 모델의 학습 평가 지표는 외부 API에서 가져오는 방식으로 리졸버를 구성할 수 있다. 이를 통해 다양한 데이터 원본을 하나의 API로 통합할 수 있으며 확장성과 유연성을 확보할 수 있다.

GraphQL은 클라이언트가 필요한 데이터 구조를 명시적으로 정의하여 요청할 수 있기 때문에 네트워크 비용을 줄이고 응답 크기를 효율적으로 최적화할 수 있다. 이는 불필요한 데이터 전송을 방지하고, 모바일 환경이나 저대역폭 네트워크에서도 유리하게 작용한다.

또한, GraphQL은 정적 타입 기반의 스키마를 통해 모든 요청과 응답의 데이터 구조를 명확히 정의하며, 이를 통해 API의 예측 가능성과 안정성을 높인다. 클라이언트와 서버 간의 계약이 엄격히 유지되므로 잘못된 쿼리에 대한 조기 검출이 가능하며, 이로 인해 일부 런타임 오류를 사전에 방지할 수 있다. 그러나 GraphQL에도 단점은 존재한다.

첫째, GraphQL은 RESTful API에 비해 상대적으로 구조가 복잡하므로 초기 도입 시 설계와 구현에 대한 학습 곡선이 가파를 수 있다. 특히, 리졸버를 비효율적으로 설계할 경우 동일한 요청 내에서 중복된 데이터베이스 접근이 발생할 수 있으며, 이는 전체 쿼리 처리 성능 저하로 이어질 수 있다. 따라서 리졸버 간의 의존 관계와 데이터 조회 전략을 신중히 설계하는 것이 중요하다.

둘째, 캐싱의 복잡성이 GraphQL의 단점으로 꼽힌다. HTTP 캐싱 메커니즘으로 동일 엔드포인트에 대한 응답을 효율적으로 재사용할 수 있다. 반면 GraphQL은 요청마다 쿼리 구조가 동적으로 달라져 전통적인 캐싱 전략을 적용하기 어렵다. 이를 보완하기 위해 Apollo Client와 같은 라이브러리에서 제공하는 인메모리 캐시, 저장된 쿼리(persisted query), CDN 연동 캐싱 등 GraphQL에 특화된 캐싱 기법을 활용하거나 클라이언트 측에서 세분화된 캐시 정책을 적극적으로 적용해야 한다.

GraphQL과 RESTful API의 가장 큰 차이점은 데이터 요청 방식에서 나타난다. RESTful API는 엔드포인트 중심의 구조를 가지며, 각 엔드포인트에서 정해진 데이터를 반환한다. 반면, GraphQL은 단일 엔드포인트를 사용하고 클라이언트가 원하는 데이터를 동적으로 요청할 수 있다.

이러한 차이로 인해 GraphQL은 데이터 요구 사항이 복잡한 애플리케이션에서 특히 유용하며, 데이터 분석 대시보드나 머신러닝 파이프라인 관리 등에서 많이 활용된다. 그러나 RESTful API는 여전히 단순한 서비스나 캐싱이 중요한 환경에서 적합한 선택지가 될 수 있다. API를 설계할 때는 서비스의 요구사항을 고려하여 RESTful API와 GraphQL 중 적절한 방식을 선택하는 것이 중요하다. 다음 그림 7.1은 RESTful API와 GraphQL의 특징을 비교하고 선택 기준을 제시한다.

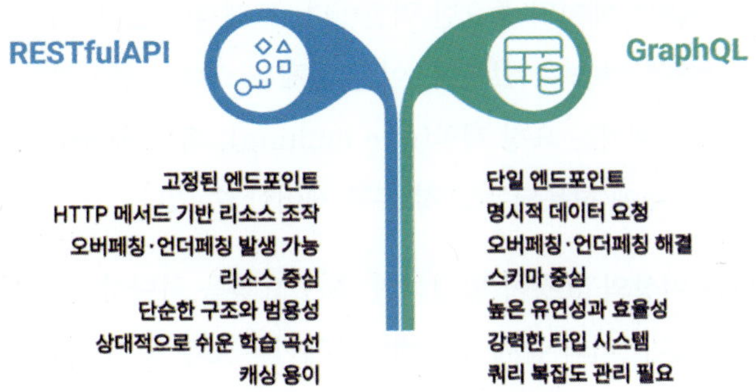

그림 7.1 RESTful API vs GraphQL

7.1.4 API 게이트웨이 역할 및 기능

API 게이트웨이(API Gateway)는 클라이언트와 백엔드 서비스 간의 중간 계층으로서, 특히 마이크로서비스 아키텍처에서 핵심적인 역할을 수행한다. 기존 모놀리식 아키텍처에서는 클라이언트가 단일 애플리케이션에 직접 요청을 보냈지만, 마이크로서비스 환경에서는 여러 독립적인 서비스가 분산 운영된다.

이때 클라이언트가 각 마이크로서비스에 직접 요청을 보내면 복잡성이 증가하고, 보안 및 성능 문제가 발생할 수 있다. API 게이트웨이는 단일 진입점(single entry point)을 제공하여 모든 API 요청을 중앙에서 관리하고 적절한 백엔드 서비스로 라우팅함으로써 이러한 문제를 해결한다. 이를 통해 서비스 간 결합도를 낮추고 유지보수성을 향상시킬 수 있다.

API 게이트웨이는 다양한 기능을 수행하며, 그중 가장 기본적인 역할은 클라이언트 요청을 적절한 백엔드 서비스로 전달하는 라우팅 기능이다. 예를 들어, 클라이언트가 `/models` 엔드포인트를 호출하면 API 게이트웨이는 모델 관리 서비스로, `/datasets` 요청은 데이터세트 관리 서비스로 전달할 수 있다. 이러한 구조를 통해 클라이언트는 백엔드 서비스의 내부 구성이나 위치를 알 필요 없이, API 게이트웨이를 통해 일관된 방식으로 요청을 처리할 수 있다.

API 게이트웨이는 인증 및 권한 부여 기능을 제공하여 보안을 강화한다. OAuth 2.0, JWT, API Key 등의 인증 방식을 적용하여 요청을 검증하고, 권한이 없는 사용자의 접근을 제한할 수 있다. 이를 통해 마이크로서비스 자체에서 보안 로직을 중복 구현할 필요 없이 API 게이트웨이에서 일괄적으로 관리할 수 있다.

트래픽 관리 역시 API 게이트웨이의 중요한 역할이다. 트래픽이 갑작스럽게 증가하면 백엔드 서비스가 과부하 상태에 이를 수 있으며, 이는 전체 시스템을 불안정하게 만든다. 이를 방지하기 위해 API 게이트웨이는 **요청 제한**(rate limiting), **속도 제한**(throttling) 등의 기법을 활용하여 특정 시간 내에 허용되는 요청 수를 제어할 수 있다.

예를 들어, 초당 100건 이상의 요청이 발생하면 추가 요청을 차단하거나 대기열에 저장하여 시스템을 보호할 수 있다. 이와 함께 API 게이트웨이는 로깅 및 모니터링 기능을 제공하여 API 사용량을 추적하고 오류나 성능 문제를 분석하는 데 도움을 준다. 이를 통해 운영자는 시스템 상태를 실시간으로 확인하고, 이상 징후 발생 시 신속하게 대응할 수 있다.

API 게이트웨이는 요청과 응답을 변환하는 기능도 수행한다. 클라이언트와 백엔드 서비스 간의 데이터 형식이 다를 경우, API 게이트웨이는 요청 본문을 변환하여 백엔드 서비스가 이해할 수 있도록 조정하거나 응답 데이터를 클라이언트가 원하는 형태로 가공할 수 있다. 예를 들어, 클라이언트가 RESTful API 형식으로 요청을 보내고 백엔드 서비스가 gRPC 프로토콜을 사용하는 경우, API 게이트웨이는 이를 변환하여 양쪽이 원활하게 통신하도록 지원한다.

캐싱을 통해 응답 시간을 단축하고 성능을 향상시키는 역할도 담당한다. 자주 요청되는 데이터(예: 제품 목록, 사용자 프로필 정보 등)를 캐시에 저장하여 동일한 요청 반복 시 백엔드 서비스가 아닌 캐시에서 데이터를 제공함으로써 응답 속도를 개선할 수 있다. 다음은 API 게이트웨이의 주요 기능을 정리한 것이다.

API 게이트웨이 주요 기능

1. **인증 및 권한 부여**: OAuth 2.0, JWT, API Key 등 다양한 인증 메커니즘을 적용하여 클라이언트 요청의 신원을 확인하고 사용자 권한에 따라 리소스 접근을 제어한다. 이를 통해 보안 수준을 강화하고 민감한 데이터에 대한 무단 접근을 방지할 수 있다.

2. **트래픽 관리**: 요청 제한, 속도 제한, QoS(Quality of Service)[6] 정책 등을 적용하여 과도한 트래픽으로부터 백엔드 서비스를 보호한다. DDoS 완화나 사용자별 요청 제어와 같은 트래픽 안정화 기능도 포함된다.

6 네트워크에서 특정 데이터나 애플리케이션 트래픽에 우선순위를 부여하여 전송 품질(속도, 지연 시간 등)을 보장하는 기술

3. **로깅 및 모니터링**: API 호출 이력, 응답 시간, 오류 로그 등 다양한 지표를 수집하여 시스템 상태를 실시간으로 모니터링하고, 장애 원인 분석이나 성능 최적화에 활용할 수 있다.

4. **요청/응답 변환**: REST, gRPC, GraphQL 등 다양한 API 프로토콜 간의 변환을 지원하며, 요청 또는 응답의 헤더 및 본문 구조를 동적으로 조정할 수 있다. 이를 통해 이기종 클라이언트 간 호환성을 높이고 유연한 인터페이스 설계가 가능해진다.

5. **캐싱**: 자주 조회되는 API 응답 데이터를 게이트웨이 수준에서 캐싱하여 응답 지연 시간을 단축하고 백엔드 시스템의 부하를 효과적으로 줄일 수 있다. 적절한 TTL(Time-To-Live) 설정을 통해 일관성과 성능의 균형을 유지할 수 있다.

API 게이트웨이를 활용한다면 클라이언트와 백엔드 서비스 간의 결합도를 낮춰 유지보수성을 높일 수 있으며, 보안, 트래픽 관리, 로깅 등의 기능을 중앙에서 통합 관리하여 시스템 전반의 운영을 효율적으로 만들 수 있다.

그러나 API 게이트웨이는 시스템 전체의 가용성을 저해할 수 있는 **단일 장애 지점(Single Point of Failure, SPOF)**[7]이 될 수 있다는 위험이 있다. 이를 방지하기 위해서는 게이트웨이를 다중 인스턴스로 구성하고, **로드 밸런서(load balancer)**[8]를 활용하여 트래픽을 분산해야 한다. 더불어, 각 인스턴스에 대한 헬스 체크와 장애 감지, 자동 복구 메커니즘을 함께 구축하여 고가용성(high availability)을 확보하는 것이 중요하다.

API 게이트웨이가 모든 요청을 중개하기 때문에 추가적인 네트워크 지연(latency)이 발생할 수 있으며, 설정이 복잡해질 수도 있다. 따라서 API 게이트웨이 도입 시 서비스 요구사항을 면밀히 분석하고 적절한 아키텍처 설계를 고려하는 것이 중요하다.

대표적인 API 게이트웨이 솔루션으로는 Kong, Tyk, Apigee, AWS API Gateway 등이 있으며, 각 솔루션은 성능, 확장성, 보안 등의 측면에서 상이한 특성을 가진다. 기업 환경에서는 요구사항에 따라 오픈 소스 솔루션을 활용하거나 클라우드 기반 API 게이트웨이 서비스를 이용하여 운영을 최적화할 수 있다. API 게이트웨이는 현대적인 마이크로서비스 아키텍처에서 필수적인 요소이며, 효과적으로 활용하면 API 관리 복잡성을 줄이고 시스템 안정성과 성능을 향상시킬 수 있다.

7 시스템의 한 요소가 고장 나면 전체 시스템이 중단되는 지점
8 트래픽을 여러 서버에 분산시켜 서버 과부하를 방지하고, 애플리케이션의 가용성과 응답성을 향상시키는 역할을 한다.

다음 표 7.1은 대표적인 API 게이트웨이 솔루션의 주요 특성을 정리한 것이다.

표 7.1 API 게이트웨이 솔루션

항목	Kong	Tyk	Apigee	AWS API Gateway	Azure API Management	NGINX
배포 방식	오픈소스 / 클라우드 / 엔터프라이즈	오픈소스 / 클라우드 / 하이브리드	클라우드 기반(GCP 중심)	클라우드 기반(AWS 전용)	클라우드 기반(Azure 전용)	자체 호스팅 / 클라우드
성능 및 확장성	플러그인 기반 확장	경량 구조로 확장 용이	고성능, 대규모 환경에 적합	자동 확장 지원	Azure 환경과 통합 확장 가능	고성능, 다수 트래픽 처리에 강함
보안 기능	OAuth 2.0, JWT 등 지원	정책 기반 접근 제어	OAuth, 분석 내장	IAM, 인증서, WAF 등 통합	Azure AD, 인증 정책	TLS, 인증서, IP 제한 등 직접 구성 필요
요금 정책	무료(오픈소스) + 유료 버전	무료(오픈소스) + 유료 옵션	유료(사용량 기반 과금)	유료(트래픽 기반 과금)	유료(엔터프라이즈 라이선스)	무료(OSS), 유료(NGINX Plus)
관리 인터페이스	CLI, REST API, Admin UI	대시보드 UI, API 지원	웹 콘솔, CLI	AWS 콘솔, CLI, SDK	Azure 포털, CLI	설정 파일 중심 / 일부 UI 도구
특징 요약	유연한 플러그인 아키텍처	경량, 빠른 속도, 오픈소스 친화적	분석 및 모니터링 내장, 기업용 적합	AWS 서비스와의 통합 최적화	Azure 생태계와 밀접하게 통합	웹 서버와 게이트웨이 병행 활용 가능

7.2 _ 모델 배포

머신러닝 모델은 개발이 완료된 후 실제 운영 환경에 배포되어야 비로소 실질적인 가치를 창출할 수 있다. 모델 배포는 단순히 학습된 모델을 서비스에 연결하는 과정이 아니라, 안정적인 운영을 보장하기 위해 다양한 요소를 고려해야 하는 복잡한 작업이다. 모델을 어디에 배포할 것인지, 어떤 방식으로 서비스할 것인지에 따라 성능과 유지보수성이 크게 달라질 수 있다. 따라서 적절한 배포 환경을 선택하고 효과적인 배포 전략을 수립하는 것이 중요하다.

모델 배포 환경은 크게 온프레미스 서버, 클라우드, 에지로 구분할 수 있다. 각 환경은 성능, 비용, 확장성, 보안 요구 사항 등에 따라 선택이 달라진다. 예를 들어, 클라우드 환경은 확장성이 뛰어나고 유지보수가 용이하다는 장점이 있으나, 네트워크 연결에 대한 의존성이 존재하므로 초저지연 응답이 요구되는 실시간 애플리케이션에는 일부 제약이 따를 수 있다. 반면, 에지 환경은 데이터 처리를 사용자 단말기 또는 근거리 장치에서 수행함으로써, 네트워크 비용을 줄이고 지연 시간을 최소화할 수 있다. 그러나 하드웨어 자원 및 운영 환경이 제한적이기 때문에 복잡한 모델 배포에는 제약이 있다. 이처럼 환경별 특성을 정확히 이해하고, 서비스 목적에 부합하는 배포 방식을 선택하는 것이 모델 운영의 핵심 요소라 할 수 있다.

모델을 배포하는 방식 또한 애플리케이션의 요구 사항에 따라 달라진다. 대표적인 방식으로는 REST API 기반의 실시간 요청-응답 처리, 일정 주기로 데이터를 처리하는 **배치**(batch) 방식, 실시간 데이터 스트림을 활용하는 **스트림**(stream) 방식이 있다. REST API 방식은 웹 서비스와의 연동이 용이하여 널리 사용되며, 실시간 예측 서비스에 적합하다. 그러나 높은 트래픽 환경에서는 부하 분산 및 확장성 확보가 필요하다. 배치 처리 방식은 대량의 데이터를 일괄적으로 처리하는 데 적합하지만, 실시간 응답이 필요한 서비스에는 적절하지 않을 수 있다. 한편, 스트림 처리 방식은 데이터가 지속적으로 유입되는 환경에서 유용하며, 실시간 예측이나 이벤트 기반 처리에 적합하다. 다만, 시스템 아키텍처가 복잡해지고 운영 부담이 증가할 수 있다.

모델의 배포 방식이 애플리케이션의 요구에 따라 달라지는 것처럼, 운영 단계에서도 안정성과 신뢰성을 확보하기 위한 전략이 함께 고려되어야 한다. 특히, 머신러닝 모델의 지속적인 개선과 안정적인 운영을 위해서는 체계적인 버전 관리와 효과적인 롤백 전략이 필수적이다. 모델은 시간이 지남에 따라 새로운 데이터로 재학습되거나 알고리즘이 개선되어 업데이트될 수 있으며, 이 과정에서 예기치 못한 성능 저하나 오류가 발생할 수 있다. 따라서 각 모델 버전의 특성과 성능을 명확히 기록하고, 문제 발생 시 신속하게 이전 버전으로 되돌릴 수 있는 체계를 구축하는 것이 중요하다. 이는 단순한 기술적 조치에 그치지 않고, 서비스 전반의 안정성과 신뢰성을 보장하는 핵심 요소로 작용하며, 효과적인 머신러닝 운영 환경을 구축하기 위한 필수 요건이라 할 수 있다.

이번 절에서는 모델 배포 환경의 선택 기준과 각 환경의 특성을 비교하고, REST API, 배치 처리, 스트림 방식 등 대표적인 배포 방식의 특징과 활용 사례를 살펴본다. 이어서, 모델의 지속적인 운영을 위한 버전 관리와 롤백 전략에 대한 실용적인 접근 방안을 제시하고자 한다.

7.2.1 모델 배포 환경 선택 기준

모델을 운영 환경에 배포하기 위해서는 적절한 배포 환경을 선택해야 한다. 배포 환경은 크게 **온프레미스 서버**(on-premise server), **클라우드**(cloud), **에지**(edge)로 구분되며, 각 환경은 성능, 비용, 확장성, 보안 등의 측면에서 상이한 특성을 지닌다. 따라서 선택 기준을 명확히 정의하고, 서비스의 특성과 요구 사항을 종합적으로 고려하여 가장 적합한 배포 환경을 결정해야 한다.

온프레미스 서버는 기업이 자체적으로 인프라를 구축하여 모델을 운영하는 방식이다. 이 방식은 데이터 보안이 중요한 금융, 의료 등의 분야에서 선호되며, 네트워크 연결이 제한적인 환경에서도 안정적으로 운영할 수 있다는 장점이 있다. 그러나 초기 구축 비용이 높고, 하드웨어 및 소프트웨어의 유지보수가 필요하기 때문에 운영 부담이 크다. 또한, 급격한 확장이 필요한 경우 대응이 어렵다는 단점이 있다.

클라우드 환경은 뛰어난 확장성과 유연성을 제공하는 대표적인 배포 방식이다. AWS, GCP, Azure와 같은 클라우드 서비스 제공업체(Cloud Service Provider, CSP)를 활용하면 인프라 관리에 대한 부담을 줄이고 필요한 만큼의 리소스를 유동적으로 할당할 수 있다. 특히, **오토 스케일링**(auto scaling) 기능을 통해 트래픽 증가에 자동으로 대응할 수 있어 운영 효율성을 크게 향상시킬 수 있다. 다만, 데이터 전송 및 저장에 따른 비용이 지속적으로 발생하며, 네트워크 연결 상태에 따라 성능이 영향을 받을 수 있다는 점을 고려해야 한다.

에지 환경은 데이터가 생성되는 지점과 물리적으로 가까운 장치에서 모델을 실행하는 방식으로, 실시간성이 중요한 애플리케이션에서 주로 활용된다. 자율주행 차량, IoT 기기, 산업용 로봇 등의 분야에서는 네트워크 지연을 최소화하고 빠른 응답 속도를 확보해야 하므로 에지 배포가 필수적이다. 또한 데이터를 클라우드로 전송하지 않고 로컬에서 직접 처리할 수 있어, 프라이버시 보호 측면에서도 유리하다. 다만, 에지 디바이스는 연산 자원과 저장 공간이 제한적이기 때문에 경량화된 모델을 사용하거나 계산량을 줄이는 추론 최적화 과정이 필요하다.

애플리케이션 요구 사항을 충족하려면 다양한 배포 환경의 특징을 고려해 최적의 전략을 선택해야 한다. 특히 모델 성능 요구 사항은 배포 환경을 결정하는 중요한 기준이 되므로 온프레미스 서버, 클라우드, 에지 환경 각각의 장단점을 비교 분석하여 애플리케이션 특성에 맞는 최적의 솔루션을 찾아야 한다. 다음은 배포 환경 선택 시 고려 사항이다.

배포 환경별 선택 기준

1. **성능 요구 사항**: 모델의 처리 속도와 응답 시간이 중요한 경우 로컬 서버나 에지 환경이 적합할 수 있다.
   - **온프레미스 서버**: 직접 하드웨어 사양을 구성하고 최적화할 수 있어 예측 가능한 성능을 제공하지만, 초기 구축 비용이 높고 확장성이 제한적이다.
   - **클라우드**: 필요에 따라 컴퓨팅 자원을 유연하게 확장/축소할 수 있지만, 네트워크 지연 시간 및 서비스 가용성을 고려해야 한다. 고성능 인스턴스(GPU 인스턴스)를 활용하면 높은 처리량을 달성할 수 있다.
   - **에지**: 사용자에게 가까운 위치에서 데이터를 처리하여 지연 시간을 최소화할 수 있지만, 컴퓨팅 자원이 제한적이며, 관리 복잡성이 증가한다.
2. **비용 효율성**: 클라우드는 초기 비용이 낮지만, 장기적으로 보면 사용량에 따라 비용이 증가할 수 있다.
   - **온프레미스 서버**: 초기 투자 비용이 높지만, 장기적으로 사용량이 많을 경우 클라우드보다 저렴할 수 있다. 전력, 냉각, 유지보수 비용 등을 고려해야 한다.
   - **클라우드**: 초기 투자 비용이 낮지만, 사용량에 따라 비용이 증가한다. 사용량 예측, 비용 최적화 도구 활용, 예약 인스턴스/스팟 인스턴스 활용 등을 통해 비용을 절감할 수 있다.
   - **에지**: 에지 장비 구축 및 유지보수 비용, 데이터 전송 비용 등을 고려해야 한다. 에지 환경은 클라우드와 연동하여 사용되는 경우가 많으므로, 클라우드 비용과 함께 고려해야 한다.
3. **데이터 보안**: 온프레미스 환경은 데이터 유출 가능성을 줄일 수 있으며, 클라우드 환경에서는 적절한 암호화 및 접근 제어가 필요하다.
   - **온프레미스 서버**: 데이터 유출 가능성은 낮지만, 물리적 보안 및 내부자 위협에 취약할 수 있다. 데이터 암호화, 접근 제어, 네트워크 보안 등을 직접 구성하고 관리해야 한다.
   - **클라우드**: 클라우드 서비스 제공업체의 보안 정책에 의존해야 하며, 데이터 유출 및 계정 탈취 위험이 있다. 데이터 암호화, 접근 제어, 다중 인증 등을 통해 보안을 강화해야 한다.

- **에지**: 에지 장치의 물리적 보안 및 데이터 유출 방지 대책을 마련해야 한다. 에지 장치는 외부에 노출되는 경우가 많으므로 물리적 보안에 특히 신경 써야 한다.

4. **유지보수성**: 클라우드 환경은 관리 부담이 적지만, 온프레미스 환경은 직접적인 유지보수가 필요하다.
   - **온프레미스 서버**: 시스템 관리자가 직접 모든 것을 관리해야 하며, 장애 발생 시 대응 시간이 오래 걸릴 수 있다. 서버, 네트워크 장비, 운영체제, 소프트웨어 등을 직접 유지보수해야 한다.
   - **클라우드**: 클라우드 서비스 제공업체가 인프라 관리를 대행하므로 관리 부담이 적다. 하지만 클라우드 서비스 자체의 문제 발생 시 사용자가 직접 해결할 수 없다.
   - **에지**: 에지 장치의 원격 관리 및 자동 업데이트 시스템을 구축해야 한다. 에지 장치가 여러 곳에 분산되어 있으므로 중앙 집중식 관리 시스템이 필요하다.
5. **확장성**: 모델의 사용량 증가에 따라 시스템을 유연하게 확장할 수 있어야 한다.
   - **온프레미스 서버**: 서버 증설에 시간이 걸리고 물리적인 공간 제약으로 인해 확장성이 제한될 수 있다.
   - **클라우드**: 오토 스케일링 기능을 활용하여 트래픽 변화에 따라 자동으로 컴퓨팅 자원을 확장/축소할 수 있다. 필요에 따라 서버 사양을 변경할 수도 있다.
   - **에지**: 에지 장치의 용량을 늘리거나 새로운 에지 장치를 추가하여 확장할 수 있다. 하지만 에지 장치 추가에는 비용이 발생하고, 관리 복잡성이 증가한다.
6. **가용성**: 시스템 장애 발생 시에도 서비스가 중단되지 않도록 높은 가용성을 보장해야 한다.
   - **온프레미스 서버**: 이중화 구성, 백업 및 복구 시스템 등을 직접 구축해야 한다.
   - **클라우드**: 여러 가용 영역(availability zone)에 걸쳐 시스템을 배포하여 가용성을 높일 수 있다.
   - **에지**: 에지 장치 장애 시에도 서비스가 중단되지 않도록 에지 장치 간에 데이터를 동기화하거나 클라우드 환경으로 페일오버(failover)[9]하는 방안을 고려해야 한다.

각 배포 환경은 고유한 장점과 단점을 가지므로 단일 환경만을 고집하기보다는 하이브리드 방식으로 운영하는 것도 고려할 수 있다. 예를 들어, 주요 연산은 클라우드에서 수행하고, 일부 실시간 처리는 에지에서 담당하는 방식이 가능하다. 환경 선택은 단순한 인프라 결정이 아니라, 모델의 성능과 운영 효율성을 결정짓는 중요한 요소이므로 장기적인 관점에서 신중하게 접근해야 한다.

9 주 시스템에 장애가 발생했을 때 자동으로 예비 시스템으로 전환되어 서비스 중단을 최소화하는 기술

7.2.2 모델 배포 방식 및 시나리오

모델을 운영 환경에 배포하는 방식은 다양한 접근법이 존재하며, 각 방식은 모델의 사용 목적, 성능 요구 사항, 시스템 아키텍처에 따라 적절히 선택되어야 한다. 일반적으로 모델 배포 방식은 실시간 처리, 배치 처리, 스트림 처리로 구분되며, 각각의 방식은 특정한 사용 사례에 적합한 특성과 제약을 가진다. 적절한 배포 방식을 선택하는 것은 모델의 성능, 응답 속도, 자원 효율성, 그리고 운영 안정성을 유지하는 데 핵심적인 역할을 한다.

실시간 처리 방식은 머신러닝 모델을 웹 서버 등에 배포한 후, 클라이언트의 요청에 따라 즉시 예측 결과를 반환하는 구조로, 가장 널리 사용되는 배포 방식 중 하나이다. 일반적으로는 REST API를 활용하여 구현되며, 클라이언트는 HTTP 요청을 통해 모델의 추론 결과를 실시간으로 받아볼 수 있다. REST API 방식은 표준화된 인터페이스를 제공하므로, 다양한 웹 및 모바일 애플리케이션과의 통합이 용이하다. 또한, 로드 밸런서를 적용하거나 API Gateway를 활용하여 트래픽을 효율적으로 제어할 수 있어 운영 안정성을 높일 수 있다.

이 방식에서는 모델이 서버에 상시 로딩된 상태로 유지되며, 요청이 발생할 때마다 추론을 수행한다. 그러나 요청 빈도가 매우 높을 경우, 동시 처리 한계, 입출력 병목(I/O bottleneck), 리소스 경쟁 등의 문제로 인해 성능 저하가 발생할 수 있다. 특히, 지연 시간에 민감한 환경에서는 모델 서빙 최적화, 요청 큐 관리, 병렬 처리 구조 설계 등이 필수적으로 고려되어야 한다. 다음 그림 7.2는 REST API 기반 실시간 처리 시스템의 워크플로를 보여준다.

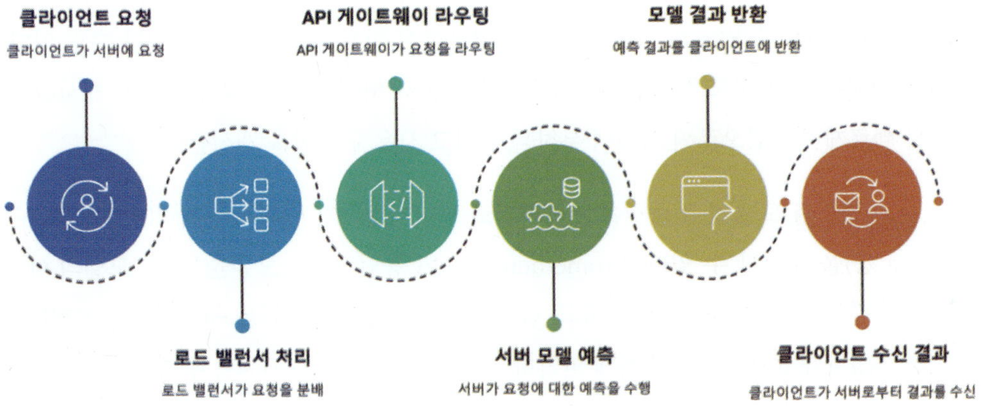

그림 7.2 실시간 처리 시스템 워크플로

REST API 기반 시스템으로 상품 추천 시스템을 구현하는 경우를 가정해보자. 특정 사용자가 온라인 쇼핑몰 앱에서 운동화 카테고리를 탐색하고 있으며, 최근 3개월간 스포츠 의류를 여러 번 구매했고, 특히 러닝 관련 제품에 관심을 보였다. 이러한 배경을 바탕으로 REST API 기반 시스템의 추천 시나리오를 예시로 들어보겠다.

상품 추천 REST API 시스템 시나리오

1. **클라이언트 요청**: 사용자가 추천 상품 섹션으로 스크롤하면 앱은 사용자 ID, 현재 보고 있는 카테고리, 최근 조회 상품 등의 정보를 포함한 추천 요청을 API로 전송한다.
2. **로드 밸런서 처리**: 요청이 로드 밸런서에 도달하고, 현재 부하 상태에 따라 가용한 API 게이트웨이 인스턴스로 라우팅한다.
3. **API 게이트웨이 라우팅**: 게이트웨이는 요청을 검증하고 사용자 인증을 확인한 후, 요청 파라미터를 정리하고 필요한 헤더 정보를 추가한다.
4. **모델 예측(서버)**: 추천 모델 서버는 사용자 프로필 데이터(구매 이력, 검색 이력, 선호도)와 현재 트렌드, 재고 상태, 상품 인기도 데이터를 분석한다. 이러한 데이터를 추천 모델에 전달하여 사용자에게 적합한 러닝화 5개와 관련 러닝 액세서리 3개를 추천 결과로 생성한다.
5. **모델 결과 반환**: 모델 서버는 추천 상품 목록(러닝화, 러닝 액세서리)과 점수를 반환한다.
6. **클라이언트**: 앱은 응답을 받아 사용자 인터페이스에 추천 상품을 시각적으로 표시한다. 사용자가 추천 상품 중 하나를 클릭하면 앱은 이 행동을 기록해 다음 추천에 반영될 수 있도록 한다.

이러한 시나리오를 통해 사용자에게 적합한 상품을 추천하게 된다. 응답 시간 단축과 시스템 효율성을 위해 캐싱(Redis, Valkey 등)을 활용하여 인기 추천 결과를 캐싱할 수도 있다. 자주 요청되는 추천 목록을 Redis에 저장하여 모델 서버에 직접 요청하는 대신 캐시된 데이터를 빠르게 반환함으로써 시스템 부하를 줄이고 사용자 경험을 개선한다.

또한, API 성능과 모델 응답 품질을 지속적으로 모니터링하기 위해 모니터링(Prometheus, Grafana 등)을 수행할 수 있다. Prometheus는 API 응답 시간, 오류율, 추천 모델의 예측 정확도와 같은 주요 지표들을 수집하고, Grafana는 수집된 지표들을 시각적으로 표현하여 시스템 운영자가 문제점을 신속하게 파악하고 대응할 수 있도록 지원할 수 있다.

배치 처리 방식은 대량의 데이터를 한 번에 처리하는 방식으로, 모델 추론을 예약된 일정에 따라 수행하거나 일정한 크기의 데이터가 모였을 때 실행된다. 이 방식은 데이터 분석, 추천 시스템, 대규모 예측 작업 등에 활용되며, 실시간성이 크게 요구되지 않는 환경에서 효과적이다. 배치 처리는 분산 처리 시스템과 함께 사용하면 대량의 데이터를 빠르게 처리할 수 있으며, 모델의 연산 부하를 줄이는 데 도움이 된다. 그러나 실시간 응답이 필요한 애플리케이션에는 적합하지 않으며, 배치 주기에 따라 최신 데이터 반영이 지연될 수 있다는 단점이 있다. 다음 그림 7.3은 배치 처리 시스템 워크플로와 시나리오를 설명한다.

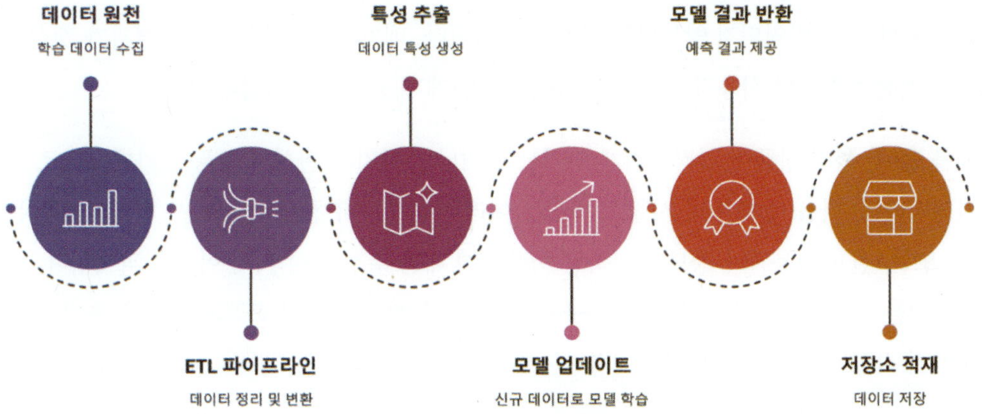

그림 7.3 배치 처리 시스템 워크플로

상품 추천 배치 처리 시스템 시나리오

1. **데이터 원천**: 지난 일주일간 사용자 행동 데이터(클릭, 장바구니, 구매, 조회, 검색 등)의 로그, 상품 메타데이터, 리뷰 데이터 등을 수집한다.
2. **ETL 파이프라인**: Apache Hadoop 또는 Apache Spark 클러스터에서 작업을 스케줄링하고 데이터 클렌징 및 결측치/이상치 처리 등을 수행하여 데이터 웨어하우스에 적재한다.
3. **특성 추출**: 사용자별 특성(카테고리 선호도 점수, 브랜드 선호도 점수, 가격 민감도 등)을 추출하고, 상품별 특성(인기도 스코어, 계절성 점수, 트렌드 점수)을 생성한다.
4. **모델 업데이트**: 협업 필터링, 콘텐츠 기반 추천 등 해당 추천 시스템에 적합한 모델을 학습하고, 평가하여 모델을 학습한다.
5. **모델 결과 반환**: 해당 모델을 기반으로 상위 n개의 추천 상품 목록을 생성한다. 각 추천에 대한 신뢰도 점수 및 추천 이유 등을 생성하여 추천 상품 목록(러닝화, 트레이닝복, 러닝 액세서리) 등을 반환한다.

6. **저장소 적재:** 추천 결과를 Redis/Valkey 캐시(빠른 조회)나 DynamoDB 테이블(지속성) 등에 적재한다.

모델 결과가 저장된 후, 사용자가 앱에 접속하면 미리 계산된 추천 결과를 즉시 제공받을 수 있다. 앞서 설명한 REST API 시스템에서는 실시간으로 추천 결과를 생성했지만, 배치 처리 시스템은 사전에 결과를 계산하여 컴퓨팅 자원을 효율적으로 활용한다. 또한, 대용량 데이터 처리와 복잡한 모델링을 통해 추천 정확도를 향상시킬 수 있으며, 추천 결과와 실제 사용자 행동 간의 상관관계 분석이 용이하다는 장점도 있다.

그러나 배치 처리 시스템에서는 상품 데이터가 업데이트되거나 사용자 행동이 발생해도 추천 결과에 즉시 반영되지 않는다는 단점이 존재한다. 배치 주기에 따라 추천 결과가 갱신되므로 최신 트렌드나 사용자 선호도 변화에 신속하게 대응하기가 어렵다.

예를 들어, 특정 상품이 갑작스럽게 인기를 얻거나 사용자의 관심사가 특정 카테고리로 전환되더라도, 다음 배치 처리 시점 전까지는 이러한 변화가 추천 결과에 즉시 반영되지 않는다. 또한, 신규 사용자나 정보가 부족한 사용자에 대한 추천 생성 역시 어려운 과제이다. 빅데이터를 기반으로 추천을 생성하는 구조에서는 충분한 데이터가 축적되지 않은 초기 사용자에게 적절한 추천을 제공하기 어렵다는 한계가 존재한다.

스트림 처리 방식은 데이터가 지속적으로 유입되는 환경에서 거의 실시간에 가까운 속도로 모델 추론을 수행하는 방식이다. 이 접근은 금융 이상 거래 탐지, 실시간 추천 시스템, IoT 센서 데이터 분석 등 빠른 응답이 요구되는 애플리케이션에 적합하다. 스트림 환경에서는 Apache Kafka, Apache Flink, Spark Structured Streaming 등과 같은 분산 스트리밍 프레임워크를 활용하여 데이터 흐름을 처리하고, 모델이 지속적으로 새로운 입력을 받아 예측할 수 있도록 구성한다.

스트림 방식은 빠른 반응성을 제공하는 장점이 있으나, 데이터가 지속적으로 유입되는 구조이기 때문에 시스템 부하 또한 지속적으로 발생한다. 따라서 안정적인 운영을 위해서는 적절한 리소스 할당, 효율적인 병렬 처리 구조 설계, 모델 경량화, 그리고 추론 속도 최적화 등의 요소를 종합적으로 고려해야 한다. 다음 그림 7.4는 스트림 처리 시스템의 전반적인 워크플로와 적용 시나리오를 보여준다.

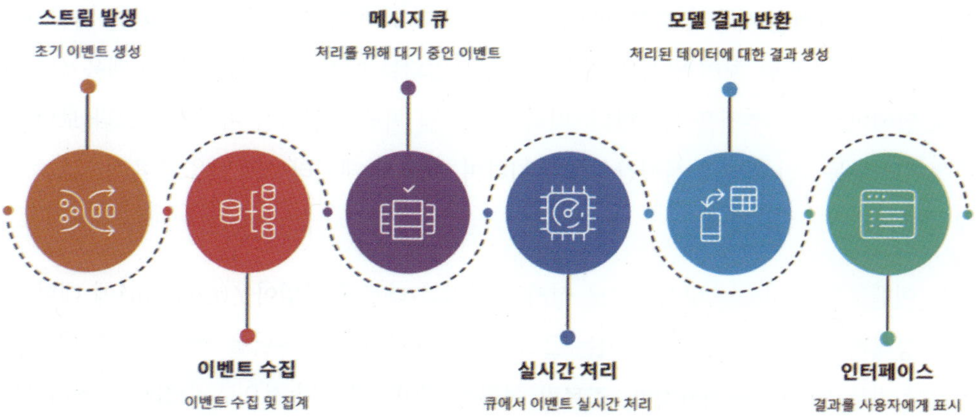

그림 7.4 스트림 처리 시스템 워크플로

상품 추천 스트림 처리 시스템 시나리오

1. **스트림 발생**: 사용자가 러닝화 상세 페이지를 조회, 옵션을 클릭하여 상품 이미지를 살펴봄, 사이즈 가이드 버튼을 클릭함과 같은 이벤트 스트림이 발생한다.
2. **이벤트 수집**: 클라이언트에서 발생한 이벤트가 이벤트 수집기(collector)로 전송하고, 수집기가 이벤트 유효성 검사 및 보강 작업을 수행한다.
3. **메시지 큐**: 이벤트 수집기가 이벤트를 Apache Kafka 특정 토픽(topic)에 게시하며, 이벤트는 사용자 ID 기준으로 파티셔닝되어 사용자별 순차적 처리를 보장한다.
4. **실시간 처리**: Apache Flink 스트림 처리 엔진이 Apache Kafka 토픽에서 이벤트를 소비(consume)한다. 또한, 사용자의 30일간 활동 기록을 업데이트하고, 인기도 카운터나 브랜드 점수 등을 계산하여 사용자의 프로필을 업데이트한다.
5. **모델 결과 반환**: 실시간 추천 모델이 업데이트된 사용자 프로필을 기반으로 추천 상품 풀을 생성한다. 이때 실시간 비즈니스 규칙(재고가 있는 상품만 표시, 24시간 내 가격 인하 상품 우선) 등을 적용할 수 있다.
6. **인터페이스**: 사용자가 현재 보고 있는 페이지 하단에 추천 결과를 실시간으로 업데이트한다. 사용자 행동 직후, 특정 시간 내에 개인화된 추천이 제공된다.

스트림 처리 기반 추천 시스템은 실시간으로 유입되는 데이터를 즉시 처리하여 추천 결과를 실시간으로 갱신하는 방식이다. 표면적으로는 실시간 처리 시스템과 유사하게 보일 수 있으나, 데이터 처리 방식과 시스템 아키텍처 측면에서 본질적인 차이점이 존재한다.

실시간 처리 방식은 사용자의 요청이 발생할 때마다 그에 따라 즉시 추천 결과를 계산하는 구조인 반면, 스트림 처리 방식은 지속적으로 유입되는 데이터를 기반으로 모델을 실시간으로 업데이트하고 추천을 생성한다. 따라서 스트림 처리는 실시간 처리 방식보다 보다 지속적이고 능동적인 형태로 실시간성을 유지하며, 대규모 데이터 스트림을 효율적으로 처리할 수 있다는 강점을 지닌다.

이는 이벤트를 소비하는 방식이므로 실시간 처리와 다르게 **타임아웃**(timeout)에 대한 부담이 상대적으로 적다. 실시간 처리는 클라이언트 요청에 대한 응답을 정해진 시간 내에 완료해야 하는 제약이 존재하지만, 스트림 처리는 데이터를 지속적으로 수집하고 처리하므로, 개별 이벤트의 처리 시간이 다소 지연되더라도 전체 시스템의 안정적인 운영에는 큰 영향을 미치지 않는다.

단, 요청-응답 기반의 시간 제약에서 비교적 자유로운 구조인 만큼, 실시간 데이터 처리 파이프라인 구축, 복잡한 알고리즘 구현, 실시간 모니터링 등의 요소에서 높은 수준의 기술적 난이도가 요구된다.

각 배포 방식은 특정한 장단점을 가지고 있으며, 환경에 따라 최적의 방식을 선택하는 것이 중요하다. 실시간 처리 방식은 빠른 응답이 필요한 웹 애플리케이션에서 유용하지만, 높은 트래픽을 처리하기 위해 확장성이 요구된다. 배치 처리는 대규모 데이터를 효율적으로 처리할 수 있지만, 최신 데이터 반영이 지연될 수 있다. 스트림 처리는 실시간 데이터 분석에 적합하지만, 연산 부하가 지속적으로 발생하여 리소스 관리가 필요하다. 다음 표 7.2는 실시간 처리, 배치 처리, 스트림 처리 시스템의 특징을 정리한 것이다.

표 7.2 실시간 처리, 배치 처리, 스트림 처리 시스템 비교

특징	실시간 처리 시스템	배치 처리 시스템	스트림 처리 기반 시스템
실시간성	매우 높음	낮음	높음
복잡도	낮음	높음	매우 높음
자원 소모	요청 기반	주기적	지속적
초기 사용자 추천	상대적으로 어려움	어려움	상대적으로 쉬움
적합한 상황	실시간 피드백 중요	대규모 데이터 분석	실시간 트렌드 반영 필요

운영 환경에 따라 단일 배포 방식만 사용하는 것이 아니라, 여러 방식을 조합하여 사용할 수도 있다. 예를 들어, 온라인 서비스에서는 REST API를 사용하여 실시간 추론을 수행하면서 주기적으로 배치 처리를 실행하여 모델의 성능을 평가하거나 데이터를 업데이트할 수 있다. 또한, 이벤트 기반 시스템에서는 스트림 처리를 사용하여 이상 감지를 수행하고, 감지된 데이터에 대해 추가적인 분석을 배치 처리로 실행하는 하이브리드 구성이 가능하다.

배포 방식을 결정할 때는 성능 요구 사항뿐만 아니라, 시스템의 확장성과 유지보수성을 함께 고려해야 한다. 실시간 처리 방식은 운영이 비교적 간단하지만, 높은 요청 부하를 처리하기 위해 오토 스케일링 등의 기능을 활용해야 한다. 배치 처리 방식은 한 번에 대량의 데이터를 처리할 수 있지만, 작업 주기를 어떻게 설정할지에 대한 전략이 필요하다. 스트림 처리 방식은 빠른 응답 속도를 제공하지만, 데이터의 흐름을 안정적으로 관리하기 위해 분산 시스템 설계가 필수적이다.

모델 배포 방식을 결정하는 과정에서는 데이터의 특성과 요구 사항을 명확히 분석해야 한다. 실시간으로 변화하는 데이터를 다루는 경우 스트림 처리가 적합할 수 있으며, 주기적인 분석이 필요한 경우 배치 처리를 활용하는 것이 유리할 수 있다. 반면, 사용자가 직접 예측 요청을 보내는 서비스에서는 실시간 처리 방식이 가장 직관적인 선택이 될 수 있다. 이를 고려하여 최적의 배포 전략을 수립하는 것이 중요하다.

배포 방식을 선택했다면 운영 과정에서의 최적화도 필요하다. 실시간 처리 기반 모델의 경우 요청 처리 속도를 높이기 위해 모델 서빙 기술을 활용할 수 있으며, 대표적인 도구로는 TorchServe, TensorFlow Serving, Triton Inference Server, KServe, BentoML 등이 있다. 배치 처리 방식에서는 분산 처리를 통해 성능을 높일 수 있으며, Apache Spark, Apache Hadoop, Dask와 같은 프레임워크가 많이 사용된다. 스트림 처리 방식에서는 데이터 흐름을 효율적으로 관리하기 위해 Apache Kafka, Apache Flink, Spark Structured Streaming과 같은 기술이 활용된다.

결론적으로, 모델 배포 방식은 단순히 선택의 문제가 아니라, 운영 전략과도 밀접한 관련이 있다. 각 방식이 제공하는 특성과 제약 사항을 정확히 이해하고, 서비스의 목표와 요구 사항에 맞춰 적절한 방식을 조합하여 사용하는 것이 효과적인 모델 운영을 위한 핵심 요소가 된다.

7.2.3 모델 버전 관리 및 롤백 전략

모델 운영 환경에서는 모델의 지속적인 개선과 유지보수가 모델 운영 환경에서는 모델의 지속적인 개선과 유지보수가 요구된다. 데이터 분포가 시간에 따라 변화하거나 새로운 알고리즘이 도입되는 경우, 기존 모델을 최적화하거나 새로운 모델로 교체해야 하는 상황이 빈번하게 발생한다. 이러한 환경에서는 기존 모델과 신규 모델을 체계적으로 관리하고, 예기치 않은 문제가 발생했을 때 신속하게 복구할 수 있는 구조를 마련하는 것이 중요하다. 이는 모델 버전 관리와 롤백 전략의 핵심적인 역할에 해당한다. 모델 버전 관리 없이 운영할 경우, 각 모델이 어떤 데이터로 학습되었는지 추적하기 어려워지며, 성능 저하나 오류 발생 시 원인을 식별하거나 이전 상태로 되돌리는 데 상당한 제약이 따를 수 있다.

모델 버전 관리란 새로운 모델을 배포할 때 기존 모델과의 관계를 명확히 정의하고, 필요 시 이전 버전으로 되돌릴 수 있도록 하는 관리 체계를 의미한다. 일반적으로 모델의 버전 관리는 데이터 버전, 학습 코드, 하이퍼파라미터 설정, 평가 지표 등을 포함하여 전반적인 학습 및 운영 이력을 체계적으로 관리하는 것을 목표로 한다. 이를 위해 MLflow, DVC(Data Version Control), TensorFlow Model Versioning과 같은 도구가 활용될 수 있다. 이러한 도구들은 모델의 학습 과정과 결과를 기록하고 추적할 수 있게 하며, 여러 실험 간의 비교를 통해 최적의 모델을 식별하고 선택할 수 있도록 지원한다.

모델의 버전 관리 체계를 구축할 때는 명확한 버전 명명 규칙을 정하는 것이 중요하다. 일반적으로 소프트웨어 분야에서 널리 사용되는 `MAJOR.MINOR.PATCH` 형식의 **유의적 버전**(semantic versioning)을 적용하거나 배포 일자를 기반으로 한 날짜 형식(예: `2024.04.22`)도 사용할 수 있다.

`MAJOR`는 기존 버전과의 하위 호환성이 깨지는 변경이 발생했을 때 증가하며, `MINOR`는 하위 호환성을 유지한 채 새로운 기능이 추가된 경우에 사용된다. `PATCH`는 기능의 변경 없이 버그 수정이나 경미한 개선이 이루어졌을 때 증가한다.

예를 들어, `1.0.0`에서 `1.1.0`으로의 변경은 새로운 기능이 추가되었음을 의미하고, `1.0.1`에서 `1.0.2`로의 변경은 단순한 버그 수정이나 안정성 개선이 이루어졌음을 나타낸다. 이러한 버전 관리 체계를 통해 각 모델 버전이 포함하고 있는 변경 사항을 명확히 추적할 수 있으며, 버전 간 비교나 롤백 시점의 판단 또한 보다 체계적으로 수행할 수 있다.

모델을 배포할 때는 새로운 모델의 성능을 충분히 검증하고, 문제가 발생할 경우 빠르게 롤백할 수 있는 전략을 마련하는 것이 중요하다. 롤백 전략은 모델 배포 후 성능 저하나 예기치 않은 오류가 발생할 경우 신속하게 이전 상태로 복구하는 과정이다. 일반적으로 사용되는 롤백 전략에는 청록 배포, 카나리아 배포 등이 있다.

청록 배포(blue-green deployment)는 두 개의 독립된 운영 환경을 병행하여 관리하면서 기존 환경(blue)과 신규 환경(green) 중 하나를 활성화하여 서비스를 제공하는 방식이다. 기존 모델이 blue 환경에서 서비스되고 있을 때 새로운 모델을 동일한 구성의 green 환경에 배포한 후 사전 검증을 수행한다. 이후 문제가 없다고 판단되면 트래픽을 green 환경으로 전환하여 새로운 모델을 운영에 적용한다.

이 방식은 전체 트래픽을 즉시 되돌릴 수 있는 구조를 제공하므로 배포 중 문제가 발생하더라도 blue 환경으로 신속하게 롤백할 수 있어 서비스 중단 없이 안정적인 모델 교체가 가능하다. 단, 두 개의 운영 환경을 동시에 유지해야 하므로 인프라 자원이 이중화되며, 이에 따른 추가 비용과 관리 부담이 발생할 수 있다.

카나리아 배포(canary release)는 새로운 모델을 전체 사용자에게 일괄적으로 배포하는 대신, 초기에는 소수의 사용자 그룹에게만 제공한 뒤 성능과 안정성을 모니터링하며 점진적으로 적용 대상을 확대하는 방식이다. 일반적으로 초기에는 전체 사용자 중 약 5~10%를 대상으로 새 모델을 적용하고, 이상 징후가 없을 경우 점진적으로 트래픽 비중을 늘려간다.

이러한 방식은 문제 발생 시 영향을 최소화하면서 즉시 이전 버전으로 롤백할 수 있는 구조를 제공하므로, 실시간 서비스 환경에서 새로운 모델을 안정적으로 도입하는 데 효과적이다. 단, 여러 버전의 모델을 동시에 운영하고, 사용자 그룹별 분리된 결과를 추적 · 분석해야 한다. 이를 위해 배포 자동화, 모니터링 시스템, A/B 테스트 인프라 등의 구축이 요구되며, 이에 따라 시스템 전반의 관리 및 운영 비용이 증가할 수 있다.

그림 7.5 모델 배포 방식 비교

모델의 롤백 전략을 효과적으로 적용하기 위해서는 사전 테스트와 지속적인 모니터링이 수반되어야 한다. 새로운 모델을 배포하기 전에 A/B 테스트나 오프라인 평가를 통해 기존 모델과의 성능을 사전에 비교하고, 충분한 검증 절차를 거쳐야 한다. 또한, 모델 배포 후에는 Prometheus, Grafana, Elastic Stack 등의 도구를 활용하여 성능 지표를 실시간으로 모니터링하고 이상 감지 시스템을 구축하여 문제 발생 시 신속한 대응과 롤백이 가능하도록 해야 한다.

모델 버전 관리는 단순히 새로운 모델을 저장하는 것만이 아니라, 모델의 실험 과정과 배포 내역을 체계적으로 관리하는 것이 핵심이다. 이를 위해 모델 저장소를 활용하여 학습된 모델을 저장하고 모델의 성능 지표와 함께 버전 정보를 기록하는 것이 중요하다. 또한, API 기반으로 모델을 배포하는 경우, 버전별 엔드포인트를 제공하여 특정 버전의 모델을 선택적으로 사용할 수 있도록 하는 방식도 고려할 수 있다.

모델을 운영하는 과정에서는 지속적인 업데이트와 성능 개선이 이루어지므로, 효과적인 버전 관리와 롤백 전략이 요구된다. 안정적인 모델 운영을 위해서는 적절한 버전 관리 체계를 마련하고, 문제 발생 시 신속하게 대응할 수 있는 롤백 전략을 사전에 수립해야 한다. 이를 통해 예기치 않은 성능 저하나 장애가 발생하더라도 빠르게 원상 복구할 수 있으며, 새로운 모델을 도입하는 과정에서도 운영 리스크를 최소화할 수 있다.

7.3 _ 모델 성능 모니터링

머신러닝 모델은 현대 비즈니스 환경에서 핵심적인 의사결정 도구로 자리 잡고 있다. 수요 예측, 고객 이탈 방지, 이상 탐지, 개인화 추천 등 다양한 분야에서 모델이 활용되며, 모델의 예측 결과가 직접적으로 비즈니스 전략에 반영되기도 한다. 그러나 한 번 학습한 모델이 항상 일정한 성능을 유지한다고 가정할 수는 없다. 모델이 학습된 시점과 실제 운영 환경 사이에는 데이터 특성, 사용자 행동, 외부 조건 등 여러 요인이 달라질 수 있으며, 이러한 변화는 모델 성능 저하로 이어질 수 있다.

예를 들어, 입력 데이터의 분포가 훈련 당시와 달라지는 **데이터 드리프트**(data drift)나, 목표 변수의 정의나 분포 자체가 변하는 **개념 드리프트**(concept drift)가 발생할 수 있다. 또한, 특정 기간 동안 수집된 이상치나 노이즈가 많은 데이터, 편향된 사용자 그룹 등으로 인해 모델이 일부 데이터에 대해 성능 저하를 보일 수 있다. 이로 인해 예기치 않은 상황에서 심각한 예측 오류로 이어질 수 있다. 이러한 문제는 단순히 예측 정확도 저하에 그치지 않고, 잘못된 예측이 누적되어 비즈니스 의사결정에 부정적인 영향을 미치게 된다.

따라서 모델을 운영 환경에 배포한 이후에도, 주기적인 성능 평가와 이상 징후의 조기 탐지를 위한 모델 모니터링 체계를 구축해야 한다. 모델 모니터링은 단순한 기술적 점검을 넘어 예측 시스템의 신뢰성을 유지하고 데이터 기반 의사결정의 품질을 보장하기 위한 전략적 활동이다. 이를 통해 예측 오류로 인한 손실을 최소화할 수 있으며, 문제 발생 시 신속한 대응과 정확한 원인 규명이 가능해진다.

또한, 성능 지표의 장기적인 추세를 분석하면 단순한 기술적 문제뿐만 아니라, 사용자 행동 변화나 시장 환경 변화 등 비즈니스적 신호를 조기에 포착할 수 있다. 예를 들어, 추천 모델의 클릭률이 특정 지역이나 시간대에서 급격히 하락하는 경우, 사용자 요구나 트렌드의 변화가 반영된 결과일 수 있다. 이처럼 모델 성능 변화는 단순한 경고 신호에 그치지 않고, 운영 전략을 수정하거나 새로운 사업 기회를 탐색하는 지표로도 활용될 수 있다.

이번 절에서는 모델 성능 모니터링의 필요성과 그 체계를 효과적으로 구축하는 방법에 대해 다룬다. 특히, 지표 기반 모니터링 방식과 이상 탐지를 위한 통계적 기법, 실시간 지표 수집 및 시각화를 위한 Prometheus, Grafana 등의 도구 활용 방법에 대해 살펴볼 것이다.

아울러 주기적인 재학습 또는 자동 업데이트 전략을 통해 모델의 신뢰성을 유지하고 서비스 품질을 지속적으로 개선하는 방안에 대해서도 구체적으로 살펴볼 것이다.

7.3.1 모델 모니터링과 성능 분석

모델을 운영 환경에 배포한 이후에도 지속적인 모니터링과 성능 분석은 안정적인 유지 관리를 위한 핵심 활동이다. 머신러닝 모델은 시간이 지남에 따라 입력 데이터의 특성이 학습 시점과 달라질 수 있으며, 이러한 데이터 분포 변화는 예측 정확도의 하락으로 이어질 수 있다. 특히, 특정 사용자 그룹이나 입력 유형에서 모델이 비정상적인 예측 결과를 반환하거나 예외 처리가 누락된 상황에서 시스템 오류로 이어질 가능성도 존재한다.

이러한 문제를 조기에 감지하고 대응하기 위해서는 예측값의 분포, 응답 시간, 에러율 등 다양한 지표를 실시간으로 수집하고 분석할 수 있는 모니터링 체계가 필요하다. 정확도, 정밀도, 재현율 등의 정적 평가 지표뿐만 아니라, 실제 운영 환경에서의 성능과 안정성을 반영하는 동적 시스템 지표까지 종합적으로 파악해야 한다.

모델이 정상적으로 동작하고 있는지를 판단하기 위해서는 입력과 출력의 흐름이 일관성을 유지하고 있는지, 예측값의 범위와 분포가 기대 범위에 있는지, 시스템 리소스 사용량이 허용 한계를 초과하지 않는지를 지속적으로 점검해야 한다. 이러한 항목들은 사전에 정의된 기준값과 비교하여 자동으로 감시될 수 있도록 구성하는 것이 바람직하다.

모델 모니터링의 주된 목적은 성능 저하나 이상 징후를 조기에 탐지하고, 필요 시 신속하게 롤백하거나 모델을 재학습하여 서비스 품질을 안정적으로 유지하는 데 있다. 이는 단순한 성능 저하 대응을 넘어, 예측 시스템의 신뢰성과 비즈니스 연속성을 확보하기 위한 전략적 활동이라 할 수 있다.

또한, 모델의 전통적인 평가 지표(정확도, 정밀도, 재현율, F1 점수 등)는 여전히 중요한 기준으로 활용되지만, 실제 운영 환경에서는 예측 속도, 처리 지연, 시스템 자원 사용량(CPU, 메모리), 요청 실패율, 예측 결과의 분포 변화 등과 같은 실시간 지표의 중요성이 더욱 강조된다. 예를 들어, 예측 정확도가 일정하더라도 응답 지연이 지속적으로 증가하거나 특정 조건에서만 성능 저하가 발생할 경우 전체적인 서비스 품질에는 심각한 영향을 미칠 수 있다.

따라서 정적 평가 지표와 동적 운영 지표를 통합적으로 분석할 수 있는 체계를 갖추는 것이 중요하다. 이를 통해 모델의 예측 성능을 안정적으로 유지하고, 운영 환경에서의 이상 징후를 조기에 탐지하며, 전반적인 시스템의 효율성을 극대화할 수 있다.

실시간 모니터링을 구현하기 위해서는 로그와 운영 지표를 체계적으로 수집하고 관리하는 시스템이 필요하다. 로그는 모델에 입력된 데이터, 반환된 예측 결과, 예외 상황 및 오류 발생 내역 등을 상세히 기록하며, 이는 사후 분석 및 디버깅에 활용된다. 반면, 운영 지표는 모델 호출 수, 평균 응답 시간, 예측 실패율 등과 같은 데이터를 수집하여, 시스템이 정상 범위 내에서 동작하고 있는지를 실시간으로 평가하는 데 사용된다.

이러한 로그와 운영 지표 데이터를 활용하면 모델의 성능이 시간에 따라 어떻게 변화하는지를 추적할 수 있으며, 특정 시점에 발생한 성능 저하나 장애에 대해 원인 분석이 가능해진다. 특히, 예측 정확도는 일정하게 유지되더라도 지연 시간의 증가나 오류율 상승과 같은 시스템적 문제를 빠르게 식별할 수 있으므로 기술적 문제뿐만 아니라 운영 전반의 품질 관리에도 중요한 역할을 한다.

모델 모니터링을 효과적으로 수행하기 위해서는 적절한 도구를 활용해야 한다. 대표적인 모니터링 도구로는 Prometheus와 Grafana가 있다. Prometheus는 시계열 데이터를 수집하고 저장하는 데 최적화된 오픈 소스 모니터링 도구로, 모델의 성능 지표를 실시간으로 수집하고 분석할 수 있다. Prometheus는 모델의 요청 수, 응답 시간, 오류율 등의 데이터를 저장하고, 특정 임곗값을 초과하는 경우 경고(alert)를 생성하게 설정할 수 있다.

Grafana는 Prometheus와 연동하여 수집된 데이터를 시각화하는 도구로, 대시보드를 통해 모델의 성능을 한눈에 확인할 수 있도록 지원한다. 모델의 정확도 변화를 그래프 형태로 표현하거나 특정 시간대별 성능 차이를 분석하는 데 활용할 수 있다. 이를 통해 모델이 특정 조건에서 성능이 저하되는지 여부를 쉽게 감지할 수 있으며, 실시간으로 성능을 추적할 수 있다.

Prometheus와 Grafana를 활용하면 모델의 운영 상태를 보다 체계적이고 효율적으로 관리할 수 있다. 예를 들어, Prometheus에서 모델의 응답 속도를 지속적으로 모니터링하고, 응답 시간이 사전에 정의한 임곗값을 초과할 경우 자동으로 알림을 생성할 수 있다. 이러한 지표를 Grafana로 시각화하면 성능 저하가 발생한 시점과 패턴을 직관적으로 파악할 수 있으며, 이상 감지 시스템과 연동하여 문제를 사전에 인지하고 대응할 수 있다. 다음 그림 7.6은 Prometheus와 Grafana를 활용한 모델 성능 모니터링 워크플로를 보여준다.

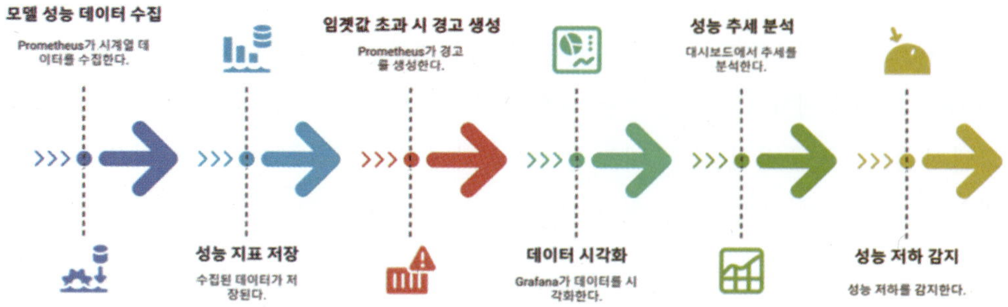

그림 7.6 모델 성능 모니터링 워크플로

모델 모니터링에서는 단순한 성능 지표뿐만 아니라 데이터의 분포 변화를 감지하는 것도 중요하다. 입력 데이터의 분포가 학습 시점과 크게 달라질 경우, 모델의 예측 정확도가 저하될 수 있으므로 통계적 특성을 정기적으로 점검하고 이상치 발생 여부를 모니터링해야 한다. 이때 **데이터 드리프트**(data drift) 감지 기법을 활용하면 효과적이다. 데이터 드리프트는 입력 데이터의 분포가 시간이 지남에 따라 점진적으로 변화하는 현상이므로, 이를 조기에 감지하면 모델 재학습이나 데이터 업데이트 시점을 적절히 판단할 수 있다.

운영 환경에서는 모델이 여러 서버에서 동시에 실행되는 경우가 많으므로 분산된 환경에서도 일관된 모니터링이 가능하도록 중앙 집중식 모니터링 시스템을 구축해야 한다. 이를 위해 **Elastic Stack(Elasticsearch, Logstash, Kibana, Beats)**과 같은 로그 분석 시스템을 활용하면 모델의 실행 로그를 수집하고 분석할 수 있다. Elastic Stack을 사용하면 모델의 예측 로그를 저장하고, 특정 조건을 만족하는 로그만 필터링하여 분석하는 것이 가능하다.

모델을 안정적으로 운영하기 위해서는 단순한 상태 점검을 넘어 성능 변화에 민감하게 반응할 수 있는 정교한 모니터링 체계가 요구된다. 모델의 성능이 사전에 정의된 임곗값 이하로 하락할 경우 자동으로 경고를 발생시키거나, 필요 시 이전 버전으로 롤백하는 자동화된 대응 시스템을 마련하는 것이 바람직하다. 또한, 모델이 배포된 이후에도 정기적으로 성능을 점검하고 재학습 여부를 판단하는 운영 프로세스를 구축해야 한다.

결론적으로, 모델 모니터링은 단순한 유지보수가 아닌, 모델의 안정성과 성능을 지속적으로 보장하기 위한 필수적인 운영 절차이다. Prometheus, Grafana, Elastic Stack 등의 도구를 활용하면 모델의 상태를 실시간으로 추적하고 이상 징후를 빠르게 감지할 수 있으며, 이를 기반으로 적절한 대응 조치를 수행할 수 있다. 체계적인 모니터링을 통해 예측 결과의 신뢰성을 확보하고, 서비스 품질을 안정적으로 유지하는 것이 중요하다.

7.3.2 모델 드리프트 감지 방법

모델이 운영 환경에서 지속적으로 높은 성능을 유지하려면 입력 데이터의 분포 변화를 감지하고 적절한 시점에 모델을 재학습하거나 교체할 수 있는 체계를 마련해야 한다. 머신러닝 모델은 학습 당시의 데이터 특성을 전제로 구축되므로, 실제 운영 중 입력되는 데이터와의 차이가 커질수록 예측 성능이 저하될 가능성이 높아진다.

이러한 성능 저하는 사전에 감지되지 않을 경우, 모델에 대한 신뢰성이 저하되고, 장기적으로는 비즈니스 의사결정 오류나 서비스 품질 저하로 이어질 수 있다. 따라서 데이터 흐름을 주기적으로 분석하고, 이상 징후나 분포 변화가 감지되었을 때 신속히 대응할 수 있는 모니터링 및 업데이트 체계를 구축하는 것이 중요하다. 이러한 성능 저하의 원인은 일반적으로 **데이터 드리프트**(data drift)와 **개념 드리프트**(concept drift)로 구분된다.

데이터 드리프트는 입력 데이터의 통계적 특성이 시간이 지남에 따라 변하는 현상으로, 예를 들어 사용자의 검색 행동이 계절에 따라 달라지거나 센서 장비의 교체로 측정값의 분포가 바뀌는 경우가 이에 해당한다. 반면 개념 드리프트는 입력과 출력 간의 관계 자체가 변화하는 상황을 의미하며, 대표적인 사례로는 금융 사기 탐지 모델에서 새로운 사기 유형이 등장하거나 정책 변화로 인해 고객 행동 패턴이 달라지는 경우가 있다.

이 두 유형의 드리프트는 예측 정확도 저하의 원인이 다르므로, 각기 다른 관점에서 분석과 대응이 필요하다. 단순한 성능 저하만으로 근거로 드리프트를 판단하기보다는 입력 데이터 분포의 통계적 변화, 예측값의 분포 이동, 라벨과의 상관관계 변화 등을 종합적으로 분석하여 원인을 명확히 파악해야 한다. 이를 통해 불필요한 재학습이나 부적절한 모델 업데이트를 방지하고, 보다 정교하고 효율적인 모델 유지 전략을 수립할 수 있다.

데이터 드리프트를 감지하는 방법 중 하나는 입력 데이터의 통계적 특성을 지속적으로 모니터링하는 것이다. 예를 들어, 평균(mean), 분산(variance), 표준편차(standard deviation) 등의 통곗값을 주기적으로 계산하고, 과거 데이터와 비교하여 일정 임곗값을 초과하는지를 확인할 수 있다.

또한, **쿨백-라이블러 발산**(Kullback-Leibler Divergence, KL Divergence)[10]이나 **옌센-섀넌 발산**(Jensen-Shannon Divergence, JS Divergence)[11]과 같은 거리 기반 측정 기법을 사용하면 현재 데이터와 과거 데이터 간의 차이를 정량적으로 분석할 수 있다. 이러한 방법을 적용하면 데이터 분포 변화가 얼마나 심각한지 판단할 수 있으며, 임곗값을 초과하는 경우 모델 업데이트가 필요할 가능성이 높다.

또 다른 데이터 드리프트 감지 방법은 가설 검정을 활용하는 것이다. **콜모고로프-스미르노프 검정**(Kolmogorov-Smirnov Test, KS Test)[12] 같은 가설 검정 기법을 활용하면 데이터의 분포가 유의미하게 변했는지를 평가할 수 있다. 이 검정 방법은 샘플 데이터가 충분할 경우 효과적으로 데이터의 변화 여부를 감지할 수 있다. 추가적으로 **카이제곱 검정**(Chi-Square Test)을 활용하여 범주형 데이터의 분포 변화를 평가할 수도 있다. 이러한 방법들은 입력 데이터가 변하는 시점을 조기에 감지하고, 필요할 때 모델을 재학습할 수 있도록 돕는다.

개념 드리프트 감지는 데이터 드리프트보다 다소 복잡한 과정이 필요하다. 모델의 출력값이 일정한 패턴을 유지하는지를 분석하면 개념 드리프트를 감지할 수 있다. 예를 들어, 모델이 특정 클래스에 대한 예측을 점점 더 빈번하게 수행하거나, 반대로 특정 클래스의 예측 빈도가 급격히 감소하는 경우, 이는 데이터와 출력 간의 관계가 변화했음을 나타낼 수 있다. 또한, 모델의 예측 성능을 주기적으로 평가하여 성능 저하가 지속적으로 발생하는지 확인하는 것도 개념 드리프트 감지 방법 중 하나다.

모델의 예측값과 실제 정답값(레이블) 간의 오차를 지속적으로 분석하는 것은 드리프트를 감지하는 효과적인 방법 중 하나다. 특히, 일정 시점을 기준으로 예측 정확도가 점진적으로

10 두 확률분포 간의 차이를 측정하는 비대칭적인 척도다.

11 두 확률분포 간의 유사도를 측정하는 척도로, 쿨백-라이블러 발산의 비대칭성 및 무한대 값 발생 가능성 등의 단점을 보완하여 대칭적이면서 유한한 값을 가진다.

12 두 표본이 동일한 분포를 따르는지, 또는 표본이 특정 분포를 따르는지 검정하는 데 사용되는 비모수 통계적 방법이다.

하락하는 양상이 나타난다면, 이는 개념 드리프트가 발생했을 가능성을 시사한다. 이러한 변화는 모델이 최신 데이터의 특성을 더 이상 반영하지 못하고 있음을 의미하며, 성능 저하가 사전에 설정한 임곗값을 초과하는 경우 모델의 업데이트 또는 재학습이 요구된다.

또한, **피드백 루프**(feedback loop)를 활용하여 개념 드리프트를 감지할 수 있다. 피드백 루프는 모델의 예측 결과와 실제 결과(또는 사용자 반응)를 비교함으로써 예측 품질의 변화를 실시간으로 평가하는 구조다. 예를 들어 추천 시스템에서 사용자의 클릭률이 일정 기간 동안 지속적으로 감소한다면, 이는 모델이 사용자 행동 변화를 제대로 반영하지 못하고 있다는 신호일 수 있다. 이처럼 사용자 반응을 기반으로 예측 성능을 평가하면 개념 드리프트 발생 여부를 보다 직관적으로 판단할 수 있다.

모델 드리프트를 감지한 후에는 해당 정보를 체계적으로 기록하고 분석하여 적절한 대응 전략을 수립하는 것이 중요하다. 이를 위해 로그 데이터를 활용해 모델의 입력과 예측값을 시간 단위로 기록하고, 데이터 특성 및 예측 분포의 변화를 추적할 수 있다. 예측 오류율, 입력 데이터의 분포, 예측값의 이동 평균 등 다양한 지표를 시계열 형태로 수집하여 분석하면 드리프트의 시점과 원인을 보다 명확히 파악할 수 있다. 이때 Prometheus와 같은 모니터링 도구를 활용하면 지표를 실시간으로 수집하고, 설정한 임곗값을 초과할 경우 경고를 자동으로 발생시킬 수 있어 운영 효율성이 크게 향상된다.

또한, 드리프트 감지 체계를 자동화하는 것도 실시간 시스템 운영에서 중요한 고려사항이다. 데이터가 지속적으로 변화하는 환경에서는 모든 변화를 수작업으로 모니터링하고 분석하는 것이 비효율적이거나 현실적으로 불가능할 수 있다. 따라서, 데이터 분포나 성능 지표의 변화가 일정 임곗값을 초과할 경우, 모델의 재학습 또는 교체 여부를 자동으로 판단하고 실행할 수 있는 시스템이 요구된다. 이와 같은 자동화된 워크플로는 Kubeflow, MLflow 등 MLOps 프레임워크로 구현할 수 있으며, 운영자의 개입 없이도 드리프트 대응 과정을 체계적으로 관리할 수 있다.

결과적으로, 모델 드리프트 감지는 머신러닝 모델을 안정적으로 운영하기 위한 핵심 관리 활동 중 하나다. 데이터 드리프트와 개념 드리프트를 효과적으로 탐지하기 위해서는 통계적 분석 기법과 실시간 모니터링 시스템을 유기적으로 결합해야 하며, 감지된 결과를 기반으로 모델을 적시에 재학습하거나 교체하는 전략이 필요하다. 이러한 체계를 통해 모델이 항상 최신 데이터를 반영하고 비즈니스 환경 변화에 민첩하게 대응할 수 있도록 유지하는 것이 궁극적인 목표다.

7.3.3 모델 재학습 전략

모델이 운영 환경에서 지속적으로 높은 성능을 유지하려면 정기적으로 모델을 재학습하는 전략이 필요하다. 모델 재학습은 새로운 데이터가 축적됨에 따라 기존 모델이 더 이상 데이터의 최신 패턴을 반영하지 못하는 문제를 해결하는 과정이다. 데이터 드리프트와 개념 드리프트가 발생할 경우, 모델의 예측 성능이 점진적으로 저하될 수 있으며, 이를 방지하기 위해서는 적절한 재학습 주기와 자동화된 재학습 시스템을 구축하는 것이 중요하다.

모델 재학습의 주기를 결정하는 것은 데이터의 변화 속도와 모델의 복잡도에 따라 달라질 수 있다. 데이터가 빠르게 변화하는 환경에서는 짧은 주기로 모델을 재학습해야 하며, 상대적으로 변화가 적은 환경에서는 재학습 주기를 길게 설정할 수도 있다.

예를 들어, 사용자 행동 패턴이 자주 변하는 온라인 광고 추천 시스템은 수시간 단위로 모델을 업데이트할 수 있지만, 비교적 안정적인 금융 신용 평가 모델은 수개월 단위로 재학습을 수행할 수도 있다. 재학습 방식은 크게 전면 재학습과 점진적 학습으로 나눌 수 있다

전면 재학습(full retraining)은 기존 데이터를 포함한 전체 학습 데이터세트를 다시 사용하여 모델을 처음부터 재학습하는 방식이다. 이 방법은 최신 데이터뿐만 아니라 과거의 정보까지 모두 반영할 수 있어 모델의 일관성과 전체적인 예측 정확도를 확보하는 데 효과적이다. 다만, 데이터의 양이 많아질수록 학습에 소요되는 시간과 연산 자원이 크게 증가하며, 반복 주기가 짧은 환경에서는 비용 부담이 커질 수 있다.

점진적 학습(incremental learning)은 기존 모델을 유지하면서 새로운 데이터만을 기반으로 모델을 지속적으로 업데이트하는 방식이다. 이 방법은 학습 비용이 낮고, 스트리밍 데이터와 같이 실시간 업데이트가 필요한 환경에 적합하다는 장점이 있다. 그러나 일부 점진적 학습 방식은 과거 데이터를 완전히 재참조하지 않기 때문에 장기적인 데이터 분포 변화나 과거 정보의 반영이 제한될 수 있다. 이러한 경우, 시간 경과에 따라 모델의 편향이 누적되거나 성능 저하가 발생할 수 있으므로 주기적인 검증 절차와 함께 보완 전략이 필요하다.

재학습 전략을 결정할 때는 데이터의 특성과 운영 환경을 고려해야 한다. 예를 들어, 스트리밍 데이터 환경에서는 새로운 데이터가 지속적으로 유입되므로 점진적 학습을 활용하는 것이 효율적일 수 있다. 반면, 정적 데이터 환경에서는 일정 주기마다 전면 재학습을 수행하는 것이 적절할 수 있다. 또한, 재학습 주기를 자동으로 조정하는 방법도 고려할 수 있다. 예를 들어, 모델의 성능이 특정 임곗값 이하로 떨어질 경우 자동으로 재학습을 수행하는 트리거 기반 방식이 효과적일 수 있다.

모델 재학습의 효과를 극대화하기 위해서는 학습 데이터의 품질을 지속적으로 관리하는 것이 중요하다. 노이즈가 포함된 데이터나 이상치가 많은 데이터가 학습에 사용되면 모델 성능이 저하될 수 있으므로, 데이터 정제 과정을 철저히 수행해야 한다. 또한, 새로운 데이터가 기존 데이터와 일관성을 유지하는지 확인하는 데이터 검증 과정도 필요하다. 이를 위해 데이터 스키마 검증(data schema validation)이나 데이터 품질 지표를 활용할 수 있다.

모델 재학습을 자동화하기 위해서는 MLOps 도구를 활용하는 것이 효과적이다. MLflow, Kubeflow, TFX(TensorFlow Extended)와 같은 도구를 사용하면 모델의 학습, 배포, 모니터링, 재학습을 체계적으로 관리할 수 있다. 특히, **CI/CD(Continuous Integration/Continuous Deployment)** 파이프라인을 구축하면 모델의 성능을 자동으로 평가하고, 성능이 일정 기준 이하로 떨어지면 재학습을 수행하는 자동화된 프로세스를 설정할 수 있다. 이를 통해 운영 중인 모델을 지속적으로 최신 상태로 유지할 수 있다.

재학습을 수행할 때는 모델의 버전 관리도 함께 고려해야 한다. 새로운 모델을 배포할 때 기존 모델을 대체하는 방식이 아닌, 새로운 모델을 점진적으로 적용하는 전략을 활용하면 안정성을 높일 수 있다. 예를 들어, 청록 배포 방식을 활용하면 기존 모델과 새로운 모델을 병렬로 운영한 후, 성능이 검증되면 새로운 모델로 전환할 수 있다. 또한, 카나리아 배포 방식을 적용하면 일정 비율의 사용자에게만 새로운 모델을 제공하고, 성능이 확인된 후 점진적으로 확대할 수 있다. 또한, 이러한 방식은 재학습된 모델이 실제 환경에서 안정적으로 동작하는지 확인하는 데 유용하다.

재학습된 모델이 기존 모델보다 성능이 낮다면 기존 모델을 유지하는 것이 바람직하다. 이를 위해 A/B 테스트를 활용하여 새로운 모델과 기존 모델의 성능을 비교할 수 있다. A/B 테스트를 통해 새로운 모델이 유의미하게 성능이 개선되었는지 검증한 후, 실제 운영 환경에 적용할 수 있다. 또한, 여러 버전의 모델을 병렬로 운영하고, 특정 조건에서 가장 성능이 좋은 모델을 선택하는 **멀티 암드 밴딧(multi-armed bandit)** 알고리즘을 적용할 수도 있다.

모델 재학습은 운영 환경에서 모델의 성능을 지속적으로 유지하고 개선하는 중요한 과정이다. 데이터의 변화 속도와 시스템의 특성을 고려하여 적절한 재학습 주기를 설정하고, 전면 재학습과 점진적 학습을 상황에 맞게 조합해 최적의 전략을 수립해야 한다. 또한, 데이터 품질을 철저히 관리하고, 재학습 과정의 자동화를 통해 운영 효율성을 높여야 한다. 이와 함께, 모델 버전 관리 및 배포 전략을 체계적으로 병행하면 보다 안정적인 모델 운영이 가능하며, 이를 바탕으로 신뢰성 있는 데이터 기반 의사결정을 지속적으로 지원할 수 있다.

7.4 _ CI/CD와 MLOps

머신러닝 모델을 개발하는 과정에서 단순히 높은 성능의 모델을 만드는 것만으로는 충분하지 않다. 실제 서비스 환경에서는 모델을 안정적으로 운영하고, 변경 사항을 신속하게 반영할 수 있는 자동화된 배포 체계가 필요하다. 이를 위해 소프트웨어 엔지니어링 분야에서는 **CI/CD(Continuous Integration/Continuous Deployment)** 파이프라인을 통해 코드의 빌드, 테스트, 배포 과정을 자동화하는 방식이 이미 널리 활용되고 있다. 그러나 머신러닝 시스템은 코드 외에도 데이터, 모델 아티팩트, 실험 결과, 실행 환경 등 복잡한 요소를 포함하고 있기 때문에, 전통적인 CI/CD만으로는 머신러닝 워크플로 전반을 관리하기에 한계가 존재한다.

이러한 복잡성을 해결하기 위해 등장한 개념이 **MLOps(Machine Learning Operations)**다. MLOps는 머신러닝의 모델 개발, 학습, 검증, 배포, 모니터링, 재학습까지의 전 과정을 자동화하고 체계화하는 운영 프레임워크다. MLOps는 DevOps와 유사해 보일 수 있지만, 적용 대상과 중점 영역에서 뚜렷한 차이를 가진다. DevOps가 주로 코드 변경과 배포 자동화에 중점을 두는 반면, MLOps는 데이터 관리, 모델 버전 관리, 실험 추적, 자동 재학습 등 머신러닝 모델 운영에 특화된 기능을 포함한다. 이를 통해 모델의 재현성과 추적 가능성을 확보하고, 운영 안정성을 높일 수 있으며, 모델 성능 저하나 데이터 드리프트와 같은 문제에도 보다 유연하게 대응할 수 있다.

전통적인 CI/CD 파이프라인은 머신러닝 프로젝트에서도 여전히 유용하게 활용되지만, 그것만으로는 모델 개발의 전체 라이프사이클을 충분히 포괄하기 어렵다. 예를 들어, 코드 변경 사항은 효과적으로 추적할 수 있으나, 데이터 변경에 따른 모델 품질 변화, 재학습 여부의 결정, 배포된 모델의 성능 모니터링 등은 지원하지 않는다. 따라서 MLOps는 기존 CI/CD 체계를 보완하고, 모델 중심의 자동화 및 관리 기능을 통합하는 방식으로 구현되어야 한다.

CI/CD와 MLOps는 상호 보완적인 관계로, 함께 통합하여 운영할 때 시너지를 극대화할 수 있다. CI/CD는 개발된 코드를 자동으로 테스트하고 배포하는 일련의 과정을 관리하며, MLOps는 학습된 모델과 관련된 모든 아티팩트(데이터, 파라미터, 성능 지표 등)를 추적하고 관리한다. 또한, 주기적인 모델 성능 평가 결과를 기반으로 재학습 트리거를 자동화하거나 버전 간 비교를 통한 최적 모델 선택과 같은 고급 운영 기능도 구현할 수 있다. 결과적으로 모델의 최신성과 일관성을 유지하며, 운영 중 문제 발생 시 빠르게 대응할 수 있는 구조를 갖추게 된다.

MLOps의 도입은 단순한 자동화 수준을 넘어, 모델 운영의 복잡성을 줄이고 시스템 전반의 오류 가능성을 최소화하는 기반을 마련한다. 이는 데이터 기반 서비스의 신뢰성을 높이는 데에도 기여한다. 특히, 실시간 처리나 고빈도 배포가 요구되는 환경에서는 이러한 체계적인 운영 프레임워크의 유무가 프로젝트의 성패를 좌우할 수 있다. 따라서 MLOps는 단순한 기술 도입이 아니라, 데이터 사이언스 프로젝트의 확장성과 지속 가능성을 확보하기 위한 전략적 요소로 인식되어야 한다.

7.4.1 CI/CD 파이프라인

CI/CD(Continuous Integration/Continuous Deployment) 파이프라인은 소프트웨어 개발 및 배포 과정의 자동화를 목적으로 하는 체계적인 프로세스이다. **지속적 통합**(Continuous Integration, CI)은 개발자들이 코드 변경 사항을 자주 병합하고 자동화된 빌드 및 테스트를 수행하여 코드의 품질을 유지하는 과정이다. **지속적 배포**(Continuous Deployment, CD)는 테스트를 통과한 코드를 프로덕션 환경에 자동으로 배포하는 단계까지 포함하는 개념이다. 이를 통해 개발자는 코드 수정이 빠르게 반영될 수 있도록 하며, 수작업을 최소화하여 운영의 안정성을 높일 수 있다.

CI/CD 파이프라인은 일반적으로 세 가지 주요 단계로 구성된다. 첫 번째는 코드 변경 사항을 감지하고 빌드(build)를 수행하는 단계이며, 두 번째는 테스트(test)를 진행하는 단계, 세 번째는 최종 배포(deployment)를 실행하는 단계이다.

초기 단계에서는 코드의 버전 관리 시스템을 기반으로 자동화가 이루어진다. 개발자가 Git과 같은 버전 관리 도구를 통해 코드 저장소에 변경 사항을 푸시(push)하면, 빌드 프로세스가 자동으로 시작된다. 빌드 과정에서는 코드가 실행 가능한 상태로 변환되며, 이때 의존성 관리와 컴파일 등의 절차가 포함된다.

이후 테스트 단계에서는 변경된 코드가 의도한 대로 정상 작동하는지 검증하기 위한 자동화 테스트가 수행된다. 대표적으로 유닛 테스트(unit test), 통합 테스트(integration test), 성능 테스트(performance test) 등이 포함되며, 이는 코드 변경이 기존 기능에 미치는 영향을 최소화하기 위한 핵심 절차로 간주된다.

마지막으로 배포 단계에서는 빌드와 테스트를 모두 통과한 코드가 실제 운영 환경에 반영된다. 이때 자동화 수준에 따라 두 가지 방식으로 구분된다. 하나는 **지속적 제공(Continuous Delivery, CD)**으로, 배포 직전까지의 과정을 자동화하지만 최종 배포 여부는 운영자가 수동으로 결정한다. 다른 하나는 **지속적 배포(Continuous Deployment, CD)**로, 모든 검증 절차를 통과한 변경 사항이 별도의 승인 없이 운영 환경까지 자동으로 반영되는 완전 자동화 방식이다.

운영 환경에 코드나 기능이 반영된 이후에는 실제 시스템에서 변경 사항이 의도한 대로 정상 작동하는지를 확인하기 위한 모니터링 및 검증 단계가 추가될 수 있다. 이는 자동화된 테스트를 보완하고 운영 중 발생할 수 있는 예외 상황이나 성능 저하 여부를 점검하는 데 중요한 역할을 한다. CI/CD 파이프라인을 구축할 때는 다양한 자동화 도구를 활용할 수 있으며, 그중 대표적인 예로 Jenkins, GitLab CI/CD, CircleCI 등이 있다.

Jenkins는 오픈소스 기반의 CI/CD 도구로, 높은 유연성과 확장성을 제공한다. 수천 개 이상의 플러그인을 통해 빌드, 테스트, 배포 과정을 세밀하게 구성할 수 있으며, 커스터마이징이 자유롭다는 장점이 있다. 다만, 초기 설정이 복잡하고, 유지관리 부담이 크다는 단점이 있다.

GitLab CI/CD는 GitLab 플랫폼과 통합된 형태로 제공되며, 코드 저장소와의 밀접한 연동을 바탕으로 브랜치 전략, 머지 요청, 이슈 트래킹 등과 연계한 워크플로를 구현할 수 있다. 기본적인 CI/CD 기능은 물론, **DevSecOps**[13]와 연계한 보안 검사 기능도 지원되어 협업 중심의 환경에 적합하다.

CircleCI는 클라우드 기반의 CI/CD 서비스로, 빠른 설정과 자동 확장성을 제공하는 것이 특징이다. 사용자는 복잡한 인프라 설정 없이 CI/CD 환경을 빠르게 구축할 수 있으며, **서비스형 소프트웨어(Software as a Service, SaaS)**[14] 형태로 운영되기 때문에 자체 서버를 관리할 필요가 없다. 단, 커스터마이징 측면에서는 Jenkins에 비해 제약이 있을 수 있다.

이처럼 각 도구는 기능적 강점과 한계가 뚜렷하므로, 프로젝트의 규모, 팀의 기술 역량, 배포 빈도와 보안 요구사항 등을 고려하여 적절한 CI/CD 도구를 선택하는 것이 중요하다.

CI/CD 파이프라인을 설계할 때는 여러 가지 요소를 고려해야 한다. 코드 변경이 자주 발생하는 프로젝트에서는 빠른 테스트와 배포가 가능하도록 경량화된 파이프라인을 구성하는 것이 중요하다. 반면, 안정성이 중요한 프로젝트에서는 철저한 테스트 단계를 포함하고, 점진적 배포(rolling update)나 청록 배포(blue-green deployment) 등의 전략을 적용할 필요가 있다.

또한, CI/CD 환경에서의 보안은 시스템 전체의 안정성과 직결되는 핵심 요소다. 배포 파이프라인에 접근하는 사용자의 권한을 체계적으로 관리하고, 인증 절차를 강화하여 무단 접근이나 불필요한 코드 변경이 발생하지 않도록 해야 한다. 특히, 코드 변경 사항이 승인 절차 없이 운영 환경에 반영되는 것을 방지하기 위해 롤 기반 접근 제어(RBAC)와 같은 권한 관리 체계를 도입하는 것이 효과적이다.

아울러 테스트 환경과 운영 환경을 명확히 분리하여 개발용 코드나 실험적 기능이 실수로 프로덕션에 배포되는 상황을 방지해야 한다. 환경 변수, 데이터베이스, API 엔드포인트 등도 환경별로 분리하고, 배포 대상에 따라 적절한 검증 절차를 마련하는 것이 바람직하다.

13 개발(Dev), 보안(Sec), 운영(Ops)을 통합하여 소프트웨어 개발 전 과정에 보안을 내재화하고 자동화하는 문화 및 접근 방식

14 사용자가 소프트웨어를 직접 설치하거나 관리할 필요 없이 인터넷을 통해 소프트웨어를 구독 형태로 제공받아 사용하는 서비스 모델

이를 통해 배포의 신뢰성과 일관성을 높이고, 운영 중 발생할 수 있는 보안 사고를 사전에 예방할 수 있다.

CI/CD를 도입하면 개발 속도 향상, 코드 안정성 확보, 운영 자동화를 통한 인적 오류 감소 효과를 얻을 수 있다. 이는 개발팀과 운영팀 간 협업을 강화하고, 빠르고 안정적인 서비스 제공을 가능하게 한다. 또한 CI/CD를 적절히 활용하면 지속적인 개선과 품질 유지가 가능하며, 데이터 기반 시스템의 신뢰성을 높이는 데도 크게 기여한다.

CI/CD는 소프트웨어 개발뿐만 아니라 머신러닝 모델 운영에도 활용될 수 있다. 모델 학습 과정이 완료되면 새로운 모델을 자동으로 배포하고, 기존 모델과 성능을 비교한 후 최적의 모델을 유지하는 방식으로 확장할 수 있다. 이를 통해 모델 운영의 효율성을 높이고, 변경 사항을 신속하게 반영할 수 있다.

7.4.2 MLOps

MLOps(Machine Learning Operations)는 머신러닝 모델의 개발, 학습, 배포, 운영 및 재학습까지 전 과정을 체계적으로 관리하는 프레임워크이자 프로세스다. 이는 전통적인 소프트웨어 개발의 DevOps 개념을 머신러닝 환경에 특화되도록 확장한 형태로, 코드뿐 아니라 데이터, 모델 아티팩트, 실험 결과 등 다양한 요소를 통합적으로 다룬다. MLOps는 모델을 지속적으로 개선하고, 실제 운영 환경에서도 안정적으로 서비스할 수 있도록 지원하는 것을 핵심 목표로 한다.

DevOps가 코드 변경의 통합 및 배포 자동화에 중점을 두는 반면, MLOps는 데이터 버전 관리, 실험 추적, 모델 성능 모니터링, 자동 재학습 등의 기능을 포함하여 머신러닝의 반복적이고 불확실한 특성을 효과적으로 제어하는 데 초점을 둔다. 이러한 체계를 통해 데이터 사이언티스트와 엔지니어는 모델 개발부터 배포에 이르는 전체 과정을 신속하고 일관되게 운영할 수 있으며, 배포 이후 발생할 수 있는 성능 저하나 데이터 변화에도 유연하게 대응할 수 있다.

MLOps의 도입은 단순한 자동화 이상으로, 모델의 재현성, 안정성, 신뢰성을 확보하고, 반복 가능한 워크플로를 통해 협업 효율성을 향상시키는 데 기여한다. 결과적으로 데이터 기반 제품과 서비스의 품질을 안정적으로 유지하면서도 운영 효율을 향상시키는 기반을 마련할 수 있다. 이러한 MLOps는 데이터 관리, 모델 개발, 모델 배포, 운영 모니터링이라는 네 가지 핵심 구성 요소로 이루어진다.

데이터 관리 단계에서는 학습 데이터의 품질을 지속적으로 유지하고, 데이터 버전 관리를 통해 모델이 언제, 어떤 데이터를 기반으로 학습되었는지를 추적할 추적할 수 있도록 구성한다. 이를 통해 모델이 신뢰 가능한 데이터에 기반하여 학습되었는지 검증할 수 있으며, 데이터 변경이 모델 성능에 미치는 영향을 정량적으로 분석할 수 있다.

모델 개발 단계에서는 실험을 반복적으로 수행하면서 코드, 하이퍼파라미터, 데이터 구성 등을 기록하고 관리한다. 실험의 자동화와 추적을 통해 개발 생산성과 협업 효율성이 크게 향상되며, 모델의 성능 최적화 과정이 보다 체계적으로 이루어진다.

모델 배포 단계는 학습된 모델을 안정적으로 운영 환경에 반영하는 과정이다. 단순히 모델을 배포하는 것에 그치지 않고, 새로운 입력 데이터에 대해서도 일관된 성능을 유지하는지 지속적으로 검증해야 한다. 예측 정확도의 하락이나 데이터 드리프트와 같은 이상 징후가 발생할 경우, 사전에 정의된 조건에 따라 자동 재학습이나 롤백이 이루어질 수 있도록 설계하는 것이 바람직하다.

운영 모니터링 단계에서는 예측 성능의 변화, 리소스 사용량(CPU, 메모리 등), 예측 지연 시간, 데이터 분포 변화 등을 실시간으로 수집하고 분석한다. 이를 통해 모델의 성능 저하와 시스템 과부하를 조기에 감지하고, 운영 환경의 안정성을 지속적으로 유지할 수 있다.

머신러닝 모델은 일회성 개발로 끝나는 것이 아니라, 지속적인 관리가 요구되는 시스템이다. 운영 환경에서 입력 데이터의 특성이 변화할 경우 모델의 성능이 저하될 수 있으며, 이러한 변화를 인지하지 못하면 심각한 비즈니스 리스크로 이어질 수 있다.

MLOps는 이러한 문제를 예방하기 위해 데이터 버전 관리, 성능 모니터링, 재학습 자동화, 배포 이력 관리 등 일련의 기능을 통합 제공한다. 또한, 실험 및 배포 결과를 체계적으로 기록함으로써 모델 개발의 **재현성(reproducibility)**과 **추적 가능성(traceability)**을 확보할 수 있다. 다음 그림 7.7은 이러한 MLOps 파이프라인의 구성 요소와 흐름을 시각적으로 보여준다.

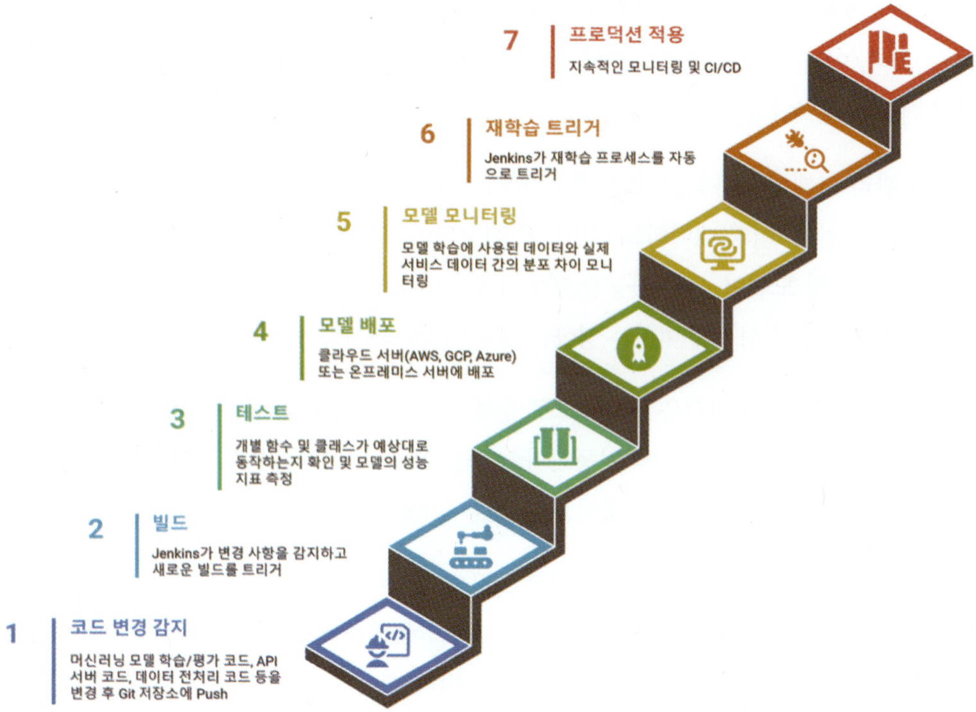

그림 7.7 MLOps 파이프라인

전통적인 머신러닝 개발 프로세스에서는 데이터 사이언티스트와 엔지니어 간의 협업이 원활하지 않은 경우가 많았다. 데이터 사이언티스트는 실험을 수행하고 최적의 모델을 찾는 데 집중하는 반면, 해당 모델을 실제 시스템에 배포하고 운영하는 일은 주로 엔지니어의 책임이었다. 이러한 역할 분리는 개발과 운영 간의 단절을 초래할 수 있으며, 전체 워크플로의 비효율성을 야기하기도 한다. MLOps는 이러한 문제를 해소하고자 등장한 개념으로 모델 개발부터 배포, 운영까지의 전 과정을 자동화된 파이프라인으로 연결한다. 이를 통해 모델이 보다 신속하게 운영 환경에 반영될 수 있으며, 데이터 사이언티스트는 모델 개발에 집중하고, 엔지니어는 안정적인 서비스 운영을 책임지는 구조를 정립할 수 있다.

MLOps는 데이터 사이언티스트와 엔지니어 간의 협업을 원활하게 하고, 모델의 개발부터 운영까지의 과정을 자동화함으로써 업무 효율성을 크게 향상시킨다. 이러한 일관된 파이프라인이 없다면, 모델이 어떤 데이터로 학습되었는지, 어느 시점의 실험 결과를 반영한 것인지 파악하기 어려워지고, 그로 인해 모델의 신뢰성과 재사용 가능성 또한 낮아질 수 있다.

MLOps는 모델의 학습 과정, 하이퍼파라미터 설정, 실험 결과 등을 체계적으로 기록하고 관리하여 이러한 문제를 방지한다. 이를 통해 동일한 실험을 반복하지 않고도 최적의 모델을 재활용할 수 있으며, 모델 변경 이력을 손쉽게 추적할 수 있다.

확장성 역시 MLOps가 해결해야 할 중요한 문제 중 하나다. 머신러닝 모델은 연구 단계에서는 작은 데이터세트와 간단한 환경에서 개발되지만, 실제 운영에서는 대규모 데이터를 처리하고 다양한 요청을 처리해야 한다. MLOps는 **오토 스케일링**(auto scaling), **분산 학습**(distributed training), **컨테이너화**(containerization) 등의 기술을 활용하여 모델이 대량의 요청을 효율적으로 처리할 수 있도록 돕는다.

MLOps 환경에서는 지속적인 모니터링과 피드백 루프가 필수적이다. 모델이 운영 환경에서 기대한 성능을 발휘하지 못하는 경우, 이를 즉시 감지하고 새로운 모델을 배포하는 과정이 필요하다. 이를 위해 앞서 다룬 Prometheus, Grafana, Elastic Stack과 같은 모니터링 도구가 활용되며, 모델의 예측 성능을 실시간으로 분석하고 문제 발생 시 신속하게 대응할 수 있도록 한다.

MLOps는 머신러닝을 활용하는 조직에게 점점 더 필수적인 요소로 자리잡고 있다. 모델이 연구 단계에서 높은 성능을 보였더라도 실제 운영 환경에서는 예상치 못한 데이터 변화가 발생할 수 있으며, 이러한 변화에 적절히 대응하지 않으면 비즈니스 의사결정에 부정적인 영향을 미칠 수 있다. MLOps는 이러한 위험을 줄이고, 신뢰할 수 있는 모델 운영을 가능하게 한다.

결국 MLOps는 단순한 자동화 도구가 아닌, 조직의 머신러닝 활용 능력을 극대화하는 전략적 접근 방식이다. 데이터 흐름을 효율적으로 관리하고, 모델을 안정적으로 배포하며, 운영 과정에서 발생하는 문제를 신속하게 해결할 수 있도록 지원한다. 이를 통해 기업은 머신러닝을 더 빠르고 일관되게 실무에 적용하고, 데이터 기반 의사결정의 품질과 대응력을 높일 수 있다.

7.4.3 MLOps 플랫폼

MLOps를 효과적으로 구현하려면, 조직의 요구에 부합하는 적절한 플랫폼을 선택하는 것이 중요하다. MLOps 플랫폼은 모델의 개발, 배포, 운영 전 과정을 자동화하고 통합적으로 관리할 수 있도록 지원한다. 대표적인 플랫폼으로는 Kubeflow, MLflow, AWS SageMaker 등이 있으며, 각 솔루션은 기능적 특성과 적용 사례에서 차이를 보인다.

Kubeflow는 Kubernetes[15] 기반의 MLOps 플랫폼으로, 대규모 머신러닝 워크로드를 효율적으로 관리할 수 있도록 설계되었다. 이 플랫폼은 모델 학습, 배포, 모니터링을 컨테이너화하여 실행하며, 다중 노드를 활용한 분산 학습을 지원한다. Kubeflow는 특히 클라우드 환경에서 확장성이 뛰어나며, 대규모 데이터 처리를 필요로 하는 기업에서 많이 사용된다. 또한, TFX(TensorFlow Extended)와의 통합이 용이하여 데이터 파이프라인 구축과 모델 배포를 원활하게 수행할 수 있다.

MLflow는 모델 실험 관리와 버전 관리를 주요 기능으로 제공하는 플랫폼이다. 데이터 사이언티스트가 다양한 모델을 실험하고 그 결과를 체계적으로 관리할 수 있도록 돕는 역할을 하며, 모델의 재현성을 높인다는 강점이 있다. MLflow는 크게 네 가지 주요 기능을 제공하는데, **실험 추적**(tracking), **모델 관리**(models), **프로젝트 관리**(projects), **모델 배포**(registry)가 포함된다. 이러한 기능을 통해 연구 단계에서 생성된 모델을 손쉽게 운영 환경으로 이전할 수 있으며, 다양한 프레임워크와 호환되어 유연한 사용이 가능하다.

AWS SageMaker는 기반의 관리형 머신러닝 플랫폼으로 PaaS(Platform as a Service)[16] 와 SaaS(Software as a Service)의 중간 성격을 갖는다. 모델 개발부터 학습, 배포까지 전 과정을 지원하며, 이를 자동화할 수 있는 다양한 기능을 제공한다. AWS 인프라 위에서 운영되며, 사용자는 복잡한 환경 설정 없이도 머신러닝 모델을 손쉽게 구축할 수 있다. 또한, AutoML 기능인 SageMaker Autopilot을 통해 머신러닝 경험이 부족한 사용자도 효과적으로 모델을 학습시키고 최적화할 수 있다. 서버리스 인퍼런스 옵션을 포함한 유연한 배포 방식과 온디맨드 기반의 과금 모델을 통해 리소스 사용과 비용을 효율적으로 관리할 수 있다.

15 Docker와 같은 컨테이너화된 애플리케이션의 배포, 관리, 확장을 자동화하는 오픈 소스 플랫폼
16 애플리케이션 개발과 배포에 필요한 플랫폼(운영체제, 런타임, 데이터베이스 등)을 제공하는 서비스

각 플랫폼은 서로 다른 강점을 가지고 있기 때문에 조직의 요구사항에 따라 적절한 솔루션을 선택하는 것이 중요하다. Kubeflow는 대규모 데이터와 복잡한 머신러닝 파이프라인을 다루는 경우에 적합하며, 클라우드 및 온프레미스 환경에서 Kubernetes를 활용하고자 하는 기업에게 유리하다. 반면, MLflow는 모델 실험과 버전 관리가 중요한 프로젝트에서 강점을 발휘하며, 다양한 환경에서 유연하게 활용할 수 있다. AWS SageMaker는 클라우드 기반의 완전 관리형 서비스를 선호하는 기업에게 적합하며, 빠른 모델 개발과 배포가 필요한 경우에 유용하다.

Kubeflow는 기본적으로 Kubernetes 환경이 필요하기 때문에 초기 설정이 다소 복잡할 수 있으며, DevOps와 데이터 엔지니어링 지식이 요구된다. 반면 MLflow는 상대적으로 간단한 설정으로 시작할 수 있으며, 로컬 및 클라우드 환경에서 모두 활용할 수 있어 유연성이 뛰어나다. AWS SageMaker는 별도의 인프라 구축 없이 손쉽게 사용할 수 있지만, AWS 환경에 종속될 가능성이 있어 **벤더 락인**(vendor lock-in)[17] 문제가 발생할 수 있다.

확장성과 운영 비용은 MLOps 플랫폼 선택 시 고려해야 할 중요한 요소다. Kubeflow는 Kubernetes 기반으로 설계되어 높은 확장성과 유연성을 제공하지만, 클러스터 유지관리, 자원 최적화, 보안 구성 등의 작업이 필요하므로 DevOps 인프라 운영 역량이 요구되며, 이에 따라 운영 비용이 상대적으로 높아질 수 있다.

MLflow는 경량화된 구조를 갖추고 있어 로컬 환경 또는 소규모 프로젝트에 적합하며, 별도의 클라우드 인프라 없이도 실험 추적, 모델 관리 등을 수행할 수 있어 비용 효율성이 높다. 다만, 대규모 분산 학습 환경에서는 인프라 확장 또는 추가 구성 요소와의 통합이 필요할 수 있다.

SageMaker는 AWS에서 제공하는 완전관리형 머신러닝 플랫폼으로, 온디맨드 방식의 요금 체계를 통해 초기 운영 비용을 절감할 수 있다. 하지만 장기간에 걸쳐 고성능 인스턴스를 사용하거나 대규모 모델을 반복 학습하는 경우, 누적 비용이 상당해질 수 있으므로 사용량 기반의 비용 계획이 중요하다.

17 특정 공급업체의 기술이나 서비스에 종속되어 다른 공급업체로 전환하기 어렵게 되는 현상

MLOps 플랫폼을 선택할 때는 팀의 기술 역량, 보유 인프라, 예산 수준, 프로젝트의 목적 및 요구사항을 종합적으로 고려해야 한다. 예를 들어, 대규모 데이터 처리와 높은 확장성이 중요한 프로젝트에는 Kubeflow가 적합하다. Kubernetes 기반의 아키텍처는 다소 복잡하지만, 유연한 분산 처리를 가능하게 하며 정교한 파이프라인 구성이 가능하다. 특히 컨테이너 기반 워크플로를 자동화할 수 있어, 대규모 팀이나 엔터프라이즈 환경에 적합하다.

반면, 모델 실험 추적, 버전 관리, 비교에 중점을 두는 팀이라면 MLflow가 효율적인 선택이 될 수 있다. 오픈소스 기반의 경량 플랫폼으로, 설치와 활용이 간단하며 다양한 머신러닝 프레임워크와 호환된다. 실험 결과를 기록하고 비교하는 기능이 뛰어나며, 모델 아티팩트 관리 및 재현성을 보장할 수 있는 기능도 갖추고 있다.

빠른 프로토타이핑, 배포 자동화, 클라우드 자원 활용이 핵심인 환경에서는 SageMaker가 유리하다. 특히 클라우드 네이티브 기반의 개발 문화를 갖춘 조직이나 DevOps 인프라가 부족한 팀에게는 완전관리형 서비스인 SageMaker가 높은 생산성과 안정성을 제공할 수 있다.

결국 MLOps 플랫폼의 선택은 단순한 기능 비교에만 의존해서는 안 되며, 운영 환경, 팀의 기술 성숙도, 프로젝트의 장기적인 전략까지 종합적으로 고려한 의사결정이 필요하다. 특정 플랫폼 하나만을 고집하기보다는 역할에 따라 여러 플랫폼을 조합해 사용하는 전략도 효과적이다. 예를 들어, MLflow를 활용하여 실험 및 모델 버전을 체계적으로 관리하고, Kubeflow를 통해 학습 파이프라인과 대규모 배포 환경을 구성하는 방식은 실무에서 점점 보편화되고 있다.

이처럼 유연한 아키텍처 구성은 조직의 MLOps 운영 효율을 높이고 데이터 사이언스 역량을 확장하는 데 기여할 수 있다. 다음 표 7.3은 이러한 주요 MLOps 플랫폼의 특징과 활용 방향을 요약한 것이다.

표 7.3 MLOps 플랫폼

플랫폼	특징	장점	단점	활용 사례
Kubeflow	Kubernetes 기반 대규모 머신러닝 워크로드 관리	뛰어난 확장성 분산 학습 지원 TensorFlow Extended(TFX)와 용이한 통합	복잡한 초기 설정 DevOps/데이터 엔지니어링 지식 필요 상대적으로 높은 운영 비용	대규모 데이터 처리 복잡한 머신러닝 파이프라인 클라우드/온프레미스 Kubernetes 활용 기업
MLflow	모델 실험 관리 버전 관리	모델 재현성 다양한 프레임워크 호환 유연한 사용 간단한 설정 로컬/클라우드 환경 지원 비용 효율성	Kubeflow, SageMaker 대비 기능 제한적 대규모 워크로드에 대한 확장성 고려 필요	모델 실험 및 버전 관리가 중요한 프로젝트 다양한 환경에서 유연한 활용이 필요한 경우
AWS SageMaker	클라우드 기반 종합적인 MLOps 플랫폼 모델 개발부터 배포까지 자동화	편리한 사용 및 다양한 도구 제공 AutoML 기능 서버리스 모델 배포 온디맨드 방식의 비용 모델	AWS 클라우드 환경 종속 대규모 모델 학습/장기 사용 시 비용 증가 가능성	빠른 모델 개발 및 배포 클라우드 네이티브 환경 선호 완전 관리형 서비스 선호

7.4.4 MLOps 파이프라인 설계 및 구축 전략

MLOps 파이프라인을 설계하고 구축하는 과정은 단순한 모델 개발에 그치지 않고, 데이터 수집과 전처리, 학습, 검증, 배포, 모니터링, 재학습까지의 전체 운영 흐름을 자동화하는 것에 그 목적이 있다. 이러한 자동화는 반복 작업을 줄이고 오류 발생을 방지할 수 있으며, 모델 성능을 지속적으로 개선할 수 있다.

특히 머신러닝 모델은 입력 데이터 변화에 민감하므로 지속적인 성능 관리가 중요하다. 중·대규모 운영 환경에서는 이러한 관리를 자동화할 수 있는 파이프라인의 구축의 중요성이 커지고 있다. 파이프라인 설계 시 고려해야 할 핵심 요소로는 데이터 버전 관리, 실험 관리, 배포 전략, 성능 모니터링 체계 등이 있다.

가장 우선적으로 고려해야 할 구성 요소는 데이터 버전 관리다. 데이터는 모델 성능에 직접적인 영향을 미치는 핵심 자산이므로, 모델 학습에 사용된 데이터가 언제, 어떤 방식으로 변경되었는지를 정확하게 추적할 수 있어야 한다. 이를 위해 **DVC(Data Version Control)** 같은 도구를 활용하면 Git 저장소와 연동하여 코드와 데이터의 변경 이력을 함께 관리할 수 있으며, 특정 시점의 데이터세트를 복원하거나 비교하는 작업이 수월해진다.

또한, 데이터의 구조와 품질을 자동으로 점검하기 위해 데이터 스키마 검증(예: Great Expectations 등)과 이상치 탐지 기능을 통합하는 것이 바람직하다. 이를 통해 잘못된 입력 데이터로 인한 모델 학습 오류를 사전에 방지할 수 있으며, 운영 중 데이터 이상 감지와 알림을 통한 조기 대응도 가능해진다.

모델 실험 관리는 머신러닝 개발 과정에서 반복적으로 이루어지는 하이퍼파라미터 튜닝, 데이터 전처리 방식 변화, 모델 구조 실험 등을 체계적으로 기록하고 관리하는 작업이다. 실험이 누적될수록 구성과 결과가 복잡해지기 때문에 이를 정리하고 비교할 수 있는 체계가 마련되지 않으면 실험 간 혼선이 발생할 수 있다. 또한 실험의 성능 변화 원인을 명확히 파악하기 어렵고, 동일한 조건에서 실험을 재현하거나 결과를 검증하는 과정에서도 불필요한 시간과 노력이 소모된다.

MLflow, WandB(Weights and Biases)와 같은 실험 관리 도구를 활용하면 실험의 메타데이터와 성능 지표를 추적하고, 과거 실험을 쉽게 재현할 수 있다. 이를 통해 동일한 데이터와 설정으로 모델을 다시 학습시키는 것이 가능하며 연구 및 개발 과정의 투명성이 높아진다.

배포 환경을 결정하는 것도 중요한 설계 요소 중 하나다. 모델을 실시간으로 제공해야 하는 경우 REST API를 활용한 실시간 서빙이 필요하며, 대량의 데이터를 주기적으로 처리해야 하는 경우 배치 처리 방식이 적합할 수 있다.

또한, 스트리밍 데이터에 대응해야 한다면 Apache Kafka 또는 Spark Structured Streaming과 같은 기술을 활용하여 스트림 처리를 지원할 수 있어야 한다. 모델 배포 환경은 온프레미스, 클라우드, 에지 디바이스 등 다양한 옵션이 있으며, 프로젝트의 특성에 따라 적절한 환경을 선택해야 한다.

MLOps 파이프라인 구축은 데이터 수집, 모델 학습, 검증, 배포, 모니터링의 단계로 구성되며, 이를 자동화하는 것이 핵심이다. 먼저, 데이터 수집 및 전처리 단계에서는 원본 데이터를 정제하고, 필요한 경우 특징 공학을 수행한 뒤, 데이터 레이크나 데이터 웨어하우스에 저장한다. 이후, 모델 학습 및 검증 단계에서는 정제된 데이터를 기반으로 모델을 학습시키고, 별도의 검증 데이터세트를 활용하여 성능을 평가한다. 이 과정에 최적의 모델을 자동으로 선택하는 기능을 추가하면 반복적인 실험 과정을 줄일 수 있으며, 전체 워크플로의 효율성을 높일 수 있다.

CI/CD 파이프라인과 MLOps 파이프라인을 연동하면 모델의 지속적인 개선과 자동화된 운영이 가능해진다. 기존의 소프트웨어 개발에서는 코드 변경 시 자동으로 빌드, 테스트, 배포가 이루어지는 CI/CD 파이프라인이 활용되는데, 머신러닝에서는 여기에 모델 학습과 검증, 배포 단계가 추가된다. 이를 위해 GitHub Actions, Jenkins, GitLab CI/CD 등의 도구를 활용하여 모델 학습이 완료되면 자동으로 성능을 검증하고, 일정 기준을 충족하면 프로덕션 환경에 배포하는 구조를 만들 수 있다.

모델 학습 및 검증 자동화는 반복적인 모델 개선을 효과적으로 수행하기 위한 핵심 구성 요소이다. 특정 조건에서 성능 저하가 발생했을 때 모델을 자동으로 재학습시키는 구조를 설계하면, 성능을 안정적으로 유지할 수 있다. 이를 위해 AutoML 기법을 도입하여 최적의 하이퍼파라미터를 자동으로 탐색하고, 실험 결과를 저장 · 관리하는 방식으로 시스템을 운영할 수 있다. 또한, 학습된 모델이 과대적합되었거나 특정 데이터 패턴을 제대로 반영하지 못하는 경우를 감지하는 기능을 포함하면, 더욱 안정적인 운영이 가능하다.

모델 배포 자동화는 학습된 모델을 신속하게 운영 환경에 반영하는 데 중요한 역할을 한다. Docker를 활용해 모델을 컨테이너화하고, Kubernetes를 기반으로 확장 가능한 배포 환경을 구성할 수 있다. 또한, A/B 테스트 방식으로 모델을 배포함으로써 새로운 버전의 성능을 기존 버전과 비교한 뒤, 일정 기준을 충족하면 점진적으로 전환하는 전략을 적용할 수 있다.

모델 모니터링 및 재학습 자동화는 장기적인 운영 안정성을 확보하는 데 필수적인 요소다. 실시간으로 입력되는 데이터의 분포가 모델 학습 시점과 달라질 경우 성능이 저하될 수 있으므로 Prometheus, Grafana 등의 모니터링 도구를 활용하여 모델의 정확도를 지속적으로 추적해야 한다. 또한, 모델 드리프트가 감지되면 자동으로 새로운 데이터를 수집하고 모델을 재학습하는 구조를 만들어야 한다. 이를 통해 운영 환경에서 발생하는 데이터 변화에 유연하게 대응할 수 있으며, 모델의 유지보수 비용을 절감할 수 있다.

MLOps 파이프라인을 설계하고 구축하는 과정은 단순한 자동화가 아니라, 지속적인 운영과 개선을 위한 체계를 마련하는 일임을 기억해야 한다. 효과적인 데이터 및 모델 관리를 위해 적절한 도구를 선택하고, 자동화된 프로세스를 구축하며, 실시간 모니터링을 통해 모델 성능을 유지하는 것이 핵심이다. 이와 같은 체계를 갖추어야 머신러닝 모델이 실험에 그치지 않고 실제 서비스에서도 안정적으로 운영될 수 있다. 다음은 MLOps 파이프라인 구축을 위한 체크리스트다.

MLOps 파이프라인 구축 체크리스트

- **데이터 관리**: 데이터 변경 추적 및 품질 검증 시스템을 구축했는가?
- **모델 관리**: 모델 실험 관리 시스템을 구축하고 추적 기능을 구현했는가?
- **배포 환경**: 모델 제공 방식 및 배포 환경을 결정했는가?
- **자동화**: 데이터 수집, 전처리, 모델 학습/검증 자동화를 구축했는가?
- **파이프라인 통합**: CI/CD 파이프라인과 MLOps 파이프라인을 연동했는가?
- **지속적 개선**: 모델 성능 저하 시 자동 재학습 구조를 설계했는가?
- **배포 자동화**: 컨테이너 기반 모델 배포 자동화를 구축했는가?
- **모니터링**: 모델 성능 모니터링 시스템을 구축하고 드리프트 감지를 설정했는가?
- **유지보수**: 자동화된 프로세스 전반에 대한 검토 및 성능 유지 전략을 확립했는가?
- **목표 정의**: MLOps 파이프라인 구축 목표와 범위를 명확히 정의했는가?

8

데이터 처리 파이프라인

8.1 _ 워크플로 설계
8.2 _ 배치 처리
8.3 _ 실시간 처리
8.4 _ 배치 처리 vs 실시간 처리

데이터 처리 파이프라인은 대규모 데이터를 체계적으로 수집, 변환, 저장, 분석하는 데 필요한 핵심 인프라다. 현대의 데이터 기반 서비스는 단순히 데이터를 저장하는 수준에 그치지 않고, 실시간 분석, 배치 처리, 머신러닝 모델 운영 등 다양한 데이터 흐름을 포함한다. 이러한 복잡한 과정을 유기적으로 연결하려면 견고하고 유연한 파이프라인 설계가 필요하며, 이는 데이터 품질을 유지하고 서비스 안정성을 확보하는 데 핵심적인 역할을 한다.

데이터 처리 파이프라인은 일반적으로 처리 시점에 따라 배치 처리와 실시간 처리로 구분된다. 배치 처리는 일정한 시간 간격으로 데이터를 일괄 처리하는 방식으로, 대량의 데이터를 효율적으로 분석하거나 보고서를 생성하는 데 적합하다. 반면, 실시간 처리는 데이터가 발생하는 즉시 처리하여 신속한 의사결정을 지원하는 방식이다. 각 방식은 장단점이 뚜렷하며, 시스템의 목적과 상황에 따라 적절한 접근 방식을 선택해야 한다.

최근에는 배치 처리와 실시간 처리의 특성을 모두 반영한 하이브리드 아키텍처가 주목받고 있다. 이러한 아키텍처는 분석 지연을 최소화하면서도 비용 효율성을 유지할 수 있다는 장점이 있다. 예를 들어, 실시간으로 들어오는 이벤트 데이터를 처리하면서도 주기적으로 데이터를 집계하여 심층적인 분석을 수행할 수 있다. 이를 통해 다양한 비즈니스 요구사항을 유연하게 수용할 수 있는 처리 구조를 설계할 수 있다.

파이프라인을 설계하고 구축하는 과정에서는 단순히 데이터를 단순한 데이터 이동뿐 아니라 품질 관리, 오류 감지, 확장성 확보, 모니터링 체계 구축 등 다양한 운영 요소를 함께 고려해야 한다. 특히 데이터가 여러 단계에 걸쳐 이동하고 처리되는 과정에서는 데이터 손실, 변형, 지연 등이 발생할 수 있으므로 이를 사전에 탐지하고 복구할 수 있는 설계가 필요하다. 따라서 데이터 흐름의 안정성을 확보하려면, 구조를 체계적으로 설계하고 이에 적합한 도구를 신중하게 선택해야 한다.

기술 스택의 선택은 데이터 처리 파이프라인의 성능과 유지보수 효율성에 직접적인 영향을 미친다. 배치 처리의 경우 Apache Airflow, Prefect, Luigi와 같은 스케줄링 도구가 주로 사용되며, 실시간 처리에는 Apache Kafka, Apache Flink, Spark Structured Streaming 등이 활용된다. 이러한 도구는 각기 다른 특성과 확장성을 가지므로 요구되는 처리량, 지연 시간, 장애 복원력 등을 고려하여 적합한 기술을 선택하고 구성해야 한다.

이번 장에서는 데이터 처리 파이프라인의 설계 및 구현 전반에 걸쳐 실무 관점에서 필요한 내용을 다룬다. 구체적으로는 워크플로 설계와 요구사항 정의부터 시작하여, 배치 처리와 실시간 처리의 구조와 도구를 비교하고, 각각의 최적화 전략을 설명한다. 마지막으로 배치와 실시간 방식을 효과적으로 결합하는 하이브리드 아키텍처의 구성 원칙에 대해 살펴본다. 이를 통해 실질적인 파이프라인 구축 역량을 갖출 수 있다.

8.1 _ 워크플로 설계

데이터 처리 파이프라인을 구축할 때 가장 먼저 고려해야 할 요소는 단순히 데이터를 전달하는 것이 아니라, 데이터가 일관되고 안정적으로 처리될 수 있도록 워크플로를 체계적으로 설계하는 것이다. 수집된 데이터가 변환되고 저장되기까지의 과정은 여러 단계로 구성된다. 각 단계의 처리 정확도와 구성 간의 연결 구조는 전체 파이프라인의 신뢰성과 직결된다. 특히 데이터 품질을 유지하면서도 성능 저하 없이 확장 가능한 구조를 설계하는 일은 데이터 기반 시스템에서 중요한 과제로 간주된다.

워크플로 설계는 데이터 흐름을 구조화하는 작업으로, 각 처리 단계에 대한 명확한 정의가 필요하다. 수집, 정제, 변환, 적재 등의 과정이 어떤 순서와 방식으로 수행될 것인지를 구체적으로 설계하고, 단계 간의 종속성도 명확히 해야 한다. 이 과정에서 병렬 처리나 조건 분기, 반복 실행 등의 로직이 포함될 수 있으며, 데이터 이동의 병목이나 누락을 방지하기 위한 설계를 고려해야 한다.

또한 데이터 처리 도중 발생할 수 있는 오류나 예외 상황에 대한 대비책 마련도 중요한 설계 항목 중 하나다. 처리 실패 시 자동 재시도, 에러 로깅, 경고 알림, 롤백 처리 등의 대응 전략을 포함시켜야 데이터의 무결성을 유지하고 운영 중단을 최소화할 수 있다. 이러한 오류 감지 및 복구 체계를 갖추는 것은 안정적인 데이터 파이프라인을 위한 필수 조건이다.

워크플로 설계 시에는 기술 스택의 선택 또한 중요한 결정 요소로 작용한다. 데이터 수집에는 Apache Kafka나 Apache Flume, 변환에는 Apache Spark나 Apache Beam, 워크플로 오케스트레이션에는 Apache Airflow, Prefect, Dagster와 같은 도구들이 활용될 수 있다. 각 도구는 서로 다른 기능적 특징과 사용 환경을 갖는다. 따라서 시스템의 규모, 데이터 특성, 팀의 역량 등을 종합적으로 고려해 가장 적절한 도구를 조합하는 것이 바람직하다.

설계된 워크플로는 실제 운영에 들어간 이후에도 지속적인 모니터링과 성능 분석이 필요하다. 처리 지연, 오류 발생 빈도, 리소스 사용률 등 다양한 지표를 기반으로 병목 구간을 식별하고 개선하는 과정이 반복되어야 한다. 이를 위해 메트릭 수집 도구와 시각화 시스템을 연동하여 파이프라인의 상태를 실시간으로 점검하고, 이상 징후 감지될 경우 신속하게 대응할 수 있는 구조를 마련해야 한다.

이번 절에서는 데이터 처리 워크플로 설계를 위한 핵심 요소들을 종합적으로 다룬다. 요구사항 정의를 시작으로 단계별 설계 방법, 기술 스택 선정 기준, 장애 대응 메커니즘, 성능 모니터링 전략까지 설계 전 과정에 필요한 내용을 폭넓게 살펴본다. 이를 통해 데이터 처리 파이프라인의 초기 설계부터 운영 최적화에 이르기까지 실무에 필요한 구조화된 접근 방식을 습득할 수 있을 것이다.

8.1.1 요구사항 정의 및 목표 설정

데이터 처리 파이프라인을 설계하기 위해서는 먼저 명확한 목표를 설정해야 한다. 파이프라인의 궁극적인 목적은 데이터에서 가치를 창출하는 것이다. 이를 위해 해결하려는 문제와 기대하는 결과를 구체적으로 정의해야 한다.

특정 **KPI(Key Performance Indicator)**를 기반으로 대시보드를 구성하거나, 추천 시스템을 학습하기 위한 데이터 전처리를 수행하는 것이 목표일 수 있다. 또한, 사기 탐지를 위한 실시간 분석 시스템을 구축하거나 로그 데이터를 수집하여 장애를 조기에 감지하는 등의 다양한 목적이 있을 수 있다. 이러한 목표가 명확히 정의되지 않으면 불필요한 데이터 처리가 발생할 수 있으며, 효율적인 파이프라인 설계와 구축 또한 어려워질 수 있다.

목표를 설정한 후에는 데이터 원천의 종류와 특성을 파악해야 한다. 데이터는 관계형 데이터베이스, NoSQL 데이터베이스, 파일 시스템, 스트리밍 데이터, 외부 API 등 다양한 형태로 존재할 수 있으며, 각 원천마다 접근 방식과 처리 방법이 다르다.

예를 들어, 로그 데이터는 주기적으로 파일로 저장되거나 스트리밍 방식으로 제공될 수 있고, 사용자 이벤트 데이터는 Apache Kafka 같은 메시지 큐를 통해 실시간으로 수집될 수 있다. 또한, 데이터의 규모는 설계 방식에 직접적인 영향을 미친다. 소규모 데이터라면 단순한 배치 처리로도 충분할 수 있지만, 데이터가 테라바이트(TB) 단위로 증가한다면 분산 처리를 고려해야 한다.

데이터에 대한 접근 방식과 처리 빈도 또한 요구사항 정의에서 중요한 고려 요소다. 데이터가 일정 주기에 따라 배치 처리되어야 하는지, 혹은 실시간으로 수집되고 분석되어야 하는지를 명확히 판단해야 한다. 예를 들어, 매일 자정에 정산 데이터를 처리해야 하는 경우에는 배치 방식이 적합할 수 있으며, 반면 사용자 행동 데이터를 기반으로 즉각적인 추천을 제공해야 하는 경우에는 실시간 처리가 요구된다.

데이터의 변경 주기와 최신성이 중요한 경우에는 **증분 로드**(incremental load) 방식이 적합할 수 있다. 이 방식은 이전 처리 이후 변경된 데이터만 선별적으로 로드함으로써, 처리 효율성을 높이고 불필요한 리소스 사용을 줄일 수 있다. 반면, 데이터 변경이 자주 발생하지 않거나 전체 데이터의 일관성을 주기적으로 재확인해야 하는 경우에는 **풀 로드**(full load) 방식이 활용될 수 있다. 이 경우 매번 전체 데이터를 다시 불러오기 때문에 리소스 소모가 크지만, 시스템 단순성과 완전성 측면에서 유리할 수 있다. 따라서 데이터의 특성과 시스템 요구사항에 따라 적절한 로드 방식을 선택하는 것이 중요하다.

성능 목표를 명확히 설정하는 것은 데이터 파이프라인 설계에서 반드시 선행되어야 할 과정이다. 파이프라인이 안정적으로 운영되기 위해서는 처리 지연 시간(latency)과 처리량(throughput)을 구체적으로 정의할 필요가 있다. 예를 들어, 실시간 데이터 분석 시스템의 경우 밀리초(ms) 단위의 응답 속도가 요구될 수 있으며, 대규모 로그 분석 시스템에서는 초당 수백만 건 이상의 데이터를 처리할 수 있는 처리량이 필요하다. 성능 목표가 불명확한 경우, 지나치게 높은 성능을 추구해 과도한 리소스를 낭비하거나, 반대로 성능이 부족해 기대한 결과를 얻지 못하는 문제가 발생할 수 있다. 따라서 요구되는 수준의 응답 속도와 처리량을 사전에 정의하고, 그에 맞는 아키텍처와 기술을 선택하는 것이 중요하다.

데이터 품질 요구사항도 중요한 고려 사항이다. 데이터가 신뢰할 수 있는 정보를 제공하려면 **정확성**(accuracy), **완전성**(completeness), **일관성**(consistency)이 보장되어야 한다. 정확성이 낮은 데이터는 잘못된 분석 결과를 초래할 수 있으며, 완전성이 부족할 경우 중요한 정보가 누락되어 의사결정의 기반이 약화될 수 있다. 예를 들어, 고객 주문 데이터에서 일부 주문이 누락되면 매출 분석 결과가 실제와 다르게 나타날 수 있다. 또한 데이터의 일관성이 유지되지 않으면 동일한 데이터를 참조하는 시스템 간에 불일치가 발생하고, 이는 조직 내 의사결정을 왜곡하는 요인이 될 수 있다.

데이터 품질을 유지하기 위해서는 데이터 검증 및 정제 과정이 필요하다. 데이터가 수집되는 시점에서 결측값을 보완하고, 이상치를 탐지하는 작업이 포함될 수 있다. 또한, 데이터 스키마가 예상된 형식을 따르는지 확인하고, 데이터 간의 관계가 유지되는지를 점검해야 한다. 예를 들어, 제품 정보 테이블과 주문 정보 테이블 간의 관계가 깨지지 않도록 무결성을 검증해야 한다.

보안 및 개인정보 보호 요구사항도 반드시 고려해야 한다. 데이터에 민감한 정보가 포함되어 있는 경우, 접근 권한을 제한하고 암호화를 적용한 방식으로 저장해야 하며, 전송 구간에서도 보안이 유지되도록 설계할 필요가 있다. 예를 들어, 금융 데이터나 의료 데이터와 같이 민감도가 높은 정보는 철저한 보안 관리가 요구되며, GDPR(General Data Protection Regulation)이나 CCPA(California Consumer Privacy Act)와 같은 규정을 준수해야 한다. 따라서 데이터 처리 파이프라인에서는 접근 제어, 데이터 마스킹, 로그 모니터링 등 다양한 보안 조치를 적용하여 데이터 보호 수준을 강화해야 한다.

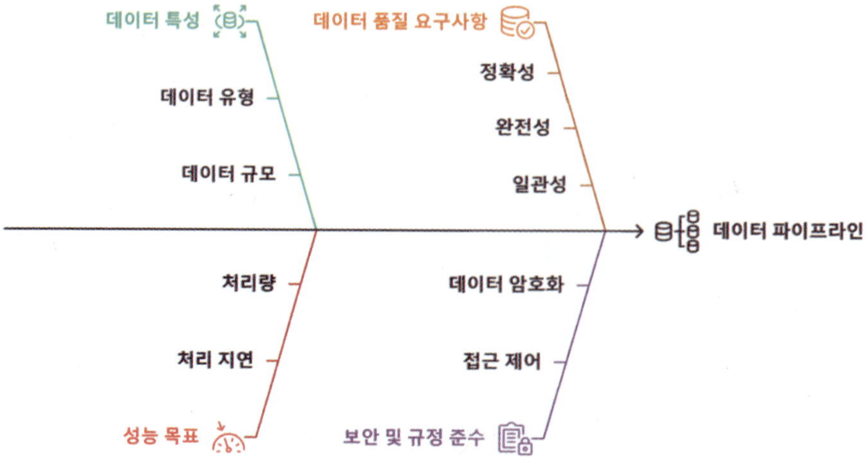

그림 8.1 데이터 파이프라인 고려사항

요구사항을 명확히 정의하는 일은 데이터 처리 파이프라인 설계의 핵심적인 출발점이다. 요구사항이 불분명하면 개발 과정에서 잦은 변경이 발생하고, 그로 인해 시스템 전반에 비효율적인 구조가 형성될 가능성이 높아진다. 따라서 데이터의 특성과 비즈니스 목표를 면밀히 분석한 후, 이를 바탕으로 처리 지연 시간, 처리량, 안정성 등의 성능 기준과 품질 요건을 구체적으로 설정해야 한다.

요구사항 정의는 일회성 작업이 아니라 반복적이고 점진적인 개선이 필요한 활동이다. 데이터의 속성이나 업무 요구는 시간이 지남에 따라 변할 수 있으므로 파이프라인의 요구사항을 주기적으로 재검토하고 변경 사항을 요구사항 문서에 반영하는 것이 중요하다. 요구사항을 지속적으로 관리함으로써 설계와 운영 간의 정합성을 유지할 수 있으며, 변화하는 환경에도 유연하게 대응할 수 있다.

예를 들어 데이터의 규모가 증가하거나 처리 주기가 단축되어야 하는 경우, 기존의 배치 처리 방식이 한계를 드러낼 수 있다. 이러한 경우에는 실시간 스트리밍 방식으로의 전환이 필요할 수 있다. 이러한 변화에 유연하게 대응할 수 있도록 요구사항 문서는 고정된 결과물이 아니라, 운영 환경 변화에 따라 지속적으로 업데이트되는 가변적 문서로 관리되어야 한다.

요구사항 정의 및 목표 설정은 데이터 파이프라인의 전반적인 품질과 효율성을 결정짓는 핵심 단계다. 데이터가 어떤 원천으로부터 수집되고, 어떤 방식으로 처리되며, 최종적으로 어떤 형태로 제공되어야 하는지를 명확히 이해하는 것이 우선되어야 한다. 이처럼 운영 환경이 변화할 가능성을 고려하면, 요구사항 문서는 고정된 산출물이 아니라 변화에 따라 지속적으로 수정·보완되는 살아있는 문서(living document)로 관리되어야 한다.

8.1.2 워크플로 단계별 설계

데이터 처리 파이프라인은 일련의 단계로 구성되며, 각 단계는 특정한 기능을 수행하고 서로 종속 관계를 가진다. 일반적인 파이프라인은 **데이터 수집**(ingestion), **변환**(transformation), **저장**(storage), **로딩**(loading) 등의 과정으로 구성되며, 각 단계는 전체 데이터 흐름의 일관성과 효율성을 보장하는 역할을 한다. 워크플로를 효과적으로 설계하기 위해서는 각 단계에서 수행할 작업의 범위와 목적을 명확히 정의해야 한다.

첫 번째 단계는 데이터 수집이다. 데이터는 다양한 원천에서 유입될 수 있으며, 파일 시스템, 데이터베이스, 스트리밍 플랫폼, API 등을 통해 가져올 수 있다. 배치 방식으로 데이터를 가져오는 경우 정해진 일정에 따라 정기적으로 데이터를 수집해야 하며, 실시간 방식이라면 지속적으로 스트림 데이터를 받아와야 한다. 수집 작업에서는 네트워크 안정성을 고려하여 데이터 손실이 발생하지 않도록 보장해야 한다. 예를 들어, Apache Kafka나 AWS Kinesis 같은 메시지 큐를 활용하면 데이터가 손실되지 않고 안정적으로 처리될 수 있다.

수집된 데이터는 변환 과정으로 넘어간다. 변환 단계에서는 데이터를 정제하고, 이상값을 처리하며, 분석 및 저장에 적합한 형식으로 가공하는 작업이 이루어진다. 예를 들어, JSON 데이터를 정규화하여 관계형 데이터베이스에 저장할 수 있도록 변환하거나 로그 데이터를 필터링하여 분석에 필요한 항목만 추출할 수 있다. 또한, 결측값을 처리하고 데이터의 형식을 표준화하는 등의 작업도 포함된다. 변환 작업은 CPU와 메모리를 많이 소모하는 경우가 많기 때문에 Apache Spark나 Apache Beam과 같은 분산 처리 프레임워크를 활용하면 대량의 데이터를 효과적으로 처리할 수 있다.

변환된 데이터는 저장 단계로 이동한다. 저장소는 데이터의 특성과 목적에 따라 선택해야 한다. 정형 데이터는 관계형 데이터베이스(RDBMS)에 저장하는 것이 일반적이며, 비정형 데이터는 NoSQL 데이터베이스나 분산 파일 시스템(예: HDFS, S3 등)에 저장할 수 있다. 또한, 분석을 위한 대용량 데이터는 데이터 웨어하우스(예: BigQuery, Redshift, Snowflake 등)로 적재하는 경우가 많다. 데이터 저장소를 결정할 때는 확장성, 조회 성능, 비용 등을 고려해야 한다. 예를 들어, 빠른 쿼리 응답이 중요한 경우에는 칼럼형 데이터베이스를 선택하는 것이 적합할 수 있다.

저장된 데이터는 로딩 단계를 거쳐 최종적으로 사용된다. 이 과정에서는 데이터가 대시보드, 보고서, 머신러닝 모델 학습, API 서비스 등으로 제공된다. 예를 들어, BI 도구에서 시각화할 데이터를 추출하거나 추천 시스템의 학습 데이터로 활용할 수 있다. 로딩 과정에서는 적절한 인덱싱과 최적화 기법을 적용하여 빠르게 데이터를 제공하는 것이 중요하다. 또한, ETL과 ELT 방식 중 어느 것을 사용할 것인지 결정해야 한다.

데이터 파이프라인의 각 단계는 순차적으로 실행될 수도 있고, 병렬로 처리될 수도 있다. 예를 들어, 데이터를 수집하는 과정과 저장하는 과정이 병렬로 실행될 수 있으며, 변환 작업도 여러 개의 병렬 프로세스로 수행될 수 있다. 이러한 파이프라인을 효율적으로 운영하기 위해서는 DAG 기반의 워크플로 관리 도구(예: Apache Airflow, Prefect, Luigi 등)를 활용하는 것이 효과적이다. 이러한 도구를 사용하면 복잡한 작업 간 종속성을 체계적으로 관리하고, 전체 과정을 자동화할 수 있다.

에러 처리는 데이터 파이프라인에서 중요한 요소 중 하나다. 데이터 수집 과정에서 API 호출이 실패하거나 네트워크 문제가 발생할 수 있으며, 변환 과정에서 데이터 형식이 예상과 다를 수도 있다. 이를 방지하기 위해 재시도(retry) 메커니즘을 설계하고, 일정 횟수 이상 실패하면 알람을 보내는 방식으로 대응할 수 있다. 또한, 데이터 유효성을 검증하는 작업을 추가하여 잘못된 데이터가 다음 단계로 전달되지 않도록 해야 한다. 예를 들어, 정수형 필드에 문자열 값이 포함된 경우 이를 필터링하거나 정제하는 로직을 추가할 수 있다.

모니터링은 데이터 파이프라인의 성능을 유지하고 문제를 조기에 감지하는 데 필수적이다. 각 단계에서 수행된 작업의 실행 시간, 데이터 처리량, 에러 발생률 등을 측정하고 대시보드에 시각적으로 표현해야 한다. 모니터링 도구를 활용하면 실시간으로 파이프라인 상태를 추적할 수 있으며, 특정 임곗값을 초과할 경우 자동으로 경고 알람을 발송할 수 있다. 예를 들어, 데이터 수집 속도가 급격히 떨어지거나 변환 단계에서 에러율이 높아진다면 즉각적인 조치가 필요할 수 있다.

워크플로 설계 시에는 향후 확장성을 고려하는 것도 중요하다. 데이터의 양이 증가할 경우 기존 시스템이 이를 처리할 수 있는지, 추가적인 컴퓨팅 자원을 쉽게 확장할 수 있는지를 점검해야 한다. 예를 들어, **서버리스(serverless)** 기반의 데이터 파이프라인을 구축하면 수요에 따라 자동으로 확장되므로 운영 부담이 줄어들 수 있다. 또한, 데이터 처리 방식을 기존의 배치 방식에서 실시간 스트리밍 방식으로 점진적으로 전환할 가능성도 고려해야 한다.

결과적으로, 데이터 파이프라인의 워크플로를 설계할 때는 각 단계의 역할과 종속성을 명확히 정의하고, 효율적인 자원 활용과 에러 처리 메커니즘을 포함해야 한다. 또한, 모니터링과 로깅을 통해 파이프라인이 정상적으로 운영되는지를 지속적으로 점검하고, 필요할 경우 개선해야 한다. 이러한 과정을 거쳐 안정적이고 확장 가능한 데이터 파이프라인을 구축할 수 있으며, 데이터 활용의 효과를 극대화할 수 있다.

8.1.3 기술 스택 선정

데이터 파이프라인을 설계하고 구축할 때의 핵심은 각 단계에 적합한 기술 스택을 신중하게 선정하는 것이다. 데이터 수집, 변환, 저장, 워크플로 관리 등 각 구성 요소의 성능, 확장성, 안정성은 적용된 기술에 따라 크게 달라진다. 따라서 기술 스택을 결정할 때는 단순한 기능적 적합성뿐만 아니라, 프로젝트의 비즈니스 요구사항 충족 여부, 기존 시스템과의 연동 가능성, 운영 및 유지보수의 용이성 등을 종합적으로 고려해야 한다.

기술 선택은 단기적인 개발 효율성뿐만 아니라, 장기적인 운영 안정성과 시스템 확장 계획에도 직접적인 영향을 미친다. 따라서 사전 평가 단계에서 각 기술의 특성, 커뮤니티 지원, 라이선스 정책, 벤더 종속성 등을 객관적으로 비교 분석해야 한다. 이를 통해 전체 파이프라인이 유기적으로 작동할 수 있는 기술적 기반을 마련할 수 있으며, 향후 변화하는 환경에도 유연하게 대응할 수 있는 구조를 확보할 수 있다. 그러므로 각 파이프라인 단계별로 요구되는 기능과 제약을 면밀히 분석하고, 그에 적합한 기술을 세부적으로 선택해야 한다.

데이터 수집 단계에서는 웹 서버, 데이터베이스, 로그, API 등 다양한 원천으로부터 대량의 데이터를 안정적으로 수집하고, 실시간 또는 준실시간으로 처리할 수 있는 구조를 갖추는 것이 중요하다. 수집된 데이터는 이후 변환 및 저장 단계로 이어지므로 이 단계에서의 안정성과 확장성은 전체 파이프라인의 성능에 직접적인 영향을 미친다. 대표적인 기술로는 **Apache Kafka, AWS Kinesis, Apache Flume** 등이 있다.

데이터 수집 도구

- **Apache Kafka**: 대규모 실시간 데이터 스트리밍 처리에 최적화된 분산 메시징 시스템이다. 높은 처리량과 내결함성(fault tolerance), 확장성을 갖추고 있으며, 이벤트 중심 아키텍처에서 핵심적인 역할을 한다. 로그 수집, 사용자 행동 분석, IoT 데이터 수집 등 다양한 분야에 폭넓게 활용된다.
- **AWS Kinesis**: 클라우드 네이티브 환경에서의 스트리밍 데이터 수집과 실시간 분석을 위한 완전관리형 서비스이다. 서버리스 기반으로 구축되어 있어 운영 부담이 적고, AWS 생태계 내 다양한 서비스와의 통합성이 뛰어나며, 오토 스케일링 기능을 제공한다.
- **Apache Flume**: 로그 수집에 특화된 데이터 수집 프레임워크로, 특히 HDFS(Hadoop Distributed File System) 및 Apache Hive 등 Apache Hadoop 기반 시스템과의 연계에 강점을 가진다. 그러나 최근에는 Apache Kafka와 같은 범용 스트리밍 플랫폼의 확산으로 인해 활용도가 점차 낮아지는 추세다.

데이터 수집 도구를 선정할 때는 단순한 구현 편의성뿐만 아니라, 실시간 처리 지원 여부, 데이터 유실 방지 메커니즘, 처리량에 따른 확장 가능성, 배포 환경의 제약사항 등을 종합적으로 고려해야 한다. 아울러, 선택한 도구가 이후 단계의 데이터 처리 프레임워크나 저장소와 원활히 연계될 수 있는지도 함께 평가하는 것이 바람직하다.

데이터 변환 단계는 수집된 데이터를 분석 및 저장에 적합한 형태로 정제하고 가공하는 과정이다. 이 단계에서는 데이터의 형식을 표준화하거나 누락값 및 이상치를 처리하고, 분석에 필요한 파생 변수를 생성하는 등의 작업이 수행된다. 변환 과정은 데이터의 품질과 분석 효율성에 직접적인 영향을 미치며, 전체 데이터 파이프라인의 핵심 구성 요소 중 하나다. 주로 사용되는 기술로는 **Apache Spark, Apache Beam, SQL** 등이 있다.

데이터 변환 도구

- **Apache Spark**: 대규모 데이터세트를 분산 환경에서 병렬로 처리하는 데 최적화된 프레임워크다. 배치 처리뿐만 아니라 실시간 스트리밍 처리를 지원하며, 머신러닝(MLib), 그래프 연산(GraphX), 구조화된 질의(Spark SQL) 등 다양한 기능이 통합되어 있어 범용성이 뛰어나다.
- **Apache Beam**: 데이터 변환 로직을 추상화하여 작성하면, Apache Spark, Apache Flink, Google Dataflow 등 다양한 실행 엔진에서 동일한 방식으로 실행할 수 있도록 지원하는 프레임워크다. 이러한 방식은 플랫폼 간 이식성과 코드 재사용성을 극대화하는 데 유용하다.
- **SQL**: 정형 데이터 처리에서 가장 보편적으로 사용되는 도구로, 필터링, 정제, 집계, 정렬 등 다양한 데이터 조작을 선언형으로 수행할 수 있다. 대부분의 데이터 웨어하우스, RDBMS, 분석 플랫폼(BigQuery, Redshift 등)에서 기본적으로 지원되며, 사용자 친화적 문법으로 인해 접근성이 높다.

변환 도구를 선택할 때는 데이터의 규모와 처리 빈도, 분산 처리 여부, 다양한 실행 환경에서의 재사용 가능성, 데이터 스키마의 복잡도, 팀의 기술 역량 등을 종합적으로 고려해야 한다. 선택한 도구는 단지 기능의 유무뿐만 아니라, 유지보수 가능성과 향후 확장성을 확보하는 데에도 기여해야 한다.

데이터 저장 단계는 파이프라인의 최종 산출물을 안정적으로 보존하는 역할을 한다. 저장된 데이터는 사후 분석, 리포팅, 모델 학습 등 다양한 용도로 활용될 수 있도록 최적화된 방식으로 관리되어야 한다. 이 단계에서는 데이터의 특성과 활용 목적에 따라 저장소 유형을 신중하게 선택해야 한다. 저장 방식에 따라 시스템의 성능, 확장성, 유지보수 전략이 크게 달라질 수 있기 때문이다. 대표적인 저장소 유형으로는 **관계형 데이터베이스(RDBMS)**, **NoSQL**, **데이터 웨어하우스(DWH)** 등이 있다.

데이터 저장 도구

- **RDBMS**(MySQL, PostgreSQL, Microsoft SQL Server 등): 정형 데이터 저장 및 관계 기반 질의 처리에 최적화되어 있으며, ACID 트랜잭션 보장, 정합성 유지, 복잡한 조인 연산 지원 등의 장점을 가진다. 금융, ERP, 운영 시스템 등에서 널리 사용되며, 기존 레거시 시스템과의 연동성이 높다.
- **NoSQL**(MongoDB, Cassandra, DynamoDB 등): 유연한 스키마를 바탕으로 반정형(예: JSON) 또는 비정형 데이터를 효과적으로 저장할 수 있으며, 수평 확장성과 높은 쓰기 처리량을 요구하는 환경에 적합하다. 실시간 로그 저장, IoT 데이터 처리, 사용자 세션 관리 등에서 활용도가 높다.
- **데이터 웨어하우스**(Google BigQuery, Amazon Redshift, Snowflake 등): 대규모 데이터 분석에 최적화된 저장소로, 열 지향 저장 구조, 고속 쿼리 처리, 자동 인덱싱 기능 등을 제공한다. BI 도구와의 통합이 용이하며, 수천만 건 이상의 데이터를 대상으로 한 복잡한 분석 및 집계 작업을 효율적으로 수행할 수 있다.

저장 기술을 선택할 때는 데이터의 구조화 수준, 읽기/쓰기 패턴의 복잡도, 확장성 요구사항, 분석 목적 및 빈도, 클라우드 환경과의 연계성, 비용 효율성, 운영 관리 수준(예: 관리형 서비스 여부) 등을 종합적으로 고려해야 한다. 데이터의 라이프사이클과 접근 빈도에 따라 계층적 저장 전략을 수립하는 것도 효율적인 운영을 위한 중요한 방안이다.

워크플로 관리 단계는 데이터 파이프라인의 각 단계를 순차적 또는 병렬적으로 실행하고, 작업 간 종속성 관리, 오류 감지 및 복구, 모니터링, 재시도 등의 운영 기능을 자동화하는 역할을 한다. 이 단계는 파이프라인의 안정적인 실행과 운영 효율성을 확보하기 위해 반드시 필요한 구성 요소이며, 반복되는 데이터 작업이 일정한 품질로 수행되도록 관리하는 역할을 담당한다. 대표적인 도구로는 **Apache Airflow**, **Prefect**, **Luigi**가 있다.

워크플로 관리 도구

- **Apache Airflow**: DAG 기반의 오픈소스 워크플로 오케스트레이션 프레임워크로, 복잡한 의존 관계를 갖는 작업들을 유연하게 정의하고 스케줄링할 수 있다. Jinja 템플릿, 다양한 오퍼레이터, 확장 가능한 플러그인 구조 등을 통해 다양한 환경에 적응할 수 있으며, 대규모 데이터 파이프라인 운영에 적합하다.
- **Prefect**: Apache Airflow의 복잡한 설정과 배포 구조를 단순화하고, 사용자 친화적인 인터페이스와 상태 기반 워크플로 관리, 조건 분기, 에러 핸들링 기능 강화 등을 통해 유연한 제어 흐름을 제공한다. 클라우드 기반 Prefect Cloud와 온프레미스 Prefect Server를 모두 지원하여 배포 환경 선택의 자유도도 높다.

- **Luigi**: Python 기반의 경량 워크플로 프레임워크로, 복잡한 종속성 정의와 작업 기반 작업 흐름 구성에 강점을 가진다. 설정이 간단하고 코드 중심으로 워크플로를 작성할 수 있어 비교적 단순한 파이프라인이나 연구용 실험 환경에서 활용하기에 적합하다.

워크플로 도구를 선택할 때는 작업 스케줄링의 복잡도, 오류 복구 및 재시도 전략의 유연성, 다른 시스템 또는 데이터 플랫폼과의 통합 가능성, 사용자 인터페이스 및 모니터링 기능의 직관성, 팀의 개발 역량 및 운영 환경에의 적합성 등을 종합적으로 고려해야 한다. 시스템의 규모와 복잡도에 따라 도구의 기능성과 운영 부담 간의 균형점을 찾는 것이 중요하다.

이처럼 데이터 파이프라인의 각 단계에서 기술을 체계적으로 선정하고 적절하게 적용함으로써 전체적인 처리 효율성과 시스템의 확장성, 운영 안정성을 효과적으로 확보할 수 있다. 이는 변화하는 데이터 환경에 유연하게 대응하고, 분석 및 의사결정 과정에 활용할 수 있는 신뢰도 높은 데이터 흐름을 구축하는 데 핵심적인 기반이 된다.

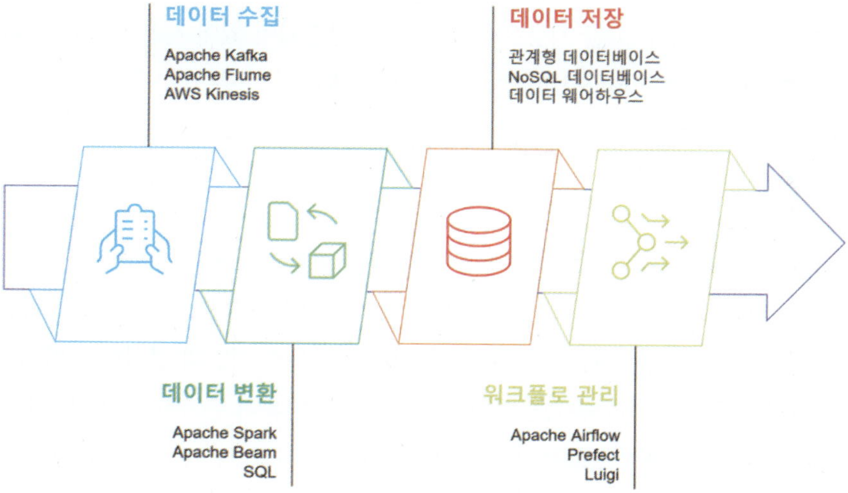

그림 8.2 데이터 파이프라인 기술 스택

기술 스택을 선정할 때는 기존 시스템과의 호환성을 가장 먼저 고려해야 한다. 예를 들어, Apache Spark 기반의 데이터 처리 환경을 이미 운영 중이라면 새로운 도구를 도입하더라도 Apache Spark를 계속 사용하는 편이 시스템 통합 측면에서 유리하다. 또한, 데이터가 주로 AWS 환경에서 처리된다면 AWS Kinesis와 AWS Redshift를 사용하는 것이 자연스럽고, GCP 환경이라면 BigQuery를 활용하는 것이 보다 효율적일 수 있다.

확장성 역시 기술 스택을 선정할 때 중요한 판단 요소 중 하나다. 데이터의 양이 지속적으로 증가하는 환경에서는 시스템이 원활하게 수평 확장할 수 있어야 하며, 이러한 이유로 분산 처리 기반의 기술이 선호된다. 예를 들어, Apache Kafka는 분산 환경에서 손쉽게 노드를 추가하여 처리량을 높일 수 있으며, Snowflake와 BigQuery는 오토 스케일링 기능을 통해 데이터 증가에 유연하게 대응할 수 있다. 반면, 확장성이 제한적인 기술을 선택할 경우, 데이터 규모 증가에 따라 성능 저하나 운영 부담이 가중될 수 있다.

유지보수 용이성도 기술 선택에서 간과할 수 없는 요소다. 설치와 설정이 복잡한 도구는 초기에는 높은 유연성을 제공할 수 있으나, 장기적으로는 운영 비용을 증가시키는 원인이 될 수 있다. 예를 들어, Apache Airflow는 높은 확장성과 유연한 워크플로 정의 기능을 제공하지만, 설정이 복잡하고 운영 부담이 큰 편이다. 반면, Prefect는 설정이 간단하고, 동적 워크플로 구성과 상태 관리 기능이 강화되어 유지보수가 수월하지만, 상대적으로 커뮤니티와 생태계가 작고, 일부 고급 기능은 상용 버전에 한정되어 있어 사용 범위에 따라 제약이 발생할 수 있다. 또한, AWS Glue, Google Dataflow와 같은 클라우드 기반의 관리형 서비스는 운영 부담을 줄이는 데 효과적이지만, 장기적으로는 비용이 높아질 수 있다는 점도 함께 고려해야 한다.

이처럼 운영 편의성과 기능적 장점 외에도, 비용 구조 전반을 신중히 검토하는 일도 중요하다. 오픈소스 기반 도구는 초기 도입 비용이 낮다는 장점이 있지만, 내부 운영 인력을 확보해야 하고 유지보수에 드는 비용이 뒤따른다. 반면, 클라우드 기반의 관리형 서비스는 초기 설정이 간편하고 운영이 편리하지만, 장기적으로는 누적 비용이 증가할 수 있다. 예를 들어, BigQuery는 사용량 기반 요금제를 적용하여 유연한 비용 관리가 가능하지만, 쿼리 사용량이 많아질 경우 예산을 초과할 위험이 있다. 따라서 기술을 선택할 때는 예산 제약, 운영 리소스, 예상 데이터 규모 등을 종합적으로 고려하여 적절한 균형점을 찾는 것이 중요하다.

결과적으로 기술 스택을 선정할 때는 단순히 최신 기술을 도입하는 것이 아니라, 프로젝트의 구체적인 요구사항, 운영 환경, 기존 시스템과의 통합성, 확장성, 유지보수 가능성, 비용 효율성을 종합적으로 평가하여 최적의 조합을 도출해야 한다. 각 단계별로 기술의 장단점을 면밀히 검토하고, 조직 내부의 역량과 인프라 상황에 부합하는 기술을 선택함으로써 효율적이고 안정적인 데이터 파이프라인을 구축해야 한다.

8.1.4 워크플로 모니터링 및 개선

데이터 처리 파이프라인이 안정적이고 효율적으로 운영되기 위해서는 워크플로의 모니터링과 지속적인 개선이 필요하다. 데이터 파이프라인은 다양한 단계로 구성되며, 각 단계에서 발생하는 성능 저하나 장애를 신속하게 감지하고 해결해야 한다. 이를 위해 성능 지표를 측정하고 분석하는 체계를 구축하고, 병목 지점을 찾아 최적화하며, 주기적인 테스트와 개선 작업을 수행해야 한다. 이를 위해 모니터링해야 하는 대표적인 성능 지표는 다음과 같다.

대표적인 성능 지표 모니터링

- **작업 완료 시간**: 작업 시작부터 종료까지 소요 시간(전반적인 속도 평가)
- **데이터 처리량**: 일정 시간 동안 처리되는 데이터양(시스템 처리 능력 평가)
- **오류 발생률**: 작업 실행 중 실패 횟수(문제 단계 파악)
- **시스템 리소스 사용량**: CPU, 메모리 등 자원 사용 정도(병목 현상 및 성능 저하 원인 파악)

모니터링 시스템을 구축할 때는 실시간 모니터링과 로그 분석 기능이 함께 제공되어야 한다. 실시간 모니터링은 워크플로의 상태를 직관적으로 파악할 수 있게 해주며, 문제가 발생했을 때 즉각적으로 대응할 수 있게 해준다. 이를 위해 Prometheus, Grafana, Datadog와 같은 모니터링 도구를 활용할 수 있다. 로그 분석은 문제 발생 이후 원인을 추적하고 진단하는 데 유용하며, Elastic Stack과 같은 로그 분석 플랫폼을 사용하면 로그를 체계적으로 관리하고 분석할 수 있다.

모니터링 결과를 기반으로 병목 지점을 파악하고 최적화하는 작업은 파이프라인을 안정적으로 운영하는 데 필수적이다. 예를 들어, 특정 단계에서 작업 완료 시간이 비정상적으로 길어진다면 해당 단계의 리소스 부족, 비효율적인 쿼리 실행, 병렬 처리 미비 다양한 원인을 고려해 조사해야 한다. 이러한 문제를 해결하기 위해 추가적인 컴퓨팅 자원을 할당하거나, 데이터 처리 방식을 변경하거나, 코드 수준에서 최적화를 진행할 수 있다. 또한 데이터 처리량이 특정 시간대에 급격히 증가하면서 시스템 부하가 발생한다면 부하 분산 전략을 도입하여 처리 성능을 향상시킬 수 있다.

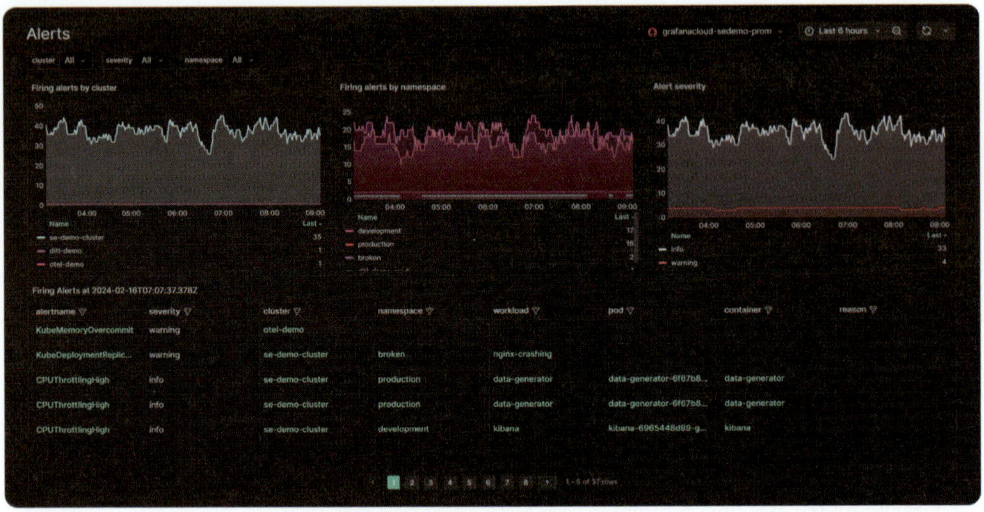

그림 8.3 Grafana 지표 및 알림

워크플로의 안정성과 신뢰성을 유지하기 위해서는 주기적인 테스트가 필요하다. 데이터 처리 파이프라인은 지속적으로 새로운 데이터가 유입되며, 데이터의 특성이 변화할 수 있기 때문에 정기적으로 검증 테스트를 수행해야 한다. 테스트는 유닛 테스트, 통합 테스트, 부하 테스트 등으로 구성될 수 있으며, 각각의 테스트를 자동화하여 운영 부담을 줄일 수 있다. 예를 들어, 데이터 품질 검증을 위한 테스트를 설정하여 누락된 데이터가 없는지, 이상치가 포함되지 않았는지 자동으로 검사할 수 있다.

워크플로 개선 작업은 단순히 성능 최적화에만 국한되지 않는다. 새로운 요구사항이 발생하거나 기술이 발전함에 따라 기존의 워크플로를 개선하는 것이 필요하다. 예를 들어, 다양한 데이터 원천을 통합해야 하는 요구가 생긴 경우, 데이터 파이프라인에 새로운 수집 또는 변환 단계를 추가할 수 있다. 또한 기존의 데이터 저장소가 확장성 측면에서 한계를 보인다면, 보다 유연하고 확장 가능한 데이터베이스 솔루션으로 전환하는 것도 하나의 대안이 될 수 있다.

워크플로 개선 과정에서는 변경 사항이 기존 시스템에 미치는 영향을 최소화하는 것이 중요하다. 이를 위해 점진적인 개선 전략을 채택하고, 변경 사항을 단계적으로 적용하는 것이 효과적이다. 예를 들어, 새로운 데이터 변환 방식을 도입할 때 기존 방식과 병렬로 운영하며 비교 테스트를 수행한 후, 충분한 검증을 거친 뒤 전체 시스템에 적용하는 방식을 사용할 수 있다.

데이터 처리 파이프라인은 기업의 데이터 기반 의사결정을 지원하는 핵심 시스템이므로, 장애 발생 시 신속하게 대응할 수 있도록 운영 절차를 체계화해야 한다. 예를 들어, 주요 장애 유형별 대응 매뉴얼을 마련하고, 자동화된 경고 시스템을 구축하여 이상 징후를 조기에 감지할 수 있도록 해야 한다. AWS CloudWatch, Google Cloud Monitoring과 같은 클라우드 기반 모니터링 서비스는 자동 경고 설정 기능을 제공하며, 특정 임곗값을 초과할 경우 운영 담당자에게 알람을 전송할 수 있다.

워크플로 모니터링과 개선은 일회성 작업이 아니라 지속적으로 수행해야 하는 과정이다. 정기적인 리뷰 미팅을 통해 운영 데이터를 분석하고, 새로운 최적화 기회를 발굴하는 것이 필요하다. 또한 최신 기술 트렌드를 반영하여 지속적으로 워크플로를 발전시키는 것이 장기적인 경쟁력을 확보하는 방법이다.

결국 데이터 파이프라인의 성공적인 운영을 위해서는 체계적인 모니터링과 적극적인 개선 노력이 필수적이다. 실시간 모니터링을 통해 이상 징후를 빠르게 감지하고, 병목 지점을 분석하여 최적화하며, 주기적인 테스트와 변경 관리를 통해 안정성을 유지해야 한다. 이를 통해 데이터 파이프라인이 기업의 요구사항을 지속적으로 충족하고, 변화하는 환경에서도 유연하게 대응할 수 있도록 해야 한다.

8.2 _ 배치 처리

배치 처리는 일정한 주기마다 대량의 데이터를 일괄적으로 처리하는 방식으로, 데이터 엔지니어링과 분석 시스템에서 중추적인 역할을 수행한다. 이는 실시간 처리와 대비되는 개념으로, 실시간 처리가 개별 이벤트를 발생 즉시 처리하는 것이라면 배치 처리는 일정량의 데이터를 일정 시간 동안 누적한 후 일괄 처리하는 구조를 가진다. 이러한 처리 방식은 데이터 웨어하우스 구축, 대규모 데이터 집계 분석, 정기적인 보고서 생성, 머신러닝 모델의 주기적 학습 등 대량 데이터 기반의 반복 작업에 적합하다.

일반적으로 배치 처리는 실시간 응답이 요구되지 않으며, 데이터 규모가 크고 처리 복잡도가 높은 경우에 선택된다. 예를 들어, 하루 동안 누적된 사용자 로그 데이터를 분석하여 일간 트렌드를 도출하거나, 주간 또는 월간 단위의 통계 보고서를 자동 생성하는 경우가 이에 해당한다. 또한, 머신러닝 모델 학습 시에도 전체 데이터를 대상으로 주기적인 배치 학습이 활용된다. 모델 학습은 상당한 연산 리소스를 요구하고, 학습 대상 데이터가 일정 주기로 갱신되기 때문에 배치 처리 방식이 적합하다.

배치 처리를 안정적으로 운영하기 위해서는 데이터의 수집, 변환, 저장 단계를 유기적으로 연결하는 자동화된 워크플로가 필요하다. 일반적으로 배치 처리 시스템은 원천 데이터로부터 데이터를 추출하고, 전처리 및 변환 작업을 수행한 후, 결과를 분석 시스템이나 데이터 웨어하우스에 저장하는 순차적 구조를 따른다.

이러한 과정은 작업 스케줄러를 통해 일정 시간에 자동 실행되며, 실패 시 자동 알림, 재시도, 오류 로그 기록 등의 모니터링 및 장애 복구 기능도 함께 설계되어야 한다. 이러한 구성 요소를 통합적으로 고려하여 배치 시스템을 구축하면, 데이터 처리의 정확성과 운영의 안정성을 확보할 수 있다.

8.2.1 배치 처리 개념 및 특징

배치 처리는 일정량의 데이터를 모아 한 번에 처리하는 방식으로, 데이터 엔지니어링에서 널리 사용되는 핵심 기법 중 하나다. 실시간 처리가 개별 이벤트를 즉시 분석하는 방식이라면, 배치 처리는 일정한 시간 간격으로 데이터를 수집하고 한꺼번에 변환 및 저장하는 방식이다. 이러한 차이로 인해 배치 처리는 비교적 안정적이고 비용 효율적인 데이터 처리 방법으로 평가된다. 특히, 데이터 분석이 반드시 실시간일 필요가 없고, 일정량의 데이터를 축적한 후 일괄적으로 처리해도 되는 경우에 적합하다.

배치 처리의 주요 장점 중 하나는 확장성과 비용 효율성이다. 실시간 처리는 지속적으로 컴퓨팅 리소스를 소비하는 반면, 배치 처리는 특정 시간대에 집중적으로 실행되므로 인프라 자원을 더 효율적으로 활용할 수 있다. 또한, 대량의 데이터를 한꺼번에 처리하면서, 정제 및 변환 작업을 체계적으로 수행해 데이터 품질을 높일 수 있다는 점도 장점으로 꼽힌다. 반면, 배치 처리의 단점은 데이터가 실시간으로 반영되지 않는다는 점이다. 예를 들어, 실시간 대시보드처럼 즉각적인 업데이트가 필요한 시스템에서는 배치 처리 방식이 적합하지 않을 수 있다.

배치 처리는 데이터 활용 시나리오에서 중요한 역할을 한다. 대표적인 예로 데이터 웨어하우스 구축이 있다. 대부분의 조직들은 여러 시스템에서 데이터를 수집하여 일정 주기마다 변환 및 정제 과정을 거친 후 데이터 웨어하우스에 저장한다. 이렇게 저장된 데이터는 경영진의 의사결정을 위한 보고서 작성이나 심층 분석에 활용된다. 또한, 배치 처리는 금융 기관의 정산 및 회계 시스템에도 사용된다. 예를 들어, 하루 동안 발생한 모든 거래 데이터를 배치로 처리하여 일일 마감 보고서(Daily Closing Report, DCR)를 생성하거나 일일 판매 보고서(Daily Sales Report, DSR)를 생성할 수 있다.

머신러닝 모델 학습은 배치 처리가 효과적으로 활용되는 대표적인 영역이다. 머신러닝 모델은 대량의 데이터를 기반으로 학습해야 하므로, 데이터를 일정 주기로 수집하고 배치 방식으로 학습을 수행하는 것이 일반적이다. 예를 들어, 이상 거래 탐지 시스템에서는 하루 동안 발생한 금융 거래 데이터를 수집한 후, 이를 기반으로 모델을 주기적으로 재학습하여 탐지 정확도를 높일 수 있다. 이러한 방식은 실시간으로 모든 이벤트를 반영하지 않더라도, 일정 수준의 최신성과 안정적인 성능을 유지하는 데 효과적이다.

배치 처리 시스템은 여러 단계로 구성되며, 각 단계는 고유한 역할을 수행한다. 먼저, 데이터 수집 단계에서 원천 데이터를 가져오는 작업이 수행된다. 로그 파일, 데이터베이스 덤프(dump)[1], API 호출 등 다양한 형태의 원천 데이터가 수집 대상이 된다. 이후, 수집된 데이터는 변환 과정에서 정제 및 가공이 이루어진다. 데이터 변환에는 필터링, 집계, 중복 제거, 형식 변환 등이 포함될 수 있으며, 이 과정에서 데이터의 품질이 결정된다.

변환된 데이터는 저장 단계에서 적절한 데이터 저장소에 보관된다. 저장소는 관계형 데이터베이스(RDBMS), NoSQL 데이터베이스, 데이터 웨어하우스, 분산 파일 시스템(HDFS)

---

1 데이터나 메모리 내용을 파일 형태로 추출/저장하는 것을 말하며, 백업, 분석, 복구 등에 사용된다.

등 다양한 형태로 구성될 수 있다. 저장 방식은 처리해야 할 데이터의 크기와 특성에 따라 달라지며, 분석 및 조회 성능을 고려하여 설계해야 한다.

배치 처리의 중요한 요소 중 하나는 스케줄링 시스템이다. 배치 작업은 정해진 주기에 따라 반복적으로 실행되어야 하므로 스케줄링 도구를 활용해 자동화하는 것이 일반적이다. 대표적인 배치 스케줄러로는 Apache Airflow, Prefect, Luigi 등이 있으며, 이러한 도구는 DAG(Directed Acyclic Graph) 기반으로 작업 간의 순서를 정의하고, 여러 작업을 순차적 또는 병렬로 실행할 수 있도록 지원한다.

배치 처리 시스템에서는 모니터링도 필수적인 요소다. 데이터 처리 과정에서는 예기치 않은 오류가 발생할 수 있으므로, 로그를 기록하고 실행 상태를 추적할 수 있는 시스템이 필요하다. 또한 작업이 실패했을 경우, 자동으로 재시도하거나 운영자에게 알림을 전송하는 기능이 포함되면 운영 안정성을 더욱 높일 수 있다. 이를 위해 Prometheus, Grafana 등의 모니터링 도구가 활용되며, 알림 시스템은 Slack, 이메일, PagerDuty 등과 연동하여 구성할 수 있다.

배치 처리의 성능을 극대화하려면 최적화 전략이 필요하다. 병목 현상이 발생하는 지점을 분석하고, 병렬 처리를 활용하여 실행 시간을 줄이는 것이 일반적인 방법이다. 병렬 처리란 여러 개의 작업을 동시에 실행함으로써 전체 실행 시간을 단축하는 방법이다. 예를 들어, 대량의 데이터를 처리할 때 Apache Spark와 같은 분산 처리 프레임워크를 사용하면 여러 개의 노드에서 병렬로 데이터를 가공하여 처리 속도를 높일 수 있다. 또한, 데이터를 저장할 때 Parquet, Avro 같은 최적화된 형식을 사용하면 읽기 및 쓰기 성능을 향상시킬 수 있다.

배치 처리는 여전히 많은 조직에서 핵심적인 데이터 처리 방식으로 사용되고 있으며, 실시간 처리를 보완하는 중요한 기술로 자리 잡고 있다. 특히, 대규모 데이터를 다루는 환경에서는 배치와 실시간 처리를 적절히 결합한 하이브리드 방식이 효과적으로 활용되기도 한다. 이를 통해 데이터 처리의 효율성을 극대화하고, 비즈니스 요구 사항을 충족하는 안정적인 시스템을 구축할 수 있다. 다음 그림 8.4는 배치 처리 아키텍처를 보여준다.

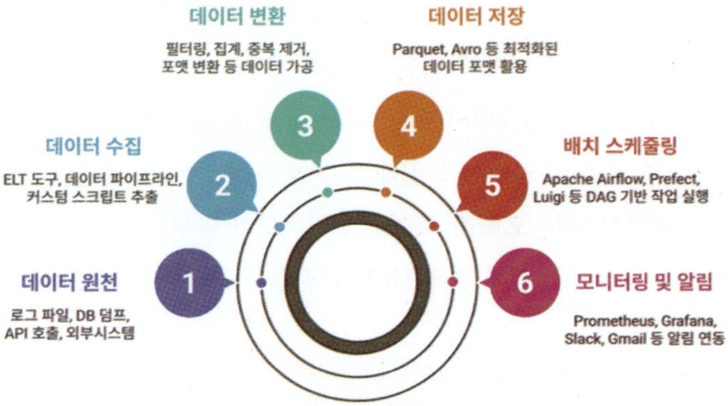

그림 8.4 배치 처리 아키텍처

8.2.2 배치 스케줄러 소개 및 비교

배치 스케줄러는 데이터 파이프라인의 실행을 자동화하고 관리하는 도구다. 배치 작업은 일정한 주기로 실행되며, 종속성을 고려하여 여러 작업이 순차적 또는 병렬로 수행될 수 있도록 설계된다. 배치 스케줄러는 이러한 작업을 효율적으로 조정하고, 오류가 발생하면 재시도를 수행하며, 실행 결과를 기록하고 모니터링하는 역할을 한다. 대표적인 배치 스케줄러로는 Apache Airflow, Prefect, Luigi가 있으며, 각 도구의 특징과 장단점을 이해한 후 프로젝트 요구에 맞게 선택하는 것이 중요하다.

Apache Airflow는 가장 널리 사용되는 배치 스케줄러 중 하나로, 파이썬 기반의 워크플로 관리 도구다. 파이썬 코드로 작업 흐름을 정의할 수 있어 유연한 파이프라인 구성이 가능하며, 복잡한 연산이나 조건 분기 등도 쉽게 구현할 수 있다. 또한, 다양한 외부 시스템과의 연동이 뛰어나 MySQL, PostgreSQL, AWS, GCP, Apache Spark 등과 손쉽게 통합할 수 있다. 웹 기반 사용자 인터페이스를 통해 작업 실행 상태를 실시간으로 확인하고 오류 발생 시 빠르게 대응할 수 있어 운영의 효율성과 안정성을 높일 수 있다.

Apache Airflow의 장점은 확장성과 유연성이다. 플러그인 및 커넥터를 활용하여 조직 환경에 맞게 커스터마이징할 수 있으며, 병렬 실행을 지원하여 대규모 데이터 파이프라인 처리에도 적합하다. 또한, 커뮤니티 지원이 활발하여 문제 해결이 용이하며, 기업 환경에서 안정적인 운영이 가능하다.

반면, 단점도 분명하다. 그중 하나는 초기 설정이 복잡하고, 학습 곡선이 비교적 가파르다는 점이다. Apache Airflow를 사용하려면 DAG 작성뿐만 아니라, 실행을 위한 스케줄러와 실행기(executor)의 설정도 필요하다. 특히 Celery Executor나 Kubernetes Executor를 활용하는 경우, 배포 및 운영 과정이 복잡해질 수 있다. 또한 실행 속도가 빠르지 않아, 단순한 워크플로를 관리할 때는 오히려 시스템 오버헤드가 발생할 수 있다. 예를 들어, 매우 가벼운 배치 작업을 처리하기 위해 전체 Airflow 환경을 구성해야 하는 부담이 존재한다.

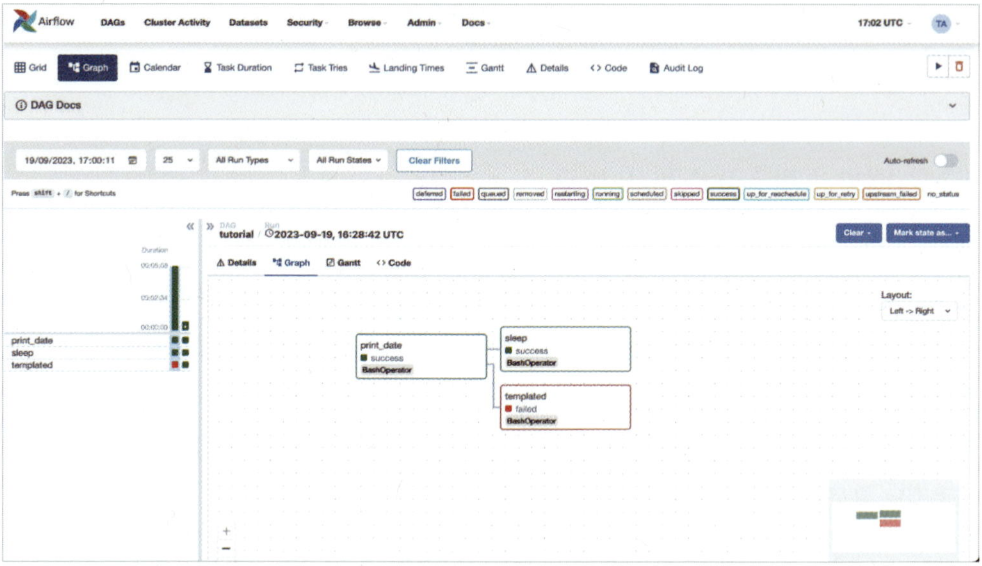

그림 8.5 Apache Airflow UI

Prefect는 Apache Airflow보다 현대적인 워크플로 오케스트레이션 도구로, 설정이 간편하고 오류 처리 기능이 강화된 것이 특징이다. Apache Airflow와 마찬가지로 파이썬 기반이지만, 워크플로를 더욱 간결하게 정의할 수 있도록 선언적 API를 제공한다. 또한, **failures as a feature**[2] 개념을 도입하여 자동 재시도 기능이 내장되어 있으며, 실행 중 오류가 발생할 경우 빠르게 복구할 수 있도록 설계되었다.

2 단순히 오류를 피하거나 숨기려고 하는 것이 아니라, 오류를 워크플로의 자연스러운 부분으로 받아들이고 이를 적극적으로 활용하여 워크플로의 안정성과 신뢰성을 높이는 것을 의미한다.

Prefect의 가장 큰 장점은 배포 및 운영의 편의성이다. 사용자는 복잡한 설정 없이 간단한 파이썬 코드만으로 워크플로를 정의할 수 있으며, 클라우드 및 온프레미스 환경에서 모두 쉽게 실행 가능하다. 특히, Prefect Cloud를 이용하면 별도의 인프라 설정 없이 중앙 집중식으로 워크플로를 관리할 수 있다. 또한, 실시간 모니터링과 강력한 로깅 기능을 제공하여 워크플로 상태를 즉각적으로 확인할 수 있다.

Prefect의 단점으로는 Apache Airflow에 비해 생태계가 작고 커뮤니티 지원이 부족하다. 오픈 소스 프로젝트로 발전하고 있지만, 기업 환경에서의 대규모 도입 사례가 상대적으로 적다. 또한, 사용 편의성을 위해 일부 기능이 단순화되었기 때문에 매우 복잡한 워크플로를 구성해야 하는 경우에는 Apache Airflow만큼의 확장성을 제공하지 못할 수도 있다.

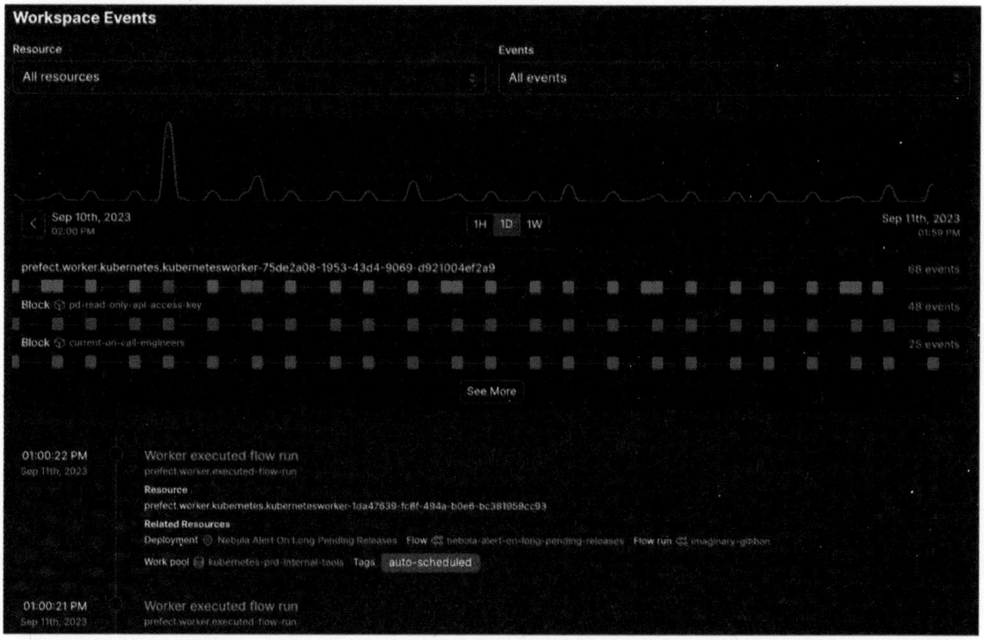

그림 8.6 Prefect UI

Luigi는 스포티파이(Spotify)에서 개발한 워크플로 관리 도구로, 데이터 파이프라인의 종속성 관리에 특화되어 있다. 파이썬 기반으로 개발되었으며, 작업(task) 간의 관계를 설정하여 직관적으로 데이터 흐름을 정의할 수 있다. 기본적으로 DAG 형태의 워크플로를 제공하며, Apache Airflow처럼 UI를 통해 실행 상태를 확인할 수도 있다.

Luigi의 가장 큰 장점은 간단한 설정과 종속성 관리 기능이다. Apache Airflow에 비해 설정이 훨씬 단순하며, 가벼운 데이터 파이프라인을 운영하는 데 적합하다. 의존성이 있는 여러 작업을 순차적으로 실행하는 경우 매우 효율적이며, 특정 작업이 실패하면 이후 작업 실행을 자동으로 차단하는 기능을 기본적으로 제공한다.

하지만 한계도 존재한다. 가장 큰 단점은 확장성이 부족하다는 점이다. Apache Airflow나 Prefect처럼 다양한 클라우드 서비스 및 빅데이터 프레임워크와 쉽게 연동할 수 있는 기능이 부족하며, 대규모 데이터 파이프라인을 처리하는 데는 적합하지 않을 수 있다. 또한, 스케줄링 기능이 제한적이어서 복잡한 워크플로를 구성할 때 Apache Airflow나 Prefect보다 유연성이 떨어진다.

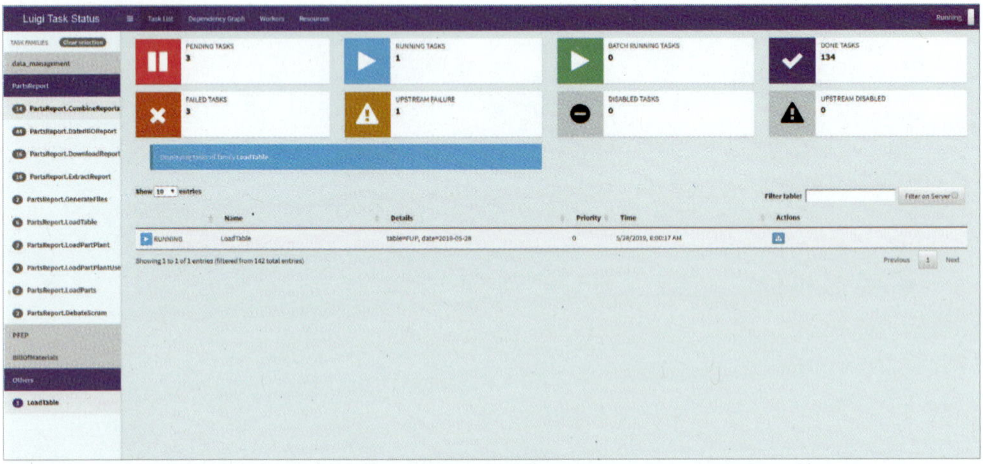

그림 8.7 Luigi UI

이처럼 Apache Airflow, Prefect, Luigi는 각기 다른 장단점을 가진다. Apache Airflow는 확장성이 뛰어나고 강력한 기능을 제공하지만 설정이 복잡하며, Prefect는 손쉬운 배포 및 운영이 가능하지만 확장성이 제한적이다. Luigi는 종속성 관리가 뛰어나지만 대규모 운영에는 적합하지 않다. 따라서 프로젝트의 요구사항에 맞춰 적절한 도구를 선택하는 것이 중요하다. 다음 표 8.1은 이번 항에서 다룬 배치 스케줄러의 특징을 정리한 것이다.

표 8.1 배치 스케줄러 비교

특징	Apache Airflow	Prefect	Luigi
강점	확장성 및 유연성 높음	사용 편의성 높음	종속성 관리 특화
	다양한 플러그인 지원	선언형 API 제공	비교적 간단한 설정
	대규모 데이터 파이프라인에 적합	Failures as a feature 기반 오류 처리 강화	안정적인 운영
	활발한 커뮤니티 지원	클라우드/하이브리드 환경에서 유연한 운영	작업 실행 상태 시각적 확인
약점	설정 복잡	상대적으로 짧은 역사 및 작은 도입 사례	낮은 확장성 및 제한적인 기능
	실행 속도 비교적 느림	커뮤니티 지원 부족	클라우드 환경 운영 불편
	작은 규모 프로젝트에 부적합 가능성	높은 추상화로 내부 구조 파악 어려움	대규모 데이터 처리 부적합
주요 특징	확장성, 유연성, 대규모 데이터 처리	사용 편의성, 오류 처리, 클라우드 호환성	종속성 관리, 안정적인 배치 작업 스케줄링
적합 대상	대규모 데이터 파이프라인, 복잡한 연동	빠른 배포, 간결한 워크플로 시스템	작은 규모 데이터 파이프라인, 종속성 중요
고려 사항	기존 시스템 호환성, 유지보수 비용, 확장성	기술 성숙도, 커뮤니티 지원	확장성, 클라우드 환경 지원

8.2.3 배치 워크플로 설계 및 구현

배치 워크플로 설계 및 구현에서 가장 중요한 개념은 **DAG(Directed Acyclic Graph)**다. DAG는 각 작업(task) 간의 종속성을 정의하고, 어떤 순서로 실행될지를 결정하는 역할을 한다. 배치 처리에서는 여러 작업이 순차적으로 또는 병렬로 실행될 수 있으며, 이를 효과적으로 설계해야 데이터 파이프라인이 원활하게 동작한다. 예를 들어 데이터 수집 작업이 완료된 후 변환 작업이 실행되고, 변환이 완료되면 저장 작업이 수행되는 방식으로 종속성을 정의할 수 있다.

효율적인 DAG 설계를 위해서는 여러 요소를 고려해야 하며, 특히 병렬 처리가 중요하다. 모든 작업을 순차적으로 실행하면 전체 실행 시간이 길어질 수 있으므로 독립적인 작업들은 병렬로 실행하는 것이 효율적이다. 예를 들어, 여러 데이터 원천으로부터 정보를 수집해야 하는 경우, 각 원천에 대한 수집 작업을 병렬로 수행하면 전체 처리 시간을 단축할 수 있다. Apache Airflow, Prefect, Luigi와 같은 워크플로 관리 도구는 이러한 병렬 처리를 지원하며, 작업 간의 실행 순서나 의존 관계를 명확히 설정하여 병렬 실행이 가능하도록 구성할 수 있다.

또한, 오류 처리 전략을 고려해야 한다. 배치 워크플로는 수십 개에서 수백 개의 작업으로 구성될 수 있으며, 특정 작업에서 오류가 발생하면 이후 작업들이 실패할 수 있다. 따라서 각 작업에 대해 재시도(retry) 정책을 설정하여 일시적인 네트워크 문제나 데이터 불일치로 인한 실패를 자동으로 복구할 수 있도록 해야 한다.

예를 들어, Apache Airflow에서는 `retries` 및 `retry_delay` 매개변수를 사용하여 특정 작업이 실패했을 때 재시도 횟수와 간격을 설정할 수 있다. Prefect는 실패한 작업에 대해 기본적으로 내장된 재시도 로직을 제공하며, 조건에 따라 유연하게 재시도 정책을 구성할 수 있다. Luigi 또한 작업 실패 시 `retry_count`와 `disable_hard_timeout` 등의 설정을 통해 제한된 범위 내에서 재시도를 지원하지만, 대규모 오류 처리나 복잡한 예외 제어에는 상대적으로 제약이 있을 수 있다.

배치 워크플로의 또 다른 핵심 요소는 각 작업(task)의 정의 및 구현이다. 일반적으로 배치 작업은 데이터 수집(Extract), 데이터 변환(Transform), 데이터 적재(Load) 등의 단계를 포함한다. 데이터 수집 단계에서는 외부 API에서 데이터를 가져오거나 데이터베이스에서 데이터를 읽어오는 작업을 수행할 수 있다. 변환 단계에서는 데이터를 정제하고, 필요한 변수를 계산하며, 중복 데이터를 제거하는 등의 처리를 진행할 수 있다. 마지막으로, 적재 단계에서는 데이터 웨어하우스, NoSQL 데이터베이스 또는 데이터 레이크에 데이터를 적재하여 이후 분석 및 활용이 가능하도록 만든다.

배치 워크플로를 효과적으로 운영하기 위해서는 **스케줄링(scheduling)**과 **모니터링(monitoring)**이 필요하다. 대부분의 배치 작업은 특정 시간 간격으로 실행되므로, 이를 위한 실행 주기를 명확히 설정해야 한다. 예를 들어, 매일 새벽 2시에 데이터를 수집하고 처리하는 배치 작업이 있다면, Airflow에서는 `schedule_interval='0 2 * * *'`

와 같은 크론(cron)[3] 표현식을 사용하여 실행 주기를 지정할 수 있다. Prefect에서는 `IntervalSchedule`을 활용하여 특정 간격으로 실행되도록 설정할 수 있다. Luigi는 자체 스케줄러는 제공하지 않지만, 외부 크론 도구나 운영체제의 스케줄러와 연동하여 작업을 정기적으로 실행하는 방식을 사용한다. 따라서 자동 실행을 구성하려면 별도의 스케줄링 체계를 함께 고려해야 한다.

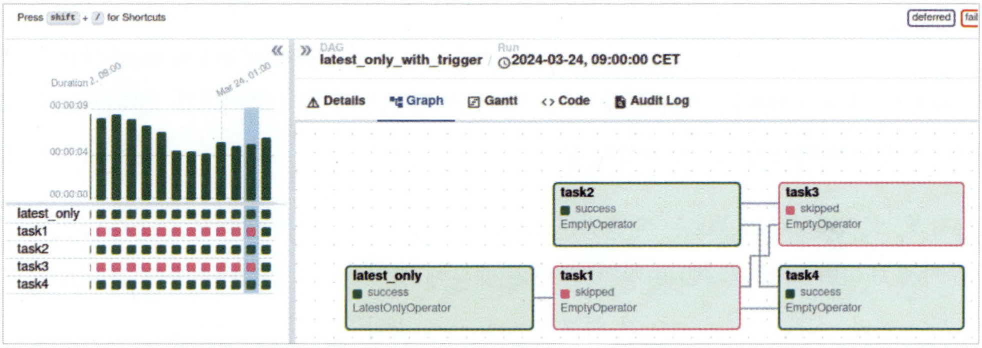

그림 8.8 Apache Airflow DAG와 작업 그래프

모니터링은 배치 워크플로가 정상적으로 수행되는지 확인하는 과정이다. Apache Airflow와 Prefect 모두 실시간 모니터링 대시보드를 제공하여 각 작업의 성공 여부, 실행 시간, 오류 발생 여부 등을 추적할 수 있다. 특히 예상보다 실행 시간이 길어지는 경우, 성능 병목이 발생했을 가능성이 있으므로 이를 분석하여 최적화할 필요가 있다. 예를 들어, 특정 SQL 쿼리가 너무 오래 실행되거나 Apache Spark 작업이 비효율적으로 작동하는 경우, 해당 작업의 재설계가 요구된다. Luigi는 기본적인 웹 UI를 통해 작업 상태를 확인할 수 있지만, 모니터링 기능은 상대적으로 제한적이며, 세부적인 성능 지표나 경고 알림 등은 외부 도구와의 연동을 통해 보완해야 한다.

배치 워크플로의 안정성을 높이기 위해 **알림(alerting)** 시스템을 설정하는 것도 중요하다. 작업이 실패하거나 실행 시간이 예상보다 길어질 경우, 이를 빠르게 감지하여 운영자가 신속히 대응할 수 있어야 한다. Apache Airflow에서는 `EmailOperator` 또는 Slack API를 활용해 이메일이나 메시지 알림을 설정할 수 있으며, Prefect는 Slack, Microsoft Teams 등

3 특정 시간에 특정 작업을 자동으로 실행하도록 스케줄링하는 데 사용되는 표준 시간 기반 작업 스케줄러

과 기본적으로 연동 가능한 알림 기능을 제공한다. Luigi의 경우, 내장된 알림 기능은 제한적이지만, 작업 실패 시 이메일 전송 기능이 제공되며, 커스텀 핸들러를 통해 외부 메시징 시스템과 연동할 수도 있다. 다만, 알림 설정은 사용자 정의가 필요하며 Airflow나 Prefect에 비해 자동화 수준은 낮은 편이다.

배치 워크플로를 설계하고 운영할 때는 데이터 품질 보장도 고려해야 한다. 배치 작업이 정상적으로 실행되더라도 처리된 데이터가 정확하지 않다면 의미가 없다. 따라서 데이터 품질 검사를 수행하는 작업을 추가하여 누락 데이터, 이상값, 중복 데이터 등을 감지하고 수정하는 절차를 포함하는 것이 좋다. 예를 들어, 특정 테이블에서 데이터가 10% 이상 감소했다면 경고를 발생시키도록 설정할 수 있다.

마지막으로, 배치 워크플로는 지속적인 개선이 필요하다. 새로운 데이터 소스가 추가되거나 기존 데이터 처리 로직이 변경될 수 있기 때문에 정기적으로 워크플로를 점검하고 최적화해야 한다. 실행 속도를 높이기 위해 Apache Spark와 같은 분산 처리 프레임워크를 활용하거나 데이터 저장 방식(예: Parquet, Avro)과 압축 방식을 조정하여 성능을 개선할 수도 있다. 이러한 지속적인 개선 과정을 통해 배치 워크플로의 안정성과 효율성을 극대화할 수 있다.

8.2.4 배치 처리 최적화

배치 처리의 성능을 최적화하려면 먼저 병목 지점을 파악하는 과정이 필요하다. 배치 워크플로는 여러 단계로 구성되며, 각 단계에서 데이터의 흐름이 원활하지 않으면 전체 실행 시간이 길어질 수 있다. 일반적으로 배치 작업에서 성능을 저하시킬 수 있는 주요 원인은 데이터 I/O, CPU 사용량, 메모리 사용량이다. 예를 들어, 데이터가 디스크에서 메모리로 이동하는 과정이 느리다면 I/O 병목이 발생할 수 있으며, 특정 연산이 CPU 집약적이라면 연산 속도가 저하될 수 있다. 따라서 각 단계에서 실행 시간을 측정하고, 어느 부분에서 가장 많은 시간이 소요되는지를 분석하는 것이 중요하다.

배치 처리의 속도를 높이기 위한 가장 효과적인 방법은 병렬 처리를 활용하는 것이다. 전통적인 단일 프로세스 방식의 배치 작업은 CPU와 메모리를 하나의 프로세스가 독점하기 때문에 확장성이 제한적이다. 하지만 Apache Spark, Dask와 같은 분산 처리 프레임워크를 활용하면 여러 노드에서 데이터를 병렬로 처리할 수 있다. 예를 들어, Apache Spark는 RDD(Resilient Distributed Dataset)[4]라는 개념을 이용하여 데이터를 여러 개의 파티션으로 나누고, 각 파티션을 병렬로 처리할 수 있도록 지원한다.

또한, 병렬 처리의 효과를 극대화하려면 데이터 **샤딩**(sharding)과 **파티셔닝**(partitioning)을 적절히 적용하는 것이 중요하다. 데이터 샤딩은 데이터를 여러 개의 독립적인 데이터베이스에 분산 저장하는 기술로, 각 샤드는 전체 데이터의 일부를 저장하고 관리한다. 반면에 파티셔닝은 하나의 데이터베이스 내에서 데이터를 논리적으로 분할하는 방식으로, 동일한 스키마를 공유하지만 데이터는 별도의 파티션에 저장된다. 데이터가 하나의 저장소에서 단일 프로세스로 읽히면 병목이 발생할 수 있으므로 데이터를 여러 개의 작은 단위로 분할하여 병렬로 읽고 처리할 수 있도록 설계해야 한다.

예를 들어, Apache Hive 테이블에서 데이터를 조회할 때 특정 열을 기준으로 파티셔닝하면, 쿼리 조건에 따라 관련 파티션만 조회하게 되어 전체 데이터 스캔을 피할 수 있으므로 조회 성능이 크게 향상된다. Apache Spark에서도 `repartition` 또는 `coalesce` 함수를 활용하여 적절한 크기로 데이터를 분할하면 성능을 최적화할 수 있다.

데이터 저장 방식도 배치 처리 성능에 큰 영향을 미친다. 특히, 적절한 데이터 형식을 선택하는 것은 I/O 성능을 최적화하는 핵심 요소이다. 일반적으로 CSV와 같은 텍스트 기반의 형식은 크기가 크고 읽기 · 쓰기 속도가 느리다. 대신, 배치 처리에 최적화된 Parquet, Avro, ORC 같은 열 기반 저장 형식을 사용하면 데이터 읽기 속도를 크게 개선할 수 있다.

Parquet은 열 단위로 데이터를 저장하므로 필요한 열만 읽을 수 있어 I/O 비용을 줄일 수 있으며, 기본적으로 압축이 적용되어 저장 공간도 절약된다. Avro는 스키마를 함께 저장하는 구조로 인해 데이터의 직렬화 및 역직렬화 속도가 빠르고, 스키마 진화(schema evolution)에 유리해 데이터 교환이나 Apache Kafka 연동 환경에서 자주 사용된다. ORC는 Hive와의 통합에 최적화되어 있으며, 고도의 압축률과 빠른 집계 연산 성능을 제공해 대규모 분석 쿼리에 적합하다.

4 Apache Spark에서 데이터를 추상화한 변경 불가능한 분산 데이터 집합으로, 장애 복구 기능을 제공하며 병렬 처리 연산을 지원한다.

데이터의 압축 방식도 성능에 영향을 미치는 중요한 요소다. 압축을 적용하면 저장 공간을 줄일 수 있지만, **압축 해제**(decompression) 과정에서 CPU 사용량이 증가할 수 있다. 따라서 사용 사례에 맞는 적절한 압축 방식을 선택해야 한다. 예를 들어 Gzip은 높은 압축률을 제공하지만, 압축 해제 속도가 상대적으로 느리다. 반면, Snappy는 압축률이 다소 낮지만, 빠른 압축 및 압축 해제 속도를 제공하여 배치 처리에 적합하다. Apache Spark에서 데이터를 저장할 때 `parquet.write.option("compression", "snappy")`와 같이 설정하면 성능을 고려한 압축 방식을 적용할 수 있다.

배치 처리의 성능을 높이기 위해 **쿼리 최적화**(query optimization)도 필수적이다. 특히, SQL 기반의 배치 처리에서는 비효율적인 쿼리 작성으로 인해 실행 시간이 크게 증가될 수 있다. 예를 들어, 불필요한 `JOIN` 연산을 줄이고, 필요한 데이터만 조회하도록 `SELECT` 문에서 특정 열을 지정하는 것이 중요하다. 또한, 인덱스를 적절히 활용하면 데이터베이스에서 조회 속도를 크게 개선할 수 있다.

배치 작업을 최적화하는 또 다른 방법은 데이터 로딩 방식을 개선하는 것이다. 많은 배치 워크플로는 데이터베이스 또는 데이터 웨어하우스로 데이터를 저장하는 작업을 포함하는데, 단순히 `INSERT` 문을 반복적으로 실행하면 성능이 저하될 수 있다. 대신, 벌크 로드(bulk load) 방식을 활용하면 데이터를 대량으로 적재할 수 있어 성능을 향상시킬 수 있다. 예를 들어, PostgreSQL에서는 `COPY` 명령어를 활용하여 빠르게 데이터를 로드할 수 있으며, BigQuery에서는 `LOAD DATA`를 사용하면 최적화된 방식으로 데이터를 적재할 수 있다.

배치 처리의 성능을 개선하기 위해 **캐싱**(caching)과 **중간 결과 저장**(checkpointing)을 활용하는 것도 좋은 방법이다. 동일한 데이터를 여러 번 읽어야 하는 경우, 매번 원본 데이터에서 읽는 대신 한 번 읽은 데이터를 메모리나 디스크에 캐싱하면 성능이 크게 향상될 수 있다. Apache Spark에서는 `persist` 또는 `cache` 함수를 이용하면 중간 데이터를 저장하여 재사용할 수 있다. 또한, 긴 배치 작업 중 일부 단계가 실패했을 때 처음부터 다시 실행하는 것은 비효율적이므로 중간 결과를 저장하여 실패한 부분만 재실행하는 체크포인트 전략을 적용하면 실행 시간을 줄일 수 있다.

마지막으로, 배치 처리를 최적화하려면 워크플로의 실행 패턴을 분석하고 지속적으로 개선해야 한다. 특정 시간대에 실행 시간이 급격히 증가하거나 리소스 사용량이 예기치 않게 증가하는 경우에는 워크플로를 재설계해야 할 가능성이 높다. 이를 위해 실행 로그와 지표를 수집하고 모니터링 도구를 활용하여 성능 변화를 추적해야 한다. 이를 통해 배치 워크플로의 병목을 지속적으로 개선하고, 최적의 성능을 유지할 수 있다.

8.3 _ 실시간 처리

배치 처리와 실시간 처리는 데이터 처리 방식에서 근본적인 차이를 가진다. 배치 처리는 일정한 주기로 데이터를 수집하고 분석하는 방식이며, 대량의 데이터를 한 번에 처리하는 데 적합하다.

반면, 실시간 처리는 데이터가 발생하는 즉시 처리하여 지연 없이 결과를 도출할 수 있다. 이러한 특성은 금융 거래, IoT 센서 데이터, 이상 탐지, 실시간 알림 등 지연 시간이 민감한 시스템에서 특히 중요하다. 실시간 처리는 빠르게 변화하는 데이터를 다루며, 사용자가 즉각적인 피드백을 받을 수 있도록 지원하는 것이 핵심이다.

실시간 처리는 다양한 분야에서 활용되며, 특히 데이터가 지속적으로 유입되고 빠르게 처리되어야 하는 환경에서 강력한 성능을 발휘한다. 예를 들어, 주식 시장에서는 매 순간 변하는 가격 데이터를 분석하여 자동으로 매매를 결정해야 하며, 네트워크 보안 시스템에서는 실시간 로그 분석을 통해 이상 징후를 감지하고 즉시 대응해야 한다. 이러한 실시간 데이터 처리는 단순한 이벤트 기반 반응을 넘어서, 머신러닝 및 AI 모델과 결합하여 더욱 정교한 분석과 예측을 수행하는 방향으로 발전하고 있다.

실시간 처리를 위해서는 전통적인 데이터베이스 기반 아키텍처가 아니라, 메시지 큐, 스트림 처리 엔진, 분산 데이터 저장소 등으로 구성된 시스템이 필요하다. Apache Kafka와 같은 메시지 브로커는 실시간 데이터를 안정적으로 전달하는 역할을 하며, Apache Flink과 같은 스트림 처리 엔진은 데이터를 빠르게 분석하고 변환하는 데 사용된다. 이러한 시스템 구성 요소들이 원활하게 결합되어야만 안정적이고 확장 가능한 실시간 데이터 파이프라인을 구축할 수 있다. 실시간 처리는 점점 더 많은 조직과 서비스에서 필수 요소가 되고 있으며, 이에 대한 이해와 최적화는 데이터 사이언스와 데이터 엔지니어링의 중요한 과제가 되고 있다.

8.3.1 실시간 처리 개념 및 특징

실시간 처리는 데이터가 생성되는 즉시 이를 분석하고 처리하는 방식이다. 기존의 배치 처리 방식은 일정한 주기로 데이터를 모아서 처리하는 반면, 실시간 처리는 개별 이벤트 단위로 즉각적인 처리가 이루어진다. 이러한 차이점은 금융, 보안, 추천 시스템, 사물인터넷(IoT) 등 다양한 분야에서 실시간 처리를 가능하게 만드는 토대가 된다. 실시간 처리는 빠른 의사결정을 지원하며, 사용자 경험을 개선하는 데 중요한 역할을 한다.

실시간 처리의 가장 큰 장점은 즉각적인 대응이 가능하다는 점이다. 예를 들어, 금융 거래 시스템에서 이상 거래가 발생했을 때 실시간으로 탐지하여 거래를 차단할 수 있다. 네트워크 보안 시스템에서는 비정상적인 트래픽 패턴을 감지하고 즉각적인 조치를 취할 수 있으며, 실시간 추천 시스템에서는 사용자의 행동을 분석하여 맞춤형 콘텐츠를 실시간으로 제공할 수 있다. 반면, 배치 처리는 일정한 시간 간격을 두고 데이터가 처리되므로 이러한 실시간 대응이 불가능하다.

하지만 실시간 처리에는 몇 가지 도전 과제가 따른다. 첫째, 데이터의 속도와 양이 급격히 증가할 경우 이를 안정적으로 처리할 수 있는 아키텍처가 필요하다. 둘째, 데이터 처리의 정확성을 유지하면서도 빠른 속도를 보장해야 하는데, 이는 지연 시간(latency)을 최소화하는 기술적 노력이 필요함을 의미한다. 셋째, 시스템이 장애를 겪더라도 데이터 유실 없이 복구할 수 있도록 **고가용성(high availability)**과 **장애 복구(disaster recovery)** 전략이 요구된다.

이러한 과제들을 극복하고 실시간 처리 시스템을 성공적으로 구축하기 위해서는 핵심 구성 요소들을 이해하고, 각 요소가 유기적으로 작동하도록 설계하는 것이 중요하다. 다음은 실시간 처리 시스템의 핵심 구성 요소를 정리한 것이다.

실시간 처리 시스템 핵심 구성 요소

- **데이터 수집:** 센서, 로그 시스템, API 호출 등을 통해 지속적으로 데이터 유입
- **메시지 큐:** Apache Kafka, RabbitMQ 등을 활용, 데이터를 안정적으로 전달
- **스트림 처리 엔진:** Apache Flink, Spark Structured Streaming 등으로 실시간 데이터 변환, 분석, 집계

- **데이터 저장소**: NoSQL 데이터베이스, 데이터 웨어하우스, 인메모리 저장소 등으로 분석 결과 및 후속 처리를 위한 데이터 저장

메시지 큐 시스템은 실시간 데이터 파이프라인의 핵심 요소다. 데이터가 유입되는 속도와 처리 속도가 다를 경우, 메시지 큐가 이를 완충하는 역할을 한다. 예를 들어, Apache Kafka의 경우 데이터 **생산자**(producer)와 **소비자**(consumer) 간의 비동기 데이터 처리를 가능하게 하며, 분산 환경에서 높은 내구성과 확장성을 제공한다.

스트림 처리 엔진은 실시간 분석을 가능하게 하는 핵심 구성 요소로, 데이터가 수신되는 즉시 분석을 수행한다. Apache Flink는 상태 기반 스트림 처리를 지원하며, 이벤트 시간 기반 처리와 윈도 연산, 이벤트 순서 보장 기능을 통해 정밀한 실시간 처리를 수행할 수 있다. 이러한 엔진은 모두 데이터 필터링, 변환, 집계, 윈도 연산 등의 기능을 지원하며, 병렬 처리 구조를 기반으로 확장성과 처리 성능을 확보할 수 있다.

실시간 처리 시스템을 구축할 때 중요한 고려 사항 중 하나는 데이터의 일관성과 정확성이다. 실시간으로 처리된 데이터는 이후의 의사결정에 직접적인 영향을 미치므로, 정확성을 유지하는 것이 매우 중요하다. 이를 위해 **정확한 이벤트 순서 보장**(exactly-once processing)[5]이나 **이벤트 시간**(event time)[6] 기반의 분석 기법이 사용된다.

또한, 실시간 처리 시스템은 확장성과 비용 효율성도 고려해야 한다. 처리해야 하는 데이터의 양이 증가하더라도 성능을 안정적으로 유지하려면 확장 가능한 아키텍처가 필요하다. 이를 위해 클라우드 기반의 스트리밍 플랫폼을 활용하거나 컨테이너 오케스트레이션 기술(Kubernetes 등)을 적용하여 동적으로 리소스를 조절하는 방법이 있다.

결과적으로 실시간 처리는 데이터 기반 의사결정을 신속하고 정확하게 수행하기 위한 핵심 기술로 자리 잡고 있으며, 다양한 산업 분야에서 활용도가 지속적으로 확대되고 있다. 우수한 실시간 처리 시스템을 구축하기 위해서는 적절한 기술 스택 선정과 더불어 성능 최적화, 장애 복구, 확장성까지 아우르는 체계적인 설계가 요구된다.

---

5 각 이벤트가 정확히 한 번만 처리되도록 보장하여 데이터 중복이나 누락 없이 정확성을 유지하는 기술

6 이벤트가 실제로 발생한 시간을 기준으로 데이터를 처리하고 분석하여 시스템 지연으로 인한 시간 왜곡을 방지하고 정확한 시간 기반 분석을 가능하게 하는 기술

8.3.2 스트리밍 플랫폼 소개 및 비교

데이터 중심의 의사결정이 중요해짐에 따라 실시간으로 발생하는 데이터를 즉시 처리하고 분석하는 스트리밍 플랫폼의 중요성이 부각되고 있다. 이번 절에서는 대표적인 스트리밍 플랫폼인 Apache Kafka, Apache Flink, Spark Structured Streaming을 소개하고 각각의 특징과 장단점을 비교 분석하여 프로젝트의 요구사항에 맞는 최적의 플랫폼을 선택할 수 있도록 돕고자 한다.

Apache Kafka는 대규모 데이터 스트리밍을 처리하는 분산 메시징 시스템으로, 실시간 데이터 파이프라인의 핵심 구성 요소로 사용된다. 데이터는 토픽(topic) 단위로 관리되며, 파티션(partition)을 통해 여러 노드에 분산 저장된다. 생산자(producer)는 데이터를 생성하여 Kafka로 전송하고, 소비자(consumer)는 이를 구독하여 처리한다. Kafka는 높은 확장성과 내구성을 제공하며, 장애 발생 시 데이터 유실 없이 복구할 수 있는 강력한 기능을 갖추고 있다.

Apache Kafka의 주요 장점은 빠른 처리 속도와 확장성이다. 대량의 데이터를 실시간으로 처리할 수 있으며, 여러 소비자 그룹을 지원하여 동일한 데이터를 병렬로 소비할 수 있다. 로그 기반 저장 방식 덕분에 데이터 유실이 거의 없으며, 특정 시점의 데이터를 다시 읽는 것도 가능하다. 그러나 Apache Kafka는 **메시지 브로커(message broker)** 역할에 집중되어 있어 데이터 변환, 윈도 연산, 복잡한 스트림 처리를 직접 지원하지 않는다. 따라서 실시간 데이터 스트리밍을 위한 메시지 큐로 주로 사용되며, 복잡한 데이터 처리는 별도의 스트림 처리 엔진과 함께 활용된다.

Apache Kafka는 메시지 브로커와 ZooKeeper를 기반으로 동작한다. 생산자는 데이터를 메시지 브로커로 push하며, 소비자는 메시지 브로커에서 데이터를 pull하여 처리한다. 메시지 브로커는 전송된 데이터를 토픽에 따라 저장하고 관리하며, 소비자가 데이터를 읽을 수 있도록 제공한다. Apache Kafka 클러스터 전체의 메타데이터 관리는 ZooKeeper가 담당하며, 생산자와 소비자는 ZooKeeper를 통해 필요한 정보를 얻는다. 이러한 구조를 통해 Apache Kafka는 대량의 실시간 데이터를 효율적으로 처리하고, 데이터의 내구성을 보장하며, 메시지 순서를 유지하는 안정적인 데이터 스트림을 제공한다. 다음 그림 8.9는 Apache Kafka의 기본 아키텍처를 시각화한 것이다.

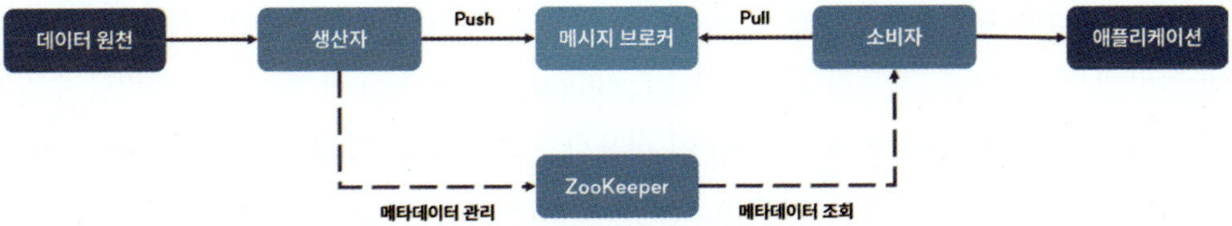

그림 8.9 Apache Kafka의 기본 아키텍처

Apache Flink는 스트림 데이터를 실시간으로 처리하는 강력한 프레임워크로, 실시간 분석, 이벤트 기반 애플리케이션, 머신러닝 모델 운영 등에 활용된다. Apache Flink는 상태 기반 스트림 처리를 지원하며, 이벤트 시간 기반 처리, 윈도 연산, 이벤트 순서 보장을 제공하여 데이터의 정확성을 보장한다. 연속적인 스트림 처리가 가능해 실시간 분석이 필요한 서비스에서 유용하게 사용된다.

Apache Flink의 가장 큰 장점은 강력한 상태 관리 기능이다. 데이터를 처리하는 동안 상태를 유지할 수 있어 복잡한 이벤트 처리 및 실시간 집계를 효과적으로 수행할 수 있다. 또한, 다양한 윈도 연산을 제공하여 특정 시간 범위 내에서 데이터를 그룹화하고 분석할 수 있다. 이벤트 시간 기반 처리 기능 덕분에 데이터가 도착하는 순서가 실제 발생 순서와 다를 경우에도 정확한 결과를 얻을 수 있다.

Apache Flink는 데이터 스트림을 일련의 **연산자(operator)**들을 거쳐 변환 및 분석하는 방식으로 동작하며, 사용자 정의 함수를 활용해 복잡한 데이터 처리를 수행할 수 있다. 또한, 오류 처리 및 복구 기능을 제공하여 시스템 안정성을 높인다. 다만, 설정이 복잡하고 운영 비용이 상대적으로 높은 편이며, 상태 기반 처리를 위해 많은 메모리 리소스가 필요할 수 있어 시스템 설계 시 주의가 필요하다. 다음 그림 8.10은 Apache Flink의 기본 아키텍처를 시각화한 것이다.

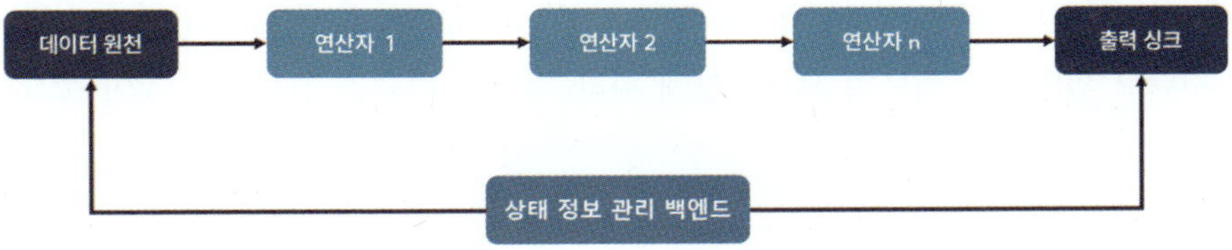

그림 8.10 Apache Flink의 기본 아키텍처[7]

7 출력 싱크란 스트리밍 데이터 처리 과정의 최종 목적지로 결과 데이터를 저장하거나 전달하는 것을 의미한다.

Spark Structured Streaming은 Apache Spark에서 제공하는 구조적 API 기반의 스트리밍 처리 프레임워크로, 스트리밍 데이터를 DataFrame이나 Dataset 형식으로 처리할 수 있게 설계되었다. 기존 Spark Streaming이 사용하는 DStream[8] 개념과는 달리, Structured Streaming은 **카탈리스트 옵티마이저(Catalyst Optimizer)**[9]와 **Tungsten**[10] 실행 엔진을 기반으로 하여 배치 처리와 유사한 방식으로 스트리밍 처리를 수행한다. 내부적으로는 마이크로배치(micro-batch) 방식을 채택하여 실시간 데이터를 일정 간격으로 수집하고 배치 단위로 처리한다[11].

Structured Streaming의 주요 장점은 Spark SQL과 통합되어 있어 사용자가 SQL 쿼리, DataFrame API 등을 통해 스트리밍 데이터를 직관적으로 다룰 수 있다는 점이다. 또한 MLlib, GraphX 같은 Spark 생태계 구성 요소와의 통합도 가능하여 스트리밍 데이터 기반의 분석 및 모델링이 용이하다.

마이크로배치 방식은 기존 Apache Spark 배치 워크플로와의 연계가 쉬워 운영상의 일관성을 확보할 수 있으나, 네이티브 이벤트 기반 처리 프레임워크인 Apache Flink에 비해 지연 시간이 상대적으로 더 길 수 있다. 이러한 특성으로 인해 초저지연 응답이 요구되는 환경에서는 적합하지 않을 수 있다. 그림 8.11은 Spark Structured Streaming의 기본 아키텍처를 시각화한 것이다.

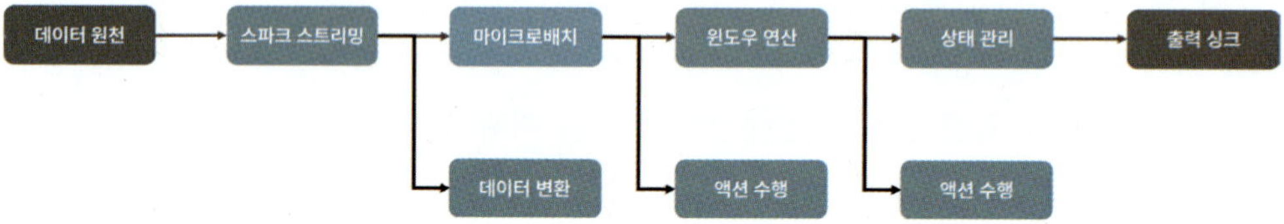

그림 8.11 Spark Structured Streaming의 기본 아키텍처

Apache Kafka, Apache Flink, Spark Structured Streaming은 각각 고유한 특성과 장단점을 지니고 있어 프로젝트의 요구사항에 따라 적절한 기술을 선택하는 것이 중요하다.

8 실시간 데이터 스트림을 작은 배치 단위로 쪼개어 표현한 추상화된 개념
9 Apache Spark의 핵심 엔진으로, SQL 쿼리 및 데이터프레임/데이터셋 연산 계획을 분석하고 최적화하여 더 빠르고 효율적인 실행 계획으로 변환하는 컴포넌트
10 Apache Spark의 물리적 실행 엔진 백엔드로, 메모리 관리와 CPU 효율성을 극대화하는 최적화 기법(예: 코드 생성)을 통해 데이터 처리 속도를 향상시킨다.
11 Trigger.Continuous 옵션을 통해 제한적인 실시간 처리 모드도 가능하다.

Apache Kafka는 메시지 브로커로서 실시간 데이터 파이프라인 구축에 적합하며, 대용량 데이터를 빠르게 수집하고 분산 전달하는 데 강점을 가진다. Apache Flink는 이벤트 기반 처리, 상태 관리, 윈도 연산 등 정교한 실시간 분석이 필요한 경우 탁월한 성능을 제공한다. Spark Structured Streaming은 기존 Apache Spark 기반의 배치 처리 워크플로와의 통합이 용이하여, Apache Spark 환경을 이미 운영 중인 조직에 적합하다.

실시간 스트리밍 플랫폼을 선택할 때는 지연 시간, 확장성, 장애 복구 능력, 상태 관리 등 다양한 요소를 고려해야 한다. 예를 들어, 금융 거래 분석이나 사기 탐지처럼 낮은 지연 시간이 핵심인 시스템에는 Flink가 적합하다. 반면, 대규모 데이터 수집 및 전달이 중심인 경우에는 Kafka가 효과적이며, Apache Spark 기반의 기존 데이터 파이프라인을 유지하고자 한다면 Spark Structured Streaming을 선택하는 것이 효율적이다.

결론적으로 Apache Kafka, Apache Flink, Spark Structured Streaming은 단순히 비교해 우열을 가리기보다는 시스템의 목적과 아키텍처에 따라 조합하여 사용하는 것이 바람직하다. 실제로 많은 기업들은 Apache Kafka를 데이터 수집 및 전달 계층으로 활용하고, Apache Flink 또는 Spark Structured Streaming을 통해 실시간 처리와 분석을 수행하는 하이브리드 아키텍처를 구성하고 있다. 이를 통해 실시간 분석, 추천 시스템, 이상 탐지 등 다양한 실시간 데이터 처리 요구사항을 효과적으로 충족시킬 수 있다.

8.3.3 실시간 데이터 파이프라인 설계 및 구축

실시간 데이터 파이프라인은 일반적으로 데이터 수집, 데이터 변환 및 처리, 그리고 결과 저장의 세 단계로 구성된다. 이러한 파이프라인은 데이터가 지속적으로 유입되고 즉시 처리되어야 하므로 안정성과 확장성이 중요한 요소로 작용한다. 데이터 흐름의 연속성과 처리 효율을 보장하기 위해서는 시스템 전반에 걸쳐 적절한 아키텍처를 설계하는 것이 중요하다.

데이터 수집은 실시간 파이프라인의 첫 번째 단계로서, 다양한 원천으로부터 데이터를 확보하는 과정이다. 이를 위해 웹 애플리케이션, IoT 디바이스, 데이터베이스 변경 로그, 소셜 미디어 피드 등 다양한 입력 경로를 활용하여 데이터를 수집하게 된다. 이러한 데이터 수집 과정에서 효율성과 안정성을 높이기 위해 Apache Kafka, Apache Flume, Apache NiFi와 같은 도구가 활용된다.

Apache Kafka는 Kafka Connect[12]와 Debezium[13]과 같은 **CDC(Change Data Capture)**[14] 도구를 결합하여 데이터베이스 변경 사항을 실시간으로 스트리밍하는 데 효과적이다. 반면, Apache Flume과 Apache NiFi는 Apache Kafka와 달리 데이터를 수집하고 전달하는 역할에 중점을 둔 도구들이다. Apache Flume은 과거 로그 수집에 특화되어 널리 사용되었으나, 현재는 활용도가 점차 낮아지고 있다. Apache NiFi는 보다 범용적인 데이터 흐름 관리 도구로, GUI 기반 환경에서 다양한 원천을 연결하고 데이터를 유연하게 라우팅하거나 Apache Kafka로 전달하는 등 시각적 흐름 제어에 강점을 갖는다.

그림 8.12 실시간 데이터 수집 프로세스

수집된 데이터는 실시간으로 변환 및 처리가 필요하다. 이 과정에서 데이터 정제, 변환, 집계, 필터링 등이 수행된다. 일반적으로 Apache Flink, Spark Structured Streaming과 같은 스트리밍 처리 엔진이 사용되며, 이벤트 시간 기반의 데이터 처리, 상태 관리, 윈도 연산 등의 기능이 활용된다. 예를 들어, 실시간 사용자 행동 분석을 수행할 경우 이벤트 타임을 기반으로 특정 시간 동안의 클릭 수를 집계하거나 이상 징후를 탐지할 수 있다.

12 Apache Kafka와 데이터베이스, 파일 시스템 등 다른 시스템 간의 데이터 스트리밍을 쉽고 안정적으로 통합(연결)하기 위한 프레임워크
13 데이터베이스의 변경 사항(삽입, 수정, 삭제)을 실시간으로 감지하여 이벤트 스트림으로 발행하는 오픈소스 분산 플랫폼
14 데이터베이스의 변경 사항(삽입, 업데이트, 삭제)을 실시간 또는 거의 실시간으로 캡처하여 다른 시스템에 전달하는 기술

데이터 변환 과정에서 중요한 요소는 **윈도 처리(windowing)**와 **상태 관리(state management)**다. 실시간 데이터는 지속적으로 유입되므로 일정한 시간 간격으로 데이터를 그룹화하여 분석하는 윈도 연산이 요구된다. 예를 들어, 1분 단위의 이동 평균을 계산하거나 10초 간격으로 이상 패턴을 탐지하는 방식이 이에 해당한다. 또한, 실시간 데이터는 개별 이벤트 단위로 처리되기 때문에 중간 상태를 유지하며 계산이 누적되어야 하는 경우에는 상태 관리 기능이 필요하다. 이때 Apache Flink는 내장된 상태 저장 기능을 통해 각 연산 단계의 중간 결과를 안정적으로 유지하고 관리할 수 있다.

실시간 데이터 처리 과정에서는 지연 시간을 최소화하면서 정확성을 유지해야 한다. 이벤트가 순서대로 도착하지 않는 경우를 대비해 **이벤트 시간 기반 처리(event time processing)**를 적용하고, 지연 데이터를 보정할 수 있도록 설정하는 것이 중요하다. Apache Flink는 **워터마크(watermark)**[15] 개념을 통해 일정 시간 동안 늦게 도착하는 데이터를 고려할 수 있도록 지원하며, Spark Structured Streaming에서는 **구조적 스트리밍(structured streaming)**[16]을 활용하여 지연 데이터도 효과적으로 처리할 수 있다.

처리된 데이터는 다양한 저장소에 저장되거나 실시간 대시보드로 전달된다. 저장 방식은 분석 목적, 조회 빈도, 데이터 크기에 따라 달라진다. 예를 들어, 빠른 조회가 필요한 경우에는 Apache Cassandra, Amazon DynamoDB 같은 NoSQL 데이터베이스를 활용할 수 있다. 데이터 웨어하우스로 저장하여 추가 분석이 필요한 경우에는 Amazon Redshift, Google BigQuery, Snowflake와 같은 솔루션이 적합하다. 실시간 모니터링이 필요하다면 Grafana, Kibana 같은 시각화 도구를 이용하여 대시보드를 구성할 수 있다.

실시간 데이터 파이프라인을 구축할 때는 확장성을 고려하는 것이 중요하다. 데이터 처리량이 증가할 경우, Apache Kafka에서는 파티션 수를 늘려 처리 성능을 높일 수 있으며, Apache Flink는 작업을 병렬로 실행하여 확장성을 확보할 수 있다. Spark Structured Streaming에서는 클러스터에 노드를 추가함으로써 분산 처리 성능을 향상시킬 수 있다. 이러한 확장성 확보는 실시간 분석 시스템의 안정성과 신뢰성을 높이는 핵심 요소 중 하나다.

---

15 스트림 처리에서 이벤트 시간의 진행 상황을 나타내는 기준선으로, 늦게 도착하는 데이터를 어느 정도까지 기다렸다가 처리할지를 결정하는 데 사용된다.

16 Spark SQL 엔진을 기반으로 구축된 확장 가능한 내결함성 스트림 처리 엔진

또한, 장애 복구와 오류 처리를 위한 메커니즘을 마련하는 것도 중요하다. Apache Kafka는 데이터의 내구성을 확보하기 위해 데이터를 여러 브로커에 복제하며, Apache Flink와 Spark Structured Streaming은 체크포인트(checkpoint)와 재시도(retry) 기능을 통해 장애 발생 시에도 데이터 손실 없이 복구할 수 있도록 지원한다.

모니터링과 로깅은 실시간 데이터 파이프라인에서 특히 더 큰 비중을 차지한다. 서비스 중단이나 지연이 곧바로 사용자 경험에 영향을 미치는 만큼, 시스템 상태를 실시간으로 감지하고 신속하게 대응할 수 있어야 한다. 이를 위해 Prometheus와 Grafana를 활용하면 주요 지표를 실시간으로 수집 · 시각화할 수 있으며, Elastic Stack은 로그 데이터를 기반으로 장애 원인을 빠르게 분석하는 데 효과적이다.

마지막으로, 실시간 데이터 파이프라인을 구축할 때는 시스템의 요구 사항에 따라 최적의 기술 스택을 선택하는 것이 중요하다. 단순한 로그 수집의 경우 과거에는 Apache Kafka와 Apache Flume을 함께 사용하는 방식이 널리 활용되었지만, 현재는 Apache Flume보다 Kafka Connect나 Logstash와 같은 더 유연하고 확장성 있는 솔루션이 선호되고 있다. 복잡한 이벤트 처리나 상태 기반 연산이 필요한 경우에는 단순한 수집 도구보다 더 강력한 스트리밍 처리 엔진이 요구된다. 이러한 경우에는 Apache Flink나 Spark Structured Streaming과 같은 프레임워크가 적합하다.

조직의 인프라 환경에 따라 AWS Kinesis, Google Dataflow 등 클라우드 기반의 스트리밍 솔루션을 활용하는 것도 효과적인 선택이 될 수 있다. 실시간 데이터 파이프라인은 빠르고 정확한 데이터 처리를 통해 비즈니스 의사결정을 지원하는 핵심 인프라로 자리잡고 있다. 따라서 이를 구성할 때는 처리 지연 시간, 확장성, 유지보수 용이성 등 시스템의 요구사항을 면밀히 분석한 뒤, 그에 적합한 기술을 신중하게 선택해야 한다.

8.3.4 실시간 처리 최적화

실시간 데이터 처리는 빠른 응답성과 안정성을 유지해야 하기 때문에 지속적으로 최적화해야 한다. 데이터가 끊임없이 유입되는 환경에서는 병목 지점을 파악하고, 확장성을 고려하여 시스템을 설계하며, 모니터링을 통해 성능을 유지하는 것이 중요하다. 이를 위해 네트워크 I/O, CPU 사용량, 메모리 관리, 쓰레기 수집(Garbage Collection, GC) 등의 요소를 최적화하는 방법을 이해해야 한다.

실시간 처리 시스템에서 가장 먼저 고려해야 할 요소는 병목 지점의 식별이다. 병목 현상의 주요 원인으로는 네트워크 I/O 지연, CPU 과부하, 메모리 부족 등이 있으며, 이는 전체 처리 성능을 크게 저하시킬 수 있다.

예를 들어, Apache Kafka를 사용하는 스트리밍 환경에서 소비자가 데이터를 충분한 속도로 처리하지 못하면 메시지 큐에 데이터가 쌓여 과부하 상태에 이를 수 있다. 마찬가지로, Apache Flink나 Spark Structured Streaming 실행 중 특정 작업 노드에 과도한 부하가 집중되면 전체 파이프라인의 처리 속도가 느려질 수 있다.

이러한 병목 문제를 해결하기 위해서는 시스템 전반에 걸친 지표 기반 모니터링을 도입하고, 수집된 지표를 기반으로 병목 지점을 정확히 분석해야 한다. 이를 통해 적절한 리소스 재분배, 병렬 처리 조정, 인프라 확장을 통해 실시간 처리 성능을 안정적으로 유지할 수 있다.

네트워크 I/O 병목을 해결하기 위해서는 데이터 전송 방식을 최적화해야 한다. Apache Kafka에서는 배치 크기를 조정하고 메시지 압축 옵션을 활용하여 네트워크 트래픽을 효과적으로 줄일 수 있다. Apache Flink와 Spark Streaming에서는 데이터 샘플링 및 필터링을 통해 데이터 전송 크기를 줄이고, 필요한 정보만 네트워크로 전송하도록 구성할 수 있다. 또한, 메시지 크기가 큰 경우 Snappy 또는 LZ4 같은 경량 압축 알고리즘을 활용하여 네트워크 비용을 절감할 수 있다.

CPU 사용량이 높은 경우, 작업 부하를 효율적으로 분산하는 것이 중요하다. Spark Structured Streaming에서는 **RDD(Resilient Distributed Dataset)**의 파티션 수를 조정하여 작업을 여러 노드에 고르게 분산할 수 있다. Apache Flink에서는 **병렬도(parallelism)** 설정을 통해 연산을 효과적으로 분할할 수 있으며, 불필요한 **상태 기반 처리(stateful processing)**를 줄이면 성능을 더욱 향상시킬 수 있다.

메모리 관리 또한 실시간 데이터 처리에서 중요한 요소다. Java 기반의 스트리밍 프레임워크(예: Apache Flink, Spark Structured Streaming)는 쓰레기 수집(GC)으로 인한 지연이 발생할 수 있으므로 메모리 사용을 최적화하고 객체 재사용을 고려해야 한다. 예를 들어, Apache Spark에서는 Kryo[17] 직렬화를 활용하여 객체 크기를 줄이고, Apache Flink에서는 RocksDB[18]를 이용한 상태 저장을 통해 JVM 메모리 부담을 최소화할 수 있다.

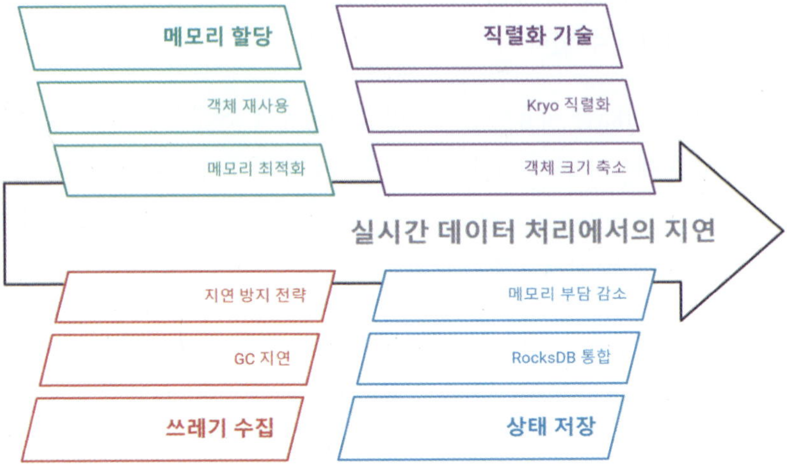

그림 8.13 실시간 데이터 처리에서 메모리 관리 최적화

실시간 처리 시스템의 확장성 확보는 핵심 과제 중 하나다. 데이터 처리량이 증가하더라도 시스템이 이를 원활히 감당할 수 있도록 설계되어야 한다. Apache Kafka에서는 파티션 수를 늘림으로써 더 많은 소비자가 병렬로 데이터를 처리할 수 있도록 지원한다. Apache Flink는 작업 노드를 확장하고 병렬도를 조정해 처리 능력을 향상시킬 수 있으며, Spark Structured Streaming에서는 클러스터 노드를 추가하고 적절한 리소스 할당 정책을 적용하여 확장성을 확보할 수 있다.

모니터링은 실시간 처리 시스템의 안정성을 유지하는 데 핵심적인 요소다. Prometheus와 Grafana를 활용하면 Apache Kafka의 메시지 처리 속도, Apache Flink의 처리 지연 시간, Spark Structured Streaming의 실행 상태 등을 시각화하여 모니터링할 수 있다. 또한, Elastic Stack을 활용하면 로그 데이터를 수집 · 분석함으로써 장애 발생 시 원인을 신속하게 파악하는 데 유용하다.

17 빠르고 효율적인 Java 객체 직렬화 프레임워크
18 고성능 임베디드 키-값 저장소

실시간 처리 환경에서는 장애 발생 시 신속한 복구가 핵심적인 요구 사항이다. Apache Kafka는 메시지를 일정 기간 동안 저장하는 내재적 메시지 보존 기능(message retention)을 통해, 장애 발생 시에도 동일한 데이터를 다시 소비할 수 있도록 지원한다. 또한, Apache Flink 및 Apache Spark Structured Streaming은 체크포인트와 재시도 메커니즘을 활용하여 장애 상황에서도 데이터 손실 없이 안정적으로 복구할 수 있다.

시스템 성능 최적화를 위해 부하 분산도 중요하다. 트래픽이 집중되는 시간대에는 데이터 소비 속도를 높이고, 한산한 시간대에는 리소스 사용을 최소화하는 방식으로 시스템 효율성을 향상시킬 수 있다. 이를 위해 오토 스케일링 기능을 적용하여 워크로드에 따라 클러스터의 크기를 동적으로 조절할 수 있으며, Apache Spark에서는 동적 자원 할당(dynamic resource allocation) 기능을 통해 필요한 경우에만 작업 노드(executor)를 할당하는 방식으로 자원 활용을 최적화할 수 있다.

마지막으로, 실시간 처리 최적화는 단순한 성능 향상을 넘어 비용 절감과도 연결된다. 클라우드 환경에서 실시간 데이터 파이프라인을 운영할 경우, 리소스 사용량을 최적화하지 않으면 높은 운영 비용이 발생할 수 있다. 따라서 불필요한 데이터 처리를 줄이고, 적절한 리소스 할당 전략을 적용하여 비용 효율적인 실시간 데이터 처리를 구현해야 한다.

8.4 _ 배치 처리 vs 실시간 처리

데이터 처리 방식을 결정할 때 가장 핵심적인 고려사항 중 하나는 배치 처리와 실시간 처리 중 어느 방식이 시스템 요구사항에 더 적합한가 하는 점이다. 이 두 방식은 단순히 처리 시점의 차이만이 아니라, 시스템 설계 전반에 영향을 미치는 구조적 특성과 제약 조건을 수반한다. 데이터 흐름의 주기, 연산 방식, 처리 지연에 대한 민감도뿐 아니라, 운영 및 유지보수 전략까지도 방식에 따라 달라질 수 있다. 따라서 각 방식의 특징을 개별적으로 이해하는 것뿐만 아니라, 서로를 비교하는 시각이 병행되어야 한다. 특히 복잡한 데이터 파이프라인을 구성하는 상황에서는 단일 방식에 의존하기보다는 상호 보완적인 선택이 요구된다.

배치 처리와 실시간 처리는 서로 다른 환경과 목적에 최적화되어 있으며, 각각의 장단점은 처리 대상 데이터의 성격, 지연 허용 수준, 처리 빈도, 인프라 비용, 운영 복잡도 등의 요소와 밀접하게 연결된다. 실시간성보다 정확성과 안정성이 더 중시되는 경우에는 배치 처리가 적합할 수 있으며, 반대로 빠른 피드백이 핵심인 시스템에서는 실시간 처리의 이점이 더 크다. 단편적인 비교는 오히려 판단을 흐릴 수 있으므로, 기술적 특성뿐만 아니라 서비스 관점에서의 영향을 종합적으로 고려할 필요가 있다. 특히 다중 서비스가 혼합된 복합 시스템에서는, 처리 방식이 전체 사용자 경험과 운영 효율성에 미치는 영향을 사전에 충분히 검토해야 한다.

예를 들어, 빠른 응답 속도가 요구되는 사용자 인터랙션 중심의 서비스는 실시간 처리가 유리한 반면, 대량의 로그 데이터를 정기적으로 집계하는 분석 시스템에서는 배치 처리가 훨씬 효율적일 수 있다. 또한, 실시간 처리는 데이터를 지속적으로 모니터링하고 반영할 수 있는 장점이 있지만, 안정성과 장애 대응 측면에서는 배치 처리보다 관리가 까다로울 수 있다. 이처럼 적용 대상에 따라 적합한 방식이 달라지므로, 처리 목적에 따라 우선순위를 어떻게 설정하는지가 중요하다. 무엇을 최우선 과제로 둘 것인지, 어떤 리스크를 감수할 수 있는지에 대한 명확한 판단이 선택의 기준이 된다.

이번 절에서는 배치 처리와 실시간 처리를 구조적, 성능적, 운영적 관점에서 비교하여, 어떤 방식이 어떤 상황에서 적합한 선택이 될 수 있는지를 분석한다. 이를 통해 각각의 처리 방식이 가지는 기술적 특성과 그 한계를 명확히 이해할 수 있을 것이다. 또한, 두 방식을 조합한 하이브리드 아키텍처에 대해서도 살펴봄으로써 실제 시스템 설계 시 다양한 요구사항을 균형 있게 만족시키기 위한 전략적 방향성을 제시하고자 한다. 정해진 정답이 존재하지 않는 현실의 환경에서 유연한 아키텍처 설계는 장기적인 확장성과 운영 효율성을 확보하는 데 중요한 출발점이 된다.

8.4.1 배치 처리와 실시간 처리의 핵심 차이점

데이터 처리 방식을 선택할 때 단일 기준으로 결론을 내리기 어렵다. 앞에서 살펴본 바와 같이, 배치 처리와 실시간 처리는 서로 다른 처리 시점과 구조적 특성을 갖고 있으며, 실제 시스템에서는 두 방식이 갖는 차이를 종합적으로 분석한 후 적절한 방식을 선택해야 한다. 단순한 처리 속도나 기술 구성 요소만으로 판단하기보다는 운영 환경, 데이터 특성, 처리 목적에 따라 각 요소를 비교하고 적용 가능성을 검토하는 과정이 선행되어야 한다.

가장 기본적인 비교 항목은 처리 주기와 데이터 흐름이다. 배치 처리는 주기적이고 예측 가능한 흐름에 적합하며, 일괄 분석이나 장기 통계를 산출하는 데 유리하다. 반면 실시간 처리는 이벤트 기반으로 동작하며, 개별 데이터의 즉각적인 반응이나 상태 변경이 중요한 시스템에서 선호된다. 이러한 처리 흐름의 차이는 전체 서비스 아키텍처에도 영향을 주기 때문에 처리 대상 데이터의 성격을 먼저 고려해야 한다.

데이터 일관성 보장 방식에서도 역시 큰 차이를 보인다. 배치 처리는 일괄 처리의 특성상 강한 일관성을 유지하기 용이하며, 특정 시점의 데이터 정확성을 중시하는 업무에 적합하다. 이에 비해 실시간 처리는 데이터 유입 시점과 처리 시점 사이의 지연이나 누락 가능성을 고려해야 하며, 최종 일관성을 목표로 한 설계가 일반적이다. 따라서 실시간 처리 도입 여부는 최종 일관성을 수용할 수 있는지에 달려 있다.

비용과 시스템 구성의 복잡성도 처리 방식에 따라 달라진다. 배치 처리는 비교적 단순한 구조로도 대규모 데이터를 안정적으로 처리할 수 있어 초기 도입과 운영 측면에서 부담이 적은 편이다. 반면 실시간 처리는 데이터가 지속적으로 유입되며, 처리 지연을 최소화해야 하므로 고성능 인프라나 분산 처리 구조가 필요한 경우가 많다. 이에 따라 시스템 구성은 더욱 복잡해지고, 운영 및 장애 대응에도 더 많은 리소스가 요구된다.

오류 처리 측면에서도 배치 처리와 실시간 처리 간에는 뚜렷한 차이가 있다. 배치 처리는 처리 단위가 고정되어 있어 오류 발생 시 재처리가 용이하며, 복구 지점을 명확히 설정할 수 있다. 실시간 처리는 데이터 흐름을 중단시키지 않으면서 오류를 감지하고 대응해야 하므로, 보다 정교한 장애 감지 및 회복 전략이 요구된다. 특히 사용자 요청이 실시간으로 반영되는 서비스에서는 에러가 사용자 경험에 직접 영향을 미치기 때문에 복원력 있는 설계가 수반되어야 한다.

지연 시간 또한 처리 방식 선택에 큰 영향을 미친다. 배치 처리는 처리 지연을 전제로 하지만, 시스템 부하를 조절하면서도 고정된 시간 안에 많은 데이터를 처리할 수 있다. 반면 실시간 처리는 낮은 지연 시간을 보장하지만, 이를 위해 더 많은 시스템 자원과 설계상의 고려가 필요하다. 특히 실시간 처리에서는 사용자 반응 속도와 서비스 품질 사이의 균형을 맞추기 위한 연산 최적화가 중요한 과제가 된다.

확장성의 측면에서도 두 방식은 상이한 특징을 보인다. 배치 처리의 경우, 처리 주기가 정해져 있기 때문에 확장 전략을 사전에 계획하고 리소스를 효율적으로 배분하는 데 유리하다. 반면 실시간 처리 환경은 트래픽의 변동성에 대응해야 하며, 수평 확장을 전제로 한 유연한 인프라 설계가 필요하다. 고정된 워크로드에 비해 변동성이 큰 환경에서 실시간 처리를 도입할 경우, 자원 관리와 성능 제어가 시스템 설계의 주요 기준이 된다.

이와 같이 배치 처리와 실시간 처리는 각각 장단점을 지니고 있으며, 어느 한쪽이 항상 우월하다고 보기는 어렵다. 그러므로 데이터의 특성, 처리 목적, 시스템의 운영 환경 등을 종합적으로 고려해 적절한 방식을 선택해야 한다. 최근에는 두 방식을 결합한 하이브리드 구조가 점차 확산되고 있으며, 이를 통해 과거 데이터에 대한 정밀한 분석과 실시간 반응성을 동시에 확보하려는 시도가 활발하게 진행되고 있다. 특히 스트리밍 기반의 배치 구현이나 마이크로배치 처리 등 새로운 접근이 등장하면서 경계가 명확하지 않은 형태로 발전해 나가고 있다. 다음 그림 8.14는 배치 처리와 실시간 처리의 차이점을 정리한 것이다.

그림 8.14 배치 처리와 실시간 처리 차이점

8.4.2 시스템 요구사항 기반 처리 방식 선택 가이드

시스템 아키텍처를 설계하고 구현하는 과정에서 데이터 처리 방식의 선택은 성능, 확장성, 유지보수성 전반에 영향을 미친다. 특히 시스템이 요구하는 처리 특성과 운영 환경을 정확히 분석한 뒤, 이를 바탕으로 실시간 처리와 배치 처리 중 어떤 방식이 더 적합한지를 판단하는 과정이 중요하다.

처리 방식을 결정할 때 가장 먼저 고려해야 할 사항은 지연 시간에 대한 요구 수준이다. 예를 들어, 금융 거래나 사기 탐지와 같이 응답 속도가 중요한 시스템에서는 데이터를 실시간으로 분석하고 빠르게 반영할 수 있는 구조가 요구된다. 이러한 경우에는 스트림 처리 프레임워크를 활용하여 지속적으로 유입되는 데이터를 처리하고, 상황에 따라 즉시 판단을 내릴 수 있도록 설계하는 것이 적절하다.

반면, 대량의 데이터를 처리해야 하는 시스템에서는 배치 처리가 더 적합하다. 데이터 웨어하우스나 로그 분석 시스템과 같이 수집된 데이터를 일정 주기마다 처리하는 경우, 배치 처리를 활용하면 효율적인 데이터 처리가 가능하다. 이러한 시스템에서는 Apache Hadoop, Apache Spark와 같은 분산 배치 처리 프레임워크를 활용하여 대량의 데이터를 병렬로 처리하는 것이 일반적이다.

다음으로 고려해야 할 사항은 데이터의 업데이트 빈도다. 데이터가 자주 변경되거나 실시간 반영이 요구되는 시스템에서는 실시간 처리 방식이 유리하다. 예를 들어 소셜 미디어 피드나 주식 시세와 같이 지속적으로 새로운 데이터가 생성되고 빠르게 갱신되는 경우, 최신 정보를 즉시 반영할 수 있는 구조가 필요하다. 반면, 데이터 변경이 비교적 드물고 정해진 주기에 따라 일괄적으로 갱신되는 환경에서는 배치 처리 방식이 더 적합하다.

분석의 복잡도 역시 중요한 고려 요소에 해당한다. 단순한 필터링이나 집계와 같은 작업은 실시간 처리로도 충분히 수행할 수 있지만, 시장 예측이나 추천 시스템 모델 학습처럼 연산량이 많고 복잡한 처리가 필요한 경우에는 배치 방식이 더 적합할 수 있다. 다만, Apache Flink와 같은 스트림 처리 프레임워크를 활용하면 실시간 데이터에 대해서도 일정 수준 이상의 분석이 가능하므로, 요구사항에 따라 실시간 처리를 적용할 여지도 존재한다.

비용 또한 중요한 선택 기준 중 하나다. 실시간 처리 시스템은 지속적인 데이터 흐름을 처리하기 위한 구조를 갖추어야 하므로 상대적으로 높은 운영 비용이 발생할 수 있다. 실시간 분석을 위해서는 전용 인프라나 분산 처리 환경이 추가로 요구되는 경우도 많다. 반면, 배치 처리는 일정한 주기로 데이터를 일괄 처리하기 때문에 비교적 단순한 구조로도 운영이 가능하며 비용 부담이 적은 편이다. 이러한 점을 고려하면 예산 규모와 운영 여건에 따라 두 방식 중 어떤 처리가 더 적절한지를 판단할 수 있다.

시스템의 확장성과 유지보수 측면도 고려해야 한다. 실시간 처리는 높은 트래픽을 처리하기 위해 수평 확장이 가능한 인프라가 요구되며, 실시간 데이터 스트림을 지속적으로 수집 · 처리 · 모니터링하는 체계가 필요하다. 이러한 구조는 설계와 운영이 복잡해질 수 있으며, 장애 대응 및 운영 자동화 측면에서도 추가적인 고민이 필요하다. 반면, 배치 처리는 일정한 주기에 따라 데이터를 일괄 처리하므로 시스템 부하를 예측하고 조절하기가 상대적으로 용이하다. 유지보수 또한 정해진 흐름 내에서 이루어지기 때문에 실시간 시스템에 비해 관리가 단순한 편이다.

마지막으로 고려해야 할 사항은 비즈니스 요구사항이다. 시스템의 기술적 특성만으로 처리 방식을 결정하기보다는 사용자 기대 수준과 서비스 목적을 함께 반영해야 한다. 예를 들어, 사용자 응답 속도가 직접적인 만족도로 이어지는 서비스에서는 실시간 처리 방식이 유리할 수 있으며, 빠른 피드백 제공이 중요한 기준이 된다. 반면, 보고서 생성이나 내부 분석과 같이 실시간성이 크게 요구되지 않는 업무에서는 배치 처리가 더 효율적인 선택이 될 수 있다. 서비스의 성격에 따라 처리 방식의 우선순위가 달라질 수 있으므로, 기능적 요구 외에도 비즈니스적 관점에서의 검토가 병행되어야 한다.

결론적으로 실시간 처리와 배치 처리 중 어느 방식을 선택할지는 단일 요소로 결정하기 어렵다. 지연 시간, 데이터 처리량, 업데이트 빈도, 분석 복잡도, 비용, 확장성 등 다양한 요소를 종합적으로 고려해야 하며, 각각의 조건이 처리 방식에 어떤 영향을 미치는지를 이해하는 것이 우선되어야 한다. 상황에 따라 두 방식을 병행하거나 통합하는 전략도 고려해볼 수 있으며, 시스템의 목적과 제약 조건에 가장 부합하는 형태를 선택하는 것이 바람직하다. 다음 표 8.2는 실시간 처리와 배치 처리 방식을 정리한 것이다.

표 8.2 실시간 처리와 배치 처리 비교

기준	실시간 처리	배치 처리
지연 시간 요구사항	즉각적인 응답 필요	일정 주기마다 처리
데이터 업데이트 빈도	데이터가 자주 변경되는 시스템	데이터 변경 빈도가 낮고 주기적인 업데이트 필요
분석 복잡도	단순한 데이터 필터링/집계	복잡한 분석
비용	높은 운영 비용, 추가적인 인프라 구축 필요	상대적으로 저렴한 비용

기준	실시간 처리	배치 처리
확장성	높은 트래픽 처리를 위한 확장성 필요	시스템 부하 예측 및 조절 용이
유지보수	실시간 데이터 스트림 지속적인 관리 필요	상대적으로 단순
비즈니스 요구사항	빠른 응답 필수	실시간성 불필요
장점	신속한 데이터 분석 및 반영, 최신 데이터 제공	효율적인 데이터 처리, 대량 데이터 병렬 처리 가능
단점	높은 운영 비용, 복잡한 인프라 관리	실시간성 부족
프레임워크	스트림 처리 프레임워크	분산 배치 처리 프레임워크
고려 사항	지연 시간, 데이터 처리량, 업데이트 빈도, 분석 복잡도, 비용, 확장성	지연 시간, 데이터 처리량, 업데이트 빈도, 분석 복잡도, 비용, 확장성
적합 시스템 예시	금융 거래 시스템, 사기 탐지 시스템, 소셜 미디어 피드, 주식 시세	데이터 웨어하우스, 로그 분석 시스템, 시장 예측 모델, 추천 시스템 모델 학습

8.4.3 하이브리드 아키텍처

하이브리드 아키텍처는 배치 처리와 실시간 처리를 결합하여 데이터 처리의 유연성과 확장성을 극대화하는 방식이다. 이를 통해 다양한 시스템 요구사항을 충족하면서 성능과 비용을 최적화할 수 있다. 특히, 과거 데이터 분석과 실시간 데이터 처리가 동시에 필요한 환경에서는 효과적인 해결책이 될 수 있다.

대표적인 하이브리드 아키텍처로 **Lambda 아키텍처**가 있다. Lambda 아키텍처는 데이터를 처리하는 방식에 따라 배치 계층, 속도 계층, 서빙 계층으로 구성된다. 배치 처리의 정확성과 실시간 처리의 신속성을 결합해, 대규모 데이터 환경에서 정밀성과 반응성을 균형 있게 제공하는 구조다. 이러한 구조는 대용량 데이터를 효율적으로 처리할 수 있으며, 확장성과 장애 대응력 측면에서도 유리하다.

배치 계층(batch layer)은 전체 데이터세트를 저장하고 주기적으로 처리하는 역할을 한다. 일반적으로 HDFS 같은 분산 파일 시스템 위에 구축되며, **맵리듀스**(MapReduce)[19]와 같은

19 대용량 데이터를 분산 환경에서 병렬로 처리하기 위한 프로그래밍 모델이자 프레임워크로, 데이터를 여러 노드에서 병렬로 처리할 수 있도록 한다.

배치 처리 프레임워크를 사용해 데이터를 일괄 처리한다. 이 계층은 높은 정확도와 데이터 정합성을 제공하지만, 처리에 시간이 오래 걸리기 때문에 실시간 응답이 필요한 상황에는 적합하지 않다.

속도 계층(speed layer)은 실시간 데이터 스트림을 빠르게 처리하여 최신 정보를 즉시 반영하는 역할을 한다. Apache Kafka와 같은 메시징 시스템을 통해 데이터를 수집하고, Apache Flink나 Apache Storm 같은 스트림 처리 엔진을 활용해 낮은 지연 시간으로 처리한다. 이를 통해 최신 데이터를 빠르게 반영할 수 있지만, 배치 계층에 비해 정확도가 낮고, 장애 시 일부 데이터가 유실될 수 있다.

서빙 계층(serving layer)은 배치 계층과 속도 계층에서 처리된 데이터를 통합하여 사용자에게 제공하는 역할을 한다. NoSQL 데이터베이스(Cassandra, HBase 등)를 활용해 데이터를 저장하고 검색하며, 두 계층에서 생성된 결과를 효과적으로 결합하여 빠른 조회 성능을 제공한다.

이러한 Lambda 아키텍처의 가장 큰 장점은 정확성과 실시간성을 균형 있게 조합할 수 있다는 점이다. 분산 시스템 기반으로 뛰어난 확장성을 갖추고 있으며, 각 계층이 독립적으로 작동하기 때문에 일부 계층에서 장애가 발생하더라도 전체 시스템의 가용성에 미치는 영향을 최소화할 수 있다.

그러나 Lambda 아키텍처는 배치 계층과 속도 계층을 별도로 구축하고 유지해야 하며, 동일한 데이터 처리 로직을 각 계층에 중복 구현해야 하기 때문에 운영 복잡성이 높아지는 단점이 있다. 이러한 한계로 인해 최근에는 속도 계층만으로 모든 처리를 수행하는 Kappa 아키텍처와 같은 대안도 주목받고 있다.

Lambda 아키텍처의 복잡성을 줄이기 위한 대안으로 제안된 방식이 **Kappa 아키텍처**다. Kappa 아키텍처는 모든 데이터를 스트림 기반으로 처리하며, 배치 계층을 별도로 두지 않는 구조를 따른다. 실시간 스트림 처리 엔진 하나로 전체 작업을 수행하는 단일 처리 경로(single path)를 지향함으로써 중복된 코드 구현이나 이중 인프라 운영 없이 데이터 파이프라인을 간소화할 수 있다.

이 아키텍처는 데이터 재처리(replay)가 필요한 경우에도 스트리밍 방식으로 대응할 수 있도록 설계되어 있다. 과거 이벤트 로그를 다시 스트리밍하는 방식으로 동일한 처리를 반복할 수 있기 때문에 Lambda 아키텍처에서 자주 발생하는 배치와 실시간 처리 간의 정합성 문제나 로직 중복 문제를 줄이는 데 도움이 된다. 이러한 구조는 유지보수 측면에서도 단순화를 유도하며, 처리 경로가 일관되기 때문에 운영 안정성 확보에도 유리하다.

Kappa 아키텍처는 특히 변화가 잦고 실시간 응답이 중요한 환경에서 적합하게 활용될 수 있다. Apache Kafka, Apache Flink 등과 같은 메시징 플랫폼 및 스트림 처리 프레임워크를 활용하면, 이벤트 중심(event-driven)의 데이터 흐름을 기반으로 하는 시스템을 구축할 수 있다. 이러한 방식은 복잡한 배치 스케줄링 없이 실시간 처리를 강화할 수 있으며, 장애 복구, 지표 재계산, 모델 재학습과 같은 반복 작업에도 유연하게 대응할 수 있다.

다만, Kappa 아키텍처는 모든 데이터를 실시간 처리 방식으로 다루는 전제를 가지고 있기 때문에 대규모 이력 데이터를 반복적으로 처리하거나 정밀한 집계 정확성이 중요한 상황에서는 적합하지 않을 수 있다. 이처럼 Kappa 아키텍처는 Lambda 아키텍처를 완전히 대체하는 절대적인 해법이라기보다는 특정한 시스템 요구와 제약 조건에 따라 선택적으로 고려해야 할 하나의 설계 옵션에 가깝다.

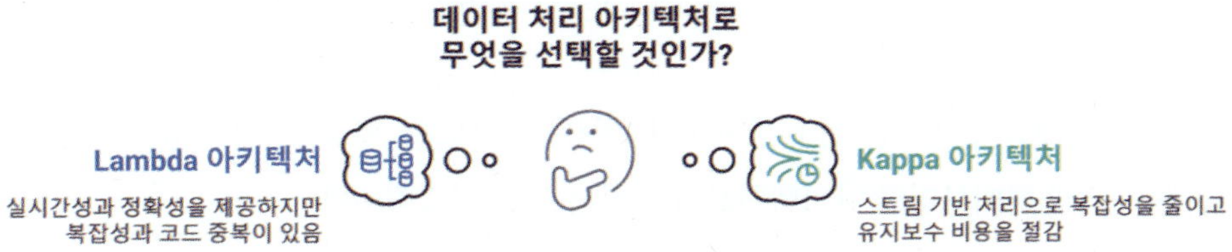

그림 8.15 하이브리드 아키텍처 선택

하이브리드 아키텍처는 시스템 요구사항에 따라 신중하게 설계해야 한다. 예를 들어, 과거 데이터를 기반으로 정밀한 분석이 필요한 경우에는 Lambda 아키텍처가 적합하며, 실시간 대시보드와 같이 즉각적인 반응이 중요한 경우에는 Kappa 아키텍처가 더 효율적일 수 있다. 따라서 데이터 처리 속도와 정확성에 대한 요구를 면밀히 분석한 후, 목적에 가장 부합하는 아키텍처를 선택하는 것이 중요하다.

하이브리드 아키텍처는 높은 인프라 비용이 발생할 수 있기 때문에 필요한 부분에만 적용하는 것이 바람직하다. Lambda 아키텍처는 데이터 처리 파이프라인이 복잡해질 수 있어 유지보수가 어려울 수 있으며, Kappa 아키텍처는 모든 데이터를 스트림으로 처리해야 하므로 높은 처리 성능이 요구된다. 따라서 시스템의 성격과 개발팀의 역량을 고려하여 적절한 방식을 선택하는 것이 중요하다.

추가 고려사항으로는 비즈니스 요구사항이 있다. 실시간 추천 시스템을 운영하는 경우 Kappa 아키텍처가 적절할 수 있으며, 과거 데이터를 분석하여 정교한 인사이트를 도출하는 경우에는 Lambda 아키텍처가 유리할 수 있다. 이처럼 비즈니스 모델과 사용자 경험을 고려하여 아키텍처를 선택해야 하며, 이를 통해 최적의 데이터 처리 방식을 결정할 수 있다.

하이브리드 아키텍처를 구현할 때는 Apache Spark, Apache Flink, Apache Kafka 등을 조합하여 배치와 실시간 처리를 적절히 결합하는 방식이 일반적이다. 특히, 클라우드 환경에서는 AWS Kinesis, Google Dataflow, Azure Stream Analytics와 같은 관리형 스트리밍 서비스들이 하이브리드 아키텍처 구현에 효과적으로 활용될 수 있다.

결론적으로, 하이브리드 아키텍처는 배치 처리와 실시간 처리의 강점을 결합하여 다양한 데이터 처리 요구사항을 충족할 수 있는 효과적인 접근 방식이다. Lambda 아키텍처와 Kappa 아키텍처는 이를 구현하기 위한 대표적인 방식으로 시스템의 특성과 요구사항에 따라 적절한 설계를 선택하는 것이 중요하다. 비용, 유지보수, 확장성, 성능 등을 종합적으로 고려해 최적의 하이브리드 아키텍처를 구축하는 것이 바람직하다.

데이터·AI

시스템 아키텍트를 위한 실무 가이드

Part 03

시스템 아키텍처 설계

9 _ 로그 설계와 운영
10 _ 시스템 아키텍처
11 _ 시스템 최적화 및 확장
12 _ 대규모 언어 모델 시스템 구성

9

로그 설계와 운영

9.1 _ 로그 수집, 저장, 분석 및 시각화

9.2 _ 로그 형식 및 관리 전략

9.3 _ Elastic Stack

9.4 _ A/B 테스트 및 실험 디자인

로그는 시스템의 상태를 파악하고 문제를 진단하는 데 사용된다. 로그를 효과적으로 수집하고 관리하면 장애 발생 시 신속한 대응이 가능하며, 장기적인 분석을 통해 시스템의 성능을 최적화하는 데에도 활용할 수 있다. 특히, 대규모 분산 시스템에서는 로그의 중요성이 더욱 커지며, 이를 기반으로 운영 상태 점검, 보안 감사, 성능 모니터링 등을 수행할 수 있다. 따라서 로그를 어떻게 설계하고 운영할 것인지에 대한 명확한 가이드라인이 필요하다.

로그 설계에서는 로그의 종류와 목적을 명확히 정의해야 한다. 애플리케이션 로그, 시스템 로그, 보안 로그 등 다양한 로그 유형이 존재하며, 각 로그는 특정한 분석 목적에 맞게 설계되어야 한다. 또한 로그 데이터의 형식을 표준화하면 이후 분석 및 시각화 과정에서 일관된 처리가 가능해진다. 또한, 로그 레벨을 적절하게 설정하고, 의미 있는 로그 메시지를 남기는 것도 중요한 요소다.

로그 수집과 저장 방식도 효율적으로 설계해야 한다. 단순한 파일 기반 저장 방식부터 중앙 집중형 로그 관리 시스템까지 다양한 방법이 있으며, 시스템의 규모와 요구사항에 따라 적절한 방식을 선택해야 한다. 특히, 실시간 로그 분석이 필요한 경우에는 Elastic Stack과 같은 도구를 활용하는 것이 효과적이다. 적절한 저장 전략을 수립하면 불필요한 데이터의 증가를 방지하고, 검색 및 분석 성능을 최적화할 수 있다.

로그 데이터를 활용하여 인사이트를 도출하는 것도 중요한 과정이다. 로그 분석을 통해 시스템 장애의 원인을 파악하고, 성능 병목을 해결할 수 있으며, 나아가 A/B 테스트와 같은 실험을 통해 비즈니스 의사결정을 지원할 수도 있다. 이를 위해 로그 분석 도구를 활용하여 대시보드를 구축하고, 실시간으로 데이터를 모니터링할 수 있는 체계를 마련해야 한다. 이번 장에서는 이러한 로그 설계와 운영 전반에 대해 다루며, 효과적인 로그 관리 전략을 수립하는 방법을 살펴본다.

9.1 _ 로그 수집, 저장, 분석 및 시각화

로그의 수집, 저장, 분석, 시각화는 시스템 운영과 성능 모니터링의 핵심 요소다. 현대의 IT 시스템은 방대한 양의 로그 데이터를 생성하며, 이를 효과적으로 관리하지 않으면 문제 발생 시 원인을 파악하는 데 많은 시간이 소요될 수 있다. 따라서 로그 데이터를 체계적으로 수집하고 저장하며, 이를 분석하고 시각화하는 과정이 필요하다. 적절한 로그 관리 체계를 갖추면 시스템 성능을 최적화할 수 있을 뿐만 아니라, 보안 사고를 예방하고 장애 대응 시간을 단축할 수도 있다.

로그 수집은 다양한 원천에서 생성된 로그 데이터를 중앙으로 모아 정리하고 처리하는 과정이다. 애플리케이션 로그, 서버 로그, 데이터베이스 로그, 네트워크 로그 등 서로 다른 형식의 로그는 실시간 또는 배치 방식으로 수집될 수 있다. 일반적으로 로그 수집에는 Logstash, Fluentd, Apache Kafka 등의 도구가 사용되며, 수집된 로그를 중앙 저장소로 전달하는 과정에서 필터링과 변환 작업이 이루어진다. 이러한 과정은 불필요한 데이터를 줄이고, 로그를 표준 형식으로 정제하여 이후 분석을 보다 용이하게 만든다.

따라서 수집된 로그는 효율적으로 저장되어야 한다. 로그 데이터는 시간이 지남에 따라 기하급수적으로 증가하기 때문에 저장 방식과 보존 정책을 신중하게 설계해야 한다. 단순한 파일 시스템 기반 저장부터 분산 스토리지, 데이터베이스, NoSQL 시스템까지 다양한 선택지가 있으며, 시스템의 요구사항에 따라 적절한 방식을 선택해야 한다. 또한, 검색과 분석의 성능을 고려하여 인덱싱 전략을 수립하고, 장기 보관이 필요한 데이터와 단기 분석용 데이터를 구분하는 정책이 함께 수립해야 한다.

로그 분석과 시각화는 수집된 데이터를 유의미한 정보로 전환하는 과정이다. Elasticsearch와 같은 검색 엔진을 활용하면 대량의 로그 데이터를 빠르게 조회할 수 있으며, Kibana나 Grafana 같은 시각화 도구를 이용하면 로그 데이터를 직관적으로 모니터링할 수 있다. 실시간 대시보드를 구축하면 장애 발생 시 즉각적인 대응이 가능하며, 장기적인 추세 분석을 통해 시스템 성능을 지속적으로 최적화할 수 있다. 이번 절에서는 로그 관리의 주요 과정을 다루고, 효과적인 로그 수집, 저장, 분석, 시각화 전략을 설명한다.

9.1.1 로그의 역할

로그는 시스템과 애플리케이션의 동작을 기록하는 데이터로 운영 모니터링, 문제 해결, 보안 감시, 성능 최적화 등 다양한 목적에 활용된다. 로그가 없다면 시스템이 정상적으로 동작하는지 확인하는 것이 어려워지고, 장애 발생 시 원인을 파악하는 데 많은 시간이 소요될 수 있다. 따라서 로그는 단순한 기록이 아니라, 시스템 운영을 위한 기반 중 하나로 활용되고 있다.

로그는 시스템의 모든 활동을 추적하는 역할을 한다. 사용자가 시스템에 로그인하거나, 특정 기능을 실행하거나, 데이터베이스에서 정보를 조회하는 등의 모든 이벤트가 로그에 기록될 수 있다. 이를 통해 시스템의 정상적인 동작 여부를 확인하고, 예상치 못한 오류나 예외 상황을 감지할 수 있다. 또한, 로그를 분석하면 사용자의 행동 패턴을 파악할 수 있어 시스템 개선이나 보안 정책 수립에도 기여할 수 있다.

보안 측면에서 로그는 해킹이나 내부자 위협과 같은 보안 사고 발생 시 사건의 발생 시점과 경로를 추적하는 데 중요한 단서를 제공한다. 침입 탐지 시스템(Intrusion Detection System, IDS)이나 보안 정보 및 이벤트 관리(Security Information and Event Management, SIEM) 시스템은 로그 데이터를 기반으로 이상 징후를 탐지하고 대응 방안을 수립한다. 따라서 로그를 철저히 관리하고 정기적으로 검토함으로써 보안성을 높일 수 있다.

장애 대응과 문제 해결 과정에서도 로그는 핵심적인 역할을 한다. 애플리케이션이 예상치 못한 오류를 발생시키거나 서버의 응답 속도가 느려지는 등의 문제가 발생했을 때 로그를 분석하면 원인을 신속하게 파악할 수 있다. 예를 들어, 특정 시간대에 특정 API 호출이 급격히 증가하면서 서버 부하가 발생했다면 로그를 통해 어떤 요청이 문제를 유발했는지 추적할 수 있다. 이를 기반으로 적절한 조치를 취하면 서비스의 안정성을 유지할 수 있다.

성능 최적화를 위해서도 로그는 매우 유용한 도구다. 로그를 활용하면 시스템의 병목 현상을 파악하고, 리소스 사용 패턴을 분석하여 성능 개선 방안을 도출할 수 있다. 예를 들어, 데이터베이스 쿼리 로그를 분석하면 응답 시간이 긴 쿼리를 식별하고 인덱스를 추가하거나 쿼리 구조를 최적화하는 등의 조치를 취할 수 있다. 이러한 과정으로 시스템 전반의 성능을 효과적으로 향상시킬 수 있다.

로그는 서비스 운영과 비즈니스 의사결정에도 유용하게 활용될 수 있다. 사용자 활동 로그를 분석하면 어떤 기능이 자주 사용되는지, 특정 기능에서 오류가 자주 발생하는지 등을 파악할 수 있다. 이를 바탕으로 서비스 개선 방향을 설정하고, 고객 경험을 향상시키는 전략을 수립할 수 있다. 예를 들어, 전자상거래 플랫폼에서 검색 로그를 분석하면 사용자들이 많이 찾는 상품을 파악할 수 있어, 인기 상품 추천과 같은 개인화 서비스를 제공하는 데 활용할 수 있다.

법적 준수와 감사 측면에서도 로그는 중요한 역할을 한다. 금융, 의료, 공공기관 등 특정 산업 분야에서는 로그 기록을 일정 기간 동안 보관하도록 요구하는 규제가 존재한다. 예를 들어, GDPR(유럽 개인정보 보호법)과 같은 법률은 사용자 데이터에 대한 접근 기록을 보관하고, 필요 시 이를 제출할 수 있도록 규정하고 있다. 따라서 로그를 체계적으로 관리하는 것은 법적 책임 이행을 위한 필수 조건 중 하나다.

로그는 실시간 모니터링과 이상 탐지에도 활용된다. 현대의 IT 시스템에서는 장애가 발생하기 전에 이상 징후를 감지하고 선제적으로 조치를 취하는 것이 중요하다. 예를 들어, 특정 서버의 응답 시간이 급격히 증가하거나 오류 로그가 비정상적으로 많이 발생하는 경우, 이를 실시간으로 감지하여 운영팀에 경고를 보낼 수 있다. 이처럼 로그 기반 모니터링 시스템을 구축하면 장애를 사전에 방지하고, 서비스 가용성을 극대화할 수 있다.

데이터 사이언스 관점에서도 로그는 중요한 데이터 자원이다. 로그에는 시스템 동작 정보뿐만 아니라 사용자의 행동 패턴, 성능 변화, 오류 발생 원인 등 다양한 데이터가 포함되어 있으며, 이를 분석하면 비즈니스 인사이트를 도출하거나 모델 성능을 향상시키는 데 활용할 수 있다. 특히, 머신러닝 기반의 이상 탐지 시스템이나 추천 시스템에서는 로그 데이터가 학습 데이터를 구성하는 핵심 자료로 활용된다.

예를 들어, 웹사이트의 사용자 클릭 로그를 분석하면 사용자의 관심사를 파악할 수 있으며, 이를 기반으로 추천 시스템을 개선할 수 있다. 기존에는 단순한 규칙 기반 추천이 일반적이었지만, 오늘날에는 로그 데이터를 활용한 딥러닝 기반의 추천 시스템이 널리 사용되고 있다. 사용자의 행동 패턴을 분석하여 개인화된 추천을 제공하면 서비스의 효율성을 높이고, 사용자 만족도를 증가시킬 수 있다.

로그는 단순한 운영 기록이 아니라, 시스템 관리, 보안, 성능 개선, 사용자 경험 향상, 비즈니스 분석 등 다양한 분야에서 폭넓게 활용된다. 데이터 사이언스와 머신러닝에서도 로그는 학습 데이터의 기반이 되며, 체계적인 수집과 분석을 통해 실질적인 개선 효과를 기대할 수 있다. 로그는 단순히 저장하는 데이터가 아니라, 안정적이고 효율적인 시스템 운영을 가능하게 하는 기반 자원이다. 다음 그림 9.1은 로그의 역할을 정리한 것이다.

그림 9.1 로그의 역할

9.1.2 로그 유형

로그는 형태와 목적에 따라 다양한 유형으로 나뉘며, 수집 경로 역시 여러 원천에 기반한다. 시스템의 안정성 유지, 성능 최적화, 사용자 행동 분석, 보안 위협 감지 등 다양한 목적으로 활용되기 때문에, 이를 체계적으로 관리하려면 로그의 유형과 수집 원천을 정확히 이해하는 것이 중요하다.

가장 기본적인 로그 유형 중 하나는 **시스템 로그**(system log)다. 운영 체제(OS), 서버, 네트워크 장비 등에서 발생하는 시스템 로그는 주로 시스템 상태, 오류, 성능 지표 등을 기록한다. 예를 들어, Linux의 /var/log/syslog 파일에는 시스템에서 발생한 주요 이벤트가 저장되며, 이를 통해 시스템 문제를 진단하고 해결할 수 있다. 또한 운영 서버의 CPU 사용률, 메모리 상태, 디스크 I/O와 같은 성능 로그 역시 시스템 상태를 모니터링하고 서비스의 안정성을 유지하는 데 중요한 역할을 한다.

애플리케이션 로그(application log)는 특정 소프트웨어나 서비스에서 생성하는 로그로, 시스템 로그보다 더 상세한 정보가 포함된다. 예를 들어, 웹 애플리케이션의 요청 및 응답 로그, 에러 로그, API 호출 로그 등이 이에 해당한다. 특히 마이크로서비스 아키텍처에서는 각 서비스가 독립적으로 동작하기 때문에 개별 서비스의 로그를 체계적으로 수집하고 분석하는 것이 중요하다.

보안 로그(security log)는 보안 관점에서 중요한 정보를 포함하는 로그로, 사용자 인증 기록, 권한 변경 내역, 침입 시도, 방화벽 규칙 적용 여부 등을 기록한다. 보안 로그는 보안 운영 센터(Security Operations Center, SOC)에서 이상 징후 탐지 및 침해 대응을 위해 활용되며, 머신러닝 기반의 이상 탐지 시스템(IDS, IPS)에서 핵심적인 학습 데이터로 사용된다. 예를 들어, 사용자의 로그인 패턴을 분석하여 평소와 다른 IP에서 접속할 경우 경고를 생성할 수 있다.

트랜잭션 로그(transaction log)는 데이터베이스에서 발생하는 모든 변경 사항을 기록하는 로그다. 데이터 삽입, 수정, 삭제 등의 연산이 수행될 때 트랜잭션 로그가 생성되며, 이는 데이터 복구 및 감사(audit) 목적으로 활용된다. 특히 금융 서비스 분야에서는 트랜잭션 로그를 기반으로 사기 탐지(fraud detection) 시스템을 구축하는 사례가 많다. 즉, 머신러닝 모델을 이용해 트랜잭션 패턴을 분석함으로써 비정상적인 거래를 탐지하고, 이를 통해 실시간 사기 탐지 및 대응 시스템을 구현할 수 있다.

사용자 행동 로그(user behavior log)는 웹사이트, 모바일 앱, IoT 기기 등에서 사용자의 활동을 기록한 로그 데이터를 의미한다. 클릭스트림 데이터(clickstream data), 검색 기록, 페이지 조회, 버튼 클릭 등의 정보가 포함된다. 이러한 로그는 주로 사용자 경험(User Experience, UX) 개선 및 개인화 추천 시스템 구축에 활용된다. 예를 들어, Netflix나 YouTube와 같은 스트리밍 플랫폼에서는 사용자 시청 이력을 기반으로 맞춤형 콘텐츠 추천을 수행하며, 이 과정에서 대규모 사용자 행동 로그가 학습 데이터로 활용된다.

네트워크 로그(network log)는 라우터, 스위치, 방화벽 등 네트워크 장비에서 발생하는 트래픽 데이터를 기록한 로그다. 이 로그에는 패킷 흐름, 연결 상태, DNS 요청, 방화벽 차단 내역 등의 정보가 포함되며, 주로 네트워크 성능 모니터링과 보안 분석에 활용된다. 예를 들어, 분산 서비스 거부(Distributed Denial of Service, DDoS) 공격을 탐지하는 과정에서 네트워크 로그를 분석함으로써 비정상적인 트래픽 패턴을 식별할 수 있으며, 이를 통해 적절한 방어 조치를 수행할 수 있다.

IoT 로그(IoT log)는 스마트 디바이스와 센서에서 생성되는 로그로, 온도, 습도, 위치, 동작 감지 등 다양한 데이터를 포함한다. IoT 환경에서는 데이터가 실시간으로 생성되며, 이를 분석하여 이상 탐지나 자동화된 제어 시스템을 구축할 수 있다. 예를 들어, 스마트

팩토리에서는 센서 로그를 분석하여 기계 고장을 사전에 예측하고, 예지 보전(predictive maintenance) 기반의 자동화된 유지보수 시스템을 구현할 수 있다.

이러한 다양한 로그 유형은 서로 독립적으로 존재하는 것이 아니라, 하나의 시스템 내에서 함께 생성되고 활용되는 경우가 많다. 예를 들어, 전자상거래 플랫폼에서는 사용자 행동 로그를 기반으로 추천 시스템을 운영하고, 트랜잭션 로그를 통해 결제 오류를 추적하며, 보안 로그를 활용하여 부정 로그인 시도를 감지할 수 있다.

또한, 로그의 발생 출처도 매우 다양하다. 운영 체제, 애플리케이션, 클라우드 서비스, 네트워크 장비, IoT 센서 등 다양한 구성 요소에서 로그가 실시간으로 생성되며, 이는 중앙 집중식 로그 관리 시스템을 통해 수집 · 통합된다. 최근에는 Apache Kafka, Fluentd, Logstash 등의 도구를 활용하여, 다양한 소스로부터 로그 데이터를 실시간으로 수집하고 분석하는 사례가 증가하고 있다.

로그의 유형과 발생 경로를 이해하면, 이를 보다 체계적이고 효율적으로 관리할 수 있다. 로그 데이터는 단순한 시스템 모니터링 수단이 아니라, 머신러닝 기반 분석, 보안 강화, 사용자 경험 개선 등 다양한 목적에 활용되는 핵심 자산이다.

9.1.3 로그 수집 방법 및 도구

로그를 효과적으로 활용하려면 단순히 로그를 생성하는 데 그치지 않고, 이를 체계적으로 수집하는 과정이 중요하다. 로그 수집은 다양한 데이터 원천으로부터 정보를 모으고, 이를 중앙화하여 분석 가능한 형태로 저장하는 과정이다. 적절한 수집 방법과 도구를 활용하면 로그 데이터의 품질을 유지하고, 실시간 분석이 가능한 환경을 구축할 수 있다.

로그 수집 방식은 크게 **에이전트 기반 수집**(agent-based collection), **중앙 집중식 수집**(centralized collection), **스트리밍 기반 수집**(streaming-based collection)으로 나눌 수 있다. 에이전트 기반 수집 방식은 각 서버나 애플리케이션에 로그 수집 에이전트를 설치하여 데이터를 수집하는 방식이며, 대표적으로 Filebeat, Fluentd 등의 도구가 사용된다. 중앙 집중식 수집 방식은 애플리케이션이나 시스템에서 발생하는 로그를 중앙 서버로 직접 전송하는 방식으로, syslog나 Rsyslog 같은 도구가 활용된다. 스트리밍 기반 수집은

Apache Kafka, Apache Pulsar 같은 메시지 브로커를 활용하여 로그를 실시간으로 처리하는 방식이다.

그림 9.2 로그 수집 방식

이와 같이 로그 수집에는 다양한 도구가 활용되므로, 각 도구의 특성과 장단점을 이해하는 것이 중요하다. 사용 목적과 시스템 환경에 따라 적절한 도구를 선택해야 효율적인 로그 수집과 처리가 가능하다. 대표적인 로그 수집 도구로는 Filebeat, Fluentd, Logstash 등이 있다.

Filebeat는 경량화된 로그 수집기로, 다양한 로그 파일을 실시간으로 읽고 Elasticsearch, Logstash 등과 연동하여 데이터를 전송하는 데 사용된다. 시스템 자원을 적게 소모하면서도 안정적인 로그 전송이 가능하다는 점이 장점이다. Fluentd는 JSON 기반 로그 처리에 최적화된 도구로, 다양한 플러그인을 통해 여러 데이터 원천과 유연하게 연동할 수 있다. Logstash는 강력한 데이터 변환 기능을 갖춘 수집 도구로, 입력, 필터, 출력 플러그인을 활용하여 로그 데이터를 정제하고 구조화하는 데 효과적이다.

효과적인 로그 수집을 위해서는 데이터의 구조화 여부도 중요한 고려사항이다. 로그 수집 과정은 구조화된 데이터와 비구조화된 데이터에 따라 처리 방식이 달라지므로, 이에 대한 구분과 적절한 대응이 필요하다. JSON, CSV 같은 구조화된 로그는 수집 후 바로 분석할 수 있지만, 비구조화된 로그는 정규 표현식(regular expression)이나 Grok 패턴[1]을 활용하

1 복잡한 텍스트 로그에서 특정 패턴을 찾아내어 구조화된 데이터로 변환하는 데 사용되는, 재사용 가능한 정규 표현식의 집합

여 원하는 형태로 변환해야 한다. 예를 들어, 웹 서버 로그는 일반적으로 비구조화된 텍스트 형식으로 저장되므로 Logstash의 Grok 플러그인을 사용하여 로그를 필드 단위로 분리하는 전처리 과정이 요구된다.

현대 시스템 환경에서는 로그 데이터의 규모가 지속적으로 증가하고 있으며, 이에 상응하는 효율적인 처리 체계의 마련이 요구된다. 로그 수집 과정에서 직면하는 주요 과제 중 하나는 대용량 로그를 안정적이고 일관되게 수집 및 처리하는 것이다. 기업 환경에서는 하루 수백 GB에서 수 PB에 이르는 로그가 생성되며, 이러한 데이터를 효과적으로 관리하려면 분산형 로그 수집 아키텍처의 도입이 필요하다. 예를 들어, Apache Kafka와 같은 분산 메시지 큐를 활용하면 대량의 로그를 안정적으로 수집하고, 실시간 분석 시스템과 연계하여 처리할 수 있다.

시스템 운영에서는 문제 발생 시 신속한 대응이 중요하므로 실시간 처리 기능이 요구된다. 이를 위해서는 단순히 로그를 저장하는 데 그치지 않고, 지속적인 스트리밍 처리를 통해 실시간으로 로그를 수집하고 분석할 수 있는 체계를 갖추어야 한다. 예를 들어, 서버 장애를 조기에 탐지하고 대응하기 위해 로그를 실시간으로 분석해야 하는 경우, Filebeat → Apache Kafka → Elasticsearch → Kibana로 구성된 파이프라인을 활용하여 로그의 즉시 검색과 대시보드 기반 시각화를 구현할 수 있다.

최근에는 로그 분석의 고도화를 위해 머신러닝 기술을 접목하는 사례가 증가하고 있다. 머신러닝을 로그 분석에 적용하면 이상 탐지 및 예측 분석이 가능해지며, 시스템 운영의 안정성과 보안성을 높이는 데 기여할 수 있다. 예를 들어, 로그 데이터에서 평상시와 다른 패턴을 감지함으로써 보안 위협이나 시스템 장애를 사전에 예측할 수 있다. 대표적인 사례로는, 모델이 학습한 정상 트래픽 패턴과 실시간 로그를 비교하여 DDoS 공격을 탐지하는 방식이 있다. 또한, 머신러닝 기반 로그 분석 기능을 제공하는 **일래스틱 머신러닝(elastic machine learning)**을 활용하면 이상 패턴을 자동으로 탐지하고, 실시간 경고를 생성하는 시스템을 구현할 수 있다.

로그 수집 과정에서 데이터 보안과 개인정보 보호는 반드시 고려해야 할 핵심 요소다. 특히 민감한 정보가 포함된 로그를 적절한 조치 없이 저장하거나 전송할 경우, 심각한 보안 사고로 이어질 수 있다. 그러므로 데이터 마스킹, 접근 제어, 암호화 등과 같은 보안 정책을 수집 단계부터 적용해야 한다. 예를 들어, 로그에 **사용자 개인정보(Personally Identifiable Information, PII)**가 포함되는 경우, 이를 저장하기 전에 익명화하거나 필터링하는 과정이 필요하다.

클라우드 컴퓨팅의 발전에 따라 로그 수집 방식도 변화하고 있다. 클라우드 환경에서의 로그 수집은 온프레미스 환경과는 다른 접근 방식과 고려 사항이 요구된다. AWS CloudWatch, Azure Monitor, Google Cloud Logging 같은 클라우드 네이티브 로그 수집 도구를 활용하면 클라우드 인프라 전반의 로그를 자동으로 수집하고 모니터링할 수 있다.

이러한 도구들은 확장성과 통합 관리에 유리하며, 별도의 에이전트 설치 없이 서비스 기반 로그 수집을 지원한다는 점에서 클라우드 환경에 최적화되어 있다.

결론적으로, 로그 수집 방법과 도구를 환경에 맞게 선택하면 시스템 운영을 효율적으로 모니터링하고, 데이터 분석의 정확성과 속도를 향상시킬 수 있다. 나아가, 단순한 로그 저장을 넘어 실시간 분석과 머신러닝 기반의 이상 탐지를 적용함으로써 보다 정교한 운영 인사이트를 확보할 수 있다. 이와 같은 통합적 접근은 비즈니스 연속성을 보장하고, 데이터 기반 의사결정을 효과적으로 지원하는 기반이 된다.

9.1.4 효율적인 로그 저장 전략

로그 데이터는 단순히 수집하는 데 그치지 않고, 이를 효과적으로 저장하고 관리하는 전략이 중요하다. 로그의 양은 시간이 지남에 따라 기하급수적으로 증가하며, 저장 방식에 따라 검색 속도, 분석 성능, 비용 등이 큰 영향을 미칠 수 있다. 따라서 로그를 효율적으로 저장하기 위해서는 데이터 구조, 저장소 선택, 보존 정책, 압축 및 인덱싱 전략 등을 종합적으로 고려해야 한다.

로그 저장 방식은 시스템 규모와 활용 목적에 따라 다양하게 선택될 수 있으며, 대표적으로 파일 기반 저장, 데이터베이스 저장, 분산 로그 저장소 활용의 세 가지 방식으로 구분된다. 파일 기반 저장 방식은 로그를 로컬 파일 시스템이나 네트워크 스토리지(NFS, AWS S3 등)에 직접 저장하는 방식이다. 구현이 간단하고 초기 구축이 용이하다는 장점이 있지만, 검색이나 분석 기능이 제한적이기 때문에 대규모 데이터 처리에는 적합하지 않다. 데이터베이스 저장 방식은 로그를 구조화된 형태로 저장하고 쿼리를 통해 조회할 수 있어, 다양한 분석 작업에 유리하다. 이때 일반적인 관계형 데이터베이스(MySQL, PostgreSQL)보다는, Elasticsearch, OpenSearch, ClickHouse와 같이 비정형 로그 데이터를 효율적으로 처리할 수 있는 시스템이 널리 사용된다. 분산 로그 저장소는 대량의 로그 데이터를 고가용성 및 확장성 있게 저장하고 처리할 수 있도록 설계된 구조로, Kafka, Apache Hadoop HDFS, Amazon OpenSearch Service 등과 같은 분산 시스템이 활용된다. 이러한 방식은 수평 확장이 가능하고, 실시간 처리 및 장기 보관에 모두 적합하다는 점에서 대규모 시스템 환경에서 특히 선호된다.

대량의 로그를 처리하려면 분산 로그 저장소를 활용하는 것이 효과적이다. 예를 들어, Elasticsearch는 수십억 건의 로그 이벤트를 인덱싱하고 검색하는 데 최적화되어 있으며, 분산 아키텍처를 통해 높은 확장성과 검색 성능을 제공한다. 또한, Apache Kafka나 Apache Pulsar 같은 메시지 브로커를 활용하면 실시간 로그 스트리밍을 지원하면서도 로그 데이터를 장기간 저장할 수 있다. 클라우드 환경에서는 AWS S3, Google Cloud Storage, Azure Blob Storage 같은 오브젝트 스토리지를 통해 대용량 로그를 저비용으로 장기 보관하는 것도 가능하다.

로그 저장 시 중요한 요소 중 하나는 데이터 보존 정책이다. 모든 로그를 무분별하게 저장하면 비용이 기하급수적으로 증가할 수 있으므로, 로그의 종류와 중요도에 따라 보존 기간을 세분화하여 설정하는 것이 바람직하다. 예를 들어, 일반적인 애플리케이션 접근 로그는 30일 보관 후 삭제해도 무방하지만, 보안 로그나 금융 거래 로그는 법적 규제에 따라 1년 이상 보관해야 할 수도 있다. 이러한 정책을 체계적으로 관리하기 위해 **인덱스 라이프사이클 관리(Index Lifecycle Management, ILM)**를 적용하면 오래된 로그를 삭제하거나 저비용 스토리지로 이전하는 작업을 자동화할 수 있다.

저장 효율성을 높이기 위해 로그 압축과 인덱싱도 필수적이다. 로그 데이터는 중복되는 패턴이 많기 때문에 Gzip, Snappy, Zstandard 같은 압축 알고리즘을 적용하면 저장 공간을 절약할 수 있다. 특히, Parquet 같은 열 기반 저장 형식을 사용하면 로그 데이터를 압축하면서도 빠르게 검색할 수 있다. 인덱싱은 로그 검색 속도를 크게 향상시키지만, 인덱스 크기가 커지면 저장 비용이 증가하므로 적절한 균형을 유지해야 한다.

로그 샤딩과 파티셔닝을 적용하면 대규모 로그 데이터를 보다 효율적으로 관리할 수 있다. 로그를 시간 단위(예: 일별, 월별)로 파티셔닝하면 특정 기간의 로그를 빠르게 조회할 수 있으며, 필요 없는 오래된 로그를 쉽게 제거할 수 있다. 반면, 샤딩은 로그 데이터를 여러 분산 노드에 분산 저장함으로써 시스템 부하를 줄이고 처리 성능을 향상시키는 방식이다. Elasticsearch에서는 하나의 인덱스를 여러 개의 샤드로 나누어 저장할 수 있으며, 이를 통해 여러 노드에서 병렬로 검색을 수행할 수 있는 구조를 제공한다.

로그 저장소를 선택할 때는 시스템의 읽기 · 쓰기 성능 요구를 충분히 반영해야 한다. 실시간 검색이나 분석이 중요한 환경에서는 Elasticsearch나 OpenSearch와 같은 검색 엔진 기반 저장소가 적합하다. 반면, 로그를 장기간 보관하면서 비용을 절감할 필요가 있는 경우에는 Amazon S3, HDFS 등 저비용 오브젝트 스토리지를 활용하는 것이 효과적이다. 또한, 로그가 자주 생성되거나 빠르게 변경되는 환경에서는 NoSQL 기반의 키-값 저장소를 활용하여 처리 성능을 높일 수 있으며, 특정 용도에 따라 유연하게 적용할 수 있다.

머신러닝을 활용한 로그 분석을 고려할 경우, 저장 방식 역시 분석 목적에 맞게 최적화해야 한다. 예를 들어, 실시간 이상 탐지를 수행하려면 스트리밍 데이터를 빠르게 수집하고 즉시 처리할 수 있는 구조가 필요하다. 이 경우, Apache Kafka를 로그 수집 계층으로 활용하고 Spark Structured Streaming이나 Apache Flink와 같은 실시간 처리 엔진과 연계하면 머신러닝 모델을 적용한 실시간 이상 탐지가 가능하다. 반면, 장기적인 패턴 분석이나 예측 모델 학습이 목적이라면 로그 데이터를 데이터 레이크에 저장한 뒤 배치 처리 방식으로 분석하는 접근이 더 적절할 수 있다.

클라우드 환경에서는 저비용 로그 저장 전략을 적용하는 것이 중요하다. AWS의 경우, CloudWatch Logs에서 로그를 수집한 후 일정 기간이 지나면 S3 Glacier로 이동하여 장기 보관 비용을 절감할 수 있다. Google Cloud Logging에서는 로그를 BigQuery로 전송하여 실시간 분석과 저장을 동시에 수행할 수도 있다. 또한, 서버리스 아키텍처에서는 로그를 DynamoDB 또는 Firestore 같은 관리형 데이터베이스에 저장하여 운영 부담을 줄일 수 있다.

로그 저장 전략은 사용 목적과 시스템 아키텍처에 따라 다르게 설계해야 한다. 실시간 검색이 중요한 경우 인덱싱 최적화를 고려해야 하며, 장기적인 로그 분석이 필요한 경우 비용 효율적인 스토리지 계층을 활용해야 한다. 또한, 머신러닝 기반 로그 분석을 계획한다면 데이터 수집 · 저장 방식도 이에 맞춰 구조화되어야 한다. 이처럼 목적에 부합하는 저장 전략을 수립하면 운영 비용을 절감하면서도 로그 데이터를 효과적으로 분석 · 활용할 수 있다.

9.2 _ 로그 형식 및 관리 전략

로그 데이터가 효과적으로 활용되기 위해서는 일정한 형식과 구조를 유지해야 한다. 로그는 시스템 운영, 장애 대응, 성능 분석, 보안 모니터링 등 다양한 목적으로 활용된다. 하지만 로그 형식이 표준화되어 있지 않으면 분석과 관리가 어려워지고, 운영 비용 또한 증가할 수 있다. 특히 여러 시스템에서 생성된 로그를 통합적으로 분석하려면, 각기 다른 형식을 변환하고 정제하는 추가 작업이 필요하다. 이러한 이유로 로그 형식의 표준화는 더욱 중요해진다.

로그 형식은 시스템의 특성과 요구사항에 따라 달라진다. JSON, CSV, XML과 같은 구조화된 형식의 로그가 있는 반면, 단순한 텍스트 기반의 비구조화된 로그도 널리 사용된다. 로그 형식을 선택할 때는 가독성, 처리 효율성, 확장성 등을 고려해야 하며, 특정 도구나 플랫폼과의 호환성도 중요한 요소가 된다. 예를 들어, JSON 형식은 Elasticsearch 같은 검색 엔진과 연동하기에 적합하고, CSV 형식은 다양한 분석 도구에서 쉽게 처리할 수 있다는 장점이 있다.

로그가 의미 있는 정보를 전달하려면 단순한 기록에 그치지 않고, 로그의 중요도와 용도에 따라 체계적으로 관리해야 한다. 이를 위해 로그 레벨을 명확히 정의하고 상황에 맞게 활용하는 것이 중요하다. 로그 레벨은 정보(`INFO`), 경고(`WARN`), 오류(`ERROR`) 등으로 구분되며, 이를 적절히 설정하면 로그의 우선순위를 효과적으로 구분할 수 있다. 실제 시스템을 운영할 때는 디버깅 로그를 과도하게 남기지 않으면서도, 주요 이벤트는 빠짐없이 기록되도록 로그 레벨을 세심하게 조정해야 한다.

마지막으로, 로그 메시지는 분석과 디버깅이 용이하도록 일관된 구조와 명확한 의미를 가져야 한다. 로그 메시지가 불필요하게 길거나 모호하면 문제를 진단하는 데 오히려 방해가 될 수 있다. 따라서 메시지 작성 시에는 핵심 정보를 포함하되 간결하게 표현하는 것이 중요하다. 또한 타임스탬프, 사용자 ID, 요청 ID 등 필수적인 메타데이터를 함께 기록해, 로그 검색과 필터링이 용이하도록 구성해야 한다. 이러한 방식으로 로그를 관리하면 운영 효율성을 높일 수 있을 뿐만 아니라, 데이터 분석이나 머신러닝 기반의 이상 탐지 모델에도 효과적으로 활용할 수 있다.

9.2.1 로그 형식 표준화의 중요성

로그가 다양한 시스템에서 생성되고 활용되기 때문에 일정한 형식으로 로그를 기록하는 것이 매우 중요하다. 로그 형식이 표준화되지 않으면 동일한 이벤트라도 시스템마다 다른 방식으로 기록되어 수집과 분석이 복잡해질 수 있다. 특히, 여러 개의 마이크로서비스나 분산 시스템을 운영하는 경우, 로그가 일관되지 않은 형식으로 저장되면 연관된 이벤트를 추적하거나 문제를 분석하는 데 많은 시간과 노력이 들게 된다.

표준화된 로그 형식은 로그를 효율적으로 저장하고 검색하는 데 유리하다. 예를 들어, JSON과 같은 구조화된 형식을 사용하면 특정 필드를 기준으로 손쉽게 필터링하고 분석할 수 있다. 반면, 단순한 텍스트 형식의 로그는 사람이 읽기에는 직관적일 수 있으나, 정형 데이터로 변환하는 과정이 필요해 분석 자동화에는 한계가 있다. 따라서 로그를 생성할 때는 분석과 활용을 고려하여 통일된 형식을 유지하는 것이 중요하다.

또한, 그 형식을 표준화하면 로그 데이터를 다른 시스템이나 도구와 쉽게 연동할 수 있다. 예를 들어, 로그를 중앙 집중형 저장소(Elasticsearch, Splunk, BigQuery 등)로 전송할 때 형식이 일관되지 않으면, 추가적인 데이터 정제 과정이 필요하다. 이는 시스템 운영 비용 증가로 이어질 뿐만 아니라, 실시간 분석이 필요한 경우에는 데이터 처리 속도를 저하시킬 수도 있다.

로그 표준화는 데이터 일관성을 유지하는 데에도 중요한 역할을 한다. 동일한 이벤트에 대해 서로 다른 형식의 로그가 존재하면, 분석 과정에서 데이터 불일치 문제가 발생할 가능성이 높아진다. 예를 들어, 한 시스템에서는 오류를 "ERROR"로 기록하고, 다른 시스템에서는 "Err"과 같은 약어를 사용할 경우, 단순한 검색으로는 모든 오류 로그를 조회하기 어려워진다. 따라서 로그의 필드명, 값, 데이터 형식 등을 사전에 정의하고 일관되게 유지하는 것이 필수적이다.

표준화된 로그 형식은 머신러닝 기반의 이상 탐지에도 효과적으로 활용될 수 있다. 비정상적인 패턴을 식별하려면 로그 데이터의 구조가 일관되어야 모델의 학습과 예측이 안정적으로 수행될 수 있다. 반대로 로그 필드나 데이터 형식이 일관되지 않으면 학습이 제대로 이루어지지 않거나 예측 성능이 저하될 수 있다. 따라서 로그가 분석이나 예측 목적으로 활용될 수 있는 환경이라면 초기 단계부터 구조를 통일해두는 것이 바람직하다.

로그 형식을 표준화하면 보안 측면에서도 다양한 이점을 얻을 수 있다. 보안 로그를 수집할 때 로그 항목이 일정하지 않으면 특정 공격 패턴이나 의심스러운 활동을 식별하는 데 어려움을 겪는다. 예를 들어, 로그인 실패 이벤트가 한 시스템에서는 "login_failed"로 기록되고, 다른 시스템에서는 "auth_error"로 기록된다면, 보안 탐지 시스템이 이를 하나의 이벤트로 인식하지 못할 수 있다. 이러한 혼선을 줄이기 위해서는 로그의 키 필드, 이벤트 유형, 타임스탬프 형식 등을 사전에 정의하고 일관되게 유지해야 한다.

운영 측면에서도 표준화된 로그 형식은 장애 대응 속도를 높이는 데 기여한다. 서비스 장애가 발생했을 때 여러 시스템에서 생성된 로그를 조합하여 원인을 분석해야 한다. 이때 로그 형식이 통일되지 않았다면 특정 필드를 기준으로 로그를 필터링하는 것이 어렵고, 연관된 이벤트를 연결하는 과정도 복잡해진다. 반면, 일관된 로그 형식이 유지된다면 장애 발생 시 신속한 대응이 가능해진다.

조직이 로그 표준화를 도입할 때는 로그 스키마를 사전에 정의하는 것이 중요하다. 어떤 필드를 포함할지, 각 필드의 데이터 형식은 어떻게 설정할지, 타임스탬프는 어떤 표준 형식을 따를지 등을 명확히 정해야 한다. 정의된 로그 스키마는 문서화하여 개발팀과 운영팀이 동일한 기준에 따라 로그를 기록할 수 있도록 하고, 새로운 서비스가 추가되더라도 일관된 형식을 유지할 수 있도록 가이드라인을 마련해야 한다. 다음 표 9.1, 9.2, 9.3은 표준화된 로그 스키마 도입을 위한 예시를 정리한 것이다.

표 9.1 필수 로그 스키마

필드명	데이터 형식	설명	예시
timestamp	string	로그 발생 시점(UTC 기준) ISO 8601 형식 권장	2023-10-27T10:00:00.123Z
level	string	로그 레벨	INFO, WARN, ERROR
message	string	로그 내용(사람이 읽을 수 있는 형태로 작성)	User login successfully., Database connection failed.
service	string	로그를 발생시킨 서비스 또는 애플리케이션 이름	user-service, payment-api
hostname	string	로그를 발생시킨 호스트 이름	webserver-01, db-server-02

표 9.2 선택적 필드

필드명	데이터 형식	설명	예시
trace_id	string	분산 추적 시스템에서 사용되는 트레이스 ID 요청의 전체 흐름을 추적하는 데 사용	a1b2c3d4e5f6g7h8
span_id	string	분산 추적 시스템에서 사용되는 스팬 ID 특정 작업 단위를 추적하는 데 사용	i9j0k1l2m3n4o5p6
user_id	string	사용자 ID 사용자 관련 로그에 유용	user123
request_id	string	요청 ID 특정 요청과 관련된 로그를 묶는 데 사용	req-456
context	object	추가적인 컨텍스트 정보. 서비스에 따라 필요한 정보를 JSON 형태로 저장(예: 에러 코드, 요청 파라미터, 응답 내용 등)	{"error_code": 500, "request_uri": "/users"}

표 9.3 머신러닝 로그 스키마

필드명	데이터 형식	설명	예시
model_name	string	모델 이름	credit_risk_model, image_classifier
model_version	string	모델 버전	1.0.1, v1.1, 2025-03-27
experiment_id	string	머신러닝 실험 ID 실험 추적 시스템(MLflow 등)과 연동하는 데 사용	run_abc123, experiment_xyz
dataset_name	string	사용된 데이터세트 이름	credit_card_transactions, imagenet

필드명	데이터 형식	설명	예시
dataset_version	string	사용된 데이터세트 버전	1.0.1, v1.1, 2025-03-27
metric_name	string	모델 평가 지표 이름(예: accuracy, precision, recall, F1-score, AUC), 모델 학습 또는 평가 로그에서 사용	accuracy, f1_score, auc
metric_value	number	모델 평가 지표 값, 모델 학습 또는 평가 로그에서 사용	0.95, 0.88, 0.72
parameters	object	모델 학습에 사용된 파라미터(예: learning_rate, batch_size, epochs), 학습 로그에서 사용	{"learning_rate": 0.001, "batch_size": 32, "epochs": 10}
input_data_schema	object	모델 입력 데이터 스키마, 데이터 유형, 형태, 제약 조건 등을 정의	{"feature1": {"type": "float", "min": 0, "max": 1}, "feature2": "string"}
output_data_schema	object	모델 출력 데이터 스키마. 데이터 유형, 형태, 제약 조건 등을 정의	{"prediction": {"type": "float", "min": 0, "max": 1}, "confidence": "float"}
model_uri	string	모델 파일 저장 위치(예: S3 URI)	s3://bucket-name/models/credit_risk_model/v1.pkl
prediction	object / string / number	모델 예측 결과, 모델 서빙 로그에서 사용	0.98, "cat", {"class": "dog", "probability": 0.9}
input_data	object / string / number	모델에 입력된 데이터. 모델 서빙 로그에서 사용, 개인정보 보호에 유의하며 최소화	[0.1, 0.2, 0.3], {"image_url": "..."}
latency	number	모델 추론 시간(ms). 모델 서빙 로그에서 사용	123.45

표준화된 로그 형식은 단순히 데이터를 정리하는 데 그치지 않고, 조직의 데이터 자산을 체계적으로 관리하는 데에도 중요한 역할을 한다. 일관된 로그 데이터는 장기적인 분석이나 보고서 작성에 활용될 수 있으며, 데이터 품질이 확보되면 이를 바탕으로 비즈니스 인사이트를 도출하는 과정 또한 보다 효과적으로 이루어질 수 있다.

이처럼, 로그 표준화는 단기적인 로그 관리 효율성 향상을 비롯해, 시스템 운영의 안정성, 데이터 활용도, 머신러닝 기반 분석, 보안 대응 역량까지 폭넓게 영향을 미친다. 따라서 조직은 로그 표준화 정책을 수립하고, 개발 초기 단계부터 일관된 로그 형식을 유지할 수 있도록 체계적인 접근 방식을 마련해야 한다.

9.2.2 로그 형식 종류 및 선택 기준

로그를 기록하는 방식에는 여러 형식이 존재하며, 각 형식은 특정한 용도와 환경에 맞게 설계된다. 로그 형식을 선택할 때는 가독성, 분석 용이성, 저장 효율성, 표준화 여부 등을 종합적으로 고려해야 한다. 적절한 형식을 선택하면 로그 데이터를 효과적으로 수집하고 활용할 수 있지만, 잘못 선택하면 데이터 처리 비용 증가하고 가독성이 저하될 수 있다.

가장 기본적인 로그 형식은 **단순한 텍스트 기반 형식**이다. 일반적으로 시스템 로그나 애플리케이션 로그는 사람이 쉽게 읽을 수 있도록 시간순으로 기록되며, 각 항목은 일정한 패턴을 따른다. 이러한 방식은 직관적이고 구현이 간단하다는 장점이 있지만, 로그 분석 도구와 연동하려면 정형화된 데이터로 변환하는 과정이 필요할 수 있다. 따라서 단순한 텍스트 로그를 사용할 경우에는 필드 구분자를 명확하게 지정하여 데이터 파싱을 용이하게 만드는 것이 중요하다.

구조화된 로그 형식으로 가장 널리 사용되는 형식 중 하나는 **JSON(JavaScript Object Notation)**이다. JSON 형식은 키-값 쌍으로 데이터를 저장하며, 계층적 구조를 지원하기 때문에 복잡한 정보를 효과적으로 표현할 수 있다. 예를 들어, 사용자 행동 로그를 기록할 때 JSON을 사용하면 특정 이벤트와 관련된 다양한 메타데이터를 포함할 수 있다. 또한, Elasticsearch, Splunk, BigQuery와 같은 로그 분석 시스템은 JSON 형식을 기본적으로 지원하므로 로그 데이터를 손쉽게 저장하고 검색할 수 있다.

XML(eXtensible Markup Language)도 구조화된 로그 형식으로 활용할 수 있으나, 최근에는 JSON에 비해 활용 빈도가 낮아지는 추세다. XML은 태그 기반의 구조를 가지고 있어 가독성이 높고 확장성이 뛰어나지만, 데이터 크기가 커지고 파싱 속도가 느리다는 단점이 있다. 특히, 대량의 로그 데이터를 저장하고 분석해야 하는 환경에서는 XML의 복잡한 구조가 성능 저하를 유발할 수 있다. 이러한 이유로 XML은 시스템 간 데이터 교환이나 특정 표준을 준수해야 하는 경우와 같이 제한적인 상황에서만 주로 사용된다.

CSV(Comma-Separated Values) 형식도 로그 데이터를 저장하는 데 간혹 활용된다. 이 형식은 각 필드를 쉼표(,)나 수직선(|) 등으로 구분하는 단순한 형식이며, Excel이나 데이터베이스에서 손쉽게 처리할 수 있다는 장점이 있다. 그러나 CSV는 계층적인 데이터 구조를 표현하기 어렵고, 배열과 같이 필드 값에 쉼표가 포함될 경우 이를 정확히 처리하기 위한 추가적인 조치가 필요하다. 이러한 제약으로 인해 CSV는 복잡한 로그 데이터보다는 정기 보고서나 데이터 이관과 같은 용도에 더 적합한 형식으로 간주된다.

이외에도 널리 사용되는 공통 로그 형식으로는 **기본 로그 형식**(Common Log Format, CLF)과 **결합된 로그 형식**(combined log format)이 있다. 기본 로그 형식은 웹 서버 로그에서 주로 사용되며, IP 주소, 요청 시간, HTTP 메서드, 응답 코드 등의 정보를 일정한 형식으로 기록한다. 결합된 로그 형식은 기본 로그 형식에 사용자 에이전트(User-Agent) 및 리퍼러(Referer) 정보를 추가한 확장 버전으로, 웹 트래픽 분석을 보다 정밀하게 수행할 수 있게 해준다.

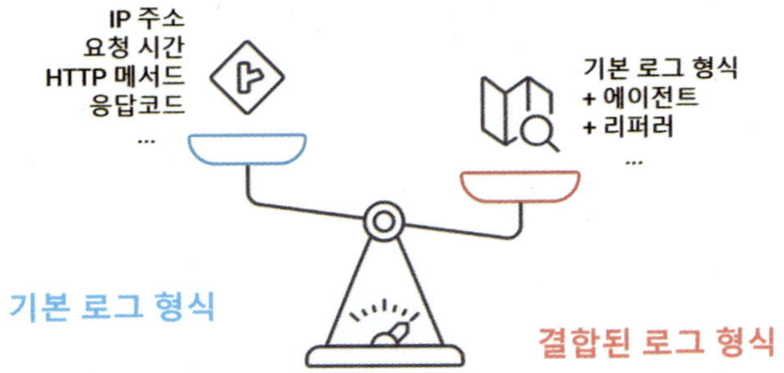

그림 9.3 기본 로그 형식과 결합된 로그 형식

로그 형식을 선택할 때는 분석 도구와의 호환성을 가장 우선적으로 고려해야 한다. 예를 들어, Elastic Stack을 활용하는 경우 JSON 기반 로그가 가장 적합하며, Apache Hadoop 기반 빅데이터 분석을 수행할 경우에는 CSV 또는 Avro와 같은 형식이 더 효율적일 수 있다. 따라서 로그 형식을 결정할 때는 현재 사용 중인 분석 인프라와의 연계성을 충분히 고려해야 한다.

이와 함께 성능과 저장 공간의 효율성도 로그 형식을 선택할 때 고려해야 할 중요한 요소다. 로그 데이터가 대량으로 생성되는 환경에서는 저장 효율성을 높이기 위해 Avro 또는 Parquet과 같은 열 기반 저장 형식을 활용할 수 있다. 이러한 형식은 대량 데이터 처리에 최적화되어 있으며, 데이터 압축 기능을 제공하여 저장 공간을 절감할 수 있다. 특히, 머신러닝 모델 학습을 위한 대규모 로그 데이터를 저장할 경우, Parquet을 사용하면 빠른 쿼리 성능을 유지하면서도 저장 비용을 효과적으로 줄일 수 있다.

마지막으로, 로그 형식을 설계할 때는 확장성과 유지보수성도 함께 고려해야 한다. 로그 형식이 지나치게 복잡하거나 특정 시스템에 종속되어 있을 경우, 새로운 서비스나 기능이 추가될 때 수정이 어렵고 적용 범위가 제한될 수 있다. 따라서 초기 설계 단계부터 다양한 환경에서 일관되게 활용할 수 있도록, 향후 확장 가능성을 염두에 두고 형식을 구성하는 것이 바람직하다.

9.2.3 로그 레벨 정의 및 활용

로그 레벨은 로그 메시지의 중요도와 심각도를 나타내는 기준으로, 효과적인 로그 관리와 분석을 위해 명확히 정의되어야 한다. 로그 레벨을 적절히 설정하면 운영 중 발생하는 다양한 이벤트를 체계적으로 분류하고 관리할 수 있어, 시스템 유지보수와 장애 대응이 한층 더 수월해진다. 대부분의 애플리케이션과 시스템에서는 일반적으로 `DEBUG`, `INFO`, `WARN(WARNING)`, `ERROR`, `CRITICAL` 또는 `FATAL`과 같은 로그 레벨을 사용하며, 각 레벨은 고유한 목적과 용도를 지닌다.

`DEBUG` 레벨은 개발 및 테스트 환경에서 주로 사용되며, 코드의 동작 과정과 변수 값 등을 상세히 기록한다. 이 레벨의 로그는 시스템의 내부 상태를 파악하는 데 유용하지만, 운영 환경에서 과도하게 기록될 경우 저장 공간을 불필요하게 차지하고 성능 저하를 초래할 수 있다. 따라서 `DEBUG` 로그는 개발자가 문제를 재현하고 원인을 분석하는 데 활용하며, 운영 환경에서는 일반적으로 비활성화하는 것이 좋다.

`INFO` 레벨은 시스템의 정상적인 동작을 나타내는 로그를 기록하는 데 사용된다. 애플리케이션이 정상적으로 시작되거나 특정 작업이 완료되었을 때 `INFO` 로그를 남기면, 시스템이 정상적으로 운영되고 있는지를 쉽게 모니터링할 수 있다. 그러나 `INFO` 로그도 불필요하게

많아지면 분석이 어려워질 수 있으므로 핵심적인 이벤트에 대해서만 기록하도록 설정하는 것이 중요하다.

WARN 레벨은 예상하지 못한 상황이나 잠재적인 문제를 나타낼 때 사용된다. 예를 들어, 특정한 외부 API의 응답 시간이 지연되었거나 필수 설정 값 누락으로 인해 기본값으로 대체된 경우 등이 이에 해당할 수 있다. WARN 로그는 시스템 운영에는 큰 영향을 미치지 않지만, 장기적으로는 문제가 발생할 가능성이 있는 이벤트를 추적하는 데 유용하다.

ERROR 레벨은 애플리케이션이 특정 기능을 정상적으로 수행하지 못했을 때 기록된다. 예를 들어, 데이터베이스 연결 실패, 파일 입출력 오류, 모델 추론 실패, API 응답 오류 등이 ERROR 로그로 남을 수 있다. 이 레벨의 로그는 운영 환경에서 주의 깊게 모니터링해야 하며, 오류 발생 시 신속한 조치를 취할 수 있도록 알림 시스템과 연계하는 것이 좋다.

CRITICAL 또는 **FATAL** 레벨은 시스템의 심각한 장애가 발생했을 때 기록된다. 이 레벨의 로그는 일반적으로 애플리케이션이 정상적으로 실행될 수 없는 상황을 의미하며, 즉각적인 대응이 요구된다. 예를 들어, 주요 데이터 손실, 메모리 부족으로 인한 시스템 다운, 필수적인 서비스의 비정상 종료 등이 해당된다. 이러한 로그는 운영팀이 실시간으로 확인할 수 있도록 경고 시스템과 연동하여 관리하는 것이 바람직하다. 다음 표 9.4는 주요한 로그 레벨을 정리한 것이다.

표 9.4 로그 레벨

레벨	설명	활용 예시
DEBUG	개발 및 문제 해결을 위한 상세 정보. 운영 환경에서는 비활성화 권장.	변수 값, 함수 호출 흐름 등
TRACE	DEBUG보다 더 상세한 정보. 극히 드물게 문제 해결을 위해 사용. 운영 환경에서는 반드시 비활성화.	메서드 시작/종료 시간, 쿼리 실행 시간 등
INFO	일반적인 시스템 운영 정보. 시스템 상태 확인, 이벤트 추적 등에 사용.	사용자 로그인, 파일 업로드, 시스템 시작/종료 등
AUDIT	보안 감사를 위해 중요한 이벤트	사용자가 특정 데이터에 접근, 시스템 설정 변경

레벨	설명	활용 예시
NOTICE	주로 시스템의 비정상적인 동작을 감지했지만, 즉각적인 조치가 필요하지 않은 경우	성능 저하가 예상되지만, 시스템 운영에 즉각적인 영향을 미치지 않음
WARN	잠재적인 문제 발생 가능성이 있는 상황. 주의 필요.	디스크 공간 부족, API 응답 시간 지연 등
ERROR	시스템 운영에 심각한 영향을 미치는 에러. 즉각적인 조치 필요.	데이터베이스 연결 실패, API 호출 실패 등
FATAL	시스템이 즉시 중단되어야 하는 심각한 에러.	시스템 자체의 문제로 인해 종료되는 상황
CRITICAL	심각한 오류, 즉각적인 조치 필요	시스템 기능 중단, 데이터 손실 가능성, 보안 취약점 등

로그 레벨을 효과적으로 활용하려면 각 이벤트가 어떤 수준에서 기록되어야 하는지를 명확히 정의해야 한다. 개발자는 로그를 남길 때 단순히 로그를 출력하는 것이 아니라, 해당 이벤트의 중요도를 평가하여 적절한 레벨을 선택해야 한다. 또한, 운영 환경에서는 `DEBUG` 로그를 비활성화하고 `INFO` 이상 레벨의 로그만 기록하는 방식으로 로그 정책을 설정하면 시스템 성능을 최적화할 수 있다.

로그 레벨은 단순히 로그 메시지를 구분하는 역할을 넘어, 모니터링 및 경고 시스템과 연계하여 운영 효율성을 극대화하는 데 활용할 수 있다. 예를 들어, `WARN` 이상의 로그가 특정 시간 동안 다수 발생하면 자동으로 운영팀에 알림을 보내거나, `ERROR` 로그가 발생한 경우 즉시 관련 담당자에게 경고를 전송하도록 설정할 수 있다. 이를 통해 장애 발생 시 신속한 대응이 가능하며, 시스템 안정성 또한 향상된다.

더 나아가 머신러닝 기반의 이상 탐지 시스템을 도입하면 로그 레벨을 더욱 정교하게 분석할 수 있다. 예를 들어, 특정 유형의 `ERROR` 로그가 비정상적으로 자주 발생하는 패턴을 모델이 학습해 사전 경고를 생성할 수 있다. 이러한 자동화된 접근 방식은 로그를 단순한 기록이 아닌 실시간 운영 인사이트로 전환하는 데 기여한다.

궁극적으로 로그 레벨을 체계적으로 정의하고 활용하면 시스템 운영의 가시성을 높이고 문제를 신속하게 해결할 수 있는 기반을 마련할 수 있다. 단순히 로그를 남기는 것이 아니라, 어떤 정보를 어떤 수준에서 기록할지를 고민하는 과정이 로그 관리의 핵심이라 할 수 있다. 이를 통해 운영 비용을 절감하고 시스템의 신뢰성을 제고할 수 있다.

9.2.4 로그 메시지 작성 가이드라인

로그 메시지는 단순한 텍스트 이상의 의미를 가지며, 시스템의 상태를 파악하고 문제를 진단하는 역할을 한다. 그러므로 로그를 일관성 없이 작성하거나, 불필요한 정보를 포함하거나, 중요한 내용을 누락한다면 분석의 효율성이 크게 저하될 수 있다. 따라서 로그 메시지를 작성할 때는 몇 가지 기본 원칙을 고려해야 하며, 이를 통해 보다 명확하고 활용도 높은 로그를 기록할 수 있다.

우선 로그 메시지는 짧고 명확해야 한다. 로그의 목적은 특정 이벤트나 상태를 기록하는 것이므로 메시지가 지나치게 길거나 불필요한 정보를 포함하면 가독성이 낮아지고 분석이 어려워진다. 예를 들어, "**데이터베이스 연결 실패: 타임아웃 발생(서버: db.example.com, 포트: 5432)**"처럼 핵심 정보만 포함하는 것이 이상적이다. 반면에 "**데이터베이스 연결을 시도했으나 예상치 못한 이유로 실패했습니다. 시스템이 다시 시도할 것입니다.**"와 같은 모호한 표현은 피해야 한다.

로그 메시지에는 반드시 컨텍스트 정보가 포함되어야 한다. 동일한 오류라도 어떤 요청에서 발생했는지, 어떤 사용자나 서비스와 관련이 있는지에 따라 원인과 해결 방법이 달라질 수 있다. 따라서 로그에는 요청 ID, 사용자 ID, 서비스 이름, 실행 시간 등의 필수적인 메타데이터를 포함하는 것이 좋다. 예를 들어, "**사용자 인증 실패(사용자 ID: 12345, IP: 192.168.1.10, 요청 ID: abcdefg12345)**"와 같이 기록하면 문제를 추적하기 훨씬 쉬워진다.

일관된 형식을 유지하는 것도 중요하다. 로그 메시지의 형식이 시스템 전체에서 일관되지 않다면 분석 도구를 활용하는 데 어려움이 발생할 수 있다. JSON, CSV, 키-값 등 다양한 로그 형식이 있지만, 중요한 것은 조직 내에서 표준을 정하고 이를 준수하는 것이다. 예를 들어, JSON 형식을 사용한다면 `{"level": "ERROR", "timestamp": "2024-03-07T12:34:56Z", "message": "데이터베이스 연결 실패", "server": "db.example.com", "port": "5432"}`처럼 구조화된 데이터를 유지해야 한다.

로그 메시지는 반드시 로그 레벨과 일치해야 한다. DEBUG 수준의 로그라면 상세한 내부 상태를 기록할 수 있지만, ERROR 수준의 로그에서 불필요한 디버깅 정보를 남기는 것은 좋지 않다. 예를 들어, "**DEBUG: 사용자 로그인 요청 (사용자 ID: 12345)**"는 적절하지만, "**ERROR: 로그인 요청을 받았습니다.**"와 같은 메시지는 ERROR 수준의 로그로 적합하지 않다. 로그 레벨과 메시지의 내용이 일관되지 않으면 분석 과정에서 혼란을 초래할 수 있다.

가급적 자연어보다는 기계적으로 파싱할 수 있는 형식을 사용하는 것이 좋다. 운영자가 직접 로그를 읽고 이해하는 것도 중요하지만, 로그 분석 시스템이 자동으로 데이터를 처리하고 이상 패턴을 감지하는 것이 점점 더 중요해지고 있다. 따라서 로그에 날짜, 숫자, 식별자 등을 포함할 때는 특정한 패턴을 따라야 한다. 예를 들어, "2024-03-07 12:34:56 ¦ ERROR ¦ 데이터베이스 연결 실패 ¦ 서버=db.example.com, 포트=5432"처럼 구조화된 방식으로 작성하면 분석이 용이해진다.

구조화된 로그를 작성할 때는 민감한 정보가 포함되지 않도록 주의해야 한다. 로그에 사용자 비밀번호, 신용카드 번호, 개인식별번호(PIN) 등의 정보를 기록하면 보안 사고로 이어질 수 있다. 특정 데이터를 로그에 남겨야 하는 경우, 마스킹(masking) 처리나 해싱(hashing) 기법을 적용하는 것이 바람직하다. 예를 들어, "**사용자 로그인 실패(사용자 ID: 12345, 이메일: 12***@wikibook.co.kr)**"처럼 일부 정보를 가리거나, "**신용카드 사용 승인(카드 번호: **-**-****-1234)**"처럼 주요 정보를 감추는 방식이 일반적이다.

동적인 데이터를 포함할 때는 가능한 한 표준화된 용어를 사용하는 것이 좋다. 동일한 이벤트라도 "**로그인 실패**", "**사용자 인증 실패**", "**로그인 인증 오류**"처럼 다양한 표현이 사용되면 로그 분석이 어렵다. 따라서 사전에 주요 이벤트에 대한 표준 용어를 정리하고, 이를 기반으로 로그를 작성하는 것이 중요하다. 예를 들어, "USER_AUTH_FAILURE" 같은 표준 코드를 사용하면 다양한 환경에서도 일관된 분석이 가능하다.

로그 메시지에는 실행 흐름을 파악할 수 있는 정보가 포함되어야 한다. 단일 로그만으로는 문제의 원인을 파악하기 어려울 수 있으므로, 연관된 로그들이 하나의 흐름으로 연결될 수 있도록 하는 것이 중요하다. 예를 들어, "**요청 수신(요청 ID: abc123)**" → "**데이터 조회 시작(요청 ID: abc123)**" → "**데이터 조회 완료(요청 ID: abc123)**"와 같은 방식으로 흐름을 기록하면 문제 발생 시 원인을 쉽게 추적할 수 있다.

마지막으로, 로그 작성 가이드라인은 고정된 규칙이 아니라 지속적으로 개선되어야 한다. 운영 환경이 변화하고 새로운 요구사항이 발생하면 기존의 로그 작성 방식이 비효율적이거나 불완전해질 수 있다. 따라서 로그 작성 방식을 주기적으로 점검하고, 필요에 따라 업데이트하는 것이 중요하다. 로그 분석 도구를 활용하여 어떤 로그가 실제로 유용하게 활용되고 있는지를 평가해야 한다. 그 결과를 바탕으로 불필요한 로그는 줄이고, 중요한 로그는 강화하는 방향으로 개선해 나가는 것이 바람직하다. 다음은 로그 메시지 작성 원칙을 정리한 것이다.

로그 메시지 작성 원칙

1. **짧고 명확하게 작성**: 핵심 정보만 포함하여 가독성을 높이고 분석을 용이하게 한다.
2. **컨텍스트 정보 포함**: 요청 ID, 사용자 ID, 서비스 이름 등 필수 메타데이터를 포함하여 문제 추적을 돕는다.
3. **일관된 형식 유지**: JSON, CSV 등 표준 형식을 준수하여 분석 도구 활용에 어려움이 없도록 구성한다.
4. **로그 레벨 일치**: DEBUG, ERROR 등 로그 레벨에 맞는 내용을 기록하여 혼란을 방지한다.
5. **기계 파싱 가능한 형식**: 날짜, 숫자, 식별자 등을 특정 패턴으로 작성하여 자동 분석을 지원한다.
6. **민감 정보 제거**: 사용자 비밀번호, 신용카드 번호 등 개인정보는 마스킹 또는 해싱 처리한다.
7. **표준화된 용어 사용**: 주요 이벤트에 대한 표준 용어를 정리하여 다양한 환경에서 일관된 분석을 가능하게 한다.
8. **실행 흐름 파악 가능**: 요청 수신, 데이터 조회 시작/완료 등 연관 로그를 연결하여 문제 원인 추적을 돕는다.
9. **지속적인 개선**: 운영 환경 변화에 따라 로그 작성 방식을 주기적으로 점검하고 업데이트한다.

9.3 _ Elastic Stack

데이터 중심 시스템에서는 방대한 양의 로그 데이터를 효과적으로 수집, 저장, 분석하는 것이 매우 중요하다. 그러나 단순히 로그를 저장하는 것만으로는 의미 있는 인사이트를 도출하기 어렵다. 로그 데이터는 실시간으로 분석할 수 있어야 하며, 빠르게 검색할 수 있어야 하고, 시각적으로 쉽게 해석할 수 있어야 한다. 이러한 문제를 해결하기 위해 많은 조직이 Elastic Stack을 활용한다.

Elastic Stack은 Elasticsearch, Logstash, Kibana에 Beats와 Elastic Agent를 포함하는 오픈 소스 데이터 수집 · 검색 · 분석 플랫폼이다. 초기에는 **ELK Stack(Elasticsearch, Logstash, Kibana)**으로 불렸지만, 경량 데이터 수집 에이전트인 Beats와 통합 관리 기능을 제공하는 Elastic Agent가 추가되면서 현재는 Elastic Stack이라는 이름으로 확장되었다.

Elastic Stack은 데이터의 수집부터 저장, 검색, 분석, 시각화까지 전 과정을 포괄하며, 대규모 데이터 환경에서도 높은 확장성과 실시간 분석 능력을 제공한다. Elastic Stack의 각 구성 요소는 유기적으로 결합되어 강력한 데이터 분석 환경을 제공한다. 다음은 Elastic Stack의 주요 구성요소를 정리한 것이다.

Elastic Stack의 주요 구성요소

- **Elasticsearch**: 분산형 검색 및 분석 엔진으로, 대용량 데이터의 저장과 초고속 검색, 복잡한 분석 작업을 지원한다.
- **Logstash**: 다양한 원천으로부터 데이터를 수집하고, 필요한 형태로 변환 및 정제하여 Elasticsearch로 전달하는 데이터 파이프라인 역할을 한다.
- **Beats**: 서버, 컨테이너, 네트워크 장비 등 다양한 환경에서 경량화된 방식으로 데이터를 수집하여 Elasticsearch나 Logstash로 전송하는 에이전트 제품군이다. Filebeat(로그 파일 수집), Metricbeat(시스템 메트릭 수집) 등이 대표적이다.
- **Elastic Agent**: Beats와 일부 Logstash 기능을 통합하여 하나의 에이전트로 로그, 메트릭, 보안 이벤트 등을 통합 수집하고 관리할 수 있도록 지원한다.
- **Kibana**: 수집된 데이터를 시각화하고 탐색할 수 있는 강력한 인터페이스를 제공하며, 대시보드 구성, 시계열 분석, 머신러닝 기반 이상 탐지, 경고(alert) 설정 등을 지원한다.

Elastic Stack은 로그 저장뿐 아니라 실시간 모니터링, 분석, 경고 시스템 구축, 보안 분석, 비즈니스 인사이트 도출 등 다양한 목적으로 활용할 수 있는 플랫폼이다. 서버 로그, 애플리케이션 로그, 네트워크 트래픽, 사용자 행동 데이터 등 여러 형태의 데이터를 통합하여 관리할 수 있으며, 이를 바탕으로 시스템 성능 모니터링, 운영 최적화, 이상 탐지, 보안 위협 대응 등 다양한 분야에서 가치를 창출할 수 있다.

특히 Elastic Stack은 머신러닝 기능을 내장하여 정상 패턴 학습 및 이상 징후 탐지를 자동화할 수 있어 더욱 정교한 데이터 기반 운영이 가능하다. 이번 절에서는 Elastic Stack의 각 구성 요소별 역할과 기능, 그리고 이를 실무 환경에서 어떻게 효과적으로 구성하고 활용할 수 있는지에 대해 자세히 살펴본다.

9.3.1 Elastic Stack이란?

Elastic Stack은 로그 데이터의 수집, 저장, 분석, 시각화를 하나의 통합된 시스템에서 처리할 수 있도록 설계된 강력한 데이터 플랫폼이다. 초기에는 Elasticsearch, Logstash, Kibana의 약어를 따서 **ELK Stack**이라 불렸지만, 이후 경량 데이터 수집 에이전트인 Beats와 통합되고, 다양한 기능이 확장되면서 Elastic Stack이라는 이름으로 발전했다. Elastic Stack은 개별적인 도구들을 유기적으로 조합하여 강력한 데이터 수집 및 분석 시스템을 구축할 수 있도록 지원하며, 다양한 산업군에서 널리 활용되고 있다.

Elasticsearch는 Elastic Stack의 중심이 되는 검색 및 분석 엔진이다. 대량의 데이터를 효율적으로 저장하고 빠르게 검색할 수 있도록 설계되었으며, 분산형 아키텍처 기반으로 뛰어난 확장성을 제공한다. JSON 기반 문서 저장 방식을 사용하여 다양한 유형의 구조화된 데이터와 비정형 데이터를 처리할 수 있다. 또한 강력한 풀텍스트 검색 기능과 집계 기능을 제공해 실시간 데이터 분석 및 복합 쿼리를 효율적으로 수행할 수 있다.

Logstash는 다양한 데이터 소스에서 로그를 수집하고 변환하여, Elasticsearch에 저장할 수 있도록 가공하는 데이터 처리 파이프라인이다. 플러그인 기반 아키텍처를 채택하고 있어 입력(input), 변환(filter), 출력(output) 단계를 유연하게 구성할 수 있으며, 복잡한 데이터 전처리 작업도 손쉽게 수행할 수 있다. 이를 통해 데이터 품질을 높이고 분석 효율을 극대화할 수 있다.

Kibana는 Elasticsearch에 저장된 데이터를 시각화하고 탐색할 수 있도록 지원하는 인터페이스 도구이다. 직관적인 UI를 통해 다양한 차트, 그래프, 테이블을 쉽게 생성할 수 있으며, 대시보드를 구성하여 시스템 상태를 실시간으로 모니터링할 수 있다. 또한, 강력한 검색 기능과 대시보드 필터링 기능을 통해 특정 조건의 데이터를 빠르게 탐색하고 분석할 수 있도록 돕는다.

Elastic Stack의 확장 구성 요소인 **Beats**는 경량화된 데이터 수집 에이전트로, 다양한 시스템에서 필요한 로그, 메트릭, 네트워크 데이터 등을 손쉽게 수집하여 Logstash나 Elasticsearch로 전송한다. Beats를 활용하면 데이터 수집 단계의 부하를 최소화하고, 수집 인프라를 간소화할 수 있어 경량 아키텍처 설계가 가능하다.

Elastic Stack은 구성 요소를 개별적으로도 사용할 수 있지만, 전체를 조합하여 통합된 데이터 파이프라인을 구축했을 때 그 진정한 강점을 발휘한다. 예를 들어, Beats로 서버 로그를 수집하고 Logstash로 전처리한 후 Elasticsearch에 저장하여 Kibana로 실시간 시각화 대시보드를 구성하면 운영팀은 시스템 상태를 직관적으로 모니터링하고 장애를 신속히 감지 · 대응할 수 있다. 기존 ELK Stack과 Elastic Stack의 주요 차이점은 표 9.5와 같다.

표 9.5 ELK Stack과 Elastic Stack의 주요 차이점

구분	ELK Stack	Elastic Stack
구성 요소	Elasticsearch, Logstash, Kibana	Elasticsearch, Logstash, Kibana, Beats 및 추가 기능
데이터 수집	주로 Logstash에 의존	Beats를 통해 경량 수집 가능
확장성	수작업 설정이 많았음	Elastic Agent, Fleet, Integrations를 통한 자동화 지원
관리 편의성	직접 운영 필요	Elastic Cloud, Kibana 관리 기능 강화
보안	기본 보안 기능 제한적	기본 TLS 암호화, Role-Based Access Control 제공(Elastic License)
모니터링 및 APM	외부 도구 필요	Stack Monitoring, Elastic APM 기본 제공

이처럼 Elastic Stack은 ELK Stack의 강점을 계승하면서도, 데이터 수집 경량화, 보안 강화, 관리 자동화, 클라우드 지원 등 다양한 영역에서 기능이 대폭 확장되었다. 특히 Elastic Cloud 같은 관리형 서비스가 등장하면서 인프라 구축과 운영 부담 없이 빠르게 Elastic Stack 환경을 구축하고 활용할 수 있게 된 점도 큰 변화다.

Elastic Stack은 IT 인프라 모니터링, 보안 로그 분석(SIEM), 애플리케이션 성능 모니터링(APM), 비즈니스 인텔리전스 등 다양한 용도로 활용된다. 실시간 데이터 분석과 대시보드 기반 모니터링이 중요한 환경에서는 Elastic Stack의 강력한 검색, 집계, 시각화 기능이 큰

가치를 제공한다. 이를 통해 기업들은 시스템 가시성을 확보하고, 장애 대응 시간을 단축하며, 운영 효율성을 극대화할 수 있다.

Elastic Stack은 기본적으로 오픈 소스 기반으로 제공되며, Elastic사의 상용 기능과 관리형 서비스와 함께 사용할 수 있어 다양한 환경에 유연하게 적용할 수 있다. 커뮤니티 지원과 풍부한 플러그인 생태계를 통해, 특정 요구사항에 맞춰 확장하거나 커스터마이징하기도 수월하다.

Elastic Stack을 효과적으로 운영하기 위해서는 몇 가지 유의할 점이 있다. 예를 들어, 대용량 데이터를 저장할 경우 Elasticsearch 인덱스 및 샤드를 신중하게 설계해야 하며, Logstash 파이프라인의 처리 성능을 적절히 조정하고, Kibana 대시보드에서는 효율적인 데이터 필터링 전략을 수립하는 것이 필요하다. 이러한 요소들을 충분히 고려하지 않으면 시스템 성능 저하나 운영 복잡도의 증가로 이어질 수 있다.

Elastic Stack은 현대의 데이터 기반 운영 환경에서 널리 활용되는 핵심 플랫폼으로 자리 잡았다. 각 구성 요소의 역할을 정확히 이해하고, 환경에 맞는 최적화 전략을 수립하면 실시간 데이터 가시성 확보, 장애 대응 능력 향상, 운영 비용 절감 등의 운영 목표를 효과적으로 달성할 수 있다.

9.3.2 Elasticsearch

Elasticsearch는 Elastic Stack의 핵심 구성 요소로, 대량의 데이터를 실시간으로 저장하고 검색 및 분석할 수 있도록 설계된 분산형 검색 · 분석 엔진이다. 초기 ELK Stack 시절부터 중심적인 역할을 담당해왔으며, Elastic Stack으로 발전한 이후에는 로그 데이터뿐만 아니라 성능 지표, 트레이스, 보안 이벤트, 사용자 데이터 등 다양한 유형의 데이터를 처리할 수 있는 범용 데이터 플랫폼으로 기능이 확장되었다.

Elasticsearch에서 **인덱스(index)**는 데이터 저장의 기본 단위로, 관계형 데이터베이스의 테이블과 유사한 개념이다. 모든 문서는 특정 인덱스에 JSON 형식으로 저장되며, 인덱스 생성 시 매핑(mapping)을 정의하여 각 필드의 데이터 형식, 분석기(analyzer), 색인 여부 등을 설정할 수 있다. 이러한 설정으로 검색 정확도와 인덱싱 성능, 저장 공간의 효율성을 높일 수 있다.

Elasticsearch는 JSON 기반의 **문서 지향 저장소(document-oriented store)**[2]를 기반으로 하며, NoSQL 특성을 지닌다. 데이터를 저장하는 동시에 자동으로 **역색인(inverted index)**[3]을 생성하여 빠른 검색 성능을 제공한다. 이 구조 덕분에 Elasticsearch는 단순한 데이터 저장 기능뿐 아니라 실시간 검색, 복합 집계, 기계학습 기반 분석 등 다양한 고급 기능까지 지원할 수 있다.

이러한 특징으로 인해 Elasticsearch는 단순한 검색 엔진에 그치지 않고 분석 및 이상 탐지 플랫폼으로도 활용되고 있다. 또한, 수평적 확장을 지원하여 수십억 건에 이르는 문서를 다루는 대규모 환경에서도 높은 성능과 안정성을 유지할 수 있다. Elastic Stack에서 Elasticsearch는 다음과 같은 주요 기능을 중심으로 다양한 데이터를 효과적으로 처리한다.

Elasticsearch 주요 기능

- **검색**: 키워드, 범위, 정규 표현식 기반의 복합 검색을 지원하며, Query DSL(Domain-Specific Language)[4]을 활용해 구조화된 복잡한 쿼리를 작성할 수 있다.
- **집계**: 통계 계산, 그룹화, 시간 단위 분석 등을 지원하여, 데이터 분석 및 대시보드 구축에 효과적으로 활용할 수 있다.
- **머신러닝**: 비지도 학습 기반의 이상 징후 탐지 및 예측 모델 구축 기능을 기본적으로 제공한다.
- **시계열 데이터 관리**: 롤오버(rollover)[5], 인덱스 라이프사이클 관리(ILM) 기능을 통해 시계열 데이터 저장 및 운영을 최적화할 수 있다.
- **보안 및 감사**: 기본적인 TLS 암호화, 사용자 인증 및 권한 관리, 감사 로깅 기능이 Elastic Stack 수준에서 통합 제공된다.

Elasticsearch의 확장성과 고가용성은 분산 아키텍처를 기반으로 한다. 데이터는 자동으로 여러 **샤드(shard)**[6]로 분할되고, 클러스터를 구성하는 다양한 **노드(node)**[7]에 분산 저장된다. 이를 통해 단일 노드에 장애가 발생하더라도 전체 서비스가 중단되지 않고 고가용성을

2 데이터를 JSON 형태의 독립적인 문서로 저장하고 관리하는 데이터베이스 구조
3 단어를 기준으로 문서 목록을 매핑하여 빠른 검색을 가능하게 하는 데이터 구조
4 구조화된 검색 쿼리를 JSON 형식으로 표현하기 위한 도메인 특화 언어
5 특정 조건(크기, 기간 등)을 만족하면 자동으로 새로운 인덱스를 생성하여 데이터를 분산 저장하고, 이전 인덱스를 관리하는 전략
6 데이터를 분할하여 저장하는 단위
7 클러스터를 구성하는 서버 인스턴스로, 샤드를 저장하고 처리한다.

유지할 수 있다. 또한, **복제(replica)**[8] 기능을 통해 데이터의 중복 저장이 가능하여 장애 발생 시에도 데이터 손실 없이 안정적인 검색 및 처리가 가능하다. 이제 Elasticsearch의 문서 검색 방식을 살펴보자.

Elasticsearch 문서 검색 예시

```
GET books/_search
{
  "query": {
    "match": {
      "author": "Huxley"
    }
  }
}
```

```
{
  "took": 2,                         # 검색 요청을 처리하는 데 걸린 시간
  "timed_out": false,                # 검색 요청이 제한 시간 초과(timeout)되었는지 여부
  "_shards": {                       # 검색이 실행된 샤드(shard)에 대한 정보
    "total": 5,                      # 검색에 참여한 총 샤드 수
    "successful": 5,                 # 성공적으로 검색된 샤드 수
    "skipped": 0,                    # 검색에서 건너뛴 샤드 수
    "failed": 0                      # 검색에 실패한 샤드 수
  },
  "hits": {                          # 실제 검색 결과가 포함된 부분
    "total": {
      "value": 7,                    # 검색 조건과 일치하는 총 문서 수
      "relation": "eq"               # value의 정확도, eq: value가 정확한 총 문서 수
    },
    "max_score": 1,                  # 검색된 문서 중 가장 높은 _score 값
    "hits": [                        # 실제 검색 결과 문서의 배열
      {
        "_index": "books",           # 문서가 저장된 인덱스 이름
        "_id": "CwICQpIBO6vvGGiC_3Ls", # 문서의 고유 ID
        "_score": 1,                 # 검색 쿼리와 문서의 관련성 점수
```

8 장애 대비 및 읽기 부하 분산을 위한 샤드 복제본(replica shard)

```
      "_source": {                         # 문서에 저장된 실제 데이터
        "name": "Brave New World",         # 실제 데이터(제목)
        "author": "Aldous Huxley",         # 실제 데이터(저자)
        "release_date": "1932-06-01",      # 실제 데이터(출간일)
        "page_count": 268                  # 실제 데이터(페이지 수)
      }
    },
    ... 중략
  ]
 }
}
```

이처럼 Elasticsearch는 빠르고 강력한 검색 결과를 제공할 뿐만 아니라, 검색된 데이터를 다양한 방식으로 활용할 수 있는 유연성도 갖추고 있다. 특히 Logstash나 Beats와 같은 데이터 수집 도구를 통해 외부 시스템과 쉽게 연동되어 로그 데이터를 실시간으로 수집하고 저장할 수 있다. 또한 Kibana를 활용하면 수집된 데이터를 시각화하여 직관적인 대시보드 형태의 분석 결과로 제공할 수 있다. 모든 기능이 API 기반으로 동작하기 때문에 다양한 애플리케이션과의 통합도 간편하다.

Elasticsearch는 다양한 기능과 유연한 확장성 덕분에 많은 시스템에서 핵심 검색 및 분석 엔진으로 활용되고 있다. 그러나 이러한 강력한 기능을 안정적으로 운영하기 위해서는 몇 가지 주의해야 할 사항이 존재한다. 특히, 대용량 데이터를 다루거나 실시간 분석 환경을 구축할 경우, 성능과 안정성을 동시에 고려한 운영 전략이 필요하다.

첫째, 대량의 데이터를 저장하는 경우 인덱스 관리 전략이 매우 중요하다. 불필요한 인덱스를 장기간 유지하면 스토리지 사용량이 증가하고, 검색 성능이 저하될 수 있다. 따라서 주기적으로 인덱스를 정리하거나 롤오버 정책을 적용하는 것이 바람직하다.

둘째, 검색 성능을 최적화하려면 매핑 설정과 샤드 구성을 신중하게 설계해야 한다. 샤드 수가 과도하게 많을 경우 시스템 오버헤드가 증가할 수 있으며, 반대로 너무 적으면 확장성과 분산 처리 능력이 제한될 수 있다.

셋째, 리소스 사용량 모니터링 및 클러스터 안정성 관리가 필요하다. Elasticsearch는 메모리와 디스크 I/O에 민감한 구조를 가지고 있기 때문에 JVM 힙 사용량, 디스크 용량, 노드

상태 등을 지속적으로 모니터링해야 한다. 리소스 부족이나 불균형은 클러스터 장애로 이어질 수 있으므로 알림 설정과 자동 확장 정책을 함께 운영하는 것이 효과적이다.

Elasticsearch는 강력한 검색, 인덱싱, 분석 기능을 제공하는 도구로, 로그 데이터뿐만 아니라 다양한 유형의 데이터 처리에도 널리 활용된다. 적절한 인덱스 설계와 클러스터 구성을 통해 성능을 최적화하면 대량의 데이터를 빠르게 검색하고 분석할 수 있다. 이를 기반으로 실시간 데이터 모니터링, 이상 탐지 같은 고급 분석 시스템도 효과적으로 구축할 수 있다.

9.3.3 Logstash

Logstash는 Elastic Stack에서 데이터 수집과 변환을 담당하는 핵심 구성 요소다. 다양한 원천으로부터 데이터를 수집한 뒤, 이를 구조화된 형태로 변환하여 Elasticsearch와 같은 데이터 저장소로 전달하는 역할을 한다. 로그 데이터는 그 형태와 구조가 매우 다양하기 때문에 일관된 형식으로 가공하는 과정이 필요하다. Logstash는 플러그인 기반의 확장 가능한 구조를 갖추고 있어 다양한 데이터 원천과 유연하게 통합될 수 있으며, 특히 Beats와 같은 경량 데이터 수집 도구와의 결합하면 보다 효율적인 데이터 파이프라인을 구축할 수 있다.

Logstash의 데이터 처리 과정은 **입력(input)**, **필터(filter)**, **출력(output)**의 세 단계로 명확히 구분된다. 입력 단계에서는 다양한 원천에서 로그 데이터를 수집한다. 파일, 데이터베이스, 메시지 큐, 클라우드 서비스, API 엔드포인트 등 폭넓은 입력원을 지원하며, 특히 Filebeat, Metricbeat와 같은 Beats 모듈과의 연계를 통해 성능을 극대화할 수 있다. 예를 들어, Filebeat로 수집한 애플리케이션 로그나 Apache Kafka의 스트리밍 데이터, HTTP로 받은 JSON 형식의 데이터 등을 효율적으로 처리할 수 있다.

필터 단계에서는 수집된 데이터의 정제 및 구조화가 이루어진다. Grok, Mutate, Date, JSON 등 다양한 필터 플러그인을 제공하여 비정형 데이터를 분석하기 용이한 형태로 변환할 수 있다. Grok 필터는 정규 표현식을 활용하여 비구조적 로그를 구조적 데이터로 파싱하는 데 탁월하며, Mutate 필터는 필드의 추가, 변경, 삭제 등을 처리하는 데 사용된다. 또한 Date 필터는 타임스탬프 표준화하여 시간 기반 분석이 가능하도록 돕는다. 다음은 Logstash의 메시지 수신 및 처리 방식을 보여준다.

Logstash 메시지 수신 및 처리

```
input {                    # Logstash 파이프라인의 입력 정의
  udp {                    # UDP 프로토콜을 통해 로그 수신
    port => 12345          # 12345번 포트에서 메시지 수신
    codec => cef           # CEF(Common Event Format) 9 형식의 로그를 파싱하도록 설정
  }
}

filter {                   # 수신된 로그에 대한 필터 처리 정의
  grok {                   # 정규 표현식을 이용한 필드 추출
    match => {
      "message" =>
        "%{WORD:word}"  # message 필드에서 첫 단어를 추출하여 word 필드에 저장
    }
  }
}
```

출력 단계에서는 수집된 데이터를 Elasticsearch뿐만 아니라 Apache Kafka, AWS S3, PostgreSQL, Google Cloud Storage 등 다양한 대상으로 전송할 수 있다. 이렇게 저장된 데이터는 Kibana를 통해 시각화함으로써 실시간 분석 및 모니터링에 활용할 수 있다.

Logstash는 이벤트 기반 스트리밍 아키텍처를 기반으로 하며, 지속적으로 데이터를 실시간 처리할 수 있어 보안 분석이나 실시간 애플리케이션 모니터링 등 즉각적인 대응이 필요한 환경에 적합하다. 다만, Java 기반으로 작동하기 때문에 메모리와 CPU 자원을 상대적으로 많이 소모하며, 대규모 로그를 처리할 경우 성능 최적화가 필요하다. Logstash는 멀티스레딩과 병렬 이벤트 처리를 지원하여 처리 성능을 높일 수 있으며, Beats와 함께 사용할 경우 리소스 효율성을 더욱 개선할 수 있다.

Logstash는 설정 파일을 통해 입력, 필터, 출력의 흐름을 유연하게 정의할 수 있다. 구성 파일은 JSON 또는 YAML 형식으로 작성되며, 직관적인 구조를 갖추고 있어 운영 환경의 요구에 따라 손쉽게 수정할 수 있다. 또한, 테스트 모드를 제공하여 설정 변경 사항이 실제 운영 환경에서 예상대로 동작하는지를 사전에 검증할 수 있다.

9 다양한 보안 장치 및 시스템에서 생성된 로그 데이터를 표준화하는 데 사용되는 형식

또한, Logstash는 머신러닝 기반의 로그 분석 시스템에서도 유용하게 활용된다. 이상 탐지나 패턴 분석과 같은 머신러닝 모델 학습을 위한 데이터 전처리에 적합하며, Elasticsearch의 머신러닝 기능과 결합하면 실시간 이상 탐지 및 예측 시스템을 보다 효과적으로 구축할 수 있다.

실제 운영 환경에서 Logstash를 안정적으로 활용하려면 로그 데이터 양과 수집 주기를 고려한 적절한 시스템 리소스 할당이 중요하다. 또한, 데이터 정합성을 확보하기 위한 철저한 필터링 및 정규화 작업, 장애 상황에 대비한 데이터 유실 방지 전략도 함께 수립해야 한다. 예를 들어, Apache Kafka와 같은 메시지 큐를 중간 버퍼로 활용하면 데이터 전송의 신뢰성을 높일 수 있다.

결론적으로 Logstash는 Elastic Stack 내에서 데이터 수집과 변환을 담당하는 핵심 구성 요소이며, Beats와의 연계를 통해 경량화되고 효율적 데이터 파이프라인을 구축할 수 있다. 실시간 데이터 스트리밍 처리 및 구조화된 로그 분석 환경을 구축할 때 반드시 고려해야 할 핵심 기술이다.

9.3.4 Kibana

Kibana는 Elastic Stack에서 로그 데이터의 시각화 및 분석을 담당하는 핵심 구성 요소다. Elasticsearch에서 수집된 로그 데이터를 검색하고, 이를 직관적인 그래프와 대시보드로 변환하여 시각적으로 분석할 수 있도록 지원한다. Kibana를 통해 실시간 모니터링, 추세 분석, 보안 탐지 등 다양한 분석 작업을 효율적으로 수행할 수 있으며, 특히 대규모 로그 데이터를 시각화함으로써 보다 빠르고 명확한 인사이트를 얻을 수 있다.

Kibana는 Elasticsearch와 긴밀하게 연동되어 강력한 검색 및 필터링 기능을 제공한다. 특히 **KQL(Kibana Query Language)** 및 **Lucene**[10] 쿼리를 활용하면 특정 데이터를 손쉽게 추출할 수 있다. 예를 들어 특정 서비스의 에러 로그만 필터링하거나 특정 사용자의 활동 기록을 상세히 조회하여 운영상의 문제를 신속히 파악하고 대응할 수 있다.

10 고성능의 풀 텍스트 검색 엔진 라이브러리

또한 다양한 시각화 옵션을 제공하는 점도 Kibana의 특징이다. 기본적인 선형 차트, 막대 그래프, 원형 차트뿐 아니라 히트맵, 타임라인, 지도 기반 시각화 등 폭넓은 시각화 방법을 지원한다. 이를 통해 시간에 따른 트래픽 변화, 오류 발생 빈도, 지역별 사용자 활동 등 다양한 데이터를 직관적으로 분석할 수 있다.

Kibana의 대시보드는 이러한 시각화 요소들을 하나의 화면에 구성해 통합적으로 보여주는 핵심 기능이다. 대시보드를 통해 서버의 리소스 사용 현황, 네트워크 트래픽 분석, 보안 이벤트 모니터링 등 시스템 전반의 상태를 한눈에 파악할 수 있다. 이를 통해 실시간 시스템 모니터링뿐만 아니라 문제 진단과 대응 역시 신속하게 수행할 수 있다.

특히 Kibana는 실시간 데이터 스트리밍 환경과의 높은 호환성을 바탕으로 현재 발생하는 이벤트를 즉시 확인하고 대응할 수 있도록 지원한다. Elasticsearch의 머신러닝 기능과 연계하여 데이터의 이상 징후를 자동으로 탐지하고 시각적으로 표현할 수 있어 비정상적인 트래픽 증가나 보안 위협과 같은 주요 이벤트를 조기에 파악하고 선제적으로 대응할 수 있다.

Elasticsearch의 머신러닝 기능과 연동하면 데이터의 정상적인 패턴을 학습한 후 이상치를 자동으로 감지할 수 있다. 예를 들어 특정 시간대에 트래픽이 비정상적으로 급증하는 경우 이를 탐지해 Kibana 대시보드에 직관적으로 표시하거나 사전에 정의한 조건에 따라 경고 알림을 발생시킬 수 있다. 이를 통해 DDoS 공격이나 내부 시스템의 이상 동작을 조기에 감지하여 신속하게 대응할 수 있다. 다음 그림 9.4는 Kibana의 이상치 탐지 시각화 방식을 보여준다.

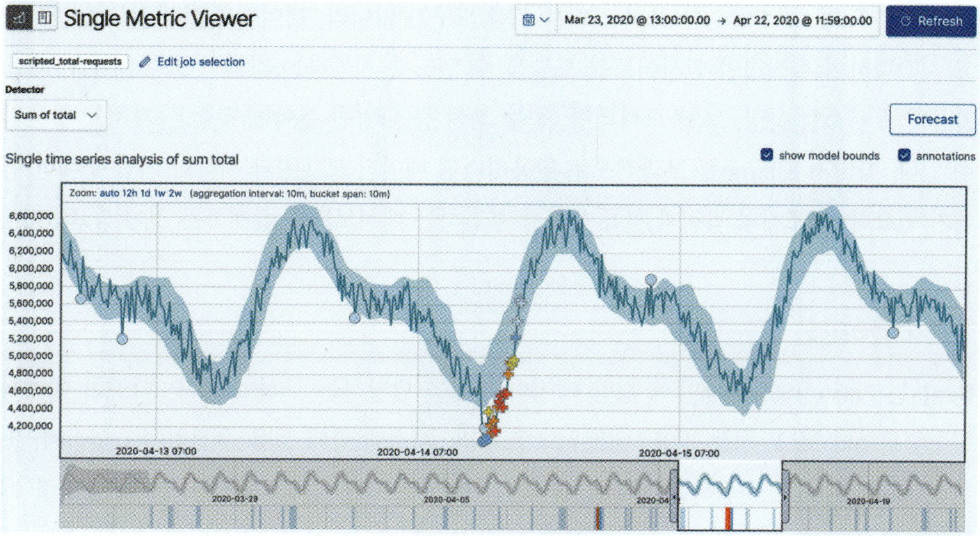

그림 9.4 Kibana 이상치 탐지 시각화

더불어 Lens 기능을 활용하면 데이터 탐색을 더욱 직관적이고 쉽게 수행할 수 있다. Lens는 드래그 앤드 드롭 방식으로 복잡한 설정 없이 다양한 시각화를 간단하게 구현할 수 있도록 지원한다. 예를 들어 특정 로그 필드를 선택하고 차트 유형을 변경하는 것만으로도 데이터의 분포나 추이를 빠르게 파악할 수 있다.

Kibana는 특정 조건이 충족되었을 때 운영팀이 즉각적으로 대응할 수 있도록 경고 및 알림 기능을 제공한다. 예를 들어 서버 오류 로그가 일정 횟수를 초과하거나 특정 IP에서 비정상적인 접근이 감지되면, 이메일이나 슬랙 메시지로 자동 알림을 전송하여 중요한 이벤트를 놓치지 않게 해준다.

뿐만 아니라 Kibana는 보안 분석 분야에서도 중요한 역할을 수행한다. 로그 데이터를 기반으로 사용자 로그인 패턴을 분석하거나 의심스러운 접근을 모니터링하고 공격 시나리오를 시각적으로 재구성할 수 있어, 실시간 보안 대응에 효과적이다. 특히 Elastic Security와 연계하면 보다 정교한 위협 탐지 및 분석이 가능해져, 보안 관제 환경의 핵심 도구로 활용될 수 있다.

요약하면, Kibana는 단순한 로그 조회를 위한 도구가 아니라, 데이터를 효과적으로 분석하고 시각화하여 실질적인 인사이트를 도출할 수 있도록 지원하는 강력한 솔루션이다. 이를 활용하면 시스템 운영, 보안 모니터링, 성능 분석 등 다양한 분야에서 높은 가치를 창출할 수 있다. 따라서 Kibana를 효과적으로 활용하려면 데이터 모델링과 시각화 기법에 대한 이해가 필요하며, 조직의 목적과 활용 목표에 부합하는 대시보드를 설계하는 것이 중요하다.

9.3.5 Beats

Beats는 Elastic Stack 내에서 경량 데이터 수집을 담당하는 구성 요소다. 다양한 데이터 원천으로부터 로그, 성능 지표, 네트워크 트래픽, 시스템 상태 등을 수집하여 Logstash 또는 Elasticsearch로 전송하는 역할을 한다. 각 Beat는 특정 수집 대상에 최적화된 경량 에이전트로 설계되어 있으며, 단일 목적에 집중하도록 구성되어 있어 설치와 운영이 간편하고 리소스 소비도 적은 편이다.

Beats 제품군에는 Filebeat, Metricbeat, Packetbeat, Winlogbeat, Heartbeat, Auditbeat 등을 포함된다. 각 Beat는 특정 유형의 데이터를 수집하는 데 특화되어 있으며, 필요에 따라 하나 또는 여러 개를 조합해 사용할 수 있다. 다음은 Beats 제품군을 정리한 것이다.

Beats 제품군

- **Filebeat**: 로그 파일 수집에 특화된 에이전트로 애플리케이션 로그, 시스템 로그, 웹 서버 로그 등을 실시간으로 모니터링한다. 로그 파일이 롤링되더라도 적절한 설정을 통해 데이터 손실 없이 지속적인 수집이 가능하며, 수집한 데이터를 Logstash로 전달해 추가 변환하거나 직접 Elasticsearch로 전송할 수 있다.
- **Metricbeat**: 시스템과 서비스의 성능 메트릭을 수집하여 모니터링한다. CPU, 메모리, 디스크 I/O, 네트워크 트래픽과 같은 시스템 지표뿐만 아니라 MySQL, Redis, Nginx, Kubernetes 등 다양한 애플리케이션 지표도 지원한다. 최근에는 OpenTelemetry와의 연동이 강화되어, 복합적인 모니터링 환경에서도 유연하게 활용할 수 있다.
- **Packetbeat**: 네트워크 트래픽을 캡처하여 HTTP, DNS, MySQL 등 다양한 프로토콜 수준의 데이터를 수집하고 분석한다. 이를 통해 서비스 간 통신 흐름, 응답 시간, 오류율 등을 파악할 수 있으며, 네트워크 병목이나 이상 현상을 조기에 진단하는 데 유용하다. 단, 고트래픽 환경에서는 성능 부담을 고려한 설계가 필요하다.
- **Winlogbeat**: Windows 이벤트 로그 수집에 특화된 에이전트로, 시스템, 보안, 응용 프로그램 로그 등 다양한 이벤트를 수집해 중앙 서버로 전송할 수 있다. 이를 통해 보안 모니터링이나 장애 분석에 필요한 정보를 효과적으로 수집하고 관리할 수 있다.

- **Heartbeat**: HTTP, TCP, ICMP(ping) 등의 프로토콜을 사용하여 서비스의 가용성과 응답 성능을 주기적으로 확인하는 데 사용된다. 모니터링 대상 서비스의 정상 작동 여부 및 응답 시간을 지속적으로 측정함으로써 SLA(Service Level Agreement) 준수 여부를 점검하고 장애 발생을 빠르게 감지할 수 있다.
- **Auditbeat**: 보안 이벤트 수집에 특화된 에이전트로, 파일 무결성, 사용자 활동, 시스템 호출 등의 정보를 수집한다. 특히 Linux Audit Framework와의 연계를 통해 시스템 변경 사항이나 보안 침해 시도를 신속하게 감지할 수 있다.

각 에이전트는 개별적으로 독립 운용이 가능하지만, Elastic Agent와 Fleet 서버를 함께 사용하면 보다 효율적인 통합 관리가 가능하다. Elastic Agent는 Filebeat 및 Metricbeat의 기능을 통합하여 다양한 데이터 원천을 단일 에이전트로 수집 · 관리할 수 있도록 지원한다. Fleet 서버는 중앙 집중 방식으로 정책 관리, 업데이트 배포, 상태 모니터링을 수행하여 대규모 운영 환경에서 관리 효율성을 극대화한다.

Beats의 설정은 YAML 형식으로 구성되며, 데이터 수집 주기, 전송 대상, 전처리 작업 등을 유연하게 지정할 수 있다. 프로세서를 통해 필드 추가, 필터링, 조건 분기 등의 기본적인 파싱과 정제 작업을 Beats 자체에서 수행함으로써, Logstash와 Elasticsearch에 가해지는 부하를 줄일 수 있다. 반면, 복잡한 데이터 변환이나 고급 필터링이 필요한 경우에는 Logstash를 활용해 추가적인 가공 작업을 수행하는 것이 바람직하다.

Beats는 또한 모듈 기능을 제공해 Nginx, Apache HTTP Server, MySQL 등 널리 사용되는 서비스에 대한 로그와 메트릭 수집을 간소화한다. 각 모듈에는 사전 정의된 파이프라인과 Kibana 대시보드가 포함되어 있어, 복잡한 설정 없이도 즉시 운영 환경을 구축할 수 있다. 설치가 간편하고 시스템 자원 소모가 적어 경량 환경에서도 안정적으로 동작하며, 네트워크 장애 발생 시 데이터를 임시 저장하는 spooling 기능을 통해 손실 위험을 최소화할 수 있다.

Elastic Stack 내에서 Beats는 데이터 수집 계층의 중추적 역할을 수행하며, 다양한 환경의 실시간 데이터를 경량으로 수집하여 중앙 저장소로 전달한다. 이는 로그 분석, 시스템 모니터링, 보안 감사 등 다양한 데이터 기반 운영 전반의 기반을 제공한다. Beats의 구성과 운용을 적절히 최적화하면 Elastic Stack 전체의 데이터 품질과 수집 효율성을 극대화할 수 있다.

9.4 _ A/B 테스트 및 실험 디자인

A/B 테스트는 데이터 기반 의사결정을 위한 강력한 도구로, 제품 개선과 최적화를 위해 널리 활용된다. 두 개 이상의 대안을 비교하여 어떤 옵션이 더 나은 성과를 내는지 실험을 통해 검증하는 방식으로, 웹사이트 디자인, 추천 알고리즘, 광고 캠페인, 사용자 인터페이스(UI/UX) 변경 등 다양한 분야에서 사용된다. 특히, 머신러닝이 발전하면서 A/B 테스트는 단순한 기능 비교를 넘어 복잡한 모델 성능 평가 및 비즈니스 전략 최적화에도 중요한 역할을 하고 있다.

A/B 테스트를 성공적으로 수행하기 위해서는 체계적인 실험 설계가 필요하다. 실험을 설계할 때는 명확한 가설을 수립하고, 대조군과 실험군을 나누어 각 그룹이 동일한 조건에서 테스트를 수행할 수 있도록 해야 한다. 또한, 충분한 샘플 크기를 확보하여 통계적으로 유의미한 결과를 도출할 수 있어야 하며, 실험 결과의 해석 과정 또한 신중하게 이루어져야 한다. 실험 설계가 부실할 경우, 잘못된 결론으로 이어질 수 있으므로 이를 방지하기 위한 실험 설계 원칙을 철저히 준수해야 한다.

A/B 테스트의 결과를 올바르게 해석하기 위해서는 통계적 유의성을 검증하는 과정이 필수적이다. 실험군과 대조군 간의 차이가 단순한 우연이 아니라 실제로 유의미한 차이인지 판단하기 위해 다양한 통계적 기법이 활용된다. 이때, 실험 기간이나 샘플 크기를 부적절하게 설정하면 데이터의 신뢰도가 낮아져 정확한 판단이 어려워질 수 있다. 따라서 실험을 설계할 때는 충분한 데이터를 확보하고, 검증 방법론을 철저히 적용하는 것이 중요하다.

A/B 테스트를 효율적으로 수행하기 위해서는 다양한 도구와 플랫폼을 상황에 맞게 적절히 활용할 수 있다.Google Analytics 4, Firebase A/B Testing, 내부 데이터 플랫폼을 활용한 자체 구축형 실험 시스템이 주로 사용된다. 이러한 도구들은 실험 설정부터 결과 분석까지 유연하게 지원하며, 조직의 데이터 인프라와 쉽게 통합될 수 있다는 점에서 실용성이 높다. 머신러닝 환경에서는 Python의 `scipy.stats`나 `statsmodels`, R의 `t.test` 등을 활용하여 통계적 유의성 검정을 직접 수행하는 경우도 많다. 특히 실험 규모가 작거나 특수한 지표가 필요한 경우, 이러한 코드 기반 접근 방식이 더욱 유용하다.

더 나아가 A/B 테스트 결과를 심층적으로 분석하고 사용자 행동 패턴을 파악하기 위해 Amplitude, Tableau와 같은 제품 분석 도구를 함께 활용하는 경우도 많다. 이러한 도구를 통해 사용자의 여정, 전환율, 이탈률 등을 정밀하게 추적하고, 실험 결과와 연계해 실질적인 인사이트를 도출할 수 있다. 결국, 실험을 효과적으로 운영하려면 조직의 기술 환경과 분석 목적에 부합하는 도구를 선택하고, 실험 결과를 빠르고 정확하게 해석할 수 있는 분석 체계를 갖추는 것이 중요하다.

9.4.1 A/B 테스트란?

A/B 테스트는 제품이나 서비스의 개선을 위한 데이터 기반 의사결정 방식 중 하나로, 두 가지 대안을 무작위로 비교하여 더 나은 결과를 도출하는 실험 방법이다. 일반적으로 하나의 변수만 변경한 상태에서 사용자 집단을 무작위로 나누어 각각의 대안을 노출한 뒤, 반응 데이터를 측정하여 어느 쪽이 더 높은 성과를 보이는지를 평가한다. 예를 들어, 모바일 앱에서 탐색 메뉴의 위치를 변경하여 사용자 **인터랙션**(interaction)[11]이 증가하는지 확인하거나 추천 알고리즘을 변경한 뒤 사용자 **참여도**(engagement)가 향상되는지를 분석하는 데 활용될 수 있다. 이러한 방식은 주관적인 판단에 의존하지 않고, 실제 사용자 데이터에 기반하여 객관적이고 검증 가능한 결론을 도출할 수 있게 해준다.

A/B 테스트의 핵심 가치는 실험을 통해 가설을 검증하고, 이를 바탕으로 점진적인 개선을 이루는 데 있다. 기존 방식과 새로운 방식을 동시에 비교함으로써 사용자의 행동 변화를 직접 확인할 수 있으며, 직관이나 경험에만 의존하는 의사결정보다 더 신뢰할 수 있는 전략을 수립할 수 있다. 또한, 조직이 새로운 기능을 출시하거나 인터페이스를 변경할 때 전면 적용이 아닌 작은 변화부터 단계적으로 실험을 진행함으로써 리스크를 최소화할 수 있다는 점도 중요한 장점이다.

A/B 테스트는 온라인 환경에서 효과적으로 활용되며, 웹사이트, 모바일 애플리케이션, 광고, 이메일 마케팅, 검색 알고리즘, 가격 정책 등 다양한 분야에 적용될 수 있다. 예를 들어, 전자상거래 플랫폼에서는 제품 추천 알고리즘 변경이 구매 전환율에 미치는 영향을 평가할 수 있고, 소셜 미디어에서는 뉴스피드 알고리즘을 조정하여 사용자 체류 시간이 증가하는지 실험할 수 있다. 이러한 방식은 사용자 경험을 최적화하고 비즈니스 성과를 향상시키는 데 중요한 역할을 한다.

11 사용자와 서비스 간의 상호 작용을 의미하며, 서비스 내에서 사용자가 행하는 모든 행동을 포괄한다.

데이터 사이언스와 머신러닝 기법을 A/B 테스트에 접목하면 실험을 더욱 정교하게 설계하고 분석할 수 있다. 단순히 두 그룹을 비교하는 것이 아니라, 다변량 실험(multivariate testing)[12]이나 베이지안 A/B 테스트[13]처럼 정밀 분석 기법을 활용할 수 있다. 또한, 실험 결과를 해석할 때는 통계적 검증 방법을 적용하여 p-값, 신뢰구간 등의 개념을 기반으로 결과의 유의미성을 평가함으로써 단순한 우연이 아닌 실제 효과를 구별할 수 있다.

A/B 테스트를 올바르게 수행하려면 몇 가지 핵심 원칙을 반드시 준수해야 한다. 이러한 원칙들은 실험의 정확성과 신뢰성을 확보하고, 데이터 기반 의사결정을 위한 견고한 기반을 마련해준다. 다음은 A/B 테스트를 위한 핵심 원칙을 정리한 것이다.

A/B 테스트 핵심 원칙

- **샘플 크기**: 실험 결과가 충분한 대표성과 신뢰도를 가질 수 있도록 적절한 샘플 크기를 설정해야 한다. 샘플이 지나치게 작으면 통계적으로 유의미한 결과를 도출하기 어려우며, 반대로 너무 크면 불필요한 리소스가 소모될 수 있다.
- **랜덤화**(randomization): 실험군과 대조군이 동등한 조건에서 비교될 수 있도록 랜덤화를 철저히 적용해야 한다. 만약 두 집단 간에 차이가 존재하면 테스트 결과가 왜곡될 가능성이 높아진다.
- **실험 기간**: 실험 기간 역시 신중하게 설정해야 한다. 지나치게 짧은 기간 동안 실험을 진행하면 충분한 데이터를 확보하지 못해 결과의 신뢰성이 떨어질 수 있고, 반대로 너무 오랜 기간 실험을 지속하면 외부 변수의 영향을 받을 위험이 커진다. 예를 들어, 온라인 쇼핑몰에서 실험을 진행하는 경우 마케팅 프로모션 기간이 겹치면 실험 결과에 영향을 줄 수 있으므로 이를 고려해야 한다.
- **변수 선택**: 실험을 통해 검증하려는 가설이 명확해야 하며, 한 번에 너무 많은 변수를 변경하면 어떤 요인이 결과에 영향을 미쳤는지를 판단하기가 어려워진다. 따라서 처음에는 단일 변수에 대한 실험을 진행한 후, 추가적인 변수를 순차적으로 테스트하는 방식이 바람직하다.

많은 조직에서는 A/B 테스트를 단순한 기능 개선 도구가 아니라 전사적인 **데이터 기반 문화**(data-driven culture)를 정착시키는 수단으로 활용하기도 한다. 모든 의사결정을 데이터에 기반하여 수행하는 조직에서는 A/B 테스트가 중요한 역할을 하며, 이를 통해 보다 과학적이고 체계적인 방식으로 비즈니스 전략을 수립할 수 있다.

---

12 여러 요소의 다양한 조합을 동시에 테스트하여 어떤 조합이 가장 효과적인지 알아내는 방법

13 사전 지식(prior knowledge)을 활용하여 실험 결과를 분석하고, 더 빠르게 결론을 내릴 수 있도록 돕는 통계적 접근 방식

결국 A/B 테스트는 데이터 기반 의사결정을 위한 필수적인 기법으로, 제품 개선과 비즈니스 성장에 큰 기여를 할 수 있다. 다만, 그 효과를 극대화하기 위해서는 올바른 실험 설계와 철저한 검증 과정이 수반되지 않으면 잘못된 결론을 도출할 위험이 있기 때문에 신중한 접근이 필요하다. 이를 위해 데이터 사이언스 기법과 통계적 기법을 적절히 활용하고, 실험의 신뢰성을 높이는 전략을 지속적으로 개선해 나가는 것이 중요하다.

9.4.2 실험 설계 원칙

A/B 테스트를 효과적으로 수행하려면 철저한 실험 설계가 선행되어야 한다. 실험 설계의 핵심 요소에는 명확한 가설 수립, 대조군 설정, 적절한 샘플 크기 결정이 포함된다. 이러한 요소들이 제대로 정리되지 않으면 실험 결과의 신뢰도가 떨어질 수 있으며, 이는 잘못된 의사결정으로 이어질 가능성이 높다. 따라서 실험에 앞서 이러한 원칙들을 체계적으로 검토하고 적용하는 것이 중요하다.

가설 수립은 실험을 통해 검증하고자 하는 주장을 명확히 정의하는 과정이다. 일반적으로 가설은 귀무가설과 대립가설로 구성되며, 실험의 목표는 귀무가설을 기각할 수 있을 만큼 충분한 증거를 확보하는 데 있다. 예를 들어, "새로운 추천 알고리즘을 적용하면 사용자 클릭률이 증가할 것이다"라는 대립가설이 있다면, 이에 대응하는 귀무가설은 "새로운 추천 알고리즘을 적용해도 사용자 클릭률에는 차이가 없다"가 된다. 실험의 목표는 귀무가설을 기각할 수 있을 만큼 충분한 증거를 확보하는 것이다. 가설이 명확하지 않으면 실험 결과를 해석하기 어려워지므로, 예상되는 효과와 측정 지표를 실험 전에 구체적으로 정의해 두는 것이 바람직하다.

대조군 설정은 실험군과 기존 방식을 최대한 동일한 조건에서 비교함으로써 실험 결과에 영향을 미치는 외부 변수를 통제하려는 과정이다. 이를 위해 실험군(새로운 방식)과 대조군(기존 방식)은 무작위로 배정되어야 하며, 이러한 랜덤화(randomization)는 사용자 간 편향을 최소화하는 데 중요한 역할을 한다. 랜덤화가 제대로 이루어지지 않으면 집단 간 구성 차이로 인해 실험 결과가 왜곡될 수 있다. 예를 들어, 특정 시간대 사용자나 특정 지역 그룹에만 새로운 기능이 노출될 경우, 해당 그룹이 원래부터 높은 참여율을 보였는지 여부를 구분하기 어려워지므로 정확한 인과 관계를 판단하기 어려워진다.

샘플 크기 결정도 실험 결과의 신뢰성을 확보하는 데 있어 중요한 과정이다. 샘플 크기가 너무 작으면 실험 결과의 변동성이 커지고, 실제로 의미 있는 차이가 있더라도 이를 검출하지 못할 가능성이 높아진다. 반면, 샘플 크기가 지나치게 크면 실험에 불필요한 비용과 시간이 소요될 수 있으며, 미미한 차이도 통계적으로 유의미한 것으로 나타날 위험이 있다. 적절한 샘플 크기를 결정하기 위해서는 **효과 크기**(effect size)[14], **유의 수준**(significance level)[15], 그리고 **검정력**(statistical power)[16]을 함께 고려해야 한다. 이러한 요소들을 바탕으로 검정력 분석(power analysis)을 수행하면 필요한 샘플 크기를 사전에 추정할 수 있다. 이 과정은 Python의 `statsmodels` 또는 R의 `pwr` 패키지를 활용하면 쉽게 계산할 수 있다.

실험을 진행할 때 변수 통제도 중요한 요소다. A/B 테스트는 일반적으로 한 번에 하나의 변수만 변경하는 것을 원칙으로 한다. 예를 들어, 웹사이트 버튼의 위치를 변경하는 실험을 수행하면서 동시에 버튼의 문구까지 변경하면 사용자 반응에 영향을 미친 요인이 무엇인지 명확하게 구분하기 어렵다. 따라서 한 번의 실험에서는 단일 변수를 테스트하고, 이후 다른 변수는 별도의 실험을 통해 순차적으로 검증하는 방식이 바람직하다.

또한, 실험 기간 설정은 실험 결과의 신뢰성과 타당성에 직접적인 영향을 미치는 중요한 요소이다. 실험 기간이 지나치게 짧으면 충분한 표본을 확보하기 어려워 통계적 유의성이 낮아질 수 있으며, 반대로 너무 길어질 경우 외부 환경 변화(예: 마케팅 캠페인, 계절 요인 등)가 개입되어 실험 결과가 왜곡될 가능성이 높아진다.

예를 들어, 실험 기간 중 대규모 할인 이벤트가 진행되거나 시즌 트래픽 변동이 큰 경우, 사용자의 행동 패턴이 평소와 달라질 수 있다. 따라서 일반적으로는 사용자 행동이 비교적 안정적인 시기를 선택해 실험을 진행하는 것이 바람직하다. 아울러, 본 실험에 앞서 실험군과 대조군 모두 동일한 조건일 때도 유사한 결과가 나오는지를 확인하는 A/A 테스트를 수행하면, 실험 시스템이 정상적으로 작동하는지와 데이터 수집이 일관되게 이루어지는지를 사전에 검증할 수 있다.

14 실험이나 개입의 실제적인 크기를 나타내는 지표로, 통계적 유의성과는 별개로 그 효과가 얼마나 중요한지를 판단하는 데 사용된다.

15 귀무가설이 실제로 참인데도 불구하고 귀무가설을 기각할 확률의 최대 허용치(일반적으로 0.05 사용).

16 실제로 효과가 있을 때 귀무가설을 올바르게 기각하고 대립가설을 채택할 확률(일반적으로 0.8 이상 권장)

실험 도중에 중간 결과를 확인하고 조기에 결론을 내리는 행위는 지양해야 한다. 예를 들어, 실험을 시작한 지 며칠 만에 통계적으로 유의미한 차이가 나타났다고 해서 실험을 조기에 종료하면 데이터가 충분히 수집되지 않아 일시적인 변동에 의한 결과이거나 잘못된 결론일 가능성이 크다. 이러한 오류를 방지하려면 사전에 설정한 실험 기간이 종료될 때까지 데이터를 충분히 확보한 뒤 분석을 수행해야 한다. 그래야만 신뢰도 높은 결론을 도출할 수 있으며, 실험 결과의 타당성과 재현 가능성도 확보할 수 있다. 다음 그림 9.5는 효과적인 A/B 테스트를 위한 구성 요소를 시각화한 것이다.

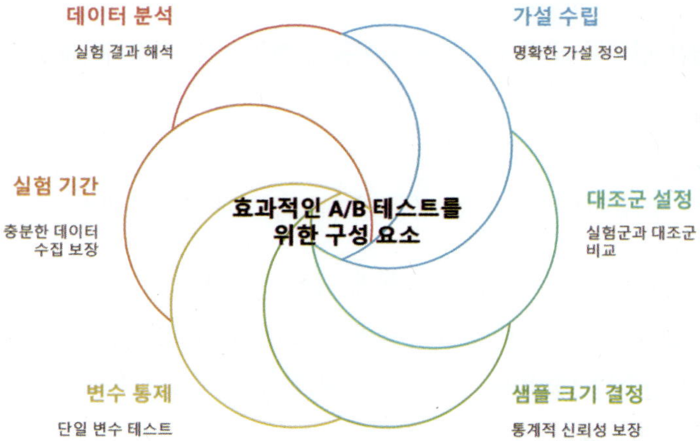

그림 9.5 효과적인 A/B 테스트를 위한 구성 요소

9.4.3 통계적 유의성 검증 및 결과 해석

A/B 테스트를 수행한 후 가장 중요한 단계는 실험 결과를 분석하고 해석하는 일이다. 단순히 두 그룹의 평균을 비교하는 것만으로는 부족하며, 관측된 차이가 통계적으로 유의미한지 검증해야 한다. 이를 위해 다양한 통계 기법이 활용되며, 대표적으로 t-검정, 카이제곱 검정, 베이지안 접근법(bayesian inference) 등이 있다. 통계적 유의성 검증을 제대로 이루어지지 않으면 실험 결과를 잘못 해석할 가능성이 높아지고, 이로 인해 잘못된 의사결정으로 이어질 수 있다.

A/B 테스트에서 널리 사용되는 검정 방법 중 하나는 **독립 표본 t-검정**이다. 이 방법은 두 집단의 평균 차이가 통계적으로 유의미한지를 판단할 때 사용된다. 예를 들어, 웹사이트에서 버튼의 위치를 변경한 후 클릭률에 차이가 있는지를 분석할 경우, A 그룹(기존 버튼)과 B 그룹(새 버튼)의 평균 클릭률 차이를 비교하는 데 t-검정을 활용할 수 있다. t-검정은 두 집단이 정규 분포를 따른다는 가정을 전제로 하며, 샘플 크기가 충분히 클 경우 중심 극한 정리(Central Limit Theorem, CLT)에 따라 정규성 가정이 어느 정도 완화될 수 있다. 그러나 분포가 극단적으로 비대칭이거나 이상치가 많을 경우에는 정규성 검정(normality test)[17]이나 비모수 검정(non-parametric test)의 활용도 함께 고려해야 한다.

카이제곱 검정은 범주형 데이터의 분포 차이를 분석할 때 유용하다. 예를 들어, A/B 테스트에서 사용자의 구매 여부(구매함/구매하지 않음)와 같은 이진 결과를 분석할 때 두 집단 간 비율 차이가 통계적으로 유의미한지 판단하는 데 활용된다. 이 방법은 연속형 데이터보다는 클릭 여부, 결제 여부 등 명확한 행동 결과를 다룰 때 특히 효과적이다.

전통적인 빈도주의(frequentist) 방식의 통계 검정(t-검정, 카이제곱 검정 등) 외에도, 최근에는 베이지안 A/B 테스트가 점차 주목받고 있다. **베이지안 접근법**은 사전 확률(prior probability)과 관측된 데이터로부터 얻은 가능도(likelihood)[18]를 결합하여 사후 확률(posterior probability)을 도출하는 방식이다.

이 방식의 가장 큰 장점은 실험 결과를 확률적인 관점에서 직관적으로 해석할 수 있다는 점이다. 빈도주의 방식에서는 p-값을 기준으로 귀무가설 기각 여부만 판단할 수 있어 결과 해석이 다소 제한적인 반면, 베이지안 접근법에서는 "B가 A보다 우수할 확률이 95%이다"와 같이 결과를 명시적으로 표현할 수 있어, 실무자가 이해하고 의사결정하는 데 더 유리하다.

---

17 데이터가 정규분포를 따르는지를 통계적으로 확인하는 검정

18 주어진 데이터가 특정 확률 모델 또는 파라미터 하에서 관측될 가능성을 나타내는 값

그림 9.6 A/B 테스트 유의성 검증 방법

통계적 유의성 검증을 수행할 때는 효과 크기도 함께 고려해야 한다. p-값이 유의미하더라도 효과 크기가 작다면 실제로 비즈니스에 미치는 영향은 미미할 수 있다. 예를 들어, 새로운 추천 알고리즘을 도입했을 때 클릭률이 0.5% 증가했다면, 이는 통계적으로 유의미할 수 있지만 실질적인 비즈니스 가치 측면에서는 그 영향이 크지 않을 수 있다. 따라서 실험 결과를 해석할 때는 효과의 크기와 실질적 의미를 함께 평가하는 것이 중요하다.

이외에도 **다중 검정 문제(multiple testing problem)**도 함께 고려해야 한다. A/B 테스트를 여러 번 수행하거나 여러 개의 변수를 동시에 비교할 경우, 단순한 p-값 검정만으로는 제1종 오류(false positive)[19] 발생 확률이 증가할 수 있다. 이를 해결하기 위해 본페로니 보정(bonferroni correction)[20]이나 벤자민-호흐베르크 조정(benjamini-hochberg correction)[21]과 같은 p-값 보정 기법을 적용하는 것이 일반적이다.

또한, A/B 테스트 결과를 해석할 때는 통계적 유의성뿐만 아니라 비즈니스 목표와의 정합성도 함께 평가해야 한다. 예를 들어 클릭률이 증가했더라도 이탈률 또한 함께 높아졌다면, 단순히 클릭 수만으로 실험의 성공 여부를 판단하는 것은 위험하다. 따라서 실험 결과는 다양한 측면에서 해석되어야 하며, 사용자 경험과 비즈니스 성과 전반에 미치는 영향을 종합적으로 평가하는 접근이 필요하다.

---

19 실제로는 차이가 없는데 통계 검정 결과에서 잘못하여 차이가 있다고 판단하는 오류

20 전체 유의수준을 검정 횟수로 나누어 각 검정의 유의수준을 낮춤으로써 적어도 하나의 귀무가설을 잘못 기각할 확률(Type I error)을 통제하는 가장 보수적인 방법이다.

21 거짓 발견율(False Discovery Rate, FDR)을 통제하여 발견된 유의미한 결과 중 거짓으로 판정될 확률을 일정 수준 이하로 유지하는 방법이다.

이러한 맥락에서 **코호트 분석**(cohort analysis)은 A/B 테스트 결과를 보다 심층적으로 이해하는 데 유용한 기법이다. 코호트 분석이란 특정 기간 동안 공통된 경험이나 특성을 가진 사용자 집단(코호트)의 행동 패턴을 시간에 따라 분석하여 트렌드와 인사이트를 도출하는 방법이다.

단순한 평균 비교만으로는 시간에 따른 사용자 행동 변화를 파악하기 어렵지만, 코호트 분석을 활용하면 특정 시점에 유입된 사용자의 행동을 지속적으로 추적할 수 있다. 예를 들어, A/B 테스트에서 새로운 기능을 적용한 후 신규 사용자 그룹이 기존 사용자 그룹보다 더 높은 장기 유지율(retention rate)을 보이는지를 분석할 수 있다.

퍼널 분석(funnel analysis)도 A/B 테스트 결과를 평가할 때 자주 활용되는 방법이다. 사용자가 특정 목표(예: 구매, 회원가입, 구독)에 도달하기까지의 과정을 단계별로 분해하여, 어느 지점에서 이탈이 발생했는지를 확인함으로써 변화가 사용자 행동에 미친 영향을 측정할 수 있다.

예를 들어, 결제 프로세스에서 혜택 안내 문구를 추가하는 실험을 수행했다면, 퍼널 분석을 통해 문구 변경 전후의 결제 완료율 변화를 확인할 수 있다. 단순히 클릭률만 높아진 경우보다 혜택 안내가 실제 결제까지 이어졌는지를 파악함으로써 실험의 실질적인 효과를 평가할 수 있다.

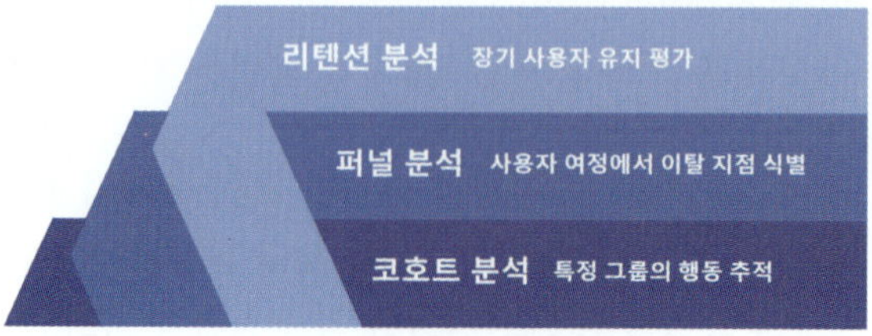

그림 9.7 포괄적인 A/B 테스트 평가

리텐션 분석(retention analysis) 역시 A/B 테스트 결과를 장기적인 관점에서 해석하는 데 중요한 역할을 한다. 단기적으로 긍정적인 성과가 나타나더라도, 사용자가 장기적으로 서비스를 지속적으로 이용하는지는 별도로 분석해야 한다. 예를 들어, 새로운 추천 알고리즘을 적용한 후 첫 주에는 클릭률이 증가했지만, 한 달 뒤 사용자 재방문율이 감소했다면 실험을 성공으로 간주하기 어려울 수 있다. 이처럼 장기적인 사용자 유지율을 함께 고려하는 것이 더 현실적이고 신뢰할 수 있는 평가 방법이다.

A/B 테스트는 단순한 실험에 그치지 않고, 조직 내 데이터 기반 의사결정 문화를 정착시키는 중요한 수단이다. 효과적으로 설계된 실험을 통해 신뢰도 높은 결과를 도출하면, 이를 바탕으로 제품이나 서비스에 대한 지속적인 개선을 추진할 수 있다. 반복적인 실험 과정을 통해 성능을 점진적으로 향상시키는 것이 A/B 테스트의 본질이다.

또한, A/B 테스트는 한 번의 실험으로 끝나는 절차가 아니라, 실험과 학습을 지속적으로 반복하는 순환적인 과정이다. 초기 실험에서 얻은 인사이트를 기반으로 후속 실험을 설계하고, 그 결과를 다시 분석함으로써 축적된 학습을 바탕으로 점진적인 개선을 이어나가야 한다. 이때 단순히 p-값이나 평균 차이만을 기준으로 판단하기보다는 실험이 진행된 맥락과 데이터 해석을 함께 고려해야 한다.

결국 A/B 테스트의 목적은 단지 "A가 B보다 나은가?"를 판단하는 데 있는 것이 아니라, 실험으로부터 도출된 정량적 · 정성적 인사이트를 활용하여 장기적인 제품 개선과 비즈니스 성장을 도모하는 데 있다. 이를 위해서는 실험 설계 초기 단계에서부터 명확한 가설 수립, 적절한 대조군 구성, 충분한 샘플 크기 확보, 외부 변수 통제, 적정한 실험 기간 설정 등 일련의 절차를 체계적으로 따르는 것이 중요하다. 이러한 조건들이 충족될 때 A/B 테스트는 데이터 기반 의사결정을 위한 강력한 도구로 기능할 수 있다.

9.4.4 A/B 테스트 수행 절차 및 도구

A/B 테스트를 효과적으로 수행하려면 실험의 목적을 분명히 하고, 이를 달성하기 위한 체계적인 절차를 따르는 것이 중요하다. 무작위로 실험을 진행하면 결과의 신뢰도가 낮아지고, 해석 또한 모호해질 수 있다. 이를 방지하기 위해 A/B 테스트는 보통 문제를 정의하고, 가설을 수립한 뒤, 실험을 설계하고 실행하는 과정을 거친다. 이후 데이터를 수집하고 분석해 결과를 해석하며, 도출된 결론을 실제 서비스나 제품에 반영하는 단계로 이어진다. 이러한 흐름을 명확히 정립해두면, 실험의 일관성과 재현성을 높일 수 있다.

각 단계에서 명확한 기준과 실행 계획을 수립하고, 실험 중에는 가능한 한 조건을 일관되게 유지해야 한다. 이러한 절차적 일관성은 결과의 해석 가능성과 적용 범위를 높이는 데 기여하며, 실험이 실질적인 비즈니스 개선으로 이어질 수 있도록 한다.

A/B 테스트의 첫 번째 단계는 **문제 정의**다. 실험을 수행하는 이유를 분명히 해야 하며, 단순히 "버튼의 위치를 바꾸면 전환율이 오를까?"와 같은 접근보다는 "무엇이 사용자 행동에 영향을 주는가?"라는 관점에서 문제를 설정하는 것이 바람직하다. 이때, 비즈니스 목표와의 연관성을 고려하고, 실험을 통해 얻고자 하는 효과가 실제 전략적 가치와 연결되는지를 평가해야 한다.

다음은 **가설 설정** 단계다. 가설은 실험 수행의 논리적 근거이며, "결제 페이지에서 불필요한 입력 필드를 제거하면 이탈률이 감소할 것이다"처럼 명확하고 검증 가능한 형태여야 한다. 직관이나 추측에 의존하기보다는 사용자 행동 데이터, 기존 사례, 업계 동향 등을 참고하여 가설의 타당성을 확보하는 것이 좋다.

실험 설계 단계에서는 실험군과 대조군을 정의하고, 두 집단을 무작위로 배정해야 한다. 실험군에는 실험 요소(독립변수)를 적용하고, 나머지 조건은 두 집단이 유사하게 유지되도록 한다. 또, 실험 결과를 신뢰할 수 있으려면 충분한 샘플 크기가 필요하다. 이를 위해 효과 크기, 유의 수준(significance level, α), 검정력(statistical power, $1-\beta$)을 기반으로 사전 분석을 수행해 표본 수를 계산한다.

데이터 수집 단계에서는 실험 과정에서 생성되는 모든 데이터를 구조화된 방식으로 저장해야 한다. 클릭 수나 전환율 등 주요 KPI 외에도, 페이지 체류 시간, 마우스 이동 경로, 스크롤 깊이, 세션 흐름 등 사용자 행동 로그를 함께 수집하면 보다 정밀한 분석이 가능해진다. 이러한 부가 지표는 실험 결과의 해석력을 높이고, 예상치 못한 사용자 반응을 발견하는 데 유용하다.

분석 및 해석 단계에서는 통계적 검정을 통해 실험 결과의 유의미성을 판단한다. 독립 표본 t-검정이나 카이제곱 검정 같은 빈도주의적 방법 외에도, 필요에 따라 베이지안 분석을 활용할 수 있다. p-값 하나만으로 해석을 단정하기보다 효과 크기, 신뢰 구간 등을 함께 고려하여 실제로 의미 있는 변화인지를 판단해야 한다.

마지막으로, **결과 반영** 단계에서는 단기 성과뿐 아니라 장기적인 사용자 반응과 영향을 종합적으로 검토해야 한다. 예를 들어, UI 변경이 단기적으로 전환율을 높였더라도 장기적으로 사용자 이탈을 유발할 수 있다. 따라서 실험 종료 후 일정 기간 동안 후속 데이터를 추적하고, 결과의 지속성과 안정성을 평가하는 과정이 필요하다. 다음 그림 9.8은 A/B 테스트 프로세스를 보여준다.

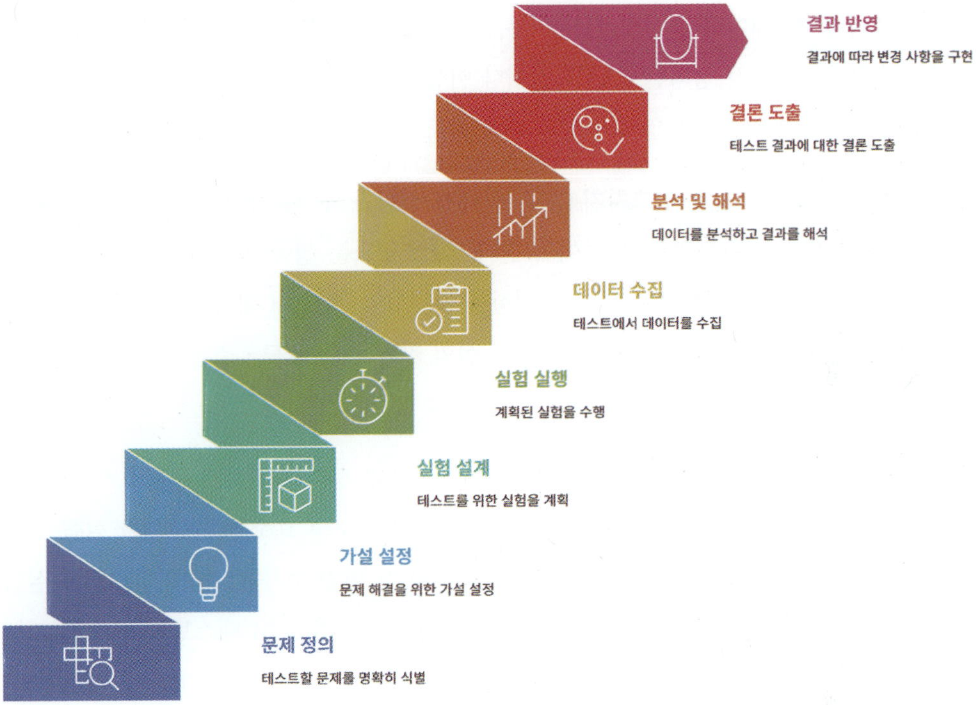

그림 9.8 A/B 테스트 프로세스

사용자 행동 분석과 실험 결과 해석의 정밀도를 높이기 위해서는 로그 기반 분석 도구의 병행 사용이 효과적이다. 예를 들어, Elasticsearch와 Kibana는 실시간 로그 수집과 필터링, 대시보드 시각화에 강점을 가지며, Tableau는 실험별 KPI 변화나 사용자 세그먼트 간 반응 차이를 직관적으로 비교 분석할 수 있어 실무 보고서 작성에 활용도가 높다. Amplitude는 퍼널 전환, 리텐션, 세션 기반 행동 흐름 등 UX 전반의 실험 결과 차이를 분석하는 데 적합하며, 실험 전후의 사용자 분포 변화나 비정상적인 트래픽 분산 현상도 진단할 수 있어 실험의 안정성을 검증하는 데 유용하다.

실험 운영 과정에서 종종 간과되는 부분은 실행 품질의 보장이다. 실험 시작 전에는 QA 체크리스트를 바탕으로 실험군 노출 조건, 랜딩 페이지 연결 상태, 이벤트 트래킹 정확성 등을 면밀히 점검해야 하며, 실험이 진행되는 동안에는 실시간 모니터링 대시보드를 통해 트래픽 분포의 균형, 데이터 수집의 이상 여부, 핵심 지표의 급격한 변화 등을 지속적으로 감시할 필요가 있다. 사전 정의된 중단 조건이나 이상 징후 탐지 시 알림을 자동화할 수 있는 시스템이 구축되어 있다면 운영 효율성과 대응 속도를 크게 높일 수 있다.

A/B 테스트는 일회성 실험에 그치지 않고, 반복적 실험과 개선을 통해 지속적인 최적화를 이끌어내는 문화적 기반으로 자리 잡아야 한다. 실험 결과는 성공 여부를 떠나 체계적으로 기록 · 축적되어야 하며, 이를 통해 중복 실험을 방지하고 조직 내 데이터 자산으로 환원될 수 있다. 이와 관련해 실험 결과 관리 시스템, 실험 카탈로그, 코드 · 조건 · 버전 기반의 재현성 확보 체계가 마련되어야 한다.

장기적으로는 실험 중심의 의사결정 문화를 조직 전반에 정착시키는 것이 중요하다. 실험 플랫폼, 로그 수집기, 분석 도구, 시각화 시스템 등 핵심 구성 요소들을 통합한 실험 인프라를 설계하고, 마케팅 · UX · 데이터 등 다양한 부서 간 협업 절차를 표준화함으로써 실험 실행과 해석의 일관성을 높일 수 있다. 이러한 통합적 접근은 A/B 테스트를 단순한 기능 비교 수단을 넘어, 제품과 서비스의 지속 가능한 개선 전략으로 발전시키는 데 기여할 수 있다.

10

시스템 아키텍처

10.1 _ 시스템 아키텍처 설계 시 고려사항
10.2 _ 모놀리식 vs 마이크로서비스
10.3 _ 분산 시스템 설계 원칙
10.4 _ 병목 현상 식별 및 해결 전략

시스템 아키텍처는 소프트웨어 시스템의 구조를 정의하는 중요한 개념으로 성능, 확장성, 유지보수성 등에 직접적인 영향을 미친다. 데이터 사이언스 전문가에게는 단지 모델을 개발하는 것뿐 아니라, 이를 안정적으로 운영하기 위한 데이터 파이프라인과 인프라 구축 능력이 요구된다. 이는 단순한 코드 작성에 그치지 않고, 신뢰성과 복원력을 갖춘 견고한 아키텍처 설계를 포함한다. 효과적인 시스템 아키텍처는 대량의 데이터 처리와 복잡한 연산을 안정적으로 수행할 수 있도록 하며, 장애 발생 시에도 빠른 복구가 가능한 환경을 제공한다.

아키텍처를 설계할 때는 성능, 확장성, 보안, 가용성과 같은 비기능적 요구사항뿐 아니라, 예산, 기술 스택, 인력 등 현실적인 제약 조건도 함께 고려해야 한다. 이와 함께, 요구사항에 맞는 아키텍처 패턴을 선택하는 것이 중요하다. 전통적인 레이어드 아키텍처, 데이터 흐름 중심의 파이프 앤드 필터 아키텍처, 이벤트 중심의 이벤트 드리븐 아키텍처, 확장성을 강조한 마이크로커널 아키텍처 등 다양한 설계 방식이 있으며, 각 패턴의 특성과 장단점을 충분히 이해하고 적합한 구조를 선택해야 한다.

현재 널리 사용되는 대표적인 아키텍처 방식으로는 모놀리식 아키텍처와 마이크로서비스 아키텍처가 있다. 모놀리식 아키텍처는 모든 기능이 하나의 애플리케이션으로 구성되어 있어 일관성 유지와 기능 간 통합이 용이하지만, 서비스 규모가 커질수록 확장성과 유지보수에 한계가 드러난다. 반면, 마이크로서비스 아키텍처는 서비스를 독립적인 단위로 분리하여 높은 유연성과 확장성을 확보할 수 있지만, 시스템 복잡도가 증가하고 분산 환경에 대한 추가적인 고려가 필요하다. 기존에 단일 애플리케이션 구조를 사용해온 조직의 경우, 마이크로서비스 아키텍처로의 점진적 전환을 고려할 필요가 있으며, 이를 위해 서비스 분리 기준의 수립이 중요한 과제로 제시된다.

분산 시스템 설계 원칙도 현대적 시스템 아키텍처에서 중요한 부분이다. CAP 이론과 PACELC 모델을 이해하면 데이터 일관성과 가용성 사이의 트레이드오프를 명확히 인식할 수 있으며, 분산 트랜잭션 처리와 장애 대응 전략을 세울 수 있다. 또한, 성능 최적화를 위해 병목 현상을 식별하고 해결하는 방법을 알아야 한다. CPU, 메모리, 네트워크 등 다양한 자원에서 발생하는 병목을 분석하고, 캐싱, 로드 밸런싱, 데이터베이스 튜닝 등의 기법을 적용하여 성능을 향상시킬 수 있다. 10장에서는 이러한 요소들을 체계적으로 정리하고, 데이터 중심 시스템을 설계하는 데 필요한 실무 가이드를 제시한다.

10.1 _ 시스템 아키텍처 설계 시 고려사항

시스템 아키텍처를 설계할 때는 단순히 기능적인 요구사항을 충족하는 데 그치지 않고, 성능, 확장성, 보안, 가용성, 유지보수성과 같은 비기능적 요구사항을 종합적으로 고려해야 한다. 소프트웨어 시스템을 장기간 안정적으로 운영하려면 이러한 요소들을 균형 있게 설계해야 한다. 특정 요구사항에만 지나치게 집중할 경우, 다른 측면에서 예상치 못한 문제가 발생할 수 있다. 예를 들어, 보안을 강화하기 위해 접근 통제를 과도하게 적용하면 시스템 응답 속도가 저하될 수 있으며, 확장성을 지나치게 집중하면 불필요한 비용이 발생할 수 있다. 따라서 전체적인 균형을 유지하는 것이 중요하다.

시스템 아키텍처 설계 과정에서는 비기능적 요구사항뿐만 아니라 현실적인 제약 조건도 함께 분석해야 한다. 기업이나 조직의 예산, 사용 가능한 기술 스택, 개발 및 운영 인력의 역량, 프로젝트 일정과 같은 요소는 아키텍처의 설계 범위를 결정짓는 중요한 요인이다. 제한된 자원 내에서 최적의 성능과 확장성을 확보하려면 어떤 기술과 구조를 선택할 것인지 신중하게 판단해야 하며, 장기적인 유지보수 가능성도 고려해야 한다. 특히, 빠르게 변화하는 기술 환경에서 특정 기술에 종속되지 않도록 설계하는 것이 중요하다.

시스템 아키텍처를 설계할 때는 다양한 구조적 패턴을 참고하여 시스템의 특성과 목적에 가장 적합한 구조를 선택해야 한다. 전통적인 레이어드 아키텍처는 유지보수가 용이하지만 확장성이 제한될 수 있으며, 이벤트 기반 아키텍처는 높은 확장성을 제공하지만 복잡성이 증가할 수 있다. 또한, 데이터 흐름 중심의 파이프-필터 아키텍처나 플러그인 방식의 마이크로커널 아키텍처 등도 상황에 따라 고려할 수 있다. 시스템의 목적과 환경을 종합적으로 분석하여 적절한 아키텍처 패턴을 선택하는 것이 효과적인 시스템 아키텍처 설계의 핵심이며, 이번 절에서는 이러한 요소들을 어떻게 고려하고 적용할지에 대해 다룬다.

10.1.1 비기능적 요구사항 분석 방법

비기능적 요구사항은 시스템의 기능적인 측면이 아닌, 시스템이 어떻게 동작해야 하는지를 정의하는 요소이며, 성능, 확장성, 보안, 가용성, 유지보수성 등이 여기에 포함된다. 이러한 요구사항을 적절히 분석하고 반영하지 않으면 시스템이 정상적으로 작동하더라도 기대한 수준의 품질을 제공하지 못할 수 있다. 따라서 아키텍처 설계 시 비기능적 요구사항을 명확히 정의하고 우선순위를 정하는 것이 중요하다.

성능은 시스템이 주어진 시간 내에 얼마나 빠르게 작업을 수행할 수 있는지를 의미한다. 이를 평가하는 주요 지표로는 **응답 시간(response time)**, **처리량(throughput)**, **지연 시간(latency)** 등이 있다. 성능 요구사항을 분석할 때는 목표 지표를 정량적으로 정의하고, 예상되는 트래픽 패턴과 부하 분산 전략을 함께 고려해야 한다. 또한, 성능 테스트를 통해 병목이 발생할 수 있는 지점을 사전에 식별하여 최적화하는 과정이 수행되어야 한다.

확장성은 시스템이 사용자 수 증가나 데이터량의 급증에도 불구하고 안정적으로 작업을 처리할 수 있는 능력을 의미한다. 확장 방식에는 수직적 확장과 수평적 확장이 있으며, 각각의 특성과 비용 구조를 고려하여 적절한 방식을 선택해야 한다. 예를 들어, 클라우드 환경에서는 오토 스케일링 기능을 활용해 유동적인 트래픽 변화를 유연하게 대응할 수 있다. 또한, 확장성을 높이기 위해 데이터베이스 샤딩(database sharding)[1]이나 캐싱 전략을 적용하는 것도 고려할 수 있다.

보안은 시스템이 외부의 위협으로부터 데이터를 보호하고, 인증 및 접근 제어를 통해 비인가 사용자의 접근을 차단하는 기능을 포함한다. 보안 요구사항을 정의할 때는 데이터 암호화, 네트워크 보안, 사용자 인증 및 권한 관리, 로그 및 감사 기능을 포함해야 한다. 특히, GDPR과 같은 개인정보 보호 규정을 준수하기 위해 데이터 보안 정책을 체계적으로 수립하는 것이 중요하다.

가용성은 시스템이 장애 상황에서도 서비스를 중단 없이 지속적으로 제공할 수 있는 능력을 의미한다. 높은 가용성을 확보하기 위해서는 다중 서버 구성, 로드 밸런싱, 장애 감지 및 자동 복구 메커니즘을 도입할 수 있다. 또한, 시스템 장애 발생 시 복구 시간을 최소화하기 위해 **장애 대응 계획(disaster recovery plan)**을 사전에 수립하고, 정기적인 백업과 복구 테스트를 수행하는 것이 필수적이다.

유지보수성은 시스템이 운영 중에도 기능 변경이나 확장을 얼마나 쉽게 수행할 수 있는지를 의미한다. 유지보수성을 높이기 위해 **모듈화(modularization)**와 **낮은 결합도(loose coupling)**[2]를 고려한 설계가 필요하다. 또한, 코드의 가독성과 재사용성을 높이기 위해 일관된 코드 스타일을 유지하고, 변경 사항에 따라 지속적으로 갱신되는 살아있는 문서로 관

1 데이터를 여러 데이터베이스로 분산하여 저장하고 관리함으로써 성능과 확장성을 향상시키는 기술

2 시스템 내의 각 모듈이 서로에게 의존하는 정도를 줄여, 한 모듈의 변경이 다른 모듈에 미치는 영향을 최소화하는 설계 방식

리해야 한다. 아울러, 지속적인 통합 및 배포(CI/CD) 체계를 도입함으로써, 변경 사항을 빠르게 적용하고 오류 발생 가능성을 최소화할 수 있다.

데이터 사이언스 프로젝트에서는 모델 학습 및 추론 성능, 데이터 파이프라인 확장성, 모델 관리 및 배포 용이성과 같은 비기능적 요구사항을 함께 고려해야 한다. 이러한 요소들은 데이터 사이언스 프로젝트 성공 여부를 결정짓는 중요한 기준이 된다.

머신러닝 모델은 방대한 데이터를 기반으로 학습하고 예측을 수행하므로 빠른 학습 속도와 낮은 추론 지연 시간이 요구된다. 이를 위해 GPU 가속, 분산 학습, 모델 최적화 기술을 활용하여 성능 목표를 달성해야 한다. 모델 크기, 특징 공학 복잡도, 알고리즘 선택 등이 성능에 직접적인 영향을 미치므로 신중하게 검토해야 한다.

데이터 사이언스 프로젝트는 일반적으로 데이터 수집, 전처리, 모델 학습, 모델 배포 등 복잡한 데이터 파이프라인으로 구성된다. 데이터 양의 증가나 새로운 데이터 원천의 추가에 유연하게 대응할 수 있도록 파이프라인은 확장 가능한 구조로 설계되어야 한다. 이를 위해 데이터 레이크, 데이터 웨어하우스, 메시지 큐 등의 기술을 활용하여 확장 가능한 데이터 인프라를 구축할 수 있다.

학습된 모델을 실제 서비스에 배포하고 지속적으로 모니터링하며 개선하는 과정은 매우 중요하다. 이를 위해 모델 버전 관리, 모델 서빙, 모델 모니터링 시스템을 구축하여 모델의 안정적인 운영과 성능 개선을 지원해야 한다. 나아가, 모델 재학습 자동화, 드리프트 감지, A/B 테스트 등 자동화된 모델 관리 프로세스를 구축함으로써 운영 효율성과 품질을 높일 수 있다.

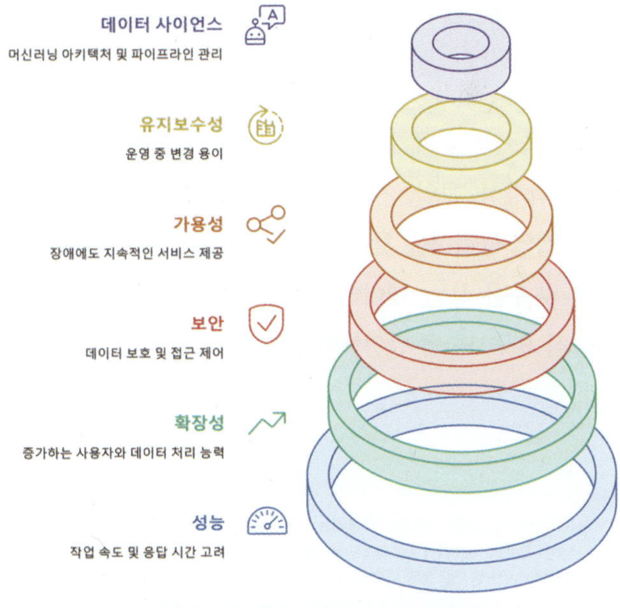

그림 10.1 비기능적 시스템 요구사항 계층

이러한 비기능적 요구사항을 분석하는 과정에서는 우선순위를 명확히 설정해야 한다. 예산과 리소스가 한정된 상황에서 모든 비기능적 요구사항을 최고 수준으로 충족하는 것은 현실적으로 어렵기 때문에 비즈니스 목표와 서비스 특성에 맞춰 균형 있는 의사결정이 필요하다. 예를 들어, 금융 시스템은 보안과 가용성을 최우선으로 고려해야 하지만, 스타트업의 프로토타입 서비스는 개발 속도와 비용 효율성을 더 중시할 수도 있다.

비기능적 요구사항을 효과적으로 분석하고 관리하기 위해서는 다양한 방법론과 도구를 활용할 수 있다. 예를 들어, 성능 요구사항 분석에는 **부하 테스트**(load testing)[3]와 **스트레스 테스트**(stress testing)[4]를 적용할 수 있으며, 보안 요구사항 분석에는 **침투 테스트**(penetration testing)[5]와 **취약점 분석**(vulnerability assessment)[6]을 수행할 수 있다. 또한, 가용성 평가에는 서비스 수준 계약(SLA) 및 서비스 수준 목표(SLO)를 설정하는 방식이 유용하다.

설계 초기 단계에서 비기능적 요구사항을 충분히 분석하지 않으면, 이후 단계에서 문제 해결에 더 많은 시간과 비용이 소요될 수 있다. 따라서 아키텍처 설계 단계에서부터 면밀한 분석과 검토가 이루어져야 하며, 이를 위해 시스템 운영 및 보안 전문가와 협업하는 것이 바람직하다. 아울러, 주기적으로 요구사항을 재검토하고 변경 사항을 반영하여 지속적으로 서비스를 개선해 나가야 한다.

결론적으로, 비기능적 요구사항은 시스템의 품질과 운영 효율성에 직접적인 영향을 미치는 요소이므로 이를 체계적으로 분석하고 반영하는 것이 성공적인 아키텍처 구축의 핵심이다. 성능, 확장성, 보안, 가용성, 유지보수성을 종합적으로 고려하고, 현실적인 제약을 감안하여 최적의 균형점을 찾는 것이 중요하다. 특히, 데이터 사이언스 기반 시스템에서는 모델 학습 및 추론 성능, 데이터 파이프라인 확장성, 모델 관리 및 배포 용이성 등을 고려하여 비기능적 요구사항을 반영해야 한다.

3 시스템에 예상되는 수준의 부하를 가하여 성능 및 안정성을 측정하는 테스트
4 시스템의 한계점을 파악하기 위해 과도한 부하를 가하여 시스템이 얼마나 잘 버티는지 측정하는 테스트
5 해커의 공격 시뮬레이션을 통해 시스템의 보안 취약점을 직접적으로 찾아내는 테스트
6 시스템의 보안 취약점을 자동으로 또는 수동으로 식별하고 평가하는 프로세스

10.1.2 설계 제약 조건 식별 및 관리

시스템 아키텍처를 설계할 때 기술적 요구사항뿐만 아니라 다양한 제약 조건을 고려해야 한다. 제약 조건은 프로젝트의 현실적인 한계를 정의하며, 이를 효과적으로 식별하고 관리해야 성공적인 시스템을 구축할 수 있다. 이러한 제약 조건을 간과할 경우, 프로젝트가 예산을 초과하거나 일정이 지연될 수 있으며, 운영상의 문제로 이어질 수 있다. 따라서 설계 초기 단계에서 제약 조건을 명확하게 파악하고 이를 기반으로 현실에 부합하는 설계 전략을 수립해야 한다.

예산은 시스템 아키텍처 설계 시 가장 중요한 제약 조건 중 하나다. 프로젝트에 할당된 예산에 따라 사용할 수 있는 기술 스택과 인프라가 결정되며, 이는 곧 성능, 확장성 등 여러 비기능적 요구사항에 직 · 간접적인 영향을 미친다. 예산이 충분하지 않다면 고성능 서버나 고급 데이터베이스 솔루션을 도입하기 어려울 수 있으며, 대신 오픈 소스 기술을 활용하는 등의 전략적 판단이 요구된다. 따라서 초기에 예산을 면밀히 분석하고, 비용 대비 효과적인 아키텍처를 설계하는 것이 중요하다.

기술 스택도 주요 제약 조건으로 작용한다. 기술 스택 선정 시에는 기존 시스템과의 호환성, 유지보수 용이성, 개발자의 숙련도 등을 고려해야 한다. 특정 기술이 성능적으로 우수하더라도 팀이 해당 기술에 익숙하지 않다면 개발 속도가 저하되고 유지보수 비용이 증가할 수 있다. 또한, 클라우드 서비스나 온프레미스 환경 중 어떤 인프라를 선택할지, 특정 벤더 종속성을 감수할 것인지 등의 결정도 기술 스택 선택과 밀접하게 연결된다.

인력 자원은 시스템 설계 시 반드시 고려해야 할 현실적 요소이다. 개발 팀의 규모와 역량에 따라 실현 가능한 아키텍처가 달라지기 때문이다. 예를 들어, 소규모 팀이라면 복잡한 마이크로서비스 아키텍처보다 관리가 용이한 모놀리식 아키텍처가 더 적절할 수 있다. 반면, 대규모 팀이라면 병렬 개발이 가능한 마이크로서비스 구조가 생산성과 확장성 측면에서 유리할 수 있다. 따라서 현재 팀의 기술적 역량과 조직 구조를 객관적으로 분석한 뒤, 이에 맞는 현실적인 아키텍처 설계 방안을 수립해야 한다.

보안은 간과할 수 없는 핵심적인 제약 조건이다. 특히 개인정보나 금융정보와 같은 민감한 데이터를 다루는 시스템의 경우, 보안 취약점을 최소화해야 한다. 암호화, 접근 제어, 침입 탐지 시스템 등 다양한 보안 메커니즘을 아키텍처에 통합해야 하며, 정기적인 보안 감사를 통해 잠재적인 위협을 식별하고 대응해야 한다. 또한, 개발 초기 단계에서부터 보안을 고려하는 **시큐어 코딩**(secure coding)[7] 문화를 장려하고, 이를 위한 보안 교육을 제공하는 것도 중요하다. 예상되는 공격 유형을 사전에 분석하고, 이에 대한 사전 대응 전략을 수립하는 것 역시 필수적인 고려사항이다.

시간 제약 또한 설계 과정에 결정적인 영향을 미친다. 개발 일정이 촉박할 경우, 복잡한 구조보다는 신속하게 배포 가능한 솔루션을 우선적으로 선택해야 한다. 예를 들어, 프로토타입 단계에서는 서버리스 아키텍처를 활용하여 빠른 개발과 배포를 우선시하고, 이후 확장 가능성을 고려해 점진적으로 구조를 변경하는 전략이 유용할 수 있다. 일정이 충분하지 않은 경우에는 **MVP**(Minimum Viable Product)[8] 접근 방식을 통해 핵심 기능부터 우선 구현하는 것이 현실적인 대응 방안이다.

마지막으로 규제 및 법적 요구사항 또한 설계 시 반드시 고려해야 할 요소다. 금융, 의료, 공공 분야에서는 데이터 보안과 프라이버시 규제가 특히 엄격하므로 관련 법규를 충실히 준수할 수 있는 시스템 구조가 요구된다. 예를 들어, GDPR이나 CCPA 등의 법적 요구사항을 충족하기 위해 데이터 암호화, 접근 제어, 감사 로그 기능을 포함해야 할 수 있다. 이러한 법적 제약을 무시할 경우, 시스템 운영에 심각한 법적 책임이 따를 수 있다. 다음 그림 10.2는 데이터 사이언스 프로젝트 설계 시 발생하는 주요 제약을 정리한 것이다.

7 소프트웨어 개발 단계부터 보안 취약점을 예방하는 코딩 방식

8 핵심 기능만 구현하여 빠르게 시장에 출시, 검증하고 개선하는 제품 개발 방식

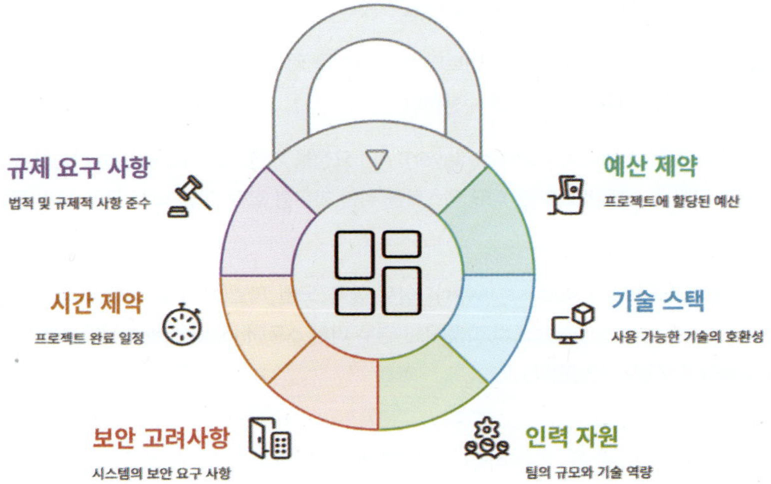

그림 10.2 데이터 사이언스 프로젝트 설계의 주요 제약

10.1.3 아키텍처 패턴 소개

소프트웨어 아키텍처를 설계할 때 적절한 패턴을 선택하는 것은 시스템의 유지보수성과 확장성을 결정짓는 중요한 요소다. 아키텍처 패턴은 특정 문제 상황을 효과적으로 해결하기 위해 반복적으로 활용되는 설계 방식으로, 다양한 요구사항과 제약 조건을 종합적으로 고려하여 선택해야 한다. 특히, 데이터 중심 시스템에서는 성능, 확장성, 유지보수성 등을 고려해야 하므로 시스템 특성에 부합하는 아키텍처 패턴을 신중하게 선정하는 것이 중요하다. 이번 절에서는 대표적인 네 가지 아키텍처 패턴인 레이어드 아키텍처, 파이프-필터 아키텍처, 이벤트 기반 아키텍처, 마이크로커널 아키텍처를 살펴본다.

레이어드 아키텍처(layered architecture)는 가장 널리 사용되는 소프트웨어 아키텍처 패턴 중 하나로, 계층별로 역할을 구분하여 시스템을 설계하는 방식이다. 일반적으로 프레젠테이션, 비즈니스 로직 계층, 데이터 액세스 계층으로 구성되며, 각 계층이 독립적으로 동작하면서도 상위 계층에서 하위 계층을 호출하는 구조를 가진다. 이러한 계층적 구조는 유지보수성과 코드의 가독성을 높인다는 장점이 있다. 그러나 계층 간 호출이 중첩되거나 의존성이 과도하게 형성될 경우, 성능 저하나 복잡도 증가가 발생할 수 있다. 특히 대규모 트래픽이 발생하는 환경에서는 계층 간 호출 오버헤드를 최소화하기 위한 별도의 최적화 전략이 필요하다. 다음은 레이어드 아키텍처 예시를 보여준다.

레이어드 아키텍처 예시: 예측 모델 서빙 시스템

- **프레젠테이션 계층**(API layer): 클라이언트의 예측 요청을 처리하는 API 엔드포인트를 제공하며, 인증, 요청 유효성 검사, 응답 반환 등의 작업을 수행한다.
- **비즈니스 로직 계층**(prediction service layer): API 요청을 기반으로 어떤 모델을 사용할지 결정하고, 필요한 전처리 로직을 수행한다. 또한, A/B 테스트를 위한 라우팅 로직, 모델 버전 관리, 로깅 등의 기능을 포함할 수 있다.
- **데이터 액세스 계층**(data access layer): 실제 예측 모델 파일(예: PyTorch의 TorchScript 파일, TensorFlow SavedModel)을 로드하고, 필요한 경우 피처 스토어(feature store)[9]에서 최신 특징 입력 데이터를 조회하여 모델에 전달한다.

사용자가 API를 통해 예측을 요청하면 프레젠테이션 계층에서 요청을 받아 비즈니스 로직 계층으로 전달한다. 비즈니스 로직 계층은 어떤 모델을 사용할지 결정하고, 데이터 액세스 계층에서 해당 모델을 로드하여 예측을 수행한다. 예측 결과는 다시 프레젠테이션 계층을 통해 사용자에게 반환된다. 이 구조는 모델 업데이트, A/B 테스트, 모델 버전 관리 등을 용이하게 하며, 각 계층의 역할을 분리함으로써 유지보수와 확장에 유리한 설계를 가능하게 한다.

파이프-필터 아키텍처(pipe-and-filter architecture)는 데이터를 단계별로 변환하는 시스템에서 유용하게 사용되는 패턴이다. 이 아키텍처에서는 데이터가 일련의 필터를 거치면서 가공되며, 각 필터는 특정한 연산을 수행한 후 다음 필터로 데이터를 전달한다. 이 패턴은 스트리밍 데이터 처리, 로그 분석 시스템 등과 같이 연속적 데이터 흐름이 중요한 환경에서 효과적이다. 각 필터가 독립적으로 동작하기 때문에 모듈화(modularity)가 뛰어나며, 필터 단위로 개발 및 테스트가 용이하다는 장점이 있다. 그러나 필터 간 데이터 전달 과정에서 오버헤드가 발생할 수 있으며, 데이터가 순차적으로 흐르기 때문에 실시간 응답성이 중요한 시스템에서는 적절한 병렬 처리 기법이나 비동기 구조의 도입이 필요하다. 다음은 파이프-필터 아키텍처의 예시를 보여준다.

파이프-필터 아키텍처 예시: 실시간 데이터 스트리밍 기반 특징 공학 파이프라인

- **필터 1(데이터 수집)**: Apache Kafka, AWS Kinesis 등의 메시지 큐에서 실시간 데이터 스트림을 수집한다.

9 머신러닝 모델의 학습 및 추론에 사용되는 특징 데이터를 중앙 집중적으로 관리하고 제공하는 저장소

- **필터 2(데이터 정제)**: 수집된 데이터에서 결측치를 처리하고 이상치를 제거한다. 데이터 형식 변환, 불필요한 열 제거 등도 포함된다.
- **필터 3(특징 공학)**: 정제된 데이터를 기반으로 새로운 특징을 생성한다. 예를 들어, 시간 기반 롤링 평균, 그룹별 통계량 등을 계산한다.
- **필터 4(특징 저장)**: 생성된 특징을 피처 스토어에 저장하여 추후 모델 학습이나 추론에 활용할 수 있도록 한다.
- **필터 5(모델 입력)**: 저장된 특징을 실시간 예측 모델의 입력으로 제공한다.

각 필터는 독립적으로 정의된 연산 단위로 구성되며, 이전 단계에서 전달받은 데이터를 처리한 뒤 다음 단계로 전달한다. 이처럼 각 필터는 역할이 명확하게 분리되어 있어 유지보수가 용이하고, 특정 필터의 성능을 개선하더라도 전체 파이프라인에 미치는 영향을 최소화할 수 있다. 해당 아키텍처는 Apache Flink, Apache Beam과 같은 스트리밍 처리 프레임워크를 사용하여 구현할 수 있다.

이벤트 기반 아키텍처(event-driven architecture)는 시스템 내의 구성 요소들이 이벤트를 매개로 비동기적으로 상호 작용하는 구조다. 사용자의 입력, 데이터 변경, 외부 시스템의 호출 등이 모두 이벤트로 정의되며, 이러한 이벤트가 발생하면 등록된 이벤트 핸들러(event handler)가 실행된다.

확장성, 유연성, 비동기 처리에 강점을 가지며, 특히 마이크로서비스 아키텍처와 함께 널리 사용된다. 그러나 이벤트 흐름이 명확하게 설계되지 않으면 디버깅이 어려워지고, 운영 복잡도가 증가할 수 있다. 따라서 이벤트 기반 시스템에서는 이벤트 로깅, 모니터링, 트랜잭션 보장 등의 운영 전략이 필수적이다. 안정성을 높이기 위해 메시지 브로커(Apache Kafka, RabbitMQ 등)를 도입하여 이벤트 발행 및 구독을 관리하는 방식이 일반적이다. 다음은 이벤트 기반 아키텍처의 예시를 보여준다.

이벤트 기반 아키텍처 예시: 머신러닝 모델 재학습 파이프라인

- **이벤트**: 새로운 데이터 도착, 모델 성능 저하 감지, 스케줄 기반 재학습 트리거 등
- **서비스 1(데이터 수집 서비스)**: 새로운 데이터가 저장되면 '데이터 도착' 이벤트를 발행한다.
- **서비스 2(모델 성능 모니터링 서비스)**: 모델 성능을 지속적으로 모니터링하고, 성능 저하가 감지되면 '모델 성능 저하' 이벤트를 발행한다.

- **서비스 3(재학습 서비스)**: '데이터 도착' 또는 '모델 성능 저하' 이벤트를 구독하고 있다가, 이벤트를 받으면 재학습 작업을 시작한다.
- **서비스 4(모델 배포 서비스)**: 재학습이 완료되면 '모델 배포' 이벤트를 발행하고, 새로운 모델을 서빙 시스템에 배포한다.

각 서비스는 독립적으로 동작하며, 이벤트를 통해 비동기적으로 통신한다. 이러한 구조는 시스템의 유연성을 높이고, 특정 서비스의 장애가 전체 시스템에 미치는 영향을 최소화할 수 있다. 메시지 브로커를 활용하면 이벤트의 신뢰성 있는 전달, 확장성 있는 구성, 운영 모니터링이 가능하다.

마이크로커널 아키텍처(microkernel architecture)는 코어(core)와 플러그인(plugin)을 분리하여 설계하는 방식이다. 코어는 시스템의 동작에 필수적인 최소한의 기능만 포함하며, 추가적인 기능은 플러그인 형태로 독립적으로 개발 및 실행된다. 이러한 구조는 시스템의 유연성과 확장성을 높이는 데 효과적이다.

사용자는 필요한 기능만 선택적으로 추가하거나 제거할 수 있으므로, 전체 시스템에 미치는 영향 없이 개별 기능을 유연하게 조정할 수 있다. 특히 데이터 분석 플랫폼이나 플러그인 기반 소프트웨어에서 자주 활용된다. 단, 코어와 플러그인 간의 인터페이스 설계가 명확하지 않거나 적절한 모듈화가 이루어지지 않으면 오히려 구조적 복잡성이 증가할 수 있다. 따라서 초기 설계 단계에서부터 확장 가능성을 고려한 인터페이스 정의가 중요하다. 다음은 마이크로커널 아키텍처 예시를 보여준다.

마이크로커널 아키텍처 예시: 데이터 분석 플랫폼

- **코어**: 데이터 로딩, 데이터 저장, 기본적인 데이터 변환 기능(필터링, 집계 등), 플러그인 관리
- **플러그인 1(시각화)**: 다양한 차트 및 그래프 생성 기능(Matplotlib, Seaborn, Plotly 등)
- **플러그인 2(머신러닝)**: 다양한 머신러닝 알고리즘 제공(PyTorch, TensorFlow, scikit-learn 등)
- **플러그인 3(데이터 원천)**: 다양한 데이터 소스 연결 기능(CSV, Parquet, 데이터베이스 등)

이 구조에서 코어는 공통 기능만을 책임지고, 시각화, 머신러닝, 데이터 연결 등 전문적인 기능은 각각의 플러그인으로 분리된다. 예를 들어, 특정 머신러닝 알고리즘을 사용하고자

할 경우, 해당 알고리즘을 포함한 플러그인을 설치하면 된다. 마찬가지로, 새로운 데이터 소스를 연결하려면 해당 플러그인만 추가하면 된다. 이러한 아키텍처는 기능 간 의존성을 최소화하면서도 확장성을 극대화할 수 있다는 점에서, 유지보수성과 사용자 맞춤 구성이 중요한 시스템에 적합하다.

이러한 아키텍처 패턴은 각각 고유한 장점과 한계를 가지고 있으며, 시스템의 요구사항과 운영 환경에 따라 적절하게 선택해야 한다. 예를 들어, 전통적인 웹 애플리케이션에서는 레이어드 아키텍처가 유용할 수 있지만, 대규모 데이터 스트리밍 시스템에서는 파이프-필터 아키텍처가 더 적합할 수 있다. 또한, 마이크로서비스 기반 시스템에서는 이벤트 기반 아키텍처가 많이 활용되며, 플러그인 구조를 중심으로 한 시스템에서는 마이크로커널 아키텍처가 적합하다. 따라서 시스템의 구조를 설계할 때는 기능적 · 비기능적 요구사항을 면밀히 분석한 후, 그에 가장 부합하는 아키텍처 패턴을 선택하는 것이 중요하다.

아키텍처 설계 시 단일 패턴을 일관되게 적용하는 것도 의미 있지만, 시스템의 복잡도와 목적에 따라 다양한 패턴을 유연하게 혼합하는 접근도 가능하다. 예를 들어, 마이크로서비스 환경에서는 개별 서비스 내부에서 레이어드 아키텍처를 사용하고, 서비스 간의 통신을 이벤트 기반 방식으로 처리할 수 있다. 또한, 데이터 처리 파이프라인에서는 파이프-필터 아키텍처를 활용하면서도, 핵심 데이터 처리 엔진을 마이크로커널 방식으로 설계하는 것도 하나의 전략이 될 수 있다. 이와 같은 하이브리드 아키텍처는 시스템의 유연성과 확장성을 높이며, 특정 패턴의 한계를 보완하는 데 유리하다.

소프트웨어 아키텍처를 설계할 때 중요한 것은 단순히 패턴을 적용하는 것이 아니라, 시스템의 요구사항을 정확히 이해하고, 유지보수성과 확장성을 고려하여 적절한 패턴을 전략적으로 선택하는 것이다. 각 아키텍처 패턴은 특정한 문제를 해결하기 위한 수단이며, 잘못된 선택은 오히려 시스템의 복잡성이 증가할 수 있다. 따라서 초기 설계 단계에서부터 다양한 패턴을 신중히 검토하고, 장기적인 유지보수와 운영을 고려한 설계 전략을 수립하는 것이 바람직하다.

10.2 _ 모놀리식 vs 마이크로서비스

모놀리식 아키텍처와 마이크로서비스 아키텍처는 소프트웨어 시스템을 설계하고 구축하는 데 사용되는 대표적인 두 가지 방식이다. 모놀리식 아키텍처는 애플리케이션의 모든 기능이 하나의 코드베이스와 실행 환경에서 동작하는 구조를 의미하며, 오랜 기간 동안 널리 사용되어 왔다. 반면, 마이크로서비스 아키텍처는 기능을 독립적인 서비스 단위로 분리하여 개별적으로 개발, 배포, 운영할 수 있도록 하는 방식이다. 두 아키텍처는 서로 다른 특성과 트레이드오프를 지니므로, 프로젝트의 성격과 요구사항에 따라 적절한 선택이 필요하다.

모놀리식 아키텍처는 구조가 단순하고 일관된 개발 환경을 제공하여 초기 개발 속도가 빠르고, 배포와 운영이 비교적 용이하다는 장점이 있다. 그러나 애플리케이션의 규모가 커지면 코드베이스가 점점 복잡해지고, 작은 변경 사항도 전체 시스템에 영향을 미칠 수 있어 유지보수성과 확장성이 떨어질 수 있다. 특히, 일부 기능 수정에도 전체 애플리케이션을 다시 빌드하고 배포해야 한다는 단점이 있다. 이러한 문제를 해결하고자 점진적으로 등장한 개념이 마이크로서비스 아키텍처다.

마이크로서비스 아키텍처는 각 기능을 독립적인 서비스로 분리함으로써 높은 확장성과 유연성을 제공한다. 서비스 간 의존성이 낮아 독립적인 배포와 확장이 가능하고, 특정 기능을 신속하게 수정 · 반영할 수 있다. 그러나 이 방식은 분산 시스템의 특성상 통신 오버헤드가 발생하고, 데이터 일관성 유지가 어려우며, 운영과 모니터링이 복잡해진다는 단점이 있다. 따라서 마이크로서비스는 모든 상황에서 최적의 선택은 아니며, 조직의 기술 역량과 시스템의 요구사항을 종합적으로 고려하여 도입 여부를 판단해야 한다.

이번 절에서는 모놀리식 아키텍처와 마이크로서비스 아키텍처의 핵심적인 차이점을 심층적으로 분석하고, 실제 프로젝트에서 두 아키텍처를 선택할 때 고려해야 할 요소들을 구체적으로 알아본다. 또한, 마이크로서비스 아키텍처의 도입 시 발생할 수 있는 기술적인 과제들을 해결하기 위한 효과적인 전략과 도구들을 소개하고, 성공적인 마이크로서비스 전환을 위한 실질적인 로드맵을 제시한다.

10.2.1 모놀리식 아키텍처

모놀리식 아키텍처는 애플리케이션의 모든 구성 요소가 하나의 코드베이스와 실행 환경에서 함께 동작하는 소프트웨어 아키텍처 패턴이다. 일반적으로 단일 프로젝트로 개발되며, 모든 기능이 하나의 애플리케이션 내에서 긴밀하게 결합된 형태로 구성된다. 이 방식은 전통적인 애플리케이션 개발에서 오랜 기간 널리 사용되어 왔으며, 구조가 명확하고 일관된 개발 환경 덕분에 많은 조직에서 오랜 기간 채택해 온 방식이다.

이 아키텍처의 가장 큰 장점 중 하나는 단순성이다. 모든 코드가 하나의 코드베이스에 통합되어 있어 애플리케이션의 전체 흐름을 쉽게 이해할 수 있으며, 기능을 추가하거나 수정하는 과정이 비교적 직관적이다. 또한, 배포 과정도 단순하여 별도의 서비스 간 통신을 고려할 필요 없이 하나의 실행 파일 또는 컨테이너로 패키징하여 운영할 수 있다. 이러한 특성 덕분에 초기 개발 속도가 빠르고, 소규모 팀에서도 효율적으로 개발 및 운영이 가능하다.

모놀리식 아키텍처는 하나의 프로세스에서 모든 기능이 동작하므로 성능 최적화가 비교적 용이하다. 네트워크 통신 없이 함수 호출만으로 데이터 전달이 가능하며, 동기적 트랜잭션 관리를 통해 데이터 일관성을 쉽게 유지할 수 있다. 이는 데이터베이스를 공유하는 구조에서 특히 유리하게 작용한다.

그러나 모놀리식 아키텍처는 애플리케이션이 커질수록 유지보수가 어려워지는 단점이 있다. 기능이 늘어날수록 코드베이스가 방대하고 복잡해지며, 구성 요소 간 결합도가 높아져 하나의 변경이 예상치 못한 부작용(side effect)을 초래할 가능성이 커진다. 특히 여러 팀이 동시에 작업할 경우 코드 충돌이 자주 발생하고, 배포 주기가 지연될 수 있다.

배포 및 확장성 측면에서도 제약이 있다. 코드가 하나로 묶여 있기 때문에 작은 변경 사항에도 전체 애플리케이션을 다시 빌드하고 배포해야 하며, 이는 서비스 중단 위험을 높이고 빠른 기능 배포를 어렵게 만든다. 또한, 특정 기능만을 확장하고 싶더라도 전체 애플리케이션을 함께 확장해야 하므로 리소스 낭비가 발생할 수 있다.

기술적 종속성 역시 주요 문제 중 하나다. 모놀리식 아키텍처는 특정 프레임워크나 라이브러리에 의존하기 쉬우며, 해당 기술이 더 이상 유지보수되지 않거나 보안 취약점이 발견되었을 경우 전체 애플리케이션에 영향을 미칠 수 있다. 새로운 기술을 도입할 때도 기존 코드와의 호환성을 고려해야 하므로 유연성이 떨어진다.

또한, 시스템이 복잡해질수록 테스트와 디버깅이 어려워지는 경향이 있다. 기능 간 경계가 뚜렷하지 않아 단위 테스트가 복잡해지며, 하나의 오류로 인해 전체 애플리케이션이 정상적으로 동작하지 않을 위험도 존재한다. 이를 해결하기 위해서는 체계적인 테스트 전략과 엄격한 코드 관리 방식이 필요하다.

마지막으로, 팀 간 협업에서도 제약이 발생할 수 있다. 모든 개발자가 하나의 코드베이스를 공유하기 때문에 동시 개발 시 충돌을 방지하기 위한 코드 리뷰, 브랜치 전략, 통합 주기 조율 등의 절차가 요구된다. 특히 여러 팀이 동시에 배포를 진행할 경우 운영 복잡도와 커뮤니케이션 비용이 증가한다. 다음 그림 10.3은 모놀리식 아키텍처의 장단점을 정리한 것이다.

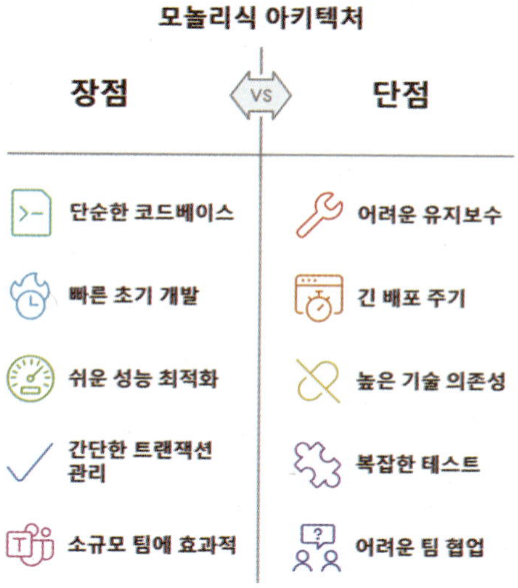

그림 10.3 모놀리식 아키텍처 장단점

데이터 사이언스 프로젝트에서도 모놀리식 아키텍처는 일정한 이점을 제공할 수 있다. 데이터 분석과 모델링 과정에서는 데이터 일관성 유지가 중요한데, 모놀리식 아키텍처에서는 단일 데이터베이스를 중심으로 시스템이 구성되므로 데이터 정합성 확보가 상대적으로 용이하다. 데이터 사이언티스트와 데이터 엔지니어가 동일한 코드베이스에서 협업할 수 있어 데이터 흐름을 쉽게 관리할 수 있으며, 모델을 프로덕션 환경에 배포하는 과정도 단순화할 수 있다.

그러나 데이터 사이언스 프로젝트의 특성을 고려하면 모놀리식 아키텍처는 오히려 제약 요소로 작용할 수도 있다. 모델 학습과 예측 요청의 워크로드는 일반적인 웹 애플리케이션과 다른 워크로드 특성을 갖는다. 예를 들어, 대규모 데이터세트를 활용한 모델 학습은 배치 작업으로 수행되는 반면, 실시간 예측 요청은 경량화된 서빙 인프라에서 빠르게 처리되는 것이 일반적이다. 이러한 차이를 고려하지 않고 모든 기능을 하나의 애플리케이션에 통합할 경우, 성능 저하나 운영상의 복잡성이 발생할 수 있다.

이러한 단점에도 불구하고, 모놀리식 아키텍처는 여전히 유용한 선택지가 될 수 있다. 소규모의 프로젝트나 초기 단계의 스타트업과 같이 빠른 개발과 배포가 중요한 환경에서는 단순하고 직관적인 구조가 오히려 효율적이다. 또한, 기능 구분이 명확하고 트래픽 급증 가능성이 낮다면 마이크로서비스 아키텍처 전환이 불필요할 수 있다.

결국, 모놀리식 아키텍처는 장점과 단점을 모두 고려하여 신중하게 선택해야 한다. 초기에는 간단하고 직관적인 방식으로 개발할 수 있지만, 장기적으로 유지보수와 확장성을 고민해야 한다. 프로젝트의 규모, 팀의 역량, 비즈니스 요구사항 등을 종합적으로 고려하여 적절한 아키텍처를 결정하는 것이 중요하다.

10.2.2 마이크로서비스 아키텍처

마이크로서비스 아키텍처는 애플리케이션을 여러 개의 독립적인 서비스로 분리하여 운영하는 방식이다. 각 서비스는 특정 기능을 담당하며, 서로 독립적으로 개발, 배포, 확장이 가능하다. 이러한 구조는 대규모 애플리케이션에서 발생하는 복잡성을 효과적으로 관리하기 위한 해결책으로 등장했으며, 특히 클라우드 환경에서 유연한 운영을 가능하게 한다.

마이크로서비스의 가장 큰 장점은 독립적인 개발과 배포가 가능하다는 점이다. 각 서비스는 자체 코드베이스와 배포 단위를 가지므로, 기능을 수정하거나 추가할 때 전체 애플리케이션을 다시 빌드하고 배포할 필요가 없다. 이는 개발 속도를 높이고 새로운 기능을 신속하게 출시하게 해준다. 또한, 특정 서비스에 문제가 발생하더라도 전체 시스템이 중단되지 않도록 설계할 수 있다.

확장성 측면에서도 마이크로서비스 아키텍처는 유리하다. 특정 서비스의 부하가 증가하면 해당 서비스만 별도로 확장할 수 있다. 예를 들어, 사용자 인증 서비스와 데이터 처리 서비스가 분리되어 있다면 트래픽이 많은 시간대에 인증 서비스만 확장하여 리소스를 효율적으로 활용할 수 있다. 이를 통해 시스템의 비용과 성능을 최적화할 수 있다.

또한, 마이크로서비스 아키텍처는 기술 선택의 유연성을 제공한다. 각 서비스가 독립적으로 개발되므로 팀은 각 서비스의 요구 사항에 맞는 최적의 언어와 프레임워크를 자유롭게 선택할 수 있다. 예를 들어, 일부 서비스는 Python 기반의 데이터 분석 기술을 활용하고, 다른 서비스는 Java로 개발하여 성능을 최적화할 수 있다. 이를 통해 최신 기술 도입과 적용이 더욱 빠르고 유연하게 이루어질 수 있다.

그러나 이러한 장점에도 불구하고, 마이크로서비스 아키텍처는 운영 및 관리 측면에서 높은 복잡성을 수반한다. 여러 서비스가 API를 통해 통신해야 하므로, API 설계, 네트워크 안정성 확보, 서비스 디스커버리 및 로드 밸런싱 등의 요소를 정교하게 고려해야 한다. 특히, 데이터 일관성 관리는 마이크로서비스 아키텍처에서 중요한 과제다. 모놀리식 아키텍처에서는 단일 데이터베이스를 사용하여 트랜잭션을 일관되게 처리할 수 있었지만, 마이크로서비스 환경에서는 각 서비스가 자체 데이터 저장소를 운영하는 경우가 많아, 데이터 동기화와 분산 트랜잭션 처리에 대한 추가적인 설계와 노력이 요구된다. 다음 그림 10.4는 마이크로서비스 아키텍처의 장단점을 정리한 것이다.

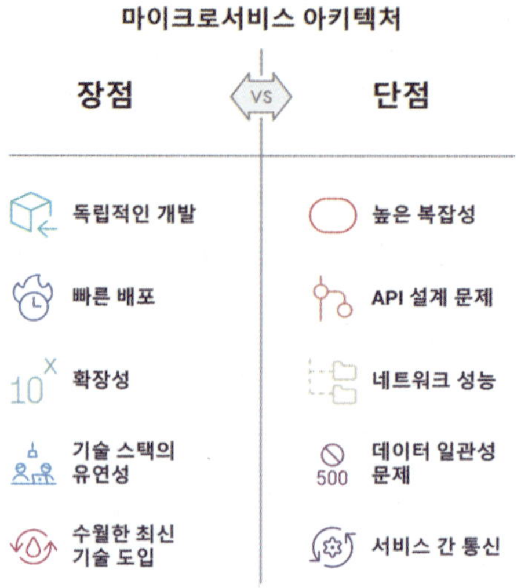

그림 10.4 마이크로서비스 아키텍처 장단점

데이터 사이언스 관점에서도 마이크로서비스 아키텍처는 다양한 이점을 제공한다. 데이터 수집, 전처리, 모델 학습, 모델 서빙 등의 각 단계를 독립된 서비스로 분리하여 운영할 수 있기 때문에 전체 시스템의 유연성과 확장성이 크게 향상된다. 예를 들어, 실시간 추천 시스템에서는 사용자 행동 데이터를 수집하는 서비스, 모델을 업데이트하는 서비스, 예측 결과를 제공하는 서비스 등을 분리함으로써 각 서비스의 유지보수성과 확장 가능성을 높일 수 있다.

이러한 구조는 데이터 파이프라인의 유연성도 함께 증대시킨다. 데이터 엔지니어링과 머신러닝 모델 운영을 각기 다른 기술 스택과 환경에서 수행할 수 있어, 단계별로 최적화된 구성 적용이 가능하다. 예를 들어, 모델 학습 서비스는 대용량 데이터를 처리할 수 있는 분산 컴퓨팅 환경에서 실행하고, 예측 결과를 제공하는 서빙 서비스는 지연 시간이 낮은 경량화된 인프라에 배포할 수 있다. 이처럼 각 서비스의 특성에 따라 서로 다른 인프라나 리소스를 선택적으로 적용할 수 있다는 점은 마이크로서비스 아키텍처의 큰 장점이며, 단일 애플리케이션 구조에서는 구현이 어려운 유연성을 제공한다.

그러나 데이터 사이언스 워크플로에서 마이크로서비스를 적용할 때는 데이터 일관성과 응답 속도를 신중하게 고려해야 한다. 여러 서비스가 분리되어 운영되면 데이터 동기화가 지연될 가능성이 있으며, 이는 실시간 분석이나 스트리밍 데이터 처리에서 문제가 될 수 있다. 이를 해결하기 위해서는 이벤트 기반 데이터 처리 시스템을 구축하거나 메시지 큐를 활용하여 데이터 흐름을 최적화해야 한다.

모델 서빙 관점에서도 마이크로서비스 구조는 장단점이 존재한다. 마이크로서비스 방식에서는 여러 개의 모델을 동시에 운영하면서 개별적으로 업데이트할 수 있어 실험과 배포가 유리하다. 그러나 각 서비스 간 호출이 연쇄적으로 이루어질 경우, 응답 지연 문제가 발생할 수 있다. 따라서 API 게이트웨이, 캐싱, 비동기 처리 등의 기법을 활용하여 성능을 최적화할 필요가 있다.

마이크로서비스 아키텍처는 높은 유연성과 확장성을 제공하지만, 그에 따른 운영 복잡성도 증가한다. 따라서 조직의 규모, 데이터 처리 방식, 개발팀의 기술 역량 등을 종합적으로 고려하여 적절한 아키텍처를 선택해야 한다. 특히 데이터 사이언스 프로젝트에서는 데이터 파이프라인의 구조와 모델 운영 방식이 시스템 성능에 직접적인 영향을 미치므로,

마이크로서비스의 장점을 활용하면서도 데이터 일관성과 운영 효율성을 유지하는 전략이 필요하다.

10.2.3 모놀리식과 마이크로서비스 아키텍처 비교 분석

모놀리식 아키텍처와 마이크로서비스 아키텍처는 각각의 장점과 단점을 가지며, 프로젝트의 특성과 조직의 환경에 따라 적합성이 달라진다. 두 아키텍처는 개발 방식, 배포 전략, 확장성, 운영 관리 측면에서 큰 차이를 보이며, 이러한 차이를 이해하는 것이 적절한 선택을 하는 데 중요한 요소가 된다.

개발 속도와 초기 구축 측면에서 모놀리식 아키텍처는 상대적으로 유리하다. 단일 코드베이스에서 개발이 이루어지므로 팀 내 협업이 단순하고, 코드 변경 사항을 빠르게 적용할 수 있다. 반면, 마이크로서비스 아키텍처는 각 서비스가 독립적으로 운영되기 때문에 초기 설계와 개발 과정에서 서비스 간 API 설계, 데이터 분리 전략, 배포 파이프라인 설정 등의 추가적인 작업이 필요하다. 따라서 단기적으로는 모놀리식 아키텍처가 빠르게 개발을 시작하기에 적합하다.

배포 전략의 차이도 크다. 모놀리식 아키텍처에서는 전체 애플리케이션이 하나의 단위로 배포되므로 하나의 작은 변경 사항이 있더라도 전체 시스템을 다시 배포해야 한다. 이는 배포 주기를 길게 만들고, 변경 사항이 많아질수록 리스크가 증가한다는 단점이 있다. 반면, 마이크로서비스 아키텍처에서는 개별 서비스 단위로 배포가 가능하므로 특정 기능만 수정하여 빠르게 업데이트할 수 있다. 이는 빈번한 배포가 필요한 환경에서 중요한 장점이 된다.

확장성 측면에서도 두 아키텍처는 큰 차이를 보인다. 모놀리식 아키텍처에서는 애플리케이션 전체를 확장해야 하므로 일부 기능만 트래픽이 증가하더라도 전체 시스템이 함께 확장될 수밖에 없다. 이는 비효율적인 리소스 사용으로 이어질 가능성이 높다. 반면, 마이크로서비스 아키텍처는 특정 서비스만 개별적으로 확장할 수 있어 필요한 부분에만 리소스를 집중적으로 투입할 수 있다. 특히, 트래픽이 급격히 증가하는 서비스에서는 마이크로서비스 아키텍처가 보다 유리한 선택이 될 수 있다.

운영 관리의 복잡성 또한 두 아키텍처 간의 중요한 차이점 중 하나다. 모놀리식 아키텍처는 하나의 코드베이스에서 모든 기능이 동작하기 때문에 운영이 단순하다. 그러나 규모가 커질수록 코드의 복잡성이 증가하며, 팀 간 협업이 어려워질 수 있다. 반면, 마이크로서비스 아키텍처는 서비스가 분리되어 있어 유지보수가 용이하지만, 각 서비스 간의 통신, 장애 관리, 분산 로깅, 모니터링 등의 추가적인 관리 작업이 필요하다. 따라서 운영 관리 역량이 충분하지 않은 조직에서는 마이크로서비스 도입이 오히려 부담이 될 수 있다.

데이터 일관성 유지 측면에서도 두 아키텍처는 서로 다른 접근 방식을 취한다. 모놀리식 아키텍처에서는 하나의 데이터베이스를 공유하기 때문에 트랜잭션 관리가 비교적 단순하며, 데이터 정합성을 유지하기 쉽다. 반면, 마이크로서비스 아키텍처에서는 각 서비스가 별도의 데이터 저장소를 가지는 경우가 많아, 데이터 동기화와 정합성 유지가 중요한 과제가 된다. 이를 해결하기 위해 이벤트 소싱이나 분산 트랜잭션 관리 기법이 필요하지만, 이는 추가적인 복잡성을 초래한다.

데이터 사이언스 관점에서 보면 모놀리식 아키텍처는 데이터 파이프라인이 단일 환경에서 실행되므로 데이터 처리 과정이 단순하다. 분석 및 머신러닝 모델을 운영할 때도 중앙 데이터베이스에서 일괄적으로 데이터를 가져와 학습하고 예측할 수 있어 빠른 개발이 가능하다. 그러나 대용량 데이터 처리나 실시간 분석이 필요한 경우, 마이크로서비스 아키텍처가 보다 유리할 수 있다.

마이크로서비스 아키텍처에서는 데이터 수집, 전처리, 모델 학습, 서빙 등의 과정이 독립된 서비스로 운영될 수 있어, 확장성과 유지보수성이 향상된다. 예를 들어, 실시간 추천 시스템을 구축할 때 사용자 로그를 처리하는 서비스, 모델을 학습하는 서비스, 모델을 배포하는 서비스를 분리하면 개별적으로 최적화할 수 있다. 그러나 이러한 구조에서는 데이터 이동 비용이 증가할 수 있으며, 데이터 간 정합성을 유지하기 위한 전략이 필요하다.

보안과 장애 대응 측면에서도 두 아키텍처는 서로 다른 접근 방식을 취한다. 모놀리식 아키텍처에서는 단일 시스템 내에서 보안 정책을 적용할 수 있으나, 특정 부분에 취약점이 발생하면 전체 시스템이 영향을 받을 가능성이 높다. 반면, 마이크로서비스 아키텍처에서는 서비스 단위로 보안 정책을 설정할 수 있으며, 특정 서비스에서 문제가 발생하더라도 전체 시스템이 중단되지 않도록 설계할 수 있다. 그러나 서비스 간의 인증과 권한 관리를 철저하게 구성하지 않으면 보안 취약점이 증가할 가능성이 있다.

결국, 모놀리식 아키텍처와 마이크로서비스 아키텍처 중 어떤 방식을 선택할지는 조직의 목표, 프로젝트의 성격, 팀의 역량을 고려해야 한다. 작은 규모의 프로젝트나 빠른 프로토타이핑이 필요한 경우에는 모놀리식 아키텍처가 적합할 수 있으며, 확장성과 유지보수성이 중요한 대규모 시스템에서는 마이크로서비스 아키텍처가 보다 유리할 수 있다. 데이터 사이언스와 머신러닝을 포함한 다양한 요구사항을 충족시키기 위해서는 각 아키텍처의 장점을 전략적으로 활용하는 것이 중요하다. 다음 표 10.1은 모놀리식 아키텍처와 마이크로서비스 아키텍처의 특징을 더욱 세분화하여 각 항목별 장단점 및 고려사항을 정리한 것이다.

표 10.1 모놀리식 아키텍처 vs 마이크로서비스 아키텍처 상세 비교

특징	세부 항목	모놀리식 아키텍처	마이크로서비스 아키텍처
개발 속도	초기 개발 속도	매우 빠름: 단일 코드베이스, 빠른 환경 설정	느림: 분산 시스템 설계, API 정의, 인프라 구축 필요
	변경 사항 반영 속도	빠름: 간단한 변경은 빠르게 반영 가능	중간: 서비스 간 의존성 고려, 배포 파이프라인 필요
	협업 효율성	높음(초기): 코드 충돌 가능성 낮음	낮음(초기): 팀 간 API 설계 및 계약 중요
	기술 스택 변경	어려움: 전체 시스템 영향 고려 필요	용이함: 각 서비스별 독립적인 기술 스택 적용 가능
초기 구축	인프라 구축 복잡도	매우 단순: 단일 서버 또는 클러스터 구성	매우 복잡: 컨테이너 오케스트레이션, 서비스 디스커버리, API 게이트웨이 등 필요
	개발 환경 설정	간단: IDE 설정 및 로컬 환경 구축 용이	복잡: 분산 환경 시뮬레이션 및 서비스 간 연동 테스트 필요
	학습 곡선	낮음: 일반적인 웹 개발 지식으로 시작 가능	높음: 분산 시스템, 네트워크, 클라우드 기술 등 학습 필요

특징	세부 항목	모놀리식 아키텍처	마이크로서비스 아키텍처
배포 전략	배포 단위	전체 애플리케이션	개별 서비스
	배포 빈도	낮음: 전체 시스템 재배포 필요	높음: 독립적인 배포 파이프라인 구축 가능
	배포 위험도	높음: 작은 오류도 전체 시스템 중단 초래 가능	낮음: 서비스 단위 배포로 오류 영향 범위 최소화
	롤백 전략	복잡: 전체 시스템 롤백 필요	단순: 개별 서비스 롤백 가능
확장성	확장 단위	전체 애플리케이션(수직/수평)	특정 서비스(수평)
	리소스 효율성	낮음: 트래픽 적은 기능도 함께 확장해야 함	높음: 필요한 서비스만 확장하여 리소스 효율적 사용
	확장 전략	단순: 서버 증설 또는 스케일 업	복잡: 서비스별 오토 스케일링, 로드 밸런싱 전략 필요
	비용 효율성	중간: 초기 비용은 낮으나 확장 비용 증가 가능성	높음(장기적): 초기 비용은 높으나 필요한 만큼만 확장 가능
운영 관리	모니터링 복잡도	낮음: 단일 시스템 모니터링	매우 높음: 분산 시스템 모니터링, 서비스 간 연동 상태 감시 필요
	로깅 및 트레이싱	단순: 중앙 집중식 로깅 시스템 구축 용이	복잡: 분산 로깅 시스템 구축, 서비스 간 트랜잭션 추적 필요
	장애 격리	어려움: 장애 전파 가능성 높음	용이: 서비스 간 격리되어 장애 영향 최소화
	운영 기술 요구사항	일반적인 서버 관리 및 웹 애플리케이션 운영 경험	컨테이너 오케스트레이션, 클라우드 서비스, DevOps/MLOps 경험 필요
데이터 일관성 유지	데이터 저장소	단일 데이터베이스	서비스별 데이터베이스(폴리글랏 퍼시스턴스)
	트랜잭션 관리	용이: ACID 트랜잭션 지원	복잡: 분산 트랜잭션 (사가 패턴, 2PC 등) 또는 최종 일관성 모델 필요
	데이터 정합성	용이: 단일 데이터베이스 트랜잭션 활용	어려움: 서비스 간 데이터 동기화 및 이벤트 기반 아키텍처 필요
	데이터 무결성	상대적으로 보장하기 쉬움	데이터 파이프라인 설계 및 관리가 중요

특징	세부 항목	모놀리식 아키텍처	마이크로서비스 아키텍처
데이터 처리	데이터 접근 방식	중앙 집중식: 모든 서비스가 동일한 데이터베이스에 접근	분산: 각 서비스는 자신의 데이터베이스에만 접근
	데이터 공유	용이: 데이터베이스 테이블 JOIN 등을 통해 쉽게 공유	어려움: API 또는 메시지 큐를 통해 데이터 공유
	데이터 관리 책임	중앙 집중식: 데이터베이스 관리자가 모든 데이터 관리	분산: 각 서비스 팀이 자신의 데이터 관리
	데이터 모델링	단일 데이터 모델	서비스별 독립적인 데이터 모델
모델 개발	데이터 확보	용이: 중앙 집중식 데이터베이스에서 일괄적으로 획득	복잡: 서비스별 데이터 수집 및 통합 필요
	모델 개발 환경	단순: 단일 환경에서 모델 개발	복잡: 분산 환경에서 모델 개발 및 테스트
	모델 배포	어려움: 전체 시스템 재배포 필요	용이: 서비스 단위로 모델 배포
	모델 관리	중앙 집중식 모델 관리	분산 모델 관리
실시간 분석	데이터 처리량	제한적: 단일 데이터베이스 성능에 의존	유리: 분산 데이터 처리 시스템 활용 가능
	분석 복잡도	상대적으로 낮음	상대적으로 높음
	확장성	제한적	뛰어남
	지연 시간	높음: 대용량 데이터 처리 시 지연 발생 가능성	낮음: 분산 처리 및 캐싱 기술 활용 가능
보안	보안 정책 적용	일괄 적용: 단일 시스템에 보안 정책 적용	개별 적용: 서비스별 보안 정책 설정 가능
	인증 및 인가	단순: 중앙 집중식 인증 시스템 구축 용이	복잡: 서비스 간 인증 및 인가 관리 필요(OAuth 2.0, JWT 등)
	취약점 관리	어려움: 취약점 발생 시 전체 시스템 영향 가능성 높음	용이: 서비스별 격리되어 있어 취약점 영향 범위 최소화
	보안 감사	상대적으로 쉬움	상대적으로 어려움

특징	세부 항목	모놀리식 아키텍처	마이크로서비스 아키텍처
장애 대응	장애 격리	어려움: 장애 전파 가능성 높음	용이: 서비스 간 격리되어 있어 장애 영향 최소화
	복구 시간	오래 걸림: 전체 시스템 복구 필요	빠름: 개별 서비스 복구 가능
	장애 감지	단순: 단일 시스템 장애 감지	복잡: 분산 시스템 장애 감지 및 상관관계 분석 필요
	복원력	낮음: 단일 장애로 전체 시스템 중단 가능성	높음: 일부 서비스 장애에도 전체 시스템 유지 가능
적합성	프로젝트 규모	작은 규모 프로젝트, 빠른 프로토타이핑 필요	확장성 및 유지보수성 중요한 대규모 시스템
	팀 규모	작은 팀에 적합	큰 팀에 적합, 각 팀이 독립적으로 서비스 개발 가능
	비즈니스 요구사항	단순한 비즈니스 로직	복잡한 비즈니스 로직 및 잦은 변경 요구사항
	조직 문화	수직적인 조직 문화에 적합	수평적인 조직 문화 및 DevOps/MLOps 문화 필요

10.2.4 마이크로서비스로의 전환 전략

마이크로서비스 아키텍처로의 전환은 신중한 계획과 실행이 요구되는 복잡한 과정이다. 기존의 모놀리식 아키텍처에서 마이크로서비스 아키텍처로 전환하려면 단순히 서비스를 분리하는 것이 아니라, 조직의 개발 문화와 운영 방식도 함께 변화해야 한다. 특히, 무리한 일괄 전환보다는 점진적인 접근이 바람직하며, 이를 위해 다양한 전략을 고려해야 한다.

점진적 전환 방법 중 대표적인 예는 **교살자 무화과(strangler fig)** 패턴이다. 이 패턴은 기존 시스템을 한 번에 폐기하는 것이 아니라, 새로운 마이크로서비스를 점진적으로 도입하면서 기존 시스템의 기능을 점차 대체해 나가는 방식이다. 초기에는 일부 기능만 새로운 마이크로서비스로 분리하여 운영하고, 이후 점차 다른 기능들도 독립적으로 이전한다. 이를 통해 기존 시스템과 새로운 시스템이 공존하는 기간을 두어 운영의 안정성을 도모할 수 있다.

서비스 분할 방식 역시 중요한 고려사항이다. 마이크로서비스의 핵심 원칙 중 하나는 **경계 맥락**(bounded context) 개념의 활용이다. 이는 **도메인 중심 설계**(Domain-Driven Design, DDD)에서 유래한 개념으로, 각 서비스가 특정 비즈니스 기능을 중심으로 독립적으로 동작하도록 설계하는 방법이다. 예를 들어, 전자상거래 시스템에서는 주문 관리, 결제 처리, 상품 추천 등의 기능을 각각 독립적인 마이크로서비스로 운영할 수 있다.

단일 책임 원칙(Single Responsibility Principle, SRP)도 서비스 분할의 중요한 기준이 된다. 이 원칙은 하나의 서비스가 하나의 명확한 역할만을 수행해야 한다는 개념이다. 만약 하나의 서비스가 여러 기능을 동시에 처리하고 있다면, 이를 세분화하여 각각 독립된 서비스로 분리해야 한다. 이렇게 하면 유지보수와 확장이 수월해지며, 특정 기능을 변경하더라도 다른 서비스에 미치는 영향을 최소화할 수 있다.

데이터 관리 전략도 아키텍처 전환 시 고려해야 할 요소다. 기존 모놀리식 시스템에서는 하나의 중앙 데이터베이스를 사용했지만, 마이크로서비스 환경에서는 일반적으로 각 서비스가 독립적인 데이터 저장소를 가진다. 이를 위해 데이터베이스를 서비스별로 분할하고, 서비스 간 데이터 일관성을 유지를 위해 이벤트 기반 아키텍처나 분산 트랜잭션 관리 기법을 적용해야 한다.

데이터 사이언스 관점에서 마이크로서비스로의 전환은 데이터 수집과 분석 방식에도 영향을 미친다. 모놀리식 시스템에서는 데이터가 중앙화되어 있어 통합 분석이 비교적 용이하다. 반면, 마이크로서비스 환경에서는 데이터가 여러 서비스에 분산되어 저장되기 때문에, 이를 하나로 통합할 수 있는 데이터 파이프라인 설계가 요구된다. 이때 로그 수집, 이벤트 스트리밍, 데이터 레이크 구축 등의 전략을 함께 고려할 수 있다.

모델 서빙 또한 중요한 고려 요소다. 머신러닝 모델을 운영 환경에 적용하려면 실시간 예측을 수행할 수 있는 서빙 마이크로서비스가 필요하다. 예를 들어, 제조 품질 검사 시스템에서는 생산 라인에서 이미지나 센서 데이터를 수집하는 서비스, 불량 여부를 판별하는 모델을 학습하는 서비스, 그리고 실시간으로 판별 결과를 제공하는 서빙 서비스를 각각 독립적으로 구성할 수 있다. 이러한 구조는 유연성과 확장성을 높이며, 모델을 업데이트할 때 전체 시스템에 영향을 주지 않고 해당 서비스만 교체할 수 있다는 장점이 있다.

운영 관점에서는 모니터링 및 로깅 체계의 구축이 필수적이다. 모놀리식 시스템에서는 하나의 애플리케이션에서 로그를 수집하면 되지만, 마이크로서비스 환경에서는 각 서비스가 개별적으로 운영되므로 중앙 집중식 로깅과 트레이싱이 필요하다. 이를 위해 Elastic Stack과 같은 도구를 활용하여 서비스 간 호출 관계를 시각화하고, 장애 발생 시 원인을 신속히 파악할 수 있도록 해야 한다.

조직의 개발 문화도 변화해야 한다. 모놀리식 아키텍처에서는 하나의 코드베이스에서 협업이 이루어지지만, 마이크로서비스 환경에서는 각 팀이 독립적으로 개발하고 배포하는 방식이 요구된다. 이를 위해 DevOps 문화를 도입하고, CI/CD 파이프라인을 구축하여 자동화된 배포 프로세스를 운영하는 것이 중요하다.

결국, 마이크로서비스 아키텍처로의 전환은 단순한 기술적 전환이 아니라, 개발 방식, 데이터 관리, 운영 전략 등 조직 전반의 변화가 수반되는 종합적인 과정이다. 따라서 무조건적인 전환보다는 비즈니스 요구사항과 팀의 역량을 고려하여 점진적으로 추진하는 것이 바람직하다. 특히, 데이터 사이언스와 머신러닝을 적극적으로 활용하는 조직이라면 데이터 파이프라인과 모델 서빙을 어떻게 최적화할 것인지까지 함께 고민해야 한다. 다음은 데이터 사이언스 프로젝트에서 모놀리식 아키텍처를 마이크로서비스 아키텍처로 전환하기 위한 가이드다.

1단계: 분석 및 계획(준비 단계)

- **현황 분석:**
  - **모놀리식 시스템 분석:** 현재 시스템의 구성 요소, 데이터 흐름, 서비스 간 의존성 등을 면밀히 분석한다. 특히 데이터 수집, 전처리, 모델 학습, 모델 배포, 모니터링 등 주요 파이프라인을 식별하고, 각 단계의 성능 병목 지점을 파악한다.
  - **팀 역량 평가:** 현재 팀의 기술 스택, 마이크로서비스 아키텍처 경험, DevOps 문화 숙련도 등을 평가한다. 부족한 부분은 교육, 외부 전문가 활용, 또는 새로운 팀원 영입 등을 고려한다.
  - **비즈니스 요구사항 정의:** 전환 목표를 명확히 설정한다. 예를 들어, 모델 배포 속도 향상, 특정 모델의 독립적인 확장, 데이터 원천별 업데이트 분리 등이 될 수 있다.
- **마이크로서비스 아키텍처 설계:**
  - **경계 맥락 정의:** 도메인 주도 설계를 바탕으로 서비스 경계를 설정한다. 예를 들어, 사용자 프로필 관리, 상품 추천, 사기 탐지 등의 도메인을 식별하고, 각 도메인에 해당하는 마이크로서비스를 설계한다.

- **데이터 관리 전략**: 각 마이크로서비스의 데이터 저장소 유형(SQL, NoSQL 등) 및 데이터 일관성 유지 방안(이벤트 기반 아키텍처, 분산 트랜잭션 등)을 결정한다.
- **모델 서빙 전략**: 모델을 어떻게 마이크로서비스로 배포하고 서빙할지 결정한다. 모델 레지스트리 사용, 컨테이너 기반 배포, 모델 API 정의 등이 포함된다.

- **기술 스택 선정:**
  - **컨테이너 기술**: Docker, Kubernetes 등을 선택한다.
  - **메시지 큐**: Apache Kafka, RabbitMQ 등을 선택하여 서비스 간 비동기 통신을 지원한다.
  - **API 게이트웨이**: Kong, API 게이트웨이 등을 선택하여 외부 요청을 라우팅하고 보안을 강화한다.
  - **모니터링 및 로깅**: Prometheus, Grafana, Elastic Stack 등을 선택하여 서비스의 상태를 모니터링하고 로그를 수집한다.
  - **모델 서빙 프레임워크**: TorchServe, TensorFlow Serving, Triton Inference Server, KServe, BentoML 등을 선택하여 모델을 효율적으로 서빙한다.

2단계: 교살자 무화과 패턴 적용(점진적 전환)

- **첫 번째 마이크로서비스 선택**
  - **낮은 위험, 높은 가치**: 비교적 독립적이고, 변경 빈도가 높으며, 비즈니스 가치가 높은 기능을 첫 번째 전환 과제로 선택한다. 예를 들어, 간단한 추천 모델이나 사용자 행동 로그 수집 서비스가 될 수 있다.
  - **점진적 구현**: 선택된 기능을 새로운 마이크로서비스로 구현하고, 기존 모놀리식 시스템과 함께 운영한다. API 게이트웨이를 통해 요청을 라우팅하여 점진적으로 트래픽을 마이크로서비스로 이전한다.
- **데이터 마이그레이션**
  - **점진적 데이터 이전**: 기존 모놀리식 데이터베이스에서 새로운 마이크로서비스의 데이터 저장소로 데이터를 점진적으로 이전한다. 데이터 일관성을 유지하기 위해 CDC(Change Data Capture) 등의 기술을 활용한다.
- **자동화된 테스트 및 배포 파이프라인 구축**
  - **CI/CD 파이프라인**: 새로운 마이크로서비스에 대한 CI/CD 파이프라인을 구축하여 코드 변경 사항을 자동으로 테스트하고 배포한다.
  - **자동화된 테스트**: 단위 테스트, 통합 테스트, E2E(End-to-End) 테스트[10] 등을 자동화하여 코드 품질을 유지한다.

10 애플리케이션의 전체 흐름을 사용자가 경험하는 것과 동일하게 테스트하여 모든 구성 요소가 제대로 연동되는지 확인하는 테스트

3단계: 반복 및 확장(지속적인 개선)

- 모니터링 및 개선
  - **성능 모니터링**: 새로운 마이크로서비스의 성능(응답 시간, 처리량, 오류율 등)을 지속적으로 모니터링하고 성능 병목 지점을 개선한다.
  - **로그 분석**: 로그를 분석하여 문제점을 파악하고, 디버깅 및 문제 해결에 활용한다.
- 서비스 분할 확장
  - **새로운 마이크로서비스 추가**: 첫 번째 마이크로서비스의 성공적인 운영 경험을 바탕으로 다른 기능들을 새로운 마이크로서비스로 분할한다.
  - **지속적인 개선**: 각 마이크로서비스를 지속적으로 개선하고, 새로운 기술을 도입하여 성능과 확장성을 향상시킨다.
- 피드백 루프 구축
  - **팀 간 협업**: 각 마이크로서비스를 담당하는 팀 간에 긴밀한 협업 체계를 구축한다.
  - **운영 피드백 반영**: 운영 환경에서 발생하는 문제점과 개선 사항을 개발 팀에 전달하여 지속적인 개선을 유도한다.

4단계: 데이터 사이언스 고려 사항

- 피처 스토어 구축
  - **특징 재사용성**: 다양한 모델에서 공통적으로 사용되는 특징들을 피처 스토어에 저장하여 재사용성을 높인다.
  - **특징 일관성**: 특징값의 계산 로직을 피처 스토어에 중앙 집중화하여 특징 값의 일관성을 유지한다.
- 모델 레지스트리 활용
  - **모델 버전 관리**: 모델 레지스트리를 사용하여 모델의 버전, 메타데이터, 학습 파라미터 등을 관리한다.
  - **모델 배포 자동화**: 모델 레지스트리와 CI/CD 파이프라인을 연동하여 새로운 모델을 자동으로 배포한다.
- 모델 모니터링
  - **모델 성능 모니터링**: 모델의 성능(정확도, 재현율 등)을 지속적으로 모니터링하고, 성능 저하 시 알림을 받도록 설정한다.
  - **데이터 드리프트 감지**: 모델의 입력 데이터 분포가 학습 데이터 분포와 달라지는 데이터 드리프트를 감지하고, 모델 재학습을 유도한다.

- **모델 서빙 최적화**
  - **모델 최적화**: 모델 압축, 양자화 등의 기술을 사용하여 모델 크기를 줄이고, 추론 속도를 향상시킨다.
  - **모델 서빙 인프라**: GPU, TPU 등의 가속기를 활용하여 모델 서빙 인프라를 최적화한다.

데이터 사이언스 프로젝트를 마이크로서비스 아키텍처로 전환하려면 단순한 시스템 구조 변경을 넘어, 데이터 수집, 처리, 학습, 서빙 등 전 과정을 아우르는 계획적이고 정교한 접근이 필요하다. 특히 파이프라인의 각 단계가 서로 밀접하게 연결되어 있기 때문에 급격한 분리보다는 점진적인 전환을 통해 안정성을 확보하는 것이 중요하다. 이를 위해 전환 목표를 명확히 정의하고, 진행 상황을 주기적으로 평가하며 필요에 따라 설계를 조정하는 유연성이 요구된다.

또한, 데이터 엔지니어, ML 엔지니어, 리서처 등 다양한 역할 간의 긴밀한 협업이 요구되며, 공통 기능과 지식을 효과적으로 공유할 수 있는 체계를 마련해야 한다. 개발 효율성을 높이기 위해서는 CI/CD 파이프라인 구축은 물론, 모델 학습과 서빙 환경까지 포함하는 테스트 및 배포 자동화를 적극 도입할 필요가 있다. 아울러 지속적으로 변화하는 데이터 환경에 대응하기 위해, 새로운 도구와 기술에 대한 학습을 이어가며 팀 전체의 역량을 강화해야 한다.

마이크로서비스 전환은 데이터 사이언스 프로젝트에 있어 복잡하고 도전적인 과제지만, 이러한 요소들을 체계적으로 반영한다면 실험 속도 향상, 운영 효율성 개선, 그리고 시스템 확장성 확보라는 측면에서 매우 큰 효과를 기대할 수 있다.

10.3 _ 분산 시스템 설계 원칙

현대의 소프트웨어 시스템은 점차 복잡해지고 있으며, 대규모 트래픽과 방대한 데이터를 처리하기 위해 분산 시스템이 필수적인 요소가 됐다. 단일 서버에서 모든 요청을 처리하는 방식은 확장성과 가용성 측면에서 한계를 가지므로, 일반적으로 여러 서버가 함께 작업을 분담하는 구조가 채택된다. 하지만 시스템이 여러 개의 노드로 분산되면 데이터 일관성, 장애 허용, 네트워크 성능 등 다양한 기술적 과제가 수반된다. 이러한 문제를 효과적으로 대응하려면, 분산 시스템의 설계 원리를 이해하고 상황에 맞는 구조를 도입해야 한다.

분산 시스템은 단순히 서버 수를 늘리는 것으로 성능이 향상되지는 않는다. 데이터 일관성을 유지하면서도 높은 성능을 보장하는 것은 기술적으로 어려운 문제이며, 이러한 문제의 원인과 한계를 설명하고, 이를 해결하기 위해 CAP 이론, PACELC 모델, ACID와 BASE 같은 개념들이 제시되었다. 이러한 이론들은 분산 환경에서 어떤 요소를 우선시할 것인지에 대한 선택지를 제시하며, 시스템의 목적에 따라 다른 방향이 선택될 수 있다. 예를 들어, 금융 서비스처럼 데이터의 정확성이 중요한 경우에는 일관성을 우선해야 하고, 소셜 미디어처럼 빠른 응답이 필요한 경우에는 가용성을 더 중요하게 고려해야 한다.

데이터 사이언스 분야에서도 이러한 구조는 자주 활용된다. 대규모 데이터를 수집하고 처리하는 과정에서 단일 서버로는 한계가 있기 때문에 데이터 파이프라인을 분산 환경에서 구축해야 한다. 데이터 수집, 정제, 분석, 시각화와 같은 작업을 효과적으로 수행하려면 분산 데이터베이스, 분산 파일 시스템, 스트리밍 처리 시스템 등의 기술을 적절히 활용해야 한다. 또한, 머신러닝 모델을 운영하는 과정에서도 여러 개의 서버가 협력하여 모델을 학습하고 서빙하는 방식이 일반적이므로 분산 시스템 설계 원칙을 이해해야 모델의 성능과 안정성을 효과적으로 높일 수 있다.

이처럼 분산 시스템을 설계할 때는 기술적 제약과 상충 관계를 파악하고, 서비스의 목표와 운영 조건에 따라 적절한 구조를 선택해야 한다. 높은 가용성이 필요한지, 데이터 일관성이 중요한지, 또는 처리 속도가 더 중요한지에 따라 설계 방향은 달라질 수 있다. 다양한 분야에서 이러한 시스템 구조가 적용되고 있으며, 운영 목적에 맞게 이를 적절히 구성하고 관리하는 역량의 중요성도 커지고 있다.

10.3.1 분산 시스템 트레이드오프 이해

분산 시스템을 설계할 때는 여러 요소 간의 트레이드오프를 이해하는 것이 중요하다. 모든 요구사항을 동시에 충족하는 완벽한 시스템은 존재하지 않으며, 어떤 요소를 우선시할 것인지에 따라 설계 방식이 달라진다. 특히, 데이터 일관성, 가용성, 네트워크 지연, 장애 허용성과 같은 요소들은 서로 밀접하게 연결되어 있으며, 하나를 최적화하면 다른 요소의 성능이 저하된다. 따라서 시스템의 목표와 특성을 고려하여 적절한 균형을 찾는 것이 설계의 핵심이다.

CAP 이론은 분산 시스템이 데이터 **일관성**(Consistency), **가용성**(Availability), **분할 허용성** (Partition tolerance) 중 두 가지 특성만을 동시에 만족시킬 수 있다는 개념을 제시한다. 즉, 네트워크 분할이 발생했을 때 시스템이 일관성을 유지할 것인지, 아니면 가용성을 유지할 것인지 선택해야 한다. 예를 들어, 은행 시스템과 같은 금융 서비스는 데이터 정확성이 중요하므로 일관성을 우선시하는 **CP**(Consistency + Partition tolerance) 시스템을 선택하는 경우가 많다. 반면, 소셜 네트워크 서비스나 온라인 쇼핑몰과 같은 시스템은 가용성을 중시하므로 **AP**(Availability + Partition tolerance) 시스템을 선택하는 경향이 있다.

CAP 이론이 분산 시스템의 근본적인 한계를 설명하지만, 현실의 시스템에서는 더 복잡한 트레이드오프가 존재한다. 이를 보완하기 위해 **PACELC 모델**이 등장했다. 이 모델은 네트워크가 정상적으로 동작할 때와 분할이 발생했을 때를 모두 고려한다. 즉, 네트워크가 정상일 때는 지연 시간(latency)과 일관성(consistency) 사이의 선택이 필요하고, 네트워크가 분할될 때는 CAP 이론과 동일하게 일관성과 가용성 중 하나를 선택해야 한다. 이러한 개념을 활용하면 특정 서비스가 어떤 환경에서 어떻게 동작해야 하는지를 보다 정밀하게 설계할 수 있다.

데이터베이스 트랜잭션에서 중요한 개념 중 하나는 ACID와 BASE 모델이다. 전통적인 데이터베이스에서는 **ACID**(Atomicity, Consistency, Isolation, Durability) 특성을 만족해야 하며, 이는 금융, 의료, 법률과 같은 산업에서 필수적이다. 그러나 분산 환경에서는 ACID를 유지하기 어렵기 때문에 보다 유연한 **BASE**(Basically Available, Soft state, Eventually consistent) 모델이 등장했다. BASE 모델에서는 즉각적인 일관성을 보장하지 않지만, 시간이 지나면서 데이터가 최종적으로 일관된 상태에 도달하도록 설계된다. 이 방식은 대규모 시스템에서 성능을 향상시키는 데 유리하지만, 데이터 불일치 가능성을 감안해 애플리케이션을 설계해야 한다.

데이터 사이언스에서도 이러한 트레이드오프는 중요한 고려사항이다. 예를 들어, 머신러닝 모델을 학습할 때는 대규모 데이터를 처리해야 하는 경우가 많다. 이때 데이터 일관성과 가용성 사이에서 균형을 맞추는 것이 필요하다. 분산 환경에서는 실시간 데이터를 빠르게 수집하고 처리해야 하는 경우가 많다. 이 과정에서 모든 노드 간에 완전한 일관성을 유지하는 것은 현실적으로 어렵다. 따라서 스트리밍 기반 시스템은 BASE 모델에 적용하고, 배치 처리 기반 시스템은 ACID 모델을 적용하는 것이 일반적이다. 이를 통해 각각의 처리 방식에 맞는 최적의 설계를 구현할 수 있다.

CAP 이론과 PACELC 모델을 데이터 사이언스에 적용하면, 실시간 분석 시스템과 배치 분석 시스템의 차이를 이해할 수 있다. 실시간 분석 시스템은 사용자의 요청에 빠르게 응답해야 하므로 AP 모델이나 BASE 모델을 적용하는 경우가 많다. 반면, 배치 분석 시스템은 보다 정확한 분석 결과를 도출하는 것이 중요하므로 CP 모델이나 ACID 모델을 선택하는 것이 일반적이다. 이러한 차이를 이해하면 데이터 엔지니어링 및 데이터 사이언스 시스템을 보다 효과적으로 설계할 수 있다.

이러한 트레이드오프는 데이터 저장 방식에도 영향을 미친다. 예를 들어, 분산 파일 시스템이나 NoSQL 데이터베이스는 모든 노드에서 즉시 일관성을 보장하지 않을 수 있다. 이 경우, 데이터 분석가나 데이터 사이언티스트는 모델 학습 시 데이터 지연이나 일시적 불일치가 모델 성능에 미칠 영향을 고려해야 한다. 그러므로 데이터의 특성과 비즈니스 요구사항에 따라 적절한 저장 전략 및 정합성 보장 수준을 결정하는 것이 중요하다.

한편, 분산 시스템에서 강한 일관성을 유지하기 위한 방법으로는 분산 합의 알고리즘(consensus algorithm)을 적용하는 방식이 있다. 이는 여러 노드가 동일한 값에 대해 합의하도록 하여, 일부 노드에 장애가 발생하더라도 시스템 전체의 일관성을 유지하도록 보장한다. 대표적인 알고리즘으로는 Paxos와 Raft가 있으며, 분산 데이터베이스나 스토리지 시스템에서 정합성을 확보하는 데 핵심적인 역할을 한다.

Paxos는 분산 시스템에서 데이터 변경에 대한 합의를 도출하는 데 사용되는 대표적인 합의 알고리즘이다. 이 알고리즘은 여러 노드 중 하나의 노드가 제안한 변경 사항을 다른 노드들이 수락하도록 하여 전체 시스템의 일관성을 유지한다. 그러나 알고리즘 구조가 복잡하고 구현이 어려워 실제 시스템에 적용하기에는 높은 진입 장벽이 존재한다. **Raft**는 Paxos보다 이해하고 구현하기 쉽도록 설계된 합의 알고리즘으로, 리더(leader) 노드를 선출하여 모든 쓰기 요청을 처리하고, 이를 팔로워(follower) 노드들에게 복제함으로써 데이터 일관성을 보장한다. 즉, 리더 노드에서 장애가 발생하더라도 클러스터는 새로운 리더 노드를 선출하여 시스템의 가용성과 데이터 일관성을 유지한다. 다만, 이러한 합의 알고리즘은 노드 간 통신 빈도 증가와 같은 오버헤드를 유발할 수 있으며, 이에 따라 성능 저하가 발생할 수 있다. 따라서 일관성과 성능 간의 균형을 고려한 설계가 필요하다.

분산 시스템의 특성상 일관성, 가용성, 지연 시간, 장애 복원력 간의 트레이드오프는 불가피하다. 예를 들어, 데이터 일관성을 일부 희생하더라도 성능을 우선할 것인지, 또는 지연 시간을 감수하더라도 가용성을 확보할 것인지는 시스템의 목적과 요구사항에 따라 달라진다. 이러한 판단을 위해 CAP 이론, PACELC 모델, ACID와 BASE 개념에 대한 명확한 이해를 바탕으로, 상황에 적합한 설계 원칙을 적용해야 한다.

데이터 사이언스의 발전과 함께 대규모 분산 시스템의 활용이 중요해지고 있다. 이러한 이론적 기반은 데이터 파이프라인 구축, 머신러닝 인프라 설계, 실시간 처리 시스템 운영 등 다양한 분야에서 핵심적인 역할을 한다. 데이터의 특성과 시스템의 목적을 정확히 정의하고, 트레이드오프를 고려한 아키텍처 설계를 수행하는 것이 효율적이고 안정적인 분산 시스템 구축의 핵심 과정이라 할 수 있다. 표 10.2는 분산 시스템 설계 시 고려해야 할 트레이드오프를 정리한 것이다.

표 10.2 분산 시스템 설계 시 고려해야 할 트레이드오프

구분	요소	설명	고려 사항	적용 예시
CAP 이론	일관성	모든 노드에서 동일한 시점에 동일한 데이터를 볼 수 있도록 보장	데이터 정확성이 중요한 경우 우선	배치 분석 시스템(CP 모델)
	가용성	모든 요청에 대해 응답을 받을 수 있도록 보장	사용자 경험이 중요한 경우 우선	실시간 분석 시스템(AP 모델)
	분할 허용성	네트워크 분할 상황에서도 시스템이 정상적으로 동작하도록 보장	분산 시스템의 필수 요소	분산 환경의 모든 시스템

구분	요소	설명	고려 사항	적용 예시
PACELC 모델	정상 시: 응답 시간vs 일관성	네트워크가 정상 동작할 때 지연 시간과 일관성 간의 선택	상황에 따라 다른 우선순위 부여 가능	사용자 인터랙션이 많은 시스템은 낮은 지연 시간 우선
	분할 시: 가용성 vs 일관성	CAP 이론과 동일	CAP 이론과 동일	CAP 이론과 동일
데이터베이스 모델	ACID(원자성, 일관성, 격리성, 지속성)	트랜잭션의 신뢰성을 보장하는 전통적인 모델	금융, 의료 등 데이터 정확성이 중요한 시스템에 적합	배치 처리 시스템
	BASE(기본적 가용성, 소프트 상태, 최종 일관성)	일관성을 완화하여 가용성을 높이는 모델	대규모 분산 시스템에 적합하며, 데이터 불일치 가능성을 고려하여 설계해야 함	스트리밍 데이터 처리 시스템
분산 합의 알고리즘	Paxos, Raft	분산 시스템 내 여러 노드가 데이터 변경에 대해 합의하도록 하는 알고리즘	노드 장애 시에도 데이터 일관성을 유지하지만, 성능 저하를 야기할 수 있음	분산 데이터베이스, 분산 스토리지 시스템
데이터 저장 방식	분산 파일 시스템, NoSQL 데이터베이스	특정 노드에서 데이터가 즉시 일관성을 보장하지 않을 수 있음	모델 학습 시 데이터 지연 및 손실 가능성을 고려해야 함	대규모 데이터 처리 시스템

10.3.2 분산 시스템 설계 시 고려 사항

분산 시스템을 설계할 때는 다양한 요소를 종합적으로 고려해야 한다. 단일 서버 환경에서는 쉽게 해결할 수 있는 문제도 분산 환경에서는 복잡한 트레이드오프를 요구한다. 특히 네트워크 지연, 데이터 일관성, 장애 처리, 분산 트랜잭션 처리는 시스템의 안정성과 성능을 결정하는 중요한 요소다. 각각의 고려 사항을 적절히 설계하지 않으면 시스템의 신뢰성과 확장성이 저하될 수 있으므로, 각 요소 간 균형을 맞추는 것이 무엇보다 중요하다.

네트워크 지연은 분산 시스템에서 피할 수 없는 구조적 제약이다. 서버가 단일 노드에서 실행될 때는 요청과 응답이 빠르게 처리되지만, 여러 노드가 네트워크를 통해 데이터를 주고받는 환경에서는 지연 시간이 발생한다. 이러한 지연은 물리적인 거리, 네트워크 트래픽, 라우팅 방식 등 다양한 요소에 의해 결정된다. 예를 들어, 글로벌 서비스를 운영하는 경우, 데이터 센터가 서로 다른 대륙에 위치하면 데이터 전송 속도가 느려질 수 있다.

심지어 빛의 속도로 데이터를 전송하더라도, 한국과 미국처럼 대략 10,000km 정도 떨어져 있다면 최소 50ms(0.05초) 이상의 지연이 발생한다. 이는 왕복으로 계산하면 100ms 이상이 된다. 실제 운영 환경에서는 네트워크 장비의 처리 시간, 라우팅 경로의 복잡도, 트래픽 혼잡도 등으로 인해 이보다 훨씬 더 큰 지연이 발생할 수 있다. 이러한 네트워크 지연 문제를 완화하기 위해서는 캐싱, 로드 밸런싱, 지리적으로 근접한 데이터 센터의 배치와 같은 전략적 설계가 수반되어야 한다.

데이터 일관성은 분산 시스템에서 자주 고려되는 설계 항목 중 하나다. 여러 노드가 데이터를 공유하는 구조에서는 모든 노드가 항상 동일한 값을 유지하는 것이 쉽지 않다. 강한 일관성을 보장하려면 모든 노드에 변경 사항이 즉시 반영되어야 하며, 이로 인해 네트워크 지연이나 처리 속도 저하가 발생할 수 있다. 이와 달리, 최종 일관성 모델은 일정 시간 동안 데이터가 불일치할 수 있음을 허용한다. 그러나 시간이 지나면 전체 시스템이 같은 상태에 수렴하도록 동작한다. 이러한 방식은 상대적으로 높은 가용성과 확장성을 추구하는 시스템에서 자주 채택되며, 예를 들어 NoSQL 계열의 데이터베이스에서는 이 모델을 적용하는 경우가 많다.

장애 처리 역시 분산 환경에서 주의 깊게 설계해야 할 부분이다. 단일 서버 환경에서는 특정 구성 요소에 문제가 발생하면 전체 시스템이 중단될 수 있다. 반면, 분산 환경에서는 여러 노드가 역할을 나누어 수행하기 때문에 일부 구성 요소가 동작하지 않더라도 전체 서비스가 계속 유지될 수 있도록 설계할 수 있다. 이를 위해 **장애 감지(health check)**, **자동 복구(self-healing)**, **데이터 복제(replication)**와 같은 기술이 활용된다. 예를 들어, 마이크로서비스 아키텍처에서는 특정 서비스 인스턴스가 예기치 않게 중단되었을 때, 이를 감지한 시스템이 자동으로 다른 인스턴스를 활성화하거나 요청을 우회시켜 서비스 중단을 최소화한다. 이와 같은 접근 방식은 장애 발생 시 시스템 전반에 미치는 영향을 줄이는 데 유용하다.

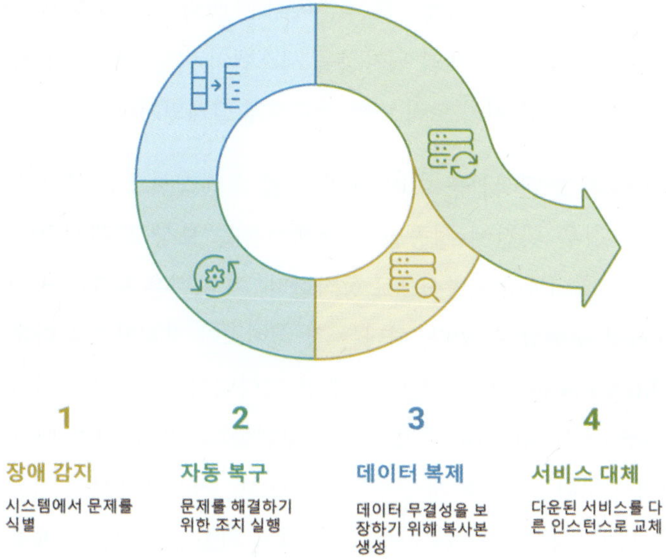
1
장애 감지
시스템에서 문제를 식별
2
자동 복구
문제를 해결하기 위한 조치 실행
3
데이터 복제
데이터 무결성을 보장하기 위해 복사본 생성
4
서비스 대체
다운된 서비스를 다른 인스턴스로 교체

그림 10.5 분산 시스템 장애 해결 방식

여러 데이터베이스 또는 서비스에 걸쳐 데이터 일관성을 유지하기 위해 분산 트랜잭션 처리 기법인 **2단계 커밋(Two-Phase Commit, 2PC)**이나 **사가 패턴(Saga pattern)**이 사용된다. 2PC는 모든 참여 노드가 트랜잭션 준비(prepare) 단계와 커밋(commit) 단계를 순차적으로 수행하며, 전체 트랜잭션의 원자성(atomicity)을 보장한다. 준비 단계에서 코디네이터(coordinator)[11]는 각 노드에 트랜잭션 실행 가능 여부를 질의하고, 모든 노드가 준비 완료를 응답한 경우에만 커밋을 진행한다. 이 방식은 강한 일관성을 보장하지만, 네트워크 지연이 발생할 경우 시스템이 응답하지 않는 문제가 발생할 수 있다. 특히 코디네이터 노드에 장애가 발생하면 전체 시스템이 블로킹되는 단일 장애 지점 문제가 발생할 수 있다.

이러한 한계를 보완하기 위해 **3단계 커밋(Three-Phase Commit, 3PC)** 프로토콜이 제안되었다. 3PC는 중간 확인 단계(pre-commit)를 추가하여 시스템이 블로킹 상태에 빠지는 것을 방지하고자 한다. 그러나 실제 환경에서는 지연 시간 증가, 메시지 오버헤드, 구현 복잡도 등의 이유로 널리 사용되지는 않는다. 한편, **TCC(Try-Confirm/Cancel)** 모델은 트랜잭션을 세 단계로 분리하여 처리한다. 각 단계는 명시적인 확인(confirm)과 취소

11 분산 트랜잭션에서 참여 노드의 상태를 조율하고 전체 트랜잭션 흐름을 관리하는 중앙 제어 구성 요소

(cancel) 로직을 포함하며, 애플리케이션 수준에서 트랜잭션 제어를 유연하게 구현할 수 있도록 한다. 다만, TCC는 각 단계의 원자성을 시스템이 아닌 개발자가 직접 관리해야 하므로, 구현 부담이 크고 오류 처리 로직 또한 정교하게 설계되어야 한다.

반면, 사가 패턴은 긴 트랜잭션을 여러 개의 로컬 트랜잭션으로 분할한 뒤, 각 단계에서 오류가 발생할 경우 이전에 성공한 트랜잭션들을 **보상 트랜잭션(compensating transaction)**[12]을 통해 되돌리는 방식으로 동작한다. 이 패턴은 트랜잭션 실행 방식을 기준으로 두 가지 형태로 구현할 수 있다. 하나는 각 서비스가 자체적으로 다음 작업을 호출하는 **코레오그래피(choreography)**[13] 방식과 중앙 코디네이터가 트랜잭션의 흐름을 제어하는 **오케스트레이션(orchestration)**[14] 방식으로 구현할 수 있다. 사가 패턴은 보상 트랜잭션을 통해 트랜잭션 처리를 유연하게 구성할 수 있으며, 전체 시스템의 가용성을 높이는 데 기여할 수 있다. 다만, 강한 일관성을 보장하지 않고 최종 일관성만을 제공하므로, 이러한 특성을 반영한 비즈니스 로직 설계가 필요하다.

분산 트랜잭션 전략은 데이터 사이언스 시스템에서도 중요한 설계 항목 중 하나다. 예를 들어, 머신러닝 모델을 학습할 때 대량의 데이터를 처리해야 하는데, 이 과정에서 데이터 일관성이 결과에 큰 영향을 미친다. 만약 학습 데이터에 일관성이 결여되어 있다면, 모델이 도출하는 예측 결과의 신뢰도가 낮아질 수 있다. 또한, 실시간 데이터 스트리밍 환경에서는 처리 지연을 최소화하는 것이 우선시되기 때문에 강한 일관성보다는 상대적으로 높은 가용성을 확보하는 방향으로 시스템을 설계하는 경우가 많다.

장애 처리는 데이터 사이언스 파이프라인에서도 간과할 수 없는 요소 중 하나다. 예를 들어, 데이터 수집 단계에서 장애가 발생하면 데이터가 유실될 수 있으며, 이는 모델의 성능 저하로 이어진다. 이를 방지하기 위해 데이터 복제, 장애 감지 및 복구 메커니즘을 적용해야 한다. 분산 파일 시스템(HDFS)이나 클라우드 기반 데이터 저장소는 이러한 장애 처리 기능을 내장하고 있어, 대규모 데이터 파이프라인에서 자주 활용된다.

---

12 실패 시 이전 트랜잭션의 결과를 되돌려 데이터 일관성을 유지하기 위해 실행되는 트랜잭션

13 각 서비스가 이벤트 기반으로 상호 작용하여 트랜잭션 순서를 스스로 결정하는 방식

14 중앙 코디네이터가 각 서비스의 트랜잭션 실행 순서를 중앙 집중적으로 관리하는 방식

분산 트랜잭션 처리는 데이터 사이언스 애플리케이션에서도 적용된다. 예를 들어, 추천 시스템은 여러 데이터베이스로부터 사용자 행동 데이터를 수집하고 처리하는 과정을 포함한다. 이때 트랜잭션이 적절히 관리되지 않으면, 클릭 로그와 추천 결과 간의 불일치가 발생할 수 있다. 이를 방지하기 위해서는 데이터 일관성을 고려한 분산 트랜잭션 설계와 데이터 동기화 전략이 요구된다.

결론적으로, 분산 시스템을 설계할 때는 네트워크 지연, 데이터 일관성, 장애 처리, 분산 트랜잭션 간의 균형을 고려해야 한다. 이들 요소는 서로 밀접하게 연결되어 있어, 특정 요소를 강화하면 다른 요소에 영향을 줄 수 있다. 따라서 시스템의 목적과 요구사항을 명확히 정의하고, 그에 적합한 설계 방식을 선택한다면 안정적이고 유연한 시스템을 구축할 수 있다.

10.3.3 분산 시스템 장애 허용 설계

분산 시스템에서는 개별 노드의 장애가 전체 서비스 중단으로 이어지지 않도록 설계해야 한다. 장애는 하드웨어 오류, 네트워크 단절, 소프트웨어 결함, 과부하 등 다양한 원인으로 발생할 수 있으며, 이러한 장애를 적절히 감지하고 처리하는 설계가 요구된다. 단일 장애 지점을 제거하고, 시스템이 지속적으로 동작할 수 있도록 **장애 허용**(fault tolerance) 전략을 적용하는 것이 일반적인 접근 방식이다.

가용성을 높이기 위해 가장 널리 사용되는 방법은 데이터 복제다. 여러 노드에 동일한 데이터를 저장하면 특정 노드가 다운되더라도 다른 노드에서 요청을 처리할 수 있다. 복제 방식에는 **주-종 모델**(master-slave) **모델**과 **다중-주 모델**(multi-master model)이 있으며, 시스템의 요구 사항에 따라 적절한 방식을 선택할 수 있다. 예를 들어, 읽기 요청이 많은 환경에서는 읽기 전용 복제본을 여러 개 유지함으로써 트래픽을 분산할 수 있다.

자동 장애 감지와 복구 메커니즘도 장애 대응을 위한 구성 요소로 자주 활용된다. 예를 들어, Kubernetes와 같은 서비스 오케스트레이션 도구는 컨테이너 기반 애플리케이션에 대해 주기적으로 헬스 체크를 수행하고, 문제가 발생한 노드를 자동으로 재시작하거나 대체 인스턴스를 할당할 수 있다. 또한, 로드 밸런서와 서비스 디스커버리 기능을 통해 정상적으로 동작 중인 인스턴스만 요청을 처리하도록 경로를 조정할 수 있다.

분산 시스템에서는 **장애 격리**(failure isolation) 개념도 함께 고려되어야 한다. 특정 노드나 서비스에서 장애가 발생하더라도 전체 시스템이 영향을 받지 않도록 해야 한다. 이를 위한 방법 중 하나로 **서킷 브레이커**(circuit breaker) 패턴이 자주 활용된다. 이 패턴은 일정 수준 이상의 오류가 연속적으로 발생하면 해당 서비스로의 요청을 일시적으로 차단하고, 일정 시간이 지난 후 상태를 다시 확인하여 정상 여부에 따라 요청을 재개한다.

장애 발생 시 빠르게 복구하기 위해서는 데이터 복구 전략도 함께 마련되어야 한다. 데이터베이스에서는 스냅샷을 주기적으로 저장하고, **로그 기반 복구**(log-based recovery)를 적용하여 장애 발생 후에도 일관된 상태를 유지할 수 있도록 해야 한다. 분산 파일 시스템(HDFS, Amazon S3 등)은 데이터 블록을 다수의 노드에 복제하여 특정 노드가 손실되더라도 데이터를 복원할 수 있는 구조를 제공한다.

데이터 사이언스 환경에서도 장애 허용을 고려한 설계가 요구된다. 예를 들어, 머신러닝 모델이 배포된 환경에서 특정 모델 서버가 다운되더라도 서비스가 중단되지 않도록 모델 복제본을 여러 서버에 배포해야 한다. 또한, 실시간 데이터 스트리밍 환경에서는 장애가 발생해도 데이터가 유실되지 않도록 Apache Kafka와 같은 메시지 큐 시스템을 활용하여 데이터를 안정적으로 저장하고 전달할 수 있다.

대규모 데이터 처리 파이프라인에서는 장애 발생 시 특정 단계에서 중단되지 않도록 **체크포인팅**(checkpointing) 기법이 사용된다. 예를 들어, Apache Spark는 RDD(Resilient Distributed Dataset) 구조를 기반으로 이전 연산 단계를 기준으로 복원 가능한 지점을 생성함으로써, 장애 발생 시 작업을 처음부터 다시 수행하지 않고 중간 지점부터 재개할 수 있도록 한다. 이러한 방식은 대용량 데이터를 반복적으로 처리하는 데이터 사이언스 워크플로에서 효과적으로 활용된다.

장애에 대비하는 또 다른 설계 방식으로는 다중 데이터센터 아키텍처 구성이 있다. 하나의 지역에서 운영 중인 데이터센터에 장애가 발생하더라도, 다른 지역의 데이터센터에서 동일한 요청을 처리할 수 있도록 설계하면 시스템의 연속성과 안정성을 높일 수 있다. 이를 구현하기 위해 **글로벌 로드 밸런싱**(global load balancing)과 DNS **기반 트래픽 라우팅**과 같은 기술이 함께 적용된다.

장애 허용 설계는 복구만을 목표로 하지 않고 장애의 가능성을 사전에 인지하고 회피하는 전략까지 포함한다. 이러한 접근 중 하나로 **카오스 엔지니어링(chaos engineering)**이라는 기법이 활용된다. 카오스 엔지니어링은 의도적으로 장애를 유발하여 시스템이 실제 장애 상황에서의 복원 능력을 실험적으로 평가하는 방식이다. 이를 통해 시스템의 복원력(resilience)을 계량적으로 평가하고, 미처 고려하지 못한 취약점을 사전에 발견할 수 있다.

넷플릭스(Netflix)의 카오스 몽키(Chaos Monkey)는 카오스 엔지니어링 개념을 구현한 대표적인 사례로, 운영 중인 인프라에서 무작위로 인스턴스를 종료함으로써 서비스가 중단 없이 계속 운영될 수 있는지를 실험한다. 이러한 방식은 마이크로서비스나 분산 환경처럼 복잡도가 높은 시스템에서 특히 유효하며, 장애 전파를 차단하거나 자동 복구 메커니즘을 검증하는 데 활용된다. 최근에는 Chaos Mesh, Gremlin 등 다양한 오픈소스 및 상용 도구를 통해 카오스 엔지니어링이 보다 체계적으로 적용되고 있다.

결론적으로, 분산 시스템은 장애가 발생할 수 있다는 전제를 바탕으로 설계해야 한다. 데이터 복제, 자동 복구, 장애 격리, 데이터 복구 전략 등의 기법을 함께 적용함으로써, 장애 상황에서도 서비스가 중단되지 않고 지속적으로 운영될 수 있도록 해야 한다. 이러한 설계 방식은 데이터 사이언스 환경에서도 마찬가지로 적용되며, 예를 들어 모델 배포, 데이터 처리 파이프라인, 실시간 데이터 스트리밍 등 다양한 구성 요소에서 장애 허용을 고려한 설계가 요구된다. 이를 통해 예기치 않은 상황에서도 안정적인 데이터 기반 의사결정을 지원할 수 있다. 다음 그림 10.6은 분산 시스템의 장애 허용 전략을 정리한 것이다.

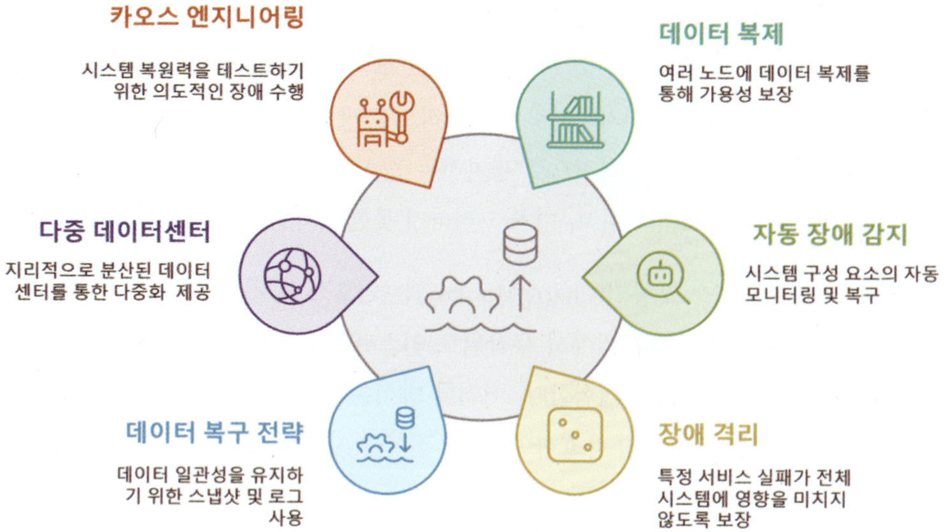

그림 10.6 분산 시스템의 장애 허용 전략

10.4 _ 병목 현상 식별 및 해결 전략

분산 시스템에서는 여러 구성 요소가 동시에 작동하며 대량의 요청을 처리하므로 특정 구성 요소가 병목 현상의 주요 원인이 될 가능성이 높다. 병목 현상이 발생하면 전체 시스템의 성능이 저하되고 응답 시간이 지연되며, 경우에 따라 서비스가 정상적으로 동작하지 못하는 상황으로 이어질 수 있다. 따라서 성능 저하를 유발하는 병목 지점을 신속하게 식별하고 효과적으로 해결하는 것이 중요하다.

병목 현상은 CPU, 메모리, 디스크 I/O, 네트워크 등 다양한 영역에서 발생할 수 있다. 예를 들어, 특정 서버의 CPU 사용률이 지속적으로 100%에 도달하면 해당 서버는 추가 요청을 처리하지 못하게 된다. 마찬가지로, 네트워크 대역폭이 제한된 경우 데이터 전송 속도가 느려지고 응답 시간이 늘어날 수 있다. 이러한 문제를 해결하기 위해서는 병목 현상의 유형을 정확히 파악하고 적절한 대응 전략을 수립해야 하다.

데이터 사이언스 시스템에서도 병목 현상은 자주 발생하는 문제 중 하나다. 대규모 데이터 처리 파이프라인에서는 특정 연산이 과도하게 리소스를 소비하거나 데이터베이스 쿼리가 비효율적으로 설계되어 처리 속도가 저하되는 경우가 많다. 특히, 머신러닝 모델을 서빙할 때 GPU와 CPU 자원을 적절히 분배하지 않으면 요청 처리 지연이나 응답 실패로 이어질 수 있다. 따라서 데이터 처리와 모델 서빙 과정에서 병목 현상을 지속적으로 모니터링하고 최적화하는 노력이 필요하다.

성능 병목을 완화하려면 먼저 시스템의 리소스 사용 현황을 정밀하게 관찰하고 분석해야 한다. 이를 위해 다양한 프로파일링 도구와 모니터링 시스템을 활용하여 CPU 사용률, 메모리 소비량, 네트워크 대역폭, 디스크 I/O 처리 속도 등의 지표를 수집한다. 이후, 수집된 데이터를 기반으로 성능 저하의 원인을 파악하고, 코드 최적화, 캐싱, 로드 밸런싱, 데이터베이스 튜닝, 비동기 처리 등의 기법을 적용하여 병목 현상을 완화할 수 있다.

10.4.1 성능 병목 지점 식별 방법론

병목 현상을 해결하기 위해서는 먼저 시스템 내에서 성능 저하를 유발하는 주요 지점을 정확히 식별해야 한다. 성능 병목 지점은 CPU/GPU, 메모리, 디스크 I/O, 네트워크 등 다양한 영역에서 발생할 수 있으며, 이를 분석하지 않고 무작정 최적화하려고 하면 비효율적인 결과로 이어질 수 있다. 따라서 정량적 데이터를 기반으로 성능 병목의 원인을 진단하는 접근이 필요하다.

병목 현상을 찾는 가장 기본적인 방법은 성능 모니터링 도구를 활용하는 것이다. CPU/GPU 사용률, 메모리 점유율, 네트워크 대역폭, 디스크 I/O 속도 등을 지속적으로 측정하면 특정 지표가 과도하게 높아지는 구간을 파악할 수 있다. 예를 들어, CPU 사용률이 지속적으로 90%를 넘는다면 특정 연산이 과부하를 유발하고 있을 가능성이 높다. 마찬가지로 디스크 I/O가 비정상적으로 높다면 데이터 읽기/쓰기 작업이 병목을 일으키는 원인일 수 있다.

프로파일링 기법도 성능 병목을 찾는 데 유용하다. 애플리케이션 수준에서 실행되는 각 함수의 실행 시간을 측정하면 어느 부분이 가장 많은 시간을 소비하는지 분석할 수 있다. 이를 통해 불필요한 반복 연산이나 비효율적인 알고리즘을 찾아내고 최적화할 수 있다. 예를 들어, 데이터 처리 파이프라인에서 특정 단계의 연산 시간이 지나치게 길다면 해당 부분의 알고리즘을 개선하거나 분산 처리 구조로 변경하는 것이 필요할 수 있다.

데이터베이스는 분산 시스템에서 자주 발생하는 병목 지점 중 하나다. SQL 쿼리의 실행 계획을 분석하면 어떤 쿼리가 과도한 리소스를 사용하고 있는지 확인할 수 있다. 예를 들어, 인덱스가 제대로 설정되지 않은 경우 전체 테이블을 스캔하게 되어 응답 속도가 저하될 수 있다. 또한, 동시에 다수의 트랜잭션이 처리되면 락 경합이 발생하여 처리 속도가 느려질 수 있다. 이러한 문제를 해결하기 위해서는 쿼리 구조를 개선하거나 인덱스를 추가하고, 필요한 경우 캐싱 전략을 함께 적용하는 방식을 고려해야 한다.

네트워크 역시 병목 현상이 자주 발생하는 영역이다. 분산 시스템에서는 데이터가 여러 서버 간을 이동하며 처리되기 때문에, 네트워크 지연이 전체 성능에 영향을 줄 수 있다. 패킷 손실률, 응답 시간, 대역폭 사용률 등의 지표를 분석하면 병목이 발생하는 구간을 파악할 수 있다. 특히, 마이크로서비스 간의 호출이 빈번한 경우 네트워크 오버헤드가 누적되면서 전체 처리 속도가 느려질 수 있다. 이러한 문제를 완화하려면 API 호출 횟수를 줄이고, 데이터를 일괄 처리 방식으로 전달하는 구조로 변경하는 것이 효과적일 수 있다.

데이터 사이언스 시스템에서도 성능 병목은 빈번하게 나타난다. 대규모 데이터세트를 처리하는 파이프라인에서는 특정 연산 단계에서 리소스 소비가 급증하거나 처리 속도가 비정상적으로 저하되는 사례가 존재한다. 예를 들어, 머신러닝 모델 학습 과정에서 데이터 로딩 속도가 느릴 경우, GPU가 연산을 대기하는 시간이 증가하면서 전체 학습 속도가 저하될 수 있다. 이를 방지하기 위해서는 데이터 로딩을 병렬 처리하거나 전처리된 데이터를 캐싱하여 I/O 병목을 줄이는 방법이 활용된다.

로그 분석도 병목을 찾는 데 유용한 방법이다. 시스템 로그를 수집하고 분석하면 특정 시점에서 오류가 빈번하게 발생하거나 응답 시간이 급격히 증가하는 패턴을 발견할 수 있다. 예를 들어, 특정 API 호출이 예상보다 오랜 시간이 걸린다면 해당 요청을 처리하는 서비스의 성능을 점검해볼 필요가 있다. 로그 데이터를 기반으로 문제 발생 시점을 특정하면 보다 빠르게 원인을 분석하고 해결할 수 있다.

부하 테스트는 병목 지점을 사전에 식별하는 데 효과적인 기법이다. 실제 사용 환경을 모의하여 시스템이 일정 수준 이상의 부하에 어떻게 반응하는지 측정함으로써 임계 지점을 확인할 수 있다. 예를 들어, 데이터 분석 플랫폼에서 동시에 수천 개의 쿼리가 동시에 실행될 경우 응답 속도가 급격히 저하되는 시점을 파악하면, 사전에 쿼리 실행을 분산하거나 결과를 캐싱하는 방식으로 대응할 수 있다. 이러한 테스트를 통해 시스템 확장 계획을 수립하고 병목을 사전에 완화할 수 있다. 다음 그림 10.7은 성능 병목 식별 프로세스를 정리한 것이다.

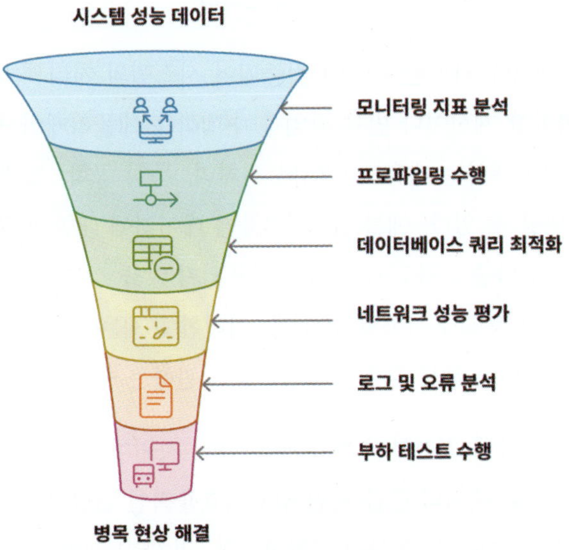

그림 10.7 성능 병목 식별 프로세스

각 병목 지점을 식별한 후에는 우선순위를 정하는 과정이 뒤따라야 한다. 단순히 리소스를 많이 사용하는 요소부터 제거하는 것이 아니라, 전체적인 시스템 성능에 가장 큰 영향을 미치는 병목을 먼저 해결하는 것이 중요하다. 예를 들어, CPU 사용률이 높더라도 네트워크 대역폭이 더 큰 문제라면 우선적으로 네트워크 병목을 해결하는 것이 효과적일 수 있다.

병목 분석과 대응은 일회성 작업이 아니라, 지속적으로 반복되는 최적화 과정이다. 시스템 규모가 확장되고 처리되는 데이터의 양이 증가함에 따라 새로운 병목 지점이 나타날 수 있으며, 기존의 병목도 시간 경과에 따라 양상이 달라질 수 있다. 따라서 성능 지표를 주기적으로 측정하고, 시스템의 상태를 지속적으로 모니터링하며 변화에 대응하는 체계를 갖추는 것이 필요하다. 이러한 과정을 통해 시스템의 안정성을 유지하면서도 성능 저하 없이 확장 가능한 기반을 마련할 수 있다.

10.4.2 병목 현상 유형

병목 현상은 시스템의 성능을 저하시킬 수 있는 주요 원인 중 하나이며, 다양한 형태로 나타날 수 있다. 병목이 발생하는 원인을 정확히 파악하지 못하면 시스템 확장이나 최적화를 수행하더라도 성능이 기대만큼 개선되지 않을 수 있다. 따라서 병목의 유형을 구분하고 각 유형에 적절한 대응 전략을 마련하는 것이 중요하다.

CPU 병목은 프로세서에 과도한 연산이 집중되어 시스템의 처리 속도가 저하되는 상황을 의미한다. 주로 복잡한 계산이나 반복 작업을 수행하는 애플리케이션에서 자주 발생하며, 데이터 사이언스 분야에서는 대규모 데이터 전처리, 특징 공학, 모델 추론 결과 후처리와 같은 작업에서 나타날 수 있다. 예를 들어, 고차원 데이터에 대한 복잡한 통계 계산을 단일 스레드로 처리하거나 다중 스레드가 적절히 활용되지 않을 경우 CPU 코어 간 부하가 불균형하게 분산되어 처리 속도가 저하될 수 있다. 이러한 문제는 병렬 연산 구조를 최적화하거나 연산 부담을 GPU 또는 분산 컴퓨팅 환경으로 이관하는 방식으로 완화할 수 있다.

GPU 병목은 병렬 연산에 최적화된 환경에서 GPU 자원이 충분히 활용되지 못하는 상황을 의미한다. 이는 주로 데이터 공급 지연이나 비효율적인 연산 배치, 메모리 관리 문제 등에서 발생한다. GPU는 대규모 연산에 적합하지만, 전처리나 데이터 로딩처럼 일부 작업은 여전히 CPU에서 처리되며, 이 과정에서 GPU와 CPU 간 데이터 전송이 지연되면 연산 자원이 유휴 상태에 놓일 수 있다. 예를 들어, 딥러닝 모델 학습 중 입력 데이터 준비가 지연되면 GPU가 대기 상태로 머무는 현상이 발생할 수 있다. 이를 방지하려면 데이터 전송을 최소화하는 메모리 전략, 배치 크기 조정, 입출력 파이프라인 최적화 등이 필요하다.

메모리 병목은 애플리케이션이 필요한 메모리 자원을 충분히 확보하지 못할 때 발생한다. 대용량 데이터를 메모리로 불러와 처리하는 과정에서 자주 나타나며, 특히 반복적인 변환 작업이나 중간 연산 결과가 메모리 상에 지속적으로 유지될 경우 전체 사용량이 급증할 수 있다. 예를 들어, 대규모 데이터 프레임을 한꺼번에 적재하여 여러 단계의 변환을 수행하면 시스템 응답 속도가 저하될 수 있다. 이러한 문제를 완화하려면 스트리밍 방식으로 데이터를 처리하거나 메모리 사용량을 줄일 수 있는 데이터 구조를 사용하는 것이 효과적이다.

디스크 I/O 병목은 데이터 읽기 및 쓰기 속도가 낮아 전체적인 시스템 성능이 저하되는 현상을 의미한다. 데이터 분석 및 머신러닝 모델 학습에서는 대량의 데이터를 저장소에서 불러와야 하는데, 디스크 성능이 낮으면 데이터 로딩 속도가 병목으로 작용할 수 있다. 특히 HDD는 디스크 접근 속도가 상대적으로 느리므로 성능 향상을 위해 SSD로 전환하거나 데이터 캐싱 기법을 적용하여 성능을 높일 수 있다.

네트워크 병목은 데이터가 네트워크를 통해 이동하는 과정에서 대역폭 부족, 지연 시간 증가, 패킷 손실 등이 발생해 처리 속도가 저하되는 경우를 의미한다. 마이크로서비스 아키텍처를 사용하는 환경에서는 서비스 간의 통신이 빈번하므로, 네트워크 병목이 존재하면 API 응답 속도가 느려지고 전체 처리량이 감소할 수 있다. 데이터 사이언스 시스템에서는 분산 학습 환경에서 여러 노드 간 데이터를 주고받을 때 네트워크 병목이 발생할 가능성이 높다. 이를 완화하려면 네트워크 최적화 기법을 적용하거나 데이터 압축 및 배치 전송을 활용하는 것이 필요하다.

동시성 병목은 다중 프로세스나 스레드가 공유 리소스에 비효율적으로 접근할 때 발생한다. 예를 들어, 여러 프로세스가 동일한 테이블을 동시에 갱신하려 하면 트랜잭션 충돌이 발생할 수 있다. 데이터 사이언스 환경에서도 여러 사용자가 동일한 데이터셋을 병렬 처리할 경우 유사한 문제가 나타날 수 있으며, 이를 줄이기 위해 락 사용을 최소화하거나 트랜잭션을 최적화하는 방법이 사용된다.

캐시 미스(cache miss)로 인한 병목도 성능 저하의 주요 원인 중 하나다. 자주 참조되는 데이터를 캐시에 저장하면 접근 속도를 높일 수 있지만, 캐시 적중률이 낮으면 매번 원본 데이터 저장소에서 데이터를 불러와야 하므로 처리 속도가 저하될 수 있다. 데이터 사이언스에서는 모델 서빙 과정에서 캐싱 전략이 적절하지 않으면 반복적인 모델 호출로 인해 처리 지연이 발생할 수 있으며, 이를 방지하려면 캐시 갱신 정책과 적중률을 고려한 전략을 설정해야 한다.

부하 불균형(load imbalance)은 클러스터 환경에서 일부 노드에 연산이 집중되면서 발생하는 병목이다. 적절한 분산 처리가 이루어지지 않으면 특정 워커 노드가 과부하 상태에 빠지고, 전체 시스템 성능이 저하될 수 있다. 이를 해결하려면 워크로드를 균등하게 분산하는 로드 밸런싱 기법이나 오토 스케일링 기능을 적용하는 방식이 효과적이다.

잘못된 알고리즘 선택으로 인해 병목이 발생할 수도 있다. 비효율적인 알고리즘을 사용하면 불필요한 연산이 증가하여 전체적인 성능이 저하될 수 있다. 예를 들어, 데이터 분석 과정에서 정렬이 필요한 경우 $O(n^2)$ 복잡도를 가지는 알고리즘을 선택하면 대량 데이터 처리 속도가 매우 느려질 수 있다. 따라서 적절한 알고리즘을 선택하고 데이터 특성에 맞는 최적화를 수행하는 것이 중요하다.

쓰레기 수집(Garbage Collection, GC)으로 인한 병목도 발생할 수 있다. GC는 메모리를 자동으로 정리해주는 기능이지만, 실행되는 동안 시스템 응답이 일시적으로 지연될 수 있다. 특히 Python과 같은 인터프리터 언어에서는 GC 타이밍을 제어하기 어렵기 때문에 메모리 사용량이 많은 작업에서는 GC 최적화 또는 수동 관리 전략이 요구될 수 있다.

병목 현상의 유형은 매우 다양하다. 하나의 병목을 해결한다고 해서 전체적인 성능이 자동으로 최적화되는 것은 아니다. 따라서 다양한 성능 저하 요소를 종합적으로 분석하고, 병목 유형에 맞는 해결 전략을 적용하는 것이 중요하다. 데이터 사이언스 시스템에서도 CPU, 메모리, 디스크, 네트워크, 알고리즘 효율성 등 여러 가지 요인을 고려해야 하며, 지속적인 모니터링과 최적화를 통해 성능을 유지하는 것이 중요하다. 다음 그림 10.8은 시스템 성능 저하의 원인과 해결책을 정리한 것이다.

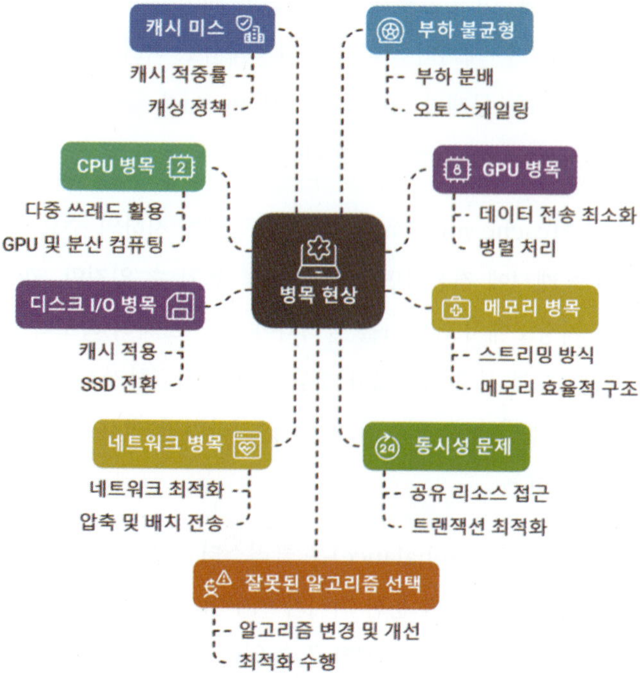

그림 10.8 시스템 성능 저하의 원인과 해결책

10.4.3 시스템 성능 측정 및 분석 도구

시스템 성능을 최적화하기 위해서는 먼저 병목이 발생하는 지점을 정확히 식별해야 한다. 이를 위해 프로파일링 도구와 모니터링 도구가 함께 사용된다. 프로파일링 도구는 코드 수준에서 실행 성능을 분석하는 데 사용되며, 특정 함수나 연산이 얼마나 많은 시간을 소비하는지 파악하는 데 유용하다. 반면, 모니터링 도구는 시스템 전체의 성능을 실시간으로 측정하여 CPU, 메모리, 네트워크 등의 사용량을 실시간으로 추적하여 시스템 전체의 성능 상태를 진단하는 역할을 한다. 이러한 도구를 적절히 활용하면 병목이 발생하는 원인을 명확히 분석하고, 적절한 해결책을 적용할 수 있다.

프로파일링 도구 중 대표적인 것으로는 Python의 `cProfile`이 있다. 이는 함수 호출 빈도와 실행 시간을 분석하는 데 유용하며, 데이터 사이언스에서 모델 학습 또는 데이터 처리 코드의 성능을 최적화하는 데 활용할 수 있다. 예를 들어, Pandas 데이터 프레임을 다룰 때 특정 연산이 예상보다 느리다면, `cProfile`을 이용해 어떤 함수가 가장 많은 시간을 소비하는지 분석하고, 이를 벡터 연산이나 병렬 처리로 개선할 수 있다.

라인 단위로 실행 시간을 분석할 수 있는 `line_profiler`도 강력한 프로파일링 도구 중 하나다. 이 도구는 라인 단위 분석이 가능하므로 특정 연산이 전체 성능에 미치는 영향을 정밀하게 파악할 수 있다. 데이터 사이언스에서는 머신러닝 모델의 전처리 과정이나 특징 공학 단계에서 어떤 코드가 가장 많은 연산 시간을 소비하는지 파악하는 데 활용할 수 있다.

메모리 병목을 진단할 때는 `memory_profiler`가 유용하다. 이 도구는 코드 실행 시 메모리 사용량을 추적하여, 과도한 메모리 소비가 발생하는 지점을 시각적으로 분석할 수 있다. 데이터 사이언스에서는 대규모 데이터셋을 다루는 과정에서 메모리 사용이 급증하는 경우가 많기 때문에, `memory_profiler`를 활용하면 불필요한 객체 생성, 복사 등의 원인을 제거하고 보다 효율적인 메모리 관리 전략을 수립할 수 있다.

시스템의 전반적인 성능을 모니터링하는 데는 Prometheus와 Grafana가 널리 사용된다. Prometheus는 지표 수집 및 저장을 담당하며, Grafana는 이를 시각화하여 직관적인 대시보드를 제공한다. 대규모 분산 학습 환경을 운영할 때 GPU 및 CPU 사용량을 실시간으로 모니터링하는 것이 중요한데, Prometheus와 Grafana를 활용하면 리소스 사용 패턴을 효과적으로 분석하고 성능 최적화를 위한 근거를 도출할 수 있다.

딥러닝 모델 학습 성능을 분석할 때는 NVIDIA의 Nsight Systems 및 Nsight Compute가 사용된다. Nsight Systems는 GPU 연산 흐름을 종합적으로 분석할 수 있는 도구로, 커널 실행 시간, 메모리 액세스 패턴, CPU–GPU 간 데이터 전송량 등을 세부적으로 확인할 수 있다. 이를 통해 GPU 자원이 제대로 활용되지 않는 병목 구간을 식별할 수 있으며, 연산이 GPU가 아닌 CPU에서 과도하게 수행되는 경우도 감지할 수 있다. 데이터 사이언스 실무에서는 PyTorch나 TensorFlow 기반 학습 코드의 병목 지점을 분석하고, GPU 가속을 보다 효율적으로 적용하는 데 사용된다.

분산 환경에서 성능을 분석하기 위해 Apache Spark의 Spark UI도 활용된다. Spark UI는 작업(task) 단위로 실행 시간을 분석하여 어느 단계에서 병목이 발생하는지 시각적으로 제공한다. 데이터 사이언스에서는 대량의 데이터를 분산 처리할 때 Apache Spark을 활용하는 경우가 많은데, Spark UI를 통해 특정 연산이 느리게 실행되는 원인을 분석하고, 데이터 파티셔닝을 최적화하거나 적절한 캐싱 전략을 적용할 수 있다.

애플리케이션 성능을 모니터링하기 위한 **APM(Application Performance Management)** 도구도 폭넓게 활용된다. 대표적으로 New Relic과 Datadog가 있으며, 이 도구들은 애플리케이션의 성능 지표를 실시간으로 분석하고 이상 징후를 감지하는 데 활용된다. 데이터 사이언스 플랫폼에서는 모델 API 서버의 응답 속도를 분석하거나 비효율적인 쿼리로 인해 발생하는 성능 저하를 감지하는 데 이러한 도구가 사용될 수 있다.

클라우드 환경에서는 AWS CloudWatch, Google Cloud Monitoring, Azure Monitor와 같은 네이티브 모니터링 도구가 제공된다. 이러한 도구들은 CPU, 메모리, 디스크 I/O 등의 자원 사용량을 추적하며, 설정된 임곗값을 초과할 경우 경고를 발생시킨다. 데이터 사이언티스트와 엔지니어는 이를 통해 데이터 파이프라인 실행 중의 리소스 사용량을 분석하고, 오토 스케일링 정책이나 배포 구성을 효율적으로 조정할 수 있다.

이러한 다양한 프로파일링 및 모니터링 도구를 적절히 활용하면 성능 병목을 효과적으로 식별하고 대응할 수 있다. 특히 데이터 사이언스 및 머신러닝 분야에서는 연산 리소스 활용이 중요한 만큼, 코드 최적화뿐만 아니라 하드웨어 및 네트워크 성능도 함께 고려하는 것이 필요하다. 이를 위해 성능 분석 도구를 지속적으로 활용하고 시스템의 병목이 발생하는 패턴을 이해하는 것이 중요한 전략이 될 수 있다. 표 10.3은 시스템 성능 분석 도구를 정리한 것이다.

표 10.3 시스템 성능 분석 도구 요약

도구 종류	도구 이름	설명	활용 예시
코드 프로파일링	cProfile	함수 호출 빈도 및 실행 시간 분석	Pandas 데이터프레임 연산 성능 분석 및 최적화
	line_profiler	함수 내부 라인별 실행 시간 측정	머신러닝 모델 전처리/특징 공학 단계의 성능 병목 분석
	memory_profiler	파이썬 코드 메모리 사용 패턴 분석	대규모 데이터세트 처리 시 메모리 누수/과다 사용 지점 파악
시스템 모니터링	Prometheus & Grafana	시스템 자원(CPU, 메모리, 네트워크) 사용량 실시간 모니터링 및 시각화	분산 학습 환경에서 GPU/CPU 사용량 분석 및 리소스 활용 최적화
GPU 프로파일링	NVIDIA Nsight Systems & Compute	GPU 연산 성능(데이터 이동, 커널 실행 시간, 메모리 액세스) 상세 분석	PyTorch/TensorFlow 모델 학습 시 GPU 가속 성능 분석 및 최적화
분산 환경 모니터링	Apache Spark UI	Apache Spark 작업 단위별 실행 시간 분석 및 시각화	Apache Spark 데이터 처리 파이프라인 성능 병목 분석 및 데이터 파티셔닝 최적화
애플리케이션 모니터링	New Relic, Datadog	애플리케이션 성능 지표 실시간 분석 및 이상 징후 감지	모델 API 서버 응답 속도 분석, 비효율적인 쿼리 감지
클라우드 모니터링	AWS CloudWatch, Google Cloud Monitoring, Azure Monitor	클라우드 인프라 자원(CPU, 메모리, 디스크 I/O) 사용량 추적 및 경고	데이터 파이프라인 실행 중 리소스 사용량 분석 및 오토 스케일링 정책 최적화

10.4.4 병목 현상 해결 전략

병목 현상을 해결하기 위한 가장 기본적인 방법은 코드 최적화다. 코드 최적화는 불필요한 연산을 줄이고, 보다 효율적인 알고리즘을 적용하며, 데이터 구조를 적절히 선택하는 방식으로 이루어진다. 예를 들어, 데이터 사이언스에서 Pandas 데이터프레임을 다룰 때 `apply` 함수를 반복적으로 사용하는 대신 벡터 연산을 활용하면 성능을 크게 개선할 수 있다. 또한, 머신러닝 모델을 학습할 때 반복적인 계산을 캐싱하거나 정규화된 데이터를 사용해 연산 부담을 줄이는 방식으로도 성능 향상에 기여할 수 있다.

캐싱은 자주 사용하는 데이터를 임시 저장하여 중복 계산을 줄이는 기법이다. 머신러닝 환경에서는 중간 연산 결과를 캐싱함으로써 CPU나 GPU 자원의 소모를 최소화할 수 있다. 예를 들어, 대시보드나 리포트를 생성할 때 동일한 데이터 조회가 반복되는 경우, 쿼리 결과를 캐시에 저장하면 매번 데이터베이스를 다시 조회하지 않아도 되어 응답 속도를 크게 개선할 수 있다. 또한, 대규모 데이터 분석에서 Apache Spark의 RDD나 Pandas의 `Categorical` 자료형을 활용해 메모리 효율을 높이는 것도 하나의 전략이다.

로드 밸런싱은 여러 서버나 노드에 요청을 분산시켜 시스템의 안정성과 처리 효율을 높이는 방법이다. 머신러닝 모델을 API로 배포할 경우, 요청량이 증가하면 단일 서버만으로 대응하기 어렵다. 이때 로드 밸런서를 통해 요청을 여러 서버에 분산하면, 특정 인스턴스나 GPU에 부하가 집중되는 현상을 완화할 수 있다. 특히 GPU 기반 모델 서빙 환경에서는 연산 자원의 균형 있는 활용을 위해 로드 밸런싱이 필수적으로 고려되어야 한다.

데이터베이스 튜닝은 데이터 저장 및 조회 성능을 개선하기 위한 전략이다. 대규모 데이터를 다루는 데이터 사이언스 시스템에서는 인덱스를 적절히 생성하고, 쿼리를 최적화하며, 데이터 파티셔닝을 적용하는 것이 필수적이다. 예를 들어, PostgreSQL에서 JSON 데이터를 다룰 때 GIN 인덱스[15]를 활용하면 검색 속도를 크게 개선할 수 있다. 또한, 머신러닝의 특징 공학 단계에서 여러 테이블 간 조인이 빈번하게 발생한다면, 계산된 결과를 중간 테이블로 저장하여 쿼리 부담을 줄이는 것이 도움이 된다.

비동기 처리는 병렬적으로 실행 가능한 작업을 분리하여 전체 처리 속도를 높이는 방법이다. 데이터 사이언스에서는 데이터 수집, 전처리, 학습, 서빙 과정이 독립적으로 실행될 수 있다. 예를 들어, 웹 스크래핑 작업에서 여러 사이트에서 데이터를 동시에 가져오려면 비동기 프로그래밍을 적용하는 것이 효과적이다. 또한, 딥러닝 모델을 훈련할 때 데이터 로딩을 병렬로 수행하면 GPU가 연산을 기다리는 시간을 줄일 수 있다.

CPU와 GPU 자원의 효율적인 분배도 성능 최적화에 중요한 영향을 미친다. 일반적인 데이터 처리 작업은 CPU 중심으로 수행되지만, 대규모 행렬 연산이나 딥러닝 학습은 GPU를 활용한 병렬 처리가 유리하다. PyTorch와 TensorFlow 같은 라이브러리는 GPU를 활용한

15 PostgreSQL에서 JSON 데이터의 특정 키나 값에 대한 효율적인 검색을 가능하게 해주는 특수한 인덱스

병렬 연산을 지원하며, 데이터 로딩과 학습을 최적화할 수 있도록 다양한 설정을 제공한다. 예를 들어, 모델 학습 시 **혼합 정밀도(mixed precision)**[16] 연산을 적용하면 메모리 사용량을 줄이고 학습 속도를 높일 수 있다.

데이터 파이프라인의 최적화도 병목 해결에 중요한 역할을 한다. 데이터 사이언스에서는 데이터 수집, 변환, 저장, 분석 과정이 연속적으로 수행되는데, 이 과정에서 특정 단계가 병목이 되면 전체 시스템의 성능이 저하될 수 있다. Apache Spark에서는 **지연 평가(lazy evaluation)**[17]를 통해 불필요한 연산을 줄일 수 있으며, Apache Airflow 같은 워크플로 오케스트레이션 도구를 사용하면 작업 간 의존성을 최적화하고 실행 효율을 높일 수 있다.

분산 처리는 대용량 데이터를 효율적으로 처리하는 효과적인 전략이다. 단일 머신에서 처리하기 어려운 데이터를 여러 노드에 분산하여 병렬로 처리하면 처리 속도를 크게 개선할 수 있다. Apache Hadoop이나 Apache Spark 같은 프레임워크는 대규모 데이터 분석에 적합하며, GPU 클러스터를 활용한 분산 딥러닝 기법은 학습 시간을 획기적으로 단축할 수 있다.

스트리밍 데이터 처리 시스템도 병목 문제를 해결하는 데 효과적이다. 데이터 사이언스 프로젝트에서는 실시간 데이터 분석이 필요한 경우가 많으며, Apache Kafka나 Apache Flink 같은 스트리밍 데이터 플랫폼을 활용하면 지연 시간을 최소화할 수 있다. 예를 들어, 실시간 이상 탐지 시스템에서는 스트리밍 데이터를 지속적으로 분석하고, 비정상적인 패턴을 감지하면 즉시 알람을 발생시켜야 한다. 이런 경우, 배치 처리가 아닌 스트리밍 처리를 적용하면 성능을 극대화할 수 있다.

이처럼 다양한 병목 해결 전략을 적절히 조합하면 시스템 전반의 성능을 향상시키고, 머신러닝 모델의 실행 효율을 높일 수 있다. 특히, 병목의 근본 원인을 정확히 분석하고 상황에 맞는 대응 방안을 적용하는 것이 중요하다. 성능 최적화는 단발성이 아닌 반복적이고 점진적인 과정이며, 이를 위해 모니터링과 실험을 지속적으로 수행하고 적절한 도구와 기법을 활용하는 것이 데이터 사이언스 시스템 운영의 핵심이 된다.

---

16 모델 학습 시 메모리 사용량을 줄이고 속도를 향상시키기 위해 16비트(FP16) 및 32비트(FP32) 부동 소수점 연산을 혼합하여 사용하는 방법

17 계산 결과를 바로 실행하지 않고, 필요할 때까지 미루어 불필요한 연산을 최소화하는 방식

11

시스템 최적화 및 확장

11.1 _ 로드 밸런싱
11.2 _ 캐싱
11.3 _ 컨테이너 오케스트레이션
11.4 _ 오토 스케일링
11.5 _ 성능 측정 및 분석 방법

현대의 소프트웨어 시스템은 초기의 단일 애플리케이션 구조에서 벗어나 복잡한 분산 시스템 형태로 발전해왔다. 사용자 요구는 점점 정교해지고 있으며, 처리해야 할 데이터의 양도 기하급수적으로 증가하고 있다. 이에 따라 단순한 애플리케이션 구축만으로는 충분하지 않으며, 성능을 유지하면서도 유연하게 확장 가능한 시스템 구조를 갖추는 것이 중요해졌다.

시스템 확장성과 안정성을 확보하기 위해서는 다양한 기술적 전략이 활용된다. 로드 밸런싱, 캐싱, 컨테이너 오케스트레이션, 오토 스케일링과 같은 기술은 시스템의 효율적인 자원 분배와 자동화를 가능하게 한다. 특히, 실시간 데이터 흐름을 처리해야 하는 환경에서는 이러한 기술들의 조합이 더욱 중요하다.

데이터 사이언스와 머신러닝 기반 애플리케이션은 대규모 데이터를 실시간으로 처리하고 모델을 빠르게 제공해야 하는 요구가 많다. 예를 들어, 추천 시스템이나 이상 탐지 모델은 연속적인 입력 데이터를 기반으로 작동하며, 트래픽 급증 시에도 안정적인 응답 속도를 유지해야 한다. 이를 위해 모델 캐싱, GPU 리소스 최적화, 분산 학습 환경 구성 등의 전략이 적용된다.

시스템 확장은 단순히 서버 수를 늘리는 방식만으로 해결되지 않는다. 무분별한 확장은 오히려 비용 증가와 운영 복잡성을 초래할 수 있다. 적절한 로드 밸런싱 전략은 특정 서버에 과도한 부하가 집중되지 않도록 분산 처리를 가능하게 하며, 캐싱을 통해 데이터베이스 접근 빈도를 줄이면 반복적인 요청을 효율적으로 처리할 수 있다. 이러한 최적화 기법을 적용하면 응답 시간을 단축하고 시스템 자원을 보다 효과적으로 활용할 수 있다.

컨테이너 오케스트레이션과 오토 스케일링은 현대적인 시스템 운영에서 중요한 역할을 한다. 컨테이너 기술을 도입하면 서비스 배포와 실행 환경 구성이 간결해지며, Kubernetes와 같은 오케스트레이션 도구를 활용하면 대규모 분산 시스템을 보다 안정적으로 관리할 수 있다. 오토 스케일링은 트래픽 변화에 따라 자원을 자동으로 조절하여, 필요한 시점에만 리소스를 확장하고 불필요한 비용을 줄이는 데 기여한다. 이러한 확장 전략은 머신러닝 모델을 실시간으로 제공하는 서빙 환경에서도 효과적으로 활용된다.

시스템의 최적화와 확장은 단순히 성능 향상만을 목표로 해서는 안 되며, 안정성과 비용 효율성까지 함께 고려해야 한다. 이를 위해서는 먼저 성능을 측정하고 병목 지점을 분석하는 과정이 선행되어야 한다. 아울러, 각 구성 요소의 동작 원리를 정확히 이해한 뒤, 환경에 적합한 전략을 수립할 수 있어야 한다. 이번 장에서는 이러한 개념을 바탕으로, 실무에서 적용 가능한 다양한 방법을 살펴본다.

11.1 _ 로드 밸런싱

분산 시스템 환경에서는 수많은 요청을 처리해야 하며, 단일 서버만으로 이를 감당하기는 어렵다. 시스템 규모가 커질수록 여러 서버를 활용해 부하를 분산하는 전략이 필요하며, 이를 가능하게 하는 기술이 로드 밸런싱이다. 로드 밸런싱은 네트워크, 애플리케이션, 데이터베이스 등 다양한 계층에 적용되며, 트래픽을 서버 간에 고르게 분산함으로써 시스템의 안정성을 높이고 성능 저하를 방지하는 데 기여한다.

데이터 사이언스와 머신러닝 서비스에서도 로드 밸런싱은 중요한 역할을 한다. 예를 들어, 실시간 추천 시스템이나 온라인 예측 API는 수많은 사용자의 요청을 동시에 처리해야 하므로 모델 서빙 인프라에 적절한 부하 분산이 필요하다. 요청을 서버 간에 고르게 분배하지 않으면 일부 서버가 과부하 상태가 되어 응답 속도가 느려지거나 장애로 이어질 수 있다. 이를 방지하기 위해 GPU 기반 모델 서빙 노드에서도 로드 밸런싱을 적용하여 리소스를 효율적으로 활용하고, 예측 요청의 처리 속도를 최적화할 수 있다.

로드 밸런싱을 효과적으로 적용하려면 다양한 알고리즘과 전략을 고려해야 한다. 단순한 라운드 로빈 방식부터 서버의 부하 상태를 고려하는 동적 분배 방식까지 다양한 기법이 있으며, 환경에 따라 적합한 방식이 달라질 수 있다. 또한, 클라우드 환경에서는 로드 밸런싱을 더욱 정교하게 수행할 수 있는 서비스가 제공되며, 오토 스케일링과 연계하여 시스템의 탄력성을 극대화할 수 있다. 이를 통해 데이터 사이언스 및 대규모 시스템에서 높은 가용성과 안정적인 성능을 유지할 수 있다.

11.1.1 로드 밸런싱의 필요성과 종류

로드 밸런싱(load balancing)은 대량의 트래픽을 여러 서버에 균등하게 분산하여 시스템의 성능과 가용성을 높이는 기술이다. 웹 애플리케이션, API 서비스, 데이터베이스, 머신러닝 모델 서빙 등 다양한 시스템에서 활용되며, 단일 서버가 감당하기 어려운 요청을 여러 노드에 나누어 처리함으로써 성능 저하와 장애 발생을 방지한다. 특히, 글로벌 서비스를 운영하는 환경에서는 수백만 명의 사용자가 동시에 접속할 수 있으므로, 로드 밸런싱 없이는 안정적인 서비스 제공이 어렵다.

로드 밸런싱은 크게 네트워크 계층과 애플리케이션 계층으로 구분된다. 계층에서는 IP 주소 기반으로 트래픽을 분산하며, 하드웨어 로드 밸런서나 소프트웨어 기반의 라우팅 기법이 사용된다. 반면, 애플리케이션 계층에서는 HTTP 요청을 분석해 트래픽을 특정 서버로 전달하며, URL 패턴, 쿠키, 세션 정보 등을 기준으로 보다 세밀한 제어가 가능하다. 이 방식은 웹 애플리케이션과 API 서비스에서 주로 활용된다.

데이터 사이언스와 머신러닝 환경에서도 로드 밸런싱은 중요한 역할을 한다. 모델 서빙 시스템에서 대량의 추론 요청이 단일 서버에 집중되면 성능 저하가 발생할 수 있으며, 특히 딥러닝 모델을 GPU에서 실행하는 경우 특정 노드에 과부하가 생기면 처리 속도가 급격히 저하된다. 이를 방지하기 위해 요청을 여러 모델 서빙 인스턴스로 분산하면, 추론 시간이 일정하게 유지되고 사용자 경험도 향상된다. 이처럼 추론 요청을 효과적으로 분산하려면 적절한 로드 밸런싱 전략이 필요하며, 일반적으로 정적 로드 밸런싱과 동적 로드 밸런싱 방식으로 구분된다.

정적 로드 밸런싱은 서버에 트래픽을 분배하는 규칙을 사전에 정의하고, 그에 따라 요청을 전달하는 방식이다. 시스템의 부하 상태나 서버 성능을 실시간으로 반영하지 않으며, 고정된 로직에 기반해 트래픽을 분산한다는 점이 특징이다. 구성과 구현이 비교적 단순하고, 서버 간 성능 차이가 크지 않은 환경에서는 안정적으로 동작한다. 그러나 서버마다 처리 능력이 다르거나, 시간에 따라 요청 부하가 크게 변하는 경우에는 특정 서버에 과부하가 집중될 수 있다. 이러한 한계로 인해 정적 로드 밸런싱은 실시간 처리 성능이 중요한 시스템에서는 단독으로 사용되기보다 보완적 방식으로 활용되는 경우가 많다.

반면, 동적 로드 밸런싱은 서버의 현재 상태를 모니터링하여 부하가 적은 서버로 요청을 분배하는 방식이다. 이 방식은 CPU 사용률, 메모리 사용량, 네트워크 지연 시간과 같은 시스템 지표를 기반으로 트래픽을 조정하며, 클라우드 환경에서는 오토 스케일링과 결합하여 더욱 유연하게 동작한다. 예를 들어, 머신러닝 모델 서빙 시스템에서는 GPU 사용률을 실시간으로 분석하고, 부하가 낮은 노드로 요청을 전달함으로써 추론 성능을 안정적으로 유지할 수 있다.

로드 밸런서는 트래픽 분산뿐만 아니라 장애 감지 및 복구 기능도 제공한다. 특정 서버가 다운되거나 응답 시간이 지나치게 길어지는 경우, 로드 밸런서는 해당 서버를 자동으로 제외하고 정상적으로 동작하는 서버로 요청을 우회시킨다. 이를 통해 서비스 중단을 방지하고, 사용자가 장애를 인식하지 못한 채 서비스를 계속 이용할 수 있다. 이러한 기능은 대규모 분산 시스템에서는 안정성을 확보하는 데 필수적이며, 데이터 사이언스 플랫폼에서도 안정적인 데이터 처리를 위해 활용된다.

로드 밸런싱은 단일 데이터센터뿐만 아니라 여러 지역에 걸쳐 분산된 서버 간에도 적용될 수 있다. 이를 **글로벌 로드 밸런싱(global load balancing)**이라고 하며, 사용자와 지리적으로 가까운 데이터센터로 요청을 전달하여 네트워크 지연 시간을 최소화하는 데 활용된다. 예를 들어, 머신러닝 모델을 여러 지역에 배포하고, 사용자의 위치에 따라 가장 가까운 서버에서 예측을 수행하도록 하면 전체 응답 시간을 줄일 수 있다.

또한, 데이터베이스 시스템에서도 로드 밸런싱은 중요한 역할을 한다. 대규모 애플리케이션에서는 읽기(read)와 쓰기(write) 요청을 분리하여 처리하는 것이 일반적이며, 읽기 요청은 여러 개의 리드 레플리카(read replica)[1]로 분산하여 부하를 줄일 수 있다. 예를 들어, 데이터 사이언스 플랫폼에서 대량의 로그 데이터를 분석할 때, 여러 워커(worker) 노드가 각각 리드 레플리카에서 데이터를 병렬로 조회하도록 하면 분석 성능이 크게 향상된다.

클라우드 환경에서는 로드 밸런싱을 위한 다양한 서비스가 제공된다. AWS의 ELB(Elastic Load Balancer), Google Cloud Load Balancing, Azure Load Balancer 등의 서비스는 오토 스케일링 기능과 결합되어 효율적인 부하 분산을 제공하며, 머신러닝 및 데이터 분석

1 원본 데이터베이스의 데이터를 복제하여 읽기 요청을 분산 처리하는 용도로 사용하는 복제본 데이터베이스

워크로드에서도 효과적으로 활용된다. 이러한 서비스는 트래픽 패턴을 실시간으로 분석하고, 가변적인 부하에 유연하게 대응할 수 있도록 설계되어 있다.

결과적으로 로드 밸런싱은 단순한 트래픽 분산 이상의 역할을 수행하며, 시스템 전반의 안정성과 성능을 확보하는 핵심 기술로 작용한다. 적절한 로드 밸런싱 전략을 도입하면 머신러닝 모델 서빙, 데이터베이스 분산 처리, 글로벌 트래픽 관리 등 다양한 영역에서 효율성을 높일 수 있다.

11.1.2 로드 밸런싱 알고리즘

로드 밸런싱 알고리즘은 시스템에 유입되는 트래픽을 여러 서버로 효율적으로 분배하는 방법을 결정하는 핵심 요소다. 적절한 알고리즘을 선택하면 전체 시스템의 성능과 가용성이 향상되며, 특정 서버에 부하가 집중되어 발생하는 성능 저하를 방지할 수 있다. 특히 데이터 사이언스와 머신러닝 환경에서는 연산이 집중되는 서버가 병목이 되는 경우가 많아 최적의 로드 밸런싱 알고리즘을 적용하는 것이 중요하다.

가장 기본적인 로드 밸런싱 방식은 **라운드 로빈**(round robin)이다. 이 방식은 각 서버에 순차적으로 요청을 할당하는 방식으로, 서버 간 부하가 균등한 경우 효과적으로 동작한다. 하지만 개별 서버의 성능 차이와 현재 부하 상태를 고려하지 않기 때문에 일부 서버가 과부하에 빠지는 문제가 발생할 수 있다. 예를 들어, 서로 다른 GPU 성능을 가진 서버가 포함된 머신러닝 서빙 환경에서는 낮은 성능의 서버가 병목이 되어 전체 응답 시간이 늘어날 수 있다.

이를 보완한 방식이 **가중치 기반 라운드 로빈**(weighted round robin)이다. 이 알고리즘은 성능에 따라 각 서버에 가중치를 부여하고, 고성능 서버가 더 많은 요청을 처리하도록 분배한다. 머신러닝 모델 서빙 시스템에서는 GPU 메모리 용량이나 처리 속도를 기준으로 가중치를 설정함으로써 전체 처리 성능을 최적화할 수 있다.

최소 연결(least connections) 알고리즘은 현재 가장 적은 연결 수를 유지하고 있는 서버에 요청을 전달함으로써 특정 서버에 부하가 집중되는 상황을 방지한다. 이 방식은 실시간 데이터 분석 시스템처럼 요청 수가 많고 처리 시간이 일정하지 않은 환경에서 특히 효과적이다. 예를 들어, 데이터 전처리를 수행하는 여러 노드 중 이미 많은 요청을 처리 중인 노드보다 상대적으로 여유가 있는 노드에 작업을 분산하면 처리 효율을 높일 수 있다.

최소 응답 시간(least response time) 알고리즘은 서버의 응답 시간을 기준으로 트래픽을 분배한다. 응답 시간이 가장 짧은 서버에 요청을 전달하기 때문에 사용자의 체감 성능이 향상된다. 이 방식은 웹 애플리케이션뿐만 아니라 머신러닝 모델 서버 환경에서도 유용하게 활용된다. 특히 모델별로 처리 시간이 일정하지 않거나 GPU 리소스 점유율이 상이한 상황에서 이 방식은 병목 현상을 줄이고 전체 처리량을 높이는 데 유리하다.

임계 부하 기반(threshold load balancing) 알고리즘은 각 서버의 시스템 지표를 모니터링하고, CPU나 GPU 사용률, 메모리 사용량, 네트워크 지연 시간 등이 사전 설정된 임곗값을 초과하면 해당 서버로의 요청 전달을 차단한다. 예를 들어, 데이터 분석 파이프라인에서 특정 서버가 과부하 상태일 경우, 새로운 데이터 처리 요청을 다른 노드로 분산하여 전체 성능을 안정적으로 유지할 수 있다.

해시 기반(hash-based) 로드 밸런싱은 클라이언트의 IP 주소, 세션 ID, 요청된 데이터 키 등의 특정 값을 해시 함수로 변환하여 요청을 특정 서버에 고정적으로 할당하는 방식이다. 이 방식은 데이터 일관성을 유지하는 데 유리하다. 특히 분산 데이터 저장소 환경에서는 동일한 키를 가진 데이터가 항상 같은 서버에서 처리되도록 할 수 있어 캐싱 효율을 극대화할 수 있다.

특히 머신러닝과 데이터 사이언스에서 점점 주목받고 있는 방식 중 하나는 **AI 기반(AI-based)** 로드 밸런싱이다. 이 알고리즘은 과거 트래픽 패턴, 서버 부하 상태, 사용자 요청 유형 등을 분석하여 최적의 로드 밸런싱 정책을 자동으로 결정한다. 예를 들어, 딥러닝 모델을 배포하는 환경에서는 AI가 실시간으로 GPU 사용량을 분석하고, 특정 노드에서 추론 작업이 지연되면 즉시 다른 노드로 요청을 분배함으로써 전체 성능을 동적으로 최적화할 수 있다.

로드 밸런싱 알고리즘은 단일 방식만으로 적용되기보다는 여러 기법을 조합하여 사용하는 경우가 많다. 예를 들어, 기본적으로 가중치 기반 라운드 로빈을 사용하되, 특정 서버가 일정 부하를 초과하면 최소 연결 방식으로 전환하는 하이브리드 방식이 활용된다. 특히 데이터 사이언스 플랫폼처럼 대규모 연산이 지속적으로 발생하는 환경에서는 단순한 알고리즘만으로 최적의 성능을 확보하기 어렵다. 따라서 시스템의 구조와 부하 특성을 고려한 맞춤형 로드 밸런싱 전략을 수립하는 것이 중요하다.

로드 밸런싱 알고리즘은 시스템의 성능과 안정성에 직접적인 영향을 미치는 핵심 요소다. 각 알고리즘의 장단점을 파악하고, 환경에 적합한 방식을 선택해야 효율적인 자원 활용과 일관된 서비스 품질을 유지할 수 있다. 데이터 사이언스 및 머신러닝 환경에서는 GPU 사용률, 모델 서빙 지연 시간, 데이터 분석 작업의 병렬 처리 등 다양한 요소를 반영한 로드 밸런싱 설계가 필요하며, 이를 통해 대규모 연산을 보다 효율적으로 처리할 수 있다. 표 11.1은 로드 밸런싱 방식을 정리한 것이다.

표 11.1 로드 밸런싱 방식

방식	설명	장점	단점	적용 예시
라운드 로빈	각 서버에 순차적으로 요청 할당	단순하고 구현 용이	서버 성능 차이 및 부하 상태 미고려	균등한 부하의 머신러닝 모델 서빙 환경 (성능이 동일한 서버인 경우)
가중치 기반 라운드 로빈	서버 성능에 따라 가중치를 부여하여 요청 할당	서버 성능 차이 고려 가능	가중치 설정 및 관리가 필요	GPU 성능이 다른 서버로 구성된 머신러닝 모델 서빙 환경
최소 연결	현재 연결 수가 가장 적은 서버에 요청 할당	서버 과부하 방지	연결 수만 고려, 실제 서버 부하 미반영 가능성	실시간 데이터 분석 시스템에서 데이터 전처리 노드 부하 분산
최소 응답 시간	가장 빠른 응답 시간을 보이는 서버에 요청 할당	사용자 체감 성능 향상	응답 시간 측정 및 관리가 필요	분산된 머신러닝 모델 서버에서 예측 요청 처리
임계 부하 기반	CPU/GPU 사용률 등 시스템 지표가 임곗값을 초과한 서버 제외	과부하 서버로의 요청 방지, 시스템 안정성 확보	임곗값 설정 및 관리가 중요	데이터 분석 파이프라인에서 특정 서버 과부하 시 요청 분산

방식	설명	장점	단점	적용 예시
해시 기반	클라이언트 IP, 세션 ID 등을 해시 함수로 변환하여 특정 서버로 트래픽 할당	데이터 일관성 유지, 캐싱 효율성 극대화	특정 서버에 트래픽 집중 가능성	분산 데이터 저장소에서 동일 키 데이터는 항상 같은 서버에서 처리
AI 기반	과거 트래픽 패턴, 서버 부하 상태 등을 분석하여 최적의 로드 밸런싱 정책 결정	실시간 성능 최적화, 자동화된 관리	AI 모델 학습 및 운영 비용 발생	딥러닝 모델 배포 환경에서 GPU 사용량을 모니터링하여 실시간 요청 분산

11.1.3 로드 밸런서 도입 시 고려사항

로드 밸런서를 도입할 때는 단순히 트래픽을 분산하는 것뿐만 아니라, 시스템의 특성과 요구사항을 종합적으로 고려해야 한다. 설정이 적절하지 않으면 성능 저하뿐만 아니라 예기치 않은 장애로 이어질 수 있으므로, 신중한 설계가 필요하다. 특히 데이터 사이언스 및 머신러닝 환경에서는 연산 부하가 큰 작업이 많아 로드 밸런서를 효과적으로 설계하는 것이 중요하다.

첫 번째로 고려해야 할 사항은 로드 밸런서의 **배포 방식**이다. **물리적 로드 밸런서**(hardware load balancer)를 사용할 것인지, **소프트웨어 기반 로드 밸런서**(software load balancer)를 사용할 것인지에 따라 성능과 유지보수 측면에서 큰 차이가 발생한다. 물리적 로드 밸런서는 고성능이지만 전용 하드웨어를 구성해야 하므로 초기 비용이 높고 확장성이 제한적이다. 반면, 소프트웨어 로드 밸런서는 클라우드 환경에서 유연하게 확장할 수 있지만 네트워크 지연이 발생할 가능성이 있다. 데이터 사이언스 환경에서는 GPU 서버의 활용도를 극대화하기 위해 클라우드 기반 소프트웨어 로드 밸런서를 선호하는 경우가 많다.

두 번째는 **로드 밸런싱 알고리즘** 선택이다. 단순한 라운드 로빈 방식은 균등한 부하 분배가 가능하지만, 각 서버의 현재 상태를 고려하지 않기 때문에 머신러닝 모델 서빙과 같은 환경에서는 비효율적일 수 있다. 이 경우 최소 연결 방식이나 AI 기반 동적 로드 밸런싱 기법을 적용하는 것이 더 적합할 수 있다. 특히 실시간 데이터 분석 서비스에서는 응답 시간이 짧은 서버로 트래픽을 우선 배정하는 방식이 유용하다.

세 번째로 중요한 요소는 **로드 밸런서의 확장성**이다. 로드 밸런서는 현재 트래픽뿐만 아니라 향후 증가할 부하까지 고려해야 한다. 머신러닝 시스템에서는 데이터 규모가 빠르게 증가하는 경우가 많아, 초기 설정에서 확장성을 간과하면 서비스 장애로 이어질 수 있다. 클라우드 환경에서는 오토 스케일링과 연계하여 로드 밸런서를 자동으로 확장할 수 있는 기능을 활용하는 것이 중요하다.

네 번째로 **세션 유지**(session persistence) 문제를 해결해야 한다. 일부 웹 애플리케이션이나 데이터 분석 API에서는 특정 사용자 요청이 항상 동일한 서버에서 처리되어야 하는 경우가 많다. 요청이 서버 간에 무작위로 분산될 경우 세션 정보가 일관되지 않아 문제가 발생할 수 있다. 이를 방지하기 위해 쿠키 기반 세션 유지, IP 해시 기반 요청 분배, 백엔드 간 세션 동기화와 같은 기술을 적용해야 한다.

다섯 번째로 **보안**을 고려해야 한다. 로드 밸런서는 네트워크 트래픽의 중심에 위치하므로 보안 위협에 취약할 수 있다. DDoS 공격이나 데이터 유출 등의 보안 위협에 대비해야 한다. 특히 데이터 사이언스 환경에서는 민감한 데이터가 포함된 요청이 많기 때문에 SSL/TLS 암호화, 방화벽 설정, WAF(Web Application Firewall)[2] 등을 통해 보안 기능을 강화해야 한다. 클라우드 환경에서는 AWS WAF나 Google Cloud Armor와 같은 보안 솔루션과 연동하여 보호 수준을 높일 수 있다.

여섯 번째, **장애 감지 및 복구 메커니즘**을 설계해야 한다. 로드 밸런서는 서버의 상태를 지속적으로 모니터링하고, 비정상적인 서버를 자동으로 제외해야 한다. 예를 들어, 머신러닝 모델 서빙 환경에서 특정 서버가 GPU 오버로드로 인해 응답 시간이 길어진다면 로드 밸런서는 해당 서버를 일시적으로 운영에서 제외하고 정상적인 서버로 트래픽을 분배해야 한다. 이를 위해 헬스 체크 기능을 활용하여 서버 상태를 주기적으로 진단해야 한다.

2 웹 애플리케이션에 특화된 방화벽으로, SQL 삽입, XSS 공격 등 웹 공격으로부터 보호한다.

일곱 번째, 로드 밸런서의 **지연 시간 문제**를 해결해야 한다. 로드 밸런서는 요청을 중개하므로 설정이 적절하지 않으면 추가적인 네트워크 지연이 발생할 수 있다. 데이터 사이언스 플랫폼에서는 수천 개의 요청이 실시간으로 처리되므로 로드 밸런서의 성능 최적화가 필수적이다. 예를 들어, TCP 연결을 재사용하는 **커넥션 풀링**(connection pooling)[3] 기법이나 **킵-얼라이브**(keep-alive)[4] 설정을 적용하면 지연 시간을 줄일 수 있다.

여덟 번째, **로깅과 모니터링**을 고려해야 한다. 로드 밸런서는 전체 시스템의 성능과 안정성에 큰 영향을 미치기 때문에 트래픽 패턴을 분석하고 장애를 빠르게 감지할 수 있도록 로깅과 모니터링 체계를 갖추어야 한다. 특히 데이터 분석 시스템에서는 로그 데이터를 기반으로 성능 병목을 분석하는 경우가 많으므로 실시간 모니터링 대시보드를 구축하는 것이 중요하다. Prometheus, Grafana 같은 오픈소스 모니터링 도구를 활용하면 실시간 트래픽 데이터를 시각화하고 이상 탐지를 수행할 수 있다.

아홉 번째, **비용**을 고려해야 한다. 로드 밸런서는 트래픽 규모에 따라 비용이 증가할 수 있으므로 불필요한 트래픽을 최소화하는 전략이 필요하다. 예를 들어, 정적 콘텐츠는 CDN(Content Delivery Network)[5]을 활용하여 직접 제공하고, 동적 요청만 로드 밸런서를 통해 분산하는 방식으로 비용을 절감할 수 있다. 데이터 사이언스 서비스에서는 대규모 데이터 처리가 빈번하기 때문에 클라우드 요금을 최적화하는 것도 중요한 요소다.

마지막으로, 로드 밸런서를 운영하는 조직의 **기술 스택과 호환성**을 검토해야 한다. 온프레미스 환경에서 운영되는 머신러닝 모델 서버는 특정 벤더의 로드 밸런서와 호환되지 않을 수 있으며, 클라우드 네이티브 환경에서는 컨테이너 기반 로드 밸런싱이 요구될 수도 있다. 따라서 조직의 인프라 구조와 기술 역량을 고려하여 적절한 솔루션을 선택하는 것이 필요하다.

로드 밸런서를 도입할 때는 단순히 트래픽 분산 기능만을 고려해서는 안 된다. 확장성, 보안, 장애 복구, 성능 최적화, 비용 등 다양한 요소를 종합적으로 검토해야 한다. 특히 데이터 사이언스 및 머신러닝 시스템에서는 연산 부하가 크고 요청 패턴이 불규칙하기 때문

3 미리 TCP 연결을 생성해두고 필요할 때 재사용하여 연결 설정에 소요되는 시간을 줄여 성능을 향상시키는 기법

4 TCP 연결을 닫지 않고 유지하여 연결 설정 없이 지속적으로 데이터를 주고받아 네트워크 지연을 줄이는 설정

5 사용자에게 더 가까운 서버에 콘텐츠를 캐싱하여 전송 속도를 높이고 응답 시간을 단축하는 기술

에 일반적인 웹 서비스와는 다른 로드 밸런싱 전략이 요구된다. 시스템 환경에 맞는 로드 밸런서 구성과 운영 전략을 수립하면, 전체적인 안정성과 처리 효율을 크게 향상시킬 수 있다. 다음 그림 11.1은 로드 밸런서 도입 시 고려사항을 SWOT(Strength, Weakness, Opportunity, Threat)로 분석한 것이다.

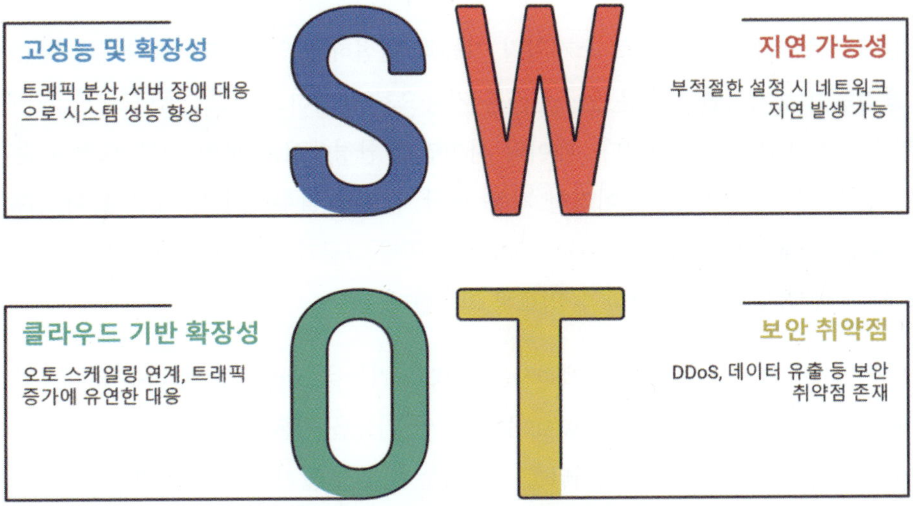

그림 11.1 로드 밸런서 도입 시 고려사항 SWOT 분석

11.1.4 클라우드 환경에서의 로드 밸런서

클라우드 환경에서의 로드 밸런서는 전통적인 온프레미스 방식에 비해 뛰어난 유연성과 확장성을 제공한다. 조직이 자체적으로 로드 밸런서를 구축하고 운영하는 대신, 클라우드 서비스 제공자가 관리하는 로드 밸런싱 솔루션을 활용하면 유지보수 부담을 줄이고, 트래픽 증가에 따라 자동으로 확장할 수 있다. 이러한 특성은 대규모 연산과 실시간 데이터 처리가 빈번한 데이터 사이언스 시스템에서 특히 효과적이다.

클라우드 환경에서는 **글로벌 로드 밸런싱**(global load balancing)과 **리전 로드 밸런싱**(regional load balancing)을 선택적으로 활용할 수 있다. 글로벌 로드 밸런싱은 전 세계에 분산된 서버 중 사용자와 지리적으로 가장 가까운 데이터센터로 요청을 전달하여 네트워크 지연을 줄이는 방식이다. 반면, 리전 로드 밸런싱은 특정 지역 내에서 트래픽을 효율적으로 분산하는 데 초점을 맞춘다.

예를 들어, 이미지 업로드 후 실시간으로 분석 결과를 반환하는 글로벌 서비스에서는 글로벌 로드 밸런싱을 통해 사용자 인근 서버에서 모델 추론을 수행하면 응답 지연을 최소화할 수 있다. 반면, 특정 국가 또는 리전에 한정된 금융 데이터 분석 API 서비스에서는 리전 로드 밸런싱을 적용해 해당 지역 내의 서버 간에 부하를 분산함으로써 성능을 안정적으로 유지할 수 있다..

클라우드 로드 밸런서는 오토 스케일링 기능과 밀접하게 연동된다. 클라우드 환경에서는 요청량이 증가하면 새로운 인스턴스를 자동으로 생성하고, 로드 밸런서가 추가된 인스턴스로 트래픽을 분산시킨다. 데이터 사이언스 환경에서는 모델 추론 요청이 순간적으로 급증하는 경우가 많아 이러한 자동 확장 기능이 필수적이다. 예를 들어, AWS의 ALB(Application Load Balancer)는 오토 스케일링 그룹과 연동하여 머신러닝 모델을 제공하는 서버를 자동으로 확장할 수 있도록 지원한다.

보안 측면에서도 클라우드 로드 밸런서는 강력한 기능을 제공한다. 클라우드 제공업체는 DDoS 보호, SSL/TLS 오프로드, WAF 등의 보안 기능을 기본적으로 포함한다. 데이터 사이언스 플랫폼에서는 민감한 데이터를 처리하는 경우가 많기 때문에 클라우드 로드 밸런서를 활용하면 보안 정책을 보다 쉽게 적용할 수 있다. 예를 들어, Google Cloud Load Balancer는 HTTPS 트래픽을 자동으로 암호화하고, 특정 요청을 제한하는 방화벽 규칙을 설정할 수 있다.

클라우드 환경에서는 로드 밸런서를 통해 특정 트래픽을 특정 백엔드 서비스로 라우팅할 수 있다. 데이터 사이언스 시스템은 워크로드 유형이 다양하여 일부 요청은 모델 서빙 서버로, 다른 요청은 데이터 저장소로 전달해야 하는 경우가 많다. 클라우드 로드 밸런서를 활용하면 HTTP 헤더, 요청 경로 등의 조건을 기반으로 적절한 백엔드 서비스로 트래픽을 분산할 수 있다. 예를 들어, Azure Load Balancer는 API 게이트웨이와 연동하여 데이터 분석 요청과 일반 웹 요청을 효과적으로 구분할 수 있다.

또한, 클라우드 기반 로드 밸런서는 지능적인 트래픽 관리 기능도 제공한다. 일부 클라우드 로드 밸런서는 머신러닝 기반의 트래픽 예측 기능을 지원하며, 이를 통해 부하를 미리 감지하고 사전적으로 리소스를 확장해 장애를 예방할 수 있다. 예를 들어 AWS의 ELB(Elastic Load Balancer)는 트래픽 급증을 자동으로 인식하고, 필요한 인프라를 즉시 확보함으로써 안정적인 서비스 제공을 돕는다. 데이터 사이언스 환경에서는 배치 학습과 실시간 추론이 혼합되는 경우가 많아, 이러한 기능을 활용하면 성능을 보다 효과적으로 관리할 수 있다.

클라우드 로드 밸런서 선택 시 비용도 중요한 고려 요소다. 클라우드 제공업체는 로드 밸런서 사용량에 따라 요금을 부과하며, 트래픽이 많은 서비스에서는 비용이 예상보다 높게 발생할 수 있다. 특히 데이터 사이언스 기반 애플리케이션에서는 추론 요청이 특정 시간대에 집중되는 경우가 많아, 시간 기반 오토 스케일링을 통해 불필요한 비용을 줄이는 전략이 필요하다. 예를 들어, GCP의 Cloud Load Balancer는 시간대별 활성화 설정을 통해 비용 최적화를 지원한다.

모니터링과 로그 분석도 클라우드 로드 밸런서의 핵심 기능 중 하나다. 클라우드 로드 밸런서는 실시간으로 트래픽 데이터를 수집하고, 이를 분석하여 성능 개선에 필요한 인사이트를 제공한다. 데이터 사이언스 환경에서는 요청 처리 시간, 서버 응답률, 장애 발생률 등을 분석하여 병목을 파악하는 것이 중요하다. 예를 들어, AWS CloudWatch나 Azure Monitor를 활용하면 로드 밸런서를 통해 전달된 요청의 지연 시간과 오류 비율을 모니터링할 수 있다.

또한, 클라우드 환경에서는 컨테이너 기반 로드 밸런싱도 활발히 사용된다. 데이터 사이언스 애플리케이션은 주로 컨테이너 환경에서 실행되며, Kubernetes 기반 시스템에서는 클라우드 네이티브 로드 밸런서와의 연계를 통해 트래픽을 효과적으로 분산할 수 있다. 예를 들어, AWS의 EKS(Elastic Kubernetes Service)는 서비스 디스커버리 기능과 통합되어 컨테이너 간의 트래픽 흐름을 자동으로 조정한다. 또한, Kubernetes Ingress Controller를 활용하면 클라우드 로드 밸런서와 연결하여 외부 요청을 각 컨테이너 서비스로 유연하게 라우팅할 수 있다.

따라서 클라우드 로드 밸런서는 단순한 트래픽 분산 기능 외에도 자동 확장, 보안 강화, 지능형 트래픽 제어, 비용 최적화 등 여러 기능을 함께 제공한다. 데이터 사이언스 시스템은 연산 부하가 크고 요청량의 변동이 심하기 때문에 클라우드 로드 밸런서를 적절히 활용하면 전체 서비스의 안정성과 처리 성능을 높일 수 있다. 머신러닝 모델 서빙, 데이터 분석 API, 실시간 처리 시스템 등 다양한 워크로드를 안정적으로 운영하기 위해서는 환경에 적합한 로드 밸런싱 전략을 마련할 필요가 있다.

11.2 _ 캐싱

캐싱은 자주 요청되는 데이터를 임시 저장소에 보관하여 응답 속도를 향상시키고 시스템의 부하를 줄이는 기술이다. 네트워크 지연과 데이터베이스 접근을 최소화하여 전체적인 시스템 성능 개선에 기여한다. 특히, 높은 트래픽을 처리해야 하는 대규모 웹 서비스나 API 서버에서는 필수적인 최적화 기법으로 활용된다. 캐싱을 효과적으로 설계하면 서버 리소스 사용량을 줄이고, 비용을 절감할 수 있으며, 사용자 경험을 향상시킬 수 있다.

데이터 사이언스 분야에서도 캐싱은 성능 최적화를 위한 효과적인 방법으로 활용된다. 머신러닝 예측 시스템에서는 동일한 입력 데이터에 대한 모델 추론이 반복적으로 수행될 수 있다. 이때, 이전 결과를 캐싱하여 저장해두면 불필요한 연산을 줄이고 응답 속도를 향상시킬 수 있다. 또한, 대규모 데이터 처리 과정에서 자주 조회되는 데이터세트를 캐시에 저장함으로써 데이터베이스나 데이터 레이크에서 반복적으로 불러오는 부담을 줄일 수 있다. 이를 통해 분석 작업의 효율성이 증가하고 시스템의 병목 현상을 방지할 수 있다.

캐싱 전략은 시스템의 요구 사항과 사용 패턴에 따라 다양하게 설계된다. 예를 들어, 일부 서비스는 클라이언트 측 캐싱을 적용해 불필요한 네트워크 요청을 줄이고, 서버 측 캐싱으로 데이터베이스 부하를 완화할 수 있다. 또한, 분산 환경에서는 여러 서버가 캐시 데이터를 공유하면서 일관성을 유지하는 방식으로 캐싱을 구성하기도 한다. 이처럼 다양한 전략을 상황에 맞게 조합하면 시스템의 확장성과 안정성을 높일 수 있으며, 데이터 사이언스 기반 애플리케이션에서도 안정적인 성능을 구현할 수 있다.

11.2.1 캐싱의 기본 원리 및 효과

캐싱(caching)은 자주 사용되는 데이터를 보다 빠르게 접근할 수 있도록 임시 저장소에 보관하는 기법이다. 일반적으로 메모리(RAM)와 같은 고속 저장 장치를 활용하여, 데이터베이스나 원격 서버에 대한 반복적인 접근을 줄이는 방식으로 동작한다. 캐싱을 적용하면 응답 시간이 단축되고, 서버 부하가 줄어들어 전체 시스템 성능이 향상된다. 특히 반복 요청이 많은 환경일수록 캐싱의 효과는 더욱 뚜렷하게 나타난다.

캐싱의 핵심 원리는 지역성(locality) 개념에 기반한다. 지역성은 크게 두 가지로 나뉘는데, 첫째는 **시간 지역성(temporal locality)**이다. 이는 최근 사용한 데이터가 다시 사용될 가능성이 높다는 원리다. 예를 들어, 웹 애플리케이션에서 동일한 페이지를 여러 사용자가 자주 방문할 경우 해당 페이지의 데이터를 캐시에 저장하면 불필요한 데이터베이스 조회를 줄일 수 있다. 둘째는 **공간 지역성(spatial locality)**이다. 이는 특정 데이터가 사용될 경우 인접한 데이터도 함께 사용될 가능성이 높다는 원리다. 예를 들어 데이터베이스에서 특정 사용자 정보를 조회할 때 해당 사용자의 관련 데이터도 함께 캐싱하면 성능을 더욱 향상시킬 수 있다. 다음 그림 11.2는 지역성의 개념을 보여준다.

지역성 원리
가까운 시점/위치에 있는 데이터는
다시 사용될 가능성이 높다
시간 지역성
최근 사용한 데이터가 다시
사용될 가능성이 높음
공간 지역성
인접한 데이터가 함께 사용
될 가능성이 높음

그림 11.2 지역성의 개념

데이터 사이언스에서는 캐싱이 모델 추론 속도와 대규모 데이터 처리에서 중요한 역할을 한다. 예를 들어, 머신러닝 모델이 API 형태로 배포될 경우, 동일한 입력값에 대해 반복적으로 예측이 수행될 수 있다. 이때, 예측 결과를 캐시에 저장해두면 동일한 요청에 대해 모델을 다시 실행할 필요가 없어 연산 비용을 절감할 수 있다. 또한, 추천 시스템에서는 인기 있는 상품 목록이나 사용자별 추천 결과를 캐싱함으로써 실시간 요청 처리 속도를 향상시킬 수 있다.

캐싱의 또 다른 효과는 데이터베이스 부하 감소다. 데이터베이스는 쿼리 실행 시 I/O 연산이 많아지며, 많은 동시 요청이 많을수록 성능 저하가 발생할 수 있다. 이를 방지하기 위해 자주 조회되는 데이터를 메모리 캐시로 관리하면 데이터베이스의 부하를 줄일 수 있으며,

전체적인 시스템의 안정성을 높일 수 있다. 특히, Redis나 Memcached와 같은 인메모리 데이터 저장소를 활용하면 캐싱된 데이터를 빠르게 제공할 수 있어 성능 개선 효과가 크다.

캐싱을 활용하면 네트워크 지연(latency)도 줄일 수 있다. 클라이언트와 서버 간의 네트워크 요청은 데이터 전송 과정에서 시간이 소요되므로 캐싱을 통해 데이터가 가까운 위치(예: 클라이언트 측 또는 CDN)에서 데이터를 제공하면 응답 속도가 향상된다. 이러한 방식은 글로벌 서비스를 운영할 때 더욱 유리하다. 예를 들어, 전 세계 사용자에게 콘텐츠를 제공하는 경우 CDN을 활용하면 지리적으로 가까운 서버에서 데이터를 전달할 수 있어 지연을 최소화할 수 있다.

이처럼 캐싱은 다양한 측면에서 성능을 향상시키는 데 효과적이지만, 고려해야 할 요소도 존재한다. 그중 하나가 데이터 일관성 문제다. 원본 데이터가 변경되었을 때 캐시된 데이터가 갱신되지 않으면 오래된 정보가 사용자에게 제공될 수 있다. 이를 방지하기 위해 **TTL(Time-To-Live)**[6] 설정으로 원본 데이터 변경 시 캐시를 무효화하거나 갱신하는 전략이 필요하다.

데이터 사이언스 프로젝트에서도 이러한 일관성 문제를 고려해야 한다. 예를 들어, 실시간 분석 시스템에서 최신 데이터를 반영해야 하는 경우 캐싱된 데이터가 지나치게 오래 유지되면 분석 결과의 신뢰도가 떨어질 수 있다. 따라서 데이터 변경이 잦은 경우에는 캐싱 주기를 짧게 설정하거나 데이터 변경 시 캐시 키를 갱신하는 방식으로 일관성을 유지해야 한다. 이러한 점들을 고려했을 때, 캐싱은 분명한 장점을 가지지만 동시에 몇 가지 주의할 점도 존재한다. 다음은 캐싱의 장점과 단점을 정리한 것이다.

캐싱의 장점

- **성능 향상**: 데이터 접근 속도 향상 및 데이터 획득 비용 감소
- **서버 부하 감소 및 시스템 안정성 향상**: 데이터베이스 부하 감소 및 시스템 안정성 증진
- **네트워크 지연 감소**: 데이터 접근 위치 최적화 및 사용자 경험 개선
- **비용 절감**: 데이터베이스 접근 비용 및 외부 API 사용 비용 절감
- **응답 시간 단축**: 모델 추론 속도 향상 및 데이터 처리 효율 증대

6 데이터가 네트워크상에서 얼마나 오래 살아있을 수 있는지를 나타내는 값

캐싱의 단점

- **데이터 일관성 문제**: 원본 데이터와 캐시 데이터 간 불일치 가능성 존재
- **캐시 관리 복잡성 증가**: 캐시 정책 설정 및 관리 부담 증가
- **캐시 오버헤드**: 캐시 저장 공간 및 관리 비용 발생
- **신뢰성 저하**: 실시간 데이터 분석의 신뢰성 저하 가능성 존재
- **웜업(warm-up) 시간**: 캐시 데이터 준비 시간 필요
- **구현 복잡도 증가**: 시스템 구조 복잡성 증대 및 디버깅 난이도 상승

데이터 사이언스 프로젝트에서 캐싱을 도입할 때는 이러한 장단점을 명확히 인지하고 프로젝트의 특성에 맞는 캐싱 전략을 수립해야 한다. 데이터의 변경 빈도, 접근 패턴, 그리고 요구되는 데이터 정확도를 종합적으로 고려하여 캐싱의 효과를 극대화하고 잠재적인 문제를 최소화하는 것이 중요하다.

캐싱 전략을 설계할 때는 데이터 사용 패턴을 충분히 분석해야 한다. 읽기 연산이 많은 경우에는 캐시를 통해 성능 개선이 가능하지만, 쓰기 연산이 빈번한 경우에는 오히려 캐시가 병목이 될 수 있다. 예를 들어, 실시간 주식 거래 시스템처럼 데이터가 빠르게 변하는 환경에서는 캐싱된 데이터가 최신 정보를 반영하지 못할 수 있다. 반면, 뉴스 기사처럼 변경이 드물고 조회가 많은 콘텐츠는 캐싱을 통해 응답 속도와 처리 효율을 크게 향상시킬 수 있다.

따라서 캐싱은 성능을 개선하고 분석 및 모델 배포의 효율성을 높이는 데 유용하게 활용될 수 있다. 그러나 데이터 일관성과 업데이트 주기를 고려한 캐시 관리 전략이 함께 수립되어야 안정적인 성능을 유지할 수 있다. 캐싱을 적절히 활용하면 시스템 응답 속도를 높이고 리소스 사용을 줄여 서비스 운영의 안정성을 향상시킬 수 있다.

11.2.2 캐싱 전략

캐싱 전략은 데이터 접근 패턴과 사용자의 요구에 따라 다양하게 설계할 수 있다. 적절한 전략을 선택하면 시스템의 응답 속도를 향상시키고 리소스 사용량을 최적화할 수 있다. 이를 위해서는 데이터의 변경 빈도, 접근 패턴, 일관성 요구 사항을 종합적으로 고려해야 한

다. 반대로, 부적절한 캐싱 전략은 시스템 일관성을 해치거나 불필요한 메모리 사용을 초래할 수 있다.

기본적인 캐싱 전략 중 하나는 **직접 쓰기(write-through)** 방식이다. 이 방식은 데이터가 캐시에 저장될 때 데이터베이스에도 즉시 반영된다. 따라서 캐시와 데이터베이스 간의 일관성이 유지되며, 캐시에서 항상 최신 데이터를 제공할 수 있다. 반면, 모든 쓰기 연산이 데이터베이스에 전파되기 때문에 쓰기 성능이 낮아지고, 데이터베이스 부하가 증가할 수 있다. 그럼에도 불구하고 데이터 일관성이 중요한 환경에서는 유리하게 작동할 수 있다. 예를 들어, 모델 학습 결과나 특징 공학 데이터처럼 자주 갱신되며 정확한 값 유지가 필요한 경우, 이 전략은 안정적인 캐싱을 제공한다.

반면, **역반영(write-back)** 방식은 데이터를 먼저 캐시에 저장한 뒤, 일정 시간 경과나 조건에 따라 데이터베이스에 반영하는 방식이다. 이 전략은 매번 데이터베이스에 접근하지 않기 때문에 쓰기 연산의 처리 속도를 향상시킬 수 있다는 장점이 있다. 그러나 캐시에 저장된 데이터가 데이터베이스에 반영되기 전에 캐시가 손실되면, 최신 데이터가 유실될 수 있는 위험이 존재한다. 이러한 특성 때문에 쓰기 성능이 중요하지만 완전한 실시간 일관성까지는 요구되지 않는 환경에서 효과적으로 활용될 수 있다. 예를 들어, 머신러닝 모델 배포 환경에서는 모델 업데이트 요청이 빈번하게 발생할 수 있는데, 이 전략을 통해 여러 요청을 캐시에 모아 처리함으로써 시스템 부하를 줄이고 처리 효율을 높일 수 있다.

읽기 성능을 극대화하기 위한 전략으로는 **지연 로딩(lazy-loading)** 캐싱이 널리 사용된다. 이 방식은 사용자의 요청이 발생할 때만 데이터를 캐시에 저장하며, 초기에는 캐시가 비어 있는 상태로 시작한다. 따라서 처음 요청 시에는 데이터베이스 조회로 인해 지연이 발생하지만, 이후 동일한 요청에 대해서는 캐시를 통해 빠르게 데이터를 제공할 수 있다. 이 방식은 불필요한 데이터를 미리 캐시에 올리지 않기 때문에 메모리 낭비를 줄이는 데 유리하다. 예를 들어, 데이터 사이언스 워크로드에서는 데이터 전처리 과정에서 반복적으로 사용되는 파생 변수나 특징 데이터를 지연 로딩 방식으로 캐싱하여 메모리 효율을 확보할 수 있다.

반대로, **선행 로딩(eager-loading)** 캐싱은 시스템 초기화 시점에 중요 데이터를 미리 로드하여 캐시에 저장하는 방식이다. 이 전략은 초기 요청에 대한 응답 속도를 크게 단축할 수 있다는 장점이 있으나, 자주 사용되지 않는 데이터까지 미리 올릴 경우 메모리 자원을 불필요하게 소비할 수 있다. 대표적인 활용 사례로는 추천 시스템이 있으며, 사용 빈도가 높은 인기 아이템 목록을 서버 시작 시점에 미리 캐시에 적재함으로써 사용자 요청에 즉각 응답할 수 있도록 구성된다.

캐시 데이터의 유효성을 관리하는 대표적인 방법으로는 **TTL 전략**이 있다. TTL은 각 캐시 항목에 유효 시간을 설정하여, 일정 시간이 경과하면 해당 데이터를 자동으로 무효화하는 방식이다. 이 방식은 캐시 데이터가 지나치게 오래 유지되는 문제를 방지할 수 있어, 주기적으로 변경되는 데이터를 다룰 때 특히 유용하다. 예를 들어, 실시간 대시보드처럼 정기적인 데이터 갱신이 필요한 환경에서는 TTL을 활용해 자동으로 최신 상태를 유지할 수 있다. 반면, TTL이 만료되기 전까지는 원본 데이터의 변경 사항이 반영되지 않을 수 있다는 단점도 존재한다. 또한 TTL 설정이 부적절할 경우, 지나치게 이른 무효화로 인한 불필요한 데이터 재로딩이나, 반대로 오래된 데이터가 유지되는 문제가 발생할 수 있다. 따라서 데이터의 특성과 갱신 주기를 고려해 TTL 값을 신중하게 설정해야 한다.

LFU(Least Frequently Used)와 **LRU(Least Recently Used)**는 대표적인 캐시 교체 정책이다. LFU는 가장 적게 사용된 데이터를 우선적으로 제거하는 방식이며, LRU는 가장 오랫동안 사용되지 않은 데이터를 제거하는 방식이다. 이러한 정책은 제한된 캐시 공간에서 자주 사용하는 데이터를 우선 보존함으로써 메모리 사용 효율을 높이는 데 유리하다. 예를 들어, 데이터 사이언스 작업에서 모델이 학습한 특징 데이터를 캐싱할 때 자주 참조되는 특징은 유지하고 불필요한 항목은 제거하여 효율적인 자원 관리를 할 수 있다.

분산 시스템 환경에서는 **분산 캐싱(distributed caching)** 전략이 필요하다. 단일 캐시 노드로는 확장성과 안정성에 한계가 있으므로 여러 캐시 서버를 활용하여 데이터 부하를 분산시킨다. 이때 일관된 해싱(consistent hashing)[7]을 활용하면 특정 노드가 장애를 일으키더라도 다른 노드에서 동일한 데이터를 제공할 수 있어, 시스템의 가용성과 안정성이 향상된다. 예를 들어, 대규모 데이터 분석 시스템에서는 여러 노드에서 처리되는 데이터를 효율적으로 캐싱하기 위해 이러한 전략이 사용된다.

7 데이터를 분산된 캐시 서버에 효율적으로 저장하고 검색하기 위한 알고리즘

요청 패턴이 빠르게 변화하는 환경에서는 **적응형 캐싱**(adaptive caching)이 효과적이다. 이 방식은 실시간으로 접근 패턴을 분석해, 캐싱 대상과 정책을 동적으로 조정한다. 이를 통해 자주 사용되는 데이터는 유지하고, 활용도가 낮아진 데이터는 제거함으로써 캐시 효율을 높일 수 있다. 이 전략은 특히 사용자 행동 데이터 분석에 적합하다. 예를 들어, 관심사가 빠르게 변하는 서비스에서는 적응형 캐싱을 통해 실시간 트렌드에 맞는 데이터만 유지함으로써 분석 정확도와 응답 속도를 동시에 확보할 수 있다.

이처럼 캐싱 전략은 다양하며, 각 방식은 시스템 구조와 데이터 특성, 운영 환경에 따라 적절히 선택되어야 한다. 단순한 성능 개선뿐 아니라, 데이터 일관성 유지, 자원 효율성, 장애 대응력 등 여러 측면을 함께 고려해야 한다. 데이터 사이언스 분야에서는 전처리, 특징 추출, 모델 서빙 등 다양한 과정에서 캐싱이 적용되며, 작업 속도와 시스템 안정성에 실질적인 영향을 준다. 특히 대규모 데이터나 복잡한 연산이 빈번한 환경에서는 적절한 캐싱 전략의 유무가 운영 효율과 사용자 경험에 직접적인 차이를 만들어낸다. 따라서 캐싱은 선택적인 부가 요소가 아니라, 데이터 사이언스 시스템 전반의 품질을 결정짓는 핵심 구성 요소로 인식하고 설계되어야 한다.

11.2.3 캐시 데이터 일관성 유지 방법

캐시 데이터의 관리와 일관성 유지는 시스템의 성능을 극대화하면서도 최신 데이터를 안정적으로 제공하기 위한 필수 조건이다. 캐시가 오래된 데이터를 제공하거나 불필요한 데이터로 인해 메모리가 낭비되면 성능 저하는 물론 서비스의 신뢰성에도 부정적인 영향을 미칠 수 있다. 따라서 적절한 관리 기법을 적용하여 캐시의 유효성을 확보하고 데이터의 일관성을 유지해야 한다.

일관성을 유지하는 대표적인 방법 중 하나는 **캐시 무효화**(cache invalidation) 전략이다. 캐시는 원본 데이터베이스보다 빠르게 응답할 수 있지만, 원본 데이터의 변경 사항이 반영되지 않으면 오래된 정보를 제공할 위험이 있다. 이를 방지하기 위해 특정 이벤트가 발생할 때 캐시 데이터를 삭제하거나 업데이트하는 방식이 사용된다. 예를 들어, 전자상거래 시스템에서 상품 가격이 변경되면 해당 상품의 캐시를 무효화하여 사용자가 항상 최신 정보를 조회할 수 있도록 해야 한다.

또 다른 전략으로는 **캐시 동기화(cache synchronization)** 방식이 있다. 다중 서버 환경에서는 여러 개의 캐시 노드가 존재할 수 있으며, 한 노드에서 갱신된 캐시가 다른 노드에도 일관되게 반영되어야 한다. 이를 위해 Apache Kafka, RabbitMQ와 같은 메시지 큐를 활용하여 캐시 갱신 이벤트를 전파하는 구조가 널리 사용된다. 예를 들어, 데이터 사이언스 플랫폼에서 사용자 정의 데이터 변환 스크립트가 실행될 때 변환된 데이터를 모든 캐시 노드에 동기화하는 방식이 적용될 수 있다.

분산 캐싱 환경에서는 일관성을 유지하기 위한 추가적인 고려가 필요하다. 캐시 데이터를 여러 노드에 분산 저장할 경우, 특정 노드가 장애를 일으키거나 새로운 노드가 추가될 때 데이터 정합성이 깨질 수 있다. 이를 해결하기 위해 일관된 해싱과 같은 기법을 활용하여 특정 데이터가 항상 동일한 노드에 저장되도록 지정할 수 있어 노드 변경 시에도 안정적으로 일관성 유지가 가능하다. 데이터 사이언스 시스템에서는 대규모 데이터 처리 시 여러 서버에서 동일한 데이터를 캐싱해야 하는 경우가 많기 때문에 이러한 전략이 안정적인 운영에 중요하게 작용한다.

캐시 관리 과정에서는 **캐시 스탬피드(cache stampede)** 현상에도 유의해야 한다. 이는 캐시가 만료되는 순간 다수의 요청이 동시에 원본 데이터베이스로 몰려, 일시적인 서버 과부하가 발생하는 현상이다. 이를 방지하기 위해 캐시 갱신 시점을 분산하거나, 캐시 만료 전에 백그라운드에서 데이터를 선제적으로 갱신하는 방법을 사용해야 한다. 예를 들어, 데이터 사이언스 환경에서 대형 모델의 예측 결과를 캐싱할 경우, 일정 간격으로 미리 결과를 재계산하여 캐시에 반영하면 스탬피드 발생을 줄일 수 있다.

이처럼 캐시 관리는 단순한 저장과 삭제의 반복이 아니라, 시스템 구조와 데이터 변경 패턴을 종합적으로 고려한 전략적 설계가 필요하다. 특히 데이터 사이언스 환경에서는 대용량 데이터와 고비용 연산이 빈번하게 발생하기 때문에 적절한 캐시 관리 기법을 적용하면 전체 처리 성능을 크게 향상시킬 수 있다. 다음 그림 11.3은 캐시 데이터 일관성 유지 방법을 보여준다.

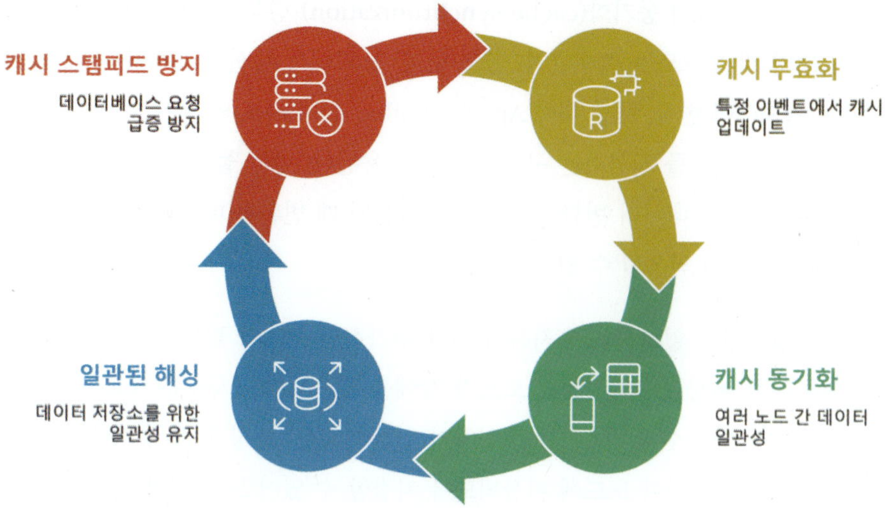

그림 11.3 캐시 데이터 일관성 유지 방법

11.3 _ 컨테이너 오케스트레이션

컨테이너 오케스트레이션은 현대 시스템 아키텍처에서 널리 활용되는 기술로, 컨테이너 기반 애플리케이션의 배포, 관리, 확장, 네트워킹을 자동화하는 데 핵심적인 역할을 한다. 특히 마이크로서비스 아키텍처의 확산으로 다수의 컨테이너를 안정적이고 효율적으로 운영할 수 있는 체계적인 관리 방식의 필요성이 커졌다. 개별 컨테이너의 실행, 네트워크 구성, 리소스 할당 등을 수동으로 처리하는 방식은 운영 효율성과 확장성에 한계가 있으므로 Kubernetes와 같은 오케스트레이션 도구의 도입이 일반화되었다.

데이터 사이언스 및 머신러닝 워크로드에서도 컨테이너 오케스트레이션이 필수 요소로 자리 잡고 있다. 모델 학습, 배포, 실험 재현성을 확보하기 위해 컨테이너가 널리 활용되며, 복잡하고 대규모한 환경에서 안정적으로 운영하기 위해 오케스트레이션 도구가 함께 도입된다. 또한, 데이터 엔지니어링 파이프라인에서도 다수의 데이터 처리 컨테이너를 효율적으로 조정하고 실행하기 위해 오케스트레이션 기술이 활용된다.

컨테이너 오케스트레이션은 단순한 실행 관리에 그치지 않고, 오토 스케일링, 장애 감지 및 복구, **롤링 업데이트**(rolling updates)[8] 등의 통해 운영 효율성과 시스템 가용성을 함께 확

8 애플리케이션 중단 없이 점진적으로 새 버전을 배포하여 사용자 경험을 유지하는 방식

보할 수 있다. 특히 다중 노드 환경에서는 부하를 균등하게 분산하고, 컨테이너가 실패할 경우 자동으로 대체 인스턴스를 배포하여 서비스의 연속성과 안정성을 유지할 수 있다.

클라우드 환경에서는 오케스트레이션의 활용도가 더욱 높아진다. AWS, Google Cloud, Azure 등의 주요 클라우드 서비스는 관리형 Kubernetes 서비스를 제공하며, 이를 통해 컨테이너 기반 애플리케이션을 손쉽게 배포하고 운영할 수 있다. 데이터 사이언스 프로젝트에서도 실험 관리, 모델 서빙, 리소스 자동 확장 등을 효율적으로 수행하기 위해 클라우드 기반 오케스트레이션 도구를 적극적으로 도입하는 것이 바람직하다.

11.3.1 Docker 컨테이너 개념

Docker 컨테이너는 애플리케이션과 그 실행 환경을 하나의 독립적인 단위로 패키징하여 배포하고 실행을 간편하게 만들어주는 기술이다. 기존의 가상머신(VM)과 달리 컨테이너는 운영체제 커널을 공유하면서도 각 애플리케이션을 독립적인 환경에서 실행할 수 있다. 이를 통해 리소스 소비를 최소화하면서도 높은 이식성과 확장성을 제공한다.

컨테이너는 코드뿐만 아니라 라이브러리, 종속성, 설정 파일 등 실행에 필요한 모든 요소를 함께 포함하므로 환경 간 불일치 문제를 사전에 방지할 수 있다. 이를 통해 로컬에서 구성한 실행 환경을 테스트나 운영 환경에서도 동일하게 재현할 수 있어, 개발부터 배포까지 일관된 실행 환경을 유지할 수 있다. 이러한 특성은 데이터 사이언스 프로젝트에서도 유용하게 작용하며, 모델 학습과 배포 환경을 일치시키는 것은 실험 재현성과 서비스 안정성을 확보하는 데 중요한 기반이 된다.

Docker는 이러한 컨테이너 기반 애플리케이션을 효율적으로 생성, 배포, 실행할 수 있도록 지원하는 대표적인 플랫폼이다. 사용자는 Dockerfile을 통해 애플리케이션의 실행 환경을 정의하고, 이를 기반으로 일관된 컨테이너 이미지를 생성할 수 있다. 예를 들어, 데이터 사이언스 프로젝트에서 PyTorch나 TensorFlow 등의 패키지를 포함한 컨테이너를 구성하면 개발자는 특정 환경에 의존하지 않고 동일한 환경에서 실험을 수행할 수 있다.

컨테이너는 경량성과 빠른 실행 속도를 제공한다. 가상머신과 달리 별도의 운영체제를 실행하지 않고 호스트 운영체제의 커널을 공유하기 때문에 컨테이너의 기동 속도가 빠르고 리소스 사용량이 적다. 데이터 사이언스 분야에서는 대량의 데이터를 처리해야 하므로 여러 개의 컨테이너를 활용하여 병렬 처리를 수행하면 리소스를 효율적으로 사용할 수 있다.

또한, 컨테이너는 애플리케이션을 격리된 환경에서 실행할 수 있도록 보장한다. 이는 보안성과 안정성 측면에서 이점을 제공한다. 데이터 사이언스 환경에서는 서로 다른 버전의 라이브러리를 사용하는 경우가 많기 때문에 컨테이너를 사용하면 각 프로젝트의 환경을 독립적으로 유지할 수 있어 충돌을 방지할 수 있다.

Docker는 컨테이너 간 네트워킹 기능을 제공하여 여러 개의 컨테이너 간 통신을 손쉽게 구성할 수 있다. 예를 들어, 웹 서버, 데이터베이스, 모델 서빙 기능을 각각의 컨테이너로 분리한 뒤, 필요한 연결만 설정하여 유연한 아키텍처를 구성할 수 있다. 이를 통해 확장성과 유지보수성이 향상된다.

컨테이너 기반 배포는 데이터 사이언스 모델 운영에도 효과적이다. 모델을 컨테이너화하면 특정 환경에 구애받지 않고 배포가 가능하며, 클라우드 환경에서도 안정적으로 운영할 수 있다. 예를 들어, 머신러닝 모델을 REST API로 배포할 때 Flask나 FastAPI를 활용한 모델 서빙 컨테이너를 구성하여 재현성과 이식성이 높은 운영 환경을 구축할 수 있다. 다음 그림 11.4는 Docker 아키텍처를 보여준다.

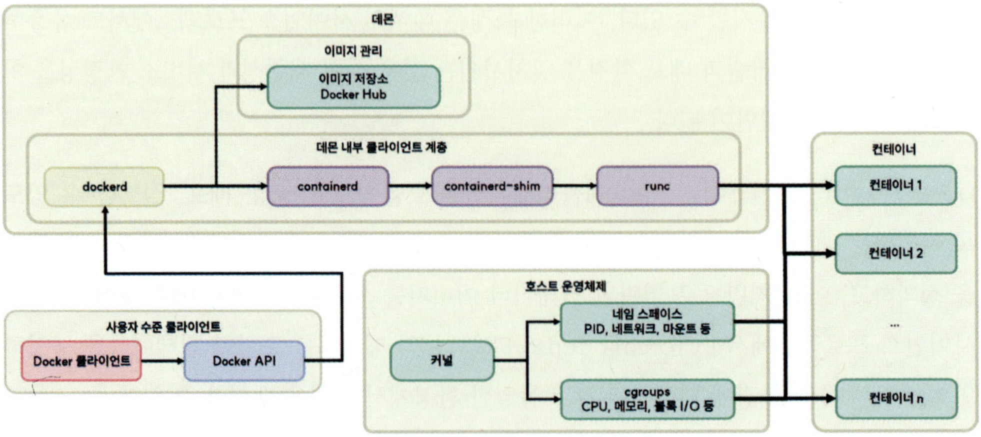

그림 11.4 Docker 아키텍처

Docker 아키텍처는 클라이언트, 데몬, 이미지 관리, 런타임, 컨테이너, 그리고 호스트 운영체제로 구성된다. Docker 클라이언트를 통해 실행하며, 해당 명령은 Docker API를 통해 Docker 데몬(dockerd)으로 전달된다. 데몬은 시스템의 중심으로, 이미지 관리와 컨테이너 실행을 담당한다.

Docker 데몬은 Docker Hub와 같은 이미지 저장소와 통신하여 이미지를 가져오고 저장하는 역할을 한다. 컨테이너 런타임 측면에서는 containerd가 컨테이너 수명 주기를 관리하고, containerd-shim이 중간 계층으로 작동하며, 최종적으로 runc가 실제 컨테이너를 생성하고 실행한다.

호스트 운영체제의 커널은 전체 Docker 시스템의 기반으로, 네임스페이스(namespace)와 cgroups(control groups) 기능을 통해 컨테이너 격리를 구현한다. 네임스페이스는 PID, 네트워크, 마운트 등 다양한 자원을 논리적으로 분리하여 프로세스 격리를 제공하고, cgroups는 CPU, 메모리, 블록 I/O 등의 자원 사용을 제한하여 컨테이너 간 간섭을 방지한다.

이러한 구조를 통해 Docker는 컨테이너 1부터 n까지 다수의 컨테이너를 동시에 실행할 수 있으며, 각 컨테이너는 독립된 환경에서 애플리케이션을 실행하면서도 호스트 시스템의 자원을 효율적으로 공유할 수 있게 된다.

데이터 엔지니어링에서도 Docker는 폭넓게 활용된다. ETL 파이프라인을 구축할 때 데이터 수집, 처리, 저장을 담당하는 개별 컴포넌트를 각 컴포넌트를 개별 컨테이너로 분리하면 유지보수성과 확장성이 향상된다. Apache Spark, Apache Kafka, Apache Airflow와 같은 데이터 처리 도구들도 컨테이너 기반으로 배포할 수 있어 데이터 파이프라인 구성 및 운영이 간편해진다.

또한, 컨테이너 이미지를 사용하면 실행 환경을 버전 단위로 관리할 수 있어 재현성과 추적성이 확보된다. 데이터 사이언스 실험에서 특정 모델이 어떤 환경에서 수행되었는지를 기록하고, 동일한 환경을 재현해 결과를 비교하는 데 유용하다.

마지막으로, Docker는 클라우드 및 온프레미스 환경에서 모두 손쉽게 활용할 수 있어 데이터 사이언스 및 머신러닝 프로젝트의 유연성을 높여준다. 로컬에서 학습한 모델을 컨테이너로 패키징하여 클라우드 환경에 배포하거나 Kubernetes 등의 오케스트레이션 도구와 결합하여 대규모 머신러닝 워크로드를 안정적으로 운영할 수 있다.

11.3.2 컨테이너 이미지 빌드 및 관리

컨테이너 이미지(container image)는 애플리케이션 실행에 필요한 모든 요소를 포함하는 불변(immutable) 패키지다. 운영체제, 라이브러리, 실행 파일, 환경 변수, 종속성 등을 함께 포함하여, 어떤 환경에서도 일관되게 실행할 수 있도록 보장한다. Docker에서는 `Dockerfile`을 사용해 컨테이너 이미지를 빌드하며, 이를 통해 실행 환경 구성을 코드로 정의하고 자동화할 수 있다.

이미지 빌드는 코드와 실행 환경을 함께 패키징하는 과정이라 볼 수 있다. 예를 들어, 데이터 사이언스 프로젝트에서 특정 버전의 Python, Pandas, NumPy, TensorFlow 등이 필요하다면 `Dockerfile`을 작성하여 해당 환경을 명시적으로 정의할 수 있다. 이를 통해 개발 환경과 운영 환경의 불일치를 줄이고, 모델 학습 및 배포 과정에서 발생하는 환경 불일치 문제를 예방할 수 있다.

Docker 이미지의 구조는 계층적(layered)으로 구성된다. 기본 이미지(base image) 위에 필요한 패키지를 순차적으로 추가하면서 새로운 이미지를 생성하며, 각 단계는 독립적인 레이어로 저장된다. 예를 들어, Python이 포함된 공식 이미지를 기반으로 데이터 사이언스 라이브러리를 설치하면 기존 레이어 위에 새로운 레이어가 덧붙여진다. 이 방식은 중복된 데이터 저장을 줄이고, 빌드 속도와 저장 공간의 효율성을 높이는 데 유리하다.

이미지 빌드 시에는 Docker의 캐시 기능을 적극 활용하는 것이 중요하다. Docker는 이전에 생성된 레이어를 캐싱하여 동일한 작업이 반복되지 않도록 최적화한다. 따라서 `Dockerfile`을 작성할 때는 변경 가능성이 높은 명령어(예: `apt-get update`, `pip install`)를 하단에 배치하면 캐시 효율을 극대화할 수 있다. 이러한 구조적 최적화는 이미지 빌드 시간 단축과 리소스 절감에 도움이 된다.

데이터 사이언스 프로젝트에서는 종종 대용량 모델 파일이나 데이터세트를 포함해야 한다. 그러나 이를 컨테이너 이미지에 직접 포함하는 것은 이미지 크기 증가와 관리 복잡성을 초래할 수 있어 바람직하지 않다. 대신, 모델 파일을 외부 저장소(S3, GCS 등)에 저장하고 컨테이너가 실행될 때 동적으로 불러오는 방식이 일반적이다. 이와 함께 `.dockerignore` 파일을 활용하여 필요 없는 파일이 이미지에 포함되는 것을 방지할 수 있다.

컨테이너 이미지는 레지스트리에 저장하고 관리할 수 있다. 대표적으로 Docker Hub, AWS ECR, Google Artifact Registry, GitHub Container Registry 등이 있으며, 이를 활용하면 이미지를 팀 단위로 공유하거나 배포를 자동화하는 작업이 용이하다. 특히 프라이빗 레지스트리를 사용하면 보안성을 강화하면서도 이미지 배포를 안전하게 관리할 수 있다.

버전 관리는 컨테이너 이미지 관리에서 중요한 요소다. 태그(tag)를 활용하면 특정 이미지 버전을 명확하게 구분할 수 있으므로 서비스 배포 시 시스템의 일관성을 유지할 수 있다. 데이터 사이언스 환경에서는 모델 학습과 관련된 컨테이너를 `ml-training:v1`, `ml-training:v2`와 같은 방식으로 관리하면 실험 결과를 재현하는 데 유용하다.

컨테이너 이미지 최적화도 중요한 관리 과제다. 불필요한 라이브러리를 제거하거나 `alpine` 같은 경량 이미지를 사용하면 컨테이너 크기를 최적화할 수 있다. 예를 들어, 일반적인 `python:3.14` 이미지는 수백 MB에 달하지만, `python:3.14-alpine`을 사용하면 수십 MB 수준으로 줄어든다. 이는 컨테이너 실행 속도를 높이고, 네트워크 전송 및 저장 비용을 절감하는 데 도움이 된다.

컨테이너 이미지 보안도 신경 써야 한다. 최신 보안 패치를 반영해 이미지를 주기적으로 업데이트하고, 취약점 검사 도구(Trivy, Clair 등)를 활용하여 이미지의 보안 상태를 지속적으로 점검해야 한다. 또한, 불필요한 루트 권한을 제거하고 최소 권한 원칙을 적용하여 컨테이너 실행 환경의 보안 수준을 높일 수 있다.

마지막으로, 컨테이너 이미지는 CI/CD 파이프라인과 연계하여 자동화할 수 있다. 데이터 사이언스 모델을 포함한 컨테이너 이미지를 빌드한 후, 레지스트리에 등록하고 Kubernetes나 서버리스 환경에서 자동으로 배포하면 운영의 안정성과 효율성을 동시에 확보할 수 있다.

11.3.3 Kubernetes를 이용한 컨테이너 오케스트레이션

Kubernetes는 컨테이너화된 애플리케이션을 자동으로 배포, 확장 및 운영할 수 있도록 설계된 오픈 소스 오케스트레이션 도구다. 컨테이너를 개별적으로 실행할 경우 확장성과 관리 효율에 한계가 있지만, Kubernetes를 활용하면 여러 컨테이너를 체계적으로 관리하고, 분산 시스템을 안정적이고 효율적으로 운영할 수 있다.

Kubernetes의 핵심 개념은 **클러스터(cluster)**다. 클러스터는 여러 개의 노드로 구성되며, 각 노드는 컨테이너가 실행되는 물리적 또는 가상의 서버다. 노드에서는 **파드(pod)**가 배포되며, 파드는 Kubernetes에서 컨테이너 실행의 최소 단위다. 하나의 파드는 하나 이상의 컨테이너를 포함할 수 있고, 동일한 파드 내의 컨테이너는 네트워크와 저장소를 공유하며 함께 실행된다.

이처럼 Kubernetes는 클러스터 구조를 기반으로, 컨테이너의 배포 상태를 자동으로 관리하고 조정할 수 있다. 사용자가 애플리케이션의 원하는 상태를 선언적 방식으로 정의하면, 시스템이 이를 지속적으로 유지하도록 동작한다. 예를 들어, 데이터 사이언스 모델을 제공하는 API가 수요 증가에 따라 자동으로 확장되도록 설정할 수 있으며, 특정 노드에 장애가 발생하더라도 파드를 다른 노드로 자동 이동시켜 서비스를 중단 없이 운영할 수 있다.

로드 밸런싱과 서비스 디스커버리도 Kubernetes의 핵심 기능에 포함된다. 클러스터 내 컨테이너는 지속적으로 생성되고 삭제되므로 각 컨테이너의 IP 주소가 동적으로 변할 수 있다. Kubernetes는 이를 해결하기 위해 서비스(service)라는 논리적 개념을 제공하며, 고정된 엔드포인트를 유지하고 내부 로드 밸런싱을 통해 트래픽을 분산한다. 이는 여러 파드에서 실행 중인 모델 서버에 요청을 균등하게 분배할 때 유용하다.

데이터 사이언스 분야에서 Kubernetes를 활용하면 모델 학습과 서빙 과정을 자동화하고 안정적으로 운영할 수 있다. 학습 작업은 일반적으로 잡(Job) 리소스를 통해 실행되며, 단일 실행 작업 또는 반복 실행 작업(CronJob)으로 구성할 수 있다. 작업이 완료되거나 지정된 조건이 충족되면 컨테이너가 자동으로 종료되도록 설정할 수 있어, 일시적인 리소스를 효율적으로 사용할 수 있다. 반면, 모델 서빙은 지속적으로 실행되는 파드를 기반으로 운영되며, 보통 디플로이먼트(deployment) 리소스를 통해 관리된다. 새로운 모델 버전을 배포할 때는 롤링 업데이트 방식을 적용하여 기존 파드를 순차적으로 교체하면서도 서비스 중단 없이 버전을 전환할 수 있다. 이를 통해 서비스 가용성을 유지하면서 최신 모델을 안정적으로 적용할 수 있다.

스토리지 관리는 데이터 사이언스 워크로드에서 중요한 역할을 한다. Kubernetes는 **퍼시스턴트 볼륨(Persistent Volume, PV)**[9]과 **퍼시스턴트 볼륨 클레임(Persistent Volume Claim, PVC)**[10]을 통해 컨테이너가 재시작되더라도 데이터를 지속적으로 유지할 수 있는 구조를 제공한다. 예를 들어, 모델 학습 과정에서 대규모 데이터셋을 다운로드하고 여러 파드 간에 이를 공유해야 하는 경우, 네트워크 파일 시스템(Network File System, NFS)이나 클라우드 기반 스토리지(AWS EBS, GCP Persistent Disk 등)를 PVC로 연결하여 데이터를 안정적으로 관리할 수 있다.

Kubernetes의 네임스페이스(namespace)는 다수의 프로젝트나 팀이 하나의 클러스터를 공유할 때 유용하다. 데이터 사이언스 팀이 여러 개의 모델을 운영하고 있다면 각 모델마다 별도의 네임스페이스를 생성하여 격리된 환경을 구성할 수 있다. 이를 통해 리소스 사용량을 독립적으로 모니터링하고 권한을 세분화하여 보안성을 강화할 수 있다. 다음 그림 11.5는 Kubernetes 아키텍처를 보여준다.

9 클러스터 내에서 사전 정의된 지속 가능한 저장 공간으로, 스토리지 리소스를 추상화한 객체

10 파드가 필요로 하는 스토리지 요구 사항을 선언하는 요청 객체로, PV에 연결되어 데이터를 사용할 수 있게 한다.

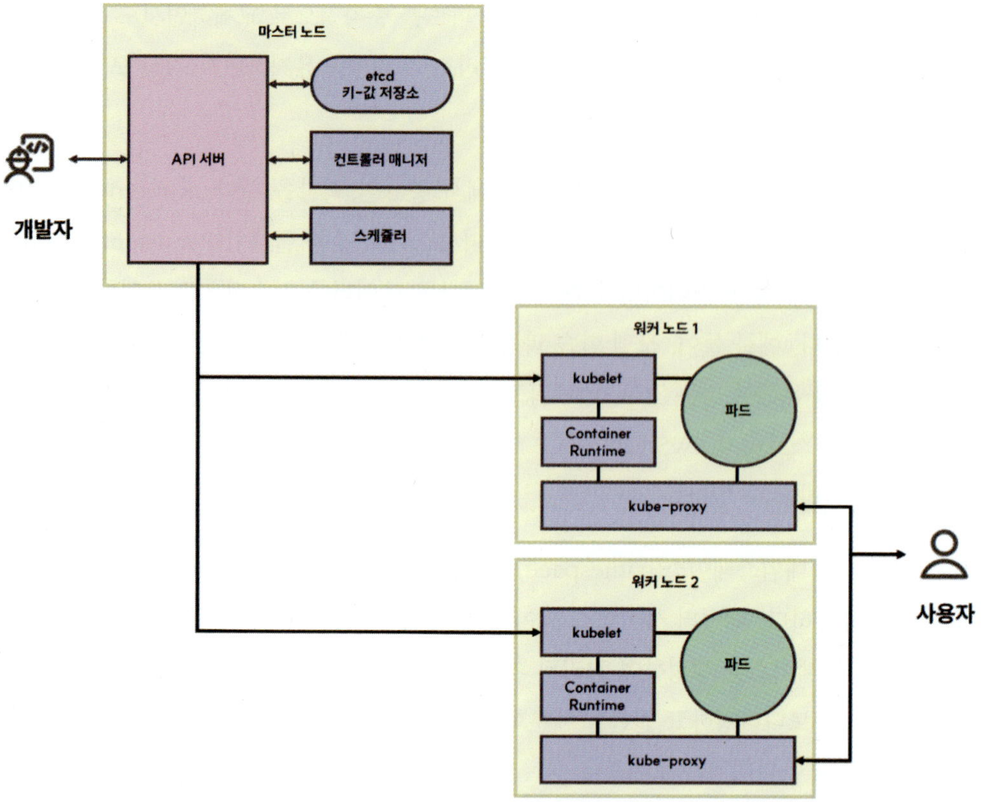

그림 11.5 Kubernetes 아키텍처

Kubernetes 아키텍처는 마스터 노드, 워커 노드, 그리고 클라이언트라는 핵심 요소들로 구성된다. 개발자는 클라이언트로서 Kubernetes 클러스터와 상호작용하며, 이때의 모든 요청은 마스터 노드의 API 서버를 통해 이루어진다.

마스터 노드는 클러스터의 제어와 관리를 담당하는 핵심 구성 요소이며, API 서버는 클러스터 내부 모든 구성 요소 간의 통신을 조율한다. etcd는 클러스터의 구성 정보와 상태를 저장하는 분산 키-값 저장소로 활용된다. 컨트롤러 매니저는 여러 종류의 컨트롤러를 실행하여 클러스터 상태를 지속적으로 감시하고 필요한 변경을 반영한다. 스케줄러는 새롭게 생성된 파드를 적절한 워커 노드에 할당하여 리소스 사용을 최적화한다.

워커 노드는 실제 애플리케이션이 실행되는 노드로 각 노드에는 kubelet이 있어 API 서버와 통신하며 파드의 생성, 시작, 종료 등을 관리한다. Container Runtime은 kubelet의 지시에 따라 실제 컨테이너를 실행하는 역할을 맡는다. 파드는 Kubernetes에서 가장 작은 배포 단위로, 하나 이상의 컨테이너를 포함할 수 있다. kube-proxy는 네트워크 프록시로서, 파드 간 통신을 가능하게 하고 외부 사용자의 요청을 적절한 파드로 라우팅한다.

마스터 노드의 API 서버는 모든 워커 노드의 kubelet과 직접 통신하며, 이를 통해 클러스터의 상태를 일관되게 유지하고 관리한다. 사용자는 kube-proxy를 통해 클러스터 내 서비스에 접근할 수 있으며, 이를 통해 분산 애플리케이션을 마치 하나의 시스템처럼 사용할 수 있게 된다.

Kubernetes 아키텍처의 각 요소는 유기적으로 연결되어 있어 애플리케이션 배포와 관리를 자동화하고, 클러스터의 안정성과 확장성을 보장한다. 이처럼 복잡하고 정교한 상호 작용을 통해 Kubernetes는 컨테이너 오케스트레이션 플랫폼으로서의 중요한 역할을 수행하며, 이러한 구조를 안정적으로 운영하려면 지속적인 관리가 필요하다.

그러므로 Kubernetes 운영에서도 모니터링과 로깅은 선택적인 요소가 아니다. Kubernetes는 Prometheus, Grafana와 같은 도구를 활용하여 컨테이너의 CPU, 메모리 사용량, 네트워크 트래픽 등을 실시간으로 모니터링할 수 있다. 이를 통해 머신러닝 · 딥러닝 모델의 응답 시간이나 처리량을 측정하여 성능을 최적화하는 데 활용할 수 있다.

Kubernetes를 사용하면 데이터 사이언스 실험 환경도 손쉽게 구성할 수 있다. 연구자가 여러 개의 모델을 비교 분석하려면 각각의 모델을 별도의 파드에서 실행하고 실험이 끝나면 자동으로 제거하도록 설정할 수 있다. 예를 들어, Jupyter Notebook을 Kubernetes에서 실행하면 개발자가 동일한 환경에서 실험을 반복할 수 있어 연구의 일관성을 유지할 수 있다.

Kubernetes는 클라우드 환경과도 긴밀하게 연동된다. AWS, GCP, Azure 등의 클라우드 서비스에서는 관리형 Kubernetes 서비스(EKS, GKE, AKS)를 제공하며, 이를 활용하면 복잡한 클러스터 설정 없이 간편하게 컨테이너 기반 서비스를 운영할 수 있다. 데이터 사이언스 모델을 서빙하거나 대규모 데이터 파이프라인을 실행할 때 클라우드 기반 Kubernetes 환경을 활용하면 확장성과 안정성을 확보할 수 있다.

11.3.4 클라우드 기반 컨테이너 서비스 소개

클라우드 기반 컨테이너 서비스는 컨테이너 오케스트레이션을 보다 쉽게 운영할 수 있도록 지원하는 관리형 플랫폼이다. AWS, GCP, Azure 등 주요 클라우드 제공업체들은 컨테이너 환경을 자동으로 관리하고 확장할 수 있는 서비스를 제공하며, 이를 활용하면 인프라 설정과 운영 부담을 줄이고 애플리케이션 개발과 데이터 처리에 집중할 수 있다.

대표적인 클라우드 기반 컨테이너 서비스로는 AWS의 EKS(Elastic Kubernetes Service), GKE(Google Kubernetes Engine), AKS(Azure Kubernetes Service) 등이 있다. 이러한 서비스들은 기본적으로 Kubernetes 클러스터를 자동으로 프로비저닝(provisioning)하고 관리할 수 있도록 지원하며, 클라우드 환경에 최적화된 로드 밸런싱, 오토 스케일링, 보안 기능 등을 포함하고 있다.

특히 데이터 사이언스 프로젝트에서 대규모 모델 서빙이나 배치 처리처럼 리소스 소모가 크고, 요청량의 변화가 잦은 작업을 수행할 때 유용하다. 클라우드 기반 컨테이너 서비스를 활용하면 트래픽 증가나 처리 부하에 따라 유연하게 확장되며, 수요가 줄어들면 리소스를 자동으로 줄여 비용을 절감할 수 있다. 이를 통해 복잡한 인프라 운영 없이도 안정적인 서비스 제공과 효율적인 워크로드 관리가 가능해진다.

또한, 클라우드 컨테이너 서비스는 다양한 네트워크 및 스토리지 옵션을 제공한다. 예를 들어, AWS EKS는 ELB(Elastic Load Balancer)와 연동하여 외부 트래픽을 내부 컨테이너 서비스로 안정적으로 라우팅할 수 있으며, Amazon EFS(Elastic File System) 또는 S3를 활용하여 모델 가중치, 로그 데이터, 학습 데이터 등을 저장할 수 있다. 이를 통해 대규모 데이터를 처리하는 데이터 사이언스 애플리케이션에서도 높은 확장성과 안정성을 확보할 수 있다.

클라우드 컨테이너 서비스는 보안과 접근 제어 측면에서도 강력한 기능을 제공한다. Kubernetes 자체적으로 역할 기반 접근 제어(RBAC)를 지원하지만, 클라우드 기반 서비스에서는 이보다 확장된 인증 및 권한 관리 기능을 제공한다. 예를 들어, GKE는 Google Cloud IAM과 통합되어 특정 사용자나 서비스 계정이 클러스터 내에서 수행하는 작업을 세밀하게 제어할 수 있다. 데이터 사이언스 팀이 여러 개의 모델을 운영할 때 특정 모델에 대한 접근을 제한하는 등 보안 정책을 유연하게 적용할 수 있다.

또한, 클라우드 컨테이너 서비스는 모니터링과 로깅 기능을 기본적으로 제공한다. AWS의 CloudWatch, GCP의 Cloud Monitoring 및 Cloud Logging, Azure의 Monitor와 같은 도구를 활용하면 컨테이너의 CPU · 메모리 사용량, 네트워크 트래픽, 애플리케이션 로그 등을 실시간으로 추적할 수 있다. 데이터 사이언스 애플리케이션의 경우, 모델 성능을 지속적으로 관찰하고 이상 징후를 조기에 탐지해 대응하는 것이 중요하다. 이러한 도구들은 운영의 복잡성을 줄이고 서비스의 안정성을 높이는 데 효과적이다.

더불어, 클라우드 기반 컨테이너 환경은 개발–운영 간 환경 일관성을 확보하는 데도 유리하다. 개발 단계에서는 로컬에서 Docker로 컨테이너를 구성하고, 운영 환경에서는 EKS나 GKE 등을 통해 동일한 이미지와 설정으로 서비스를 배포할 수 있다. 이를 통해 모델 학습 및 서빙 과정에서 발생할 수 있는 환경 차이로 인한 오류를 최소화할 수 있다.

하이브리드 및 멀티 클라우드 환경에서도 클라우드 컨테이너 서비스는 유용하게 활용된다. 일부 기업은 온프레미스 데이터 센터에서 머신러닝 모델을 학습하고 클라우드에서 모델을 서빙하는 방식을 채택하는데, 이때 Kubernetes 기반의 클라우드 컨테이너 서비스를 활용하면 온프레미스와 클라우드 간 연동을 원활하게 구성할 수 있다. 예를 들어, Azure의 AKS는 온프레미스 Kubernetes 클러스터와 통합할 수 있는 기능을 제공하여 데이터 사이언스 워크로드를 유연하게 운영할 수 있도록 돕는다.

또한, 클라우드 컨테이너 서비스는 서버리스 컴퓨팅과의 통합도 가능하다. 예를 들어, GKE에서는 Knative[11]와 같은 기술을 활용하여 컨테이너 기반 서버리스 애플리케이션을 구축할 수 있다. 데이터 사이언스 애플리케이션의 경우, 특정 이벤트가 발생했을 때만 모델을 로드하여 예측을 수행하고, 사용하지 않을 때는 리소스를 해제하는 방식으로 운영할 수 있어 비용 절감 효과를 얻을 수 있다.

결과적으로 클라우드 기반 컨테이너 서비스는 데이터 사이언스 및 머신러닝 모델 운영 전반에 걸쳐 중요한 역할을 수행한다. 모델 학습, 서빙, 확장, 모니터링, 보안, 네트워크 관리 등 다양한 요소를 하나의 관리형 서비스로 제공함으로써 데이터 사이언스 팀이 보다 효과적으로 모델을 운영할 수 있도록 돕는다. 이러한 서비스들을 적절히 활용하면 복잡한 인

11 Kubernetes 기반 서버리스 워크로드 구축, 배포 및 관리를 간소화하는 오픈소스 플랫폼

프라 설정 없이 빠르게 애플리케이션을 배포하고 운영할 수 있으며 확장성과 유지보수성을 극대화할 수 있다. 표 11.2 클라우드 기반 컨테이너 서비스와 Kubernetes 관련 기능을 정리한 것이다.

표 11.2 클라우드 기반 컨테이너 서비스와 Kubernetes 관련 기능

기능	설명	제공업체	서비스 이름
관리형 Kubernetes 서비스	Kubernetes 클러스터의 설치, 운영, 확장을 관리해주는 서비스	AWS	EKS(Elastic Kubernetes Service)
		GCP	GKE(Google Kubernetes Engine)
		Azure	AKS(Azure Kubernetes Service)
컨테이너 이미지 저장소	Docker 컨테이너 이미지를 저장하고 관리하는 레지스트리	AWS	ECR(Amazon Elastic Container Registry)
		GCP	GAR(Google Artifact Registry)
		Azure	ACR(Azure Container Registry)
서버리스 컨테이너 실행	서버 인프라 관리 없이 컨테이너를 실행하는 환경	AWS	Fargate
		GCP	Cloud Run, GKE Autopilot
		Azure	ACI(Azure Container Instances)
CI/CD	코드 변경부터 컨테이너 빌드, 테스트, 클러스터 배포까지 자동화하는 파이프라인	AWS	CodePipeline, CodeBuild, CodeDeploy
		GCP	Cloud Build, Cloud Deploy
		Azure	Azure DevOps Pipelines
모니터링 및 로깅	클러스터와 컨테이너 애플리케이션의 성능 지표, 로그, 추적 데이터 수집 및 분석	AWS	CloudWatch
		GCP	Cloud Monitoring, Cloud Logging
		Azure	Azure Monitor
시크릿 관리	API 키, 암호, 인증서 등 민감한 정보를 안전하게 저장하고 관리	AWS	Secrets Manager, Systems Manager Parameter Store
		GCP	Secret Manager
		Azure	Azure Key Vault
네트워킹	클러스터 외부 트래픽을 서비스로 라우팅하기 위한 로드 밸런서 연동	AWS	ALB(Application Load Balancer), NLB(Network Load Balancer)
		GCP	Cloud Load Balancing
		Azure	Azure Load Balancer

11.4 _ 오토 스케일링

오토 스케일링(auto scaling)은 시스템의 부하 변화에 따라 컴퓨팅 리소스를 자동으로 확장하거나 축소하는 기술이다. 이는 복잡성과 예측 불가능성이 높은 환경에서 안정적인 성능을 유지하는 데 핵심적인 역할을 한다. 특히 클라우드 기반 인프라에서는 사용량에 따라 자원을 동적으로 조정할 수 있어 운영자가 일일이 개입하지 않아도 시스템이 자율적으로 최적 상태를 유지할 수 있다.

이 기술은 단순한 인프라 운영 효율성 향상을 넘어 비용 최적화와 사용자 경험 개선에도 기여한다. 예를 들어, 트래픽이 급증하는 상황에서는 자동으로 리소스를 확장하여 서비스 응답 속도를 유지할 수 있고, 반대로 트래픽이 줄어들면 자원을 줄여 불필요한 요금 지출을 방지할 수 있다. 이러한 특성으로 인해 오토 스케일링은 클라우드 환경의 기본 구성 요소로 자리잡고 있다.

데이터 사이언스 분야에서도 오토 스케일링은 다양한 상황에서 효과적으로 활용된다. 모델 학습, 추론, 데이터 전처리 등은 처리량이나 요청량에 따라 필요한 리소스가 크게 달라지며, 일정한 용량으로는 대응이 어려운 경우가 많다. 예를 들어, 대규모 데이터세트를 처리하는 ETL 작업은 특정 시간대에 리소스가 집중적으로 요구되며, 이후에는 부하가 크게 줄어든다. 이러한 변동성에 대응하는 데 오토 스케일링은 매우 실용적인 수단이 된다.

실시간 예측 모델 API 서버에서도 유사한 요구가 발생한다. 특정 이벤트나 시간대에 트래픽이 몰리는 경우, 인스턴스를 자동으로 확장해 응답 속도를 유지하고, 비활성 시간에는 리소스를 줄여 불필요한 유지 비용을 최소화할 수 있다. 이처럼 오토 스케일링은 데이터 사이언스 시스템의 유연성과 운영 안정성을 확보하는 데 효과적이다.

클라우드 서비스 제공업체들은 각기 다른 오토 스케일링 도구를 제공하고 있으며, 대표적으로 AWS Auto Scaling, Google Cloud Autoscaler, Azure Virtual Machine Scale Sets 등이 있다. 이러한 도구들은 CPU 사용률, 네트워크 트래픽, 메모리 점유율, HTTP 요청 수 등 다양한 지표를 기반으로 작동한다. 이러한 지표를 기반으로 확장 및 축소 조건을 설정하여 워크로드에 맞는 정밀한 리소스 조정이 가능하다.

다만, 오토 스케일링의 효과를 극대화하기 위해서는 사전 분석과 정책 수립이 반드시 선행되어야 한다. 워크로드의 유형과 트래픽 패턴을 충분히 분석한 후, 적절한 스케일링 조건과 임곗값을 설정하는 것이 중요하다. 트리거가 지나치게 민감할 경우 불필요한 스케일링을 유발할 수 있고, 반응이 지나치게 느린 설정은 서비스 품질 저하로 이어질 수 있다. 따라서 신중한 초기 설계와 지속적인 모니터링이 병행되어야 한다.

11.4.1 수평적 확장 vs 수직적 확장

시스템의 성능을 확장하는 방식은 크게 수평적 확장과 수직적 확장으로 나눌 수 있다. 수평적 확장은 여러 개의 인스턴스를 추가하여 부하를 분산시키는 방식이며, 수직적 확장은 단일 인스턴스의 하드웨어 성능을 향상시키는 방식이다. 두 방식은 각각의 장단점을 가지며, 시스템의 특성과 요구 사항에 따라 적절한 확장 전략을 선택해야 한다.

수평적 확장(scale-out)은 주로 분산 시스템에서 활용되며, 여러 개의 서버가 동일한 역할을 수행하도록 구성하는 방식이다. 이 방식은 부하를 여러 인스턴스에 나누어 처리함으로써 병목 현상을 완화하고, 트래픽 급증에도 유연하게 대응할 수 있다는 장점이 있다. 또한, 개별 서버에 장애가 발생하더라도 전체 시스템은 정상적으로 동작할 수 있도록 설계할 수 있어 고가용성을 확보할 수 있다.

데이터 사이언스 시스템에서 수평적 확장은 모델 서빙이나 데이터 처리 작업의 확장에 자주 사용된다. 예를 들어, 여러 대의 서버에서 머신러닝 모델을 동시에 서빙하여 사용자 요청을 효율적으로 분산할 수 있다. 또한, Apache Spark나 Apache Hadoop과 같은 분산 데이터 처리 프레임워크는 워커 노드를 추가함으로써 대규모 데이터를 병렬로 처리하고 성능을 향상시킨다.

반면, **수직적 확장**(scale-up)은 단일 서버의 성능을 향상시키는 방식으로, CPU, GPU, 메모리, 디스크 속도 등을 업그레이드하여 처리 능력을 강화한다. 이 방식은 하드웨어 업그레이드만으로 성능을 개선할 수 있어 기존 시스템을 유지하면서도 확장이 가능하다는 장점이 있다. 그러나 물리적 한계로 인해 무한정 확장할 수는 없으며, 특정 시점 이후에는 비용 대비 성능 향상이 제한될 수 있다.

데이터 사이언스 애플리케이션에서는 대용량 데이터세트를 다룰 때 수직적 확장이 유용하게 활용될 수 있다. 예를 들어, GPU 기반 딥러닝 모델을 학습할 때 고성능 GPU를 추가하거나 메모리 용량을 늘리는 방식으로 학습 속도를 개선할 수 있다. 또한, 단일 머신에서 실행되는 데이터 처리 파이프라인의 경우, CPU와 메모리를 확장하여 보다 많은 데이터를 한 번에 처리하도록 최적화할 수 있다.

수평적 확장은 뛰어난 확장성과 장애 복구 용이성을 제공하지만, 운영 및 관리 측면에서 복잡성이 증가한다. 여러 대의 서버를 효율적으로 운영하기 위해서는 로드 밸런싱, 분산 데이터 저장, 네트워크 최적화 등 추가적인 설계와 관리가 요구된다. 반면, 수직적 확장은 상대적으로 관리가 간단하다는 장점이 있으나, 일정 수준 이상의 리소스 확장은 물리적 한계로 인해 제한될 수 있다.

비용 측면에서도 두 방식은 뚜렷한 차이를 보인다. 수평적 확장은 초기 도입 비용이 낮은 편이지만, 인스턴스 수가 증가함에 따라 운영 비용이 지속적으로 상승할 수 있다. 반면, 수직적 확장은 고성능 하드웨어에 대한 초기 투자 비용이 크지만, 장기적으로는 구성과 유지보수가 단순해질 수 있다. 따라서 시스템의 특성과 예산, 운영 목적을 고려하여 비용과 성능 간의 균형을 맞춘 확장 전략을 수립하는 것이 중요하다.

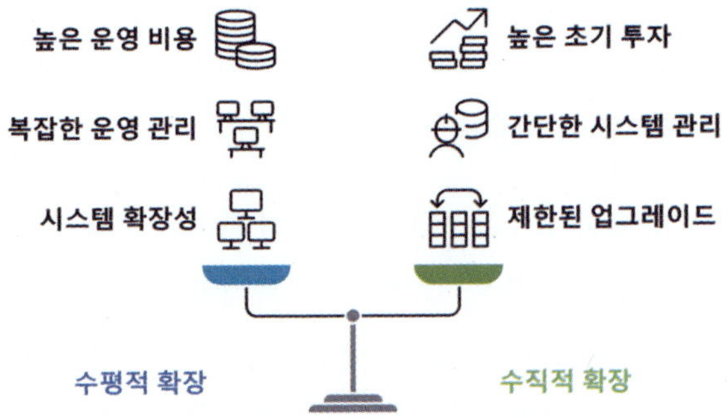

그림 11.6 수평적 확장 vs 수직적 확장

데이터 사이언스 프로젝트에서는 일반적으로 수평적 확장을 선호하는 경향이 있다. 데이터 처리나 모델 학습 과정에서 다수의 노드를 병렬로 활용하면 속도를 높일 수 있기 때문이다. 예를 들어, 실시간 데이터 스트리밍 분석 시스템에서는 노드를 추가함으로써 이벤트 처리 성능을 향상시킬 수 있으며, 분산 데이터베이스를 활용해 대량의 데이터를 효율적으로 저장하고 조회할 수 있다.

그러나 모든 상황에서 수평적 확장이 항상 적합한 것은 아니다. 일부 애플리케이션은 단일 인스턴스에서 최적화된 환경을 유지하는 것이 오히려 더 효과적일 수 있으며, 성능 조정을 통해 충분한 효과를 얻을 수도 있다. 예를 들어, 머신러닝 모델의 배치 학습 작업처럼 높은 연산 성능이 일시적으로 요구되는 경우에는 여러 대의 저사양 서버를 사용하는 것보다 고성능 서버 하나를 사용하는 것이 더 효율적일 수 있다.

결론적으로, 시스템의 특성과 사용 사례에 따라 수평적 확장과 수직적 확장을 적절히 조합하는 전략이 중요하다. 초기에는 수직적 확장을 통해 기본 성능을 확보하고, 이후에는 수평적 확장을 도입하여 확장성을 높이는 방식이 일반적이다. 데이터 사이언스 환경에서도 이와 같은 접근법을 적용하면 보다 유연하고 효율적인 시스템을 구축할 수 있다.

11.4.2 오토 스케일링 정책 및 규칙 설정

오토 스케일링은 시스템의 부하에 따라 자동으로 리소스를 조정하는 메커니즘으로, 이를 효과적으로 운영하려면 명확한 정책과 규칙을 설정하는 것이 중요하다. 정책은 스케일링이 언제, 어떻게 수행되어야 하는지를 정의하는 기준이며, 규칙은 특정 조건을 충족할 때 실행되는 세부적인 동작을 의미한다. 잘 설계된 오토 스케일링 정책은 성능을 유지하면서도 불필요한 리소스 소비를 방지하여 비용을 최적화할 수 있다.

정책을 수립할 때 가장 중요한 요소는 목표 시스템의 특성과 트래픽 패턴을 파악하는 것이다. 일정한 부하가 지속되는 서비스와 갑작스러운 트래픽 증가가 자주 발생하는 서비스는 서로 다른 스케일링 전략이 필요하다. 특정 시간대에만 높은 부하가 발생하는 경우 사전 정의된 스케줄 기반의 예약 스케일링이 효과적이며, 예측하기 어려운 트래픽 변동이 있는 경우에는 실시간 지표를 기반으로 한 동적 스케일링이 적합하다.

오토 스케일링 규칙을 설정할 때 가장 일반적으로 사용되는 지표는 CPU 사용률이다. 특정 인스턴스의 CPU 사용률이 일정 임계치를 초과하면 새로운 인스턴스를 추가하고, 반대로 일정 임계치 이하로 내려가면 불필요한 인스턴스를 줄이는 방식이다. 메모리 사용량 역시 중요한 스케일링 지표로, 일부 애플리케이션에서는 CPU보다 메모리 사용량이 더 중요한 요소일 수 있다. 데이터 사이언스 워크로드에서는 대량의 데이터를 처리하는 과정에서 메모리 소비가 급격히 증가할 수 있으므로 CPU뿐만 아니라 메모리 사용률을 함께 모니터링하여 적절한 스케일링 규칙을 설정하는 것이 바람직하다.

처리량과 대기 시간을 기반으로 한 스케일링 정책도 고려할 수 있다. 예를 들어, 실시간 스트리밍 분석 시스템에서는 단위 시간당 수신되는 이벤트 수를 기준으로 스케일링을 수행할 수 있으며, 이벤트 수가 일정 수준을 초과하면 병렬 처리를 위해 노드를 확장하고, 감소할 경우 리소스를 축소하여 비용을 절감할 수 있다.

더 나아가, 예측 기반 오토 스케일링도 가능하다. 단순히 현재의 지표에만 의존하면 갑작스러운 부하 증가에 신속하게 대응하지 못할 수 있다. 머신러닝 모델을 활용하여 과거의 트래픽 패턴을 분석하고 미래 부하를 예측하면, 특정 요일이나 시간대에 부하 증가가 예상될 경우 사전에 리소스를 확장하여 선제적으로 대응할 수 있다.

스케일링의 빈도와 속도도 운영 안정성에 중대한 영향을 미친다. 스케일링이 지나치게 자주 발생하면 시스템이 불안정해질 수 있고, 반대로 반응이 너무 느릴 경우 성능 저하가 발생할 수 있다. 이를 방지하기 위해 쿨다운 기간(cooldown period)을 설정함으로써 스케일링 간격을 조정할 수 있다. 예를 들어, 마지막 스케일링 이후 최소 5분이 지나야 다음 스케일링이 가능하도록 설정하면 불필요한 자원 변동을 줄일 수 있다.

비용 최적화를 위한 정책도 중요하다. 클라우드 환경에서는 사용한 리소스에 따라 비용이 청구된다. 따라서 필요 이상의 스케일링이 발생하지 않도록 신중하게 설계해야 한다. 사용하지 않는 인스턴스를 자동으로 종료하는 기능을 활용하면 불필요한 비용을 줄일 수 있으며, 저사양 인스턴스와 고사양 인스턴스를 적절히 조합하여 비용 대비 성능을 최적화할 수도 있다.

배치 작업과 실시간 처리 작업 간의 스케일링 정책도 다르게 접근해야 한다. 배치 작업의 경우 일정한 시간 간격으로 실행되므로 실행 전후의 부하 변동을 예측하고 이에 맞춰 미리 리소스를 조정하는 것이 효과적이다. 반면 실시간 처리 시스템은 부하가 비정기적으로 발생하기 때문에 빠르게 반응할 수 있는 동적 확장 정책이 요구된다.

오토 스케일링을 효과적으로 구현하려면 적절한 트리거 조건을 정의하는 것이 중요하다. 트리거 조건이란 시스템의 상태를 모니터링하면서 특정 임곗값을 초과하거나 미달할 경우 자동으로 리소스를 확장하거나 축소하는 기준을 의미한다. 일반적으로 CPU나 GPU 사용률이 가장 많이 활용되며, 일정 수준 이상으로 사용률이 지속되면 인스턴스를 추가하고, 일정 수준 이하로 감소하면 인스턴스를 축소하는 방식이 주로 사용된다.

메모리 사용률도 주요 트리거로 활용된다. 머신러닝 모델 서빙 환경에서는 입력 데이터의 크기와 복잡성에 따라 메모리 소비가 크게 변동될 수 있기 때문에 일정 수준 이상으로 증가하면 추가 리소스를 할당하는 방식이 적절하다. 네트워크 트래픽 역시 중요한 요소로 웹 서비스나 API 서버 등에서는 초당 요청 수가 증가할 경우 부하 분산을 위해 인스턴스를 확장해야 할 수 있다.

데이터 처리 파이프라인에서는 **대기열**(queue)의 길이를 트리거로 활용할 수 있다. 예를 들어, 스트리밍 데이터 처리를 수행하는 시스템에서는 처리해야 할 메시지가 일정 임계치를 초과하면 추가 워커(worker)를 할당하여 처리 속도를 높일 수 있으며, 대기열이 짧아지면 불필요한 리소스를 줄이는 방식으로 운영할 수 있다.

데이터 사이언스 모델 배포 환경에서는 추론 시간을 스케일링 트리거로 사용할 수 있다. 모델의 응답 속도가 느려질 경우 서버의 부하가 증가하고 있다는 신호로 해석할 수 있으므로, 이를 트리거로 삼아 인스턴스를 자동으로 확장할 수 있다. 반대로 응답 속도가 빠르다면 리소스에 여유가 있으므로 인스턴스를 축소하여 리소스를 최적화한다.

또한, 세션 수나 동시 접속자 수도 스케일링 조건으로 활용할 수 있다. 실시간 예측 API나 웹 기반 AI 서비스, 스트리밍 플랫폼처럼 사용자 수가 시간대별로 크게 변동하는 시스템에서는 접속자 수를 기준으로 인스턴스 수를 자동으로 조절하여 리소스를 효율적으로 관리할 수 있다.

이벤트 기반 트리거도 스케일링 정책으로 활용할 수 있다. 대형 프로모션, 캠페인 시작, 또는 대량의 데이터 분석 작업처럼 부하가 급증할 것으로 예상되는 특정 이벤트 발생 시 즉시 리소스를 확장하는 방식이다.

이외에도, 예측 기반 스케일링 기법을 활용하면 단순한 지표 기반 정책의 한계를 보완할 수 있다. 머신러닝 모델을 이용해 과거 데이터를 분석하고 향후 부하를 예측하면 트래픽 증가가 예상되는 시점에 미리 인스턴스를 확장하여 대응할 수 있다. 예를 들어 특정 요일이나 시간대에 트래픽이 반복적으로 증가하는 패턴이 있다면, 이를 학습하여 사전 대응이 가능하다.

결국, 오토 스케일링 정책과 규칙을 수립할 때는 단순한 CPU 및 메모리 사용량뿐만 아니라 애플리케이션의 특성을 고려한 다양한 조건을 종합적으로 고려해야 한다. 데이터 사이언스 애플리케이션에서는 데이터 처리량, 추론 시간, 대기열 길이, 사용자 수 등 도메인에 특화된 지표를 반영한 스케일링 전략을 수립해야 보다 안정적이고 최적화된 시스템 운영이 가능해진다. 다음 그림 11.7은 오토 스케일링 정책 수립 프로세스를 간략히 정리한 것이다.

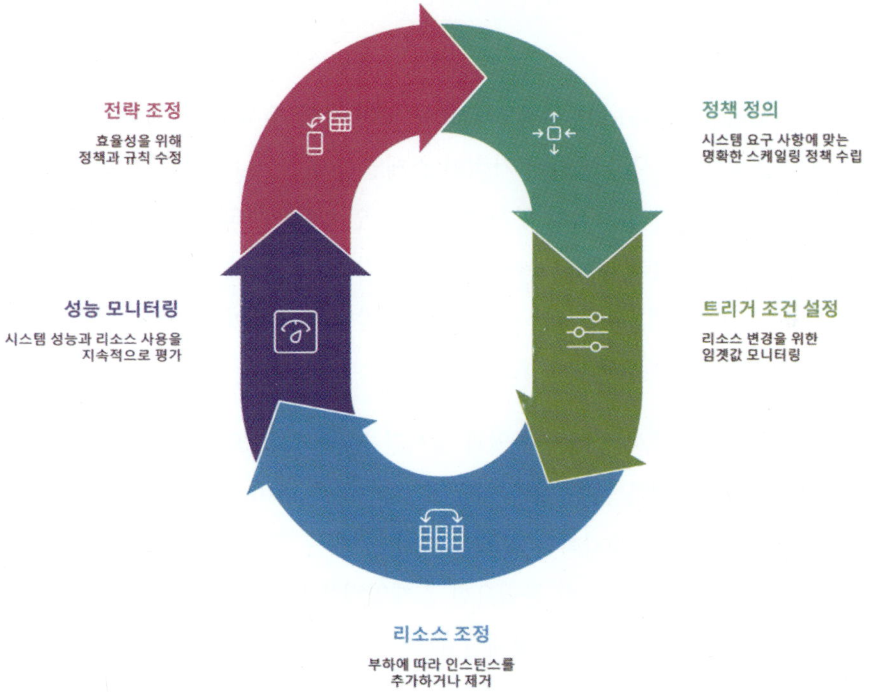

그림 11.7 오토 스케일링 정책 수립 프로세스

11.4.3 오토 스케일링 시 고려 사항

오토 스케일링을 구현할 때는 단순히 리소스를 자동으로 조절하는 것에 그치지 않고, 운영 비용과 시스템 안정성을 함께 고려하는 것이 중요하다. 불필요한 인스턴스를 추가하거나 과도하게 스케일링을 수행하면 운영 비용이 급증할 수 있으며, 반대로 지나치게 보수적인 확장 전략을 적용하면 서비스 성능이 저하될 수 있다. 따라서 비용 효율성과 시스템의 부하 변동에 맞춘 균형 있는 정책 수립이 필요하다.

비용 최적화를 위해서는 먼저 인스턴스 유형과 요금 구조에 대한 이해가 선행되어야 한다. 클라우드 서비스에서는 온디맨드 인스턴스, 예약 인스턴스, 스팟 인스턴스 등 다양한 요금제가 존재하며, 오토 스케일링 시 어떤 인스턴스를 추가하느냐에 따라 비용이 크게 달라질 수 있다. 예를 들어, 단기적으로 높은 부하를 처리해야 하는 경우 스팟 인스턴스를 활용하면 비용을 절감할 수 있지만, 안정성이 요구되는 경우 온디맨드 또는 예약 인스턴스를 적절히 조합하는 전략이 필요하다.

쿨다운 기간(cooldown period) 설정도 중요한 고려 사항 중 하나다. 쿨다운 기간이란 스케일링이 발생한 후 일정 시간 동안 추가적인 스케일링이 일어나지 않도록 하는 기간을 의미한다. 이 설정이 없으면 일시적인 부하 변동에도 인스턴스가 과도하게 추가되거나 제거되는 현상이 발생할 수 있다. 예를 들어, 트래픽이 갑자기 증가해 인스턴스를 확장한 직후 곧바로 트래픽이 감소하면, 불필요한 자원 변동이 발생해 비용이 증가하고 시스템 안정성도 저하될 수 있다.

데이터 사이언스 시스템에서는 배치 작업과 실시간 분석 서비스의 특성을 고려하여 쿨다운 기간을 설정해야 한다. 예를 들어, 머신러닝 모델의 추론 서비스는 특정 시간대에 요청이 집중되며, 트래픽이 급격히 증가하는 경향이 있다. 이때는 쿨다운 기간을 적절히 설정함으로써 일시적인 트래픽 변화로 인한 불필요한 스케일링을 방지할 수 있다. 반면, 데이터 파이프라인에서 수행되는 배치 작업은 정해진 주기마다 부하가 반복되므로, 스케일링 주기를 이에 맞춰 조정하면 리소스를 보다 효율적으로 사용할 수 있다.

오토 스케일링의 과도한 민감도를 방지하기 위해 **히스테리시스**(hysteresis) 개념을 적용하는 방법도 있다. 이는 특정 임곗값을 초과했다고 해서 즉시 스케일링하는 것이 아니라, 일정 시간 동안 해당 상태가 지속될 때만 확장을 수행하도록 설정하는 방식이다. 예를 들어, CPU 사용률이 80%를 초과하더라도 일정 시간(예: 1~2분) 동안 지속되지 않으면 스케일링을 실행하지 않도록 설정하면, 일시적인 부하에 의한 리소스 낭비를 방지할 수 있다.

오토 스케일링 정책을 설계할 때는 네트워크 비용도 고려해야 한다. 클라우드 환경에서는 데이터 전송량에 따라 과금이 발생하며, 특히 여러 **리전**(region)[12]이나 **가용 영역**(availability zone)[13]에 걸쳐 리소스를 분산 배치할 경우 네트워크 비용이 증가할 수 있다. 따라서 데이터 이동이 많은 서비스에서는 리소스를 동일한 지역에 집중 배치하거나 캐싱을 활용하여 전송량을 줄이는 방식이 효과적이다.

또한, 데이터 사이언스 시스템에서는 GPU 자원의 효율적인 사용도 중요한 고려 요소다. 머신러닝 모델을 서빙할 때 GPU 인스턴스를 활용할 수 있지만, GPU는 일반적인 CPU 인스턴스에 비해 비용이 높기 때문에 무분별한 확장은 바람직하지 않다. 따라서 추론 요청이 증가할 경우, 먼저 캐싱을 적용해 반복 요청을 줄이고, 요청량이 일정 임계치를 초과하는 경우에만 GPU 인스턴스를 확장하는 방식이 효율적이다.

오토 스케일링의 또 다른 고려 사항은 **상태 저장 서비스**(stateful service)[14]와 **상태 비저장 서비스**(stateless service)[15]의 차이점이다. 웹 애플리케이션과 같은 상태 비저장 서비스는 세션 정보나 데이터를 별도로 저장하지 않기 때문에 상대적으로 확장이 용이하다. 반면, 데이터베이스와 같이 내부에 상태를 유지해야 하는 서비스는 확장이 복잡하며, 성능 보장이나 일관성 유지를 위해 더 많은 비용이 소요될 수 있다. 예를 들어, 데이터 사이언스 시스템에서 활용되는 분산 데이터 저장소나 실시간 피처 스토어는 단순히 인스턴스를 추가하는 것만으로는 성능을 확보하기 어려우며, 데이터 복제, 샤딩, 리밸런싱 등 추가적인 전략이 함께 고려되어야 한다.

마지막으로, 비용 최적화와 성능을 모두 고려한 하이브리드 스케일링 전략을 도입하는 방법도 있다. 예를 들어, 일정 수준까지는 수직적 확장을 통해 단일 인스턴스의 성능을 극대화하고, 이후 성능 한계에 도달하면 수평적 확장으로 전환하는 방식이다. 데이터 사이언스

12 특정 지리적 위치에 있는 독립적인 데이터 센터의 클러스터(예: ap-northeast-2, us-east-1)

13 리전 내에서 격리된 위치에 있는 하나 이상의 데이터 센터(예: ap-northeast-2a, ap-northeast-2c)

14 클라이언트 요청 간의 정보를 유지하여 과거 상호작용에 따라 현재 응답이 달라지는 서비스(예: 세션 정보를 서버에 저장하는 웹 애플리케이션)

15 각 클라이언트 요청을 독립적으로 처리하며, 과거 상호작용에 대한 정보를 저장하지 않는 서비스(예: CDN, API 게이트웨이)

애플리케이션에서는 모델 서빙 초기에는 고성능 단일 서버를 활용하여 지연 시간을 최소화하고, 트래픽이 증가하면 여러 노드를 추가하는 방식이 현실적인 대안이 될 수 있다.

오토 스케일링은 단순한 자동 확장 기능 이상의 전략적 고려가 필요하다. 리소스 증설뿐 아니라 비용 절감, 성능 안정성, 데이터 전송 비용, GPU 활용 방식 등 다양한 요소를 종합적으로 분석해야 하며, 데이터 사이언스 기반 시스템에서는 배치 처리, 실시간 분석, 모델 서빙 등 서로 다른 워크로드의 특성을 반영한 스케일링 정책을 수립하는 것이 중요하다.

11.5 _ 성능 측정 및 분석 방법

성능 측정과 분석은 시스템을 안정적으로 운영하고 효율적으로 최적화하기 위한 핵심적인 절차이다. 성능이 일정 수준 이하로 저하되면 사용자 경험이 악화될 뿐만 아니라, 운영 비용 증가 및 시스템 장애로까지 이어질 수 있다. 이러한 문제를 예방하려면 신뢰할 수 있는 측정 기준을 마련하고, 데이터 기반의 개선 전략을 수립해야 한다. 이를 위해 성능 지표를 명확히 정의하고, 적절한 분석 도구를 활용하며, 병목 구간을 식별하고 최적화하는 체계적인 접근이 요구된다.

데이터 사이언스 시스템에서는 일반적인 웹 서비스와는 다른 성능 측정 방식이 요구된다. 단순한 요청-응답 기반의 API 성능뿐만 아니라, 데이터 처리 파이프라인의 실행 속도, 머신러닝 모델의 추론 지연 시간, 대규모 데이터베이스 조회 속도 등이 중요한 성능 지표가 된다. 예를 들어, 모델 서빙 시스템에서는 단순한 응답 속도뿐만 아니라 배치 크기에 따른 처리량 변화, GPU 활용률, 메모리 사용량 등을 종합적으로 분석해야 한다.

성능을 효과적으로 분석하기 위해서는 다양한 도구를 활용해야 한다. APM(Application Performance Management) 도구는 전체 트랜잭션 흐름과 실행 시간을 시각화하고 분석할 수 있도록 지원하며, 프로파일러는 특정 코드 블록의 실행 시간을 측정하여 세밀한 최적화를 가능하게 한다. 로그 분석 도구를 통해 이상 징후를 조기에 탐지하고, 시스템 내 오류나 지연 원인을 실시간으로 파악하는 것도 가능하다. 이러한 분석 체계를 구축하면, 장애 발생 이전에 문제를 사전 감지하고 대응할 수 있는 기반이 마련된다.

성능 분석을 위한 테스트 환경 구축도 중요한 요소다. 실제 운영 환경에서 발생할 수 있는 다양한 시나리오를 반영하여 테스트를 설계하고, 반복적으로 검증하는 과정이 필요하다. 특히 데이터 사이언스 시스템은 특정 시간대에 트래픽이 집중되거나 데이터 볼륨이 급격히 증가하는 경우가 많아, 이러한 부하 조건과 입력 변화에 대한 시뮬레이션이 필수적이다. 예를 들어, 머신러닝 모델이 실시간으로 대량의 요청을 처리할 수 있도록 부하 테스트를 수행하고, 처리 속도와 정확도의 균형을 맞추는 것이 필요하다.

11.5.1 성능 측정 지표 선택

성능을 효과적으로 측정하기 위해서는 적절한 지표를 선택해야 한다. 성능 지표는 시스템이 얼마나 효율적으로 작동하는지를 평가하고, 병목 현상을 식별하며, 최적화를 위한 방향을 설정하는 데 중요한 기준이 된다.

일반적으로 응답 시간, 처리량, 오류율은 대표적인 성능 지표로 활용된다. 이러한 지표는 개별적으로 분석될 수도 있지만, 상호 연관성을 가지므로 함께 고려해야 한다. 예를 들어, 처리량을 높이기 위해 리소스를 과도하게 사용하면 응답 시간이 증가할 수 있으며, 부하가 과도하게 높아지면 오류율 또한 상승할 수 있다.

그중에서도 **응답 시간**(response time)은 가장 기본적이면서도 사용자 경험과 밀접하게 연결된 지표다. 이는 시스템이 요청을 수신하고 응답을 반환하기까지 소요되는 시간을 의미하며, 단순한 **평균값**(mean)뿐만 아니라 **백분위수**(percentile) 기반의 분석이 필요하다. 예를 들어, P95 응답 시간은 전체 요청 중 95%가 특정 시간 이내에 처리되었음을 의미하며, 극단값의 영향을 배제하고 전반적인 성능 수준을 파악하는 데 유용하다.

데이터 사이언스 시스템에서는 특히 모델 추론 요청의 응답 시간이 주요한 성능 지표가 된다. 실시간 추천 시스템이나 온라인 광고 모델과 같이 빠른 응답이 요구되는 환경에서는 응답 시간이 짧을수록 사용자 경험이 향상되며, 시스템 신뢰도에도 긍정적인 영향을 주기 때문이다. 다음 표 11.3은 응답 시간 성능 지표에 대해 정리한 것이다.

표 11.3 응답 시간 성능 지표

지표	중요도	지표를 통해 확인할 수 있는 사항	활용	주의사항
P99 / P99.9	매우 높음	드물게 발생하는 심각한 성능 저하, 시스템 불안정성, 잠재적 장애 가능성	시스템 안정성 확보, 장애 예측, 성능 이상 징후 감지	애플리케이션 종류에 따라 중요도 달라짐
P95 / P90	높음	대부분 사용자가 경험하는 응답 시간, 전체 사용자 경험의 품질, 성능 목표 달성 여부	성능 목표 설정, 사용자 만족도 측정, 성능 개선 우선순위 결정	서비스 수준 목표(Service Level Objective, SLO)와 연관하여 관리
P50(중앙값)	중간	일반적인 사용자의 응답 시간, 전체 응답 시간 분포의 중심 경향	전반적인 성능 추세 파악, 데이터 분포 분석 (다른 지표와 함께)	극단적인 값에 영향을 받지 않아 문제 간과 가능
평균값	낮음	전체 응답 시간의 평균적인 경향, 전반적인 성능 수준 (개략적)	전반적인 성능 개요 파악, 추세 분석 (다른 지표와 함께)	단독으로 사용 시 오해 발생 가능
P10 / P25	낮음(특정 상황에서 유용)	최적화된 성능을 보이는 사용자 그룹의 응답 시간, 이상적인 성능 수준	성능 개선 가능성 탐색, 특정 사용자 그룹의 성능 분석	전반적인 사용자 경험 개선에 직접적인 영향은 적음

처리량(throughput)은 일정 시간 동안 시스템이 처리할 수 있는 요청의 수를 의미한다. 이는 시스템의 확장성과 직결되는 지표로, 트래픽이 증가할 때 얼마나 많은 요청을 감당할 수 있는지를 나타낸다. 일반적으로 **초당 요청 수**(Requests Per Second, RPS)나 **초당 트랜잭션 수**(Transactions Per Second, TPS)와 같은 단위로 표현된다.

처리량을 높이기 위해서는 적절한 부하 분산 전략이 필요하며, 병렬 처리 기법을 적극적으로 활용해야 한다. 데이터 사이언스 시스템에서는 배치 처리를 통해 처리량을 증가시키는 방법이 일반적이다. 예를 들어, 대규모 데이터 분석 작업에서는 개별 요청을 처리하는 대신 여러 요청을 묶어 일괄 처리함으로써 성능을 최적화할 수 있다.

오류율(error rate)은 전체 요청 중 실패한 요청의 비율을 의미하며, 시스템의 안정성과 신뢰성을 평가하는 데 중요한 역할을 한다. 일반적으로 HTTP 응답 코드(예: 5xx 서버 오류)나 애플리케이션 내부의 예외 발생률을 기준으로 측정한다. 오류율이 높아지면 사용자 경험이 저하될 뿐만 아니라, 시스템 운영에도 부담이 가중될 수 있다.

데이터 사이언스 시스템에서는 모델 서빙 과정에서 발생하는 예외 처리도 오류율과 직결된다. 예를 들어, 입력 데이터가 모델이 기대하는 형식과 다를 경우 예외가 발생할 수 있으며, 이러한 문제를 사전에 탐지하고 해결해야 한다. 그림 11.8은 Datadog의 성능 모니터링 지표를 보여준다.

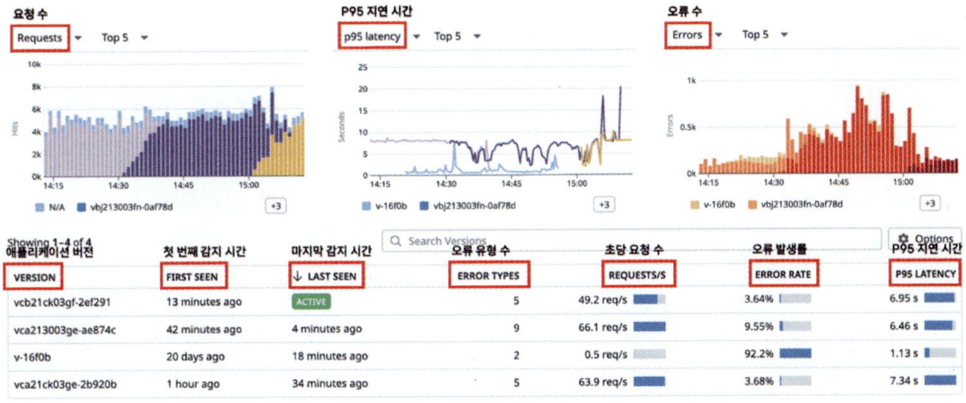

그림 11.8 성능 모니터링 지표

응답 시간, 처리량, 오류율은 개별적으로 분석할 수도 있지만, 상호 연관된 지표이기 때문에 통합적으로 고려해야 한다. 예를 들어, 처리량을 높이기 위해 시스템을 과부하 상태로 운영하면 응답 시간이 지연될 가능성이 높아지고, 이로 인해 리소스 부족으로 오류율이 상승할 수도 있다. 따라서 특정 지표를 단독으로 최적화하는 것이 아니라, 전체적인 균형을 맞추는 것이 중요하다. 이를 위해 다양한 모니터링 도구를 활용하여 시스템 상태를 실시간으로 분석하고, 이상 징후가 발생할 경우 즉각적인 조치를 취할 수 있는 체계를 마련해야 한다.

데이터 사이언스 시스템에서는 일반적인 웹 서비스와는 다른 성능 지표도 함께 고려되어야 한다. 예를 들어, 머신러닝 모델의 경우 추론 시간(inference time)이나 정확도(accuracy)

가 핵심적인 지표가 된다. **트레이스(trace)**[16]는 이러한 성능 지표를 보다 세밀하게 분석하는 데 중요한 역할을 한다. 트레이스를 활용하면 모델이 입력 데이터를 받아 처리하는 과정의 어느 단계에서 지연이 발생하는지 파악할 수 있으며, 각 연산의 실행 시간을 분석하여 최적화할 부분을 식별할 수 있다.

이와 같은 성능 분석을 통해 단순히 모델의 정확도를 높이는 데 그치지 않고, 최적의 응답 속도를 유지하면서도 안정적인 서비스를 제공할 수 있도록 조율할 수 있다. 따라서 머신러닝 시스템에서는 응답 시간이나 처리량 같은 전통적인 성능 지표 외에도, 추론 과정에서 발생하는 다양한 지연 요소와 시스템 전반의 동작 흐름을 함께 모니터링하고 최적화하는 노력이 필요하다.

예를 들어, 추론 시간이 과도하게 길어질 경우 실시간 응답이 요구되는 애플리케이션에서 사용자 경험이 저하될 수 있으며, 높은 정확도를 목표로 지나치게 복잡한 모델을 사용할 경우 전체 시스템의 성능이 떨어질 수 있다. 따라서 모델 성능을 평가할 때는 응답 시간, 처리량, 오류율뿐 아니라 모델의 예측 품질과 복잡도 간의 균형도 함께 고려해야 한다. 다음 그림 11.9는 Datadog의 트레이스 추적 기능을 보여준다.

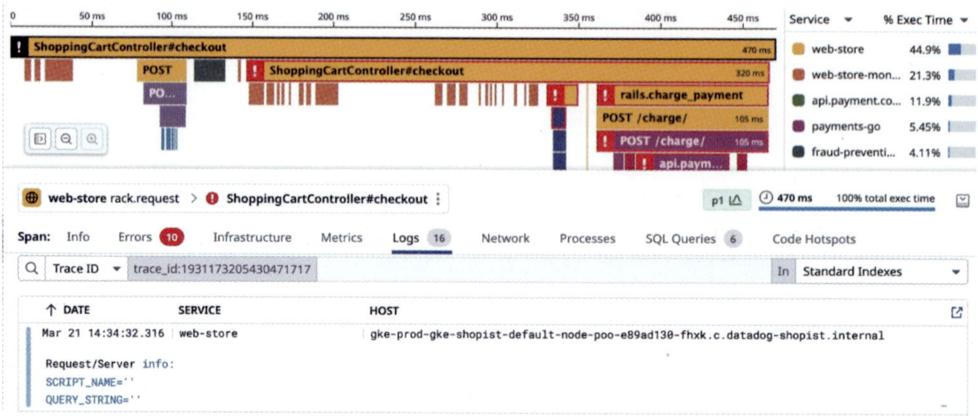

그림 11.9 트레이스 추적

16 하나의 요청이 거치는 과정을 추적한 기록

성능 측정 지표를 설정할 때는 목표하는 수준을 명확히 정의하는 것이 중요하다. 단순히 평균 응답 시간이나 처리량을 측정하는 것만으로는 충분하지 않으며, 비즈니스 목표와 연결된 성능 기준을 설정해야 한다. 예를 들어, 온라인 쇼핑몰의 추천 시스템이라면 특정 시간 내에 추천 결과를 반환해야 하며, 금융 시스템에서는 트랜잭션 오류율을 일정 수준 이하로 유지해야 한다. 따라서 성능 지표를 설정할 때는 단순한 기술적 기준이 아니라, 최종 사용자 경험과 비즈니스 요구 사항을 반영한 기준으로 설정되어야 한다.

설정된 성능 지표는 지속적으로 모니터링하고 분석해야 의미가 있다. 초기에는 양호한 성능을 보이더라도, 시간이 지남에 따라 트래픽이 증가하거나 데이터가 누적되어 성능이 저하될 수 있다. 이를 방지하려면 실시간 모니터링 시스템을 구축하고, 이상 탐지 및 정기적인 성능 테스트를 통해 상태를 점검해야 한다. 또한, 성능 저하가 발생했을 때 신속하게 대응할 수 있도록 자동화된 경고 시스템을 함께 운영하는 것이 효과적이다.

성능 분석 결과를 바탕으로 최적화 전략을 수립할 때는 단기적인 개선과 장기적인 개선을 동시에 고려해야 한다. 예를 들어, 단기적으로는 캐싱을 활용하여 응답 시간을 줄이거나 부하 분산을 통해 처리량을 증가시킬 수 있지만, 장기적으로는 전체 시스템 아키텍처를 재설계하거나 데이터 처리 방식 자체를 개선해야 할 수도 있다. 데이터 사이언스 시스템에서도 마찬가지로 일시적인 모델 최적화뿐만 아니라 데이터 저장 구조, 분산 처리 방식 등 시스템 전반에 걸친 성능 개선 전략이 필요하다.

성능 측정 지표를 올바르게 설정하고 이를 지속적으로 모니터링하는 것은 안정적인 시스템 운영의 핵심 요소다. 응답 시간, 처리량, 오류율을 기본적으로 고려하되, 데이터 사이언스 시스템에서는 모델의 추론 시간이나 데이터 처리 속도 등 추가적인 지표도 함께 분석해야 한다. 성능 지표를 단순히 측정하는 데 그치는 것이 아니라, 지속적인 개선과 최적화를 위한 출발점이 되어야 한다.

11.5.2 성능 분석 도구 활용

성능을 효과적으로 분석하기 위해서는 다양한 도구를 적절히 활용하는 것이 중요하다. 애플리케이션 APM, 프로파일러, 그리고 로깅은 대표적인 성능 분석 도구로, 각기 다른 관점에서 시스템의 성능을 측정하고 최적화하는 데 도움을 준다. APM은 애플리케이션 전반의 성능을 모니터링하고 주요 성능 지표를 실시간으로 제공하며, 프로파일러는 코드 수준에서 실행 성능을 분석하는 역할을 한다. 반면, 로깅은 시스템의 동작을 기록하고 문제 발생 시 원인을 파악하는 데 중요한 역할을 한다.

APM 도구는 전체 시스템의 상태를 실시간으로 추적할 수 있게 해준다. 대표적인 APM 도구로는 Datadog, New Relic, Prometheus 등이 있으며, 이러한 도구들은 서버 상태, 요청 처리 속도, 데이터베이스 쿼리 시간, 오류율 등 다양한 성능 지표를 수집하고 분석할 수 있다. 특히, 마이크로서비스 아키텍처 환경에서는 분산된 여러 서비스의 성능을 모니터링하는 것이 중요하기 때문에 APM 도구를 활용하면 병목 지점을 쉽게 파악할 수 있다.

프로파일러는 애플리케이션 코드의 실행 성능을 분석하는 도구다. 함수 호출 시간, CPU · 메모리 사용량, 실행 경로 등을 분석할 수 있으며, 대표적인 도구로는 Python의 cProfile, PyTorch Profiler, Java의 VisualVM, Go의 pprof 등이 있다. 머신러닝 및 딥러닝 모델 서빙 환경에서는 특정 신경망 계층이 과도한 연산을 요구하거나, 전처리 로직에 병목이 존재할 경우 전체 추론 성능에 영향을 줄 수 있다. 이때 프로파일러를 통해 연산량이 많은 지점이나 비효율적인 코드 블록을 식별하고, 최적화 방향을 도출할 수 있다.

로깅은 시스템의 작동 상태와 이벤트를 기록하여, 성능 저하나 장애 발생 시 문제의 원인을 분석하는 핵심 도구다. 대표적인 로깅 프레임워크로는 Elastic Stack(ELK), Fluentd, Grafana Loki 등이 있으며, 클라우드 환경에서는 AWS CloudWatch, Google Cloud Logging, Azure Monitor 등이 널리 사용된다. 로깅은 단순한 오류 기록을 넘어서, 이상 동작 탐지, 성능 추세 분석, 규정 준수 대응 등 다양한 운영 분석의 기초가 된다.

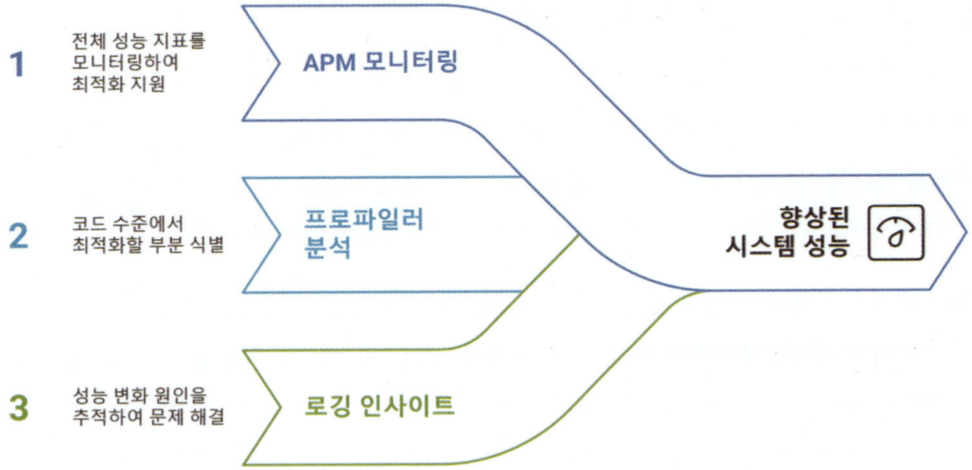

그림 11.10 성능 분석 도구

데이터 사이언스 환경에서는 성능 분석 도구가 더욱 중요한 역할을 한다. 모델 추론 시간이 길어질 경우 APM 도구를 통해 어느 부분에서 병목이 발생하는지 식별할 수 있으며, 프로파일러를 활용해 모델 내부의 연산 시간을 세부적으로 분석할 수 있다. 또한, 로그를 활용하면 데이터 전처리 단계에서 발생하는 문제를 추적하고, 모델 배포 후 실시간으로 성능 변화를 모니터링할 수 있다. 특히, 대규모 배치 작업이나 스트리밍 데이터 처리 환경에서는 성능 분석 도구를 활용해 최적화 전략을 수립하는 것이 필수적이다.

데이터 사이언스 시스템은 복잡한 데이터 흐름과 다양한 연산 단계를 포함하기 때문에 단일 지표나 도구만으로 전체 성능을 파악하기 어렵다. 예를 들어, 단순히 추론 시간이 느려졌다고 해도 그 원인이 모델 자체에 있는지, 입력 전처리에 있는지, 아니면 외부 데이터 호출에 있는지 명확하지 않을 수 있다. 이럴 때 APM, 프로파일러, 로깅을 조합하여 다각도로 성능을 진단해야 원인을 정확히 파악할 수 있다. 각 도구는 서로 보완적인 정보를 제공하므로, 병목이 발생한 위치뿐 아니라 그 맥락까지 분석할 수 있다.

성능 분석 도구를 단순히 모니터링 수단으로 활용하는 데 그치지 않고, 시스템 운영과 모델 성능 향상을 위한 주도적인 도구로 사용하는 것이 중요하다. 특히 데이터 사이언스 환경에서는 모델 추론 과정에서의 병목을 식별하고, 필요에 따라 최적화 기법을 적용하는 일이 반복적으로 요구된다. 이러한 도구들을 적절히 연계하고 분석 체계를 정립하면, 시스템 성능을 지속적으로 향상시키고 효율적인 운영 기반을 마련할 수 있다.

11.5.3 병목 지점 식별 및 개선 전략

병목 현상은 시스템 성능 저하의 주요 원인 중 하나로, 이를 효과적으로 식별하고 해결하는 것이 중요하다. 병목이 발생하는 지점을 정확히 찾아내지 못하면, 불필요한 최적화 작업에 자원을 낭비할 수 있으며 정작 필요한 개선은 이루어지지 않을 수 있다. 따라서 병목 지점을 체계적으로 분석하고, 이에 맞는 개선 전략을 적용하는 과정이 필요하다.

병목 현상을 식별하는 첫 번째 단계는 성능 모니터링 도구를 활용하는 것이다. APM 도구를 사용하면 애플리케이션의 응답 시간, 처리량, CPU 및 메모리 사용률 등을 실시간으로 추적할 수 있다. 이를 통해 이를 통해 어떤 요청이 과도한 응답 시간을 보이는지, 특정 서버에 부하가 집중되는지를 파악할 수 있다. 또한, 로깅 시스템을 병행해 주요 이벤트와 성능 데이터를 기록하면 일시적인 문제뿐 아니라 장기적인 성능 변화까지 추적할 수 있다.

다음 단계는 프로파일러를 활용하여 코드 실행 과정에서 발생하는 병목을 분석하는 것이다. 프로파일링을 수행하면 함수 호출 횟수, 실행 시간, 메모리 사용량 등의 정보를 확인할 수 있으며, 특정 연산이 과도하게 많은 리소스를 소모하는지도 파악할 수 있다. 예를 들어, 머신러닝 모델을 운영하는 환경에서 특정 신경망 계층이 지나치게 많은 연산을 요구하는 경우, 프로파일러를 통해 이를 확인하고 보다 효율적인 연산 방식으로 최적화할 수 있다.

데이터 사이언스 시스템에서는 병목 현상이 주로 모델 추론 단계에서 발생한다. 특히, 대규모 데이터를 처리할 때 모델이 한 번에 너무 많은 데이터를 입력받으면 처리 속도가 저하될 수 있다. 이 경우, 배치 크기를 조절하거나 연산을 GPU로 분산 처리하는 방식으로 성능을 개선할 수 있다. 또한, 데이터 전처리 과정에서 불필요한 변환 연산이 포함되어 있거나 I/O 지연이 주요 원인이 되는 경우가 많다. 이를 완화하기 위해 중간 결과를 캐시에 저장하는 방식이 효과적이다.

데이터베이스에서도 병목 현상은 빈번하게 나타난다. 쿼리 실행 시간이 길어지거나 트랜잭션이 과도하게 증가하면 데이터베이스의 전체 성능이 저하될 수 있다. 이를 해결하려면 인덱스를 최적화하고, 불필요한 중복 데이터를 제거하며, 캐싱을 적극적으로 활용할 필요가 있다. 아울러 데이터베이스 샤딩이나 복제를 활용하여 부하를 여러 노드로 분산시키는 것도 좋은 해결책이 될 수 있다.

네트워크 병목 역시 고려해야 할 요소다. 분산 환경에서 여러 서비스 간 데이터 교환이 잦을수록 네트워크 지연이 전체 시스템 성능에 영향을 줄 수 있다. 이를 해결하기 위해 데이터 전송량을 최소화하는 압축 기법을 적용하거나 정적 리소스는 CDN을 통해 분산 배포하는 방식이 효과적이다. 또한, API 호출 횟수를 줄이고, 가능한 경우 비동기 처리 방식을 도입하면 네트워크 병목을 완화할 수 있다.

병목 현상을 해결하는 방법 중 하나는 부하 테스트를 수행하는 것이다. 부하 테스트를 통해 시스템이 특정 수준의 트래픽에서 어떻게 반응하는지를 분석할 수 있으며, 예기치 않은 병목 현상을 사전에 발견할 수 있다. 특히, 대규모 사용자가 동시에 모델을 호출하는 환경에서는 병목이 발생할 가능성이 높으므로 이를 테스트하고 대비하는 것이 중요하다.

시스템의 병목을 해결하기 위해서는 단일 성능 지표만을 확인하는 것으로는 충분하지 않다. 여러 지표를 종합적으로 분석해야 정확한 원인을 파악할 수 있다. 예를 들어, CPU 사용률이 높다고 해서 반드시 CPU가 병목 원인이라고 단정할 수는 없다. 실제로는 메모리 부족으로 인한 스왑 발생이나 네트워크 지연이 원인일 수도 있다. 따라서 병목 분석 시에는 여러 요소를 고려하고, 관련된 성능 데이터를 함께 검토해야 한다.

이처럼 병목의 원인을 정확히 파악한 후에는, 어떤 지점을 얼마나 최적화할 것인지에 대한 판단이 뒤따라야 한다. 모든 병목 지점이 시스템 전체 성능에 동일한 영향을 미치는 것은 아니기 때문에, 성능 개선의 효과가 큰 부분부터 우선적으로 접근하는 것이 바람직하다. 이 과정에서 지나치게 미세한 병목까지 모두 최적화하려 하기보다는, 실제로 의미 있는 영향을 주는 지점에 집중할 필요가 있다. 예를 들어 요청 처리 시간을 1ms 줄이는 것보다 병목이 집중된 구간에서 100ms 이상 단축하는 것이 훨씬 효과적이다.

궁극적으로, 병목 지점을 식별하고 개선하는 것은 지속적인 과정이다. 시스템은 시간이 지남에 따라 구조가 변화하고, 새로운 기능이 추가되거나 사용자 수가 증가하면서 새로운 병목이 발생할 수 있다. 따라서 정기적인 성능 분석과 지속적인 최적화를 통해 시스템의 안정성과 성능을 유지하는 것이 중요하다.

11.5.4 성능 테스트 환경 구축 및 시나리오 설계

성능 테스트 환경은 시스템의 안정성과 확장성을 평가하는 데 중요한 기준을 제공한다. 이를 통해 예상치 못한 성능 저하를 사전에 발견하고 적절한 대응 방안을 마련할 수 있다. 특히, 데이터 사이언스 시스템은 대량의 데이터를 처리하고 복잡한 연산을 수행하기 때문에 체계적인 성능 테스트가 요구된다.

성능 테스트 환경을 구축할 때 가장 먼저 고려해야 할 요소는 실제 운영 환경과 유사한 테스트 환경을 조성하는 것이다. 하드웨어 사양, 네트워크 조건, 데이터 크기 등을 운영 환경과 최대한 비슷하게 구성해야 현실적인 성능 평가가 가능하다. 테스트 환경이 지나치게 단순화되면 실제 서비스 운영 중에 발생할 수 있는 병목이나 성능 저하를 사전에 파악하기 어렵다. 일반적으로 테스트 환경은 개발 단계와 목적에 따라 dev, test, alpha, beta 등으로 구분된다.

테스트 환경 종류

- dev: 개발자가 기능을 구현하고 초기 테스트를 수행하는 공간으로, 비교적 자유도가 높고 불안정한 코드가 포함될 수 있다.
- test: 통합 테스트나 자동화 테스트가 주로 이루어지는 곳으로, 기능 간 연동이나 안정성 검증을 목적으로 한다.
- alpha: 내부 사용자나 개발 팀을 대상으로 한 사전 테스트 환경으로, 실제 운영 조건과 유사하게 구성되며 성능 및 안정성 검증에 초점을 맞춘다.
- beta: 제한된 외부 사용자에게 공개되는 환경으로, 실제 사용자 트래픽을 일부 반영하여 최종 검증을 수행한다.

테스트 시나리오는 주요 사용 사례를 중심으로 설계해야 한다. 데이터 사이언스 시스템의 경우, 모델 학습과 추론 과정이 대표적인 테스트 대상이 된다. 예를 들어, 대규모 데이터를 처리하는 ETL 파이프라인이 있다면, 입력 데이터의 양을 달리하면서 성능 변화를 관찰해야 한다. 또한 API를 통해 모델을 호출하는 서비스라면, 요청 빈도와 응답 속도를 측정해 실제 서비스 조건에서의 성능을 검증하는 것이 중요하다.

부하 테스트(load testing)는 성능 테스트의 핵심 요소 중 하나다. 시스템이 일정 수준의 요청을 안정적으로 처리할 수 있는지를 확인하는 과정으로, 점진적으로 부하를 증가시키며 성능 임계점을 찾아내는 데 목적이 있다. 예를 들어, 머신러닝 모델을 API 형태로 제공하는 서비스에서는 초당 처리 가능한 최대 요청 수(Queries Per Second, QPS)를 측정하고, 트래픽 증가 시 응답 시간이나 오류율이 어떻게 변하는지를 분석해야 한다.

스트레스 테스트(stress testing)도 중요한 성능 평가 방법 중 하나다. 일반적인 부하 수준을 초과하는 극한 상황에서 시스템이 어떻게 반응하는지를 확인하는 것이 목표다. 데이터베이스가 일정 수준 이상의 요청을 받으면 응답 시간이 급격히 증가하거나 장애가 발생할 수 있다. 이때, 장애 발생 시 자동 복구가 가능한지, 장애 후 정상 상태로 복귀하는 데 소요되는 시간은 얼마인지 확인하는 것이 중요하다.

지속적 성능 테스트(endurance testing)도 함께 고려해야 한다. 시스템이 장시간 높은 부하 상태에서 시스템이 안정적으로 동작하는지 검증하는 과정으로, 특히 데이터 사이언스 시스템처럼 장시간 학습이나 추론 작업이 이뤄지는 환경에서 메모리 누수(memory leak)나 처리 성능 저하가 발생할 가능성이 높다. 테스트 과정에서 리소스 사용량을 주기적으로 추적하고, 예상보다 높은 메모리 사용이나 비정상적인 자원 소비가 감지되면 즉시 원인을 파악하고 조치해야 한다.

테스트 자동화는 성능 검증의 효율성을 높이는 데 필수적인 요소다. Apache JMeter, Locust, Gatling 등과 같은 도구를 활용하면 다양한 부하 조건을 자동으로 시뮬레이션하고, 반복적인 테스트를 손쉽게 수행할 수 있다. 데이터 사이언스 시스템의 경우, 특정 데이터 샘플을 지속적으로 입력하며 모델 응답 시간과 처리 성능을 측정하는 방식으로 테스트를 자동화할 수 있다.

Type	Name	# Requests	# Fails	Median (ms)	95%ile (ms)	99%ile (ms)	Average (ms)	Min (ms)	Max (ms)	Average size (bytes)	Current RPS	Current Failures/s
GET	/	4137	0	21	37	38	21.22	4	38	20117.16	40	0
GET	/blog	1314	0	26	47	49	25.69	3	49	19749.39	14.3	0
GET	/blog/[post-slug]	1420	0	14	26	27	14.12	2	27	20116	13.1	0
POST	/groups/create	149	0	58	100	110	59.1	5	109	3273.26	1.7	0
GET	/signin	8199	0	26	47	49	26.01	3	49	20070.84	68	0
POST	/signin	8199	0	83	120	120	82.56	45	120	20082.7	68	0
GET	/users/[username]	1369	0	31	53	55	30.47	6	55	19932.43	13.3	0
POST	/users/[username]	132	0	68	120	120	68.06	12	119	11175.93	2	0
GET	/v1/users/	1324	0	26	47	49	26.13	3	49	19932.11	12.7	0

그림 11.11 Locust UI

실제 운영 환경에서 발생할 수 있는 다양한 시나리오를 반영하는 것도 중요하다. 예를 들어, 특정 시간대에 트래픽이 급증하는 패턴이 존재하는 경우에는 피크 타임 부하 테스트를 수행해야 한다. 또한, 시간이 지나면서 데이터의 특성이 변하는 시스템이라면, 변경된 데이터가 성능에 미치는 영향을 분석해 잠재적인 병목이나 처리 오류를 사전에 점검해야 한다.

테스트 결과를 분석할 때는 응답 시간, 처리량, 에러율 등 주요 성능 지표를 종합적으로 검토해야 한다. 단순히 평균 응답 시간만을 확인하는 것이 아니라, P95, P99와 같은 분포 기반 지표를 함께 분석해야 한다. 이를 통해 일부 요청에서 극단적인 지연이 발생하는지를 파악할 수 있다. 성능 저하의 원인을 보다 정확히 파악하려면 로그 분석과 함께 프로파일링 도구를 활용하는 것이 효과적이다.

성능 테스트는 단발성으로 끝나는 작업이 아니라, 시스템 유지 관리의 일환으로 지속적으로 수행되어야 한다. 시스템이 업데이트되거나 데이터 규모가 증가하면 성능 특성 역시 변할 수 있기 때문이다. 이러한 변화에 안정적으로 대응하려면, 성능 테스트를 CI/CD 파이프라인에 통합하고, 운영 환경에서도 지속적인 모니터링을 통해 성능 상태를 점검하는 것이 바람직하다.

12

대규모 언어 모델 시스템 구성

12.1 _ 검색 컴포넌트 선정 및 구성
12.2 _ 생성 컴포넌트 선정 및 구성
12.3 _ LLM 시스템 아키텍처 구성 전략
12.4 _ RAG 시스템 아키텍처 구성 전략

대규모 언어 모델(Large Language Model, LLM)은 자연어의 이해 및 생성 능력을 바탕으로 다양한 서비스와 애플리케이션에 활용되는 주요 기술로 자리 잡았다. 최근에는 검색과 생성 기능을 결합한 하이브리드 시스템이 주목받고 있으며, 이 중에서도 보다 정확하고 유용한 응답을 제공하는 **검색 증강 생성**(Retrieval-Augmented Generation, RAG) 방식이 확산되고 있다. LLM 시스템을 효과적으로 구축하기 위해서는 검색, 생성, 모델 최적화, 성능 평가 등 여러 요소를 고려해야 하며, 각 단계에서 적절한 설계 전략이 요구된다.

LLM 시스템을 구성하는 핵심 요소 중 하나는 검색 컴포넌트다. 이 컴포넌트는 모델이 응답을 생성할 때 필요한 외부 지식을 제공하는 역할을 하며, 특히 검색 증강 생성(RAG) 구조에서 중심적인 기능을 담당한다. 최근에는 전통적인 키워드 기반의 BM25 방식뿐 아니라, 문장의 의미를 벡터로 표현하여 유사도를 계산하는 임베딩 기반 검색 기술이 널리 활용되고 있다. 이를 위해 FAISS, Weaviate, Vespa, Elasticsearch 등 다양한 벡터 검색 엔진이 도입되고 있으며, 검색 정확도와 응답 속도를 동시에 향상시키기 위해 하이브리드 검색 기법(BM25 + 벡터 검색 병합)이 주로 사용된다. 특히 데이터 사이언스 분야에서는 대용량 문서나 코드 저장소에서 필요한 정보를 빠르게 식별하고 제공하는 것이 중요하므로, 검색 시스템의 성능과 확장성을 함께 고려한 설계가 요구된다.

생성 컴포넌트는 사용자의 질의에 대한 자연스럽고 일관된 텍스트를 생성하는 역할을 하며, LLM의 종류에 따라 응답 품질과 시스템 운영 방식이 달라진다. OpenAI의 GPT, Meta의 LLaMA, Anthropic의 Claude 등 다양한 모델이 존재하며, 각 모델은 성능, 라이선스 조건, 비용 측면에서 상이하다. 데이터 사이언스 기반 애플리케이션에서는 모델의 정확도뿐 아니라 응답 속도, API 호출 비용 등도 고려하여 적절한 모델을 선택해야 한다.

LLM 시스템을 설계할 때는 단일 모델을 활용할지, 또는 여러 모델을 조합할지에 대한 판단이 필요하다. 일부 시스템은 특정 도메인에 특화된 정보를 반영하기 위해 미세 조정된 모델을 사용하는 반면, 다양한 사용자 요구나 업무 시나리오에 대응하기 위해 여러 개의 모델을 조합하거나 역할을 분리하는 방식도 활용된다. 예를 들어, 검색 전용 모델과 생성 전용 모델을 분리하거나, 내부 지식 처리에는 오픈소스 모델을, 외부 질의에는 상용 API 모델을 사용하는 방식이 이에 해당한다.

또한, 시스템 프롬프트 기반 접근과 모델 자체를 미세 조정하는 접근은 개발 및 운영 측면에서 큰 차이를 보인다. 프롬프트 기반 방식은 비교적 구현과 유지가 간단한 반면, 미세 조정은 특정 작업에 최적화된 성능을 기대할 수 있지만, 학습 비용과 모델 배포, 버전 관리 등 유지보수 부담이 크다. 프로젝트의 목적과 리소스를 고려해 적절한 방식을 선택해야 한다.

LLM 시스템의 성능을 평가하고 지속적으로 개선하는 일은 운영 과정의 핵심 과제 중 하나다. 언어 생성 품질은 BLEU, ROUGE와 같은 전통적인 지표 외에도 최근에는 BERTScore, GPTJudge 등 GPT 기반 자동 평가 기법이나 인간 평가(human preference)를 병행하는 방식이 활용되고 있다. 또한 일반 지식, 추론, 계산 능력 등을 평가하기 위해 MMLU, TruthfulQA, HellaSwag, GSM8K 등 다양한 벤치마크가 사용되며, 이를 통해 모델의 전반적인 언어 이해 능력을 정량적으로 측정할 수 있다. 이러한 평가는 모델 선택, 파인튜닝 여부, 프롬프트 구조 설계 등에 직접적인 영향을 준다.

검색 기반 시스템의 경우에는 인덱싱 구조 최적화, 프리페칭(prefetching), 캐싱 등을 통해 검색 정확도와 응답 속도를 개선할 수 있다. 여기에 더해 실시간 사용자 로그나 쿼리 분포를 기반으로 랭킹 모델을 조정하거나 A/B 테스트를 반복적으로 수행함으로써 품질을 정밀하게 조율할 수 있다. 데이터 사이언스 관점에서는 응답 시간, 쿼리 커버리지, 토큰 사용량, 사용자 만족도 등의 지표를 종합적으로 분석하고, 이를 바탕으로 프롬프트 구성, 모델 조합, 시스템 파이프라인을 점진적으로 개선하는 방식이 효과적이다.

이러한 다양한 요소들을 통합적으로 고려함으로써 LLM 시스템은 더 높은 품질과 안정성을 갖춘 형태로 발전할 수 있다. 이제부터는 이러한 기반 위에서 LLM 시스템을 구성하는 주요 기술 요소들과 실제 설계 전략을 구체적으로 살펴본다.

12.1 _ 검색 컴포넌트 선정 및 구성

LLM 시스템에서 검색 컴포넌트는 보다 정교하고 신뢰할 수 있는 응답 생성을 가능하게 하는 핵심 요소다. 검색 기능이 없는 LLM은 사전 학습된 지식에만 의존하므로 최신 정보나 특정 도메인에 특화된 질의에 적절히 대응하기 어렵다. 이에 따라 검색 기능을 결합하면, 모델은 외부 문서에서 관련 문맥을 실시간으로 참조할 수 있게 되어 보다 정확하고 근거 기반의 응답을 생성할 수 있다. 이러한 구조는 검색 증강 생성(RAG)으로 불리며, 다양한 실제 서비스에 도입되고 있다.

검색 컴포넌트는 일반적으로 키워드 기반 검색과 벡터 검색으로 구분된다. 키워드 기반 검색은 BM25와 같은 전통적인 랭킹 기법을 활용하며, 명확한 키워드 일치가 필요한 경우에 효과적이다. 반면, 벡터 검색은 문장의 의미를 임베딩으로 표현하고, 이를 바탕으로 의미적으로 유사한 문서를 찾아낸다. 최근 자연어 임베딩 기술의 발전으로 벡터 검색의 품질이 크게 향상되었으며, 특히 다량의 비정형 데이터를 다루는 데이터 사이언스 환경에서 점차 중요성이 커지고 있다. 두 방식을 조합한 하이브리드 검색 전략도 널리 활용되고 있다.

검색 시스템을 구현할 때는 OpenSearch, FAISS, Weaviate와 같은 다양한 검색 도구를 고려할 수 있다. OpenSearch는 Elasticsearch 기반의 오픈소스 솔루션으로, 키워드 검색과 로그 분석에 강점을 가진다. FAISS는 Meta에서 개발한 벡터 검색 라이브러리로, 대규모 임베딩 데이터에 대해 **빠른 근사 최근접 이웃(Approximate Nearest Neighbor, ANN)** 검색 기능을 제공한다. Weaviate는 임베딩 기반 자연어 검색을 중심으로 설계된 벡터 DB로, LLM 시스템과의 통합에 용이하다. 각 도구는 성능 특성과 아키텍처 지원 방식이 다르므로, 시스템 요구사항에 따라 적절한 도구를 선택하는 것이 중요하다.

데이터 사이언스에서는 검색 시스템의 성능을 최적화하고 확장하는 것이 중요한 과제다. 검색 속도를 높이기 위해 인덱싱 전략을 세분화하거나, 분산 인프라에서 로드 밸런싱과 샤딩을 적용해 처리 효율을 개선할 수 있다. 또한, 검색 결과를 모델이 효과적으로 활용할 수 있도록 프롬프트 구성 방식, 컨텍스트 길이 관리, 문서 필터링 전략 등을 함께 고려해야 한다. 검색 컴포넌트와 LLM이 유기적으로 작동하도록 설계함으로써 전체 시스템의 응답 품질과 사용자 만족도를 동시에 높일 수 있다.

12.1.1 검색 기반 LLM 개요

검색 기반 LLM은 검색 시스템과 대규모 언어 모델을 결합하여 보다 정확하고 신뢰성 높은 응답을 생성하는 방식이다. 기존의 LLM은 사전에 학습된 데이터에 의존하여 응답을 생성하기 때문에 학습 이후 등장한 최신 정보나 특정 도메인 지식을 반영하기 어렵다. 이로 인해 부정확하거나 불완전한 답변이 생성될 수 있으며, 실제 서비스 환경에서 신뢰도 저하로 이어질 가능성이 있다. 검색 기능을 결합하면 모델은 질의와 관련된 외부 데이터를 실시간으로 참조할 수 있게 되며, 이로써 응답의 정확도와 시의성을 동시에 확보할 수 있다.

이러한 구조의 핵심은 사용자 입력을 바탕으로 검색 쿼리를 생성하고, 검색 시스템을 통해 관련 문서를 가져온 후, 이를 모델의 입력으로 활용하여 보다 정교한 응답을 생성하는 것이다. 이 과정에서 검색 시스템은 외부 지식을 실시간으로 제공함으로써 모델이 단순히 확률 분포에 따라 문장을 생성하는 수준을 넘어, 실제 문맥과 연관된 정보를 기반으로 응답할 수 있도록 지원한다. 이 과정을 통해 생성 결과는 보다 정밀하고 근거 기반의 형태를 갖추게 된다.

검색 기반 LLM이 특히 효과적인 분야 중 하나는 데이터 사이언스와 같은 전문 지식이 필요한 영역이다. 데이터 사이언스는 빠르게 발전하는 분야이며, 새로운 알고리즘, 도구, 기술이 지속적으로 등장한다. 따라서 기존의 정적인 모델만으로 최신 정보를 반영하기 어렵다. 검색 시스템을 결합하면 최신 연구 논문, 기술 문서, 오픈소스 프로젝트 문서 등을 실시간으로 참조할 수 있어 보다 정확하고 신뢰성 있는 정보를 제공할 수 있다.

또한, 검색 기반 LLM은 데이터 분석 및 엔지니어링과 관련된 실용적인 활용 사례에서도 중요한 역할을 한다. 예를 들어, 데이터 엔지니어가 특정 데이터베이스의 쿼리 최적화 방법을 찾고자 할 때 검색 기반 LLM은 관련 문서를 검색한 후 해당 정보를 바탕으로 구체적인 쿼리 튜닝 방안을 제안할 수 있다. 마찬가지로 머신러닝 모델의 하이퍼파라미터 설정이나 최신 라이브러리 사용법 등과 관련된 질의에도 검색 기반 접근을 통해 최신 사례와 모범 사례를 반영한 답변을 제공할 수 있다.

검색 기반 LLM의 또 다른 강점은 출처를 명확히 제시할 수 있다는 점이다. 기존 LLM은 정답을 생성하더라도 그 근거가 불명확한 경우가 많아 사용자가 결과의 신뢰성을 검증하기 어렵다. 하지만 검색 시스템을 활용하면 모델이 참조한 문서나 링크를 함께 제공할 수 있어, 사용자가 정보를 직접 확인하고 신뢰성을 평가할 수 있다. 이는 의료, 법률, 금융 등 신뢰성이 중요한 분야에서 특히 유용하게 작용한다.

다만, 검색 기반 LLM의 응답 품질은 검색 시스템이 제공하는 데이터의 양과 정확도에 크게 좌우된다. 검색된 문서가 부정확하거나 오래된 정보를 포함하고 있다면 모델의 응답 역시 부정확해진다. 따라서 검색 엔진의 품질을 유지하기 위해 정기적으로 데이터를 업데이트하고, 신뢰도 기준에 따라 문서를 필터링하는 등 검색 시스템의 품질을 지속적으로 관리하는 전략이 필요하다.

검색 기반 LLM의 또 다른 활용 사례는 고객 지원 시스템이다. 고객 서비스 지원 부서에서는 고객의 질문에 신속하고 정확하게 답변해야 하는데, 모든 질문에 대해 사람이 직접 대응하는 것은 비효율적이다. 이때 검색 시스템과 결합된 LLM을 활용하면 고객이 입력한 질문과 관련된 문서를 검색한 후 이를 바탕으로 자동 응답을 생성할 수 있어 보다 정확하고 신속한 대응이 가능하다.

데이터 사이언스와 검색 기반 LLM의 결합은 추천 시스템에서도 강력한 성능을 발휘한다. 예를 들어, 온라인 쇼핑몰이나 스트리밍 서비스에서 사용자에게 적절한 제품이나 콘텐츠를 추천할 때 단순히 협업 필터링이나 콘텐츠 기반 추천만을 사용하는 것이 아니라, 검색 시스템을 활용하여 사용자 질의와 관련된 정보를 추가로 제공할 수 있다. 이를 통해 추천의 정밀도를 높이고, 사용자 만족도를 향상시킬 수 있다.

검색 기반 LLM을 효과적으로 활용하려면 검색 시스템과 모델 간의 연동 방식을 정교하게 설계해야 한다. 단순히 검색된 문서를 모델의 입력에 포함하는 방식 외에도, 요약된 형태로 전달하거나 핵심 문장만 선택적으로 제공하는 방식이 있다. 이러한 구성은 컨텍스트 길이를 효율적으로 활용하고, 모델이 더 정확한 정보에 집중할 수 있도록 돕는다.

결론적으로, 검색 기반 LLM은 기존의 단독 학습된 LLM이 가지는 한계를 보완하고, 보다 신뢰성 높은 응답을 제공할 수 있도록 돕는 강력한 기술이다. 특히 데이터 사이언스, 고객 지원, 추천 시스템과 같은 분야에서 높은 가치를 발휘한다.

12.1.2 벡터 검색과 키워드 검색 비교

벡터 검색과 키워드 검색은 정보 검색 시스템에서 널리 사용되는 두 가지 접근 방식으로, 각각의 방식은 검색 목적과 데이터의 특성에 따라 적절히 활용해야 한다. 키워드 검색은 전통적인 검색 기법으로, 사용자가 입력한 키워드를 포함하는 문서를 찾아 반환하는 방식이다. 반면, 벡터 검색은 텍스트, 이미지, 오디오 등 다양한 데이터를 벡터 공간에 매핑한 후, 사용자의 질의와 유사한 벡터를 찾는 방식으로 동작한다.

키워드 검색은 정렬된 역색인 구조를 기반으로 하며, 검색 속도가 빠르고 구현이 단순하다는 장점이 있다. 예를 들어, 사용자가 "딥러닝 최적화 기법"이라는 키워드를 검색하면 해당 단어가 포함된 문서를 우선적으로 반환한다. 이 방식은 정확한 키워드 일치에 기반하기 때문에 검색의 예측 가능성이 높지만, 문맥이나 의미 유사성을 반영하지 못하는 한계가 있다. 동의어나 표현 방식이 조금만 달라져도 관련 문서가 검색되지 않을 수 있다.

벡터 검색은 문서의 의미를 반영하는 방식으로, 자연어 처리(NLP)와 머신러닝의 발전과 함께 중요성이 커지고 있다. 이 방식은 문서나 질의를 고차원 임베딩 벡터로 변환한 후, 벡터 간 유사도(예: 코사인 유사도 또는 내적)를 계산하여 가장 근접한 문서를 찾아낸다. 예를 들어, "딥러닝 최적화 기법"과 "신경망 학습 가속 방법"은 표현이 다르지만 의미가 유사한 문장이다. 벡터 검색은 이러한 의미적 유사성을 인식하고 둘을 같은 검색 의도로 판단해 관련 문서를 검색할 수 있다.

데이터 사이언스 분야에서는 벡터 검색이 특히 강력한 성능을 발휘한다. 키워드 검색은 데이터 분석이나 머신러닝 모델 설명서와 같은 정형화된 문서를 찾는 데 유용할 수 있다. 그러나 논문이나 기술 문서처럼 복잡한 개념과 다양한 표현이 포함된 비정형 문서에서는 키워드 기반 접근만으로는 충분하지 않다. 벡터 검색은 문서의 의미를 벡터로 임베딩하여 질의와 의미적으로 유사한 내용을 찾아내므로 사용자 질의에 보다 정밀하게 대응할 수 있다.

또한, 벡터 검색은 추천 시스템에서도 널리 활용된다. 예를 들어, 사용자가 머신러닝 알고리즘에 대한 특정 질문을 입력했을 때 키워드 검색은 단순히 동일한 단어가 포함된 문서를 우선적으로 반환하지만, 사용자의 의도를 정확히 반영하기는 어렵다. 반면, 벡터 검색은 질의의 의미를 분석한 후, 의미적으로 가장 유사한 문서를 찾아내므로 Q&A 시스템, 기술 문서 검색, 고객 지원 챗봇 등에서 더욱 자연스럽고 정확한 응답을 제공할 수 있다.

두 방식은 각각의 장단점을 가지며, 상황에 따라 적절히 선택하거나 결합하는 것이 바람직하다. 키워드 검색은 인덱싱 속도가 빠르고 특정 단어나 구문이 포함된 문서를 정확히 찾는 데 유리하지만, 문맥 이해나 의미 기반 검색에는 한계가 있다. 반면, 벡터 검색은 의미적 유사성을 효과적으로 처리할 수 있으나, 벡터화 및 검색 과정에서 상대적으로 높은 계산 비용과 저장 공간이 요구된다. 다음 그림 12.1은 키워드 검색과 벡터 검색의 차이를 비교한 것이다.

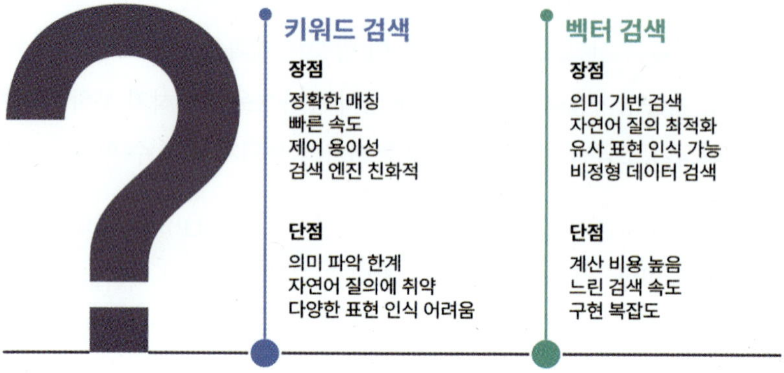

그림 12.1 키워드 검색 vs 벡터 검색

현대의 검색 시스템에서는 키워드 검색과 벡터 검색을 혼합한 하이브리드 방식이 점점 더 주목받고 있다. 예를 들어, 일부 시스템에서는 키워드 검색으로 문서 후보군을 빠르게 필터링한 뒤, 그중에서 벡터 검색으로 의미적으로 가장 적합한 문서를 선별하기도 한다. 반대로, 벡터 검색을 먼저 수행한 후 키워드 기반 점수를 결합해 결과를 정렬하는 방식도 존재한다. 이러한 하이브리드 접근은 검색 속도와 의미 기반 정밀도 사이에서 균형을 맞출 수 있다는 장점이 있다.

또한, 벡터 검색의 성능을 향상시키기 위해 효율적인 벡터 인덱싱 기법이 개발되고 있다. 대표적인 예로, FAISS(Facebook AI Similarity Search)와 같은 라이브러리는 대규모 벡터 데이터를 빠르게 검색할 수 있도록 설계되었으며, 근사 최근접 이웃(ANN) 알고리즘을 기반으로 높은 검색 효율을 제공한다. 이와 같은 기술은 데이터 사이언스 연구, AI 기반 검색 엔진, 대화형 시스템 등 다양한 분야에서 실질적인 성능 향상에 기여하고 있다.

결론적으로, 키워드 검색과 벡터 검색은 각각의 특성을 이해하고 적절한 상황에서 활용하는 것이 중요하다. 전통적인 검색 시스템에서는 키워드 기반 검색이 여전히 중요한 역할을 하지만, 의미 기반 검색이 필요한 경우 벡터 검색이 더욱 강력한 성능을 발휘한다. 검색 플랫폼, 자연어 처리, 추천 시스템과 같은 다양한 분야에서 벡터 검색의 활용도가 점점 높아지고 있다.

12.1.3 검색 도구 비교

OpenSearch, FAISS, Weaviate는 벡터 검색을 포함한 고성능 검색 기능을 제공하는 도구들로, 각각의 각각의 특징과 용도에 따라 적절히 선택하는 것이 중요하다. 세 도구 모두 자연어 기반 검색이나 대규모 임베딩 데이터 처리에 활용되며, 데이터 사이언스, 검색 엔진, 추천 시스템 등 다양한 분야에서 사용된다.

OpenSearch는 Elasticsearch에서 파생된 오픈소스 검색 및 분석 엔진으로, 텍스트 기반 키워드 검색뿐 아니라 벡터 검색도 지원한다. Elasticsearch와의 높은 호환성을 바탕으로 기존 인프라를 유지하면서 벡터 기반 검색 기능을 도입할 수 있으며, SQL 및 Query DSL 기반의 복잡한 쿼리 작성이 가능하다. 특히 대규모 데이터 환경에서 클러스터링, 분산 처리 등의 기능이 안정적으로 제공되므로, 기업 내부 검색 시스템이나 로그 분석에 적합하다.

FAISS는 Meta의 AI 연구 조직에서 개발한 라이브러리로, 고차원 벡터 데이터의 고속 검색에 최적화되어 있다. 수백만 개 이상의 벡터를 실시간으로 처리할 수 있으며, **IVF(Inverted File Index)**[1] 및 **HNSW(Hierarchical Navigable Small World)**[2]와 같은 다양한 인덱싱 기법을 통해 정확도와 속도 간 균형을 조절할 수 있다. 단독 라이브러리로서의 특성상 검색 UI나 API 서버 기능은 포함되어 있지 않지만, 연구 환경이나 모델 추론 기반 검색 파이프라인에 자주 활용된다.

Weaviate는 클라우드 네이티브 벡터 검색 엔진으로, LLM 및 자연어 처리 모델과의 통합에 강점을 가진다. REST API와 GraphQL 기반의 쿼리를 지원하며, 벡터 임베딩 생성을 내장 플러그인으로 자동 처리할 수 있다. 또한 의미 기반 검색과 메타데이터 필터링 기능을 함께 제공하여 복합 조건 검색에 유리하다. Weaviate는 SaaS 형태로도 제공되며, 검색 인프라 구축 시간을 줄이고 클라우드 환경에서 쉽게 운영할 수 있다는 점에서 빠르게 성장하고 있다.

1 데이터를 클러스터로 분할하여 쿼리 시 가장 관련성이 높은 클러스터만 검색함으로써 검색 속도를 높이는 근사 최근접 이웃 검색 알고리즘

2 계층 구조의 그래프를 사용하여 고차원 데이터에 대한 근사 최근접 이웃 검색을 효율적으로 수행하며, 빠른 검색 속도와 높은 정확도를 제공하는 알고리즘

데이터 사이언스 관점에서 각 검색 도구는 사용 목적에 따라 뚜렷한 특성을 보인다. OpenSearch는 로그 분석과 같은 대량의 텍스트 데이터를 처리하는 데 강점을 가지며, FAISS는 머신러닝 모델에서 생성된 벡터 데이터를 검색하는 데 최적화되어 있다. Weaviate는 대화형 AI 시스템이나 추천 시스템에서 자연어 임베딩을 기반으로 검색할 때 유용하다. 따라서 활용 목적에 따라 적절한 도구를 선택하는 것이 중요하다.

검색 성능을 비교할 때는 검색 속도와 정확성의 균형이 중요한 요소가 된다. OpenSearch는 키워드 검색이 주된 기능이므로 전통적인 검색 엔진처럼 높은 정확도를 제공하는 반면, 벡터 검색 성능은 FAISS나 Weaviate에 비해 상대적으로 제한적일 수 있다. FAISS는 매우 빠른 벡터 검색을 제공하지만, 인덱스 크기와 메모리 사용량을 최적화해야 한다는 과제가 있다. Weaviate는 벡터 생성을 내장 플러그인이나 API를 통해 자동화할 수 있어 사용 편의성이 높지만, 복잡한 요구사항이 있는 환경에서는 성능 조정을 위한 추가 설정이 필요할 수 있다.

또한, 확장성과 유지보수 측면에서도 도구 간 차이가 존재한다. OpenSearch는 기존 Elasticsearch 사용자에게 친숙한 환경을 제공하며, 확장성이 뛰어나기 때문에 엔터프라이즈 환경에서도 안정적으로 운영할 수 있다. FAISS는 단일 노드에서의 고성능 처리에는 강점을 가지나, 분산 환경에서 사용하려면 별도의 아키텍처 설계와 엔지니어링이 요구된다. Weaviate는 클라우드 네이티브 아키텍처를 기반으로 하여 확장성과 운영 편의성이 뛰어난 것이 특징이다.

최근 LLM 기반 시스템이 발전함에 따라 검색 엔진의 역할도 점점 더 중요해지고 있다. 특히, 검색 기반의 질문 응답 시스템(QA 시스템)이나 추천 시스템에서는 벡터 검색이 핵심 요소로 자리 잡고 있으며, 이를 효과적으로 지원할 수 있는 검색 도구의 선택이 주요 과제로 떠오르고 있다. 예를 들어, FAISS는 대규모 벡터 데이터를 빠르게 검색할 수 있어 LLM이 보다 정밀하고 관련성 높은 응답을 생성하는 데 도움이 되며, Weaviate는 실시간 데이터 업데이트와 자연어 임베딩 처리를 자동화할 수 있어 변화하는 정보를 기반으로 하는 시스템에 적합하다.

OpenSearch, FAISS, Weaviate는 각각 뚜렷한 강점을 가지며, 시스템의 목적과 요구사항에 따라 적절한 선택이 필요하다. OpenSearch는 키워드 기반 검색과 벡터 검색을 통합적으로 지원해 기존 검색 인프라를 유지하면서도 의미 기반 검색 기능을 추가할 수 있는 환경을 제공한다. FAISS는 대규모 벡터 데이터를 빠르게 처리하는 데 최적화되어 있어, 고성능이 요구되는 머신러닝 기반 검색 시스템에 적합하다. Weaviate는 자연어 임베딩 및 LLM과의 통합이 용이하고, 클라우드 환경에서 유연하게 운영할 수 있어 다양한 AI 기반 서비스에 활용될 수 있다. LLM과 연계된 데이터 사이언스 시스템에서는 이러한 도구들을 적절히 조합하고, 각각의 특성에 맞춰 설계함으로써 보다 안정적이고 정확한 검색 기반 아키텍처를 구현할 수 있다. 다음 표 12.1은 OpenSearch, FAISS, Weaviate에 대한 내용을 정리한 것이다.

표 12.1 OpenSearch, FAISS, Weaviate 비교 분석

기능/특징	OpenSearch	FAISS	Weaviate
기본 특징	Elasticsearch 기반 오픈소스 검색 및 분석 엔진	Facebook AI Research 개발, 대규모 고차원 벡터 검색 라이브러리	클라우드 네이티브 AI 기반 검색 엔진
주요 기능	텍스트 기반 키워드 검색, 벡터 검색	대규모 벡터 데이터 실시간 검색, 다양한 인덱싱 기법 제공 (IVF, HNSW 등)	LLM 및 자연어 처리 모델 통합 용이, GraphQL 쿼리, 의미 기반 검색, 벡터 임베딩 자동 생성 및 관리
장점	Elasticsearch 호환성, SQL 및 Query DSL 지원, 뛰어난 클러스터링 기능, 텍스트 검색과 벡터 검색 병행 가능	뛰어난 벡터 검색 성능 (속도), 다양한 인덱싱 기법으로 최적화 가능	LLM 통합 용이, 자동 벡터 임베딩, 클라우드 환경 운영 용이, SaaS 형태 활용 가능
단점	대규모 데이터에서는 벡터 검색 성능이 FAISS, Weaviate 대비 상대적으로 낮을 수 있음	인덱스 크기 및 메모리 사용량 최적화 필요, 대규모 분산 환경에서 추가 엔지니어링 필요 가능성	내장된 LLM 및 임베딩 품질에 따라 검색 성능이 영향을 받을 수 있음
활용	로그 분석 등 대량의 텍스트 데이터 처리	머신러닝 모델에서 생성된 벡터 데이터 검색	대화형 AI 시스템, 추천 시스템에서 자연어 임베딩 기반 검색

기능/특징	OpenSearch	FAISS	Weaviate
검색 성능	키워드 검색 정확도 높음, 벡터 검색은 상대적으로 낮음	매우 빠른 벡터 검색, 인덱스 크기 및 메모리 사용량 고려 필요	벡터 생성 및 관리 부담 감소, 성능 최적화를 위한 추가 조정 필요 가능성
확장성 및 유지보수	뛰어난 확장성, 엔터프라이즈 환경에 적합, Elasticsearch 사용자에게 친숙	단일 노드에서 고성능 벡터 검색에 강점, 대규모 분산 환경에서는 추가 엔지니어링 필요	클라우드 네이티브 솔루션, 뛰어난 확장성 및 운영 편의성
사용 사례	기존 키워드 검색 인프라 활용, 텍스트/벡터 검색 혼합 환경, 대규모 데이터 처리	고성능 벡터 검색, 대규모 데이터세트 실시간 검색, 머신러닝 연구	LLM 기반 시스템, 검색 기반 질문 응답 시스템, 추천 시스템, 클라우드 환경

12.1.4 검색 성능 최적화 및 확장 전략

검색 시스템의 성능을 최적화하고 확장성을 확보하는 것은 대량의 데이터를 효율적으로 처리하기 위한 핵심 과제다. 검색 성능은 검색 응답 시간, 인덱싱 속도, 메모리 사용량, 그리고 확장성 등의 요소로 평가되며, 이를 개선하기 위해 다양한 기술적 전략이 활용된다. 특히, 검색 대상이 구조화된 데이터뿐만 아니라 비정형 데이터까지 포함하는 경우, 데이터 특성과 사용 시나리오에 따라 최적화 기법을 적절히 선택하는 것이 중요하다.

검색 성능을 최적화하는 첫 번째 요소는 인덱싱 전략이다. 키워드 검색에서는 전통적인 역색인 구조를 활용하여 문서와 단어 간의 매핑을 통해 빠른 검색이 가능하다. 반면, 벡터 검색에서는 고차원 벡터 간 유사도를 빠르게 계산할 수 있도록 설계된 별도의 인덱스 구조가 필요하다. 예를 들어, FAISS는 IVF, HNSW 등 다양한 인덱싱 알고리즘을 제공하여 검색 효율을 향상시키며, Weaviate는 이러한 인덱스를 자동으로 생성하고 관리함으로써 유지보수 부담을 줄인다.

또 다른 핵심 전략은 캐싱이다. 동일하거나 유사한 쿼리가 반복되는 환경에서는 결과를 캐싱함으로써 불필요한 연산을 줄이고, 검색 응답 속도를 크게 향상시킬 수 있다. Redis, Valkey, Memcached 같은 인메모리 캐시 시스템을 활용하면 검색 응답 시간을 획기적으로 단축할 수 있으며, OpenSearch의 경우 내부적으로 쿼리 캐시(query cache) 기능을 제공하여 캐싱 기반의 최적화를 지원한다.

분산 검색 아키텍처를 도입하면 검색 성능과 처리 용량을 효과적으로 확장할 수 있다. OpenSearch나 Elasticsearch 같은 검색 엔진은 기본적으로 클러스터링 기능을 제공하여 데이터 샤딩과 복제를 구성할 수 있다. 데이터 샤딩은 검색 요청을 여러 서버에 분산하여 처리 속도를 높이는 역할을 하며, 복제는 동일한 데이터를 여러 노드에 유지함으로써 데이터의 가용성을 높이고 읽기 처리 성능도 개선할 수 있다.

벡터 검색에서는 검색 속도와 정확도 간의 균형이 중요한데, 이를 위해 **근사 최근접 이웃(Approximate Nearest Neighbor, ANN)** 검색 기법이 자주 사용된다. FAISS는 **LSH(Locality-Sensitive Hashing)**[3]나 **PQ(Product Quantization)**[4]와 같은 알고리즘을 사용하여 정확도를 희생하더라도 검색 속도를 대폭 향상시킬 수 있는 기능을 제공한다. 반면, 정확도가 중요한 검색에서는 완전 최근접 이웃(Exact Nearest Neighbor, ENN)[5] 검색 방식이 더 적합할 수 있으며, 이 경우 검색 시간이 길어질 수 있다는 점을 고려해야 한다.

데이터가 지속적으로 증가하는 환경에서는 검색 엔진의 확장성도 중요한 요소가 된다. 수직적 확장은 단일 서버의 성능을 향상시키는 방식이지만, 데이터 증가 속도가 빠르면 수평적 확장이 필요하다. 검색 요청량이 급격히 증가할 경우, Kubernetes 같은 컨테이너 오케스트레이션 시스템을 활용하여 자동으로 검색 노드를 추가하고 부하를 분산시키는 전략이 효과적이다.

검색 성능은 하드웨어나 인프라뿐 아니라 데이터 전처리와 정규화 과정의 영향을 크게 받는다. 예를 들어, 텍스트 검색의 경우 어간 추출이나 표제어 추출을 적용하면 불필요한 데이터 중복을 줄일 수 있고, 벡터 검색에서는 임베딩 차원을 줄이는 PCA나 t-SNE 같은 차원 축소 기법을 활용하면 저장 공간과 검색 속도를 최적화할 수 있다.

검색 시스템의 모니터링과 성능 분석도 필수적이다. OpenSearch에서는 Kibana와 연동하여 검색 요청 처리 속도, 에러율 등을 실시간으로 모니터링할 수 있으며, Weaviate는 자체적인 검색 성능 분석 기능을 통해 검색 결과의 품질을 평가할 수 있다. FAISS 같은 벡터 검색 엔진에서는 검색 결과의 정확도를 평가하기 위해 재현율(recall)과 정밀도(precision)를 지속적으로 측정하고 튜닝하는 과정이 필요하다.

---

3 비슷한 벡터끼리 같은 해시값으로 묶어 검색 범위를 줄여 검색 속도를 높이는 근사 이웃 탐색 기법

4 벡터 공간을 여러 개의 작은 부분 공간으로 나누어 각 부분 공간을 양자화하여 벡터를 압축하고, 압축된 코드를 사용하여 유사한 벡터를 빠르게 검색하는 기법

5 주어진 쿼리 벡터에 대해 데이터세트 내에서 가장 가까운 이웃을 정확하게 찾는 알고리즘(근사적인 방법이 아닌, 모든 벡터를 비교하여 정확한 결과를 보장)

마지막으로, 검색 엔진의 성능을 지속적으로 개선하기 위해 A/B 테스트와 실험 설계를 적용할 수 있다. 새로운 인덱스 구조나 검색 알고리즘을 도입할 때 기존 방식과 성능을 비교하여 최적의 구성을 찾는 것이 중요하다. 검색 쿼리의 유형을 분석하고, 사용자 피드백을 반영하여 검색 결과의 품질을 지속적으로 개선하는 것도 검색 최적화의 중요한 부분이다.

검색 성능의 최적화와 확장은 단순히 시스템 리소스를 증설하는 수준을 넘어서, 인덱싱 전략, 캐싱 기법, 분산 처리 구조, 근사 최근접 탐색(ANN) 알고리즘, 데이터 전처리 방식 등을 통합적으로 조율하는 설계 역량이 요구된다. 데이터 사이언스 및 AI 기반 검색 시스템에서는 이러한 전략들을 유기적으로 결합하여 최상의 검색 경험을 제공하는 것이 중요하다.

12.2 _ 생성 컴포넌트 선정 및 구성

생성 컴포넌트는 대규모 언어 모델 시스템에서 중심적인 역할을 수행하며, 다양한 입력을 바탕으로 요약, 번역, 질의응답, 문서 작성, 코드 생성 등 여러 자연어 처리 작업을 자동화하는 데 활용된다. 특히 생성 컴포넌트는 단순한 언어 생성 기능을 넘어, 맥락에 따른 응답 생성, 외부 지식 결합, 멀티모달 생성 등 복합적인 기능 수행이 요구되고 있다. 따라서 서비스 목적에 맞는 모델을 선정하고, 이를 운영 환경에 적합하게 구성하는 전략이 중요하다.

모델을 선택할 때는 먼저 작업 유형과 요구 수준에 따라, 상용 API 기반 모델(예: GPT-4o, Claude 4, Gemini 2.5 등)과 오픈소스 모델(예: LLaMA 4, Mistral 3, Gemma 2, Phi-3 시리즈 등) 중에서 선택해야 한다. 상용 모델은 응답 품질, 멀티모달 처리, 최신 정보 반영 측면에서 뛰어나며, 코드 생성, 비전 처리, 음성 · 영상 이해까지 폭넓은 기능을 제공한다. 그러나 비용이 높고, 커스터마이징이나 온프레미스 배포에는 제약이 따른다.

반면 오픈소스 모델은 자체 인프라에 직접 배포할 수 있으며, 미세 조정, 프롬프트 최적화, RAG 통합, 보안 제어 등에서 높은 유연성을 제공한다. 특히 Mistral Small 3.1, Gemma 2, Phi-3 Mini, LLaMA 3 8B와 같은 경량 모델은 적절히 최적화할 경우 모바일 기기나 에지 환경에서도 활용 가능하며, 파인튜닝 또는 임베딩 생성 용도로도 널리 사용된다. 다만, 보다 높은 성능을 요구하는 경우에는 LLaMA 4, Mistral Medium 3, Phi-3.5 등과 같은 중대형 오픈소스 모델도 고려할 수 있다.

모델의 구성 시에는 성능, 응답 시간, 비용 사이의 균형을 고려해야 한다. 대규모 모델은 높은 품질의 응답을 생성할 수 있지만, 처리 시간과 GPU 자원 소모가 크기 때문에 경량 모델을 메인으로 활용하고 복잡한 요청에만 고성능 모델을 보조로 사용하는 다단계 라우팅 방식(model routing)이 점차 보편화되고 있다. 또한, RAG 시스템과 연계할 경우, 프롬프트에 검색 문서를 어떻게 삽입할지, 몇 개의 토큰을 사용할지, 어떤 포맷으로 구성할지에 따라 생성 품질이 크게 달라질 수 있으므로 프롬프트 구조의 설계도 핵심 고려사항이다.

성능 평가 지표로는 BLEU, ROUGE, BERTScore 등 전통적인 정량 지표 외에도 GPT 기반 평가(GPT Judge), Open LLM Leaderboard 기준의 평가, MMLU, GSM8K, TruthfulQA와 같은 벤치마크가 함께 활용되고 있다. 실제 사용자 환경에서는 클릭 로그, 피드백 수집, A/B 테스트 결과 등을 종합하여 정성 · 정량 평가를 병행하는 방식이 일반적이다. 생성 품질을 높이기 위해서는 프롬프트 엔지니어링, 시스템 메시지 튜닝, 경량화된 미세 조정(예: LoRA, QLoRA) 등 다양한 기법을 상황에 맞게 조합해야 한다.

마지막으로, 운영 방식은 사용 목적과 배포 환경에 따라 나뉜다. 예를 들어, 스타트업이나 프로토타입 단계에서는 OpenAI API나 Anthropic API를 호출하는 방식이 빠르고 효율적이며, 반대로 보안 요건이 엄격하거나 커스터마이징이 중요한 경우에는 Hugging Face Transformers, vLLM, TGI(Text Generation Inference) 등과 같은 오픈소스 배포 스택을 통해 자체 모델을 운영하는 방식을 고려할 수 있다. 특히 최근에는 모델 서버와 파이프라인을 독립적으로 구성하여 LLMOps 구조를 갖추는 사례도 증가하고 있다.

12.2.1 생성 모델의 종류 및 특성 비교

여러 유형의 생성 모델(LLM)은 다양한 목적과 적용 환경에 따라 다양한 형태로 설계되며, 각 모델은 아키텍처, 학습 방식, 활용 가능성 측면에서 고유한 특성을 가진다. 생성 모델은 일반적으로 확률적 언어 모델, 트랜스포머 기반 모델, 그리고 지식 강화 모델로 분류할 수 있다. 각각의 접근법은 모델의 성능과 응용 가능성을 결정짓는 중요한 요소이며, 데이터 사이언스와 머신러닝의 발전에 따라 점진적으로 고도화되고 있다.

확률적 언어 모델은 주어진 단어 시퀀스에서 다음 단어를 예측하는 방식으로 작동하며, 전통적인 n-그램 모델이나 마르코프 체인 기반 모델이 이에 해당한다. 이러한 모델들은 비교적 단순하고 계산량이 적지만, 긴 문맥을 이해하는 데 한계가 있다. 텍스트 생성의 품질도 상대적으로 낮기 때문에 현재는 주로 학습 초기의 베이스라인 비교나 단순한 언어 패턴 생성 용도로만 활용된다.

트랜스포머 기반 모델은 현대의 대규모 언어 생성 시스템에서 핵심 기술로 자리잡고 있으며, 병렬 연산에 최적화된 구조와 셀프 어텐션 메커니즘을 통해 긴 문맥을 효과적으로 처리할 수 있다. GPT 계열은 이러한 트랜스포머 구조의 대표적 사례로, 사전 학습과 미세 조정을 통해 다양한 도메인에 특화된 고품질 응답을 생성할 수 있다. 현재는 GPT-4o, Claude 4, Gemini 2.5, LLaMA 4, Mistral 3, Phi-3.5, Command R+ 등 다양한 트랜스포머 기반 모델들이 상용 및 오픈소스 생태계에서 폭넓게 활용되고 있으며, 각 모델은 멀티모달 이해, 장기 문맥 처리, 빠른 추론 속도 등 특정 목적에 최적화되어 발전하고 있다.

최근에는 단순한 텍스트 생성 수준을 넘어, 지식 기반 응답과 가치 판단이 반영된 출력을 생성할 수 있는 지식 강화형 모델(Knowledge-Augmented LLM)이 주목받고 있다. 이러한 모델들은 인간 피드백을 기반으로 응답을 조정하거나, 정책 정렬(Alignment)을 통해 보다 일관되고 바람직한 행동을 유도하도록 학습된다.

이러한 전략은 GPT-4o, Claude 4, Gemini 2.5 등 최신 상용 모델의 핵심 학습 방식으로 활용되고 있으며, 단순한 언어 생성기를 넘어 인간과 상호작용 가능한 지능형 시스템으로의 발전을 가속화하고 있다. 또한, 일부 모델은 RAG, 지식 임베딩, 도메인별 미세 조정을 통해 외부 지식과의 통합을 강화함으로써 사실성과 설명력 측면에서도 향상된 성능을 보여주고 있다.

생성 모델을 비교할 때 중요한 요소 중 하나는 사전 학습된 데이터의 양과 범위다. 일부 모델은 범용 웹 크롤링 데이터를 중심으로 학습되며, 광범위한 주제에 대해 균형 잡힌 응답을 생성할 수 있다. 반면, 특정 모델은 법률, 의료, 금융 등 도메인 특화 데이터를 중심으로 학습되어 해당 분야에서 더 높은 정확도와 신뢰성을 보이는 경우가 많다. 예를 들어, 금융 관련 문서로 학습된 LLM은 일반 GPT 계열 모델보다 금융 용어 해석이나 규제 관련 질의에 대해 더 정밀한 응답을 제공할 수 있다.

또한, 모델의 크기와 파라미터 수는 생성 성능뿐만 아니라 응답 속도, 연산 비용, 배포 가능성 등 시스템 자원 측면에도 큰 영향을 미친다. 수십억~수천억 개 이상의 파라미터를 가진 초대형 모델은 복잡한 문맥을 더 정교하게 이해하고 고품질 응답을 생성할 수 있지만, 그만큼 추론 비용이 크고, 실시간 서비스나 모바일 환경에는 적용이 어렵다.

반면, 수백만~수억 개 수준의 경량 모델은 다소 성능이 낮더라도 빠른 응답 속도, 낮은 메모리 사용량, 에너지 효율성 등의 이점을 바탕으로 모바일 기기나 에지 디바이스에서도 실용적으로 활용될 수 있다. Phi-3 Mini, Mistral Small 3.1, Gemma 2B, TinyLLaMA 등은 대표적인 경량화 모델로 제한된 환경에서도 안정적인 품질의 응답을 제공하며, 온디바이스 추론, 경량 RAG 시스템 등에 활용되고 있다.

학습 방식 또한 중요한 고려 요소다. 대부분의 최신 생성 모델은 대규모 비지도 학습을 기반으로 하고, 이후 특정 작업에 대한 지도 학습을 통해 성능을 보완한다. 여기에 사용자 피드백을 반영하는 RLHF(Reward Learning from Human Feedback) 또는 RLAIF(RL from AI Feedback)와 같은 기법을 추가해 모델의 응답 일관성과 신뢰성을 더욱 강화하는 방식이 일반화되고 있다. 특히 인공지능 어시스턴트나 도메인 특화 챗봇에서는 실시간 상호작용 데이터를 기반으로 지속적인 미세 조정이 이루어지며, 이를 통해 점진적으로 사용자 맞춤형 응답 품질을 향상시킬 수 있다.

현재 생성 모델의 품질 평가는 BLEU, ROUGE, METEOR와 같은 표면 유사도 기반 지표에서 벗어나고 있다. 문맥 이해와 응답의 일관성, 정확성을 보다 정밀하게 반영할 수 있는 LLM 기반 자동 평가 방식으로 빠르게 전환되는 추세다. 대표적으로 GPT-4o, Claude 4 등 대형 언어 모델을 평가자로 활용하는 MT-Bench, AlpacaEval 2.0, Arena-Hard, EvalPlus 등의 프레임워크가 사용되고 있다.

이러한 방식은 인간 평가자와의 상관성이 높으며, 다중 모델 비교나 세부 응답 품질 측정에서도 신뢰할 수 있는 대안으로 주목받고 있다. 기존 지표들이 단일 참조 문장에 의존해 의미적 유사성이나 맥락 적합성을 충분히 반영하지 못했던 한계가 있었다. LLM 기반 평가 기법은 이러한 한계를 보완할 수 있어 앞으로도 계속 확산될 것으로 예상된다.

이와 더불어, Hugging Face의 Open LLM Leaderboard에서는 MMLU, GSM8K, ARC, TruthfulQA 등 다양한 벤치마크를 기준으로 여러 모델의 성능을 비교하는 방식이 일반화되고 있다. 이들 벤치마크는 모델 선택이나 미세 조정 전략을 수립하는 데 중요한 참고 자료로 활용된다.

실제 서비스 환경에서는 사용자 행동 기반의 A/B 테스트, 클릭률, 피드백 수용률 등을 바탕으로 한 정성적 평가가 함께 수행된다. 특히 최근에는 응답의 정확성뿐 아니라 유해성, 편향성, 정직성 등의 요소도 함께 고려하는 다차원적 품질 평가 기준이 강조되고 있다. 이에 따라 단순한 모델 성능을 넘어서, 실용성과 안전성까지 함께 검증하는 방향으로 평가 체계가 진화하고 있다.

생성 모델을 실제 서비스에 적용할 때는 응답의 품질뿐 아니라 모델의 신뢰성과 안전성까지 함께 고려해야 한다. 잘못된 정보를 제공하거나 사회적 편향을 내포한 응답을 생성하는 경우 사용자 경험에 악영향을 줄 수 있기 때문에 사전에 이를 방지하기 위한 필터링 및 검증 프로세스가 필요하다. 이를 위해 일부 LLM은 외부 지식 기반 검증 시스템과 연계하거나 응답 후 사실 검증(post-generation verification)을 수행하는 방식으로 품질을 보완하고 있다.

결국, 생성 모델의 비교와 선택은 단순한 성능 수치만으로 판단하기 어렵다. 모델의 크기, 학습 데이터의 특성, 연산 자원과 비용, 응답 속도, 보안 요구사항 등을 종합적으로 분석하여 실제 환경에 가장 적합한 모델을 선정하는 접근이 필요하다. 이러한 다면적 판단을 바탕으로 해야만 신뢰할 수 있고 일관된 품질의 생성 시스템을 구축할 수 있다.

12.2.2 GPT, LLaMA, Claude 등 주요 LLM 비교

GPT, LLaMA, Claude는 현재 가장 널리 사용되는 대규모 언어 모델로, 각각의 개발 배경과 기술적 접근 방식에서 뚜렷한 차이를 보인다. 이 모델들은 자연어 이해와 생성 능력을 바탕으로 다양한 데이터 사이언스 업무와 AI 시스템에 폭넓게 활용되고 있으며, 각기 다른 설계 철학을 바탕으로 성능, 안정성, 확장성 측면에서 지속적으로 개선되고 있다. 따라서 이러한 모델의 특성과 차이를 이해하는 것은 LLM 기반 시스템을 효과적으로 설계하고 운영하는 데 있어 중요한 출발점이 된다.

GPT 계열 모델은 OpenAI에서 개발한 대표적인 생성형 언어 모델이다. GPT는 트랜스포머 아키텍처를 기반으로 하며, 대규모 웹 데이터를 학습시켜 강력한 문맥 이해와 생성 능력을 갖추고 있다. GPT-4 및 이후 모델은 질의응답, 번역, 코드 생성 등 다양한 과제에서 우수한 성능을 발휘하며, RLHF를 통해 응답의 품질과 일관성을 지속적으로 향상시켜 왔다. 최근에는 경량화와 비용 효율성을 고려한 GPT-4 Turbo 및 GPT-4o와 같은 모델이 등장해, 고성능을 유지하면서도 실시간 서비스나 다양한 시스템 환경에 보다 유연하게 적용되고 있다. 이러한 모델은 멀티모달 입력 처리, 장기 문맥 유지, 빠른 응답 속도 등의 측면에서도 개선되며, 범용 LLM으로서의 활용 폭을 더욱 넓히고 있다.

LLaMA(Large Language Model Meta AI)는 Meta가 공개한 오픈 가중치 기반의 대규모 언어 모델 시리즈로, 연구 및 산업 환경에서의 실험적 활용을 고려해 설계되었다. 비교적 작은 파라미터 수로도 높은 성능을 발휘하는 효율성 중심의 구조를 갖추고 있으며, 개발자가 모델을 직접 수정하거나 미세 조정할 수 있어 높은 커스터마이징 자유도를 제공한다. 특히 2024년에 공개된 LLaMA 3는 응답 일관성과 안정성 면에서 개선되었고, 2025년 출시된 LLaMA 4에서는 멀티모달 입력 처리와 장기 문맥 유지 능력까지 강화되어 더욱 폭넓은 활용 가능성을 보여주고 있다. 이러한 특성 덕분에 LLaMA 시리즈는 온프레미스 배포, 사내 RAG 시스템, 도메인 특화 모델 개발 등 고도의 제어가 요구되는 환경에서 높은 실용성을 발휘하고 있다.

Claude는 Anthropic에서 개발한 LLM으로, 안전성과 윤리적 인공지능(AI Safety)에 중점을 둔 설계를 특징으로 한다. Claude는 RLHF뿐만 아니라 **헌법적 AI(Constitutional AI)**[6] 접근 방식을 활용하여 모델이 보다 신뢰할 수 있는 응답을 제공하도록 설계되었다. 특히, Claude는 기업 환경에서의 활용성을 고려하여 신뢰할 수 있는 정보 제공과 사용자 피드백 반영을 중요한 요소로 삼고 있다. 모델의 안정성과 안전성이 중요한 도메인, 예를 들어 법률, 금융, 의료 분야에서 Claude는 강력한 경쟁력을 갖춘다.

6 AI 모델이 헌법과 같은 원칙에 따라 더 안전하고 신뢰성 있는 답변을 생성하도록 유도하는 접근 방식

ChatGPT

트랜스포머 아키텍처와 RLHF를 기반으로 뛰어난 생성 능력을 제공

LLaMA

오픈소스 기반으로 효율적인 설계를 강조하여, 모델 수정이 용이함

Claude

안전성과 윤리적 AI를 핵심 가치로 삼아 신뢰성 높은 답변을 제공

그림 12.2 대표적인 LLM 모델 비교

이러한 모델들은 학습 데이터 구성 방식에서도 뚜렷한 차이를 보인다. GPT 시리즈는 대규모 웹 크롤링 데이터를 기반으로 다양한 도메인과 표현 양식을 포괄하는 범용성 중심의 학습을 지향한다. 반면 LLaMA 시리즈는 보다 선별된 고품질 공개 데이터세트를 활용해 효율성과 정밀도 간의 균형을 추구하는 방식으로 설계되었다. Claude 시리즈는 AI 윤리와 안전성을 고려해 유해 콘텐츠에 대한 사전 필터링과 정책 기반 데이터 선택을 통해 학습 데이터를 구성하며, 이는 출력의 신뢰성과 책임성을 강화하는 데 중점을 둔다. 이처럼 학습 데이터의 출처, 품질, 필터링 방식은 각 모델의 응답 특성과 활용 가능 도메인에 직접적인 영향을 미치며, 시스템 설계 시 모델 선택의 중요한 판단 요소가 된다.

API 제공 방식과 배포 전략에서도 각 모델은 서로 다른 접근 방식을 취하고 있다. GPT 시리즈는 OpenAI를 통해 상용 API 형태로 제공되며, 사용자는 클라우드 기반 인터페이스를 통해 모델에 접근한다. LLaMA 시리즈는 오픈 가중치 기반으로 공개되어 개발자나 연구자가 자체 인프라에 모델을 배포하거나, 필요에 따라 미세 조정 및 커스터마이징이 가능하다. Claude 시리즈 역시 API 형태로 제공되지만, 기업 환경에 최적화된 안정성과 제어성을 중시하며, 보안과 개인정보 보호 요건을 충족할 수 있도록 설계된 점이 특징이다. 이처럼 각 모델의 배포 방식과 접근 제약은 사용자의 기술 환경, 운영 목적, 보안 요구 수준에 따라 선택에 영향을 미친다.

추론 성능과 실행 효율성은 LLM을 실무에 적용할 때 중요한 비교 요소 중 하나다. GPT 시리즈는 강력한 생성 능력과 범용성을 갖추고 있지만, 모델 규모와 연산 자원 요구가 높아 클라우드 기반에서의 운영 비용이 상당할 수 있다. 반면 LLaMA 시리즈는 상대적으로 경량화된 구조를 유지하면서도 우수한 성능-자원 균형을 보여주며, 온프레미스 환경이나 커스텀 인프라에서의 배포에 적합하다. Claude 시리즈는 안전성과 신뢰성 중심의 설계로 인해 일부 응답이 다소 보수적으로 나타날 수 있으나, 윤리적 판단이나 민감한 의사결정이 필요한 응용 분야에서는 높은 신뢰도를 바탕으로 강점을 발휘한다.

실제 활용 사례를 보면, GPT 시리즈는 챗봇, 콘텐츠 생성, 코드 자동화 등 다양한 범용 작업에 폭넓게 활용되고 있다. 특히 GPT-4o는 멀티모달 입력을 지원하면서 사용자 경험을 향상시키는 고성능 AI 비서 및 생산성 도구로 자리잡고 있다. LLaMA 시리즈는 커스터마이징과 온프레미스 배포에 유리한 구조 덕분에 연구 실험, 도메인 특화 모델 구축, 산업 내재화 프로젝트 등에 적합하며, 오픈소스 생태계를 중심으로 다양한 파생 모델과 미세 조정 사례가 등장하고 있다. Claude 시리즈는 법률 자문, 고객 응대, 고위험 도메인 문서 분석 등에서 높은 신뢰성과 응답 일관성이 요구되는 환경에서 강점을 발휘하며, AI 윤리와 책임성이 중요한 분야에 적합한 선택지로 평가받고 있다.

비용과 접근성 역시 LLM 선택에서 중요한 판단 기준이 된다. GPT 시리즈는 상용 API 기반으로 고성능 모델을 제공하지만, 사용량에 따라 비용 부담이 커질 수 있으며, 모델 자체를 직접 수정하거나 배포할 수 없다는 제한이 있다. 반면 LLaMA 시리즈는 오픈 가중치 제공 및 라이선스 정책을 기반으로, 개발자가 자유롭게 로컬 배포, 커스터마이징, 미세 조정을 수행할 수 있어 연구 목적은 물론 기업 내 LLM 시스템 구축에도 적합하다. Claude 시리즈는 기업 고객 중심의 API 솔루션으로 제공되며, 높은 응답 안정성, 안전성, 정책적 제어 기능을 갖춘 서비스 환경을 통해 보안과 규제가 중요한 조직에서도 신뢰성 있게 활용될 수 있다.

따라서 GPT, LLaMA, Claude는 각각의 강점과 제약을 정확히 이해한 상태에서 조직의 요구사항과 활용 환경에 맞춰 선택해야 한다. 즉시 활용 가능한 고성능과 범용성이 필요하다면 GPT가 적합하며, 맞춤형 개발이나 온프레미스 환경을 고려한다면 LLaMA가 유리하다. 반면, 윤리성, 안정성, 보안 등 정책적 통제가 중요한 환경에서는 Claude가 효과적인 선택이 될 수 있다. 조직의 기술 역량, 인프라 조건, 적용 도메인을 종합적으로 고려해 요구 사항에 맞는 최적의 모델을 선택해야 한다.

12.2.3 생성 모델 선택 기준

생성 모델(LLM)을 선택할 때 고려해야 할 주요 요소는 성능, 비용, 라이선스이다. 각각의 모델은 특정한 강점과 제약을 가지며, 실제 적용 환경과 목적에 따라 최적의 선택이 달라진다. 성능이 가장 중요한 경우도 있지만, 운영 비용이나 라이선스 조건이 제약이 되는 경우도 많기 때문에 균형 잡힌 접근이 필요하다.

성능을 평가할 때는 모델의 정확도, 생성 품질, 처리 속도 등을 주요 지표로 삼는다. 일반적으로 LLM의 성능은 파라미터 수, 학습 데이터의 범위와 품질, 사전 학습 및 미세 조정 방식에 영향을 받는다. GPT-4와 같은 모델은 대규모 데이터를 학습한 덕분에 높은 수준의 문맥 이해와 생성 능력을 갖추고 있지만, 처리 속도와 비용 측면에서 부담이 될 수 있다. 반면, LLaMA와 같은 모델은 경량화된 아키텍처와 고효율 설계로 적은 자원에서도 준수한 성능을 발휘할 수 있으며, 온프레미스 환경에서의 유연한 배포가 가능한 것이 특징이다.

또한 모델의 성능은 단순한 벤치마크 수치보다 실제 업무 맥락에서의 적합성이 더 중요한 판단 기준이 된다. 예를 들어 코드 생성, 멀티턴 대화, 수치 기반 추론처럼 복잡한 과제에서는 GPT 계열 모델이 강력한 성능을 보일 수 있지만, 특정 도메인의 문서 요약이나 지식 기반 응답에는 미세 조정된 특화 모델이 더 효과적일 수 있다. 따라서 모델을 선택할 때는 MMLU, GSM8K, HumanEval 등 공통 벤치마크 지표뿐 아니라, 실제 사용 시나리오에서의 테스트 결과와 사용자 피드백을 함께 고려한 종합적인 평가 접근이 필요하다. 이는 단순 정확도를 넘어, 일관성, 신뢰도, 실행 효율성까지 아우르는 정성적 판단을 가능하게 한다.

비용은 생성형 모델 선택에 있어 가장 현실적인 제약 요소 중 하나다. 클라우드 기반 API를 사용하는 경우, 요청량에 따라 과금되기 때문에 대규모 서비스에서는 예상보다 빠르게 누적 비용이 증가할 수 있다. GPT-4o나 Claude 4와 같은 고성능 상용 모델은 높은 응답 품질을 제공하지만, 호출당 단가가 높아 실시간 질의응답이나 대량 요청이 필요한 환경에서는 예산 부담이 상당할 수 있다.

반면, LLaMA와 같은 오픈소스 모델은 자체 인프라에 배포해 사용할 수 있어, 초기 구축 비용은 다소 발생하더라도 장기적으로는 비용 효율적인 운영이 가능하다. 특히 GPU 자원을 갖춘 환경이 준비되어 있다면 API 기반 모델 대비 비용을 안정적으로 통제할 수 있으며, 모델 운영과 최적화도 자체적으로 조정할 수 있는 장점이 있다.

운영 비용을 절감하기 위해 일부 기업은 하이브리드 전략을 사용하기도 한다. 즉, 정밀한 처리가 필요한 경우에는 성능이 우수한 모델을 활용하고, 일반적인 요청에는 경량화된 모델을 사용하여 전체적인 비용을 조절하는 방식이다. 예를 들어, 사용자 질의의 복잡도를 분석한 후, 간단한 질문에는 저비용 모델을, 복잡한 질문에는 고성능 모델을 사용하는 구조를 설계할 수 있다.

라이선스 정책도 중요한 고려 사항이다. GPT-4와 Claude는 폐쇄적인 라이선스를 따르며, API 기반으로만 접근할 수 있기 때문에 모델을 직접 수정하거나 자체 배포할 수 없다. 반면, LLaMA와 같은 오픈소스 모델은 라이선스 조건에 따라 연구자나 기업이 자유롭게 수정 및 활용할 수 있다. 하지만 오픈소스 모델이라 하더라도 상업적 활용에 제약이 있을 수 있으므로 라이선스 세부 조항을 정확히 확인하는 것이 필요하다.

기업 환경에서는 이러한 라이선스 조건이 장기적인 운영 전략과 직결된다. 폐쇄형 모델을 사용할 경우 공급업체의 정책 변화에 따라 서비스 운영 방식이 제한될 수 있으며, 비용 변동성도 고려해야 한다. 반대로 오픈소스 모델은 기술 독립성을 확보할 수 있다는 장점이 있지만, 모델 튜닝 및 인프라 유지에 필요한 리소스를 자체적으로 확보해야 한다. 따라서 도입 환경에 따라 기술 유연성과 운영 자원의 균형을 고려해 선택하는 것이 바람직하다.

보안과 프라이버시도 모델 선택의 중요한 요소이다. 클라우드 기반 API를 사용하는 경우, 민감한 데이터를 외부 서버로 전송해야 하므로 보안 정책 및 데이터 규제 준수를 충분히 검토해야 한다. 금융, 의료 등 보안이 중요한 산업에서는 오픈소스 모델을 자체적으로 운영함으로써 외부 유출 가능성을 낮추는 전략이 더욱 적합할 수 있다. 반면, 최신 모델의 성능을 활용하고 싶다면 클라우드 기반 솔루션을 사용하되, 데이터 암호화 및 익명화 기법을 병행하여 보안 리스크를 최소화할 수 있다.

확장성과 유지보수 또한 모델 운영 전략에 큰 영향을 미친다. API 기반 모델은 초기 진입이 쉬우며 유지보수가 간편하다는 장점이 있으나, 서비스 규모가 커질수록 API 호출 비용이 급격히 증가할 수 있다. 반면, 자체 배포형 모델은 초기 인프라 구축과 유지 비용이 부담될 수 있지만, 장기적으로는 안정적인 비용 구조와 유연한 확장성이 확보된다. 특히 대량의 데이터를 처리하거나 모델을 지속적으로 커스터마이징해야 하는 환경에서는 온프레미스 방식이 적합할 수 있다. 이처럼 조직의 기술 역량, 보안 요구 수준, 확장 계획을 종합적으로 고려한 모델 선택이 필요하다..

생성 모델을 선택할 때는 성능, 비용, 라이선스, 보안, 확장성 등 다양한 요소를 균형 있게 고려해야 한다. 단순히 최신 모델을 선택하는 것이 아니라, 실제 서비스 환경에서의 요구 사항을 분석하고, 장기적인 운영 계획을 고려하는 것이 중요하다. 데이터 사이언스와 AI 기반 서비스를 운영하는 기업이나 연구 조직에서는 이러한 요소들을 균형 있게 평가하여 최적의 모델을 도입해야 한다. 그림 12.3은 생성 모델 선택 시 고려 사항을 정리한 것이다.

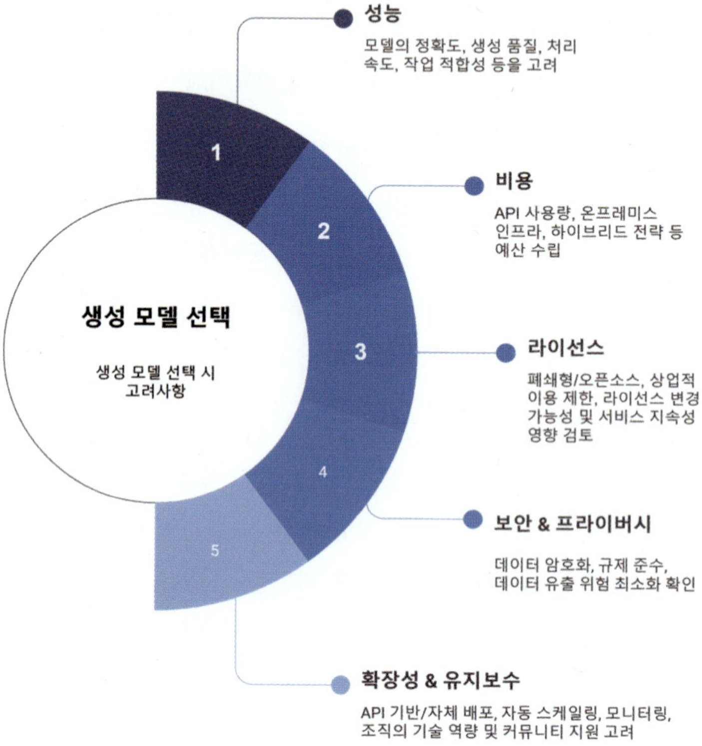

그림 12.3 생성 모델 선택 시 고려 사항

12.2.4 LLM 최적화 전략

프롬프트 엔지니어링, 컨텍스트 엔지니어링, 미세 조정은 생성형 모델(LLM)의 성능을 극대화하는 핵심 전략들이다. 모델이 아무리 뛰어나더라도, 적절한 입력과 환경이 갖춰지지 않으면 기대한 출력을 얻기 어렵다. 따라서 효과적인 LLM 활용을 위해서는 이 세 가지 전략을 유기적으로 이해하고 적용하는 것이 필요하다.

프롬프트 엔지니어링(prompt engineering)은 모델이 최적의 출력을 생성할 수 있도록 입력 형식을 설계하는 과정이다. 단순한 질문보다 맥락을 제공하거나 응답 형식을 명확히 지정하면 더욱 일관된 결과를 얻을 수 있다. 예를 들어, "머신러닝이란?"이라는 질문보다 "머신러닝의 정의와 주요 응용 사례를 3문장 이내로 설명한다."라고 요청하면 보다 구체적이고 유용한 응답을 얻을 가능성이 높다.

프롬프트 엔지니어링에서 자주 활용되는 기법 중 하나는 **퓨샷 러닝**(few-shot learning)이다. 이는 모델에게 몇 가지 예시를 함께 제시함으로써 원하는 출력 형식을 학습하도록 유도하는 방식이다. 예를 들어, 고객 문의에 대한 답변을 자동화하려는 경우, "Q: 배송이 지연되었어요 / A: 고객님, 불편을 드려 죄송합니다. 배송은 내일 도착 예정입니다."처럼 몇 가지 문답 예시를 미리 제공하면, 모델이 유사한 질문에 대해 일관된 톤과 형식으로 응답하는 데 도움이 된다. 특히 모델이 처음 접하는 형태의 지시나 작업을 수행할 때 유용하게 작동한다.

반대로, 제로샷(Zero-shot) 방식은 예시 없이도 일반적인 지식을 바탕으로 응답을 생성하도록 요청하는 기법이다. "다음 문장을 영어로 번역하라"처럼 직관적인 지시만으로도 작동하기 때문에 프롬프트 길이를 줄이거나 매번 새로운 지시를 내려야 하는 상황에서 효율적이다. 최근에는 다양한 작업에서 제로샷 성능이 높아지면서, 간단한 작업에는 별도의 예시 없이도 활용되는 경우가 많다.

또한, **컨텍스트 윈도**(context window)의 활용도 매우 중요하다. LLM은 일정한 토큰 수 내에서만 문맥을 유지할 수 있기 때문에 프롬프트에 포함되는 정보의 우선순위를 조절하는 전략이 필요하다. 예를 들어, 30페이지 분량의 보고서를 요약해야 한다면, 표지 · 목차보다 결론이나 핵심 통계가 앞쪽에 배치되어야 효과적이다. 모델은 앞부분 정보에 더 높은 비중을 두는 경향이 있기 때문이다. 이러한 구조적 설계를 통해 모델이 혼동 없이 목표에 맞는 출력을 생성할 가능성이 높아진다.

컨텍스트 엔지니어링(context engineering)은 단일 프롬프트 설계를 넘어서, 모델이 작업을 효과적으로 수행할 수 있도록 전체 문맥과 실행 환경을 체계적으로 구성하는 전략이다. 프롬프트 엔지니어링이 주로 입력 문장의 정교함에 초점을 맞춘다면, 컨텍스트 엔지니어링은 대화 흐름, 외부 문서, 사용자 메모리, 도구 통합 등 다양한 요소를 아우르며 LLM의 **사고 공간**(context space)을 설계하는 데 중점을 둔다. 특히 복잡한 문제 해결이나 다단계 추론이 필요한 환경에서는 컨텍스트 설계가 최종 응답의 품질과 일관성에 직접적인 영향을 미친다.

예를 들어 RAG 구조에서는 질의에 관련된 문서를 검색하고 이를 프롬프트에 실시간으로 삽입해 응답의 정확성과 사실성을 높인다. 또한 이전 대화 내용을 유지하거나 사용자 설정값을 반영하는 메모리 기능, 외부 API 호출이나 계산 기능을 포함한 툴 통합도 모두 컨텍스트의 일부로 간주된다. 이러한 요소들은 단순히 정보를 제공하는 수준을 넘어서, 모델이 상호작용 맥락을 지속적으로 이해하고 관리할 수 있게 한다.

이처럼 컨텍스트 엔지니어링은 멀티턴 대화, 도메인 특화 질의응답 시스템, 에이전트 기반 자동화, 실시간 의사결정 보조 시스템 등 복잡하고 지속적인 상호작용이 필요한 환경에서 핵심 전략으로 부상하고 있다. 초기에는 프롬프트 엔지니어링의 하위 개념으로 여겨졌지만, 점차 그 적용 범위와 중요성이 확대되면서 독립적인 설계 역량으로 인식되고 있으며, LLM 기반 시스템을 실무에 안정적으로 도입하기 위한 필수 구성 요소로 자리 잡아가고 있다.

미세 조정(fine-tuning)은 사전 학습된 LLM을 특정한 도메인이나 작업에 맞게 추가 학습하는 과정이다. 예를 들어, 법률 문서나 의료 데이터를 분석하는 모델을 만들려면 해당 분야의 데이터를 활용해 미세 조정을 진행할 수 있다. 이를 통해 모델이 특정한 어휘와 문맥을 더 잘 이해할 수 있으며, 일반적인 LLM보다 높은 정밀도를 제공할 수 있다.

미세 조정의 효과를 극대화하려면 고품질의 데이터세트가 필요하며, 다양성과 균형이 확보되어야 한다. 또한, 학습 데이터에 과도하게 최적화되면 일반화 능력이 떨어지는 과대적합 문제가 발생할 수 있으므로 검증 데이터세트를 통해 지속적인 성능 평가가 필요하다. 최근에는 LoRA나 어댑터 기법과 같은 경량화된 미세 조정 방법도 주목받고 있다. 이들은 전체 모델을 다시 학습하는 것이 아니라 일부 계층만 조정함으로써 비용과 리소스를 절감할 수 있다.

이 세 가지 전략은 서로 대체 관계가 아니라 보완적이다. 상황에 따라 프롬프트 엔지니어링으로 충분한 경우도 있지만, 복잡한 과제나 고정밀 응답이 필요한 환경에서는 컨텍스트 설계와 미세 조정을 병행해야 한다. 효과적인 LLM 시스템을 구축하기 위해서는 이 전략들을 통합적으로 활용하는 접근이 요구된다. 이와 관련한 LLM 구축 전략은 12.3.1 '프롬프트 · 컨텍스트 · 미세 조정 비교'에서 자세히 다루도록 하겠다.

12.3 _ LLM 시스템 아키텍처 구성 전략

LLM 기반 시스템을 구축할 때는 단순히 성능이 뛰어난 모델을 선택하는 것만으로는 충분하지 않다. 최적의 성능과 비용 효율성을 확보하려면 전체 아키텍처를 정교하게 설계해야 하며, 모델 유형, 처리 방식, 연산 자원 배분에 따라 결과가 크게 달라질 수 있다. 단일 모델 기반의 간결한 설계는 유지보수에 유리하지만, 복잡한 요구사항에는 검색 기반 모델과 생성 모델을 조합한 다중 모델 전략이 효과적일 수 있다. 또한 캐싱, 로드 밸런싱, 요청 라우팅 등 인프라 전략 역시 성능에 직접적인 영향을 미치므로, 시스템 전반을 유기적으로 고려한 설계가 필요하다.

LLM 활용 방식은 크게 프롬프트 엔지니어링, 컨텍스트 엔지니어링, 미세 조정의 세 가지 접근으로 구분할 수 있다. 프롬프트 엔지니어링은 모델의 내부 구조를 변경하지 않고 입력 문장이나 질문 형식만 조정해 출력 품질을 개선하는 방식이다. 구현이 간단하고 비용 부담이 적다는 장점이 있지만, 기본 모델의 한계를 넘기는 어렵다.

이를 보완하는 방식으로 주목받는 것이 컨텍스트 엔지니어링이다. 이는 단일 프롬프트를 넘어서 모델이 상황을 더 잘 이해하고 반응하도록 문맥, 외부 정보, 도구 호출 등 전체 환경을 설계하는 전략이다. 예를 들어, RAG 구조에서는 검색된 문서를 실시간으로 삽입해 정확성을 높이며, 대화 기록 유지, 사용자 설정 반영, 외부 API 호출 등도 모두 컨텍스트 설계의 일부로 간주된다. 컨텍스트 엔지니어링은 특히 멀티턴 대화, 도메인 특화 질의응답, 에이전트 시스템 등 실전 환경에서 핵심적인 역할을 수행한다.

반면, 미세 조정은 특정 데이터세트를 기반으로 모델의 내부 파라미터 자체를 조정해 특정 작업에 최적화된 응답을 얻는 방식이다. 정밀한 성능 개선이 가능하다는 장점이 있으나, 상대적으로 많은 연산 자원과 고품질 데이터가 요구되며, 과적합과 도메인 편향의 위험도 존재한다.

모델 구축 전략도 단일 모델과 다중 모델 조합 방식으로 나뉜다. 단일 모델 접근 방식은 유지보수가 용이하고 구조가 단순하지만, 다양한 작업을 동시에 처리하거나 복잡한 워크플로에 대응하기에는 유연성이 떨어질 수 있다. 반면, 다중 모델 조합 방식은 검색 기반 모델과 생성 모델을 결합하거나 경량 모델과 고성능 모델을 상황에 따라 선택적으로 호출하는 등의 전략을 통해 성능과 확장성 면에서 유리한 구조를 설계할 수 있다. 다만, 모델 간 인터페이스 설계와 작업 분기 기준, 성능 모니터링 및 자원 분배 전략 등 복잡한 운영 요소를 체계적으로 관리할 수 있는 설계 역량이 요구된다.

API 설계는 LLM 아키텍처의 성능과 유연성을 좌우하는 핵심 요소 중 하나다. 요청량에 따른 스케일 대응을 고려한 비동기 처리, 응답 속도를 높이기 위한 결과 캐싱 및 응답 압축 전략, 다양한 모델을 유기적으로 호출할 수 있는 멀티 모델 라우팅 인터페이스 등이 실무에서 중요하게 작용한다. 또한, 프롬프트 기반 접근, 컨텍스트 기반 설계, 미세 조정된 모델 간의 호출 체계 및 실행 조건을 명확히 설계하는 것이 시스템 안정성과 일관성을 확보하는 데 필수적이다.

마지막으로, 비용 최적화는 실무 환경에서 빼놓을 수 없는 핵심 고려 사항이다. 대형 모델은 높은 성능을 제공하는 만큼 연산 자원 소모가 크기 때문에, 응답 캐싱, 추론 결과 재활용, 로드 밸런싱을 통한 부하 분산 전략이 필요하다. GPU 자원이 확보된 경우에는 LLaMA와 같은 오픈소스 모델을 자체 배포해 운영 비용을 절감할 수 있으며, 상용 API와의 하이브리드 구조를 통해 성능–비용 간 균형을 맞춘 유연한 아키텍처를 설계할 수 있다. 이러한 종합적 접근을 통해 실질적인 성능 확보와 함께 예산 제약을 만족시키는 지속 가능한 LLM 시스템을 구축할 수 있다.

12.3.1 프롬프트 · 컨텍스트 · 미세 조정 비교

시스템을 구축할 때 LLM의 성능을 극대화하기 위해 다양한 접근법이 고려될 수 있다. 대표적인 방법으로 프롬프트 엔지니어링, 컨텍스트 엔지니어링, 미세 조정, 그리고 이를 결합한 하이브리드 방식이 있다. 각 접근법은 적용 목적, 환경 제약, 성능 요구 사항 등에 따라 적절하게 선택되어야 하며, 서로 보완적으로 사용될 수도 있다.

프롬프트 엔지니어링은 모델의 가중치를 변경하지 않고 입력을 정교하게 설계하여 원하는 출력을 유도하는 방식이다. 프롬프트 엔지니어링은 LLM의 파라미터를 변경하지 않고 입력 문장을 정교하게 설계하여 원하는 출력을 유도하는 방법이다. 모델을 재학습할 필요 없이 빠르게 적용할 수 있고, 운영 중에도 입력 조정을 통해 동적으로 성능을 개선할 수 있는 장점이 있다. 특히 API 기반으로 상용 LLM을 사용하는 경우, 모델을 직접 제어할 수 없는 환경에서 매우 유용하다.

프롬프트 엔지니어링은 도메인 지식이 필요한 상황에서 효과적으로 활용된다. 특정 작업에 대해 구조화된 입력을 제공하면 신뢰성 높은 출력을 얻을 수 있고, 반복적인 질문 패턴에 맞춰 템플릿 기반 프롬프트를 설계함으로써 응답 품질의 일관성을 확보할 수 있다. 예컨대 고객 응대 챗봇에서는 프롬프트 개선만으로도 응답의 자연스러움과 정확도를 높일 수 있다.

그러나 프롬프트 엔지니어링만으로는 해결할 수 없는 한계도 존재한다. 특정 데이터 패턴을 지속적으로 학습해야 하거나 새로운 도메인에 적응해야 하는 경우, 단순한 프롬프트 조정만으로는 성능 향상이 어렵다. 또한, 프롬프트 길이가 길어질수록 처리 비용이 증가하며, 컨텍스트 창이 제한적인 모델에서는 충분한 정보를 포함하지 못할 가능성이 있다. 더불어, 프롬프트 엔지니어링은 복잡한 추론이나 창의적인 문제 해결에는 한계가 있어 모델이 가진 지식 기반과 패턴 인식 능력에 의존한다.

이러한 한계를 보완하는 방식이 컨텍스트 엔지니어링이다. 이는 LLM이 이해할 수 있도록 외부 지식과 문맥 정보를 체계적으로 구성하여 프롬프트와 함께 입력하는 전략이다. 검색 증강 생성(RAG) 구조를 활용하여 사용자 질의에 대한 관련 문서를 동적으로 검색하고, 이를 정제된 형태로 모델에 입력함으로써 응답의 정확성과 최신성을 높일 수 있다.

컨텍스트 엔지니어링은 단순히 문서를 나열하는 것이 아니라, 검색 결과를 요약하거나 필터링하여 중요도 순으로 배열하고, 중복 정보를 제거하는 과정이 포함된다. 특히 GPT-4 Turbo처럼 128k 이상의 컨텍스트 창을 지원하는 최신 모델에서는 이러한 전략이 응답 품질에 큰 영향을 미친다. 또한 대화형 시스템에서는 이전 대화 내용 중 핵심 정보를 선별하여 포함시키는 방식으로 컨텍스트를 구성한다.

프롬프트와 컨텍스트 엔지니어링 모두 모델의 학습 파라미터를 변경하지 않는 간접 제어 방식이라는 공통점을 갖는다. 그러나 두 방식은 상호보완적인 역할을 수행한다. 프롬프트는 질문 구조와 출력 형식을 제어하고, 컨텍스트는 모델의 응답에 필요한 지식을 공급하는 역할을 한다. 두 요소가 적절히 결합될 때 응답 품질을 높이는 데 효과적이다.

프롬프트나 컨텍스트 조정만으로는 성능을 충분히 확보하기 어려운 경우에는 미세 조정이 필요하다. 이는 기존 LLM을 특정 도메인이나 과업에 맞춰 재학습하여 파라미터를 조정하는 방식이다. 법률, 의료, 금융과 같이 고유한 전문 용어와 응답 스타일이 요구되는 분야에서 효과적이며, 응답의 일관성과 형식적 정확성을 높일 수 있다.

미세 조정은 일정량 이상의 고품질 학습 데이터가 요구되며, 연산 자원도 많이 소모된다. 또한 편향된 데이터로 학습할 경우 모델도 편향된 출력을 생성할 수 있으므로 데이터 품질 관리가 중요하다. LoRA, Adapter 등 파라미터 효율화 기법을 적용하면 학습 비용을 줄일 수 있으나, 운영 중 업데이트가 필요한 경우 재학습 비용이 발생한다.

마지막으로, 프롬프트 엔지니어링, 컨텍스트 엔지니어링, 미세 조정을 결합한 하이브리드 방식이 있다. 예를 들어, 기업 내 문서로 미세 조정한 모델에 RAG 기반 컨텍스트 엔지니어링을 적용하고, 사용자 유형별로 최적화된 프롬프트를 조합함으로써 정밀도와 자연스러움을 동시에 확보할 수 있다. 초기에는 프롬프트와 컨텍스트 조정을 통해 기획 단계의 성능을 확보하고, 이후 축적된 데이터 기반으로 점진적 미세 조정을 수행한다.

실시간 응답 속도가 중요한 애플리케이션에서는 미세 조정보다 프롬프트 엔지니어링과 컨텍스트 엔지니어링이 더 적합할 수 있다. 미세 조정된 모델은 일반적으로 높은 연산 비용을 요구하며, 업데이트 과정도 상대적으로 오래 걸린다. 반면, 프롬프트 엔지니어링은 모델 재학습 없이 입력만으로 즉각적인 변경이 가능하고, 컨텍스트 엔지니어링은 외부 지식을 동적으로 제공함으로써 최신성과 유연성을 확보할 수 있다. 두 방법 모두 빠른 피드백 루프를 구축하는 데 유리하며, 동적 시스템 환경에 효과적이다.

프롬프트 엔지니어링, 컨텍스트 엔지니어링, 미세 조정은 상호보완적인 관계를 가진다. 프롬프트와 컨텍스트 엔지니어링은 빠르게 적용할 수 있는 단기적인 접근이며, 모델을 직접 수정할 수 없는 경우나 자주 변동하는 요구 사항을 다룰 때 효과적이다. 반면, 미세 조정은 특정 도메인이나 고정된 작업에 대해 장기적으로 성능을 최적화할 수 있는 방법이다. 따라서 실무에서는 시스템 요구 사항과 사용 사례의 특성을 고려하여 이들 방식을 적절히 조합해야 한다.

예를 들어, 시스템 초기 구축 단계에서는 프롬프트 엔지니어링과 컨텍스트 엔지니어링을 통해 고객 문의 유형에 대한 응답 템플릿을 설계하고, 관련 문서를 자동으로 검색하고 구성하는 RAG 방식을 도입할 수 있다. 이를 통해 빠르게 응답 구조를 설계하고, 사용자 피드백을 바탕으로 템플릿과 문서 구성 방식을 반복적으로 조정한다. 이 과정에서 반복적으로 발생하는 문의 유형이나 특정 키워드에 대한 응답 품질이 낮다면 해당 사례를 수집하여 미세 조정 데이터세트로 활용할 수 있다.

이후 미세 조정을 통해 특정 도메인이나 서비스에 최적화된 모델을 구축하면, 다시 프롬프트 엔지니어링과 컨텍스트 전략을 조정하여 응답의 자연스러움, 포맷, 정보 밀도를 제어한다. 특히 컨텍스트 엔지니어링을 통해 모델의 내부 지식 한계를 보완하고, 실시간으로 업데이트되는 정보를 반영함으로써 모델 성능을 장기적으로 유지하고 개선할 수 있다.

이러한 접근은 소프트웨어 개발에서 애자일 방법론을 적용하는 것과 유사하다. 초기에는 간단한 규칙 기반 설계로 시작하고, 반복적 테스트와 피드백 수집을 통해 점진적으로 구조를 확장하며, 필요 시 시스템 구성 요소를 재설계하는 방식으로 전체 완성도를 높인다. 프롬프트, 컨텍스트, 미세 조정도 이와 같이 순차적이고 반복적인 개선 과정으로 운영되어야 한다. 표 12.2는 프롬프트 엔지니어링, 컨텍스트 엔지니어링, 미세 조정을 비교 분석한 것이다.

표 12.2 프롬프트 엔지니어링, 컨텍스트 엔지니어링, 미세 조정의 차이

특징	프롬프트 엔지니어링	컨텍스트 엔지니어링	미세 조정
정의	LLM 자체 변경 없이 입력(프롬프트) 조정을 통해 원하는 출력 유도	외부 지식과 문맥 정보를 검색 · 선택 · 정제하여 입력으로 구성	모델 자체를 특정 과제/도메인에 최적화

특징	프롬프트 엔지니어링	컨텍스트 엔지니어링	미세 조정
적용 시점	빠른 실험 및 성능 향상 시도	검색 기반 외부 정보 활용이 필요한 경우	프롬프트 조정만의 한계 극복 시
	주어진 API 활용 또는 모델 학습 불가 환경	정확성, 최신성 보완이 필요한 경우	특정 도메인 지식 필요 (법률, 의료 등)
	실시간 응답 속도가 중요한 애플리케이션	프롬프트 정보량 한계 존재 시	새로운 개념 이해 또는 스타일/표현 방식 고정 필요
장점	빠른 적용 및 수정	최신 정보 반영 가능	특정 과제/도메인 특화된 모델 구축
	모델 수정 불가능 환경에서 유일한 옵션	외부 문서를 동적으로 반영	일관된 결과 생성 가능
	즉각적인 변경 가능	프롬프트보다 긴 문맥 처리 가능	기존 모델이 학습하지 못한 내용 학습 가능
	동적 최적화 용이	모델 재학습 없이 지식 확장 가능	
단점	근본적인 모델 성능 향상 어려움	문서 검색 및 정제 품질에 성능 의존	높은 연산 비용 요구
	프롬프트 설계에 따라 성능 변동 심함	응답 일관성 유지 어려움	데이터 확보 및 관리 필요
		컨텍스트 창 제약 존재	업데이트 과정 상대적으로 오래 걸림
개선 방법	짧은 주기로 반복적인 개선(반복적인 프롬프트 조정)	문서 검색 품질 개선	전체적인 모델 개선(모델 재학습)
		요약 및 필터링 알고리즘 개선	
솔루션 관점	단기적인 솔루션	단기~중기적 보완 전략	장기적인 솔루션
전문성 요구	상대적으로 낮은 진입 장벽	검색, 요약, NLP 파이프라인 설계 지식 요구	모델 구조, 학습 알고리즘 등에 대한 깊은 이해 필요
유지보수	프롬프트 템플릿 관리 및 버전 관리	문서 인덱스, 검색 알고리즘, 응답 구성 로직 관리	모델 배포, 모니터링, 재학습 파이프라인 구축 및 유지보수

특징	프롬프트 엔지니어링	컨텍스트 엔지니어링	미세 조정
비용	API 사용량에 따른 비용 발생	검색 인프라, 저장소, 필터링 비용 발생	학습 데이터 구축, 연산 리소스(GPU), 엔지니어링 비용 발생
데이터 요구량	적은 데이터로도 효과적인 개선 가능	외부 지식 기반의 문서 구성 필요	모델 성능 향상을 위해 대량의 데이터 필요
적합한 작업	일반적인 질문 답변, 텍스트 요약, 번역 등 범용적인 작업	정보 참조 기반 응답, 최신 정보 반영, 길고 복잡한 문서 기반 응답	특정 산업/도메인 전문 용어 사용, 특정 스타일의 글쓰기, 특수한 형식의 데이터 생성 등

12.3.2 단일 모델 vs 다중 모델 조합 설계

LLM 시스템 설계 시 단일 모델을 사용할지, 다중 모델을 조합할지를 결정하는 것은 중요한 판단 요소 중 하나다. 단일 모델 방식은 시스템의 복잡성을 줄이고 유지보수를 간소화할 수 있지만, 특정 작업에서 최적의 성능을 내기 어려울 수 있다. 반면, 다중 모델을 조합하면 각 모델의 장점을 살려 보다 정교한 처리가 가능하지만, 모델 간 통합과 부하 분산 전략이 필요하다. 따라서 시스템의 목적, 운영 환경, 예산 수준에 따라 두 방식의 장단점을 면밀히 분석하고, 가장 적절한 구조를 선택하는 것이 중요하다.

단일 모델을 사용하는 경우, 하나의 LLM이 모든 작업을 담당하게 된다. 이는 시스템 구조를 단순하게 유지할 수 있어 운영 및 유지보수 부담이 적다. 예를 들어, 단순한 질문–응답 시스템이나 일반적인 챗봇의 경우, 하나의 강력한 LLM을 활용하는 것만으로도 충분한 성능을 낼 수 있다. 이 방식은 메모리 관리가 용이하고, API 호출 구조가 일관되며, 로깅 및 모니터링도 단순해 개발 및 운영 측면에서의 안정성을 확보할 수 있다.

그러나 단일 모델 구조는 다양한 기능을 동시에 요구하는 복합 시스템에서는 한계를 가질 수 있다. 예를 들어, 정보 검색과 생성이 함께 요구되는 RAG 기반 시스템에서는 단일 모델이 검색 적합성과 생성 품질을 모두 만족시키기 어렵다. 또한, 고성능 대형 모델을 단일 접근 방식으로 운영할 경우, 연산 자원 소모가 크고 요청당 응답 지연이 길어질 수 있으며, 과금 구조에 따라 비용이 급격히 상승할 수 있다.

이러한 이유로 최근에는 검색 특화 모델과 생성 특화 모델을 분리하거나, 경량 모델로 필터링을 수행한 후 대형 모델로 정밀 처리하는 등 다중 모델 조합 방식이 각광받고 있다. 다만, 이 경우에는 모델 간 역할 분담, 호출 조건, 로드 밸런싱 전략을 정교하게 설계해야 하며, 시스템 복잡성 증가에 대한 대응이 필요하다.

다중 모델 조합 방식은 각 모델이 특정 역할을 수행하도록 설계하는 전략으로, 복합적인 LLM 기반 시스템에서 점차 널리 사용되고 있다. 예를 들어, 정보 검색이 필요한 경우에는 벡터 검색 모델(예: dense retriever)을 활용하고, 자연어 응답 생성이 필요한 경우에는 대형 LLM을 호출하는 방식으로 구성할 수 있다. 이렇게 기능을 분리하면 각 모델을 해당 작업에 맞게 최적화할 수 있어, 성능과 응답 품질을 동시에 극대화할 수 있다. RAG 시스템이나 다단계 에이전트 구조에서도 이러한 모델 분리 전략이 중심이 된다.

다중 모델 조합의 또 다른 강점은 유연한 처리 경로 설계와 비용 효율성 확보다. 예를 들어, 비교적 단순한 질문에는 경량화된 모델(예: DistilLLM 또는 Mistral Small)을 활용하고, 복잡하거나 고신뢰 응답이 필요한 요청에만 대형 모델(예: GPT-4o, Claude 4 등)을 적용하는 식으로 계층화된 구조를 설계할 수 있다. 이와 같은 경량-고성능 모델의 혼합 운영은 전체적인 처리 비용을 절감하면서도 품질을 유지하는 데 효과적이다. 또한, 특정 모델에 부하가 집중되는 상황에서는 대체 모델로 자동 전환하거나 요청을 분산하는 동적 로드 밸런싱 전략을 적용함으로써 안정적인 서비스 운영이 가능하다.

하지만 다중 모델 조합 방식에는 몇 가지 기술적 고려사항이 따른다. 첫째, 모델 간의 데이터 흐름과 응답 전달 체계를 정교하게 관리해야 한다. 예를 들어, 검색 모델이 제공한 문서가 생성 모델에서 충분히 이해되고 활용되지 않으면 응답 품질이 저하될 수 있다. 둘째, 모델 간 API 호출 횟수가 많아지면 네트워크 지연, 지연된 컨텍스트 구성, 추론 대기 시간 등이 누적되어 전체 응답 시간이 늘어날 수 있다. 따라서 데이터 전달 최적화, 요청 압축, 비동기 처리 구조 등을 통해 연산 비용과 네트워크 지연을 최소화하는 아키텍처 설계가 필요하다.

또한, 다중 모델 조합에서는 출력 간 일관성 유지와 데이터 동기화 전략도 매우 중요하다. 예를 들어, 검색 모델이 최신 정보를 제공하더라도, 생성 모델이 오래된 파라미터를 사용하면 응답의 신뢰성이 떨어질 수 있다. 이를 방지하려면, 생성 모델과 검색 모델 간의 업데이트 주기, 지식 동기화 전략, 버전 관리 정책을 체계적으로 수립해야 한다. 특히 기업 환경이나 고신뢰 응답이 필요한 도메인에서는 정책적 통제, 데이터 품질 관리, 응답 검증 절차까지 포함한 운영 전략이 필요하다.

결국, 단일 모델과 다중 모델 조합 방식 중 어떤 방식을 선택할지는 시스템의 목적과 요구 사항에 달라질 수밖에 없다. 단일 모델 방식은 단순한 시스템에 적합하며, 빠르게 구축할 수 있는 장점이 있다. 반면, 다중 모델 조합 방식은 보다 정교한 처리가 가능하며, 다양한 작업을 수행하는 데 유리하다. 따라서 시스템이 처리해야 하는 작업의 복잡성을 고려하여 최적의 방식을 선택해야 한다.

최근에는 다중 모델 조합 방식을 채택하는 사례가 빠르게 늘고 있다. 특히 RAG 구조처럼 검색 모델과 생성 모델을 조합해 복잡한 질의에 대응하거나 경량 모델과 대형 모델을 상황에 따라 선택적으로 호출해 성능과 비용의 균형을 조절하는 사례가 대표적이다. 또한 작업별로 특화된 모델을 별도로 미세 조정하거나 새로운 데이터세트에 빠르게 적응시키는 등 모델 유연성과 유지관리성 측면에서도 다중 모델 구조가 강점을 보인다.

따라서 최적의 LLM 아키텍처를 설계하기 위해서는 단일 모델과 다중 모델 각각의 장단점을 체계적으로 분석하고, 시스템이 수행해야 할 작업의 복잡도, 요구되는 응답 품질, 배포 환경의 제약 조건 등을 종합적으로 고려해야 한다. 단순한 기능 구현에서 시작해 점진적으로 확장 가능한 구조를 설계하거나 성능과 비용 간 트레이드오프를 명확히 설정하는 것도 전략적 접근에 포함된다. 그러므로 시스템의 목표에 부합하는 아키텍처를 선택하고, 이를 유연하게 운영할 수 있는 기술적 기반을 갖추는 것이 중요하다.

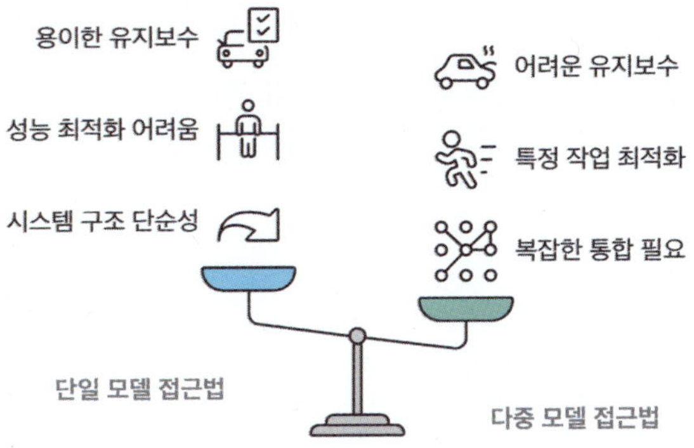

그림 12.4 단일 모델 접근법 vs 다중 모델 접근법

12.3.3 LLM 기반 애플리케이션의 API 설계 원칙

LLM 기반 애플리케이션을 개발할 때 API 설계는 성능, 확장성, 유지보수성에 직접적인 영향을 미친다. API는 모델과 외부 애플리케이션 간의 인터페이스 역할을 하므로, 요청 처리 구조에 따라 서비스의 안정성과 응답 품질이 달라질 수 있다. 특히 LLM의 특성상 요청당 연산 비용이 높고 응답 지연이 발생하기 쉬우므로, 처리 효율성과 지연 대응을 고려한 API 아키텍처 설계가 필수적이다. 잘 설계된 API는 단순한 모델 호출 수단을 넘어, 시스템 전체의 응답 흐름을 최적화하고 운영 비용까지 절감하는 기반이 된다.

LLM API 설계에서 가장 중요한 원칙 중 하나는 비동기 처리를 적극 고려하는 것이다. 모델의 응답 속도는 입력 길이, 토큰 수, 모델 크기 등에 따라 달라지며, 특히 GPT-4o나 Claude 4와 같은 대형 모델에서는 수백 ms 이상의 지연이 발생할 수 있다. 실시간 반응이 중요한 애플리케이션에서는 이러한 지연이 사용자 경험에 직접적인 영향을 미치므로, API는 동기식(synchronous) 호출뿐 아니라 비동기식(asynchronous) 호출을 병행 지원해야 한다. 이를 위해 웹소켓(WebSocket)[7], SSE(Server-Sent Events)[8], gRPC 스트리밍[9]과 같은 스트리밍 기반 응답 방식을 적용하면, 클라이언트는 응답이 완료되기 전에도 점진적인 결과를 수신하며 사용자 대기 시간을 줄일 수 있다.

또한, API 요청 및 응답 구조를 표준화하는 것도 실무에서 매우 중요하다. LLM API 요청은 단순 텍스트 입력 외에도 사용자 ID, 세션 컨텍스트, 히스토리, 커스터마이징 옵션 등 다양한 컨텍스트 정보를 포함할 수 있도록 설계되어야 한다. 응답 역시 단순한 텍스트가 아닌 JSON 형태로 구조화하여, 생성된 텍스트 외에도 생성 확률, 토큰 사용량, 처리 시간, 모델 버전, 응답 ID 등 메타데이터를 포함하는 것이 바람직하다. 이러한 구조화된 응답은 시스템 운영자에게 디버깅과 로그 추적, 과금 관리, 품질 분석에 필요한 정보를 제공하며, 모델의 동작을 더 정밀하게 제어하고 자동화하는 기반이 된다.

7 클라이언트와 서버 간에 양방향 통신을 실시간으로 유지할 수 있는 프로토콜
8 서버가 클라이언트에 일방향으로 지속적인 이벤트 스트림을 전송할 수 있는 방식
9 HTTP/2 기반의 고성능 스트리밍 RPC 통신 방식

모델의 다양한 기능을 효과적으로 지원하려면 API 엔드포인트를 명확하게 구성하는 것이 중요하다. 단순 텍스트 생성뿐만 아니라 요약, 번역, 질의응답, 코드 생성 등 과제 유형별로 엔드포인트를 구분하면 관리와 호출이 용이해진다. 이때 중요한 것은 엔드포인트 간의 일관성이다. 요청 방식, 입력 형식, 응답 구조가 통일되지 않으면 API 사용자 입장에서 혼란을 초래할 수 있다. 따라서 모든 엔드포인트는 공통된 요청/응답 스펙(JSON 기반 구조, 에러 코드 정의 등)을 따르도록 설계하고, 모델 기능별로 버전 관리 체계를 갖추는 것이 바람직하다.

보안 역시 LLM API 설계에서 반드시 고려해야 할 요소다. 생성형 모델은 민감한 입력 데이터를 다룰 가능성이 높기 때문에 API 호출에는 API 키, OAuth 2.0, JWT(JSON Web Token) 등의 인증 메커니즘을 통해 접근을 제한해야 한다. 또한, 입력 데이터를 로그에 저장할 경우 개인정보가 유출될 수 있으므로, 로깅 정책을 명확히 정의하고 민감 데이터는 마스킹 또는 암호화하는 것이 중요하다. 기업 내부에서 사용되는 LLM API라면 역할 기반 권한 제어(RBAC), 네트워크 접근 제어(IP allowlist), 감사 로그 수집 등을 포함한 보안 아키텍처 설계가 필수적이다.

API의 확장성을 고려한 설계도 필요하다. LLM 서비스는 사용자 수가 증가하거나 보다 복잡한 요청이 처리되어야 할 때 성능 저하가 발생할 수 있다. 따라서 API는 로드 밸런싱을 고려하여 여러 개의 모델 인스턴스를 병렬로 실행할 수 있도록 설계해야 한다. 이를 위해 컨테이너 오케스트레이션 도구(Kubernetes, Docker Swarm 등)와 연계하거나 **서비스형 함수(Function as a Service, FaaS)**와 같은 서버리스 실행 환경에서 동적으로 인스턴스를 실행하는 방식으로 구현할 수 있다.

API의 성능을 높이기 위해 캐싱 전략을 활용할 수도 있다. 동일한 요청이 반복적으로 들어오는 경우, 매번 모델을 호출하는 대신 이전 응답을 저장하고 활용하면 성능을 크게 향상시킬 수 있다. 예를 들어, 프롬프트와 응답을 키-값 형태로 캐싱하여 일정 시간 동안 동일한 입력에 대한 응답을 재사용할 수 있다. 이를 통해 불필요한 연산 비용을 줄이고, API 응답 시간을 단축할 수 있다.

API의 요청 및 응답 로깅은 운영과 개선을 위한 핵심 기반이다. 모델 성능을 정기적으로 평가하고 이슈를 추적하기 위해서는 정형화된 로그 구조가 필요하다. 요청 텍스트, 응답 내용, 처리 시간, 에러 코드뿐 아니라, 사용자 피드백이나 응답의 신뢰도 메타데이터를 함께 기록하면 추후 개선 작업에 유용하다. 단, 민감한 데이터가 포함될 수 있으므로 로그의 보안성과 개인정보 보호 정책도 함께 고려해야 한다.

API의 지속 가능한 운영을 위해 버전 관리와 문서화 전략도 체계적으로 설계해야 한다. LLM 모델이 지속적으로 업데이트되면서 API의 동작이 변경될 가능성이 있기 때문에 버전별로 API 엔드포인트를 관리하는 것이 중요하다. 예를 들어, `/v1/generate`와 `/v2/generate` 같은 방식으로 엔드포인트를 운영하면 기존 사용자들이 갑작스러운 변경에 영향을 받지 않도록 할 수 있다. 또한, 주요 변경 사항이 있을 경우 API 문서를 체계적으로 관리하고, 개발자들이 쉽게 이해할 수 있도록 가이드라인을 제공해야 한다.

12.3.4 모델 컨텍스트 프로토콜(MCP)

모델 컨텍스트 프로토콜(Model Context Protocol, MCP)은 대규모 언어 모델(LLM) 시스템이 외부 데이터 소스 및 도구들과 통합되는 방식을 표준화하기 위해 고안된 개방형 프로토콜이다. 2024년 11월, Anthropic이 최초로 공개한 MCP는 복잡한 지능형 에이전트 구축 과정에서 발생하는 데이터 접근 및 통합 문제를 해결하기 위해 등장했다. 기존에는 플러그인 시스템이나 커스텀 API 연동 방식에 의존해야 했던 외부 연결을 MCP를 통해 단일 표준으로 통합할 수 있게 되었다.

MCP의 기본 목표는 LLM 기반 애플리케이션이 다양한 형태의 외부 컨텍스트를 유연하고 일관된 방법으로 사용할 수 있도록 지원하는 것이다. 이를 통해 LLM은 사전 학습 데이터의 한계를 넘어서 현재 시점의 데이터, 사내 파일, 웹 API, 데이터베이스 등 다양한 정보를 실시간으로 참조하거나 상호작용할 수 있게 된다. MCP는 이 과정을 단순화하여 개발자가 추가 작업 없이 다양한 데이터 원천을 시스템 아키텍처에 연결할 수 있도록 지원한다.

MCP는 JSON-RPC 2.0 기반 통신을 사용하여 호스트(host), 클라이언트(client), 서버(server)라는 세 가지 구성 요소를 중심으로 작동한다. 호스트는 LLM 애플리케이션(예: Claude, 자체 구축 에이전트)이며, MCP 클라이언트를 통해 MCP 서버에 접속한다. MCP

서버는 특정 데이터나 기능(예: 로컬 파일 접근, 사내 데이터베이스 질의, 외부 API 호출)을 노출한다. 이러한 구조를 통해 하나의 LLM 애플리케이션이 여러 데이터 원천과 도구에 표준화된 방식으로 접근할 수 있게 된다.

MCP에서 서버는 세 가지 주요 기능을 제공할 수 있다. 첫째, **리소스(Resources)** 기능을 통해 파일, 문서, 데이터베이스 레코드 등 컨텍스트 데이터를 LLM에 제공할 수 있다. 둘째, **프롬프트(Prompts)** 기능을 통해 재사용 가능한 프롬프트 템플릿이나 워크플로를 제공할 수 있다. 셋째, **툴(Tools)** 기능을 통해 외부 시스템 상의 작업(예: 문서 검색, 코드 실행, 이메일 전송 등)을 LLM이 호출할 수 있도록 지원한다. 서버는 이 중 하나 이상의 기능을 선택적으로 제공할 수 있으며, 클라이언트는 서버와 기능 협상을 통해 이용 가능한 리소스를 동적으로 탐색하고 활용할 수 있다.

MCP를 통한 통합은 특히 다양한 외부 데이터 소스를 활용하는 LLM 시스템 아키텍처에서 강력한 장점을 제공한다. 예를 들어, 사내 위키, 내부 문서 저장소, CRM 데이터베이스 등 다양한 비정형 및 정형 데이터를 필요에 따라 연결할 수 있으며, 이러한 연결이 특정 LLM 벤더나 제품에 종속되지 않는다. MCP는 다수의 LLM 제공자 간 전환 비용을 줄이고, 시스템의 확장성과 유지 보수성을 향상시키는 데 기여할 수 있다.

보안 및 사용자 제어 측면에서도 MCP는 엄격한 기준을 설정하고 있다. 사용자는 각 서버가 접근하는 데이터나 툴에 대해 명시적으로 동의해야 하며, 서버가 어떤 데이터를 요청하거나 툴을 실행하는지에 대해 투명하게 정보를 제공받는다. 특히, 도구 기능은 잠재적으로 시스템 자원에 직접적인 영향을 미칠 수 있기 때문에 각 작업 실행 전에 사용자 승인 절차를 반드시 거치도록 되어 있다. 이는 시스템 보안과 데이터 프라이버시를 유지하는 데 필수적인 설계 요소이다.

MCP를 적용한 시스템은 단순히 데이터를 가져오는 수준을 넘어 복잡한 에이전트 행동도 가능하게 할 수 있다. 서버는 필요에 따라 LLM에게 프롬프트를 보내거나 직접 LLM으로부터 샘플링 결과를 받아 추가 작업을 이어갈 수 있다. 이러한 상호작용은 단순한 요청-응답 패턴을 넘어 다단계 대화 흐름과 복합 워크플로를 자연스럽게 구현할 수 있게 한다. 복잡한 질의응답, 의사결정 지원, 문서 작성 자동화 등 다양한 고급 기능이 이 구조 위에 구축될 수 있다.

MCP는 오픈소스 프로젝트로 관리되고 있으며, Java, C#, Python 등 다양한 언어용 SDK를 제공한다. 또한, Microsoft는 자사 Playwright 기반 브라우저 자동화 기술을 MCP 호환 형태로 변환한 Playwright-MCP를 공개했으며, OpenAI 역시 2025년 3월부터 공식 MCP 지원을 시작했다. 이처럼 MCP는 빠르게 업계 표준으로 자리잡고 있으며, 다양한 벤더와 개발자 커뮤니티가 이를 기반으로 시스템 통합을 추진하고 있다.

LLM 시스템 아키텍처를 설계할 때 MCP를 도입하면, 초기 개발 속도뿐만 아니라 장기적인 운영 효율성, 보안성, 유지 보수 편의성 측면에서 많은 이점을 얻을 수 있다. 특히, 다양한 외부 시스템과 연동해야 하는 복잡한 LLM 애플리케이션에서는 MCP 기반 통합 구조가 사실상 필수적인 고려 사항으로 자리 잡고 있다. 다음은 MCP를 활용하여 실제 데이터 사이언스 시스템을 구성하는 과정을 구체적으로 설명한다.

MCP 도입사례 시나리오: 사내 문서 검색 지원 시스템 구축

사내 문서 관리 부서는 매년 수천 건의 보고서, 기획안, 연구 자료를 관리하고 있다. 기존에는 키워드 검색만 제공하는 단순 시스템을 사용했으나, 사용자가 자연어로 질문하면 필요한 문서를 찾아 요약해주는 LLM 기반 지원 시스템을 새롭게 구축하고자 한다. 이때 MCP를 활용하여 사내 문서 데이터에 효율적으로 접근하는 구조를 설계한다. MCP 서버는 다음과 같은 기능을 제공하도록 설계한다.

MCP 서버 기능

- 문서 제목, 본문 검색 기능(리소스 제공)
- 특정 키워드 기반 문서 요약 기능(도구 제공)
- 검색 가능한 문서 목록 제공(리소스 목록)

이를 위해 서버 측에서는 문서 메타데이터를 관리하는 데이터베이스를 구축하고, 검색 요청을 처리하는 API를 개발한다. MCP 서버는 이 API를 호출하여 결과를 LLM 클라이언트에 제공하는 역할을 한다.

다음으로, LLM 기반 문서 지원 에이전트는 MCP 클라이언트를 포함하도록 구성한다. 클라이언트는 MCP 서버에 연결하여 사용자가 입력한 질문에 맞는 문서를 검색하고, 필요 시 요약 기능을 호출할 수 있도록 설계한다. 초기 연결 시 서버로부터 제공 가능한 리소스 및 도구 목록을 가져와 내부적으로 등록한다.

예를 들어, 사용자가 "2023년 2분기 매출 전략 보고서 요약해줘"라고 요청하면 다음과 같은 흐름과 시스템 구축 단계를 거치게 된다.

사용자 요청에 따른 흐름

1. 에이전트는 MCP 서버에 접속하여 "매출 전략" 키워드로 문서 검색 요청을 보낸다.
2. 서버는 관련 문서 리스트를 반환한다.
3. 에이전트는 가장 관련성이 높은 문서를 선택하여 MCP 서버에 요약 요청을 보낸다.
4. 서버는 해당 문서의 요약본을 반환한다.
5. 에이전트는 요약 내용을 정리하여 사용자에게 응답한다.

시스템 구축 단계

1. 사내 문서 데이터베이스 정리 및 메타데이터 부여
2. 문서 검색 및 요약 API 개발
3. MCP 서버 구축 및 리소스, 도구 기능 등록
4. LLM 클라이언트에 MCP 통합
5. 사용자 입력에 따른 문서 검색 및 요약 응답 로직 구현

구현이 완료되면 사내 직원은 더 이상 복잡한 키워드 조합을 입력할 필요 없이 자연어로 질문하고 필요한 문서를 빠르게 찾을 수 있다. MCP 서버가 검색과 요약 기능을 관리하기 때문에 문서 저장소가 변경되거나 기능이 추가되더라도 클라이언트는 서버 목록만 업데이트하면 되며, 시스템 수정 비용이 크게 절감된다.

보안상으로는 문서 검색 요청과 요약 요청마다 사용자 승인 절차를 거치도록 설정할 수 있다. 예를 들어, 민감한 보고서 검색 시 별도의 인증 절차를 삽입하거나 특정 사용자 그룹만 접근 가능한 리소스를 설정할 수 있다.

이러한 방식으로 MCP를 적용하면 단기간에 자연어 기반 검색 시스템을 구축할 수 있으며, 이후 다른 데이터 소스(예: 기술 문서, 외부 시장 보고서)로 확장할 때도 동일한 MCP 구조를 활용할 수 있다. 초기 단계에서는 소규모 데이터셋으로 시작하고, 점차 서버 기능을 추가하거나 다중 서버 구성을 도입하는 방식으로 시스템을 확장하는 것이 효과적이다.

12.3.5 비용 절감을 위한 효율 극대화 전략

LLM 기반 시스템에서 비용과 성능을 최적화하는 핵심 방법 중 하나는 효과적인 시스템 프롬프트 설계다. **시스템 프롬프트**(system prompt)는 모델이 특정 역할을 수행하도록 유도하는 지침으로, 적절한 설정을 통해 성능을 향상시키고 불필요한 토큰 생성을 줄일 수 있다. 이를 통해 동일한 모델을 사용하더라도 보다 효율적으로 목표한 결과를 도출할 수 있으며, 연산 비용 절감에도 기여한다.

프롬프트 최적화의 기본은 모델의 역할과 목적을 명확히 정의하는 것이다. 예를 들어, "당신은 금융 데이터를 분석하는 전문가입니다"라는 문장을 추가하면 모델이 특정 도메인에 집중하여 더욱 일관된 출력을 생성할 가능성이 높아진다. 또한, 응답 형식을 미리 지정하면 불필요한 설명을 줄이고 원하는 형태의 출력을 얻을 수 있다. 예를 들어, "JSON 형식으로 응답하세요" 또는 "한 문장으로 요약하세요"와 같은 지시를 포함하면 후처리 과정이 줄어 전체적인 처리 속도가 향상된다.

또한, 응답의 형식을 미리 지정하는 것도 중요한 최적화 방법이다. 예를 들어, "JSON 형식으로 응답하세요" 또는 "한 문장으로 요약하세요"와 같은 명확한 지시를 포함하면 불필요한 설명이 줄어들고, 원하는 형태의 출력을 보다 효율적으로 얻을 수 있다. 이는 API 응답을 정제하는 추가적인 후처리 과정이 필요하지 않도록 만들어 전체적인 처리 속도를 향상시키는 데도 도움이 된다.

프롬프트의 길이를 최소화하는 것도 중요한 고려 사항이다. 긴 프롬프트는 처리해야 하는 토큰 수를 증가시켜 비용을 높이므로 불필요한 설명을 제거하고 핵심적인 지침만 남기는 것이 바람직하다. 예를 들어, "법률 문서를 분석하세요" 대신 "계약서에서 주요 조항을 요약하세요"와 같이 구체적으로 지시하면 모델이 보다 효율적으로 동작할 수 있다.

또한, 조건부 지시를 활용하면 더 정교한 최적화가 가능하다. 예를 들어, "요청이 '고객 불만'과 관련된 내용이면 감정 분석을 수행하고, 그 외의 경우에는 일반적인 응답을 하세요"와 같은 지침을 포함하면 불필요한 모델 호출을 줄일 수 있다. 이러한 방식은 다량의 문서를 처리하는 경우에 유용하며, 필요할 때만 연산을 수행하도록 만들어 비용 절감 효과를 얻을 수 있다.

캐싱을 활용하면 동일한 요청에 대해 반복적으로 모델을 호출하는 대신, 이전에 생성된 응답을 저장하고 재사용할 수 있다. 일반적인 API 서비스에서도 캐싱이 널리 사용되지만, LLM 기반 서비스에서는 응답이 비결정적일 수 있기 때문에 캐싱 전략을 신중하게 설계해야 한다. 예를 들어, 문서 요약이나 코드 생성과 같이 동일한 입력에 대해 일관된 출력을 기대하는 경우에는 캐싱이 효과적으로 작동하지만, 대화형 챗봇과 같이 매번 새로운 응답이 필요한 경우에는 캐싱의 활용이 제한적일 수 있다.

캐싱의 구현 방식은 다양한데, 가장 단순한 방법은 키-값 저장소를 활용하는 것이다. 예를 들어, Redis나 Memcached 같은 인메모리 데이터베이스를 사용하면 빠르게 이전 응답을 조회할 수 있다. 여기서 키는 입력 프롬프트 또는 주요 파라미터의 해시값으로 설정하고, 값은 모델의 출력 결과를 저장하는 방식으로 구성할 수 있다. 또한, 특정 시간 동안만 데이터를 유지하도록 TTL을 설정하면 오래된 응답이 자동으로 제거되어 불필요한 저장소 낭비를 방지할 수 있다.

캐싱의 또 다른 방식으로는 **프리페칭(prefetching)**이 있다. 프리페칭이란 예상되는 요청을 미리 처리하여 캐시에 저장하는 방식이다. 예를 들어, 검색 기반 LLM 시스템에서는 사용자가 자주 조회하는 질문에 대한 답변을 미리 생성하여 캐싱해 둘 수 있다. 이를 통해 응답 속도를 높이고, 불필요한 모델 호출을 줄일 수 있다.

로드 밸런싱은 다중 인스턴스를 활용하여 트래픽을 분산시키는 방법으로, 비용 절감뿐만 아니라 성능 최적화에도 중요한 역할을 한다. 특히, LLM은 고성능 GPU 또는 TPU를 필요로 하는 경우가 많기 때문에 하나의 서버에 모든 요청을 집중시키면 리소스가 과부하될 수 있다. 따라서 여러 개의 모델 인스턴스를 운영하면서 부하를 균등하게 배분하는 로드 밸런싱 전략이 필요하다.

또한, 요청의 유형에 따라 모델을 선택적으로 호출하는 전략도 비용 절감에 효과적이다. 예를 들어, 복잡한 질문에는 고성능 LLM을 호출하고, 단순한 질의에는 경량화된 모델을 호출하는 방식으로 운영하면 연산 비용을 줄일 수 있다. 이를 위해 **모델 라우팅 시스템**(model routing system)[10]을 도입할 수도 있다.

추가적으로, 배치 요청을 활용하여 처리 효율성을 높일 수도 있다. 일반적으로 LLM API는 단일 요청마다 비용이 발생하지만, 여러 개의 요청을 하나의 배치로 묶어 처리하면 모델 호출 횟수를 줄일 수 있다. 이를 위해 큐 시스템을 도입하여 요청을 일정량 이상 모은 후 처리하는 방식이 효과적일 수 있다.

결론적으로, LLM 기반 시스템의 비용 절감을 위해서는 프롬프트 최적화, 캐싱, 로드 밸런싱을 전략적으로 활용해야 한다. 프롬프트 최적화를 통해 불필요한 토큰 생성을 줄이고, 캐싱을 통해 반복 요청을 감소시키며, 로드 밸런싱을 통해 부하를 분산하면 비용을 절감하고 성능을 개선할 수 있다. 상황에 따라 다중 모델 조합, 배치 요청 등의 추가적인 최적화 기법을 병행하면 더욱 효과적인 운영이 가능하다.

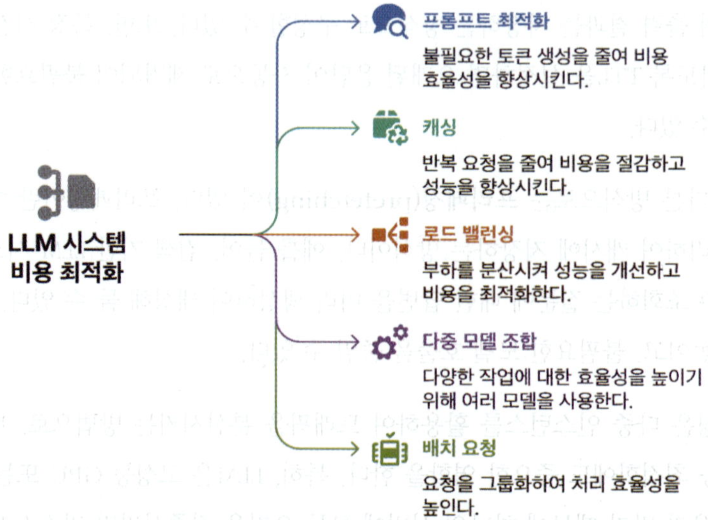

그림 12.5 LLM 시스템 비용 최적화

10 요청의 복잡도에 따라 적합한 모델을 선택적으로 호출하여 효율성과 비용 효율성을 높이는 시스템

12.4 _ RAG 시스템 아키텍처 구성 전략

RAG(Retrieval-Augmented Generation) 시스템은 대규모 언어 모델(LLM)의 한계를 보완하기 위해 검색과 생성 기능을 결합한 아키텍처다. 기존의 LLM은 사전에 학습된 지식만을 바탕으로 응답을 생성하는 반면, RAG 시스템은 외부 데이터베이스나 문서 저장소에서 관련 정보를 검색하여 보다 정확하고 최신 정보를 반영한 답변을 생성할 수 있도록 돕는다. 이를 통해 모델이 학습 데이터에 포함되지 않은 최신 정보도 반영할 수 있으며, 특정 도메인에 특화된 응답을 제공하는 것이 가능해진다.

RAG 시스템의 핵심 구성 요소는 **검색**(retrieval)과 **생성**(generation) 두 부분으로 나뉜다. 검색 단계에서는 사용자의 질의와 연관성이 높은 문서를 데이터베이스에서 찾아오고, 생성 단계에서는 검색된 문서를 바탕으로 LLM이 최종 응답을 생성한다. 검색은 주로 벡터 검색이나 키워드 검색 기술을 활용하며, 생성 모델은 검색된 정보와 함께 프롬프트를 구성하여 보다 정밀한 출력을 도출한다. 이러한 구조는 단순히 LLM을 단독으로 활용하는 것보다 높은 신뢰도와 정밀도를 제공한다.

데이터 사이언스 관점에서 RAG 시스템은 정보 검색(IR)과 자연어 처리(NLP) 기술이 결합된 형태라고 볼 수 있다. 검색 품질을 향상시키기 위해 문서 임베딩을 최적화하고, 인덱싱 전략을 개선하며, 하이브리드 검색 방식을 적용하는 등의 기법이 사용된다. 또한, 생성 모델이 검색된 문서를 어떻게 활용할지 결정하는 과정에서 다양한 프롬프트 엔지니어링 기법이 적용될 수 있다. 따라서 RAG 시스템을 효과적으로 설계하기 위해서는 검색 및 생성 과정에서 발생하는 데이터 흐름을 명확히 이해하고, 각 구성 요소를 최적화하는 전략이 필요하다.

RAG 시스템은 질문 답변(QA) 서비스, 고객 지원 챗봇, 법률 및 의료 문서 검색, 기업 내부 데이터 활용 등 다양한 분야에서 활용될 수 있다. 그러나 최적의 성능을 달성하려면 검색 성능, 생성 모델의 품질, 데이터 저장 및 처리 방식, 사용자 피드백을 반영하는 방법 등을 종합적으로 고려해야 한다. 따라서 RAG 시스템을 구축할 때는 각 구성 요소의 역할을 명확히 정의하고, 도메인별 요구사항을 반영한 맞춤형 아키텍처를 설계하는 것이 중요하다.

12.4.1 RAG 시스템 개요

RAG 시스템은 정보 검색과 생성 모델을 결합하여 보다 정밀하고 신뢰도 높은 응답을 생성하는 아키텍처다. 전통적인 대규모 언어 모델(LLM)은 사전 학습된 데이터만을 기반으로 응답을 생성하기 때문에 최신 정보나 특정 도메인 지식이 부족할 수 있다. 반면, RAG 시스템은 외부 데이터베이스에서 관련 정보를 검색한 후 이를 바탕으로 응답을 생성함으로써 모델이 학습하지 않은 정보도 활용할 수 있다. 이러한 RAG 시스템은 검색, 증강, 생성의 세 가지 단계로 구성된다.

검색(Retrieval) 단계에서는 사용자의 입력 질의와 유사한 문서를 데이터베이스에서 찾아 제공한다. 벡터 임베딩 기반 검색이 주류를 이루며, 상황에 따라 키워드 검색이나 하이브리드 검색 기법이 병행된다. 최신 시스템에서는 밀집 벡터 검색기(dense retriever)[11]와 희소 벡터 검색기(sparse retriever)[12]를 결합한 이중 인코더(dual-encoder) 구조, 재정렬 모델(예: BGE, ColBERT 등)을 활용한 고정밀 재정렬 방식이 도입되고 있다. 문서의 품질과 최신성을 반영한 인덱싱 전략도 중요하며, 대규모 데이터세트에서 효율적인 검색을 위해 FAISS, Weaviate, Elasticsearch 등의 기술이 활용된다.

증강(Augmented) 단계는 검색된 정보를 생성 모델이 효과적으로 활용할 수 있도록 가공하는 과정이다. 이 단계는 단순한 문서 연결을 넘어, 불필요한 정보 제거, 문맥 요약, 랭킹 기반 필터링, 문서 분할 등 다양한 전처리 작업을 포함한다. 최근에는 다중 검색 결과를 통합하는 RAG 퓨전(RAG fusion), 다양한 표현으로 질의하는 멀티 쿼리 RAG(Multi-query RAG), 검색과 추론을 혼합한 ReAct-RAG 등 고도화된 증강 전략이 사용되고 있다. 즉, 단일 검색 결과가 아닌 다중 결과의 통합, 사용자 의도 기반 필터링 등이 적용된다. 이 과정을 통해 모델 입력 토큰을 최적화하고, 응답 품질의 일관성을 확보할 수 있다.

생성(Generation) 단계에서는 정제된 문서를 바탕으로 최종 응답을 구성한다. 이 단계에서 LLM은 검색 결과를 단순히 요약하는 것이 아니라, 질의의 맥락과 문서 내용을 통합하여 자연스럽고 목적에 부합하는 응답을 생성해야 한다. 다양한 프롬프트 설계 기

11 문서와 질의를 벡터 공간(embedding space)에 매핑한 후, 이 벡터 간의 코사인 유사도 또는 내적 등을 기준으로 유사한 문서를 검색하는 방식

12 TF-IDF, BM25와 같이 단어 기반의 희소 벡터를 활용하여 문자 단위 일치에 초점을 맞춘 검색 방식

법이 활용되며, 최근에는 인용 기반 응답(citation-aware response), 근거 명시 응답(context attribution), 검색 연동 프롬프트(retrieval-aware prompting) 등의 전략이 사용되고 있다. 생성 결과가 원문 내용과 얼마나 정합성을 유지하는지(faithfulness) 여부가 평가 기준으로 중요해지고 있으며, 신뢰 기반 응답 생성을 위한 미세 조정 또는 가드레일(guardrail)[13] 모델의 결합도 증가하고 있다.

RAG 시스템을 효과적으로 운영하기 위해서는 검색, 생성, 평가, 확장성 등의 요소를 종합적으로 고려해야 한다. 검색 엔진의 성능을 높이기 위해 문서 임베딩 기법을 최적화하고, 벡터 인덱싱 구조(예: HNSW, IVF 등)를 적절히 구성해 대규모 데이터에서도 빠른 검색 속도를 유지해야 한다. 생성 모델의 경우, 검색된 문서를 직접 출력할지 요약할지를 결정하는 과정에서 다양한 전략을 적용할 수 있다. 도메인 특화 모델을 활용하면 더욱 정밀한 결과를 얻을 수 있으며, 특정 산업이나 기업 내부 데이터에 최적화된 모델을 구축하는 것도 효과적인 방법이다.

운영 환경에서 RAG 시스템을 활용하려면 검색 및 생성 과정의 성능을 지속적으로 모니터링하는 것이 중요하다. 검색된 문서가 실제로 유의미한 정보를 포함하는지, 생성된 응답이 사용자의 기대에 부합하는지를 평가하는 지표를 설정해야 한다. BLEU, ROUGE와 같은 전통적 생성 평가 지표 외에 Recall@K, Hit@K, nDCG 등 검색 품질 평가 지표가 함께 사용된다. 최근에는 GPT-4나 Claude 3와 같은 LLM을 활용한 자동화된 응답 평가 방식(MT-Bench, LLM-as-a-Judge) 도 도입되고 있다.

RAG 아키텍처를 구축할 때는 검색, 증강, 생성의 세 가지 모듈을 유기적으로 통합해 설계해야 한다. 검색 모듈에는 OpenSearch, Elasticsearch, Weaviate, Vespa와 같은 검색 엔진과 FAISS, Annoy, ScaNN 같은 벡터 검색 라이브러리가 활용되며, 대규모 데이터세트에서도 효율적인 질의 처리를 가능하게 한다. 증강 모듈은 검색된 문서의 중요도를 평가하고 불필요한 정보를 걸러내며, 필요한 경우 T5나 BART와 같은 모델을 활용해 문서를 요약한다. 이렇게 정제된 정보는 생성 모듈로 전달되며, 이 단계에서는 OpenAI의 GPT, Meta의 LLaMA, Anthropic의 Claude와 같은 대규모 언어 모델이 사용된다. 생성 모델은 전달받은

13 사용자 입력이나 LLM 출력이 허용된 범위 내에서 이루어지도록 제어하는 입력/출력 안전 장치

정보를 바탕으로 문맥에 맞는 자연스러운 응답을 생성하며, 필요에 따라 특정 도메인에 맞춰 미세 조정될 수 있다. 각 모듈은 독립적이면서도 밀접하게 연동되어 전체 시스템의 응답 품질과 성능을 결정짓기 때문에, 구성 요소 간의 역할과 연결 방식을 명확히 정의하는 것이 중요하다. RAG 모듈 간 연동 시에는 다음과 같은 몇 가지 주요사항을 주의해야 한다.

RAG 모듈 간 연동 시 주요 고려 사항

- **문서 정제**: 검색 모듈에서 반환된 문서가 생성 모델이 이해할 수 있는 형태로 정제되어야 한다. 검색된 문서가 너무 많거나 불필요한 정보가 포함되면 모델이 핵심 정보를 추출하는 데 어려움을 겪을 수 있다. 따라서 검색된 문서를 적절히 요약하거나 필터링하는 과정이 필요하다.
- **응답 시간 최적화**: 검색–증강–생성의 전체적인 응답 시간이 실시간 요구사항을 충족할 수 있도록 최적화되어야 한다. 검색 속도가 너무 느리거나 증강 과정에서 과도한 연산이 발생하면 실시간 응답이 어려울 수 있으므로, 캐싱 전략을 도입하거나 비동기 처리 기법을 적용하는 것이 필요하다.
- **신뢰도 평가**: 검색된 문서의 신뢰도를 평가하고, 신뢰도가 낮은 문서는 응답에 반영하지 않도록 하는 것이 중요하다. 특히, 외부 웹 기반 데이터에서 검색된 정보를 그대로 사용할 경우, 잘못된 정보가 응답에 포함될 위험이 있다. 이를 방지하기 위해 신뢰도 점수 기반의 필터링을 적용하거나 생성 모델이 응답을 생성할 때 출처 정보를 포함하도록 하는 전략을 사용할 수 있다.
- **프롬프트 정합성 관리**: 검색된 문서가 프롬프트에 자연스럽게 삽입되도록 구성해야 한다. 문서 간 연결이 부자연스럽거나 맥락이 단절되면 생성 모델이 문서를 제대로 활용하지 못할 수 있다. 문서 구분자, 요약 삽입 위치 등 프롬프트 구성 전략이 응답 품질에 영향을 미친다.
- **토큰 한계 처리**: LLM은 입력 가능한 토큰 수에 제한이 있으므로, 검색된 문서가 많을 경우 중요도 기반으로 필터링하거나 슬라이싱 전략을 적용해야 한다. 필요 시 문단 단위로 문서를 분할하고, 핵심 정보만 우선 제공하는 방식이 효과적이다.
- **후처리 및 출처 관리**: 생성된 응답에 대한 간단한 후처리도 필요할 수 있다. 예를 들어, 불완전한 문장을 제거하거나 문서 출처를 링크 형태로 삽입하는 등 응답 결과를 사용자 친화적으로 정제하는 과정이 포함된다.
- **다국어 지원**: 다국어 질의를 처리할 필요가 있는 경우, 검색 인덱스와 생성 모델 모두 다국어를 지원하도록 설계되어야 한다. 단일 언어 기반 시스템은 특정 언어에 최적화되어 있어 언어 간 성능 차이가 발생할 수 있으므로, 다국어 임베딩 모델 또는 언어 감지 기반 라우팅 전략이 적용될 수 있다.
- **분산 검색 시스템**: 데이터가 증가함에 따라 검색 인덱스 크기가 커지게 되므로 분산 검색 시스템을 활용하여 성능을 유지하는 것이 중요하다. 또한, 생성 모델의 부하를 줄이기 위해 LLM API 호출을 최적화하거나 모델을 경량화하여 효율성을 개선해야 한다.

- **피드백 기반 개선 전략**: 사용자 피드백이나 클릭 로그 등을 수집하여 검색 품질이나 생성 모델의 응답을 점진적으로 개선할 수 있는 구조를 마련해야 한다. 재랭킹 모델이나 학습 기반의 동적 조정 전략도 고려할 수 있다.
- **오류 복원 및 예외 처리**: 검색 결과가 없거나 부정확할 경우에 대비해 대체 응답을 준비해 두는 것이 좋다. 예를 들어, 검색 실패 시 일반적인 답변을 생성하거나, FAQ 기반 응답으로 전환하는 전략을 적용할 수 있다.
- **보안 및 개인정보 보호**: 검색 결과나 생성된 응답에 민감 정보가 포함될 수 있으므로, 문서 마스킹, 접근 제어, 응답 필터링 등 보안 조치를 사전에 설정해야 한다. 특히 기업 내부 문서를 활용하는 경우, 역할 기반 필터링이 필수적이다.

RAG 시스템은 정보 검색과 자연어 생성을 결합한 복합 구조로, 단순히 두 기능을 병렬로 연결하는 것이 아니라, 서로 보완적으로 작동하도록 설계해야 성능을 극대화할 수 있다. 검색된 정보가 생성 모델에 효과적으로 전달되어야 하고, 생성 모델은 이를 기반으로 문맥에 맞는 응답을 구성해야 한다. 이를 위해 검색 품질을 향상시키는 임베딩 최적화, 프롬프트 구조 설계, 응답 후처리 등 다양한 기법을 적용할 수 있다. 검색과 생성이 독립된 기능이 아닌, 하나의 흐름 속에서 유기적으로 협업하도록 구성하는 것이 핵심이다.

RAG 시스템은 기존 LLM이 가진 정보 부족 문제를 보완할 수 있는 실용적인 대안이다. 신뢰도 높은 정보를 검색하고 이를 문맥에 맞춰 생성하는 과정을 통해 보다 정확하고 정밀한 응답을 구현할 수 있다. 이는 법률, 금융, 의료, 고객 응대 등 다양한 산업 현장에서 실제로 활용될 수 있는 기반을 제공한다. 안정적인 RAG 시스템 운영을 위해서는 각 모듈의 성능을 정기적으로 점검하고, 사용자 피드백과 로그 데이터를 기반으로 검색과 생성 전략을 지속적으로 개선하는 체계를 갖추는 것이 필요하다.

12.4.2 RAG 아키텍처 구축 프로세스

RAG 아키텍처를 구축하는 과정은 검색, 증강, 생성 모듈을 효과적으로 연동하여 최적의 성능을 달성하는 것이 핵심이다. 이를 위해 단계별로 체계적인 접근이 필요하며, 각 단계에서 적절한 도구와 기법을 적용해야 한다. RAG 시스템을 구축하는 일반적인 프로세스는 다음과 같다.

데이터 수집 및 전처리

데이터 수집 및 전처리 단계에서는 검색 모듈에서 사용할 문서 데이터를 준비한다. 데이터는 웹 크롤링, 데이터베이스, 내부 문서 등 다양한 원천에서 가져올 수 있으며, 이를 효과적으로 검색할 수 있도록 정제해야 한다. 전처리 과정에서는 불필요한 HTML 태그 제거, 텍스트 정규화, 문서 토큰화, 중복 제거 등의 작업이 수행된다. 또한, 문서를 임베딩 벡터로 변환하기 위한 사전 작업으로, 문장 단위로 나누거나 의미적으로 연관된 단락을 유지하는 등의 구조화 과정이 필요하다.

문서 인덱싱 및 검색 시스템 구축

문서 인덱싱 및 검색 시스템 구축 단계에서는 수집된 데이터를 검색할 수 있도록 인덱싱한다. 키워드 기반 검색을 위해 Elasticsearch, OpenSearch 같은 검색 엔진을 활용할 수 있으며, 벡터 검색을 위해 FAISS, Weaviate, Milvus 같은 라이브러리를 사용할 수 있다. 일반적으로 검색 성능을 최적화하기 위해 키워드 검색과 벡터 검색을 혼합한 하이브리드 검색을 구성하는 경우가 많다. 인덱싱할 때는 데이터 크기와 검색 성능을 고려하여 적절한 샤딩 및 파티셔닝 전략을 적용하는 것이 중요하다.

임베딩 모델 선택 및 벡터 변환

임베딩 모델 선택 및 벡터 변환 단계에서는 문서를 벡터로 변환하는 모델을 선택한다. 문서 임베딩을 위해서는 OpenAI의 text-embedding-3, Hugging Face의 SBERT(Sentence-BERT), Cohere의 embedding 모델 등을 활용할 수 있다. 임베딩 모델을 선택할 때는 문서의 길이, 의미적 유사성 평가 성능, 연산 비용 등을 고려해야 한다. 생성 모델과 연계될 검색 모듈의 성능을 높이려면 질의(query)와 문서(document)가 같은 공간에서 효과적으로 매칭될 수 있도록 학습된 모델을 사용하는 것이 중요하다.

검색 모듈 구축 및 쿼리 처리 로직 구현

검색 모듈 구축 및 쿼리 처리 로직 구현 단계에서는 검색 엔진과 벡터 데이터베이스를 연동하고, 사용자의 질의에 적절한 검색 결과를 반환하는 로직을 설계한다. 이 단계에서는 BM25, TF-IDF 등의 전통적인 랭킹 알고리즘과 벡터 검색을 기반으로 한 최근접 이웃 탐색(ANN) 기법을 결합할 수 있다. 검색된 결과를 랭킹하여 적절한 문서를 선택하는 것이 중요하며, 이 과정에서 **사용자 질의 확장**(query expansion)[14], **질의 재구성**(query rewriting)[15] 등의 기법을 적용할 수 있다.

증강 모듈 설계 및 문서 필터링

증강 모듈 설계 및 문서 필터링 단계에서는 검색된 문서가 생성 모델에 전달되기 전에 가공된다. 문서의 신뢰도를 평가하기 위해 TF-IDF 스코어링, BM25 기반 랭킹, 또는 학습된 랭킹 모델을 사용할 수 있다. 또한, 너무 긴 문서는 생성 모델이 처리하기 어려울 수 있으므로 핵심 내용을 추출하는 요약 모델(BART, T5) 등을 활용할 수도 있다. 일부 시스템에서는 문서 간 중복 제거나 상호 연관된 문서 클러스터링을 수행하여 최적의 문서 세트를 생성 모델에 제공하는 방식을 적용하기도 한다.

생성 모델 선택 및 프롬프트 엔지니어링

생성 모델 선택 및 프롬프트 엔지니어링 단계에서는 검색된 정보를 활용하여 최종 응답을 생성하는 과정을 설계한다. 생성 모델로는 ChatGPT, Claude, LLaMA 같은 대규모 언어 모델을 사용할 수 있으며, 응답 품질을 높이기 위해 프롬프트 엔지니어링 기법을 적용할 수 있다. 예를 들어, 검색된 문서를 요약하여 프롬프트에 포함하거나 사용자 질문과 문서 내용을 함께 제시하여 모델이 보다 정확한 답변을 생성하도록 유도할 수 있다.

시스템 연동 및 응답 최적화

시스템 연동 및 응답 최적화 단계에서는 검색, 증강, 생성 모듈을 하나의 파이프라인으로 통합한다. 이 과정에서 LangChain, LlamaIndex 등의 프레임워크를 사용하면 보다 쉽게 검색과 생성 모델을 연동할 수 있다. 응답 속도를 최적화하기 위해 캐싱을 적용하거나 비동기 처리(async processing) 방식을 활용할 수도 있다. 검색 결과가 부족하거나 부정확할 경우에는 추가 키워드 기반 검색 또는 다단계 검색(multi-stage retrieval)을 적용하여 결과를 보완할 수 있다. 특히 검색과 생성이 반복적으로 상호작용해야 하는 환경에서는 검색 품질의 신뢰도 기반 필터링과 결과 랭킹 알고리즘을 함께 적용하여 성능을 최적화 할 수 있다.

---

14 사용자의 원래 검색어에 관련 단어나 구문을 추가하여 검색 범위를 넓히고 놓칠 수 있는 관련 정보를 찾아내는 기법

15 사용자의 원래 검색어를 더 정확하고 효과적인 형태로 변경하여 검색 시스템이 사용자의 의도를 더 잘 이해하도록 돕는 기법

RAG 시스템 평가 및 튜닝

RAG 시스템의 평가 및 튜닝 단계에서는 검색과 생성 각각의 성능을 정량적으로 측정하고, 실제 응답이 사용자 요구에 부합하는지 검증하는 과정이 필요하다. 검색 품질은 Recall@K, MRR, NDCG 등 벡터 기반 검색 시스템에서 널리 사용되는 지표를 통해 평가하며, 생성 품질은 ROUGE, BLEU, METEOR 외에도, 지식 기반 정답 일치율(Answer F1) 또는 EM(Exact Match) 등 질문 응답 중심 지표가 더 자주 활용된다. 또한, 단순한 오프라인 지표 외에도 사용자 상호작용 데이터를 기반으로 한 피드백 루프, 인간 평가, A/B 테스트 등 실사용 환경에서의 적합성 평가가 병행되어야 한다.

사용자 피드백 반영 및 지속적인 개선

사용자 피드백 반영 및 지속적인 개선 단계에서는 사용자 인터랙션 데이터를 수집하고 이를 기반으로 검색과 생성 모델을 지속적으로 개선하는 피드백 루프를 구축한다. 예를 들어, 사용자 피드백을 분석하여 검색 랭킹을 조정하거나 응답 품질이 낮은 경우에는 프롬프트 엔지니어링을 수정하는 등의 조치가 필요하다. 이를 위해 사용자 행동 로그를 분석하고, 평가 지표를 기반으로 자동화된 개선 프로세스를 설계하는 것이 바람직하다.

RAG 시스템의 확장성과 배포 전략

RAG 시스템의 확장성과 배포 전략 단계에서는 사용량 증가에 대비하여 검색 인덱스의 샤딩 및 파티셔닝을 조정하거나 생성 모델의 부하를 분산 처리 및 경량화하는 전략을 적용할 수 있다. API 기반의 마이크로서비스 아키텍처를 통해 검색, 증강, 생성 모듈을 독립적으로 확장할 수 있으며, LangServe, Ray Serve 등의 프레임워크를 활용하면 배포 효율성을 높일 수 있다. 클라우드 환경에서는 GPU 또는 TPU 자원을 작업 부하에 따라 동적으로 할당하고, 서빙 캐시나 큐 기반 배치 처리, 스팟 인스턴스 활용 등의 기법을 통해 성능과 비용을 함께 최적화할 수 있다.

이와 같은 구축 프로세스를 거치면 검색 기반 생성 모델이 보다 효율적으로 동작할 수 있도록 설계된 RAG 시스템을 구현할 수 있다. 각 단계에서의 최적화 작업과 평가 지표를 활용한 지속적인 개선이 RAG 아키텍처 구성의 핵심 요소가 된다.

12.4.3 RAG 시스템 성능 평가 및 개선 전략

RAG 시스템의 성능을 평가하고 개선하는 과정은 모델이 제공하는 응답의 정확성과 신뢰성을 보장하는 데 핵심적인 역할을 한다. 이를 위해서는 검색, 증강, 생성 각 단계별로 평가 지표를 정의하고, 이를 바탕으로 지속적인 최적화 전략을 수립해야 한다. 특히 검색 품질과 생성 응답의 품질이 균형을 이루도록 설계해야 하며, 데이터 사이언스 기반의 분석을 통해 정량적 근거에 기반한 개선이 이루어져야 한다.

RAG 시스템의 성능을 평가하는 주요 지표로는 정확도(accuracy), 관련성(relevance), 완전성(completeness), 응답 시간(latency), 토큰 사용량(token usage) 등이 있다. 정확도는 검색된 문서의 품질과 생성된 응답의 신뢰도를 평가하는 핵심 요소이며, 관련성은 검색된 문서가 질의와 얼마나 일치하는지를 측정한다. 완전성은 생성된 답변이 질문에 대해 충분한 정보를 제공하는지를 평가하는 데 사용된다. 응답 시간은 전체 파이프라인에서 처리 속도를 평가하는 중요한 요소이며, 토큰 사용량은 비용 효율성을 고려할 때 중요한 지표로 작용한다.

검색 모듈의 성능을 평가하기 위해서는 MRR, NDCG, Recall@K 등의 지표를 활용할 수 있다. MRR은 사용자가 원하는 정답이 검색 결과에서 얼마나 상위에 위치하는지를 나타내며, NDCG는 검색된 문서들의 순위에 따라 가중치를 부여하여 검색 품질을 평가하는 데 사용된다. Recall@K는 K개의 검색 결과 내에 정답이 포함될 확률을 나타내므로 검색 시스템의 정확도를 판단하는 중요한 지표가 된다.

검색 성능이 낮다면 벡터 검색 모델을 조정하거나 하이브리드 검색을 도입하는 것이 효과적이다. BM25와 같은 키워드 기반 검색은 정밀한 문서 일치를 제공하지만 의미적 유사성은 반영하지 못하므로 SBERT나 text-embedding-3-small, text-embedding-3-large와 같은 최신 임베딩 모델을 활용한 벡터 검색을 병행하는 방식이 추천된다. 이를 통해 검색 품질을 높이고, 생성 모델에 보다 관련성 높은 입력을 제공할 수 있다.

벡터 검색을 활용하는 경우, 사용 중인 임베딩 모델을 최신 모델로 교체하거나 유사도 계산 방식의 파라미터를 조정하여 검색 성능을 향상시킬 수 있다. 최근에는 OpenAI의 text-embedding-3 계열, Cohere의 최신 multilingual embedding 모델 등 보다 정밀한 의미 표현이 가능한 임베딩 모델이 널리 사용되고 있다. 또한, 키워드 기반 검색과 의미 기반 검색을 결합한 하이브리드 검색 방식을 도입하면, 단순 문서 일치와 의미 유사성을 동시에 반영할 수 있어 검색 정밀도가 개선된다. 여기에 추가적으로 재정렬(reranker) 모델을 적용하면 검색된 문서들의 순위를 재조정하여 관련성이 높은 문서가 상위에 노출되도록 할 수 있다. 예를 들어, ColBERT나 MonoT5와 같은 재정렬 모델은 대규모 문서 집합에서도 실시간에 가까운 순위 재정렬을 가능하게 해준다.

증강 모듈에서는 검색된 문서가 생성 모델에 효과적으로 전달되고 있는지를 검토해야 한다. 단순히 검색된 문서를 모두 전달하는 방식은 컨텍스트 윈도우 낭비와 출력 품질 저하로 이어질 수 있기 때문에 문서 필터링과 요약 기법을 함께 적용하는 것이 필요하다. 최근에는 문서 요약을 위한 LLM 기반 압축 방식(dense summarization)이나 컨텍스트 재배치(context reordering)를 통해 핵심 정보가 프롬프트 내에서 우선적으로 배치되도록 하는 전략이 활용된다.

증강 품질을 평가할 때는 BLEU, ROUGE와 같은 전통적인 지표보다는 BERTScore, 문장 임베딩 유사도(sentence embedding similarity), LLM 기반 평가(LLM-as-a-Judge) 방식 등을 함께 사용하는 것이 적절하다. 특히, 문서가 생성 응답에 실질적으로 기여했는지를 판단하는 문서 기여도 평가(document attribution) 방식이나 요소 제거 실험(ablation test)을 통해 실용성을 평가하는 접근이 점차 일반화되고 있다. 이러한 방식은 생성 품질과 증강 품질 간의 상관관계를 정량적으로 분석하는 데에도 유용하다.

생성 단계에서는 생성된 응답의 정확성과 일관성을 검토해야 한다. 생성된 응답이 사용자 질의와 얼마나 관련성이 높은지, 그리고 실제 사실과 일치하지 않는 사실적 오류(factual errors)가 포함되어 있지는 않은지를 평가해야 한다. 이를 위해 BLEU, ROUGE, METEOR 등 기존의 자연어 생성 평가 지표를 참고할 수 있다. 그러나 이러한 지표는 단순한 표면적 유사도에 치우치는 한계가 있으므로, **사실적 일관성(factual consistency)**[16]을 평가하는 기법이 함께 사용되어야 한다.

16 생성된 텍스트가 주어진 정보(예: 원본 문서)와 모순되지 않고, 사실적으로 정확한 정보를 포함하는 정도

예를 들어, QAG(QA-based generation)[17] 방식은 생성된 응답으로부터 질문을 생성하고, 이를 원문에 질의하여 일치 여부를 판단함으로써 응답이 원본 문서를 정확히 반영하고 있는지를 정량적으로 평가할 수 있다. 또한, 사실 검증(fact-checking) 모델을 후처리 단계에 도입하면 생성 모델이 부정확하거나 허위 정보를 포함하는 문제를 사전에 탐지하고 완화할 수 있다.

생성 모델의 응답 품질을 높이기 위한 주요 전략 중 하나는 프롬프트 엔지니어링이다. 모델이 보다 구체적인 응답을 생성할 수 있도록 프롬프트를 최적화하고, 검색된 문서를 요약하여 LLM에 입력하는 방식이 유용하다. 또한, 생성 모델의 **온도**(temperature)[18] 및 **반복 패널티**(repetition penalty)[19] 값을 조정하여 보다 정확하고 일관된 답변을 생성하도록 설정할 수 있다. 경우에 따라 미세 조정을 수행하여 특정 도메인에 최적화된 답변을 생성하거나, RAG에 적합한 프롬프트 체인을 설계하는 방식도 고려해볼 수 있다.

RAG 시스템의 전반적인 성능을 개선하기 위해서는 데이터 품질을 향상시키는 것이 중요하다. 지식 베이스의 최신성을 유지하고, 데이터 정제 및 중복 제거 작업을 수행함으로써 검색 및 생성의 품질을 개선할 수 있다. 또한, **쿼리 최적화**(query optimization) 기법을 적용하여 질의 확장 및 질의 재구성을 수행하면 검색 품질을 더욱 향상시킬 수 있다. 사용자의 의도를 보다 정확하게 반영한 질의로 변환함으로써, 보다 관련성 높은 문서를 검색할 수 있다.

또한, **지식 보강**(knowledge enrichment)을 통해 지식 베이스에 없는 외부 정보(예: 문서의 계층 위치, 상위 정보, 카테고리, 관련 문서, 요약 정보 등)를 활용하여 지식 베이스의 내용을 풍부하게 만들 수도 있다. 이 과정을 통해 지식의 연결성을 높이고, 검색 효율성을 개선하며, LLM이 더 정확하고 풍부한 답변을 생성할 수 있게 된다.

이를 위해, 수집된 외부 정보를 LLM에 주입하고 기존 지식 베이스의 정보와 융합하여 새로운 정보를 생성하도록 지시함으로써 기존 지식 베이스의 내용을 재가공한다. 가령, 문서의

17 생성된 텍스트에 대한 질문을 생성하고, 해당 질문에 대한 답변을 텍스트에서 추출하여 원본 정보와 비교함으로써 사실적 일관성을 평가하는 방법

18 생성 모델의 답변 다양성을 조절하는 파라미터로, 높을수록 더 창의적이고 예측 불가능한 답변을 생성하며, 낮을수록 더 결정론적이고 일관성 있는 답변을 생성한다.

19 생성 모델이 이미 생성한 단어나 구문을 반복하는 것을 막는 파라미터로, 값이 클수록 반복을 억제하여 답변의 참신함을 유지한다.

계층 위치를 반영하여 문서의 제목을 변경하거나 요약 정보를 추가하여 문서의 내용을 보강할 수 있다. 그림 12.6은 지식 보강 방법을 표현한 것이다.

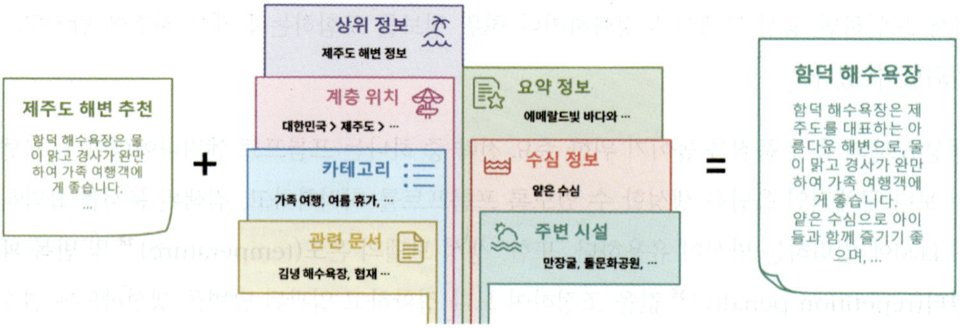

그림 12.6 지식 보강 예시

실제 운영 환경에서 RAG 시스템의 성능을 유지하려면 지속적인 피드백 루프를 구축해야 한다. 사용자 상호작용 데이터를 수집하고, 이를 기반으로 검색 및 생성 모델을 지속적으로 개선하는 과정이 필요하다. 예를 들어, 사용자 피드백을 기반으로 검색 결과의 가중치를 조정하거나 생성 모델이 자주 발생시키는 오류 패턴을 분석하여 프롬프트를 최적화하는 방식이 효과적이다.

RAG의 오탐(False Positive, FP) 및 미탐(False Negative, FN)을 최소화하는 것도 중요한 개선 전략 중 하나다. 검색 단계에서 필요 이상의 문서를 반환하는 경우에는 랭킹 알고리즘을 개선하고, 생성 모델이 중요 정보를 놓치는 경우에는 검색된 문서의 필터링 전략을 조정해야 한다. 또한, 사실 검증(fact-checking) 모델을 도입하여 생성된 답변이 원본 문서의 내용을 정확히 반영하는지 검증할 수도 있다.

RAG 시스템의 확장성을 고려하는 것도 중요한 부분이다. 대규모 데이터세트를 처리하는 경우, 검색 시스템의 인덱싱 전략을 최적화하고, 벡터 검색을 분산 처리할 수 있도록 인프라를 구성해야 한다. Elasticsearch나 FAISS 등을 기반으로 분산 검색 클러스터를 운영하면 검색 성능을 유지하면서 확장성을 확보할 수 있으며, 생성 모델의 부하를 줄이기 위해 캐싱 전략을 도입하는 것도 고려할 수 있다.

A/B 테스트를 활용하면 RAG 시스템의 성능을 지속적으로 모니터링하고 개선할 수 있다. 기존 시스템과 새로운 개선안을 비교하여 검색 및 생성 품질이 향상되었는지를 검증할 수 있다. A/B 테스트에서는 CTR(Click-Through Rate), 사용자 만족도 점수(satisfaction score) 등의 데이터를 수집하여 평가할 수 있으며, 이를 기반으로 추가적인 개선 전략을 수립할 수 있다.

결국, RAG 시스템의 안정성을 유지하면서 성능을 지속적으로 개선하는 것이 핵심 과제다. 모델 응답 품질을 정기적으로 평가하고, 검색과 생성 과정의 병목 지점을 찾아 최적화해야 한다. 이를 위해 MLOps와 데이터 파이프라인을 구축하여 지속적인 성능 모니터링을 수행해야 한다. 또한, 실시간 사용자 피드백을 수집하고 시스템에 반영하여 최적화해야 한다. 이러한 과정을 통해 RAG 시스템이 안정적으로 작동하면서 높은 성능을 유지할 수 있게 된다. 표 12.3은 RAG 시스템 성능 평가 방법을 정리한 것이다.

표 12.3 RAG 시스템 성능 평가 방법

평가 단계	평가 지표	설명	개선 전략
검색	MRR(Mean Reciprocal Rank)	정답 문서가 검색 결과 상위에 위치하는 정도를 측정	검색 모델 최적화, 재정렬 모델 적용
	NDCG(Normalized Discounted Cumulative Gain)	검색된 문서 순위에 따라 가중치를 부여해 검색 품질 평가	벡터 검색 개선, 하이브리드 검색 도입
	recall@K	검색 결과 상위 K개 내에 정답 문서가 포함될 확률	키워드와 의미 기반 검색 결합
	hit@K	K개 결과 내에 정답이 존재하는지 이진 평가	질의 정제, 인덱스 품질 개선
	검색 지연 시간(retrieval latency)	검색 단계의 응답 시간	인덱스 구조 최적화, 분산 검색 적용

평가 단계	평가 지표	설명	개선 전략
증강	BLEU	검색 문서와 생성 응답 간 n-그램 기반 유사도	문서 필터링, 요약 적용
	ROUGE	텍스트 간 중복 n-그램 정도로 유사도 측정	요약 방식 개선, 정보 구조 강화
	METEOR	어간, 동의어 등을 고려한 의미 기반 유사도 평가	문서 정제, 지식 연결성 강화
	정보 손실률(information loss rate)	요약 · 정제 과정 중 핵심 정보 누락 비율	요약 모델 개선, 정보 유지 설계
	문맥 범위(contextual coverage)	생성 응답이 검색 문서의 핵심 내용을 얼마나 반영했는지	문단 필터링, 문서 랭킹 조정
생성	BLEU / ROUGE / METEOR	생성 응답과 정답 문서 간 유사도 평가	프롬프트 최적화, 모델 튜닝
	정확도(accuracy)	응답이 정답을 포함하는 정도	프롬프트 설계, 파인튜닝
	관련성(relevance)	질의와 응답 간 의미적 연결성	검색 품질 향상, 질의 확장
	완전성(completeness)	응답이 질문에 충분히 답하고 있는지 평가	요약 범위 조정, 필터링 강화
	사실적 일관성(factual consistency)	응답이 원문 문서와 모순 없이 일치하는 정도	QAG, 사실 검증 모델 도입
	환각률(hallucination rate)	원문에 없는 정보를 생성한 비율	정보 기반 생성, 검증 모델 적용
	편향/유해성 점수(toxicity / bias score)	부적절하거나 편향된 응답 비율	필터링 시스템, 안전성 평가 강화
	자기 검토 평가(Faithfulness via Self-Ask)	모델이 응답의 근거를 재검토 가능한지 평가	자기 질의(Self-ask) 기법 적용

평가 단계	평가 지표	설명	개선 전략
운영	지연 시간(latency)	전체 파이프라인의 처리 속도	캐싱 적용, 비동기 처리 설계
	초당 질의 처리량(Query Throughput, QPS)	초당 처리 가능한 질의 수	병렬화, 파이프라인 최적화
	토큰 사용량(token usage)	LLM 호출 시 소비된 토큰 수	문서 요약, 질의 최적화
	토큰 효율성(LLM token efficiency)	토큰 사용 대비 응답 품질	프롬프트 압축, 맥락 최소화
	A/B 테스트	기존 시스템과 개선안 비교 평가	CTR, 사용자 만족도 분석
	백업 호출률(fallback rate)	백업 검색/생성으로 전환된 비율	다단계 검색, 예외 처리 설계

Part 04

서비스 운영 가이드라인

13 _ 보안 및 보호
14 _ 비용 관리
15 _ 장애 복구와 고가용성 설계

13

보안 및 보호

13.1 _ AI 법률 및 규제
13.2 _ 데이터 보안 전략
13.3 _ 데이터 보안 사고 대응 및 복구 프로세스
13.4 _ 개인정보 보호 가이드라인

데이터 사이언스는 방대한 데이터를 수집하고 분석하여 유의미한 인사이트를 도출하는 과정이다. 그러나 데이터의 가치가 커질수록 보안과 보호의 중요성도 함께 증가한다. 데이터가 적절히 보호되지 않는다면 무단 접근, 데이터 유출, 악의적인 조작과 같은 보안 위협에 노출될 수 있으며, 이는 조직과 개인에게 심각한 경제적 · 법적 손실을 초래할 수 있다. 따라서 데이터 사이언스 전문가들은 데이터의 안전한 저장과 전송, 접근 제어, 암호화 기법을 포함한 다양한 보안 전략을 숙지하고 적용해야 한다.

AI 시스템의 발전과 함께 법적 규제와 윤리적 책임도 강화되고 있다. AI가 의사결정 과정에 개입하면서 편향, 프라이버시 침해, 법적 책임 등이 현실적인 문제로 부상하고 있다. 규제를 준수하지 않으면 법적 제재뿐 아니라 사용자 신뢰도에 심각한 영향을 줄 수 있다. 따라서 AI 시스템을 설계할 때는 보안뿐만 아니라 법적 규제와 윤리적 기준을 명확히 이해하고 적용해야 한다.

데이터 보호는 기술적 대응에만 그치지 않고, 조직 차원의 보안 정책 수립과 운영이 함께 이루어져야 한다. 민감 정보에 대한 접근 권한을 최소화하고, 데이터 암호화 및 보안 모니터링 체계를 강화해야 한다. 동시에 임직원을 대상으로 한 보안 교육과 인식 제고 활동도 병행해야 한다. 보안 사고가 발생했을 경우 신속한 대응과 복구 체계를 마련하는 것이 중요하며, 사고 이후의 투명한 대응과 재발 방지 조치는 조직의 신뢰도 유지에 직접적인 영향을 미친다.

개인정보 보호 역시 데이터 사이언스 전문가에게 중요한 과제다. 사용자의 개인정보를 안전하게 처리하고 보호하는 것은 단순한 법적 요구사항을 넘어서, 서비스의 신뢰성과 지속 가능성을 결정짓는 요소다. 이를 위해 익명화 및 가명화 기법을 활용하고, 데이터 수집 및 활용 정책을 명확하게 정의해야 한다. 기술적 보호 조치와 정책적 관리 방안을 함께 마련함으로써 개인정보를 안전하게 다루는 체계를 구축해야 하며, 이는 데이터 사이언스 실무에서 지속적인 개선이 필요한 영역이다.

13.1 _ AI 법률 및 규제

AI 법률 및 규제는 데이터 사이언스 분야에서 점점 더 중요한 역할을 하고 있다. AI 모델이 대규모 데이터를 기반으로 의사결정을 자동화하면서 윤리적 문제나 법적 책임이 발생할 가능성도 커지고 있다. 이를 고려하지 않으면 예기치 못한 법적 분쟁이나 책임 부담이 생길 수 있다. 각국 정부와 규제 기관은 AI 시스템이 공정성, 투명성, 개인정보 보호 등의 원칙을 준수하도록 다양한 법률과 가이드라인을 제정하고 있으며, 기업과 개발자는 이를 숙지하고 시스템 설계 및 운영에 반영해야 한다.

데이터 사이언스와 AI 기술이 의료, 금융, 행정 등 다양한 산업에서 확산되면서 관련 규제 환경도 복잡해지고 있다. 예를 들어, 의료 AI는 환자의 건강 데이터를 분석하여 질병을 예측하지만, 이를 어떻게 활용할 것인지에 대한 규제는 국가별로 다르다. 유럽연합의 GDPR은 개인정보 보호에 엄격한 기준을 적용하며, 미국의 HIPAA는 의료 정보의 보안과 공유 방식에 대한 명확한 기준을 제시하고 있다. 이와 같은 법률을 위반할 경우 과징금 부과나 법적 소송으로 이어질 수 있다.

AI 관련 규제는 단순히 법적 리스크를 회피하기 위한 장치에 그치지 않는다. 법률을 준수하는 것은 조직이 사용자 신뢰를 확보하고, 기술을 책임감 있게 운용하기 위한 기반이 된다. AI 시스템이 편향된 결과를 생성하거나 잘못된 결정을 내리는 경우, 법적 책임뿐만 아니라 브랜드 이미지에도 큰 타격을 줄 수 있다. 따라서 AI 모델 개발자 및 담당자는 데이터 수집 단계부터 윤리적 고려사항을 반영하고, 모델의 의사결정 과정을 투명하게 유지해야 한다. 이를 위해 **AI 감사**(AI auditing) 및 **설명 가능성**(explainability) 확보를 위한 기술이 적극적으로 연구되고 있다.

데이터 사이언스 전문가들은 AI 법률과 규제를 단순한 제약으로 보기보다 기술의 신뢰성과 지속 가능성을 높이는 기반으로 인식할 필요가 있다. 규제 준수는 AI 기술이 사회적으로 수용되고 지속적으로 발전하기 위한 전제 조건 중 하나다. 따라서 개발자는 법률 전문가와 협력하여 AI 시스템의 법적 요건을 충족하는 동시에, 모델 성능을 유지하는 균형점을 찾아야 한다. 이러한 법적 고려사항은 AI 개발 프로세스 전반에 걸쳐 지속적으로 반영되어야 하며, 규제 환경이 변화함에 따라 유연하게 대응할 수 있는 전략이 필요하다.

13.1.1 AI 관련 주요 법률 및 규제 개요

AI 관련 법률 및 규제는 데이터 사이언스와 인공지능 기술이 발전함에 따라 점차 강화되고 있다. 초기 AI 시스템은 제도적 공백 속에서 개발 · 운영되었으나, AI가 사회 전반에 확산됨에 따라 다양한 법적 · 윤리적 문제가 발생하기 시작했다. 이에 따라 각국 정부와 국제기구는 AI 기술이 윤리적이고 안전하게 사용될 수 있도록 다양한 법적 프레임워크를 마련하고 있다. 이러한 규제는 개인정보 보호, 알고리즘의 공정성, AI의 투명성과 책임성을 포함하며, AI를 개발하고 운영하는 조직은 이러한 기준을 이해하고 준수해야 한다.

가장 대표적인 AI 관련 규제 중 하나는 유럽연합(EU)의 **AI법(AI Act)**[1]이다. AI Act는 AI 시스템을 위험도 기반으로 분류하여 고위험군에 속하는 시스템에 대해 강화된 규제를 적용한다. 예컨대, 의료 AI, 금융 신용 평가, 법률 자문과 같이 인간의 삶에 중요한 영향을 미치는 AI 시스템은 고위험군으로 간주되며, 투명성 보고서 제출, 데이터 감사, 공정성 검증 등의 요구 사항을 충족해야 한다. 반면, 챗봇과 같은 비교적 위험도가 낮은 AI 시스템은 상대적으로 덜 엄격한 규제를 받는다.

EU AI Act와 마찬가지로, 대한민국에서도 **AI 기본법**(「인공지능 발전과 신뢰 기반 조성 등에 관한 기본법」)을 제정하여, 기술 발전과 함께 신뢰 가능한 AI 환경을 구축하려는 움직임이 이어지고 있다. 이 법은 2024년 12월 국회를 통과하여 고영향 AI[2]와 생성형 AI를 구체적으로 정의하고 이를 규제 대상으로 삼는다. 또한 AI 사업자에게 투명성 및 안전성 확보 의무를 부과한다.

미국은 연방 차원의 포괄적인 AI 법은 아직 마련되지 않았지만, 산업별 규제 및 기관별 가이드라인을 중심으로 AI 기술을 관리하고 있다. 예를 들어, 연방거래위원회(Federal Trade Commission, FTC)는 AI 시스템이 공정하고 차별 없이 운영되도록 감시하며, 기업이 AI를 활용하여 소비자에게 피해를 줄 경우 법적 책임을 묻는다. 또한, 미국 국가표준기술연구소(National Institute of Standards and Technology, NIST)는 **AI 위험 관리 프레임워크(AI Risk Management Framework, AI RMF)**[3]를 제시하며, 기업들이 AI 시스템을 투명하게

1 https://artificialintelligenceact.eu/
2 사람의 생명, 신체, 기본권에 중대한 영향을 미치거나 위험을 초래할 우려가 있는 인공지능 시스템
3 https://www.nist.gov/itl/ai-risk-management-framework

개발하고 유지하도록 권고하고 있다. 특히 채용, 신용 평가, 보험 등 사회적 영향이 큰 영역에서는 알고리즘의 편향성과 차별 가능성을 사전에 점검하는 것이 강조된다.

중국은 AI 기술 발전을 국가 전략 차원에서 적극 추진하면서도, 동시에 규제를 통해 사회 질서와 국가 안보에 대한 통제를 강화하고 있다. 생성형 AI에 대해서는 콘텐츠 검열, 모델 등록제, 알고리즘 설명 의무 등 강력한 규제가 적용되고 있으며, 기업은 알고리즘의 작동 방식과 데이터 처리 절차를 정부에 보고해야 한다. 이처럼 중국은 AI 기술을 장려하면서도 규제와 통제를 병행하는 정책을 지속하고 있다.

그림 13.1 AI 시스템에 대한 글로벌 규제 접근 방식

개인정보 보호와 관련된 법률도 AI 규제에서 중요한 부분을 차지한다. 유럽연합의 GDPR은 AI 시스템이 개인정보를 수집하고 처리할 때 사용자의 동의를 명확하게 받아야 하며, 불필요한 데이터 수집을 제한한다. 또한, 데이터 주체는 자신의 데이터가 어떻게 사용되는지에 대한 설명을 요구할 권리가 있으며, AI가 자동으로 내린 결정에 대해 인간의 개입을 요청할 수도 있다. 이러한 규제는 AI 시스템이 과도한 감시나 프라이버시 침해로 이어지지 않도록 하기 위한 장치로 작동한다.

AI가 의사결정을 내리는 과정에서 편향(bias)과 차별(discrimination)이 발생하는 문제도 법적 규제의 중요한 요소다. AI 모델이 학습하는 데이터가 특정 집단에 불리하게 작용할 경우, 알고리즘이 불공정한 결정을 내릴 가능성이 커진다. 이에 따라, 여러 국가에서는 AI 시스템의 공정성을 평가하는 가이드라인을 도입하고 있다. 예를 들어, 미국의 뉴욕시는 AI를 활용한 채용 프로세스에서 편향 검사를 의무화했으며, 채용에 사용되는 알고리즘의 기준과 작동 방식에 대해 투명하게 공개해야 한다.

AI의 투명성과 **설명 가능성(explainability)**도 규제에서 중요한 부분을 차지한다. **블랙 박스(black box)**[4] AI 모델은 결과를 도출하는 과정이 불분명할 수 있으며, 이는 사용자의 신뢰를 저하시킬 뿐만 아니라 법적 문제를 초래할 수도 있다. 이에 따라 일부 법제는 AI 시스템이 내리는 의사결정의 근거와 논리를 설명할 수 있어야 한다는 요건을 포함하고 있다. 예를 들어, 금융 기관이 AI 기반 신용 평가 시스템을 운영할 경우 대출 승인 여부를 결정하는 알고리즘의 주요 요인을 설명해야 하며, 고객이 이의를 제기할 경우 이에 대한 적절한 대응을 해야 한다.

자율주행 차량, 의료 AI, 자동화된 법률 서비스 등 AI가 인간의 삶에 큰 영향을 미치는 분야에서는 법적 책임성(accountability)의 중요성이 더욱 부각되고 있다. AI가 잘못된 판단을 내려 피해가 발생했을 경우, 그 책임이 개발자, 운영자, 사용자 중 누구에게 귀속되는지에 대한 법적 해석이 필요하다. 이에 따라, 일부 국가에서는 AI 개발자가 모델의 오류를 최소화할 수 있도록 안전성 검증을 의무화하고 있으며, AI 시스템이 법적 분쟁에 대비하여 일정 수준의 책임을 질 수 있도록 법적 장치를 마련하고 있다.

이러한 흐름은 AI 기술이 오남용되거나 통제 없이 확산될 경우 발생할 수 있는 사회적 · 법적 위험성을 반영한 것이다. AI의 활용이 확대됨에 따라 각국은 개발, 운영, 활용 전반에 걸친 규제 및 감독 체계를 강화하고 있으며, 이는 기술 신뢰성과 공공 안전 확보를 위한 필수적인 조치로 여겨진다. 다음은 AI 시스템의 잠재적 위험성과 그에 따른 규제 필요성을 보여주는 대표적인 사례들이다.

2025년 2월, 대한민국 국가정보원(National Intelligence Service, NIS)은 중국의 AI 앱인 딥시크(DeepSeek)가 사용자들의 키보드 입력 패턴 등 개인 식별이 가능한 정보를 과도하게 수집하고, 채팅 기록을 중국 서버로 전송하여 개인정보 유출 우려가 있다고 경고했다. 이

4 내부 작동 방식이 복잡하고 불투명하여 결과를 도출하는 과정을 이해하기 어려운 AI 모델

에 따라 일부 정부 부처와 기업들은 딥시크에 대한 접근을 차단했으며, AI 서비스가 국가 안보와 개인정보 보호 측면에서 주요한 감시 대상이 될 수 있음을 보여주는 사례가 되었다.[5]

미국의 클리어뷰 AI(Clearview AI)는 인터넷과 소셜 미디어에서 공개된 이미지를 수집하여 200억 개 이상의 안면 데이터를 구축하고, 이를 경찰 등 기관에 판매했다. 이 과정에서 개인의 동의 없이 데이터를 수집하여 영국 정보위원회(Information Commissioner's Office, ICO)로부터 750만 파운드(약 120억 원)의 벌금을 부과받았다. 이는 AI 기술이 개인정보를 활용하는 방식이 법적 문제를 초래할 수 있으며, 적절한 규제 없이 운영될 경우 심각한 프라이버시 침해가 발생할 수 있음을 시사한다.[6]

AI 관련 법률과 규제는 지속적으로 변화하고 있으며, 이에 따라 기업과 연구자들은 관련 동향을 꾸준히 모니터링해야 한다. 규제 환경이 바뀌면 기존 AI 시스템의 운영 방식에도 조정이 필요하고, 새로운 시스템을 개발할 때는 최신 법적 요구 사항을 설계에 반영해야 한다. 이를 위해 법률 전문가와의 협업 체계를 마련하고, 규제 변경 시 신속하게 대응할 수 있는 내부 점검 및 대응 프로세스를 구축하는 것이 중요하다.

AI에 대한 법적 기준은 단순한 제약이 아니라, 신뢰 가능한 기술 생태계를 조성하기 위한 기반으로 작용한다. AI 시스템이 사회적으로 수용되기 위해서는 공정성, 투명성, 개인정보 보호 등의 원칙을 충족해야 하며, 이를 위해 각국의 법률과 규제를 철저히 준수해야 한다. AI 개발자는 이러한 법적 요구 사항을 고려하여 모델을 설계하고 운영해야 한다. 데이터 사이언스 전문가 또한 법적 · 윤리적 관점을 이해하고 책임 있는 AI 개발 문화를 실천할 수 있어야 한다.

13.1.2 AI 시스템의 책임성과 법적 리스크

AI 시스템이 사회 전반에 걸쳐 활용되면서, 이에 대한 책임성과 법적 리스크는 중요한 논의 주제로 자리잡고 있다. AI 모델이 자동으로 결정을 내리는 시스템에서 발생하는 오류, 편향, 데이터 보호 문제 등은 법적 분쟁으로 이어질 가능성이 높다. 기업과 연구 기관은 AI의

5 https://www.reuters.com/technology/artificial-intelligence/south-korea-spy-agency-says-deepseek-excessively-collects-personal-data-2025-02-10/?utm_source=chatgpt.com

6 https://techcrunch.com/2022/05/23/clearview-uk-ico-fine/

활용이 법적 책임과 직결된다는 점을 인식하고, 이에 대한 대응 전략을 마련해야 한다. 특히, AI가 잘못된 결정을 내렸을 때 누가 책임을 져야 하는지에 대한 논의는 아직 명확한 기준이 마련되지 않은 상태이므로 법적 리스크를 최소화하기 위한 사전 점검과 문서화가 요구된다.

AI 시스템의 책임 문제는 일반적으로 개발자, 운영자, 사용자 간의 관계 속에서 발생한다. 예를 들어, 자율주행 자동차가 교통사고를 일으켰을 경우, 제조사, 소프트웨어 개발자, 차량 소유자 중 누가 법적 책임을 져야 하는지는 사례별로 달라질 수 있다. 마찬가지로, 의료 AI가 잘못된 진단을 내려 환자가 피해를 입었을 경우, 병원, AI 개발사, 혹은 의료진 중 누구에게 책임이 있는지 명확하지 않을 수 있다. 이러한 문제를 해결하기 위해 AI 시스템의 책임 분배 기준을 명확히 하고, 법적 리스크를 사전에 평가하는 절차가 요구된다.

데이터 사이언스 분야에서도 AI 시스템의 의사결정 과정에 대한 책임성을 확보하는 것이 중요하다. 특히, 머신러닝 및 딥러닝 모델은 블랙박스 형태로 작동하는 경우가 많아, 특정 결정이 왜 내려졌는지에 대한 설명이 어렵다. AI 기반 신용 평가 시스템이 특정 고객의 대출 신청을 거부했을 경우, 해당 고객은 결정 과정에 대한 설명을 요구할 수 있다. 이때, 금융 기관은 AI 모델이 사용한 데이터와 알고리즘의 기준을 명확히 제시해야 하며, 모델의 공정성과 신뢰성을 입증할 수 있어야 한다.

법적 리스크 중 하나는 AI 시스템이 학습한 데이터에 존재하는 편향과 차별로 인해 발생할 수 있다. 데이터가 특정 인종, 성별, 연령대에 편향되어 있다면, AI 모델이 불공정한 결정을 내릴 가능성이 높아진다. 예를 들어, 채용 AI가 특정 인종이나 성별을 배제하는 방식으로 지원자를 평가한다면, 이는 차별적 결정으로 간주되어 법적 분쟁으로 이어질 수 있다. 이러한 문제를 방지하기 위해서는 데이터 정제 및 모델 평가 단계에서 편향을 최소화하는 전략을 수립해야 하며, 공정성 검증 절차를 도입하는 것이 필수적이다.

AI 시스템이 개인정보를 다루는 경우, 데이터 보호와 관련된 법적 리스크가 증가한다. 예를 들어, AI 기반 추천 시스템이 사용자의 민감한 정보를 학습하여 특정 광고를 노출하는 경우, 사용자가 동의하지 않은 방식으로 데이터가 활용될 수 있다. 유럽연합의 GDPR과 같은 개인정보 보호 법률은 AI 시스템이 개인정보를 처리할 때 명확한 동의 절차를 거치도록 요구하며, 데이터 수집과 활용 방식에 대한 투명성을 보장해야 한다. 기업이 이러한 법적 요구 사항을 위반할 경우, 과징금 부과 및 법적 제재를 받을 수 있으며, 브랜드 신뢰도 또한 심각하게 훼손될 수 있다.

AI가 생성하는 콘텐츠에 대한 책임 문제도 떠오르고 있다. 생성형 AI 모델은 텍스트, 이미지, 비디오 등을 자동으로 생성할 수 있지만, 이 과정에서 저작권 침해, 허위 정보 생성 등의 문제가 발생할 수 있다. 예를 들어, 특정 인물이나 기업에 대한 사실과 다른 내용을 생성 · 유포할 경우 피해자와 관련 기업이 법적 조치를 취할 수 있으나, 생성 주체가 명확하지 않은 상황에서 책임소재가 불분명해질 수 있다. 이러한 문제를 방지하기 위해서는 콘텐츠 생성 과정에 대한 사전 필터링 및 사후 모니터링 체계를 마련하고, 법적 분쟁 발생 시 책임 소재를 추적할 수 있는 기록 관리 체계도 함께 구축해야 한다.

AI 시스템의 결함이나 오류로 인해 발생하는 피해에 대한 법적 책임도 지속적인 논의 대상이다. AI 기반 의료 진단 시스템이 잘못된 처방을 내리거나 AI 트레이딩 시스템이 시장 변동성을 과도하게 증폭시켜 금융 손실을 초래하는 경우, 피해를 입은 당사자는 법적 보상을 요구할 수 있다. 따라서 AI 시스템을 개발하고 운영하는 기업은 법적 책임을 최소화하기 위해 정기적인 테스트와 안전성 검증을 수행해야 하며, AI의 오작동으로 인한 법적 분쟁을 대비한 보험 및 손해배상 체계를 마련해야 한다.

법적 리스크를 관리하는 방법 중 하나는 AI 시스템의 책임 범위를 명확히 규정한 계약을 체결하는 것이다. 예를 들어, AI 솔루션을 제공하는 기업은 고객과의 계약을 통해 AI 시스템의 기술적 한계를 명확히 설명하고, 특정 상황에서 발생할 수 있는 법적 책임의 범위를 규정해야 한다. 또한, AI 시스템을 활용하는 조직은 내부적으로 윤리 가이드라인을 마련하여 AI의 사용 기준을 정하고, 법적 문제를 예방하기 위한 교육을 시행해야 한다.

AI의 법적 책임성을 강화하기 위해서는 기술적 대응과 제도적 기반이 함께 마련되어야 한다. AI 시스템의 설명 가능성을 높이기 위한 **설명 가능한 AI(Explainable AI, XAI)** 기술을 활용하면 모델이 의사결정을 내리는 과정을 보다 투명하게 공개할 수 있다. 또한, AI 감사를 정기적으로 수행하여 모델의 작동 방식, 데이터 처리 절차, 편향 여부 등을 점검함으로써 잠재적인 법적 리스크를 조기에 식별하고 개선할 수 있다.

AI 시스템의 고도화와 활용 범위의 확대에 따라 책임성과 법적 리스크에 대한 논의 역시 더욱 정교해져야 한다. 기업과 연구 기관은 윤리적 기준을 준수함과 동시에, 법적 분쟁 가능성을 줄이기 위한 운영 방안과 내부 대응 체계를 수립해야 한다. 아울러, 규제 기관과의 협력을 통해 AI가 사회적으로 수용 가능한 방식으로 작동할 수 있도록 점검과 개선을 지속적으로 수행해야 한다. 이러한 노력은 단순한 법적 의무 이행을 넘어, 신뢰할 수 있는 AI 시스템을 구축하는 기반이 된다. 그림 13.2는 AI의 법적 책임 및 리스크 관리 프로세스를 시각화한 것이다.

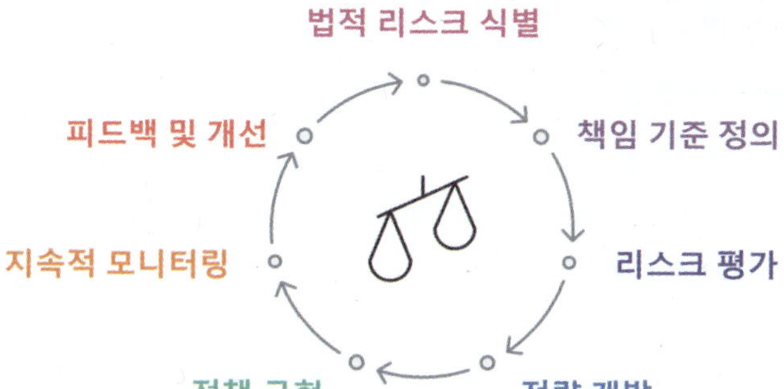

그림 13.2 AI의 법적 책임 및 리스크 관리 프로세스

13.1.3 개인정보 보호 가이드

개인정보 보호는 데이터 사이언스를 포함한 모든 정보 처리 시스템에서 중요한 요소로 간주된다. 특히 AI 모델 개발이나 데이터 분석 과정에서 개인정보 보호가 적절히 이루어지지 않으면, 법적 분쟁 발생뿐만 아니라 서비스에 대한 신뢰 저하와 기업 경쟁력 약화로도 이어질 수 있다.

개인정보 보호는 단순한 법적 요구사항이 아니라 데이터 사이언스 실무자가 지녀야 할 윤리적 책임이기도 하다. 신뢰할 수 있는 데이터 활용 방안을 마련하고 개인정보를 보호하는 체계를 갖춘다면 AI 및 데이터 분석 시스템이 보다 책임감 있게 운영될 수 있다. 다음에 데이터 사이언스와 직접적으로 관련된 주요 대한민국 개인정보 보호법[7]을 정리했다.

7 https://www.law.go.kr/법령/개인정보보호법

제3조(개인정보 보호 원칙)

- **제1항**: 개인정보처리자는 개인정보의 처리 목적을 명확하게 하여야 하고 그 목적에 필요한 범위에서 최소한의 개인정보만을 적법하고 정당하게 수집하여야 한다.
- **제7항**: 개인정보처리자는 개인정보를 익명 또는 가명으로 처리하여도 개인정보 수집목적을 달성할 수 있는 경우 익명처리가 가능한 경우에는 익명에 의하여, 익명처리로 목적을 달성할 수 없는 경우에는 가명에 의하여 처리될 수 있도록 하여야 한다.

제15조(개인정보의 수집 · 이용)

- **제1항**: 개인정보처리자는 다음 각 호의 어느 하나에 해당하는 경우에는 개인정보를 수집할 수 있으며 그 수집 목적의 범위에서 이용할 수 있다.
  - **제1호**: 정보주체의 동의를 받은 경우
  - **제6호**: 개인정보처리자의 정당한 이익을 달성하기 위하여 필요한 경우로서 명백하게 정보주체의 권리보다 우선하는 경우. 이 경우 개인정보처리자의 정당한 이익과 상당한 관련이 있고 합리적인 범위를 초과하지 아니하는 경우에 한한다.

제29조(안전조치의무)

- 개인정보처리자는 개인정보가 분실 · 도난 · 유출 · 위조 · 변조 또는 훼손되지 아니하도록 내부 관리계획 수립, 접속기록 보관 등 대통령령으로 정하는 바에 따라 안전성 확보에 필요한 기술적 · 관리적 및 물리적 조치를 하여야 한다.

개인정보를 처리하는 첫 번째 원칙은 최소한의 정보만 수집하는 것이다. AI 모델을 학습할 때 불필요한 개인정보를 포함하면 데이터 보호 원칙을 위반할 소지가 크다. 예를 들어, 고객 추천 시스템을 개발할 때 이름, 주소, 주민등록번호 등 모델 학습에 직접적으로 필요하지 않은 정보까지 수집된다면, 이는 과도한 개인정보 수집에 해당한다. 따라서 데이터 사이언티스트는 반드시 목적에 맞는 최소한의 정보만 사용해야 하며, 데이터 수집 단계부터 이 원칙을 철저히 적용해야 한다.

또한, 수집된 개인정보는 최초 동의한 목적 내에서만 사용해야 한다. AI 분석을 위해 수집한 고객 데이터를 마케팅 용도로 추가 활용하거나 제3의 연구에 무단으로 활용하거나 특정 프로젝트용으로 받은 데이터를 다른 과제에 재사용하는 행위는 목적 제한 원칙을 위반하는 사례가 될 수 있다. 이러한 오용을 방지하기 위해 새로운 활용 목적이 생기는 경우에는 사전에 추가 동의를 받는 절차를 마련해야 한다.

AI 모델이 사생활을 침해하지 않도록 하는 것도 중요하다. 예를 들어, 금융기관에서 신용 점수를 예측하는 AI 모델을 개발할 때 고객의 카드 사용 내역이나 소득 정보 등 민감한 데이터를 포함할 경우 개인의 금융 사생활이 침해될 위험이 있다. 이에 따라 사전에 데이터 보호 조치를 마련하고, 모델이 특정 개인을 식별하거나 예측하는 방식이 적절한지 법적 및 윤리적 검토를 수행해야 한다.

개인정보 보호를 위해 익명처리 및 가명처리 기법을 적극적으로 활용해야 한다. 원본 데이터에서 개인 식별 정보를 제거하고, 익명 처리된 데이터세트를 사용하면 정보 주체를 직접 식별할 수 있는 가능성을 낮출 수 있다. AI 학습용 데이터가 특정 개인과 연결되지 않도록 **k-익명성(k-anonymity)**[8], **l-다양성(l-diversity)**[9] 등의 보호 기법을 적용하는 것이 바람직하다. 특히, 병원에서 환자 데이터를 활용하여 AI 모델을 학습할 때 환자의 이름이나 주민등록번호를 제거하는 것은 기본적인 조치이며, 데이터 마스킹, 일반화, 노이즈 추가 등의 방법을 병행하여 재식별 위험을 최소화해야 한다.

개인정보를 수집하고 활용할 때는 정보 주체의 권리와 기업의 정당한 이익 간의 균형을 고려해야 한다. AI 모델이 비즈니스 효율성을 높이기 위해 개발된다고 하더라도 고객이 자신의 데이터가 어떻게 활용되는지 알 권리를 가지며, 이에 대한 명확한 고지와 동의 절차가 필요하다. 예를 들어, 추천 시스템 개선을 위해 사용자의 행동 데이터를 수집할 경우, 이를 명확하게 고지하고 사용자가 데이터 수집을 거부할 수 있도록 해야 한다.

마지막으로, AI 모델이 활용하는 개인정보는 기술적 · 관리적 보호조치를 통해 안전하게 관리되어야 한다. 데이터 저장 시 암호화 및 접근 권한 제한을 적용하고, AI 모델이 사용하는 데이터에 대한 접근 로그를 유지해야 한다. 또한, 개인정보가 포함된 시스템은 정기적으로 보안 점검을 수행하고 최신 보안 패치를 적용하여 외부 공격에 대비해야 한다. 개인정보를 활용하는 기업 및 연구기관은 내부 보안 정책을 수립하고 직원 교육을 통해 데이터 보호의 중요성을 지속적으로 강조해야 한다.

8 데이터를 k명 중 한 명으로 익명화하여 특정 개인을 식별하기 어렵게 만드는 기법

9 k-익명성을 보완하여 익명화된 그룹 내 민감 정보의 다양성을 확보, 개인정보 노출 위험을 줄이는 기법

13.1.4 AI 규제 준수를 위한 운영 절차

AI 시스템의 규제 준수는 기업이나 연구 기관의 신뢰성과 직결되며, 법적 리스크를 효과적으로 관리하기 위한 핵심 요소로 작용한다. AI 시스템이 규제를 준수하지 않으면 법적 제재와 함께 막대한 재정적 손실을 초래할 수 있다. 따라서 규제 준수를 위한 명확한 운영 절차를 마련하는 것은 AI 기술을 활용하는 모든 조직에서 반드시 고려해야 할 사항이다. AI 시스템의 규제 준수는 기술적, 법적, 윤리적 측면에서 다각적으로 접근해야 하며, 이를 위한 운영 절차는 체계적이고 지속적으로 관리되어야 한다.

첫 번째 단계는 규제 준수의 관련 법률과 규제 요건에 대한 이해다. 각국의 법률과 규제는 상이할 수 있기 때문에 특정 국가나 지역에서 AI 시스템을 운영하는 경우 해당 법률을 정확히 파악하고 그에 맞는 기준을 설정하는 것이 중요하다. 예를 들어, 유럽연합의 GDPR은 데이터 보호와 관련된 강력한 규제 요구 사항을 포함하고 있으며, 이러한 법률을 준수하지 않으면 막대한 벌금과 법적 문제가 발생할 수 있다. 따라서 법률 및 법무 팀과 협력하여 AI가 운영되는 환경에 맞는 규제 준수 전략을 마련하는 것이 필요하다.

두 번째 단계는 AI 시스템은 설계 단계부터 규제 준수를 고려한 기술적 구조를 내장해야 한다. 예를 들어, 개인정보 보호 법률을 준수하려면 AI 시스템에서 처리되는 개인정보의 수집, 저장, 전송 및 사용 과정에 대해 명확한 기록을 남겨야 한다. 데이터의 익명화 및 가명화 기법을 도입하고, 이를 실시간으로 모니터링하는 체계를 갖추어야 한다. 또한, AI 시스템의 모든 결정 과정과 데이터 흐름을 투명하게 기록하여 필요 시 규제 당국이나 외부 감사인이 검토할 수 있도록 해야 한다.

세 번째 단계는 조직 내 규제 준수를 강화를 위한 직원 교육과 인식 제고 활동이다. 특히 데이터 사이언스 팀, 데이터 엔지니어링 팀, 보안 전문가들이 관련 법률 및 규제에 대한 충분한 이해를 가지고 있어야 한다. AI의 윤리적 사용에 대한 내부 교육을 실시하고, 규제 준수를 위한 세부 절차와 책임을 명확히 정의해야 한다. 이 과정에서 법률 전문가와 협력하여 기업 내 모든 구성원이 규제 준수에 대한 책임감을 갖도록 유도해야 한다. 또한, 규제 관련 변경 사항에 대해 정기적으로 업데이트하고, 이를 직원들에게 전달하는 시스템을 구축해야 한다.

네 번째 단계는 AI 시스템 운영 과정에서 규제 대응을 위한 기술적 도구와 자동화 체계를 수립하는 것이다. 예를 들어, 프라이버시를 보장하기 위해 AI 시스템 내에서 개인정보 보호를 위한 암호화 기법을 적용하거나 데이터 유출을 방지하기 위한 접근 제어 시스템을 강화할 수 있다. 또한, 규제 준수를 위한 실시간 모니터링 시스템을 구축하여 시스템이 의도된 대로 작동하는지 지속적으로 점검할 수 있도록 해야 한다. 데이터 보호를 위한 기술적 조치를 자동화하여 시스템의 운영 중 발생할 수 있는 오류나 실수를 최소화하는 것도 중요한 요소다.

다섯 번째 단계는 규제 준수를 위한 AI 모델의 지속적인 감사와 평가다. 규제 요건은 시간이 지남에 따라 변화할 수 있으므로 AI 시스템이 배포된 이후에도 지속적인 모니터링과 평가가 필요하다. 이를 위해 외부 감사와 내부 감사 절차를 마련하여 AI 시스템이 규제를 준수하는지 주기적으로 점검하고, 개선이 필요한 부분을 찾아내어 보완하는 방식으로 운영해야 한다. 이러한 감사 절차는 기업의 신뢰성을 높이는 데 중요한 역할을 한다.

여섯 번째 단계는 법적 리스크에 대한 사전 대응 계획 수립이다. 예를 들어, AI 시스템이 예기치 못한 방식으로 규제 요건을 위반한 경우, 이를 빠르게 수정하고 개선하기 위한 계획을 마련해야 한다. 또한, 법적 리스크가 발생할 경우 신속하게 대응할 수 있는 조직 내 역할을 명확히 설정해야 한다. 이와 같은 대응 체계를 구축하면 문제가 발생했을 때 빠르게 조치를 취하고, 재발 방지를 위한 시스템 개선이 가능하다.

일곱 번째 단계는 데이터 사이언스 관점에서의 기술적 고려 사항을 규제 준수 절차에 포함시키는 것이다. AI 모델의 투명성을 높이기 위한 기술적 노력은 규제 준수와 직결되며, 모델의 설명 가능성을 높이는 XAI 기술을 도입하는 것이 중요한 방법 중 하나다. 이러한 기술적 접근을 통해 규제 당국과 사용자는 AI 시스템이 어떻게 결정을 내리는지 이해할 수 있으며, 법적 책임 소재를 명확히 하는 데 도움을 받을 수 있다.

여덟 번째 단계는 개인정보 보호와 관련된 기술적 조치를 강화하는 것이다. AI 시스템에서 처리되는 모든 개인 데이터는 규제 요건을 충족할 수 있도록 적절하게 암호화되고, 접근 제어가 철저히 이루어져야 한다. 데이터는 반드시 보호되어야 하며, 데이터 유출 및 침해를 예방하기 위한 기술적 조치가 적극적으로 적용되어야 한다.

마지막 단계는 AI 규제 준수를 위한 조직 문화 강화다. 규제 준수를 위한 경영진의 강력한 의지가 필요하며, 이를 통해 조직 내에서 규제 준수가 중요하다는 인식이 확립된다. 모든 팀이 협력하여 규제를 준수하려는 문화가 정착될 수 있도록 경영진은 명확한 정책을 수립하고 이를 지속적으로 강조해야 한다.

AI 시스템의 규제 준수는 단지 법적 의무를 넘어, 기업의 신뢰와 안전성을 보장하는 핵심적인 과정이다. 체계적이고 철저한 규제 준수 절차를 통해 AI 기술이 법적 요구 사항을 충족하며, 윤리적이고 신뢰할 수 있는 방식으로 운영될 수 있다. AI 규제 준수는 기술적인 측면, 법적 측면, 그리고 기업 문화가 조화를 이루는 절차로, 이를 통해 AI 시스템은 더 넓은 사회적 수용과 신뢰를 얻을 수 있다. AI 시스템이 관련 규제를 올바르게 준수할 수 있도록 핵심 점검 항목을 정리한 체크리스트는 다음과 같다.

AI 시스템 규제 준수 체크리스트

- **법률 및 규제 이해**
  - 관련 법률 및 규제 요구 사항 파악(GDPR, AI Act 등)
  - 대상 국가별 규제 차이에 따른 정책 설정
  - 법률/법무 팀과 협력하여 규제 준수 전략 마련
- **책임 분배 및 거버넌스 체계**
  - AI 규제 준수 전담자 지정 및 역할 정의
  - 운영, 법무, 데이터 관리 책임 분리 및 문서화
- **동의 및 데이터 주체 권리 관리**
  - 데이터 수집 목적 고지 및 명시적 동의 확보
  - 데이터 열람 · 정정 · 삭제 요청 처리 절차 마련
- **기술적 규제 준수 기능 내장**
  - 개인정보 수집/저장/전송/사용 기록 시스템 구축
  - 데이터 익명/가명화 기법 및 모니터링 체계 구축
  - 데이터 보관 기간 설정 및 만료 후 자동 삭제 시스템 마련

- **교육 및 인식 제고**
  - 데이터 사이언스, 엔지니어링, 보안 전문가 대상 법률/규제 교육 실시
  - AI 윤리적 사용 교육 실시, 규제 준수 절차 및 책임 정의
  - 규제 변경 사항 업데이트 및 직원 공유 시스템 구축
- **기술적 도구 및 기법 활용**
  - 개인정보 보호 암호화 기법 적용
  - 데이터 유출 방지 접근 제어 시스템 강화
  - 규제 준수 실시간 모니터링 시스템 구축
  - 데이터 보호 기술적 조치 자동화
- **지속적인 감사 및 평가**
  - 외부/내부 감사 절차 마련
  - AI 시스템 규제 준수 여부 주기적 점검 및 개선
- **법적 리스크 대응 계획**
  - 규제 요건 위반 시 수정/개선 계획 마련
  - 법적 리스크 발생 시 신속히 대응할 수 있도록 조직 내 역할을 명확히 설정
  - 문제 발생 시 재발 방지 시스템 개선
- **법적 리스크 대응 계획**
  - 규제 위반 발생 시 대응 절차 및 개선 계획 수립
  - 법적 분쟁 시 대응 책임 및 보고 라인 설정
- **데이터 사이언스 관련 기술적 고려 사항**
  - AI 모델 투명성 향상을 위한 기술적 구현(XAI 기술 도입 등)
- **개인정보 보호 관련 기술적 조치 강화**
  - 개인 데이터 암호화 및 접근 제어 적용
  - 데이터 유출/침해 예방 기술적 조치 적용
- **기업 문화**
  - 조직 내 규제 준수 중요성 인식 확립
  - 협력 규제 준수 문화 정착

13.2 _ 데이터 보안 전략

데이터 보안은 데이터 사이언스 시스템의 신뢰성과 안정성을 유지하는 데 핵심적인 요소다. 데이터가 적절하게 보호되지 않으면 무단 접근, 유출, 변조 등의 위협에 노출될 수 있으며, 이는 기업의 평판 저하와 법적 책임 문제로 이어질 수 있다. 데이터 사이언스는 대량의 데이터를 수집하고 분석하는 과정에서 민감한 정보를 다루는 경우가 많기 때문에 체계적인 보안 전략이 반드시 필요하다. 데이터 보안을 고려하지 않고 시스템을 운영하면 모델의 정확성이 저하될 뿐만 아니라, 악의적인 공격자에 의해 데이터가 조작될 위험도 커진다.

데이터 보안 전략을 수립할 때는 기술적 접근뿐만 아니라 조직 차원의 정책이 함께 작동해야 실효성을 가진다. 강력한 암호화 기법과 접근 제어 시스템을 적용하는 것이 기본적인 보안 조치지만, 직원들의 보안 인식 제고와 명확한 보안 정책 수립도 중요하다. 데이터 사이언스 프로젝트에서는 데이터가 여러 시스템과 사용자를 거쳐 활용되기 때문에 전 과정에서 보안이 유지될 수 있도록 철저한 설계가 필요하다. 특히 클라우드 환경에서 데이터가 저장되고 처리되는 경우, 접근 권한과 보안 설정을 보다 정교하게 관리해야 한다.

데이터 수집, 저장, 처리, 공유, 전송 등 각 단계는 서로 다른 유형의 보안 위협에 취약할 수 있다. 따라서 각 단계에서 발생할 수 있는 위험 요소를 식별하고 이에 대한 대응 전략을 마련하는 것이 중요하다. 예를 들어, 데이터 저장 단계에서는 암호화와 접근 제어를 적용하여 무단 접근을 방지해야 하며, 데이터 전송 과정에서는 보안 프로토콜을 사용하여 데이터가 도청되지 않도록 보호해야 한다. 또한, 실시간 보안 모니터링을 통해 이상 징후를 감지하고 즉시 대응할 수 있도록 시스템을 구축해야 한다.

데이터 보안 전략은 단순히 법적 규제를 준수하는 차원을 넘어, 조직이 데이터 중심 의사결정을 안전하게 수행할 수 있도록 뒷받침하는 역할을 한다. 신뢰할 수 있는 데이터 환경이 마련되어야 데이터 사이언티스트와 엔지니어가 정확한 분석과 모델 개발을 수행할 수 있으며, 기업의 데이터 자산을 효과적으로 보호할 수 있다. 강력한 보안 전략을 통해 데이터의 무결성을 유지하고, 외부 공격이나 내부 위협으로부터 데이터를 안전하게 보호하는 것이 데이터 사이언스 시스템의 성공적인 운영을 위한 필수 조건이다.

13.2.1 데이터 보호 원칙 및 보안 모델

데이터 보호는 데이터 사이언스 시스템의 신뢰성과 안정성을 유지하기 위한 필수 요소다. 데이터가 적절하게 보호되지 않으면 무단 접근, 유출, 조작 등의 위협에 노출될 수 있으며, 이는 조직의 평판 하락과 법적 책임으로 이어질 수 있다. 특히 데이터 사이언스는 민감한 정보를 다루는 경우가 많아 체계적이고 선제적인 보안 전략이 필요하다. 보안이 고려되지 않은 상태에서 시스템을 운영할 경우, 모델의 정확성이 저하될 뿐 아니라 악의적인 공격에 의해 데이터가 변조될 위험도 커진다. 데이터 보호의 핵심 원칙은 기밀성, 무결성, 가용성으로 구성된다.

데이터 보호의 핵심 원칙

- **기밀성(confidentiality)**: 인가되지 않은 사용자가 데이터에 접근하지 못하도록 제한하는 것
- **무결성(integrity)**: 데이터가 의도치 않게 변경되거나 손상되지 않도록 보호하는 것
- **가용성(availability)**: 정당한 사용자가 필요할 때 데이터를 안정적으로 이용할 수 있도록 보장하는 것

데이터 보호 원칙을 구현하기 위해서는 다양한 보안 모델이 활용된다. 가장 널리 사용되는 보안 모델 중 하나는 접근 제어 모델로, 데이터에 대한 접근 권한을 체계적으로 관리하는 방식이다. 접근 제어 모델에는 **역할 기반 접근 제어(Role-Based Access Control, RBAC)**, **속성 기반 접근 제어(Attribute-Based Access Control, ABAC)** 등이 있으며, RBAC는 사용자의 직무에 따라 권한을 부여하는 방식이고, ABAC는 다양한 속성(위치, 장치 유형 등)에 따라 동적으로 접근을 제어하는 방식이다.

데이터 보호를 위한 또 다른 중요한 보안 모델은 **최소 권한 원칙(Principle of Least Privilege, PoLP)**이다. 최소 권한 원칙은 사용자가 업무 수행에 필요한 최소한의 권한만 부여받도록 하여 보안 위험을 최소화하는 원칙이다. 데이터 사이언스 환경에서는 데이터 엔지니어, 데이터 분석가, 머신러닝 엔지니어 등 다양한 역할이 존재하며, 각 역할에 따라 접근할 수 있는 데이터 범위를 제한하는 것이 중요하다. 예를 들어, 분석가에게는 익명화된 데이터만 제공하고, 원본 데이터에 대한 접근은 제한하는 방식이 적용될 수 있다.

데이터 보호 전략을 효과적으로 구현하기 위해서는 데이터의 민감도에 따라 분류하는 작업이 필요하다. 모든 데이터가 동일한 수준의 보호를 요구하는 것은 아니기 때문에 데이터를 공개 데이터, 내부 데이터, 기밀 데이터 등으로 구분하고 각 등급에 적합한 보안 정책을 적용해야 한다. 일반적으로 데이터는 공개 데이터, 내부 데이터, 기밀 데이터 등의 등급으로 분류되며, 민감도가 높은 데이터일수록 강력한 보안 조치가 적용된다. 데이터 사이언스 프로젝트에서는 고객 정보, 금융 거래 데이터, 의료 데이터 등이 높은 수준의 보호가 필요한 데이터로 간주된다.

보안 모델 중 하나인 **벨-라파듈라(Bell-LaPadula, BLP)** 모델은 기밀성을 강조하는 접근 제어 모델이다. 이 모델은 사용자가 더 높은 보안 등급의 데이터를 읽을 수 없도록 하고(no read-up), 더 낮은 보안 등급으로 데이터를 기록할 수 없도록 한다(no write-down). 이는 군사 및 정부 기관에서 기밀 데이터를 보호하는 데 주로 활용되지만, 금융 및 의료 분야에서도 유사한 보안 원칙이 적용될 수 있다.

반면, **비바(Biba Integrity, BIBA)** 모델은 데이터의 무결성을 보장하는 데 초점을 맞춘 보안 모델이다. 비바 모델은 사용자가 더 높은 보안 등급의 데이터를 수정할 수 없도록 하며(no write-up), 낮은 보안 등급의 데이터를 읽지 못하도록 한다(no read-down). 이는 데이터 조작이나 변조를 방지하는 데 효과적이며, 소프트웨어 개발이나 데이터 품질 관리 환경에서 정보의 신뢰성을 유지하는 데 유용할 수 있다.

일상적인 상황에서는 정보를 읽고 이해한 뒤에 이를 바탕으로 무언가를 작성하는 것이 일반적이다. 그러나 비바 모델에서는 높은 등급의 주체가 낮은 등급의 정보를 읽지 않고도 기록할 수 있다고 가정한다. 예를 들어, 높은 등급의 주체가 시스템 관리자이고, 낮은 등급의 객체가 일반 사용자의 활동 로그라고 하자. 이 경우, 시스템 관리자는 보안상의 이유로 개별 사용자의 활동 로그를 직접 읽지 않도록 제한될 수 있다. 하지만 시스템 전체의 보안 정책이나 설정을 업데이트하는 작업은 여전히 수행할 수 있다. 이는 낮은 신뢰 등급의 정보를 읽음으로써 발생할 수 있는 무결성 침해를 방지하고, 시스템의 안정성과 보안을 유지하기 위한 비바 모델의 설계 원칙에 부합한다.

비바 모델은 높은 등급의 주체가 낮은 등급의 객체를 읽는 것은 정보 오염의 위험이 있다고 보고 제한하지만, 쓰는 것은 낮은 등급 객체의 무결성을 향상시키는 데 기여할 수 있다고 보기 때문에 허용한다. 이 점이 벨–라파듈라 모델과의 중요한 차이점이다. 표 13.1은 벨–라파듈라 모델과 비바 모델의 등급별로 가능한 읽기 및 쓰기 작업을 표로 정리한 것이다.

표 13.1 벨–라파듈라 모델과 비바 모델 비교

주체 등급	객체 등급	벨–라파듈라 모델	비바 모델
		읽기 / 쓰기	
낮음	낮음	가능 / 가능	가능 / 가능
	보통	불가능 / 불가능	가능 / 불가능
	높음	불가능 / 불가능	가능 / 불가능
보통	낮음	가능 / 불가능	불가능 / 가능
	보통	가능 / 가능	가능 / 가능
	높음	불가능 / 불가능	가능 / 불가능
높음	낮음	가능 / 불가능	불가능 / 가능
	보통	가능 / 불가능	불가능 / 가능
	높음	가능 / 가능	가능 / 가능

추가적인 데이터 보호를 위해서는 강력한 인증 및 감사 기능이 함께 갖춰져야 한다. **다중 요소 인증(Multi-Factor Authentication, MFA)**[10]과 같은 인증 메커니즘을 도입하면 무단 접근을 방지할 수 있으며, 모든 접근 및 변경 사항을 기록하는 감사 로그(audit log)를 유지하면 보안 사고 발생 시 원인을 추적하고 대응할 수 있다. 데이터 사이언스 환경에서는 데이터세트 접근 기록과 모델 학습 과정에서 사용된 데이터 이력을 철저히 관리해야 한다.

데이터 보호 모델은 정적인 정책뿐만 아니라 동적인 보안 위협 대응 시스템과 결합될 때 더욱 효과적이다. 보안 사고를 실시간으로 탐지할 수 있도록 이상 탐지 시스템을 구축하고, 의심스러운 데이터 접근 패턴을 감지하는 머신러닝 기반의 보안 솔루션을 활용하면 데이터 보안을 한층 강화할 수 있다. 이러한 접근 방식은 데이터 사이언스 시스템에서 자동화된 보안 정책을 운영하는 데 중요한 역할을 한다.

10 무단 접근 방지를 위해 2개 이상의 인증 요소를 요구하는 강력한 인증 방식

클라우드 환경에서의 데이터 보호는 더욱 복잡한 문제를 야기한다. 클라우드 환경에서는 데이터가 여러 지역의 데이터센터에 분산 저장될 수 있으며, 사용자가 다양한 네트워크 환경에서 접근하기 때문에 보안 모델을 정교하게 설계해야 한다. 클라우드 보안을 위해 제로 트러스트(zero trust)[11] 모델을 적용하면 네트워크 내외부를 구분하지 않고 모든 접근을 신뢰하지 않는 원칙을 기반으로 보안을 강화할 수 있다.

결론적으로, 데이터 보호 원칙과 보안 모델은 데이터 사이언스 시스템의 안전성과 신뢰성을 보장하는 핵심 기반이다. 효과적인 보안 전략을 수립하려면 기밀성, 무결성, 가용성의 원칙을 기반으로 다양한 보안 모델을 조합하고, 조직의 요구사항에 맞는 접근 제어와 데이터 보호 방안을 마련해야 한다. 보안은 단순한 기술적 조치가 아니라 지속적인 모니터링과 개선이 필요한 과정이며, 데이터 사이언스의 신뢰성과 성능을 보장하는 중요한 사항이다.

13.2.2 데이터 암호화 및 접근 제어

데이터 암호화와 접근 제어는 데이터 보안의 핵심 요소로, 민감한 정보를 보호하고 무단 접근을 차단하는 역할을 한다. 데이터 사이언스 환경에서는 방대한 데이터가 다양한 시스템과 네트워크를 통해 이동하기 때문에 강력한 암호화와 체계적인 접근 제어 정책이 함께 적용되어야 한다. 암호화는 데이터를 보호하기 위한 기술적 조치이며, 접근 제어는 권한이 없는 사용자의 데이터 접근을 차단하는 관리적 조치다. 이 두 가지를 적절히 조합하면 데이터 보호 수준을 극대화할 수 있다.

암호화는 저장 데이터와 전송 데이터의 보안을 보장하는 데 중요한 역할을 한다. 저장 데이터(data at rest)는 데이터베이스, 파일 시스템, 클라우드 스토리지 등에 보관된 상태의 데이터를 의미하며, 이 경우 **AES(Advanced Encryption Standard)**와 같은 대칭키 암호화 알고리즘이 많이 사용된다. AES-256[12]과 같은 강력한 암호화 방식은 금융 및 의료 데이터를 보호하는 데 널리 활용되며, 데이터 사이언스 환경에서도 민감한 데이터를 안전하게 저장하는 데 활용된다.

11 네트워크 경계와 상관없이 모든 접근을 절대 신뢰하지 않고 항상 검증하는 보안 모델

12 AES 암호화 알고리즘의 한 종류로, 256비트 키를 사용한다.

전송 데이터(in-transit data)는 네트워크를 통해 이동하는 데이터로, 이를 보호하기 위해 SSL(Secure Sockets Layer)[13]/TLS(Transport Layer Security)[14] 프로토콜을 사용하여 암호화한다. 데이터 사이언스 시스템에서 API를 통해 데이터를 주고받거나 원격 데이터베이스와 연결할 때 TLS 암호화를 적용하면 데이터 탈취 위험을 크게 줄일 수 있다. 또한, **종단간 암호화**(End-to-End Encryption, E2EE)[15]를 적용하면 중간 노드에서 데이터를 탈취하는 공격을 방지할 수 있어 보안성이 한층 강화된다.

비대칭키 암호화(public key encryption)도 중요한 보안 기법 중 하나다. RSA(Rivest-Shamir-Adleman)[16], ECC(Elliptic Curve Cryptography)[17] 등의 알고리즘은 공개키와 개인 키를 사용하여 데이터를 보호한다. 데이터 사이언스 시스템에서는 데이터 공유 시 안전한 키 교환이 필요한 경우가 많으며, 이때 비대칭키 암호화가 유용하게 활용될 수 있다. 예를 들어, 데이터 분석을 수행하는 연구 기관 간에 기밀 데이터를 주고받을 때 PGP(Pretty Good Privacy)[18]와 같은 방식으로 암호화하면 보안성을 높일 수 있다.

암호화된 데이터에 대한 접근을 효과적으로 관리하기 위해서는 강력한 접근 제어 정책이 필요하다. 접근 제어는 특정 사용자가 특정 데이터에 접근할 수 있도록 제한하는 보안 메커니즘이며, 데이터 사이언스 환경에서는 RBAC와 ABAC가 널리 사용된다. 또한, 데이터 사이언스 환경에서는 민감한 데이터를 다루는 경우가 많으므로 최소 권한 원칙(PoLP)을 철저히 준수해야 한다.

다중 요소 인증(MFA)은 접근 제어를 강화하는 또 다른 중요한 방법이다. 단순한 ID와 비밀번호 인증 방식은 피싱 공격이나 **크리덴셜 스터핑**(credential stuffing)[19] 공격에 취약할 수 있기 때문에 추가적인 인증 요소(예: 일회용 코드, 생체 인증 등)를 요구하는 MFA를 적용하면 보안성을 크게 높일 수 있다. 데이터 사이언스 플랫폼에 MFA를 적용하면 연구 데이터나 머신러닝 모델 등의 민감한 자산을 더욱 안전하게 보호할 수 있다. 다음 그림 13.3은 다중 요소 인증에 대한 예시를 보여준다.

---

13 초기 버전의 암호화 프로토콜이며, 현재는 보안상의 이유로 더 이상 사용되지 않는다.
14 SSL의 후속 버전으로, 더 안전하고 효율적인 암호화 방식을 제공한다. 현재 대부분의 웹사이트와 애플리케이션에서 사용된다.
15 메시지를 보내는 사람의 장치에서 암호화되어 받는 사람의 장치에서만 해독될 수 있도록 하는 보안 시스템
16 큰 숫자를 소인수분해하는 것이 어렵다는 수학적 난제를 이용한 공개키 암호화 방식
17 타원 곡선상의 점을 이용한 연산의 복잡성을 기반으로 하는 공개키 암호화 방식
18 이메일, 파일 등을 암호화하여 기밀성을 유지하고 디지털 서명을 통해 무결성을 보장하는 암호화 프로그램
19 이미 유출된 사용자 이름과 비밀번호 조합을 무작위로 여러 웹사이트에 대입하여 계정을 탈취하는 공격 기법

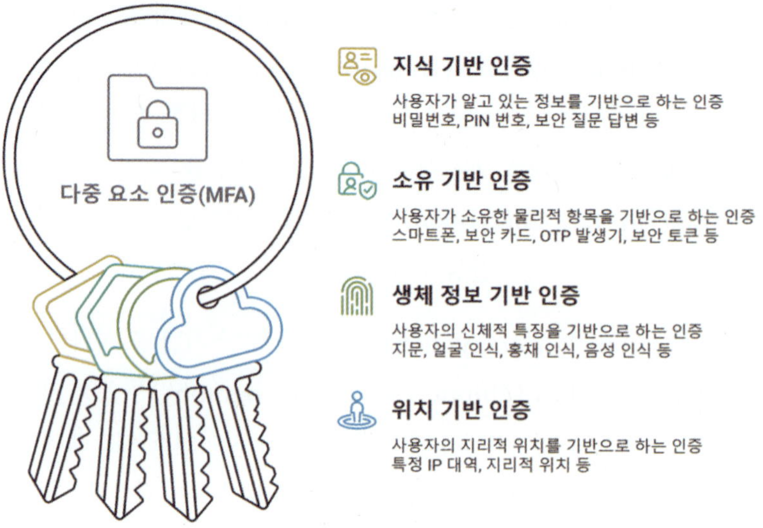
다중 요소 인증(MFA)
지식 기반 인증
사용자가 알고 있는 정보를 기반으로 하는 인증
비밀번호, PIN 번호, 보안 질문 답변 등
소유 기반 인증
사용자가 소유한 물리적 항목을 기반으로 하는 인증
스마트폰, 보안 카드, OTP 발생기, 보안 토큰 등
생체 정보 기반 인증
사용자의 신체적 특징을 기반으로 하는 인증
지문, 얼굴 인식, 홍채 인식, 음성 인식 등
위치 기반 인증
사용자의 지리적 위치를 기반으로 하는 인증
특정 IP 대역, 지리적 위치 등

그림 13.3 다중 요소 인증의 종류

접근 제어 정책을 효과적으로 운영하려면 중앙 집중식 권한 관리 시스템을 구축하는 것이 중요하다. 사용자 인증 및 권한 부여를 통해 누가 어떤 리소스에 접근할 수 있는지를 중앙에서 관리하는 시스템인 **IAM(Identity and Access Management)** 시스템을 활용하면 사용자 권한을 체계적으로 관리하고, 데이터 액세스 로그를 기록하여 보안 사고 발생 시 신속하게 대응할 수 있다. 클라우드 환경에서는 AWS IAM, Google Cloud IAM, Azure Active Directory와 같은 서비스를 활용해 사용자 권한을 체계적으로 관리할 수 있다.

보안을 한층 강화하기 위해서는 접근 로그를 지속적으로 유지하고 분석하는 절차도 필요하다. 데이터 사이언스 시스템에서 누가 언제 어떤 데이터에 접근했는지를 기록하면, 보안 위협을 감지하고 이상 행동을 분석하는 데 도움이 된다. 머신러닝을 활용한 보안 이상 탐지 시스템을 구축하면 평소와 다른 데이터 접근 패턴을 자동으로 감지하여 잠재적인 보안 위협을 사전에 차단할 수 있다.

결과적으로, 데이터 암호화와 접근 제어는 데이터 사이언스 환경에서 중요하게 고려해야 할 보안 요소다. 강력한 암호화 기술을 적용하고, 체계적인 접근 제어 정책을 운영하면 민감한 데이터를 안전하게 보호할 수 있다. 특히, 최소 권한 원칙을 준수하고 정기적인 보안 점검을 수행하면 보안 수준을 지속적으로 향상시킬 수 있다. 데이터 보호는 단순한 기술적 조치가 아니라 지속적인 모니터링과 개선이 필요한 과정이며, 데이터 사이언스의 신뢰성과 지속 가능성을 뒷받침하는 중요한 기반이 된다.

13.2.3 데이터 공유 및 전송 방법

데이터 공유와 전송은 데이터 사이언스에서 필수적인 과정이지만, 보안이 충분히 고려되지 않으면 데이터 유출이나 위·변조와 같은 심각한 문제가 발생할 수 있다. 안전한 데이터 공유를 위해서는 데이터의 민감도를 평가하고, 적절한 보안 조치를 적용해야 한다. 특히, 데이터가 내부 시스템에서 외부 기관이나 협력사로 전달될 때는 추가적인 보호 장치가 필요하다. 데이터 전송의 보안성을 높이기 위해 암호화, 인증, 무결성 검증 등의 기술을 적용하는 것이 중요하다.

데이터를 공유할 때는 데이터의 중요도에 따라 보안 수준을 차등 적용해야 한다. 예를 들어, 공개 가능한 데이터와 민감한 개인정보 또는 기업의 기밀 데이터는 같은 방식으로 공유해서는 안 된다. 민감한 데이터를 공유할 경우, 데이터를 익명화하거나 가명화하는 기술을 적용하여 원본 데이터가 직접 노출되지 않도록 해야 한다. 데이터 사이언스에서는 **k-익명성**(k-anonymity), **차등 개인정보 보호**(differential privacy)[20] 등의 기술이 이러한 목적으로 활용된다.

데이터 전송 중 보안을 유지하기 위해서는 암호화된 통신 채널을 사용해야 한다. 일반적으로 SSL/TLS(TLS 1.2 이상) 프로토콜을 적용하여 네트워크를 통한 데이터 탈취를 방지할 수 있다. API 기반 데이터 전송에서는 HTTPS를 기본적으로 사용하고, API 키 또는 OAuth 2.0 인증을 적용하여 전송 데이터를 보호하는 것이 중요하다. 또한, RESTful API뿐만 아니라 gRPC와 같은 이진 전송 프로토콜을 사용할 경우에도 보안 프로토콜을 적용해야 한다.

20 데이터세트에 약간의 노이즈를 추가하여 개별 레코드의 노출 위험을 줄이면서 전체적인 통계적 유용성은 유지하는 개인정보 보호 기술

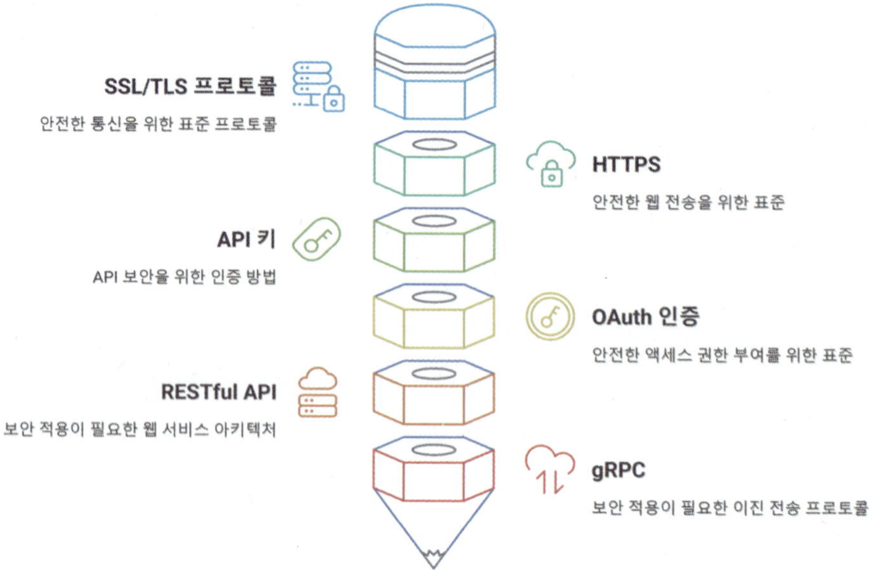

그림 13.4 데이터 전송 보안 유지 방법

파일을 직접 공유할 때는 암호화된 저장 방식과 안전한 전송 방법을 결합해야 한다. 데이터를 저장할 때 AES-256 등의 강력한 암호화 알고리즘을 적용하면 외부 유출 시에도 데이터가 쉽게 해독되지 않는다. 전송할 때는 **SFTP(Secure File Transfer Protocol)**[21]나 PGP와 같은 보안 파일 전송 기술을 사용하여 안전한 환경에서 데이터를 주고받아야 한다. 또한, 공유된 파일의 수명을 제한하고, 일정 시간이 지나면 자동으로 폐기되도록 설정하는 것도 보안을 강화하기 위한 좋은 전략이다.

데이터 공유 시에는 접근 권한을 최소화하는 것이 원칙이다. 특정 사용자나 시스템만 데이터를 받을 수 있도록 **ACL(Access Control List)**[22]을 설정하고, 역할 기반 접근 제어(RBAC)를 활용하여 필요 최소한의 사용자에게만 권한을 부여해야 한다. 또한, 일회성 데이터 공유가 필요할 경우, 일회용 토큰(one-time token)을 활용하면 데이터의 불필요한 노출을 줄일 수 있다.

데이터 무결성을 보장하는 것도 중요한 요소다. 데이터가 전송되는 과정에서 변조되거나

21 SSH(Secure Shell) 프로토콜을 사용하여 파일 전송을 암호화하여 안전하게 파일을 주고받을 수 있도록 하는 프로토콜

22 특정 리소스(파일, 디렉터리, 네트워크 등)에 대한 접근 권한을 사용자 또는 그룹별로 정의한 목록

손상되지 않았음을 확인하려면 해시(hash) 함수와 디지털 서명을 활용해야 한다. 데이터가 발송될 때 SHA-256[23], SHA-3[24] 등의 해시값을 함께 제공하면 수신자가 데이터의 무결성을 검증할 수 있다. 또한, 디지털 서명(Digital Signature) 기술을 적용하면 데이터 위·변조 여부뿐만 아니라 송신자의 신원까지 검증할 수 있어 신뢰성을 한층 높일 수 있다.

보안 수준이 높은 데이터 공유를 위해서는 중앙 집중형 데이터 공유 플랫폼을 활용하는 것도 고려할 수 있다. 예를 들어, 데이터 레이크나 **데이터 마켓플레이스(data marketplace)**[25] 같은 시스템을 이용하면 접근 통제와 보안 정책을 일관되게 적용할 수 있다. 특히, 클라우드 환경에서는 IAM과 연계하여 데이터 공유 권한을 세부적으로 관리할 수 있다.

데이터 공유와 전송 시 보안 로그를 기록하고 모니터링하는 것도 중요하다. 데이터가 언제, 누구에게, 어떤 방식으로 공유되었는지 추적하면 보안 사고 발생 시 신속한 대응이 가능하다. 또한, 이상 행동 탐지 시스템을 구축하면 평소와 다른 데이터 접근이나 전송 패턴을 감지하여 사전에 보안 위협을 차단할 수 있다.

데이터 공유가 불가피한 경우, 보다 안전한 협업 환경을 마련하는 것이 필요하다. 데이터 사이언스에서는 **연합 학습(federated learning)**[26]과 같은 기법을 활용하여 원본 데이터를 직접 공유하지 않고도 분석 결과를 교환하는 방식이 가능하다. 이를 통해 데이터 소유권을 유지하면서도 보안성을 확보할 수 있다.

안전한 데이터 공유 및 전송을 위해서는 암호화, 접근 제어, 무결성 검증, 보안 모니터링 등의 다층적 보안 전략이 필요하다. 특히, 데이터의 민감도를 고려한 보호 조치를 적용하고, 최소 권한 원칙을 준수하는 것이 중요하다. 데이터 사이언스 환경에서는 데이터가 지속적으로 이동하고 활용되므로 철저한 보안 관리가 데이터의 신뢰성과 안정성을 효과적으로 유지할 수 있다.

---

23 임의의 길이의 데이터를 256비트의 고정된 길이의 해시값으로 변환하는 암호학적 해시 함수

24 Keccak 알고리즘을 기반으로 하는 암호학적 해시 함수

25 데이터 제공자와 소비자가 데이터를 사고 팔 수 있는 온라인 플랫폼

26 중앙 서버에 원본 데이터를 직접 공유하지 않고, 각 기기 또는 기관에서 로컬 모델을 학습한 후 업데이트된 모델 파라미터만 공유하여 글로벌 모델을 구축하는 분산 학습 방식

13.2.4 데이터 보안 모니터링 및 감사

데이터 보안 모니터링과 감사는 기업과 조직이 데이터 보호를 실질적으로 유지하고 위협을 사전에 탐지하는 핵심 요소다. 데이터가 생성되고 저장되며 공유되는 모든 과정에서 지속적인 감시가 이루어져야 하며, 이를 통해 보안 사고를 예방하고 법적 규제를 준수할 수 있다. 보안 모니터링은 실시간으로 이루어지는 데이터 활동 감시를 포함하며, 감사는 일정한 주기로 데이터 사용 내역을 분석하고 평가하는 과정을 의미한다. 이러한 두 가지 접근법을 결합하면 조직은 데이터 보안을 효과적으로 유지할 수 있다.

보안 모니터링을 구현하기 위해서는 로그 수집과 분석이 선행되어야 한다. 데이터베이스, 애플리케이션, 네트워크, 클라우드 환경 등에서 발생하는 로그 데이터를 실시간으로 수집하고, 이상 징후를 탐지하는 것이 핵심이다. 예를 들어, 비정상적인 데이터 접근 패턴이나 허가되지 않은 데이터 추출 시도를 감지하면 즉시 대응할 수 있도록 설정해야 한다. 데이터 사이언스 환경에서는 머신러닝 기반의 이상 탐지 기법을 적용하여 정밀한 위협 식별이 가능하다.

보안 감사는 조직의 데이터 보호 정책이 실제 운영 환경에 적절히 적용되고 있는지를 점검하는 과정이다. 일반적으로 접근 권한 설정, 암호화 적용 여부, 데이터 이동 기록 등을 확인하며, 내부 정책뿐만 아니라 GDPR, HIPAA 등 외부 규제의 준수 여부도 함께 검토한다. 자동화된 감사 도구를 활용하면 사람이 놓치기 쉬운 보안 취약점을 효과적으로 탐지할 수 있으며, 규제가 요구하는 형식에 맞춘 감사 보고서 작성도 가능하다.

데이터 사이언스 시스템은 다양한 역할의 사용자들이 대량의 데이터에 접근하여 작업을 수행하는 구조이므로, 보안 모니터링의 중요성이 더욱 크다. 분석가, 데이터 엔지니어, 개발자 등 다양한 사용자의 데이터 접근 로그를 수집하고 이를 기반으로 이상 행동을 탐지할 수 있어야 한다. 비정상적인 접근 패턴이 감지되면 추가 인증 절차를 요구하거나 접근을 일시적으로 차단하는 방식으로 대응할 수 있다.

클라우드 기반 데이터 저장소에서는 클라우드 보안 모니터링이 더 중요하다. 클라우드 제공업체와 사용자 간에 보안 책임이 공유되므로 책임 영역에 대한 보안을 철저히 모니터링해야 한다. AWS, Azure, GCP 등 주요 클라우드 서비스 제공업체들은 보안 로그를 제공하며, 이를 활용하면 누가 언제 데이터를 조회하거나 다운로드했는지 추적할 수 있다. 또한, 클라우드 환경에서는 IAM 정책을 적용하여 사용자 단위의 접근 제어와 로그 기록을 정교하게 관리함으로써 클라우드 환경에서도 일관된 보안 수준을 유지할 수 있다.

보안 모니터링을 강화하기 위해 **보안 정보 및 이벤트 관리(Security Information and Event Management, SIEM)** 시스템을 도입하는 것도 효과적이다. SIEM 시스템은 다양한 소스에서 수집된 로그 데이터를 실시간으로 분석하고, 보안 위협을 자동으로 감지하는 역할을 한다. 머신러닝을 기반 SIEM 솔루션은 단순한 규칙 기반 탐지 방식에서 나아가 사용자 행동의 정상 패턴을 학습한 후, 이를 벗어나는 이상 행위를 정교하게 탐지할 수 있다.

데이터 보안 사고가 발생했을 경우, 사후 감사와 포렌식 분석이 필수적이다. 데이터를 불법적으로 유출한 사용자가 누구인지, 어떤 방식으로 접근이 이루어졌는지를 추적하기 위해 로그 데이터를 분석해야 한다. 이를 위해, 모든 데이터 활동이 상세하게 기록되어야 하며, 로그 데이터는 변조되지 않도록 별도의 보안 스토리지에 저장해야 한다. 포렌식 기법을 적용하면 삭제된 데이터의 복구나 공격자의 흔적 분석도 가능하며, 향후 재발 방지를 위한 근거 자료로 활용될 수 있다.

데이터 보안 모니터링을 효과적으로 운영하려면 단순한 감시 시스템을 넘어 자동화된 대응 체계를 구축해야 한다. 예를 들어, 특정 조건이 충족될 경우(예: 반복적인 비정상 접근 시도) 자동으로 관리자에게 알림을 보내거나 의심스러운 세션을 강제 종료하는 방식이 있다. 이러한 자동화된 보안 조치는 보안 팀의 부담을 줄이고 실시간 대응 능력을 향상시키는 데 기여한다.

보안 감사 보고서는 조직 내 데이터 보안 정책이 실제로 잘 이행되고 있는지를 평가하는 중요한 도구다. 보고서에는 데이터 접근 내역, 보안 정책 변경 사항, 주요 보안 사건 등의 정보가 포함되어야 하며, 이를 통해 경영진이나 규제 기관에 보안 상태를 명확히 설명할 수 있다. 또한, 과거의 감사 결과를 비교 분석하면 보안 수준이 향상되고 있는지 또는 추가적인 조치가 필요한지를 판단할 수 있다.

보안 모니터링과 감사는 단순한 규제 준수를 넘어 조직의 데이터 보호 역량을 높이는 절차다. 실시간 로그 분석, 자동화된 위협 탐지, 정기적인 감사 보고서 작성 등의 요소가 유기적으로 결합될 때 데이터 보안의 실효성이 극대화된다. 데이터 사이언스 환경에서는 대량의 데이터가 지속적으로 이동하고 분석되므로 철저한 보안 감시 체계가 구축되어야 한다. 다음은 보안 감사 보고서 작성 시 반드시 포함되어야 할 필수 목록을 정리한 것이다.

보안 감사 보고서 포함 목록

1. **데이터 접근 내역**
   - 누가, 언제, 어떤 데이터에 접근했는지에 대한 상세 기록
   - 비정상적인 접근 패턴 또는 권한 없는 접근 시도에 대한 기록
2. **보안 정책 변경 사항**
   - 보안 정책의 변경 이력(변경 이유, 변경 주체, 변경 내용)
   - 변경된 정책이 조직 전체에 어떻게 적용되었는지에 대한 설명
3. **주요 보안 사건**
   - 발생한 모든 보안 사건(예: 악성코드 감염, 데이터 유출 시도)의 상세 보고
   - 사건의 원인 분석, 영향 범위, 대응 조치, 재발 방지 대책
4. **과거 감사 결과 비교 분석**
   - 과거 감사 결과와 현재 감사 결과의 비교
   - 보안 수준의 향상 또는 저하 여부 판단
   - 개선된 부분과 추가 조치가 필요한 부분 명시
5. **데이터 플랫폼 확인 사항**
   - 대량의 데이터 이동 및 분석 과정에서의 보안 취약점 평가
   - 데이터 사이언스 관련 시스템(예: 모델 저장소, 분석 플랫폼)에 대한 보안 감사
   - 개인정보보호 규정 준수 여부(데이터 익명화, 암호화 등)
6. **종합 평가 및 권고 사항**
   - 전반적인 데이터 보안 상태에 대한 평가
   - 보안 강화를 위한 구체적인 권고 사항(기술적, 관리적 측면 모두 포함)
   - 권고 사항 실행을 위한 우선순위 및 예상 비용

13.3 _ 데이터 보안 사고 대응 및 복구 프로세스

데이터 보안 사고는 기업과 조직에 심각한 영향을 미칠 수 있는 중대한 문제다. 데이터 유출, 무단 접근, 랜섬웨어 공격과 같은 위협은 조직의 신뢰도를 저하시킬 뿐만 아니라, 법적 책임과 경제적 손실을 초래할 수 있다. 데이터가 점점 더 가치 있는 자산으로 인식됨에 따라 이를 보호하는 것은 단순한 선택이 아니라 중대한 과제가 되었다. 그러나 아무리 강력한 보안 정책을 적용하더라도 완벽한 보안은 존재하지 않으며, 보안 사고는 언제든지 발생할 수 있다. 따라서 사고 발생 시 신속하고 효과적으로 대응할 수 있는 프로세스를 마련하는 것이 중요하다.

데이터 보안 사고 대응 프로세스는 단순한 문제 해결이 아니라, 사고를 최소화하고 재발을 방지하는 체계적인 접근법이 필요하다. 보안 사고가 발생했을 때 이를 탐지하고 평가하는 초기 대응이 중요하며, 신속한 격리 조치와 원인 분석을 통해 피해를 최소화해야 한다. 또한, 사고 이후의 복구 과정에서는 데이터의 무결성을 유지하면서 정상적인 운영을 재개하는 것이 핵심 과제가 된다. 이러한 일련의 과정은 사전에 정의된 프로세스에 따라 진행되어야 하며, 명확한 역할 분담과 대응 절차가 마련되어 있어야 한다.

데이터 사이언스 환경에서의 보안 사고는 일반적인 시스템과는 다른 복잡한 문제를 동반한다. 대량의 데이터가 빠르게 이동하고 처리되는 환경에서는 보안 침해를 실시간으로 탐지하는 것이 어렵고, 사고의 원인을 추적하는 과정도 복잡해질 수 있다. 예를 들어, 머신러닝 모델이 악의적인 데이터 조작 공격을 받아 결과가 변조되었을 경우, 이를 탐지하고 수정하는 것은 단순한 데이터 복구 이상의 문제를 포함한다. 따라서 데이터 보안 사고 대응 프로세스는 단순한 시스템 복구를 넘어, 데이터 무결성과 분석 결과의 신뢰성을 유지하는 방향으로 설계되어야 한다.

효과적인 사고 대응 및 복구를 위해서는 사전 준비가 가장 중요하다. 조직은 정기적인 보안 점검과 모의 훈련을 통해 사고 발생 시 신속하게 대처할 수 있는 역량을 키워야 한다. 또한, 사고 대응 프로세스를 자동화하여 위협 탐지와 대응 속도를 높이고, 사고 발생 후에는 체계적인 복구 전략을 수립하여 유사한 사고가 반복되지 않도록 해야 한다. 데이터 보안 사고는 완전히 예방할 수 없는 현실적인 위협이지만, 효과적인 대응 체계를 갖추면 피해를 최소화하고 조직의 데이터 보호 역량을 지속적으로 강화할 수 있다.

13.3.1 데이터 침해 사고 유형 및 사례 분석

데이터 침해 사고는 기업과 조직의 운영에 심각한 영향을 미칠 수 있는 주요 보안 위협이다. 이러한 사고는 단순한 기술적 문제가 아니라, 기업의 신뢰도 저하, 법적 책임, 경제적 손실 등을 초래할 수 있다. 특히 데이터 사이언스 환경에서는 방대한 데이터를 처리하는 과정에서 보안 취약점이 발생하기 쉬우며, 보안 사고가 발생하면 데이터 무결성과 모델 신뢰성에 큰 영향을 줄 수 있다. 따라서 데이터 침해 사고의 유형을 명확히 이해하고, 실질적인 사례를 분석하는 것이 중요한 과제가 된다.

대표적인 침해 유형 중 하나는 **무단 접근**이다. 이는 내부 사용자 또는 외부 공격자가 적절한 인증 없이 민감한 데이터에 접근하는 경우를 의미한다. 예를 들어, 잘못된 접근 제어 정책으로 인해 권한이 없는 사용자가 중요한 데이터베이스에 접근할 수 있는 경우가 이에 해당한다. 데이터 사이언스 시스템에서는 모델 학습에 사용되는 원본 데이터가 보호되지 않으면 무단 접근자가 데이터를 탈취하거나 변경하여 모델의 신뢰성을 훼손할 수 있다.

랜섬웨어 공격도 빈번하게 발생하는 침해 유형이다. 공격자는 기업의 주요 데이터를 암호화한 후 복호화 키를 제공하는 대가로 금전을 요구한다. 이러한 공격은 의료, 금융, 정부 기관 등 다양한 산업에서 빈번하게 발생하며, 데이터 사이언스 분야에서도 심각한 문제를 야기할 수 있다. 예를 들어, 머신러닝 모델이 랜섬웨어 공격으로 인해 학습 데이터가 손실되면 모델의 재학습이 어려워지고 서비스 운영이 중단될 가능성이 크다.

데이터 유출은 또 다른 주요 보안 사고 유형이다. 이는 내부 또는 외부 요인에 의해 민감한 데이터가 외부로 유출되는 경우를 의미한다. 내부 직원이 의도적으로 데이터를 유출하는 경우도 있으며, 외부 공격자가 보안 취약점을 악용해 데이터를 탈취하기도 한다. 예를 들어, 고객 개인정보가 포함된 데이터세트가 클라우드 저장소에 암호화되지 않은 상태로 저장되었다가 외부에 공개되는 사고가 발생할 수 있다. 이러한 데이터 유출은 고객 신뢰도를 심각하게 저하시킬 수 있으며, 법적 문제를 초래할 수도 있다.

데이터 변조 공격은 분석 결과에 직접적인 영향을 준다. 공격자는 데이터세트의 일부를 조작하여 모델의 예측을 왜곡할 수 있다. 예를 들어, 신용평가 모델을 학습하는 데이터세트에서 특정 고객의 신용 점수를 조작하면 실제 신용 위험이 높은 고객이 낮은 리스크로 평가될 수 있다. 이러한 공격은 금융권에서 매우 위험한 결과를 초래할 수 있으며, 조직이 사전에 탐지하기 어려운 경우가 많다.

공급망 공격은 조직이 신뢰하는 외부 요소를 통해 침해가 발생하는 경우다. 기업이 사용하는 오픈소스 라이브러리나 외부 데이터 소스가 악성 코드에 감염되었을 경우, 해당 시스템을 사용하는 모든 조직이 보안 위협에 노출될 수 있다. 예를 들어, 데이터 사이언스 모델이 신뢰할 수 없는 데이터를 학습하여 잘못된 결과를 도출하거나 악의적인 코드가 포함된 라이브러리를 사용함으로써 보안 취약점이 발생할 수 있다.

AI 모델에 대한 프라이버시 공격도 최근 부각되고 있다. **모델 역전 공격(model inversion attack)**[27]과 같은 기법을 활용하면 공격자가 모델의 예측 값을 분석하여 원본 학습 데이터를 유추할 수 있다. 이는 개인정보가 포함된 데이터세트를 사용하는 경우 매우 심각한 문제로 이어질 수 있다. 예를 들어, 의료 AI 시스템이 환자의 데이터를 학습한 경우, 공격자가 모델을 역추적하여 환자의 질병 정보를 추출할 가능성이 있다.

클라우드 환경에서의 데이터 침해 사고도 빈번하게 발생하고 있다. 많은 기업이 클라우드 기반 데이터 저장소를 활용하는데, 보안 설정이 잘못되거나 접근 제어가 부적절하게 설정된 경우, 외부인이 중요한 데이터에 접근할 위험이 있다. 예를 들어, 공공 클라우드 스토리지에 저장된 데이터가 공개된 상태로 유지되어 외부 검색 엔진에 의해 색인되는 사례가 발생할 수 있다.

이 외에도 데이터 침해 사고는 소셜 엔지니어링 기법을 통해 발생할 수 있다. 공격자는 직원들을 속여 중요한 인증 정보를 빼내거나 악성 이메일을 통해 내부 네트워크에 접근하는 방법을 사용할 수 있다. 데이터 사이언스 시스템에서도 데이터 접근 권한을 가진 직원이 피싱 공격에 노출되면 전체 데이터베이스가 위험에 처할 수 있다.

이러한 다양한 데이터 침해 유형을 고려할 때 데이터 사이언스 환경에서는 보안 위협을 사전에 분석하고 적절한 대응 전략을 수립하는 것이 중요하다. 기업과 조직은 데이터 침해 사례를 지속적으로 모니터링하고 유사한 사고가 재발하지 않도록 사전 예방 조치를 강화해야 한다.

---

27 머신러닝 모델의 예측 결과나 일부 정보를 이용하여 모델이 학습한 원본 데이터의 특징이나 민감한 정보를 추론해내는 공격 기법

데이터 보안은 IT 부서만의 과제가 아니라, 조직 전체가 공동으로 책임져야 할 운영 원칙으로 자리 잡아야 한다. 그림 13.5는 데이터 침해 사고의 대표적인 유형을 정리한 것이다.

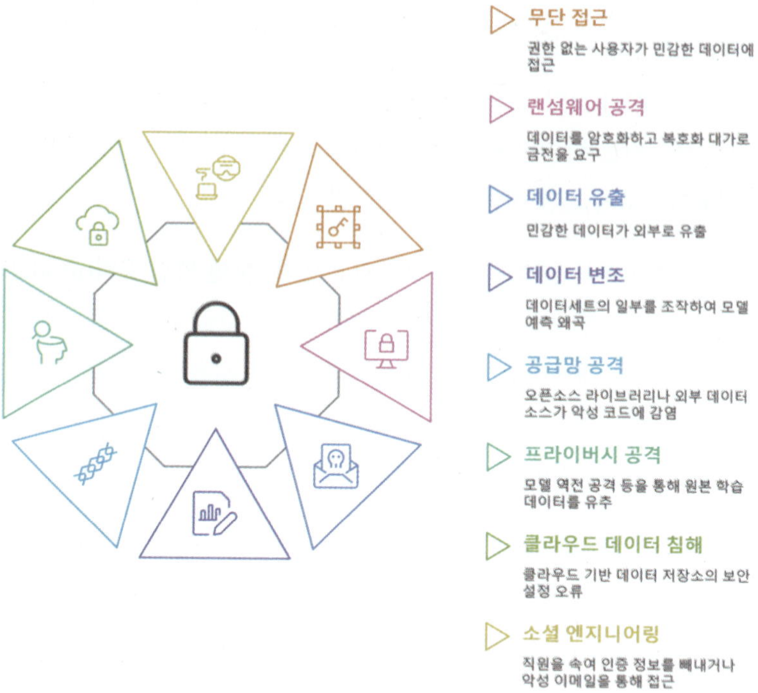
무단 접근
권한 없는 사용자가 민감한 데이터에 접근
랜섬웨어 공격
데이터를 암호화하고 복호화 대가로 금전을 요구
데이터 유출
민감한 데이터가 외부로 유출
데이터 변조
데이터세트의 일부를 조작하여 모델 예측 왜곡
공급망 공격
오픈소스 라이브러리나 외부 데이터 소스가 악성 코드에 감염
프라이버시 공격
모델 역전 공격 등을 통해 원본 학습 데이터를 유추
클라우드 데이터 침해
클라우드 기반 데이터 저장소의 보안 설정 오류
소셜 엔지니어링
직원을 속여 인증 정보를 빼내거나 악성 이메일을 통해 접근

그림 13.5 데이터 침해 사고의 대표적인 유형

13.3.2 데이터 보안 사고 대응 프레임워크

데이터 보안 사고 대응 프레임워크는 조직이 데이터 침해 사건을 신속하고 효과적으로 처리할 수 있도록 설계된 체계적인 절차다. 데이터 보안이 점점 더 중요해지는 환경에서 단순히 보안 사고를 방지하는 것을 넘어, 사고 발생 시 신속하게 대응하고 피해를 최소화하는 것이 중요하다. 특히 데이터 사이언스 시스템은 대량의 데이터를 처리하고 모델을 학습하는 과정에서 다양한 보안 위협에 노출될 수 있기 때문에 명확한 대응 전략을 마련해야 한다.

보안 사고 대응 프레임워크의 첫 번째 단계는 **탐지 및 인지 과정**이다. 조직은 보안 로그, 네트워크 트래픽 분석, 이상 탐지 시스템을 활용하여 보안 위협을 조기에 발견해야 한다. 데이터 사이언스 환경에서는 학습 데이터의 이상 징후를 감지하거나 예상치 못한 데이터 접근 패턴을 분석하는 것이 중요한 역할을 한다. 예를 들어, 정당한 사용자로 위장한 공격자가 데이터에 접근하는 경우, 머신러닝 기반 이상 탐지 시스템을 통해 이를 조기에 감지할 수 있다.

두 번째 단계는 **사고 분석 및 평가**다. 보안 사고가 감지되면 조직은 즉시 사고의 영향을 분석하고 피해 범위를 산정해야 한다. 데이터 사이언스 환경에서는 사고가 원본 데이터, 모델 학습 과정, 또는 예측 결과에 미친 영향을 조사해야 한다. 예를 들어, 모델이 악의적인 데이터로 오염되었는지, 민감한 데이터가 외부로 유출되었는지 등을 확인해야 한다. 이를 위해 로그 분석, 포렌식 조사, 영향도 평가를 수행해야 한다.

세 번째 단계는 **사고 대응 및 완화**이다. 보안 사고가 발생하면, 조직은 즉각적인 대응 조치를 취하여 피해를 최소화해야 한다. 예를 들어, 데이터 유출이 감지된 경우, 해당 데이터에 대한 접근을 즉시 차단하고 외부로 유출된 데이터를 가능한 한 삭제해야 한다. 데이터 사이언스 시스템에서는 모델이 공격자의 데이터로 학습되지 않도록 검증 프로세스를 강화하는 것도 필요하다. 또한, 침해된 계정이 있다면 비밀번호 변경을 강제하거나 추가적인 인증 절차를 도입하여 추가 피해를 방지할 수 있다.

네 번째 단계는 **법적 및 규제 대응**이다. 보안 사고가 발생하면 조직은 내부 지침뿐만 아니라 관련 법률과 규정을 준수하여 대응해야 한다. 데이터 사이언스 환경에서는 개인정보 보호 법률 및 데이터 보호 규정을 철저히 준수해야 하며, 사고가 발생하면 규제 기관에 즉시 보고해야 할 수도 있다. 예를 들어, GDPR에서는 데이터 침해 사고 발생 시 72시간 이내에 당국에 신고해야 하는 의무가 있다. 따라서 보안 사고 대응 팀은 법적 요건을 정확히 이해하고 이에 맞춰 조치를 취해야 한다.

다섯 번째 단계는 **커뮤니케이션 및 정보 공유**이다. 보안 사고 대응 과정에서 명확한 커뮤니케이션은 필수적이며, 조직 내 모든 관련 부서가 신속하게 정보를 공유해야 한다. 데이터 사이언스 팀은 보안 팀과 협력하여 사고의 원인을 분석하고, 향후 유사한 사고가 발생하지 않도록 예방 조치를 논의해야 한다. 또한, 고객이나 파트너가 영향을 받았을 경우, 신뢰를 유지하기 위해 투명하게 사고를 공개하고, 향후 대응 계획을 설명해야 한다.

여섯 번째 단계는 **사고 후 복구 과정**이다. 보안 사고가 해결된 후에는 침해된 데이터나 시스템을 복원하고, 운영을 정상화하는 것이 중요하다. 데이터 사이언스 환경에서는 사고로 인해 손상된 모델을 재학습하거나 원본 데이터를 검증하여 무결성을 회복해야 한다. 또한, 클라우드 기반 데이터 저장소에서 백업 데이터를 활용하여 손실된 정보를 복구하는 것도 중요한 조치 중 하나다.

일곱 번째 단계는 **사고 대응 프로세스 평가 및 개선**이다. 모든 보안 사고 대응 프로세스가 완료되고 나면 조직은 대응 과정에서의 문제점을 분석하고 향후 개선 방안을 마련해야 한다. 데이터 사이언스 조직에서는 모델이 악의적인 데이터를 학습하는 것을 방지하기 위한 추가적인 데이터 검증 절차를 도입하거나 데이터 접근 제어 정책을 더욱 강화할 수 있다. 또한, 보안 훈련을 정기적으로 시행하여 팀의 대응 역량을 향상시키는 것도 효과적인 방법이다.

여덟 번째 단계는 **지속적인 보안 테스트 및 시뮬레이션**이다. 데이터 보안 사고는 언제든지 발생할 수 있기 때문에 조직은 정기적으로 보안 점검을 수행하고 모의 해킹 및 침해 대응 훈련을 진행해야 한다. 데이터 사이언스 시스템에서는 모델이 공격에 얼마나 취약한지 평가하기 위한 테스트 환경을 구축할 수도 있다. 예를 들어, 적대적 공격(adversarial attack)에 대한 모델의 반응을 분석하고, 이에 대한 방어 기법을 연구하는 것이 중요하다.

아홉 번째 단계는 **보안 사고 대응 자동화**이다. 빠르고 정확한 대응을 위해서는 침해 탐지 및 대응 과정을 자동화하는 것이 필수적이다. 데이터 사이언스 환경에서는 이상 탐지 모델을 활용하여 실시간으로 비정상적인 데이터 접근 패턴을 분석하거나 자동화된 보안 정책을 적용하여 특정 조건에서 즉각적인 차단 조치를 수행할 수 있다. 예를 들어, **머신러닝 기반 침입 탐지 시스템(Intrusion Detection System, IDS)**을 활용하면 실시간으로 네트워크 트래픽을 분석하고 의심스러운 활동을 감지하여 신속한 조치를 취할 수 있다.

마지막으로, 보안 사고 대응 프레임워크는 단순한 기술적 접근이 아니라, **조직 전체의 문화로 정착**되어야 한다. 데이터 사이언스 팀, IT 보안 팀, 법무팀, 경영진 등이 함께 협력하여 사고 대응 전략을 수립하고, 각자의 역할과 책임을 명확히 해야 한다. 이를 통해 보안 사고 발생 시 혼란을 최소화하고 조직이 신속하고 체계적으로 대응할 수 있도록 준비하는 것이 중요하다.

13.3.3 침해 탐지 및 대응 자동화

침해 탐지 및 대응 자동화는 사이버 보안 환경에서 위협을 신속하게 감지하고 최소한의 인력 개입으로 대응할 수 있도록 하는 핵심 전략이다. 데이터 보안 위협이 점점 더 정교해지고 빈번해지는 상황에서 기존의 수동적인 보안 운영 방식은 한계가 있다. 조직은 탐지 속도를 높이고 대응 프로세스를 최적화하기 위해 자동화된 보안 시스템을 구축해야 한다. 이를 위해 네트워크 트래픽 모니터링, 이상 탐지 시스템, 위협 인텔리전스와 같은 다양한 기술을 활용하여 침해 사고를 조기에 식별하고 즉각적인 조치를 취할 수 있어야 한다.

침해 탐지는 주로 로그 분석과 이상 탐지 기법에 기반하여 수행된다. 네트워크 트래픽, 사용자 활동, 시스템 로그 등을 실시간으로 모니터링하여 비정상적인 패턴을 감지하는 것이 핵심이다. 데이터 사이언스 기술을 적용하면 정상적인 사용자 행동과 의심스러운 행동을 구별하는 머신러닝 모델을 구축할 수 있다. 예를 들어, 정상적인 데이터 접근 패턴을 학습한 후, 기존 패턴과 다른 접근이 발생한다면 이를 침해 가능성이 높은 이벤트로 분류할 수 있다. 이처럼 자동화된 탐지 시스템은 보안 사고가 발생하기 전에 사전 대응을 가능하게 한다.

이상 탐지 시스템(anomaly detection system)은 침해 탐지 자동화의 핵심 구성 요소다. 데이터 사이언스에서는 지도 학습과 비지도 학습 기법을 활용하여 이상 탐지 모델을 구축할 수 있다. 지도 학습 모델은 과거의 침해 사례를 기반으로 정상 및 비정상 행위를 분류하는 데 활용되며, 비지도 학습 모델은 새로운 유형의 침해 행위를 탐지하는 데 유용하다. 특히, 비정상적인 네트워크 활동이나 평소와 다른 데이터 접근 패턴을 감지하는 데 효과적이다.

위협 탐지에서 실시간 스트리밍 데이터 분석 기술도 중요한 역할을 한다. **SIEM**(Security Information and Event Management) 시스템과 같은 보안 운영 플랫폼은 다양한 데이터 소스로부터 로그를 수집하고 실시간으로 분석하여 위협을 탐지한다. 데이터 사이언스 모델을 적용하면 실시간 데이터 흐름에서 의심스러운 활동을 선별할 수 있으며, 자동으로 알림을 생성하여 보안 팀이 신속히 대응할 수 있도록 지원한다.

침해 대응 자동화의 또 다른 중요한 요소는 **SOAR**(Security Orchestration, Automation and Response) 플랫폼이다. SOAR는 탐지된 위협을 자동으로 평가하고, 사전에 정의된 대응 절차에 따라 즉각적인 조치를 수행한다. 예를 들어, 특정 사용자의 계정에서 의심스러운 데이터 다운로드가 감지되면, SOAR 시스템이 자동으로 해당 계정을 일시적으로 차단하고 보안 팀에 알림을 보내는 방식으로 대응할 수 있다. 이를 통해 보안 담당자의 개입 없이도 신속한 대응이 이뤄질 수 있다.

데이터 사이언스 기반 침해 대응 자동화에서는 **위협 인텔리전스**(threat intelligence) 활용도 중요하다. 조직 내부의 보안 로그뿐만 아니라, 외부 위협 데이터를 분석하여 새로운 공격 패턴을 예측할 수 있다. 예를 들어, 다크 웹에서 유출된 계정 정보를 자동으로 수집하고, 해당 정보와 기업 내부 데이터베이스를 비교하여 계정 탈취 가능성을 조기에 탐지할 수 있다. 이러한 방식으로 사전 예방 조치를 강화할 수 있다. 다음 그림 13.6은 침해 탐지 및 대응 프로세스를 보여준다.

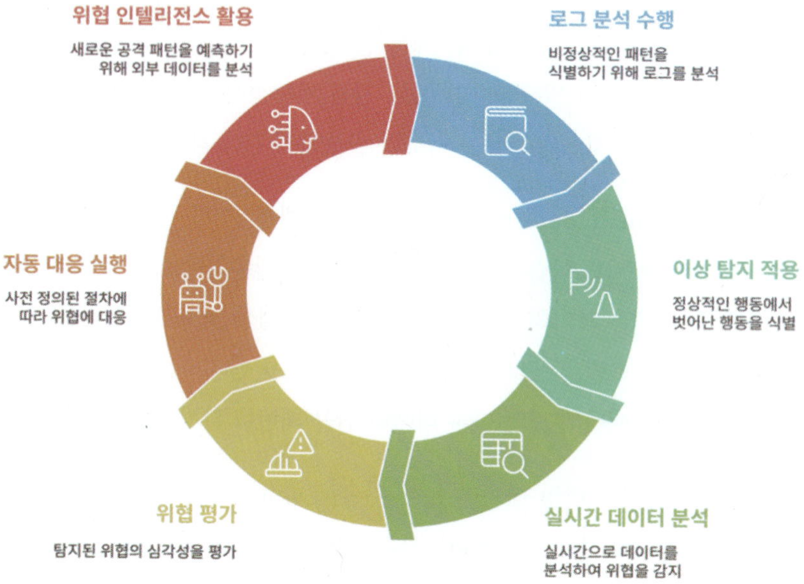

그림 13.6 침해 탐지 및 대응 프로세스

자동화된 대응 프로세스는 보안 사고의 피해를 최소화하는 데 기여한다. 데이터 유출이 감지될 경우, 즉각적인 접근 차단, 손상된 시스템의 격리, 악성 코드 제거 등의 조치가 자동으로 실행될 수 있다. 특히, 데이터 사이언스 기반의 이상 탐지 시스템과 연계하면 공격이 진행 중인 단계에서 위협을 차단하고 피해 확산을 방지할 수 있다.

보안 자동화의 효과를 극대화하려면 지속적인 학습과 시스템 개선이 동반되어야 한다. 침해 탐지 모델은 새로운 위협에 적응하기 위해 정기적으로 업데이트되어야 하며, 보안 자동화 시스템도 최신 공격 기법에 맞춰 개선되어야 한다. 이를 위해 조직은 자동화된 보안 테스트 환경을 구축하고 시뮬레이션 공격을 통해 시스템의 대응 능력을 평가해야 한다.

침해 탐지 및 대응 자동화는 단순한 기술 도입이 아니라, 조직 전체의 보안 운영 방식을 변화시키는 과정이다. 데이터 사이언스 기술을 적극 활용하여 보안 위협을 탐지하고, 신속한 대응을 자동화함으로써 인적 자원의 부담을 줄이고 보안 사고 대응 능력을 향상시킬 수 있다. 보안 자동화가 정착되면 조직은 보다 체계적인 방식으로 위협을 관리할 수 있으며, 데이터 보호 수준을 한층 더 강화할 수 있다.

13.3.4 데이터 복구 및 재발 방지 전략

데이터 복구는 조직이 데이터 침해나 보안 사고로 인해 손실된 정보를 복구하고, 시스템을 정상적인 상태로 되돌리는 과정이다. 이 과정은 단순히 데이터를 복원하는 것을 넘어, 동일한 사고가 반복되지 않도록 하는 재발 방지 전략까지 포함해야 한다. 조직은 데이터 백업, 복구 계획, 보안 강화 조치를 종합적으로 고려하여 사고 이후의 운영을 신속하게 정상화해야 한다.

데이터 복구를 위해서는 정기적인 백업이 필수적이다. 백업 시스템은 물리적 서버, 클라우드 스토리지, 분산 저장소 등 다양한 방식으로 구축될 수 있으며, 보안 사고 발생 시 즉각적으로 데이터를 복원할 수 있어야 한다. 단순한 파일 복사 수준이 아니라, 버전 관리가 가능한 백업 시스템을 도입하면 악성 코드 감염이나 데이터 변조가 발생했을 때 이전 상태로 복구하기가 용이하다.

데이터 복구의 핵심은 신뢰할 수 있는 복구 지점을 확보하는 것이다. 보안 사고로 인해 데이터가 변조되었을 경우, 손상되지 않은 시점의 데이터를 정확히 식별하는 것이 중요하다. 이를 위해 데이터 무결성 검증 기법을 활용할 수 있다. 해시값 비교, 디지털 서명 검증, 체크섬(checksum) 검사, 데이터 변경 이력 추적(versioning), 블록체인 기반 데이터 검증 방식 등을 적용하면 데이터 변조 여부를 신속하게 판별하고 신뢰할 수 있는 복구 지점을 설정할 수 있다. 다음 그림 13.7은 데이터 무결성 검증을 위한 방법이다.

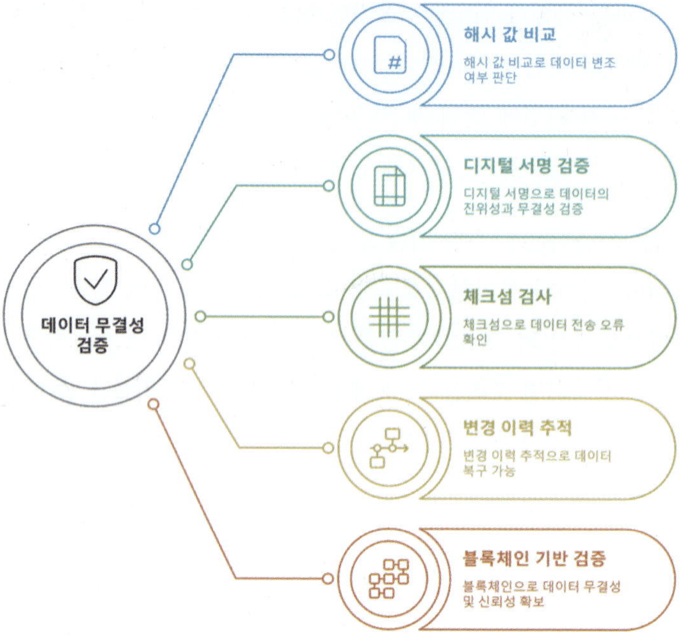

그림 13.7 데이터 무결성을 위한 검증 방법 탐색

데이터 사이언스 기술을 활용하면 데이터 복구의 정확성과 효율성을 높일 수 있다. 머신러닝 모델을 이용하여 정상적인 데이터 패턴을 학습하고, 변조된 데이터를 자동으로 탐지하여 복원할 수 있는 방법이 있다. 예를 들어, 정형 데이터의 경우 이상치를 분석하여 변조된 레코드를 식별하고, 기존의 패턴을 기반으로 데이터를 보정하는 기법을 적용할 수 있다. 또한 자연어 처리 기술을 활용하면 문서 데이터가 손상되었을 때 원래 의미를 유지하면서 복구하는 자동화된 방법도 가능하다.

보안 사고 이후에는 단순히 데이터를 복구하는 것을 그치지 않고, 유사한 위협이 반복되지 않도록 대응 체계를 강화하는 조치가 필요하다. 사고 분석을 통해 침해 원인을 정확히 파악하고, 취약점을 보완하는 것이 중요하다. 이를 위해 로그 데이터를 활용한 분석이 효과적이다. 로그 분석을 통해 공격이 발생한 시점과 경로를 추적하고, 재발 가능성이 높은 취약점을 개선할 수 있다.

재발 방지를 위해서는 보안 정책을 강화하는 것도 필수적이다. 데이터 접근 통제 정책을 보다 엄격하게 설정하고, 다중 인증(MFA), 최소 권한 원칙(PoLP) 등을 적용하면 내부 및 외부 위협에 대한 방어력을 높일 수 있다. 또한, 보안 인식 교육을 강화하여 내부 구성원들이 보안 사고에 대한 경각심을 갖도록 유도하는 것도 중요한 요소다.

보안 사고 대응을 자동화하는 것도 재발 방지에 효과적인 수단이 될 수 있다. 침해 탐지 및 대응 시스템을 지속적으로 개선하고, 이상 징후가 감지될 경우 자동으로 차단 및 복구 조치를 수행하는 프로세스를 마련해야 한다. 예를 들어, 데이터베이스에서 대량의 비정상적인 읽기 또는 쓰기 요청이 발생하면 즉각적인 차단 및 관리자 알림이 자동으로 이루어지도록 설정할 수 있다.

사고 후 시스템 복구와 보안 강화 조치는 지속적인 모니터링과 결합되어야 한다. 데이터 복구 후에도 시스템 활동을 정밀하게 감시하고 추가적인 침해 시도를 실시간으로 탐지해야 한다. 보안 로그를 분석하고 AI 기반 이상 탐지 시스템을 활용하면 사고 재발 가능성을 효과적으로 줄일 수 있을 것이다.

사고 대응 프로세스를 문서화하고 정기적으로 갱신하는 것도 중요하다. 복구 절차, 침해 원인 분석 결과, 향후 개선 방안을 체계적으로 정리하여 내부 지침으로 활용하면 동일한 유형의 사고 발생 시 신속한 대응이 가능하다. 조직은 데이터 복구 및 보안 강화를 위한 프로세스를 정기적으로 점검하고, 변화하는 위협에 맞춰 지속적으로 보완해야 한다.

결국, 데이터 복구와 재발 방지 전략은 단순한 기술적 접근이 아니라 조직의 전체적인 보안 체계를 강화하는 과정이다. 데이터 사이언스 기법을 적극 활용하여 침해 원인을 분석하고, 자동화된 대응 시스템을 구축하며, 보안 정책을 지속적으로 개선함으로써 조직의 데이터 자산을 효과적으로 보호할 수 있다.

13.4 _ 개인정보 보호 가이드라인

개인정보 보호는 디지털 환경에서 점점 더 중요한 과제로 부각되고 있다. 조직이 데이터를 수집하고 분석하는 과정에서 개인의 민감한 정보가 포함될 가능성이 높아지면서 이를 안전하게 관리하는 것이 필수가 되었다. 개인정보가 유출되거나 부적절하게 활용될 경우, 법적 문제뿐만 아니라 기업의 신뢰도 하락, 경제적 손실 등의 심각한 결과를 초래할 수 있다. 따라서 효과적인 개인정보 보호 가이드를 수립하고 이를 철저히 준수하는 것이 중요하다.

데이터 사이언스는 방대한 데이터를 분석하여 유용한 인사이트를 도출하는 분야다. 하지만 개인 식별이 가능한 데이터를 다룰 때는 윤리적, 법적 책임이 수반된다. 개인정보를 활용한 모델링이나 분석을 수행할 때는 해당 데이터가 적절하게 보호되고 있는지 점검해야 하며, 필요에 따라 익명화 및 가명화 기법을 적용해야 한다. 특히 머신러닝 모델을 학습하는 과정에서 개인의 데이터를 직접 사용하는 경우, 데이터 보호 조치를 강화하지 않으면 정보 유출 및 프라이버시 침해 문제가 발생할 수 있다.

개인정보 보호를 위해서는 데이터 수집 단계에서부터 체계적인 관리가 필요하다. 데이터 활용 목적과 수집 범위를 명확히 정의하고, 불필요한 정보는 수집하지 않도록 제한해야 한다. 또한, 데이터 주체의 동의를 얻는 절차를 철저히 관리하고, 수집된 개인정보가 외부로 유출되지 않도록 보안 프로토콜을 적용해야 한다. 이를 위해 데이터 보안 체계를 구축하고, 정기적인 보안 점검과 감사를 수행하는 것이 바람직하다.

기술적인 측면에서도 개인정보 보호를 위한 다양한 조치가 필요하다. 데이터 암호화, 접근 제어, 차등 프라이버시 등의 기법을 활용하면 데이터의 보안을 강화할 수 있다. 또한, 개인정보가 포함된 데이터세트를 외부와 공유해야 할 경우에는 적절한 보호 조치를 적용한 후 제공해야 한다. 데이터 사이언스 및 AI 시스템 개발 과정에서도 개인정보 보호를 최우선으로 고려하여 법적 규제를 준수하면서도 효과적인 데이터 활용 전략을 수립하는 것이 중요하다.

13.4.1 데이터 익명화 및 가명화 기법

데이터 익명화와 가명화는 개인정보 보호를 위한 주요 기술로, 데이터 분석 및 활용 과정에서 개인정보를 보호하면서도 유용한 인사이트를 도출할 수 있도록 돕는다. 익명화는 특정 개인을 식별할 수 없도록 데이터를 변환하는 기법이며, 가명화는 개인을 특정할 수 있는 정보를 제거하거나 대체하여 원본 데이터와의 연결 가능성을 낮추는 방법이다. 데이터 사이언스에서 개인정보를 활용해야 하는 경우, 이러한 기법을 적절히 적용하여 데이터의 가치를 유지하면서도 보안을 강화하는 것이 중요하다.

익명화는 데이터를 완전히 비식별화하여 어떠한 방법으로도 원래의 개인을 특정할 수 없도록 만드는 방식이다. 대표적인 익명화 기법으로는 **총계처리(aggregation)**, **데이터 마스킹**

(data masking), **랜덤화**(randomization), **데이터 범주화**(data categorization) 등이 있다. 총계처리는 개별 데이터를 집계하여 그룹 단위로 변환하는 방법이며, 데이터 마스킹은 중요한 정보의 일부를 가려서 노출되지 않도록 한다. 랜덤화는 원래 데이터의 값을 무작위로 변경하여 식별 가능성을 낮추는 방식이다. 마지막으로 데이터 범주화는 개별 값을 특정 범위나 그룹으로 묶어 개인을 특정하기 어렵게 만든다. 다음 표 13.2는 비식별화 방식을 정리한 것이다.

표 13.2 비식별화 방식

구분	총계 처리	데이터 마스킹	랜덤화	데이터 범주화
개념	개별 데이터를 집계하여 요약 수치 제공	민감 정보를 가명, 난수 등으로 치환	데이터 값을 무작위로 변경	세부 데이터를 범주나 구간으로 단순화
데이터 유용성	매우 낮음(개별 분석 불가)	높음(데이터 구조 유지)	중간(무작위성으로 분석 제한)	중간~높음(대략적 분석 가능)
재식별 가능성	매우 낮음	중간(약한 마스킹 시 위험)	낮음(무작위화 수준에 따라 다름)	중간(외부 데이터 결합 위험 존재)
적합한 활용 사례	통계 발표, 리서치 결과 공유	개발/테스트 데이터 제공	개인정보 비식별화 데이터 생성	데이터 분석 및 머신러닝 학습용 간략화
단점	데이터 활용성 거의 없음	추가 보호가 없을 경우 재식별 우려	데이터 품질 저하	세부 정보 손실로 정확도 저하

가명화는 데이터에서 직접적인 식별 요소를 제거하거나 대체하여 원본 정보와의 연결성을 약화하는 기법이다. 예를 들어, 고객 ID를 난수로 대체하거나 이름을 특정 패턴의 문자열로 변환하는 방식이 있다. 가명화된 데이터는 원칙적으로 원본 데이터와 연결될 가능성이 있지만, 별도의 키 값을 안전하게 관리하면 재식별 가능성을 줄일 수 있다. 데이터 사이언스에서는 모델 학습이나 분석을 위해 가명화된 데이터를 활용하는 경우가 많으며, 이를 통해 개인정보 보호와 데이터 활용의 균형을 맞출 수 있다.

익명화와 가명화 기법을 적용할 때는 데이터의 특성과 활용 목적을 고려해야 한다. 예를 들어, 의료 데이터와 같은 민감한 정보는 강력한 익명화 기법을 적용해야 하며, 마케팅 분석과 같은 분야에서는 가명화를 통해 데이터 활용도를 유지하면서도 보안을 확보할 수 있다.

또한, 데이터의 익명성이 유지되는지 검증하는 과정도 수행해야 한다. 일부 익명화된 데이터는 외부 데이터와 결합할 경우 재식별될 가능성이 있기 때문에 다양한 공격 시나리오를 고려한 보안 평가가 필요하다.

데이터 사이언스에서는 익명화와 가명화된 데이터를 활용하여 머신러닝 모델을 학습하거나 분석을 수행하는 경우가 많다. 특히 **차등 프라이버시(Differential Privacy, DP)** 기법을 적용하면 특정 개인의 기여도를 통계적으로 보호하면서도 모델의 성능을 유지할 수 있다. 차등적 프라이버시의 대표적인 방법은 다음과 같다.

설문 조사 결과 분석

- **목표**: 특정 정책에 대한 사람들의 찬반 의견을 분석한다.
- **데이터**: 익명으로 수집된 설문 조사 응답 데이터
- **차등적 프라이버시 적용**:
    1. 각 응답 항목별 찬성/반대 비율을 계산한 후, 라플라스 또는 가우시안 노이즈를 추가한다.
    2. 응답자들의 직업, 연령대 등 추가 정보에 따라 그룹을 나누어 비율을 계산하고 노이즈를 추가한다.
- **결과**: 노이즈가 추가된 통계 정보만 공개하여 특정 응답자가 어떤 의견을 냈는지 추론하기 어렵게 만든다. 예를 들어, "정책 A에 대한 찬성률은 62%"와 같이 공개한다.

머신러닝 모델 학습

- **목표**: 사용자 행동 패턴을 학습하는 추천 시스템 모델을 개발한다.
- **데이터**: 사용자들의 구매 이력, 웹사이트 방문 기록 등 개인화된 데이터
- **차등적 프라이버시 적용**:
    1. 모델 학습 시, 각 데이터 포인트를 사용하여 계산된 기울기(gradient)에 노이즈를 추가한다.
    2. 전체 기울기 업데이트 과정에 클리핑(clipping)을 적용하여 특정 데이터 포인트가 모델에 과도하게 영향을 미치는 것을 방지한다.
- **결과**: 차등 프라이버시를 보장하는 모델을 학습시켜 특정 사용자의 데이터가 모델에 미치는 영향을 제한한다. 이를 통해 모델의 성능을 유지하면서도 개인정보를 보호할 수 있다.

차등 프라이버시는 데이터세트의 통계적 속성을 유지하면서 개인정보 노출 위험을 최소화하여 개인정보를 보호한다. 이는 데이터 변조를 최소화하면서 개인정보 보호를 강화하는 중요한 기법으로, 실무 환경에서 널리 활용되고 있다.

익명화와 가명화 기법을 적용하는 과정에서 성능과 보안의 균형을 맞추는 것도 중요한 과제다. 강력한 익명화 기법을 적용하면 데이터 유용성이 감소할 수 있고, 반대로 너무 약한 익명화는 재식별 위험을 초래할 수 있다. 따라서 데이터 분석 목적과 법적 요구사항, 실질적인 보호 효과를 종합적으로 고려하여 적절한 비식별화 전략을 수립해야 한다. 이를 위해 여러 기법을 조합하거나 데이터 유형과 활용 목적에 따라 유연하게 적용하는 접근이 요구된다.

데이터 보호 법규도 익명화 및 가명화 기법의 적용 방식에 중요한 기준이 된다. 예를 들어, 유럽연합의 GDPR에서는 익명화된 데이터는 개인정보로 간주하지 않지만, 가명화된 데이터는 여전히 개인정보로 취급한다. 따라서 기업이 데이터를 보호하는 방식은 법적 요건을 충족하면서도 실질적인 보호 효과를 가져올 수 있도록 설계해야 한다.

익명화 및 가명화된 데이터는 보안뿐만 아니라 데이터 공유 및 협업에서도 중요한 역할을 한다. 다양한 기관이나 연구기관이 데이터를 안전하게 공유하기 위해 익명화된 데이터를 활용하는 사례가 많으며, 연합 학습과 같은 기술을 통해 개인정보 보호를 유지하면서도 협업 분석이 가능하다. 데이터 사이언스 분야에서는 이러한 기법을 기반으로 보다 안전한 분석 환경을 조성할 수 있다.

익명화와 가명화 기법은 단순히 데이터를 변환하는 기술적 과정이 아니라, 전체적인 데이터 보호 전략의 일부로 설계되어야 한다. 조직은 데이터 수집, 저장, 활용, 공유 단계에서 개인정보 보호를 고려한 체계를 마련해야 하며, 정기적인 검토와 평가를 통해 보안성을 지속적으로 강화해야 한다.

데이터 비식별화 기술은 빠르게 변화하는 보안 위협과 기술 환경에 유연하게 대응할 수 있어야 한다. 조직은 최신 보안 동향을 반영해 관련 정책을 지속적으로 개선하고, 실질적인 보호와 데이터 활용의 균형을 유지해야 한다. 적절한 익명화 및 가명화 기법의 적용은 개인정보 보호 수준을 높이는 동시에, 데이터 기반 의사결정과 혁신을 지원하는 기반이 될 수 있다.

13.4.2 데이터 수집 및 활용 정책 수립

데이터 수집 및 활용 정책 수립은 개인정보 보호와 데이터 활용의 균형을 맞추는 중요한 과정이다. 기업과 기관이 데이터를 효과적으로 활용하려면 명확한 정책을 마련하고 이를 철저히 준수해야 한다. 데이터 수집 단계에서부터 목적을 명확히 정의하고 법적 요건을 검토하는 것이 필수이다. 이를 통해 데이터 오남용을 방지하고 보안 사고 발생 가능성을 줄일 수 있다.

데이터 수집 시 가장 중요한 원칙 중 하나는 최소 수집 원칙이다. 필요 이상의 데이터를 수집하면 보안 리스크가 증가하며, 법적 규제 준수에도 어려움이 따른다. 따라서 분석이나 서비스 제공에 필요한 최소한의 정보만 수집하고, 불필요한 개인 식별 정보는 배제하는 것이 바람직하다. 예를 들어, 사용자 로그 데이터를 수집할 때 IP 주소와 같은 민감한 정보를 제거하거나 가명화하여 저장하는 방식이 효과적이다.

데이터 활용 정책을 수립할 때는 데이터의 목적별 사용을 명확히 정의하는 것이 중요하다. 동일한 데이터라도 마케팅, 고객 지원, 서비스 개선 등 다양한 목적에 따라 활용될 수 있으며, 각각의 목적에 맞는 처리 방식과 보안 조치를 고려해야 한다. 예를 들어, 머신러닝 모델을 학습하기 위한 데이터는 가명화하여 원본 데이터를 직접 활용하지 않도록 설계하는 것이 일반적이다.

데이터 사이언스 분야에서는 수집된 데이터를 분석하는 과정에서 윤리적 문제를 고려해야 한다. 특정 알고리즘이 편향된 결정을 내리지 않도록 데이터 샘플링 과정에서 대표성을 유지하는 것이 중요하다. 예를 들어, 추천 시스템을 구축할 때 특정 집단에 대한 데이터가 과대 혹은 과소 대표되지 않도록 해야 한다. 이를 위해 데이터 수집 단계에서 다양한 사용자 그룹을 고려하고, 수집된 데이터를 정기적으로 점검하는 것이 필요하다.

데이터 수집 및 활용 과정에서는 사용자의 동의를 받는 절차도 중요하다. 일반적으로 웹사이트나 모바일 애플리케이션에서는 개인정보 처리 방침을 통해 데이터 수집과 활용에 대한 내용을 사용자에게 알리고 동의를 받는다. 최근에는 투명성을 높이기 위해 **동적 동의**(dynamic consent)[28] 방식이 도입되고 있으며, 사용자가 데이터 제공 여부를 상황에 따라

28 사용자가 데이터 제공 범위를 언제든지 자유롭게 변경하고 관리할 수 있도록 하는 사용자 중심의 데이터 수집 동의 방식

변경할 수 있도록 하는 시스템이 점점 확산되고 있다. 그림 13.8은 대표적인 동적 동의 팝업 모달이다.

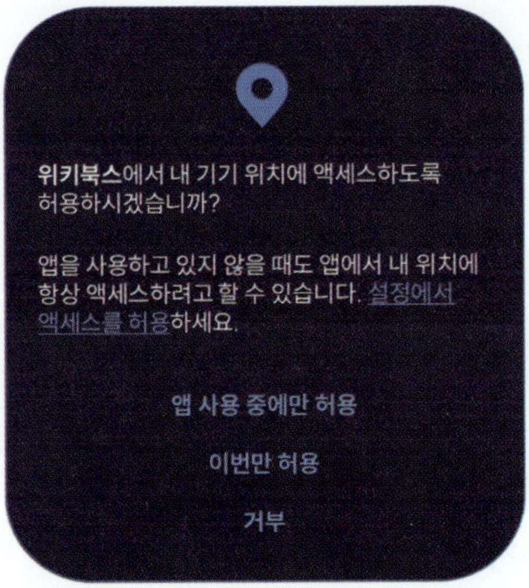

그림 13.8 동적 동의 팝업 모달

데이터 보관 주기도 명확히 정의해야 한다. 불필요한 데이터가 장기간 저장되면 보안 위험이 증가하며 규제 준수에도 어려움이 발생할 수 있다. 따라서 데이터의 보관 기한을 설정하고, 일정 기간이 지난 데이터는 안전하게 삭제하는 절차를 마련해야 한다. 데이터 사이언스 프로젝트에서는 오래된 데이터가 분석에 미치는 영향을 고려하여 필요한 경우 특정 시점 이후의 데이터를 정제하는 방식도 활용된다.

기업이나 기관이 데이터 활용 정책을 수립할 때는 관련 법규를 철저히 반영해야 한다. 예를 들어, 유럽연합의 GDPR, 미국의 CCPA와 같은 규제는 데이터 수집과 활용에 대한 구체적인 기준을 제시하고 있다. 이러한 규정을 위반할 경우 법적 책임뿐만 아니라 기업의 신뢰도에도 부정적인 영향을 미칠 수 있다. 따라서 정책 수립 시 법무 및 개인정보 보호 전문가와의 협업이 필요하다.

데이터 공유 정책도 데이터 활용 정책의 중요한 부분이다. 외부 기관과 데이터를 공유할 경우에는 철저한 보안 조치가 필요하며, 데이터가 적절한 형식으로 가공된 후 공유되는지 검토해야 한다. 데이터 사이언스 프로젝트에서 협업 연구를 수행할 때는 익명화 또는 가명화된 데이터를 활용하고, 접근 권한을 제한하는 방식이 효과적이다.

데이터 수집 및 활용 정책을 수립한 후에는 정기적인 감사와 검토가 필요하다. 기술 환경과 법적 요건이 지속적으로 변화하기 때문에 기존 정책이 최신 기준을 충족하는지 점검하고 필요할 경우 수정해야 한다. 또한, 직원 교육과 내부 가이드라인을 통해 모든 구성원이 데이터 보호 원칙을 준수할 수 있도록 하는 것이 중요하다.

궁극적으로 데이터 수집 및 활용 정책은 단순한 규제 준수 차원을 넘어, 신뢰 기반의 데이터 운영을 실현하는 것이 목표다. 데이터 사이언스의 발전과 함께 데이터의 활용 범위가 확대되고 있는 만큼 윤리적이고 책임 있는 데이터 관리 체계를 구축하는 것이 지속 가능한 데이터 활용의 핵심이 된다.

13.4.3 개인정보 보호를 위한 기술적 조치

개인정보 보호를 위한 기술적 조치는 데이터 보안을 강화하고 법적 규제를 준수하기 위한 기반이다. 특히 데이터 사이언스 분야에서는 대량의 데이터를 처리하는 과정에서 개인정보가 노출되지 않도록 다양한 보안 기술을 통합적으로 적용해야 한다. 개인정보 보호를 위한 기술적 조치는 저장, 전송, 접근 제어, 모니터링, 데이터 비식별화, 삭제 및 보안 패치 관리 등 여러 영역을 걸쳐 마련되어야 한다.

우선 데이터 저장 과정에서 암호화는 가장 기본적인 보안 조치이다. 데이터베이스에 저장되는 개인정보는 AES-256과 같은 고강도 암호화 알고리즘을 적용해 보호해야 한다. 이렇게 하면 데이터가 유출되더라도 해독이 어려워 정보 노출을 방지할 수 있다. 또한 데이터베이스 성능 저하를 최소화하기 위해 필드 수준 암호화를 적용하여 특정 민감 정보만 암호화하는 것도 좋은 방법이다.

데이터가 네트워크를 통해 전송될 때는 HTTPS, TLS와 같은 보안 프로토콜을 사용하여 도청과 변조를 방지해야 한다. 특히 API를 통해 데이터를 주고받는 경우에는 **OAuth 2.0**이나 **HMAC(Hash-based Message Authentication Code)** [29] 인증을 적용하여 무단 접근을 차단해야 한다. HMAC 인증은 송신자가 비밀 키와 데이터로 해시값을 생성하고, 수신자가 이를 검증하여 데이터의 무결성과 인증을 보장하는 방식이다. 다음 그림 13.9는 클라이언트와 서버 간 HMAC 인증 프로세스를 나타낸다.

29 메시지의 무결성 및 인증을 보장하기 위해 암호화 해시 함수와 비밀 키를 사용하여 생성하는 메시지 인증 코드

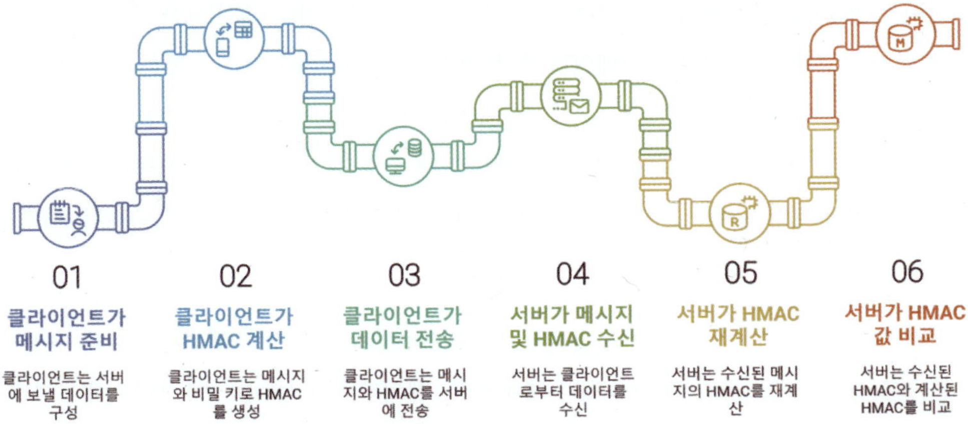

그림 13.9 클라이언트-서버의 HMAC 인증 프로세스

개인정보 접근 제어도 중요한 기술적 조치 중 하나이다. 최소 권한 원칙(PoLP)을 적용하여 사용자가 업무 수행에 필요한 범위 내에서만 데이터에 접근할 수 있도록 설정해야 한다. 예를 들어, 데이터 사이언스 팀은 원본 데이터가 아닌 익명화된 데이터를 사용하여 분석을 수행하도록 접근 권한을 제한함으로써 데이터 노출 위험을 줄일 수 있다.

로그 기록과 모니터링 시스템 구축 역시 개인정보 보호에서 있어 중요한 보안 대책이다. 개인정보 접근 및 활용 내역을 체계적으로 기록하고, 실시간으로 로그를 분석하여 이상 행위를 탐지함으로써 보안 사고를 조기에 발견할 수 있다. 특히 머신러닝 기반의 이상 탐지 시스템을 활용하면 평소와 다른 데이터 접근 행위를 자동으로 감지하고 관리자에게 경고를 전송하여 대응 속도를 높일 수 있다.

데이터 마스킹 기술을 활용하여 개인정보를 보호하는 방법도 있다. 데이터 마스킹은 원본 데이터를 직접 저장하는 대신 일부 정보를 가려서 비식별 데이터를 제공하는 방식이다. 예를 들어, 신용카드 번호의 일부를 '**1234' 형태로 저장하면 보안성을 높이면서도 분석에 필요한 정보를 유지할 수 있다. 이와 함께 차등 프라이버시 기법을 적용하면 데이터 분석 결과에 소음을 추가하여 개인 식별을 어렵게 하면서도 통계적 유용성을 유지할 수 있다. 이러한 방식은 특히 개인화 추천 시스템과 같은 분석 모델에서 개인정보를 보호하면서도 유의미한 결과를 도출하는 데 효과적이다.

데이터 삭제 및 보관 정책 수립도 기술적 조치의 중요한 부분이다. 불필요한 개인정보를 일정 기간 이후 자동으로 삭제하는 **데이터 리텐션**(data retention) 정책을 통해 저장된 데이터의 보안 리스크를 최소화할 수 있다. 예를 들어, 사용자의 계정이 장기간 비활성화된 경우, 사전에 정의된 기준에 따라 관련 데이터를 자동으로 삭제하는 절차를 마련하면 개인정보 노출 가능성을 줄일 수 있다. 이 과정은 자동화된 워크플로로 구현하는 것이 바람직하다.

마지막으로 보안 패치 및 업데이트 관리가 중요하다. 해커들은 보안 취약점을 통해 개인정보를 탈취하려고 시도하기 때문에 운영 체제(OS), 데이터베이스(DB), 웹 애플리케이션 프레임워크 등의 보안 업데이트를 지속적으로 수행해야 한다. 데이터 사이언스 플랫폼 환경에서도 머신러닝 모델을 실행하는 서버와 소프트웨어가 항상 최신 보안 패치를 반영하도록 유지 관리해야 한다.

개인정보 보호를 위한 기술적 조치는 단순히 보안을 강화하는 차원을 넘어, 조직이 신뢰를 기반으로 데이터를 운영할 수 있도록 하는 핵심 역량이다. 데이터 사이언스 기술이 발전함에 따라 개인정보를 안전하게 보호하고 활용할 수 있는 방법도 지속적으로 발전하고 있으며, 조직은 최신 보안 기술을 적극적으로 도입하여 개인정보 보호 수준을 꾸준히 향상시켜야 한다.

14

비용 관리

14.1 _ 클라우드 비용 최적화

14.2 _ 서비스 수준 계약 설정

14.3 _ 비용 관리 및 최적화 전략

비용 관리는 데이터 기반 서비스를 운영하는 조직이 반드시 전략적으로 관리해야 하는 요소다. 인공지능 및 데이터 사이언스 프로젝트는 대량의 데이터를 처리하고 복잡한 연산을 수행하는 과정에서 상당한 비용이 발생하며, 특히 클라우드 환경에서는 리소스 사용량에 따라 비용이 기하급수적으로 증가할 수 있다. 따라서 단순한 비용 절감을 넘어, 서비스 품질을 유지하면서도 자원을 효율적으로 활용하는 종합적인 전략 수립이 요구된다.

데이터 사이언스 프로젝트에서는 모델 학습, 데이터 저장 및 처리, API 호출, 서버 운영 등에서 주로 비용이 발생한다. 특히 딥러닝 모델 학습 과정에서는 GPU나 TPU와 같은 고성능 연산 장치 사용으로 인해 막대한 클라우드 비용이 초래될 수 있다. 이때 FP16(half-precision), INT8(8-bit integer)과 같은 연산 최적화 기법을 활용하면 모델 성능을 유지하면서도 비용을 줄일 수 있다.

클라우드 비용 구조를 정확히 이해하고 워크로드 특성에 맞는 요금제를 선택하면, 비용을 보다 효과적으로 절감할 수 있다. 클라우드 제공업체들은 온디맨드 인스턴스, 스팟 인스턴스, 예약 인스턴스, 절감형 플랜 등 다양한 가격 모델을 제공하며, 데이터 사이언스 팀은 프로젝트 특성과 운영 패턴에 따라 가장 적합한 요금 모델을 선택해야 한다. 예를 들어, 장기간 지속되는 연산 작업에는 예약 인스턴스를 활용해 비용을 크게 절감할 수 있다.

비용 초과를 방지하려면 실시간 모니터링과 자동화된 알림 시스템의 구축이 필요하다. 데이터 분석 플랫폼은 사용량 변동성이 크기 때문에 클라우드 제공업체에서 지원하는 비용 분석 및 모니터링 도구를 적극 활용해야 한다. 특정 워크로드에서 비용이 급등할 경우, 사전에 설정한 임곗값을 초과하면 자동으로 알림을 제공해 즉각적인 대응이 가능하도록 해야 한다.

장기적인 관점에서는 기술적 투자와 아키텍처 전략도 비용 최적화에 중요한 역할을 한다. 클라우드 벤더 락인 리스크를 최소화하고 가격 협상력을 높이기 위해 멀티 클라우드 또는 하이브리드 클라우드 전략을 고려할 수 있다. 여러 클라우드 서비스를 혼합 활용함으로써 서비스 탄력성을 확보하고 비용 경쟁력도 강화할 수 있다. 아울러 데이터 사이언스 워크로드를 효율적으로 분산시켜 GPU, 스토리지 등의 리소스를 최적화하면 장기적인 비용 절감 효과를 얻을 수 있다.

이번 장에서는 데이터 사이언스 프로젝트에서 비용 관리의 필요성과 주요 발생 요인을 분석하고, 이를 해결하기 위한 구체적인 방법론과 실천 전략을 심층적으로 다룬다. 모델 최적화 기법, 클라우드 요금 모델 선택, 실시간 모니터링 시스템 구축, 멀티/하이브리드 클라우드 전략 수립 등 다양한 접근법을 체계적으로 살펴봄으로써 지속 가능한 데이터 운영 환경을 마련하는 방법을 제시한다.

14.1 _ 클라우드 비용 최적화

클라우드 기반 모델 비용 최적화는 데이터 사이언스 프로젝트를 안정적으로 운영하기 위한 전략적 과제다. 클라우드 환경에서 AI 모델을 학습하고 배포하는 과정에서는 연산 리소스, 데이터 저장소, 네트워크 사용량 등 다양한 비용이 발생한다. 특히 대규모 데이터세트를 활용하는 머신러닝 및 딥러닝 모델에서는 GPU나 TPU와 같은 고성능 연산 장치를 사용할 때 비용이 급격히 증가할 수 있다. 따라서 효과적인 비용 최적화 전략을 수립하는 것은 조직의 예산을 절감하는 동시에, 보다 효율적인 모델 개발 및 운영을 뒷받침하는 중요한 활동이라 할 수 있다.

클라우드 비용 최적화의 핵심은 워크로드의 특성을 정확히 파악하고, 이에 가장 적합한 클라우드 서비스 요금제를 선택하는 데 있다. 클라우드 서비스 제공업체는 온디맨드, 스팟 인스턴스, 예약 인스턴스, 절감형 플랜 등 다양한 요금 모델을 제공하며, 각각은 비용과 성능 간 절충점을 가진다. 예를 들어, 단기적인 테스트나 일회성 분석에는 스팟 인스턴스를 활용하여 저렴한 비용으로 고성능 인프라를 사용할 수 있으며, 장기적이고 안정적인 연산 리소스가 필요한 경우에는 예약 인스턴스를 통해 적용해 비용을 크게 절감할 수 있다.

데이터 사이언스 프로젝트에서는 연산 비용뿐만 아니라 데이터 저장 및 전송 비용 또한 신중하게 관리해야 한다. 머신러닝 모델 학습 과정에서는 대량의 데이터를 저장하고 주기적으로 불러오는 작업이 빈번히 발생하기 때문에 스토리지 비용이 빠르게 증가할 수 있다. 이에 따라 데이터 전처리 및 샘플링 전략을 적용해 저장 공간을 최적화하고, 사용 빈도가 낮은 데이터는 저비용 스토리지 계층으로 이전하는 것이 바람직하다. 또한 클라우드 간 데이터 이동에 따른 네트워크 비용을 줄이기 위해 가능하면 동일한 리전 내에서 연산과 저장을 일관되게 수행하는 전략이 필요하다.

모델 학습 과정에서는 연산 최적화를 통해 비용 절감 효과를 극대화할 수 있다. 반정밀도 연산(FP16)을 활용하면 연산량을 절반으로 줄일 수 있으며, 양자화 기술을 적용하면 모델 크기를 줄이면서도 성능을 유지할 수 있다. 추가로, 네트워크 경량화 기법을 통해 불필요한 연산을 최소화하면 모델 추론 비용까지 절감할 수 있다. 클라우드 기반 모델 학습의 비용을 최적화하기 위해서는 이러한 다양한 기술적 접근법을 조합하여 최적의 비용-성능 균형을 지속적으로 유지하는 것이 중요하다.

14.1.1 클라우드 서비스 비용 구조

데이터 사이언스 프로젝트의 예산을 효과적으로 관리하려면 클라우드 서비스 비용 구조를 정확히 이해해야 한다. 클라우드 환경에서 머신러닝 모델을 학습하고 배포할 때 연산 리소스, 스토리지, 네트워크 전송 비용 등 여러 비용이 발생하는데, 클라우드 제공업체는 이러한 비용에 다양한 요금제를 제공한다. 따라서 데이터 사이언스 팀은 프로젝트의 특성과 요구사항을 면밀히 분석하여 이러한 요금제 중에서 특정 상황에 맞는 최적의 옵션을 선택해야 한다. 이를 통해 불필요한 비용을 줄이고 최적의 성능을 확보할 수 있다.

온디맨드(on-demand) 인스턴스는 가장 일반적인 클라우드 컴퓨팅 모델 중 하나로, 사용한 만큼만 비용을 지불하는 방식이다. 초기 설정이 필요하지 않으며 유연하게 확장 및 축소할 수 있기 때문에 데이터 사이언스 실험과 같이 일정하지 않은 워크로드에 적합하다. 하지만 장기적인 학습 및 배포 환경에서는 높은 비용이 발생할 수 있으므로, 지속적으로 연산 리소스가 필요한 경우에는 다른 비용 모델을 고려해야 한다.

스팟(spot) 인스턴스는 미사용 리소스를 저렴하게 제공하는 방식으로 비용 절감 효과가 크다. 머신러닝 모델 학습과 같이 긴 시간이 걸리는 작업에서 활용하면 비용을 크게 줄일 수 있다. 그러나 스팟 인스턴스는 제공되는 리소스의 가용성이 변동적이므로 작업 도중에 중단될 가능성이 있다. 따라서 데이터 사이언스 워크플로에서 스팟 인스턴스를 사용한다면 체크포인트 저장과 같은 전략을 사용하여 갑작스러운 종료에 대비해야 한다.

예약 인스턴스(Reserved Instance, RI)는 장기적인 연산 리소스 활용 계획이 있는 경우 유리한 요금제다. 1년 또는 3년 단위로 컴퓨팅 리소스를 미리 예약하면 온디맨드 대비 최대 70%까지 비용을 절감할 수 있다. 데이터 사이언스 프로젝트에서 장기적인 실험 환경이나 프로덕션 모델 운영이 필요할 경우, 예약 인스턴스를 활용하면 예산을 보다 효율적으로 운영할 수 있다. 그러나 예약 인스턴스는 실제 인스턴스 실행 여부와 관계없이 약정 기간 동안 계속 비용을 지불해야 하므로 필요 이상으로 리소스를 예약하면 오히려 비용 낭비로 이어질 수 있다. 따라서 RI의 할인 혜택을 최대한 활용하고 비용 효율성을 높이려면 해당 인스턴스를 지속적으로, 가급적 24시간에 가깝게 사용하는 워크로드에 적용하는 것이 가장 좋다.

절감형 플랜(Savings Plan, SP)은 예약 인스턴스와 유사하지만, 특정 인스턴스 유형에 국한되지 않고 보다 유연한 방식으로 적용된다. 클라우드 사용량에 따라 할인 혜택을 받을 수 있으며, 특정 인스턴스 유형에 얽매이지 않아 변화하는 워크로드에 더 적합하다. 데이터 사이언스 팀이 여러 종류의 인스턴스를 혼합하여 사용하거나 점진적으로 리소스 구성을 조정할 계획이 있다면 절감형 플랜이 효과적인 비용 절감 방법이 될 수 있다. 그러나 예약 인스턴스와 마찬가지로 절감형 플랜도 약정한 금액에 대해서는 실제 사용 여부와 관계없이 비용이 청구되므로 예상 사용량을 기반으로 신중하게 약정하는 것이 중요하다.

스토리지 비용도 클라우드 서비스에서 중요한 요소다. 데이터 사이언스 프로젝트에서는 대량의 데이터를 저장하고 처리해야 하므로 스토리지 선택에 따라 비용이 크게 달라질 수 있다. 일반적으로 고성능 블록 스토리지는 비용이 높고 장기 보관용 객체 스토리지는 저렴하다. 따라서 자주 접근하는 데이터는 고성능 스토리지에 저장하고, 장기 보관 데이터는 저비용 스토리지 계층으로 이전하는 전략을 사용해야 한다. 예를 들어 AWS S3의 경우, 다양한 **스토리지 클래스**(storage class)를 제공하여 이러한 비용 최적화 전략을 지원한다. 다음에 AWS S3의 스토리지 클래스를 정리했다.

AWS S3 스토리지 클래스

- S3 Standard: 자주 접근하는 데이터에 적합하며, 가장 높은 가용성과 성능을 제공하지만 비용도 상대적으로 높다.
- S3 Intelligent-Tiering: 접근 패턴을 예측하기 어려운 데이터에 적합하다. AWS가 자동으로 접근 빈도를 모니터링하고, 자주 접근 · 간헐적 접근 계층으로 데이터를 이동시켜 비용을 최적화한다. 추가 모니터링 요금이 발생할 수 있다.
- S3 Standard-IA(Infrequent Access): 자주 접근하지 않지만 필요할 때 빠르게 검색해야 하는 데이터에 낮지만 데이터 검색 시 요청 요금이 발생한다.

- **S3 One Zone-IA:** S3 Standard-IA와 유사하지만, 하나의 가용 영역(AZ)에만 저장된다. 이에 따라 저장 비용은 더 낮지만, 가용성과 내구성이 상대적으로 떨어진다. 검색 시 요청 요금이 발생한다.
- **S3 Glacier Instant Retrieval:** 거의 접근하지 않지만 필요 시 밀리초 단위의 즉각적인 검색이 필요한 데이터 아카이빙에 적합하다. 스토리지 비용은 IA보다 저렴하지만 조회 요청에 따른 요금은 높다.
- **S3 Glacier Flexible Retrieval:** 검색 시간이 몇 분에서 몇 시간까지 허용되는 데이터 아카이빙에 적합하다. 다양한 검색 옵션을 제공하며, 스토리지 비용이 매우 저렴하다.
- **S3 Glacier Deep Archive:** 장기간 보관하며 거의 접근하지 않는 데이터의 아카이빙에 적합하다. 모든 S3 스토리지 클래스 중 가장 저렴하지만 조회 시간이 가장 길다(일반적으로 12시간 이내).

이처럼 AWS S3는 데이터의 접근 빈도, 중요도, 보존 기간 등 다양한 요구사항에 맞춰 세분화된 스토리지 클래스를 제공한다. 데이터 사이언티스트나 엔지니어는 이러한 옵션들을 잘 이해하고 활용하여, **데이터 생명주기(lifecycle)** 관리를 통해 스토리지 비용을 최적화할 수 있다.

예를 들어, 자주 사용되는 학습 데이터세트는 S3 Standard나 Intelligent-Tiering에 보관하고, 학습이 완료된 모델이나 원시 데이터, 오래된 로그 파일 등 접근 빈도가 낮은 데이터는 점차 S3 Standard-IA를 거쳐 최종적으로 S3 Glacier Deep Archive로 이동시키는 자동화된 라이프사이클 정책을 설정하는 것이 효과적인 비용 절감 전략이 될 수 있다.

특히 페타바이트 규모의 대규모 데이터를 다루는 프로젝트에서 **총 소유 비용(Total Cost of Ownership, TCO)**을 크게 낮추는 데 기여하며, 클라우드 리소스를 효율적으로 활용하는 중요한 수단이 된다. 따라서 프로젝트 초기 단계부터 데이터 특성을 파악하고 적절한 스토리지 전략을 수립하는 것이 중요하다.

네트워크 비용 역시 클라우드 사용 비용에 영향을 미치는 요소다. 데이터가 동일한 리전 내에서 이동할 때는 추가 비용이 거의 들지 않지만, 외부로 전송되거나 다른 지역 간 이동이 발생하는 경우에는 상당한 요금이 부과될 수 있다. 데이터 사이언스 팀이 클라우드 간 또는 리전 간 데이터를 주고받을 경우, 불필요한 데이터 이동을 최소화하고 로컬 저장소를 활용하는 것이 비용 절감에 효과적이다. 특히, 데이터 사이언스 작업에서는 다음과 같은 경우 네트워크 비용이 크게 발생할 수 있다.

네트워크 비용 발생

- **데이터 수집 및 전처리:** 온프레미스 환경이나 다른 클라우드에서 대규모 원시 데이터를 클라우드 스토리지로 수집할 때 발생하는 인바운드(inbound)[1] 트래픽은 대부분 무료지만, 처리된 데이터를 다시 외부로 내보내거나 다른 리전으로 복제할 경우 아웃바운드(outbound)[2] 비용이 발생한다.
- **모델 학습 및 배포:** 학습 데이터를 여러 리전의 컴퓨팅 인스턴스로 전송하거나 학습된 대용량 모델 파일을 다른 리전의 서빙 인프라로 배포할 때도 네트워크 전송 비용이 부과된다.
- **결과 공유 및 시각화:** 분석 결과나 대시보드 데이터를 외부 사용자나 애플리케이션으로 전송하는 경우에도 데이터 전송량에 따라 비용이 부과된다.

따라서 비용 최적화를 위해서는 가능하면 데이터가 저장된 동일 지역(zone 또는 region) 내에서 컴퓨팅 작업을 수행하는 것이 바람직하다. 예를 들어, 대규모 데이터세트를 로컬 PC로 전체 다운로드하여 분석하기보다는 클라우드 내의 가상 머신이나 관리형 노트북 환경(예: AWS SageMaker Studio, Google Vertex AI Workbench)을 사용하여 데이터를 직접 처리하고, 필요한 결과나 요약 정보만 외부로 전송하는 것이 네트워크 비용을 크게 절감할 수 있는 방법이다.

또한, 데이터 전송이 불가피하다면 데이터 압축을 활용하여 전송량을 줄이는 것도 좋은 전략이다. 클라우드 서비스는 리전 간 데이터 전송 비용을 최적화하는 서비스(예: AWS S3 Transfer Acceleration, Global Accelerator)를 제공하므로 이러한 서비스를 활용해 비용을 절감할 수 있다. 이처럼 네트워크 비용 역시 스토리지, 컴퓨팅 비용과 더불어 클라우드 기반 데이터 사이언스 프로젝트의 총 비용에 중요한 영향을 미치므로 데이터 이동 경로와 빈도를 신중하게 계획하고 관리해야 한다.

마지막으로 클라우드 비용을 효율적으로 관리하려면 적절한 비용 추적 및 모니터링 도구를 활용해야 한다. AWS Cost Explorer, Google Cloud Billing Reports, Azure Cost Management와 같은 도구를 사용하면 비용 발생 내역을 분석하고, 예상 지출을 추정할 수 있다.

---

1 외부(인터넷, 온프레미스 등)에서 클라우드 서비스 내부로 데이터가 들어오는 네트워크 트래픽

2 클라우드 서비스 내부에서 외부(인터넷, 온프레미스, 다른 리전 등)로 데이터가 나가는 네트워크 트래픽

이러한 도구들은 단순히 총 비용만 보여주는 것이 아니라, 리소스 유형별, 서비스별, 태그별로 비용을 상세하게 분류하고 시각화해주므로 어떤 부분에서 비용이 집중적으로 발생하는지 명확하게 파악할 수 있다. 그러므로 특정 실험이나 모델 학습에 소요된 비용을 정확히 측정하고, 각 프로젝트별 예산을 설정하여 지출을 관리할 수 있다.

예를 들어, 리소스에 프로젝트명, 사용자, 용도 등의 태그를 일관되게 지정해두면 해당 태그를 기준으로 비용을 필터링하고 분석할 수 있다. 이를 통해 프로젝트별 **투자 수익률**(Return on Investment, ROI)을 평가하거나 불필요한 비용 낭비 요소를 찾아낼 수 있다. 또한, 실시간 모니터링으로 이상 지출을 조기에 탐지하고, 자동 알림을 설정하면 예산 초과를 사전에 방지할 수도 있다.

클라우드 비용 구조를 이해하고 최적의 요금제를 선택하는 것은 데이터 사이언스 프로젝트의 지속 가능성을 확보하는 데 필수적인 요소다. 단기적인 테스트 및 실험에는 온디맨드 및 스팟 인스턴스를 활용하고, 장기적인 운영 환경에서는 예약 인스턴스나 절감형 플랜을 고려하는 것이 바람직하다. 또한, 스토리지 및 네트워크 비용을 고려하여 데이터 이동과 저장 전략을 최적화하는 것이 필요하다. 이러한 접근 방식을 통해 데이터 사이언스 팀은 클라우드 비용을 효과적으로 관리하면서도 성능과 확장성을 유지할 수 있다.

14.1.2 모델 학습 비용 절감 전략

모델 학습 비용을 절감하려면 연산 효율성을 높이고 불필요한 리소스 사용을 줄이는 다양한 전략이 필요하다. 대규모 데이터세트를 처리하는 딥러닝 모델의 경우 컴퓨팅 비용이 상당히 높아질 수 있으며, 이를 줄이기 위한 최적화 기법을 적절히 적용해야 한다. 특히 클라우드 환경에서는 사용량 기반 과금 모델이 일반적이기 때문에 효율적인 연산과 리소스 관리는 비용 절감의 핵심 과제가 된다.

대표적인 연산 최적화 기법으로는 FP16 및 INT8과 같은 저정밀 연산 기반 **양자화**(quantization)[3]를 들 수 있다. 일반적으로 딥러닝 모델은 FP32(32비트 부동소수점) 연산을 사용하지만, FP16(16비트 부동소수점) 연산을 적용하면 메모리 사용량을 절반으로 줄이고 연

3 딥러닝 모델의 가중치나 연산에 사용되는 숫자의 정밀도를 낮춰 모델 크기를 줄이고 계산 속도를 높이는 최적화 기술

산 속도를 향상시킬 수 있다. 또한 INT8(8비트 정수) 양자화를 활용하면 모델 크기를 더욱 줄이면서 CPU 및 GPU에서 효율적으로 실행할 수 있다.

데이터 최적화 역시 중요한 절감 전략이다. 데이터 샘플링 기법을 적용하여 학습 데이터의 양을 조절하면 전체 학습 시간을 단축시키면서도 모델 성능 저하를 최소화할 수 있다. 특히 불균형한 데이터세트를 다루는 경우, 계층적 샘플링(stratified sampling)을 통해 데이터 분포를 유지하면서 필요한 데이터만을 효율적으로 활용할 수 있다.

경량화된 모델 아키텍처를 설계하는 것도 비용 절감에 효과적이다. 지나치게 복잡한 네트워크 구조는 연산량 증가와 함께 비용 상승을 초래할 수 있으므로 MobileNet이나 EfficientNet과 같은 경량화 모델을 선택하면 성능을 유지하면서도 리소스 사용을 크게 줄일 수 있다. 추가적으로 모델 **지식 증류(knowledge distillation)**[4] 기법을 적용하면 작은 모델이 큰 모델의 성능을 모방하여 학습할 수 있어 더욱 효율적인 운영이 가능해진다.

클라우드 환경에서는 인프라 선택은 비용 효율성과 직결되는 전략적 요소다. 스팟 인스턴스를 활용하면 온디맨드 인스턴스에 비해 훨씬 저렴한 가격으로 고성능 리소스를 사용할 수 있다. 다만 스팟 인스턴스는 예고 없이 종료될 수 있기 때문에 체크포인트 저장 및 자동 재시작 기능을 구현하여 학습 안정성을 확보해야 한다. 장기적인 워크로드에는 예약 인스턴스나 절감형 플랜을 활용하여 비용을 지속적으로 절감할 수 있다.

연산 리소스의 효율성을 극대화하기 위해서는 병렬 연산을 적극적으로 활용해야 한다. 다중 GPU 또는 TPU 클러스터를 이용해 병렬 학습을 수행하면 단일 기기 대비 학습 속도를 크게 향상시킬 수 있으며, 데이터 로딩 최적화를 통해 GPU 활용률을 높이면 불필요한 대기 시간을 줄이고 전체 학습 효율을 개선할 수 있다.

I/O 최적화 역시 비용 절감의 핵심 요소 중 하나다. 예를 들어, 체크포인트 저장 주기를 지나치게 짧게 설정하면 디스크 사용량과 스토리지 비용이 불필요하게 증가할 수 있다. 따라서 학습 안정성과 비용 간의 균형을 고려한 적절한 주기 설정이 필요하다.

4 잘 학습된 큰 모델(교사 모델)의 예측 결과나 내부 지식을 활용하여 더 작고 효율적인 모델(학생 모델)이 유사한 성능을 내도록 학습시키는 기법

또한 **동적 배치 크기 조정**(dynamic batch size adjustment) 기법을 적용하면 메모리 사용을 최적화하고 학습 초기 변동성을 줄일 수 있다. 초기에 작은 배치 크기로 학습을 시작하고, 점진적으로 배치 크기를 증가시키는 방식은 안정성과 효율성을 모두 확보할 수 있는 유용한 접근이다.

데이터 전처리 최적화도 비용 절감을 위한 중요한 고려사항이다. 클라우드에서 직접 데이터 변환을 수행하는 대신, 로컬 환경에서 전처리를 완료하고 업로드하면 클라우드 내 연산 비용을 크게 줄일 수 있다. 또한 데이터 압축 및 효율적인 저장 포맷(parquet, avro 등)을 활용하면 스토리지 및 네트워크 비용도 효과적으로 절감할 수 있다.

마지막으로, 클라우드 기반 모델 학습에서 비용 초과를 방지하기 위해 실시간 모니터링 및 알림 시스템을 구축하는 것이 중요하다. 비용 사용량을 지속적으로 추적하고, 설정한 예산 임곗값을 초과할 경우 즉각적인 알림을 통해 조치를 취할 수 있도록 하면 전체 프로젝트 비용을 효과적으로 통제할 수 있다.

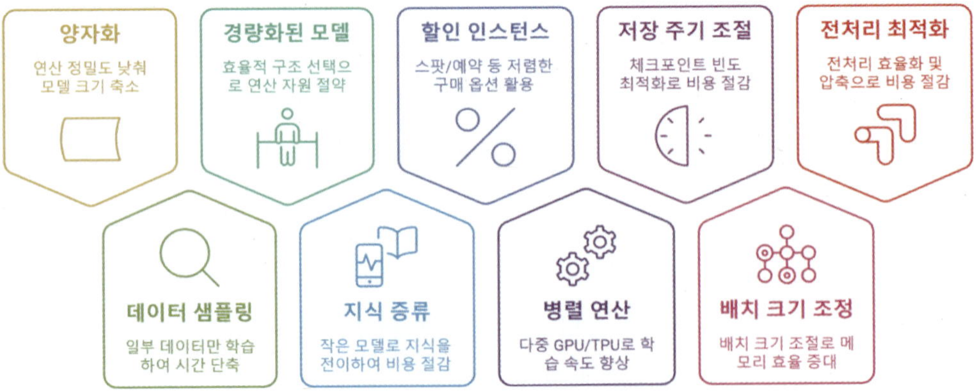

그림 14.1 모델 학습 비용 절감 전략

14.1.3 장기적인 비용 절감

장기적인 비용 절감을 위해서는 단기적인 최적화 기법만으로는 충분하지 않다. 지속 가능한 기술 투자 방향을 설정하고, 인프라 전략을 장기적 관점에서 설계하는 것이 필요하다. 클라우드 기반 데이터 사이언스 프로젝트는 초기 진입 비용이 상대적으로 낮지만, 시간이 지남에 따라 인프라, 스토리지, 연산 비용이 누적되어 상당한 부담으로 이어질 수 있다. 따라서 장기적인 비용 절감을 위해 체계적이고 전략적인 접근이 요구된다.

첫 번째 전략은 **오픈소스 기술**을 적극적으로 활용하는 것이다. 상용 솔루션은 강력한 성능과 공식 지원을 제공하지만, 지속적인 라이선스 비용이 발생한다. 반면 PyTorch, TensorFlow, Apache Spark 등 오픈소스 프레임워크를 활용하면 비용을 절감하면서도 높은 유연성과 확장성을 확보할 수 있다. 다만 오픈소스 도입 시 유지보수와 보안 업데이트에 대한 책임이 사용자에게 있다는 점을 반드시 고려해야 한다.

두 번째 전략은 **클라우드 벤더 락인을 방지**하는 방향으로 아키텍처를 설계하는 것이다. 특정 클라우드 서비스에 종속되면 가격 인상이나 서비스 조건 변경에 취약해질 수 있다. 이를 방지하기 위해 컨테이너 기반 인프라를 구축하고, Kubernetes와 같은 오케스트레이션 플랫폼을 활용하여 멀티 클라우드 및 하이브리드 클라우드 환경을 지원하는 것이 바람직하다. 데이터 저장소와 연산 리소스를 여러 클라우드에 분산 배치하는 전략도 고려할 수 있다.

세 번째 전략은 **서버리스 컴퓨팅**(serverless computing)을 활용하는 것이다. 서버리스 아키텍처는 이벤트 기반 또는 간헐적 워크로드에 특히 적합하며, 실제 사용한 만큼만 비용을 지불하는 구조이므로 고정 인프라 유지 비용을 줄이는 데 효과적이다. AWS Lambda, Google Cloud Functions, Azure Functions 등의 서비스를 활용하면 유휴 상태의 리소스 비용을 줄이고 운영 효율성을 높일 수 있다.

네 번째 전략은 **데이터 저장 비용을 최소화**하는 것이다. 장기간 보관해야 하는 데이터는 고성능 스토리지 대신 **콜드 스토리지**(cold storage)[5]나 아카이브 스토리지로 이동하는 것이 효과적이다. 또한 데이터 중복 제거, 주기적인 데이터 정리, 데이터 라이프사이클 관리 정책 수립을 통해 스토리지 비용을 체계적으로 절감할 수 있다.

다섯 번째 전략은 **지속적인 모델 최적화를 통해 연산 비용을 절감**하는 것이다. 모델이 지나치게 크거나 복잡할 경우 GPU 및 TPU 사용 비용이 급증할 수 있다. **가지치기**(pruning), **양자화**(quantization), **지식 증류**(knowledge distillation)와 같은 기법을 통해 모델을

5 AWS Glacier, Google Cloud Archive Storage와 같이 거의 접근하지 않는 데이터를 장기간 매우 저렴한 비용으로 보관(아카이빙)하는 데 사용되는 스토리지

경량화하면 연산량을 줄이면서도 성능을 유지할 수 있다. 또한 최신 하드웨어 가속기를 적극 활용하여 에너지 효율성과 처리 성능을 동시에 향상시킬 수 있다.

여섯 번째 전략은 **비용 모니터링 및 자동화된 분석 도구 도입**이다. AWS Cost Explorer, Google Cloud Billing Reports, Azure Cost Management와 같은 클라우드 비용 분석 도구를 활용하면 비용 패턴을 실시간으로 추적하고, 비효율적인 지출을 조기에 식별할 수 있다. 특히 설정한 임곗값 초과 시 자동 알림 기능을 활성화하면 예상치 못한 비용 초과를 방지할 수 있다.

일곱 번째 전략은 **장기 계약을 통한 비용 절감** 전략이다. 클라우드 제공업체들은 예약 인스턴스나 절감형 플랜을 통해 장기 사용을 약정할 경우 최대 70%까지 비용을 절감할 수 있는 혜택을 제공한다. 그러나 이러한 계약을 체결하기 전에 서비스 사용량 패턴을 면밀히 분석하고, 장기 수요 예측을 기반으로 신중하게 결정해야 한다.

여덟 번째 전략은 **에지 컴퓨팅**(edge computing) 활용이다. 에지 디바이스에서 데이터를 사전 처리하고, 필요한 정보만 클라우드로 전송하면 네트워크 대역폭 비용과 중앙 연산 리소스 사용을 크게 줄일 수 있다. 특히 IoT 환경이나 실시간 데이터 분석이 중요한 프로젝트에서는 에지 컴퓨팅이 장기적 비용 절감에 기여할 수 있다.

아홉 번째 전략은 **기술 동향에 대한 지속적인 모니터링과 유연한 대응**이다. 클라우드 인프라, 머신러닝 가속기, 스토리지 기술 등은 빠르게 변화하고 있으며, 새로운 기술을 적시에 도입하면 성능 향상과 비용 절감을 동시에 실현할 수 있다. 따라서 기존 인프라와 운영 방식을 주기적으로 재평가하고, 최신 솔루션을 적극적으로 검토하는 접근이 필요하다.

14.1.4 비용 추적 및 알림

비용 초과를 방지하려면 사전에 설정된 예산 범위를 초과하지 않도록 지속적인 모니터링과 경고 시스템을 구축해야 한다. 클라우드 환경에서는 사용량이 예측보다 빠르게 증가할 수 있으며, 특히 데이터 사이언스 프로젝트에서는 대규모 데이터 저장 및 처리 과정에서 예상치 못한 비용 급등이 발생할 가능성이 높다.

따라서 실시간 비용 추적 시스템을 운영하고, 설정된 예산 대비 80% 또는 90% 수준에 도달했을 때 조기 알림을 수신할 수 있도록 체계화해야 한다. 또한, 단순한 누적 사용량 모니터링을 넘어 일정 기간 동안의 급격한 비용 증가 패턴을 감지하여 별도의 긴급 경고를 발송하는 시스템을 마련하는 것도 중요하다. 이를 통해 조직은 비용 초과를 사전에 차단하고, 필요 시 즉각적인 대응 조치를 취함으로써 재정적 리스크를 최소화할 수 있다.

클라우드 서비스 제공업체들은 기본적으로 비용 추적 및 알림 기능을 제공한다. AWS는 AWS Budgets, Google Cloud는 Cloud Billing Alerts, Azure는 Cost Management, Billing과 같은 도구를 제공한다. 그러면 특정 서비스의 비용이 일정 수준을 넘었을 때 이메일, Slack, Microsoft Teams 등의 협업 도구를 통해 자동으로 알림을 받을 수 있다. 알림 시스템을 효과적으로 활용하면 예산 초과를 미연에 방지할 수 있으며, 필요한 경우 즉시 대응할 수 있다.

비용 추적 시스템을 효율적으로 운영하려면 서비스별, 팀별, 프로젝트별로 세분화된 모니터링이 필요하다. 단순히 총 비용만 확인하는 것이 아니라, 어떤 서비스가 가장 많은 비용을 발생시키는지 분석하는 것이 중요하다. 예를 들어, 특정 프로젝트에서 사용하는 클라우드 컴퓨팅 리소스의 비용이 예상보다 높게 나왔다면 세부 내역을 통해 해당 리소스의 사양(CPU, GPU, 메모리 등)이 실제 워크로드에 비해 과도하게 설정되었는지 확인하고 최적화할 수 있다.

스토리지 비용 관리 또한 총 사용량만으로 판단해서는 안 되며, 데이터의 접근 빈도, 중요도, 저장 기간, 스토리지 클래스에 따라 분류하여 추적할 필요가 있다. 예를 들어, 자주 사용하지 않는 데이터를 여전히 고성능 스토리지(S3 Standard 등)에 보관 중이라면, 보다 저렴한 계층(IA, Glacier 등)으로 이전하거나 더 이상 사용하지 않는 데이터를 삭제하는 방식으로 비용 최적화 작업을 수행할 수 있다.

네트워크 전송 비용은 어떤 리전 간 통신인지, 인터넷 아웃바운드 트래픽인지, 그리고 CDN이나 AWS Direct Connect와 같은 특정 서비스를 사용하는지 여부에 따라 크게 달라진다. 이러한 요인들은 트래픽 비용에 직접적인 영향을 미치므로 사전에 면밀한 분석이 필요하다. 예상치 못한 대량의 데이터 전송이 특정 애플리케이션에서 발생했다면 해당 트래픽의 발생 원인(예: 과도한 로깅, 비효율적인 데이터 동기화)을 파악하고 애플리케이션 로직 수정, 데이터 압축 적용, CDN 활용 확대 등을 통해 비용을 절감할 수 있다.

자동화된 비용 추적 시스템을 구축할 때는 **태깅(tagging)** 및 **레이블링(labeling)** 전략을 활용하는 것이 효과적이다. AWS, GCP, Azure 등 주요 클라우드 플랫폼에서는 비용을 프로젝트 단위로 분류하기 위해 태그를 지원한다. 예를 들어, 'Team=data-science', 'Project=review-classification', 'Task=model-training' 등의 태그를 설정하면 특정 팀이나 프로젝트에서 발생하는 비용을 쉽게 모니터링할 수 있다. 또한 태그를 활용하면 특정 팀의 예산 초과 여부를 빠르게 확인하고, 필요한 경우 비용 절감 조치를 취할 수 있다. 다음은 비용 태그 스키마 가이드라인이다.

비용 태그 스키마 가이드라인

1. **필수 태그 키(mandatory tag keys) 정의 및 합의**
   A. 모든 주요 리소스에 반드시 적용해야 하는 태그 키 목록(예: Project, Team, Environment, CostCenter, ApplicationName)을 정의하고 조직 내 관련 부서 간의 합의를 도출한다. 이는 비용을 특정 책임 단위나 목적별로 분류하는 기본 기준이 된다.
2. **태그 명명 규칙(naming convention) 표준화**
   A. **태그 키(key) 규칙**: 일관된 형식(예: 모두 소문자 사용, 단어 구분은 하이픈(-) 사용)을 정의한다(예: project-name O, projectName X, Project Name X).
   B. **태그 값(value) 규칙**: 허용되는 값의 형식을 정의한다. 가능한 경우, 자유 형식 텍스트보다는 미리 정의된 값 목록(예: Environment: prod, dev, staging) 사용을 권장하여 분류 오류를 줄인다. 값에도 일관된 방식(소문자 권장)을 적용한다.
   C. **계층 구조(hierarchy)**: 필요시 콜론(:) 등을 사용하여 논리적 계층 구조를 표현할 수 있으나, 과도하게 복잡해지지 않게 구성한다(예: service:component:name).
3. **개인 식별 정보(PII) 및 민감 정보 포함 금지**
   A. 태그는 보안 데이터가 아닌 메타데이터이므로 태그 값에는 이름, 이메일 주소, 계정 번호 등 개인 식별 정보(PII)나 비밀번호, API 키 등의 민감 정보를 포함하지 않도록 명확히 규정한다.
4. **태그 거버넌스 역할 및 책임 정의**
   A. **새 태그 키 정의/승인**: 누가 새로운 표준 태그 키(특히 필수 태그)를 제안하고 최종적으로 승인할 권한을 가지는지 명확히 한다(예: 클라우드 거버넌스 팀, 재무팀 협의).

B. **태그 값 관리**: 특정 태그 키(예: Project)에 허용되는 값 목록을 누가 관리하고 업데이트하는지 (예: 프로젝트 관리 조직) 정의한다.

C. **태그 적용 책임**: 리소스를 생성하거나 관리하는 주체(개발팀, 운영팀 등)가 태깅 정책을 준수하고 정확한 태그를 적용할 책임이 있음을 명시한다.

5. **태그 생성 및 관리 프로세스 정의**

A. **새 값 추가 절차**: 새로운 프로젝트나 팀이 생겼을 때 관련 태그(예: Project, Team)의 허용 값 목록에 어떻게 추가하는지에 대한 절차를 수립한다.

B. **선택적 태그**: 필수 태그 외에 특정 목적(예: 자동화 스크립트 대상 식별, 백업 정책 적용)을 위한 선택적 태그 사용 규칙 및 관리 방안을 마련한다. 또한, 태그가 남용되지 않도록 가이드라인을 제공한다.

6. **태깅 자동화 및 강제화 방안 마련**

A. **IaC(Infrastructure as Code)**: Terraform, CloudFormation 등 IaC 도구를 사용하여 리소스를 배포할 때 태그를 자동으로 적용하도록 템플릿에 명시한다.

B. **정책 기반 강제화**: 클라우드 제공업체의 정책 서비스(예: AWS Service Control Policies, AWS Config Rules, Azure Policy)를 활용하여 필수 태그 누락 시 리소스 생성을 차단하거나 규정 미준수 리소스를 탐지하고 보고하도록 설정한다.

7. **정기적인 태그 감사 및 개선**

A. 주기적으로 태그가 없는 리소스(untagged resources)나 잘못 태그된 리소스를 식별하고 수정하는 감사 프로세스를 운영한다.

B. 비용 분석 리포트 등을 통해 태깅 전략의 효과를 검토하고, 필요시 태그 키/값 또는 정책을 개선한다.

8. **태깅 정책 문서화 및 교육**

A. 정의된 모든 가이드라인, 규칙, 프로세스를 명확하게 문서화하고 모든 관련 담당자가 쉽게 접근할 수 있게 한다.

B. 정기적인 교육이나 안내를 통해 조직 구성원들이 태깅의 중요성을 인지하고 정책을 올바르게 따르도록 독려한다.

리소스 태그 지정의 실제 실행 주체는 개발자와 운영자이므로 해당 작업에 대한 명확한 소유권을 갖고 책임을 인식하도록 하는 것이 중요하다. 개발자와 운영자가 태깅 규칙을 이해하고 적극적으로 참여할 때 비로소 비용 데이터의 정확성과 신뢰성이 확보될 수 있다. 이렇게 잘 관리된 태그 정보는 특히 비용 예측이 어렵고 변동성이 큰 워크로드를 효율적으로 관리하는 데 핵심 기반이 된다.

데이터 사이언스 프로젝트에서는 특히 모델 학습 비용이 초기 예측보다 높아지는 경우가 많다. 이를 방지하기 위해 클라우드 제공업체에서 제공하는 비용 예측 기능을 적극 활용해야 한다. 예를 들어, AWS Cost Explorer나 Google Cloud Billing을 사용하면 향후 몇 주 또는 몇 달간 예상되는 비용을 시각적으로 확인할 수 있다. 이를 통해 비용 증가 패턴을 분석하고, 사전에 예산을 조정하거나 리소스 사용 계획을 변경할 수 있다.

비용 초과를 방지하는 또 다른 전략은 일정 금액 이상 사용될 경우 자동으로 특정 작업을 제한하는 것이다. 예를 들어, 특정 GPU 인스턴스를 일정 시간 이상 실행하지 못하도록 제한하거나 데이터 저장소에 일정 용량 이상 저장할 경우 추가적인 데이터 업로드를 차단하는 방식이 있다. 이를 위해 클라우드 제공업체의 **자동 비용 제한 정책**(budget action)을 활용할 수 있다.

특정 워크로드에 대해 오토 스케일링과 적합한 요금 모델(예: 스팟 인스턴스, 예약 인스턴스 등)을 병행 활용하는 것도 비용 초과 방지를 위한 효과적인 방법이다. 예를 들어, 데이터 전처리 작업이나 모델 학습 과정이 항상 특정 시간대에 집중된다면 해당 시간에만 리소스를 자동으로 확장하고 나머지 시간에는 축소하도록 설정할 수 있다.

또한, 짧은 시간 동안 자주 실행된다면 서버리스 컴퓨팅 모델이나 스팟 인스턴스를 검토해 볼 수 있다. 서버리스는 실제 코드 실행 시간에 대해서만 비용을 지불하므로 이러한 유형의 워크로드에 매우 비용 효율적이며, 스팟 인스턴스는 중단 가능성을 감수할 수 있는 배치성 작업에 큰 폭의 비용 절감을 제공할 수 있다. 이를 통해 불필요한 컴퓨팅 비용을 절감할 수 있다.

비용 추적과 알림 시스템은 단순한 모니터링 도구를 넘어, 실질적인 의사결정 도구로 활용될 수 있다. 데이터 사이언스 프로젝트의 성격에 따라 비용이 증가할 가능성이 높은 부분을 미리 예측하고, 이에 맞는 전략을 마련하는 것이 필요하다. 이를 위해 정기적인 비용 분석 리포트를 생성하고, 비용 최적화 목표를 설정하는 것도 좋은 방법이다.

또한, 팀 내에서 비용 모니터링 문화를 정착시키는 것 역시 중요하다. 프로젝트를 진행할 때 모든 팀원이 자신의 리소스 사용량을 확인하고, 필요 없는 리소스는 종료하는 습관을 들이는 것이 효과적이다. 이를 위해 월별 비용 리뷰 미팅을 진행하거나 공유 대시보드를 통해 실시간 비용 정보를 시각화하면 팀원 간 책임 의식을 높이고 효율적인 자원 관리를 유도할 수 있다.

궁극적으로 비용 추적 및 알림 체계는 단순한 비용 절감뿐 아니라 데이터 사이언스 프로젝트의 지속 가능성을 확보하는 기반이 된다. 비용을 효과적으로 관리하면 예산 내에서 더 많은 실험을 수행할 수 있으며, 조직의 전반적인 클라우드 비용 효율성을 높이는 데 기여할 수 있다.

14.2 _ 서비스 수준 계약 설정

서비스 수준 계약(Service Level Agreement, SLA)은 IT 서비스 제공업체와 고객 간에 서비스의 성능, 품질, 가용성 등을 명확히 정의하는 공식적인 합의다. SLA는 단순한 약속을 넘어, 서비스 품질을 유지하고 비용을 효과적으로 관리하기 위한 핵심 수단으로 기능한다. 특히 클라우드 기반 서비스에서는 고객이 일정 수준 이상의 성능을 보장받을 수 있도록 구체적인 기준을 명시하며, 서비스 제공업체가 이를 충족하지 못할 경우에는 사전에 정의된 보상이나 패널티가 적용된다.

SLA 설정 과정에서 가장 중요한 과제는 비즈니스 요구사항과 서비스 비용 간의 균형을 맞추는 일이다. 무조건 높은 수준의 SLA를 설정하면 서비스 품질은 향상될 수 있지만, 그에 따른 비용 부담이 급격히 증가할 수 있다. 반대로, 비용 절감을 위해 SLA 기준을 낮출 경우, 서비스 안정성이 저하되고 장애 발생 시 목표 복구 시간(RTO) 및 데이터 손실 위험(RPO)이 커질 수 있다. 따라서 운영 환경, 예산, 사용자 기대 수준을 종합적으로 고려하여 최적의 SLA 수준을 설정하는 것이 중요하다.

데이터 사이언스 및 AI 기반 서비스에서는 SLA의 범위가 더 넓어진다. 단순한 시스템 가용성 외에도, 모델 추론 API의 응답 시간, 데이터 처리 파이프라인의 실행 속도, 데이터 최신성, 결과 제공 주기 등이 SLA에 포함될 수 있다. 적절한 SLA를 설정하면 서비스 품질을 일정하게 유지하는 동시에, 불필요한 리소스 낭비로 인한 비용 증가도 예방할 수 있다.

SLA는 단순히 계약으로 끝나는 것이 아니라, 지속적인 모니터링과 주기적인 조정을 수반해야 한다. 초기 SLA는 실제 운영 데이터와 사용자 경험에 따라 점검하고, 필요한 경우 현실적인 기준으로 업데이트해야 한다. 또한 SLA 위반이 발생했을 경우 대응 절차를 명확히 정의해 두어야 한다. 예를 들어, 위반 시 환불, 서비스 크레딧 지급, 계약 해지 옵션 제공 등 구체적인 보상 정책을 사전에 규정해 두는 것이 바람직하다. 이러한 구조적 접근을 통해 SLA를 효과적으로 관리하고, 서비스 비용과 품질 간 최적의 균형을 지속적으로 유지할 수 있다.

14.2.1 SLA란?

서비스 수준 계약(Service Level Agreement, SLA)은 단순히 성능과 가용성을 보장하는 계약이 아니라, 기업이 IT 서비스의 운영 비용을 효과적으로 관리하고 최적화하는 데 중요한 역할을 한다. SLA를 전략적으로 설정하면 불필요한 리소스 낭비를 방지하고, 서비스 수준을 유지하면서도 비용을 절감할 수 있다. 특히 클라우드 기반 서비스에서는 SLA 수준을 충족하기 위해 필요한 리소스가 늘어나면서 비용이 동적으로 변동할 수 있기 때문에 현실적인 기준과 예산 범위를 고려한 신중한 설계가 필요하다.

가용성, 응답 시간, 처리량은 SLA에서 가장 중요한 요소이며, 이 기준이 어떻게 설정되는지에 따라 서비스의 운영 비용이 크게 달라진다. 높은 수준의 가용성을 보장하면 장애 발생 가능성이 줄어들지만, 이를 위해 더 많은 인프라를 유지해야 하므로 비용이 증가한다. 반면, 응답 시간을 줄이기 위해서는 고성능의 서버를 사용하거나 병렬 처리를 강화해야 하는데, 이는 추가적인 비용을 유발할 수 있다. 처리량 역시 SLA에서 중요한 요소로, 대량의 데이터를 빠르게 처리할수록 비용이 증가하지만, 적절한 최적화를 통해 비용을 조절할 수 있다.

가용성(availability)은 시스템이 정상적으로 운영되는 비율을 의미하며, 일반적으로 퍼센트(%)로 표현된다. 예를 들어, 99.9% 가용성을 제공하는 서비스는 연간 약 8.76시간의 다운타임이 허용되지만, 99.99% 가용성을 제공하는 경우 연간 허용되는 다운타임이 약 52분으로 줄어든다. 가용성이 높을수록 시스템 안정성이 향상되지만, 그만큼 인프라와 운영 비용이 증가하게 된다. 반대로 낮은 SLA 기준을 설정할 경우, 장애 발생 시 비즈니스에 심각한 영향을 줄 수 있다.

데이터 사이언스 시스템에서는 가용성이 비즈니스 성과에 직접적인 영향을 미칠 수 있다. 예를 들어, 실시간 예측 모델이 장애로 인해 응답하지 못하면, 사용자 경험이 저하되거나 수익 손실로 이어질 수 있다. 특히, 금융이나 헬스케어 분야에서는 모델의 가용성이 낮으면 치명적인 문제를 유발할 수 있다. 반면, 배치 처리 방식의 데이터 분석 시스템은 일정 시간 동안 다운되더라도 큰 문제가 없을 수 있으므로, 가용성을 상대적으로 낮게 설정하여 비용을 절감할 수 있다.

응답 시간(response time)은 요청을 처리하는 데 걸리는 시간을 의미하며, SLA에서 중요한 성능 지표 중 하나다. 짧은 응답 시간을 보장하려면 고성능 하드웨어, 캐싱 기술, 로드 밸런싱, 오토 스케일링 등이 필요하며, 이러한 기술을 도입할수록 운영 비용이 증가한다. 예를 들어, AI 기반 추천 시스템을 운영하는 기업이 SLA를 통해 API 응답 시간을 100ms 이내로 보장해야 한다면 이를 달성하기 위해 더 강력한 서버 인프라를 도입해야 하며, 이로 인해 비용이 증가할 수 있다.

데이터 사이언스 기반 애플리케이션에서는 응답 시간이 비즈니스 성공에 중요한 영향을 미친다. 온라인 광고 추천 시스템의 경우, 사용자가 페이지를 로드하는 동안 모델이 즉시 결과를 반환해야 한다. 이때, 응답 시간이 1초 이상 지연되면 클릭률이 급격히 하락할 수 있다. 반면, 내부적인 데이터 분석 시스템에서는 수 초에서 수 분의 응답 시간이 허용될 수도 있으며, 이 경우 비용을 줄이기 위해 상대적으로 저렴한 인프라를 사용할 수 있다.

처리량(throughput)은 시스템이 단위 시간 동안 처리할 수 있는 요청 수 또는 데이터량을 의미한다. 높은 처리량을 요구하는 경우, 더 많은 서버를 확장하거나 병렬 처리를 최적화해야 하며, 이에 따라 비용이 증가한다. 예를 들어, 스트리밍 데이터 분석 시스템은 초당 수십만 건의 데이터를 처리해야 하므로 강력한 컴퓨팅 리소스를 필요로 한다. 반면, 일일 단위로 실행되는 데이터 배치 작업은 상대적으로 낮은 처리량을 요구하며, 비용을 절감할 수 있는 여지가 크다.

대규모 데이터 사이언스 워크로드에서는 처리량이 서비스 비용을 결정하는 핵심 요소가 된다. 예를 들어, 빅데이터 분석 플랫폼에서 실시간 로그 데이터를 처리할 경우, 처리량을 높이기 위해 Apache Kafka, Spark Structured Streaming과 같은 분산 처리 기술을 도입할 수 있다. 하지만 이러한 기술을 사용하면 인프라 비용이 증가하기 때문에 최적화된 배포 전략을 통해 불필요한 비용 지출을 줄이는 것이 중요하다.

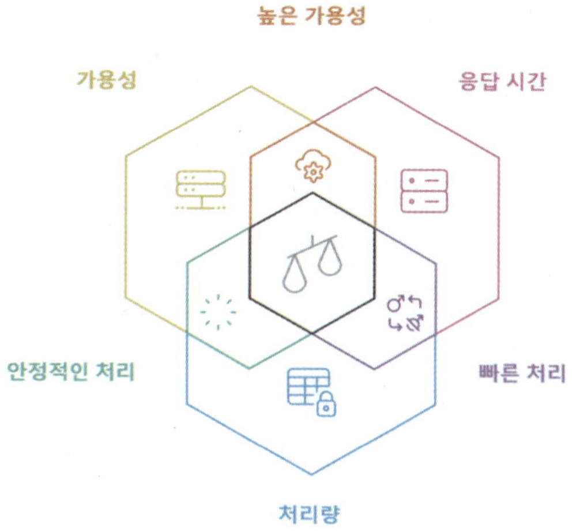

그림 14.2 SLA 최적화 균형

기업이 SLA를 설정할 때 고려해야 할 또 다른 요소는 서비스의 변화 대응 능력인 **유연성**(flexibility), **확장성**(scalability), **탄력성**(elasticity)이다. 이 요소들을 SLA에 어떻게 반영할지가 중요한 고려 사항이다. 예를 들어, 급증하는 트래픽에 대해 요청 제한(rate limiting)이나 스로틀링(throttling)[6]으로 처리량을 제한하는 대신, 오토 스케일링을 통해 동적으로 리소스를 할당하여 요청을 처리할 수 있다. 그러나 오토 스케일링에는 비용 증가가 따르므로 서비스 운영자는 성능 목표와 예산을 종합적으로 고려하여 합리적인 SLA 수준을 결정해야 한다.

마지막으로 **데이터 품질**(data quality)도 데이터 사이언스 시스템 SLA에서 중요한 항목으로 다뤄진다. 예를 들어, "99.95% 이상의 데이터 정확도를 유지해야 한다"는 SLA를 설정했다면 데이터 정제 및 검증 프로세스를 강화해야 하며, 이로 인해 추가적인 비용이 발생할 수 있다. 반면, 일정 수준의 데이터 오류를 허용할 경우 데이터 정제 프로세스를 단순화하여 비용을 절감할 수 있다. 따라서 SLA를 설정할 때는 서비스 목적과 비즈니스 요구 사항을 고려하여 적절한 수준을 결정하는 것이 중요하다.

가용성, 응답 시간, 처리량과 같은 핵심 지표들은 서비스 품질과 직결되며, 동시에 인프라 투자 및 운영 비용을 결정하는 중요한 요소로 작용한다. 따라서 기업은 비즈니스 목표, 애

6 정해진 시간당 요청 한도를 초과하여 시스템이 일시적으로 요청 처리를 거부하는 것

플리케이션의 중요도(예: 실시간 예측 모델 vs 배치 분석), 그리고 예산을 종합적으로 고려하여 각 서비스에 맞는 최적의 SLA 수준을 신중하게 설정해야 한다. 무조건 높은 수준의 SLA만을 추구하기보다는 비용 효율성과 비즈니스 요구사항 간의 균형점을 찾는 것이 중요하다. 이를 위해 유연하고 확장 가능한 방식으로 관리해야 하며, 지속적인 모니터링과 조정으로 우수한 SLA를 달성할 수 있다.

14.2.2 SLA 설계 및 운영 방안

SLA를 준수하고 서비스 안정성을 확보하기 위해서는 성능을 지속적으로 모니터링하고 평가할 수 있는 명확한 지표를 정의해야 한다. **평균 복구 시간**(Mean Time to Repair, MTTR), **평균 고장 간격**(Mean Time Between Failures, MTBF), **목표 복구 시간**(Recovery Time Objective, RTO) 등의 핵심 지표를 설정하면 시스템의 신뢰성을 분석하고 장애 발생 시 대응 역량을 객관적으로 평가할 수 있다. 데이터 사이언스 및 데이터 엔지니어링 팀은 이를 기반으로 안정적인 서비스를 제공할 수 있는 운영 전략을 수립해야 한다.

평균 복구 시간(MTTR)은 시스템에 장애가 발생한 시점부터 이를 복구하여 정상 상태로 되돌리기까지 소요되는 평균 시간을 의미한다. 이는 장애 발생 시 얼마나 신속하게 복구 작업을 완료할 수 있는지, 즉 복구 프로세스의 효율성을 측정하는 지표로, 낮을수록 좋다.

평균 고장 간격(MTBF)은 하나의 고장이 복구된 이후, 다음 고장이 발생하기 전까지 시스템이 정상적으로 운영된 평균 시간을 의미한다. 이는 시스템의 기본적인 안정성과 신뢰성 수준을 측정하는 지표이며, 수치가 높을수록 장애 없이 장시간 운영되었음을 의미한다.

마지막으로 목표 복구 시간(RTO)은 실제 측정값이 아니라, 비즈니스 연속성 관점에서 설정하는 목표치다. 이는 장애 발생 시 해당 서비스나 시스템이 복구되어야 하는 최대 허용 시간을 정의하며, 이 시간 내에 복구를 완료하는 것을 목표로 한다.

즉, MTTR은 실제 복구에 걸린 평균 시간, MTBF는 장애 없이 운영된 평균 시간, RTO는 비즈니스 관점에서 설정한 최대 복구 시간을 나타내며, 이 지표들이 서비스 안정성 확보 및 운영 성숙도 평가의 기준이 된다. 다음 표 14.1은 평균 복구 시간(MTTR), 평균 고장 간격(MTBF), 복구 목표 시간(RTO) 세 가지 지표를 조합하여 서비스 안정성을 8가지 시나리오로 분석한 결과다.

표 14.1 서비스 안정성 평가 시나리오

MTTR	MTBF	RTO 대비 MTTR	서비스 안정성	분석 및 영향	권장 조치 사항
낮음	높음	목표 만족 (MTTR ≤ RTO)	매우 좋음	가장 이상적인 상태. 장애는 드물고 복구는 빠르며, 비즈니스 요구 시간을 만족함.	현상 유지 및 지속적인 모니터링 장애 예방 활동 강화
낮음	높음	목표 미달 (MTTR 〉 RTO)	좋음	장애는 드물고 복구도 빠르지만, 비즈니스가 요구하는 RTO가 매우 엄격하여 충족하지 못함.	RTO 현실성 검토 MTTR 단축
낮음	낮음	목표 만족 (MTTR ≤ RTO)	보통	장애가 잦지만, 빠른 복구 능력으로 RTO를 만족시킴. 사용자는 잦은 끊김을 경험할 수 있음.	오류 분석 강화 장애 예방 조치 점검 강화
낮음	낮음	목표 미달 (MTTR 〉 RTO)	나쁨	장애가 잦고, 빠른 복구에도 불구하고 RTO를 만족시키지 못함. 서비스 신뢰도 매우 낮음.	MTBF 개선 최우선 MTTR 추가 단축 RTO 현실성 검토
높음	높음	목표 만족 (MTTR ≤ RTO)	좋음	장애는 드물지만 한번 발생하면 복구에 시간이 오래 걸림. 단, RTO는 만족하는 상태.	MTTR 개선 필요 복구 프로세스 최적화 자동 복구 시스템 도입 검토
높음	높음	목표 미달 (MTTR 〉 RTO)	나쁨	장애는 드물지만, 발생 시 복구가 오래 걸려 RTO를 초과함. 장애 발생 시 비즈니스 영향이 큼.	MTTR 개선 시급
높음	낮음	목표 만족 (MTTR ≤ RTO)	매우 나쁨	장애가 잦고 복구도 느리지만, RTO 기준이 여유로워 간신히 만족하는 상태. 잠재적 위험 높음.	MTBF 및 MTTR 모두 개선 필요 특히 MTBF 개선 우선순위 높음

MTTR	MTBF	RTO 대비 MTTR	서비스 안정성	분석 및 영향	권장 조치 사항
높음	낮음	목표 미달 (MTTR 〉 RTO)	매우 나쁨	최악의 시나리오. 장애가 잦고 복구도 느려 RTO를 만족시키지 못함. 서비스 제공 불가 수준.	전면적인 개선 시급 MTBF, MTTR 동시 개선 아키텍처 재검토 필요

표 14.1은 평균 복구 시간(MTTR), 평균 고장 간격(MTBF)이라는 두 가지 핵심 운영 지표와 함께, 실제 복구 시간(MTTR)이 비즈니스 요구사항인 복구 목표 시간(RTO)을 만족하는지 여부를 중요한 기준으로 삼아 서비스 안정성을 8가지 시나리오로 분석한 결과다.

각 시나리오를 참고하여 현재 서비스 상태를 진단하고 필요한 개선 조치를 설계하는 데 참고할 수 있다. 평균 복구 시간(MTTR)이 복구 목표 시간(RTO) 이내로 관리되어야 한다. 이는 비즈니스가 허용하는 최대 장애 시간 내에 서비스를 복구할 수 있음을 의미한다. 이 기준의 충족 여부가 안정성 평가의 핵심 요소가 된다.

평균 복구 시간(MTTR) 개선 방안으로는 복구 절차 자동화, 장애 탐지 시간 단축, 담당자 숙련도 향상 등이 있으며, 평균 고장 간격(MTBF) 개선 방안으로는 코드 품질 향상, 인프라 안정화, 모니터링 강화 등이 있다.

데이터 사이언스 프로젝트는 실험적 성격이 강하기 때문에 초기에는 비교적 완화된 SLA를 설정하고, 서비스가 안정화되면서 점진적으로 기준을 높이는 접근이 효과적이다. 예를 들어, 모델 개발 단계에서는 학습 인프라의 가용성을 99.5%로 설정할 수 있지만, 운영 단계에서는 99.9% 이상의 높은 가용성을 요구할 수 있다. 이를 통해 초기에는 비용 부담을 줄이면서도 유연하게 운영할 수 있고, 점진적으로 신뢰성을 강화하는 전략을 적용할 수 있다.

SLA 설계 시 비용 최적화 전략을 병행하는 것도 중요하다. 모든 시스템에 동일한 수준의 SLA를 적용하면 불필요한 운영 비용이 발생할 수 있으므로 서비스의 중요도에 따라 차별화된 SLA를 설정해야 한다. 예를 들어, 사용자와 직접 상호작용하는 API 서비스는 빠른 응답 시간을 유지해야 하지만, 대량 데이터를 처리하는 배치 서비스는 상대적으로 긴 처리 시간을 허용할 수도 있다. 핵심 서비스에는 높은 SLA를 적용하고, 중요도가 낮은 내부 시스템에는 상대적으로 낮은 SLA를 설정하면 운영 비용을 최적화할 수 있다.

또한, SLA는 일방적으로 정해지는 것이 아니라 고객의 요구 사항을 반영하여 맞춤형으로 설계될 수 있다. 의료 데이터 분석과 같은 분야에서는 높은 보안성과 짧은 응답 시간이 필수적이므로 이러한 요구 사항을 반영해야 한다. 반면, 내부 분석용 데이터 처리 시스템은 비교적 완화된 SLA를 적용함으로써 비용 효율성을 높일 수 있다. 따라서 SLA를 설정할 때는 비즈니스 목표, 규제 준수 여부, 사용자 기대치를 종합적으로 고려해야 한다.

현실적으로 달성 가능한 SLA를 설정하지 않으면 예상치 못한 비용 부담이 발생할 수 있다. 높은 SLA를 설정했음에도 불구하고 지속적으로 서비스 장애가 발생하면, 고객 보상 비용이 증가하고 기업의 신뢰도에도 부정적인 영향을 미칠 수 있다. 따라서 SLA를 수립할 때는 성능 테스트와 비용 분석을 병행하여 실현 가능성을 충분히 검토해야 하며, 필요에 따라 유연하게 조정할 수 있도록 설계하는 것이 중요하다.

결과적으로 SLA는 단순한 서비스 수준 계약을 넘어, 서비스 품질과 비용을 균형 있게 조정하는 전략적 도구로 활용되어야 한다. 특히 대규모 연산이 요구되는 데이터 사이언스 환경에서는 SLA를 신중하게 설계해야 하며, 가용성, 응답 시간, 처리량 등의 요소를 적절히 조정함으로써 운영 비용을 최적화할 수 있다. 효과적인 SLA 관리를 통해 서비스의 신뢰성을 유지하면서도 불필요한 비용을 최소화할 수 있으며, 이를 통해 기업은 예측 가능한 서비스 운영과 지속 가능한 데이터 기반 비즈니스 모델을 구축할 수 있다. 다음은 SLA 설계 및 운영 가이드라인을 정리한 것이다.

SLA 설계 가이드라인

- **서비스 중요도 평가**: 서비스별 우선순위를 정하고, 비즈니스 영향도를 분석한다.
- **핵심 성능 지표 선정**: MTTR, MTBF, RTO, RPO 등 적절한 성능 및 복구 목표를 설정한다.
- **가용성 기준 결정**: 99.9%, 99.95%, 99.99% 등 목표 수준을 비즈니스 요구 사항에 맞춘다.
- **서비스 범위 정의**: SLA가 적용되는 시스템, 기능, 사용자 범위를 명확히 규정한다.
- **데이터 사이언스 프로젝트 특성 반영**: 모델 업데이트 주기, 데이터 품질 유지, 실시간 데이터 처리 성능 등을 포함한다.
- **비용 최적화 전략 수립**: 높은 SLA를 설정할 경우 비용 증가를 감안하여 최적의 수준을 조정한다.
- **위반 시 대응 계획 마련**: 패널티 및 보상 체계를 설정하고, 장애 발생 시의 복구 절차를 정의한다.

SLA 운영 단계 가이드라인

- **실시간 모니터링 시스템 구축**: 가용성, 응답 시간, 오류율 등을 지속적으로 감시한다.
- **자동화된 장애 탐지 및 대응**: SLA 위반을 사전에 방지하기 위한 알람 및 자동 복구 시스템을 적용한다.
- **정기적인 SLA 검토 및 재조정**: 서비스 성능을 분석하고 SLA 목표를 현실적으로 재조정한다.
- **고객과의 투명한 커뮤니케이션**: SLA 준수 여부 및 장애 발생 시 조치 사항을 명확히 공유한다.
- **패널티 및 보상 관리**: SLA 위반 시 적절한 보상을 제공하고, 고객 신뢰를 유지한다.
- **서비스 개선 프로세스 운영**: SLA 준수를 위해 인프라 확장, 성능 최적화, 장애 원인 분석을 지속적으로 수행한다.

14.2.3 SLA 위반 시 패널티 및 보상 정책

SLA는 단순한 내부 운영 기준이 아니라 계약상의 의무이며, 이를 준수하지 못하면 고객 보상, 패널티 지급, 심각한 경우 법적 분쟁으로 이어질 수 있다. 따라서 기업은 SLA 준수 여부를 지속적으로 모니터링하고, 위반 발생 시 이에 대한 적절한 대응 방안을 마련해야 한다.

SLA 위반 패널티는 일반적으로 금전적 보상, 서비스 크레딧 제공, 계약 조건 변경 등의 형태로 이루어진다. 금전적 보상의 경우, 서비스의 가용성이 일정 기준 이하로 떨어지면 고객이 일정 비율의 요금 환불을 받을 수 있도록 계약이 체결된다. 서비스 크레딧은 향후 일정 기간 동안 무료 사용 권한을 제공하는 방식으로, 고객의 불만을 최소화하는 역할을 한다. 계약 조건 변경은 SLA를 준수하지 못한 원인을 분석하고, 개선된 서비스 수준을 약속하는 형태로 이루어진다.

SLA 위반 시 보상 기준은 계약에 따라 다르게 설정될 수 있다. 예를 들어, 서비스 가용성이 99.9% 이하로 떨어지면 월 요금의 10%를 환불하고, 99.5% 이하로 내려가면 20%를 환불하는 방식이 일반적이다. 일부 기업은 SLA 위반이 반복될 경우 계약 해지 옵션을 제공하기도 하며, 이는 고객이 더 신뢰할 수 있는 서비스로 이동할 수 있는 권한을 의미한다.

데이터 사이언스 시스템에서는 SLA 위반이 더욱 치명적일 수 있다. 데이터 수집, 처리, 분석, 모델 배포 과정이 실시간으로 이루어지는 경우, 서비스 중단이나 성능 저하는 데이터 유실, 잘못된 모델 업데이트, 의사결정 오류 등의 심각한 문제를 초래할 수 있다. 예를 들어, 금융 데이터 분석 시스템이 SLA를 준수하지 못하고 실시간 데이터 피드를 놓친다면 투자 판단이 늦어져 큰 손실이 발생할 수 있다.

특히, 머신러닝 모델을 운영하는 기업은 SLA 위반으로 인해 모델의 신뢰성이 하락할 수 있다. 예를 들어, 실시간 추천 시스템이 장애로 인해 예전 데이터를 기반으로 추천을 수행하면 고객 경험이 저하되고 매출 감소로 이어질 수 있다. 데이터 사이언스 관련 SLA에는 단순한 시스템 가용성뿐만 아니라 데이터 품질 유지, 처리 속도, 모델 업데이트 주기 등도 포함되어야 하며, 이를 위반할 경우 적절한 보상 체계를 마련해야 한다.

SLA 위반을 예방하기 위해서는 사전 대응 체계를 마련해야 한다. 실시간 모니터링을 통해 서비스 성능을 지속적으로 점검하고, SLA 준수 여부를 자동으로 감시하는 시스템을 구축해야 한다. 또한, 장애 발생 시 신속한 복구가 가능하도록 자동 복구 시스템을 도입하고, 주요 SLA 지표를 정기적으로 검토하여 문제가 발생하기 전에 선제적으로 대응하는 전략이 필요하다.

고객과의 신뢰를 유지하기 위해서는 SLA 위반 시 투명한 커뮤니케이션이 중요하다. 서비스 장애가 발생하면 즉시 고객에게 영향을 공지하고, 예상 복구 시간을 제공해야 한다. 또한, 재발 방지 대책을 수립하고, 개선 계획을 공유함으로써 고객의 불만을 최소화할 수 있다. 신뢰를 잃은 고객은 대체 서비스를 찾을 가능성이 높기 때문에 SLA 위반이 발생했을 때 이를 효과적으로 관리하는 것이 기업의 장기적인 생존에 영향을 미친다.

일부 기업은 SLA 위반 패널티를 최소화하기 위해 SLA 보험을 활용하기도 한다. SLA 보험은 서비스 중단 시 발생할 수 있는 금전적 손실을 보상받기 위한 수단이다. 이를 통해 예기치 못한 장애 발생 시 재정적 부담을 줄일 수 있으며, 고객과의 계약을 안정적으로 유지할 수 있다. 하지만 보험료 부담이 추가되므로 SLA 준수를 위한 기술적 투자와 비용 절감을 비교 분석하여 적절한 전략을 선택해야 한다.

SLA 위반이 반복적으로 발생하는 기업은 시장에서 신뢰도를 잃을 가능성이 크다. 이는 단순히 고객 이탈뿐만 아니라 신규 고객 유치에도 부정적인 영향을 미칠 수 있다. 특히, 경쟁이 치열한 서비스형 소프트웨어(SaaS) 및 클라우드 시장에서는 SLA 준수가 브랜드 이미지와 직결되며, 패널티가 반복되면 기업의 장기적인 성장에 걸림돌이 될 수 있다. 따라서 SLA를 현실적으로 설정하고, 이를 준수할 수 있도록 내부 프로세스를 정비하는 것이 중요하다.

SLA 위반 패널티는 단순한 비용 부담이 아니라, 서비스 신뢰성과 직결된다. 데이터 사이언스 환경에서는 데이터 품질과 모델 성능까지 포함하여 종합적인 SLA를 설정해야 하며, 이를 위반할 경우 기업의 핵심 경쟁력이 저하될 수 있다. SLA 준수를 위한 철저한 모니터링과 사전 대응 전략을 수립하는 것이 기업의 지속 가능성을 확보하는 핵심 요인이 된다. 다음은 SLA 설계 및 운영을 위한 체크리스트를 정리한 것이다.

SLA 설계 및 운영 체크리스트

- SLA 대상 서비스가 명확하게 정의되었는가?
- 비즈니스 목표에 부합하는 핵심 성능 지표(KPI)를 설정했는가?
- SLA 가용성 목표(예: 99.9%)가 현실적이며, 비용과 균형을 이루는가?
- SLA 준수를 위한 모니터링 및 장애 감지 시스템이 구축되었는가?
- SLA 위반 시의 패널티 및 보상 체계가 고객과 합의되었는가?
- 데이터 사이언스 환경에서 모델 품질과 데이터 처리 성능을 반영했는가?
- 서비스 복구 절차(RTO, RPO 등)가 마련되어 있는가?
- 주기적인 SLA 검토 및 조정 프로세스가 마련되어 있는가?
- 고객에게 SLA 준수 상태를 투명하게 공유하고 있는가?
- SLA 미준수 시 내부 개선 방안을 실행할 수 있는가?

14.3 _ 비용 관리 및 최적화 전략

비용 관리와 최적화는 기술 인프라의 효율성과 지속 가능성을 확보하기 위한 핵심 전략이다. 클라우드 인프라의 활용이 일반화되면서 서비스 규모의 확장에 따라 비용 구조는 점점 더 복잡해지고 있다. 이는 단순한 비용 절감의 차원을 넘어 전략적인 재무 설계로 진화하고 있다. 특히 여러 부서와 프로젝트에서 공통으로 사용하는 리소스에 대해 명확한 책임과 할당 기준이 없다면, 예산 초과나 비용 불투명성 문제가 반복적으로 발생할 수 있다. 이러한 상황에서는 명확한 정책과 체계적인 도구를 기반으로 한 비용 통제가 필요하다.

데이터 사이언스 분야는 특성상 리소스와 저장소를 대규모로 사용하는 경우가 많기 때문에 비용 최적화의 중요성이 더욱 부각된다. 예측 모델 학습을 위한 GPU 인스턴스, 대용량 데이터세트를 처리하는 병렬 분산 환경, 실험을 위한 반복적인 데이터 처리 파이프라인 등은 막대한 클라우드 리소스를 소비하게 된다. 하지만 이런 워크로드는 종종 일시적이거나 실험적이기 때문에 비용 대비 효율성을 따지지 않으면 자칫 낭비로 이어지기 쉽다. 따라서 데이터 사이언스 팀은 기술적 성과뿐만 아니라 리소스 사용 효율성에 대한 감각도 동시에 갖춰야 하며, 그 기반이 되는 것이 바로 세밀한 비용 관리 전략이다.

조직 내 다양한 팀과 프로젝트가 클라우드 환경을 공유하면서 비용을 어떻게 추적하고 통제할 것인가에 대한 명확한 기준을 마련하는 것이 필요하다. 서비스별, 팀별, 프로젝트별로 리소스 사용을 구분하기 위한 정책, 자동화된 태깅 시스템, 실시간 비용 대시보드 등의 인프라가 갖춰져야 하며, 이를 통해 각 사용 주체가 스스로 비용 책임을 지고 최적화에 기여할 수 있도록 유도해야 한다. 이러한 비용 투명성은 단지 재무적 효율성 확보뿐만 아니라, 전체적인 클라우드 거버넌스를 강화하는 수단이 되기도 한다.

비용 최적화는 기술적 조치만으로 달성되지 않는다. 어떤 리소스를 언제, 어떤 규모로 사용하는 것이 적절한지 판단하기 위해서는 실시간 모니터링, 예측 분석, 그리고 구성원들의 인식 변화가 함께 이뤄져야 한다. 특히 데이터 사이언스와 같이 실험이 잦고 성능 요구가 높은 분야에서는 불필요한 반복 학습이나 과도한 리소스 요청을 방지하기 위한 가이드라인이 필요하다. 비용 관리는 단순한 절감이 아니라, 조직의 전략적 우선순위를 반영하여 리소스를 효율적으로 재배분하고, 지속 가능한 기술 운영 체계를 구축하기 위한 기반이 되어야 한다.

14.3.1 비용 데이터 수집 및 통합

비용 데이터를 효과적으로 수집하고 통합하는 것은 클라우드 인프라 운영의 투명성과 효율성을 확보하는 첫 단계다. 많은 조직이 다양한 서비스, 지역, 계정을 동시에 사용하고 있는 상황에서 단일 관점으로 비용을 파악하기란 쉽지 않다. 따라서 조직 전체에서 사용되는 리소스의 소비 패턴을 명확하게 수집하고 분석할 수 있는 구조를 먼저 마련해야 한다. 이는 후속적인 분석, 최적화, 예측에 필요한 전처리 단계로 볼 수 있다.

비용 데이터를 수집할 때 가장 먼저 고려해야 할 요소는 데이터의 출처다. 일반적으로 클라우드 제공업체는 콘솔, API, 또는 CSV 형태의 리포트를 통해 비용 데이터를 제공하며, AWS Cost Explorer, Google Cloud Billing Export, Azure Cost Management API 등이 대표적인 수단이다. 이 데이터들은 일정 주기로 수집되어야 하며, API 연동을 통한 자동화가 권장된다. 수집된 데이터는 사용량 단위, 시간 단위, 리소스 단위 등 다양한 레벨로 나뉘며, 조직의 분석 목적에 따라 적절히 전처리되어야 한다.

이 과정에서 **태깅(tagging)**은 비용 데이터를 구조화하는 핵심 수단이 된다. 리소스를 생성할 때 팀, 프로젝트, 환경(예: dev/test/prod) 등의 정보를 태그로 부여하면 수집된 비용 데이터를 해당 기준에 따라 분류하고 집계할 수 있다. 하지만 많은 조직이 태깅 정책을 수립하지 않거나 일관되지 않은 태그를 사용하는 경우가 많다. 이는 분석 과정에서 비용을 정확히 추적하는 데 큰 장애가 될 뿐만 아니라, 비용 배분 오류나 프로젝트별 수익성 분석 실패로도 이어질 수 있다. 따라서 초기 설계 단계에서 필수 태그 목록을 정의하고 이를 기술적으로 강제하는 체계를 갖추는 것이 중요하다.

자동화된 태깅 시스템은 실수를 줄이고 정책 준수를 높이기 위해 도입되어야 한다. 예를 들어, Terraform, Pulumi, CloudFormation 등의 **IaC(Infrastructure as Code)** 도구를 활용하면 리소스 생성 시 자동으로 태그가 삽입되도록 구성할 수 있다. 기존 리소스에 대해서는 CLI 또는 API를 통해 일괄 태깅을 적용하고, 누락된 리소스를 주기적으로 점검하는 스크립트를 병행하여 운영하는 것이 효과적이다.

비용 데이터는 단순히 집계하는 것에 그치지 않고, 다양한 수준에서 할당 가능한 형태로 관리되어야 한다. 일반적인 방식은 팀 단위 또는 프로젝트 단위의 비용 센터를 정의하고, 태깅을 기반으로 해당 비용을 분리 집계하는 것이다. 이와 함께 부서별 책임자에게 월간 또는 분기별 비용 보고서를 제공하면, 사용자가 직접 자신의 리소스 소비를 인식하고 개선을 유도할 수 있다. 이를 통해 조직 전체의 재무 감각과 운영 효율이 자연스럽게 향상된다.

데이터 사이언스 팀의 경우, 실험 단위로 리소스를 사용하는 경우가 많아 일반적인 운영 시스템과는 다른 비용 추적 전략이 요구된다. 예를 들어, 하나의 머신러닝 실험이 며칠간 GPU 리소스를 집중적으로 사용하는 경우, 이 비용이 어떤 모델, 어떤 목적의 실험에 사용되었는지를 정확히 구분할 수 있어야 한다. 이를 위해 실험 코드와 리소스 사용을 연동한 자동 태깅 방식이나 실험 관리 플랫폼(예: MLflow, Weights & Biases)과 비용 데이터를 연결하는 방식을 고려할 수 있다.

비용 데이터를 통합할 때는 단순히 클라우드 제공업체의 비용 정보만으로는 충분하지 않다. 조직 내에는 사내 데이터센터, SaaS 도구, 외부 API 서비스, 제3자 클라우드 서비스 등 다양한 비용 항목이 존재할 수 있으며, 이를 단일 데이터 웨어하우스 또는 대시보드상에 통합하는 것이 이상적이다. 이때 ETL 또는 ELT 파이프라인을 통해 데이터 소스를 표준화하고, 공통된 스키마로 정제해야 한다.

이렇게 통합된 비용 데이터는 BI 도구를 통해 시각화하고 분석해야 실질적인 가치로 이어진다. 예를 들어, Power BI, Looker, Tableau 또는 Google Data Studio 같은 도구는 기간별 사용량, 서비스별 추이, 팀별 소비 비율 등을 직관적으로 보여줄 수 있다. 특히 시각화 대시보드는 경영진, 기술팀, 재무팀이 동일한 기준을 가지고 협의할 수 있도록 하는 커뮤니케이션 수단으로도 중요하다.

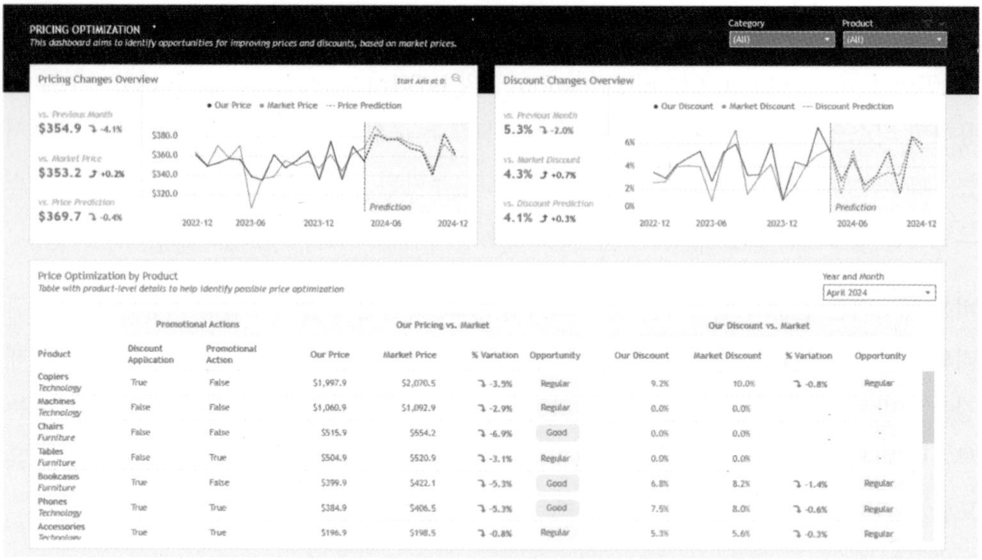

그림 14.3 Tableau를 활용한 비용 대시보드

정기적인 비용 데이터의 검토 주기를 설정하는 것도 운영의 일환이다. 월간 리포트 외에도, 특정 태그가 누락된 리소스 알림, 비정상적으로 증가한 사용량 알림 등은 실시간으로 감지되어야 한다. 이때 클라우드 제공업체의 알림 기능이나 자체 구축한 스케줄링/모니터링 시스템을 활용해 이상 징후를 조기에 파악할 수 있다. 이는 보안이나 예산 초과의 리스크를 사전에 차단하는 데 유효하다.

궁극적으로 비용 데이터의 수집과 통합은 단순한 관리의 편의를 넘어서, 의사결정의 근거가 되는 정보 자산으로 기능해야 한다. 어떤 프로젝트에 얼마를 투자했는지, 어떤 실험이 비효율적인 리소스를 소비했는지, 향후 어떤 영역에 비용 절감 여지가 있는지를 판단할 수 있는 기준점이 된다. 특히 데이터 사이언스, MLOps, 대규모 실험 환경에서는 이러한 메타 비용 정보가 전략적 의사결정의 중심에 서게 된다.

14.3.2 클라우드 비용 분석 및 예측

클라우드 비용을 분석하고 예측하는 과정은 단순한 수치 나열이 아니라, 조직의 전략적 의사결정을 뒷받침하는 핵심 작업이다. 이 과정은 과거 데이터의 흐름을 정확히 파악하고, 현재 리소스의 사용 경향을 해석하며, 향후 발생할 수 있는 비용을 미리 예측하는 일련의 정량적 분석으로 구성된다. 결국, 효율적인 클라우드 운영을 위해서는 비용 분석과 예측이 가능한 한 빠른 주기로 수행되어야 하며, 운영 상황에 따라 주기를 조정하여 다양한 이해관계자에게 적시에 정보를 전달해야 한다.

비용 분석의 출발점은 시간 기반의 비용 추세 분석이다. 시간 축을 기준으로 서비스별, 계정별, 또는 태그 단위의 비용 증감 흐름을 시각화하면 조직의 소비 패턴을 명확히 파악할 수 있다. 예를 들어, 매달 특정 팀의 비용이 급격히 증가하고 있다면 해당 팀의 신규 프로젝트 착수 여부나 리소스 프로비저닝 방식에 변동이 있었는지를 확인해야 한다. 이러한 흐름을 빠르게 감지하는 시스템은 예산 낭비를 사전에 차단하는 데 효과적이다.

이상 징후 탐지는 비용 분석에서 가장 실질적인 위험 통제 수단이다. 머신러닝 기반 이상 탐지 기법을 활용하면 평소와 다른 리소스 사용 패턴이나 급격한 비용 증가를 자동으로 감지할 수 있다. 예를 들어, Prophet[7]이나 ARIMA[8]와 같은 시계열 예측 모델을 적용해 정상

7 시계열 데이터의 추세와 계절성, 휴일 효과를 비선형적으로 모델링하여 미래 값을 예측하고, 예측 범위를 벗어나는 이상 징후를 탐지하는 모델

8 과거 데이터의 자기 상관성(autocorrelation)과 이동 평균을 분석하여 시계열의 통계적 패턴을 모델링하고, 이 패턴에서 벗어나는 지점을 이상치로 식별하는 모델

범위를 벗어나는 지점을 파악하거나 아이솔레이션 포레스트(isolation forest)[9]를 활용해 다차원 비용 지표에서 이상치를 탐지할 수 있다. 이는 비용뿐만 아니라 이상 징후나 리소스 유출 감지에도 활용될 수 있다. 다만, 비용 데이터는 본질적으로 잡음이 많기 때문에 오탐지가 발생할 수 있으며, 정확도를 높이기 위해 모델 조정과 임곗값 조정이 필요하다.

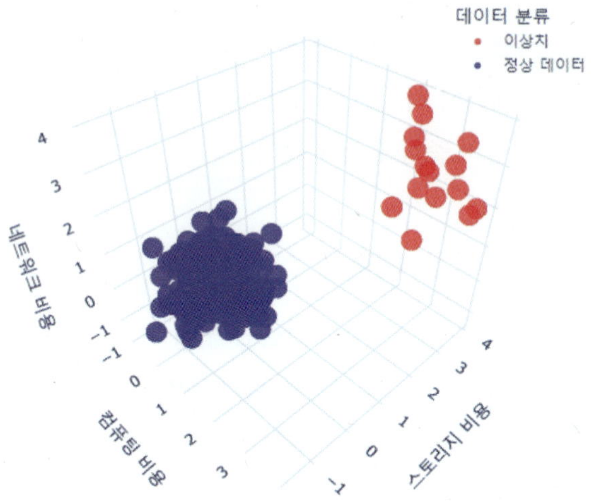

그림 14.4 아이솔레이션 포레스트로 탐지한 비용 데이터 이상치

데이터 사이언스 팀은 일반적으로 반복적인 실험과 대규모 학습 워크로드를 실행하므로 비용 추세가 매우 유동적이고 예측이 어렵다. 이를 해결하려면 모델 학습 이력과 리소스 사용량을 함께 기록하고, 실험 단위로 소비한 비용을 분석하는 체계를 도입해야 한다. 예를 들어, GPU 사용 시간 대비 정확도 향상 기여도를 평가하거나 학습 반복 횟수에 따른 비용–성과 곡선을 시각화하면 불필요한 반복 학습을 줄이고 예산 소모를 줄일 수 있다.

비용 예측은 과거 데이터를 바탕으로 향후 발생할 비용을 미리 추정하는 과정이다. 단순한 선형 회귀부터 복잡한 시계열 예측 모델까지 다양한 접근이 있으며, 최근에는 머신러닝 기반 비용 예측 도구도 많이 활용된다. AWS의 Cost Anomaly Detection이나 Google Cloud의 Forecasting API, Azure의 Advisor와 같은 도구들은 시간 단위의 예측뿐만 아니라 태

9 데이터를 무작위로 분할하여 정상 데이터보다 훨씬 적은 분할로 쉽게 고립되는 이상치(비정상적 데이터 포인트)를 빠르게 탐지하는 트리 기반 앙상블 기법

그 단위, 서비스 단위의 세부 분석도 제공해준다. 이와 같은 예측 도구는 IT 부서가 아닌 비기술 팀에게도 큰 인사이트를 제공한다.

예산 대비 분석은 조직의 재무 통제를 위한 핵심 지표다. 매월 설정된 예산 대비 실제 사용량을 비교하고, 초과 여부를 분석하면 비용 관리의 책임 소재를 분명히 할 수 있다. 특히 프로젝트 초기에는 예산이 과다하게 집행되는 경우가 많기 때문에 예산 할당 방식과 추적 주기를 정교하게 설계하는 것이 중요하다. 예산 초과 원인을 세부 리소스 단위나 서비스 기능 단위로 분해하고, 구체적인 조치(예: 리소스 크기 조정, 리전 이전)를 연계할 수 있어야 한다.

조직의 성숙도가 높아질수록 벤치마킹은 유용한 분석 도구로 기능한다. 유사한 규모와 목적의 다른 팀이나 외부 조직과 비용 구조를 비교함으로써 자사 운영의 효율성을 진단할 수 있다. 이를 위해 사내 표준 KPI(예: 월간 비용당 처리량, 사용자당 리소스 사용량)를 정의하고, 이를 정량적으로 비교할 수 있는 기준을 마련해야 한다. 벤치마킹은 단순 비교가 아닌 개선 아이디어를 도출하는 출발점이다.

비용 분석은 기술적 분석 외에도 운영 환경의 구조를 함께 반영해야 한다. 예를 들어, 동일한 서비스라도 개발 환경과 운영 환경에서 리소스 사용량과 단가가 다르기 때문에 이를 분리해서 분석하지 않으면 실질적인 개선 지점을 놓칠 수 있다. 이와 같은 환경 분류 기준은 분석 모델에도 적용되어야 하며, 필드 기반의 시각화, 조건 필터링 등을 통해 다양한 관점에서 비용을 재구성할 수 있어야 한다.

자동화된 비용 알림 시스템은 분석 결과를 실질적인 운영 조치로 연결될 수 있게 도와준다. 예산 초과, 급격한 증감, 태깅 누락 등 특정 조건을 만족할 경우 Slack, 이메일, SMS 등을 통해 관리자에게 자동으로 알림을 전송하고, 일부 상황에서는 리소스를 자동 중단하는 정책도 적용할 수 있다. 이러한 자동화는 운영 부담을 줄이고, 반복적인 관리 업무를 최소화한다.

비용 분석과 예측은 단기적인 절감을 목표로 하는 것이 아닌 장기적인 운영 효율화 전략의 중심축이 되어야 한다. 예측 정확도를 높이기 위해서는 지속적인 모델 개선과 실측 데이터 피드백이 필요하며, 단기 지표 외에도 사용자 경험, 시스템 안정성, 성과 KPI와 연계된 분석 체계를 설계해야 한다. 특히 데이터 사이언스 팀이나 AI 모델을 운영하는 조직에서는 비용 데이터가 단순한 회계 정보가 아닌, 전략적 자산이라는 인식 전환이 필요하다.

14.3.3 리소스 최적화 및 활용률 향상

리소스 최적화는 단순한 비용 절감에 그치지 않고, 클라우드 인프라의 성능과 효율성을 동시에 높이는 전략이다. 최적화를 위한 첫 번째 원칙은 사용량 기반 리소스 관리다. 클라우드 리소스는 초기 세팅 이후에도 지속적으로 모니터링하고 조정해야 한다. 초기 설정값이 현재의 워크로드에 적절하지 않다면, 이는 곧 과금 손실로 직결된다. 특히, 오토 스케일링 설정이 비활성화된 상태에서 여러 대의 고사양 인스턴스를 고정적으로 사용하는 경우, 리소스 낭비가 심각해질 수 있다.

불필요한 리소스를 제거하는 것도 운영 최적화에서 중요한 단계다. 많은 조직들이 단기 실험이나 테스트 용도로 생성한 VM, 컨테이너, 디스크 등을 방치하는 경우가 많다. 주 1회 또는 최소 월 1회 주기로 유휴 리소스를 탐지하고 자동으로 정리하는 스크립트를 운영에 반영하면 불필요한 비용을 상당 부분 줄일 수 있다. 특히 저장소의 경우, 오래된 스냅샷이나 중복된 백업 데이터를 제거하는 것만으로도 저장 비용을 대폭 절감할 수 있다.

리소스의 크기를 조정하는 **라이트사이징(right-sizing)** 전략은 워크로드 패턴 분석을 기반으로 해야 한다. CPU, 메모리, 디스크 I/O, 네트워크 트래픽 등의 메트릭을 분석하여 적절한 인스턴스 타입으로 다운사이징하거나, 오히려 과소할당된 리소스를 증설해 성능 병목을 해소할 수 있다. 이때 수동 조정보다 머신러닝 기반 시스템이나 벤더에서 제공하는 인텔리전트 최적화 기능을 활용하면 빠르고 정확한 결정을 내릴 수 있다. 다음은 라이트사이징 전략을 정리한 것이다.

라이트사이징 전략

1. **워크로드 패턴 분석 기반 모니터링**: 주요 지표(CPU, 메모리, 디스크 I/O, 네트워크 트래픽 등)를 지속적으로 추적하고 분석하여 리소스 사용 패턴을 파악(평균, 최대, 최소 사용률 등)하며 시간대별, 요일별, 이벤트별 사용량 변화 추이를 확인한다.
2. **과다 할당 리소스 축소**: 낮은 평균/최대 사용률을 보이는 리소스(인스턴스 타입, 디스크 크기 등)를 식별하고 더 작은 규모로 조정하여 비용을 절감한다. 예를 들어, 평균 CPU 사용률이 15% 이하로 1주 이상 유지된다면 인스턴스를 한 단계 낮은 사양으로 변경한다.
3. **과소 할당 리소스 증설**: 성능 병목 현상(높은 CPU 사용률, 메모리 부족, 높은 디스크 대기열 등)을 일으키는 리소스를 식별하고 적절한 규모로 증설하여 성능 개선 및 안정성을 확보한다. 예를 들어, 지속적인 메모리 스왑(swap) 발생 시 메모리 용량을 증설한다.

4. **인스턴스 패밀리 최적화**: 단순히 크기 조정뿐만 아니라, 워크로드 특성(컴퓨팅 집약적, 메모리 집약적, I/O 집약적 등)에 가장 적합한 인스턴스 패밀리(예: 범용, 컴퓨팅 최적화, 메모리 최적화)를 선택하여 효율성을 극대화한다.
5. **자동화 및 지능형 도구 활용**: 수동 분석의 한계를 극복하기 위해 클라우드 제공업체의 권장 사항(AWS Compute Optimizer, Azure Advisor 등), 머신러닝 기반 분석 시스템, 서드파티 최적화 도구 등을 활용하여 신속하고 정확한 의사결정을 지원한다.
6. **정기적인 검토 및 지속적인 최적화**: 워크로드 변화, 새로운 인스턴스 타입 출시, 비즈니스 요구사항 변경 등을 반영하여 라이트사이징 결과를 주기적으로 검토하고 지속적으로 최적화 프로세스를 수행한다.
7. **오토 스케일링 그룹 활용**: 변동성이 큰 워크로드의 경우, 최소/최대 인스턴스 수를 설정하고 부하에 따라 자동으로 리소스 수를 조절하는 오토 스케일링 그룹을 설정하여 탄력적인 리소스 관리 및 비용 효율성 확보한다.
8. **비용 및 성능 균형점 고려**: 비용 절감에만 치중하지 않고, 비즈니스 요구사항과 서비스 수준 협약(SLA)을 만족하는 성능 수준을 유지하는 균형점을 찾아 최적의 리소스 규모를 결정한다.

이러한 비용과 성능의 균형점을 찾는 과정은 단순히 적절한 리소스 크기를 결정하는 것 이상을 포함한다. 리소스 할당의 효율성을 극대화하기 위한 또 다른 중요한 접근 방식은 리소스의 사용 시간대를 관리하는 것이다.

사용 시간 기반의 리소스 스케줄링은 정적인 리소스 관리에 비해 훨씬 유연한 최적화 방식이다. 예를 들어, 야간이나 주말처럼 사용량이 적은 시간대에 개발 환경의 인스턴스를 자동으로 중지하고, 업무 시작 전에 재시작하도록 구성할 수 있다. 이를 통해 불필요한 가동 시간을 줄이고, 전력 소비와 운영 비용도 함께 절감할 수 있다. 이 방식은 Dev/Test 환경이나 데이터 전처리 파이프라인에 특히 효과적이다.

데이터 사이언스 환경에서는 리소스 최적화가 더욱 중요해진다. 모델 학습이나 대규모 데이터 처리 작업은 일시적으로 대량의 리소스를 요구하지만, 그 외 시간대에는 거의 사용되지 않는다. 따라서 GPU 리소스는 온디맨드 방식보다 스팟 인스턴스나 예약 인스턴스를 통해 확보하는 것이 비용 효율적이다. 또한, 실험 이력을 기준으로 학습에 사용된 실제 시간과 성능을 분석하여 리소스 투자 대비 성과를 수치화하면 불필요한 반복 실험을 줄일 수 있다.

오픈소스 솔루션 도입도 최적화 전략의 일환이다. 상용 솔루션이 제공하는 고급 기능이 필요 없는 경우, 동일한 기능을 갖춘 오픈소스 도구로 대체하면 상당한 라이선스 비용을 절감할 수 있다. 예를 들어, 모니터링 도구로 Datadog 대신 Prometheus와 Grafana를 조합하거나 데이터 파이프라인 도구로 Apache Airflow를 사용하는 방식이다. 이와 같은 전환은 비용뿐만 아니라 기술 내재화 관점에서도 긍정적인 영향을 준다.

라이선스 최적화는 종종 간과되지만 큰 비용 절감 효과를 가져온다. 일부 SaaS 기반 플랫폼은 사용량과 무관하게 고정 라이선스를 부과하기 때문에 사용하지 않는 계정이나 서비스는 주기적으로 정리해야 한다. 또한, 구독형 서비스의 경우, 계약 갱신 전에 실제 사용량 데이터를 기반으로 필요 라이선스를 조정하거나 타 서비스와의 비교 분석을 통해 협상력을 확보할 수 있다.

컴퓨팅 옵션의 다양화도 리소스 최적화의 중요한 축이다. 서비스의 특성에 따라 CPU 중심의 인스턴스, GPU 인스턴스, 고속 네트워크를 갖춘 인스턴스 등 요구사항이 다를 수 있다. 따라서 단일 인스턴스 유형에 의존하기보다는 워크로드 특성에 맞게 다양한 인스턴스 옵션을 조합하는 것이 최적화의 핵심이다. 클라우드 벤더가 제공하는 절감형 플랜이나 예약 인스턴스는 일정 수준의 사용 예측이 가능할 때 장기적으로 유리한 선택이다.

네트워킹 비용은 리소스 사용량이 아닌 데이터 전송량에 따라 과금되므로 관리가 까다롭다. 특히 다양한 리전에 걸쳐 리소스를 운영하거나 외부와 빈번하게 데이터를 주고받는 경우 전송 비용이 빠르게 증가할 수 있다. 이를 방지하려면 데이터 전송 패턴을 시각화하여 불필요한 전송을 제거하고, 가능한 경우 같은 리전에 리소스를 배치하거나 CDN을 활용해 사용자와의 거리를 줄이는 것이 좋다.

리소스 최적화를 위한 모든 노력은 모니터링 시스템과 연계되어야 한다. 실시간으로 수집되는 성능 지표와 비용 데이터를 통합 분석함으로써 사용자는 리소스 소비가 예상보다 빠르게 증가하는 시점을 조기에 인지할 수 있다. 특히 데이터 사이언스 조직에서는 GPU 사용량, 학습 대기 시간, 저장소 병목, 네트워크 병목 등의 복합 지표가 실시간으로 비용 증가로 이어지기 때문에, 이를 통합적으로 시각화하고 알림을 제공하는 운영 대시보드가 필요하다.

그림 14.5 Grafana를 활용한 비용 대시보드

결국 리소스 최적화는 일회성 작업이 아니라 지속적인 반복 개선을 통해 완성되는 과정이다. 초기부터 완벽한 구조를 설계하는 것은 현실적으로 어렵기 때문에, 실제 운영 데이터를 기반으로 점진적으로 구조를 개선해 나가는 방식이 적절하다.

이러한 최적화는 단순한 비용 절감 효과에 그치지 않고, 시스템의 안정성과 운영 효율성 향상이라는 중요한 부가 효과도 함께 가져올 수 있다. 특히 기술 부채가 누적되기 쉬운 데이터 사이언스 환경에서는 리소스 관리의 체계화와 반복적 개선이 장기적인 생산성과 조직 경쟁력을 좌우하는 중요한 요인이 된다.

15

장애 복구와 고가용성 설계

15.1 _ 장애 발생 시나리오 및 복구 전략
15.2 _ 데이터 백업 및 복원 전략
15.3 _ 고가용성 설계 패턴

클라우드 기반 시스템이 기업의 핵심 인프라로 자리 잡으면서 **장애 복구**(disaster recovery)와 **고가용성**(high availability)은 더 이상 선택이 아닌 필수 요건이 되었다. 특히 대규모 데이터를 다루고 지속적인 연산이 필수적인 데이터 사이언스 환경에서는 시스템 중단이 단순한 불편함을 넘어 데이터 손실, 모델 오류, 서비스 신뢰도 하락 등 치명적인 결과로 이어질 수 있다. 데이터 기반 의사결정과 실시간 예측 모델을 운영하는 조직일수록 복구 체계의 중요성은 더욱 높아진다.

데이터 사이언스 시스템은 일반적인 웹 서비스보다 구조적으로 더 복잡하다. 예측 모델을 학습하는 환경, 이를 서빙하는 모델 API, 데이터를 수집하고 처리하는 파이프라인, 피처 스토어 등 다양한 컴포넌트가 유기적으로 연결되어 있다. 이러한 구조에서는 하나의 장애가 전체 워크플로에 연쇄적인 영향을 미칠 수 있다. 따라서 단순한 시스템 복구에 그치지 않고, 데이터 사이언스 전반의 워크플로 회복력을 고려한 전략이 요구된다.

실제 장애는 항상 예측 가능한 형태로 발생하지 않는다. 모델 서빙 인프라가 과도한 요청으로 중단되거나 실시간 데이터 스트림 처리 중 특정 노드가 실패하여 전체 파이프라인이 지연되는 사례도 있다. 또한 분산 컴퓨팅 환경에서는 일부 노드의 장애가 전체 작업을 중단시키는 일이 종종 발생한다. 이를 감안할 때 데이터 사이언스 인프라는 자동 장애 감지 및 격리, 셀프 힐링 메커니즘, 지능형 알림 시스템 등 복구 대응 능력을 포함한 설계가 필요하다.

고가용성 설계는 장애 대응보다 더 넓은 범위를 포괄한다. 이는 시스템이 항상 작동 가능한 상태를 유지하도록 하는 아키텍처 전략이며, 데이터 엔지니어링부터 머신러닝 모델 운영까지 모든 계층에 적용되어야 한다. 예를 들어 모델 서빙에 청록 배포 전략을 도입하거나 데이터 레이크를 다중 가용 영역에 중복 저장함으로써 장애 발생 시에도 데이터 접근이 가능하도록 설계하는 것이 이에 해당한다.

이번 장에서는 데이터 사이언스 인프라를 기준으로 다양한 장애 시나리오에 따른 대응 방안, 데이터와 모델의 백업 및 복원 전략, 시스템 설계 단계에서부터 반영해야 할 고가용성 패턴을 다룬다. 특히 대용량 배치 처리, 실시간 스트리밍, 모델 체크포인트, 피처 스토어 복구, 분산 환경의 격리 전략 등 실무에서 자주 직면하는 상황을 중심으로 설명한다. 이를 통해 실무에서 바로 적용 가능한 복원성 및 고가용성 확보 방안을 이해하게 될 것이다.

15.1 _ 장애 발생 시나리오 및 복구 전략

현대의 데이터 사이언스 시스템은 수많은 컴포넌트가 유기적으로 연결된 복잡한 구조를 갖고 있다. 데이터 수집부터 전처리, 모델 학습, 서빙, 그리고 피드백 루프까지 전 과정이 자동화된 파이프라인으로 연결되며, 이 중 어느 하나라도 문제가 발생하면 전체 서비스 품질에 영향을 줄 수 있다. 따라서 장애 발생 시 신속하게 원인을 식별하고 적절한 대응을 수행하는 것은 데이터 사이언스 운영의 핵심 역량 중 하나로 간주된다.

장애는 단순한 서버 고장에 국한되지 않는다. 데이터 지연, 처리 실패, 스케줄링 오류, 모델 버전 충돌, 외부 API 불안정 등 다양한 원인으로 발생할 수 있으며, 각각의 원인은 서로 다른 복구 전략을 요구한다. 특히 데이터 파이프라인에서는 작은 오류가 누적되어 예측 모델에 잘못된 입력값이 전달되거나 잘못된 결과가 사용자에게 서빙되는 상황이 발생할 수 있다.

예를 들어, 추천 시스템에서는 엉뚱한 상품이 추천되거나 금융 시스템에서는 오류 데이터 기반으로 잘못된 승인 결정이 내려질 수 있다. 이러한 오류는 즉각적인 서비스 중단으로 이어지지 않기에 오히려 더 위험하며, 탐지와 복구 전략이 정교해야 한다.

모델 서빙 시스템의 장애 또한 예외가 아니다. 배포된 모델이 과도한 요청을 처리하지 못해 다운되거나 새로운 모델 버전이 예기치 못한 에러를 유발해 서빙이 중단되는 상황은 데이터 기반 서비스를 제공하는 기업에 있어 치명적일 수 있다. 모델 서빙 중단은 단순히 API 호출 실패로 끝나는 문제가 아니라, 사용자 경험의 중단과 브랜드 신뢰도 하락, 궁극적으로는 비즈니스 수익의 손실로 이어진다. 따라서 모델 서빙 계층의 장애 대응은 고가용성과 함께 가장 우선순위가 높은 과제로 다루어진다.

배치 처리 시스템의 경우, 주로 일정 시간 내 처리 실패 형태로 장애가 나타난다. 이로 인해 내부 보고서 생성, 사용자 맞춤 추천, 수요 예측 등 여러 비즈니스 의사결정에 지장을 초래할 수 있다. 실시간 처리 시스템의 경우 더욱 민감하다. 이벤트 기반 분석, 이상 탐지, 실시간 대시보드 운영 등에서는 몇 초의 지연이 전체 시스템의 신뢰성을 흔들 수 있다. 따라서 데이터 사이언스 시스템은 배치와 스트리밍, 두 처리 방식 모두에 대해 구체적인 장애 시나리오를 마련하고 그에 맞는 복구 전략을 세워야 한다.

마지막으로 분산 컴퓨팅 환경에서는 장애가 더욱 복잡하게 나타난다. 노드 간 통신 장애, 특정 작업 실패, 데이터 일관성 손실 등은 단일 머신 환경보다 원인 파악이 어렵고 복구 시간이 오래 걸릴 수 있다. 특히 대규모 ML 학습, Apache Spark 기반 파이프라인, Ray 또는 Dask와 같은 프레임워크를 사용하는 경우에는 장애 격리와 재시도 전략이 수반되어야 한다.

데이터 사이언스 시스템을 안정적으로 운영하기 위해서는 기술적인 대응뿐만 아니라, 사전에 충분히 시나리오를 정의하고 반복적으로 검증하는 운영 프로세스가 병행되어야 한다. 이번 절에서는 이러한 복잡한 장애 시나리오들을 실제 사례 기반으로 살펴보고, 시스템 회복력을 강화할 수 있는 실질적인 복구 전략들을 알아보자.

15.1.1 데이터 파이프라인 장애 식별 및 대응

데이터 파이프라인은 데이터 사이언스 시스템의 기반을 이루는 구성 요소로 장애 발생 시 전체 데이터 흐름을 방해하고 분석 및 예측 신뢰도를 저하시킬 수 있다. 이러한 장애는 단일 지점에서 발생하는 단순한 오류뿐만 아니라, 연쇄적으로 발생하는 복합적인 문제로 나타나는 경우가 많다. 따라서 파이프라인 전반에 대한 상태 모니터링과 상세한 로그 수집이 선행되어야 신속한 원인 파악과 대응이 가능하다.

장애를 식별하기 위해 가장 먼저 해야 할 일은 정상 동작 상태의 기준을 명확히 정의하는 것이다. 예를 들어, 정해진 시간 내 특정 테이블에 데이터가 적재되지 않았거나 수집 대상 API 응답 시간이 일정 임곗값을 초과한 경우를 비정상 상태로 간주할 수 있다. 이러한 기준은 각 파이프라인 단계에 따라 달라질 수 있으며, 서비스 특성에 맞는 커스터마이징이 필요하다. 기준이 명확하지 않으면 경고 신호를 무시하거나 지나치게 민감하게 반응하는 문제가 생긴다.

정상 기준이 마련되면 그 기준에 따라 자동화된 장애 감지 시스템을 구축해야 한다. 대부분의 데이터 파이프라인은 Apache Airflow, Luigi, Prefect, Dagster 등의 워크플로 오케스트레이터를 사용하고 있으며, 이러한 도구들은 작업 실패, 재시도 횟수 초과, 실행 시간 초과 등 다양한 이벤트를 기반으로 경고를 생성할 수 있다. 또한 Prometheus, Grafana와 같은 모니터링 도구를 연계해 CPU 사용량, 메모리 상태, 디스크 사용률, 패킷 손실, 지연 등의 시스템 리소스와도 연계할 수 있다.

한편, 데이터 품질 자체가 파이프라인 장애의 원인이 되는 경우도 있다. 예를 들어, 외부 API로부터 잘못된 형식의 데이터가 들어오거나 누락된 필드가 포함된 레코드가 수집되는 경우 후속 처리 단계에서 오류가 발생할 수 있다. 이때는 단순한 테크니컬 장애가 아니라 품질 이슈를 사전에 탐지하고 차단하는 품질 관리 로직이 필요하다. 데이터 유효성 검사(validation), 스키마 검사(schema enforcement), 샘플링 기반 품질 지표 추적 등이 이에 해당한다.

데이터 파이프라인 장애 대응은 단순한 재시도로 끝나지 않는다. 장애의 원인이 외부 시스템일 경우, 일정 주기의 재시도만으로는 복구되지 않을 수 있다. 이럴 때는 **백오프(backoff)**[1], **대체 경로(fallback)**[2], **캐시 활용** 등을 고려해야 한다. 예를 들어, 외부 API 호출이 반복 실패하는 경우, 최근 수집한 데이터를 캐시에서 꺼내 임시로 사용하는 방식이 유효할 수 있다. 장기적으로는 해당 외부 시스템과의 SLA를 명확히 설정하고, 안정성을 재점검해야 한다.

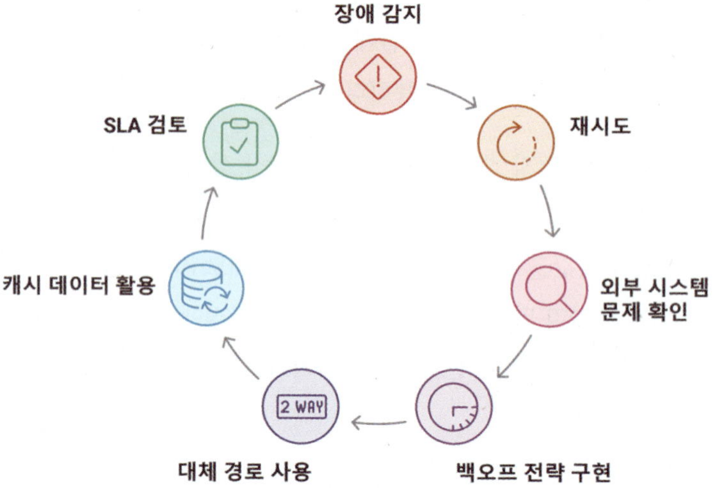

그림 15.1 데이터 파이프라인 장애 대응 시나리오

1 실패 시 재시도 간격을 점진적으로 늘려 시스템 부담을 줄이는 재시도 방식

2 기본 기능/경로가 실패했을 때 대신 사용할 예비 처리 경로 또는 방법

재현 가능한 장애라면 이를 기반으로 **플레이북**(playbook)[3]을 구축하는 것이 중요하다. 동일한 장애가 반복될 때마다 담당자가 일일이 원인을 파악하고 대응하기보다는 자동화된 스크립트 또는 매뉴얼화된 절차를 통해 대응 시간을 최소화할 수 있다. 특히 야간이나 주말에 장애가 발생할 경우 빠른 자동 조치가 가능해야 하며, 필요한 경우 자동으로 **온콜**(on-call)[4] 인력에게 알림을 전송하는 체계도 함께 구축되어야 한다.

머신러닝 파이프라인에서는 학습 데이터의 업데이트 과정, 특징 공학 작업, 전처리 모듈 실행 등에서도 장애가 빈번히 발생한다. 예를 들어, 전날까지 존재하던 특징 테이블이 삭제되었거나 학습 스케줄이 꼬여 최신 데이터가 누락된 채 모델이 학습되는 등의 문제가 발생할 수 있다. 이를 방지하기 위해서는 파이프라인의 각 단계마다 메타데이터를 기록하고, 이력을 분석하여 비정상적인 흐름을 조기에 감지할 수 있어야 한다.

실시간 파이프라인의 경우 장애 대응이 더 민감하게 작동해야 한다. 스트리밍 처리 시스템에서는 수 초간의 지연도 사용자 경험에 영향을 줄 수 있기 때문이다. Apache Kafka, Apache Flink, Spark Structured Streaming 등의 구성 요소가 사용될 경우, 소비자의 오프셋 지연 상태, 메시지 큐의 적체 현상, 작업 슬롯 부족 등의 지표를 실시간으로 모니터링하여 알림을 제공해야 한다. 또한 장애 발생 시 메시지를 임시로 저장하거나 재처리를 위한 로그를 남기는 것도 중요하다.

파이프라인 장애는 종종 데이터 유실로 이어진다. 이 문제를 방지하기 위해서는 각 처리 단위에서 데이터의 입력과 출력 상태를 저장하고, 문제가 생긴 구간을 기준으로 재처리를 수행할 수 있는 **리커버리 포인트**(recovery point)[5]를 설정해야 한다. 특히, ETL 단계에서 데이터 중복 적재나 누락이 발생하지 않도록 적절한 데이터 상태 확인 체크포인트를 마련해야 한다.

데이터 사이언스 시스템의 복잡성이 증가함에 따라 단일 파이프라인의 장애가 다른 파이프라인에 영향을 주는 **교차 장애**(cascading failure)[6]가 발생할 수 있다. 이를 방지하려면 각

3 재현 가능한 장애 발생 시 사전에 정의된 절차(자동화 스크립트 포함)에 따라 신속하게 대응하는 실행 지침

4 근무 시간 외 시스템 장애 발생 시 즉시 대응하도록 지정된 담당자 또는 그 대기 근무 체계

5 데이터 처리 과정 중 장애 발생 시 특정 지점부터 안전하게 재처리할 수 있도록 데이터 상태를 저장하는 복구 기준점

6 하나의 시스템 또는 파이프라인의 장애가 의존 관계에 있는 다른 시스템으로 연쇄적으로 전파되어 발생하는 장애 현상

파이프라인 간의 의존성을 명확히 정의하고 장애 발생 시 격리할 수 있는 아키텍처를 구성해야 한다. 또한 장애 원인을 명확히 기록하고 공유함으로써 유사 상황에 대한 사전 예방을 강화할 수 있다.

데이터 파이프라인 장애 식별 및 대응 전략은 기술적인 대응 능력뿐만 아니라 운영 문화와도 깊은 관련이 있다. 장애를 숨기지 않고 투명하게 공유하는 문화, 반복되는 문제를 문서화하고 개선하는 문화가 정착되어야 시스템 전반의 회복탄력성(resilience)을 높일 수 있다. 장애 대응은 일회성 이벤트가 아니라, 지속적인 개선과 학습의 과정임을 인식하는 것이 중요하다.

15.1.2 모델 서빙 중단 복구 프로세스

모델 서빙 시스템은 데이터 사이언스 결과물이 실제 서비스에 영향을 미치는 가장 직접적인 접점이다. 이 지점에서 장애가 발생하면 예측 API가 응답하지 않거나 잘못된 결과를 반환하는 등 사용자의 경험에 직접적인 악영향을 줄 수 있다. 특히 개인화 추천, 실시간 리스크 평가, 자연어 처리 기반 응답 등 사용자 요청에 즉시 반응해야 하는 서비스에서 모델 서빙의 안정성은 서비스 품질의 핵심이다. 따라서 장애가 발생했을 때 신속하고 효과적으로 복구하는 체계를 갖추는 것이 무엇보다 중요하다.

모델 서빙 중단은 다양한 원인으로 발생할 수 있다. 컨테이너나 서버 인스턴스 자체의 다운, 메모리 누수로 인한 서비스 불능, 외부 리소스와의 연결 단절, 모델 파일 로딩 실패, 예측 요청의 폭주 등 물리적인 장애뿐 아니라 논리적인 오류까지도 원인이 될 수 있다.

장애 발생 시 가장 먼저 수행해야 할 일은 해당 장애가 전면 중단인지, 아니면 특정 기능만 느려지거나 일부 요청이 실패하는 부분 서비스 저하인지 판단하는 것이다. 장애의 범위에 따라 대응 우선순위와 방식이 달라지므로, 모델이 포함된 서비스의 복구 전략도 모델 배포 방식에 따라 달라져야 한다. 대표적으로는 RESTful API 기반 서빙, gRPC 기반 경량화 서비스, 서버리스 함수 기반 서빙 방식 등이 있다.

REST API 기반 시스템에서는 여러 개의 동일한 서비스 인스턴스를 로드 밸런서 뒤에 배치하여 가용성과 확장성을 확보한다. 헬스 체크 엔드포인트를 구현해 로드 밸런서가 주기적으로 각 인스턴스의 상태를 확인하고, 응답하지 않는 인스턴스를 자동으로 라우팅 대상에서 제외한다. 또한, 비정상 인스턴스에 대해 자동 재가동을 시도하거나 백업 서버로 트래픽을 전환하는 복구 전략이 일반적으로 사용된다.

gRPC 기반 경량 서비스 구조에서는 gRPC 자체의 헬스 체크 프로토콜을 활용하거나 Kubernetes와 같은 컨테이너 오케스트레이션 도구의 활성/준비 프로브(liveness/readiness probe)[7]를 통해 인스턴스 상태를 감시하고 복구를 수행한다. 로드 밸런싱을 통해 여러 인스턴스로 요청을 분산시키며, 특정 인스턴스에 장애가 발생할 경우 자동으로 건강한 인스턴스로 트래픽을 전환한다. 또한, 서비스 메시(service mesh)[8] 아키텍처를 도입하여 서킷 브레이커 패턴을 적용함으로써 장애가 전체 시스템으로 확산되는 것을 방지할 수 있다.

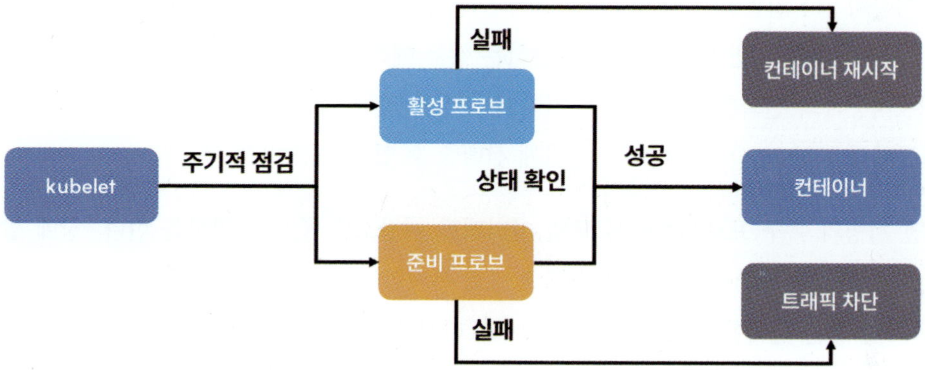

그림 15.2 Kubernetes 활성/준비 프로브 작동 방식

서버리스 함수 기반 서빙 방식은 클라우드 플랫폼이 인프라 관리와 확장을 자동으로 처리하기 때문에 상대적으로 복구 전략이 단순화될 수 있다. 일반적으로는 플랫폼에서 제공하는 자동 재시도 기능을 활용하고, 처리 실패 시 메시지를 데드 레터 큐(Dead Letter Queue, DLQ)[9]로 보내 원인을 분석하고 후속 조치를 취하는 패턴이 주로 사용된다. 함수 실행 시간 초과, 메모리 부족 등의 리소스 제약이나 외부 서비스 호출 실패에 대한 예외 처리를 코드 레벨에서 견고하게 구현하는 것도 중요하다.

7 컨테이너가 정상 동작(활성)하는지, 그리고 요청을 처리할 준비가 되었는지를 주기적으로 검사하여 자동 복구 및 트래픽 제어에 사용하는 메커니즘
8 마이크로서비스 간의 통신을 관리하고 보안, 모니터링, 트래픽 제어 등을 애플리케이션 코드와 분리하여 처리하는 전용 인프라 계층
9 메시지 시스템에서 여러 번의 시도에도 불구하고 정상적으로 처리되지 못한 메시지를 별도로 격리하여 저장하는 특수 큐

결국 어떤 아키텍처를 선택하더라도 장애 발생 시 서비스 중단을 최소화하고 빠르게 복구하려면 자동화된 헬스 체크, 복구 메커니즘 구현, 다중화(redundancy)[10]를 통한 가용성 확보, 장애 전파 방지를 위한 설계, 실패한 요청에 대한 재처리, 손상 가능성이 있는 데이터의 보호, 지속적인 모니터링 및 알림 체계 구축 등을 함께 고려해야 한다.

장애가 감지된 이후 빠르게 대체 모델로 전환하는 전략도 중요한 복구 기법이다. 이를 위해서는 동일한 인터페이스를 유지하는 다양한 버전의 모델이 사전에 배포되어 있어야 하며, 예측 정확도는 약간 낮더라도 빠른 응답을 제공하는 경량 모델을 대체 경로 모델로 활용할 수 있다. 이런 구조는 주로 모델 레지스트리와 함께 버전 관리, 모델 상태 추적, 롤백 기능과 연계되어 구성된다.

데이터 사이언스의 관점에서 중요한 고려사항은 장애 복구 중에 예측 결과의 품질이 급격히 저하되거나 일관성이 떨어지지 않도록 보장하는 것이다. 예컨대, 핵심 모델이 중단되었을 때 단순한 룰 기반 대체 로직을 사용하는 경우 예측 정확도가 현저히 낮아질 수 있으며, 이는 사용자의 신뢰를 떨어뜨린다. 따라서 모델의 정확도와 시스템 안정성 사이에서 적절한 균형점을 찾고, 상황에 따라 유연하게 선택할 수 있는 구성이 요구된다.

모델 서빙의 복구 프로세스에서 모델 아티팩트 저장소도 중요한 역할을 한다. 장애 발생 시 모델 파일을 다시 로드하거나 다른 노드로 복제할 수 있어야 하며, 이를 위해 S3, GCS, HDFS와 같은 신뢰할 수 있는 오브젝트 스토리지를 사용하는 것이 일반적이다. 복구 과정에서는 모델 버전 관리가 꼬이지 않도록 하는 것이 중요하며, 모델 배포는 반드시 원자적으로 이루어져야 한다. 즉, 배포가 완전히 성공하지 않으면 이전의 안정적인 버전으로 롤백(rollback)되어야 하며, 중간 상태에서 버전이 혼합되거나 시스템이 불안정해지는 상황을 방지해야 한다.

실시간 모델 서빙에서는 예측 요청이 중단되면 단순한 서비스 장애를 넘어, 데이터 누락이나 트랜잭션 오류로 이어질 수 있다. 예를 들어, 광고 클릭 예측 모델이 1초 이상 응답하지 않으면 그 동안의 사용자 클릭 이벤트가 무시되거나 잘못된 태그로 분류될 수 있다. 이런 상황을 방지하기 위해 예측 요청에 타임아웃을 설정하고, 큐 기반 대기 시스템을 구성하거나 캐시된 이전 예측 결과 활용하는 등의 복구 전략을 마련해야 한다.

10 시스템의 중요 구성 요소나 자원을 복수로 준비하여 일부에 장애가 발생하더라도 서비스 중단 없이 운영을 지속할 수 있도록 하는 설계 방식

실시간 부하가 급증하는 상황에서 오토스케일링이 제대로 작동하지 않으면 서빙 지연이나 장애가 발생할 수 있다. 특히 프로덕션 환경에서는 모델 예측 시간이 일정하지 않기 때문에 스케일링 기준을 단순한 CPU 사용률이 아닌 응답 지연, 큐 대기 시간, 에러율 등 다각도로 설정해야 한다. 또한 스케일 아웃이 늦어질 경우를 대비해 최소한의 여유 인스턴스를 항상 유지하는 방식도 고려할 수 있다.

모델 서빙 중 발생한 장애는 로그와 메트릭을 통해 정확히 분석할 수 있어야 한다. 요청 실패 비율, 예측 시간 분포, 메모리 사용량, 에러 메시지 등은 장애의 원인을 식별하는 핵심 지표다. 이러한 정보를 Prometheus, Grafana, OpenTelemetry 등으로 로그를 수집하고 시각화하면 빠른 판단과 조치가 가능해진다. 특히 동일한 장애가 반복되는 경우 이를 분석해 원인을 해결하는 근본 원인 분석(Root Cause Analysis, RCA)[11]이 수반되어야 한다.

복구 절차의 일부로 청록 배포나 카나리아 배포 전략을 함께 고려하는 것도 효과적이다. 새로운 모델을 전체 트래픽에 적용하기 전에 일부 사용자 그룹에 선 적용함으로써 문제를 조기에 탐지하거나, 장애 발생 시 이전 버전으로 빠르게 롤백할 수 있는 구조를 마련해야 한다. 이러한 전략은 단순 복구를 넘어 시스템 회복탄력성을 높이는 데 기여한다.

장애 복구는 단순히 서비스를 재기동하는 작업이 아니라, 시스템의 신뢰성과 예측 품질을 유지하는 전방위적 대응이다. 이를 위해 데이터 사이언스 팀은 모델 개발뿐 아니라 운영 관점에서도 능동적으로 참여해야 하며, DevOps와 협력해 지속 가능한 운영 환경을 조성해야 한다. 모델 서빙 시스템은 단일 구성요소가 아니라, 인프라, 코드, 데이터, 사람의 유기적 협업으로 유지된다는 점을 항상 염두에 두어야 한다.

15.1.3 배치 처리 시스템 복구 전략

배치 처리 시스템은 대량의 데이터를 정기적으로 처리하거나 누적된 데이터를 기반으로 분석 결과를 생성하는 데 사용되며, 데이터 사이언스 워크플로에서 중요한 역할을 한다. 예를 들어, 하루 단위로 사용자의 행동 데이터를 수집해 특징을 생성하거나 모델 재학습을 위한 학습 데이터를 전처리하는 작업은 대부분 배치 기반으로 수행된다. 이러한 시스템에 장애

11 발생한 문제나 장애의 표면적 현상이 아닌 가장 근본적인 원인을 체계적으로 찾아내 재발을 방지하는 분석 과정

가 발생하면 데이터의 시계열적 연속성이 끊기고, 전체 모델의 정확도와 의사결정의 품질에도 악영향을 미칠 수 있다.

배치 작업은 정해진 시간 간격으로 대량의 데이터를 처리한다는 특징이 있다. 따라서 복구 전략을 수립할 때는 일시적 재시도만 고려할 것이 아니라, 실패한 작업의 재시작 시점과 방식까지 세밀하게 설계해야 한다. 전체 배치 작업이 일부 실패로 인해 중단되지 않도록 작업 단위를 논리적으로 나누고, 각 단계별로 독립적인 재시작이 가능하게 해야 한다.

예를 들어, ETL 파이프라인의 경우 추출, 변환, 적재 단계를 별도로 구분해 장애 발생 시 필요한 부분만 재처리할 수 있도록 구성한다. 또한, 개별 작업의 성공 및 실패 상태를 지속적으로 기록하고 추적할 수 있는 시스템이 필요하다. 이를 위해 Apache Airflow, Prefect, Luigi와 같은 워크플로 오케스트레이션 도구는 작업 단위로 실패한 작업만 선택적으로 재실행하는 기능을 제공한다.

배치 처리 시스템에서 장애가 발생하는 주요 원인은 인프라 리소스 부족, 의존 데이터의 지연, 외부 API 호출 실패, 잘못된 입력 데이터 등이다. 특히 데이터 품질 문제는 데이터 사이언스에서 심각한 장애로 이어질 수 있다. 예를 들어 누락된 특징 값이나 이상치가 대량으로 발생하면 이후 모든 처리 단계의 로직이 연쇄적으로 실패할 수 있다. 따라서 데이터 유효성 검사, 스키마 체크, 샘플링 기반 사전 모니터링 등을 통해 사전에 방어할 수 있는 장치를 마련해야 한다.

복구 가능한 배치 시스템의 핵심은 상태 관리에 있다. 각 작업의 실행 이력과 실패 원인을 기록하고, 마지막 성공 시점을 기준으로 어느 지점부터 다시 실행해야 하는지 명확히 할 수 있어야 한다. 예를 들어, ETL 파이프라인이 2025년 4월 6일 데이터를 처리하다 실패했다면 복구 시 해당 날짜부터 재처리해야 하고, 이때 이전에 처리된 데이터와 중복 저장이 되지 않도록 **멱등성(idempotent)**[12]을 보장하는 로직도 함께 설계되어야 한다.

장애 복구를 효율적으로 수행하기 위해 체크포인트 기능을 활용하는 것도 좋은 전략이다. 장시간 수행되는 배치 작업의 경우 중간 처리 결과를 저장해두면, 전체 과정을 처음부터 다

12 동일한 연산을 여러 번 수행해도 결과가 달라지지 않아 작업 재실행 시 중복이나 의도치 않은 변경을 방지하는 성질

시 시작하지 않고도 이어서 처리할 수 있다. 이는 특히 머신러닝 데이터 전처리, 대규모 조인 작업, 특징 공학 단계에서 유용하게 작동한다. Apache Spark, Apache Flink와 같은 분산 처리 프레임워크는 이러한 체크포인트 및 상태 복구 기능을 제공하므로, 복구 가능한 배치 아키텍처를 구성할 때 유용하게 활용할 수 있다.

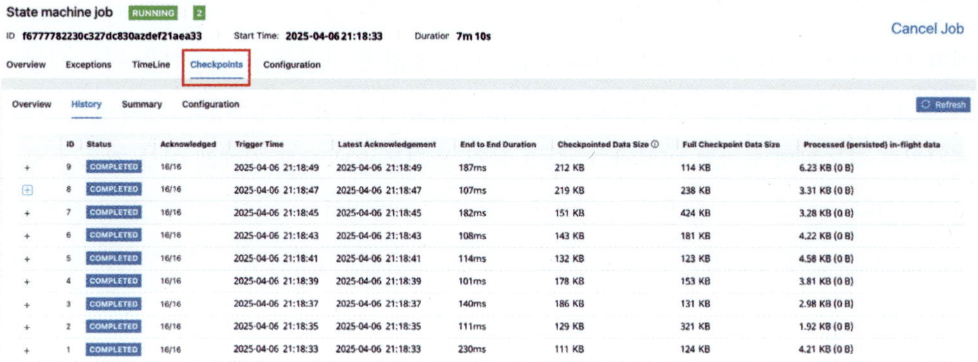

그림 15.3 Apache Flink 체크포인트 탭

작업 실패에 대비한 **재시도 로직**(retry mechanism)도 복구 전략의 중요한 요소다. 일시적 네트워크 오류나 일관되지 않은 외부 API 응답으로 인한 실패는 일정 시간 간격을 두고 재시도하면 정상 처리되는 경우가 많다. 이때 **지수 백오프**(exponential backoff)[13] 전략을 사용하면 서비스에 과부하를 주지 않으면서 안정적인 재처리가 가능하다. 다만 반복 실패가 지속될 경우에는 경고를 발생시키고 수동 개입을 유도하는 장애 감지 시스템이 병행되어야 한다.

데이터 사이언스 환경에서는 배치 처리 결과가 실시간 서빙이나 대시보드 등 **하류 시스템**(downstream system)[14]과 직접 연결되는 경우가 많다. 예를 들어, 특징 데이터가 매일 갱신되고 추천 모델에 입력되는 경우, 특징 생성 배치가 실패하면 모델 입력이 비어 있거나 오래된 데이터로 대체되는 상황이 발생한다. 이런 경우 예측 품질이 저하되므로 하류 시스템에는 "최신 특징 없음" 상태를 인지하고 보수적인 대응을 하도록 설계하는 것이 바람직하다.

13 실패한 작업을 재시도할 때마다 대기 시간을 점차 기하급수적으로 늘려 대상 시스템에 가해지는 부하를 줄이는 재시도 기법

14 데이터 처리 흐름에서 출력 결과를 전달받아 활용하는 후속 단계의 시스템을 의미한다. 반대로 상류 시스템(upstream system)은 데이터를 수집 · 가공하거나 특징을 생성하는 선행 단계의 시스템을 말한다.

복구 전략에는 스케줄링의 유연성도 포함된다. 예기치 않은 장애로 인해 정기 스케줄에 맞춰 작업이 완료되지 못하는 경우, 스케줄 자체를 재조정하거나 수동 실행이 가능해야 한다. 예를 들어 Apache Airflow의 경우 특정 날짜에 실패한 DAG를 수동으로 재시작할 수 있으며, 이때 의존 작업의 상태를 고려해 실행 순서를 자동으로 조정할 수 있다. 이처럼 장애 발생 시에도 전체 스케줄을 유연하게 운영할 수 있어야 한다.

배치 시스템은 로그 기반 운영이 이루어지기 때문에 장애 식별과 원인 분석을 위해 체계적인 로그 관리가 중요하다. 각 작업의 시작 시각, 종료 시각, 입력 파라미터, 출력 요약, 에러 메시지를 구조화된 로그로 기록하고, 로그 분석 플랫폼에서 이를 집계해 이상 징후를 탐지할 수 있도록 한다. 특히 동일한 작업에서 반복적으로 발생하는 오류는 코드, 환경 설정, 또는 외부 의존성에 구조적인 문제가 있음을 시사하므로, 장기적인 해결책을 마련하는 것이 중요하다.

데이터 사이언스에서 **재현성(reproducibility)**[15]은 핵심적인 품질 기준이므로, 장애 복구가 이 재현성이 훼손되지 않도록 하는 것이 중요하다. 즉, 같은 날짜의 동일 데이터를 다시 처리했을 때 동일한 결과가 나와야 한다는 것이다. 이를 위해 입력 데이터의 버전 관리, 피처 생성 로직의 고정, 랜덤 시드 설정 등이 필수적으로 병행되어야 한다. 장애로 인해 동일 데이터를 여러 번 처리하게 되더라도 결과가 일관되게 유지되어야 한다.

배치 복구 전략은 시스템 설계 초기 단계에서부터 통합적으로 고려되어야 한다. 장애 대응 방안을 사후적으로 추가하는 방식은 한계가 있으며, 처음부터 작업 상태 추적, 부분 실행, 멱등성 보장, 데이터 유효성 검사, 구조화된 로깅 체계 등 복구 친화적인 아키텍처를 설계하는 것이 장기적으로 훨씬 효율적이다. 이를 통해 단순한 자동화 수준을 넘어, 운영자의 개입 없이도 대부분의 장애를 자율적으로 복구할 수 있는 수준의 안정성을 확보할 수 있다.

15.1.4 실시간 처리 시스템 복구 전략

실시간 처리 시스템은 스트리밍 데이터를 기반으로 즉각적인 분석, 특징 추출, 이상 탐지, 사용자 응답 등을 수행하는 핵심 인프라다. 이러한 시스템은 Apache Kafka, Apache

15 동일한 데이터와 분석 과정을 사용했을 때 항상 동일한 결과가 나오도록 보장하는 특성

Flink, Spark Structured Streaming, Apache Beam 등의 프레임워크를 활용하며, 처리 지연을 수 초 이내로 유지해야 하는 요구가 많다. 따라서 장애 발생 시 실시간 응답이 지연되거나, 심한 경우 데이터 손실이나 시스템 불일치 문제가 발생할 수 있다. 복구 전략은 단순히 시스템을 다시 작동시키는 것을 넘어, 유실된 데이터를 얼마나 정밀하게 재처리할 수 있는지까지 고려해야 한다.

실시간 처리 환경에서는 메시지 지연, 소비자 다운, 병목 현상, 데이터 불일치, 외부 API 실패 등 다양한 장애가 발생할 수 있다. 특히 스트림 처리 구조는 상태 기반 연산을 포함하기 때문에 일시적인 중단이라도 이후 처리 결과에 지속적인 영향을 미칠 수 있다. 예를 들어, 실시간 집계나 윈도 연산, 세션 분석과 같은 작업에서는 장애가 발생할 경우 부분 집계 누락, 윈도 경계 오류, 세션 단절 등으로 인해 데이터 정확도가 저하되거나 복구를 위해 복잡한 재처리가 필요해질 수 있다.

이러한 장애에 대응하기 위한 핵심 전략 중 하나는 체크포인트 및 오프셋(offset) 저장이다. Apache Kafka 기반 시스템에서는 각 소비자가 마지막으로 읽은 오프셋을 커밋(commit)함으로써 장애 발생 후 해당 지점부터 데이터를 재처리할 수 있다. Apache Flink와 Spark Structured Streaming은 이를 한 단계 발전시켜 연산 중간 상태와 함께 체크포인트를 주기적으로 저장하고, 장애 시 해당 시점부터 전체 DAG를 재구성해 복구할 수 있도록 한다. 이 방식은 데이터 사이언스 응용에서 실시간 특징 계산의 정확성을 보장하는 데 매우 중요하다.

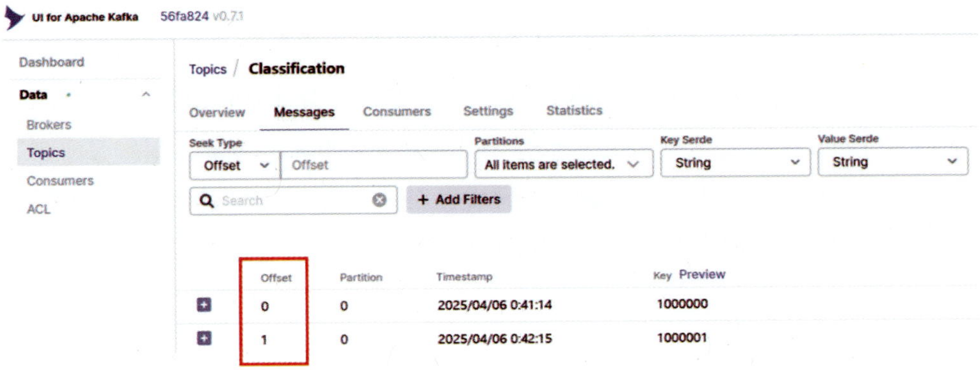

그림 15.4 Apache Kafka UI 오프셋

그러나 오프셋만으로는 완전한 복구가 불가능한 경우도 존재한다. 예를 들어, 외부 API 호출이나 데이터 저장과 같이 상태를 변경하는 연산은 멱등성이 보장되지 않으면 재처리 시 중복 저장이나 비정상적인 상태가 발생할 수 있다. 이러한 경우에는 설계 단계에서 연산 단위를 멱등하게 구성하거나 **이벤트 소싱(event sourcing)**[16] 방식으로 모든 입력 데이터를 원본 로그 형태로 보관하고 필요 시 이를 기반으로 재처리할 수 있는 구조를 병행 운영해야 한다.

또 다른 주요 전략은 데이터 유실 방지를 위한 버퍼링(buffering)[17]이다. 실시간 스트리밍 환경에서는 일시적인 처리 지연이 생길 수 있으므로 Apache Kafka와 같은 메시지 브로커에 일정 기간 데이터를 보관하여 복구 시 이를 다시 읽어 들일 수 있도록 한다. 이와 함께 최대 메시지 보존 기간(retention policy), 파티션 수 조정, 처리량 모니터링 등을 통해 안정적인 데이터 흐름을 유지하는 것이 중요하다. 실시간 피처 스토어를 운영하는 경우에도 이 데이터를 지속적으로 저장할 수 있는 아키텍처가 필요하다.

실시간 데이터 사이언스 시스템에서 중요한 고려사항은 데이터 순서 보장이다. 실시간 입력 데이터가 모델에 시간 순서대로 정확히 전달되지 않으면 예측 결과에 영향을 줄 수 있다. 이를 방지하기 위해 **워터마크(watermark)**, **이벤트 타임(event time)**, **프로세싱 타임(processing time)** 개념을 명확히 이해하고, **아웃-오브-오더(out-of-order)**[18] 데이터를 처리할 수 있는 구조를 설계해야 한다. Apache Flink는 이러한 이벤트 순서 정렬 및 늦은 데이터 수용 기능을 기본 제공하므로 실시간 머신러닝 시스템에 적합하다.

복구 전략에는 실시간 모니터링도 필수적이다. 지연 시간, 처리율, 오류율, 백로그 등의 지표를 실시간으로 수집하고 시각화하여 이상 징후를 조기에 감지해야 한다. Prometheus, Grafana, Datadog 등을 통해 주요 스트림 처리 지표를 추적하고, 경고 설정을 통해 자동 대응이 가능하도록 구성하는 것이 좋다. 장애 발생 시에는 실시간 알림을 통해 운영자가 즉시 대응할 수 있도록 하여 평균 복구 시간(MTTR)을 최소화할 수 있다.

16 시스템의 모든 상태 변경을 최종 결과가 아닌 발생 순서대로 기록된 불변의 이벤트 로그로 저장하고, 필요시 이 로그를 재처리하여 현재 상태를 복원하거나 조회하는 아키텍처 패턴

17 처리 지연이나 장애 상황에 대비해 데이터를 임시로 저장하여 유실 없이 재처리할 수 있도록 하는 메커니즘

18 데이터나 이벤트가 발생한 실제 시간 순서와 다르게 처리 시스템에 도착하는 상태

실시간 시스템의 장애는 단순한 복구를 넘어, 재현성 확보와도 깊은 관련이 있다. 머신러닝 모델에 잘못된 실시간 입력이 전달된 경우, 과거 입력 데이터를 재현하거나 원인을 분석하는 데 어려움이 따른다. 이를 해결하기 위해 실시간 입력 로그를 원본 형태로 저장하는 것이 중요하다. 예를 들어, Apache Kafka로 수신한 실시간 로그를 별도의 저장소(예: HDFS, S3 등)에 그대로 저장해두면, 이후 재처리하거나 분석에 활용할 수 있어 효과적인 장애 대응 수단이 된다.

장애 복구 과정에서 발생할 수 있는 일관성 문제도 주의해야 한다. 예를 들어 특징 계산 시스템과 모델 서빙 시스템이 각각 독립적으로 운영되고 있을 경우, 장애 복구 시 서로 다른 시점의 데이터를 참조하게 될 가능성이 있다. 이를 방지하기 위해 특징 및 모델 입력을 동일한 이벤트 타임 기준으로 동기화하거나 동일한 입력 스냅샷을 기반으로 처리하도록 하는 프로토콜이 필요하다. 데이터 사이언티스트 입장에서도 이러한 구조적 보장이 있어야 분석 결과의 신뢰성을 유지할 수 있다.

모델 예측에 직접 연결되는 실시간 입력의 경우, 복구 전략은 **성능 저하 모드(degraded mode)**[19]도 고려해야 한다. 예를 들어 실시간 특징 생성이 중단된 경우, 마지막으로 저장된 특징값이나 기본값을 사용해 예측을 지속하는 방법이 있다. 물론 이 경우 정확도 저하는 불가피하지만, 시스템 전체가 중단되는 것보다는 사용자 경험을 유지할 수 있다. 실시간 추천 시스템, 광고 시스템 등에서는 이러한 성능 저하 모드 전략이 매우 유효하게 작동한다.

또한 스트림 처리 시스템은 배포와 업데이트가 실시간에 영향을 주기 때문에 장애 복구뿐만 아니라 롤백 전략도 고려해야 한다. 코드 변경 이후 오류가 발생한 경우, 신속하게 이전 버전으로 롤백할 수 있는 배포 파이프라인이 구축되어 있어야 하며, 청록 배포나 카나리아 배포 전략은 실시간 환경에 적합한 방식으로 널리 사용된다. 그러므로 복구 전략과 배포 전략은 항상 함께 고려되어야 한다.

마지막으로, 실시간 처리 시스템의 복구 전략은 테스트 가능성(testability)을 반드시 확보해야 한다. 장애 상황을 시뮬레이션하여 실제 복구가 가능한지 점검하고, 각 구성 요소가 정상적으로 복구 프로세스를 수행하는지 주기적으로 검증하는 절차가 필요하다. 이를 통해

19 시스템의 일부 기능에 장애가 발생했을 때 완전한 중단 대신 성능이나 기능을 일부 저하시켜 서비스를 계속 제공하는 운영 상태

장애 발생 시 운영자의 불확실성을 줄이고, 신뢰할 수 있는 실시간 머신러닝 시스템을 구축할 수 있다.

15.1.5 분산 컴퓨팅 환경에서의 장애 격리

분산 컴퓨팅 환경에서의 장애 격리(failure isolation)는 시스템 전체의 안정성과 연속성을 확보하기 위한 핵심 전략 중 하나다. 하나의 노드나 구성 요소에서 발생한 오류가 전체 클러스터에 확산되지 않도록 제어하는 메커니즘이 마련되어야 한다. 특히 대규모 데이터 처리, 머신러닝 학습, 분산 모델 추론 환경에서는 수십, 수백 개의 노드가 동시에 작동하기 때문에 작은 장애가 연쇄적인 시스템 중단(cascading failure)으로 이어질 가능성이 매우 높다.

장애 격리를 위해 먼저 고려해야 할 요소는 워크로드의 분산 방식이다. 작업이 균등하게 분산되지 않거나 특정 노드에 과도한 부하가 몰리는 경우 해당 노드의 리소스 고갈로 장애가 발생할 수 있다. 예를 들어, Kubernetes 환경에서는 과도한 부하가 감지된 노드를 자동으로 **드레인(draining)**[20] 처리하고, 다른 노드로 워크로드를 재배치해 전체 시스템의 영향을 최소화할 수 있다.

스케줄러 수준에서 부하를 감지하고 이를 자동으로 분산하는 로직은 시스템 안정성과 효율성을 높이는 데 중요한 역할을 한다. Kubernetes, Apache YARN, Apache Mesos 등 주요 클러스터 오케스트레이터는 이러한 기능을 기본적으로 제공하며, 리소스 요청을 세분화하고 컨테이너 단위로 격리된 실행 환경을 유지함으로써 단일 장애 지점을 줄이고 전체 시스템에 미치는 영향을 최소화할 수 있다.

네트워크 장애 또한 분산 환경에서는 치명적이다. 특정 노드와의 통신 지연이나 단절이 전체 DAG 처리 흐름을 끊어버릴 수 있다. 이를 방지하기 위해 각 노드는 독립적으로 타임아웃을 감지하고, 지정된 시간 내 응답이 없으면 자동으로 대체 노드에 작업을 재할당할 수 있어야 한다.

20 Kubernetes에서 노드의 워크로드(파드)를 안전하게 다른 노드로 이동시키기 위해 해당 노드를 비우는 작업

예를 들어, Apache Spark 스트리밍 처리에서는 워커 장애 발생 시 자동으로 다른 워커에 작업을 재할당하는 메커니즘이 내장되어 있다. 이 과정에서 노드 간 상태 동기화가 불완전할 경우 일관성 오류가 발생할 수 있으므로 CAP 이론의 트레이드오프를 이해한 설계가 필요하다.

분산 머신러닝 학습 환경에서는 장애 격리가 특히 중요하다. **파라미터 서버**(parameter server)[21] 기반 또는 **전체 집계**(AllReduce)[22] 기반의 **집합 연산**(all-reduce training)에서는 특정 워커가 실패하면 전체 학습이 중단되거나 정확도에 심각한 영향을 미칠 수 있다. 이를 해결하기 위해 각 워커는 정기적으로 체크포인트를 저장하고, 실패 시 해당 지점부터 복구할 수 있도록 구성한다. PyTorch Elastic, Ray, Horovod Elastic과 같은 프레임워크는 워커 장애에 대비한 **탄력적 학습**(elastic training)[23] 기능을 제공하여 일부 워커 손실 시에도 학습을 이어나갈 수 있도록 돕는다.

데이터 사이언스 업무에서는 다양한 계산 작업이 분산 환경에서 병렬로 수행되는 구조이므로, 장애 격리가 단순한 시스템 안정성 문제를 넘어 분석 결과의 신뢰성과도 직결된다. 예를 들어 분산 특징 공학 작업 중 하나의 노드에서 특정 특징 계산이 누락되면 전체 데이터세트의 일관성이 깨질 수 있으며, 이는 이후 모델 학습 및 예측 결과에 오차를 유발할 수 있다. 따라서 분산 처리 로직은 항상 작업 단위별 독립성과 멱등성을 고려하여 설계되어야 한다.

컨테이너 기반 분산 환경에서 장애 격리 방법으로는 네임스페이스(namespace)와 컨트롤 그룹(cgroup)을 활용한 리소스 격리가 있다. CPU, 메모리, 디스크 I/O 등을 컨테이너 단위로 제한하고, 각 컨테이너는 자체 네트워크 및 파일 시스템 공간을 사용하기 때문에 하나의 컨테이너에서 발생한 문제는 다른 컨테이너로 전파되지 않는다. 예를 들어, 대규모 데이터 분석 작업을 여러 컨테이너로 나누어 실행할 때 특정 컨테이너가 메모리 누수로 실패해도 다른 컨테이너는 정상적으로 작업을 이어갈 수 있다.

서비스 메시를 도입하면 분산 서비스 간 통신 장애 격리에 더욱 효과적이다. Istio, Linkerd 등의 프레임워크는 트래픽 제어, 서킷 브레이커, 재시도 정책 등을 통해 서비스 간 장애 확

21 분산 머신러닝에서 모델 파라미터를 중앙에서 저장 · 관리하며, 여러 워커가 이를 읽고 쓰면서 병렬 학습을 수행할 수 있도록 지원하는 아키텍처

22 분산 시스템의 모든 노드가 각자의 데이터를 특정 연산(예: 합산, 평균)으로 집계한 후, 그 최종 결과를 다시 모든 노드가 공유받는 집단 통신 방식

23 분산 학습 중 참여하는 워커(노드) 수가 동적으로 변경되더라도 전체 학습 과정을 중단하지 않고 계속 진행할 수 있게 하는 기능

산을 막고, 서비스 단위의 복원력을 강화할 수 있다. 예를 들어, Istio에서는 특정 마이크로 서비스가 일정 시간 동안 오류 응답을 지속하면 해당 서비스를 임시로 격리하고 우회 트래픽을 설정하는 방식으로 전체 시스템의 안정성을 유지한다.

모든 장애가 기술적 원인에서 비롯되는 것은 아니다. 잘못된 코드 배포, 설정 오류, 잘못된 입력 데이터도 분산 환경에서는 심각한 장애로 이어질 수 있다. 이를 예방하기 위해 카나리아 배포, 롤링 업데이트, 구성 검증 자동화, 스키마 유효성 검사 등을 통해 오류를 조기에 차단해야 한다. 특히 데이터 기반 배포에서는 모델 버전과 인스턴스 사양 간 호환성을 사전에 검증하여 예측 불가한 장애를 차단해야 한다.

분산 로그 수집 및 모니터링은 장애 격리 전략의 핵심 요소다. 각 노드나 서비스에서 발생한 로그를 중앙에서 수집하고 분석할 수 있어야 하며, 실시간으로 이상 징후를 감지할 수 있어야 한다. 예를 들어 Elastic Stack을 통해 워커 노드의 에러율 급증을 감지하고, 문제 발생 노드를 자동으로 드레인 처리하는 방식이 대표적이다. 또한 OpenTelemetry 기반의 모니터링 시스템을 통해 장애 경로를 시각화하고 추적할 수 있다.

격리된 환경에서 자동 복구를 유도하는 것도 중요한 전략이다. 오토 스케일링 정책, 헬스체크, 셀프 힐링 메커니즘을 통해 장애 발생 시 자동으로 해당 노드를 재시작하거나 다른 노드로 대체 작업을 전환할 수 있어야 한다. 특히 데이터 사이언스 실험이 수시간 이상 소요되는 경우, 중단 없는 처리 흐름을 보장하기 위해 이러한 자동화가 절대적으로 요구된다.

장애 격리는 전체 시스템을 작고 독립적인 구성 요소로 분할(modularization)하는 것에서 출발한다. 마이크로서비스 아키텍처, 함수 기반 컴퓨팅, 서버리스 구조는 모두 장애 확산을 막기 위한 구조적 해법이다. 데이터 사이언스 플랫폼 또한 분석, 처리, 시각화, 서빙 기능을 독립적으로 구성하여 특정 기능 장애 발생 시에도 나머지 기능이 정상적으로 작동할 수 있도록 설계하는 것이 중요하다.

분산 컴퓨팅 환경에서의 장애 격리는 기술적 설계, 자동화된 운영, 신뢰할 수 있는 데이터 처리, 그리고 사용자 경험 유지라는 네 가지 축을 기반으로 이뤄져야 한다. 데이터 사이언스 시스템의 특성상 작은 장애가 전체 분석 흐름에 큰 영향을 미칠 수 있기 때문에 격리된 구조는 안정성뿐만 아니라 분석 신뢰성 확보를 위한 필수 조건이다.

15.2 _ 데이터 백업 및 복원 전략

데이터 백업과 복원은 고가용성과 재해 복구 전략의 중요한 구성 요소이며, 특히 데이터 중심 시스템에서는 그 중요성이 더욱 부각된다. 데이터 사이언스 조직에서는 원시 데이터, 파생 특징, 학습용 데이터세트, 모델 결과물, 메타데이터, 모델 아티팩트 등 다양한 대상을 백업해야 한다.

이 중 하나라도 손실되면 실험 재현성, 서비스 연속성, 사용자 경험에 심각한 영향을 미칠 수 있다. 따라서 체계적인 백업 전략이 마련되지 않으면 데이터 사이언스 기반 의사결정이 구조적으로 취약해질 수밖에 없다. 현대 데이터 인프라는 단순한 파일 저장소를 넘어, 분산 파일 시스템(HDFS, Amazon S3), 데이터베이스(RDB, NoSQL), 메시지 큐(Apache Kafka, Pub/Sub), 클라우드 기반 ML 플랫폼 등 다양한 저장소에 분산되어 있다.

이에 따라 백업 대상 식별, 우선순위 결정, 백업 방식 선택, 주기 설정 등 다양한 요소를 고려해야 한다. 특히 ML 워크플로에서는 일시적으로 생성되는 중간 산출물이나 자동화된 스케줄러 작업 결과물도 백업 대상으로 포함되어야 하며, 장애 발생 시 최소 단위로 복원할 수 있도록 구성해야 한다.

백업 전략 수립 시 핵심 원칙 중 하나는 RTO(복구 시간 목표)와 RPO(복구 시점 목표)를 기준으로 백업 범위와 기술 스택을 정의하는 것이다. 예를 들어, 대규모 데이터세트는 전체 백업이 비효율적이므로 증분 백업과 스냅샷 방식을 병행해야 한다. 반면 모델 체크포인트나 하이퍼파라미터 로그처럼 실험 단위로 관리되는 데이터는 객체 단위로 백업하는 것이 적절하며, 메타데이터와 함께 관리해야 재현 가능한 ML 파이프라인을 구성할 수 있다. 이처럼 데이터 사이언스 워크플로 특성에 맞춘 백업 전략 차별화가 필요하다.

복원 전략은 데이터 무결성 검증, 시스템 재시작 자동화, 스케줄 재등록, 캐시 및 세션 초기화 등 다양한 작업을 통합해 실질적인 복원이 이뤄지도록 해야 한다. 특히 머신러닝 시스템에서는 모델 서빙 환경 동기화가 중요하며, 이는 체크포인트 복원뿐만 아니라 모델 버전 관리 시스템과 연계된 파이프라인 복구 절차도 포함한다. 사용자 정의 코드나 스크립트 역시 백업 대상에 포함되어야 하며, 이는 실험 결과 해석 가능성과 재현성 확보를 위해 필요하다.

데이터 사이언스에서의 백업과 복원 전략은 조직의 데이터 신뢰성과 AI 역량을 장기적으로 유지하는 핵심 인프라에 해당한다. 매일 수십 테라바이트 이상의 로그, 트랜잭션 데이터, 피처 저장소가 생성되고 소멸되는 환경에서 백업은 정적인 작업이 아니라 지속적으로 개선되어야 한다. 이를 위해 클라우드 기반 자동화 도구, 버전 관리 시스템, 데이터 카탈로그 연동 등을 통합하고, 조직 전체의 데이터 거버넌스 정책과 함께 백업 전략을 수립해야 한다.

15.2.1 대용량 데이터세트 백업 아키텍처

대용량 데이터세트의 백업 아키텍처는 전체 데이터 사이언스 인프라의 복원력(resilience)과 분석 신뢰도(reliability)를 좌우하는 핵심 구성 요소다. 특히 테라바이트나 페타바이트 규모의 데이터를 처리하는 환경에서는 전통적인 백업 방식이 한계에 부딪히므로 효율성과 안정성을 모두 고려한 아키텍처 설계가 필요하다. 이러한 백업 전략은 데이터 저장소의 물리적 분산, 접근 제어, 전송 경로의 보안성까지 포괄하는 전방위적 계획으로 수립되어야 하며, 일반적으로는 스토리지 계층, 오케스트레이션 계층, 메타데이터 및 버전 관리 계층의 세 가지로 구성된다.

대규모 백업 아키텍처 계층

- **스토리지 계층(storage Layer)**: 실제 데이터를 저장하는 계층으로, 객체 스토리지(Amazon S3, Google Cloud Storage 등), 분산 파일 시스템(HDFS, Alluxio 등), 고속 병렬 파일 시스템(Lustre, GPFS 등)이 해당된다. 저장소의 특성과 용도에 따라 다양한 백업 전략이 적용된다.
- **오케스트레이션 계층(orchestration layer)**: 백업 작업을 스케줄링하고 관리하는 계층으로, Apache Airflow, Prefect, Dagster 등의 워크플로 엔진이 사용된다. 이 계층에서는 정기 백업, 증분 백업, 무결성 검증 등의 작업을 자동화하며, 운영자의 개입 없이도 안정적인 백업 절차를 유지할 수 있도록 한다.
- **메타데이터 및 버전 관리 계층(metadata & versioning layer)**: 어떤 데이터가 언제, 어떤 방식으로, 어느 위치에 백업되었는지를 추적 · 기록하는 계층이다. 데이터 재현성과 추적 가능성을 보장하기 위해 메타데이터 저장소 또는 데이터 카탈로그와 연동되며, 백업 복원 시 정확한 버전을 참조할 수 있도록 지원한다.

대용량 데이터를 효율적으로 백업하려면 전송 비용과 시간을 반드시 고려해야 한다. 특히 이관 대상 데이터가 클라우드 기반 저장소에 분산되어 있을 경우, 네트워크 대역폭과 리전 간 전송 요금이 백업 전략의 병목이 될 수 있다. 이 문제를 해결하기 위해 많은 기업들은 동일 리전에 복수 저장소를 두거나 스토리지에 위치한 데이터를 이동시키지 않고 로컬 스냅샷 또는 복제 기반의 백업 전략을 활용한다. 이러한 방식은 고용량 데이터의 백업 효율성을 높이는 동시에, 복구 시점의 정확성과 시스템의 운영 중단 최소화라는 관점에서도 높은 효과를 발휘한다.

데이터 사이언스에서는 단순한 원본 데이터뿐만 아니라, 전처리된 결과물과 특징 세트도 백업의 핵심 대상이다. 이는 재학습, 실험 재현성, 오류 추적에 있어 중요하며, 종종 데이터 레이크 또는 피처 스토어 형태로 관리된다. 이러한 구조에서는 파일 단위가 아니라 테이블 또는 파티션 단위의 백업이 요구된다.

이때 Apache Iceberg, Delta Lake, Apache Hudi와 같은 테이블 형식 기반의 버전 관리가 유리하다. 오픈 소스 테이블 형식을 사용하면 데이터를 안정적이고 효율적으로 관리할 수 있다. 또한 각각 고유한 구조를 통해 ACID 트랜잭션, 스키마 변경, 타임 트래블(time travel) 등의 기능을 구현할 수 있다.

Apache Iceberg는 스냅샷(snapshot) 기반의 계층적 메타데이터 구조로 테이블 상태를 추적하며, 물리적 데이터 파일 경로에 의존하지 않는 것이 특징이다. Delta Lake는 트랜잭션 로그(transaction log)를 사용하여 테이블의 모든 변경 사항을 순서대로 기록하고 관리한다. Apache Hudi는 타임라인(timeline)과 파일 그룹(file group) 개념을 중심으로 데이터를 관리하며, 특히 레코드 레벨의 빠른 업데이트/삭제와 증분 처리에서 강점을 가진다.

세 형식 모두 파티션 구조는 유사하지만, 메타데이터 관리 방식과 파일 이름 지정 규칙에서 차이가 있다. 다음 그림 15.5는 각 형식의 디렉터리 구조를 보여준다.

ICEBERG

```
s3://bucket/table/
├── metadata/                              # 메타데이터
│   ├── v1.metadata.json                   # 테이블 메타데이터 버전 1
│   ├── v2.metadata.json                   # 테이블 메타데이터 버전 2 (현재 상태)
│   ├── snap-451629....avro                # 스냅샷 1의 매니페스트 리스트
│   ├── snap-889134....avro                # 스냅샷 2의 매니페스트 리스트 (현재 스냅샷)
│   ├── abcdef-1-....avro                  # 매니페스트 파일 (데이터 파일 목록 포함)
│   ├── ghijkl-2-....avro                  # 매니페스트 파일 (다른 데이터 파일 목록 포함)
│   └── version-hint.txt                   # 현재 최신 메타데이터 버전(v2)을 가리킴
│
└── data/                                  # 데이터 파일 위치
    ├── event_date=2025-04-06/             # 파티션 경로
    │   └── 00000-1-a1b2c3d4-....parquet   # 데이터 파일 1
    │   └── 00001-2-e5f6g7h8-....parquet   # 데이터 파일 2
    └── event_date=2025-04-07/             # 파티션 경로
        └── 00000-3-i9j0k1l2-....parquet   # 데이터 파일 3
```

DELTA LAKE

```
s3://bucket/table/
├── _delta_log/                                      # 트랜잭션 로그
│   ├── 00000000000000000000.json                    # 트랜잭션 0 (테이블 생성)
│   ├── 00000000000000000001.json                    # 트랜잭션 1 (데이터 쓰기)
│   ├── 00000000000000000002.json                    # 트랜잭션 2 (데이터 쓰기)
│   ├── ...
│   ├── 00000000000000000010.json
│   ├── 00000000000000000010.checkpoint.parquet      # 10번째 커밋 후 생성된 체크포인트
│   └── _last_checkpoint                             # 최신 체크포인트 정보
│
├── event_date=2025-04-06/                           # 파티션 경로
│   └── part-00000-.....snappy.parquet               # 데이터 파일 1
│   └── part-00001-.....snappy.parquet               # 데이터 파일 2
│
└── event_date=2025-04-07/                           # 파티션 경로
    └── part-00000-.....snappy.parquet               # 데이터 파일 3
```

Apache hudi

```
s3://bucket/table/
├── .hoodie/                                   # 메타데이터 및 타임라인
│   ├── hoodie.properties                      # 테이블 설정
│   ├── 20231027100000.commit                  # 타임라인: 커밋 완료 (CoW 또는 MoR의 베이스 쓰기)
│   ├── 20231027100500.deltacommit             # 타임라인: 델타 커밋 완료 (MoR의 로그 쓰기)
│   ├── 20231027101000.clean.inflight          # 타임라인: 클리닝 진행 중
│   └── ... (다른 타임라인 파일: compaction, rollback 등)
│
├── event_date=2025-04-06/                     # 파티션 경로
│   # --- Copy-on-Write (CoW) 테이블 데이터 파일 예시 ---
│   ├── filegroup1_0_20250406100000.parquet    # 파일그룹1의 베이스 파일 (커밋 1)
│   # --- Merge-on-Read (MoR) 테이블 데이터 파일 예시 ---
│   ├── filegroup2_0_20250406100000.parquet    # 파일그룹2의 베이스 파일 (커밋 1)
│   ├── .filegroup2_20250406100000.log.1       # 파일그룹2의 로그 파일 (델타 커밋 1)
│   └── .filegroup2_20250406100000.log.2       # 파일그룹2의 로그 파일 (델타 커밋 2)
│
└── event_date=2025-04-07/                     # 다른 파티션 경로
    # --- Copy-on-Write (CoW) 테이블 데이터 파일 예시 ---
    ├── filegroup3_0_20250407100000.parquet    # 파일그룹3의 베이스 파일 (커밋 1)
    # --- Merge-on-Read (MoR) 테이블 데이터 파일 예시 ---
    └── filegroup4_0_20250407100000.parquet    # 파일그룹4의 베이스 파일 (커밋 1)
```

그림 15.5 오픈 소스 테이블 형식 디렉터리 구조

Apache Iceberg는 metadata 디렉터리에 버전 관리된 메타데이터 파일(JSON), 매니페스트 리스트(Avro), 매니페스트 파일(Avro)을 저장하고, 이 파일들이 테이블의 스냅샷, 매니페스트 파일 목록, 그리고 데이터 파일 위치를 추적한다. data 디렉터리에는 실제 데이터 파일(Parquet, ORC 등)이 파티션 구조에 따라 저장된다. 이 파일들의 위치는 metadata/ 내의 매니페스트 파일에 의해 참조된다.

Delta Lake는 _delta_log 디렉터리에 트랜잭션 로그(JSON 파일, 체크포인트 파일 등)를 저장하여 테이블 버전을 관리한다. 각 JSON 파일은 테이블에 대한 하나의 원자적 커밋(commit) 또는 트랜잭션(transaction)을 나타낸다. 파티션 경로의 데이터 파일(주로 Parquet)은 파티션 구조에 따라 테이블 루트 하위에 저장된다. _delta_log 디렉터리는 이 데이터 파일을 참조하여 테이블 상태를 관리한다.

Apache Hudi는 .hoodie 디렉터리에 타임라인(commit, clean, compaction 등 모든 액션 기록), 테이블 설정(hoodie.properties) 등이 저장된다. 데이터 파일 구조는 테이블 형식(Copy-on-Write 또는 Merge-on-Read)에 따라 다르다. CoW(Copy-on-Write)는 Parquet 형식의 베이스 파일만 존재하며, 업데이트 시 해당 파일 그룹의 파일 전체를 새로 쓴다. MoR(Merge-on-Read)은 Parquet 형식의 베이스 파일과 이후 변경 사항을 기록하는 Avro 형식의 로그 파일(.log.*)이 함께 존재한다. 읽기 시점에 베이스 파일과 로그 파일을 병합하거나 백그라운드에서 압축(compaction)을 수행하여 로그 파일을 베이스 파일에 반영한다. 다음 표 15.1은 오픈 소스 테이블 형식의 특징을 정리한 것이다.

표 15.1 오픈 소스 테이블 형식 특징

특징	Apache Iceberg	Delta Lake	Apache Hudi
핵심 구조	메타데이터(metadata)	트랜잭션 로그(_delta_log)	타임라인 및 파일 그룹 (.hoodie)
상태 표현	스냅샷(매니페스트 리스트/파일)	순차적 JSON 로그(+체크포인트)	타임라인 상의 인스턴트(액션)
원자성 보장	메타데이터 포인터 원자적 업데이트	로그 파일 원자적 추가	타임라인 인스턴트 상태 변경
데이터 파일	Parquet, ORC, Avro 등	Parquet	Parquet, Avro

특징	Apache Iceberg	Delta Lake	Apache Hudi
업데이트 처리	파일 단위 덮어쓰기(내부 최적화)	파일 단위 덮어쓰기	Cow: 파일 단위 덮어쓰기 MoR : 로그 파일 추가
주요 강점	대규모 테이블, 스키마/파티션 변경 유연성	단순성, Spark 통합, ACID	빠른 업데이트/삭제, 증분 처리, 스트리밍
메타데이터 위치	테이블 루트 하위 metadata 디렉터리	테이블 루트 하위 _delta_log 디렉터리	테이블 루트 하위 .hoodie 디렉터리

대용량 로그 데이터나 스트리밍 결과를 백업할 경우에는 이벤트 기반 설계가 필요하다. Apache Kafka나 Google Pub/Sub를 활용한 메시지 기반 처리 시스템에서는 각 메시지의 오프셋을 기준으로 백업 시점을 기록하고 이를 기반으로 재처리를 설계할 수 있어야 한다. 이러한 백업 전략은 실시간 분석과 배치 처리가 혼합된 환경에서 유연한 장애 복구를 가능하게 한다.

실제 백업 수행 시점에서는 데이터의 정합성과 품질 검증이 동반되어야 한다. 단순히 복사하는 수준에서 끝나지 않고, 해시값 비교나 샘플링 기반의 무결성 검사, 변환 로직 검증 등의 프로세스가 백업 파이프라인에 통합되어야 한다. 특히 데이터 사이언스에서는 작은 스키마 변경이나 칼럼 누락이 전체 모델 성능에 치명적 영향을 줄 수 있으므로 이러한 품질 검증 프로세스는 반드시 자동화되어야 한다.

클라우드 기반 환경에서는 백업 자동화를 위한 다양한 기능이 제공된다. 예를 들어 Amazon S3의 라이프사이클 정책이나 Google Cloud Storage의 객체 버전 관리(object versioning)를 활용하면 오래된 버전을 자동으로 보존하고 주기적으로 삭제할 수 있다. 또한, 백업 완료 알림을 이벤트로 받아 후속 작업(예: 데이터 카탈로그 업데이트, 품질 리포트 생성 등)을 실행하는 이벤트 기반 아키텍처 구성도 가능하다. 이를 통해 운영 복잡도를 줄이고 유지보수 부담을 낮출 수 있다.

보안 측면에서의 고려도 중요하다. 백업 데이터는 원본 데이터와 동일한 수준의 보안이 적용되어야 하며, 암호화 전송(HTTPS), 서버 측 암호화(server-side encryption), 접근 제어 정책(IAM, 버킷 정책 등)이 반드시 수반되어야 한다. 더 나아가, 백업 데이터를 별도 프로젝트나 계정으로 분리하여 운영함으로써 주 시스템의 침해가 백업까지 전이되지 않도록 하는 물리적 분리 전략도 효과적이다.

백업의 효율성을 극대화하기 위해선 저장 형식에 대한 고민도 필요하다. 파일 형식은 압축률과 병렬 처리 성능 모두를 고려해 선택해야 하며, 일반적으로 Parquet, ORC와 같은 열 기반 형식이 백업과 복원 양 측면에서 유리하다. 이러한 형식은 읽기 효율성과 함께 분석 쿼리 성능까지 향상시켜 모델 학습 시점의 데이터 재활용에도 도움을 준다. 또한, 분산 쿼리 엔진(Presto, Trino 등)과의 호환성을 고려하면 더욱 유연한 데이터 복원 전략을 수립할 수 있다.

마지막으로 백업 아키텍처는 정기적인 복원 테스트를 통해 검증되어야 한다. 실제 장애 상황에서 백업이 제대로 작동하지 않는다면, 대부분 테스트가 제대로 이뤄지지 않았기 때문이다. 주기적인 **재해 복구 계획(Disaster Recovery, DR)** 리허설을 통해 백업 대상의 최신화 여부, 복원 시간, 오염 여부를 점검하고, 이상이 발견되면 백업 주기나 구성 방식을 즉시 수정해야 한다. 데이터 사이언스 조직은 특히 실험 재현과 모델 버전 재현이 가능한지를 확인하는 테스트를 별도로 진행해야 한다.

15.2.2 모델 체크포인트 관리 및 복원

모델 체크포인트는 머신러닝 및 딥러닝 학습 과정 중 특정 시점의 모델 파라미터와 상태를 저장한 결과물로, 중단된 학습의 재개, 특정 지점에서 모델 성능 비교, 예기치 못한 장애 복구를 위한 핵심 자산이다. 특히 학습 시간이 수십 시간에서 수일에 달하는 대규모 모델 학습에서는 효율성과 안정성을 확보하기 위해 중간 상태를 저장하는 체크포인트 전략을 활용하는 것이 중요하다.

체크포인트는 단순히 가중치만을 저장하는 것이 아니라, 옵티마이저 상태, 학습률, 글로벌 스텝 등 다양한 학습 메타데이터를 포함한다. 이는 동일한 설정으로 학습을 재개하는 데 결정적이며, 실험 재현성과도 직결된다. 데이터 사이언스 프로젝트에서 실험 결과의 재현성은 모델 신뢰도 및 배포 전 검증의 핵심 기준이기 때문에 체크포인트의 구성과 저장 방식은 명확하게 표준화되어야 한다.

체크포인트의 저장 주기는 전략적으로 설계해야 한다. 너무 자주 저장하면 I/O 오버헤드가 커지고, 너무 드물게 저장하면 학습 실패 시 복구 지점이 지나치게 과거로 돌아가야 하는 문제가 생긴다. 일반적으로는 학습 에폭 단위 또는 일정 스텝 수마다 저장하거나 검증 성능이 향상될 때만 저장하는 방식이 활용된다. 특히 후자의 방식은 저장 공간을 절약하면서도 최고 성능 모델을 유지할 수 있어 효율적이다.

클라우드 환경에서는 체크포인트 저장소를 로컬 디스크가 아닌 클라우드 객체 스토리지에 구성하는 경우가 많다. Amazon S3, Google Cloud Storage, Azure Blob Storage 등을 통해 저장된 체크포인트는 다양한 컴퓨팅 인스턴스 간 공유가 가능하고, 장애 발생 시 리전 간 복원도 용이하다. 이와 같은 객체 스토리지 기반 저장소는 용량 확장성도 높기 때문에 장기 보존이 필요한 모델 학습 기록을 관리하기에도 적합하다.

분산 학습 환경에서는 각 워커가 동시에 학습을 수행하기 때문에 체크포인트 저장 시 동기화와 일관성을 확보하는 것이 매우 중요하다. Horovod, PyTorch DDP(Distributed DataParallel), TensorFlow MirroredStrategy 등에서는 대표 워커가 체크포인트를 저장하거나 전체 워커의 상태를 집계(AllReduce)하여 저장하는 방식이 일반적으로 사용된다. 이 과정에서 동기화가 제대로 이루어지지 않으면 체크포인트 손상이나 학습 실패로 이어질 수 있으므로 백업용 체크포인트를 별도로 이중 저장하는 전략이 필요하다.

모델 체크포인트 복원 시에는 학습용 복원과 서빙용 복원이 서로 다르게 구성되는 경우가 많다. 학습 시에는 옵티마이저 상태, 전처리 정보 등이 포함된 완전한 체크포인트가 요구되는 반면, 추론용 서빙에서는 가중치만 로드하여 경량화된 형태로 복원하는 경우가 많다. 따라서 체크포인트 저장 시 이 두 가지 용도에 따라 별도 디렉터리 또는 파일 구조를 유지하는 것이 바람직하다.

체크포인트는 단순히 학습 효율 향상을 위한 수단을 넘어서, 실험 관리 및 성능 검증의 근거 자료가 된다. 예컨대 여러 실험 간 하이퍼파라미터 최적화 과정을 비교할 때 각 실험에 해당하는 체크포인트와 검증 결과가 명확하게 관리되어야 반복 검증과 분석이 가능하다. 이때 MLflow, Weights & Biases, Neptune.ai 등의 실험 관리 도구를 활용하면 체크포인트 메타데이터와 연동하여 효율적으로 기록을 남길 수 있다.

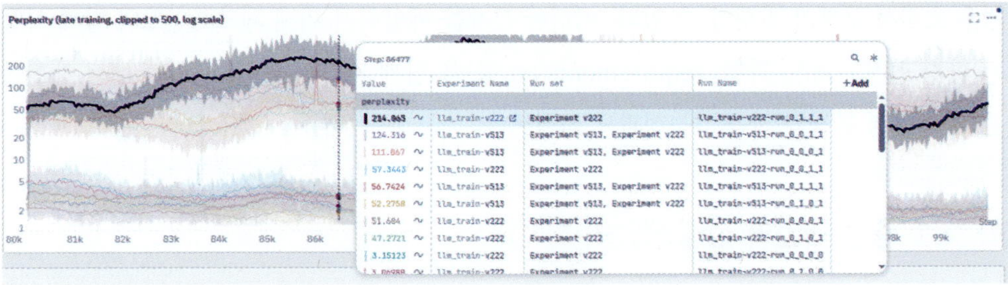

그림 15.6 Neptune.ai 퍼플렉시티(perplexity)[24] 지표

실제 운영 환경에서는 모델 재학습 시점을 기준으로 과거 체크포인트를 장기 보존하거나 특정 릴리스 기준의 모델 체크포인트를 아카이빙해야 할 경우가 많다. 이를 위해 S3 Glacier, Azure Archive Storage 등 저비용 장기 스토리지를 활용할 수 있으며, 메타데이터 기반의 검색 시스템을 도입하면 원하는 체크포인트를 빠르게 찾을 수 있다. 특히 규제가 있는 산업에서는 일정 기간 동안 모델 버전을 보관하는 것이 법적으로 요구될 수 있다.

모델 파이프라인 자동화에서는 체크포인트 복원을 학습 워크플로의 첫 단계로 통합하는 방식이 유용하다. 예를 들어, Apache Airflow나 Kubeflow Pipelines와 같은 오케스트레이션 도구에서 파이프라인 시작 시점에 마지막 체크포인트를 자동으로 불러오고, 이어서 학습을 재개하는 로직을 구성할 수 있다. 이를 통해 수작업 개입 없이 지속적 학습이 가능하며, 장애 이후에도 빠르게 작업을 복원할 수 있다.

또한, 강화 학습이나 비지도 학습과 같이 학습이 불안정하거나 수렴 시간이 긴 경우에는 체크포인트의 중요성이 더욱 부각된다. 이러한 유형의 모델은 특정 시점 이후 성능이 오히려 저하될 수 있기 때문에 주기적으로 저장된 체크포인트 중 가장 성능이 좋은 시점으로 되돌아가는 능력이 필수적이다. 따라서 복수의 체크포인트를 저장하고 성능 기준에 따라 자동 선택할 수 있는 관리 로직이 함께 구현되어야 한다.

마지막으로, 체크포인트 저장 및 복원 전략은 테스트 및 검증 과정을 반드시 포함해야 한다. 새로운 코드 릴리스 또는 환경 설정 변경 이후에도 기존 체크포인트가 정상적으로 로드되는지 주기적인 테스트가 필요하며, 특히 프레임워크 버전이나 하드웨어 변경이 수반될

24 언어 모델이 특정 텍스트를 얼마나 잘 예측하는지 나타내는 지표로, 낮을수록 성능이 좋음을 의미한다.

경우 호환성 문제가 발생할 수 있다. 이러한 문제를 예방하기 위해 체크포인트와 함께 사용된 환경 설정(config 파일, requirements.txt 등)을 함께 저장해야 한다. 이는 실험 재현성을 넘어 운영 환경의 지속 가능성과도 직결된다.

15.2.3 증분 백업과 전체 백업의 최적화

증분 백업과 전체 백업은 데이터 백업 전략에서 가장 기본이 되는 두 가지 방식으로, 각기 다른 장점과 제약을 갖는다. 전체 백업은 말 그대로 모든 데이터를 통째로 백업하는 방식으로, 복구 시 단일 소스만 참조하면 되기 때문에 복원 속도가 빠르고 관리가 간단하다. 반면 증분 백업은 이전 백업 이후 변경된 데이터만 저장하기 때문에 저장 공간을 절약하고 백업 속도도 빠르다는 이점이 있다. 이 두 방식을 어떻게 조합하고 최적화하느냐는 백업 주기, 복원 목표 시간, 저장 비용 등의 다양한 요소에 따라 결정된다.

데이터 사이언스 프로젝트에서는 데이터세트의 크기와 변경 빈도가 천차만별이기 때문에 단일 백업 전략으로는 효율적인 운영이 어렵다. 예를 들어, 크롤링을 통해 수집된 데이터나 실시간 수집 로그는 매일 수백 GB씩 증가하지만, 모델 학습용 데이터세트는 일주일 단위로 한 번 재정의될 수 있다. 따라서 데이터 특성에 따라 일부는 전체 백업으로, 일부는 증분 백업으로 구성하는 하이브리드 백업 전략이 실용적이다.

전체 백업은 일반적으로 정해진 시점 기준으로 수행되며, 데이터 복원 시 해당 시점까지의 모든 정보를 한 번에 복원할 수 있다는 장점이 있다. 하지만 대규모 데이터세트의 경우 전체 백업 자체가 수 시간에서 하루 이상 소요될 수 있고, 클라우드 전송 비용이나 저장 비용이 높게 발생할 수 있다. 이런 이유로 전체 백업은 주간 또는 월간 주기로 설정되며, 그 사이의 변경 사항은 증분 백업으로 보완하는 방식이 많이 활용된다.

증분 백업은 스냅샷 방식, 로그 기반 방식 등 다양한 형태로 구현된다. 스냅샷 방식은 각 백업 시점의 변경된 블록이나 파일 단위만을 추적해 저장하고, 로그 기반 방식은 트랜잭션 로그나 변경 로그를 활용해 복구 가능한 단위를 생성한다. 데이터 사이언스 워크플로에서는 전처리 로그, 데이터세트 버전 관리 로그 등을 활용한 증분 백업이 특히 효과적이다. 이 방식을 통해 데이터 정제 및 가공 과정도 백업의 일부로 포함시킬 수 있다.

하둡 기반의 분산 파일 시스템(HDFS)이나 Amazon S3, Google Cloud Storage 같은 객체 스토리지에서는 증분 백업을 위한 네이티브 기능이 제공되기도 한다. 예를 들어, Amazon S3의 버전 관리 기능을 활용하면 개별 오브젝트의 모든 변경 내역을 추적할 수 있으며, 이를 통해 손실 없이 이전 상태로 복원하는 것이 가능하다. 또한 S3 Batch Operations나 데이터 라이프사이클 관리(DLM)를 활용하면 증분 백업 파일을 주기적으로 정리하거나 장기 저장소로 이동시키는 자동화도 가능하다.

머신러닝 파이프라인에서는 데이터세트뿐만 아니라 파이프라인 실행 결과, 모델 입력 특징, 중간 산출물 등도 백업 대상이 된다. 이때 전체 백업은 성능 이슈를 유발할 수 있으므로 파이프라인별로 체크포인트 기반 증분 백업 방식을 적용하는 것이 바람직하다. 예를 들어, 단일 파이프라인 실행 결과만 저장하고 이전 파이프라인 상태와의 차이점만 저장해 복구 가능하도록 구성하면 전체 워크플로 복구 시간이 획기적으로 단축된다.

복원 시나리오를 고려하면 증분 백업만으로는 복잡한 복구 절차가 필요하다는 단점도 고려해야 한다. 예를 들어 전체 백업이 월요일에 수행되고 이후 6일간 증분 백업이 수행되었다면, 다음 주 일요일에 복원할 경우 전체 백업과 6개의 증분 백업을 순차적으로 적용해야 한다. 이로 인해 복구 시간이 길어질 수 있으며, 중간에 증분 백업 중 일부가 유실되었을 경우 전체 복원이 불가능해질 위험도 있다. 이를 해결하기 위해 중간 시점마다 **합성 전체 백업(synthetic full backup)**[25]을 생성하여 일부 백업은 병합해 두는 방식이 사용된다. 예를 들어 매주 수요일마다 월요일 이후 생성된 증분 백업을 통합하여 새로운 합성 백업을 만들어 두면, 복구 시 적용해야 할 백업 수를 줄이고 복구 시간을 단축할 수 있다.

증분 백업의 적용 범위는 단순히 스토리지 파일을 넘어 데이터베이스 백업으로도 확장된다. 특히 NoSQL 기반의 MongoDB, Cassandra, Bigtable 등은 자체적으로 증분 백업 기능을 제공하거나 외부 도구와 연동 가능한 API를 제공한다. 이러한 기능을 통해 실시간 애플리케이션에서 데이터 유실 없이 지속적인 백업이 가능하며, 대용량 분산 테이블을 열 단위별로 백업해 복원 효율성을 높일 수 있다.

25 기존 전체 백업과 이후 증분 백업들을 이용해 실제 데이터 접근 없이 백업 서버 상에서 새로운 전체 백업본을 만들어내는 기술

데이터 사이언스 프로젝트에서는 데이터 품질이나 레이블링 오류로 인해 특정 버전의 데이터세트를 회귀 테스트하거나 이전 상태로 되돌리는 작업이 빈번하게 발생한다. 증분 백업은 이러한 회귀 테스트 시나리오에 적합하며, 전체 백업만으로는 감지되지 않는 데이터 오류나 변경 내역 추적에도 유용하다. 이처럼 증분 백업은 단순 복구 목적 외에도 실험 검증, 품질 모니터링, 변경 추적 등의 다양한 데이터 사이언스 작업을 지원하는 인프라 요소로 활용된다.

백업 최적화를 위해서는 백업 대상 데이터의 분류와 우선순위를 정하는 것이 선행되어야 한다. 모델 학습 데이터, 서빙 데이터, 로그 데이터, 특징 저장소 등 다양한 형태의 데이터 중 어떤 항목을 우선 보존해야 하는지를 정의하고, 이에 따라 전체와 증분을 혼합 적용하는 정책 기반 백업 시스템이 필요하다. 이를 위해 백업 메타데이터를 구조화하고, 자동화된 스케줄링 및 상태 모니터링을 통해 백업 상태를 주기적으로 검증해야 한다. 다음은 데이터 유형별 백업 우선순위 가이드라인을 보여준다.

데이터 유형별 백업 우선순위 가이드라인

1. **최우선 순위(즉시 복구 필요)**
   - **운영 중인 모델**: 현재 서비스 제공에 직접 사용되는 학습된 모델 파일
   - **실시간 서빙 데이터**: 사용자 요청 처리 및 실시간 추론에 필수적인 데이터(예: 현재 사용자 세션 정보, 실시간 집계 피처 등)
   - **운영 환경 설정 파일**: 서비스 운영, 배포, 인프라 구성에 필요한 중요 설정 값
   - **핵심 피처 스토어 데이터**: 실시간 서빙 및 중요 모델 학습에 필요한 특징 데이터
2. **높은 순위(빠른 시일 내 복구 필요)**
   - **모델 학습 원본 데이터**: 모델 재현, 재학습, 성능 개선에 필수적인 원천 데이터(외부에서 얻거나 재현 불가능한 데이터는 최우선 순위에 준함)
   - **모델 학습/실험 결과 데이터**: 모델 개발 과정의 파라미터, 평가 지표, 아티팩트 등 재현성 및 분석에 필요한 데이터
   - **중요 로그 데이터**: 감사 로그, 과금 관련 로그, 모델 성능 모니터링 및 재학습용 피드백 루프 로그 등
   - **데이터베이스 메타데이터**: 데이터 카탈로그, 스키마 정보 등 데이터 관리 및 활용에 필수적인 메타 정보

3. 중간 순위(복구가 필요하나 긴급하지 않음)
    - **과거 모델 및 학습 데이터**: 당장 운영에는 필요 없으나, 과거 분석, 비교, 롤백 등을 위해 보존 가치가 있는 데이터
    - **일반 로그 데이터**: 시스템 디버깅, 일반 모니터링 목적의 로그
    - **캐시된 피처 저장소 데이터**: 원본 데이터로부터 재생성 가능하나, 비용/시간 절약을 위해 백업 고려
4. 낮은 순위(필요시 복구 또는 재생성 가능)
    - **임시 데이터**: 파이프라인 실행 중 생성되는 중간 산출물 등 쉽게 재생성 용이한 데이터
    - **단기 디버깅 로그**: 문제 해결 후 즉시 삭제되거나 중요도가 낮은 로그

백업 전략을 수립할 때는 모든 데이터를 동일한 수준으로 다루기보다는 각 데이터의 중요도와 특성을 반영하여 우선순위를 정하는 것이 효과적이다. 데이터 손실은 단순한 기술적 문제가 아니라, 비즈니스 중단이나 서비스 장애로 직결될 수 있으므로 백업 대상의 선별과 주기 설정은 전략적으로 접근해야 한다. 특히 제한된 자원 내에서 안정적인 보호 체계를 구축하려면 데이터의 복구 필요성과 재현 가능성을 종합적으로 평가하는 기준이 필요하다. 다음은 백업 우선순위를 판단할 때 고려해야 할 주요 요소들이다.

백업 우선순위 고려사항

- **복구 중요도**: 해당 데이터가 유실될 경우 비즈니스 및 운영에 미치는 영향
- **재현 비용 및 시간**: 데이터를 다시 생성하거나 복구하는 데 소요되는 자원
- **데이터 변경 빈도**: 변경 주기에 따라 백업 주기 및 방식 결정
- **데이터 의존성**: 다른 시스템이나 프로세스가 해당 데이터에 얼마나 의존하는지 여부

이러한 기준을 바탕으로 백업 정책을 설계하면 효율적이고 탄력적인 보호 체계를 구축할 수 있다. 일부 데이터는 법적 또는 규제 요건에 따라 일정 기간 이상 보존하거나 특정 방식으로 백업해야 하므로 데이터 분류 체계와 백업 정책은 정기적으로 점검하고 갱신해야 한다. 또한, 증분 및 전체 백업 전략의 효과성을 검증하기 위해 정기적인 테스트와 시뮬레이션이 필요하며, 백업 데이터의 무결성과 복구 시간을 사전에 점검함으로써 실질적인 장애 대응력을 높일 수 있다. 마지막으로, 백업 저장소에 대한 접근 제어와 암호화는 민감한 정

보를 다루는 프로젝트에서 반드시 고려해야 할 요소이며, 이는 단순한 기술적 조치가 아니라 법적 보호와 운영 안정성을 위한 핵심 전략으로 간주되어야 한다.

15.2.4 메타데이터 및 피처 스토어 복구 방안

메타데이터와 피처 스토어는 데이터 사이언스 시스템의 핵심 구성 요소로 데이터 파이프라인의 연결 고리이자, 모델 학습 및 서빙의 정확성을 보장하는 역할을 한다. 메타데이터는 데이터세트의 버전, 생성 시점, 데이터 스키마, 파이프라인 정보, 모델 이력 등을 포함하며, 피처 스토어는 학습과 예측에 사용되는 정제된 특징을 저장하고 재사용할 수 있도록 관리하는 시스템이다. 이 두 구성 요소는 직접적인 데이터가 아닌 파생 정보이지만, 장애 발생 시 전체 시스템의 가용성에 심각한 영향을 미칠 수 있다.

메타데이터가 손상되거나 유실되면 모델 학습 결과의 재현성(reproducibility)이 저하되고, 어떤 데이터로 어떤 모델을 학습했는지 확인할 수 없게 되어 MLOps 전체의 투명성과 신뢰성이 무너진다. 특히 ML 파이프라인이 자동화되어 있는 경우, 메타데이터가 파이프라인 실행의 기준점으로 작동하므로 복구는 곧 시스템 재구성과 직결된다. 따라서 메타데이터 백업은 단순 파일 저장이 아닌, 체계적인 이력 관리와 스냅샷 저장 전략을 포함해야 한다.

메타데이터 저장소는 보통 ML **메타스토어(metadata store)** 혹은 **실험 관리 플랫폼**(예: MLflow, Weights & Biases, Vertex AI Metadata 등)을 기반으로 구축된다. 이러한 시스템은 대부분 관계형 데이터베이스 또는 객체 스토리지를 기반으로 동작하며, 주기적인 스냅샷 백업 또는 WAL(Write-Ahead Logging)[26] 기반 증분 백업이 가능하다. 데이터 유실에 대비해 백업 주기와 보존 기간을 엄격히 설정하고, 외부 스토리지로의 **오프사이트 백업(off-site backup)**[27] 또한 병행해야 한다.

피처 스토어는 전통적인 데이터베이스와는 달리, 시간 축(time-based)과 엔티티 키 기반으로 데이터를 관리하며 온라인과 오프라인 두 가지 용도로 분리되어 운영된다. 온라인 피처 스토어는 실시간 서빙을 위한 저지연 응답을, 오프라인 피처 스토어는 대규모 모델 학습

26 데이터 변경 내용을 실제 데이터 파일에 적용하기 전에 먼저 로그 파일에 순차적으로 기록하여 데이터의 일관성과 복구 능력을 보장하는 기술

27 원본 데이터가 저장된 물리적 위치(데이터 센터 등)와 다른 별도의 장소에 백업 데이터를 보관하여 원본 위치의 재해 발생 시에도 데이터를 안전하게 복구할 수 있도록 하는 방법

을 위한 배치 데이터를 각각 제공한다. 이러한 특성 때문에 피처 스토어는 백업뿐만 아니라 캐싱, TTL, 동기화 전략 등 다양한 복구 시나리오를 고려해야 한다.

복구 전략에서는 온라인 스토어와 오프라인 스토어 간의 데이터 일관성 확보에 초점을 맞춰야 한다. 예를 들어, 온라인 스토어의 장애로 인해 실시간 예측에 사용되는 특징값이 누락되면, 전체 모델 응답이 실패하거나 예측 정확도가 급격히 하락할 수 있다. 반대로 오프라인 스토어가 손상되면 모델 재학습이 불가능해져 모델 성능 유지에 문제가 생긴다. 이를 방지하기 위해 주요 특징 그룹은 별도의 마스터 데이터세트로 보관하고, 해당 마스터세트에서 파생되는 특징은 재생성 가능해야 한다. 다음 그림 15.7은 피처 스토어의 구성 방식을 보여준다.

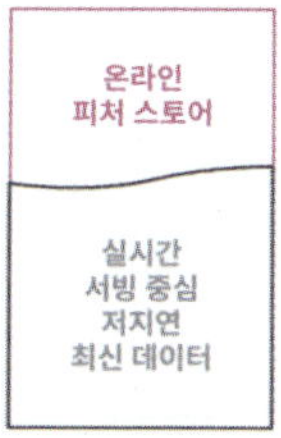

feature name	example value	설명
user_last_viewed_item_id	product_12345	사용자가 **방금 본** 상품 ID
user_session_click_count	15	**현재 세션에서** 사용자의 클릭 수
user_time_since_last_action_seconds	5	사용자의 **마지막 행동 이후** 경과 시간(초)
item_realtime_view_count_last_10min	85	특정 상품의 **최근 10분간** 조회수
user_is_in_checkout_process	True	사용자가 **현재** 결제 과정에 있는지 여부

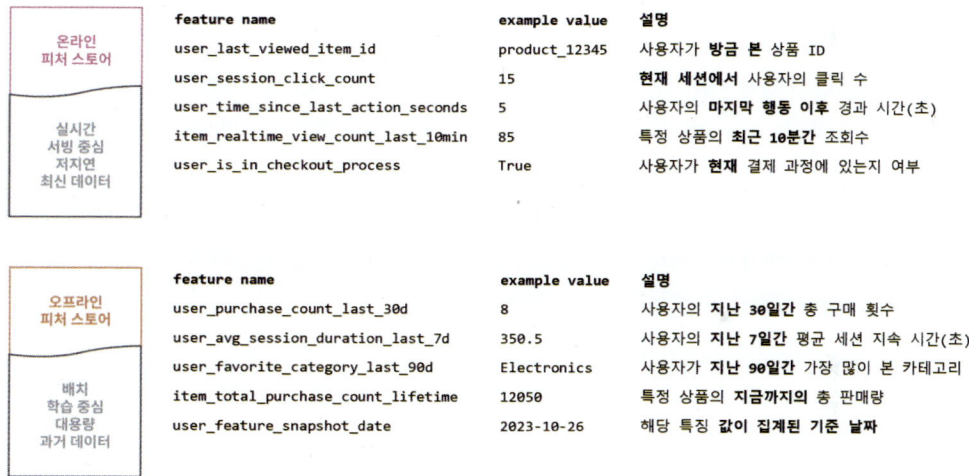

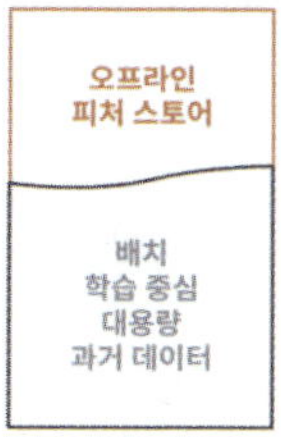

feature name	example value	설명
user_purchase_count_last_30d	8	사용자의 **지난 30일간** 총 구매 횟수
user_avg_session_duration_last_7d	350.5	사용자의 **지난 7일간** 평균 세션 지속 시간(초)
user_favorite_category_last_90d	Electronics	사용자가 **지난 90일간** 가장 많이 본 카테고리
item_total_purchase_count_lifetime	12050	특정 상품의 **지금까지의** 총 판매량
user_feature_snapshot_date	2023-10-26	해당 특징 **값이 집계된 기준 날짜**

그림 15.7 피처 스토어 예시

또한 피처 스토어는 다양한 버전의 특징 정의(feature definition)와 변환 로직을 저장하고 있으므로 코드 수준의 백업도 포함해야 한다. 특징 생성 로직이 유실될 경우 동일한 데이터를 다시 생성하는 것이 불가능하므로, Git 기반의 소스 관리 외에도 정의된 특징과 데이터 버전 간 매핑 정보를 주기적으로 백업하고 검증해야 한다. 이 과정에서 특히 주의할 점은 특징 정의와 실제 저장된 특징값 간 버전 불일치로 인해 데이터 오류가 발생할 수 있다는 점이다. 동일한 이름의 특징이라도 정의 변경이 누락된 경우 잘못된 예측 결과로 이어질 수 있으므로, 정의와 값의 정합성을 정기적으로 검증하는 절차가 필수적이다.

실제 운영 환경에서는 피처 스토어가 Redis, Cassandra, BigQuery, Parquet 등 다양한 스토리지 형태로 구성될 수 있으며, 각 스토리지 유형에 맞는 백업 도구와 복원 프로토콜을 적용해야 한다. 예를 들어 Redis 기반 온라인 피처 스토어는 RDB 또는 AOF 방식의 스냅샷 백업이 일반적이며, Cassandra는 SSTable 기반의 증분 스냅샷과 commitlog 복원 방식이 사용된다. 복원 시에는 데이터 일관성을 보장하기 위해 오프라인 피처 스토어를 기준으로 복원 후 온라인 스토어로 재적재하는 단계가 필요하다. 다음은 피처 스토어의 주요 백업 기술 방식을 정리한 것이다.

피처 스토어 백업 기술 방식

- **RDB(Redis Database Backup)**: Redis의 특정 시점 메모리 상태 전체를 하나의 압축된 바이너리 파일로 저장하는 스냅샷 방식이다. 전체 데이터 백업에 용이하지만, 백업 시점 사이에 발생한 변경 사항은 유실될 수 있다.
- **AOF(Append Only File)**: Redis에 수행된 모든 쓰기 명령을 순서대로 로그 파일에 기록하는 방식이다. RDB보다 데이터 유실 가능성은 적지만, 파일 크기가 커질 수 있고 복구 시 명령 재실행 시간이 소요될 수 있다.
- **SSTable(Sorted String Table)**: Cassandra 등 LSM 트리 기반 데이터베이스에서 사용하는 불변(immutable) 데이터 파일 형식으로, 키(key) 기준으로 정렬된 데이터를 저장한다. 증분 백업 시 새로 생성된 SSTable 파일들을 복사하는 방식으로 활용된다.
- **commitlog**: Cassandra에서 메모리(memtable)에 데이터를 쓰기 전에 모든 변경 작업을 먼저 기록하는 WAL 파일이다. 노드 장애 시 아직 디스크(SSTable)에 저장되지 않은 데이터를 복구하는 데 사용되어 데이터 내구성(durability)을 보장한다.

메타데이터와 피처 스토어는 백업과 복원 자체보다도 정합성과 무결성을 보장하는 프로세스가 더 중요하다. 이를 위해 정기적인 데이터 무결성 검사, 특징 재생성 검증, 메타데이터/특징 정의 간 상호 참조 점검 등을 자동화된 테스트 시나리오로 포함시켜야 한다. 단순한 복원 성공 여부만이 아닌, 시스템 정상 작동까지의 **엔드 투 엔드(end-to-end)** 흐름이 기준이 되어야 한다.

데이터 사이언스에서 재현 가능한 실험과 모델 운용의 투명성은 조직의 의사결정 신뢰도를 높이기 위한 핵심 요소다. 메타데이터와 피처 스토어는 그 기반을 구성하는 핵심 자산이므로, 복구 전략 역시 운영 전략과 일관된 수준으로 체계화되어야 한다. 예측 결과를 설명하거나 이슈를 분석할 때도 메타데이터와 피처 스토어와 같은 핵심 구성 요소의 복원이 선행되지 않으면 아무런 판단을 내릴 수 없다.

메타데이터 및 피처 스토어 복구 전략은 운영 인프라의 고가용성과 직결된다. 지속적인 백업과 점진적 복구 전략, 장애 발생 시 대체 경로를 확보하는 페일오버 설계, 그리고 정기적인 복구 리허설을 통해 비상 상황에도 안정적으로 대응할 수 있도록 준비해야 한다. 이러한 복구 전략은 단지 기술적인 문제 해결을 넘어서, 데이터 사이언스 조직이 지속적으로 신뢰받고 확장 가능한 시스템을 운영하는 핵심 기반이 된다.

15.3 _ 고가용성 설계 패턴

고가용성은 데이터 기반 시스템이 예기치 않은 장애 상황에서도 지속적으로 서비스를 제공할 수 있도록 설계하는 핵심 아키텍처 원칙 중 하나다. 특히 데이터 사이언스 및 머신러닝 시스템은 단순한 웹 애플리케이션과 달리, 데이터 수집부터 모델 학습, 예측 서빙까지 여러 계층의 컴포넌트로 구성되어 있으며, 그중 어느 한 지점에서라도 장애가 발생하면 전체 시스템의 정확성과 신뢰성에 심각한 영향을 미친다. 따라서 이러한 시스템에는 보다 정교하고 계층화된 고가용성 전략이 요구된다.

데이터 사이언스 시스템의 고가용성은 단순한 서비스 지속성 유지에 그치지 않는다. 궁극적으로는 데이터 품질을 확보하고, 안정적인 데이터 기반 의사결정을 지원하는 데 목적이 있다. 예를 들어, 온라인 피처 스토어가 일시적으로 응답하지 않거나 모델 서빙 인프라가 중단되면 그 기간 동안 발생하는 예측 결과는 결측되거나 오류를 포함할 수 있다. 이는 단순한 서비스 중단을 넘어, 비즈니스 전반의 데이터 기반 의사결정 흐름을 왜곡시키는 심각한 문제로 이어질 수 있다. 따라서 고가용성 설계는 기술 인프라 차원을 넘어 데이터 사이언스 시스템의 신뢰성 유지 관점에서도 중요하다.

고가용성을 달성하기 위해서는 이중화, 분산화, 자동 복구, 장애 감지 및 회피, 무중단 배포 등의 패턴을 종합적으로 고려해야 한다. 데이터 레이크, 모델 서빙 인프라, 실시간 분석 파이프라인, 로그 수집 및 모니터링 계층까지 모든 구성 요소에 이러한 패턴을 일관성 있게 적용해야 하며, 특히 컴포넌트 간 상호 의존성이 높은 머신러닝 시스템에서는 특정 요소만 이중화하는 것으로는 전체 시스템의 안정성을 보장하기 어렵다. 즉, 전체 시스템이 연쇄적으로 영향을 받지 않도록 설계하는 것이 핵심이다.

클라우드 네이티브 환경에서는 이러한 고가용성 설계를 보다 손쉽게 구현할 수 있는 인프라 서비스가 다양하게 제공된다. 예를 들어, Kubernetes 기반의 오토 스케일링과 롤링 업데이트는 모델 서빙 시스템의 무중단 배포를 가능하게 하며, 멀티 리전 스토리지나 멀티 클러스터 구성은 데이터 저장소와 처리 엔진의 이중화를 구현하는 데 활용될 수 있다. 하지만 실제 운영 환경에서는 각 데이터 사이언스 워크플로에 적합한 고가용성 전략을 직접 설계하고, 이를 사전에 검증하는 과정이 더 중요하다.

데이터 사이언스 환경의 복잡성은 시간이 지날수록 증가하며, 이에 따라 장애의 가능성과 그 영향력도 점차 커진다. 따라서 고가용성 설계는 단기적인 기술 대응이 아니라, 시스템의 성장성과 지속가능성을 위한 필수 전략이다. 이번 장에서는 데이터 사이언스 시스템의 각 계층에 적용할 수 있는 고가용성 설계 패턴을 소개한다. 또한, 운영 환경에 도입할 때 고려해야 할 아키텍처 설계 요소와 운영상의 핵심 사항도 함께 살펴본다. 이를 통해 데이터 기반 서비스의 가용성과 신뢰성을 동시에 확보하는 구체적인 방법을 습득할 수 있을 것이다.

15.3.1 멀티 클러스터 ML 인프라 구성

멀티 클러스터 머신러닝 인프라는 고가용성과 확장성을 동시에 확보할 수 있는 강력한 설계 전략이다. 단일 클러스터 기반의 ML 환경은 구성과 운영이 비교적 간단하지만, 장애 발생 시 전체 서비스가 중단될 수 있는 위험을 내포한다. 반면, 여러 개의 클러스터를 지리적으로 혹은 논리적으로 분산 배치하면 하나의 클러스터에 문제가 발생하더라도 다른 클러스터가 작업을 이어받을 수 있어 작업 연속성과 복구 탄력성(failover resilience)을 확보할 수 있다.

멀티 클러스터 구성은 특히 데이터 사이언스 워크플로에서 효과적이다. 학습, 검증, 테스트, 서빙 등의 작업이 서로 다른 리소스 요건과 주기를 가지기 때문이다. 예를 들어, 대규모 모델 학습 작업은 GPU 자원이 집중되는 전용 클러스터에서 처리하고, 실시간 추론 서비스는 고성능 CPU 클러스터에서 처리하는 식의 물리적 분리가 가능하다. 이를 통해 클러스터 간의 부하가 독립적으로 관리되며, 특정 워크로드에 최적화된 리소스 구성이 가능해진다.

운영 관점에서도 멀티 클러스터 구성은 재현성과 신뢰성 향상에 기여한다. 모델 실험 환경과 프로덕션 환경을 각각 별도의 클러스터로 운영하면 실험 중 발생하는 리소스 충돌이나 실수로 인한 서비스 장애를 방지할 수 있다. 특히 여러 팀이 병렬적으로 프로젝트를 수행하는 조직에서는 작업 격리가 명확해지고 협업 효율성도 향상된다.

다만, 클러스터 간 데이터 일관성을 유지하려면 스토리지 계층의 설계가 중요하다. 각 클러스터가 자체 데이터를 보유하면서도 중앙 데이터 레이크 또는 공용 오브젝트 스토리지를 통해 공유 가능한 구조를 갖춰야 한다. 이를 위해 S3, GCS, MinIO, Ceph 등과 같은 분산 스토리지 시스템이 활용되며, 데이터 접근 정책과 버전 관리 전략도 함께 고려되어야 한다.

멀티 클러스터 아키텍처를 도입할 때 고려해야 할 또 다른 핵심 요소는 네트워크 라우팅과 클러스터 간 통신 방식이다. 클러스터 간 API 호출, 모델 호출, 로그 전송 등이 안정적으로 이뤄져야 하기 때문에 서비스 메시나 VPN, VPC 피어링(peering)[28] 등을 활용한 보안 통신 경로 설계 기술이 활용된다. 특히 Istio, Linkerd, Cilium과 같은 도구는 클러스터 간 트래픽 흐름을 세밀하게 관찰, 제어, 정책 기반 관리할 수 있어, 멀티 클러스터 환경의 신뢰성과 보안성을 높이는 데 유용하다.

운영 자동화를 위해 멀티 클러스터 환경에서도 공통된 CI/CD 파이프라인을 구성하는 것이 바람직하다. 예를 들어, 모델이 하나의 중앙 리포지터리에 커밋되면 해당 변경 사항을 각 클러스터에 자동으로 배포하거나 테스트하는 파이프라인이 필요하다. ArgoCD, Flux, Jenkins 등은 멀티 클러스터 환경에서 GitOps 파이프라인을 구현하는 데 널리 사용되며, 클러스터별 배포 정책을 분리하면서도 일관된 작업 흐름을 제공할 수 있다.

고가용성을 보장하기 위해 멀티 클러스터 간 페일오버 전략도 반드시 마련되어야 한다. 일반적으로는 기본(primary) 클러스터가 우선적으로 작업을 수행하고, 문제가 감지되면 예

28 두 개의 VPC 간에 프라이빗 네트워크 통신을 가능하게 해주는 직접 연결 방식

비(secondary) 클러스터가 자동으로 요청을 처리하게 하는 구조다. 이때 Prometheus, Grafana, Alertmanager 등을 도구를 활용해 클러스터 상태를 지속적으로 모니터링하고, 장애가 감지되면 스위칭 로직이 작동하도록 구성해야 한다. 이를 통해 단일 클러스터 장애가 전체 서비스 중단으로 이어지는 것을 방지하고, 시스템의 연속성과 안정성을 확보할 수 있다. 다음 그림 15.8은 멀티 클러스터 머신러닝 인프라 아키텍처를 간략히 보여준다.

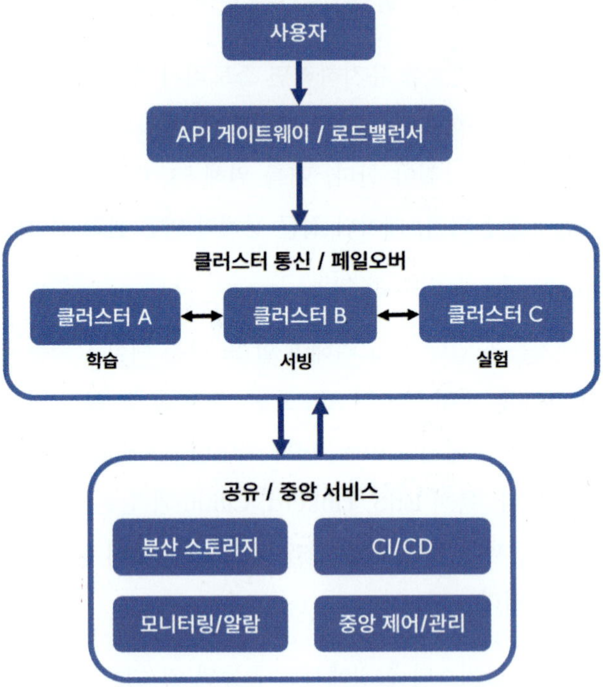

그림 15.8 멀티 클러스터 머신러닝 인프라 아키텍처

멀티 클러스터 ML 인프라는 단순히 리소스 중복을 의미하지 않는다. 오히려 리전 간 데이터 보호, 규제 준수, 로컬 실험 최적화, 글로벌 확산 등 다양한 전략적 목적을 함께 달성할 수 있는 유연한 설계 방식이다. 특히 유럽과 북미 등 다양한 데이터 보호법이 적용되는 국가에서 운영되는 AI 서비스는 클러스터를 지리적으로 분산시켜 데이터 주권(data sovereignty)[29]을 보호하면서도 중앙 통제를 유지해야 한다.

29 데이터가 저장된 물리적 위치의 국가 법률과 규제를 따르는 원칙

데이터 사이언스 프로젝트의 특성상 클러스터 간에 다양한 라이브러리와 실행 환경이 혼재할 수 있다. 이를 표준화하고 일관된 실행 환경을 유지하기 위해 컨테이너 기반의 아키텍처가 권장되며, Docker와 Kubernetes의 조합은 클러스터 간 포터블한 실행 환경을 구축하는 데 가장 보편적으로 사용된다. ML 플랫폼이 Kubeflow, MLflow 등으로 구성되어 있다면 이러한 플랫폼들 역시 멀티 클러스터 대응 기능을 내장하고 있어 보다 쉽게 확장할 수 있다.

엔지니어링 관점 외에도 멀티 클러스터 환경은 데이터 사이언티스트에게 실질적인 이점을 제공한다. 서로 다른 클러스터에서 실험 결과를 비교하거나 하나의 클러스터에서 예측된 결과를 다른 클러스터로 전달하여 상호 검증하는 등 협업 및 검증 방식이 확장될 수 있다. 또한 특정 데이터 원천이 접근 가능한 클러스터에서만 학습을 수행하고, 결과를 공유하는 분산 훈련 전략도 효율적으로 설계할 수 있다.

다만 멀티 클러스터 환경은 초기 구축보다 운영 단계에서의 복잡도가 훨씬 크다는 점을 염두에 두어야 한다. 클러스터 수가 늘어날수록 모니터링, 보안, 정책 관리 등도 함께 확장되어야 하며, 중앙 통제 시스템이 이를 효과적으로 조율할 수 있어야 한다. 따라서 단순한 복제 전략이 아니라, 조직의 데이터 사이언스 미션과 데이터 전략에 부합하는 구조적 설계를 기반으로 멀티 클러스터 인프라를 설계해야 한다.

15.3.2 데이터 레이크/웨어하우스 가용성 확보

데이터 레이크와 데이터 웨어하우스는 데이터 기반 조직의 핵심 인프라로, 고가용성 확보는 단순한 인프라 안정성을 넘어서 데이터 사이언스의 생산성과 정확성에도 직접적인 영향을 미친다. 데이터 사이언티스트는 매일 방대한 양의 정형 및 비정형 데이터를 수집하고 분석하는데, 이러한 기반 저장소가 중단될 경우 실험의 연속성은 물론 모델의 재현성과 신뢰성도 크게 저하된다.

데이터 레이크는 주로 원시 데이터를 수집하는 저장소로, 실시간 또는 배치 방식으로 유입되는 로그, 센서 데이터, 사용자 행동 정보를 처리하는 역할을 한다. 데이터 레이크에 저장된 데이터는 전처리, 특성 추출, 분석 파이프라인의 입력으로 사용된다.

따라서 데이터 레이크가 비가용 상태가 되면 단순히 전처리 단계만 중단되는 것이 아니라, 이후 모델 학습과 평가 파이프라인 전체에도 지연이 발생할 수 있다. 이러한 리스크를 최소화하려면 레이크 스토리지 계층을 분산 파일 시스템이나 오브젝트 스토리지를 기반으로 고가용성 구조로 설계해야 한다.

대표적인 오브젝트 스토리지 솔루션인 Amazon S3, Google Cloud Storage, Azure Blob Storage 등은 내재적으로 고가용성을 지원하지만, 멀티 리전 또는 크로스 리전 복제를 추가로 구성하는 것이 안정성을 높이는 핵심 전략이다. 리전 장애 발생 시 자동으로 다른 리전의 복제본으로 트래픽을 전환할 수 있도록 설정하면 단일 지점 장애(SPOF)를 효과적으로 피할 수 있다.

데이터 웨어하우스는 정제된 데이터를 구조화하여 BI 리포트, 대시보드, 모델 피딩 등에 사용되며, 쿼리 성능과 안정성이 핵심이다. Redshift, BigQuery, Snowflake 등의 현대적 웨어하우스 솔루션은 자동 확장과 고가용성 클러스터를 제공하지만, 운영 전략상 별도의 리전 백업 또는 읽기 전용 복제 인스턴스를 구성하는 것이 중요하다. 특히 주요 의사결정에 활용되는 정기 리포트나 실시간 모니터링 대시보드는 항상 사용 가능해야 한다.

데이터 사이언스 프로젝트에서는 여러 팀이 동일한 데이터 웨어하우스를 기반으로 분석을 수행하는 경우가 많으므로, 웨어하우스의 가용성은 협업 환경의 안정성과 직결된다. 동시에 다수의 모델이 웨어하우스에서 데이터를 읽어 학습을 시작하는 경우, 쿼리 병목이나 테이블 잠금 현상이 발생하면 ML 파이프라인 전체가 지연될 수 있다. 따라서 고가용성 확보는 단순한 물리적 이중화를 비롯해 쿼리 최적화, 작업 스케줄링, 리소스 분산 처리 전략까지 포함되어야 한다.

데이터 웨어하우스의 가용성 확보 전략은 사용자 요청을 복제된 읽기 전용 클러스터로 자동 라우팅하는 것이다. 이렇게 하면 분석팀의 임시 쿼리가 메인 클러스터에 영향을 주지 않고, 운영 모델 파이프라인은 항상 일관된 성능을 보장받을 수 있다. Snowflake의 리더-팔로워 아키텍처나 BigQuery의 BI Engine 캐시 활용은 이러한 고가용성을 실현하는 데 효과적이다.

데이터 레이크와 웨어하우스 간의 데이터 이동 과정도 장애 발생 지점이 될 수 있다. ETL 또는 ELT 파이프라인이 중단되면 웨어하우스에 최신 데이터가 공급되지 않아 잘못된 분석이나 예측이 발생할 수 있다. 이를 방지하기 위해 데이터 이동 프로세스 자체도 이중화하고 데이터 무결성 체크 및 재처리 기능을 내장하는 것이 중요하다.

실시간 스트리밍 데이터의 경우, Apache Kafka, Amazon Kinesis, Google Pub/Sub 등 메시지 브로커의 가용성도 레이크의 신뢰성과 직결된다. 이러한 시스템은 기본적으로 분산 구조를 갖지만, Zookeeper 클러스터나 브로커 노드의 장애가 전체 시스템에 영향을 미치지 않도록 리던던시 구성과 모니터링 체계를 구축해야 한다. 또한 데이터 유입 누락이나 중복 유입 상황을 대비해 멱등성 처리 로직도 반드시 포함되어야 한다.

데이터 웨어하우스는 종종 데이터 사이언스 모델의 입력 특징을 저장하거나 예측 결과를 아카이빙하는 저장소로 활용된다. 이때 고가용성이 확보되지 않으면 데이터 저장 실패로 인해 학습 이력의 단절, 예측 결과 누락, 재학습 지연 등의 문제가 발생할 수 있다. 이를 방지하려면 단순한 저장 오류 로그를 넘어서, 저장 실패 시 대체 저장소로 자동 저장하거나 실패한 작업을 재시도하는 워크플로 제어 시스템이 필요하다.

클라우드 기반 인프라를 사용하는 경우, 인프라 자체의 SLA 보장 범위를 파악하고, 그 한계를 넘는 복구 메커니즘을 자체적으로 구성해야 한다. 예를 들어, 데이터 웨어하우스를 특정 클라우드에만 의존할 경우 클라우드 장애 시 완전한 중단이 발생할 수 있다. 이런 상황을 대비해 하이브리드 클라우드 또는 멀티 클라우드 전략을 도입하면 이중 안전망을 구축할 수 있다.

마지막으로 데이터 레이크와 웨어하우스의 고가용성을 보장하는 핵심은 시스템의 이중화나 장애 복구 능력뿐 아니라, 전체 데이터 사이언스 파이프라인과의 연계성에 있다. 분석가나 데이터 사이언티스트가 실시간으로 시스템 상태를 확인할 수 있고, 장애 발생 시 즉시 대응할 수 있는 모니터링과 알림 체계, 그리고 비상 대응 매뉴얼이 준비되어 있어야 한다.

이는 단순한 인프라 구성의 문제가 아니라, 데이터 기반 의사결정과 모델 운영을 지속 가능하게 만드는 조직 역량이다. 다음 표 15.2는 고가용성 시스템에 대한 비상 대응 매뉴얼을 간략히 정리한 것이다. 이 표는 일반적인 템플릿 형태로 제공되므로 각 조직의 환경과 특성에 맞게 수정하여 활용한다.

표 15.2 고가용성 시스템 비상 대응 매뉴얼

단계	주요 활동	주 담당	핵심 도구/정보	결과물/결정	비고/ 에스컬레이션
0. 사전 준비	매뉴얼 숙지 비상 연락망 최신화 모니터링/알람 설정 검토 정기 모의 훈련 실시	매뉴얼 담당자 전 팀원	매뉴얼 연락망 모니터링 시스템	비상 대응 준비 상태 확인	정기적(분기/반기) 검토 및 업데이트
1. 장애 감지 및 신고	모니터링 시스템 자동 알람 발생 데이터 품질 검증 실패 알람 사용자 이상 현상 발견 및 지정 채널 신고	모니터링 시스템 사용자 온콜 인력	모니터링 대시보드 알람 시스템 로그 분석기 사용자 신고 채널	장애 발생 인지	신고 채널에 보고
2. 초기 상황 파악 및 등급 분류	알람/신고 내용 확인 및 검증 영향 범위 파악 비즈니스 영향도 평가 장애 등급 결정(P1~P4)	온콜 인력 1차 대응자	모니터링 대시보드 시스템 로그 데이터 품질 리포트 주요 사용자 확인	장애 등급 확정(P1/P2/P3/P4) 초기 영향 보고	P1/P2: 즉시 IC 지정 및 대응팀 소집 P3/P4: 정규 업무 시간 내 처리 또는 백로그 등록
3. IC 지정 및 대응팀 소집	장애 등급에 따라 IC(Incident Commander) 지정 비상 연락망 통해 핵심 대응 인력 소집 비상 대응 채널 개설	1차 대응자 팀 리드	비상 연락망 커뮤니케이션 도구	IC 확정 대응팀 구성 완료 비상 채널 가동	P1/P2 장애 시 지정 시간 내 소집 목표
4. 원인 분석 및 진단	시스템 로그, 메트릭, 설정 등 분석 데이터 파이프라인 추적 실제 영향 파악	온콜 인력 데이터 엔지니어링팀	로그 분석 모니터링 시스템/DB 접속 도구 파이프라인 관리 도구 전문가 지식	장애 근본 원인 식별	필요 시 관련 벤더사 기술 지원 요청

단계	주요 활동	주 담당	핵심 도구/정보	결과물/결정	비고/ 에스컬레이션
5. 해결 및 복구 조치	해결 방안 수립 필요 시 스테이징 환경 검증 해결 방안 적용 페일오버 수행	온콜 인력 데이터 엔지니어링팀	시스템 관리 도구 배포 도구 백업/복구 솔루션 DB 관리 도구	시스템/서비스 복구 조치 완료	데이터 복구 시 복구 범위 및 시간 기록
6. 복구 확인 및 검증	시스템 기능 정상 작동 확인 데이터 파이프라인 정상 실행 확인 데이터 정합성 및 품질 검증 모니터링 안정화 확인	온콜 인력 데이터 엔지니어링팀 데이터 분석팀 데이터 사이언스팀	모니터링 대시보드 데이터 품질 검증 도구 검증용 쿼리/스크립트	시스템 및 데이터 서비스 정상화 확인	검증 과정에서 문제 발견 시 4단계 또는 5단계로 복귀
7. 커뮤니케이션 및 공지	초기 상황, 영향, 예상 조치 시간 공지 주기적 상황 업데이트 해결 내용, 서비스 재개 후속 조치 공지	커뮤니케이션 담당	공지 채널 상태 페이지	관련자/사용자에게 상황 인지 및 업데이트 제공	데이터 사용 가능 시점 주의사항 명확히 전달
8. 사후 검토	장애 타임라인, 원인, 대응 과정, 영향 정리 재발 방지 대책 및 개선 액션 아이템 도출 매뉴얼/프로세스 개선점 식별 결과 보고서 작성 및 공유	IC 참여자 전원	장애 기록 로그 회의록 액션 아이템 보고서	사후 보고서(post-mortem) 액션 아이템 목록	장애 해결 후 지정 기간 내 실시 비난하지 않는(blameless) 문화 기반 회고 진행

15.3.3 모델 서빙 계층 중복성 설계

모델 서빙 계층은 머신러닝 시스템에서 최종 사용자 또는 어플리케이션과 직접 연결되는 지점으로, 고가용성 확보가 특히 중요한 컴포넌트다. 이 계층이 중단되면 모델 학습이 아무리 정교하게 이루어졌더라도 사용자에게 예측 결과를 제공할 수 없게 되며, 이는 비즈니스적으로 직접적인 손실로 이어질 수 있다. 따라서 모델 서빙의 중복성 설계는 단순한 인프라 차원의 문제가 아니라, 데이터 사이언스 프로젝트의 성과 전달력을 유지하기 위한 전략적 요소로 간주된다.

서빙 중복성을 확보하기 위한 가장 기본적인 접근은 수평 확장 기반의 복수 인스턴스를 운영하는 것이다. 동일한 모델을 여러 서버에 배포하고 로드 밸런서를 통해 요청을 분산시킴으로써 단일 서버 장애에 대한 리스크를 최소화할 수 있다. 이 구조에서는 개별 서버의 상태를 헬스 체크하는 메커니즘과 장애 발생 시 자동으로 트래픽을 재분배하는 기능이 필수적이다. Kubernetes 기반의 모델 서빙 플랫폼에서는 이러한 기능을 기본적으로 제공하며, 오토 스케일링 및 롤링 업데이트와 결합하여 무중단 서비스를 구현할 수 있다.

멀티 리전 또는 멀티존에 걸친 배포도 중요한 중복성 전략 중 하나다. 단일 리전에 서빙 인프라를 구성할 경우, 해당 리전에 문제가 생기면 전체 서비스가 중단될 수 있다. 반면, 복수의 리전에 동일한 모델을 배포하고 글로벌 로드 밸런서를 통해 요청을 자동 분기하면 리전 장애에도 서비스 연속성을 유지할 수 있다. 이 접근 방식은 특히 전 세계 사용자에게 서비스를 제공하는 플랫폼에서 필수적이며, 모델 예측 지연 시간을 최소화하는 데도 기효과적이다.

서빙 중복성은 단순히 동일 모델의 이중화에만 국한되지 않는다. 종종 동일한 기능을 수행하는 복수의 모델 버전을 함께 운영해야 할 필요가 있다. 예를 들어, V1 모델과 V2 모델이 동시에 서빙되는 경우, 하나의 모델이 실패하더라도 다른 버전이 대체 역할을 수행할 수 있어 서비스 중단을 방지할 수 있다. 다만 이때 입력 데이터 형식이나 전처리 로직 차이로 인해 예측 결과에 불일치가 발생할 수 있으므로 버전 간 호환성을 사전에 검증해야 한다. 이러한 다중 버전 서빙은 모델 A/B 테스트나 카나리아 배포 전략과도 밀접하게 연관되며, 새로운 모델이 충분한 안정성을 확보하기 전까지 기존 버전을 백업처럼 유지하는 데 활용된다.

모델 서빙 계층의 고가용성을 위해 프레임워크 선택도 중요한 고려사항이다. TorchServe, TensorFlow Serving, Triton Inference Server 등은 각각 다른 스케일링 및 배포 전략을 지원하며, 클라우드 네이티브 환경과의 통합 정도에도 차이가 있다. 예를 들어, TorchServe는 PyTorch 모델 배포를 위해 설계되었으며, 모델 관리 API를 통해 동적으로 모델을 로드, 언로드하거나 버전을 전환하는 기능을 제공한다. TensorFlow Serving은 텐서플로 생태계와의 통합에 유리하며, Triton은 GPU 자원 관리 및 멀티모델 서빙에 강점을 가지고 있다. 조직의 모델 운영 특성과 자원 관리 방식에 따라 프레임워크 선택이 중복성 설계의 효율성을 좌우할 수 있다.

데이터 사이언스 관점에서 중요한 점은 서빙 중복성이 모델 성능 실험과도 연결된다는 점이다. 예를 들어, 실시간 피드백 루프를 통해 수집되는 모델 성능 데이터는 서빙 시스템이 정상 동작할 때에만 안정적으로 확보된다. 예측 정확도, 사용자 반응, 특징 사용 빈도 등의 지표가 중단 없이 수집되어야 모델을 지속적으로 개선할 수 있기 때문에 서빙 시스템의 안정성은 곧 실험의 신뢰성과도 직결된다.

서빙 인프라의 중복성을 보장하려면 상태 저장 방식과 상태 비저장 방식의 조화도 고려해야 한다. 모델 서버 자체는 가능한 한 **무상태(stateless)**[30]하게 운영하고, 사용자 세션, 캐시, 피드백 데이터 등 상태 정보를 별도의 스토리지 또는 캐시 서버(Redis, Memcached 등)에 분리 저장하는 구조가 권장된다. 이를 통해 서버 재시작, 스케일링, 롤백 등의 상황에서도 사용자 경험의 일관성을 유지할 수 있다.

예측 결과 캐싱 또한 서빙 중복성과 성능을 함께 고려한 전략으로 유용하다. 동일한 입력에 대해 반복 요청이 발생하는 경우, 캐시된 응답을 활용하면 처리 지연을 최소화할 수 있으며, 일시적인 서빙 장애가 발생했을 때 대체 응답을 제공하는 수단으로도 활용 가능하다. 단, 모델 업데이트나 특징 변경 시에는 캐시 무효화 전략을 함께 설계해야 예측 결과의 정확성을 유지할 수 있다.

클라우드 서비스에서는 모델 서빙의 고가용성을 위한 관리형 솔루션도 다수 제공된다. 예를 들어, AWS SageMaker Endpoint, Google AI Platform Prediction, Azure ML Inference Endpoint 등은 내장된 이중화 및 트래픽 관리 기능을 제공하며, 장애 발생 시 자동으로 서빙 인스턴스를 재배포한다. 그러나 관리형 서비스에만 의존할 경우, 세부적인 중복성 설계에 제한이 생길 수 있으므로 세부조정이 가능한 하이브리드 구성을 고려하는 것이 이상적이다.

---

30 서버가 클라이언트의 이전 요청이나 상태(state) 정보를 기억하지 않고, 각 요청을 독립적으로 처리함을 의미한다.

모델 서빙 계층의 중복성을 보장하려면 인프라 설계뿐 아니라 운영 측면에서도 체계적인 대응이 뒷받침되어야 한다. 시스템 상태, 예측 응답 시간, 에러율, CPU/GPU 사용률 등 다양한 지표를 지속적으로 관측하고, 이상 징후 발생 시 자동으로 알람 및 재시작이 가능하도록 설정하는 것이 중요하다. 또한 실제 장애 상황을 가정한 복구 훈련과 시뮬레이션을 주기적으로 수행함으로써 중복성 설계의 실효성을 검증하고 운영 신뢰도를 높일 수 있다.

이처럼 모델 서빙의 중복성 설계는 단순한 인스턴스 복제에 그치지 않고, 실험의 신뢰성 확보, 사용자 경험 유지, 시스템 확장성 강화를 위한 전략적 접근으로 이어져야 한다. 모든 예측은 결국 사용자에게 도달할 때 비로소 가치가 실현되며, 이를 보장하는 서빙 계층의 안정성은 데이터 중심 조직의 기술 경쟁력을 구성하는 중요한 기반이 된다.

15.3.4 실시간 분석 시스템의 장애 복구 메커니즘

실시간 분석 시스템은 스트리밍 데이터에 기반한 즉각적인 판단과 반응을 가능하게 하며, 많은 기업의 비즈니스 의사결정과 서비스 운영에 중요한 역할을 한다. 실시간 추천, 이상 감지, 대시보드 모니터링, 사용자 행동 분석 등 다양한 데이터 사이언스 활용 사례가 여기에 포함된다. 그러나 실시간 시스템은 일반적인 배치 처리보다 장애에 더 민감하며, 지연이 발생하거나 데이터 손실이 생기면 그 영향이 빠르게 확산될 수 있다. 따라서 실시간 분석 시스템을 위한 복구 메커니즘은 사전에 체계적으로 설계되어야 한다.

실시간 분석 환경에서 장애는 크게 세 가지 수준에서 발생할 수 있다. 첫째는 데이터 원천으로부터의 입력 단절 또는 이상이며, 둘째는 스트리밍 처리 엔진의 장애, 셋째는 분석 결과를 전달하는 소비 계층(예: 대시보드, 알림 시스템)의 실패다. 이 중 어느 하나라도 중단되면 전체 실시간 파이프라인의 신뢰성이 저하될 수 있으므로 복구 전략은 각각의 계층에 맞춘 다층적 구조로 구성되어야 한다.

입력 원천 단의 장애는 실시간 데이터 수집의 정확도와 지속성을 위협한다. 예를 들어, Apache Kafka 또는 AWS Kinesis와 같은 스트리밍 플랫폼이 일시적으로 다운되면 데이터가 유입되지 않거나 중복 수집될 수 있다. 이를 방지하기 위해선 복수 브로커 구성, 데이터 리텐션 설정, 프로듀서 측 재시도 로직 등이 필요하며, 메시지 순서 보장과 중복 제거가 함께 고려되어야 한다. 이러한 설계는 실시간 분석의 입력 안정성을 보장하는 기반이 된다.

스트리밍 처리 엔진(예: Apache Flink, Spark Structured Streaming, Apache Beam 등)에서의 장애는 데이터 분석 로직의 중단을 의미한다. 이를 대비해 체크포인트 기능을 활용한 상태 복구 전략이 일반적이다. 스트리밍 엔진은 주기적으로 처리 상태를 외부 저장소(예: HDFS, S3, GCS 등)에 저장하고, 장애 발생 시 가장 최신의 체크포인트로부터 복구할 수 있다. 이러한 메커니즘은 실시간 모델 예측, 특성 공학, 이벤트 조인과 같은 복잡한 연산을 안정적으로 운영하는 데 필요하다.

실시간 모델 추론이나 이상 감지 시스템의 중단은 모델 정확도 문제 이상으로 비즈니스 기회를 상실하는 결과를 초래할 수 있다. 예를 들어, 거래 이상 탐지 시스템이 일시적으로 다운될 경우, 악성 거래가 차단되지 않은 채 승인될 수 있다. 따라서 실시간 모델 서빙 역시 서빙 계층뿐만 아니라 스트리밍 파이프라인의 장애 복구 계획 안에서 통합적으로 다루어져야 한다.

복구 시간을 최소화하려면 스트리밍 시스템은 무중단 배포와 자동 페일오버를 지원해야 한다. Kubernetes 기반의 스트리밍 애플리케이션은 **레플리카셋(ReplicaSet)**[31] 및 **스테이트풀셋(StatefulSet)**[32]을 통해 특정 노드가 다운되더라도 자동으로 새로운 파드로 재배치될 수 있다. 여기에 헬스 체크, 롤링 업데이트, Prometheus 기반의 메트릭 수집 및 경고 체계를 결합하면, 운영자는 장애 발생 시 즉각적으로 조치를 취할 수 있다. 장애를 사전에 감지하고 조치를 취할 수 있는 예측형 모니터링은 장기적으로 고가용성 유지에 효과적인 방안이다.

스트리밍 파이프라인의 소비 단에서 분석 결과를 시각화하거나 알림을 보내는 단계에서도 복구 전략이 필요하다. 예를 들어, Grafana나 Kibana와 같은 시각화 도구에 연결된 데이터 원천이 변경되거나 접근이 제한될 경우, 대시보드가 정상적으로 작동하지 않을 수 있다. 이러한 상황에 대비하여 다중 데이터 원천 연결 또는 캐싱 기반의 백업 대시보드를 운영하는 것이 효과적이다. 알림 시스템 역시 Slack, 이메일, SMS 등 다양한 채널을 병렬로 운영하면 단일 채널 장애 시에도 알림이 누락되지 않도록 할 수 있다.

31 지정된 수의 동일한(주로 상태 없는) 파드 복제본이 항상 실행되도록 보장하여 애플리케이션의 가용성을 높인다.

32 고유한 식별자와 안정적인 스토리지가 필요한 상태 저장(stateful) 애플리케이션 파드를 순서와 고유성을 보장하며 관리한다.

실시간 분석 시스템에서는 데이터 유실보다 분석 지연이 더 큰 문제로 작용할 수 있다. 실시간 시스템이 일시적으로 중단되었다가 복구되는 동안 데이터는 스트리밍 버퍼에 계속 쌓이게 되는데, 복구 후 이 데이터를 재처리하면서 지연이 폭발적으로 증가할 수 있다. 이를 완화하기 위해서는 **백프레셔(backpressure)**[33] 제어, 데이터 버퍼 크기 조절, 부하 분산 처리를 사전에 설계해야 한다. 일부 플랫폼은 슬로우 데이터 재처리를 위한 별도 채널을 운영하기도 하며, 이는 스트리밍 복구 전략의 일환이다.

장애 발생 후의 사후 분석도 실시간 분석 시스템에서 매우 중요하다. 복구가 완료된 후에도 문제의 원인을 정확히 파악하지 못하면 동일한 장애가 반복될 가능성이 높다. 장애 발생 시각, 처리 지연 시간, 유실된 이벤트 수, 비정상 종료 횟수 등 다양한 지표를 로깅하고, 이를 기반으로 자동화된 장애 리포트를 생성하는 체계가 필요하다. 이러한 시스템은 운영자가 추세를 분석하고, 향후 시스템 개선에 실질적인 인사이트를 제공할 수 있다. 다음은 장애 리포트 양식을 보여준다.

장애 리포트 양식

1. **장애 요약**
   - 장애 발생 시각: 2025-05-21 14:30:15 KST(최초 감지 시점)
   - 장애 종료 시각: 2025-05-21 15:15:35 KST(시스템 정상화 확인 시점)
   - 총 장애 지속 시간: 45분 20초
   - 장애 유형: 데이터 처리 지연 및 부분적 서비스 중단
   - 영향받은 주요 컴포넌트: 데이터 처리 파이프라인(Kafka Consumer Group: 'realtime-analytics'), 실시간 대시보드 API
   - 심각도: Critical
2. **주요 영향 지표**
   - 최대 처리 지연 시간: 25분 10초(정상 상태 대비)
     - 참고: 지연 시간은 이벤트 발생 시각과 최종 처리 완료 시각의 차이로 측정

33 처리 시스템(소비자)이 감당할 수 있는 속도 이상으로 데이터가 밀려올 때 데이터 생성(생산자) 측에 전송 속도를 조절하도록 역으로 압력(신호)을 가하는 제어 방식

- 추정 유실 이벤트 수: 약 1,500건
  - 참고: 소비자 랙(Lag)[34] 증가 및 특정 파티션 처리 불가 시간에 기반한 추정치
- 비정상 종료/재시작 횟수:
  - Processing Pod('analytics-processor-xyz'): 3회
  - Dashboard API Pod('dashboard-api-abc'): 1회(타임아웃으로 인한 재시작)
- 데이터 버퍼/큐 최대 크기: 120,000 메시지 (Kafka Consumer Lag 기준)
  - 참고: 정상 상태 평균 5,000 메시지 미만

3. 장애 타임라인(자동 수집된 이벤트 로그 기반)

- 14:30:15 – [경고] analytics-processor 컨슈머 그룹 Lag 임계치 초과(10,000 이상)
- 14:32:00 – [경고] analytics-processor 파드 CPU 사용률 95% 초과
- 14:35:10 – [오류] analytics-processor-xyz 파드 OOMKilled 이벤트 발생 및 재시작 시작
- 14:38:00 – [경고] 컨슈머 Lag 지속 증가(50,000 돌파)
- 14:40:00 – [오류] analytics-processor-xyz 파드 재시작 후 다시 OOMKilled 발생
- 14:45:00 – [조치] 운영자 개입: analytics-processor 디플로이먼트 메모리 제한 상향 조정 배포 시작
- 14:55:00 – [정보] 신규 파드 배포 완료 및 정상 작동 시작
- 15:00:00 – [정보] 컨슈머 Lag 점진적 감소 시작
- 15:15:35 – [정상] 컨슈머 Lag 정상 범위(5,000 미만) 복귀, 처리 지연 해소 확인

4. 근본 원인 추정(자동 분석 기반)

- 특정 유형의 이벤트 데이터 급증(event_type: 'special_promo') → 평소 대비 10배 증가
- 해당 이벤트 처리 로직 내 메모리 사용량 과다(메모리 누수 가능성 또는 비효율적 구조)
- 할당된 파드 메모리 리밋 초과로 인한 OOMKilled 반복 발생
- 파드 재시작 중 처리 중단 및 Lag 누적으로 전체 시스템 지연 확산

5. 자동 조치 및 복구 로그

- 14:35:10 – Kubernetes Liveness Probe 실패 감지, analytics-processor-xyz 파드 자동 재시작 시도

34 Kafka 토픽 파티션에 생산자가 쌓아놓은 최신 메시지 위치와 소비자가 마지막으로 읽어간 메시지 위치 간의 차이(메시지 개수)

- 14:40:00 – Kubernetes Liveness Probe 재실패, analytics-processor-xyz 파드 자동 재시작 재시도
- 14:55:00 – 운영자 조치 후, Kubernetes 롤링 업데이트 전략에 따라 신규 설정 적용된 파드 배포 완료

데이터 사이언스 팀은 실시간 분석 시스템이 단순한 기술 인프라에 그치지 않고, 실험 및 평가의 도구로도 활용된다는 점을 명확히 인식해야 한다. 예를 들어, 실시간 A/B 테스트의 결과 수집, 이벤트 기반 전환율 분석, 실시간 사용자 행동 클러스터링 등의 작업은 모두 분석 시스템이 정상 작동할 때만 신뢰할 수 있다. 실시간 분석 시스템의 장애 복구 메커니즘은 곧 실험 설계의 일관성과 결과 해석의 정확성을 뒷받침하는 기반이 된다.

실시간 분석 시스템의 장애 복구는 단일 구성 요소의 복구에 머무르지 않는다. 데이터 입력, 스트리밍 처리, 결과 소비 전 단계에 걸친 종합적이고 체계적인 전략이 필요하며, 이 전략은 실시간 환경의 특수성과 데이터 사이언스의 민감성을 충분히 고려해야 한다. 고가용성은 기술적 선택이 아닌, 분석 품질과 비즈니스 민첩성을 보장하기 위한 필수 요건이며, 모든 구성요소가 이를 중심으로 설계되어야 한다.

A

부록

A.1 _ RESTful API 실무 가이드

A.2 _ Redis 실무 가이드

A.3 _ RDBMS 실무 가이드

A.4 _ OpenSearch 실무 가이드

A.5 _ Elastic Stack 실무 가이드

A.6 _ Grafana + Loki + Promtail/Agent 실무 가이드

A.7 _ Docker 실무 가이드

A.8 _ Kubernetes 실무 가이드

A.9 _ Apache Kafka 실무 가이드

A.10 _ Apache Flink 실무 가이드

A.11 _ Apache Airflow 실무 가이드

A.12 _ Apache Spark(PySpark) 실무 가이드

A.1 _ RESTful API 실무 가이드

1. 리소스 식별을 위한 명확한 URI 설계

- URI는 리소스를 중심으로 설계하고, 계층 구조를 활용하는 것이 바람직하다. 가능한 한 동사 사용은 피해야 하며, 명사 기반 경로로 구성한다(예: `/users`, `/users/123`, `/users/123/orders`).
- URI는 리소스를 고유하게 식별해야 하며 일관성 있는 규칙을 따른다(예: 복수형 명사 사용).

2. 적절한 HTTP 메서드 사용

- 각 행위에 맞는 HTTP 메서드(`GET`, `POST`, `PUT`, `PATCH`, `DELETE` 등)를 명확히 사용한다.
- `GET`은 리소스 조회, `POST`는 리소스 생성, `PUT`은 리소스 전체 교체, PATCH는 리소스 부분 수정, `DELETE`는 리소스 삭제에 사용한다. 메서드의 의미에 맞게 구현해야 한다.

3. 표준 HTTP 상태 코드 활용

- 요청 처리 결과를 나타내는 표준 HTTP 상태 코드(2xx 성공, 4xx 클라이언트 오류, 5xx 서버 오류 등)를 정확하게 반환한다.
- 단순히 `200 OK` 또는 `500 Internal Server Error`만 사용하지 않고, 구체적인 상황에 맞는 상태 코드(예: `201 Created`, `204 No Content`, `400 Bad Request`, `401 Unauthorized`, `403 Forbidden`, `404 Not Found`)를 사용한다.

4. 일관성 있는 데이터 형식

- 요청 본문(request body)과 응답 본문(response body)에 일관된 데이터 형식(현재는 주로 JSON)을 사용한다.
- 필드 네이밍 컨벤션(camelCase 또는 snake_case)을 통일하고, 데이터 구조를 명확하게 정의한다.

5. 무상태성(statelessness) 유지

- 각 요청은 필요한 모든 정보를 담고 있어야 하며, 서버는 이전 요청에 대한 상태(컨텍스트)를 저장하지 않는다.
- 클라이언트의 세션 상태 등에 의존하지 않도록 설계하며, 필요한 인증/인가 정보는 요청 헤더(예: Authorization 헤더의 토큰) 등을 통해 전달받는다.

6. 상세하고 일관된 에러 응답

- 오류 발생 시(주로 4xx, 5xx 상태 코드), 원인을 파악하는 데 도움이 되는 상세하고 일관된 형식의 에러 메시지를 응답 본문에 포함한다.
- 에러 코드, 사용자 친화적 메시지, 개발자를 위한 상세 정보(선택적) 등을 포함하는 구조를 정의하여 사용한다.

7. API 버전 관리 전략

- API 변경 시 기존 클라이언트의 호환성을 유지하기 위해 버전 관리 전략을 도입한다.
- 주요 변경 사항(breaking change)이 발생할 때 버전을 명시하는 방법으로는 URI 경로(`/v1/users`), 요청 헤더(Accept: `application/vnd.company.v1+json`), 쿼리 파라미터(`?version=1`) 등이 있다.
- 이 중 URI 경로 방식은 가장 널리 사용되며 구조가 직관적이다. 쿼리 파라미터 방식은 명확성이 낮고 관리상 불리해 권장되지 않으며, 헤더 기반 방식은 일부 특수한 경우에만 사용된다.

8. 페이징(pagination) 처리

- 대규모 데이터 목록을 반환할 때는 페이징(`offset/limit` 또는 `cursor` 기반)을 구현하여 성능 저하를 방지하고 네트워크 부하를 줄인다.
- 응답에 다음/이전 페이지 링크 정보나 전체 개수 등을 포함하여 클라이언트가 탐색하기 쉽도록 한다.

9. 필터링, 정렬, 필드 선택 기능

- 클라이언트가 필요한 데이터만 효율적으로 얻을 수 있도록 쿼리 파라미터를 통해 리소스 목록을 필터링하거나 결과를 정렬하거나 응답에 포함될 특정 필드만 선택하는 기능을 제공한다(예: `?status=active&sort=-createdAt&fields=id,name`).

10. HATEOAS(Hypermedia As The Engine Of Application State) 고려

- HATEOAS는 API 응답에 다음 가능한 작업이나 관련 리소스에 대한 링크(하이퍼미디어)를 포함시켜 클라이언트가 이를 통해 상태 전이를 수행하도록 설계하는 REST 원칙 중 하나다.
- 이론적으로는 API의 탐색성과 자기 기술(self-descriptive) 특성을 강화하지만, 구현 복잡성과 클라이언트 처리 부담으로 인해 실제 서비스에서는 거의 사용되지 않는다.
- REST 원칙을 따르는 일부 특수한 도메인(API 게이트웨이 기반 탐색, 일부 금융/공공 API 등)에서 제한적으로 활용되며, 일반적인 JSON 기반 API에서는 적용되지 않는 경우가 많다.

11. 보안 강화

- 항상 HTTPS를 사용하여 통신 내용을 암호화한다.
- 적절한 인증(Authentication) 및 인가(Authorization) 메커니즘(OAuth 2.0, JWT 등)을 구현하여 보호된 리소스에 대한 접근을 제어한다.
- 입력값 검증(input validation), SQL 인젝션 방지, 속도 제한(rate limiting) 등을 통해 보안 취약점을 방지한다.

12. 멱등성 보장

- GET, PUT, DELETE 메서드는 멱등성을 보장하도록 설계한다. 즉, 동일한 요청을 여러 번 보내도 서버 상태의 결과가 동일해야 한다(단, 첫 요청과 후속 요청의 응답 코드는 다를 수 있음. 예: 첫 DELETE는 204, 두 번째는 404).
- 이는 네트워크 오류로 재시도하는 상황에서 안전성을 높일 수 있다. 그러나, POST 메서드는 일반적으로 멱등하지 않다.

13. 캐싱 활용

- HTTP 헤더(ETag, Last-Modified, Cache-Control 등)를 적절히 사용하여 클라이언트나 중간 프록시 서버에서 응답을 캐싱하도록 유도한다.
- 이를 통해 성능을 개선하고 서버 부하를 줄일 수 있다. 주로 GET 요청에 적용된다.

14. 명확한 API 문서화

- API 사용자가 쉽게 이해하고 사용할 수 있도록 명확하고 상세한 문서를 제공한다.
- OpenAPI Specification(구 Swagger)을 기반으로 명세를 정의하고, Redoc, Stoplight, Postman 등의 도구를 활용해 문서를 자동 생성한다.

15. 충분한 테스트

- 단위 테스트, 통합 테스트, 종단간(end-to-end) 테스트를 통해 API의 기능, 성능, 보안, 안정성을 검증한다.
- API 계약 테스트(API contract testing)[1] 등을 통해 API 변경 시 호환성 문제를 미리 발견할 수 있다. CI/CD 파이프라인에 테스트 자동화를 포함시켜 품질을 지속적으로 관리한다.

A.2 _ Redis 실무 가이드

1. 적합한 데이터 구조 선택

- 단순 키-값 저장은 String을 사용한다.
- 객체 형태 데이터는 Hash를 사용하여 필드별 접근 및 메모리 효율성을 높인다.
- 고유한 값들의 집합은 Set을, 순서가 중요하고 중복이 허용되는 목록은 List를 사용한다.
- 랭킹이나 순서가 중요한 데이터는 Sorted Set을 활용한다.

1 API 제공자와 소비자 간의 상호작용 명세(계약)를 정의하고, 양측이 이를 준수하는지 독립적으로 검증하여 통합 시 호환성 문제를 미리 방지하는 테스트

- 각 데이터 구조의 시간 복잡도(time complexity)를 이해하고 사용 사례에 맞는 구조를 선택해야 성능 저하를 막을 수 있다.

2. **메모리 관리 설정**

- `maxmemory` 설정을 통해 Redis가 사용할 최대 메모리 양을 제한하여 시스템 전체의 메모리 부족을 방지한다.
- 메모리 한계 도달 시 데이터를 어떻게 제거할지 결정하는 `maxmemory-policy(volatile-lru, allkeys-lru, noeviction` 등)를 신중하게 선택한다. 캐시 용도라면 `allkeys-lru`, `volatile-lru`, `allkeys-lfu`가 자주 사용된다.

3. **키 네이밍 전략**

- 일관성 있는 키 네이밍 컨벤션(예: `object-type:id:field`)을 사용한다.
- 키 자체도 메모리를 차지하므로, 너무 길거나 짧지 않은 적절한 길이의 키 이름을 사용한다.
- 네임스페이스를 사용하여 키 충돌을 방지하고 관리 용이성을 높인다.

4. **KEYS 명령어 주의**

- 운영 환경에서는 KEYS 명령어 사용을 지양해야 한다. 전체 키를 스캔하는 동안 Redis가 다른 요청을 처리하지 못해 성능 저하나 서비스 장애로 이어질 수 있다.
- KEYS 명령어는 대량의 키를 조회할 때 Redis 서버 전체를 블로킹할 위험이 있으므로 직접적인 사용을 지양해야 한다.
- 대신 SCAN 명령어를 사용하여 커서 기반으로 점진적으로 키를 탐색하고, 서버 부하를 최소화하며 필요한 데이터를 조회한다.

5. **파이프라이닝(pipelining) 활용**

- 파이프라이닝은 여러 명령어를 서버에 연속으로 보내고, 응답을 기다리지 않고 다음 명령어를 바로 전송하는 방식이다.
- 여러 명령어를 한 번의 네트워크 왕복(Round Trip Time, RTT)으로 처리할 수 있어 대기 시간을 줄이고 전체 처리량을 크게 향상시킨다.
- 대량의 데이터를 처리하거나 네트워크 지연이 큰 환경에서 효과적이다.

6. **트랜잭션(MULTI/EXEC)**

- 여러 명령어를 원자적으로 실행해야 할 경우 `MULTI`, `EXEC`, `WATCH`를 사용한다.
- Redis는 롤백을 지원하지 않기 때문에 트랜잭션 사용 시 주의가 필요하다.

7. 적절한 영속성(persistence) 선택

- RDB(Snapshotting): 특정 시점의 데이터를 디스크에 저장한다. 백업 및 복구에 용이하지만, 마지막 스냅샷 이후 데이터는 유실될 수 있다.
- AOF(Append Only File): 모든 쓰기 명령어를 로그 파일에 추가한다. RDB보다 데이터 유실 위험이 적지만, 파일 크기가 커질 수 있고 복구 시간이 더 걸릴 수 있다.
- 대부분의 환경에서는 RDB와 AOF를 함께 사용하는 혼합 전략이 선호된다. AOF의 `fsync` 옵션(`always`, `everysec`, `no`)은 성능과 안정성 간의 트레이드 오프다.

8. 레플리케이션(replication) 구성

- 데이터 복제본(replica)을 두어 읽기 성능을 분산시키고 주 서버(primary) 장애 시 데이터 가용성을 높인다.
- 읽기 요청은 레플리카로 분산하여 주 서버의 부하를 줄일 수 있다.

9. 센티널(sentinel)을 이용한 고가용성

- 센티널은 주 서버의 장애를 감지하고 자동으로 레플리카 중 하나를 새 주 서버로 승격시켜 서비스 중단을 최소화한다. 최소 3개 이상의 센티널 인스턴스를 홀수로 구성하는 것이 권장된다.

10. 클러스터(cluster)를 이용한 확장성

- 저장된 데이터가 단일 노드의 메모리 용량을 초과하거나, 높은 쓰기 처리량이 요구되는 경우에는 Redis 클러스터를 활용해 데이터를 여러 노드에 분산(sharding)한다.
- 클러스터는 자체적으로 고가용성을 지원하지만, 여러 키를 사용하는 명령어(multi-key operations)는 동일 슬롯(slot)에 할당된 키에 대해서만 제한적으로 동작한다.

11. 연결 풀(Connection Pool) 사용

- 애플리케이션에서 Redis에 연결할 때마다 연결을 생성하고 해제하는 것은 비효율적이다. 클라이언트 라이브러리에서 제공하는 연결 풀을 사용하여 연결 비용을 줄이고 성능을 개선한다.

12. 보안 설정 강화

- `requirepass` 설정을 통해 비밀번호 인증을 활성화한다.
- `bind` 설정을 통해 특정 IP 주소에서만 접속을 허용한다.
- 가능하다면 `rename-command`를 사용하여 위험한 명령어(예: `FLUSHALL`, `CONFIG`)의 이름을 변경한다.
- 네트워크 레벨에서 방화벽 설정을 강화하고, 필요시 Redis 6 이상부터 제공되는 ACL(Access Control List)을 사용한다.

13. **모니터링**

- `INFO` 명령어를 통해 메모리 사용량, 연결 수, 처리된 명령어 수, 지연 시간(latency), 키 개수, CPU 사용률 등 주요 지표를 정기적으로 확인한다.
- `SLOWLOG` 명령어로 느린 명령어를 추적하고, 병목 구간을 식별한다.
- 외부 모니터링 도구(Prometheus+Grafana, Datadog 등)와 연동하여 시계열 데이터를 추적하고 알림을 설정한다.

14. **적절한 만료 시간(TTL) 설정**

- 캐시나 세션 데이터 등 영구 보존이 필요 없는 데이터에는 반드시 `EXPIRE`, `SETEX` 등을 사용하여 만료 시간을 설정한다. 만료 시간이 없는 키가 계속 쌓이면 메모리 부족 문제를 야기할 수 있다.

15. **백업 및 복구 전략**

- 정기적으로 RDB 스냅샷을 생성하거나 AOF 파일을 백업한다.
- 백업된 파일을 사용하여 복구하는 절차를 테스트하고 문서화한다.

A.3 _ RDBMS 실무 가이드

1. **신중한 스키마 설계**

- 명확한 목적에 맞는 테이블과 열을 정의하고, 일관성 있는 네이밍 컨벤션을 따른다.
- 데이터 형식은 저장 공간, 성능, 데이터 유효성에 영향을 미치므로 신중하게 선택한다(예: 숫자 범위, 문자열 길이, 날짜/시간 정밀도).
- 기본 키(primary key)와 외래 키(foreign key)를 사용하여 테이블 간의 관계를 명확히 정의하고 데이터 무결성을 확보한다.

2. **적절한 인덱스 활용**

- `WHERE` 절 조건, `JOIN`의 연결 열, `ORDER BY` 절 등 조회 성능 향상이 필요한 열에 적절히 인덱스를 생성한다.
- 무분별한 인덱스 생성은 쓰기(`INSERT`, `UPDATE`, `DELETE`) 성능 저하와 저장 공간 낭비를 초래하므로 필요한 곳에만 생성한다. 복합 인덱스(composite index)의 경우 열의 순서가 중요하다.
- 인덱스 상태를 주기적으로 모니터링하고 사용되지 않거나 비효율적인 인덱스는 제거한다.

3. **효율적인 SQL 쿼리 작성**

- SELECT * 사용을 지양하고 필요한 열만 명시적으로 조회하여 네트워크 트래픽과 서버 부하를 줄인다.
- EXPLAIN(또는 EXPLAIN ANALYZE, Execution Plan 등 DB별 도구)을 사용하여 쿼리 실행 계획을 분석하고 비효율적인 부분(풀 테이블 스캔, 부적절한 조인 방식 등)을 개선한다.
- 가능하면 서브쿼리(subquery)보다는 JOIN을 활용하는 것이 성능상 유리한 경우가 많다. 적절한 JOIN 순서와 형식(INNER, LEFT/RIGHT OUTER)을 선택한다.

4. **트랜잭션의 올바른 사용**

- 데이터 일관성이 중요한 여러 DML(INSERT, UPDATE, DELETE) 작업은 하나의 트랜잭션으로 묶어 원자성을 보장한다.
- 트랜잭션 범위는 가능한 짧게 유지하여 잠금 경합 시간을 줄이고 동시성을 높인다. 불필요한 로직은 트랜잭션 밖으로 분리한다.
- 애플리케이션 요구사항에 맞는 적절한 트랜잭션 격리 수준(isolation level)을 이해하고 설정한다(read committed이 일반적).

5. **정규화(normalization)와 비정규화(denormalization)의 균형**

- 데이터 중복을 최소화하고 데이터 무결성을 높이기 위해 정규화를 기본 원칙으로 한다.
- 하지만 과도한 JOIN으로 인한 조회 성능 저하가 심각할 경우, 특정 상황에서는 읽기 성능 향상을 위해 의도적으로 비정규화(반정규화)를 고려할 수 있다. 이때 데이터 불일치 발생 가능성을 인지하고 관리 방안을 마련해야 한다.

6. **커넥션 풀(connection pool) 사용**

- 애플리케이션에서 데이터베이스에 연결할 때마다 커넥션을 생성하고 해제하는 것은 비용이 크다. HikariCP, C3P0, DBCP 등의 커넥션 풀(connection pool)[2] 라이브러리를 사용하여 커넥션을 재사용하고 성능을 개선한다.
- 애플리케이션의 동시 사용자 수와 워크로드를 고려하여 적절한 풀 크기(최소/최대 커넥션 수)를 설정한다. 너무 크면 DB 리소스를 낭비하고, 너무 작으면 병목 현상이 발생할 수 있다.

7. **데이터 무결성을 위한 제약 조건(constraint) 활용**

- NOT NULL, UNIQUE, CHECK, FOREIGN KEY 등의 제약 조건을 적극적으로 활용하여 애플리케이션 레벨의 실수로 인한 잘못된 데이터 입력을 데이터베이스 레벨에서 방지하고 데이터 무결성을 강제한다.

2 미리 생성된 데이터베이스 연결들을 모아두고 재사용하여 연결 생성 비용을 줄이고 애플리케이션 성능을 향상시키는 기법

8. 벌크(bulk) 연산 활용

- 대량의 데이터를 `INSERT`하거나 `UPDATE`, `DELETE`할 때는 루프(loop)를 돌며 한 건씩 처리하는 대신, 벌크 연산(JDBC Batch Update, DB별 Bulk Insert 구문 등)을 활용하여 네트워크 왕복 횟수와 데이터베이스 부하를 크게 줄인다.

9. ORM 사용 시 주의점(N+1 문제 등)

- ORM(Object-Relational Mapping, 예: JPA/Hibernate, SQLAlchemy)[3]은 개발 생산성을 높여주지만, 자동으로 생성되는 SQL 쿼리를 이해하고 관리해야 한다. 필요시 ORM 로그를 확인한다.
- 특히 연관된 엔티티를 조회할 때 발생하는 N+1 쿼리 문제에 주의하고, 패치 조인(fetch join), 엔티티 그래프(entity graph), 배치 크기(batch size) 설정 등으로 최적화한다.

10. 보안 강화

- SQL 인젝션(SQL injection) 공격을 방지하려면, 파라미터화된 쿼리나 바인딩 변수를 사용하는 프리페어드 스테이트먼트(prepared statement)를 적용한다. 문자열을 동적으로 조합하여 SQL을 생성하는 방식은 피해야 한다.
- 최소 권한 원칙(principle of least privilege)에 따라 애플리케이션에서 사용하는 데이터베이스 계정에는 필요한 최소한의 권한(테이블 SELECT, INSERT 등)만 부여한다.
- 데이터베이스 접근 제어(네트워크 방화벽, IP 제한 등)를 설정하고, 가능하다면 데이터베이스 자체의 감사(audit) 기능을 활용한다. 비밀번호 등 민감 데이터는 암호화하여 저장한다.

11. 정기적인 백업 및 복구 계획 수립 및 테스트

- 데이터 유실에 대비하여 비즈니스 요구사항(RPO, RTO)에 맞는 정기적인 데이터베이스 백업(full, incremental/differential) 정책을 수립하고 실행한다.
- 백업된 데이터로부터 실제로 복구하는 절차를 정기적으로 테스트하고, 복구 절차를 문서화한다. 백업 파일의 유효성도 검증한다.

12. 모니터링 및 성능 튜닝

- 데이터베이스 서버의 주요 지표(CPU 사용률, 메모리 사용량, 디스크 I/O, 네트워크 트래픽, 활성 커넥션 수, 잠금 대기 등)를 지속적으로 모니터링한다.
- 느린 쿼리 로그(slow query log)[4]를 활성화하여 성능 병목 지점을 식별하고 해당 쿼리와 관련 인덱스를 조정한다. 일반적으로 1초 이상 걸리는 쿼리를 대상으로 설정하여 성능 병목을 체계적으로 분석한다.

---

3 객체 지향 프로그래밍 언어의 객체와 관계형 데이터베이스의 데이터를 자동으로 연결(매핑)하여 개발자가 SQL 대신 객체를 통해 데이터베이스를 조작할 수 있게 해주는 기술

4 설정된 실행 시간 임곗값을 초과하는 SQL 쿼리들을 기록하여 데이터베이스 성능 병목 현상을 진단하고 튜닝하는 데 사용되는 로그 파일

- 쿼리 옵티마이저가 최적의 실행 계획을 세울 수 있도록 테이블과 인덱스의 통계 정보(statistics)를 주기적으로 업데이트(analyze/vacuum 등)한다.

13. **데이터 형식의 일관성 유지**

- JOIN 조건이나 WHERE 절에서 비교되는 열의 데이터 형식과 콜레이션(collation)[5]은 일치시켜야 암묵적 형변환(implicit type casting)으로 인한 성능 저하나 인덱스 비활성화를 피할 수 있다.

14. **대용량 테이블 관리 전략**

- 매우 큰 테이블의 경우, 파티셔닝(partitioning)을 적용하여 관리 용이성(백업, 인덱스 리빌드 단위 축소) 및 조회 성능을 향상시킬 수 있다(Range, List, Hash 파티셔닝 등).
- 더 이상 자주 사용되지 않는 오래된 데이터는 별도의 아카이브 테이블로 옮기거나 삭제하는 정책을 수립하여 운영 테이블의 크기를 적절하게 유지한다.

15. **문서화 및 DDL 변경 관리**

- 데이터베이스 스키마 구조, 제약 조건, 인덱스 전략, 설계 결정 배경 등을 ERD(Entity-Relationship Diagram)[6]나 위키 등을 통해 문서화하여 팀원 간 이해를 돕고 유지보수를 용이하게 한다.
- 스키마 변경(DDL) 작업은 운영 환경에 영향을 줄 수 있으므로 신중해야 하며, 변경 이력을 관리하고 Flyway, Liquibase 같은 데이터베이스 마이그레이션 도구를 사용하여 안전하고 자동화된 배포 절차를 따른다.

A.4 _ OpenSearch 실무 가이드

1. **필드 직접 삭제 불가 및 대처법**

- OpenSearch는 기존 인덱스에서 특정 필드를 삭제하는 기능을 지원하지 않는다.
- 필드를 제거하려면 새 인덱스를 생성하고 필요한 데이터만 리인덱싱(마이그레이션)하는 방식을 사용해야 한다.

2. **안전한 매핑 업데이트 전략**

- 운영 중인 인덱스의 매핑 변경은 데이터 불일치나 오류를 유발할 수 있다.
- 기존 인덱스는 유지한 채, 변경된 매핑으로 새 인덱스를 만들고 데이터를 마이그레이션하는 것이 안전하고 권장되는 방법이다.

5 데이터베이스 내 문자 데이터의 정렬 순서와 비교 방식(예: 대소문자 구분, 악센트 구분 등)을 정의하는 규칙 세트

6 데이터베이스의 구조를 시각적으로 표현하는 다이어그램으로, 개체, 속성, 그리고 개체 간의 관계를 나타낸다.

- 스키마 변경, 샤드 수 조정 등으로 인덱스를 재구성해야 할 때 _reindex API를 사용하면 기존 인덱스의 데이터를 새 인덱스로 효율적으로 복사 및 이전할 수 있다.

3. **명시적 매핑 사용 권장**

- 기본 동적 매핑(dynamic mapping)은 의도치 않은 필드 형식 생성 및 성능 저하를 일으킬 수 있다.
- 중요한 필드는 사전에 명시적 매핑(explicit mapping)을 정의하여 데이터 형식과 검색 방식을 제어하는 것이 좋다.
- `dynamic: strict` 설정을 통해 정의되지 않은 필드의 자동 생성을 차단할 수 있다.

4. **샤드 및 레플리카 수 최적화**

- 샤드(primary shard) 수와 복제본(replica shard) 수는 검색 및 색인 성능, 그리고 클러스터의 안정성에 직접적인 영향을 미친다.
- 과도하게 많은 샤드를 설정하면 오히려 검색 및 색인 성능이 저하될 수 있으므로, 데이터 크기와 노드 수에 비례하여 적정한 샤드 수를 설정해야 한다.
- 데이터 볼륨, 검색 트래픽, 클러스터 노드 수를 고려하여 인덱스별 샤드 수와 복제본 수를 조정하며, 고가용성을 위해 최소 1개 이상의 복제본을 설정하는 것이 일반적이다.
- 인덱스가 과도하게 커질 것으로 예상되는 경우, 초기 인덱스 생성 시부터 데이터 증가량을 감안해 `number_of_shards` 값을 계획적으로 설정해야 한다.

5. **최적의 샤드 크기 유지**

- 일반적으로 하나의 샤드 크기는 10GB ~ 50GB 사이를 유지하는 것이 권장된다.
- 대규모 인덱스의 경우, 샤드 크기를 20GB ~ 30GB 수준으로 조정하면 검색 성능과 복구 속도를 개선할 수 있다.
- 너무 작은 샤드는 관리 오버헤드를 증가시키고, 너무 큰 샤드는 복구 지연이나 단일 노드에 과도한 부하를 유발할 수 있다. 따라서 적절한 샤드 크기를 유지해 균형을 맞추는 것이 중요하다.

6. **한글 검색 정확도 향상**

- 한국어 텍스트 검색 시, 노리(nori)[7] 형태소 분석기 플러그인을 설치하고 적용하면 표준 분석기(standard analyzer)보다 훨씬 정확한 형태소 분석 및 토큰화를 통해 검색 품질을 높일 수 있다.

7. **시계열 데이터 관리 효율화(인덱스 롤오버)**

- 로그나 메트릭과 같은 시계열 데이터는 인덱스 상태 관리 정책(Index State Management, ISM)의 롤오버(rollover) 기능을 사용해야 한다.

---

7 한국어 텍스트를 의미를 가진 최소 단위인 형태소로 분리하고 품사를 판별하여 자연어 처리 및 검색 시스템의 정확도를 높이는 형태소 분석기

- 크기, 기간, 문서 수 등의 조건에 따라 자동으로 새 인덱스를 생성함으로써 관리의 자동화와 운영 효율을 확보할 수 있다.

8. 지속적인 클러스터 상태 모니터링

- 클러스터 상태(`green/yellow/red`), 노드 상태, 샤드 할당 상태, 디스크 사용량, JVM 힙 사용률 등을 주기적으로 모니터링하여 잠재적 문제를 조기에 발견하고 클러스터 안정성을 확보해야 한다.
- OpenSearch Dashboards나 Prometheus Exporter를 통해 주요 지표를 시각화하고, 알림을 설정해 장애 발생 전에 선제적으로 대응할 수 있다.

9. 데이터 보호를 위한 스냅샷 활용

- 정기적으로 스냅샷(snapshot)을 생성하여 원격 저장소(S3, HDFS 등)에 백업해야 한다.
- 이는 데이터 유실 시 복구를 가능하게 하고 재해 복구 전략의 핵심 요소다.

10. 필수 보안 설정 적용

- 운영 환경에서는 반드시 보안 기능을 활성화해야 한다.
- SSL/TLS를 통한 통신 암호화, 사용자 인증(비밀번호, SAML 등), 역할 기반의 세분화된 접근 제어(RBAC) 설정이 필요하다.
- OpenSearch Security 플러그인을 활용하면 역할 기반 접근 제어, 감사 로그(audit logging), 필드 수준 보안(field-level security)까지 구성할 수 있다.

11. JVM 힙 메모리 신중한 설정

- JVM 힙 메모리는 물리적 메모리의 절반을 초과하지 않도록 한다.
- 최대 힙 크기는 32GB를 넘지 않는 것이 좋으며, 32GB 미만에서 최적의 성능을 발휘한다.
- `jvm.options` 파일에서 `Xms`(최소 힙 크기)와 `Xmx`(최대 힙 크기) 값을 조정하여 메모리 사용을 최적화한다.
- 힙 크기를 설정할 때는 전체 메모리의 절반 또는 31GB 중 더 작은 값을 선택한다.

12. 힙 외 메모리(off-heap) 확보 중요성

- JVM 힙 메모리 외에 운영체제가 파일 시스템 캐시(file system cache) 등으로 사용할 충분한 여유 메모리를 확보해야 한다.
- 힙 메모리 외 시스템 메모리의 50% 정도를 비힙 메모리 영역으로 확보하는 것이 좋다.

A.5 _ Elastic Stack 실무 가이드

1. Elasticsearch 매핑 설계 및 최적화

- 인덱스 생성 전 매핑을 명시적으로 정의하여 데이터 유형을 제어한다(keyword, text, 숫자 타입 등).
- 동적 매핑(dynamic mapping)[8]은 편리하지만, 필드 폭증(field explosion) 위험이 있으므로 주요 필드는 명시적으로 관리한다.
- dynamic: strict 설정을 통해 정의되지 않은 필드의 자동 생성을 차단할 수 있다.
- keyword는 정확한 검색, 집계, 정렬에 사용하고, text는 전문(full-text) 검색에 사용한다.
- 필요 없는 필드는 enabled: false로 비활성화하거나 doc_values: false, index: false 옵션을 통해 디스크 공간과 인덱싱 비용을 줄인다.

2. 인덱스 템플릿 및 데이터 스트림 관리

- Composable Index Templates(V2)를 활용하여 매핑, 설정, ILM 정책 등을 미리 정의한다.
- 시계열 데이터는 데이터 스트림으로 관리하는 것을 권장한다. 데이터 스트림은 롤오버 및 수명주기 관리를 기본 지원한다.

3. ILM(Index Lifecycle Management) 및 라이프사이클 자동화

- 핫–웜–콜드–프로즌–삭제(Hot → Warm → Cold → Frozen → Delete) 수명주기 정책을 정의하여 데이터 저장 비용을 최적화한다.
- Frozen은 비용 절감에 유리하지만 검색 속도는 느려질 수 있어, 조회 빈도를 고려하여 단계별 분배한다.
- ILM 정책은 데이터 유형별로 맞춤 적용한다(예: 애플리케이션 로그 vs 보안 감사 로그).

4. 샤드 수 및 샤드 크기 관리

- 샤드 수는 인덱스 생성 시 결정되므로 데이터양을 예측하여 계획한다.
- 권장 샤드 크기는 10~50GB이며, 노드 힙 메모리 1GB당 20개 샤드를 넘지 않도록 조정한다.
- Shrink API 또는 Rollover API를 사용해 인덱스 크기 관리를 자동화할 수 있다.

5. 데이터 수집 최적화(Beats, Elastic Agent, Fleet)

- Beats(Filebeat, Metricbeat 등)나 최신 Elastic Agent를 활용하여 데이터를 수집한다.
- Elastic Agent + Fleet을 사용하면 중앙 관리, 업데이트, 정책 배포가 가능하다.

8 예상치 못한 데이터 구조나 다양한 필드명으로 인해 인덱스 내 필드 수가 의도치 않게 과도하게 늘어나 관리 및 성능 문제를 일으키는 현상

- Elastic Agent는 Standalone 모드와 Fleet 모드로 구분되며, 중앙 관리가 필요한 경우 Fleet 기반 구성이 적합하다.
- 가능하면 가공 작업은 수집 단계(Beats, Agent)보다 Ingest Node 또는 Logstash에서 수행한다.

6. **Logstash 파이프라인 설계 및 최적화**
   - 필터(grok, mutate 등)를 최소화하거나 `dissect`로 대체하여 처리 성능을 높인다.
   - 퍼시스턴스 큐(Persistent Queue, PQ)[9]를 활성화하여 장애 시 데이터 손실을 방지한다.
   - 워커 수(`pipeline.workers`)와 배치 크기를 적절히 조정하여 병렬 처리를 최적화한다.

7. **Elasticsearch Ingest Node 활용**
   - 간단한 데이터 변환(geoip 추가, 필드 추출 등)은 Logstash 대신 Ingest Pipeline을 통해 처리해 리소스를 절약한다.
   - Processor(`grok`, `script`, `rename` 등)를 조합하여 수집 단계를 최적화한다.

8. **Elasticsearch 쿼리 성능 최적화**
   - 정확한 값으로 필터링해야 하는 경우에는 `keyword` 필드를, 전체 텍스트 검색이 필요한 경우에는 `text` 필드를 사용한다.
   - 리딩 와일드카드 쿼리(예: *abc), 스크립트 기반 집계, 과도한 페이지네이션(from/size가 큰 경우)은 사용을 피해야 한다. 필요한 경우에는 Scroll API나 Search After 방식으로 대체해야 한다.
   - `_source` 필터링으로 반환 필드를 제한하여 네트워크 부하를 줄인다.
   - `runtime fields`는 유연한 필드 계산에 유용하지만, 성능에 영향을 줄 수 있으므로 사용 시 주의가 필요하다.

9. **클러스터 노드 역할 분리 및 리소스 계획**
   - Dedicated Master Node, Data Node, Ingest Node, Coordinating-only Node 등 역할을 분리하여 장애 격리 수준을 강화한다.
   - 데이터 노드는 Hot/Warm/Cold/Frozen 전략에 따라 사양을 다르게 구성하며, JVM 힙은 물리 메모리의 50% 이내(최대 30~31GB)로 할당한다.

10. **Kibana 관리 및 대시보드 최적화**
    - Fleet을 통해 에이전트 및 인티그레이션을 관리한다.
    - 구체적인 인덱스 패턴과 시간 필터를 설정하여 쿼리 성능을 높인다.
    - Spaces 기능을 이용해 대시보드, 시각화, Saved Object를 팀이나 프로젝트별로 구분 관리한다.

9 Logstash가 처리 중인 데이터를 디스크에 임시 저장하여 시스템 장애나 재시작 시에도 데이터 유실 없이 복구할 수 있도록 하는 기능

11. Elastic Observability & Security 활용

- Observability(로그, 성능 지표, APM) 솔루션을 구축하여 서비스 모니터링을 강화한다.
- Elastic Security(SIEM) 기능을 사용해 실시간 보안 모니터링과 위협 탐지를 구현할 수 있다.

12. Stack Monitoring 및 성능 모니터링

- Kibana Stack Monitoring 기능으로 Elasticsearch, Logstash, Beats, Fleet Server 상태를 지속적으로 점검한다.
- 느린 쿼리 로그(slow log)와 Search Profiler를 활용하여 쿼리 튜닝을 수행한다.

13. 보안 설정 강화(X-Pack Security)

- 사용자 인증(Authentication), 역할 기반 접근 제어(RBAC), 노드 간 통신 암호화(TLS)를 필수적으로 설정한다.
- API Key, token 기반 인증을 활용해 통합 인증 체계를 구축할 수 있다.
- Elasticsearch/Kibana 시스템 계정은 별도로 관리하고 접근을 최소화한다.

14. 정기적인 스냅샷 및 복구 테스트

- SLM(Snapshot Lifecycle Management)을 설정하여 스냅샷을 자동 생성하고 보관한다.
- S3, Azure Blob, GCS 등 다양한 리포지터리를 활용할 수 있다.
- 스냅샷 복구 프로세스를 정기적으로 점검하여 실제 장애에 대비한다.

15. Elastic Stack 버전 관리 및 업그레이드 전략

- Elasticsearch, Kibana, Logstash, Beats, Elastic Agent는 반드시 호환되는 버전을 사용한다.
- 점진적 배포(rolling upgrade)를 통해 다운타임을 최소화한다.
- Major 버전 업그레이드 전에는 반드시 Deprecated 항목과 Breaking Changes를 검토한다.

16. 문서화 및 네이밍 컨벤션 표준화

- 인덱스, 데이터 스트림, 파이프라인, 대시보드 등의 네이밍 규칙을 일관성 있게 유지한다.
- 파이프라인 구성, 인덱스 목적, 수명주기 정책 등의 문서화를 통해 팀 내 지식 공유를 강화한다.

17. 데이터 재색인 및 마이그레이션 관리

- 매핑 변경이나 샤드 전략 수정이 필요한 경우 Reindex API를 활용하여 기존 데이터를 재색인한다.
- 대량 재색인 시에는 `cluster.routing.allocation.enable=none` 설정으로 부하를 일시적으로 제한할 수 있다.

A.6 _ Grafana + Loki + Promtail/Agent 실무 가이드

1. 효과적인 레이블 전략 수립

   ◦ Loki는 로그 전체가 아닌 레이블을 기반으로 인덱싱하기 때문에 레이블 설계가 성능과 비용에 직접적인 영향을 미친다. 검색 및 그룹화에 필요한 저 카디널리티(low cardinality) 필드(예: app, environment, namespace, level)를 레이블로 사용한다.

   ◦ 고 카디널리티(high cardinality) 값(예: user_id, trace_id, request_id, 고유한 메시지 내용)은 레이블로 설정하지 않는다. 이는 인덱스 크기를 급격히 증가시키고, 성능을 심각하게 저하시킬 수 있다. 이러한 값은 로그 라인에 포함시키고, LogQL의 라인 필터(|=, |~, !=, !~)나 파서(json, logfmt, regexp)를 활용해 조회한다.

2. Promtail(또는 다른 에이전트) 설정 최적화

   ◦ 서비스 디스커버리(service discovery)를 활용하여 로그 원천을 동적으로 감지하고 레이블을 자동으로 부여한다. 정적 설정보다 관리 효율성이 높다.

   ◦ 파이프라인 스테이지(pipeline stages)를 사용하여 로그 수집 시 레이블 추가/수정, 로그 내용 파싱(예: json, logfmt), 불필요한 로그 필터링 등을 에이전트 단에서 처리한다. 이는 Loki의 부하를 줄여준다.

   ◦ Promtail의 WAL(Write-Ahead Logging)을 활성화하여 에이전트 비정상 종료 시 로그 유실을 방지한다. Promtail 2.8부터는 retry_delay, max_retries 등의 파라미터를 통해 실패 시 재전송 전략을 세밀하게 조정할 수 있다.

   ◦ 에이전트의 리소스 사용량(CPU, memory)을 모니터링하고 적절한 제한(limit)을 설정한다.

3. 효율적인 LogQL 쿼리 작성

   ◦ 쿼리 시작 시 항상 레이블 셀렉터({app="myapp", env="production"})를 사용하여 검색 범위를 최대한 좁힌다.

   ◦ 레이블 셀렉터 이후 필요한 경우 라인 필터(|= "error", |~ "failed.*")를 사용하여 로그 내용을 검색한다.

   ◦ 파서(| json, | logfmt, | regexp)와 필터 표현식(| level="error", | duration > 1s)을 사용하여 구조화된 데이터를 추출하고 필터링한다.

   ◦ 로그 기반 메트릭 생성(rate, count_over_time, sum_over_time 등) 시에는 집계 범위와 성능을 고려한다. 불필요하게 넓은 시간 범위나 복잡한 집계는 피한다.

4. Loki 아키텍처 및 배포 모드 선택

   ◦ 소규모 환경에서는 단일 바이너리(monolithic mode)로 간단하게 시작할 수 있다.

- 대규모 환경이나 고가용성이 필요한 경우, 마이크로서비스 모드(read, write, backend 타깃 분리)로 배포하여 각 컴포넌트(`ingester`, `distributor`, `querier`, `query-frontend` 등)를 독립적으로 확장(scale)한다.
- `query-frontend`를 사용하여 대규모 쿼리를 분할하고 캐싱하여 성능을 개선할 수 있다.

5. 스토리지 구성 및 관리

- Loki는 다양한 스토리지 백엔드(로컬 파일 시스템, S3, GCS, Azure Blob Storage 등)를 지원한다. 클라우드 환경에서는 비용 효율성과 확장성을 위해 오브젝트 스토리지(S3 등) 사용을 강력히 권장한다.
- 보존 기간(retention period)을 설정하여 오래된 로그 데이터를 자동으로 삭제하거나 다른 스토리지 티어(tier)로 이동시킨다. Loki 자체 설정 또는 오브젝트 스토리지의 라이프사이클 정책을 활용한다.

6. Grafana 통합 활용

- Grafana의 Explore 뷰를 사용하여 Loki 데이터를 탐색하고 LogQL 쿼리를 테스트한다.
- 로그 패널(logs panel)을 사용하여 대시보드에 로그 스트림을 직접 표시한다. 메트릭 그래프와 로그를 동일 대시보드에서 연관지어 볼 수 있다(예: 특정 시간 범위 선택 시 관련 로그 표시).
- 파생 필드(derived fields) 기능을 사용하여 로그 내용에서 특정 필드(예: `traceID`)를 추출하고, 클릭 시 다른 데이터 원천(예: `Jaeger`, `Tempo`)으로 연결되는 링크를 생성한다.
- Loki 기반의 Grafana 알림 규칙을 설정하여 특정 로그 패턴이나 임곗값 초과 시 알림을 받는다.

7. 인덱스 및 청크(chunk) 설정

- Loki는 로그 라인을 시간 순서대로 청크 단위로 묶어 스토리지에 저장하고, 레이블 세트(label set)를 인덱스에 저장한다.
- 설정 파일에서 청크 관련 파라미터(`chunk_target_size`, `chunk_idle_period` 등)를 조정할 수 있지만, 대부분의 경우 기본값이 잘 동작한다. 튜닝이 필요하다면 워크로드를 이해하고 신중하게 접근해야 한다.

8. 멀티 테넌시(multi-tenancy) 활용

- 여러 팀이나 서비스가 하나의 Loki 클러스터를 공유해야 할 경우, X-Scope-OrgID 헤더를 이용한 다중 테넌시 기능을 활성화하여 데이터를 격리시킨다.
- 각 테넌트는 독립된 레이블 셋과 데이터를 가진다.

9. Loki 및 에이전트 모니터링

- Loki 자체도 Prometheus 형식의 메트릭을 노출한다. Loki 클러스터의 상태(`ingester/querier` 상태, 큐 길이, 요청 지연 시간, 오류율 등)와 Promtail 에이전트의 상태(위치 추적, 전송률, 오류 등)를 반드시 모니터링한다. Grafana Labs에서 제공하는 대시보드를 활용하는 것을 권장한다.

- `loki_ingester_memory_chunks` 같은 지표를 통해 메모리 사용량을 주시한다.

10. **보안 강화**
    - Loki 컴포넌트 간, 에이전트와 Loki 간, Grafana와 Loki 간 통신에 TLS를 적용하여 데이터를 암호화한다.
    - 필요한 경우 인증(authentication) 및 인가(authorization) 설정을 구성한다. Loki 자체에는 간단한 인증 기능이 내장되어 있거나, 외부 인증 프록시(OAuth2 Proxy 등)를 앞에 둘 수 있다.

11. **비용 최적화 고려**
    - 레이블 카디널리티를 낮게 유지하는 것이 비용 절감의 핵심이다.
    - 로그 파싱 및 필터링을 가능한 한 에이전트(Promtail) 단에서 수행하여 Loki Ingester의 부하와 데이터 전송량을 줄인다.
    - 오브젝트 스토리지 사용 시 적절한 스토리지 클래스(Standard, Infrequent Access 등)와 라이프사이클 정책을 활용한다.

12. **쿼리 성능 문제 해결**
    - 쿼리가 느리다면 먼저 레이블 셀렉터가 충분히 구체적인지 확인한다.
    - 시간 범위를 좁혀본다.
    - 복잡한 정규식(regexp) 파서나 비용이 큰 라인 필터(|~) 사용을 최소화한다.
    - `query-frontend`를 사용하고 있다면 캐싱 설정을 확인한다.
    - 메모리 부족으로 querier가 OOM(Out of Memory) 에러를 발생시키는 경우, `max_query_length`, `max_concurrent` 등의 설정도 함께 점검한다.
    - 필요하다면 `querier`나 `ingester` 리소스를 증설한다.

13. **문서화 및 네이밍 컨벤션**
    - 사용하는 레이블의 의미와 기준, Promtail 파이프라인 설정 내용, 주요 Grafana 대시보드 등을 문서화하여 팀 내 공유한다.
    - 레이블 이름에 일관된 네이밍 컨벤션을 적용한다.

14. **버전 호환성 및 업그레이드**
    - Grafana, Loki, Promtail 간의 버전 호환성을 확인한다. 주요 버전 업그레이드 시에는 릴리스 노트를 반드시 확인하고 변경 사항(특히 breaking changes)을 숙지한다.
    - 단계적으로 업그레이드를 진행하고, 롤백 계획을 준비한다.

15. 로그 레벨 및 형식 표준화

- 개발팀과 협력하여 애플리케이션 로그 레벨(INFO, WARN, ERROR 등) 사용 기준을 정하고, 가능하다면 로그 형식을 JSON이나 logfmt 같이 구조화된 형식으로 표준화하면 Loki에서의 파싱 및 분석이 훨씬 용이해진다.

A.7 _ Docker 실무 가이드

1. 이미지 크기 최적화

- 더 작은 공식 베이스 이미지(예: alpine, slim)를 사용한다. 작은 이미지는 배포 속도를 높이고 저장 공간을 절약하며 공격 표면(attack surface)[10]을 줄인다.
- 멀티 스테이지 빌드(multi-stage builds)[11]를 활용하여 빌드에 필요한 도구(컴파일러, 빌드 라이브러리 등)와 최종 실행 환경을 분리한다. 최종 이미지에는 실행에 필요한 최소한의 파일만 포함시켜 크기를 대폭 줄일 수 있다.
- RUN 명령어에서 패키지 설치 후 불필요한 캐시나 임시 파일을 한 계층 내에서 정리한다(`apt-get clean, rm -rf /var/lib/apt/lists/*` 등).

2. Dockerfile 작성 모범 사례

- 명령어 순서를 최적화하여 빌드 캐시를 최대한 활용한다. 자주 변경되지 않는 내용(예: OS 패키지 설치)을 먼저 배치하고, 자주 변경되는 코드 복사(COPY)는 뒤쪽에 배치한다.
- 자주 변경되는 파일(COPY 대상)이 Dockerfile의 하단에 배치되면, 빌드 캐시를 더 효율적으로 활용할 수 있어 전체 빌드 시간이 단축된다.
- 불필요한 레이어 생성을 최소화하려면 하나의 RUN 명령어에서 여러 명령을 &&로 연결한다. 이는 이미지 크기를 줄이고 빌드 속도를 개선할 수 있다.
- .dockerignore 파일을 사용하여 빌드 컨텍스트에 불필요한 파일(로그, 임시 파일, .git 디렉터리 등)이 포함되지 않도록 한다. 이는 빌드 속도를 높이고 이미지 크기를 줄이며 보안에도 도움이 된다.

3. 보안 강화

- 컨테이너 내에서 root 사용자를 피한다. Dockerfile 마지막 부분에 USER 명령어를 사용하여 권한이 낮은 사용자를 지정한다. 최소 권한 원칙을 따른다.
- Trivy, Snyk, Docker Scout 등의 도구를 사용하여 이미지의 취약점을 정기적으로 스캔하고 패치한다. CI/CD 파이프라인에 통합하는 것이 좋다.

---

10 공격자가 시스템을 침투하거나 악용할 수 있는 모든 잠재적인 진입점 및 취약점의 총합

11 빌드 과정과 최종 실행 환경을 분리하여, 불필요한 도구 없이 실행 파일만 포함시킨 가벼운 최종 이미지를 만드는 Docker 빌드 기법

- 비밀번호, API 키 등 민감 정보는 이미지에 직접 하드코딩하거나 환경 변수에 평문으로 넣지 않는다. Docker Secrets(Swarm/Kubernetes 환경), 마운트된 파일, 또는 HashiCorp Vault 같은 외부 시크릿 관리 도구를 사용한다.

4. **네트워킹 이해 및 활용**

- 기본 브리지(bridge) 네트워크 외에, 애플리케이션별로 사용자 정의 브리지 네트워크(user-defined bridge network)를 생성하여 사용하는 것이 좋다. 사용자 정의 네트워크는 컨테이너 이름으로 서로를 자동으로 찾을 수 있게 해주고 더 나은 격리 및 보안을 제공한다.
- `-link` 옵션(레거시) 대신 사용자 정의 네트워크를 사용한다.
- 컨테이너 포트와 호스트 포트를 매핑할 때는 필요한 포트만 노출(`EXPOSE`, `-p` 옵션)한다.

5. **데이터 영속화 전략**

- 컨테이너가 삭제되어도 데이터를 유지해야 하는 경우, 명명된 볼륨(named volume)[12] 사용을 우선적으로 고려한다. 볼륨은 Docker가 관리하며 백업, 마이그레이션, 공유가 더 용이하다.
- 바인드 마운트(bind mount)는 호스트의 특정 파일이나 디렉터리를 컨테이너에 직접 연결하는 방식으로, 개발 환경에서 코드 변경을 즉시 반영하거나 특정 호스트 파일 접근이 필요할 때 유용하다. 단, 호스트 경로에 의존적이므로 이식성이 떨어진다.
- 애플리케이션의 요구사항(성능, 이식성, 관리 용이성)에 맞춰 적절한 데이터 저장 방식을 선택한다.

6. **리소스 제한 설정**

- `docker run` 명령어 실행 시 `--memory` 및 `--cpus`(또는 `--cpu-shares, --cpuset-cpus`) 옵션을 사용하여 각 컨테이너가 사용할 수 있는 최대 메모리와 CPU 리소스를 제한한다.
- 이는 특정 컨테이너가 과도한 리소스를 사용하여 호스트 시스템 전체나 다른 컨테이너에 영향을 미치는 시끄러운 이웃(noisy neighbor) 문제를 방지한다.

7. **Docker Compose 활용**

- 여러 컨테이너로 구성된 애플리케이션(예: 웹 서버, 데이터베이스, 캐시 서버)을 로컬 개발 환경에서 쉽게 정의하고 실행/중지하기 위해 Docker Compose를 사용한다.
- docker-compose.yml 파일 하나로 전체 애플리케이션 스택을 관리할 수 있다.
- Docker Compose는 네트워크, 볼륨, 의존성 설정 등을 간편하게 만들어준다.

12 컨테이너가 삭제되어도 데이터를 영구적으로 보존하기 위해 Docker가 관리하며 특정 이름으로 참조하는 저장 공간

8. 이미지 태그 관리

- 이미지를 빌드하고 푸시할 때 latest 태그에만 의존하지 않는다.
- 명시적인 버전 태그(예: 시맨틱 버전 1.2.3, Git 커밋 해시)를 사용하여 이미지의 변경 이력을 추적하고 특정 버전을 안정적으로 배포/롤백할 수 있도록 한다.

9. 로깅 관리

- 컨테이너는 표준 출력(stdout)과 표준 에러(stderr)로 로그를 보내도록 애플리케이션을 구성하는 것이 좋다.
- Docker의 로깅 드라이버(logging driver)[13] 설정을 통해 로그를 관리한다.
- 기본 `json-file` 드라이버 외에 `fluentd`, `syslog`, `journald`, 클라우드 플랫폼(AWS CloudWatch Logs, Google Cloud Logging) 등 중앙 집중식 로깅 시스템으로 로그를 전송하도록 구성할 수 있다.
- 로그 로테이션 설정도 확인한다(`--log-opt max-size`, `--log-opt max-file`).

10. 헬스 체크 구현

- Dockerfile 내에 HEALTHCHECK 명령어를 사용하여 컨테이너 내부 애플리케이션의 상태를 주기적으로 검사하는 방법을 정의한다.
- Docker 엔진이나 오케스트레이션 도구(Swarm, Kubernetes)는 이 상태 정보를 기반으로 비정상 컨테이너를 재시작하거나 트래픽을 보내지 않는 등의 조치를 취할 수 있다.

11. 불필요한 리소스 정리

- 사용하지 않는 컨테이너, 이미지, 볼륨, 네트워크는 시스템 자원을 낭비하므로 주기적으로 정리한다.
- `docker system prune`: 사용하지 않는 도커 객체(정지된 컨테이너, 미사용 이미지, 네트워크, 볼륨 등)를 한 번에 삭제한다.
- `docker container prune`: 중지된 모든 컨테이너를 삭제한다.
- `docker image prune -a`: 사용하지 않는 모든 도커 이미지(컨테이너가 참조하지 않는 이미지)를 삭제한다.
- `docker volume prune`: 사용하지 않는 모든 도커 볼륨(컨테이너가 사용하지 않는 볼륨)을 삭제한다.

---

13 Docker 컨테이너에서 생성된 로그를 수집하고 특정 대상(파일, 외부 시스템 등)으로 전송하는 방식을 제어하는 구성 요소

12. 개발 환경 일관성 유지

- 개발자의 로컬 환경, CI/CD 파이프라인, 스테이징 및 운영 환경에서 동일한 Docker 이미지를 사용함으로써 환경 간 실행 결과의 불일치를 최소화할 수 있다. 환경별 설정값은 환경 변수 또는 설정 파일을 통해 주입한다.

13. 빌드 캐시 이해 및 활용

- Docker는 Dockerfile의 각 명령어를 실행할 때 캐시를 활용하여 빌드 속도를 높인다.
- 캐시 메커니즘을 이해하고 Dockerfile 명령어 순서를 최적화하여 불필요한 캐시 무효화를 피한다.
- 강제로 캐시를 사용하지 않고 빌드해야 할 경우 `--no-cache` 옵션을 사용한다.

14. 멀티 아키텍처 빌드 고려

- 개발 환경(예: Apple Silicon Mac의 ARM)과 배포 환경(예: 클라우드의 x86_64/amd64)의 CPU 아키텍처가 다른 경우, `docker buildx`를 사용하여 타깃 아키텍처에 맞는 이미지를 빌드하거나 여러 아키텍처를 지원하는 멀티 아키텍처 이미지를 생성할 수 있다.

15. 신뢰할 수 있는 베이스 이미지 사용

- 가능하면 Docker Hub의 공식 이미지(official images)나 검증된 게시자(verified publisher)의 이미지를 베이스 이미지로 사용한다.
- 출처가 불분명한 이미지는 보안 위험을 내포할 수 있다. 필요하다면 자체적으로 관리하는 안전한 베이스 이미지를 구축하여 사용한다.

A.8 _ Kubernetes 실무 가이드

1. 명령형(imperative) 대신 선언형(declarative) 접근 방식 사용

- `kubectl create/run` 같은 명령형 명령어 대신, YAML 파일을 작성하고 `kubectl apply -f <파일명>`을 사용하는 선언형 방식을 기본으로 한다.
- YAML 파일은 Git 등으로 버전 관리가 가능하여 변경 이력 추적, 협업, 재현성 확보에 유리하며, Kubernetes의 핵심인 원하는 상태(desired state)를 명시하는 데 적합하다.
- 계획된 노드 유지보수나 롤링 업데이트 중 파드가 과도하게 동시에 중단되는 것을 방지하기 위해 PDB(PodDisruptionBudget)을 설정한다. `minAvailable` 또는 `maxUnavailable`을 기준으로 파드 중단 허용 범위를 제어할 수 있다.

2. **리소스 요청 및 제한 설정**

- 모든 컨테이너에 대해 CPU와 메모리의 요청 및 제한값을 명시적으로 설정한다. 이는 리소스 요청(request) 및 제한(limit)의 조합에 따라 파드의 QoS 클래스(`Guaranteed`, `Burstable`, `BestEffort`)를 결정하고, 스케줄러가 노드에 파드를 효율적으로 배치하는 데 도움을 준다.
- 리소스 제한은 특정 컨테이너가 노드의 자원을 과도하게 소모하여 다른 컨테이너나 노드 자체에 영향을 미치는 것을 방지한다.
- Kubernetes는 주기적으로 API를 변경하므로 리소스의 API 버전이 Deprecated되지 않았는지 주기적으로 점검한다.

3. **Liveness 및 Readiness 프로브 설정**

- Liveness Probe: 컨테이너가 정상적으로 동작하고 있는지 주기적으로 확인한다. 실패 시 kubelet이 해당 컨테이너를 재시작하여 자동 복구를 시도한다.
- Readiness Probe: 컨테이너가 요청을 처리할 준비가 되었는지 확인한다. 실패 시 해당 파드는 서비스의 엔드포인트 목록에서 일시적으로 제외되어 트래픽을 받지 않는다. 애플리케이션 시작 시간이나 일시적 과부하 상황을 고려하여 적절히 설정한다.

4. **네임스페이스를 이용한 리소스 격리**

- 애플리케이션, 환경(개발/스테이징/운영), 팀별로 네임스페이스를 분리하여 리소스(파드, 서비스, `ConfigMap` 등)를 논리적으로 격리한다.
- 이를 통해 리소스 이름 충돌을 방지하고, 역할 기반 접근 제어(RBAC)나 `ResourceQuota`를 적용하여 관리 단위를 나눌 수 있다. default 네임스페이스 사용은 최소화한다.

5. **레이블과 셀렉터의 효과적인 활용**

- 레이블은 리소스를 식별하고 그룹화하는 핵심 메커니즘이다. 디플로이먼트가 관리할 파드를 선택하거나, 서비스가 연결할 파드를 찾는 데 사용된다.
- 일관성 있는 레이블링 전략(예: `app`, `environment`, `tier`, `version`)을 수립하여 리소스 관리와 조회(`kubectl get pods -l app=myapp`)를 용이하게 한다. 주석(annotation)은 식별 목적이 아닌 메타데이터 저장에 사용한다.

6. **적절한 워크로드 컨트롤러 선택(Deployment, StatefulSet, DaemonSet)**

- **`Deployment`**: 무상태(stateless) 애플리케이션 배포 및 롤링 업데이트/롤백 관리에 가장 일반적으로 사용된다. `ReplicaSet`을 통해 원하는 파드 개수를 유지한다.
- **`StatefulSet`**: 안정적인 고유 네트워크 식별자(stable network identifier), 안정적인 영속 스토리지(stable persistent storage), 순차적이고 제어된 배포/확장/삭제가 필요한 상태 저장(stateful) 애플리케이션(예: 데이터베이스, 메시지 큐)에 사용된다.

- **DaemonSet**: 클러스터의 모든(또는 특정) 노드에 파드 복제본을 하나씩 실행해야 할 때 사용된다(예: 로그 수집 에이전트, 모니터링 에이전트, 노드 레벨 캐시).

7. **서비스를 통한 안정적인 엔드포인트 제공**
   - 파드는 일시적이며 IP 주소가 변경될 수 있으므로, 파드 그룹에 대한 안정적인 접근 방법을 제공하기 위해 서비스를 사용한다.
   - **ClusterIP**: 클러스터 내부에서만 접근 가능한 가상 IP를 제공한다(기본값).
   - **NodePort**: 각 노드의 특정 포트를 통해 외부에서 서비스에 접근할 수 있게 한다(주로 테스트/개발용).
   - **LoadBalancer**: 클라우드 공급자의 로드 밸런서를 동적으로 프로비저닝하여 외부 트래픽을 서비스로 라우팅한다(클라우드 환경).
   - **ExternalName**: 외부 서비스를 Kubernetes 내부에서 DNS 이름으로 참조할 수 있게 한다.

8. **ConfigMap과 Secret을 이용한 설정 및 민감 정보 관리**
   - 애플리케이션 설정값(ConfigMap)과 비밀번호, API 키 등 민감 정보(secret)는 컨테이너 이미지에 포함시키지 않고 별도의 쿠버네티스 객체로 분리하여 관리한다.
   - 이를 환경 변수나 볼륨 마운트를 통해 파드에 주입하여 설정을 코드와 분리하고 관리 용이성을 높인다. Secret 데이터는 Base64로 인코딩되어 저장되며, Kubernetes 설정을 통해 etcd 저장소에서 암호화가 가능하다. 중요한 Secret은 저장소 암호화 및 외부 시크릿 관리 도구 사용을 함께 고려한다.

9. **역할 기반 접근 제어(RBAC)를 통한 보안 강화**
   - 클러스터 보안을 위해 RBAC를 활성화하고 최소 권한 원칙을 따른다. 사용자나 서비스 계정에는 필요한 최소한의 권한만 부여한다.
   - 네임스페이스 범위(`Role`), 클러스터 범위(`ClusterRole`)로 권한을 정의하고, `RoleBinding`, `ClusterRoleBinding`으로 사용자, 그룹, 서비스 계정에 권한을 연결한다. `default` 서비스 계정의 권한을 제한한다.

10. **네트워크 정책을 이용한 통신 제어**
    - 파드 간의 네트워크 트래픽을 제어하여 보안 수준을 높인다.
    - Kubernetes는 모든 파드 간 통신을 허용하므로, 필요에 따라 특정 파드 그룹 간의 인그레스(ingress) [14] 및 이그레스(egress) [15] 트래픽 규칙을 정의한다.

---

14 특정 파드 또는 파드 그룹으로 들어오는 네트워크 트래픽을 제어하는 규칙
15 특정 파드 또는 파드 그룹에서 외부로 나가는 네트워크 트래픽을 제어하는 규칙

- 보안을 강화하려면 기본적으로 모든 통신을 차단하고, 필요한 통신만 허용하는 deny-by-default 네트워크 정책을 설정해야 한다.
- 네트워크 정책을 적용하려면 CNI(Container Network Interface)[16] 플러그인(예: Calico, Cilium, Weave Net)이 이를 지원해야 한다. 또한, 보안을 강화하기 위해 모든 트래픽을 차단하는 deny-by-default 정책을 설정한다.

11. Helm 또는 Kustomize를 이용한 애플리케이션 관리

- Kubernetes YAML 파일들을 패키징하고 관리하기 위해서는 Helm(패키지 매니저) 또는 Kustomize (템플릿 없는 설정 관리 도구)를 사용한다.
- Helm은 차트를 통해 애플리케이션 배포, 버전 관리, 의존성 관리를 용이하게 하며 재사용성을 높인다. Kustomize는 기본 YAML 파일 위에 환경별 설정을 덧씌우는 방식으로 관리를 간편하게 한다.

12. 모니터링 및 로깅 시스템 구축

- 클러스터와 애플리케이션의 상태를 파악하고 문제를 진단하기 위해 모니터링(메트릭) 시스템(예: Prometheus + Grafana)과 로깅 시스템(예: EFK – Elasticsearch, Fluentd, Kibana 또는 PLG – Promtail, Loki, Grafana)을 반드시 구축한다.
- `metrics-server`를 설치하여 기본적인 리소스 사용량(CPU, Memory)을 확인하고 HPA 등에서 활용한다.

13. HPA(Horizontal Pod Autoscaler)를 이용한 오토 스케일링

- CPU 사용률, 메모리 사용률 또는 커스텀 메트릭을 기반으로 디플로이먼트나 스테이트풀셋의 파드 복제본 수를 자동으로 조절한다. 이를 통해 부하 변동에 탄력적으로 대응하고 리소스 사용을 최적화할 수 있다.
- HPA가 정확하게 동작하려면 컨테이너에 리소스 요청 값이 설정되어 있어야 한다. Cluster Autoscaler와 함께 사용하여 노드 자체도 자동으로 확장/축소할 수 있다.

14. 영속적 스토리지를 위한 PV/PVC 이해

- 데이터베이스 등 상태 저장이 필요한 애플리케이션을 위해 퍼시스턴트 볼륨과 퍼시스턴트 볼륨 클레임을 사용한다.
- 퍼시스턴트 볼륨은 관리자가 미리 프로비저닝하거나 스토리지 클래스를 통해 동적으로 프로비저닝될 수 있는 스토리지 자체를 나타낸다.
- 퍼시스턴트 볼륨 요청은 사용자가 필요한 스토리지 용량과 접근 모드를 요청하는 객체다. 스토리즈 클래스는 동적 프로비저닝 시 사용할 스토리지 유형과 정책을 정의한다.

16 컨테이너 런타임과 네트워크 플러그인 간의 표준 인터페이스로 컨테이너 네트워크 설정을 담당한다.

15. kubectl 명령어 숙지 및 활용

- Kubernetes 클러스터와 상호작용하는 기본 CLI 도구인 kubectl의 주요 명령어를 익숙하게 사용해야 한다(`apply`, `get`, `describe`, `logs`, `exec`, `port-forward`, `delete` 등).
- `kubectl explain <리소스종류>`로 리소스 명세 구조를 확인하고, `-o wide`, `-o yaml`, `-o jsonpath`, `--selector(-l)`, `--field-selector` 등의 옵션을 활용하여 원하는 정보를 효율적으로 조회한다.
- kubectx, kubens, k9s, Lens 같은 보조 도구 활용도 생산성 향상에 도움이 된다.

A.9 _ Apache Kafka 실무 가이드

1. 적절한 파티션 수 선택

- 토픽의 파티션 수는 소비자 그룹 내 소비자 병렬 처리 수준과 쓰기 처리량에 직접적인 영향을 미친다. 소비자 인스턴스 수는 파티션 수를 초과할 수 없다(초과하는 소비자는 유휴 상태가 됨).
- 파티션 수를 줄이려면 새로운 토픽을 생성한 후 데이터를 재배치(repartitioning)하는 방식으로만 가능하므로, 초기에 신중한 설계가 필요하다.
- 너무 많은 파티션은 브로커의 리소스 사용량(파일 핸들, 메모리)과 장애 복구 시간을 증가시킬 수 있다. 일반적으로 브로커당, 클러스터 전체 파티션 수에 대한 가이드라인을 참고한다.

2. 메시지 키의 중요성 이해

- 메시지에 키를 지정하면, 해당 키를 가진 메시지들은 항상 동일한 파티션으로 전송된다(기본 파티셔너 사용 시). 이는 특정 키에 대한 메시지 처리 순서 보장이 필요할 때 매우 중요하다.
- 키가 없는 메시지는 라운드 로빈 방식으로 파티션에 분산된다(기본 설정).
- 키를 적절히 사용하여 파티션 간 데이터 분배를 조절할 수 있다. 키 분포가 불균형하면 특정 파티션에 부하가 몰릴 수 있다(Skew).

3. 생산자 acks 설정 선택

- acks 설정은 생산자가 메시지 전송 성공으로 간주하기 전에 받아야 하는 브로커의 확인 수를 결정한다.
  - `acks=0`: 생산자는 확인을 기다리지 않고 전송(속도 빠름, 메시지 유실 가능성 높음).
  - `acks=1`: 리더 브로커에 저장되면 확인(기본값, 리더 장애 시 유실 가능성 있음).
  - `acks=all`(또는 -1): 리더와 모든 동기화 복제본(In-Sync Replica, ISR)[17]에 저장되면 확인(가장 안전, 속도 느림).

17 리더 파티션의 최신 데이터와 성공적으로 동기화된 상태를 유지하고 있는 팔로워 복제본으로, 리더 장애 시 데이터 유실 없는 페일오버를 가능하게 한다.

- acks=all 사용 시 브로커 설정의 min.insync.replicas 값과 함께 동작하여 데이터 내구성을 보장한다.
- 비즈니스 요구사항(속도 vs 안정성)에 따라 적절히 선택한다.

4. **멱등성 생산자(idempotent producer)[18] 및 트랜잭션 생산자(transactional producer)[19] 활용**
   - 네트워크 오류 등으로 인한 재시도 시 메시지 중복 발생을 방지하려면 멱등성 생산자(enable.idempotence=true)를 활성화한다.
   - 이는 정확히 한 번(Exactly-Once Semantics, EOS) 전송 보장에 필수적이다(브로커/토픽 설정과 무관하게 생산자 레벨에서 중복 제거).
   - 여러 파티션에 걸쳐 원자적인 쓰기가 필요하거나 소비자-프로세스-생산자 패턴에서 EOS가 필요하다면 트랜잭션 생산자를 사용한다.

5. **소비자 오프셋 관리 전략**
   - 소비자가 어디까지 메시지를 읽었는지 나타내는 오프셋 관리는 매우 중요하다.
   - 기본값(enable.auto.commit=true)은 편리하지만, 메시지 처리 완료 전에 오프셋이 커밋되거나(메시지 유실) 처리 실패 후 커밋될 수 있어(메시지 중복 처리) 문제가 발생할 수 있다.
   - 안정적인 처리를 위해 enable.auto.commit=false로 설정하고, 메시지 처리가 완료된 후 commitSync 또는 commitAsync를 사용하여 수동으로 오프셋을 커밋하는 것이 좋다(At-least-once 또는 Exactly-once 보장).
   - commitSync는 동기 방식으로 신뢰성은 높지만 지연이 길 수 있고, commitAsync는 빠르지만 실패 시 재시도 로직이 필요하므로 상황에 따라 적절히 선택한다.

6. **소비자 그룹 재분배 이해 및 관리**
   - 소비자 그룹 내에서 소비자 인스턴스가 추가/제거되거나, 구독하는 토픽의 파티션 수가 변경되면 재분배(rebalance)가 발생하여 파티션 소유권이 재분배된다.
   - 재분배 중에는 해당 소비자 그룹의 메시지 처리가 일시 중단되므로, 너무 잦은 재분배는 성능 저하를 유발한다. 소비자의 비정상 종료, 긴 처리 시간(max.poll.interval.ms 초과), 새로운 배포 등을 최소화해야 한다.
   - 정적 멤버십(static membership, 예: group.instance.id) 사용을 고려해 불필요한 재분배를 줄일 수 있다.

---

18 네트워크 오류 등으로 인한 재시도 시 메시지가 중복되지 않고 정확히 한 번만 전달되도록 보장하는 생산자

19 여러 파티션에 걸쳐 메시지를 보내거나 소비자-프로세스-생산자 패턴에서 모든 작업이 하나의 원자적 단위(전체 성공 또는 전체 실패)로 처리되도록 보장하는 생산자

7. **메시지 직렬화 및 스키마 관리**

   - 생산자와 소비자 간의 데이터 형식을 일관되게 유지하기 위해 Avro, Protobuf, JSON Schema 등의 형식을 사용하고, 스키마 레지스트리(Schema Registry, 예: `Confluent Schema Registry, Apicurio`)를 사용하는 것이 좋다.
   - 스키마 레지스트리는 스키마 버전 관리와 호환성 검증(Backward, Forward, Full)으로 안전한 스키마 변경을 지원하며, 데이터 파싱 오류를 방지한다.

8. **적절한 복제 계수 설정**

   - 토픽의 복제 계수는 데이터 내구성과 가용성을 결정한다. 운영 환경에서는 일반적으로 3 이상으로 설정하는 것이 권장된다.
   - 복제 계수가 N이면, N-1개의 브로커 장애까지 데이터 유실 없이 서비스 유지가 가능하다. 복제 계수가 높을수록 안정성은 높아지지만 더 많은 디스크 공간과 네트워크 대역폭이 필요하다.

9. **모니터링 필수**

   - 카프카 클러스터와 애플리케이션의 상태를 지속적으로 모니터링해야 한다. 주요 지표는 다음과 같다.
     - 생산자: 전송률, 오류율, 지연 시간.
     - 소비자: 소비자 랙(Lag).
     - 토픽/파티션: 파티션별 메시지 수 및 크기, 동기화 복제본(ISR) 수.
     - 브로커: Under-replicated 파티션 수, 활성 컨트롤러 수, 네트워크/디스크 사용률, 요청 지연 시간(Produce/Fetch), JVM 상태(GC, Heap).
   - JMX Exporter + Prometheus + Grafana 조합이나 상용 모니터링 솔루션을 활용한다.

10. **보안 설정 강화**

   - 운영 환경에서는 반드시 보안 설정을 활성화한다.
   - 암호화(encryption): TLS/SSL을 사용하여 클라이언트-브로커, 브로커-브로커 간 통신을 암호화한다.
   - 인증(authentication): SASL(PLAIN, SCRAM, GSSAPI/Kerberos) 또는 mTLS를 사용하여 클라이언트와 브로커를 인증한다.
   - 인가(authorization): ACL(Access Control List)을 사용하여 사용자/그룹별로 특정 토픽이나 리소스에 대한 접근 권한(읽기/쓰기/생성 등)을 제어한다.

11. **Zookeeper 의존성 이해 및 KRaft 고려**

- 전통적인 카프카는 클러스터 메타데이터 관리(브로커 정보, 토픽 설정, ACL 등)와 컨트롤러 선출 등을 위해 Zookeeper에 의존한다. Zookeeper 앙상블의 안정적인 운영이 중요하다.
- 최신 버전의 카프카는 KRaft(Kafka Raft metadata mode)를 도입하여 Zookeeper 의존성을 제거하고 있다.
- KRaft는 아키텍처를 단순화하고 확장성 및 성능을 개선하므로, 새로 구축하거나 업그레이드 시 적극적으로 고려한다.

12. **용량 계획 및 확장**

- 예상되는 메시지 처리량(throughput), 보관 기간(retention period), 복제 계수 등을 고려하여 디스크 공간, 네트워크 대역폭, CPU, 메모리 등 브로커 리소스에 대한 용량 계획을 수립한다.
- 클러스터 확장이 필요할 때는 브로커를 추가하고, `kafka-reassign-partitions.sh` 도구를 사용하여 기존 토픽의 파티션을 새로 추가된 브로커로 재분배할 수 있다.

13. **토픽 압축(log compaction) 활용**

- 모든 메시지 이력을 보존하는 대신, 각 키에 대한 최신 값만 유지해야 하는 경우(예: 상태 변경 이벤트, DB 테이블 변경 로그) 토픽 압축을 사용한다.
- `cleanup.policy=compact`로 설정하며, 삭제(tombstone) 메시지를 처리하는 방식도 이해해야 한다.
- 보관 기간 기반 삭제(delete)와 함께 사용할 수도 있다(`cleanup.policy=compact,delete`).

14. **클라이언트 라이브러리 관리**

- 사용하는 프로그래밍 언어에 맞는 공식 또는 검증된 카프카 클라이언트 라이브러리를 사용한다.
- 클라이언트 라이브러리와 카프카 브로커 버전 간의 호환성을 확인하고, 정기적으로 라이브러리를 최신 안정 버전으로 업데이트하여 버그 수정 및 성능 개선 혜택을 받는다.

15. **에러 처리 및 재시도 전략**

- 생산자와 소비자 코드에서 발생 가능한 에러(네트워크 문제, 브로커 오류, 메시지 처리 실패 등)를 적절히 처리하는 로직을 구현해야 한다.
- 일시적인 오류에 대해서는 재시도 메커니즘을 구현하되, 무한 재시도를 피하기 위해 재시도 횟수 제한 및 백오프 전략을 사용한다. 반복적으로 실패하는 메시지는 별도의 데드 레터 큐(Dead Letter Queue, DLQ) 토픽으로 보내어 분석 및 후처리를 할 수 있도록 구성하는 것이 좋다.

A.10 _ Apache Flink 실무 가이드

1. 올바른 시간 특성(time characteristic) 선택

   - **이벤트 시간(event time)**: 이벤트가 실제로 발생한 시간을 기준으로 처리한다. 결과의 정확성과 재현성이 중요할 때 권장된다(예: 결제 처리, 이상 탐지). 워터마크(watermark)를 사용하여 지연 데이터(late data)를 처리해야 한다.
   - **프로세싱 시간(processing time)**: 데이터가 Apache Flink 오퍼레이터에 도달한 로컬 시스템 시간을 기준으로 처리한다. 가장 간단하고 지연 시간이 낮지만, 결과가 비결정적일 수 있고 재현이 어렵다. 실시간 알림 등 즉각적인 반응이 중요하고 정확성이 덜 민감할 때 사용한다.
   - **인제스천 시간(ingestion time)**: 데이터가 Apache Flink 원천에 도달한 시간을 기준으로 한다. 이벤트 시간과 프로세싱 시간의 절충안이다.
   - 가능하다면 비즈니스 요구사항에 따라 이벤트 시간 사용을 우선적으로 고려한다.

2. 상태 백엔드(state backend) 선택 및 설정

   - **`MemoryStateBackend`**: 상태를 `TaskManager`의 JVM 힙 메모리에 저장하고, 체크포인트는 원격 파일 시스템에 저장한다. 로컬 개발/테스트 및 작은 상태에 적합하다. 상태 크기가 힙 용량을 초과할 경우 OOM(Out of Memory) 오류가 발생할 수 있다.
   - **`FileSystemStateBackend`**: 상태를 `TaskManager`의 JVM 힙 메모리에 저장하고, 체크포인트는 설정된 파일 시스템(HDFS, S3 등)에 비동기적으로 저장한다. 상대적으로 작은 상태를 다루며, 고가용성 구성이 가능하다.
   - **`RocksDBStateBackend`**: 상태를 `TaskManager` 로컬 디스크의 임베디드 RocksDB에 저장하고, 체크포인트는 설정된 파일 시스템에 비동기적으로 저장한다. 매우 큰 상태(수 TB)를 관리할 수 있으며, 현재 가장 널리 사용되는 백엔드이다. 증분 체크포인트(incremental checkpoint)를 지원하여 효율적이다. 디스크 I/O 성능이 전체 처리 성능에 영향을 미친다.
   - 상태 크기, 성능 요구사항, 운영 환경을 고려하여 적절한 백엔드를 선택하고 관련 설정을 튜닝한다.

3. 체크포인트 설정 최적화

   - 체크포인트는 Apache Flink의 핵심적인 장애 복구 메커니즘이다. 주기적으로 애플리케이션 상태의 스냅샷을 생성하여 영속 스토리지(HDFS, S3 등)에 저장한다.
   - `execution.checkpointing.interval`: 체크포인트 간격을 설정한다. 너무 짧으면 오버헤드가 크고, 너무 길면 장애 복구 시 손실되는 데이터가 많아진다. 처리량과 복구 시간 요구사항 간의 균형이 필요하다.
   - `execution.checkpointing.mode`: `EXACTLY_ONCE`(기본값) 또는 `AT_LEAST_ONCE`를 설정한다. 정확히 한 번 처리가 필요하다면 `EXACTLY_ONCE`를 사용한다.

- execution.checkpointing.timeout: 체크포인트 완료 시간 제한. 네트워크나 스토리지 문제로 지연될 경우 타임아웃 처리한다.
- 증분 체크포인트(Incremental Checkpoints, RocksDBStateBackend에서 지원)를 사용하여 체크포인트 시간을 단축한다.

4. **세이브포인트(savepoint) 활용**
   - 세이브포인트는 사용자가 수동으로 트리거하는 애플리케이션 상태의 스냅샷이다.
   - 애플리케이션 업그레이드, Apache Flink 클러스터 버전 변경, A/B 테스트, 상태 마이그레이션 등 계획된 작업을 수행할 때 상태를 안전하게 보존하고 재개하는 데 사용된다.
   - 정기적으로 세이브포인트를 생성하고 관리하는 절차를 마련한다.

5. **적절한 병렬도(parallelism) 설정**
   - 각 오퍼레이터(Source, Map, KeyBy, Sink 등)의 병렬도는 해당 작업이 동시에 실행될 수 있는 인스턴스 수를 결정한다. parallelism.default로 클러스터 전체 기본값을 설정하고, 필요시 개별 오퍼레이터에 setParallelism으로 재정의할 수 있다.
   - 병렬도는 클러스터의 가용 Task Slot 수, 데이터 처리량 요구사항, 파티션 수(특히 Apache Kafka) 등을 고려하여 설정한다. 너무 낮으면 병목 현상이 발생하고, 너무 높으면 작업 관리 오버헤드가 증가할 수 있다. 리소스 사용률을 모니터링하며 조정한다.

6. **워터마크(watermark) 이해 및 활용**
   - 이벤트 시간 처리 시, 지연되거나 순서가 뒤바뀐(out-of-order) 이벤트를 처리하기 위해 워터마크를 사용한다.
   - 적절한 워터마크 생성 전략(Bounded-Out-Of-Orderness, Custom Assigner)을 선택하고, 허용 지연 시간(allowedLateness) 및 사이드 출력(side output)을 사용하여 지연 데이터를 처리하는 방법을 결정한다. 워터마크 설정은 결과의 정확성과 지연 시간 간의 트레이드 오프다.

7. **백프레셔(backpressure) 모니터링 및 대응**
   - 백프레셔는 다운스트림 오퍼레이터가 업스트림보다 느리게 처리하여 데이터가 쌓이는 현상을 의미한다.
   - 백프레셔가 장시간 지속되면 시스템 처리량 저하뿐만 아니라 작업 실패로 이어질 수 있으므로, 조기에 감지하고 대응하는 것이 중요하다.
   - Flink Web UI의 백프레셔 탭을 통해 각 작업의 상태(OK, LOW, HIGH)를 모니터링한다.
   - 백프레셔가 지속적으로 발생하는 작업은 병목 지점이므로, 해당 오퍼레이터의 병렬도를 높이거나, 리소스를 추가하거나 로직을 최적화하는 등의 조치가 필요하다.

8. **효율적인 직렬화 선택**

- Apache Flink는 상태 저장과 네트워크 전송 과정에서 객체 직렬화를 수행하며, 기본적으로 Kryo 직렬화를 사용한다.
- 성능을 높이기 위해 POJO(Plain Old Java Object)[20], Avro 등의 명시적이고 구조화된 타입을 사용하는 것이 바람직하다.
- 특히 POJO 타입을 사용하면 Apache Flink가 필드를 직접 분석하여 효율적으로 처리할 수 있다. `GenericTypeInformation` 대신 구체적인 타입을 사용하고, 필요시 Kryo 직렬화기를 등록하거나 커스텀 직렬화기를 구현한다.

9. **상태 크기 관리 및 최적화**

- 시간이 지남에 따라 계속 커지는 상태는 성능 저하 및 리소스 부족을 유발할 수 있다. State TTL 기능을 사용하여 오래된 상태 항목을 자동으로 정리할 수 있다.
- 상태 데이터 구조를 신중하게 설계하고(예: 불필요한 데이터 저장 피하기), RocksDB 사용 시 칼럼 패밀리나 상태 마이그레이션 등을 고려한다.

10. **적절한 API 선택(DataStream vs Table API/SQL)**

- DataStream API: 저수준의 세밀한 제어가 필요하거나 복잡한 상태 관리, 커스텀 로직 구현 시 사용한다. 유연성이 높지만 코드가 더 복잡해질 수 있다.
- Table API / SQL: 선언적이며 고수준의 API로, SQL에 익숙한 사용자에게 친숙하다. 쿼리 옵티마이저가 성능을 최적화해주며 코드가 간결하다. 관계형 데이터 처리나 분석 작업에 적합하다.
- 두 API는 상호 변환이 가능하므로 작업의 특성에 맞게 혼용할 수도 있다.

11. **비동기 I/O 활용**

- 스트림 처리 중 외부 시스템(데이터베이스, API 등)과 상호작용해야 할 때 동기 방식은 병목 지점이 되기 쉽다. 비동기 I/O 패턴을 사용하여 외부 요청을 비동기적으로 처리하고 결과를 콜백으로 받아 처리량을 크게 향상시킬 수 있다.

12. **모니터링 및 로깅 시스템 구축**

- Flink Web UI는 기본적인 정보를 제공하지만, 운영 환경에서는 Prometheus + Grafana 등을 연동하여 Apache Flink의 주요 메트릭(체크포인트 상태, 지연 시간, 처리량, JVM 상태, 백프레셔 등)을 시계열 데이터로 추적하고 알림을 설정해야 한다.
- `TaskManager`와 `JobManager`의 로그를 중앙 로깅 시스템(예: Elastic Stack, Loki)으로 수집하여 디버깅 및 문제 해결에 활용한다.

20 특정 프레임워크 기술에 종속되지 않고, 데이터 저장을 주 목적으로 하는 간단한 표준 자바 객체

13. **고가용성 구성**

- 운영 환경에서는 JobManager의 단일 장애 지점(SPOF)을 제거하기 위해 고가용성하도록 구성해야 한다.
- Zookeeper 또는 Kubernetes HA 서비스를 사용하여 여러 JobManager 인스턴스를 실행하고, 장애 발생 시 리더 JobManager를 자동으로 선출하여 작업을 중단 없이 이어갈 수 있도록 한다.

14. **리소스 관리**

- Apache Flink TaskManager의 메모리 구조(JVM Heap, Managed Memory, Network Buffers, JVM Metaspace/Overhead)를 이해하고 설정 파일을 통해 적절히 구성해야 한다.
- 특히 `RocksDBStateBackend` 사용 시 관리되는 메모리(managed memory)가 상태 저장에 사용되며, 네트워크 버퍼는 데이터 전송 성능에 영향을 미친다.
- 컨테이너 환경(Kubernetes, YARN)에서는 메모리 제한을 고려하여 설정한다.

15. **커넥터 및 형식 이해 및 활용**

- 다양한 외부 시스템(Apache Kafka, Apache Pulsar, JDBC, Elasticsearch, HDFS, S3 등)과 데이터를 주고받기 위한 커넥터와 데이터 직렬화/역직렬화를 위한 포맷(JSON, Avro, Parquet 등)을 제공한다.
- 사용하려는 시스템에 맞는 커넥터와 포맷을 선택하고, 해당 커넥터의 설정(예: Apache Kafka의 오프셋 관리, JDBC의 배치 설정)과 장애 허용(fault tolerance) 보장 수준(at-least-once, exactly-once)을 이해하고 사용한다.

A.11 _ Apache Airflow 실무 가이드

1. **선언적 파이프라인(DAG) 정의**

- 파이프라인은 파이썬 코드로 DAG 객체를 정의하여 선언적으로 작성한다. 이는 코드 버전 관리, 테스트, 재사용성을 용이하게 한다.
- DAG 파일 자체에는 가벼운 구조 정의만 포함해야 하며, 복잡한 로직은 별도의 파이썬 모듈이나 오퍼레이터 내부로 분리한다.
- DAG 파일은 스케줄러가 주기적으로 파싱하기 때문에 로직이 복잡할수록 파싱 시간이 늘어나 전체 성능에 영향을 줄 수 있다.

2. **멱등성 있는 작업 설계**

- 모든 작업(`Operator` 인스턴스)은 멱등성을 가지도록 설계해야 한다. 즉, 동일한 작업을 여러 번 실행해도 항상 결과가 동일해야 한다. 이는 재시도나 수동 재실행 시 데이터 정합성을 보장하는 데 필수적이다.

◦ 데이터를 단순히 덮어쓰거나 특정 상태를 기준으로 작업을 시작/종료하도록 구현한다.

3. 적절한 오퍼레이터(Operator) 사용

◦ Apache Airflow는 다양한 내장 오퍼레이터(`BashOperator`, `PythonOperator`, `DockerOperator` 등)와 프로바이더(Provider)를 통한 외부 시스템 연동 오퍼레이터(Snowflake, S3, BigQuery, Apache Spark 등)를 제공한다.

◦ 가능하면 특정 작업에 맞는 오퍼레이터를 사용한다. `BashOperator`나 `PythonOperator`는 유연하지만, 전용 오퍼레이터는 연결 관리, 파라미터 처리, 상태 추적 등에서 더 편리하고 안정적인 경우가 많다.

◦ 외부 시스템의 작업 완료를 기다리는 센서(sensor)나 오퍼레이터는 워커 슬롯을 점유하지 않고 비동기적으로 대기하는 Deferrable 오퍼레이터로 구현하여 워커 리소스 효율성을 높인다.

◦ Deferrable 오퍼레이터를 사용하기 위해서는 별도의 Triggerer 프로세스를 활성화해야 한다. Triggerer가 비활성화된 경우, 일부 오퍼레이터는 fallback 방식으로 기존 blocking 모드로 동작할 수 있다. 또한 Triggerer 장애에 대비한 고가용성 설정도 함께 고려해야 한다.

4. 연결(connection) 및 훅(hook) 활용

◦ 데이터베이스 접속 정보, API 키 등 외부 시스템 연결 정보는 코드에 하드코딩하지 않고 Apache Airflow의 연결(connection) UI나 Secrets Backend를 통해 안전하게 관리한다.

◦ 오퍼레이터 내부에서는 훅(hook)을 사용하여 정의된 연결 정보를 바탕으로 외부 시스템과 상호작용한다. 이는 연결 로직을 추상화하고 재사용성을 높인다.

5. XCom(Cross-Communication)의 제한적 사용

◦ 작업 간에 작은 규모의 데이터를 주고받을 필요가 있을 때 XCom[21]을 사용할 수 있다(예: 파일 경로, 작은 ID 목록).

◦ TaskFlow API(`@task` 데코레이터)를 사용하면 XCom 사용이 더 간편해진다.

◦ XCom은 Airflow 메타데이터 DB에 저장되므로 대용량 데이터(수 KB 이상) 성능 저하 및 DB가 과부하될 수 있다.

◦ 대용량 데이터는 S3, GCS, HDFS 같은 외부 스토리지를 통해 전달하고 파일 경로/객체 키만 XCom으로 전달하는 방식을 사용한다.

6. 스케줄링 이해(schedule_interval, start_date, catchup)

◦ `schedule_interval`: DAG 실행 주기를 정의한다(Cron 표현식, timedelta, 타임테이블 등). `@daily`, `@hourly` 같은 Cron 프리셋도 유용하다.

21 Apache Airflow의 작업들이 워크플로 내 다른 작업과 작은 규모의 데이터나 메타데이터(예: 파일 경로, ID)를 주고받을 수 있도록 하는 기능

  - `start_date`: DAG가 처음 실행될 수 있는 논리적 날짜를 의미한다. 과거 시점으로 설정하는 것이 일반적이다. DAG Run의 논리적 날짜(logical date)는 `start_date`부터 schedule_interval 간격으로 생성된다. 실제 실행 시간과는 다르다.
  - `catchup=True`(기본값): `start_date`부터 현재까지 실행되지 못한 모든 과거 DAG 실행을 순차적으로 실행한다. 원치 않으면 `catchup=False`로 설정한다.
  - 시간대(`Timezone`) 설정에 유의한다(`airflow.cfg`의 `default_timezone`, DAG의 `timezone` 파라미터). UTC 사용을 권장한다.

7. **작업 의존성 및 트리거 규칙(trigger rule) 설정**
  - `set_upstream`, `set_downstream` 메서드나 비트시프트 연산자(`>>`, `<<`)를 사용하여 작업 간의 실행 순서(의존성)를 명확히 정의한다.
  - 기본적으로 모든 직전 작업이 성공해야 다음 작업이 실행된다(`trigger_rule='all_success'`).
  - 특정 상황(예: 일부 실패해도 실행, 하나만 성공해도 실행)에 따라 `all_done`, `one_success`, `none_failed_min_one_success` 등 다른 트리거 규칙을 적절히 사용한다.

8. **TaskFlow API 활용**
  - Airflow 2.0 이상에서는 `@task` 데코레이터를 사용하는 TaskFlow API를 통해 파이썬 함수를 직접 작업으로 만들고, 함수의 입출력을 통해 XCom을 더 직관적으로 사용할 수 있다. `PythonOperator`를 사용하는 것보다 코드가 간결해진다.

9. **실행자(Executor) 선택**
  - Airflow 실행 환경에 맞는 적절한 실행자를 선택한다.
    - `SequentialExecutor`: 단일 프로세스, 디버깅/테스트용. 병렬 처리 불가.
    - `LocalExecutor`: 로컬 머신에서 멀티프로세싱으로 병렬 처리. 단일 노드 한계.
    - `CeleryExecutor`: 분산 메시지 큐(Redis, RabbitMQ)를 사용하여 여러 워커 노드에서 작업을 분산 처리. 확장성 용이.
    - `KubernetesExecutor`: 각 작업을 Kubernetes 파드로 동적으로 실행. 리소스 격리 및 확장성이 우수하다.
  - 선택한 실행자에 따라 아키텍처와 확장성이 달라진다.

10. **풀(pool)과 우선순위(priority)를 이용한 리소스 관리**
  - 특정 외부 시스템에 대한 동시 접근 수를 제한하거나(예: API 호출 제한), 특정 유형의 작업이 사용할 수 있는 슬롯 수를 제어하려면 풀(pool)을 사용한다.

- 중요도가 높은 작업이 먼저 실행되도록 `priority_weight`를 설정할 수 있다(높은 값이 우선순위 높음). 풀 내에서나 실행자 큐에서 순서를 결정하는 데 사용된다.

11. 모니터링 및 알림 설정

- Airflow UI를 통해 DAG 실행 상태, 작업 로그, 실행 시간 등을 주기적으로 확인한다. Gantt, Graph 뷰 등이 유용하다.
- 작업 실패, 재시도, SLA Miss 발생 시 알림을 받도록 설정한다(`email_on_failure`, `sla_miss_callback`, 커스텀 콜백 함수 + Slack/PagerDuty 연동 등).
- Apache Airflow 컴포넌트(스케줄러, 웹서버, 워커)의 상태와 성능 메트릭(StatsD, Prometheus Exporter)을 모니터링 시스템과 연동하여 관찰한다.

12. 변수(variable)와 매크로(macro) 활용

- **변수(variable)**: DAG 내에서 사용할 수 있는 키-값 형태의 설정값. UI나 CLI, 환경변수를 통해 관리하며, 자주 변경될 수 있는 설정(경로, 파라미터 등)에 사용한다. 단, 너무 많은 변수 조회는 성능에 영향을 줄 수 있다.
- **매크로(macro)**: 템플릿 필드(Jinja 템플릿) 내에서 사용할 수 있는 미리 정의된 변수나 함수(`{{ ds }}`, `{{ execution_date }}`, `{{ var.value.my_var }}`, `{{ macros.datetime }}` 등). 동적인 파라미터 생성에 유용하다.

13. Secrets Backend 사용

- 운영 환경에서는 연결 비밀번호, 변수의 민감 정보 등을 안전하게 관리하기 위해 HashiCorp Vault, AWS Secrets Manager, GCP Secret Manager, Azure Key Vault 같은 외부 Secrets Backend를 연동하여 사용하는 것이 강력히 권장된다.

14. 버전 관리 및 테스트

- DAG 파일은 반드시 Git 같은 버전 관리 시스템으로 관리한다.
- CI/CD 파이프라인을 구축하여 DAG 파일의 구문 검사, 임포트 오류 검사, 단위 테스트(커스텀 오퍼레이터/훅), DAG 구조 테스트 등을 자동화한다. `assert_dag_integrity` 같은 테스트 헬퍼를 활용할 수 있다.

15. 정기적인 유지보수 및 업그레이드

- 오래된 DAG 실행 기록, 작업 로그, 메타데이터 DB 레코드 등을 정리하는 유지보수 작업을 주기적으로 수행한다(`airflow db clean` 등).
- Apache Airflow는 활발하게 개발되므로, 정기적으로 릴리스 노트를 확인하고 보안 패치 및 새로운 기능을 활용하기 위해 계획적으로 버전을 업그레이드한다. 업그레이드 전에는 반드시 테스트 환경에서 충분히 검증한다.

A.12 _ Apache Spark(PySpark) 실무 가이드

1. **DataFrame API 활용(RDD 직접 사용 지양)**
   - 대부분의 경우, 저수준 API인 RDD 대신 DataFrame API 또는 Spark SQL을 사용한다.
   - DataFrame은 카탈리스트 옵티마이저(catalyst optimizer)와 WholeStage Codegen 같은 실행 최적화 기법을 통해 자동으로 쿼리를 최적화하므로, 일반적으로 성능이 뛰어나고 코드 작성도 간결하다.
   - 필요할 때만 RDD로 변환(`df.rdd`)하여 사용하고, 가능한 DataFrame 연산으로 해결한다.
2. **필요한 열만 선택하고 필터링은 최대한 빠르게**
   - 데이터 처리 초반에 `select`를 사용하여 작업에 필요한 열만 명시적으로 선택한다. 불필요한 데이터 로딩 및 전송을 줄여 성능을 개선한다.
   - `filter` 또는 `where` 연산을 가능한 한 데이터 원천에 가까운 단계(파일 읽기 직후 등)에서 수행하여 처리해야 할 데이터 양 자체를 줄인다. 이는 특히 셔플링(데이터 재분배)이 발생하는 연산 전에 효과적이다.
3. **캐싱(cache/persist)의 신중한 사용**
   - 동일한 DataFrame을 여러 번 사용하는 경우(예: 반복적인 ML 학습, 여러 번의 집계), `cache` 또는 `persist`를 호출하여 중간 결과를 메모리(또는 디스크)에 저장하면 후속 작업 속도를 높일 수 있다.
   - 하지만 캐싱은 메모리를 소비하므로, 너무 크거나 더 이상 사용하지 않는 DataFrame을 불필요하게 캐싱하면 오히려 메모리 부족 문제를 유발할 수 있다.
   - 더 이상 해당 `DataFrame`을 사용하지 않는 시점에 `unpersist`를 호출하여 캐시를 해제한다.
   - 적절한 스토리지 레벨(`MEMORY_ONLY`, `MEMORY_AND_DISK` 등)을 선택한다.
4. **파티션 관리(repartition, coalesce) 이해**
   - Apache Spark는 데이터를 파티션 단위로 처리한다. 파티션 수는 병렬 처리 수준을 결정한다.
   - `repartition(numPartitions)`: 전체 셔플(full shuffle)을 발생시켜 파티션 수를 늘리거나 줄이고, 특정 열을 기준으로 데이터를 재분배할 때 사용한다(주로 `Join`, `GroupBy` 전 성능 향상 목적). 이 연산은 비용이 크므로 주의해서 사용한다.
   - `coalesce(numPartitions)`: 파티션 수를 줄일 때 사용하며, 전체 셔플 없이 기존 파티션을 병합하므로 `repartition`보다 효율적이다(예: 결과 파일 쓰기 전). 파티션 수를 늘리는 데는 사용할 수 없다.
   - `spark.sql.shuffle.partitions` 설정을 통해 셔플 시 생성되는 기본 파티션 수를 조절할 수 있다. 데이터 크기와 클러스터 규모에 맞게 튜닝한다.

5. Python UDF(User Defined Function) 사용 최소화

- Python UDF[22]는 성능을 저하시키는 주요 원인이 될 수 있다. 각 행마다 JVM과 Python 인터프리터 간 데이터 직렬화/역직렬화 및 컨텍스트 스위칭 오버헤드가 발생하고, 카탈리스트 옵티마이저의 최적화 효과를 받기 어렵다.
- 가능한 한 Spark 내장 함수를 사용한다(`pyspark.sql.functions` 모듈 활용). 대부분의 일반적인 연산은 내장 함수로 구현되어 있다.
- 복잡한 로직 때문에 UDF가 불가피하다면 Pandas UDF(Vectorized UDF) 사용을 고려한다. Apache Arrow를 사용하여 데이터를 Pandas Series/DataFrame으로 효율적으로 전송하고 벡터화된 연산을 수행하므로 일반 UDF보다 훨씬 빠르다.

6. 데이터 포맷 선택(Parquet, ORC, Delta Lake)

- 분석 워크로드에는 CSV나 JSON 같은 행 기반 포맷보다 Parquet이나 ORC 같은 열 기반 형식을 사용하는 것이 훨씬 효율적이다. 필요한 열만 읽는 것(projection pushdown)과 필터 조건으로 데이터를 건너뛰는 것(predicate pushdown)이 가능하여 I/O 성능이 크게 향상된다. 압축 효율도 좋다.
- 데이터 레이크에서 ACID 트랜잭션, 스키마 변경 관리, 타임 트래블(Time Travel) 등이 필요하다면 Delta Lake 포맷 사용을 강력히 권장한다.

7. 스키마 명시적으로 정의(StructType, StructField)

- 파일(CSV, JSON 등)을 읽을 때 `inferSchema=True` 옵션은 자동으로 스키마를 추론해 편리해 보이지만, 데이터를 스캔해야 하므로 느리고 부정확할 수 있으며 예기치 않은 데이터 형식 문제를 일으킬 수 있다.
- 안정성과 성능을 위해 `StructType`과 `StructField`를 사용하여 스키마를 명시적으로 정의하고 schema 옵션으로 전달하는 것이 좋다.

8. Spark UI 적극 활용

- Apache Spark 애플리케이션 실행 시 제공되는 Spark UI는 성능 분석과 디버깅에 필수적인 도구이다.
- Jobs, Stages, Tasks 탭을 통해 작업 진행 상황, 실패한 태스크, 각 단계별 소요 시간, 데이터 셔플 크기 등을 확인할 수 있다.
- Storage 탭에서 캐시된 RDD/DataFrame 정보를, Executors 탭에서 실행자들의 상태와 리소스 사용량을, SQL/DataFrame 탭에서 쿼리 실행 계획(Physical Plan, Logical Plan)을 확인할 수 있다. 느린 부분을 식별하는 데 매우 유용하다.

22 Apache Spark와 같은 데이터 처리 프레임워크에서 기본 제공되지 않는 사용자 정의 로직을 파이썬 코드로 작성하여 데이터 처리에 사용하는 함수

9. **효율적인 join 전략**

- join 연산은 비용이 크므로 신중하게 사용한다.
- join하기 전에 가능한 한 양쪽 DataFrame을 필터링하여 join 대상 데이터 크기를 줄인다.
- join 키 열의 데이터 형식이 일치하는지 확인한다. 형식이 다르면 불필요한 변환이나 비효율적인 조인이 발생할 수 있다.
- 작은 테이블과 큰 테이블을 조인할 때는 Broadcast Hash Join을 활용하면 성능을 크게 향상시킬 수 있다. 작은 테이블을 모든 Executor에 복사하여 셔플을 피하는 방식이다.
- spark.sql.autoBroadcastJoinThreshold 설정으로 자동 적용 임곗값을 조절하거나 broadcast 함수로 명시적으로 지정할 수 있다.

10. **collect 액션 주의**

- collect는 DataFrame의 모든 데이터를 드라이버(driver) 노드의 메모리로 가져오는 작업이다. 매우 큰 DataFrame에 대해 collect를 호출하면 드라이버에서 OOM(Out of Memory) 오류가 발생할 수 있다.
- 결과를 확인할 때는 show, take, limit 같은 메서드를 사용하고, 전체 데이터를 다룰 필요가 있을 경우 파일로 저장(write)한 뒤 조회하는 것이 안전하다.
- collect는 소량의 데이터에만 제한적으로 사용하고, 대규모 데이터 처리에는 사용을 지양해야 한다.

11. **Null 값 처리**

- 데이터에 Null 값이 포함될 수 있으므로 적절히 처리해야 한다. isNull, isNotNull로 확인하고, fillna로 특정 값으로 채우거나 dropna로 Null 값이 포함된 행을 제거하는 등의 함수를 활용한다.

12. **적절한 설정 값 튜닝**

- spark-submit 시 또는 SparkConf 객체를 통해 애플리케이션의 특성과 클러스터 환경에 맞게 주요 설정 값을 튜닝해야 한다.
  - --num-executors: 사용할 Executor 수.
  - --executor-memory: 각 Executor의 메모리 크기.
  - --executor-cores: 각 Executor가 사용할 CPU 코어 수.
  - --driver-memory: 드라이버 프로세스의 메모리 크기.
  - spark.sql.shuffle.partitions: 셔플 시 파티션 수.
  - spark.default.parallelism: RDD 연산의 기본 병렬도.
- 워크로드와 데이터 크기, 클러스터 리소스를 고려하여 적절한 값을 찾아야 한다.

13. **코드 구조화 및 가독성**

- 복잡한 데이터 변환 로직은 여러 단계로 나누고, 각 단계별 중간 DataFrame에 의미 있는 이름을 부여하여 코드의 가독성과 디버깅 용이성을 높인다.
- 반복되는 로직은 함수로 분리하여 재사용성을 높인다.

14. **Window 함수 활용**

- 그룹 내 순위(ranking), 누적 합계(cumulative sum), 이동 평균(moving average) 등 파티션 내에서 연산이 필요할 때는 `Window` 함수(`pyspark.sql.window.Window`)를 사용한다. `GroupBy` 집계만으로는 표현하기 어려운 분석 작업을 효율적으로 수행할 수 있다.

15. **로깅 및 예외 처리**

- PySpark 애플리케이션 내에서 표준 로깅 라이브러리(Python의 `logging`)를 사용하여 주요 단계나 디버깅 정보를 기록한다. Spark 드라이버 및 실행자 로그와 함께 확인하면 문제 추적에 도움이 된다.
- `try...except` 블록을 사용하여 잠재적인 오류(예: 파일 읽기 실패, 데이터 형식 오류)를 처리하고 적절한 조치를 취하도록 구현한다.

B

부록

B.1 _ 실시간 처리 아키텍처

B.2 _ 배치 처리 아키텍처

B.3 _ RAG 아키텍처

B.4 _ Lambda 아키텍처

B.5 _ 데이터 레이크하우스 아키텍처

B.1 _ 실시간 처리 아키텍처

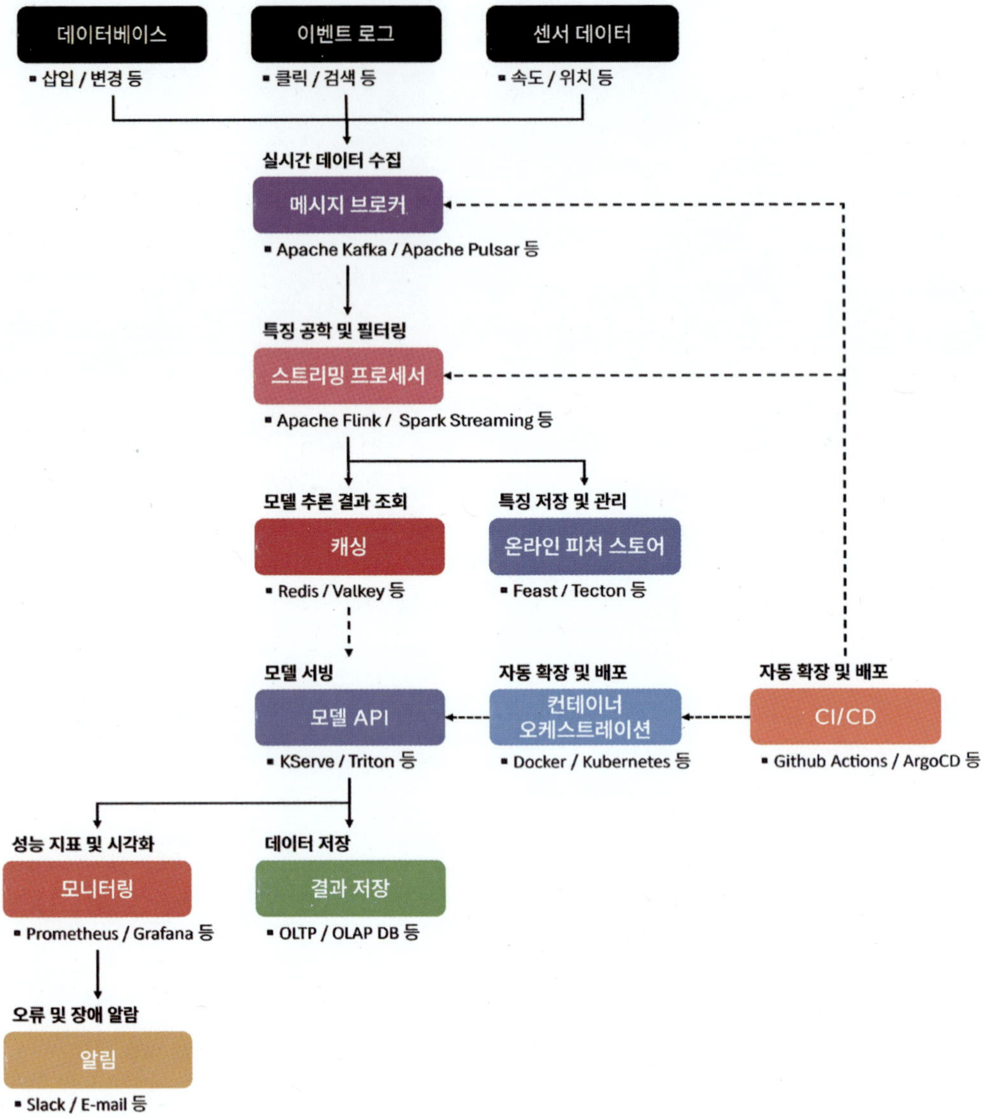

1. **데이터 원천(데이터베이스/이벤트 로그/센서 데이터)**: 실시간 시스템에서 다양한 형태의 데이터를 받아온다.
2. **메시지 브로커**: 메시지 큐 시스템을 활용하여 비동기 이벤트를 수집하고 처리 시스템에 전달한다.
3. **스트리밍 프로세서**: 실시간 데이터 전처리, 특징 생성, 필터링, 집계 등의 역할을 수행한다.
4. **캐싱**: 인메모리 캐시를 통해 최근 특징값 혹은 중간 결과값을 저장함으로써 지연 시간을 최소화한다.
5. **온라인 피처 스토어**: 추론에 필요한 실시간 특징을 저장하고 제공한다.
6. **모델 API**: 학습된 모델을 외부 서비스에 제공하기 위한 인터페이스로 REST 또는 gRPC 기반의 엔드포인트를 통해 실시간 추론 요청을 처리한다.
7. **컨테이너 오케스트레이션**: Docker 및 Kubernetes 기반으로 API 서버, 특징 처리기 등을 관리하며, 오토스케일링, 무중단 배포, 리소스 관리 등에 활용된다.
8. **CI/CD**: GitHub Actions, GitLab CI, ArgoCD 등을 이용하여 코드 및 모델 업데이트를 자동화한다.
9. **결과 저장**: 추론 결과는 OLTP(운영 DB) 또는 OLAP(분석용 DB)에 저장되어 분석, 피드백 루프, A/B 테스트 등에 활용된다.
10. **모니터링 및 알림**: 시스템 상태, 추론 지연, 실패율 등을 실시간으로 모니터링하며, 이상 감지 시 알림을 전송한다.

B.2 _ 배치 처리 아키텍처

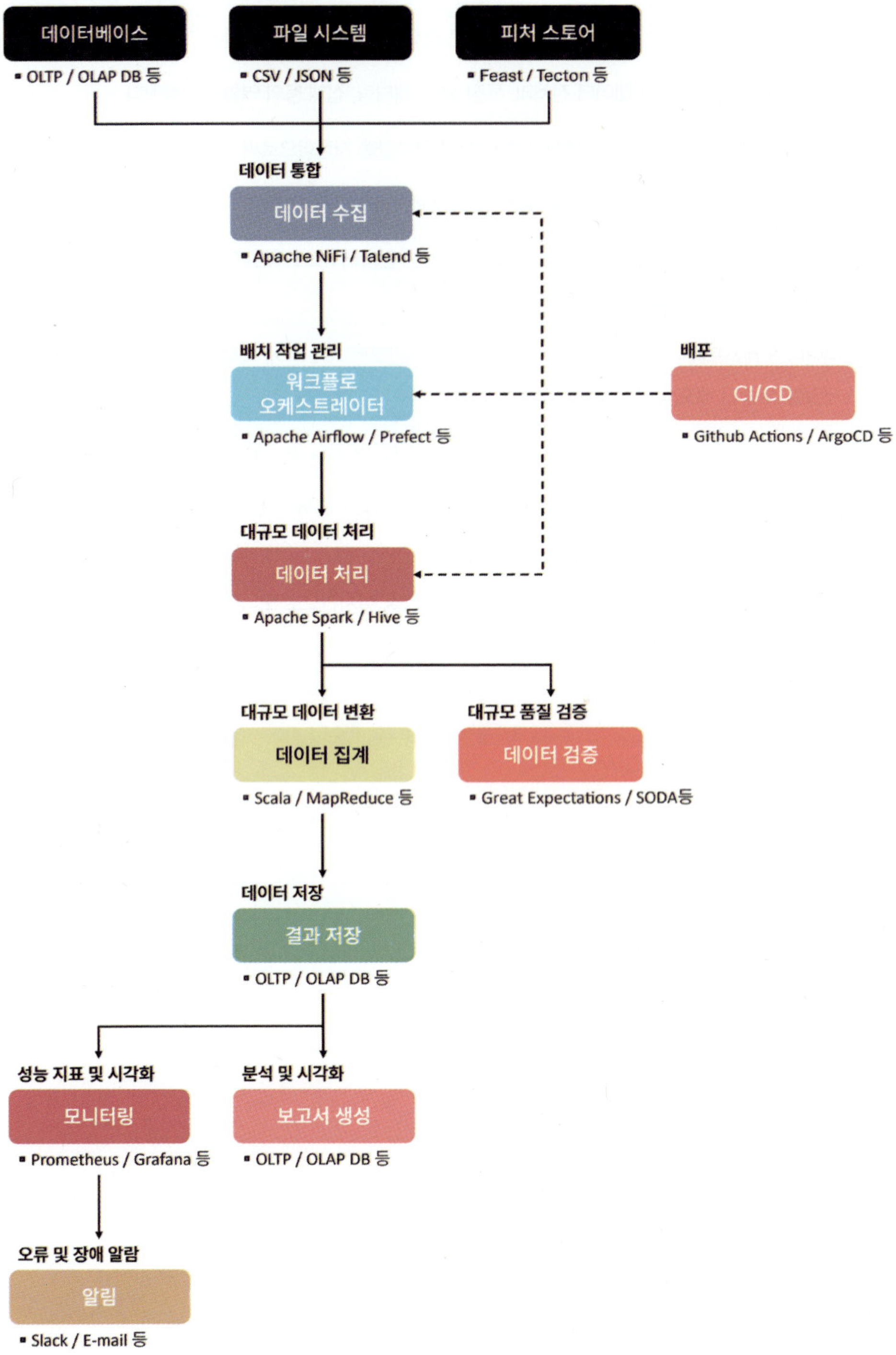
데이터베이스
▪ OLTP / OLAP DB 등
파일 시스템
▪ CSV / JSON 등
피처 스토어
▪ Feast / Tecton 등
데이터 통합
데이터 수집
▪ Apache NiFi / Talend 등
배치 작업 관리
워크플로 오케스트레이터
▪ Apache Airflow / Prefect 등
배포
CI/CD
▪ Github Actions / ArgoCD 등
대규모 데이터 처리
데이터 처리
▪ Apache Spark / Hive 등
대규모 데이터 변환
데이터 집계
▪ Scala / MapReduce 등
대규모 품질 검증
데이터 검증
▪ Great Expectations / SODA등
데이터 저장
결과 저장
▪ OLTP / OLAP DB 등
성능 지표 및 시각화
모니터링
▪ Prometheus / Grafana 등
분석 및 시각화
보고서 생성
▪ OLTP / OLAP DB 등
오류 및 장애 알람
알림
▪ Slack / E-mail 등

1. **데이터 원천(데이터베이스/파일 시스템/피처 스토어)**: 운영 데이터베이스, 분석 데이터베이스, 분산 파일 시스템 등 다양한 저장소에서 데이터를 불러온다.
2. **데이터 수집**: 다양한 원천에서 데이터를 가져오는 단계로, 정기적으로 배치 수집 작업을 실행한다.
3. **워크플로 오케스트레이터**: 데이터 수집 → 처리 → 검증 → 저장 과정을 자동화한다.
4. **데이터 처리**: 대용량 분산처리 시스템을 사용하여 전처리, 변환, 필터링 등의 작업 수행한다.
5. **데이터 집계**: 다량의 데이터를 요약(aggregation)한다.
6. **데이터 검증**: 수집/처리된 데이터의 품질을 자동으로 검증한다.
7. **결과 저장**: 처리된 결과는 다시 OLTP/OLAP에 저장되어 대시보드, 보고서, 모델 학습 등에 활용된다.
8. **보고서 생성**: SQL 기반 BI 도구나 정형화된 템플릿을 활용해 정기적인 보고서를 생성한다.
9. **모니터링 및 알림**: 워크플로 실행 현황, 지연, 실패율 등을 모니터링하며, 이상 감지 시 알림을 전송한다.

B.3 _ RAG 아키텍처

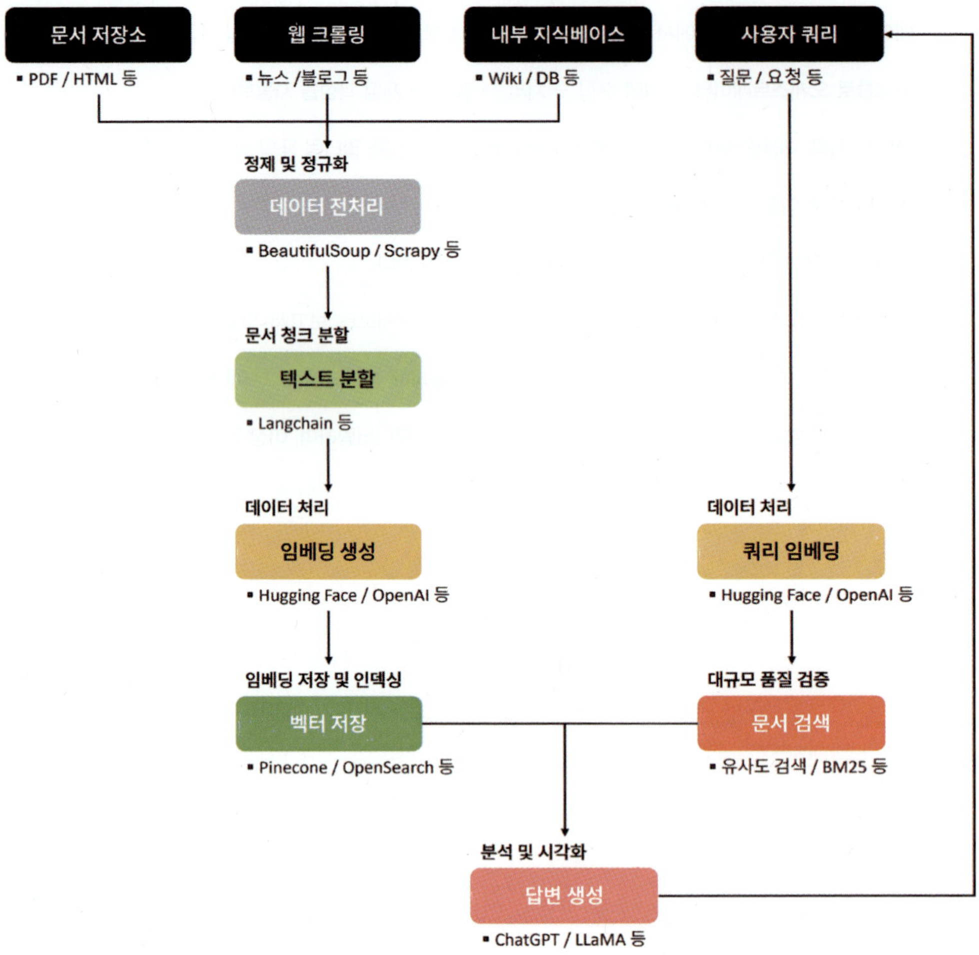
문서 저장소
▪ PDF / HTML 등
웹 크롤링
▪ 뉴스 /블로그 등
내부 지식베이스
▪ Wiki / DB 등
사용자 쿼리
▪ 질문 / 요청 등
정제 및 정규화
데이터 전처리
▪ BeautifulSoup / Scrapy 등
문서 청크 분할
텍스트 분할
▪ Langchain 등
데이터 처리
임베딩 생성
▪ Hugging Face / OpenAI 등
데이터 처리
쿼리 임베딩
▪ Hugging Face / OpenAI 등
임베딩 저장 및 인덱싱
벡터 저장
▪ Pinecone / OpenSearch 등
대규모 품질 검증
문서 검색
▪ 유사도 검색 / BM25 등
분석 및 시각화
답변 생성
▪ ChatGPT / LLaMA 등

1. **데이터 원천(문서 저장소/웹 크롤링/내부 지식베이스)**: PDF, HTML, 뉴스, Wiki 등 다양한 형태의 문서에서 데이터를 수집한다. 내부 사내 문서나 지식 베이스 등 도메인 특화 데이터도 포함된다.
2. **데이터 전처리**: 수집한 원시 데이터를 정제하고, 구조화된 텍스트로 가공한다.
3. **텍스트 분할**: 전처리된 텍스트를 적절한 크기의 청크(chunk)로 나누며, 검색 성능 향상에 기여한다.
4. **임베딩 생성**: 분할된 텍스트 청크를 벡터로 변환하기 위해 임베딩 모델로 문서 임베딩을 생성한다.
5. **벡터 저장**: 생성된 임베딩을 벡터 DB에 저장한다. 유사도 기반 검색을 위해 인덱싱된 형태로 관리된다.
6. **사용자 쿼리 입력**: 사용자가 자연어로 질문을 입력한다. 예를 들어 "사내 복지제도는 어떤 게 있나요?"와 같은 질의가 포함된다.
7. **쿼리 임베딩**: 사용자 질문을 동일한 임베딩 모델로 벡터화한다. 문서 임베딩과 같은 공간 상에 매핑됨으로써 유사도 계산이 가능해진다.
8. **문서 검색**: 쿼리 임베딩과 가장 유사한 문서 임베딩을 벡터 DB에서 검색한다. 유사도 검색 또는 BM25 기반 알고리즘을 사용해 관련 문서 Top-K를 추출한다.
9. **답변 생성**: 검색된 문서를 기반으로 LLM이 답변을 생성한다.

B.4 _ Lambda 아키텍처

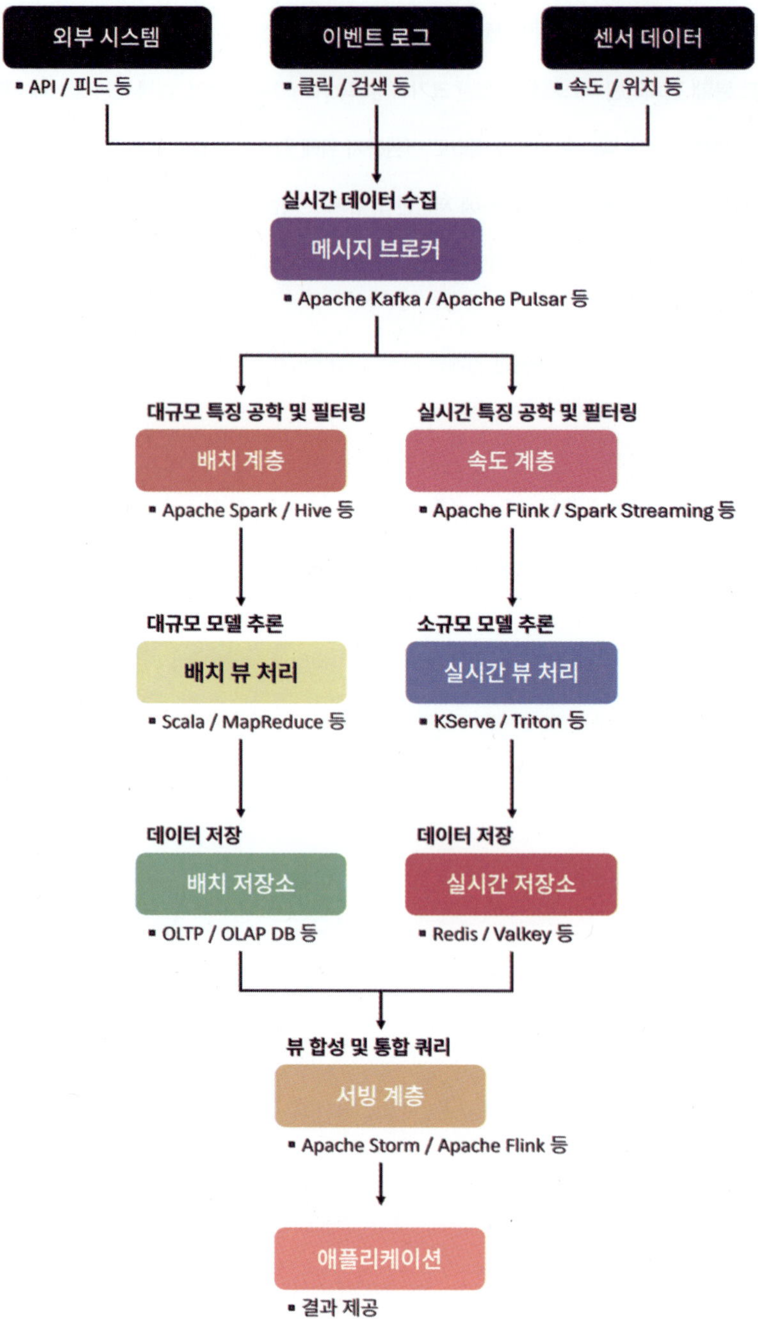

1. **데이터 원천(외부 시스템/이벤트 로그/센서 데이터)**: 외부 API, 사용자 행동 로그, IoT 센서 등 다양한 경로를 통해 정형 및 비정형 데이터를 수집한다.
2. **메시지 브로커**: 메시지 큐 시스템을 통해 실시간 데이터 스트림을 안정적으로 수신하고, 이후 처리 계층으로 전달한다.
3. **배치 계층**: 과거의 대용량 데이터를 정기적으로 일괄 처리하는 계층이다. Apache Spark, Apache Hive 등을 활용하여 정제, 집계 등의 작업을 수행한다.
4. **배치 뷰 처리**: 배치 계층에서 집계된 결과를 기반으로 보다 정확한 뷰를 생성한다. 주로 정기 보고서 작성이나 모델 학습을 위한 데이터 전처리에 활용된다.
5. **배치 저장소**: 배치 처리 결과를 Hive, Data Lake, RDB 등에 저장하여 분석 및 활용을 위한 기반 데이터로 삼는다.
6. **속도 계층**: 실시간 데이터 흐름을 처리하는 계층으로, Apache Flink, Spark Structured Streaming 등을 사용해 이벤트 기반 처리를 수행한다.
7. **실시간 뷰 처리**: 속도 계층에서 처리된 스트리밍 데이터를 바탕으로 실시간 분석 결과를 생성한다.
8. **실시간 저장소**: 실시간 처리된 데이터를 빠르게 조회할 수 있도록 Redis, Druid, Cassandra 등의 저장소에 저장한다.
9. **서빙 계층**: 실시간 뷰와 배치 뷰를 통합하여 사용자 요청에 응답하는 계층이다. 일반적으로 API 게이트웨이, 피처 스토어, 쿼리 엔진 등을 통해 데이터를 제공한다.
10. **애플리케이션**: 서빙 계층을 통해 처리된 데이터를 사용자에게 전달하는 최종 응용 계층이다. 웹 대시보드, 리포트 시스템, 자동화 시스템 등 다양한 형태로 활용된다.

B.5 _ 데이터 레이크하우스 아키텍처

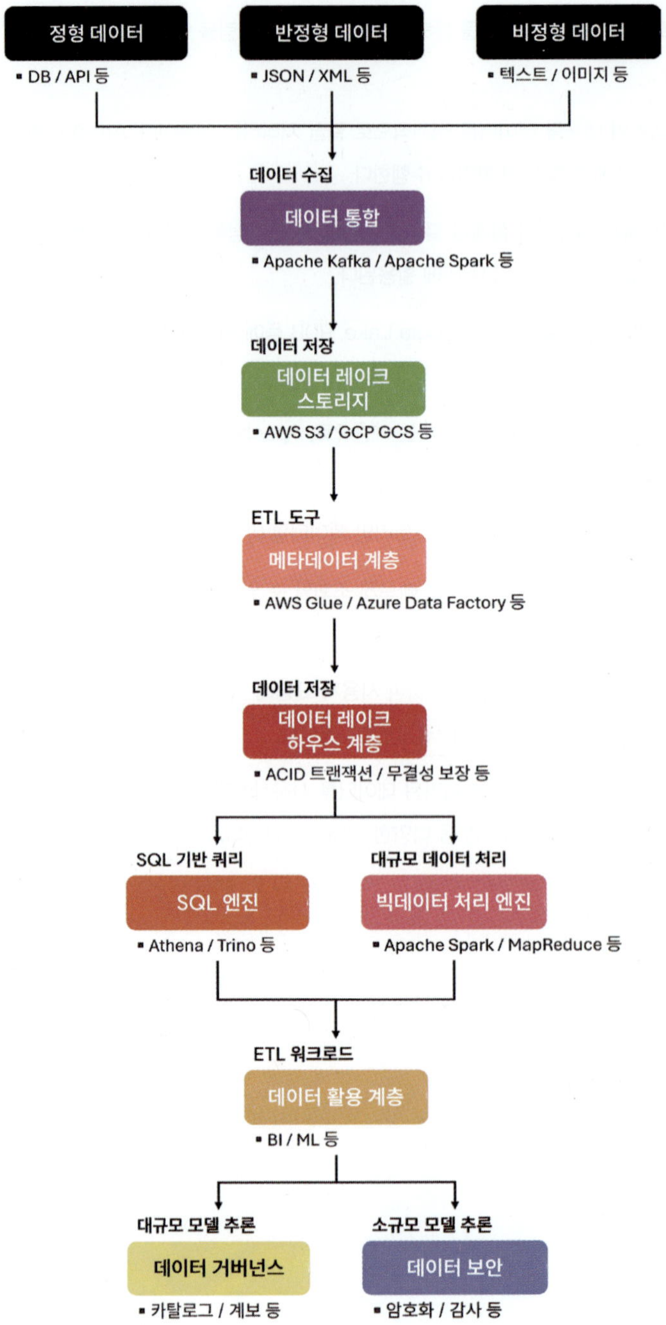

1. **데이터 원천(정형/반정형/비정형 데이터)**: 관계형 데이터베이스(DB), 로그, 센서, 이미지, 텍스트 등 다양한 형식의 원천 데이터를 수집한다.

2. **데이터 통합**: 다양한 원천 데이터를 수집, 정제, 통합하여 공통된 형식으로 정리한다.

3. **데이터 레이크 스토리지**: 구조화/반구조화/비정형 데이터를 모두 저장할 수 있는 스토리지 계층으로 저비용 고확장성을 갖춘 오브젝트 스토리지가 주로 활용된다.

4. **메타데이터 계층**: 저장된 데이터에 대한 스키마, 파티션, 테이블 정의 등의 정보를 관리하는 계층이다.

5. **데이터 레이크하우스 계층**: 데이터 레이크 위에 ACID 트랜잭션, 데이터 버저닝, 타임 트래블 기능 등을 제공하는 계층으로 레이크 데이터의 신뢰성과 일관성을 보장한다.

6. **SQL 엔진**: 데이터 레이크에 저장된 데이터를 SQL 기반으로 분석 및 질의할 수 있는 계층이다.

7. **빅데이터 처리 엔진**: 대규모 배치 분석이나 분산 처리 작업을 수행하는 계층이다. 머신러닝 학습용 데이터 세트 생성이나 대량 로그 처리 등에 활용된다.

8. **데이터 활용 계층**: 정제된 데이터를 활용하여 BI 리포트, 데이터 시각화, 머신러닝 학습/예측 등에 사용된다. Amazon SageMaker, Google Looker, Tableau, Jupyter Notebook 등 다양한 도구와 연계된다.

9. **데이터 거버넌스**: 데이터 카탈로그, 품질 관리, 데이터 계보 등을 포함한 데이터 통제 및 관리 체계다. 데이터 자산을 체계적으로 관리하고, 규제 준수 및 조직 내 데이터 일관성을 보장한다.

10. **데이터 보안**: 접근 제어, 암호화, 감사 로그 등을 통해 데이터의 기밀성, 무결성, 가용성을 보장하는 계층이다. 민감 정보 보호 및 규제 대응을 위한 핵심 구성 요소다.

C

부록

C.1 _ 데이터 사이언스 프로젝트의 특성

데이터 사이언스 프로젝트는 전통적인 소프트웨어 개발 프로젝트와는 본질적으로 다른 특성을 가진다. 소프트웨어 개발이 명확한 기능 명세와 결과물을 기반으로 진행되는 반면, 데이터 사이언스 프로젝트는 데이터의 품질, 가용성, 분석 가능성에 따라 결과가 크게 달라질 수 있다. 데이터의 특성과 한계를 사전에 파악하기 어렵기 때문에 프로젝트 초기에는 요구사항을 명확히 정의하기가 쉽지 않다. 따라서 문제를 어떻게 정의하고 해결할지는 프로젝트를 진행하면서 점차 구체화되는 경향이 있다.

이러한 특성으로 인해 데이터 사이언스 프로젝트에서는 데이터 수집 및 준비가 전체 일정에서 큰 비중을 차지한다. 실제 분석이나 모델 개발보다 데이터 정제, 전처리, 품질 개선에 더 많은 시간이 소요되는 경우도 적지 않다. 이는 데이터가 항상 구조화되어 있거나 신뢰할 수 있는 상태로 제공되지 않기 때문이며, 결측치, 오류, 이상치가 포함되어 있을 뿐만 아니라 서로 다른 시스템과 형식으로 분산 저장되어 있는 경우가 많다. 따라서 데이터 준비 단계에 충분한 시간과 리소스를 사전에 확보해야 한다.

모델링 과정은 실험적 성격이 강하다. 특정 알고리즘이나 모델을 선택하고 적용한다고 곧바로 만족스러운 결과가 도출되는 것은 아니다. 다양한 모델을 시도하고, 하이퍼파라미터를 조정하며, 성능을 비교하고 개선하는 반복적인 사이클을 거쳐야 한다. 이 과정에서 예기치 않은 문제(예: 모델 과대 적합, 데이터 불균형, 평가 지표 왜곡)가 빈번하게 발생할 수 있으므로 프로젝트 일정에 유연성을 확보해야 한다.

데이터 사이언스 프로젝트는 결과의 불확실성이 크다. 기존 소프트웨어 개발은 요구사항이 충족되면 프로젝트가 성공적으로 완료되지만, 데이터 사이언스 프로젝트는 데이터의 품질과 모델 성능에 따라 비즈니스 목표 달성 수준이 크게 달라질 수 있다. 경우에 따라 최선을 다했음에도 불구하고, 기대했던 수준의 인사이트나 예측 정확도를 얻지 못할 수도 있다. 이러한 불확실성을 프로젝트 계획 수립 시 충분히 고려하고, 이해관계자와의 기대치를 현실적으로 조율하는 것이 중요하다.

또한, 데이터 사이언스 프로젝트는 협업이 핵심적인 요소로 작용한다. 데이터 사이언티스트, 데이터 엔지니어, 소프트웨어 개발자, 비즈니스 이해관계자 등 다양한 역할이 긴밀히 협력해야 프로젝트를 성공적으로 이끌 수 있다. 특히, 데이터 사이언티스트는 분석 결과를 기술적으로만 설명하는 것이 아니라, 비즈니스 관점에서도 해석하고 전달할 수 있어야 한다. 이를 위해 주기적인 커뮤니케이션과 산출물 공유가 필요하며, 전 구성원이 동일한 목표와 맥락을 공유하는 것이 중요하다.

프로젝트 관리 방식 역시 일반적인 소프트웨어 프로젝트와는 차별화가 요구된다. 전통적인 워터폴(waterfall)[1] 방식보다는 탐색적이고 반복적인 성격을 반영할 수 있는 애자일(agile)[2] 접근이 더 적합하다. 짧은 주기의 실험과 검토를 통해 방향성을 조정하고, 실패를 조기에 발견하여 개선하는 방식이 효과적이다. 특히, 스프린트 리뷰 단계에서 모델 성능이나 데이터 품질 개선 결과를 구체적인 수치로 공유하고, 이를 기반으로 다음 목표를 설정하는 것이 바람직하다.

데이터 윤리와 보안 또한 프로젝트 수행 과정에서 반드시 고려해야 할 요소다. 수집된 데이터에 개인정보가 포함된 경우, 관련 법령을 준수하는 것은 물론, 데이터의 활용 목적과 범위를 명확히 정의하고 문서화해야 한다. 아울러, 모델이 특정 집단에 불리한 결과를 초래하거나 의도하지 않은 편향을 학습하는 문제에 대해서도 사전에 점검하고, 이에 대응할 수 있는 내부 절차를 마련해야 한다.

마지막으로, 데이터 사이언스 프로젝트는 운영 단계까지를 염두에 두고 설계되어야 한다. 높은 정확도를 가진 모델을 구축하는 것에 그치지 않고, 이를 실제 시스템에 통합하여 안정적으로 운영하기 위한 배포, 모니터링, 성능 유지 전략이 병행되어야 한다. 특히 데이터 드리프트나 개념 드리프트와 같은 문제에 대응할 수 있도록 지속적인 학습과 모델 개선 체계를 마련하는 것이 중요하다. 이를 통해 시간이 지나더라도 일관된 품질의 결과를 유지할 수 있다.

1 각 개발 단계(요구사항 정의, 설계, 구현, 테스트, 배포, 유지보수)가 순차적으로 진행되며 이전 단계가 완전히 종료된 후에만 다음 단계로 진행하는 선형적 프로젝트 관리 방법론

2 짧은 주기의 반복을 통해 유연하게 요구사항을 반영하고 지속적으로 개선하는 소프트웨어 개발 방법론

C.2 _ 프로젝트 단계별 관리 전략

데이터 사이언스 프로젝트를 효과적으로 수행하려면, 각 단계에 맞는 명확한 관리 전략을 수립하고 체계적으로 실행하는 것이 중요하다. 데이터 사이언스는 본질적으로 불확실성과 실험적 특성이 강하다. 그러므로 단계별 리스크를 줄이고 프로젝트를 안정적으로 추진하려면 구조적인 접근이 요구된다. 이번 절에서는 데이터 사이언스 프로젝트의 주요 단계별 특징과 이에 적합한 관리 전략을 구체적으로 살펴본다.

데이터 사이언스 프로젝트는 명확한 문제 정의에서 출발한다. 이 단계에서는 비즈니스의 본질적인 과제를 올바로 이해하고, 이를 데이터 기반 접근 방식으로 어떻게 해결할지 구체화해야 한다. 단순히 모델의 성능 지표를 설정하는 데 그치지 않고, 해당 지표가 실제 비즈니스 성과와 어떤 방식으로 연결되는지를 분명히 해야 한다. 예를 들어, 고객 이탈 예측 모델을 구축하는 경우 단순히 AUC나 정확도를 높이는 것보다 실제로 이탈률을 얼마나 줄였는지와 같은 실질적인 지표를 설정하는 것이 바람직하다. 문제 정의서는 모든 이해관계자의 합의를 바탕으로 문서화하고, 프로젝트 전 과정에서 기준점으로 지속적으로 활용되어야 한다.

다음 단계는 데이터 수집과 이해다. 먼저 분석에 필요한 데이터를 식별하고, 수집 방법과 접근 경로, 권한 확보 방안을 명확히 정리해야 한다. 이후 각 데이터세트에 대해 품질을 진단하고, 결측률, 이상치 비율, 갱신 주기 등의 항목을 체계적으로 파악한다. 초기 데이터 프로파일링 결과는 관련 팀과 공유하여 전체적인 데이터 상태를 함께 인지하는 것이 바람직하다. 데이터 품질은 분석 전략 전반에 큰 영향을 미치므로, 프로젝트 초기에 품질 평가 기준을 정의하고 지속적으로 관리해야 한다.

데이터 정제 및 전처리 단계에서는 분석에 필요한 데이터 가공 절차를 표준화하고, 이를 일관되게 적용할 수 있는 가이드라인을 마련해야 한다. 주요 작업으로는 결측치 처리, 이상치 제거, 변수 스케일링, 파생 변수 생성 등이 있으며, 이 과정에서 적용한 모든 가정과 선택 사항은 문서화하여 이후 모델 해석이나 결과 검증 시 활용할 수 있도록 해야 한다. 전처리 코드는 버전 관리를 통해 재현 가능하게 관리하는 것이 바람직하며, 파이프라인 단위의 자동화도 고려할 수 있다.

탐색적 데이터 분석(EDA)은 데이터에 대한 직관을 얻고 모델링 방향성을 설정하는 데 중요한 역할을 한다. EDA 결과는 가설 설정, 변수 선택, 모델링 전략 수립에 직접적인 영향을 미친다. 이 단계에서는 주요 통계 지표, 변수 간 상관관계 분석, 데이터 분포 시각화 결과를 주기적으로 리뷰하고, 발견된 인사이트를 토대로 분석 방향을 조정할 수 있어야 한다. EDA 결과를 이해관계자와 공유하여 기대치를 조율하는 것도 중요하다.

모델링 및 실험 단계는 데이터 사이언스 프로젝트에서 중심적인 역할을 한다. 이 단계에서는 다양한 알고리즘을 적용하고, 그 성능을 비교·검증하는 과정이 반복적으로 이루어진다. 이를 효과적으로 수행하기 위해서는 체계적인 실험 계획(experiment plan)이 필요하다. 실험 계획에는 사용한 데이터의 버전, 특징 선택 방식, 적용한 알고리즘의 종류, 하이퍼파라미터 설정값, 평가 지표 등을 명확히 기록해야 한다. 또한, 실험 결과는 주기적으로 검토하여 어떤 접근 방식이 가장 효과적인지 객관적으로 평가하고, 그에 기반한 의사결정을 도출할 수 있어야 한다.

모델 평가 단계에서는 단순히 훈련 데이터에서의 성능만을 확인하는 것이 아니라, 교차 검증, 홀드아웃 평가, 시간 기반 분할 등 다양한 방법을 활용해 모델의 일반화 성능을 면밀히 검증해야 한다. 또한 정밀도, 재현율, F1 점수, ROC-AUC 등 여러 관점에서 성능을 평가함으로써, 모델이 실제 운영 환경에서도 기대 수준의 성능을 낼 수 있는지 다각도로 점검해야 한다. 이러한 평가 기준은 프로젝트 초기에 명확히 정의하고, 이후 모든 실험 결과를 동일한 기준으로 비교하는 것이 바람직하다.

모델 선택이 완료되면 시스템 통합 및 배포 준비 단계로 전환된다. 이 과정에서는 모델을 API 형태로 서빙하거나 기존 시스템과의 연동을 위한 인터페이스를 설계하고 구현한다. 운영 환경과 개발 환경 간의 차이를 최소화하기 위해 컨테이너화 및 CI/CD 파이프라인 구축을 함께 고려해야 한다. 이와 더불어, 배포 전략 및 롤백 절차도 사전에 마련하여 운영 중 예기치 않은 상황에 대응할 수 있도록 한다.

운영 및 모니터링 단계에서는 모델의 성능을 지속적으로 관찰하고, 데이터 드리프트나 성능 저하에 신속히 대응할 수 있는 체계를 갖추는 것이 중요하다. 주요 모니터링 항목에는 입력 데이터의 통계적 특성 변화, 예측 결과의 분포 변화, 성능 지표의 시간적 변동 등이 포함된다. 문제 발생 시 조기에 인지할 수 있도록 알림 시스템과 정기 보고 체계를 함께 운용하며, 필요 시 재학습이나 모델 교체를 위한 절차도 사전에 준비해 두어야 한다.

프로젝트의 마지막 단계는 종료 및 회고다. 이 단계에서는 단순한 모델 성능 수치로만 평가하는 것이 아니라, 초기 목표 달성 여부, 주요 성과, 발생한 문제점, 개선사항 등을 종합적으로 정리한다. 이를 통해 향후 유사한 프로젝트에서의 시행착오를 줄이고, 조직의 데이터 사이언스 역량을 축적할 수 있다. 회고 문서에는 과정 중 얻은 인사이트뿐 아니라 실패 경험도 솔직하게 기록하는 것이 바람직하다.

각 단계별로 필요한 산출물을 사전에 정의하고, 이를 체계적으로 관리하는 것도 프로젝트의 일관성과 품질을 높이는 데 기여한다. 예를 들어, 문제 정의서, 데이터 프로파일링 리포트, 전처리 가이드, 실험 계획서, 모델 설명 문서, 운영 매뉴얼 등은 프로젝트 전 과정에서 중요한 참조 자료가 된다. 이들 산출물은 버전 관리 시스템에 저장하고, 주요 변경사항은 변경 이력(change log)에 따라 기록해야 한다.

데이터 사이언스 프로젝트는 각 단계가 독립적으로 존재하는 것이 아니라, 유기적으로 연결된 하나의 흐름을 이룬다. 데이터 품질이 낮으면 우수한 모델을 개발하기 어렵고, 문제 정의가 모호하면 분석 방향 자체가 흔들릴 수 있다. 따라서 전체 과정을 하나의 통합된 프로세스로 인식하고, 각 단계의 결과물이 다음 단계를 원활히 이어줄 수 있도록 관리하는 것이 무엇보다 중요하다.

C.3 _ 애자일 방법론 적용

데이터 사이언스 프로젝트는 본질적으로 불확실성과 탐색적 요소가 강하기 때문에 전통적인 워터폴 방식보다는 애자일 방법론의 적용이 더욱 적합하다. 데이터의 특성과 모델 성능이 프로젝트 중반 이후에야 명확히 드러나는 경우가 많다. 그러므로 초기부터 고정된 계획을 따르기보다는 반복적인 실험과 피드백을 통해 점진적으로 목표를 구체화해 나가는 접근이 요구된다.

애자일 방법론을 데이터 사이언스 프로젝트에 적용할 때 가장 중요한 요소는 스프린트(sprint) 기반의 짧은 반복 주기를 설정하는 것이다. 일반적으로 2주에서 4주 단위로 스프린트를 운영하며, 각 종료 시점마다 현재까지의 산출물을 점검하고 다음 목표를 조정한다. 다만 소프트웨어 기능 개발과는 달리, 데이터 사이언스 프로젝트에서는 하나의 스프린트 동안 반드시 완성된 기능을 제출하기보다는 의미 있는 실험 결과나 분석 인사이트를 제공하는 것을 주요 산출물로 설정하는 것이 바람직하다.

데이터 사이언스 스프린트에서는 명확한 실험 목표를 정의하는 것이 중요하다. 예를 들어, 'A 알고리즘과 B 알고리즘의 성능 비교', '하이퍼파라미터 튜닝 범위 확정', 'EDA를 통한 주요 변수 도출'과 같이 구체적인 산출물을 명시해야 한다. 단순히 '모델 개선'과 같은 포괄적 표현은 피하고, 실험 설계와 평가 기준을 명확히 함으로써 결과 검토와 다음 의사결정이 자연스럽게 이어질 수 있도록 해야 한다.

스크럼(scrum) 방식의 일부 요소는 데이터 사이언스 프로젝트에 선택적으로 적용할 수 있다. 예를 들어, 매일 짧은 스탠드업 미팅을 통해 작업 진행 상황, 장애 요소, 다음 작업 계획을 공유하는 것은 팀 간 정보 격차를 줄이는 데 효과적이다. 다만 데이터 사이언스 특성상 실험 실패가 잦고, 하루 단위의 가시적인 성과를 도출하기 어려운 경우가 많기 때문에 수치 중심의 결과보다는 과정 중심의 내용을 공유하는 문화가 필요하다.

스프린트 리뷰(sprint review)에서는 데이터 기반의 실험 결과를 정량적으로 제시하는 것이 중요하다. 단순히 '성능이 좋아졌다'고 표현하기보다는 '모델 A의 F1 점수가 0.73에서 0.78로 향상되었으며, 재현율은 5%p 상승하였다'처럼 구체적인 수치를 기반으로 설명해야 한다. 이를 통해 다음 스프린트의 목표를 명확하게 설정할 수 있다.

스프린트 회고(sprint retrospective)에서는 실험 성공 여부와 관계없이 학습한 내용을 체계적으로 정리해야 한다. 실패한 실험 역시 중요한 인사이트를 제공할 수 있으며, 실패 원인을 분석함으로써 이후 실험 설계의 품질을 높일 수 있다. 예를 들어, '특정 하이퍼파라미터 조합이 성능을 악화시킨 이유'를 탐색하는 과정은 더 나은 모델 개발 전략 수립에 기여할 수 있다.

백로그(backlog) 관리에도 차별화가 필요하다. 일반적인 소프트웨어 개발처럼 기능(task) 단위로 관리하기보다는 데이터 탐색, 모델 실험, 하이퍼파라미터 튜닝, 성능 평가 등 분석 목표 단위로 작업을 정의한다. 백로그 항목은 가급적 구체적이고 측정 가능해야 하며, 작업 완료 기준(definition of done)을 명확히 설정해야 한다. 예를 들어, '하이퍼파라미터 최적화 완료'라는 항목은 '10개 이상의 조합 실험 및 상위 3개 성능 비교' 같은 세부 기준을 포함해야 한다.

애자일 방법론을 데이터 사이언스 프로젝트에 적용할 때 주의해야 할 점은 '완벽한 계획'에 집착하지 않는 것이다. 데이터 탐색 과정에서 새로운 패턴이나 문제점이 발견되면 스프린트 계획을 과감히 수정하고 방향을 전환할 수 있어야 한다. 데이터 사이언스는 본질적으로 '계획된 발견'을 목표로 하는 탐색적 작업이기 때문에 유연성과 적응성이 프로젝트 성공의 핵심 요인이 된다.

애자일 방법론 적용 시 이해관계자와의 긴밀한 소통도 매우 중요하다. 실험 결과를 주기적으로 공유하고, 기대하는 비즈니스 가치와 현재까지의 진행 상황을 투명하게 전달함으로써 프로젝트의 신뢰도를 높일 수 있다. 특히, 실험 실패나 목표 변경이 발생했을 때 그 배경과 의사결정 과정을 논리적으로 설명하는 것이 중요하다.

마지막으로 데이터 사이언스 프로젝트에 적합한 애자일 방법론은 엄격한 프로세스를 따르기보다 유연한 사고방식과 학습 중심의 문화를 중시한다. 실험과 학습, 개선의 반복을 통해 점진적으로 목표에 가까워지는 과정 자체가 애자일의 본질이며, 이러한 접근은 불확실성을 줄이고 변화에 민첩하게 대응할 수 있는 운영 체계를 구축할 수 있다.

C.4 _ 산출물 및 관리 문서

데이터 사이언스 프로젝트는 실험과 반복을 기반으로 진행되기 때문에 각 단계별 산출물을 체계적으로 관리하는 것이 프로젝트의 일관성과 재현성을 확보하는 데 매우 중요하다. 산출물은 프로젝트 진행 과정을 투명하게 만들고 팀 간 지식 공유 및 향후 유지보수 작업을 용이하게 하는 역할을 한다.

문제 정의서는 프로젝트의 출발점이자 핵심 산출물이다. 비즈니스 목표, 데이터 사이언스 목표, 성공 지표, 프로젝트 범위 등을 명확히 문서화하여 모든 이해관계자가 참조할 수 있도록 해야 한다. 문제 정의서는 프로젝트 도중 방향 수정이 필요한 경우에도 기준점으로 작용하므로, 초기 단계에서 신중하게 작성하고 필요 시 버전 관리를 통해 변경 이력을 체계적으로 관리해야 한다.

데이터 명세서 또한 필수적인 산출물이다. 데이터의 출처, 수집 방법, 품질 평가 결과, 갱신 주기, 보안 및 개인정보 관련 사항 등을 항목별로 정리하여, 데이터 관련 이슈 발생 시 원인 추적과 대응이 가능해야 한다.

데이터 전처리 및 EDA 보고서는 데이터 이해 및 가공 과정에서 수행한 주요 작업과 인사이트를 기록하는 문서다. 결측치 처리 방법, 이상치 탐지 및 제거 기준, 파생 변수 생성 로직, 주요 변수 간 상관관계 분석 결과 등을 체계적으로 정리해야 한다. 이 보고서는 모델링 이후 결과 해석과 추가 분석 시에도 중요한 참고자료로 활용된다.

실험 계획서는 모델링 및 실험 단계의 핵심 문서다. 실험에 사용한 데이터 버전, 특징 선택 방법, 모델 아키텍처, 하이퍼파라미터 설정, 성능 평가 지표 등을 상세히 기록한다. 또한, 실험별 성능 결과를 일관된 양식으로 정리함으로써 비교 분석이 용이하도록 구성해야 한다. 실험 계획서는 프로젝트의 재현성과 모델 개선 과정을 체계적으로 추적하는 데 필수적인 문서다.

모델 문서화는 최종 선택된 모델뿐만 아니라, 주요 실험 모델에 대해서도 수행되어야 한다. 모델 아키텍처, 학습 데이터의 특성, 하이퍼파라미터 설정, 학습 과정(에폭 수, 손실 함수 추이 등), 최종 성능 지표뿐 아니라 모델의 한계점과 향후 개선 방향도 포함되어야 한다. 이 문서는 운영 환경 이관, 재학습, 오류 분석 등 다양한 상황에서 기준 자료로 활용된다.

운영 매뉴얼은 모델이 실제 서비스에 적용된 이후의 운영을 지원하는 문서다. 모델 배포 절차, 운영 환경 구성, 입력 데이터 요구사항, 모니터링 항목 및 주기, 알림 설정, 긴급 복구 절차 등을 포함해야 한다. 운영 매뉴얼이 체계적으로 준비되어 있으면 운영 중 발생할 수 있는 다양한 상황에 신속하고 일관된 대응이 가능하다.

버전 관리 및 변경 이력 문서도 반드시 마련해야 한다. 데이터 버전, 코드 버전, 모델 버전, 실험 결과 버전 등을 체계적으로 관리하고, 변경 사항과 그 이유를 명확히 기록해야 한다.

이를 통해 프로젝트 전 과정의 변화를 추적하고, 특정 시점의 상태를 재현할 수 있다. 특히, 성능 하락 발생 시 원인 분석에 유용하다.

회의록과 의사결정 기록도 중요한 관리 문서에 포함된다. 주요 회의 결과, 의사결정 사항, 미해결 이슈 등을 간결하게 기록하여 팀 전체와 공유하고, 프로젝트 진행 상황을 투명하게 관리한다. 특히, 방향성 변경이나 중요 결정을 내릴 때는 그 배경과 근거를 함께 기록하는 것이 바람직하다.

프로젝트 회고 문서는 프로젝트 종료 시 작성하는 핵심 산출물이다. 목표 달성 여부, 주요 성과, 실패 요인, 개선 사항 등을 체계적으로 정리하여, 향후 유사한 프로젝트 수행 시 참고 자료로 활용된다. 또한, 수행 과정에서 드러난 한계와 실수를 객관적으로 분석함으로써 조직의 데이터 사이언스 역량을 축적하고 다음 프로젝트의 완성도를 높이는 기반이 된다.

산출물은 단순한 문서로 남겨두는 것이 아니라, 조직 내 지식 관리 시스템이나 버전 관리 플랫폼에 체계적으로 저장하고 공유해야 한다. 이를 통해 프로젝트 단위의 지식을 조직 차원의 자산으로 전환하고, 팀 간 시너지를 창출할 수 있다.

마지막으로, 모든 산출물은 작성 시 일관된 형식과 명확한 작성 기준을 적용해야 한다. 문서 형식의 일관성은 이해도를 높이고, 문서 관리의 효율성을 크게 향상시킨다. 특히, 주요 항목(목적, 방법, 결과, 인사이트, 한계점 등)을 정형화하여 작성함으로써 다양한 프로젝트 간 비교와 통합 분석이 가능해진다.

C.5 _ 데이터 사이언스 프로젝트 리스크 관리

데이터 사이언스 프로젝트는 본질적으로 불확실성과 실험성을 내포하고 있기 때문에 초기 단계에서 예상치 못한 다양한 리스크가 발생할 수 있다. 따라서 체계적인 리스크 관리는 프로젝트의 성공을 위한 핵심 요소로 작용한다. 리스크 관리는 위험 요소를 조기에 식별하고, 그 영향을 최소화하기 위한 대응 전략을 수립·실행하는 일련의 과정을 포함한다.

첫 번째 주요 리스크는 데이터 품질 문제이다. 과도한 결측치, 오류가 포함된 값, 레이블 오류(label noise), 샘플링 편향 등은 대표적인 사례로, 이는 모델 성능 저하뿐만 아니라 잘못된 비즈니스 판단으로 이어질 수 있다. 따라서 데이터 수집 및 초기 탐색 단계에서 데이터 품질을 면밀히 검토하고, 문제 발생 시에는 즉시 수정하거나 대체 데이터를 확보하는 조치를 취해야 한다.

두 번째는 기대에 못 미치는 모델 성능이다. 데이터의 복잡성, 변수 간 낮은 상관관계, 학습 데이터의 부족 등으로 인해 모델이 설정한 목표 수준에 도달하지 못할 수 있다. 이를 방지하려면 프로젝트 초기 단계에서 명확한 베이스라인 성능 목표를 수립하고, 실험을 통해 점진적으로 성능을 개선하는 접근이 요구된다. 특히 모델링 초기부터 과도한 성능을 기대하는 태도는 경계해야 한다.

세 번째는 운영 환경과 개발 환경 간의 차이에서 발생하는 리스크다. 모델이 개발 환경에서는 우수한 성능을 보였더라도, 실제 운영 환경에서는 입력 데이터 분포나 처리 방식의 차이로 인해 성능이 급격히 저하되는 문제가 발생할 수 있다. 이러한 문제를 예방하기 위해서는 운영 데이터를 활용한 사전 검증을 실시하고, 운영 환경과 유사한 데이터 흐름에 모델을 조기에 연결하여 테스트하는 전략이 필요하다.

네 번째는 프로젝트 스코프 크리프(scope creep)다. 이는 프로젝트 진행 중 새로운 요구사항이 반복적으로 추가되면서 프로젝트 범위가 점점 확장되는 현상을 의미한다. 데이터 사이언스 프로젝트에서는 실험 과정에서 다양한 아이디어나 가능성이 도출되기 때문에 스코프 확장의 위험이 특히 크다. 이를 방지하려면 초기 단계에서 프로젝트 범위를 명확히 정의하고, 변경 요청은 별도의 검토 및 승인 절차를 거치도록 하는 변경 관리 체계를 마련해야 한다.

다섯 번째는 인력 교체 및 지식 이관 문제다. 데이터 사이언스 프로젝트는 도메인 지식, 데이터 구조 이해, 모델링 로직 등 복합적인 지식을 요구하기 때문에 핵심 인력이 교체될 경우 프로젝트 품질에 큰 영향을 미칠 수 있다. 이를 대비하여 코드, 데이터, 실험 결과, 산출물 등을 체계적으로 문서화하고, 프로젝트 초반부터 지식 공유 문화를 정착시키는 것이 필요하다.

여섯 번째는 기술 부채(technical debt) 누적이다. 빠른 실험과 결과 도출을 우선시하는 과정에서 코드 품질, 데이터 파이프라인 안정성, 모델 배포 프로세스가 임시방편으로 구성되는 경우가 많다. 이러한 기술 부채는 프로젝트 후반이나 운영 단계에서 심각한 장애 요소로 작용할 수 있다. 따라서 초기부터 코드 리뷰, 테스트 자동화, 데이터 품질 체크리스트 등을 운영하여 기술 부채를 관리하는 것이 중요하다.

일곱 번째는 데이터 윤리 및 법적 리스크다. 개인정보보호법, GDPR 등 관련 법규를 위반할 경우 법적 책임뿐 아니라 조직의 신뢰도에도 심각한 타격을 입을 수 있다. 그러므로 데이터 수집, 가공, 저장, 분석, 배포 모든 과정에서 개인정보 보호와 윤리적 데이터 사용 원칙을 엄격히 준수해야 한다. 데이터 익명화, 최소 수집 원칙, 투명한 데이터 활용 고지가 기본 관리 항목이다.

여덟 번째는 외부 환경 변화에 따른 리스크다. 데이터 공급처의 정책 변경, 클라우드 서비스 요금 인상, 오픈소스 라이브러리 보안 취약점 발견 등 외부 요인으로 프로젝트 계획이 변경되거나 중단될 수 있다. 이러한 리스크를 최소화하기 위해서는 주요 외부 의존 요소를 식별하고, 대체 방안을 미리 마련해두는 것이 중요하다.

아홉 번째는 결과 해석의 오류다. 데이터 분석 결과를 잘못 해석하거나 모델의 한계를 무시하고 비즈니스 의사결정에 적용할 경우, 예기치 않은 부작용이 발생할 수 있다. 따라서 모델 성능과 한계를 명확히 문서화하고, 의사결정자와의 커뮤니케이션 과정에서 결과 해석에 대한 교육을 병행해야 한다.

이러한 리스크에 대응하기 위해서는 각 항목별로 사전 식별, 평가, 대응 계획을 수립하는 것이 필요하다. 리스크별 발생 가능성, 영향도, 대응 방안을 표준 양식에 따라 문서화하고, 주기적으로 갱신하여 프로젝트 팀 전체가 이를 공유할 수 있어야 한다.

마지막으로, 리스크 관리는 단발성 활동이 아니라 프로젝트 전 주기에 걸쳐 지속적으로 수행되어야 한다. 스프린트 회고나 정기 리뷰 세션을 통해 새로운 리스크를 식별하고, 기존 대응 전략을 점검·조정하는 프로세스를 운영함으로써 프로젝트의 안정성과 완성도를 꾸준히 확보할 수 있다. 궁극적으로 리스크 관리는 단순한 대응이 아닌, 데이터 사이언스 프로젝트를 예측 가능하고 신뢰할 수 있는 방향으로 이끄는 핵심 관리 역량으로 작동해야 한다.

마치는 글

책의 마지막 장까지 함께해 주신 독자 여러분께 진심으로 감사의 인사를 전합니다.

『데이터 · AI 시스템 아키텍트를 위한 실무 가이드』는 기초 이론부터 시작해 현업에서 요구되는 데이터 엔지니어링, 모델 운영 및 관리, 시스템 아키텍처 설계와 서비스 운영에 이르기까지, 전문가 수준의 역량을 갖추는 데 필요한 내용을 체계적으로 정리하고자 했습니다.

1부의 기초 개념, 2부의 실전 기술, 3부의 시스템 설계, 4부의 서비스 운영에 이르기까지, 데이터 기반 시스템의 구축과 운영 전 과정을 포괄적으로 다루었습니다. 이 책은 각 단계를 개별적으로 설명하는 데 그치지 않고, 모든 내용을 유기적으로 연결함으로써 실제 프로젝트에 통합적으로 적용할 수 있는 시각을 기를 수 있도록 구성했습니다. 특히, 이론과 실무 사이의 간극을 좁히고, 현장에서 곧바로 활용 가능한 지식과 노하우를 전하는 데 중점을 두었습니다.

데이터 사이언스는 끊임없이 진화하는 역동적인 분야입니다. 이 책은 현재 시점에서 중요하게 여겨지는 주제를 중심으로 구성하되 단순한 지식 전달에 머무르지 않고, 독자 여러분이 주체적으로 사고하고 성장해 나갈 수 있도록 돕는 데 목적을 두었습니다. 앞으로도 새로운 기술과 트렌드를 지속적으로 학습하고, 실무 경험을 바탕으로 자신만의 관점과 역량을 넓혀가시기를 바랍니다. 특히 3부와 4부에서 다룬 시스템 설계 및 운영 원칙은 기술 환경이 변화하더라도 오랫동안 실무에 적용할 수 있는 든든한 기반이 되어줄 것입니다.

이 책으로 여러분이 데이터의 가능성을 발견하고, 효과적인 해결책을 설계하며, 안정적인 서비스를 구축하는 데 도움이 되었기를 바랍니다. 데이터 사이언티스트, 엔지니어, 분석가, 기획자, 관리자 등 어떠한 역할에 계시든, 실무 역량을 확장하고 과제를 더욱 자신 있게 해결해 나가는 데 의미 있는 발판이 되었기를 진심으로 기대합니다.

끝으로, 이 긴 여정을 함께해 주신 모든 독자 여러분께 다시 한번 깊이 감사드립니다. 이 책과 함께한 시간이 여러분의 커리어와 성장을 위한 소중한 밑거름이 되었기를 바라며, 앞으로의 여정에도 언제나 좋은 일들만 가득하시기를 기원합니다. 감사합니다.

윤대희 드림

찾아보기

번호

A

D

E

F

G

N

O

P

Q

R

S

T

U

Unity ML–Agents 195
URI(Uniform Resource Identifier) 310

V

VAE(variational autoencoder) 174
VGGNet 172
ViT(Vision Transformer) 173
VisualBERT 175

W

WAF(Web Application Firewall) 531
WAL(Write–Ahead Logging) 287, 758, 792
WARN 437
wav2vec 2.0 157
WaveNet 158
Weaviate 280, 587
Whisper 158
Winlogbeat 454
Word2Vec 139

X

XCom(Cross–Communication) 810
XGBoost 210
XLNet 113, 142
XML(eXtensible Markup Language) 434

Z

ZooKeeper 394

ㄱ

가능도(likelihood) 462
가드레일(guardrail) 625
가용성(availability) 657, 706
가용성(Availability) 500
가용 영역(availability zone) 565
가우시안 혼합 모델(Gaussian Mixture Model, GMM) 155
가중치 기반 라운드 로빈(weighted round robin) 527
가중치 부여(weighting) 246
가중치(weight) 49
가지치기(pruning) 699
값(Value) 109
강건성(robustness) 138
강한 일관성(strong consistency) 282, 286
강화 학습(Reinforcement Learning, RL) 71, 102, 180
개념 드리프트(concept drift) 337, 341
개념적 데이터 모델링(Conceptual Data Model, CDM) 291
객체 저장소(object storage) 305
거짓 발견율(False Discovery Rate, FDR) 463
검색 연동 프롬프트(retrieval–aware prompting) 625
검색 지연 시간(retrieval latency) 635
검색(Retrieval) 624
검정력(statistical power) 460
검증 곡선(validation curve) 138
검증된 게시자(verified publisher) 798
게이트 네트워크(gating network) 125
결정 경계(decision boundary) 140
결정 계수(R–squared) 66
결정 트리(decision tree) 156, 171, 204
결측치(missing value) 236
결합된 로그 형식(combined log format) 435
경계 맥락(bounded context) 494
경고 시스템(alerting system) 233
경험 재현(experience replay) 104, 182, 186
계층적 샘플링(stratified sampling) 697
계층적 시스템(layered system) 310
계층적 특징(hierarchical features) 91
계층 정규화 113

계층 정규화(layer normalization) 108
계층(layer) 42
고가용성(high availability) 392
고립성(Isolation) 266
고영향 AI 643
고 카디널리티(high cardinality) 792
공간 지역성(spatial locality) 537
공격 표면(attack surface) 795
공급망 공격 671
과대적합(overfitting) 51, 59
과소적합(underfitting) 60
관계형 데이터베이스 관리 시스템(Relational Database Management System, RDBMS) 264
관련성(relevance) 636
교살자 무화과(strangler fig) 493
교차 검증(cross-validation) 64
교차 장애(cascading failure) 731
구조적 스트리밍(structured streaming) 399
군집 분석(clustering analysis) 16
권한 부여(authorization) 313
균일한 인터페이스(uniform interface) 310
그래프 모델(graph model) 97
그래프 신경망(Graph Neural Network, GNN) 97
그래프 어텐션 네트워크(Graph Attention Network, GAT) 100
그래프 저장소 272
그래프 합성곱 신경망(Graph Convolutional Network, GCN) 100
그리드 서치(grid search) 68
근거 명시 응답(context attribution) 625
근본 원인 분석(Root Cause Analysis, RCA) 735
근사 최근접 이웃 탐색(Approximate Nearest Neighbor Search, ANNS) 276
근사 최근접 이웃(Approximate Nearest Neighbor, ANN) 591
글로벌 로드 밸런싱(global load balancing) 508, 526, 533
기댓값 최대화(Expectation-Maximization, EM) 155
기밀성(confidentiality) 657
기본 동적 매핑(dynamic mapping) 787
기본 로그 형식(Common Log Format, CLF) 435
기술 부채(technical debt) 838
기술 통계(descriptive statistics) 13
기울기 소실(vanishing gradient) 50
기울기 폭발(exploding gradient) 50
기울기(gradient) 54
깊은(deep) 43
꺾은선 그래프(line chart) 27

ㄴ

나이브 베이즈(naive bayes) 140, 204
낙관적 동시성 제어(Optimistic Concurrency Control, OCC) 266
낮은 결합도(loose coupling) 472
내구성(durability) 760
내부 공변량 변화(internal covariate shift) 63
네트워크 로그(network log) 422
네트워크 병목 515
노드(node) 42, 97, 446
노리(nori) 787
노이즈 제거(noise reduction) 149, 164
논리적 데이터 모델링(Logical Data Model, LDM) 291
느린 쿼리 로그(slow query log) 785
능동 학습(active learning) 154

ㄷ

다변량 실험(multivariate testing) 458
다운스트림 작업(downstream tasks) 88
다중 검정 문제(multiple testing problem) 463
다중 요소 인증(Multi-Factor Authentication, MFA) 659
다중화(redundancy) 734
다층 신경망(Multi-layer Neural Network, MNN) 57
다층 퍼셉트론(Multilayer Perceptron, MLP) 80
다항 특징(polynomial features) 242
단계별 유도(Chain-of-Thought prompting, CoT) 122
단어 오류율(Word Error Rate, WER) 67
단일 바이너리(monolithic mode) 792
단일 장애 지점(Single Point of Failure, SPOF) 321
단일 진입점(single entry point) 319
단일 책임 원칙(Single Responsibility Principle, SRP) 494
대규모 데이터(big data) 225

대규모 병렬 처리(Massively Parallel Processing, MPP) 296
대규모 언어 모델(Large Language Model, LLM) 106, 118, 580
대기열(queue) 562
대체 경로(fallback) 730
덤프(dump) 379
데드 레터 큐(Dead Letter Queue, DLQ) 733, 805
데이비스-볼딘 지수(Davies-Bouldin index) 66
데이터 거버넌스(data governance) 226, 252
데이터 계보(data lineage) 232
데이터 계보 추적(data lineage tracking) 255
데이터 공유(data sharing) 297
데이터 기반 문화(data-driven culture) 458
데이터 기반 의사결정 프로세스(data-driven decision making) 226
데이터 늪(data swamp) 289
데이터 드리프트(data drift) 337, 341
데이터 딕셔너리(data dictionary) 254
데이터 라이프사이클 관리(Data Lifecycle Management, DLM) 255
데이터 레이크(data lake) 289
데이터 로딩(data loading) 232
데이터 리텐션(data retention) 688
데이터 마스킹(data masking) 680
데이터 마켓플레이스(data marketplace) 665
데이터 마트(data mart) 289
데이터 메시(data mesh) 289
데이터 모델링(data modeling) 225
데이터 범주화(data categorization) 681
데이터베이스 샤딩(database sharding) 472
데이터베이스(database) 228
데이터 변조 공격 670
데이터 변환(data transformation) 197, 232, 238
데이터 보안 및 접근 권한 관리(data security and access control) 254
데이터 복제(replication) 504
데이터 분석(data analysis) 13
데이터 분포 변환(data distribution transformation) 239
데이터 분할(data splitting) 197
데이터 불균형 처리(data imbalance handling) 244
데이터 사이언스(data science) 5
데이터 사일로(data silo) 252
데이터 생명주기(lifecycle) 694
데이터세트 분할(data splitting) 64
데이터 속성(data attribute) 11
데이터 수준 방법(data-level methods) 244
데이터 수집 파이프라인(data ingestion pipeline) 231
데이터 수집(data ingestion) 227
데이터 스케일링(data scaling) 239
데이터 시각화(data visualization) 25
데이터 액세스 계층(data access layer) 478
데이터 엔지니어링(data engineering) 225
데이터 웨어하우스(data warehouse) 289
데이터 유출 670
데이터 유형(data type) 7
데이터 전처리(data preprocessing) 234
데이터 접근 제어(data access control) 255
데이터 정제(data cleansing) 196, 235
데이터 주권(data sovereignty) 764
데이터 중심 시스템(data-centric system) 298
데이터 증강(data augmentation) 133, 150, 165, 197, 245
데이터 추출(data extraction) 232
데이터 축소(data reduction) 197
데이터 침해 사고 671
데이터 카탈로그(data catalog) 255
데이터 파이프라인(data pipeline) 225, 298
데이터 품질 관리(data quality management) 253, 255
데이터 품질(data quality) 708
데이터 프로파일링(data profiling) 253
도메인 중심 설계(Domain-Driven Design, DDD) 494
도메인 특화 신경망 모델(domain-specific neural networks) 96
독립 변수(independent variable) 15
독립 표본 t-검정 462
동기식(synchronous) 614
동시성 병목 515
동시성 제어(concurrency control) 266

동시 출현(co-occurrence) 139
동적 동의(dynamic consent) 684
동적 로드 밸런싱 526
동적 매핑(dynamic mapping) 789
동적 배치 크기 조정(dynamic batch size adjustment) 698
동적 스키마(dynamic schema) 274
동적 자원 할당(dynamic resource allocation) 403
드레인(draining) 742
드롭아웃(dropout) 63
드리프트 탐지(drift detection) 202
디바이스 제한 라우팅(device-limited routing) 126
디스크 I/O 병목 515
디지털 서명(Digital Signature) 665
디코더(decoder) 89, 107
디콘벌루션(deconvolution) 91
디퓨전 모델(diffusion model) 115
디퓨전 모델(Diffusion Model) 106
딥러닝(Deep Learning, DL) 43

ㄹ

라운드 로빈(round robin) 527
라이트사이징(right-sizing) 722
래퍼 방법(wrapper methods) 243
랜덤 서치(random search) 69
랜덤 포레스트(random forest) 156, 172
랜덤화(randomization) 459, 681
랜섬웨어 670
레이블링(labeling) 702
레이어드 아키텍처(layered architecture) 477
레플리카셋(ReplicaSet) 773
레플리케이션(replication) 782
로그 기반 복구(log-based recovery) 508
로그 변환(log transformation) 240
로그 파일(log file) 228
로깅 드라이버(logging driver) 797
로깅(logging) 233
로드 밸런서(load balancer) 321
로드 밸런싱(load balancing) 525
로지스틱 회귀(logistic regression) 15, 140, 204
롤링 업데이트(rolling updates) 544
롤백(rollback) 734
롤오버(rollover) 446
롱테일(long-tail) 197
루트 평균 제곱 오차(Root Mean Squared Error, RMSE) 66
리드 레플리카(read replica) 526
리소스 중심의 설계(resource-oriented design) 313
리소스(resource) 310
리전 로드 밸런싱(regional load balancing) 533
리전(region) 565
리졸버(resolver) 317
리커버리 포인트(recovery point) 731
리커트 척도(likert scale) 9
리텐션 분석(retention analysis) 464
리퍼러(Referer) 435

ㅁ

마스크드 멀티 헤드 어텐션(masked multi-head attention) 109
마스크드 언어 모델링(Masked Language Modeling, MLM) 113
마스킹 언어 모델(Masked Language Model, MLM) 119
마스킹(masking) 440
마이크로배치(micro-batch) 396
마이크로서비스 아키텍처(Microservices Architecture, MSA) 283, 485
마이크로커널 아키텍처(microkernel architecture) 480
막대그래프(bar chart) 26
매개변수 효율적 미세 조정(Parameter-Efficient Fine-Tuning, PEFT) 123
맵리듀스(MapReduce) 409
머신러닝 기반 침입 탐지 시스템(Intrusion Detection System, IDS) 674
머신러닝(Machine Learning, ML) 41
멀티 모달(multi-modal) 123
멀티 암드 밴딧(multi-armed bandit) 346
멀티 쿼리 RAG(Multi-query RAG) 624
멀티 테넌시(multi-tenancy) 793

멀티 헤드 어텐션(multi-head attention) 107, 110
메모리 병목 514
메시지 보존 기능(message retention) 403
메시지 브로커(message broker) 394
메타데이터 및 버전 관리 계층(metadata & versioning layer) 746
메타스토어(metadata store) 758
메타 학습(meta-learning) 154
멱등성 생산자(idempotent producer) 803
멱등성(idempotent) 736
명명된 볼륨(named volume) 796
명목형 데이터(nominal data) 9
명시적 매핑(explicit mapping) 787
명시적 피드백(explicit feedback) 201
모놀리식 아키텍처 483
모니터링(monitoring) 233, 386
모델 라우팅 시스템(model routing system) 622
모델 선택(model selection) 68
모델 역전 공격(model inversion attack) 671
모델 운영 및 관리(model operation and management) 307
모델 컨텍스트 프로토콜(Model Context Protocol, MCP) 616
모델 평가 지표(model evaluation metrics) 47, 65
모델(model) 41
모듈화(modularization) 233, 472
모드 붕괴(mode collapse) 94
모든 동기화 복제본(In-Sync Replica, ISR) 802
모멘텀(momentum) 55
모방 학습(imitation learning) 187
목표 복구 시간(Recovery Time Objective, RTO) 709
몬테카를로 트리 탐색(Monte Carlo Tree Search, MCTS) 190
무결성(integrity) 17, 657
무단 접근 670
무상태성(statelessness) 310, 778
무상태(stateless) 771
문맥 범위(contextual coverage) 636
문서 기여도 평가(document attribution) 632
문서 저장소 272
문서 지향 저장소(document-oriented store) 446
문자 오류율(Character Error Rate, CER) 67
문장 임베딩 유사도(sentence embedding similarity) 632
물리적 데이터 모델링(Physical Data Model, PDM) 291
물리적 로드 밸런서(hardware load balancer) 530
뮤테이션(mutation) 317
미니맥스 게임(minimax game) 93
미세 조정(fine-tuning) 123
미탐(False Negative, FN) 634
밀집 벡터 검색기(dense retriever) 624

ㅂ

바이올린 플롯(violin plot) 28
바인드 마운트(bind mount) 796
박스 플롯(box plot) 28
반복 패널티(repetition penalty) 633
반사 패딩(reflection padding) 83
반정규화(denormalization) 268
반정형 데이터(semi-structured data) 9
배깅(bagging) 138
배치 계층(batch layer) 409
배치 수집(batch ingestion) 230
배치 정규화(batch normalization) 63
백로그(backlog) 834
백분위수(percentile) 567
백업 호출률(fallback rate) 637
백오프(backoff) 730
백프레셔(backpressure) 774, 807
버퍼링(buffering) 740
벌크(bulk) 785
범주형 변수(categorical variable) 11
베이지안 접근법 462
베이지안 최적화(bayesian optimization) 69
베이지안 A/B 테스트 458
벡터 데이터베이스(vector database) 276
벡터 임베딩(vector embedding) 277
벤더 락인(vendor lock-in) 355
벤자민-호흐베르크 조정(benjamini-hochberg correction) 463
벨-라파듈라(Bell-LaPadula, BLP) 658

벨만 방정식(Bellman equation) 103
변분 오토인코더(variational autoencoder, VAE) 92, 158
변수(variable) 11
병렬도(parallelism) 401, 807
병목층(bottleneck layer) 90
보상 트랜잭션(compensating transaction) 506
보안 로그(security log) 422
보안 운영 센터(Security Operations Center, SOC) 422
보안 정보 및 이벤트 관리(Security Information and Event Management, SIEM) 419, 667
보조 손실 항목(auxiliary losses) 126
보코더(vocoder) 160
복구 탄력성(failover resilience) 762
복원력(resilience) 509, 746
복잡도(perplexity) 137
복제(replica) 447
복제(replication) 267
본페로니 보정(bonferroni correction) 463
부스팅(boosting) 138
부하 균형 손실(load balancing loss) 128
부하 불균형(load imbalance) 126, 515
부하 테스트(load testing) 474, 577
분류 분석(classification analysis) 15
분산 메시지 큐(distributed message queue) 231
분산 서비스 거부 공격(Distributed Denial of Service, DDoS) 422
분산 캐싱(distributed caching) 541
분산 학습(distributed training) 353
분석 신뢰도(reliability) 746
분할 허용성 (Partition tolerance) 500
불변(immutable) 760
불용어 제거(stopwords removal) 132
블랙 박스(black box) 645
비관적 동시성 제어(Pessimistic Concurrency Control, PCC) 267
비닝(binning) 242
비대칭키 암호화(public key encryption) 661
비동기식(asynchronous) 614
비모수 검정(non-parametric test) 462
비바(Biba Integrity, BIBA) 658
비선형성(non-linearity) 80
비용 민감 학습(cost-sensitive learning) 246
비전 트랜스포머(Vision Transformer, ViT) 114
비정형 데이터(unstructured data) 9
비즈니스 로직 계층(prediction service layer) 478
비지도 학습(unsupervised learning) 71
빠른 근사 최근접 이웃(Approximate Nearest Neighbor, ANN) 582

ㅅ

사가 패턴(Saga pattern) 283, 505
사실적 오류(factual errors) 632
사실적 일관성(factual consistency) 632, 636
사용자 개인정보(Personally Identifiable Information, PII) 426
사용자 에이전트(User-Agent) 435
사용자 질의 확장(query expansion) 629
사용자 행동 로그(user behavior log) 422
사전 학습(pretraining) 119
사전 확률(prior probability) 462
사후 확률(posterior probability) 462
산점도(scatter plot) 27
살아있는 문서(living document) 367
상류 시스템(upstream system) 737
상수 패딩(constant padding) 83
상태 기반 처리(stateful processing) 401
상태 관리(state management) 399
상태 백엔드(state backend) 806
상태 비저장 서비스(stateless service) 565
상태 저장 서비스(stateful service) 565
상태 정규화(state normalization) 181
생산자(producer) 393, 394
생성 모델(generative models) 88
생성자(generator) 92
생성적 적대 신경망(Generative Adversarial Network, GAN) 92, 158
생성(Generation) 624
샤드(shard) 446
샤딩(sharding) 267, 389

서버리스 컴퓨팅(serverless computing) 699
서버리스(serverless) 369
서브워드 토큰화(subword tokenization) 132
서비스 디스커버리(service discovery) 792
서비스 메시(service mesh) 733
서비스 수준 계약(Service Level Agreement, SLA) 706
서비스형 소프트웨어(Software as a Service, SaaS) 349
서빙 계층(serving layer) 410
서킷 브레이커(circuit breaker) 508
서포트 벡터 머신(Support Vector Machine, SVM) 140, 155, 204
선행 로딩(eager-loading) 540
선형 함수 근사(linear function approximation) 188
설명 가능성(explainability) 47, 642, 645
설명 가능한 AI(Explainable AI, XAI) 47, 648
성능 저하 모드(degraded mode) 741
세션 기반의 작업(session management) 311
세이브포인트(savepoint) 807
센서 데이터(sensor data) 228
센티널(sentinel) 782
셀프 어텐션(self-attention) 107
소비자(consumer) 393, 394
소셜 엔지니어링 671
소프트웨어 기반 로드 밸런서(software load balancer) 530
속도 계층(speed layer) 410
속도 제한(throttling) 320
속성 기반 접근 제어(Attribute-Based Access Control, ABAC) 254, 657
손실 함수(loss function) 52
수동 조정(manual tuning) 69
수직적 확장(scale-up) 558
수직적 확장(vertical scaling) 271
수치형 변수(numerical variable) 11
수평적 확장(horizontal scaling) 271
수평적 확장(scale-out) 558
순방향 신경망(feedforward neural network, FFN) 108
순방향 확산 과정(forward diffusion process) 115
순방향(feedforward) 80
순서형 데이터(ordinal data) 9
순열 기반 모델(permutation-based model) 119
순전파(forward propagation, forward pass) 49
순차적 의사결정(sequential decision making) 187
순환 구조(recurrent structure) 85
순환 신경망(Recurrent Neural Network, RNN) 85, 141, 157
스노우플레이크 스키마(snowflake schema) 292
스로틀링(throttling) 708
스위치 라우팅(switch routing) 125
스케일링 법칙(scaling law) 146
스케줄링(scheduling) 386
스코프 크리프(scope creep) 838
스크럼(scrum) 834
스키마리스(schema-less) 270
스키마 온 리드(schema-on-read) 292
스키마(schema) 317
스킵 바이그램(skip-bigram) 137
스타 스키마(star schema) 292
스태킹(stacking) 138
스택형 오토인코더(stacked autoencoder, SAE) 91
스테이트풀셋(StatefulSet) 773
스토리지 계층(storage Layer) 746
스토리지 클래스(storage class) 693
스트라이드(stride) 82
스트레스 테스트(stress testing) 474, 577
스트리밍 기반 수집(streaming-based collection) 423
스팟(spot) 692
스펙트로그램 증강(specaugment) 153
스프린트 리뷰(sprint review) 834
스프린트 회고(sprint retrospective) 834
스프린트(sprint) 833
시각적 질의응답(Visual Question Answering, VQA) 135
시간 지역성(temporal locality) 537
시계열 분석(time series analysis) 16
시끄러운 이웃(noisy neighbor) 796
시스템 로그(system log) 421
시스템 프롬프트(system prompt) 620
시퀀스-투-시퀀스(sequence-to-sequence) 134
시큐어 코딩(secure coding) 476

실루엣 계수(silhouette coefficient) 66
실시간 수집(real-time ingestion) 230
실험 관리 플랫폼 758
심층 Q-네트워크(Deep Q-Network, DQN) 103
쓰레기 수집(Garbage Collection, GC) 401, 516

ㅇ

아웃바운드(outbound) 695
아웃-오브-오더(out-of-order) 740
아이솔레이션 포레스트(isolation forest) 720
알고리즘 수준 방법(algorithm-level methods) 246
알림(alerting) 387
알림(notification) 233
암묵적 피드백(implicit feedback) 201
압축된 표현(compressed representation) 89
압축 방식(dense summarization) 632
압축 해제(decompression) 390
앙상블 학습(ensemble learning) 138, 246
앙상블(ensemble) 63
애자일(agile) 830
애플리케이션 로그(application log) 421
양자화(quantization) 124, 696, 699
어간 추출(stemming) 132
어댑터(adapter) 123
언더샘플링(undersampling) 245
언더페칭(under-fetching) 311
에이전트 기반 수집(agent-based collection) 423
에지 컴퓨팅(edge computing) 700
에지(edge) 97, 324
에폭(epoch) 49
엔드 투 엔드(end-to-end) 760
역반영(write-back) 540
역방향 확산 과정(reverse diffusion process) 115
역색인(inverted index) 446
역전파(backpropagation, backward pass) 57
역할 기반 접근 제어(Role-Based Access Control, RBAC) 254, 657
연결 풀(Connection Pool) 782
연산자(operator) 395
연속형 데이터(continuous data) 8
연쇄적인 시스템 중단(cascading failure) 742
연합 학습(federated learning) 665
열 기반 저장(columnar storage) 294
열 지도(heatmap) 28
예약 인스턴스(Reserved Instance, RI) 692
예지 보전(predictive maintenance) 423
예측값(prediction) 41
옌센-섀넌 발산(Jensen-Shannon Divergence, JS Divergence) 342
오디오 분석(audio analysis) 148
오디오 정규화(audio normalization) 149
오디오 처리(Audio Processing, AP) 148
오디오 합성(audio synthesis) 148
오류율(error rate) 569
오버샘플링(oversampling) 245
오버스무딩(over-smoothing) 100
오버페칭(over-fetching) 311
오케스트레이션 계층(orchestration layer) 746
오케스트레이션(orchestration) 506
오탐(False Positive, FP) 634
오토 스케일링(auto scaling) 324, 353, 557
오토인코더(autoencoder) 89
오프라인 평가(offline evaluation) 201
오프사이트 백업(off-site backup) 758
온도(temperature) 633
온디맨드(on-demand) 692
온라인 평가(online evaluation) 202
온콜(on-call) 731
온프레미스 서버(on-premise server) 324
완전성(completeness) 365, 636
완전 연결 계층(fully-connected layer) 85
완전 연결(fully-connected) 80
완전 최근접 이웃(Exact Nearest Neighbor, ENN) 591
요소 제거 실험(ablation test) 632
요청 본문(request body) 778
요청 제한(rate limiting) 320, 708
우선순위 경험 재현(prioritized experience replay) 105
워터마크(watermark) 399, 740, 807

ㅈ

ㅊ

ㅋ

ㅎ